westermann

Dipl.-Hdl. Hans Jecht, Dipl.-Hdl. Marcel Kunze, Dipl.-Hdl. Peter Limpke,
Dipl.-Hdl. Rainer Tegeler

Einzelhandel 4.0

1. Ausbildungsjahr

2. Auflage

Bestellnummer 5321

Die in diesem Produkt gemachten Angaben zu Unternehmen (Namen, Internet- und E-Mail-Adressen, Handelsregistereintragungen, Bankverbindungen, Steuer-, Telefon- und Faxnummern und alle weiteren Angaben) sind i. d. R. fiktiv, d. h., sie stehen in keinem Zusammenhang mit einem real existierenden Unternehmen in der dargestellten oder einer ähnlichen Form. Dies gilt auch für alle Kunden, Lieferanten und sonstigen Geschäftspartner der Unternehmen wie z. B. Kreditinstitute, Versicherungsunternehmen und andere Dienstleistungsunternehmen. Ausschließlich zum Zwecke der Authentizität werden die Namen real existierender Unternehmen und z. B. im Fall von Kreditinstituten auch deren IBANs und BICs verwendet.

Zusatzmaterialien zu *Einzelhandel 4.0 – 1. Ausbildungsjahr*

Für Lehrerinnen und Lehrer:

Lösungen: 978-3-8045-5323-1
Lösungen Download: 978-3-8045-0200-0
Lösungen zum Arbeitsbuch: 978-3-8045-5325-5
Lösungen zum Arbeitsbuch Download: 978-3-8045-0206-2

BiBox westermann inkl. E-Book

BiBox Einzellizenz für Lehrer/-innen (Dauerlizenz): 978-3-8045-0768-5
BiBox Kollegiumslizenz für Lehrer/-innen (Dauerlizenz): 978-3-8045-0799-9
BiBox Kollegiumslizenz für Lehrer/-innen (1 Schuljahr): 978-3-8045-0849-1

Für Schülerinnen und Schüler:

Arbeitsbuch: 978-3-8045-5324-8

BiBox westermann inkl. E-Book

BiBox Einzellizenz für Schüler/-innen (1 Schuljahr): 978-3-8045-5322-4

westermann GRUPPE

Druck und Bindung: Westermann Druck GmbH, Georg-Westermann-Allee 66, 38104 Braunschweig

ISBN 978-3-8045-**5321**-7

Vorwort

Der stationäre Einzelhandel steht zunehmend im Wettbewerb mit verschiedenen Formen des E-Commerce, die sich über das Internet an Kunden wenden. Er kann darauf mit zwei Strategien antworten:

- Er wird selber im Rahmen einer Omni-Channel-Strategie im Onlinehandel aktiv.
- Er setzt moderne innovative Informationstechnologien im Verkauf und in der Warenpräsentation ein.

Einzelhandelsunternehmen haben zudem eine immer größere gesellschaftliche Verantwortung im Hinblick auf Nachhaltigkeit und dem Beachten interkultureller Vielfalt.

Diesen Herausforderungen müssen sich die Einzelhandelsunternehmen stellen, wenn sie weiterhin erfolgreich sein wollen. Dazu benötigen sie Mitarbeiterinnen und Mitarbeiter, die über eine umfassende Handlungskompetenz auf einem hohen Niveau verfügen.

Vor diesem Hintergrund vermitteln wir in der Schulbuchreihe Einzelhandel 4.0 das erforderliche hohe Niveau und die notwendigen Kompetenzen verständlich und nachvollziehbar.

Wir verwenden eine einfache Sprache, die

- auf leichte Verständlichkeit zielt,
- komplizierte Sprachelemente vermeidet und
- trotzdem einen normalen Spracheindruck macht.

In diesem Buch werden überwiegend nur männliche Bezeichnungen angegeben. Dies dient ausschließlich der besseren Lesbarkeit und soll niemanden herabsetzen. Wo immer möglich veranschaulichen wir Inhalte durch Grafiken, Karikaturen oder Fotos. Die einfache Sprache und die vielen Beispiele und Abbildungen erleichtern den Schülerinnen und Schülern das Lernen erheblich.

Die Reihe Einzelhandel 4.0 basiert auf zwei Modellunternehmen in einem Einkaufszentrum:

- der Filiale des Textileinzelhändlers Tom Hoss KG (Verkaufsformen Bedienung und Vorwahl) und
- der Filiale des Lebensmittelhändlers LEMI AG (Selbstbedienung).

Dadurch wird es den Schülerinnen und Schülern erleichtert, die Strukturen, Prozesse und Probleme abzubilden und nachzuvollziehen, mit denen sie in ihrer betrieblichen Praxis zu tun haben.

Die einzelnen Kapitel des Schulbuchs sind einheitlich gegliedert:

1. **Einstieg:**
   Jedes Kapitel beginnt mit einer anschaulichen Problemstellung. Diese Problemstellung ist herausfordernd, aber nicht überfordernd.
2. **Einordnung des Themas:**
   Ein advance organizer stellt anschaulich dar, welche Themenbereiche in dem Kapitel behandelt werden und wo sie im Lernfeld angesiedelt sind. Die Schülerinnen und Schüler werden außerdem über die Kompetenzen informiert, über die sie nach der Bearbeitung des Kapitels verfügen sollen.
3. **Information:**
   Es schließt sich ein ausführlicher Informationsteil mit einer großen Anzahl von Beispielen und weiteren Veranschaulichungen an.
4. **Aufgaben:**
   Sie dienen der selbstständigen Erschließung des Textes und der Vertiefung des Gelernten. Außerdem werden die Methodenkompetenz durch die Anwendung wichtiger Lern-, Arbeits- und Präsentationstechniken eingeübt.
5. **Zusammenfassung:**
   Am Kapitelende werden die wesentlichen Lerninhalte in Form einer farblich hervorgehobenen Übersicht zusammengefasst.
6. **Kompetenzüberprüfung:**
   Am Ende des Kapitels bekommen die Schülerinnen und Schüler einen klaren Überblick über ihren aktuellen Lernstand.

Unser Ziel, ein möglichst hohes fachliches Niveau mit größtmöglicher Verständlichkeit zu erreichen, wird durch weitere Medien unterstützt:

- Das Arbeitsbuch zu diesem Schulbuch enthält Lernsituationen, die auf die Durchführung eines handlungsorientierten Unterrichts ausgerichtet sind. Deren Bearbeitung sichert und erweitert die berufliche Handlungskompetenz.
- Passend zum Lehrwerk stehen zahlreiche digitale Materialien zur Erhöhung des Lernzuwachses bei den Schülerinnen und Schülern zur Verfügung – Filme, Erklär- und Scribble-Videos, interaktive Lernquiz und mehr. Unter www.westermann.de/einzelhandel4-0 finden Sie weitere Informationen und Beispiele der in der BiBox zum Lehrwerk eingebundenen Materialien sowie eine ausführliche Vorstellung des Lehrwerkskonzeptes.

Vorwort zur 2. Auflage

Seit der 1. Auflage hat es einige rechtliche, ökonomische und technische Neuerungen gegeben. Diese wurden eingearbeitet. Zudem haben wir die Anregungen und Vorschläge sehr vieler Leser eingearbeitet. Bei diesen bedanken wir uns explizit.

November 2021 Die Verfasser

Lernfeld 1: Den Einzelhandelsbetrieb erkunden und präsentieren

Lernfeld 2: Die Durchführung eines typischen Verkaufsgesprächs

Lernfeld 3: Kunden im Servicebereich Kasse betreuen

Lernfeld 4: Waren präsentieren

Lernfeld 5: Werben und den Verkauf fördern

Lernfeld 1

Den Einzelhandelsbetrieb erkunden und präsentieren

1.1 Das Modellunternehmen

Problemstellung

Das SüdWestZentrum ist ein im Jahr 2009 eröffnetes Einkaufszentrum in Berlin. In dem Shoppingcenter sind auf knapp 43 000 m² Verkaufsfläche verschiedene Geschäfte untergebracht. Den Kunden werden überwiegend von Einzelhandelsgeschäften Waren sämtlicher Art angeboten. Darüber hinaus verfügt das SüdWestZentrum, kurz SWZ genannt, über Geschäfte, die den Kunden Serviceleistungen anbieten. Es handelt sich zum Beispiel um Fast-Food-Restaurants, die in den beiden Foodcourts der Mall untergebracht sind, und um Cafés.

Geschäft	Branche	Geschäft	Branche
Abenteuer	Outdoorartikel	Beauty World	Kosmetikhandel
Accessoires Berlin	Modeaccessoires	Berlin Info	Tourismus
Adriano	Lederwaren	Bennys Tattoo	Tätowierer
Aimée Chocolat	Süßwarenhandel	Blaue Adria	Eiswaren
Allerlei	Non-Food	Blumeninsel	Floristik
Albert Heise	Erlebnishandel	Body & Soul	Kosmetikartikel
Apotheke SWZ	Heil- u. Verbandsmittel	Bücherwurm	Buchhandel, Medienhaus
Asia Food	Restaurantbetrieb	Call me	Internet, Telefon, Fernsehen
Bequem Schuh	Schuhhandel		

Geschäft	Branche
Cappuccini	Kaffeewaren
Clarissas Haarbedarf	Hairstylingprodukte
Coffeeshop	Restaurantbetrieb
Cool Line Cosmetics	Kosmetikhandel
Cut & Colour	Frisör
Delker	Juwelier
Das Backteam	Backwaren
Dream Dessous	Damenwäsche
Durchblick	Sehhilfen
Fast Snacks	Restaurantbetrieb
Fitness & Sports	Sportbekleidung
FlipFlop	Schuhhandel
Friese Tabakwaren	Tabakhandel
Fashion Jewels	Modeschmuck
Foto Schnell	Fotoentwicklung, -bearbeitung
Helden am Grill	Restaurantbetrieb
Hip Nails	Nagelstudio
Hollers Reinigung	Reinigung
Hüte-Möller	Kopfbedeckungen
I'm walking	Schuhhandel
Kim's Soup House	Restaurantbetrieb
Krause	Juwelier
KGL	Haushaltswaren
LEMI	Lebensmittelhandel
Madame Mim	Damenmode
Marathlon	Sportschuhe
Miss Daisy	Damenmode
Ostsee	Restaurantbetrieb
Profisport	Sportartikel
P4	Internet & Telefon
Paloma	Modeschmuck
Picture Studio	Fotograf
Ristorante Corfu	Restaurantbetrieb
Reformhaus Lobesam	Lebensmittelhandel
Reisebüro Spree	Tourismus
Schau Rein	Souvenirladen
Street Shoes	Schuhhandel
Strike Lanes	Bowling Center
Smartshop	Internet & Telefon
Sergio L.	Herren- und Damenmode
Seven	Damenmode
TakeTwo	Non-Food
Technik Zeller	Elektronikhandel
Taschentraum	Lederwaren
Tamara	Damenmode
Tom Hoss Flagship Store	Damen- und Herrenmode
Underway	Restaurantbetrieb
Welt der Düfte	Parfümerie, Kosmetikhandel
World of Specs	Sehhilfen
Zentaur	Drogerieartikel

EINORDNUNG DES THEMAS

Lernfeld 1: Das Einzelhandelsunternehmen repräsentieren

Betrieb erkunden → Kompetenzen erwerben → Stellung des Betriebes → Ziele des Betriebes → Betriebs- und Verkaufsformen → Gliederung des Betriebes → Warenfluss im Betrieb → Berufsausbildung → Tarifvertrag → Jugendarbeitsschutz → Mitbestimmung → Soziale Sicherung → Präsentation

Kompetenzen

Nach Bearbeitung dieses Kapitels können Sie ...

... den Ausbildungsbetrieb „Tom Hoss KG" präsentieren.
... die Leistungsschwerpunkte und Arbeitsgebiete des dargestellten Einzelhandelsunternehmens darstellen.
... das Unternehmensleitbild der Tom Hoss KG erläutern.
... den eigenen Ausbildungsbetrieb präsentieren.

INFORMATIONSTEXT

Zahlreiche im SüdWestZentrum ansässige Unternehmen bilden Auszubildende aus. In der Berufsschule treffen sich:

Stefanie Beyer,

Jakub Nowak,

Martin Klages und

Shirin Gül.

Alle vier haben ihre Ausbildung zur/zum Kauffrau/Kaufmann im Einzelhandel in einem Geschäft des SWZ begonnen.

Tom Hoss KG – das Unternehmen

Stefanie Beyer und Jakub Nowak werden in der Filiale des weltweit tätigen Textilwarenhändlers „Tom Hoss KG“ im SWZ ausgebildet. Tom Hoss gründete im Jahr 1993 ein Kaufhaus für Damen- und Herrenmode. Er verkaufte die Mode zunächst in seinem eigenen kleinen Einzelhandelsgeschäft in Berlin-Friedrichshain. Aufgrund des großen Erfolgs zog das Unternehmen Tom Hoss in größere Geschäftsräume um. Im Jahr 2002 wurde schließlich die Tom Hoss KG gegründet. Das Unternehmen wächst seit der Gründung stetig. Es werden weitere Filialen eröffnet. Die Filiale in Berlin wurde zusammen mit dem SüdWestZentrum im September 2009 eröffnet. Sie ist das Aushängeschild des Unternehmens.

Die Filiale im SWZ betreut den Onlineshop der Tom Hoss KG, da es sich um das Haupthaus in Deutschland handelt. Der Shop ist seit dem 1. Januar 2011 online.

Unternehmensgegenstand

Die Tom Hoss KG ist ein Unternehmen, das mit Textilwaren aller Art für Damen und Herren handelt. Die Tom Hoss KG verkauft auch Sportartikel und -geräte. Diese Ergänzung des Warensortiments hat sich dadurch ergeben, dass insbesondere die Sport- und Outdoormode verstärkt nachgefragt wird. Die Kunden erhalten hier die Möglichkeit, ihren Einkauf vollumfänglich bei der Tom Hoss KG zu tätigen. In 28 Filialen werden den Kunden deutschlandweit die Waren angeboten. Die Filialen befinden sich in guter zentraler Lage in Deutschlands Großstädten. Insgesamt ist die Tom Hoss KG in 22 Städten vertreten. Die deutschen Filialen haben eine Verkaufsfläche von zusammen ca. 30 000 m². Sie beschäftigen über 1000 Mitarbeiter in Voll- und Teilzeit. Zusätzlich betreibt die Tom Hoss KG einzelne Filialen im europäischen Ausland.

Die Filiale im SWZ ist die Hauptfiliale der Tom Hoss KG, der sogenannte „Flagship Store“.

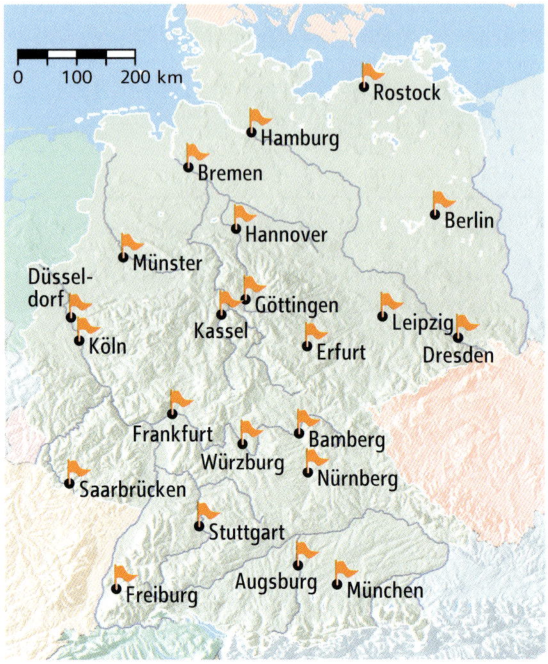

Die Anschrift der Filiale lautet:

Grunerstraße 120
10169 Berlin
Telefon: 030 750610-100
E-Mail: info-SWZ@tomhoss-wvd.de

Die Geschäftsräume im SWZ hat die Tom Hoss KG von der Betreibergesellschaft des SWZ, der SüdWestZentrum GmbH, gemietet.

Da es sich um eine große Filiale handelt, sind für jede Etage und für die Organisation zusätzlich leitende Angestellte verantwortlich.

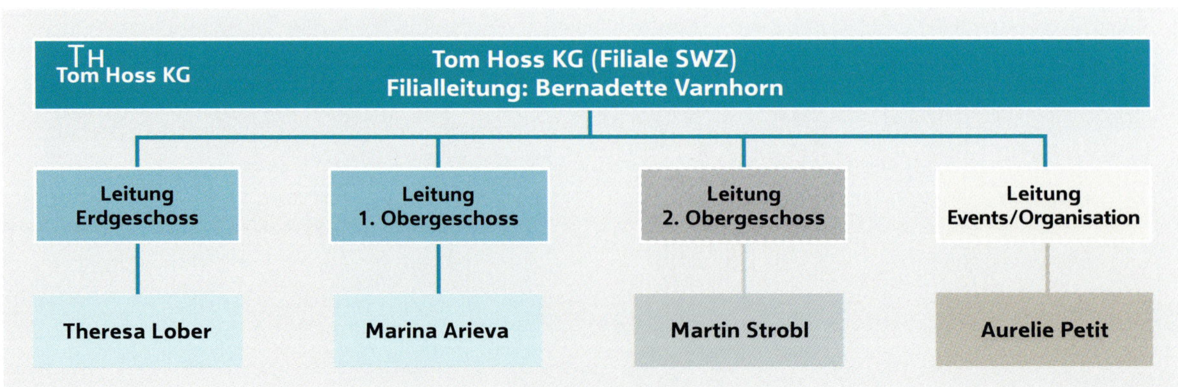

Die Filiale erstreckt sich über drei gleich große Etagen. Auf jeder Etage befinden sich 500 m² Verkaufsfläche. Die aktuelle Aufteilung in den Etagen sieht wie folgt aus:

Grundriss Erdgeschoss

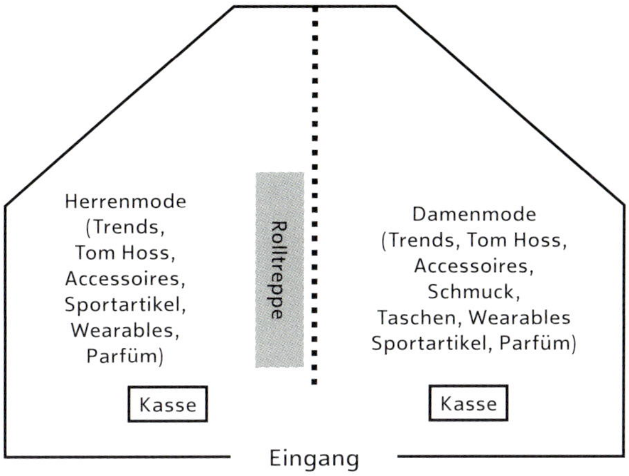

Grundriss 1. Obergeschoss

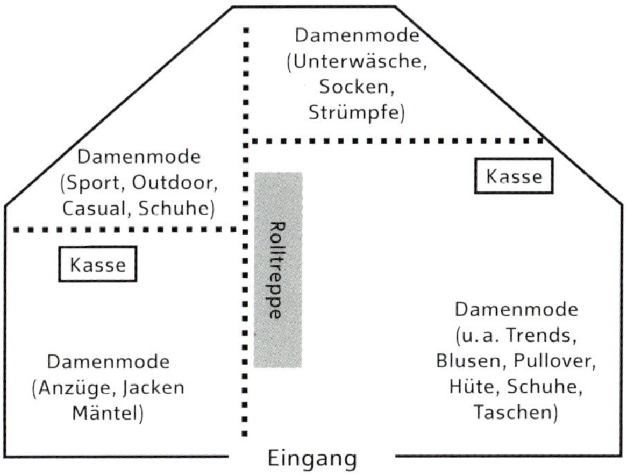

Grundriss 2. Obergeschoss

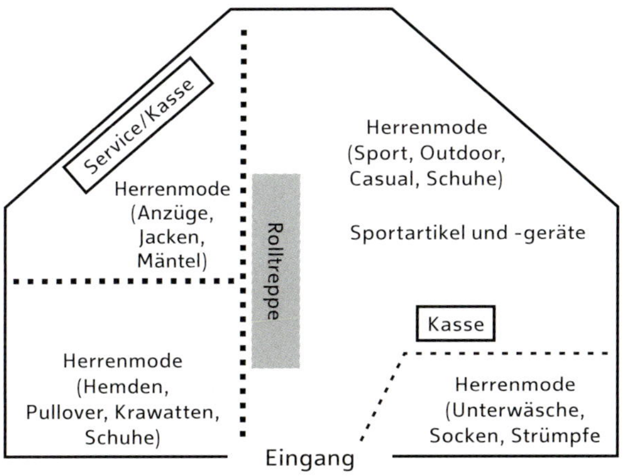

Die Aufteilung wird bei Bedarf angepasst. Die Verkaufsräume sind offen gestaltet. Die Grenzen zwischen den Bereichen in den einzelnen Etagen bilden die Hauptgänge. Auf jeder Etage können die Kunden durch einen Eingang aus dem SWZ die Filiale betreten. Ebenso können sie innerhalb der Filiale die Rolltreppe nutzen. Im Erdgeschoss finden zu besonderen Anlässen Empfänge, Neuvorstellungen und Präsentationen statt.

In der Filiale des SWZ sind aktuell 60 Mitarbeiter in Voll- und Teilzeit beschäftigt. Hinzu kommen insgesamt sechs Auszubildende, die dieser Filiale zugeordnet sind.

Die Filiale im Zentrum hat von Montag bis Samstag jeweils von 10:00 Uhr bis 21:00 Uhr geöffnet. Die Öffnungszeiten der übrigen Filialen weichen ab. Sie sind abhängig von den Öffnungszeiten der Einkaufscenter, in denen sie angesiedelt sind.

Neben dem Flagship Store befindet sich noch eine weitere Tom-Hoss-Filiale in Berlin am Kurfürstendamm 132, 10719 Berlin. Hier werden den Kunden auf zwei Etagen mit insgesamt 800 m² Verkaufsfläche die Waren der Marke Tom Hoss angeboten.

Das Unternehmen wird in der Rechtsform einer Kommanditgesellschaft betrieben. Die Firma lautet „Tom Hoss KG“. Herr Tom Hoss ist selbst der Komplementär (Vollhafter) der Hoss KG. Als Kommanditisten (Teilhafter) sind seit der Gründung Julia Hoss, die Tochter von Tom Hoss, und Bertolt Beier an der Tom Hoss KG beteiligt.

Im Rahmen der Sortimentsbildung hat sich die Tom Hoss KG entschieden, den Kunden eine noch interessantere Warenauswahl zu bieten. So sollen neue Trends aufgenommen werden. Die Tom Hoss KG wird in Zukunft deshalb im Bereich der Sportartikel auch Fahrräder und E-Bikes verkaufen.

Die Zentralverwaltung der Tom Hoss KG befindet sich unter folgender Adresse:

Tom Hoss KG
Mühlenstraße 81
10243 Berlin/Friedrichshain
Telefon: 030 750610-0
Fax: 030 750610-11
E-Mail: service@tomhoss-wvd.de
Internet: www.tomhoss-wvd.de

Die Bankverbindungen des Unternehmens lauten wie folgt:

Deutsche Bank	
IBAN:	DE59250700700063620900
BIC:	DEUTDE2HXXX
Bankleitzahl:	25070070
Kontonummer:	063620900
Commerzbank AG	
IBAN:	DE34 3708 0040 0489 0024 28
BIC:	DRESDEFF370
Bankleitzahl:	37080040
Kontonummer:	0489002428

Weitere wichtige Unternehmensdaten:

Finanzamtsdaten:	
Finanzamt Friedrichshain-Kreuzberg	
Steuernummer:	14/130/23354
USt-ID:	DE 121287018
EORI-Nr.:	DE3455291

Die Auszubildenden werden grundsätzlich in der Filiale ausgebildet, der sie zugeordnet sind.

Einen Teil der Ausbildung absolvieren die Auszubildenden in der Firmenzentrale der Tom Hoss KG in Friedrichshain, damit alle berufspraktischen Tätigkeiten erlernt werden können. Die Firmenzentrale in der Mühlenstraße ist wie folgt organisiert:

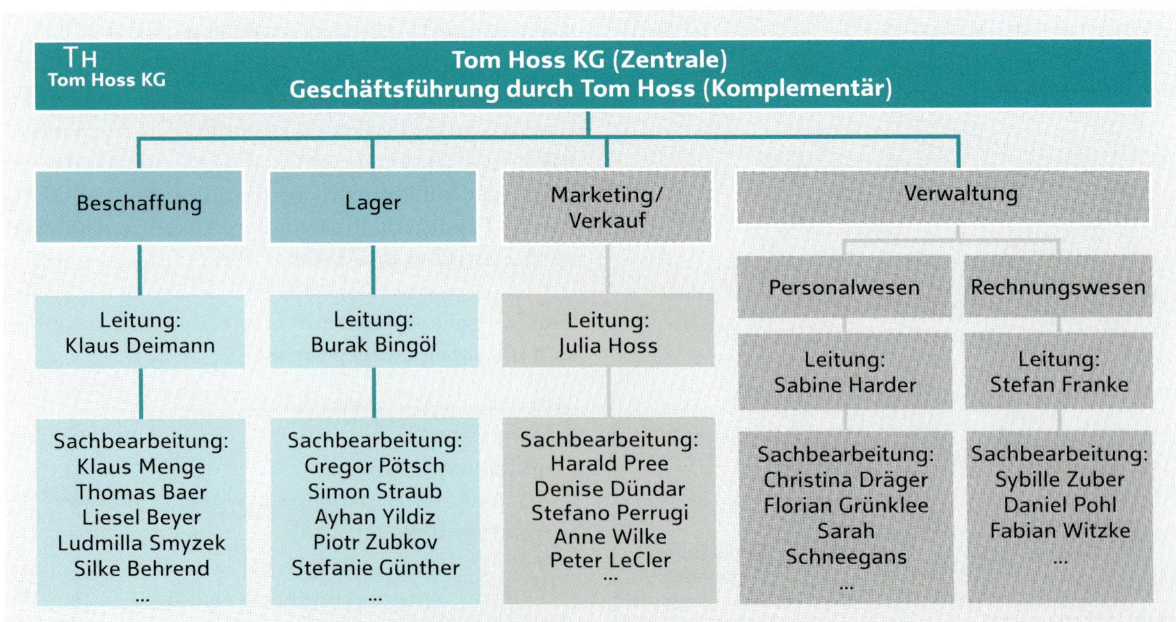

532112

Leitbild des Unternehmens

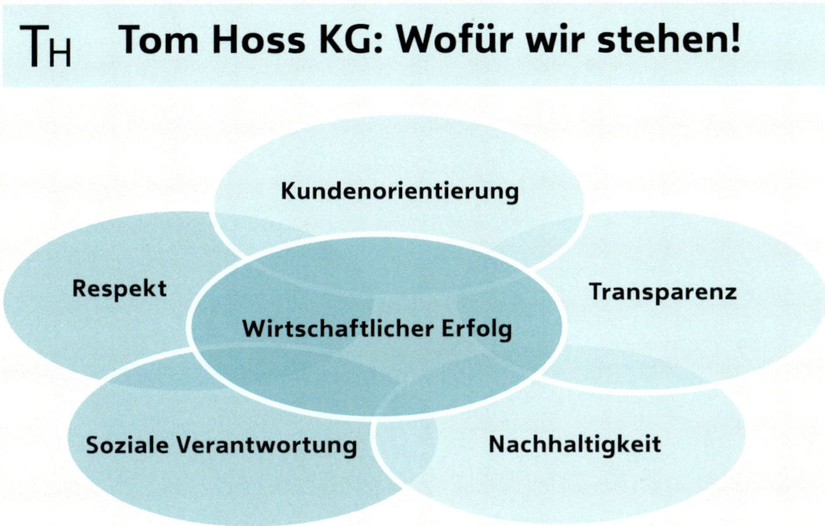

Die Mitarbeiter der Tom Hoss KG orientieren ihr unternehmerisches Handeln an sechs Grundwerten.

Diese Werte wurden durch Mitwirkung aller Arbeitnehmer der Tom Hoss KG vor sechs Jahren erstellt und werden eingehalten und respektiert.

Auszug aus dem Leitbild der Tom Hoss KG:

1. **Wirtschaftlicher Erfolg**
   Wir orientieren unser unternehmerisches Handeln an der Erzielung von wirtschaftlichem Erfolg. Wirtschaftlicher Erfolg ist die Grundlage unseres funktionierenden Unternehmens. Um diesen Erfolg zu erreichen, arbeiten wir in allen Bereichen des Unternehmens mit Zielvereinbarungen.
2. **Kundenorientierung**
   Im Mittelpunkt unseres Handelns steht der Kunde. Unser Ziel ist es, ihm ein perfektes Einkaufserlebnis zu ermöglichen.
3. **Transparenz**
   Wir sprechen offen über berufliche Anliegen. Dies gilt für positive Anliegen und auch für mögliche Probleme. Dadurch schaffen wir das Arbeitsumfeld, das wir uns alle wünschen. Der kooperative Führungsstil unterstützt ein offenes Betriebsklima.
4. **Nachhaltigkeit**
   Wir wissen, dass eine langfristige Existenz nur durch sorgsame Nutzung sämtlicher Ressourcen möglich ist. Auf die Schonung natürlicher Ressourcen wird insbesondere bei Produktions- und Beschaffungsprozessen geachtet.
5. **Soziale Verantwortung**
   Wir denken in unserem unternehmerischen Handeln stets an die Auswirkungen auf die Gesellschaft, Mitmenschen und Umwelt. Sie zu respektieren ist Ziel unserer Tätigkeit.
6. **Respekt**
   Wir behandeln alle Lebewesen respektvoll. Probleme beseitigen wir frühzeitig und konstruktiv und schaffen so die Grundlage für ein vertrauensvolles und offenes Arbeitsklima und ein perfektes Einkaufserlebnis unserer Kunden.

Die Zufriedenheit unserer Mitarbeiter ist uns wichtig. Aus diesem Grund gibt es ein flexibles Arbeitszeitmodell. Den Mitarbeitern wird die Möglichkeit gegeben, den Umfang ihrer Arbeitszeit zu wählen. Ferner versuchen wir die Wünsche der Mitarbeiter bezüglich der Tageszeit, zu der die Arbeitsleistung zu erbringen ist, zu erfüllen. Wir bieten für unsere Mitarbeiter weitreichende Angebote zur Fort- und Weiterbildung an. Neben unseren eigenen hausinternen Fortbildungsmaßnahmen fördern wir auch die Weiterbildung bei fremden Anbietern.

Handelsregister A des Amtsgerichts Berlin Tempelhof-Kreuzberg					HRA 61777
Nummer der Eintragung	**a) Firma** **b) Sitz, Niederlassung, Zweigniederlassungen** **c) Gegenstand des Unternehmens**	**a) Allgemeine Vertretungsregelung** **b) Inhaber, persönlich haftende Gesellschafter, Geschäftsführer, Vorstand, Vertretungsberechtigte und Vertretungsbefugnis**	**Prokura**	**a) Rechtsform, Beginn und Satzung** **b) Sonstige Rechtsverhältnisse** **c) Kommanditisten, Mitglieder**	**a) Tag der Eintragung** **b) Bemerkungen**
1	**2**	**3**	**4**	**5**	**6**
1	a) Tom Hoss KG b) Berlin c) Handel mit Textilwaren	a) Jeder persönlich haftende Gesellschafter vertritt einzeln. b) Persönlich haftender Gesellschafter: Tom Hoss	Gesamtprokura gemeinsam mit einem persönlich haftenden Gesellschafter oder anderen Prokuristen Hoss, Julia, Berlin Deimann, Klaus, Berlin	a) Kommanditgesellschaft Beginn: 12.07.2002 c) Kommanditist(en): Hoss, Julia, Berlin, Einlage: 200.000,00 € Beier, Bertolt, Hamburg, Einlage: 200.000,00 €	a) 12.07.2002 Liebherr
2	…	…	…	…	…

Die Marke „Tom Hoss“

Seit drei Jahren produziert das Unternehmen in der extra dafür gegründeten Tom Hoss GmbH die Produkte der Hausmarke „Tom Hoss“. Die Tom Hoss GmbH ist ein Tochterunternehmen der Tom Hoss KG. Alleiniger Geschäftsführer ist Tom Hoss selbst. Die Marke wird in allen Filialen der Tom Hoss KG angeboten. Neue Kollektionen der Marke werden grundsätzlich in der Niederlassung im SWZ im Rahmen einer Modenschau vorgestellt, bevor sie in den Filialen verkauft werden. Aufgrund des großen Erfolgs wird die Marke „Tom Hoss“ mittlerweile auch von einigen anderen Kaufhäusern in Deutschland und dem restlichen Europa angeboten.

Personalvertretung

Im Unternehmen sind ein Betriebsrat und eine Jugend- und Auszubildendenvertretung eingerichtet. Der Betriebsrat vertritt die Interessen der Arbeitnehmer gegenüber dem Arbeitgeber. Er hat Rechte bei Kündigungen und Einstellungen. Der Betriebsrat wird für jeweils vier Jahre durch die Arbeitnehmer gewählt. Die letzte Wahl fand vor einem halben Jahr statt. Vorsitzende des Betriebsrats ist Frau Diedrichs, ihr Stellvertreter Herr Weidner. Daniela Stange ist Vorsitzende der Jugend- und Auszubildendenvertretung. Sie vertritt die Interessen der jugendlichen Arbeitnehmer.

Einmal im Vierteljahr wird eine Betriebsversammlung durchgeführt, bei der alle Mitarbeiter die Gelegenheit bekommen, neue Ideen vorzuschlagen, Verbesserungsvorschläge zu machen, aber auch aktuelle Probleme anzusprechen. Dadurch herrscht bei der Tom Hoss KG ein ausgesprochen gutes Betriebsklima. In regelmäßigen Abständen finden für die Mitarbeiter Schulungen statt.

Insgesamt gilt bei allen Mitarbeitern der Tom Hoss KG das Motto: Der Kunde steht im Mittelpunkt. Weiterhin wird auf die Warenpflege besonderer Wert gelegt.

Auswahl von Lieferanten der Tom Hoss KG

22001	Vernesse GmbH	Neuer Weg 27	26135	Oldenburg	Textilwaren
22002	Marco Habich e. K.	Silberbergweg 29	39128	Magdeburg	Textilwaren
22003	Silvio Hermes	Prinz-Georg-Straße 114	40479	Düsseldorf	Designerkleidung
22004	Sportiva GmbH	Sportivaweg 1	91074	Herzogenaurach	Sportbekleidung
22005	Lauther GmbH	Friedrichstraße 140	10117	Berlin	Rechtsanwalt
22006	Diamond GmbH	Kabelweg 18	12347	Berlin	Schmuck
22007	Textila AG	Mainzer Str. 75	60329	Frankfurt	Textilwaren
22008	Hoffmann KG	Bergener Str. 6a	30625	Hannover	Textilwaren
22009	Universa AG	Am Brink 10	34329	Nieste	Textilwaren
22010	Hockmann Textilgroßhandel	Kaiserswertherstr. 137	40474	Düsseldorf	Textilwaren
22011	Spindler KG	Halberstädter Str. 16	31141	Hildesheim	Textilwaren
22012	ActiveTex GmbH	Castroper Hellweg 109	44805	Bochum	Textilwaren
22013	Tee-Time GmbH	Ullsteinstr. 120	12109	Berlin	Golfbekleidung
22014	Saskia Meinert	Mühlweg 15	12587	Berlin	Textilwaren
22015	Green Mary GmbH	Karl-Marx-Straße 9	15732	Schulzendorf	Ökologische Damenbekleidung
22016	5 Star Deluxe GmbH	Havelpassage 1	16761	Hennigsdorf	Schmuckgroßhandel
22017	Wervollst AG	Stettiner Str.9	37154	Northeim	Herrenmode

22018	Stoffhandel Mührig	Hammer Steindamm 62	20535	Hamburg	Stoffhandel
22019	Elser GmbH & Co KG	Wangener Str. 22	88069	Tettnang	Textilwaren
22020	Peter Pührt	Kohlerstr 33	90480	Nürnberg	Textilwaren
22021	Ernst Puszkat KG	Pfarrer-Brantzen-Str. 84	31542	Bad Nenndorf	Textilwaren
22022	Seidenhandel Groß	Adlerhorst 1	22459	Hamburg	Seidengroßhandel
22023	Kookoh GmbH	Choriner Str. 23	10435	Berlin	Werbeagentur
22024	Siegfried Heller	Kurfürstendamm 120	10711	Berlin	Steuerberater
22025	Tramm Verpackungen GmbH	Breslauer Str. 12	37154	Northeim	Versandmaterial
22026	Vogel Bürotechnik	Florastraße 19	12163	Berlin	Bürotechnik und -möbel
22027	Russ Spedition	Ostendstraße 25	12459	Berlin	Spedition

LEMI AG – das Unternehmen

In der Filiale der LEMI AG im Untergeschoss des SüdWestZentrums werden Martin Klages und Shirin Gül ausgebildet.

Die LEMI AG ist eine deutschlandweit tätige Supermarktkette, die ihren Kunden sämtliche Artikel des täglichen Bedarfs zum Kauf anbietet. Die Zentrale der LEMI AG sitzt ebenfalls in Berlin. Deutschlandweit ist die LEMI AG der größte Lebensmitteleinzelhändler mit mehr als 10.000 Filialen. Das angebotene Warensortiment besteht zu einem großen Teil aus Artikeln, die in jeder Filiale der LEMI AG angeboten werden. Zudem ergänzt jede Filiale das eigene Angebot um Artikel, die aufgrund ihres Standortes lokal nachgefragt werden. Zusätzlich zu den Lebensmitteln wird ein ausgewähltes Sortiment an Non-Food-Artikeln angeboten.

Die Filiale im SWZ wird von Darko Kovac geleitet. Die Waren werden im Untergeschoss auf 500 m² Verkaufsfläche angeboten. Für die unterschiedlichen Warengruppen hat Darko Kovac Sortimentsverantwortliche bestimmt, die das Sortiment – in Abstimmung mit ihm und seinen Stellvertretern – an die Marktanforderungen anpassen.

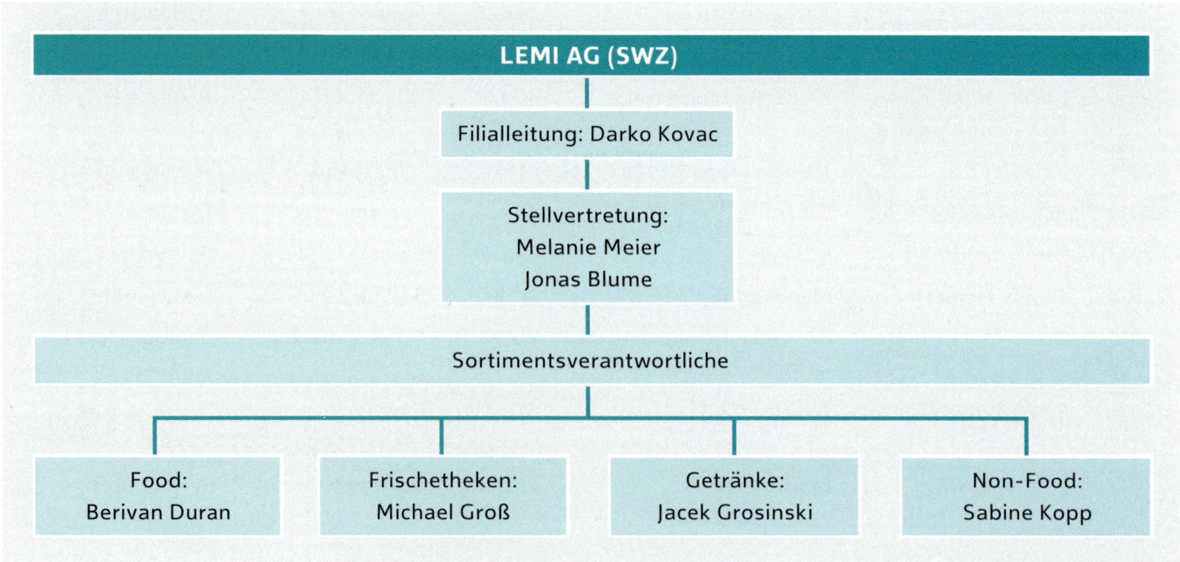

532116

Die LEMI-Filiale im SüdWestZentrum ist grundsätzlich auf Selbstbedienung ausgelegt. An ihren Frischetheken wird aktuell Fleisch (Schwein, Lamm, Geflügel, Rind/Kalb), Käse und eine ausgewählte Auswahl an Fisch in Vollbedienung angeboten.

In der Filiale sind 37 Personen als fest angestellte Arbeitnehmer in Voll- und Teilzeit tätig. Hinzu kommen jeweils zwei Auszubildende zur/zum Kauffrau/Kaufmann im Einzelhandel in jedem Ausbildungsjahr und eine Auszubildende zur Verkäuferin im zweiten Ausbildungsjahr. Die Auszubildenden werden nach einem Ausbildungsplan in allen Servicebereichen des stationären Einzelhandels eingesetzt und ausgebildet.

Die Verwaltung der LEMI AG befindet sich unter folgender Adresse:

LEMI AG
Wadzeckstraße 60
10178 Berlin
Telefon: 030 374767-0
Fax: 030 374767-10
E-Mail: info@lemi_swz-wvd.de
Internet: www.lemi-swz-wvd.de

Die Bankverbindungen des Unternehmens lauten wie folgt:

Deutsche Bank
IBAN: DE49 2507 0070 0086 1567 02
BIC: DEUTDE2HXXX
Bankleitzahl: 25070070
Kontonummer: 086156702

Sparkasse Berlin
IBAN: DE41 1005 0000 0046 2346 57
BIC: BELADEBEXXX
Bankleitzahl: 10050000
Kontonummer: 0489002428

Weitere wichtige Unternehmensdaten:

Finanzamtsdaten:
Finanzamt Friedrichshain-Kreuzberg
Steuernummer: 14/130/49001
USt-ID: DE 299316477

Auswahl von Lieferanten der LEMI AG

24001	Mitro AG	An der Ostbahn 5	10243	Berlin	Lebensmittel Großhandel
24002	AKTAY Lebensmittel – Groß	Stieffring 4	13627	Berlin	Lebensmittel, Hygieneartikel
24004	LEMI OST Regionalverbund	LEMIstraße 1	39288	Burg (bei Magdeburg)	Lebensmittel, Hygieneartikel
24005	LawYA	Friedrichstraße 140	10117	Berlin	Rechtsanwalt
24006	Diedersen AG	Kabelweg 18	12347	Berlin	Drogerieartikel
24007	Multitan GmbH	Mainzer Str. 75	60329	Frankfurt	Haushaltsartikel
24008	EcoFlex KG	Bergener Str. 6a	20535	Hamburg	Ökologische Lebensmittel
24009	BBSHA	Friedrichstraße 168	10117	Berlin	Steuerberater
24010	Hockmann Textilgroßhandel	Kaiserswertherstr. 137	40474	Düsseldorf	Textilwaren
24023	Kookoh GmbH	Choriner Str. 23	10435	Berlin	Werbeagentur
24024	Siegfried Heller	Kurfürstendamm 120	10711	Berlin	Steuerberater
24027	Berner Spedition	Herzbergstraße 117	10365	Berlin	Spedition

AUFGABEN

1. Was bedeutet die Angabe „HRA 61777 Berlin Tempelhof-Kreuzberg“?
2. Erläutern Sie kurz den Zusatz „KG“ in Tom Hoss KG.
3. Geben Sie an, welche Ziele die Tom Hoss KG laut ihrem Leitbild verfolgt.
4. Beschreiben Sie mit eigenen Worten, was Sie unter den einzelnen Aspekten des Leitbildes der Tom Hoss KG verstehen.
5. Warum sind nur die Lieferanten der Tom Hoss KG angegeben und nicht die Kunden?
6. Erstellen Sie – am besten mithilfe eines entsprechenden Programms – eine Mindmap, die das Unternehmen Tom Hoss KG beschreibt.
7. a) Erkunden Sie Ihr Ausbildungsunternehmen hinsichtlich der Aspekte, über die Sie sich in diesem Kapitel über die Tom Hoss KG informiert wurden.
   b) Fertigen Sie dazu ein Plakat an, das alle wichtigen Angaben visualisiert, also übersichtlich darstellt.
   c) Präsentieren Sie Ihr Ausbildungsunternehmen mithilfe des Plakats Ihren Klassenkameraden.

ZUSAMMENFASSUNG

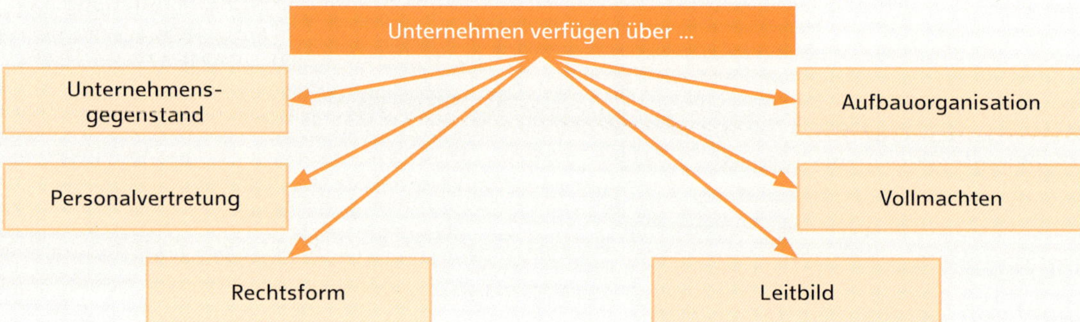

ICH ÜBERPRÜFE MEINE NEU ERWORBENEN KOMPETENZEN

Den Erwerb der zu Beginn aufgeführten Kompetenzen können Sie selbst mithilfe der folgenden Tabelle überprüfen.

Wenn Sie alle Aufgaben, die hinter einer Kompetenz stehen, gelöst haben, machen Sie ein Kreuz bei „Ganz“.

Bei den Kompetenzen, bei denen Sie Aufgaben „Teilweise“ oder „Gar nicht“ gelöst haben, sollten Sie den dazugehörigen Informationstext noch einmal lesen und die Aufgaben anschließend noch einmal bearbeiten.

Was ich nach der Bearbeitung dieses Kapitels kann	Aufgaben	Ganz	Teilweise	Gar nicht
Ich kann ...				
... den Ausbildungsbetrieb „Tom Hoss KG“ präsentieren.	6			
... die Leistungsschwerpunkte und Arbeitsgebiete des beschriebenen Einzelhandelsunternehmens darstellen.	1, 2, 5			
... das Unternehmensleitbild der Tom Hoss KG erläutern.	3, 4			
... den eigenen Ausbildungsbetrieb präsentieren.	7			

1.2 Die Orientierung im neuen Unternehmen

Problemstellung

Stefanie Beyer hat ihren ersten Tag in der Abteilung hinter sich. Kurz vor Feierabend kommt ihre Ausbildungsleiterin, Frau Dräger, zu ihr.

Stefanie Beyer:
„Hallo Frau Dräger!“

Christina Dräger:
„Na, Stefanie, wie geht es Ihnen so nach Ihrem ersten Tag in der Abteilung?“

Stefanie Beyer:
„Ich glaube, ich bin sonst nicht auf den Kopf gefallen, aber heute bin ich doch etwas verunsichert: So viel Neues auf einmal ...!“

1. Führen Sie Gründe auf, warum Stefanie an ihrem ersten Tag in der Abteilung verunsichert ist.
2. Machen Sie Vorschläge, wie Stefanie sich möglichst schnell an ihrem Arbeitsplatz zurechtfinden kann.

EINORDNUNG DES THEMAS

Lernfeld 1: Das Einzelhandelsunternehmen repräsentieren

Betrieb erkunden → Kompetenzen erwerben → Stellung des Betriebes → Ziele des Betriebes → Betriebs- und Verkaufsformen → Gliederung des Betriebes → Warenfluss im Betrieb → Berufsausbildung → Tarifvertrag → Jugendarbeitsschutz → Mitbestimmung → Soziale Sicherung → Präsentation

Kompetenzen

Nach Bearbeitung dieses Kapitels können Sie ...

... nachvollziehen, dass Sie sich auf die schwierigen ersten Tage in einem neuen Unternehmen gut vorbereiten müssen.
... sich angemessen am neuen Arbeitsplatz verhalten.
... erste Beispiele für sozialkompetentes Verhalten anführen.
... wichtige Strukturen und Besonderheiten eines neuen Arbeitsplatzes identifizieren (erkennen).
... heutige Anforderungen an Arbeitnehmer erläutern.

INFORMATIONSTEXT

Orientierungsschwerpunkte der ersten Arbeitstage

Die ersten Tage in einem neuen Unternehmen werden oft als sehr schwierig empfunden:

- Das gesamte Unternehmen ist unbekannt. Das betrifft sowohl den Aufbau des Betriebs als auch die Hierarchie und die Stellung bzw. die Aufgaben der Abteilungen.
- Unternehmen haben häufig eine eigene Unternehmensphilosophie, nach der sie und die Mitarbeiter handeln. Eine Unternehmensphilosophie ist ein gemeinsamer Leitgedanke für die Führung eines Unternehmens.
- Die Arbeitsabläufe im Unternehmen sind noch nicht vertraut.
- Auszubildende kannten bisher nur die Schule, jetzt sind sie in einer neuen Welt. Mit dem Eintritt in ein Unternehmen gelten bestimmte Regeln, die für die Arbeit am Arbeitsplatz unerlässlich sind.

Der erste Eindruck, den ein neuer Mitarbeiter macht, ist besonders wichtig: Er wirkt sich darauf aus, wie man zukünftig im Unternehmen wahrgenommen wird. Auf diese ersten Tage sollte man gut vorbereitet sein. Je schneller Auszubildende die Unsicherheit der ersten Tage ablegen, desto erfolgreicher wird die Ausbildungszeit werden.

Folgende Punkte sollten daher so früh wie möglich geklärt werden:

- Wie verhält man sich – gerade in den ersten Tagen – erfolgreich am Arbeitsplatz?
- Wie ist das Unternehmen aufgebaut?
- Welche Besonderheiten kennzeichnen das Unternehmen?

Verhalten am neuen Arbeitsplatz

Ein Auszubildender muss in seinem Ausbildungsbetrieb die Regeln der Arbeitswelt beachten. Manche Regeln sind schon aus der Schule bekannt. Manche Regeln sind für den Auszubildenden jedoch neu.

- **Kleidung**
  Wer ernst genommen werden möchte, kleidet sich angemessen und dem Unternehmen entsprechend.
- **Siezen**
  Grundsätzlich beginnt der erste Kontakt im Geschäftsleben mit dem „Sie". Wenn in einigen Abteilungen das „Du" üblich ist, wartet man, bis es einem offiziell angeboten wird.
- **Ordnung**
  Ein ordentlicher Arbeitsplatz zeigt, dass man übersichtlich und verantwortungsvoll arbeitet.
- **Einsatzfreude**
  Gerade von neuen Mitarbeitern wird viel Engagement (=Einsatzbereitschaft) erwartet.
- **Pünktlichkeit**
  Kollegen und Vorgesetzte messen die Einsatzbereitschaft neuer Mitarbeiter auch an der Pünktlichkeit. Dies gilt nicht nur für den Beginn der Arbeitszeit, sondern auch für Termine im Betrieb wie z. B. Besprechungen.
- **Mut zum Fragen**
  Zwar will man oft beweisen, dass man die richtige Person für den Ausbildungsplatz ist. Aber in der Ausbildung ist es wichtig, Fragen zu stellen. So zeigt man Interesse an der Arbeit und vermeidet Fehler. Gerade am Anfang kann man im Unternehmen noch nicht alles richtig machen.
- **Höflichkeit**
  Höflichkeit ist selbstverständlich: Sie sorgt für einen angenehmen und rücksichtsvollen Umgang, wenn Menschen aufeinandertreffen. Zudem ist sie ein Ausdruck von Respekt gegenüber dem anderen.

BEISPIEL

Jakub Nowak wird von allen in der Abteilung, aber auch von vielen im Privatleben als höflich empfunden:

- Er grüßt andere und verabschiedet sich von ihnen.
- Andere Personen werden von ihm nicht in peinliche Situationen oder in Verlegenheit gebracht.
- Er bedankt sich. Er fordert aber selber keinen Dank ein.

- Mit anderen Personen spricht er in einer angemessenen Form. Er verwendet weder Slang (eine häufig grammatisch nicht einwandfreie Art der Umgangssprache) noch Schimpfwörter.
- In der Straßenbahn bietet er älteren Menschen oder Frauen mit Kindern seinen Sitzplatz an.

Höflichkeit im Beruf. Bitte recht freundlich!

[...] Türen, die keiner mehr aufhält, Termine, die keiner mehr einhält, Manieren, die keiner mehr aufrechthält, die Liste der Unhöflichkeiten ist so lang wie das Gesicht derjenigen, die Freundlichkeit im Umgang mit anderen als Grundvoraussetzung für ein gutes Arbeitsklima wahrnehmen. „Höflicher Umgang ist ein entscheidendes Kriterium für gute Zusammenarbeit und hat etwas mit Respekt zu tun. Aber der geht verloren", bestätigt Coach Doris Brenner. [...]

Sie ist überzeugt: „Ich kann mit meiner Freundlichkeit nur gewinnen. Wie es in den Wald hineinruft, so schallt es heraus. Das ist ein wichtiger Satz, auch wenn er abgedroschen klingt. „Unhöflichkeit hingegen enttäuscht, frustriert, bremst Einsatzfreude aus. „Wenn ich von einem Menschen höflich behandelt werde, freue ich mich auf die Zusammenarbeit, gleich ob Kollegen, Kunden oder Lieferanten", sagt Doris Brenner. [...]

Wer Höflichkeit ins zu vernachlässigende Feld sogenannter Softskills verweist, der hat möglicherweise keine Auslandserfahrung. „Interkulturell gelten wir Deutschen als schroff, kurz angebunden, sehr sachorientiert", sagt Brenner, die unter anderem eine Zeit in den Vereinigten Staaten verbracht hat. „Wir werden geschätzt als diejenigen, die Termine einhalten, gute Arbeit leisten. Aber nur inhaltlich zu argumentieren, das kann dazu führen, dass Geschäfte nicht zustande kommen. Verkauf ist letztendlich auch Beziehungsarbeit." [...]

Quelle: „Bitte recht freundlich!" (FAZ.NET vom 22.02.2013 von Ursula Kals) © Alle Rechte vorbehalten. Frankfurter Allgemeine Zeitung GmbH, Frankfurt. Zur Verfügung gestellt vom Frankfurter Allgemeine Archiv

Erkundung des neuen Unternehmens

Um das eigene Interesse am Unternehmen zu verdeutlichen, sollten neue Mitarbeiter und Auszubildende so viel Wissen wie möglich über das Unternehmen in Erfahrung bringen. In den ersten Tagen müssen sie dazu sehr viele Informationen sammeln:

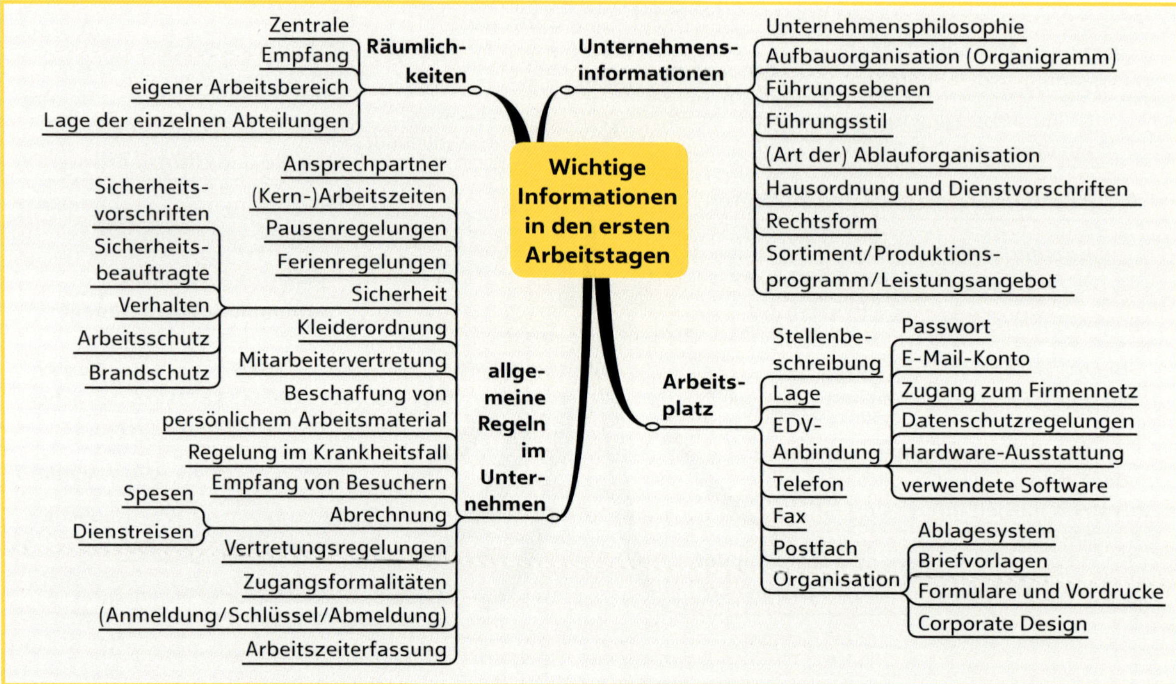

Besonders wichtige Fragen

Ein besonderes Augenmerk wird auf die Beantwortung der folgenden Fragen gelegt.

Wie ist das Waren- und Dienstleistungsangebot des Ausbildungsbetriebes?
Der Ausbildungsbetrieb lebt vom reibungslosen Angebot und Absatz seiner Waren und Dienstleistungen. Daher muss ein neuer Mitarbeiter das Waren- und Dienstleistungsangebot des Betriebes so schnell wie möglich kennenlernen.

Welche Informationen werden benötigt, um sofort mit der Arbeit am Arbeitsplatz loslegen zu können?
Als Erstes muss die direkte Umgebung des Arbeitsplatzes erkundet werden.

BEISPIEL

Für einen erfolgreichen Start am Arbeitsplatz klärt Stefanie Beyer erst einmal:

- Wie werden Postein- und -ausgänge gehandhabt?
- Wie wird die Post verteilt?
- Wie funktioniert die Telefonanlage?
- Wie meldet man sich am Telefon?
- Wer ist für welche Unterschriften zuständig?
- Woher bekommt man Formulare und anderes Büromaterial?
- Wo befinden sich Arbeitsunterlagen, auf die jeder zugreifen kann?
- Wo sind Kopierer und Faxgerät?

Wie ist die Aufbauorganisation im Unternehmen gestaltet?
Unter der Aufbauorganisation versteht man die hierarchische Struktur eines Unternehmens. Es wird zum Beispiel geregelt, wer wem Anweisungen geben darf: Unternehmen sind unterschiedlich aufgebaut. Ein **Liniensystem** liegt vor, wenn die Abteilungen nach den Tätigkeiten (z. B. Einkauf, Produktion, Lager, Verkauf) im Unternehmen gebildet werden.

- Um ein **Einliniensystem** handelt es sich, wenn jeder Mitarbeiter einen direkten Vorgesetzten hat.
- Im **Mehrliniensystem** dagegen kann jeder Mitarbeiter bei der Lösung einer Aufgabe Weisungen von unterschiedlichen Vorgesetzten bekommen.

- Eine Mischform ist das **Stabliniensystem.** Das Stabliniensystem ist ein Einliniensystem, das durch Stabsstellen erweitert wurde. Stabsstellen haben keine Weisungsbefugnis. Sie dürfen nur beraten.

BEISPIEL

Die Tom Hoss KG hat ein Stabliniensystem. Dies kann Stefanie Beyer dem Gesamtstellenplan entnehmen (siehe S. 12f.). Herr Pohl als Sachbearbeiter im Rechnungswesen hat als direkten Vorgesetzten nur Herrn Franke als Abteilungsleiter. Dieser wiederum hat als direkten Vorgesetzten nur Herrn Hoss. Herr Mitschke von der Stabsstelle Organisation/EDV darf ihn beraten, ist aber nicht weisungsbefugt.

Wie ist die Unternehmensphilosophie?
Immer mehr Unternehmen sehen einen direkten Zusammenhang zwischen der Zufriedenheit der Kunden und einer erfolgreichen Geschäftstätigkeit. Sie setzen daher eindeutig auf eine kundenorientierte Unternehmensausrichtung.

Im Rahmen der **Kundenorientierung** versucht ein Unternehmen zunächst, alle Kundenerwartungen zu ermitteln und zu analysieren (= untersuchen). Anschließend versucht das Unternehmen, diese Kundenerwartungen mit dem betrieblichen Waren- und Dienstleistungsangebot zu erfüllen. Dadurch sollen langfristig stabile und vorteilhafte Beziehungen zu den Kunden aufgebaut werden.

Nach welchem Grundsatz werden betriebliche Abläufe gestaltet?
In der herkömmlichen Ablauforganisation wird eine Aufgabe von verschiedenen Abteilungen getrennt bearbeitet. Da hier niemand die Verantwortung für den Gesamtprozess hat, führt dies oft zu Problemen.

Ist das Unternehmen dagegen an **Geschäftsprozessen** ausgerichtet, bearbeitet beispielsweise eine Person abteilungsübergreifend den Fall. Ein Geschäftsprozess ist also eine zusammengehörende Folge von betrieblichen Tätigkeiten mit dem Ziel, vom Kunden erwartete Leistungen bestmöglich zu erzeugen.

AUFGABEN

1. Warum werden die ersten Tage in einem neuen Unternehmen als besonders schwierig empfunden?
2. Warum ist es wichtig, sich so schnell wie möglich im Unternehmen zurechtzufinden?
3. Führen Sie fünf wichtige Regeln für das Verhalten am Arbeitsplatz auf.
4. Welche Informationen werden in den ersten Tagen am Arbeitsplatz benötigt?
5. Was ist ein Stabliniensystem?
6. Wozu dient die Kundenorientierung?
7. Was ist ein Geschäftsprozess?
8. Die Sozialkompetenz umfasst alle Kenntnisse, Fertigkeiten und Fähigkeiten, die dazu befähigen, in den Beziehungen zu Menschen situationsgerecht zu handeln.
   Bringen Sie Beispiele für sozialkompetentes Verhalten am Arbeitsplatz.
   Begründen Sie, warum dieses Verhalten wichtig ist.
9. Überprüfen Sie mithilfe der Mindmap auf S. 22, inwieweit Sie sich schon an Ihrem neuen Arbeitsplatz und in Ihrem neuen Unternehmen auskennen.
10. Welche Grundregeln für ein angemessenes Verhalten an einem neuen Arbeitsplatz werden in den folgenden beiden Beispielen gezeigt?
    a)

    b)

11. Recherchieren Sie im Internet nach dem Unternehmensleitbild eines der großen Einzelhandelsunternehmen, das Sie kennen. Vergleichen Sie dieses mit dem Unternehmensleitbild Ihres Unternehmens.

ZUSAMMENFASSUNG

Neu im Unternehmen

entscheidend für erfolgreiche Arbeit am Arbeitsplatz

- Beachtung von Regeln der Arbeitswelt für das Verhalten am Arbeitsplatz
- sofortige Gewinnung von Informationen über das Unternehmen

Man versteht erst dann etwas richtig, wenn man versucht, es einem anderen zu erklären. Dies führt zu einer eigenen gründlichen Auseinandersetzung mit dem gerade behandelten Thema.

1. Suchen Sie sich deshalb einen Partner.
2. Lesen Sie noch einmal die Zusammenfassung. Bei Verständnisproblemen schlagen Sie ggf. noch einmal im Informationstext nach.
3. Einer von Ihnen erläutert die Zusammenfassung dem Partner.
4. Dieser achtet auf Korrektheit und Vollständigkeit und wiederholt noch einmal.

ICH ÜBERPRÜFE MEINE NEU ERWORBENEN KOMPETENZEN

Den Erwerb der zu Beginn aufgeführten Kompetenzen können Sie selbst mithilfe der folgenden Tabelle überprüfen.

Wenn Sie alle Aufgaben, die hinter einer Kompetenz stehen, gelöst haben, machen Sie ein Kreuz bei „Ganz". Bei den Kompetenzen, bei denen Sie Aufgaben „Teilweise" oder „Gar nicht" gelöst haben, sollten Sie den dazugehörigen Informationstext noch einmal lesen und die Aufgaben anschließend noch einmal bearbeiten.

Was ich nach der Bearbeitung dieses Kapitels kann	Aufgaben	Ganz	Teilweise	Gar nicht
Ich kann ...				
... nachvollziehen, dass ich mich auf die schwierigen ersten Tage in einem neuen Unternehmen gut vorbereiten muss.	1, 2			
... mich angemessen am neuen Arbeitsplatz verhalten.	3			
... erste Beispiele für sozialkompetentes Verhalten anführen.	7			
... wichtige Strukturen und Besonderheiten eines neuen Arbeitsplatzes identifizieren (erkennen).	4, 6, 8, 9, 11			
... heutige Anforderungen an Arbeitnehmer erläutern.	5, 9, 10			

1.3 Umfassende Handlungskompetenzen der Arbeitnehmer

Problemstellung

In der Berufsschule bekommen die vier Auszubildenden den Auftrag, als Hausaufgabe einen 50-seitigen Text über die wichtigsten Regeln in Verkaufsgesprächen zu lesen: „Diese Regeln zu beherrschen ist absolut wichtig! Ihr braucht sie tagtäglich in euren Verkaufsgesprächen, um diese erfolgreich abzuschließen. Ihr werdet dadurch zu guten Verkäufern. Unser Unternehmen erzielt Umsätze. Außerdem braucht ihr die Regeln für die erfolgreiche Durchführung von Verkaufsgesprächen, aber auch für eure Prüfungen."

Später unterhalten sich die Auszubildenden.

Martin Klages: „Klasse – ich überfliege eben mal schnell den Text – und fertig!"

Stefanie Beyer: „Du hast ja das letzte Mal wegen deiner Grippe gefehlt. Fachtexte sollen wir eigentlich mit der Methode des aktiven Lesens durcharbeiten!"

Martin Klages: „Aktives Lesen? Ich bin beim Überfliegen der Seiten schon aktiv genug."

Stefanie Beyer: „Ich gehe da etwas anders vor ..."

1. Beurteilen Sie die Meinung von Martin Klages.
2. Arbeiten Sie das Kapitel mithilfe der Methode des aktiven Lesens durch.
3. Begründen Sie, warum der Klassenlehrer von Stefanie Beyer nicht nur Fachwissen vermittelt.
4. Geben Sie an, welche Methoden man im ersten Jahr Ihrer Ausbildung beherrschen sollte.
5. Nennen Sie die Methoden, die Sie schon in früheren Schulformen angewendet haben.

EINORDNUNG DES THEMAS

Lernfeld 1: Das Einzelhandelsunternehmen repräsentieren

Betrieb erkunden → **Kompetenzen erwerben** → Stellung des Betriebes → Ziele des Betriebes → Betriebs- und Verkaufsformen → Gliederung des Betriebes → Warenfluss im Betrieb → Berufsausbildung → Tarifvertrag → Jugendarbeitsschutz → Mitbestimmung → Soziale Sicherung → Präsentation

Kompetenzen

Nach Bearbeitung dieses Kapitels können Sie ...

... heutige Anforderungen an Arbeitnehmer erläutern.
... begründen, dass neben der Fachkompetenz auch Methoden- und Sozialkompetenzen zur Handlungskompetenz gehören.
... verschiedene Methoden aufführen und erläutern, die handlungskompetente Mitarbeiter beherrschen müssen.
... verschiedene Methoden zur Strukturierung und Bearbeitung von Arbeitsaufträgen anwenden.
... nachvollziehen, dass Methodenkompetenzen in Ausbildung, Prüfung und Beruf unerlässlich sind.

INFORMATIONSTEXT

Anforderungen an Arbeitnehmer

Nach Ihrer Ausbildung in der Berufsschule und in Ihrem jetzigen Ausbildungsbetrieb treten Sie erstmals als Mitarbeiter in ein Unternehmen ein. Dort werden in Zukunft folgende Anforderungen an Sie als kaufmännische Angestellte gestellt werden:

Qualifikationsprofil kaufmännischer Angestellter

Kaufmännischen Angestellten wurde die Frage gestellt: „Worauf kommt es bei Ihrer Arbeit an?“ Das Ergebnis dieser Umfrage (siehe rechte Spalte, Mehrfachnennungen waren möglich) macht deutlich, dass nicht mehr allein nur Fachkenntnisse von Ihnen erwartet werden. Diese veralten im Laufe der Zeit durch neue Entwicklungen ziemlich schnell. Deshalb wird die Beherrschung von Schlüsselqualifikationen durch Arbeitnehmer als immer wichtiger angesehen.

Schlüsselqualifikationen ermöglichen Ihnen eine umfassende Handlungsfähigkeit in Ihrem zukünftigen Beruf. Um die Arbeit in Ihrem späteren Berufsleben selbstständig planen, ausführen und kontrollieren zu können, sollten Sie also bereits in der Berufsausbildung die Möglichkeit haben, neben Fachkompetenz auch Methoden- und Sozialkompetenz zu erwerben. Machen Sie sich also – ausgehend von konkreten Handlungssituationen – mit den wichtigsten Lern-, Arbeits-, Gesprächs- und Kooperationstechniken vertraut. Dies versetzt Sie in die Lage, die zukünftigen beruflichen Arbeitsaufgaben routiniert und kompetent zu lösen. Sie werden erfolgreich sein, wenn Sie die Bereitschaft mitbringen,

- neue Inhalte, aber auch neue Methoden kennenzulernen und offen und vorurteilsfrei an diese heranzugehen,
- die Arbeitsaufträge gemeinsam mit Ihren Mitschülern und Mitschülerinnen selbstständig zu bearbeiten,
- selber aktiv im Unterricht zu handeln, statt passiv eine Informationsvermittlung nur durch den Lehrer zu „erdulden“.

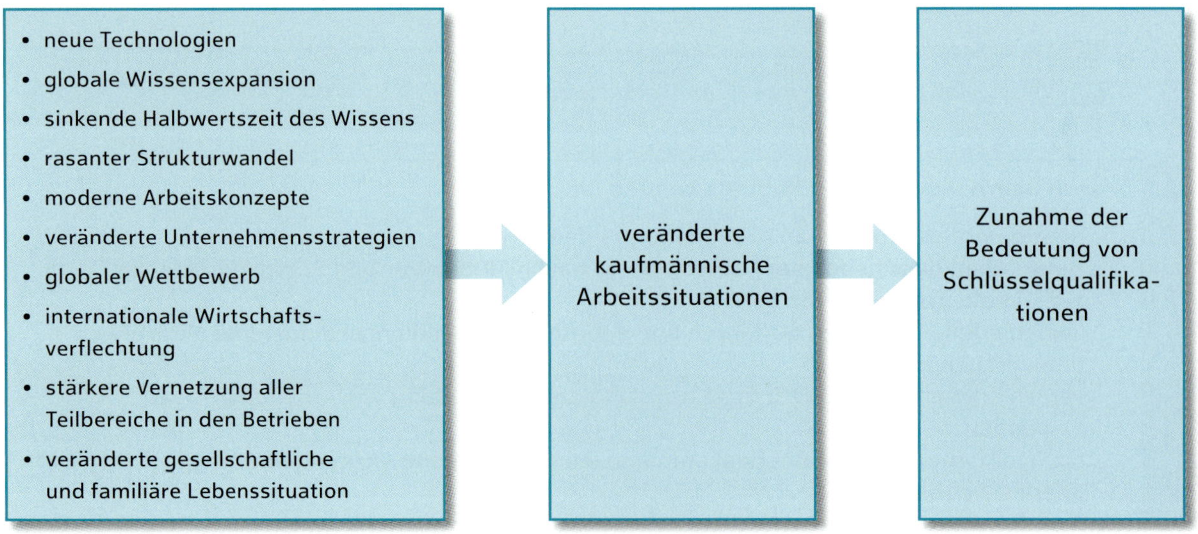

Zu den Schlüsselqualifikationen eines Arbeitnehmers gehören sowohl die Methodenkompetenz als auch die Sozialkompetenz:

- **Methodenkompetenz** ist die Fähigkeit, Arbeitstechniken, Verfahrensweisen und Lernstrategien zur Lösung beruflicher oder privater Problemstellungen sachgerecht, situationsbezogen und zielgerichtet einzusetzen.
- Unter **Sozialkompetenz** versteht man die Summe der Fertigkeiten, die für die soziale Interaktion nützlich oder notwendig sind. Ein sozialkompetenter Arbeitnehmer kann das Verhalten und die Einstellungen anderer Menschen positiv beeinflussen.

Schlüsselqualifikationen

Schlüsselqualifikationen				
Bereich I **Organisation und Ausführung der Übungsaufgabe**	**Bereich II** **Kommunikation und Kooperation**	**Bereich III** **Anwenden von Lerntechniken**	**Bereich IV** **Selbstständigkeit und Verantwortung**	**Bereich V** **Belastbarkeit**
Zielbereich				
Arbeitsplanung, Arbeitsausführung, Ergebniskontrolle	Verhalten in der Gruppe, Kontakt zu anderen, Teamarbeit	Lernverhalten, Auswerten und Weitergeben von Informationen	Eigen- und Mitverantwortung bei der Arbeit	Psychische und physische Beanspruchung
Wesentliche Einzelqualifikationen				
• Zielstrebigkeit • Sorgfalt • Genauigkeit • Selbststeuerung • Selbstbewertung • systematisches Vorgehen • rationelles Arbeiten • Organisationsfähigkeit • flexibles Disponieren • Koordinationsfähigkeit	• schriftliche und mündliche Ausdrucksfähigkeit • Sachlichkeit in der Argumentation • Aufgeschlossenheit • Kooperationsfähigkeit • Einfühlungsvermögen • Integrationsfähigkeit • kundengerechtes Verhalten • soziale Verantwortung • Fairness	• Weiterbildungsbereitschaft • Einsatz von Lerntechniken • Verstehen und Umsetzen von Zeichnungen und Schaltplänen • Analogieschlüsse ziehen können • formallogisches Denken • Abstrahieren • vorausschauendes Denken • Transferfähigkeit • Denken in Systemen, z. B. in Funktionsblöcken • Umsetzen von theoretischen Grundlagen in praktisches Handeln • problemlösendes Denken • Kreativität	• Mitdenken • Zuverlässigkeit • Disziplin • Qualitätsbewusstsein • eigene Meinung vertreten • umsichtiges Handeln • Initiative • Entscheidungsfähigkeit • Selbstkritikfähigkeit • Erkennen eigener Defizite und Grenzen • Urteilsfähigkeit	• Konzentrationsfähigkeit • Ausdauer, z. B. bei Langzeitaufgaben, wiederkehrenden Aufgaben, Unterforderung und Schwierigkeiten • Vigilanz, d. h. Aufmerksamkeit bei abwechslungsarmen Beobachtungstätigkeiten • Frustrationstoleranz • Umstellungsfähigkeit

So viel können wir uns merken, wenn wir:

Passiv	Im Unterricht zuhören → 5 % Selbst etwas lesen → 10 % Gleichzeitig etwas sehen und hören (Bilder, Videos) → 20 % Etwas genau beobachten (Ausstellung) → 30 %
aktiv	Über etwas diskutieren → 50 % Selbst etwas erarbeiten, präsentieren → 75 % Selbst etwas ausprobieren, etwas nachspielen → 90 %

Methodenkompetenz: Arbeitstechniken und Methoden

Um in der zukünftigen Arbeitswelt zu bestehen, müssen Sie eine Vielzahl von Methoden anwenden können.

Strategien zum planvollen Lösen von Aufgaben

Umfangreiche Probleme können im Rahmen der Arbeit durch die systematische Anwendung von **Arbeitsstrategien** gelöst werden. Dieselben Techniken sind oft auch beim Lernen hilfreich. Solche **Lernstrategien** helfen bei der Aufnahme, Verarbeitung und Speicherung neuen Wissens.

Wenn ein Lernender ganz bewusst neues Wissen in bestehendes Vorwissen des Gedächtnisses einbindet, werden die neuen Lerninhalte besser verstanden. Sie können später auch besser behalten und abgerufen werden. Eine solche Vorgehensweise wird auch **Elaborationsstrategie** (Elaboration = Ausarbeitung) genannt.

BEISPIEL

Gelerntes mit eigenen Worten wiedergeben

Hilfreich für das bessere Verstehen und für das bessere Behalten von Lerninhalten sind zudem **Organisationsstrategien.** Dabei werden unübersichtliche und schwer zu lernende Informationen in leicht zu verstehende Gliederungen umgewandelt.

BEISPIEL

Erarbeiten eines Themas mit einer Mindmap, die hilft, Beziehungen zwischen den neuen Lerninhalten herauszuarbeiten

Aktives Lesen

Über 80 % unseres Wissens eignen wir uns durch das Lesen an. Wenn das Lesen ein so zentraler Informationsweg ist, werden sich schlechte Lesegewohnheiten umso nachteiliger auswirken. Sie werden also um die Frage, wie gut Ihr Leseverhalten ist, nicht herumkommen. Unwirksam ist es vor allem dann, wenn Sie einen passiven Lesestil praktizieren. Passiv bedeutet, einen Text lediglich mit dem Auge zu bearbeiten und ihn so ein oder mehrere Male durchzulesen. Dadurch wird das Gedächtnis unterversorgt, die Konzentration belastet und weniger gelernt. Die Alternative zum passiven ist das aktive Lesen: Sie nehmen dabei den Lesestoff auf mehreren Lernwegen auf. Es wird mehr getan als nur gelesen. Wissenschaftliche Untersuchungen haben gezeigt, dass ein aktives Leseverhalten zu deutlich besseren Aufnahme-, Verarbeitungs- und Behaltensleistungen führt als das übliche passive Leseverhalten. Darüber hinaus wird auch Zeit gespart.

Zum aktiven Lesen gehören:

1. das Unterstreichen und Markieren wichtiger Textstellen
2. das Anbringen von Merk- und Arbeitszeichen
   Bringen Sie dort, wo Textstellen eine bestimmte Bedeutung haben, am Rand Zeichen oder Buchstaben an.
3. das systematische und schrittweise Herangehen an den Text mit der **5-Schritt-Methode**:

Schritt 1:

Überfliegen Sie den Text grob.

Sie verschaffen sich durch diagonales Lesen (Querlesen) einen ersten Überblick über den Inhalt des Gesamttextes. Um eine gewisse Vorinformation zu bekommen, lesen Sie rasch – ohne Zeile für Zeile durchzugehen – Überschriften, Einleitungen und Zusammenfassungen. Dadurch wird eine spätere Einordnung der Informationen erleichtert.

Schritt 2:

Stellen Sie Fragen zum Text.

Grundlage sind die Informationen, die Sie im ersten Schritt gesammelt haben. Solche Fragen können sein:

- Welche Kapitel, Absätze, Begriffe sind unbekannt oder unverständlich?
- Wo kann auf gründliches Lesen verzichtet werden?
- Wo kann auf Vorkenntnisse zurückgegriffen werden?
- Welche Informationsquellen müssen bereitgelegt werden?
- Können alte Aufzeichnungen verwendet werden?

Schritt 3:

Lesen Sie den Text gründlich und konzentriert.

Schritt 1 und 2 waren nur die Vorbereitung für das eigentliche Lesen. Es erfolgt dadurch jedoch aktiver, konzentrierter und mit dem Blick auf das Wesentliche.

- Lesen Sie den Text Absatz für Absatz gründlich durch.
- Unterteilen Sie diese Lesephase in kleine Schritte.
  Überlegen Sie nach jedem Schritt, ob die an den Text gestellten Fragen hinreichend beantwortet sind.
- Schenken Sie Zeichnungen, Abbildungen, Tabellen besondere Aufmerksamkeit. Diese können zum besseren Verständnis des Textes beitragen.
- Werten Sie andere Informationsquellen aus, um unbekannte Fachausdrücke und Definitionen kennenzulernen.

Schritt 4:

Verkürzen Sie den Textinhalt auf das Wesentliche.

Durch Unterstreichen wichtiger Textstellen und das Anbringen von Merk- und Arbeitszeichen machen Sie die wichtigsten Aussagen sichtbar. Dieser Schritt ist auch eine Art Selbstkontrolle. Sie überprüfen, ob Sie den eigentlichen Inhalt verstanden haben.

Schritt 5:

Wiederholen Sie den Gesamttext.

Ohne alles gründlich zu lesen, wiederholen Sie vor allem die unterstrichenen bzw. markierten Stellen. Am besten wäre es, wenn Sie die wichtigsten Aussagen in einer Struktur darzustellen versuchen.

Auch wenn Ihnen das aktive Lesen zunächst etwas zeitraubend und umständlich erscheint, werden Sie nach einiger Übung damit sicherlich merken, wie viel schneller und besser Sie sich den Lernstoff einprägen und behalten können.

Folgende Arbeitstechniken und Methoden sind so wichtig, dass sie Ihnen bereits in der Schule vermittelt werden sollten.

Methoden zur selbstständigen Informationsgewinnung

Eine der wichtigsten Schlüsselqualifikationen ist die Fähigkeit zur selbstständigen Informationsgewinnung. In Ihrer Ausbildung und in Ihrem späteren Arbeitsleben müssen Sie alle Methoden zur raschen und sinnvollen Informationsgewinnung beherrschen.
Wichtigste Methoden in diesem Bereich sind:

- aktives Lesen (siehe Seite 28 f.)
- kritisches Lesen
- Exzerpieren (einen Auszug aus einem Text anfertigen)
- Notizen und Mitschriften machen
- Erkundung
- Interview/Sachverständigenbefragung

Methoden zur selbstständigen Informationsverarbeitung

Sowohl in der Schulpraxis als auch im Berufsleben müssen gewonnene Informationen verarbeitet werden. Sie sollten also alle Methoden zur Aufbereitung von Informationen beherrschen. Diese Methoden befähigen Sie, Inhalte

- zu reduzieren (vereinfachen),
- zu strukturieren,
- wiederzugeben,
- darzustellen.

Zu den wichtigsten Methoden in diesem Bereich zählen:

- Inhalte reduzieren und Wesentliches erkennen
- Informationen ordnen und strukturieren
- Bericht schreiben
- Protokoll schreiben
- Tabellen und Schaubilder erstellen und auswerten

Visualisieren, Präsentieren, Moderieren

In Ihrem späteren Berufsleben – aber auch schon jetzt in der Schule – müssen Sie in bestimmten Situationen frei sprechen und argumentieren. Manch einer hat jedoch Hemmungen, vor anderen Personen aufzutreten.

Kundenorientiertes Verhalten und die Fähigkeit, sich selbst mitzuteilen, werden im Berufsleben immer wichtiger. Dazu gehören auch die Bereitschaft und die Fähigkeit zur Teamarbeit. Diese Qualifikationen verlangen von Ihnen die Beherrschung von Methoden, die für eine gedeihliche Zusammenarbeit und Diskussion unabdingbar sind.

Hierfür geeignete Methoden sind:

- Präsentation
- Visualisierung
- Diskussion
- Rollenspiel

Innere und äußere Vorbereitung

Ungünstige Lernbedingungen können den Lernprozess beträchtlich stören. Deshalb sollten Sie einmal genauer untersuchen, wie Ihre Lernumwelt aussieht und wie sie sich auf Ihr Lernverhalten auswirkt. Vielleicht müssen Sie als Folge daraus einiges lernfördernder gestalten.

Wenn Sie sich innerlich auf eine bestimmte Arbeits- bzw. Lernsituation vorbereiten, werden Sie diese erfolgreich bestehen. Sie sollten also

- Ziele festlegen, die Sie anstreben;
- sich motivieren, die festgelegten Ziele zu erreichen;
- konzentriert an dem Erreichen der Ziele arbeiten;
- Stress abbauen, der das Erreichen der Ziele stört.

Ideenfindung und Kreativität

Innovationen (technische Neuerungen) sind ein wichtiger Baustein zur Wettbewerbsfähigkeit und zum wirtschaftlichen Erfolg von Unternehmen. Besondere Wertschätzung werden Mitarbeiter erfahren, die eigene Ideen entwickeln und umsetzen, aber auch an der Gestaltung ihrer Arbeitsplätze mitwirken können. Deshalb fordern die Unternehmen in den kaufmännischen Berufen Kreativität als Bestandteil des Qualifikationsprofils ein. Es ist für Sie daher sinnvoll, sich Methoden anzueignen, die Ihre kreativen Möglichkeiten steigern: Einfallsreichtum, Improvisationsfähigkeit und schöpferische Fähigkeiten werden in kaufmännischen Berufen eine immer wichtigere Rolle spielen. Dazu führen z. B. Methoden wie:

- Brainstorming
- Mindmapping
- Kartenabfrage

Lernen für Prüfungen

Die Unternehmen sind in der Wirtschaft einem ständigen Veränderungsprozess ausgesetzt. Neue Entwicklungen, Positionen, Herausforderungen und Ansprüche werden Sie dazu zwingen, sich neue Inhalte anzueignen. Mit der Schule hört das Lernen also nicht auf, sondern es fängt erst richtig an: Jeder Berufstätige muss heute während seiner Berufslaufbahn häufig Weiterbildungsmaßnahmen besuchen. Nur so kann er den Entwicklungen an seinem Arbeitsplatz oder an neuen Arbeitsplätzen folgen. Er ist dann auch in der Lage, sie einfallsreich mit- und weiterentwickeln zu können.

Deshalb ist es für Sie entscheidend, über geeignete Verhaltensweisen zu verfügen, um

- Inhalte effektiv zu üben und zu wiederholen,
- sich auf Prüfungen angemessen vorzubereiten,
- selbstständig und ohne Druck zu lernen.

Erläuterung einiger wichtiger Methoden

Gruppenarbeit

Die ideale Gruppengröße liegt bei drei (bis sechs) Teilnehmern. Bilden Sie die Gruppen selbst nach Sympathie. Nur bei Problemen bitten Sie den Lehrer um sein Eingreifen.

Die Gruppen sollen selbstständig arbeiten: Die Gruppenmitglieder planen selbst die Herangehensweise an die jeweiligen Arbeitsaufträge, deren Lösung bzw. Durchführung und die sich eventuell anschließende Präsentation. Dabei kann die Gruppe entscheiden, Teilaufgaben in Einzel- oder Partnerarbeit durchzuführen. Die Ergebnisse sollten zu einem gemeinsamen Endergebnis zusammengeführt werden.

Einer der Vorteile von Gruppenarbeit und Teamwork: „Das Ganze ist mehr als die Summe seiner Teile!"

Die wichtigsten Regeln der Gruppenarbeit

- Jeder fasst sich kurz.
- Es redet immer nur eine Person.
- Alle sind für das Gruppenergebnis mitverantwortlich.
- Jeder arbeitet mit.
- An der Ergebnispräsentation sollten möglichst alle Gruppenmitglieder teilnehmen oder diese zumindest gemeinsam vorbereiten und dann einen Sprecher wählen.
- Über den „richtigen" Weg wird diskutiert.
- Diskussionsbeiträge dürfen nicht persönlich verletzend sein.
- Jedes Gruppenmitglied darf sich frei äußern und ausreden. Alle Meinungen werden gegenseitig anerkannt.
- Fühlt sich jemand unwohl, sagt er es sofort.
- Vereinbarte Termine werden eingehalten.
- Jeder ist gegenüber der Gruppe für übernommene Aufgaben verantwortlich.

Um eine erfolgreiche Gruppenarbeit zu fördern, ist die Verteilung von Rollen in den Gruppen sinnvoll. Für die Gruppenarbeit werden grundsätzlich die folgenden fünf Rollen vergeben:

Die Zeitnehmerin/ der Zeitnehmer

achtet darauf, dass die vereinbarte Zeit eingehalten wird. Sie/er erinnert, wenn die Gefahr besteht, dass die Zeit „davonläuft".

Die Gesprächsleiterin/ der Gesprächsleiter

ist Vorsitzende/-r der Gruppe, verteilt die Rollen in der Gruppe, eröffnet das Thema und leitet das Gespräch.

Die Wadenbeißerin/ der Wadenbeißer

achtet darauf, dass abgesprochene Regeln eingehalten werden, z. B.:

- es redet immer nur eine Person
- wir bleiben beim Thema
- spricht per „ich", nicht per „man"

Die Protokollführerin/der Protokollführer

schreibt die Ergebnisse der Gruppenarbeit auf.

Die Präsentierende/ der Präsentierende

trägt die Ergebnisse der Gruppenarbeit vor der Klasse vor.

Die folgenden Rollen können bei umfangreichen Gruppenarbeiten und größeren Gruppen zusätzlich vergeben werden:

Die Gastgeberin/ der Gastgeber

sorgt für eine gute Atmosphäre:

- lüftet den Raum
- regelt die Temperatur
- gestaltet die Sitzordnung
- ...

Die Logbuchführerin/ der Logbuchführer

schreibt Fragen und/oder Anmerkungen auf, die im Anschluss an die Gruppenarbeit im Plenum (also vor der ganzen Klasse) geklärt werden müssen.

Referat

Die Vorbereitung und Durchführung eines Referats erfolgt in verschiedenen Phasen:

- **Information**
  Zunächst einmal müssen Sie sich zum Thema des Referats kundig machen. Mögliche Informationsquellen können Bücher, Lexika, Zeitschriften, das Internet oder Experten sein.
- **Erarbeitung**
  Wählen Sie zunächst die wesentlichen Informationen aus. Ordnen Sie diese und erstellen Sie anschließend eine Gliederung. Dann formulieren Sie das Referat aus. Legen Sie parallel einen Stichwortzettel für den Vortrag an. Überlegen Sie, ob Sie ein Handout an die Zuhörer verteilen wollen.

- **Vortrag**
  Beachten Sie die Regeln der Präsentation und nutzen Sie nach Möglichkeit Medien zur Visualisierung (siehe unten). Tragen Sie frei in Form kurzer Sätze vor.
- **Auswertung**
  Regen Sie nach dem Vortrag eine Diskussion an oder fordern Sie die Zuhörer auf, Fragen zu stellen.

Präsentation[1]

Beginnen Sie eine Präsentation pünktlich und halten Sie die eventuell vereinbarte Zeit ein. Sprechen Sie laut, aber mit einem normalen Sprechtempo. Machen Sie Pausen und unterstreichen Sie Inhalte durch Gestik (dies sind Bewegungen zum Beispiel der Arme). Halten Sie immer Blickkontakt zum Publikum. Visualisieren Sie wichtige Inhalte durch Medien.
Beachten Sie, dass eine Präsentation in der Regel einen typischen Aufbau hat. Sie setzt sich fast immer aus drei Teilen zusammen:

- **Einleitung**
  Nach einer eventuellen Begrüßung und Vorstellung des Präsentierenden sollte über Thema, Ziel, Inhalte und Ablauf der Präsentation informiert werden.
- **Hauptteil**
  Die Inhalte des Vortrags werden dargestellt: Beispielsweise können die Ergebnisse einer Projektarbeit in zeitlicher oder sachlogischer Reihenfolge präsentiert werden.
- **Schluss**
  Die wichtigsten Aussagen werden zusammengefasst. Häufig wird aus ihnen ein Fazit (zum Beispiel eine Schlussfolgerung) gezogen. Auch zu einer folgenden Diskussion kann aufgefordert werden.

Durchführung der Präsentation	
Schritte der Präsentation	**Zeitanteil**
Einleitung • Begrüßung • Thema/Inhalt/Ablauf • Anwärmen	ca. 15 %
Hauptteil • Gliederung der Inhalte • logischer Aufbau • Medien/Visualisierung	ca. 75 %
Schluss • Zusammenfassung • Aufforderung/Appell	ca. 10 %

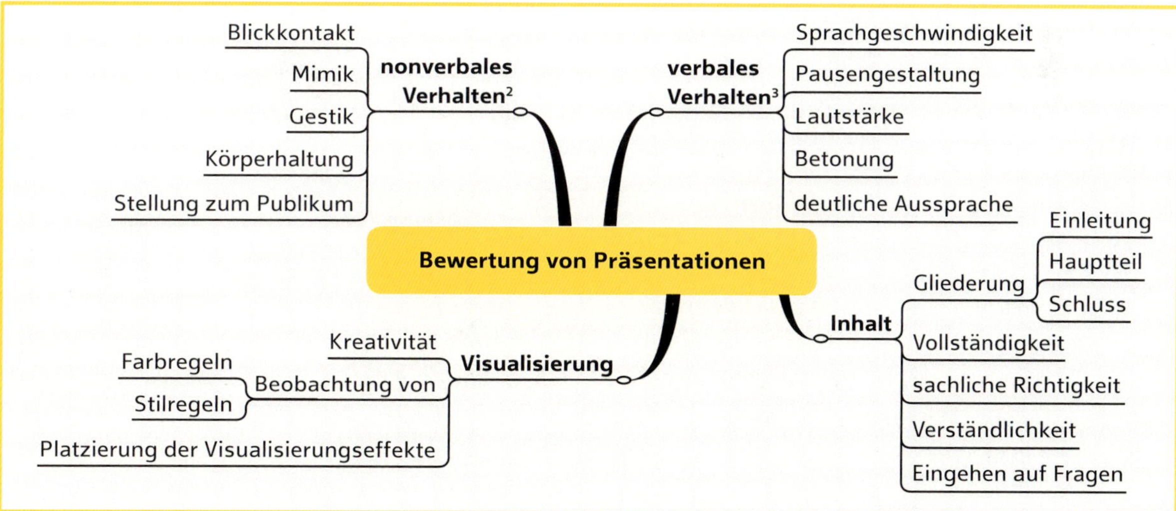

1 siehe auch Kap. 1.19
2 körpersprachliche Äußerungen
3 sprachliche Äußerungen

Feedback-Regeln

Sie erhalten Feedback	Sie geben Feedback
• Hören Sie zu. • Unterbrechen Sie den Feedbackgeber nicht. • Rechtfertigen Sie sich nicht. • Fragen Sie bei Unklarheiten. • Geben Sie Rückmeldung, ob das Feedback hilfreich war.	• Geben Sie der Zielperson zunächst die Möglichkeit, sich kurz zu äußern. • Starten Sie nach Möglichkeit mit positiver Kritik. • Beschreiben Sie nur das, was Sie tatsächlich beobachtet haben und der Wahrheit entspricht. • Sprechen Sie in der Ich-Form. • Führen Sie mögliche Verbesserungsvorschläge auf.

Visualisierung

Visualisierung bedeutet, dass Inhalte durch eine grafische Darstellung veranschaulicht werden. Für die Visualisierung gilt:

- Stellen Sie nur Wesentliches prägnant (knapp und treffend) dar.
- Die Inhalte müssen für die Zuhörer leicht erkennbar und lesbar sein.
- Gliedern Sie deutlich.
- Zeigen Sie nicht mit dem Finger auf Sachverhalte, sondern mit Stift, Zeigestock oder Laserpointer.

Beispiel einer Visualisierung

Überschrift
- auffällig
- zum Lesen animieren
- hervorheben durch:
  - Farbe
  - Größe
  - Schriftart
  - Rahmen

Text
- nur Wesentliches gliedern
- saubere Schrift
- einfache Sätze
- evtl. Hervorhebungen

Grafik
Veranschaulichung und Hervorhebung durch:
- Bilder
- Symbole
- Diagramme

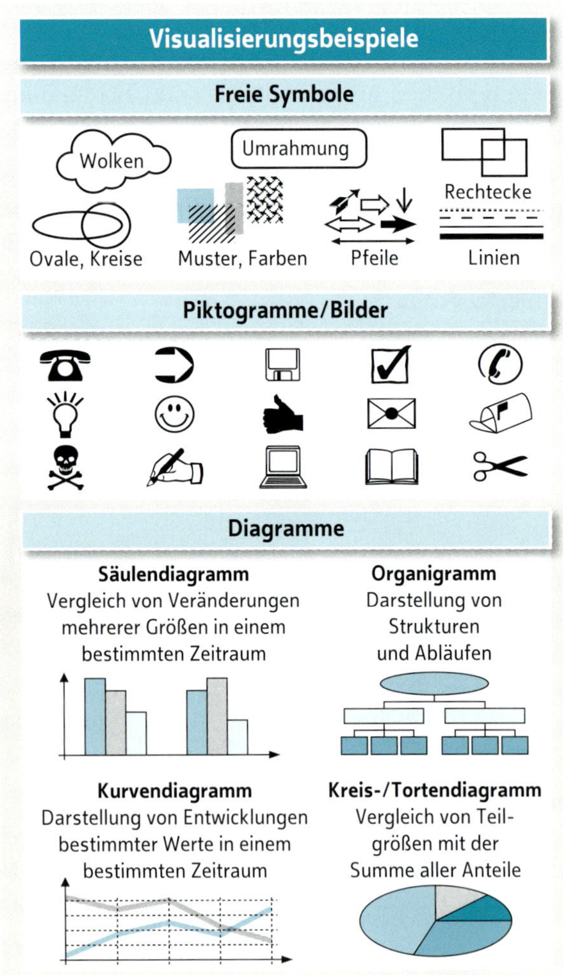

Mindmap

Das Mindmapping ist eine Arbeitstechnik, Notizen und Gedanken, Gespräche und Ideen auf einfache Weise aufzuschreiben.

Eine Mindmap (wörtlich übersetzt: Gedankenlandkarte) lässt sich in unterschiedlichen Situationen anwenden:

- zur Zusammenfassung eines Vortrags, eines Artikels, eines Buchs
- zur Ergebnisdokumentation einer Gesprächsrunde: Arbeitsergebnisse können sichtbar gemacht werden.
- für die Planung, Durchführung und Kontrolle von Projekten
- zur Vorbereitung auf Prüfungen und Tests
- als Visualisierungstechnik für Besprechungen und Konferenzen
- zur Kreativität und Ideenfindung: Einfälle und Ideen können festgehalten werden.

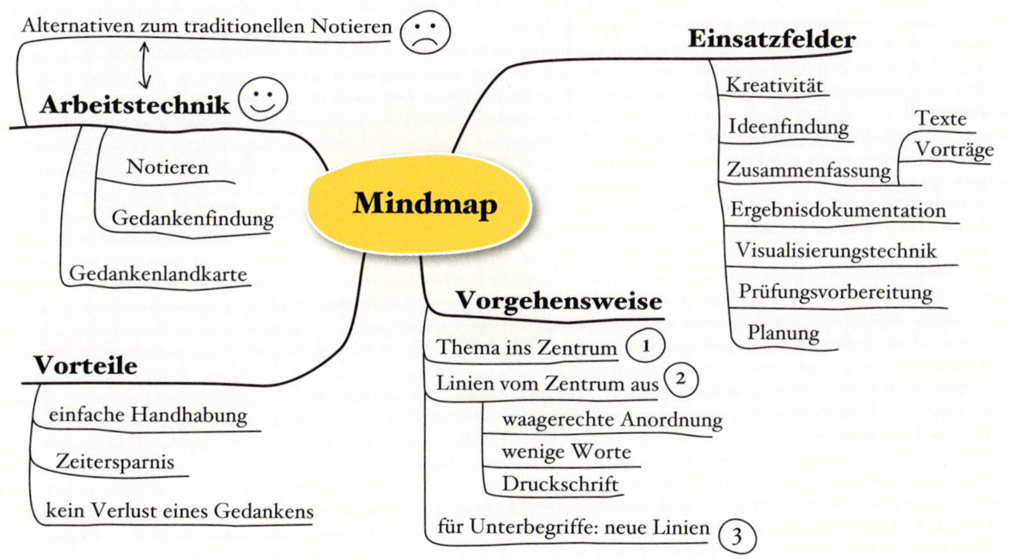

Für die Erstellung einer Mindmap per Hand sollte man sich an die folgende Ablauffolge halten:

1. Schreiben Sie ein **Schlüsselwort** für das Thema in die Mitte eines Blattes.

   Statt des Themas kann auch ein Symbol dafür ins Zentrum des Papiers gezeichnet werden.

2. Zeichnen Sie – vom Zentrum ausgehend – Linien (**„Äste"**), die in verschiedene Richtungen gehen.
   - Versuchen Sie die Linien so anzuordnen, dass Sie weitgehend waagerecht schreiben können.
   - Schreiben Sie auf jede Linie nur wenige Wörter in Druckschrift.
   - Verwenden Sie nur solche Begriffe, die eine Vielzahl von Fakten und Assoziationen (mit dem Begriff verknüpfte Vorstellungen) zum Thema beinhalten.

3. Um Unterbegriffe aufzunehmen, werden bestehenden Linien neue („dünnere Nebenzweige") hinzugefügt.

4. Zur Verbesserung des Arbeitsergebnisses können Sie eventuell Symbole, Pfeile, Zeichen und Farben verwenden.

Kartenabfrage

Mit einer Kartenabfrage sollen alle Mitglieder einer Gruppe (z. B. Klasse, Arbeitsgruppe, Projektteam) an der Lösung eines Problems beteiligt werden, indem möglichst viele Lösungsvorschläge erfasst werden. Die folgenden Regeln sind zu beachten:

- Notieren Sie die Ausgangs- oder Leitfrage an einer Pinnwand oder Tafel.
- Schreiben Sie Ihre Antworten in Druckbuchstaben mit möglichst wenig Worten auf die zur Verfügung gestellten Karten. Formulieren Sie auf einer Karte nur eine Aussage.
- Die Karten werden eingesammelt, vorgelesen und an die Pinnwand bzw. Tafel mit der Ausgangsfrage befestigt.

- Die Karten werden in gemeinsamer Diskussion nach akzeptierten (von allen anerkannten) Merkmalen in Gruppen zusammengefasst. Zu diesen Gruppen werden Oberbegriffe gefunden. Diesen Vorgang nennt man Clustern.
- Anschließend erfolgt eine Diskussion der einzelnen Lösungsansätze.
- Falls sehr viele Äußerungen vorhanden sind, bietet sich eine Punktabfrage an, um die Wertigkeit der Meinungen festzulegen. Jeder Teilnehmer erhält dann drei bis fünf Klebepunkte und darf diese auf die für ihn wichtigsten Cluster oder Karten kleben.

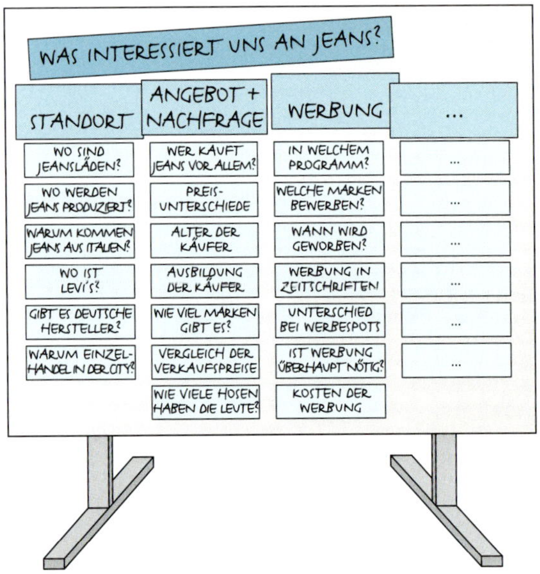

Brainstorming

Das Brainstorming (frei übersetzt: Gehirnsturm) ist ein Verfahren zur Problemlösung und zur Ideenfindung: In einer Gruppe wird versucht, zu einer vorher festgelegten Fragestellung möglichst kreative Antworten zu erhalten. Dabei gelten folgende Regeln:

- Jede Idee ist erwünscht und sei sie noch so ausgefallen.
- Die geäußerten Ideen können aufgegriffen und abgeändert werden.
- Eine Bewertung und Kritik der Beiträge ist nicht zugelassen, um den Ideenfluss nicht einzuschränken.
- Die Ideen müssen festgehalten werden.
- Im Nachhinein erfolgt eine Auswertung im Rahmen einer Diskussion durch Beurteilung.

Kopfstandmethode

Diese Methode führt nicht immer zu völlig neuen Lösungen. Sie hilft aber in der Regel, Denkblockaden aufzubrechen. Dabei wird eine interessierende Problemstellung in ihr Gegenteil verkehrt und anschließend ein Brainstorming durchgeführt. Zu jeder genannten Idee wird eine Gegenlösung gesucht, die zur Lösungsfindung führen soll.

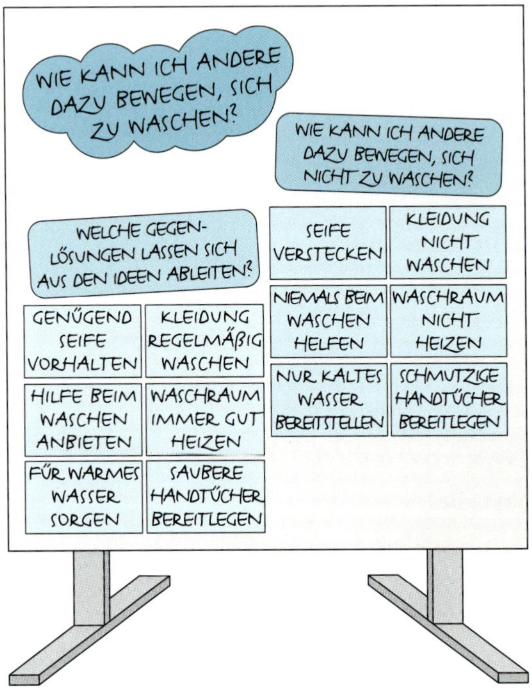

Pro-Kontra-Diskussion

In einer Pro-Kontra-Diskussion treffen unterschiedliche Meinungen zu einem bestimmten Thema aufeinander. Die Diskussionsteilnehmer versuchen, die anderen Beteiligten oder ein zuhörendes Publikum zu überzeugen.

Es ist empfehlenswert, einen Diskussionsleiter bzw. Moderator zu wählen. Dieser achtet auf die Einhaltung der Regeln. Er moderiert die Diskussion an und ab und sorgt für einen ordnungsgemäßen Ablauf.

Als Diskussionsteilnehmer sollten Sie auf folgende Punkte achten:

- Tragen Sie Ihre Meinung eindeutig und begründet vor.
- Setzen Sie sich mit den Meinungen der Gegenseite argumentativ auseinander.
- Vermeiden Sie nach Möglichkeit Killerphrasen oder andere rhetorische Tricks.

Rollenspiel

Mit einem Rollenspiel können Sie ein als vorteilhaft empfundenes Verhalten einüben. Dies ist erheblich wirksamer, als über das gewünschte Verhalten nur zu sprechen. Durch die spielerische Ausgestaltung eines Problems wird das Problem häufig simulierend (so tun als ob) gelöst. Sie versetzen sich in die Rolle einer Person. Gelernt wird sowohl durch das direkte Erleben als auch durch die Rückmeldungen der vielen Beobachter.

BEISPIEL

Eine Schülerin spielt eine verärgerte Kundin, die wütend eine Reklamation vorbringt. Ein anderer Schüler übt, sich trotz arger Angriffe der Kundin freundlich und kundenorientiert zu verhalten. In einer der Wirklichkeit angenäherten Situation wird ein Vorgang bzw. Verhalten beliebig oft wiederholbar und analysierbar gemacht. Die Handelnden werden von den Beobachtern mit zusätzlichen Tipps zur Verhaltensverbesserung versehen. Eine Wiederholung macht eine systematische Veränderung in Einzelheiten möglich.

Gerade auch die Beobachter lernen richtiges Verhalten. Beobachtet man gezielt gelungenes oder nicht erfolgreiches Handeln – und wertet diese Beobachtungen bewusst aus –, wird sich dies mit Sicherheit positiv in eigenen Handlungssituationen in der Praxis auswirken.

Die Vorteile, Handlungen in Rollenspielen zu üben, werden noch verstärkt, wenn man sie mithilfe der Videotechnik aufzeichnet: Das Anschauen der Videoaufzeichnung ermöglicht noch größere Selbsterfahrung.

Für die erfolgreiche Durchführung eines Rollenspiels sollten folgende Phasen eingehalten werden:

- Aufstellen und Bekanntmachen der Spielregeln
- Problemstellung
- Verteilung der Rollen
  Die Spieler erhalten häufig auf Rollenkarten eine Vorgabe der Rolle, die Nichtmitspieler übernehmen Beobachtungsaufgaben.
- Vorbereitung des Rollenspiels

  Die Spieler besorgen sich wichtige Sachinformationen und denken sich in ihre Rolle ein:
  - Sie schauen sich die Vorgaben zum Rollenspiel genau an.
  - Sie sollten sich überlegen, was sie an Informationen benötigen.
  - Sie planen ihr Vorgehen.

  BEISPIELE

  - Wie könnten sich die Mitspieler im gemeinsamen Rollenspiel verhalten?
  - Wie könnte auf mögliches Verhalten der Mitspieler reagiert werden?

  Auch die Beobachter bereiten sich auf ihre Aufgabe vor:
  - Welche Person soll beobachtet werden?
  - Auf welches Verhalten soll geachtet werden?
- Spielphase: Das Rollenspiel wird durchgeführt.
- Reflexionsphase (reflektieren = darüber nachdenken)

Reflexion

Nach dem Spiel wird die Konfliktsituation bewusst gemacht und analysiert. Spieler und Beobachter werden nach ihren Eindrücken gefragt.

- Zunächst drücken die Rollenspielteilnehmer ihre Empfindungen und Gedanken aus.
- Die Beobachter geben dann Rückmeldungen anhand ihrer Aufzeichnungen ab. Dabei haben die Rollenspieler Gelegenheit zu Rückfragen an die Beobachter.
- In jedem Fall muss beachtet werden, dass die gespielten Rollen beurteilt werden, nicht die spielenden Personen! Das Klima in der Klasse muss vertrauensvoll sein.
- Kritik sollte aufbauend und konstruktiv sein. Genauso sollte auf Lobhudeleien verzichtet werden. Wichtig sind also aufbauende, wohlwollende, positive Empfehlungen.

Nach der Reflexionsphase ist das Rollenspiel beendet. Die spielenden Personen werden aus den Rollen entlassen.

Erkundung (Exkursion)

Eine Erkundung bietet Ihnen die Chance, anschauliche Informationen direkt vor Ort aus erster Hand zu erhalten. Sie wird für Sie und die besuchte Institution erfolgreich sein, wenn Sie sich auf die Gastinstitution vorbereiten.

- Formulieren Sie das Ziel Ihrer Erkundung.
- Überlegen Sie sich die wichtigsten Fragen.

- Führen Sie eventuell ein Vorbereitungsgespräch.
- Klären Sie die organisatorischen Rahmenbedingungen wie Treffpunkt, Uhrzeit, Wegbeschreibung rechtzeitig und genau ab.
- Informieren Sie alle Beteiligten rechtzeitig über die getroffenen organisatorischen Verabredungen.

Interview/Sachverständigenbefragung

Interviews bzw. Sachverständigenbefragung sind besondere Formen der Informationsbeschaffung, die häufig auch in Zusammenhang mit Exkursionen durchgeführt werden.

- Bereiten Sie sich gründlich auf das zu behandelnde Thema und auf den Interviewpartner vor. Besorgen Sie sich dazu alle verfügbaren Informationen.
- Halten Sie alle Fragen, die Sie stellen wollen, schriftlich fest. Klären Sie den Einstieg in das Gespräch.
- Versuchen Sie, Ihr Interview abwechslungsreich zu gestalten. Dazu können Sie beispielsweise unterschiedliche Fragearten wie offene oder geschlossene Fragen verwenden.

Wandzeitung

Eine Wandzeitung ist ein großes Plakat, auf dem in übersichtlicher Form Informationen und Meinungen zu einem Thema dargestellt werden. Wandzeitungen werden in Gruppen oder durch die Zusammenarbeit aller Schüler erstellt. Die Informationen können dann leicht in dieser Form anderen Schülern oder der Öffentlichkeit zugänglich gemacht werden. Hauptvorteil eines Plakats ist es, die Ergebnisse des Lernprozesses zusammengefasst und übersichtlich wiederzugeben. Im Mittelpunkt stehen die erarbeiteten zentralen Gesichtspunkte, die durch das Plakat zum Nachdenken und zu einer eigenen Meinungsbildung angeregt werden. Außerdem wird durch die Gestaltung die kreativ-gestalterische Kompetenz gefördert. Speziell wird die Fähigkeit geschult, komplexe Themenzusammenhänge auf das Wesentliche zu reduzieren (zu verringern).

Der Betrachter muss die Aussagen der Wandzeitung schnell erfassen können, sonst verliert er eventuell das Interesse und wendet sich anderen Dingen zu. Wichtig ist:

- die Wandzeitung nicht überladen
- die Überschrift des Plakats groß und deutlich schreiben, damit man sofort erkennt, um welches Thema es sich handelt
- das Oberthema in Abschnitte unterteilen; gleiche Inhalte dazu unter einer Zwischenüberschrift zusammenfassen
- Überschriften und Bildern Raum lassen, damit sie wirken können: Weniger sagt oft mehr.
- Überschriften und Schlagzeilen griffig und einprägsam formulieren
- sich kurzfassen und nur wenig Text schreiben: Kurze Sätze lassen sich leicht lesen und prägen sich besser ein.
- wichtige Informationen hervorheben, damit sie vom Betrachter schnell erfasst werden können, z. B. durch Farbe, Schriftgröße, Schriftart
- Schriftgröße so wählen, dass sie auch aus größerer Entfernung klar lesbar Ist. Schriftgröße je nach Wichtigkeit der Aussage abstufen
- Farben und Symbole so einsetzen, dass sie inhaltlich immer die gleiche Bedeutung haben
- Bilder zur Visualisierung einsetzen; allerdings sparsam und besonderen Wert auf die Eindeutigkeit der Bilder legen
- eventuell eigene Zeichnungen erstellen, um eine Thematik besser zu verdeutlichen

Strukturieren von Arbeitsprozessen und Kontrollieren von Arbeitsergebnissen mithilfe von Listen

Eine in vielen Fällen sehr hilfreiche Methode zur Erleichterung von Arbeitsprozessen ist das Anfertigen von Listen. Mit ihnen bekommt man einen Überblick über die Teilelemente eines Arbeitsprozesses oder einer Sache. Eine sehr bekannte Art von Listen ist die **Checkliste:** In dieser Liste werden Tätigkeiten (bzw. Merkmale), die einen Arbeitsprozess (bzw. eine Sache) ausmachen, schriftlich aufgeführt. Mit Checklisten können Arbeitsprozesse sowohl im Vorhinein beschrieben als auch während der Durchführung dokumentiert werden. Ziel der Arbeit mit einer Checkliste ist es, keinen Einzelaspekt zu übergehen oder zu vergessen.

Ein Beispiel für eine Checkliste ist die **To-do-Liste:** In dieser Liste hält man zu erledigende Tätigkeiten oder Aufgaben schriftlich fest. Das Erstellen einer To-do-Liste ist durch das Finden einer Struktur der erste Schritt zur erfolgreichen Organisation eines Arbeitsablaufs. Außerdem kann damit später gut kontrolliert werden, was im Rahmen des geplanten Arbeitsprozesses schon erledigt wurde.

Methodenkompetenzen in Ausbildung und Prüfung

Weil methodische Kompetenzen immer stärker in der beruflichen Praxis verlangt werden, sind sie natürlich auch immer bedeutsamer für das Bestehen der praktischen Prüfung am Ende der Ausbildung. Sie sollen dort die Beherrschung komplexer Fachaufgaben und ganzheitlicher Geschäftsprozesse sowie Problemlösungsfähigkeiten nachweisen. Dazu sollten Sie in Ihrer Ausbildung so viel Fachkompetenz gewonnen haben, dass Sie mit dem entsprechenden Fachwissen berufstypische Problemsituationen selbstständig bewältigen können. Dazu müssen Sie aber auch über ausreichend Methodenkompetenzen verfügen. Darunter versteht man die Fähigkeiten, die zum Erwerb, zur Entwicklung, Erstellung und Vermittlung von Fachkompetenzen nötig sind.

In der praktischen Prüfung wird festgestellt, ob der Prüfling in allen Tätigkeitsfeldern eines Einzelhandelsunternehmens handlungskompetent arbeiten kann. Für ein erfolgreiches Fachgespräch sind neben Fachkompetenz auch kommunikative und andere soziale Kompetenzen[1] erforderlich.

AUFGABEN

1. Was sind Schlüsselqualifikationen?
2. Welche Regeln gelten bei der Gruppenarbeit?
3. Wozu dienen Mindmaps?
4. Aus welchen Teilen besteht eine Präsentation?
5. Welche Vorteile hat eine Kartenabfrage?
6. Erläutern Sie das aktive Lesen.
7. Erläutern Sie den Ablauf eines Rollenspiels.
8. Die Lösung dieser Aufgabe soll in Gruppenarbeit erfolgen. Bilden Sie deshalb in Ihrer Klasse eine angemessene Anzahl von Arbeitsgruppen.
   a) Bereiten Sie sich in Ihrer Gruppe darauf vor, ein kurzes Referat zu einer in diesem Kapitel aufgeführten Methode zu halten. Versuchen Sie dabei, auch andere Informationsquellen zu nutzen (z. B. aus der Schulbücherei).
   b) Versuchen Sie Ihr Referat unter Zuhilfenahme verschiedener Medien zu visualisieren.
   c) Halten Sie Ihr Referat unter Beachtung der Regeln für eine Präsentation.
9. Führen Sie ein Brainstorming durch. Wenden Sie dabei die Kopfstandmethode an. Die Problemstellung lautet: „Was muss ich tun, um bei einer Bewerbung erfolgreich zu sein?“
10. Führen Sie eine Pro-Kontra-Diskussion als Rollenspiel durch. Diskutiert werden soll über die „Ausweitung der Geschäftszeiten“.
11. Versuchen Sie das Lehrbuchkapitel zum nächsten Thema, das der Lehrer mit Ihnen durchnimmt, nach der Methode des aktiven Lesens durchzuarbeiten. Schildern Sie Ihre Erfahrungen.

1 siehe Kap. 1.4

ZUSAMMENFASSUNG

Anforderungen an die Beschäftigten in der Zukunft

↓

Neben den Fachkenntnissen wird die Beherrschung von Schlüsselqualifikationen immer wichtiger.

↓

Schlüsselqualifikationen ermöglichen eine umfassende Handlungsfähigkeit im Beruf.

↓

Konsequenz: eine Vielzahl von Methoden beherrschen

Man versteht erst dann etwas richtig, wenn man am Ende der Behandlung eines Themas versucht, sich dieses selbst noch einmal zu erklären. Dies führt zu einer eigenen gründlichen Auseinandersetzung mit dem gerade behandelten Thema.

1. Suchen Sie sich einen Partner.
2. Lesen Sie noch einmal die Zusammenfassung. Bei Verständnisproblemen schlagen Sie ggf. noch einmal im Informationstext nach.
3. Wandeln Sie die Zusammenfassung mit Ihrem Partner in eine gemeinsame Mindmap um.

ICH ÜBERPRÜFE MEINE NEU ERWORBENEN KOMPETENZEN

Den Erwerb der zu Beginn aufgeführten Kompetenzen können Sie selbst mithilfe der folgenden Tabelle überprüfen.

Wenn Sie alle Aufgaben, die hinter einer Kompetenz stehen, gelöst haben, machen Sie ein Kreuz bei „Ganz“.

Bei den Kompetenzen, bei denen Sie Aufgaben „Teilweise“ oder „Gar nicht“ gelöst haben, sollten Sie den dazugehörigen Informationstext noch einmal lesen und die Aufgaben anschließend noch einmal bearbeiten.

Was ich nach der Bearbeitung dieses Kapitels kann	Aufgaben	Ganz	Teilweise	Gar nicht
Ich kann ...				
... heutige Anforderungen an Arbeitnehmer erläutern.	1			
... begründen, dass neben der Fachkompetenz auch Methoden- und Sozialkompetenzen zur Handlungskompetenz gehören.	1			
... verschiedene Methoden aufführen und erläutern, die handlungskompetente Mitarbeiter beherrschen müssen.	2–11			
... nachvollziehen, dass Methodenkompetenzen in Ausbildung, Prüfung und Beruf unerlässlich sind.	1			

532140

1.4 Soziale Kompetenz in bestimmten beruflichen Situationen

Problemstellung

Stefanie Beyer und Jakub Nowak fahren gemeinsam am Feierabend nach Hause.

Jakub Nowak: „Also mit der Shirin und dem Martin kann man ja wirklich gut zusammenarbeiten. Die Erstellung der Referate hat richtig gut geklappt ... Aber die Tamara – na ja, mit der ist es echt nicht einfach ...“

Stefanie Beyer: „Ja, das sehe ich auch so. Ich habe auch zufällig mitbekommen – obwohl ich das gar nicht wollte –, dass sich unsere Ausbildungsleiterin Frau Dräger mit Frau Harder von der Verwaltung, die auch für das Personal zuständig ist, über sie unterhalten hat. Da war irgendwie die Rede vom Fehlen sozialer Kompetenzen ...“

Führen Sie auf, was man bei der Zusammenarbeit mit anderen Mitarbeitern oder mit Vorgesetzten alles falsch machen kann.

EINORDNUNG DES THEMAS

Lernfeld 1: Das Einzelhandelsunternehmen repräsentieren

Betrieb erkunden → **Kompetenzen erwerben** → Stellung des Betriebes → Ziele des Betriebes → Betriebs- und Verkaufsformen → Gliederung des Betriebes → Warenfluss im Betrieb → Berufsausbildung → Tarifvertrag → Jugendarbeitsschutz → Mitbestimmung → Soziale Sicherung → Präsentation

Kompetenzen

Nach Bearbeitung dieses Kapitels können Sie ...

... die Notwendigkeit sozialkompetenten Verhaltens im Berufsleben begründen.
... die Bereiche der Sozialkompetenz erläutern.
... die Grundlagen der (störungsfreien) Kommunikation erläutern und diese anwenden.
... Auswirkungen von Konflikten erläutern und erste Regeln im Konfliktfall einsetzen.
... die Bedeutung der Teamarbeit im Berufsleben begründen und erste Regeln bei der Zusammenarbeit anwenden.

INFORMATIONSTEXT

Sozialkompetenz in Ausbildung und Beruf

Im Berufsleben werden von Vorgesetzten und Kollegen nicht nur die fachlichen Leistungen der Mitarbeiter bewertet. Auftreten und Umgangsformen des Einzelnen werden tagtäglich am Arbeitsplatz (aber natürlich auch an der Berufsschule) wahrgenommen. Als sozialkompetenter Mitarbeiter, der sich in jeder beruflichen Situation angemessen und vorteilhaft benehmen kann, ist man für verantwortungsvolle

Aufgaben wie Verhandlungen oder Präsentationen besonders geeignet. Ein angenehmes soziales Verhalten am Arbeitsplatz wird sich in jedem Fall auszahlen. So achten einstellende Unternehmen bei neuen Mitarbeitern immer mehr auf das Vorhandensein sozialer Kompetenzen. Darunter versteht man alle Fertigkeiten, die für erfolgreiche soziale Kontakte notwendig oder nützlich sind. Zur Sozialkompetenz gehören:

- **Kommunikationsfähigkeit**
  Dies ist die Fähigkeit, sich mit anderen effektiv und konstruktiv, also erfolgreich zu verständigen.
- **Kooperationsfähigkeit**
  Ist diese vorhanden, kann wirkungsvoll mit Kollegen und Vorgesetzten, mit Kunden und Lieferanten zusammengearbeitet werden.
- **Konfliktfähigkeit**
  Liegt diese Kompetenz vor, können Konflikte am Arbeitsplatz mit Problemlösungstechniken und -strategien gelöst werden.

Kommunikationsfähigkeit

Zu den wichtigsten Schlüsselqualifikationen gehört es auch, mit anderen gut kommunizieren und zusammenarbeiten zu können. Unternehmen sind angewiesen auf einen optimal funktionierenden Informationsaustausch. Dieser kann sowohl durch innerbetriebliche als auch durch außerbetriebliche Kommunikation erfolgen. Gibt es in der Kommunikation Störungen, so kann dies gewaltige Auswirkungen auf die Geschäftsprozesse des Unternehmens haben.

Einfaches Kommunikationsmodell

DEFINITION

Von Kommunikation spricht man, wenn eine Person – der Sender – einer anderen Person – dem Empfänger – eine Nachricht übermittelt.

Jeder der beiden Personen verwendet als wichtigstes Kommunikationsmittel die Sprache (Fachausdruck: Code).

Der Sprechende (der Sender) verschlüsselt seine Informationen, Gedanken und Meinungen, die er mitteilen will, mithilfe von Sprache.

Der Hörende (Empfänger) versucht aufgrund der sprachlichen Äußerung des Sprechenden auf das Gemeinte zu schließen. Dies nennt man Dekodieren.

Damit die Kommunikation funktioniert, ist es notwendig, dass der Code des Senders und der Code des Empfängers sich zumindest teilweise decken. In Gesprächen muss der Sender also sicherstellen, dass der jeweilige Empfänger tatsächlich auch das versteht, was der Sender sagen wollte.

BEISPIEL

Ein Verkäufer führt gerade ein Verkaufsgespräch durch. Dazu hat er in der Phase der Bedarfsermittlung (in diesem Fall als Empfänger) die Äußerungen des Kunden (hier der Sender) interpretiert (= gedeutet). Nun muss er als Sender in der Phase der Verkaufsargumentation sicherstellen, dass der Kunde als Empfänger die Verkaufsargumente auch so wahrnimmt, wie sie vom Verkäufer gemeint sind.

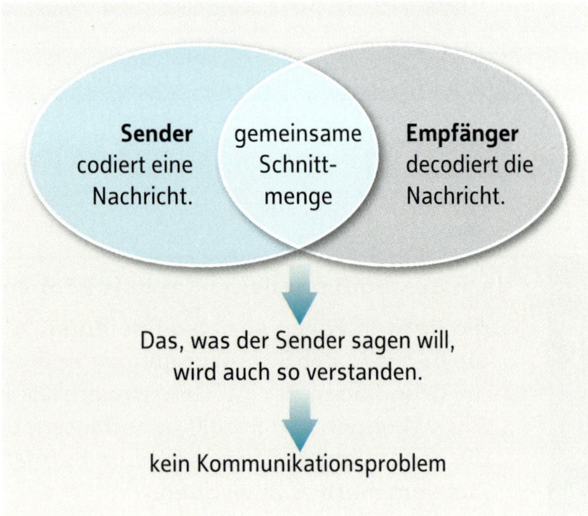

4-Ohren-Modell der Kommunikation

Nach dem 4-Ohren-Modell von Friedemann Schulz von Thun nimmt der Empfänger jede Nachricht auf vier verschiedenen Ebenen wahr:

Der Sender schickt vier Botschaften, der Empfänger hört vier Botschaften. Die Qualität der Kommunikation hängt davon ab, wie diese Ebenen zusammenspielen. Jede der vier Botschaften kann vom Sender und/oder dem Empfänger falsch verstanden werden. Kommunikationsprobleme treten also besonders dann auf, wenn der Sender eine Botschaft falsch verpackt oder der Empfänger sie falsch entschlüsselt.

BEISPIEL

Eine Frau fährt Auto, ihr Mann begleitet sie. Es kommt zu folgendem Gespräch:
Der Mann (Sender): „Du, die Ampel da vorn ist grün."
Die Frau (Empfänger): „Fährst du oder ich?"

Die vier Botschaften der Nachricht und wie sie aufgefasst werden:

Sachebene:
Mann: „Die Ampel da vorn ist grün."
Frau: „Die Ampel da vorn ist grün."

Selbstoffenbarung:
Mann: „Ich fahre gerne zügig und bin für den Fall der Fälle ja auch reaktionsschnell."
Frau: „Er ist immer so ungeduldig und will unbedingt noch über die Ampel, bevor sie umspringt."

Beziehungsebene:
Mann: „Sie braucht manchmal einen Stupser, um in die Gänge zu kommen."
Frau: „Er gibt mir immer das Gefühl, dass ich nicht fahren kann."

Appellebene:
Mann: „Drück auf die Tube, damit wir nicht anhalten müssen."
Frau: „Ich soll schneller fahren."

Teamfähigkeit

Vor allem in Teams kommt es auf eine gute Kommunikation an.

Teams werden in der Regel dann gebildet, wenn die Zusammenarbeit von Spezialisten aus verschiedenen Wissensgebieten erforderlich ist, um eine bestimmte Aufgabe zu erledigen. Ein Team stellt somit eine Arbeitsgruppe auf Zeit dar. Sie ist durch einen bestimmten Arbeitsstil gekennzeichnet.

Jeder kann mit jedem in persönlichen Kontakt treten. Es herrschen nach einiger Zeit gemeinsame Regeln. Es entsteht ein Wirgefühl und die einzelnen Mitglieder nehmen unterschiedliche Rollen und damit verschiedenartige Aufgaben im Team wahr.

Mit steigender Komplexität (= Vielschichtigkeit) des anstehenden Problems steigt die Wichtigkeit der Koordination (Abstimmung) und Kooperation verschiedener Spezialisten im Team. Damit die Teamarbeit funktioniert, sollten folgende Mindestvoraussetzungen für die Teamarbeit beachtet werden:

- eine gut funktionierende Gruppenkommunikation
- die Bereitschaft und der Wille jedes Einzelnen, sich in der Gruppe zu engagieren
- die Bereitschaft und der Wille jedes Einzelnen, die eigenen Fähigkeiten zu erproben

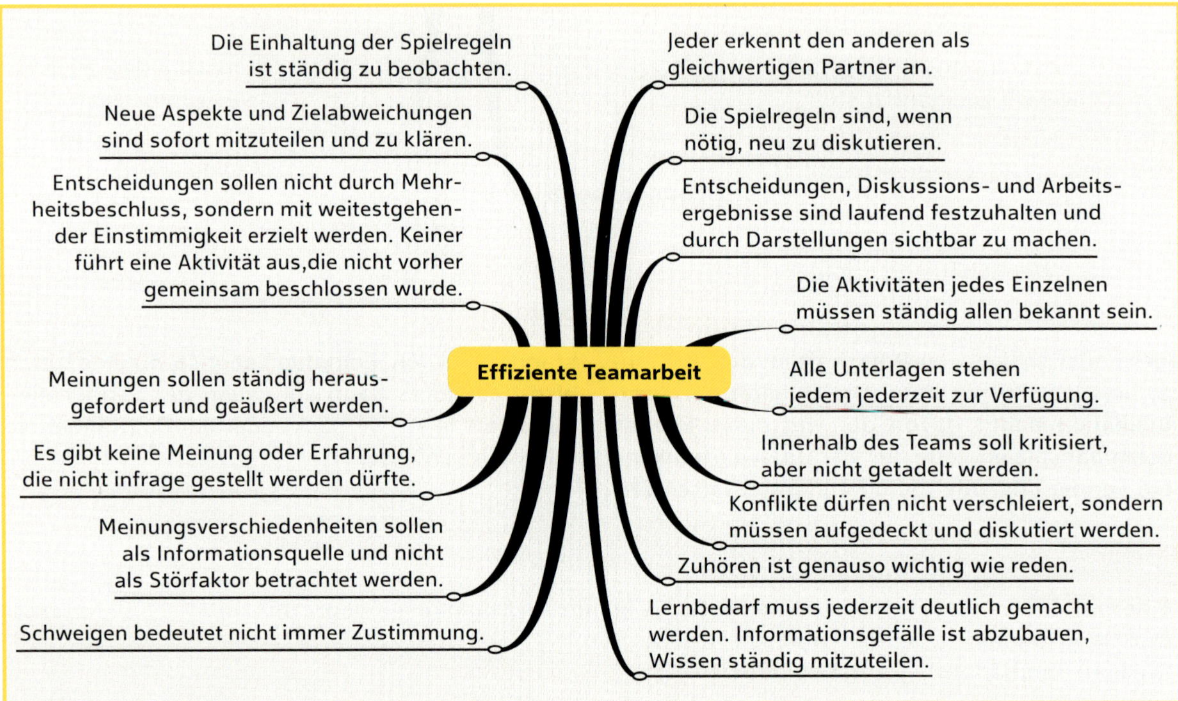

Konfliktfähigkeit

„Wenn zwei Menschen immer wieder die gleichen Ansichten haben, ist einer von ihnen überflüssig!“
Winston Churchill

In Unternehmen treten immer wieder Konflikte auf. Solche Spannungen und Auseinandersetzungen zwischen einzelnen Mitarbeitern, Arbeitsgruppen und Abteilungen können durch wirkungsvolles Konfliktmanagement früher erkennbar, überschaubarer und leichter handhabbar werden.

Konflikte werden oftmals als Störungen gesehen. Aus diesem Grund wird häufig versucht, Konflikte eher zu leugnen und unter den „Teppich zu kehren“, als sie zu lösen.

Konflikte und Widerstände können jedoch auch als Motor von Lebendigkeit und Weiterentwicklung gesehen werden: Wo keine Auseinandersetzung stattfindet, gibt es auch keine Veränderung. Das Problematische ist daher nicht der Konflikt selbst, sondern die mangelnde Fähigkeit, ihn vernünftig auszutragen. Im Team sollten die Chancen von Konflikten und Widerständen genutzt werden.

Negative Auswirkungen von Konflikten	Positive Auswirkungen von Konflikten
• Konflikte kosten Zeit. • Konflikte vergiften das Arbeitsklima. • Konflikte nehmen die Arbeitsfreude. • Konflikte blockieren die Kreativität. • Konflikte verursachen Kosten.	• Missstände und Missverständnisse werden deutlich. • Ideen und Problemlösungen werden angestoßen. • Verbesserungen werden entwickelt und ausprobiert. • Neue Kommunikationsformen werden gefunden. • „Reinigende Gewitter" klären die Luft.

Ist ein Konflikt festgestellt worden, stehen unterschiedliche Strategien zur Konfliktbewältigung zur Verfügung:

- Um einen Konflikt richtig bewältigen zu können, muss er zunächst gründlich untersucht werden. Es ist festzustellen:
  - Wer ist alles am Konflikt beteiligt?
  - Um welchen Konflikt handelt es sich?
  - Wie wichtig ist die Streitfrage?

  Je früher ein Konflikt erkannt wird, desto besser können Gestaltungs- und Steuerungsmaßnahmen ergriffen werden.
- Nachdem die Konfliktursache festgestellt worden ist, wird entschieden, wie man den Konflikt löst. Es gibt dabei drei grundlegende Möglichkeiten:
  - Der Konflikt kann unterdrückt werden.
  - Der Konflikt kann vermieden werden.
  - Der Konflikt kann aktiv angegangen werden.

  Es geht also darum, entweder abzuwarten, was passiert, oder den Konflikt bewusst zu bewältigen.

Der Konflikt sollte nicht nur vom eigenen Standpunkt aus betrachtet werden. Durch einen Perspektivwechsel (Änderung der Sichtweise, zum Beispiel aus dem Blickwinkel einer anderen Person) ist ein Verständnis sowohl für die eigene Situation als auch für die Situation des Konfliktpartners zu erreichen.

Vorgehensweise im allgemeinen Konfliktfall	
Wahrnehmen ↓	• Der Konflikt muss natürlich erst einmal erkannt werden. • Welche direkten oder indirekten Parteien befinden sich in welcher Eskalationsstufe? • Wer ist direkt betroffen, wer ist indirekt betroffen und wer fühlt sich betroffen?
Austragen ↓	• Der Konflikt darf nicht verschwiegen werden. Er muss offen angegangen werden. • Der Konflikt sollte geregelt ausgetragen werden, sonst besteht die Gefahr der späteren Konfliktsteigerung.
Lösen ↓	• Keine der Parteien sollte mit dem Gefühl der Unterlegenheit aus dem Konflikt hervorgehen. • Eine kooperative Problemlösung sollte angestrebt werden.
Nacharbeiten	• Eine nachträgliche Konfliktanalyse zeigt eventuell ständig bestehendes Konfliktpotenzial oder zumindest Parallelen auf. • Die Parteien müssen sich an die Vereinbarungen halten. • Ein Lerneffekt sollte folgen.

AUFGABEN

1. Was versteht man unter dem einfachen Kommunikationsmodell?
2. Was muss man aus Sicht des einfachen Kommunikationsmodells in einem Gespräch beachten?
3. Erläutern Sie die vier Seiten einer Nachricht nach dem 4-Ohren-Modell.
4. Die Abteilungsleiterin fragt eine Auszubildende: „Wann sind Sie fertig mit der Arbeit?" Die Auszubildende nimmt vier Botschaften mit dieser Nachricht wahr:
   a) Beeilen Sie sich!
   b) Diese Auszubildende schafft das nicht. Ich traue ihr das nicht zu.

c) Wenn die Arbeit nicht fertig wird, bekomme ich als Abteilungsleiterin Ärger.
d) Sie will wissen, wann ich fertig bin.

Welche Ebene wird jeweils angesprochen?

5. Unterscheiden Sie Methoden- und Sozialkompetenzen.

6. Führen Sie Regeln für eine effiziente Teamarbeit auf.

7. Welche positiven Auswirkungen können Konflikte haben?

8. Wie sollte man bei einem Konflikt vorgehen?

9. Im Verkaufsraum der Tom Hoss KG sagt der Abteilungsleiter zu einer Mitarbeiterin: „Frau Zahn, da kommt gerade ein Kunde!"

Halten Sie fest, welche vier Botschaften die Aussage des Abteilungsleiters enthalten kann.

10. Neben Fach- und Methodenkompetenzen werden von den Arbeitgebern immer mehr auch personale und soziale Kompetenzen als wichtig angesehen. Das, was Unternehmen in diesen Bereichen erwarten, geben Auszüge aus einem Faltblatt der rheinland-pfälzischen Industrie- und Handelskammer Neuwied wieder.

Soziale Kompetenzen

1. Kooperationsbereitschaft – Teamfähigkeit

Der Erfolg des Unternehmens hängt immer auch vom Willen der Beschäftigten zur Zusammenarbeit ab. Jeder einzelne Mitarbeiter ist aufgefordert, Informationen auszutauschen, Erfahrungen weiterzugeben, Verbesserungsmöglichkeiten zu erkennen sowie umzusetzen.

In der Familie und der Freizeit geht es nicht ohne gemeinsame Problemlösung. In der Schule fordern und entwickeln z. B. Gruppen- und Projektarbeit das Miteinander und den Teamgeist.

2. Höflichkeit – Freundlichkeit

Wer freundlich ist, hat schneller und leichter Erfolg. Dies gilt für die Beziehungen des Unternehmens nach außen natürlich genauso wie für ein gutes Betriebsklima im Innern.

Schon auf dem Schulhof und im Klassenzimmer sollte kein Raum sein für ruppiges, aggressives oder in anderer Weise unhöfliches Verhalten.

3. Konfliktfähigkeit

Unterschiedliche Meinungen, Haltungen und Ansichten werden immer auch zu Differenzen (Meinungsverschiedenheiten) führen. Sie sollten jedoch friedlich und konstruktiv bewältigt werden. Das setzt Sprach- und Argumentationsvermögen ebenso voraus wie die Fähigkeit, mit persönlicher Verärgerung und mit Widersprüchen umgehen zu können.

Der Schulunterricht bietet ideale Voraussetzungen, um das Diskutieren und Argumentieren an wechselnden Themen und Inhalten zu üben.

4. Toleranz

Für ein offenes Miteinander von Menschen ist es wichtig, auch Meinungen und Ansichten gelten zu lassen, die von der eigenen Haltung abweichen.

Allerdings müssen sie mit der demokratischen Grundordnung und den Menschenrechten vereinbar sein.

Persönliche Kompetenzen

1. Zuverlässigkeit

Wichtige Voraussetzung für konstruktive Zusammenarbeit und das Erreichen von Zielen:

Man muss sich darauf verlassen können, dass die Auszubildenden die ihnen übertragenen Aufgaben ihrer Leistungsfähigkeit entsprechend wahrnehmen – auch unter widrigen Umständen und ohne ständige Überwachung oder Kontrolle.

2. Lern- und Leistungsbereitschaft

Grundbedingung nicht nur für eine erfolgreiche Ausbildung:

Ausbildung, Beruf und Arbeit sind wichtige Bausteine des Lebens. Freude an der Arbeit und Erfolg im Beruf tragen zu einer positiven Lebenseinstellung und individueller Zufriedenheit bei. Jugendliche sollten von der Schule Neugier und Lust auf Neues mitbringen und diese Eigenschaften sowohl in der Ausbildung als auch im späteren Beruf weiterentwickeln.

3. Ausdauer – Durchhaltevermögen – Belastbarkeit

Wichtig, um Ziele zu erreichen:

Im (Berufs-)Leben kann nicht immer alles glattgehen. Auch Belastungen und Enttäuschungen muss man aushalten können. Nicht zuletzt stärkt dies das Selbstvertrauen. In Elternhaus und Schule sollten die Jugendlichen gelernt haben, nicht gleich aufzugeben, wenn sich der gewünschte Erfolg nicht sofort oder vielleicht auch gar nicht einstellt.

4. Sorgfalt – Gewissenhaftigkeit

Man kann nicht immer „fünf gerade sein lassen“:

Die Aufgaben und Tätigkeiten im Unternehmen erfordern Genauigkeit und Ernsthaftigkeit. Durch Oberflächlichkeit kann großer Schaden für Unternehmen und Umfeld entstehen. Wer dagegen mit Disziplin und Ordnungssinn pünktlich an die Arbeit geht, der ist gerüstet und braucht sich keine Sorgen zu machen.

5. Konzentrationsfähigkeit

Keine Leistung ohne Konzentration:

Es ist so einfach, sich ablenken zu lassen. Aber es ist auch notwendig, sich auf eine Sache zu konzentrieren. Das muss man wollen und können. Beides lässt sich mit gutem Erfolg trainieren. Die Schule ist dabei ein wichtiger Partner.

6. Verantwortungsbereitschaft – Selbstständigkeit

Man muss für das, was man tut, einstehen und „Flagge zeigen“:

Erfahrung gibt Sicherheit für selbstständiges Denken und Handeln. Die Bereitschaft, Verantwortung zu übernehmen, wächst mit zunehmender Reife. Ansätze müssen jedoch mit dem Eintritt in die Ausbildung schon vorhanden sein.

7. Fähigkeit zu Kritik und Selbstkritik

Nobody is perfect:

Wer die Fähigkeit hat, Sachverhalte konstruktiv kritisch zu hinterfragen, schafft Chancen zur Verbesserung für sich und für Kollegen. Genauso wichtig ist auch die Fähigkeit, das eigene Tun kritisch zu hinterfragen, eigene Fehler einzusehen und sie korrigieren zu wollen.

8. Kreativität und Flexibilität

Wichtige Helfer in allen Lebenslagen:

Im Beruf muss jeder mitdenken. Wer ideenreich und aufgeschlossen ist, hat es einfacher – auch und gerade bei der Lösung von Problemen. „Frischer Wind“ hilft z. B., die täglichen Aufgaben oder die Organisation des eigenen Arbeitsplatzes positiv zu verändern.

Übrigens: Wer kreativ und flexibel ist, kann sich leichter und schneller in neue Aufgaben einarbeiten.

Ordnen Sie die folgenden Aussagen den einzelnen Kompetenzen zu.

A „Schon in der Ausbildung habe ich Umgang mit Kunden und darf projektorientiert arbeiten. Dadurch kann ich meine Kreativität direkt in den betrieblichen Ablauf einbringen. So wird meine Flexibilität immer wieder aufs Neue gefordert.“
Nicolas Fricker, Auszubildender, Saarbrücken

B „Kritikfähigkeit bedeutet, Wichtiges von Unwichtigem unterscheiden zu können und dies sachgerecht zu begründen. Selbstkritik ist die Fähigkeit, Fehler einzusehen und zu Korrekturen bereit zu sein.“
Egon Meyer, Ausbildungsberater, IHK Kaiserslautern

C „Heutzutage wird es immer wichtiger, in höflicher und kompetenter Art und Weise auf die Bedürfnisse und Wünsche von Kunden bzw. Interessenten einzugehen. Höflichkeit und Freundlichkeit sind wichtige Servicegradfaktoren, die ein jeder Kunde verdient. Unabhängig von eigenen Gefühlslagen oder arbeitsbedingten Stresssituationen sollte jeder Kunde so behandelt werden, als wäre er der einzige.“
Matthias Bieht, Dipl.-Bw. (FH), Ausbilder und Geschäftsführer my-next-home.de, Leipzig

D „Je stärker die Tätigkeitsbereiche des Unternehmens zusammenwachsen und von allen Mitarbeitern und Mitarbeiterinnen der Blick über den Tellerrand erwartet wird, umso mehr benötigen wir Menschen, die in Gruppen oder Teams zusammenarbeiten können. Teamfähigkeit ist der Schlüssel zum Erfolg; Kommunikationsbereitschaft – in persönlichem Kontakt, aber auch mit dem PC – ist die Voraussetzung, um in unserer heutigen Informationsgesellschaft zu bestehen und Erfolg im Beruf zu haben."
Angelika Jösch, Ausbildungsleiterin, Detecka Produktions GmbH, Stuttgart

E „Konzentration ist die Fähigkeit, mit seinen Gedanken bei der ‚Sache' zu sein. Das ist nur bedingt eine Veranlagung. Konzentrationsfähigkeit muss man trainieren. Gerade weil in der heutigen Zeit die Ablenkungsmöglichkeiten für Jugendliche sehr groß sind, ist es wichtig, schon im Elternhaus und später in der Schule ein Gegengewicht zu setzen."
Jörg Kranzwon, Vorsitzender des Prüfungsausschusses Bürokaufleute Koblenz – Trier

F „Produktions- und Arbeitsprozesse werden immer komplexer. Klar definierte Arbeitsanweisungen treten zunehmend in den Hintergrund, Problemlösungen unter erschwerten Bedingungen wie Zeitdruck nehmen zu. Der Auszubildende muss auf solche betrieblichen Ernstsituationen vorbereitet werden. Schlüsselqualifikationen wie Ausdauer, Durchhaltevermögen und Belastbarkeit sind zu entwickeln und zu fördern und helfen dem Auszubildenden, den zukünftigen Betriebsalltag zu ‚meistern'."
Gert Stötzel, Teamleiter Ausbildung, Rasselstein Hösch GmbH, Neuwied

G „Motivation, Zuverlässigkeit und Teamgeist sind wichtige Bedingungen für eine erfolgreiche Lehre. Spaß am Beruf und Werte-Einstellung am Arbeitsplatz gehören zum Vorwärtskommen in der Ausbildung wie im späteren Berufsleben."
Jürgen Günster, Ausbildungsleiter in einem Großhandelsunternehmen, Bad Kreuznach

H „Dazu gehört für mich die Kompetenz, die fachlichen und wirtschaftlichen Zusammenhänge von Aufträgen und Arbeitsabläufen im Betrieb zu erkennen, zu beherrschen und im Beruf gewissenhaft auszuführen. Dies beinhaltet zugleich Pünktlichkeit, schnelle Pflichterfüllung und Freundlichkeit im Unternehmen wie gegenüber den Kunden. Zur Zuverlässigkeit zählt auch deutlich der Wille zur beruflichen Fortbildung."
Michael Müller, Assistent der Geschäftsführung in einem Fertigungsunternehmen der Elektrotechnik, Hannover

I „Im Kontakt mit Kunden und Kollegen ist ein höfliches und verständnisvolles Auftreten sehr wichtig. Dafür akzeptieren mich auch die Mitmenschen so, wie ich bin. Meinen deutschen Kollegen und unseren Kunden ist meine Herkunft unwichtig. Im Vordergrund steht eindeutig meine fachliche Qualifikation."
Jeton Krasniqi, Auszubildender zum Bürokaufmann, Pirmasens

J „Ein Unternehmen ist immer auch ein Marktplatz der Beziehungen. Unsere Kunden und Kollegen spiegeln die Vielfalt menschlicher Charaktere wider. Die daraus entstehenden Konflikte können gegen die Person oder die Funktion gerichtet sein. Die Herausforderung besteht darin, gelassen und sachlich zu bleiben und Konflikte oder Kritik als Chance zur Verbesserung zu nutzen."
Doris Bogendörfer, Regionale Personalentwicklung in einem großen Handelsunternehmen

K „Für unsere Lehrlinge sind Selbstständigkeit und Verantwortungsbereitschaft selbstverständlich. Die Einbindung in Teams sowie die Übernahme eigenständiger Aufgaben und Projekte bereiten unsere Azubis optimal auf das Berufsleben vor. Sie nutzen die gebotenen Weiterbildungsmöglichkeiten und internen Kommunikationssysteme, um sich Informationen zu beschaffen. Wir erwarten von ihnen die Bereitschaft, für das eigene Handeln Verantwortung zu tragen."
Kay Hudalla, Ausbildungsleiter, Köln

L „Im Kundendienst werden an unsere Angestellten jeden Tag neue Herausforderungen gestellt. Die von uns verkauften Geräte müssen oft individuell eingestellt werden. Wir erwarten von unseren Beschäftigten also eine große Gewissenhaftigkeit."
Lars Rühmlandt, Inhaber einer Großhandlung für elektronische Spezialgeräte

ZUSAMMENFASSUNG

Sozialkompetenzen

= für die soziale Interaktion notwendige oder nützliche Fertigkeiten

- **Kommunikationsfähigkeit**
- **Kooperationsfähigkeit**
- **Konfliktfähigkeit**

Man versteht erst dann etwas richtig, wenn man versucht, es einem anderen zu erklären. Dies führt zu einer eigenen gründlichen Auseinandersetzung mit dem gerade behandelten Thema.

1. Suchen Sie sich einen Partner.

2. Lesen Sie noch einmal die Zusammenfassung. Bei Verständnisproblemen schlagen Sie ggf. noch einmal im Informationstext nach.

3. Jeder formuliert vier Fragen, die mithilfe der Zusammenfassung und mithilfe des Informationstextes beantwortet werden können.

4. Der Partner beantwortet Ihre Fragen und umgekehrt.

ICH ÜBERPRÜFE MEINE NEU ERWORBENEN KOMPETENZEN

Den Erwerb der zu Beginn aufgeführten Kompetenzen können Sie selbst mithilfe der folgenden Tabelle überprüfen.

Wenn Sie alle Aufgaben, die hinter einer Kompetenz stehen, gelöst haben, machen Sie ein Kreuz bei „Ganz".

Bei den Kompetenzen, bei denen Sie Aufgaben „Teilweise" oder „Gar nicht" gelöst haben, sollten Sie den dazugehörigen Informationstext noch einmal lesen und die Aufgaben anschließend noch einmal bearbeiten.

Was ich nach der Bearbeitung dieses Kapitels kann	Aufgaben	Ganz	Teilweise	Gar nicht
Ich kann ...				
... die Notwendigkeit sozialkompetenten Verhaltens im Berufsleben begründen.	5, 6, 7, 8, 10			
... die Bereiche der Sozialkompetenz erläutern.	5, 6, 7, 8, 10			
... die Grundlagen der (störungsfreien) Kommunikation erläutern und diese anwenden.	4, 7, 8, 9			
... Auswirkungen von Konflikten erläutern und erste Regeln im Konfliktfall einsetzen.	7, 8			
... die Bedeutung der Teamarbeit im Berufsleben begründen und erste Regeln bei der Zusammenarbeit anwenden.	6, 10			

1.5 Der Wirtschaftskreislauf

Problemstellung

Das 2. Obergeschoss der Filiale der Tom Hoss KG in Berlin soll umgebaut werden. Frau Hoss ist für den Umbau verantwortlich. Sie gibt dem Auszubildenden Jakub Nowak wichtige Informationen zur Finanzierung des Umbaus.
Der Umbau kostet insgesamt etwa 100.000,00 Euro.
Er soll finanziert werden durch:
- Ersparnisse (20.000,00 Euro)
- Subvention (10.000,00 Euro)
- Kredit (70.000,00 Euro)

Die Mitarbeiter sollen erst einmal die Waren ausräumen. Wenn der Umbau fertig ist, sollen die Waren von den Mitarbeitern wieder eingeräumt werden. Das verursacht weitere Kosten. Frau Hoss sagt, dass an dem Umbau mehrere Akteure (= Handelnde) einer Volkswirtschaft beteiligt sind.

1. Was verstehen Sie unter einer Volkswirtschaft?
2. Nennen Sie mögliche Akteure, die an dem Umbau beteiligt sein können.

EINORDNUNG DES THEMAS

Lernfeld 1: Das Einzelhandelsunternehmen repräsentieren

Betrieb erkunden → Kompetenzen erwerben → **Stellung des Betriebes** → Ziele des Betriebes → Betriebs- und Verkaufsformen → Gliederung des Betriebes → Warenfluss im Betrieb → Berufsausbildung → Tarifvertrag → Jugendarbeitsschutz → Mitbestimmung → Soziale Sicherung → Präsentation

Kompetenzen

Nach Bearbeitung dieses Kapitels können Sie ...
... die beiden Sektoren des einfachen Wirtschaftskreislaufs nennen.
... an einem Beispiel erläutern, welche Geldströme und welche Güterströme beim einfachen Wirtschaftskreislauf vorhanden sind.
... die Verbindungen des dritten Sektors Bank zu den Unternehmen und den Haushalten erklären.
... die Rolle des Staates im erweiterten Wirtschaftskreislauf grafisch darstellen und erläutern.
... zwischen einer offenen und einer geschlossenen Volkswirtschaft unterscheiden.
... die Rolle des Auslands auf die inländische Volkswirtschaft nachvollziehen.
... die Beziehungen aller Sektoren im erweiterten Wirtschaftskreislauf miteinander darstellen.

INFORMATIONSTEXT

Wirtschaftskreislauf mit zwei Sektoren

In einer Volkswirtschaft wie beispielsweise Deutschland stehen sich verschiedene handelnde Gruppen (Akteure) gegenüber. Die Akteure tauschen meist Güter oder Dienstleistungen und Geld. Um die Beziehungen dieser Akteure zu vereinfachen, wird das Modell des Wirtschaftskreislaufs mit zwei Sektoren (Bereichen) betrachtet **(einfacher Wirtschaftskreislauf)**.

Die Sektoren sind
- Unternehmen:
  Das sind alle Unternehmen, die es in Deutschland gibt.
- Private Haushalte:
  Das sind alle privaten Haushalte, die es in Deutschland gibt.

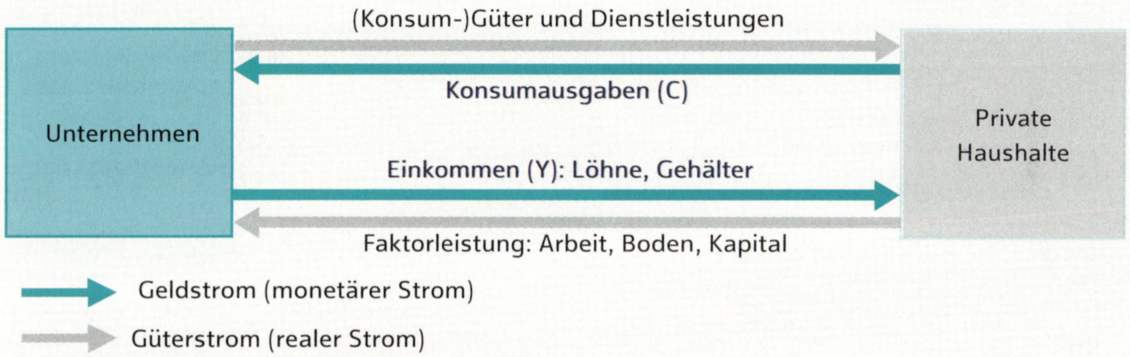

Wirtschaftskreislauf mit zwei Sektoren (einfacher Wirtschaftskreislauf)

Geldstrom

Zuerst soll der Geldstrom (= monetärer Strom) betrachtet werden: Die privaten Haushalte erhalten von den Unternehmen Lohn, den sie für Konsumausgaben (z. B. Lebensmittel einkaufen) verwenden. Für die Unternehmen ist die Lohnzahlung ein Geld**ab**fluss. Die Konsumausgaben der privaten Haushalte sind für die Unternehmen ein Geld**zu**fluss, weil sie durch den Verkauf der Waren dieses Geld einnehmen.

BEISPIELE

Herr Witt ist Mitarbeiter der Tom Hoss KG und erhält monatlich sein Gehalt. Für dieses Gehalt kauft er sich Lebensmittel und andere Güter. So hat er vor einiger Zeit eine Jacke bei der Tom Hoss KG für seinen Sohn gekauft.

Bei dieser vereinfachten Darstellung geht man davon aus, dass die privaten Haushalte ihr gesamtes Geld für den Konsum ausgeben.

Güterstrom

Beim Güterstrom (= realer Strom) stellen die privaten Haushalte den Unternehmen z. B. Arbeitskraft, Grundstücke, Kapital zur Finanzierung der Produktion zur Verfügung. Dadurch sind die Unternehmen in der Lage, Güter und Dienstleistungen zu produzieren. Die produzierten Güter und Dienstleistungen werden dann von den privaten Haushalten gekauft und konsumiert.

BEISPIELE

Herr Witt stellt der Tom Hoss KG täglich seine Arbeitsleistung zur Verfügung. Dadurch werden täglich Textilien verkauft. Die Kunden der Tom Hoss KG bezahlen die Textilien mit dem Geld, das sie vorher verdient haben.

Beim einfachen Wirtschaftskreislauf geht man davon aus, dass das gesamte Geld, das die Haushalte oder die Unternehmen einnehmen, wieder ausgegeben wird. Das bedeutet:

Jedem Güterstrom stehen im Wirtschaftskreislauf Geldströme in gleicher Höhe gegenüber.

Wirtschaftskreislauf mit drei Sektoren

In der Wirklichkeit geben die privaten Haushalte in der Regel nicht ihr gesamtes Einkommen aus. Häufig sparen sie einen Teil des Geldes. Die Unternehmen produzieren nicht nur Konsumgüter. Sie investieren auch in neue Produktionsgüter, um die Produktionsbedingungen zu verbessern. Der dritte Sektor, die „Vermittlungsstelle“, sind dabei die Banken (Kreditinstitute).

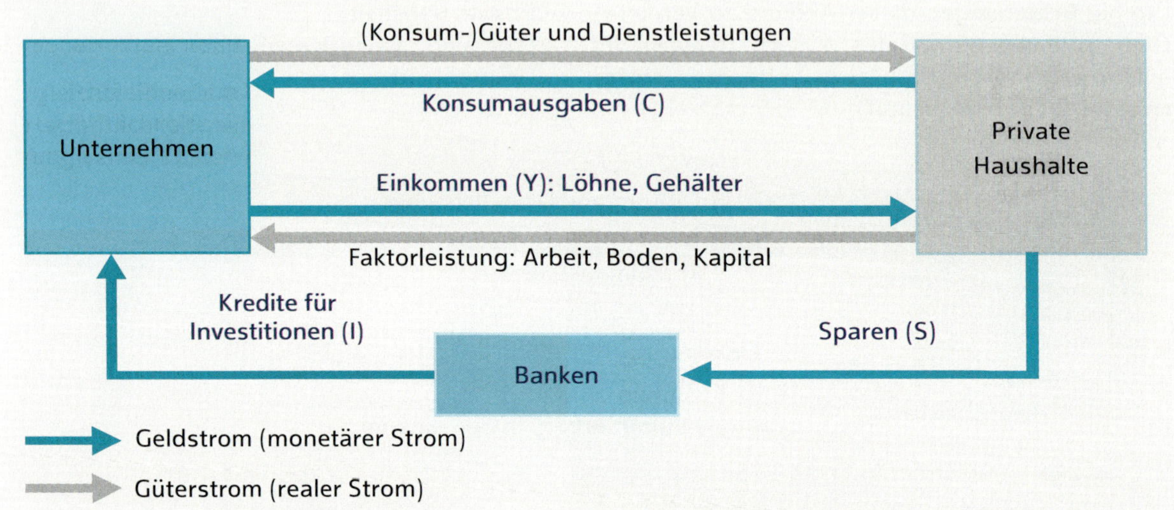

Wirtschaftskreislauf mit drei Sektoren

Der erweiterte Wirtschaftskreislauf

Eine große Rolle in einer Volkswirtschaft spielt der Staat. In der Bundesrepublik Deutschland wird der Sektor „Staat“ durch den Bund, die Länder, die Gemeinden und die Sozialversicherungsträger repräsentiert.

Der erweiterte Wirtschaftskreislauf

- **Geschlossen:** Kein Austausch von Waren und Dienstleistungen mit dem Ausland
- **Offen:** Austausch von Waren und Dienstleistungen mit dem Ausland

Der Staat legt die Rahmenbedingungen für die Unternehmen fest. Dazu zählen beispielsweise Steuern, Abgaben und Gebühren, Subventionen (Unterstützungen) oder auch die Sozialleistungen. Beim dem Modell mit vier Sektoren wird auch vom geschlossenen Wirtschaftskreislauf gesprochen.

Wenn auch das Ausland (= 5. Sektor) beteiligt ist, spricht man von einem offenen Wirtschaftskreislauf. In der heutigen globalisierten Welt sind Außenbeziehungen und der Außenhandel zu anderen Ländern von steigender Bedeutung. Der internationale Handel hat zur Folge, dass Güter und Dienstleistungen sowie Geld zwischen verschiedenen Volkswirtschaften (verschiedenen Ländern) getauscht werden.

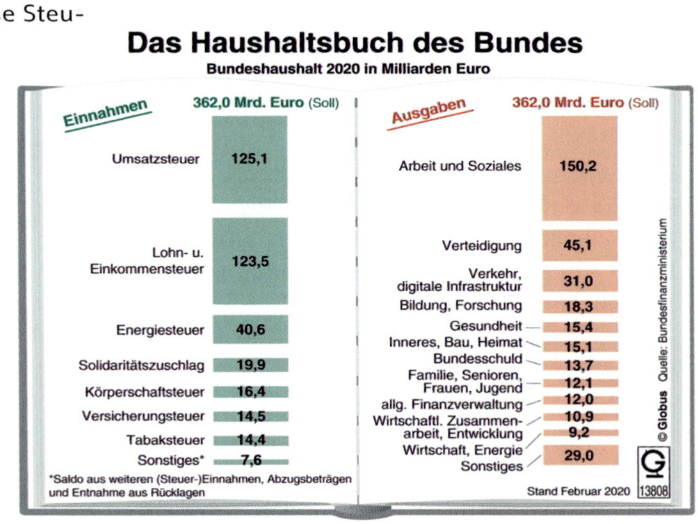

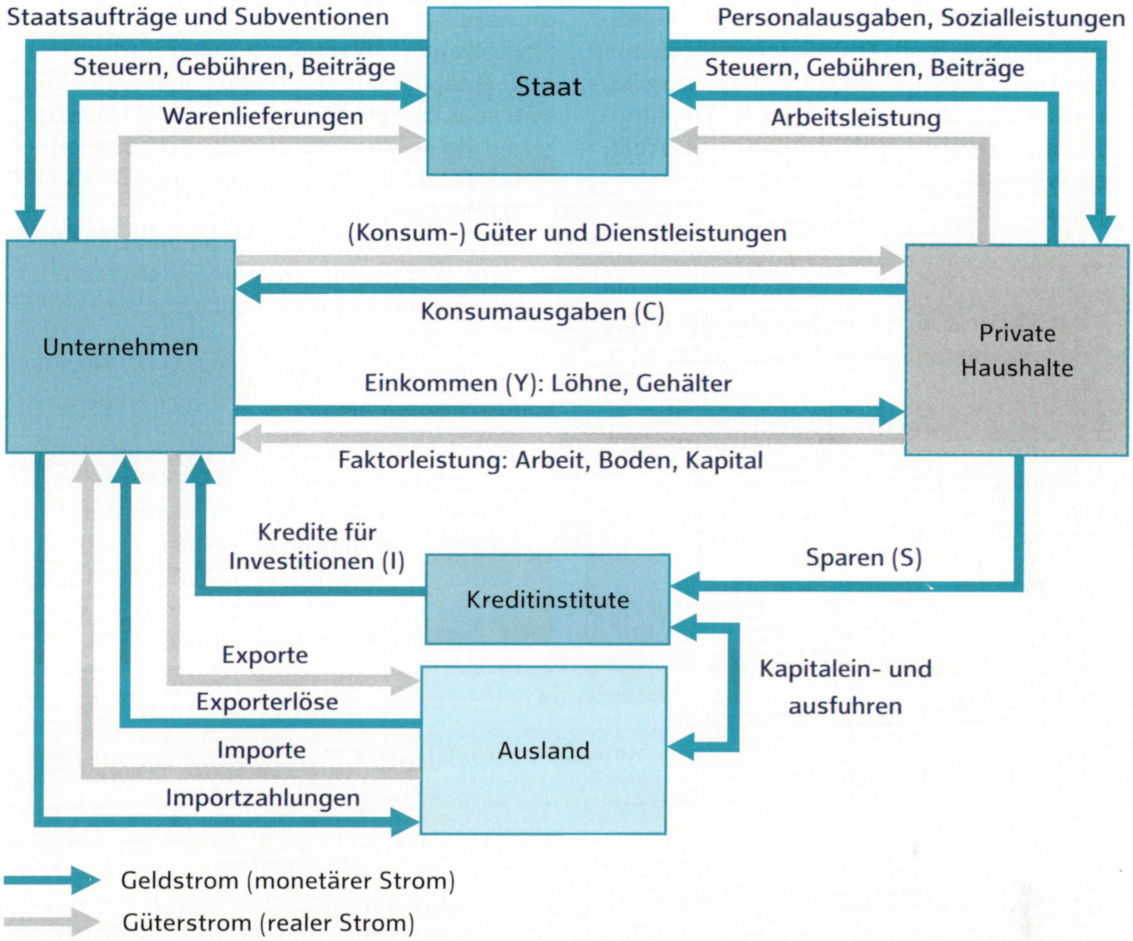

Der erweiterte Wirtschaftskreislauf

AUFGABEN

1. Warum gibt das Modell des einfachen Wirtschaftskreislaufs die Realität nur vereinfacht wieder?

2. Nennen Sie drei Beispiele für private Haushalte.

3. Erklären Sie mit eigenen Worten die Beziehungen im einfachen Wirtschaftskreislauf, die zwischen den privaten Haushalten und den Unternehmen bestehen.

4. Welche Auswirkungen hätte es, wenn die Konsumausgaben der privaten Haushalte zurückgehen?

5. Unterscheiden Sie
a) die geschlossene von der offenen Volkswirtschaft,
b) den einfachen vom erweiterten Wirtschaftskreislauf

6. Nennen Sie die Beziehungen im erweiterten Wirtschaftskreislauf zwischen
a) Unternehmen und Staat
b) Unternehmen und Ausland
c) Staat und privaten Haushalten

7. Zwischen dem Staat und den privaten Haushalten findet ein Geldstrom statt. Nennen Sie je zwei Beispiele für beide Richtungen.

8. Wenn mehr Güter exportiert als importiert werden, liegt ein Exportüberschuss vor. Wie wirkt sich dies auf die inländischen Einkommen aus?

9. Welche Möglichkeit steht dem Staat zur Verfügung, wenn er feststellt, dass seine Ausgaben (für Transferzahlungen, bezogene Sach- und Dienstleistungen, Gehälter für Angestellte und Beamte u. a.) seine Einnahmen (direkte und indirekte Steuern, Gebühren, Beiträge u. a.) dauerhaft übersteigen?

10. In einer geschlossenen Volkswirtschaft mit staatlicher Aktivität gelten folgende Angaben:
- Die Einkommen der privaten Haushalte aus erbrachten Arbeitsleistungen in den Unternehmen betragen 500.000 GE (Geldeinheiten).
- Seitens der privaten Haushalte werden 85.000 GE an Steuern gezahlt, die Unternehmen zahlen 55.000 GE Steuern.
- An Subventionen und Ausgaben des Staates für Sachgüter und Dienstleistungen werden 90.000 GE gezahlt.
- Die privaten Haushalte geben 385.000 GE für ihren Konsum aus.
- Die Rentenzahlungen des Staates betragen 33.000 GE, die Zahlungen für Gehälter betragen 17.000 GE.
- Das verbliebene Einkommen der privaten Haushalte wird gespart und den Unternehmen für Investitionen zur Verfügung gestellt.

Erstellen Sie ein Schaubild (Wirtschaftskreislauf), in das Sie die Beziehungen (Geldströme) mit den angegebenen Werten eintragen. Berechnen Sie dabei auch die fehlenden Werte, damit sich der Wirtschaftskreislauf auch im Gleichgewicht befindet.

ZUSAMMENFASSUNG

Einfacher Wirtschaftskreislauf

Sektoren: Unternehmen und private Haushalte

Geldstrom

→ Monetärer Strom (Lohn für Arbeit, Ausgaben für den Konsum)

Güterstrom

→ Realer Strom (Arbeit, Boden, Kapital, Konsumgüter)

Jedem Güterstrom stehen im Wirtschaftskreislauf Geldströme in gleicher Höhe gegenüber.

Erweiterter Wirtschaftskreislauf

Sektoren: Unternehmen, private Haushalte, Kreditinstitute, Staat, Ausland**

Geschlossener Wirtschaftskreislauf

→ Kein Einfluss des Auslands auf die Volkswirtschaft

Offener Wirtschaftskreislauf

→ Es findet ein außenwirtschaftlicher Austausch statt.

** Der Sektor „Ausland" besteht nur bei einem offenen Wirtschaftskreislauf

532154

Man versteht erst dann etwas richtig, wenn man versucht, es einem anderen zu erklären. Dies führt zu einer eigenen gründlichen Auseinandersetzung mit dem gerade behandelten Thema.

1. Suchen Sie sich einen Partner.
2. Lesen Sie noch einmal die Zusammenfassung. Bei Verständnisproblemen schlagen Sie ggf. noch einmal im Informationstext nach.
3. Einer von Ihnen erläutert die Zusammenfassung dem Partner.
4. Dieser achtet auf Korrektheit und Vollständigkeit und wiederholt noch einmal.

ICH ÜBERPRÜFE MEINE NEU ERWORBENEN KOMPETENZEN

Den Erwerb der zu Beginn aufgeführten Kompetenzen können Sie selbst mithilfe der folgenden Tabelle überprüfen.

Wenn Sie alle Aufgaben, die hinter einer Kompetenz stehen, gelöst haben, machen Sie ein Kreuz bei „Ganz".

Bei den Kompetenzen, bei denen Sie Aufgaben „Teilweise" oder „Gar nicht" gelöst haben, sollten Sie den dazugehörigen Informationstext noch einmal lesen und die Aufgaben anschließend noch einmal bearbeiten.

Was ich nach der Bearbeitung dieses Kapitels kann	Aufgaben	Ganz	Teilweise	Gar nicht
Ich kann ...				
... die beiden Sektoren des einfachen Wirtschaftskreislaufs nennen.	1, 2, 3, 4			
... an einem Beispiel erläutern, welche Geldströme und welche Güterströme beim einfachen Wirtschaftskreislauf vorhanden sind.	1, 3, 4			
... die Verbindungen des dritten Sektors Bank zu den Unternehmen und den Haushalten erklären.	1			
... die Rolle des Staates im erweiterten Wirtschaftskreislauf grafisch darstellen und erläutern.	1, 6, 7			
... zwischen einer offenen und einer geschlossenen Volkswirtschaft unterscheiden.	1, 5, 6			
... die Rolle des Auslands auf die inländische Volkswirtschaft nachvollziehen.	1, 5, 6, 8			
... die Beziehungen aller Sektoren im erweiterten Wirtschaftskreislauf miteinander darstellen.	9			

1.6 Die Stellung des Einzelhandels in der Gesamtwirtschaft

Problemstellung

In der Filiale der Tom Hoss KG im Berliner SWZ unterhalten sich die Auszubildende Stefanie Beyer und Frau Hoss:

Stefanie:
„Wenn ich so sehe, wie viele Textilien hier jeden Tag angeliefert werden, da sind wir schon ganz schön beschäftigt. Bis die Textilien bei uns angekommen sind, müssen bestimmt viele Firmen mitarbeiten, damit das klappt."

Frau Hoss:
„Ja, die Rohstoffe wie z. B. die Baumwolle kommen zum Teil aus der ganzen Welt und müssen erst viele Transportwege zurücklegen."

Stefanie:
„Wer stellt denn da die Textilien so her, wie wir sie angeliefert bekommen?"

Frau Hoss:
„In mehreren Produktionsstufen, die sich in sogenannte Wirtschaftssektoren einteilen lassen, werden die Textilien verarbeitet."

Reife Baumwolle auf einem Feld

1. Welche Produktionsstufen sind bei der Herstellung von Textilien betroffen?
2. Welcher Produktionsstufe oder welchem Wirtschaftssektor würden Sie den Transport der Textilien zuordnen?

EINORDNUNG DES THEMAS

Lernfeld 1: Das Einzelhandelsunternehmen repräsentieren

Betrieb erkunden › Kompetenzen erwerben › **Stellung des Betriebes** › Ziele des Betriebes › Betriebs- und Verkaufsformen › Gliederung des Betriebes › Warenfluss im Betrieb › Berufsausbildung › Tarifvertrag › Jugendarbeitsschutz › Mitbestimmung › Soziale Sicherung › Präsentation

Kompetenzen

Nach Bearbeitung dieses Kapitels können Sie ...

... die Stellung der Einzelhandelsbetriebe in der Gesellschaft einordnen.
... die verschiedenen Wirtschaftssektoren voneinander unterscheiden.
... die Unterschiede zwischen Industrie- und Handwerksbetrieben erläutern.
... die Produktions-, Handels- und Dienstleistungsbetriebe in den gesamtwirtschaftlichen Zusammenhang einordnen.
... die Bedeutung von Industrieunternehmen, Handelsbetrieben, Banken und Versicherungen sowie Logistik- und Verkehrsunternehmen beschreiben und erläutern.

INFORMATIONSTEXT

Gliederung der Wirtschaft in Wirtschaftsstufen (Wirtschaftssektoren)

In einer Volkswirtschaft (z. B. ein Land) ist die Produktion und Verteilung von Waren und Dienstleistungen in der Regel auf viele unterschiedliche Unternehmen aufgeteilt. Dabei spricht man auch von der **volkswirtschaftlichen Arbeitsteilung**. Bei der volkswirtschaftlichen Arbeitsteilung kann eine Einteilung in vier Sektoren vorgenommen werden. Diese Einteilung ist der nachfolgenden Tabelle zu entnehmen.

Die vier Sektoren der Volkswirtschaft		
Erster (primärer) Sektor	**Urproduktion:** gewinnt und liefert Rohstoffe aus der Natur (Landwirtschaft, Forstwirtschaft, Jagd, Fischerei, Bergbau) Beispiele: Weizenanbau- und -ernte, Kohleabbau	**Produktionsbetriebe**
Zweiter (sekundärer) Sektor	**Weiterverarbeitende Produktion:** verarbeitet die Rohstoffe weiter, stellt Waren her (Industrie, Handwerk, Energie-/Wasserversorgung, Baugewerbe) Beispiele: Verarbeitung von Weizen zu Mehl und dann zu Brot, Herstellung von Obstkonserven und Autos	
Dritter (tertiärer) Sektor	**Handel:** verteilt die hergestellten Produkte (Einzelhandel, Groß-/Außenhandel) in Richtung anderer Unternehmen oder zum Endverbraucher hin. **Dienstleistungen:** Arbeit in der Wirtschaft, die nicht unmittelbar der Produktion oder der Verteilung von Gütern dient (Banken, Versicherungen, Verkehr, Transportunternehmen, Hotels, Gaststätten, Tourismus, ...); Handels- und Dienstleistungsunternehmen haben keine eigene Produktion mehr.	**Dienstleistungs- und Handelsbetriebe**
Vierter (quartärer) Sektor	**Informationen:** erstellen, gewinnen, sammeln, verarbeiten und verkaufen von Informationen (Beratung, Datenverarbeitung, IT, Hochtechnologie – HighTech, Kommunikationstechnologie, Forschung...) Beispiele: Rechtsanwaltskanzlei, Wirtschaftsberatung, Nanotechnologie-Unternehmen, Telekommunikationsunternehmen	

Jedes Unternehmen gehört also einem dieser vier Wirtschaftssektoren an. In den verschiedenen Wirtschaftssektoren gibt es unterschiedliche Arten von Betrieben.

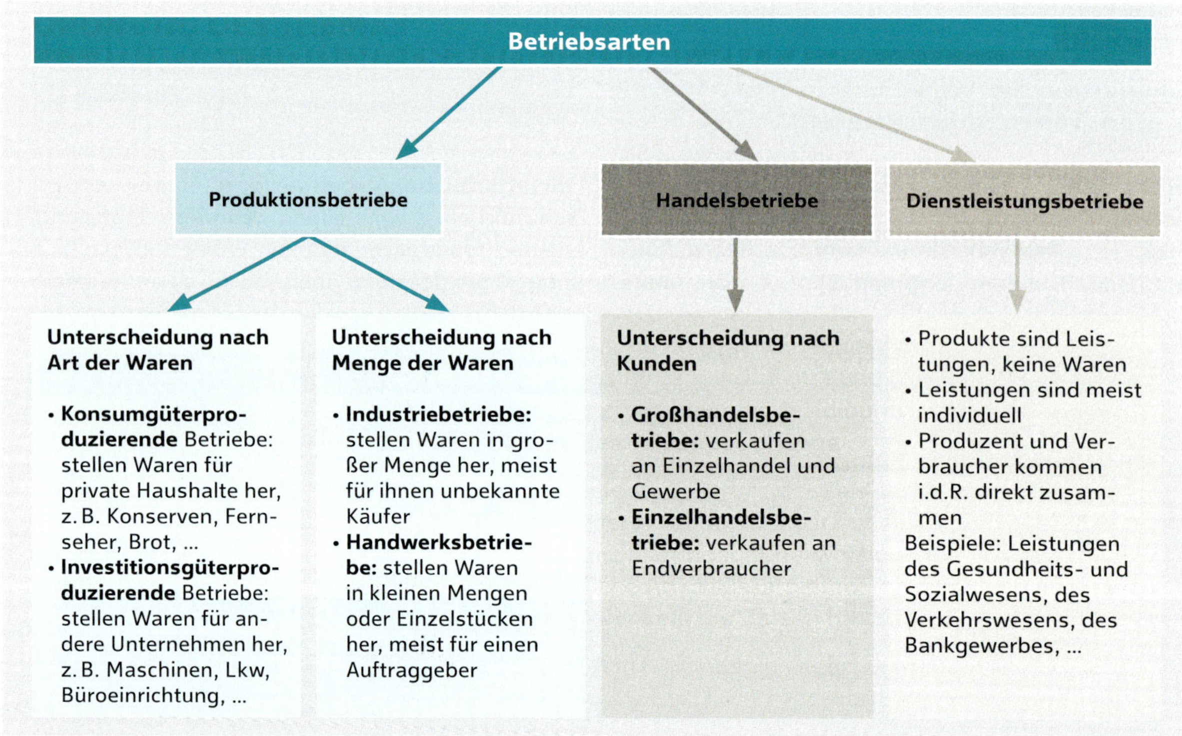

Unternehmen des sekundären Wirtschaftssektors: Industrie und Handwerk

In der Industrie werden Rohstoffe zu Produktions- oder Konsumgütern verarbeitet.

Industriebetriebe stellen Güter mithilfe von Maschinen her. Die Rohstoffe werden dabei mechanisch oder chemisch be- oder verarbeitet. Eine Abgrenzung zwischen Industrie- und Handwerksbetrieben ist oft schwierig. Das Handwerk umfasst alle gewerblichen Tätigkeiten, die im Wesentlichen mit der Hand und mithilfe einfacher Werkzeuge und Geräte ausgeübt werden. Viele Handwerksbetriebe modernisieren sich jedoch immer mehr. Sie sind Industriebetrieben oft schon sehr ähnlich.

Im Vergleich zu einem Industriebetrieb kennzeichnen einen Handwerksbetrieb folgende Merkmale:

- **Kapitaleinsatz**
  Um einen Handwerksbetrieb zu gründen, werden meist weniger finanzielle Mittel benötigt als bei einem Industriebetrieb.
- **Maschineneinsatz**
  Da im Handwerk noch mehr mit der Hand gearbeitet wird, werden hier weniger Maschinen für die Produktion benötigt.
- **Betriebsmitteleinsatz**
  Handwerksbetriebe kaufen Rohstoffe in kleineren Mengen ein und haben in der Regel auch weniger Beschäftigte pro Betrieb.
- **Ausstoß an Produkten**
  Handwerksbetriebe produzieren deutlich weniger.
- **Unternehmensgröße**
  Handwerksbetriebe sind deutlich kleiner.
- **Risiko**
  Da das Industrieunternehmen in der Regel die Nachfrager nicht kennt, ergibt sich ein hohes Marktrisiko. Unternehmen des Handwerks produzieren und verkaufen meist in der Nähe der Verbraucher: Sie kennen ihre Kunden.
- **Absatzmarkt**
  Industriebetriebe verkaufen prinzipiell weltweit. Sie sind weniger räumlich eingeschränkt als die Handwerksunternehmen.

Funktionen von Industriebetrieben

In Industriebetrieben müssen folgende Aufgaben erfüllt werden:

- **Beschaffung**
  Es muss entschieden werden, welche Roh-, Hilfs- und Betriebsstoffe usw. eingekauft werden müssen, damit die Produktion läuft.
- **Produktion**
  Die Güter werden aus den beschafften Roh-, Hilfs- und Betriebsstoffen hergestellt.
- **Lagerung**
  Rohstoffe, Zwischenprodukte und verkaufsfähige Endprodukte müssen aufbewahrt werden.
- **Absatz**
  Das Unternehmen muss die erstellten Güter am Markt verkaufen.

Arten von Industriebetrieben

Industriebetriebe lassen sich nach der Industriegruppeneinteilung des Statistischen Bundesamtes verschiedenen Industriezweigen zuordnen, u. a.:

- **Energie- und Wasserversorgung**
- **Bauwirtschaft**
- **Grundstoff- und Produktionsgüterindustrie**
  Industrie der Steine und Erden, Eisen schaffende Industrie, Nicht-Eisen-Metallindustrie, Mineralölverarbeitung, Kohlenwerkstoffindustrie, chemische Industrie, Sägewerke und Holz verarbeitende Industrie
- **Investitionsgüterindustrie**
  Stahlbau, Maschinenbau, Fahrzeugbau, Schiffbau, elektrotechnische Industrie, Stahlverformung, optische und feinmechanische sowie Uhrenindustrie
- **Nahrungs- und Genussmittelindustrie**
  Molkereien, Brauereien, Tabak verarbeitende Industrie
- **Verbrauchsgüterindustrie**
  Glasindustrie, Musikinstrumente, Spiel- und Sportgeräte, Schmuckwaren, Druckereiindustrie, Schuh-, Textil- und Bekleidungsindustrie

Bedeutung der Industriebetriebe

In Deutschland haben die Industriebetriebe eine hohe Bedeutung. Auch wenn der Dienstleistungssektor – wie in anderen hoch entwickelten Ländern – ständig an Boden gewinnt, bleibt das verarbeitende Gewerbe das Kernstück der deutschen Volkswirtschaft. Hier ist fast ein Drittel der Erwerbstätigen beschäftigt . Die Industriebetriebe steigern den Wohlstand.
Herausragende Bedeutung haben Industriebetriebe für die außenwirtschaftlichen Beziehungen der Bundesrepublik Deutschland. Der Außenhandel wird überwiegend mit Industrieprodukten bestritten. Die Industrie trägt so entscheidend dazu bei, den hohen Lebensstandard in Deutschland zu sichern.

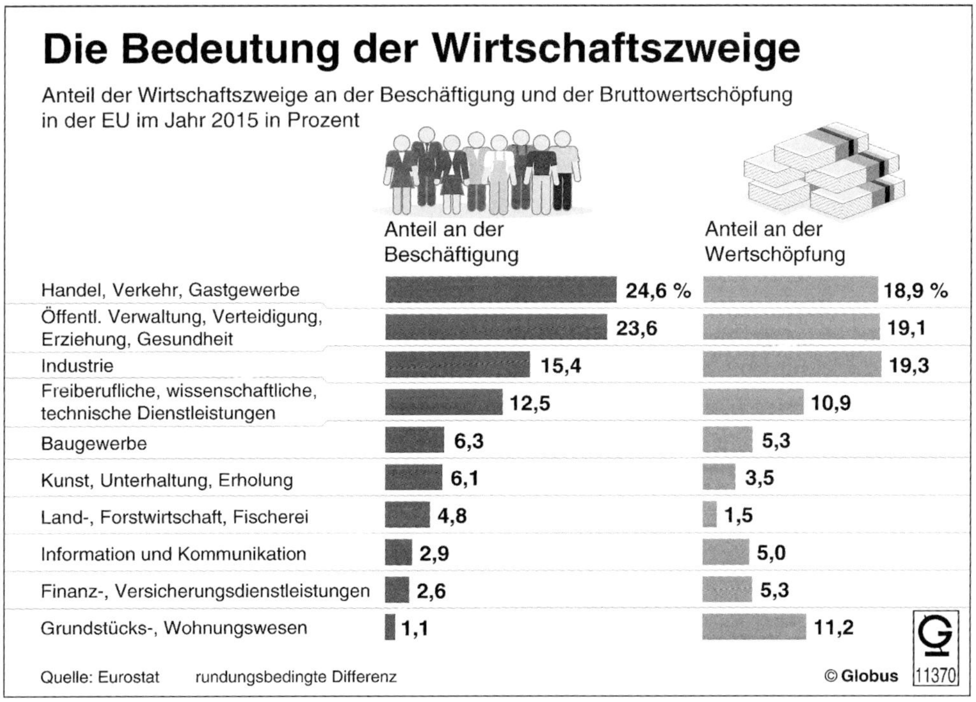

Unternehmen des tertiären Wirtschaftssektors

Handel

Die Güter müssen vom Ort der Herstellung an den Ort des Bedarfs gebracht werden. Diese Aufgaben übernimmt der Handel. Er verteilt die Güter, oft über weite Entfernungen.

Der Großhandel kauft und verkauft Güter in großen Mengen. Über den Außenhandel kommen ausländische Waren (Importgüter) zu uns, verlassen Exportgüter unser Land, mit denen wir unsere Einfuhren bezahlen können.

Der Einzelhändler rückt dicht an den Endverbraucher heran und bedient ihn in seinem Ladengeschäft oder über den Postweg bzw. das Internet (Onlinehandel).

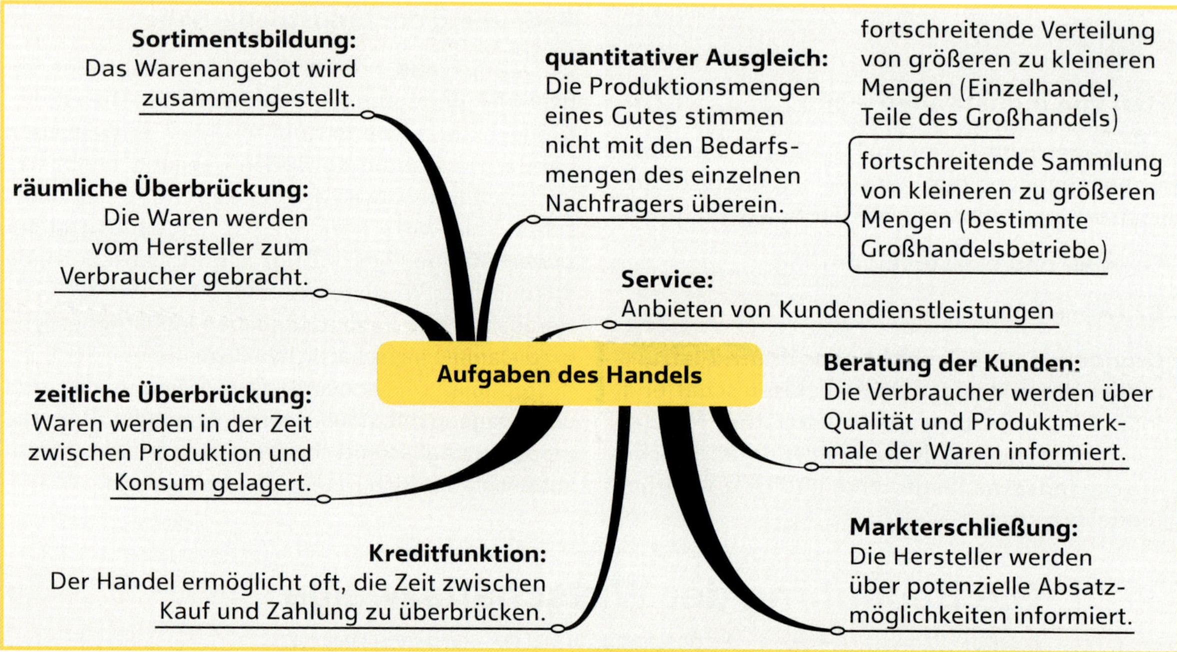

Banken

Schon im Altertum wurden in Tempeln Bankgeschäfte getätigt. Priester verwahrten, wechselten und verrechneten dort Geld. Das moderne Bankwesen in der heute bekannten Form entstand in der Mitte des 12. Jahrhunderts in Italien. Begriffe des Bankgeschäfts wie Konto, Giro, aber auch das Wort Bank (banco) kommen aus dem Italienischen.

Aufgaben und Wirkungskreis der Banken haben sich mit der Zeit stark erweitert. In den letzten Jahrzehnten gehörte das Kreditgewerbe zu den dynamischsten Wirtschaftszweigen in der Bundesrepublik Deutschland. Gemessen am Bruttoinlandsprodukt wuchsen Kredit- und Geschäftsvolumen seit 1960 doppelt so schnell wie die gesamtwirtschaftliche Leistung.

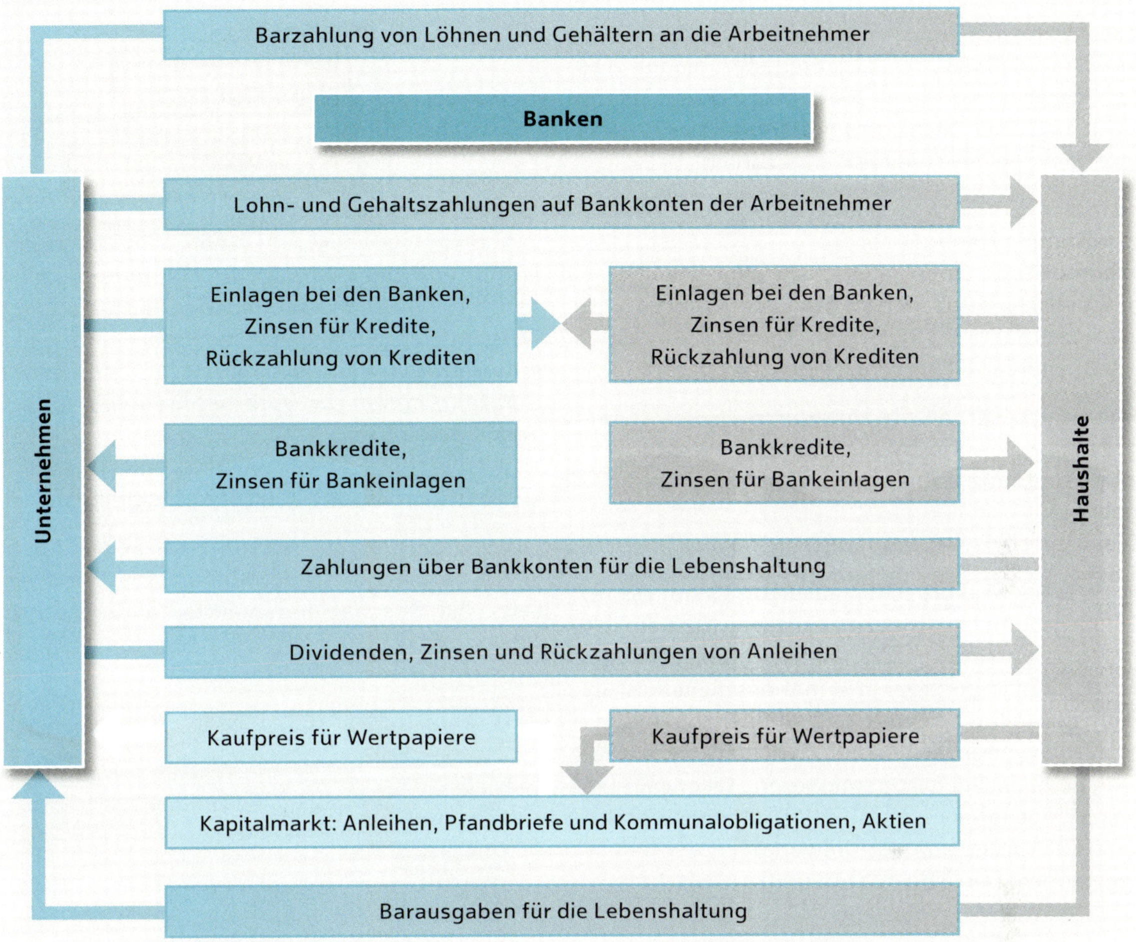

Versicherungen

Durch die Versicherungen sollen Risiken abgedeckt werden.

Man unterscheidet:

- **Sozialversicherung**
  Die Sozialversicherung ist eine gesetzliche Pflichtversicherung. Ihre Aufgabe besteht darin, die breite Bevölkerungsmehrheit im Alter, bei Arbeitslosigkeit und Krankheit zu unterstützen.
- **Individualversicherung**
  Individualversicherungen sind private Versicherungen, die durch Abschluss eines Versicherungsvertrags zwischen einem Versicherer (= privates Versicherungsunternehmen) und einem Versicherungsnehmer (z. B. Großhandelsbetrieb) zustande kommen.

Versicherungsvertrag

Wer eine Versicherung abschließen will, stellt zunächst einen schriftlichen Antrag. Der Vertrag kommt zustande, wenn der Versicherer die Antragsannahme bestätigt oder einen Versicherungsschein – die sogenannte Police – aushändigt.

Der Versicherungsvertrag wird in der Regel für eine bestimmte Zeitdauer geschlossen. Nach Ablauf dieser Zeit verlängert sich dieser Vertrag automatisch um ein Jahr, wenn er nicht vorher unter Einhaltung einer Frist von drei Monaten zum Ende des Versicherungsjahrs schriftlich gekündigt wird. Der Vertrag endet auch bei Wegfall des versicherten Risikos.

Nach einem Schadensfall steht jeder Vertragspartei unabhängig von der Laufzeit ein außerordentliches Kündigungsrecht zu.

Logistik- und Verkehrsunternehmen

In der Wirtschaft müssen Güter transportiert werden. Unternehmen des Güterverkehrs dienen also der Überwindung räumlicher Unterschiede. Häufig nennt man diese auch Logistikunternehmen. Zu den Unternehmen des Güterverkehrs zählen:

- Güterkraftverkehr
- Eisenbahnverkehr
- Luftfahrt
- Binnenschifffahrt
- Seeschifffahrt
- Rohrleitungsverkehr (z. B. Ölpipelines)

Unterstützt werden die Unternehmen des Güterverkehrs durch Spediteure, Lagerhalter und Umschlagsbetriebe (z. B. Hafenbetriebe).

Der quartäre Sektor

Mittlerweile wird oft schon auch von einem vierten Sektor gesprochen. Diesen nennt man Quartärsektor. Oft wird er aber auch Informationssektor genannt. Dieser umfasst Informationsdienstleistungen: Tätigkeiten, in denen es um die Erstellung, die Vermittlung oder den Verkauf von Daten und Wissen geht, nehmen einen immer höheren Stellenwert ein. Viele Wirtschaftswissenschaftler sprechen vor diesem Hintergrund von der Umwandlung der Industriegesellschaft in eine Informationsgesellschaft.

Immer wichtiger wird in der heutigen Volkswirtschaft der quartäre Sektor: Die Dienstleistungsgesellschaft entwickelt sich zur Informationsgesellschaft. Daten, Kommunikation, Informationen und Beratung haben für Unternehmen eine entscheidende Bedeutung.

Unternehmen im Wirtschaftsgefüge

Jedes Unternehmen ist von zwei Seiten mit dem Wirtschaftskreislauf verbunden. Dies sind einerseits die Beschaffungsmärkte, andererseits die Absatzmärkte.

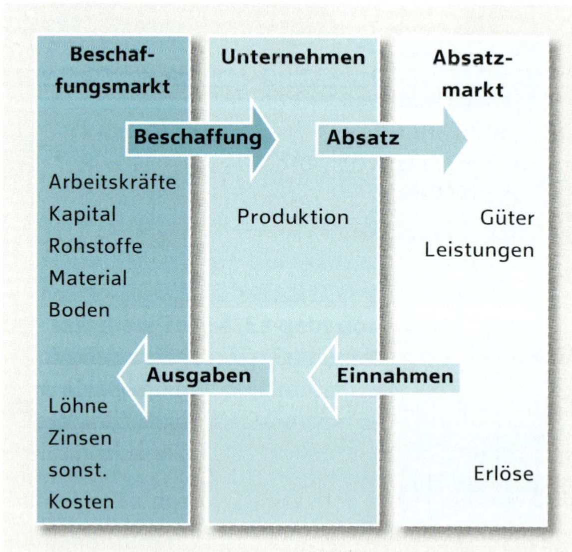

BEISPIEL

Die Tom Hoss KG gehört als Einzelhandelsunternehmen zum tertiären Sektor. Das Unternehmen verkauft Textilien (Produkte) und Beratungen (Dienstleistungen) an den Endverbraucher auf dem Absatzmarkt. Durch den Verkauf bekommt die Tom Hoss KG Einnahmen.

Die Tom Hoss KG tritt aber auch als Nachfrager auf den Beschaffungsmärkten auf, z. B. bei der Beschaffung der Textilien.

Kontakt hat die Tom Hoss KG zu Versicherungen, die unterschiedliche Risiken im Waren- und Güterverkehr übernehmen. Transportbetriebe befördern Güter zwischen den Lieferanten und der Tom Hoss KG. Banken und Sparkassen helfen der Tom Hoss KG bei der Abwicklung des Zahlungsverkehrs zwischen den einzelnen Wirtschaftspartnern.

AUFGABEN

1. In welche Stufen gliedert sich die Wirtschaft?
2. Entscheiden Sie, zu welchen Wirtschaftsbereichen die folgenden Betriebe gehören:
   a) Versicherung
   b) Steuerberater
   c) Malerbetrieb
   d) Automobilhersteller
   e) Kohlebergbau
   f) Änderungsschneider
   g) Betreiber einer Suchmaschine
3. Was ist ein Industriebetrieb?
4. Wodurch unterscheiden sich Industriebetriebe von Handwerksbetrieben?
5. Welche Märkte sind aus der Sicht eines Einzelhandelbetriebs
   a) Beschaffungsmärkte, b) Absatzmärkte?
6. Warum spielen die Einzelhandelsbetriebe eine wesentliche Rolle im Rahmen der Gesamtwirtschaft?
7. Zu welchen Industriezweigen gehören die folgenden Betriebe:
   a) Hersteller von Autoradios
   b) eine Rostocker Werft
   c) ein Duisburger Hüttenwerk
   d) ein Gaswerk
   e) eine Konservenfabrik
8. Wodurch unterscheiden sich Handelsbetriebe von Industrieunternehmen?
9. Erläutern Sie den Unterschied zwischen Einzelhandel und Großhandel.
10. Wodurch unterscheiden sich Versicherungen und Kreditinstitute von Industrieunternehmen?
11. Welche Aufgaben hatten Banken ursprünglich?
12. Welche Dienstleistungen können Sie bei einer Bank erhalten?
13. Warum können Banken als Mittelpunkt des Wirtschaftsgeschehens angesehen werden?
14. a) Bilden Sie in der Klasse mindestens drei Gruppen. Jede der Gruppen erstellt eine Wandzeitung, die mit einem typischen Bild und einem Satz über eine der folgenden Wirtschaftsstufen informiert:
    - Urproduktion
    - Weiterverarbeitung
    - Dienstleistungen

    b) Beachten Sie die Regeln der Visualisierung („Ein Bild sagt oft mehr als 1000 Worte.“). Bereiten Sie sich darauf vor, Ihre Wandzeitung vorzustellen.
15. a) Erkunden Sie im Internet, mit wie viel Prozent das produzierende Gewerbe an der Bruttowertschöpfung in Deutschland beteiligt ist.
    b) Erstellen Sie mit Excel ein Tortendiagramm, das die Stellung des produzierenden Gewerbes innerhalb der einzelnen Wirtschaftsbereiche darstellt.
16. a) Bilden Sie in der Klasse Gruppen. Jede der Gruppen erstellt eine Folie, die über einen Unterschied zwischen Industrie und Handwerk informiert. Verwenden Sie dabei Abbildungen oder Symbole.
    b) Präsentieren Sie Ihre Folie mithilfe eines Overheadprojektors.
17. Ordnen Sie Ihre eventuelle Bankverbindung in das Bankensystem der Bundesrepublik Deutschland ein.
18. Suchen Sie 15 Betriebe aus Ihrer Region. Ordnen Sie diese den einzelnen Wirtschaftsbereichen zu.
19. Zu welchem Wirtschaftssektor gehören die folgenden Beispiele?
    a) 
    b) 

ZUSAMMENFASSUNG

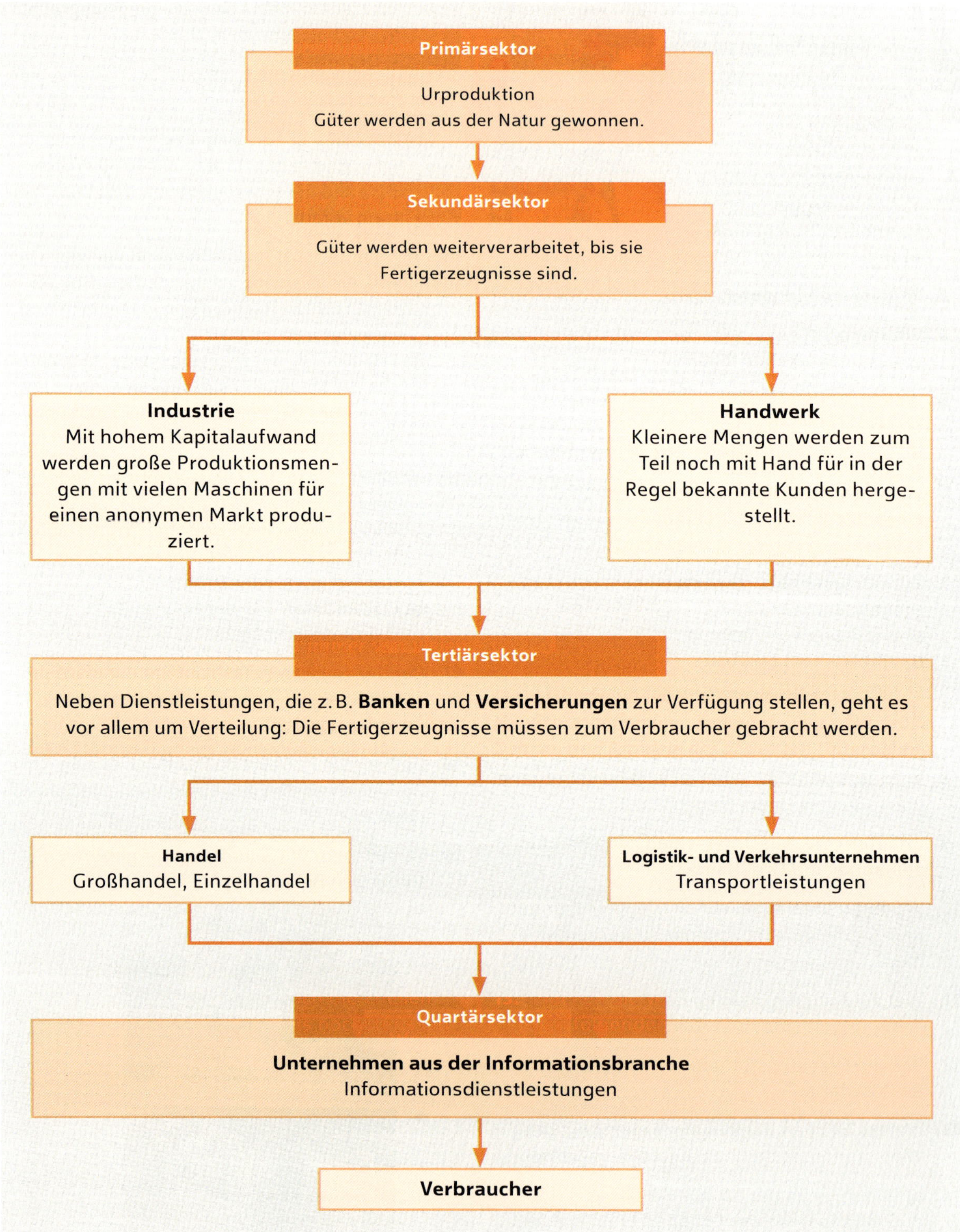

Man versteht erst dann etwas richtig, wenn man versucht, es einem anderen zu erklären. Dies führt zu einer eigenen gründlichen Auseinandersetzung mit dem gerade behandelten Thema.

1. Suchen Sie sich einen Partner.
2. Lesen Sie noch einmal die Zusammenfassung. Bei Verständnisproblemen schlagen Sie ggf. noch einmal im Informationstext nach.
3. Jeder formuliert vier Fragen, die mithilfe der Zusammenfassung beantwortet werden können.
4. Der Partner beantwortet die eigenen Fragen und umgekehrt.

ICH ÜBERPRÜFE MEINE NEU ERWORBENEN KOMPETENZEN

Den Erwerb der zu Beginn aufgeführten Kompetenzen können Sie selbst mithilfe der folgenden Tabelle überprüfen.

Wenn Sie alle Aufgaben, die hinter einer Kompetenz stehen, gelöst haben, machen Sie ein Kreuz bei „Ganz“.

Bei den Kompetenzen, bei denen Sie Aufgaben „Teilweise“ oder „Gar nicht“ gelöst haben, sollten Sie den dazugehörigen Informationstext noch einmal lesen und die Aufgaben anschließend noch einmal bearbeiten.

Was ich nach der Bearbeitung dieses Kapitels kann	Aufgaben	Ganz	Teilweise	Gar nicht
Ich kann ...				
... die Stellung der Einzelhandelsbetriebe in der Gesellschaft einordnen.	5, 6, 8, 9, 12			
... die verschiedenen Wirtschaftssektoren voneinander unterscheiden.	1, 2, 12, 16			
... die Unterschiede zwischen Industrie- und Handwerksbetrieben erläutern.	2, 3, 4, 7, 8, 15, 16			
... die Produktions-, Handels- und Dienstleistungsbetriebe in den gesamtwirtschaftlichen Zusammenhang einordnen.	8, 10, 14			
... die Bedeutung von Industrieunternehmen, Handelsbetrieben, Banken und Versicherungen sowie Logistik- und Verkehrsunternehmen beschreiben und erläutern.	2, 10, 11, 12, 13, 16			

1.7 Unternehmensziele

Problemstellung

Das Leitbild der Tom Hoss KG beinhaltet die Ziele, die von der Tom Hoss KG erreicht werden sollen. Diese Unternehmensziele sind Leitlinie für die Arbeit der Geschäftsführung. Auch die einzelnen Mitarbeiterinnen und Mitarbeiter der Tom Hoss KG müssen diese Ziele bei ihrer Arbeit beachten.

Das Leitbild der Tom Hoss KG *(ein Auszug)*

- Die Tom Hoss KG ist innovativ, ertragsorientiert, nah am Kunden und wird durch qualifizierte Mitarbeiterinnen und Mitarbeiter geprägt.
- Wir stellen den Kunden in den Mittelpunkt unseres Handelns. Kundenzufriedenheit ist unsere wichtigste Zielsetzung. Wir verpflichten uns zu Qualität in Beratung und Kundendienst.
- Wir handeln verantwortungsbewusst und erfolgsorientiert. Indem wir unser Unternehmen auf zukünftige Aufgaben und Anforderungen vorbereiten, sichern wir die Zukunft unseres Unternehmens und die Arbeitsplätze unserer Mitarbeiter. Die dafür erforderliche unternehmerische und finanzielle Unabhängigkeit gewährleisten wir durch nachhaltige Erträge.
- In unsere Unternehmenspolitik fließt die Erkenntnis ein, dass motivierte und zufriedene Mitarbeiter einen entscheidenden Wettbewerbsfaktor darstellen. Nur mit motivierten Mitarbeitern können wir unseren Unternehmenserfolg erreichen und sichern. Deren persönliche und berufliche Entfaltung unterstützen wir durch geeignete Fortbildungsmaßnahmen. Zur Erfüllung ihrer Aufgaben erhalten unsere Mitarbeiter die notwendigen Kompetenzen.
- Der Schutz natürlicher Ressourcen ist ein wichtiger Bestandteil unserer unternehmerischen Tätigkeit. Dabei haben wir nicht nur innerhalb unseres Unternehmens große Fortschritte für den Umweltschutz erzielt. Die Tom Hoss KG bezieht konsequent auch Lieferanten und Partnerunternehmen in ihre Bemühungen mit ein.

Welche Unternehmensziele müssen die Geschäftsführung und die Mitarbeiterinnen und Mitarbeiter der Tom Hoss KG beachten?

EINORDNUNG DES THEMAS

Lernfeld 1: Das Einzelhandelsunternehmen repräsentieren

Betrieb erkunden → Kompetenzen erwerben → Stellung des Betriebes → **Ziele des Betriebes** → Betriebs- und Verkaufsformen → Gliederung des Betriebes → Warenfluss im Betrieb → Berufsausbildung → Tarifvertrag → Jugendarbeitsschutz → Mitbestimmung → Soziale Sicherung → Präsentation

Kompetenzen

Nach Bearbeitung dieses Kapitels können Sie ...

... den Zusammenhang von Unternehmensleitbild und Zielsetzungen von Unternehmen darstellen.
... ökonomische Zielsetzungen von Unternehmen erläutern.
... ökologische Zielsetzungen von Unternehmen erläutern.
... Maßnahmen und Verhaltensweisen von Unternehmensleitung und Mitarbeitern beschreiben, die zum Erreichen ökonomischer Ziele von Unternehmen beitragen können.
... Maßnahmen und Verhaltensweisen von Unternehmensleitung und Mitarbeitern beschreiben, die zum Erreichen ökologischer Ziele von Unternehmen beitragen können.
... Maßnahmen und Verhaltensweisen von Unternehmensleitung und Mitarbeitern beschreiben, mit denen sie die gesamtgesellschaftliche Verantwortung ihres Unternehmens wahrnehmen.

INFORMATIONSTEXT

Streben nach Gewinn

Jeder Unternehmer will durch seine selbstständige Tätigkeit einen möglichst hohen Gewinn erzielen (= Gewinnmaximierung). Denn der Gewinn sichert sein Einkommen und damit seinen Lebensstandard.

Dieses Streben nach einem maximalen Gewinn kommt in dem Ziel einer möglichst hohen Rentabilität des eingesetzten Kapitals zum Ausdruck.

DEFINITION

Die **Rentabilität** gibt die Verzinsung des in einem Unternehmen eingesetzten Kapitals an.

Bei der Ermittlung der Rentabilität unterscheidet man:

- Eigenkapitalrentabilität (= Unternehmerrentabilität)
- Gesamtkapitalrentabilität (= Unternehmensrentabilität)
- Umsatzrentabilität

DEFINITION

Die **Eigenkapitalrentabilität** gibt an, mit wie viel Prozent sich das eingesetzte Eigenkapital verzinst hat.

Eigenkapitalrentabilität

$$= \frac{\textbf{Unternehmergewinn * 100}}{\textbf{Eigenkapital}}$$

BEISPIEL

Unternehmergewinn:	100.000,00 €
Eigenkapital:	500.000,00 €

Eigenkapitalrentabilität

$$= \frac{100.000{,}00\ € * 100\,\%}{500.000{,}00\ €} = 20\,\%$$

Die **Gesamtkapitalrentabilität** gibt an, mit wie viel Prozent sich das gesamte eingesetzte Kapital verzinst hat.

Gesamtkapitalrentabilität

$$= \frac{\textbf{(Unternehmergewinn + Fremdkapitalzinsen) * 100}}{\textbf{(Eigenkapital + Fremdkapital)}}$$

BEISPIEL

Unternehmergewinn:	100.000,00 €
Eigenkapital:	500.000,00 €
Fremdkapital:	500.000,00 €

Zinssatz für das Fremdkapital: 12 %

→ Zinsen für das Fremdkapital: 60.000,00 €

Gesamtkapitalrentabilität

$$= \frac{(100.000{,}00\ € + 60.000{,}00\ €) * 100\,\%}{(500.000{,}00\ € + 500.000{,}00\ €)} = 16\,\%$$

Die **Umsatzrentabilität** gibt den im Nettoumsatz enthaltenen Gewinn in Prozent an. Eine geringe Umsatzrentabilität führt bei gleichem Umsatz zu einem geringeren Gewinn als eine hohe Umsatzrentabilität.

Umsatzrentabilität

$$= \frac{\textbf{Unternehmergewinn * 100}}{\textbf{Nettoumsatz}}$$

BEISPIEL

Unternehmergewinn:	158.000,00 €
Nettoumsatz:	4.740.000,00 €

Umsatzrentabilität

$$= \frac{158.000{,}00\ € * 100\,\%}{4.740.000{,}00\ €} = 3{,}33\,\%$$

Streben nach Umsatz

Viele Unternehmen versuchen einen hohen Gewinn durch einen hohen Umsatz zu erzielen.

Erhaltung des Betriebes

Die Gewinn- und Umsatzziele können auf Dauer nur in einem lebensfähigen Unternehmen erzielt werden. Dabei reichen hohe Umsätze allein nicht aus, um im Wettbewerb zu bestehen. Diese Umsätze müssen vielmehr auf möglichst wirtschaftliche Weise erzielt werden.

Ein Unternehmer handelt wirtschaftlich, wenn er versucht,

- eine bestimmte Leistung mit möglichst geringem Aufwand oder
- eine möglichst große Leistung mit einem gegebenen Aufwand zu erzielen (= ökonomisches Prinzip).

Die Wirtschaftlichkeit eines Betriebs lässt sich aus dem Verhältnis seiner Leistung zu seinen Kosten ermitteln.

Die Leistung eines Handelsbetriebs ist sein Nettoumsatz. Der Nettoumsatz ist die Absatzmenge, bewertet zu Nettoverkaufspreisen.

Die Kosten eines Handelsbetriebs sind alle betriebsbedingten Aufwendungen des Unternehmens, z. B. Personalkosten, Raumkosten, Lagerkosten.

Bei gleichbleibendem Umsatz kann ein Händler die Wirtschaftlichkeit seines Betriebs durch die Verringerung seiner Kosten erhöhen.

BEISPIEL

Vor der Kostensenkung:

Leistung: 100.000,00 €

Kosten: 40.000,00 €

Wirtschaftlichkeit

$$= \frac{100.000,00\ €}{40.000,00\ €} = 2,5$$

Nach der Kostensenkung:

Leistung: 100.000,00 €

Kosten: 20.000,00 €

Wirtschaftlichkeit

$$= \frac{100.000,00\ €}{20.000,00\ €} = 5$$

Sicherung der Arbeitsplätze

Die Wirtschaftlichkeit des Betriebes ist auch im Interesse der Arbeitnehmer. Nur in einem wirtschaftlich handelnden Unternehmen können Arbeitsplätze langfristig erhalten werden.

Soziale Ziele

Neben der Sicherung der Arbeitsplätze gehören folgende Punkte zu den sozialen Zielen:

- die menschengerechte Gestaltung der Arbeitsbedingungen (Gestaltung des Arbeitsplatzes und der Arbeitsräume, Arbeitsschutzmaßnahmen)
- betriebliche Sozialeinrichtungen
- die persönlichen Mitbestimmungs- und Entfaltungsmöglichkeiten der Arbeitnehmer am Arbeitsplatz

Bedarfsdeckung

Die Umsatz- und Gewinnziele eines Unternehmens können nur mit einem kundengerechten Sortiment erreicht werden. Deshalb müssen Unternehmen ein Sortiment anbieten, das dem Bedarf ihrer Kunden entspricht.

Corporate Social Responsibility

In der Bevölkerung hat das Bewusstsein für die soziale Verantwortung von Unternehmen in den letzten Jahren stark zugenommen. Dies hat Auswirkungen auf das Einkaufsverhalten der Kunden. Viele Kunden bevorzugen Waren und Dienstleistungen von Unternehmen, die sich sozial und ökologisch verantwortlich verhalten. Deshalb berücksichtigen Unternehmen bei ihrem Handeln zunehmend das Konzept der Corporate Social Responsibility. Dieses Konzept betont die soziale Verantwortung der Unternehmen.

DEFINITION

Corporate Social Responsibility (soziale Verantwortung der Unternehmen) ist ein Konzept, durch das sich Unternehmen verpflichten, soziale Belange und Umweltbelange in ihrer Unternehmenstätigkeit und in den Wechselbeziehungen mit den Stakeholdern zu beachten.

Sozial verantwortlich handeln heißt dabei, über die gesetzlichen Bestimmungen hinaus in Humankapital, in die Umwelt und in die Beziehungen zu anderen Stakeholdern zu investieren.

Stakeholder sind die Personen, die mit einem Unternehmen in Beziehung stehen. Stakeholder eines Unternehmens sind also Kunden, Lieferanten, Banken, Mitarbeiter, Eigentümer, Gläubiger, Staat, gesellschaftliche Organisationen.

Unternehmen **beachten soziale Belange** in ihrer Unternehmenstätigkeit und in den Wechselbeziehungen mit ihren Stakeholdern, wenn sie

- die Aus- und Weiterbildung von Mitarbeitern fördern,
- die Chancengleichheit der Mitarbeiter fördern,
- familienfreundliche Angebote für ihre Mitarbeiter machen (z. B. flexible Arbeitszeiten),
- die Gesundheit der Mitarbeiter fördern,
- Arbeitsschutz- und Arbeitssicherheitsmaßnahmen über die rechtlichen Vorschriften hinaus umsetzen,
- sich für Kinder- und Jugendschutz (z. B. gegen Kinderarbeit) einsetzen,
- Schulen und Kindergärten unterstützen.

Wenn ein Unternehmen in bestimmten Bereichen gesellschaftlich verantwortlich handelt, werden seine Produkte und Dienstleistungen vom Verbraucher bevorzugt. Ein Unternehmen, das neue Arbeitsplätze schafft, wird von der Gesellschaft besonders bevorzugt.

BEISPIEL

- Die Tom Hoss KG nimmt in ihr Sortiment Produkte mit Fair-Trade-Siegel auf. Dieses Siegel zeigt, dass die Produkte in Entwicklungsländern unter fairen Lebens- und Arbeitsbedingungen für die herstellenden Arbeitnehmer geschaffen wurden.
- Die Tom Hoss KG plant die Einrichtung eines Betriebskindergartens. Sie sieht zudem die Wiedereingliederung nach der Elternzeit sowie Teilzeitstellen als selbstverständlich an.
- Die Tom Hoss KG engagiert sich in zahlreichen sozialen Projekten. So werden qualitativ einwandfreie Textilien, die sich nicht verkaufen lassen, über eine entsprechende Hilfsorganisation an Bedürftige weitergegeben.

Integration von Umweltbelangen bedeutet, dass auch Umweltschutz und Nachhaltigkeit wichtige Bereiche im Rahmen der Corporate Social Responsibility sind.

DEFINITION

Nachhaltigkeit wird verstanden als Handeln, das die Bedürfnisse der heutigen Generation befriedigt, ohne zu riskieren, dass künftige Generationen ihre Bedürfnisse nicht befriedigen können.

Zum Umweltschutz und zur Nachhaltigkeit kann ein Unternehmen beitragen durch:

- energiesparende Maßnahmen im Bereich Logistik (Lagerhaltung und Transport), in Gebäuden und Geschäftsräumen
- umweltfreundliche Sortimentsgestaltung
- Materialeinsparungen in den Bereichen Logistik und Geschäftsausstattung
- Abfallvermeidung und -entsorgung

Umweltschutz in Unternehmen	
Bereich	**Beispiele für Maßnahmen**
energiesparende Maßnahmen im Bereich der Logistik	• gute Auslastung der Transportmittel • Optimierung der Tourenplanung • Einsatz von Elektrofahrzeugen • Einsatz von Dreikammer-Lastkraftwagen, mit denen gleichzeitig frische, gekühlte und tiefgekühlte Waren transportiert werden können
energiesparende Maßnahmen in Geschäftsräumen	• Einsatz von Energiesparlampen für die Beleuchtung • Einsatz von Zeitschaltuhren für die Beleuchtung • Einsatz energiesparender Geräte, z. B. energieeffizienter Kühleinrichtungen für Lebensmittel
Produkt- und Sortimentsgestaltung	• Angebot von Produkten, deren Herstellung die Umwelt möglichst wenig belastet, z. B. Produkte mit umweltverträglichen Inhaltsstoffen • umweltgerechte Verpackungen • Angebot regionaler Produkte • Angebot von Produkten aus kontrolliert ökologischem Anbau • Angebot von Produkten aus artgerechter Tierhaltung • Angebot von Fair-Trade-Produkten • Angebot schadstoffarmer Textilien • Angebot von Fisch aus ressourcenschonendem Fischfang

Umweltschutz in Unternehmen	
Bereich	**Beispiele für Maßnahmen**
Abfallvermeidung und -entsorgung	• Verwendung von Packmitteln und Werbemitteln, die die Umwelt wenig belasten • sparsame Verpackung • Verwendung von Mehrwegtransportbehältnissen • konsequente Abfalltrennung • stoffliche Verwertung (Recycling) und energetische Verwertung von Abfällen (Nutzung der Abfälle zur Energiegewinnung)

Zielsysteme

Die Ziele eines Unternehmens werden von der Führungsspitze des Unternehmens festgelegt. Diese Zielentscheidungen führen zu einem Zielsystem, das mehrere miteinander verbundene Unternehmensziele (Gewinnziel, Umsatzstreben, Unternehmenssicherung usw.) umfasst. Aus diesen Unternehmenszielen lassen sich dann Unterziele ableiten. Diese Unterziele ermöglichen es, Unternehmensentscheidungen daraufhin zu überprüfen, ob sie dem Erreichen der entsprechenden Unternehmensziele dienen. Unterziele sind z. B. Beschaffungsziele, Marketingziele, Lagerungsziele. Daraus entsteht eine **Zielhierarchie**.

BEISPIEL

Unternehmensziele: Gewinn, Rentabilität, Wirtschaftlichkeit usw.

↓

Marketingziele: Erhöhung des Marktanteils einer Produktgruppe um 20 % innerhalb von zwei Jahren

↓

Sortimentspolitische Ziele:	**Preispolitische Ziele:**	**Distributionspolitische Ziele:**	**Werbeziele**
z. B. größere Auswahl in einer Produktgruppe	z. B. Erhöhung des Absatzes durch Sonderaktionen	z. B. Einsatz zusätzlicher Außendienstmitarbeiter	z. B. Bedarfsweckung für ein neues Produkt

AUFGABEN

1. Warum wollen Einzelhändler einen möglichst großen Gewinn erreichen?
2. Was versteht man unter Rentabilität?
3. Wann arbeitet ein Unternehmen wirtschaftlich?
4. Weshalb wollen Einzelhändler einen möglichst hohen Umsatz erzielen?
5. Weshalb sind die Inhaber eines Einzelhandelsbetriebes an einer hohen Wirtschaftlichkeit ihres Unternehmens interessiert?
6. Weshalb sind die Arbeitnehmer eines Einzelhandelsunternehmens an einer hohen Wirtschaftlichkeit ihres Unternehmens interessiert?

7. Ein Einzelhandelsbetrieb erwirtschaftet in einem Jahr einen Unternehmergewinn von 100.000,00 €. Sein Eigenkapital betrug in diesem Jahr 50.000,00 €. Das Fremdkapital betrug 100.000,00 €, der Fremdkapitalzins 12 %.
   a) Ermitteln Sie die Eigenkapitalrentabilität.
   b) Ermitteln Sie die Gesamtkapitalrentabilität.

8. Weshalb ist ein Einzelhändler bemüht, den Bedarf seiner Kunden bestmöglich zu erfüllen?

9. Durch welche Maßnahmen kann ein Einzelhändler zum Umweltschutz beitragen?

10. Welche Vorteile hat es für ein Einzelhandelsunternehmen, wenn es bei seinem Handeln das Konzept der Corporate Social Responsibility berücksichtigt?

11. Ein Einzelhändler besitzt eine Filiale in Göttingen und eine Filiale in Erfurt. In beiden Filialen wird das gleiche Sortiment verkauft. In der Göttinger Filiale werden in einem Jahr 2.400.000,00 € Nettoumsatz erzielt. Im gleichen Zeitraum entstanden in dieser Filiale Kosten von insgesamt 1.600.000,00 €. Die Filiale in Erfurt erzielte im gleichen Jahr einen Nettoumsatz von 1.800.00,00 €. In dieser Filiale entstanden im gleichen Zeitraum insgesamt 1.100.000,00 € Kosten.

Welche der beiden Filialen hat eine größere Wirtschaftlichkeit?

12. Welche Unternehmensziele sind im Leitbild der Tom Hoss KG enthalten?

13. Durch welches Handeln können die Mitarbeiterinnen und Mitarbeiter der Tom Hoss KG zum Erreichen dieser Ziele beitragen?

ZUSAMMENFASSUNG

Unternehmerische Zielsetzungen

Gewinnstreben	Umsatzstreben	Erhaltung des Betriebs und Sicherung der Arbeitsplätze	menschengerechte Gestaltung der Arbeitsbedingungen	Corporate Social Responsibility
Rentabilität • Eigenkapitalrentabilität • Gesamtkapitalrentabilität • Umsatzrentabilität	• Bedarfsdeckung der Bevölkerung • Berücksichtigung des zunehmenden Umweltbewusstseins	**Wirtschaftlichkeit**	• Gestaltung des Arbeitsplatzes und der Arbeitsräume • Arbeitsschutzbestimmungen	**Integration sozialer Belange,** z. B.: • familienfreundliche Angebote für Mitarbeiter • Einsatz für Kinder- und Jugendschutz **Umweltschutz und Nachhaltigkeit,** z. B.: • Angebot umweltverträglicher Waren • sparsame Verpackung • stoffliche und energetische Verwertung von Abfällen

Man versteht erst dann etwas richtig, wenn man versucht, es einem anderen zu erklären. Dies führt zu einer eigenen gründlichen Auseinandersetzung mit dem gerade behandelten Thema.

1. Suchen Sie sich einen Partner.
2. Lesen Sie noch einmal die Zusammenfassung. Bei Verständnisproblemen schlagen Sie ggf. noch einmal im Informationstext nach.
3. Einer von Ihnen erläutert die Zusammenfassung dem Partner.
4. Dieser achtet auf Korrektheit und Vollständigkeit und wiederholt noch einmal.

ICH ÜBERPRÜFE MEINE NEU ERWORBENEN KOMPETENZEN

Den Erwerb der zu Beginn aufgeführten Kompetenzen können Sie selbst mithilfe der folgenden Tabelle überprüfen.

Wenn Sie alle Aufgaben, die hinter einer Kompetenz stehen, gelöst haben, machen Sie ein Kreuz bei „Ganz“.

Bei den Kompetenzen, bei denen Sie Aufgaben „Teilweise“ oder „Gar nicht“ gelöst haben, sollten Sie den dazugehörigen Informationstext noch einmal lesen und die Aufgaben anschließend noch einmal bearbeiten.

Was ich nach der Bearbeitung dieses Kapitels kann	Aufgaben	Ganz	Teilweise	Gar nicht
Ich kann ...				
... den Zusammenhang von Unternehmensleitbild und Zielsetzungen von Unternehmen darstellen.	12			
... ökonomische Zielsetzungen von Unternehmen erläutern.	1, 2, 3, 4, 5, 6, 10			
... ökologische Zielsetzungen von Unternehmen erläutern.	9			
... Maßnahmen und Verhaltensweisen von Unternehmensleitung und Mitarbeitern beschreiben, die zum Erreichen ökonomischer Ziele von Unternehmen beitragen können.	13			
... Maßnahmen und Verhaltensweisen von Unternehmensleitung und Mitarbeitern beschreiben, die zum Erreichen ökologischer Ziele von Unternehmen beitragen können.	13			
... Maßnahmen und Verhaltensweisen von Unternehmensleitung und Mitarbeitern beschreiben, mit denen sie die gesamtgesellschaftliche Verantwortung ihres Unternehmens wahrnehmen.	10			

532172

1.8 Kundenorientierung als wichtigster Erfolgsfaktor von Einzelhandelsunternehmen

Problemstellung

Betriebsunterricht. Zum Beginn stellt die Ausbildungsleiterin eine Frage:

„Habt ihr gestern Abend die Talkshow ‚Talk vier' geguckt? Interessante Sache für uns. Das Thema war: ‚Ist der Einzelhandel kundenfreundlich?' Ich habe die Sendung aufgezeichnet und zeige euch jetzt mal zwei Ausschnitte. Hört genau zu:"

Prof. Dr. Gerd Frost (Lehrstuhlinhaber für Handelsbetriebslehre):
„Wie in früheren Zeiten kann der deutsche Einzelhandel nicht mehr auftreten. Vielleicht kennen Sie das ja noch aus Erzählungen Ihrer Großeltern: Nach dem Zweiten Weltkrieg war alles zerstört. Es gab kaum etwas zu kaufen. Mit anderen Worten: Das Angebot war geringer als die Nachfrage. Die Kunden waren aber auf Artikel, vor allem auf die des täglichen Bedarfs, angewiesen. Bei dem damals vorherrschendem Verkäufermarkt mussten die Einzelhändler sich überhaupt nicht anstrengen, um Ware loszuwerden. Dagegen liegt heutzutage ein regelrechter Überfluss an Produkten und Dienstleistungen vor. Im Einzelhandel findet man jetzt ein riesiges Angebot an ähnlichen Artikeln. Auf diesem sogenannten Käufermarkt ist das Angebot also erheblich größer als die Nachfrage. Da alle Artikel sich ähneln und es auch kaum Preisunterschiede gibt, können Unternehmen nur erfolgreich sein, wenn sie eine Beziehung zum Kunden aufbauen ..."

Arne Held (Unternehmensberater):
„... Ich denke, dass viele deutsche Unternehmen in der Kundenorientierung einen extremen Nachholbedarf haben. Das bedeutet im Umkehrschluss, dass hier ein Riesenmarkt wartet. Ein Beispiel: Alle großen Supermarktketten des Einzelhandels geben erhebliche Werbegelder aus, um Kunden in ihre Märkte zu locken. Warum investiert man nicht einen Teil dieser Millionenausgaben, um den Service der Märkte zu verbessern? Eine Supermarktkette, die beispielsweise mit dem Serviceversprechen wirbt: ‚Wir packen Ihren Einkauf ein und bringen ihn zu Ihrem Auto', wird deutlich besser punkten als mit austauschbaren, belanglosen Werbeversprechen."

1. Geben Sie an, was man unter Kundenorientierung versteht.
2. Erläutern Sie, warum die Kundenorientierung für Einzelhandelsunternehmen immer wichtiger wird.

EINORDNUNG DES THEMAS

Lernfeld 1: Das Einzelhandelsunternehmen repräsentieren

Betrieb erkunden | Kompetenzen erwerben | Stellung des Betriebes | **Ziele des Betriebes** | Betriebs- und Verkaufsformen | Gliederung des Betriebes | Warenfluss im Betrieb | Berufsausbildung | Tarifvertrag | Jugendarbeitsschutz | Mitbestimmung | Soziale Sicherung | Präsentation

Kompetenzen

Nach Bearbeitung dieses Kapitels können Sie ...

... Käufermärkte und Verkäufermärkte unterscheiden.
... Merkmale der Kundenorientierung nennen.
... die Notwendigkeit kundenorientierten Verhaltens begründen.
... Maßnahmen zur Unterstützung der Kundenorientierung aufführen.

INFORMATIONSTEXT

Das Kundenverhalten

Das Verhalten vieler Kunden wird geprägt durch fehlende Verlässlichkeit, fehlende Voraussagbarkeit, schwindende Treue, widersprüchliche Verhaltensweisen – alles in allem ein heilloses Durcheinander. Der moderne, multioptionale Kunde vagabundiert zwischen den Einkaufsstätten und kauft nach Gelegenheit. Er pendelt zwischen unterschiedlichen Fachgeschäften an verschiedenen Standorten, schaut zudem in die entsprechende Fachabteilung der Waren- und Kaufhäuser, entscheidet über den Versandhauskatalog oder lässt sich das Produkt via Mausklick, im Internet recherchiert, nach Hause liefern ...

An dieser Stelle nur so viel: Tolerieren Sie alle gängigen Verhaltensformen Ihrer Kunden, zweifeln Sie nicht an ihnen, sondern nehmen Sie es als alltäglich gewordenes Verhalten hin.

War das Streben nach Wirtschaftlichkeit schon immer traditionell fest in den Unternehmensphilosophien und Firmengrundsätzen verankert, setzt sich als Folge des verschärften Wettbewerbs nun auch die **Kundenorientierung** vermehrt im Bewusstsein fest. Dies hat große Auswirkungen auf die Abläufe und Geschäftsprozesse sowie die Organisationsstrukturen im Unternehmen.

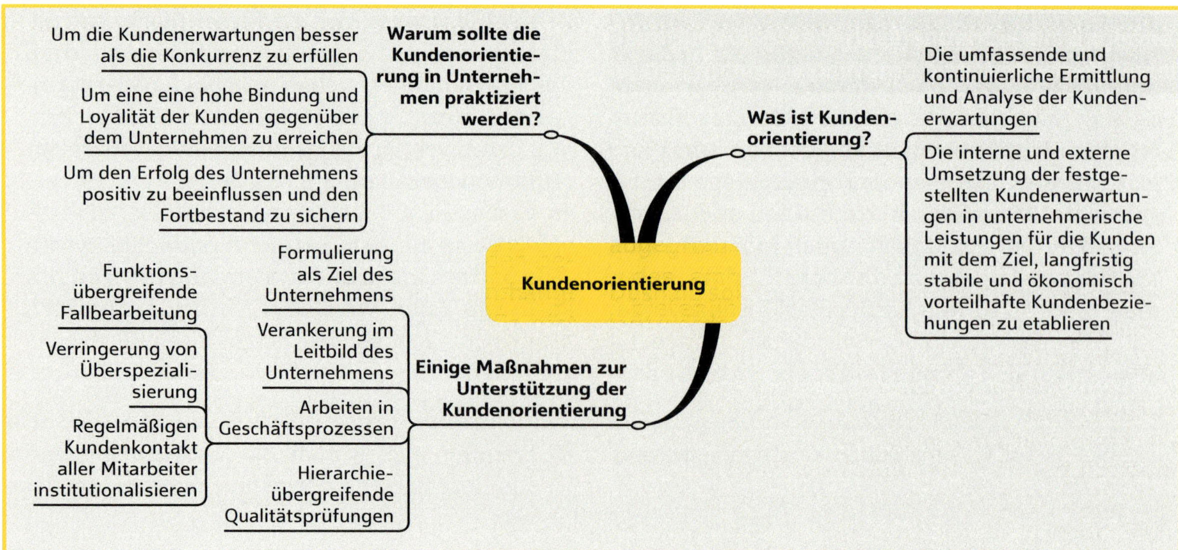

Kundenorientierung als Merkmal von Käufermärkten

Direkt nach dem Zweiten Weltkrieg herrschte in der Bundesrepublik eine allgemeine Mangelsituation. Grundbedürfnisse konnten nur mit großen Schwierigkeiten befriedigt werden. Unternehmen und Kunden traten auf einem **Verkäufermarkt** auf: In einem Verkäufermarkt ist die Nachfrage der Kunden größer als das Angebot der Unternehmen. Aufgabe der Einzelhandelsunternehmen ist die Verteilung knapper Ware.

Diese Mangelsituationen konnten erst allmählich in den 50er-Jahren während des Wirtschaftsaufschwungs beseitigt werden. Es kam nacheinander zu verschiedenen Kaufwellen, die Grundbedürfnisse befriedigten:

- Fresswelle
- Bekleidungswelle
- Wohnungswelle
- Hauswelle
- Einrichtungswelle.

In den 60er-Jahren entwickelte sich in Deutschland langsam der **Käufermarkt.** Das Angebot der Unternehmen übersteigt hier die Nachfrage der Verbraucher bzw. Kunden. Aufgabe der Einzelhandelsunternehmen ist die Befriedigung der Bedürfnisse der Kunden. Dabei müssen sich die einzelnen Einzelhandelsunternehmen auf einem dynamischen Markt gegenüber vielen Mitbewerbern durchsetzen. Die Grundbedürfnisse sind nun befriedigt. Durch steigendes Einkommen der Konsumenten entstehen Prestigebedürfnisse.

Die Märkte sind zunehmend gesättigt. Hohe Kapazitäten auf Anbieterseite führen zu einer neuen Sichtweise des Marktes: Weg vom Produkt, hin zum Kundenbedürfnis.

„Kunden machen keine Arbeit, Kunden sind unsere Arbeit." *Wolfgang Bosbach, ehemaliger Supermarktleiter und Politiker*

Unterschied zwischen Verkäufer und Käufermarkt

*Deutschland nach dem Zweiten Weltkrieg: Es liegt ein **Verkäufermarkt** vor. Da das Warenangebot sehr knapp ist, befinden sich die Einzelhandelsunternehmen in einer günstigeren Position als die Verbraucher. Der Einzelhandel muss sich nicht anstrengen, um seine Waren abzusetzen.*

*Deutschland heute: Es liegt ein **Käufermarkt** vor. Das Warenangebot ist so groß, dass sich jedes Einzelhandelsunternehmen anstrengen muss, um überhaupt einen Käufer zu finden. Dazu muss kundenorientiert vorgegangen werden.*

Kundenorientierung

Eine Frau sieht rot: Supermarktverkäuferin geht auf Kunden los

Pinneberg (dpa/lno) – Eine wild gewordene Verkäuferin in Pinneberg ist auf Kunden losgegangen. Zum Leidwesen der 28-Jährigen hatten ein 65-Jähriger und seine Frau Waren nicht richtig auf das Kassenlaufband gelegt, teilte die Polizei am Mittwoch mit. Von der Verkäuferin deswegen beschimpft, ließ das Paar alles liegen und ging davon. Als Quittung warf ihnen die 28-jährige eine Dose und einen Blumentopf hinterher und ging auf beide los. Die Kundin wurde geschubst, ihr Mann mit Schlägen ins Gesicht und Tritten zwischen die Beine verletzt.

Quelle: dpa/lno: Eine Frau sieht rot: Supermarktverkäuferin geht auf Kunden los. 10.04.2002. © dpa Deutsche Presse-Agentur GmbH.

Die Zeit des Verteilens auf einem Verkäufermarkt ist für Unternehmen lange vorbei. In den letzten Jahrzehnten hat sich aus absatzpolitischer Sicht eine neue Denkhaltung durchgesetzt. Statt eines Produkts und dessen Verteilung wurden zunehmend die Bedürfnisse der Kunden in den Mittelpunkt der Betrachtung gestellt. Nur die Anbieter, denen es gelingt, diese Bedürfnisse besser zu befriedigen als die Konkurrenz, können dabei im Wettbewerb dauerhaft bestehen.

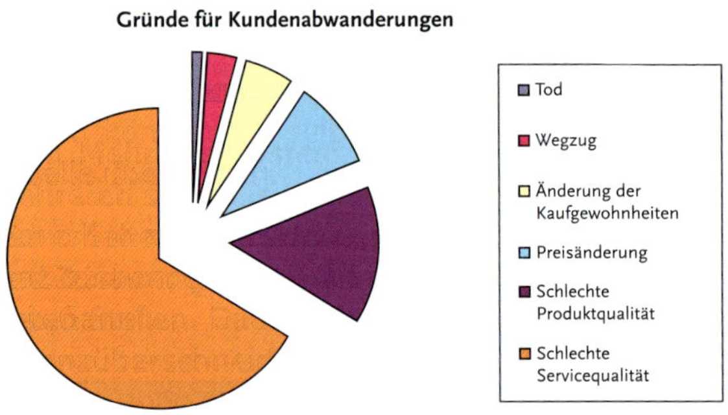

Mit dem Käufermarkt hat für Unternehmen das Zeitalter der Kundenorientierung begonnen. Kundenzufriedenheit stellt in Zukunft den wesentlichen Faktor des langfristigen Geschäftserfolgs dar. Nur zufriedene Kunden kommen wieder und bezahlen für Produkte auch einen angemessenen Preis.

Wenn der Kunde den Erfolg eines Unternehmens bestimmt, dann hat nicht er sich auf das Angebot des Unternehmens einzustellen. Stattdessen haben Mitarbeiter des Unternehmens auf den Kunden, seine Fragen und Wünsche einzugehen. Die zentrale Frage, die sich jedes Unternehmen stellen muss, ist: „Was muss ich tun, damit der Kunde bei mir kauft?".

Einen 20 Jahre alten Fernseher der Firma Irrdiad mit Funktionsproblemen wollte der Besitzer in Reparatur geben und rief mit diesem Anliegen beim Hersteller an. Sein Gesprächspartner erklärte ihm, dass eine Reparatur nicht durchgeführt werden könne. Und bei einem so alten Gerät mache eine Reparatur doch auch keinen Sinn mehr. Der Kunde gab sich mit dieser für ihn unbefriedigenden Antwort nicht zufrieden und wiederholte seine Bitte. Daraufhin wurde der Ansprechpartner der Firma immer unfreundlicher. Als der Kunde hartnäckig blieb, beschimpfte der Kundenberater ihn schließlich und legte zum Schluss einfach auf.

Was der Gesprächspartner nicht ahnen konnte: Der Kunde hatte das Gespräch aufgezeichnet. Um seinem Ärger Luft zu machen, veröffentlichte dieser die Aufnahme im Internet. So konnte jeder hören, wie mit seiner freundlich vorgetragenen Bitte umgegangen worden war. In den nächsten zwei Monaten wurde die Aufnahme von über 4 Millionen Menschen gehört, zwei weitere Monate darauf waren es bereits über 6 Millionen. Es folgten regelrechte Boykottaktionen gegen Produkte der Firma Irrdiad. Ausgelöst durch einen einzigen, unfreundlichen Mitarbeiter.

Pyramide der Kundenzufriedenheit

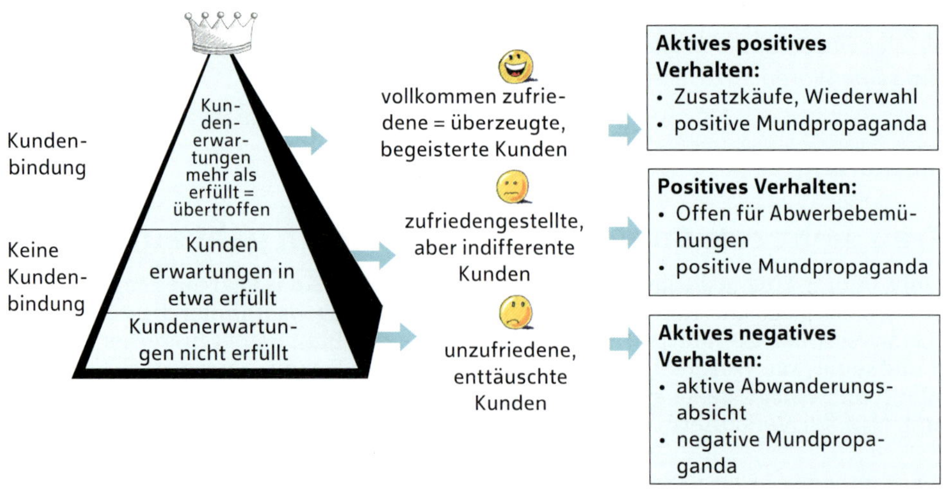

Was der Kunde bekommt – und wonach er sich sehnt

Merkmale der Kundenorientierung

Unternehmen erkennen zunehmend die Notwendigkeit der Kundenorientierung. Die Kunden sollen nicht nur über das Sortiment oder die Preisgestaltung, sondern vor allem über ihre Zufriedenheit für das Unternehmen gewonnen und gehalten werden.
Es gibt verschiedene Merkmale, durch die die Kundenorientierung eines Unternehmens charakterisiert wird.

Kunden wollen mehr als Produkte .... Sie wollen Lösungen.

Kundenkenntnis
- Wie gut ist die Kenntnis der Kunden?
- Ist bekannt, welche Wünsche die Kunden haben?

Kundenaktivität
- Laufen Maßnahmen, die direkt der Kundenorientierung dienen?

Kundenzufriedenheit
- Ist bekannt, womit die Kunden zufrieden oder unzufrieden sind?
- Ist das Ausmaß der Kundenzufriedenheit ermittelt?

Kundenfreundlichkeit
- Wird die Kundenfreundlichkeit freiwillig oder gezwungenermaßen nach außen getragen?

Kundenfaszination
- Wird mehr geboten, als der Kunde erwartet?
- Wird Außergewöhliches geboten?

Hineinversetzen in den Kunden
- Wird versucht zu ermitteln, was der Kunde denkt ?

Servicegedanke
- Wird über kundenorientierte Dienstleistungen versucht, einen entscheidenden Mehrwert für das Unternehmen zu schaffen?

Betreuung des Kunden
- Erfolgt eine aufmerksame Kundenpflege, z. B. durch Erinnerung an Jubiläen oder Geburtstage von Kunden?

Erfüllung der Kundenanforderung
- Wie gut ist die Kenntnis der potenziellen und tatsächlichen Kunden?
- Sind die Wünsche der Kunden bekannt?

Was ist ein Kunde?
- Ein Kunde ist die wichtigste Persönlichkeit für unsere Firma – egal ob persönlich anwesend oder außerhalb unseres Hauses.
- Ein Kunde ist nicht nur von uns abhängig, sondern wir auch von ihm – das ist nichts Neues, wird aber viel zu wenig beachtet.
- Ein Kunde ist nicht nur die Unterbrechung unserer Arbeit, sondern ihr Zweck.
- Ein Kunde ist ein wesentlicher Teil unseres geschäftlichen Daseins und damit indirekt Teilhaber unserer Firma.
- Ein Kunde ist keine Rechengröße, er ist ein Mensch mit Gefühl und Empfindungen, wie auch wir sie haben.
- Ein Kunde ist kein Streitobjekt, an dem man seine Tüchtigkeit beweist. Noch nie gewann man einen Streit mit einem Kunden. Ein Kunde ist ein Partner, der uns seine Wünsche mitteilt. Unsere Aufgabe ist es, diese Wünsche für ihn und für uns zu erfüllen.

AUFGABEN

1. Was versteht man unter einem Verkäufermarkt?
2. Welche Aufgabe hat ein Unternehmen auf einem Verkäufermarkt?
3. Durch welche Merkmale ist der Käufermarkt gekennzeichnet?
4. Seit wann gibt es in der Bundesrepublik einen Käufermarkt?
5. Warum wird der Käufermarkt für Einzelhandelsunternehmen immer dynamischer?
6. Entscheiden Sie, ob ein Käufer- oder Verkäufermarkt vorliegt:
   a) Im November 1948 kommt der Großhändler Rudolf Neckernann überraschend in den Besitz von 500 Wintermänteln. Dies spricht sich rasend schnell herum. Angesichts des bevorstehenden kalten dritten Nachkriegswinters werden ihm die Mäntel aus den Händen gerissen. Einzelhändler schauen auch bei anderen Großhändlern vorbei, ob diese zufällig auch irgendwo irgendwelche Waren bekommen haben.
   b) In der Bundesrepublik werden etwa 19 Milliarden € (18,7 Millionen US-$) für Werbung ausgegeben.
7. Was versteht man unter Kundenorientierung?
8. Führen Sie Merkmale der Kundenorientierung auf.
9. Mit welchen Maßnahmen kann Kundenorientierung erreicht werden?

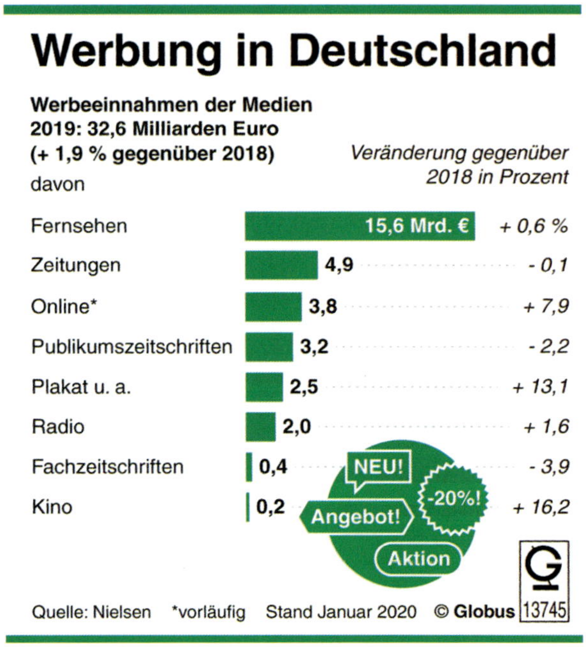

10. Lesen Sie das Kapitel mithilfe der Methode des aktiven Lesens durch. Erstellen Sie eine Mindmap, die die wichtigsten Inhalte wiedergibt.
11. Sie erhalten vom bekannten Fernsehmoderator Jörg Sönckens eine Einladung in dessen Talkshow *Talk 4*. Es geht dort um Kundenorientierung im Einzelhandel.

Einladung

Hiermit laden wir Sie als Gast zur nächsten Ausgabe unserer Talkshow Talk 4 am .... ein. Das Thema der Sendung lautet:

Ist der Handel kundenfreundlich?

Wir laden Vertreter aller betroffenen Gruppen ein:

- Wenn Sie Kunde sind, können Sie mal richtig Dampf ablassen: Ärgern Sie sich vielleicht über unfreundliche Verkäufer und schlechten Service in Ihrem Supermarkt? Sie als Kunde haben in der Sendung die Gelegenheit, Ihre positiven und negativen Erfahrungen mit dem Service im Handel vorzutragen.
- Sind Sie Geschäftsführer eines Großhandelsunternehmens, sollen Sie Ihre Sicht zum Service-Problem darstellen.
- Haben Sie als Verkäufer oft Ärger mit meckernden Kunden? Sie haben in der Sendung die Gelegenheit, Ihre Meinung zum Thema Kundenorientierung im Handel vorzutragen.

Bei Fragen bezüglich der Sendung setzen Sie sich bitte mit mir in Verbindung.

Mit freundlichen Grüßen
Offener Kanal

a) Bilden Sie sechs Gruppen und bereiten Sie sich in Gruppenarbeit auf die Ihnen zugewiesene Rolle vor.
b) Erarbeiten Sie in Ihrer Gruppe Punkte, über die Sie sich in Ihrer Rolle ärgern. (Sie können dabei gerne auch eigene Erfahrungen z. B. als Kunde oder Verkäufer in die Rolle einbringen.)
c) Überlegen Sie sich mögliche Gegenargumente vonseiten der anderen an der Talkshow Beteiligten und versuchen Sie diese zu entkräften.
d) Schreiben Sie sich die Punkte auf, die Sie in der Talkshow ansprechen wollen. Überlegen Sie sich ein „knackiges" Eingangs-Statement, mit dem Sie die Gegenseite provozieren wollen.

Rollenspielanweisung Kunde 1:
Ein Mitglied Ihrer Gruppe wird in der Talkshow die Rolle eines Kunden/einer Kundin übernehmen. Sie sind ein 28-jähriger gut verdienender Single. Ständig ärgern Sie sich über Unfreundlichkeit und mangelhaften Service im Einzelhandel. Kürzlich waren Sie in den USA im Urlaub und waren begeistert von dem Service, der dort geboten wird.

Rollenspielanweisung Kunde 2:
Ein Mitglied Ihrer Gruppe wird in der Talkshow die Rolle eines Kunden/einer Kundin übernehmen. Sie sind Rentner/in. Ständig ärgern Sie sich über Unfreundlichkeit und mangelhaften Service im Einzelhandel. Sie meinen, dass speziell auf die Wünsche älterer Menschen zu wenig Rücksicht genommen wird.

Rollenspielanweisung Verkäufer:
Ein Mitglied Ihrer Gruppe wird in der Talkshow die Rolle eines Verkäufers übernehmen. Sie sind Angestellte/r in einem Supermarkt. Sie werden häufig von Kunden „angemotzt" und können das Gerede über die Servicewüste nicht mehr hören. Sie wollen in der Talkshow klarstellen, dass die Probleme eher beim Kunden liegen und nicht beim Verkäufer.

Rollenspielanweisung Geschäftsführer einer Großhandlung:
Ein Mitglied Ihrer Gruppe wird in der Talkshow die Rolle des Geschäftsführers/der Geschäftsführerin einer Großhandlung übernehmen. Auch Ihre Kunden – die Einzelhandelsunternehmen – erwarten ein kundenorientiertes Verhalten von Ihnen. Sie selbst erwarten dies natürlich auch von Ihren Lieferanten.

Rollenspielanweisung Geschäftsführer:
Ein Mitglied Ihrer Gruppe wird in der Talkshow die Rolle des Geschäftsführers/der Geschäftsführerin eines Supermarkts übernehmen. Sie legen großen Wert auf Freundlichkeit gegenüber Ihren Kunden und wollen so viel Service wie möglich bieten. Oftmals fällt es Ihnen schwer, Ihre Angestellten von der Bedeutung der Kundenfreundlichkeit und des Service zu überzeugen.

Rollenspielanweisung Moderator Jörg Sönckens:
Ein Mitglied Ihrer Gruppe wird in der Talkshow die Rolle des Moderators/der Moderatorin übernehmen. Bereiten Sie in Ihrer Gruppe die Moderation vor. Bearbeiten Sie dazu die folgenden Aufgaben:

- Die Aufgabe des Moderators wird es sein, die Teilnehmer der Talkshow zu begrüßen und das Thema und das Ziel der Sendung vorzustellen. Erarbeiten Sie dazu einige einleitende Worte. Dann bitten Sie die Talkgäste um ein Eingangs-Statement.
- Der Moderator steuert die Diskussion. Überlegen Sie sich Fragen, mit denen Sie die Teilnehmer in die Diskussion einbeziehen können.
- Beachten Sie darüber hinaus bei der Talkshow:
  - Der Moderator selbst hält keine langen Reden, er fasst hin und wieder das Gesagte zusammen.
  - Die Talkshow dauert 15 Minuten! Der Moderator achtet darauf, dass jeder Talkshow-Gast zu Wort kommt und dass alle Gäste die gleiche Redezeit bekommen.
  - Der Moderator sorgt dafür, dass immer nur einer spricht und dass jeder Sprecher ausreden darf.
  - Der Moderator lässt keine persönliche Kritik zu („Sie haben ja keine Ahnung!").

e) Führen Sie die Talkshow durch.
f) Die Gruppenmitglieder, die nicht an der Talkshow teilnehmen, sind das Publikum. Sie können nicht direkt an der Diskussion teilnehmen. Stattdessen sollen sie einen Talkshow-Teilnehmer beobachten.
Bei der Beobachtung sollen Sie zum einen darauf achten, welche Argumente die zu beobachtende Person genannt hat. Zum anderen sollen Sie darauf achten, wie sich die Person verhalten hat.

12. Lesen Sie den folgenden Text:

Kunden- versus Produktorientierung

Im Vordergrund des betriebswirtschaftlichen Denkens stand viele Jahre lang die Angebots- und Produktorientierung. Es ging zunächst darum, überhaupt bestimmte Produkte und Dienstleistungen herzustellen und dann im Markt anzubieten. Bei der Vielzahl von Konkurrenzprodukten, die heutzutage in jedem Markt und jedem Marktsegment angeboten werden, ist diese Orientierung jedoch nicht mehr zeitgemäß. Denn jeder Kunde hat eine nahezu unendliche Auswahl zwischen Produkten, die alle gleiche oder sehr ähnliche Funktionen erfüllen. Dies erlaubt es ihm, wählerisch zu sein: Der Kunde überlegt sich ganz genau, welche Vorteile es für ihn hat, das Produkt von Firma X und nicht dasjenige von Firma Y zu kaufen. Die Marktmacht hat sich also längst vom Verkäufermarkt zum Käufermarkt verschoben. Aus einem Anbieter- und Produktmarkt ist damit ein Kundenmarkt geworden.
Daher ist für die Unternehmen ein Umdenkprozess erforderlich, der die Produkte und Dienstleistungen auf die aktuellen und potenziellen Bedürfnisse des Kunden ausrichtet. Kunden kaufen keine Produkte, sondern einen Nutzen.
Diese Binsenweisheit wird noch immer von vielen Unternehmen missachtet [...]

Es gibt vier Trugschlüsse, die Unternehmen gravierend daran hindern, die Kundenorientierung zu verbessern:

1. *„Nur Dienstleistungsunternehmen sind in der Lage, Service zu bieten." Diese Aussage beruht auf einer Engführung des Begriffes „Service". Dieser kann nämlich nicht nur eine eigenständige Leistung sein, wie bei einer Dienstleistung, sondern ebenfalls eine Gesamtlösung (Servicepaket) oder eine Ergänzung zu einer Kernleistung (Service als Zusatzleistung).*
2. *„Es gibt ausschließlich externe Serviceleistungen, keine internen."*
3. *„Qualität spricht für sich selbst und verkauft sich von alleine." Dies stimmt insoweit nicht, als dass nahezu alle Firmen mit der „Qualität" ihrer Produkte werben und für den Kunden der Qualitätsunterschied zwischen verschiedenen Produkten häufig gar nicht erkennbar ist. Qualität ist nur ein Hygienefaktor, den die Konkurrenz in der Regel auch zu bieten hat.*
4. *„Service ist kostspielig und rechnet sich nicht." Dies ist einer der schlimmsten Trugschlüsse. Im Rahmen des Kostenmanagements wird häufig Personalabbau betrieben, und dieser wirkt sich besonders verheerend auf den Service aus. Denn nichts ist personalintensiver als der Service. Wer jedoch den Service wegrationalisiert, rationalisiert auch gleich seine Kunden weg!*

Diese Überlegungen machen deutlich:
Kundenorientierung bedeutet, das betriebliche Denken und Handeln des gesamten Unternehmens wie auch aller Führungskräfte und Mitarbeiter auf den Kunden auszurichten, sich auf seine Bedürfnisse, Wünsche und Probleme zu konzentrieren.

Quelle: Seiwert, Lothar J.: Kundenorientierte Unternehmensstrategie – Wettbewerbsvorteile durch Fokussierung. In: Mit Nischenstrategie zur Marktführerschaft. Herausgegeben von Wolfgang Mewes, Beratergruppe Strategie. Zürich: Orell Füssli Verlag, 2001.

a) Arbeiten Sie kurz schriftlich die Thesen des Autors heraus (jeweils höchstens ein Satz).

b) Bereiten Sie sich darauf vor, Ihre Meinung (Zustimmung oder Ablehnung) zu den Thesen zu begründen.

13. Machen Sie Vorschläge, wie Stefanie Beyer in den folgenden Situationen kundenorientiert vorgehen kann:

a) Der Kunde Christian Völler möchte gern eine spezielle Jeans kaufen. Er findet im Verkaufsraum jedoch nicht seine Größe.

b) Nur noch im Schaufenster (nicht im Geschäft) sieht Olivia Biehle eine Bluse, die ihr total gefällt.

532180

ZUSAMMENFASSUNG

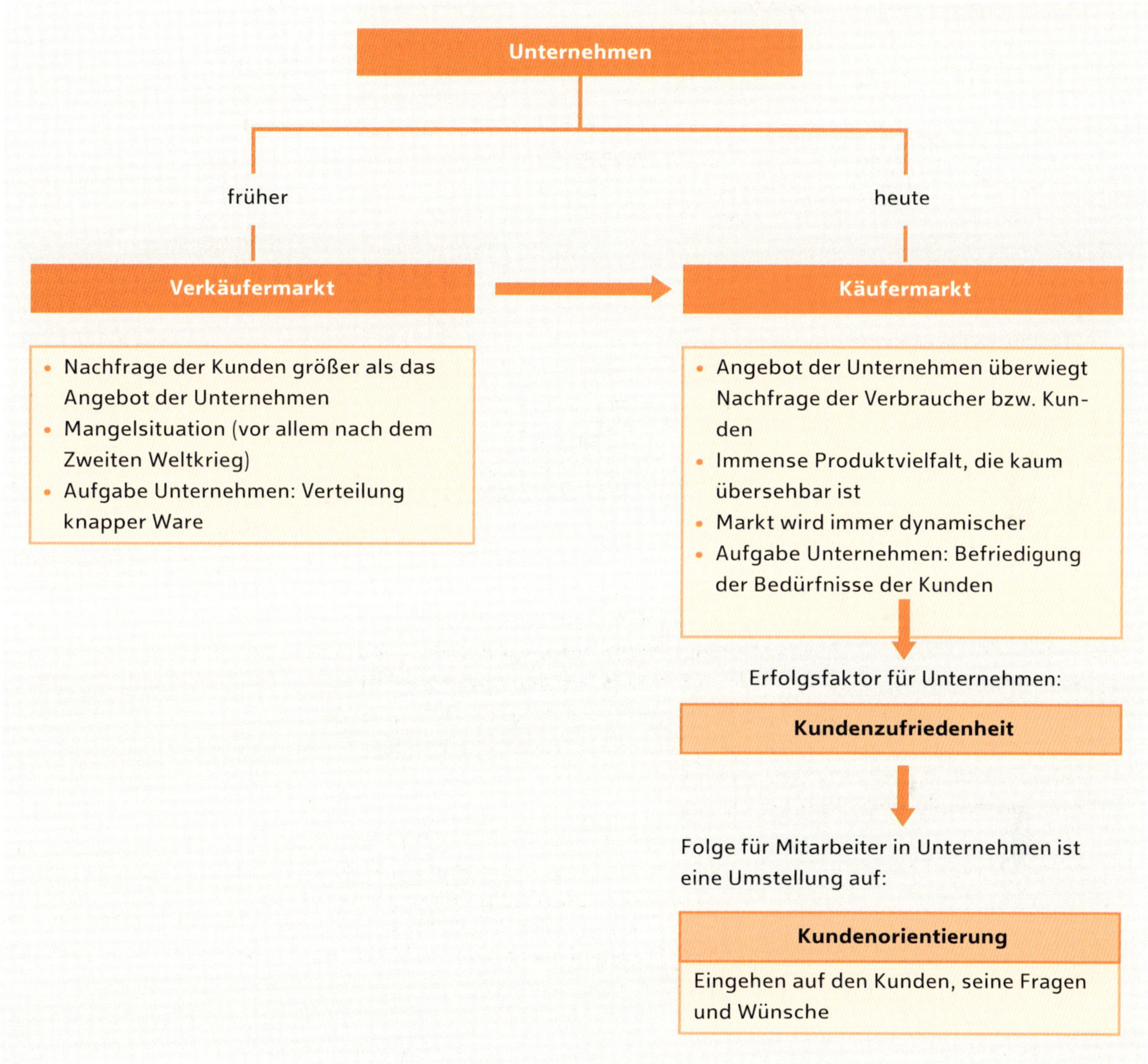

Man versteht erst dann etwas richtig, wenn man versucht, es einem anderen zu erklären. Dies führt zu einer eigenen gründlichen Auseinandersetzung mit dem gerade behandelten Thema.

1. Suchen Sie sich einen Partner.
2. Lesen Sie noch einmal die Zusammenfassung. Bei Verständnisproblemen schlagen Sie ggf. noch einmal im Informationstext nach.
3. Einer von Ihnen erläutert die Zusammenfassung dem Partner.
4. Dieser achtet auf Korrektheit und Vollständigkeit und wiederholt noch einmal.

ICH ÜBERPRÜFE MEINE NEU ERWORBENEN KOMPETENZEN

Den Erwerb der zu Beginn aufgeführten Kompetenzen können Sie selbst mithilfe der folgenden Tabelle überprüfen.

Wenn Sie alle Aufgaben, die hinter einer Kompetenz stehen, gelöst haben, machen Sie ein Kreuz bei „Ganz".

Bei den Kompetenzen, bei denen Sie Aufgaben „Teilweise" oder „Gar nicht" gelöst haben, sollten Sie den dazugehörigen Informationstext noch einmal lesen und die Aufgaben anschließend noch einmal bearbeiten.

Was ich nach der Bearbeitung dieses Kapitels kann	Aufgaben	Ganz	Teilweise	Gar nicht
Ich kann ...				
... Käufermärkte und Verkäufermärkte unterscheiden.	1, 2, 3, 4, 5, 6			
... Merkmale der Kundenorientierung nennen.	7, 8			
... die Notwendigkeit kundenorientierten Verhaltens begründen.	10, 11, 12			
... Maßnahmen zur Unterstützung der Kundenorientierung aufführen.	9, 13			

532182

1.9 Das Warenangebot in verschiedenen Geschäften

Problemstellung

Jakub Nowak ist aktuell in der Verkaufsabteilung bei Frau Wilke eingesetzt.

Frau Wilke:
„Herr Nowak, Sie haben ja vielleicht mitbekommen, dass wir über die Möglichkeit neuer Betriebsformen für die Tom Hoss KG nachdenken. In dieser Angelegenheit sollen Sie mich nun unterstützen."

Jakub Nowak:
„Ja, ich habe davon gehört, dass der Betrieb möglicherweise umgewandelt oder ausgeweitet werden soll."

Frau Wilke:
„Sehr schön. Das hatte ich gehofft. Wir müssen über neue Betriebsformen nachdenken, da der Einzelhandel einem ständigen Wandel unterliegt."

1. Geben Sie an, welche Betriebsformen die Tom Hoss KG aktuell nutzt.
2. Welche weiteren Betriebsformen sind Ihnen bekannt?
3. Erläutern Sie, welche weiteren neuen Betriebsformen die Tom Hoss KG nutzen könnte.

EINORDNUNG DES THEMAS

Lernfeld 1: Das Einzelhandelsunternehmen repräsentieren

Betrieb erkunden – Kompetenzen erwerben – Stellung des Betriebes – Ziele des Betriebes – **Betriebs- und Verkaufsformen** – Gliederung des Betriebes – Warenfluss im Betrieb – Berufsausbildung – Tarifvertrag – Jugendarbeitsschutz – Mitbestimmung – Soziale Sicherung – Präsentation

Kompetenzen

Nach Bearbeitung dieses Kapitels können Sie ...

... erklären, was man unter einer Betriebsform versteht.
... zwischen stationärem und ambulantem Einzelhandel unterscheiden.
... die einzelnen Betriebsformen des Einzelhandels voneinander unterscheiden.
... die Merkmale zur Unterscheidung von Betriebsformen im Einzelhandel nennen.
... die Betriebsform anhand des Sortiments und der Verkaufsform erkennen.
... die Betriebsform Ihres Ausbildungsbetriebs bestimmen.
... die Formen des Versandhandels unterscheiden.
... aktuelle Entwicklungen in den Betriebsformen des Einzelhandels beschreiben.

INFORMATIONSTEXT

Der Einzelhandel passt sich ständig an die Anforderungen der Kunden an. Er befindet sich somit in einem stetigen Wandel. Im Laufe der Zeit haben sich viele Betriebsformen des Einzelhandels bewährt. Allerdings kommen ständig neue Betriebsformen hinzu. Einige Betriebsformen verlieren an Bedeutung oder verschwinden sogar ganz.

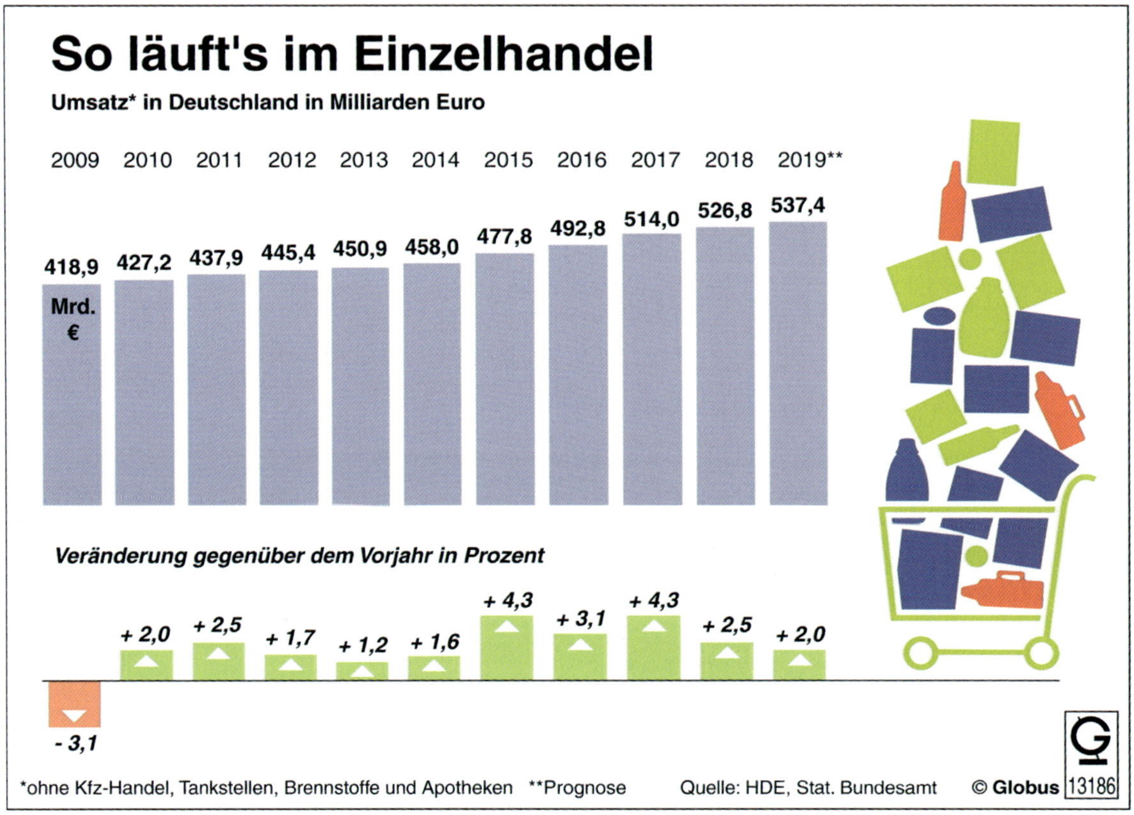

Eine Betriebsform ist durch die Art und Weise gekennzeichnet, in der das Unternehmen mit dem Kunden in Berührung tritt. Die einzelnen Betriebsformen können in der Praxis nicht immer eindeutig unterschieden werden. Dies liegt daran, dass manche Einzelhändler die Eigenschaften von mehreren Betriebsformen in ihrem Unternehmen verbinden.

Stationärer Einzelhandel

Als stationären Einzelhandel bezeichnet man die Betriebsformen des Einzelhandels, die den Kunden ihre Leistungen an dauerhaft festgelegten Standorten anbieten.

- **Warenhaus**
  Warenhäuser sind großflächige, meist mehrstöckige Geschäfte. Sie bieten den Kunden eine große Vielfalt von Warengruppen und Artikeln an. Sie besitzen häufig eine Lebensmittelabteilung. Das Warenhaus bietet seinen Kunden ein großes breites und tiefes Warensortiment. Ein Warenhaus befindet sich meist in zentraler Lage von größeren Städten. Große Warenhausketten sind zum Beispiel Galeria Kaufhof und Karstadt.

- **SB-Warenhaus**
  Das SB-Warenhaus ist ein großflächiges Einzelhandelsgeschäft, das den Kunden sämtliche Artikel des täglichen Bedarfs ebenso wie Lebens- und Genussmittel anbietet. Im Gegensatz zum Warenhaus stehen die Serviceleistungen bei dieser Betriebsform nicht so sehr im Vordergrund. Die Waren werden weitgehend in Selbstbedienung angeboten. Das SB-Warenhaus bietet seinen Kunden eine große Sortimentsbreite. SB-Warenhäuser befinden sich häufig in Randlagen von Städten. Sie sind gut mit dem Auto zu erreichen und bieten zahlreiche eigene Parkflächen. Beispiele für SB-Warenhäuser sind Kaufland und Marktkauf.

- **Kaufhaus**
  Ein Kaufhaus ist ein Einzelhandelsgeschäft, das die Waren einer bestimmten Warengruppe (oder nur wenigen Warengruppen) in einer sehr großen Sortimentstiefe anbietet. Innerhalb der angebotenen Warengruppe wird nahezu ein Vollsortiment geführt. Die Kunden können also nahezu jeden Artikel der Warengruppe in jeder erdenklichen Qualität, Preislage und Ausführung erwerben. Ein Kaufhaus verfügt über fachkundiges Personal. Es bietet zum Teil auch weitere Dienstleistungen an. Beispiele für Kaufhäuser sind C & A und Peek & Cloppenburg.

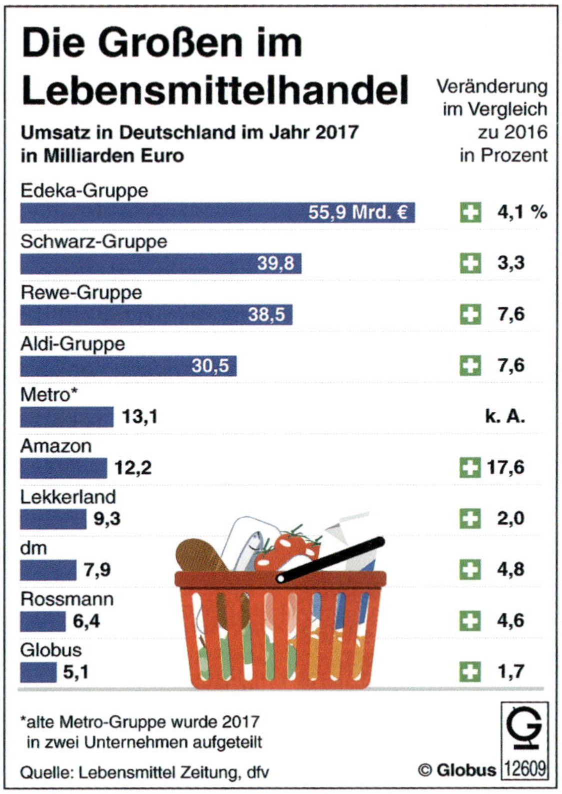

- **Verbrauchermarkt**
  Ein Verbrauchermarkt ist ein Einzelhandelsunternehmen mit einer großen Sortimentsbreite im Bereich von Nahrungs- und Genussmitteln. Die Waren werden vornehmlich in Selbstbedienung angeboten. Der Verbrauchermarkt unterscheidet sich insbesondere durch seine geringere Größe vom SB-Warenhaus. Außerdem ist das Non-Food-Sortiment zumeist sehr klein. Das Non-Food-Sortiment umfasst Waren, die nicht essbar sind, z. B. Bekleidung oder Elektrowaren. Die Verbrauchermärkte befinden sich verkehrsgünstig in Stadtrandlagen.

- **Fachmarkt**
  Als Fachmarkt wird ein Einzelhandelsbetrieb bezeichnet, der sich auf das Angebot von Waren einer bestimmten Branche im Non-Food-Bereich spezialisiert hat. Der Fachmarkt befindet sich meist in Stadtrandlagen. Er zeichnet sich durch verhältnismäßig wenig Personal aus. Beispiele für Fachmärkte sind Hornbach, OBI, Media-Markt, Garten-Center.

- **Fachgeschäft**
  Im Gegensatz zum Fachmarkt bietet das Fachgeschäft eine fachkundige Beratung durch ver-

hältnismäßig mehr Personal. Fachgeschäfte befinden sich zumeist in den Innenstädten. Durch die hohen Standortkosten und die große Konkurrenz durch die Fachmärkte müssen viele Fachgeschäfte schließen.

- **Supermarkt**
  Der Supermarkt ist eine kleine Form von Verbrauchermärkten und SB-Warenhäusern. Es werden in der Regel Produkte des täglichen Bedarfs angeboten (Lebensmittel, Drogerieartikel, Genussmittel). Der Supermarkt dient in der Praxis häufig der Nahversorgung in einem Stadtviertel oder einem Dorf. Bei einer Größe unter 800 m² wird von einem Supermarkt gesprochen.

- **Discounter**
  Als Discounter werden Einzelhandelsgeschäfte bezeichnet, die auf einer geringen Verkaufsfläche ein Warensortiment anbieten, welches eine geringe Sortimentstiefe und Sortimentsbreite aufweist. Die Verkaufsfläche wird intensiv genutzt. Die Warenpräsentation ist einfach gehalten. Im Vordergrund steht die Idee, den Kunden das überschaubare Sortiment kostengünstig anzubieten. Um dieses Ziel zu erreichen, werden viele Eigenmarken angeboten. Teure Herstellermarken werden nicht so häufig angeboten. Der Servicegedanke steht im Hintergrund. Beispiele für Discounter sind Aldi, Lidl, Netto, Penny. Eine Unterform der Discounter stellen die Fachdiscounter dar. Diese bieten ein branchenspezifisches Warensortiment in geringer Tiefe und Breite zu geringen Preisen an, z. B. KiK, trinkgut, Fressnapf.

Betriebsform	Verkaufsform	Geschäftsausstattung	Warengruppen	Warensortiment	Preisniveau	Verkaufsfläche	Lage
Warenhaus	Selbstbedienung, Vorwahl, Bedienung	mittel bis gehoben	Textilien, Hausrat, Wohnbedarf, Unterhaltungselektronik, Schmuck, Nahrungs- und Genussmittel und vieles mehr	breit und teilweise tief	mittel bis hoch	mindestens 3 000 m²	Stadt- und Einkaufszentren
SB-Warenhaus	Selbstbedienung	einfach bis mittel	Lebensmittel, Gebrauchs- und Verbrauchsgüter, dazu häufig größere Non-Food-Abteilungen	breit und mäßig tief	niedrig	mindestens 5 000 m²	Randlage oder Einkaufszentren
Kaufhaus	Vorwahl, Bedienung und Selbstbedienung	branchenspezifisch mit Rolltreppen und Aufzügen	branchenspezifisch (ohne Lebensmittel)	breit und tief	tief bis mittel	groß	Stadt- und Einkaufszentren

Betriebsform	Verkaufsform	Geschäftsausstattung	Warengruppen	Warensortiment	Preisniveau	Verkaufsfläche	Lage
Verbrauchermarkt	überwiegend Selbstbediengung	einfach	Lebens- und Genussmittel, sowie Alltagsgegenstände des Non-Food-Bereichs	breit	niedrig	mindestens 800 m^2, aber unter 5000 m^2	verkehrsgünstig in Randlagen
Fachmarkt	Selbstbedienung, Vorwahl	einfach	zweckgebunden (z. B. Baumarkt)	breit und tief	niedrig bis mittel	klein bis mittel	Stadt- und Einkaufszentren
Fachgeschäft	Vorwahl, Bedienung	mittel	branchenspezifisch (z. B. Bergsteigzentrum)	branchenspezifisch breit und tief	mittel bis hoch	klein	häufig Innenstadt
Supermarkt	Selbstbedienung, Vollbedienung	auf Selbstbedienung ausgelegt, aber mit Frischethcken in Vollbedienung	Nahrungs- und Genussmittel, ergänzt um Non-Food-Artikel	breit und tief	mittel	400 m^2 bis 800 m^2	Stadt- und Stadtrandlagen, Einkaufszentren, größere Orte
Discounter (Fachdiscounter)	Selbstbedienung	einfach (Regale, ohne Aufsteller oder Ähnliches)	branchenspezifisch (z. B. Lebensmittel, ergänzt um wenige Non-Food-Artikel)	geringe Breite und Tiefe	niedrig	mittel bis groß	Stadt- oder Stadtrandlage

Neuere Betriebsformen

Der Einzelhandel entwickelt sich ständig weiter. Daher treten die Geschäfte häufig in neuen Erscheinungsformen am Markt auf, um den Verkauf ihrer Waren anzukurbeln. Einige dieser besonderen Erscheinungsformen des Einzelhandels sind im folgenden Abschnitt genauer beschrieben.

- **(Factory-/Designer-) Outlet-Center**
  Outlet-Center sind Einkaufszentren, die sich zumeist in Randlagen oder außerhalb von Städten befinden. Es handelt sich um viele (60 bis 100) an einem Ort konzentrierte Geschäfte verschiedener Hersteller. Die Hersteller bieten ihre Waren in den Outlet-Centern im Rahmen eines Gesamtkonzeptes in eigenen Shops zu niedrigen Preisen an. Sie verkaufen hier häufig überschüssige Waren oder Waren zweiter Wahl. In Deutschland befinden sich Outlet-Center zum Beispiel an der Autobahn A7 bei Soltau, in Metzingen und in Wolfsburg.
- **Convenience-Shop**
  Convenience-Shops sind kleinflächige und zumeist hochpreisige Einzelhandelsgeschäfte mit einem kleinen, schmalen und flachen Warensortiment. Meistens sind die Shops an Bahnhöfen, Tankstellen oder ähnlichen zentralen Punkten mit großem Publikumsverkehr angesiedelt. Sie setzen darauf, dass für die Kunden die Bequemlichkeit Vorrang vor dem Preisbewusstsein hat. Ferner profitieren sie häufig von ausgedehnten Öffnungszeiten.

- **Pop-up-Store**
  Ein Pop-up-Store ist ein Einzelhandelsgeschäft, das nur kurzfristig betrieben wird. Häufig werden vorübergehend leerstehende Geschäftsräumen in Innenstadtlagen genutzt (z. B. bei Mieterwechsel, Insolvenz). Der Pop-up-Store kann auch bewusst aufgrund eines Großereignisses kurzfristig eröffnet werden (z. B. Fanartikel oder Trikotverkauf zu einer Fußballweltmeisterschaft). Pop-up-Stores befinden sich auch in Shopping- und Outlet-Centern.
- **Shoppingcenter**
  Die Zahl der Shoppingcenter in Deutschland steigt stetig an. Es handelt sich hierbei um einheitlich geplante Zentren, in denen eine Vielzahl von Einzelhandelsbetrieben ansässig sind. Der Kunde erhält in einem Shoppingcenter alle Waren, die er benötigt. Teilweise befinden sich in den Shoppingcentern sogar Fitnessstudios. Shoppingcenter entstehen häufig in bestehenden Gebäuden zentraler Stadtlagen (z. B. Alexa in Berlin, Ernst-August-Galerie in Hannover) oder in eigens dafür errichteten Gebäuden in Randlagen mit guter Verkehrsanbindung (z. B. das A10 Center in Wildau, Brandenburg).

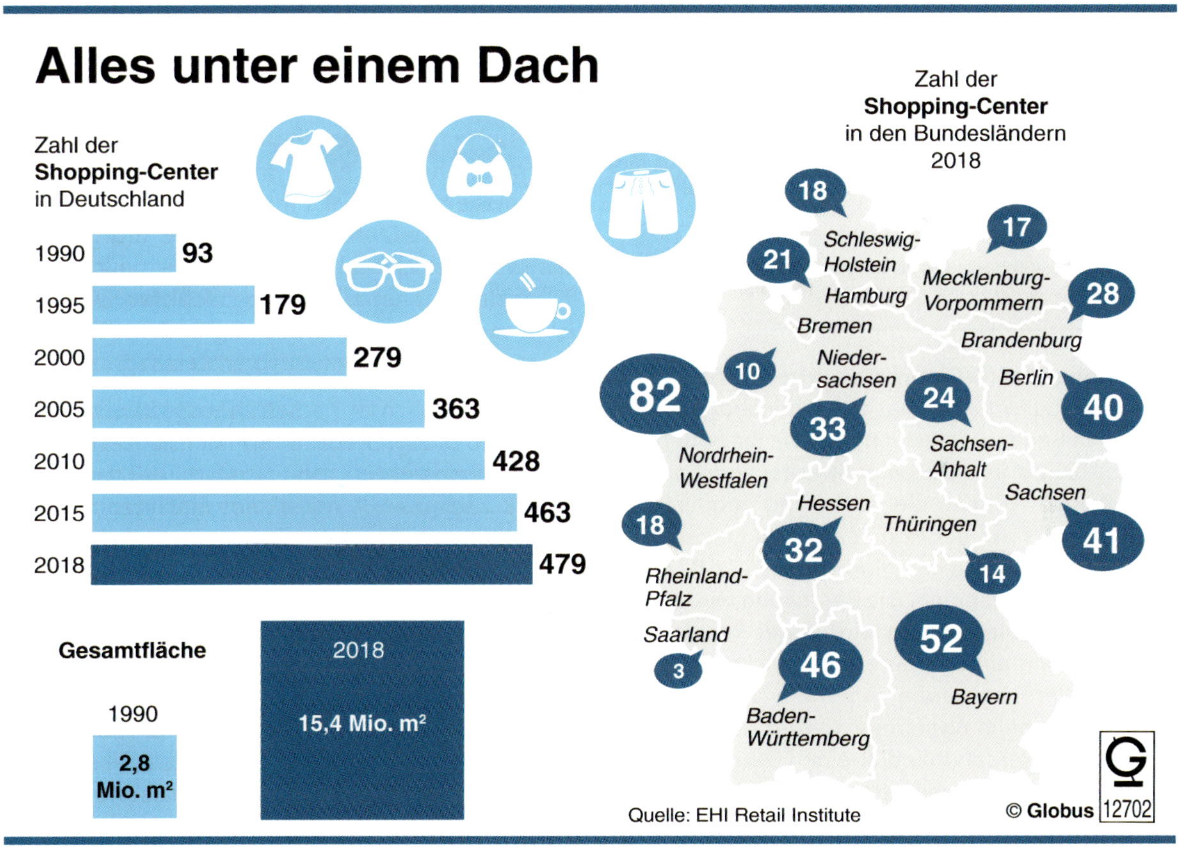

Versandhandel

Der Versandhandel ist eine spezielle Form des Einzelhandels. Die Waren werden von den Kunden per Internet, Telefon oder Post bestellt und vom Einzelhändler an die Kunden versendet. Der Versand kann z. B. per Lkw, Post, Schiff oder Bahn erfolgen. Die Versandhändler wählen für ihre Niederlassungen oder Logistikcenter zumeist Standorte, die einen Versand leicht ermöglichen. Die Lage an Autobahnen ist typisch. Die Bestellung aufgrund von Prospekten und Katalogen, der sogenannten klassische Versandhandel, verliert in den letzten Jahren zunehmend an Bedeutung. Dies ist darin begründet, dass der Online-Versandhandel stark zunimmt. Für die Kunden ist es einfacher, per Mausklick im Internet eine Bestellung aufzugeben, als per Post, Bestellschein oder Telefon.

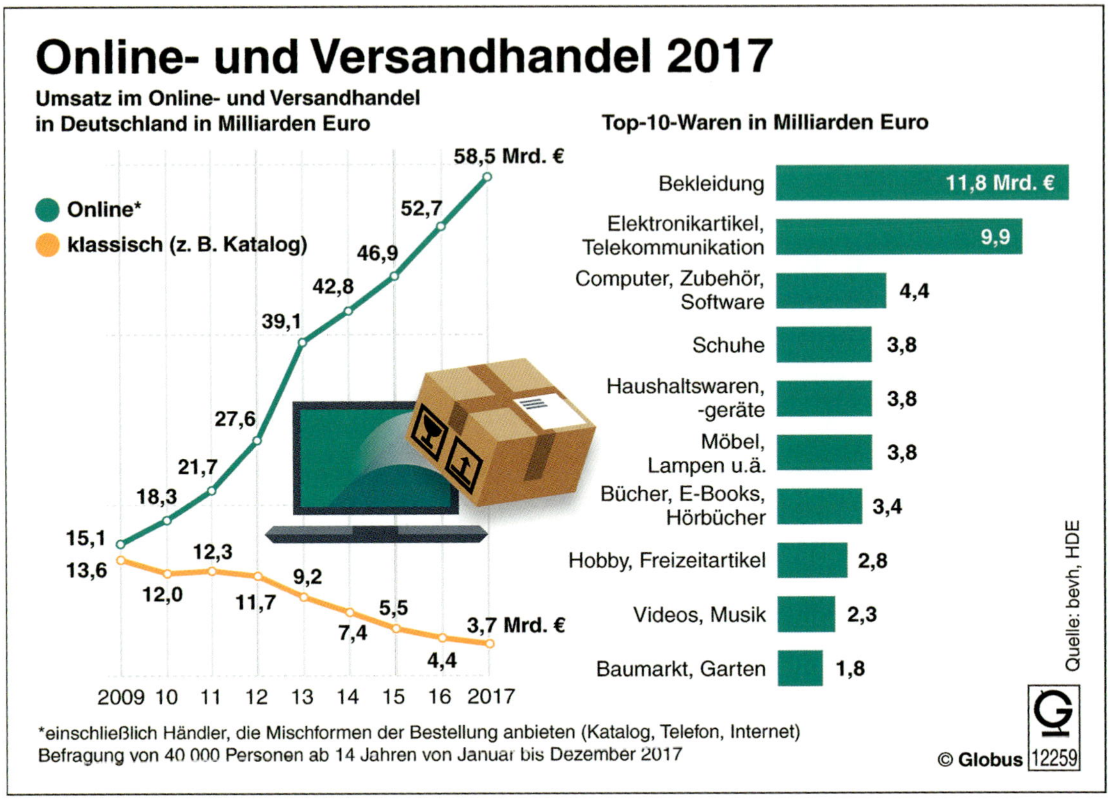

- **Onlinehandel (E-Commerce, Internethandel)**
  In den letzten Jahren hat der Onlinehandel sehr stark an Bedeutung gewonnen. Die Einzelhändler bieten hierbei ihre Waren im Internet zum Kauf an. Die Kunden können die Bestellung bequem von zuhause aus auf der Homepage des Einzelhändlers oder auf virtuellen Marktplätzen (z. B. Amazon, Ebay) vornehmen. Die Bestellung wird sofort übermittelt. Die Zahlung wird in der Regel direkt und bequem am Computer abgewickelt. Die bestellte Ware ist häufig innerhalb von wenigen Werktagen beim Abnehmer. Gegen Aufpreis bieten Online-Versandhändler einen Service an, der eine Lieferung am nächsten Werktag garantiert.

- **Teleshopping**
  Beim Teleshopping werden den Kunden Waren über das Fernsehen angeboten. Die Kunden bestellen in der Regel per Telefon, indem sie die eingeblendeten Bestellhotlines anrufen. Es gibt reine Teleshoppingkanäle (z. B. QVC, HSE24), welche zum Teil sogar auf bestimmte Warengruppen spezialisiert sind (z. B. sonnenklar.tv, pearl.tv). Außerdem strahlen zahlreiche private Fernsehsender Dauerwerbesendungen und Werbespots aus, bei denen die Kunden direkt per Telefon die beworbenen Waren bestellen können.

- **Klassischer Versandhandel**
  Beim klassischen Versandhandel bestellen die Kunden in der Regel aufgrund von Katalogen oder Prospekten per Telefon oder Bestellschein beim Versandhändler. Nach Eingang der Bestellung erfolgt der Versand und die Abwicklung der Bezahlung.

Ambulanter Einzelhandel

Beim ambulanten Einzelhandel bieten die Händler den Kunden ihre Waren nicht von einem festen Standort an. Sie reisen entweder direkt zu den Kunden oder zumindest in deren Nähe, um ihre Waren abzusetzen.

- **Markthandel**
  Der Handel auf Märkten ist das Hauptbeispiel des ambulanten Einzelhandels. Die Händler bieten ihre Waren zum Beispiel auf Wochen-, Bauern-, Jahr-, Floh-, Weihnachtsmärkten usw. an.

- **Hausierhandel**
  Beim Hausierhandel ziehen die Händler direkt von Tür zu Tür zu den Kunden. Der Hausierhandel hat keine große Bedeutung mehr.

AUFGABEN

1. Unterscheiden Sie zwischen stationärem und ambulantem Einzelhandel.
2. Geben Sie die Merkmale an, mit denen man die Betriebsformen des Einzelhandels unterscheiden kann.
3. Stellen Sie mithilfe der im Informationstext genannten Abgrenzungsmerkmale die Betriebsform Ihres Ausbildungsbetriebes fest.
4. Nennen Sie die typischen Betriebsformen im Lebensmitteleinzelhandel.
5. Grenzen Sie das Warenhaus vom SB-Warenhaus ab. Nennen Sie dabei auch jeweils ein Beispiel, anhand dessen Sie Ihre Abgrenzung verdeutlichen.
6. Begründen Sie, welche Vorteile ein Discounter für die Kunden bietet.
7. Nennen Sie die Nachteile, die ein Fachgeschäft gegenüber einem Fachmarkt aus Sicht des Unternehmers hat.
8. Erläutern Sie, wie sich die Betriebsformen des Einzelhandels entwickeln.
9. Geben Sie Gründe an, warum die Anzahl der Shoppingcenter ständig zunimmt. Beziehen Sie sich bei Ihrer Antwort auch auf die Abbildung auf Seite 89.
10. Geben Sie Gründe an, die den Kunden zur Bestellung im Onlineversand bewegen können.
11. Denken Sie über Ihr eigenes Einkaufsverhalten nach.
    a) Bei welchen Betriebsformen erledigen Sie Ihre Einkäufe?
    b) Geben Sie an, warum Sie sich für die unter a) genannten Betriebsformen entscheiden.

ZUSAMMENFASSUNG

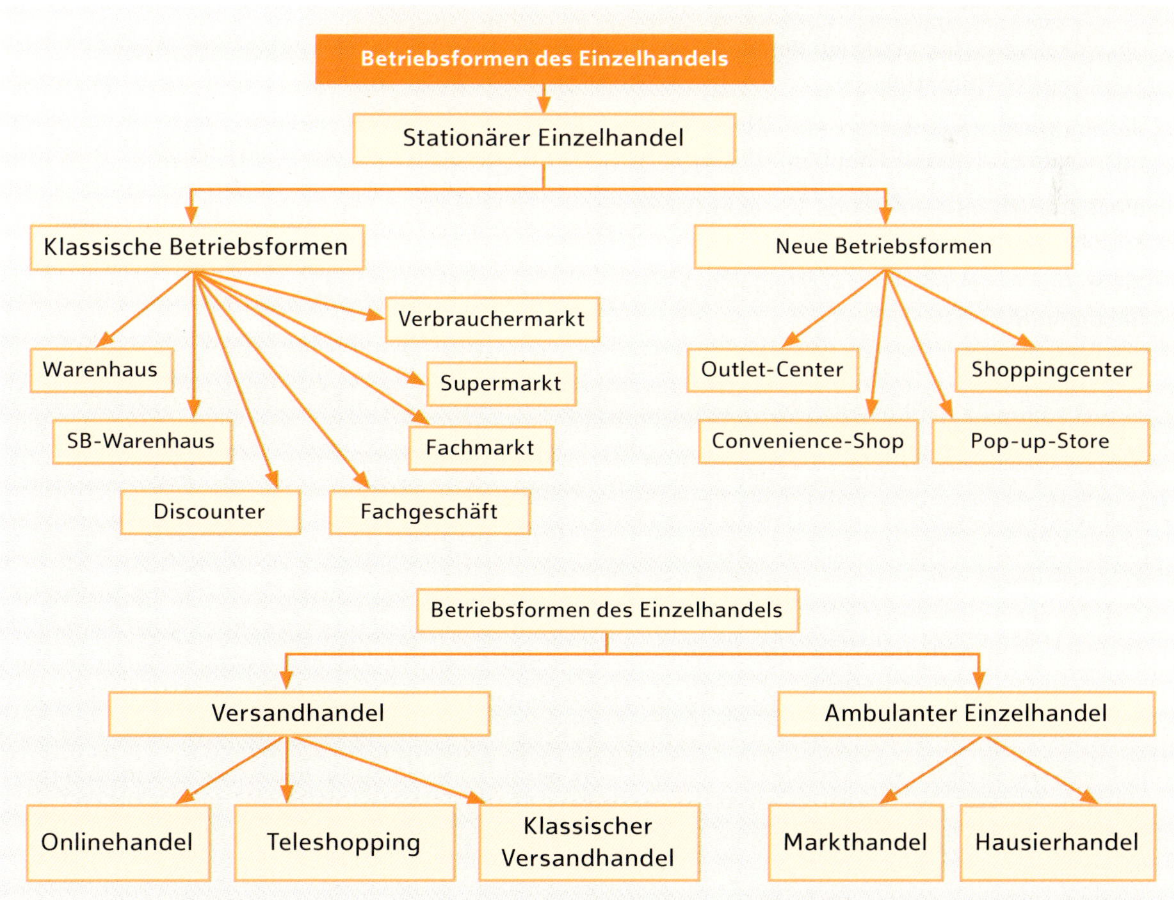

Man versteht erst dann etwas richtig, wenn man versucht, es einem anderen zu erklären. Dies führt zu einer eigenen gründlichen Auseinandersetzung mit dem gerade behandelten Thema.

1. Suchen Sie sich einen Partner.
2. Lesen Sie noch einmal die Zusammenfassung. Bei Verständnisproblemen schlagen Sie ggf. noch einmal im Informationstext nach.
3. Ihre Lehrerin/Ihr Lehrer stellt Ihnen 20 Karten zur Verfügung. Auf diese schreiben Sie die zentralen Begriffe des Themas.
4. Diese Karten legen Sie nun so, dass sich eine sinnvolle Struktur ergibt. Dies geschieht in gemeinsamer Diskussion mit Ihrem Partner: Sie sollen gemeinsam begründen können, warum Sie Ihre Struktur so gelegt haben.
5. Stellen Sie sich darauf ein, einer anderen Gruppe – oder dem Plenum – Ihre Struktur vorzustellen.

ICH ÜBERPRÜFE MEINE NEU ERWORBENEN KOMPETENZEN

Den Erwerb der zu Beginn aufgeführten Kompetenzen können Sie selbst mithilfe der folgenden Tabelle überprüfen.

Wenn Sie alle Aufgaben, die hinter einer Kompetenz stehen, gelöst haben, machen Sie ein Kreuz bei „Ganz“.

Bei den Kompetenzen, bei denen Sie Aufgaben „Teilweise“ oder „Gar nicht“ gelöst haben, sollten Sie den dazugehörigen Informationstext noch einmal lesen und die Aufgaben anschließend noch einmal bearbeiten.

Was ich nach der Bearbeitung dieses Kapitels kann	Aufgaben	Ganz	Teilweise	Gar nicht
... zwischen stationärem und ambulantem Einzelhandel unterscheiden.	1			
... die einzelnen Betriebsformen des Einzelhandels voneinander unterscheiden.	2			
... die Merkmale zur Unterscheidung von Betriebsformen im Einzelhandel nennen.	7, 8,			
... die Betriebsform anhand des Sortiments und der Verkaufsform erkennen.	2, 3, 4, 5, 7 ,8			
... die Betriebsform meines Ausbildungsbetriebs bestimmen.	3			
... die Formen des Versandhandels unterscheiden.	11			
... aktuelle Entwicklungen in den Betriebsformen des Einzelhandels beschreiben.	9			

1.10 Verkaufsformen

Problemstellung

Stefanie Beyer steht an der Kasse und beobachtet, was gerade im Verkaufsraum geschieht:

- Ein Geschäftsmann befindet sich schon 17 Minuten in einem Verkaufsgespräch mit Jakub Nowak. Dieser legt verschiedene Anzüge vor und berät den Kunden umfassend.
- In der Abteilung für Damenmode beobachtet die Verkäuferin Lena Springer aufmerksam verschiedene Kundinnen, die sich unterschiedliche Pullover anschauen.
- Eine Kundin hat sich an einem Ständer für ein Paar Schnürsenkel entschieden und kommt zu Stephanie Beyer an die Kasse.

Untersuchen Sie in allen drei Fällen die Rolle des Verkaufspersonals.

EINORDNUNG DES THEMAS

Lernfeld 1: Das Einzelhandelsunternehmen repräsentieren

Kompetenzen

Nach Bearbeitung dieses Kapitels können Sie ...

... den Begriff „Verkaufsformen" erklären.
... die verschiedenen im Einzelhandel auftretenden Verkaufsformen unterscheiden.
... die Beziehung zwischen Verkaufsform und Sortiment nachvollziehen.
... die Verkaufsformen der Modellunternehmen und des Ausbildungsunternehmens identifizieren (erkennen) und begründen.

INFORMATIONSTEXT

Im Einzelhandel werden unterschiedliche Verkaufsformen angewandt. Eine **Verkaufsform** legt fest, in welcher Art und Weise der Kunde beim Einzelhandelsunternehmen Ware auswählen und in Empfang nehmen kann. Eine Verkaufsform beinhaltet also die Ausgestaltung der Serviceleistungen des Verkaufspersonals im Handel. Es werden unterschiedliche Verkaufsformen unterschieden.

Wann wird welche Verkaufsform angewendet?

Bedienung	Vorwahl	Selbstbedienung
←	Bei **problemhaltigen Artikeln**	
	Bei **problemlosen Artikeln**	→
←	**Intensive Beratungstätigkeit des Verkaufspersonals ist notwendig**	
	Beratungstätigkeit des Verkaufspersonals ist nicht notwendig	→

Bedienung

Die Verkaufsform der Bedienung liegt vor, wenn der Verkäufer die Beratung des Kunden, die Übergabe der Ware an ihn und das Kassieren des Verkaufspreises übernimmt. Bei der Bedienung ist der Kunde nicht in der Lage, ohne Verkaufsmitarbeiter an die Ware zu gelangen.

Apotheken sind klassische Einzelhandelsunternehmen mit der Verkaufsform „Bedienung"

BEISPIELE

- Apotheken
- Juweliere
- Frischeabteilungen im Lebensmittelbereich, für die besondere Hygienevorschriften gelten (Fisch, Fleisch, Käse)
- Delikatessen
- Glas/Porzellan/Bestecke

Die Verkaufsform der Bedienung wird vor allem dort angewendet, wo es um den Verkauf erklärungsbedürftiger Ware geht: Der Verkäufer gibt dem Kunden alle Informationen über die Ware, die der Kunde von sich aus nicht hat. Von dieser Beratungsqualität des Verkaufsmitarbeiters hängt der Erfolg des Verkaufsgesprächs entscheidend ab.

Bedienung	
Vorteile: – Persönlicher Kontakt zwischen Kunde und Verkäufer – Individuelle Beratung – Hohe Fachkompetenz (warenkundliche Kenntnisse und verkaufstechnische Fähigkeiten) der Verkäufer kann genutzt werden – Vorführen des Handlings von Geräten ist möglich	Nachteile: – Einige Kunden haben Hemmungen, Geschäfte mit Bedienung aufzusuchen. Sie fühlen sich dann eventuell zum Kauf verpflichtet. Manche möchten auch den Kontakt zu anderen Menschen vermeiden. – Hohe Kosten durch die intensive Bedienung – Wartezeiten bei Beratung mehrerer Kunden möglich

Selbstbedienung

Selbstbedienung ist eine Verkaufsform, in der gar keine oder kaum Beratung gewünscht wird. Der Kunde wählt die griffbereit ausgestellten Waren selbst ohne Mitwirkung des Verkäufers aus und bringt sie selbst zur Kasse.

Die Verkaufsform der Selbstbedienung wird beim Verkauf problemloser Ware angewendet. Da die Beratungsfunktion des Verkäufers hier weitgehend in den Hintergrund tritt, müssen die Verpackungen der Ware alle notwendigen Informationen und Erklärungen enthalten. Durch gute Ausschilderung müssen sich die Kunden in den Verkaufsräumen gut zurechtfinden können.

In Supermärkten bedient sich der Kunde in der Regel selbst aus dem Warenangebot

Selbstbedienung	
Vorteile: – Schnelle Durchführung der Verkaufsvorgänge – durch Verzicht auf Beratung Senkung von Personalkosten – Durch Senkung der Personalkosten Kalkulation günstiger Preise – Weil der Kunde Zugang zu allen Waren hat, besteht die Möglichkeit von Impulskäufen – Kunde braucht sich nicht durch Verkäufer beeinflusst zu fühlen	Nachteile: – Größere Diebstahlgefahr – Geringe Beratungsmöglichkeiten

Vorwahl-System

Das Vorwahl-System ist eine Kombination aus Selbstbedienung und Bedienung. Es erlaubt dem Kunden, sich selbstständig umzuschauen, aber auch bei Bedarf Kontakt zum Verkäufer aufzunehmen. Der Verkäufer berät ihn auf Aufforderung. Der Verkäufer kann sich ebenfalls dem Kunden nähern und Hilfe anbieten, falls er es für nötig erachtet. Bei der Vorwahl informiert sich der Kunde also selbst über das Angebot. Der Verkäufer beschränkt sich darauf, noch unklare Fragen zu beantworten bzw. Zweifel auszuräumen und den Verkauf zum Abschluss zu bringen.

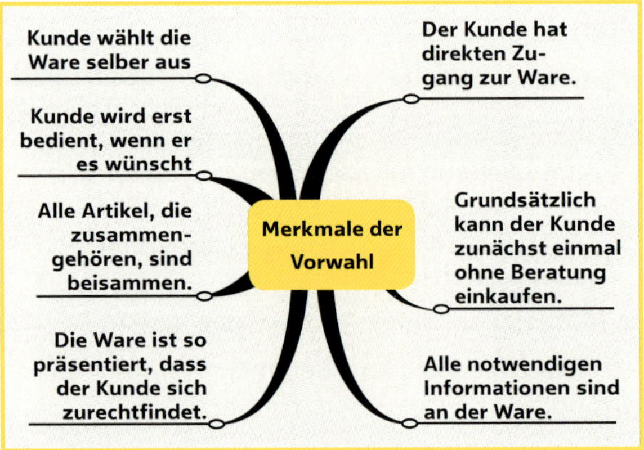

Das Vorwahl-System findet man in vielen Modegeschäften

Haupttätigkeiten des Verkaufspersonals

Bedienung	Vorwahl	Selbstbedienung
	Beobachten ↓	Regale auffüllen ↓
Beraten ↓	Beraten ↓	Beraten nur bei Ansprache durch Kunden ↓
Verkaufen ↓	Verkaufen ↓	
Verpacken ↓	Verpacken ↓	Beobachten ↓
Kassieren ↓	Kassieren ↓	Kassieren
Ware übergeben	Ware übergeben	

532196

Die wichtigsten Verkaufsformen		
Vollbedienung	Vorwahl	Selbstbedienung
– Der Kunde benötigt Beratung, da die Waren erklärungs- und beratungsbedürftig sind – Kunde hat keinen direkten Zugang zur Ware – Verkaufspersonal begleitet Kunden während dessen gesamtem Aufenthalt im Geschäft	– Kunde hat freien Zugang zur Ware. – Kunde entscheidet, ob er Beratung in Anspruch nimmt.	– Der Kunde benötigt keine Bedienung durch das Verkaufspersonal, da er in der Regel auch keine Beratung benötigt.

Besondere Verkaufsformen

Neben den vorherrschenden Verkaufsformen Selbstbedienung, Bedienung und Vorwahl gibt es im Einzelhandel noch einige besondere Verkaufsformen.

- **Automatenverkauf**
  Der Automatenverkauf ist ein mechanisiertes Absatzverfahren, bei dem der Käufer nach Eingabe von Zahlungsmitteln die gewünschte Ware dem Automaten entnimmt. Beim Verkauf aus Warenautomaten werden dem Kunden sämtliche Verkäuferfunktionen (Auswahl, Transport der Ware, Inkasso) übertragen.
- **Versandhandel**
  Beim Versandhandel werden die Waren über gedruckte Kataloge, Prospekte, Anzeigen usw. oder durch Vertreter angeboten und dem Kunden zur Bestellung auf dem Versandwege durch die Post (oder andere Transportunternehmen) zugestellt.
- **Konsum per Katalog**
  Anfang des Jahrtausends waren die Deutschen nicht nur die fleißigsten Katalog-Käufer, sie beherrschten auch den Versandhandel in Europa. Über 40 Prozent des Versandgeschäfts lagen damals in den Händen deutscher Unternehmen; genannt seien nur die Versandhandelsriesen Otto, Quelle und Neckermann. Im Jahr 2001 belief sich der Versandhandelsumsatz je Kopf in Deutschland auf 265 Euro. Weit abgeschlagen – mit 217 Euro – erreichten die Briten den zweiten Platz, gefolgt von den Norwegern und den Schweizern. Heute kommt dem Versandhandel per Katalog kaum noch Bedeutung zu.
- **Teleshopping**
  Mit dem Begriff „Teleshopping" wird die Durchführung von Warenbestellungen am Fernseher bezeichnet. Aus dem Englischen übersetzt bedeutet Teleshopping „am Bildschirm einkaufen".

  Immer mehr Haushalte empfangen das Fernsehprogramm über das Kabelnetz oder per Satellit. Statt im Katalog zu blättern oder im Internet zu surfen, schaut der Kunde spezielle Teleshopping-Sender oder Teleshopping-Sendungen im herkömmlichen Programm einiger Privatsender an und bestellt dann direkt per Telefon.

  Teleshopping – häufig auch **T-Commerce** genannt – hat gegenüber **E-Commerce** (elektronischer Handel, Handel im Internet) den Vorteil, dass es auf der weit verbreiteten Nutzung des Fernsehens und der Vertrautheit mit diesem Medium aufbauen kann. Der feste Platz, den das Fernsehen im Leben vieler Menschen hat, ist sowohl Chance als auch Herausforderung für T-Commerce-Anbieter.

  Medien-Dienste wie Teleshopping boomen im deutschen Fernsehmarkt. Neben H.O.T, QVC und Best Direct hat der Marktführer RTL kürzlich seinen eigenen Teleshopping-Dienst „RTL-Shop" eingeführt. Zudem nutzen die Teleshopping-Sender Zeitfenster bei Voll-Programmen wie RTL, SAT1, DSF und Kabel1.

  Experten gehen davon aus, dass Teleshopping sich stark mit der Entwicklung des digitalen Fernsehens weiterentwickeln wird. Diese Fernsehtechnik wird Beziehungen zwischen Sender und Fernsehzuschauer ermöglichen, also beispielsweise den Kauf per Fernbedienung.

- **Onlineshopping**
  Onlineshopping ist eine Spielart des Electronic Commerce (E-Commerce). Unter Electronic Commerce wird die elektronische Geschäftsabwicklung über das Internet verstanden. Für den Einzelhandel ist besonders die **Business-to-Consumer (B2C)**-Variante des E-Commerce bedeutend: Dies ist der elektronische Versandhandel mit Endkunden über das Internet, das eigentliche Onlineshopping. Unter **Business-to-Business (B2B)** fallen alle elektronisch durchgeführten Geschäftstransaktionen zwischen Betrieben: B2B liegt vor, wenn der Einzelhandel beispielsweise selber Waren in Onlineshops von Großhandelsbetrieben oder Industrieunternehmen bestellt.

BEISPIEL B2C

Der Auszubildende Benedikt Plaumann kauft im Internetshop der Tom Hoss KG eine Jeans.

BEISPIEL B2B

Die Larstadt Warenhaus AG bestellt über das Internet bei der Hildesheimer Grünpunkt GmbH 5000 Autoradios. Geschäftspartner sind hier zwei Unternehmen.

Den Kunden wird über das Internet das Produktangebot auf einem Computerbildschirm oder Smartphone-Display vorgestellt. Dies geschieht in der Regel über einen Text zum Artikel mit einer oder mehrerer Abbildungen. Die Produktdarstellung kann oft auch durch Animationen und Videos erweitert werden.

Die Kunden bestellen die gewünschten Artikel in einem Dialog am Bildschirm. Sie haben keinen direkten Kontakt mit einem Verkäufer. Die Beschäftigten des Einzelhandelsunternehmens sind für den Kunden nicht sichtbar. Die Auslieferung der bestellten Waren erfolgt mit einer zeitlichen Verzögerung über die Post oder über Kurier- und Expressdienste.

- **Einkaufen im Internet**

Immer mehr Unternehmen setzen auf den elektronischen Handel. 19 Prozent aller Unternehmen in der EU bieten – neben den klassischen Vertriebswegen – ihre Produkte auch online über das Internet an. Während von den kleinen und mittleren Firmen 17 Prozent auf E-Commerce setzen, beträgt der Anteil unter den Großunternehmen bereits 42 Prozent. Die stärkste Verbreitung hat E-Commerce in Deutschland, wo fast jedes dritte Unternehmen (31 Prozent) diesen Vertriebsweg nutzt. Nachholbedarf gibt es noch in den südeuropäischen Ländern; dort liegen die Anteile dieses neuen Absatzweges unter der Zehnprozentmarke.

Marktplatz Internet: Das Internet ist das größte Kaufhaus der Welt. Ob Bücher oder Musik, Lebensmittel, Bekleidung oder Elektrogeräte – für jedes Interesse gibt es virtuelle Shops, die um die Gunst der Kunden werben. Zwar reicht der Umsatz noch bei Weitem nicht an das Volumen im „klassischen“ Handel heran, doch summieren sich die Geschäfte beispielsweise in Europa inzwischen auf zweistellige Milliardenbeträge. Der elektronische Handel (E-Commerce) erzielte in Deutschland im vergangenen Jahr einen Umsatz von 21,3 Milliarden Euro. Damit war die Bundesrepublik vor Großbritannien der größte Internet-Handelsmarkt.

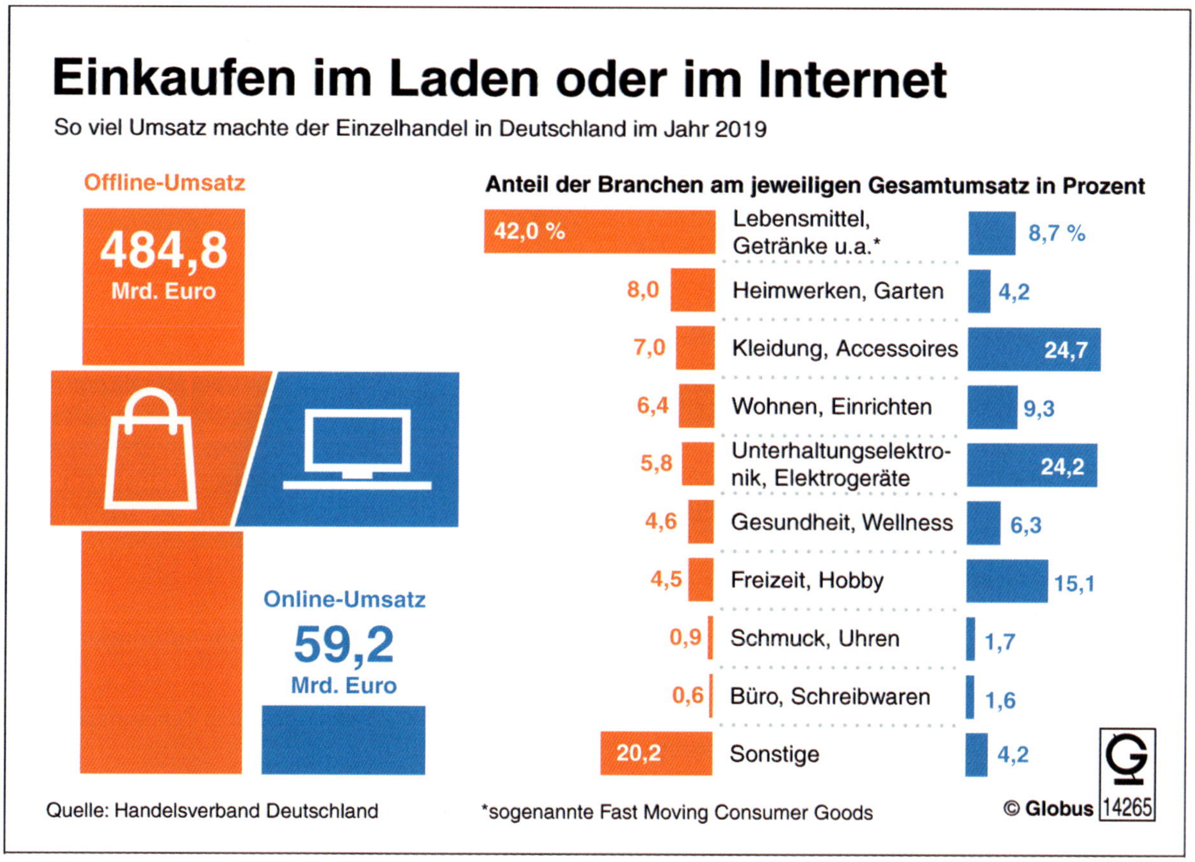

Das Onlineshopping erfolgt über Webshops: Dies sind Onlineangebote von Produkten an Endverbraucher, die über das Internet Waren bestellen können. Im Internet sind Anbieterseiten, Testveröffentlichungen, elektronische Tarifberater und Foren die wesentlichen Informationsquellen. Bei den vorherrschenden traditionellen Verkaufsformen ist es das Verkaufspersonal.

Vor- und Nachteile von Tele- und Onlineshopping

Vorteile

- Teleshopping und Onlineshopping ermöglichen auch Berufstätigen mit langen oder ungewöhnlichen Arbeitszeiten ein von Ladenschlusszeiten unabhängiges Einkaufen. Der Zeitdruck entfällt.
- Insbesondere für ältere oder behinderte Menschen bedeutet eine Einkaufsmöglichkeit von zu Hause aus eine erhebliche Erleichterung.
- Der Verzicht auf zahlreiche private Einkaufsfahrten mit der damit verbundenen Parkplatzsuche kann eine Entlastung des Verkehrs und damit der Umwelt bringen.
- Für die Käufer bedeutet Onlineshopping Zeitersparnis und oft auch Kostenersparnis (keine Parkgebühren, kein Benzinverbrauch, ...).
- Die elektronischen Angebote sind immer aktuell.
- Die Produkte werden mit variablen Präsentationsformen beworben.
- Angebotsvergleiche sind online einfach.

Probleme und Nachteile

- Bislang konnte sich noch keine einheitliche und fälschungssichere Zahlungsart durchsetzen. In den meisten Fällen erfolgt die Bezahlung der Waren mittels Kreditkarte. In der dazu notwendigen Übermittlung der jeweiligen Kartendaten an den Zahlungsempfänger liegt jedoch ein erhebliches Sicherheitsrisiko. Bisher gibt es nur unzureichende Schutzmaßnahmen gegen Irreführung und Missbrauch.
- Teleshopping und Onlineshopping scheiden als Einkaufsmöglichkeiten aus, wenn die Ware persönlich in Augenschein genommen oder beispielsweise anprobiert werden muss.
- Auch ist das persönliche Einkaufserlebnis durch diese Verkaufsformen nicht zu ersetzen.
- Der Einkaufsspaß geht verloren, Impulskäufe werden provoziert.
- Es kommt zu einem höheren Aufkommen von Verpackungsmüll durch Versandverpackungen.
- Die Zustellung der Ware (z. B. durch Kurierdienste) führt zu höherem Energieverbrauch und höherer Abgasbelastung.

AUFGABEN

1. Was versteht man unter Verkaufsformen?
2. Erläutern Sie die Verkaufsform der Bedienung.
3. Führen Sie Vor- und Nachteile der Bedienung auf.
4. Durch welche Merkmale ist die Selbstbedienung gekennzeichnet?
5. Führen Sie Vor- und Nachteile der Selbstbedienung auf.
6. Was versteht man unter dem Vorwahlsystem?
7. Bei welchen Artikeln empfiehlt sich als Verkaufsform
   a) die Bedienung?
   b) die Vorwahl?
   c) die Selbstbedienung?
8. Welche Haupttätigkeiten übernimmt der Verkäufer
   a) bei der Bedienung,
   b) bei der Selbstbedienung,
   c) im Vorwahlsystem?
9. Wie werden die Waren beim Versandhandel angeboten?
10. Wie werden die Waren beim Automatenverkauf verkauft?
11. Wodurch unterscheiden sich Teleshopping und Onlineshopping?
12. Welche Vor- und Nachteile haben Tele- und Onlineshopping?
13. Momentan herrscht Hochbetrieb in der Tom-Hoss-Filiale im SWZ. Entscheiden Sie, um welche Verkaufsform es sich in den folgenden Fällen handelt:

5321100

a) Eine schwangere junge Frau schaut sich in der Damenabteilung Umstandsmode an. Sie ist erfreut über die große Auswahl und sucht in aller Ruhe aus. Nach einiger Zeit geht sie mit drei Hosen Richtung Kasse und sagt zur Verkäuferin: „Die nehme ich."

b) In der Herrenabteilung probiert ein Kunde verschiedene Krawatten und Fliegen an. Er entscheidet sich für eine gestreifte Krawatte und stellt sich dann an der Kasse an.

c) Eine Kundin möchte zur Hochzeit ihrer Freundin ein Kostüm kaufen. Sie sieht unschlüssig auf die vielen Schnitte und Farben und wendet sich hilfesuchend an eine Verkäuferin, die abseits gewartet hat, mit der Bitte um Beratung.

d) In der Schuhabteilung sucht eine Kundin Schuhe alleine aus. Sie mag es, ungestört und in aller Ruhe anzuprobieren und auszuwählen. Nachdem sie sich für ein Paar Schuhe entschieden hat, fragt sie die Verkäuferin, um welche Art Leder es sich handelt und wie die Schuhe am besten zu pflegen sind.

14. Führen Sie eine Erkundung durch.

a) Besuchen Sie dazu fünf verschiedene Einzelhandelsgeschäfte. Beachten Sie bitte dabei, dass Sie bei der Erkundung Ihre Schule repräsentieren.

b) Untersuchen Sie,
- welche Verkaufsform im Unternehmen angewandt wird,
- zu welcher Branche das Unternehmen gehört,
- wie erklärungsbedürftig und problembehaftet die angebotenen Waren sind,
- wie die Warenpräsentation und die Ausstattung des Geschäftes wirkt
- und welche Betriebsform vorliegt.

c) Halten Sie Ihre Ergebnisse in einer Tabelle fest.

15. Führen Sie eine Pro-und-Kontra-Diskussion zum Thema Onlineshopping durch. Bereiten Sie für die Rollenspieler die Rollenkarten vor:
- Silke Hartschwager, Geschäftsführerin eines Versandhandelsunternehmens: PRO
- Mete Özcan, Kunde: PRO
- Nicole Wagner, Kundin: KONTRA
- Jörg Sönckens, Inhaber eines Textilfachgeschäfts: KONTRA

Statten Sie die Rollenspieler mit den entsprechenden Pro- und Kontra-Argumenten aus.

16. Mühevoll quält sich der kleine weiße Polo durch den Feierabendverkehr der Stadt. Die Blechkolonne schiebt sich im Schritttempo von Ampel zu Ampel, während sich ein feiner Nieselregen auf die Windschutzscheiben legt. „Es ist zum Heulen", mault Stefanie Beyer ihren Freund an, „warum bin ich nur ausgerechnet an meinem freien Tag auf die blöde Idee gekommen, jetzt noch mal zum Einkauf in die City zu fahren?" „Stimmt", triumphiert ihr Freund vom Beifahrersitz, „das hätten wir alles von meinem PC aus machen können ..." Aus dem Autoradio erklingt gerade zufällig das Lied „Tante Emma" von Udo Jürgens:

Im Einkaufscenter und Discount
da bin ich immer schlecht gelaunt,
im endlos großen Supermarkt
da droht mir gleich ein Herzinfarkt.
Da liegen die Regale voll,
ich weiß nicht, was ich nehmen soll.
Da wird das Kaufen zur Tortur, ich geh zu Tante Emma nur.

Refrain:
Im Tante-Emma-Laden
an der Ecke vis-à-vis,
wenn an der Tür die Glocke bimmelt,
ist das beinah' schon Nostalgie.

Im Supermarkt bin ich allein,
beim Suchen hilft mir da kein Schwein.
Ich schieb die Karre hin und her
und schau bei anderen: Was kauft der?
Dann steh ich Schlange beim Bezahlen,
na, das ist gar nicht auszumalen.
Ich weiß, wo ich noch Kunde bin,
ich geh zu Tante Emma hin.

Refrain:
Im Tante-Emma-Laden
an der Ecke vis-à-vis,
wenn an der Tür die Glocke bimmelt,
ist das beinah' schon Nostalgie.

Bei Tante Emma ist's privat,
sie ist kein Warenautomat.
Sie sagt, wenn ich nicht zahlen kann:
Was macht das schon, dann schreib ich an.
Wenn Tante Emma nicht mehr ist
und ein Discount den Laden frisst,
setz ich mich auf den Bürgersteig
und trete in den Hungerstreik.

Refrain:
Im Tante-Emma-Laden
an der Ecke vis-à-vis,
wenn an der Tür die Glocke bimmelt,
ist das beinah' schon Poesie.

Quelle: Hachfeld, Eckart:
Tante Emma, © Montana Edition,
BMG Rights Management GmbH, Berlin.

a) Geben Sie an, von welchen unterschiedlichen Verkaufsformen bei Udo Jürgens und dem Freund von Stefanie Beyer die Rede ist.

b) Unterscheiden Sie die im Tante-Emma-Laden angesprochene Verkaufsform von der in Ihrem Ausbildungsbetrieb und von der im Modellunternehmen Tom Hoss KG.

17. Welche Verkaufsform liegt vor?

a) Beim Discounter Lildi gibt es Waren des täglichen Bedarfs. Deren Verwendungszweck ist in der Regel selbsterklärend. Manchmal übernimmt auch die Verpackung die Erklärungsfunktion.

b) Bei der Modekette A&H wird dem Kunden das Sortiment attraktiv präsentiert. Er kann jeden Artikel in die Hand nehmen und prüfen. Hat der Kunde Fragen, kann er sich an das hilfsbereite Verkaufspersonal in der Nähe wenden.

c) Nachdem ein Kunde das Geschäft betreten hat, führt die Verkäuferin ein komplettes Verkaufsgespräch durch. Als der Kunde das Geschäft wieder verlässt, verabschiedet sie sich von diesem.

18. Welche Bedienform liegt vor?
Führen Sie mindestens ein Merkmal auf, anhand dessen man dies erkennen kann.

a)

b)

c)

19. Auf welche Bedienformen trifft das jeweils aufgeführte Merkmal zu?

a) Der Händler stellt Automaten auf und befüllt diese. Der Kunde kann jetzt zu jeder Uhrzeit ohne die Anwesenheit von Verkaufspersonal sein gewünschtes Produkt erwerben.

b) Der Kunde hat freien Zugang zu den Artikeln. Er kann diese auch direkt mitnehmen und an der Kasse bezahlen. Auf Wunsch des Kunden kann allerdings auch eine Beratung durch das Verkaufspersonal stattfinden.

c) Der Kunde muss kein Geschäft betreten. Er bestellt seine Waren online, telefonisch oder per Post.

d) Der Kunde übernimmt fast sämtliche Verkäuferfunktionen.

e) Die meisten Waren des Sortiments sind selbsterklärend. Der Kunde braucht daher keine Beratung.

ZUSAMMENFASSUNG

Verkaufsformen
(Art und Weise, wie Kunden Ware auswählen und in Empfang nehmen können)

Vorherrschende Verkaufsformen

- **Bedienung**
  - Verkäufer übernimmt Beratung des Kunden
  - Kunde gelangt ohne Verkäufer nicht an die Ware
- **Selbstbedienung**
  - Kunde wünscht keine oder kaum Beratung
  - Ware steht für Kunden griffbereit zur Verfügung
- **Vorwahl**
  - Kombination aus Selbstbedienung und Bedienung
  - Beratung nur, wenn erforderlich

Besondere Verkaufsformen

- **Automatenverkauf**
  - Warenangebot aus Automat
- **Versandhandel**
  - Warenangebot aus Druckerzeugnissen bzw. über Vertreter
- **Teleshopping**
  - Warenangebot über Fernsehsendung
- **Onlineshopping**
  - Warenangebot über Internet

ICH ÜBERPRÜFE MEINE NEU ERWORBENEN KOMPETENZEN

Man versteht erst dann etwas richtig, wenn man versucht, es einem anderen zu erklären. Dies führt zu einer eigenen gründlichen Auseinandersetzung mit dem gerade behandelten Thema.

1. Suchen Sie sich deshalb einen Partner.
2. Lesen Sie noch einmal die Zusammenfassung. Bei Verständnisproblemen schlagen Sie ggf. noch einmal im Informationstext nach.
3. Einer von Ihnen erläutert die Zusammenfassung dem Partner.
4. Dieser achtet auf Korrektheit und Vollständigkeit und wiederholt noch einmal.

Den Erwerb der zu Beginn aufgeführten Kompetenzen können Sie selbst mithilfe der folgenden Tabelle überprüfen.

Wenn Sie alle Aufgaben, die hinter einer Kompetenz stehen, gelöst haben, machen Sie ein Kreuz bei „Ganz“.
Bei den Kompetenzen, bei denen Sie Aufgaben „Teilweise“ oder „Gar nicht“ gelöst haben, sollten Sie den dazugehörigen Informationstext noch einmal lesen und die Aufgaben anschließend noch einmal bearbeiten.

Was ich nach der Bearbeitung dieses Kapitels kann	Aufgaben	Ganz	Teilweise	Gar nicht
Ich kann ...				
... den Begriff Verkaufsformen erklären.	1			
... die verschiedenen im Einzelhandel auftretenden Verkaufsformen unterscheiden.	2, 3, 4, 5, 6, 7, 8, 9, 10, 11, 12, 16, 19, 20			
... die Beziehung zwischen Verkaufsform und Sortiment nachvollziehen.	14, 13			
... die Verkaufsformen der Modellunternehmen und des Ausbildungsunternehmens identifizieren (erkennen) und begründen.	14, 16, 19, 20			

1.11 Die Organisation des Unternehmens

Problemstellung

Jakub Nowak durchläuft während seiner Ausbildung verschiedene Abteilungen. Eine Woche ist er auch im Verkauf tätig. In seiner Abteilung arbeitet er dort mit fünf Beschäftigten zusammen. Jakub beobachtet folgende Vorfälle:

- Frau Dündar muss mehrmals Kunden wegschicken, weil die gewünschten Artikel nur in einer blauen Ausführung, nicht aber in Rot vorrätig sind. Die Kunden wollten die Artikel sofort mitnehmen.
- Frau Dündar bestellt in Abwesenheit von Frau Hoss insgesamt 50 Artikel in Rot.
- Frau Hoss ist ärgerlich und überrascht zugleich. Sie hat kürzlich ebenfalls zehn Artikel in Rot bestellt, die eigentlich schon eingetroffen sein müssten. In einem Nebenraum findet sie den Karton mit dieser Ware.
- Frau Dündar hat Ärger mit ihrem Kollegen Herrn Weidner. Herr Weidner behauptet, nur er habe Zugang zur Kasse. Frau Dündar weiß davon nichts.

1. Erklären Sie, wodurch das schlechte Betriebsklima zustande gekommen ist.
2. Machen Sie Verbesserungsvorschläge.
3. Schauen Sie sich den Stellenplan der Tom Hoss KG im Kapitel 1.1 an.
   Ermitteln und begründen Sie, welches Weisungssystem bei der Tom Hoss KG vorliegt.

EINORDNUNG DES THEMAS

Lernfeld 1: Das Einzelhandelsunternehmen repräsentieren

Betrieb erkunden → Kompetenzen erwerben → Stellung des Betriebes → Ziele des Betriebes → Betriebs- und Verkaufsformen → **Gliederung des Betriebes** → Warenfluss im Betrieb → Berufsausbildung → Tarifvertrag → Jugendarbeitsschutz → Mitbestimmung → Soziale Sicherung → Präsentation

Kompetenzen

Nach Bearbeitung dieses Kapitels können Sie ...

... Aufgaben und Bestandteile einer Stellenbeschreibung erklären.
... zwischen Instanzen, Stellen, Abteilungen und Stabsstellen unterscheiden.
... unterschiedliche Weisungssysteme erläutern und darstellen.
... ein Organigramm für das Modellunternehmen und Ihr Ausbildungsunternehmen erstellen.

INFORMATIONSTEXT

Arten der Organisation

Um kundenorientiert arbeiten zu können, muss ein Unternehmen gut funktionieren. Dies setzt ein reibungsloses Zusammenspiel aller Mitarbeiter und Vorgesetzten voraus. Dazu muss vorher geklärt sein,

- wie die Prozesse innerhalb des Unternehmens abzulaufen haben,
- welche Aufgaben der einzelne Mitarbeiter zu erledigen hat und wem gegenüber er dabei unterstellt oder weisungsbefugt ist.

Das Unternehmen benötigt also einen klaren organisatorischen Aufbau.
Jeder Betrieb sollte so organisiert sein, dass die betrieblichen Tätigkeiten reibungslos mit dem geringstmöglichen Aufwand durchgeführt werden können. Daher braucht jedes Unternehmen ein System von Regelungen zur ordnungsgemäßen Erfüllung der Betriebsaufgaben. Durch die Organisation werden der Aufbau des Betriebs und der Ablauf der betrieblichen Tätigkeiten festgelegt.
Für die Betriebsorganisation werden daher zwei Anwendungsbereiche deutlich:

- die **Aufbauorganisation**
  Sie befasst sich mit der Gliederung und organisatorischen Strukturierung des Unternehmens in ein Ordnungssystem von Stellen, Abteilungen. Sie regelt außerdem die Beziehung der Stellen, Abteilungen und Instanzen untereinander.
- die **Ablauforganisation**
  Sie versucht, den Arbeitsablauf optimal zu regeln.
- Zur Organisation gehört auch das im Organisationsmodell und das in den Arbeitsabläufen praktizierte **Führungsverhalten**. Es geht dabei um die Art und Weise, wie Vorgesetzte die ihnen unterstellten Mitarbeiter führen, um bei diesen ein zielgerichtetes Arbeitsverhalten zu erreichen.

Um organisatorische Regelungen vornehmen zu können, müssen bestimmte Voraussetzungen gegeben sein.

1. **Vorhandensein einer Aufgabe**
   Die Aufgabe ist beispielsweise der Betrieb eines Handelsunternehmens.
2. **Teilbarkeit der Aufgabe**
   Die Gesamtaufgabe muss in Teilaufgaben zerlegt werden können. Dies sind z. B. Einkauf, Lager, Vertrieb und Verwaltung.
3. **Wiederholbarkeit**
   Die Teilaufgaben sollen nicht nur einmal, sondern wiederholt durchgeführt werden.

Die Ziele der Organisation werden durch drei Tätigkeiten erreicht:

- Planung (Sollzustand)
- Durchführung (Realisierung)
- Kontrolle (Stimmt die Planung mit den Ergebnissen der Realisierung überein?)

Der Organisationsaufbau richtet sich nach der Größe des Betriebs.

BEISPIEL

Während in einem Kleinbetrieb der Inhaber sämtliche Aufgaben selbst erfüllt, wird die Organisation in größeren Unternehmen wie der Tom Hoss KG in mehrere Aufgabenbereiche aufgeteilt.

Aufgabenanalyse

Mithilfe der Aufgabenanalyse wird zunächst einmal der gesamte Aufgabenbereich des Betriebs untersucht und bis in kleinste Teilaufgaben aufgegliedert. Die Aufgabengliederung kann dabei nach unterschiedlichen Gliederungsprinzipien erfolgen.

BEISPIEL

Die Gliederung kann nach den Arbeitsarten vorgenommen werden **(Verrichtungsprinzip)**. Die Aufgabenanalyse eines großen Großhandelsbetriebs sieht beispielsweise wie folgt aus:

Funktionsbereiche	Großaufgaben
Beschaffung	Marktforschung; Sortimentsgestaltung; Feststellung der Bezugsquellen und -wege; Führen der Bezugsquellenkartei; Feststellung der Einkaufsmenge und -zeit; Bestellungserteilung; Führen des Bestellbuches; Überwachung der Liefertermine; Prüfen der Rechnungen; Erledigung von Reklamationen

Lager	Annehmen und Auspacken der Ware (sofern keine eigene Abteilung Warenannahme eingerichtet ist); Verkehr mit den Beförderungsstellen; Wareneingangskontrolle; Einordnen der Waren nach Lagerplan; Führung der Wareneingangs- und Ausgangsbücher bzw. -karteien; Eingangs- und Versandmeldungen an die Abteilungen Einkauf oder Verkauf; Verpackung und Versand der Waren (falls keine eigene Versandabteilung eingerichtet ist); Überwachung und Einsatz des Fuhrparks; Bestandskontrollen und Meldung an die Einkaufsabteilung bei Erreichen des Meldebestands
Verkauf	Aufstellen des Werbeplans; Durchführung der Werbung (Schaufensterdekoration, Ladengestaltung, Inneneinrichtung); Werbeerfolgskontrolle; Verkauf über die verschiedenen Verkaufsabteilungen: Zahlung (Kasse), Warenausgangskontrolle (Packtisch), Warenübergabe (Kassenzettel); Verkaufsaufsicht; Kundendienst; Bearbeitung von Anfragen; Ausführung von Sonderbestellungen; Erledigung von Beanstandungen; Kreditverkäufe; Überwachung der Zahlungseingänge
Rechnungswesen	Buchen der ein- und ausgehenden Belege; Kontrolle der Zahlungsbereitschaft und der Außenstände; periodische Erfolgsermittlung; Verkehr mit den Finanzbehörden (Vorbereitung und Abgabe der Steuererklärungen, Überwachung der Steuertermine); monatliche, vierteljährliche und jährliche Abschlussarbeiten; Aufarbeiten der Unterlagen für die Betriebsabrechnung; Auswertung der Zahlen für die Betriebsstatistik
Verwaltung	eingehende Post in das Posteingangsbuch eintragen, mit lfd. Nummer und Eingangsstempel versehen; Prüfung durch Abteilungsleiter; Bearbeitung des Schriftwechsels und der Rechnungen hinsichtlich ihrer sachlichen und rechnerischen Richtigkeit; wichtige Durchschläge in Umlaufmappen allen zuständigen Sachbearbeitern zur Kenntnis bringen; Schriftgutablage in der Arbeitsplatz- oder Zentralablage; Bearbeitung von Rechts- und Personalfragen; Telefonzentrale

Eine Aufgabengliederung kann aber auch nach den Objekten eines Betriebs vorgenommen werden. Objekte eine Betriebes sind z. B. die angebotenen Artikel. Hat ein Baumarkt die Abteilungen *Teppiche, Tapeten* und *Farben*, so liegt eine Gliederung nach dem **Objektprinzip** zugrunde.

Stellenbildung

Alle ständig wiederkehrenden Teilaufgaben, die eine Person zu erledigen hat, werden in einer **Stelle** zusammengefasst.

DEFINITION

Eine **Stelle** ist der Aufgabenbereich einer Person und entspricht ihrem Arbeitsplatz. Sie ist die kleinste organisatorische Einheit eines Unternehmens.

Die Zahl der Stellen in einem Unternehmen hängt von seiner Größe ab.

Manche Stellen sind gleichzeitig **Instanzen**.

DEFINITION

Instanzen sind Stellen, die Anordnungs- und Entscheidungsbefugnisse gegenüber untergeordneten Stellen haben.

BEISPIEL

Die Stelle des Lagerleiters, dem sechs Lagerarbeiter untergeordnet sind, ist eine **Instanz**.

Erforderlich ist, dass alle Stelleninhaber und Vorgesetzten genau über die Aufgaben in der betreffenden Stelle informiert sind. Dabei müssen das Arbeitsgebiet und die Verantwortung eindeutig abgegrenzt sein.

Deshalb sollten folgende Inhalte schriftlich festgelegt werden:

- alle Aufgaben und Befugnisse des Stelleninhabers
- wer der Vorgesetzte ist
- wem man selbst „vorgesetzt ist"
- welches Leitziel man verfolgen soll (= Stellenziel)

- wie man selbst und wie der Arbeitsplatz „benannt“ wird
- wen man vertritt und von wem man selbst vertreten wird
- welche Kenntnisse und Fähigkeiten die Stelle erfordert

Eine solche Beschreibung des Arbeitsplatzes wird als **Stellenbeschreibung** bezeichnet.

Vorteile der Stellenbeschreibung sind:

- keine Kompetenzstreitigkeiten
- leichtere Überwachung der Arbeitsleistung
- Orientierung für neu eingestellte Mitarbeiter
- transparente Betriebsorganisation

Abteilungsbildung

Aus der Unternehmensgröße ergibt sich schließlich die Notwendigkeit der Abteilungsbildung.

DEFINITION

Eine **Abteilung** ist die Zusammenfassung mehrerer Stellen unter einer Leitung.

Durch Abteilungsbildung wird festgelegt, wer weisungsbefugt ist. Die Weisungsberechtigung muss auch für die großen Abteilungen untereinander geregelt werden.

Die Abteilungsbildung kann nach dem **Verrichtungsprinzip** (Beispiel 1) oder nach dem **Objektprinzip** (Beispiel 2) erfolgen.

BEISPIEL

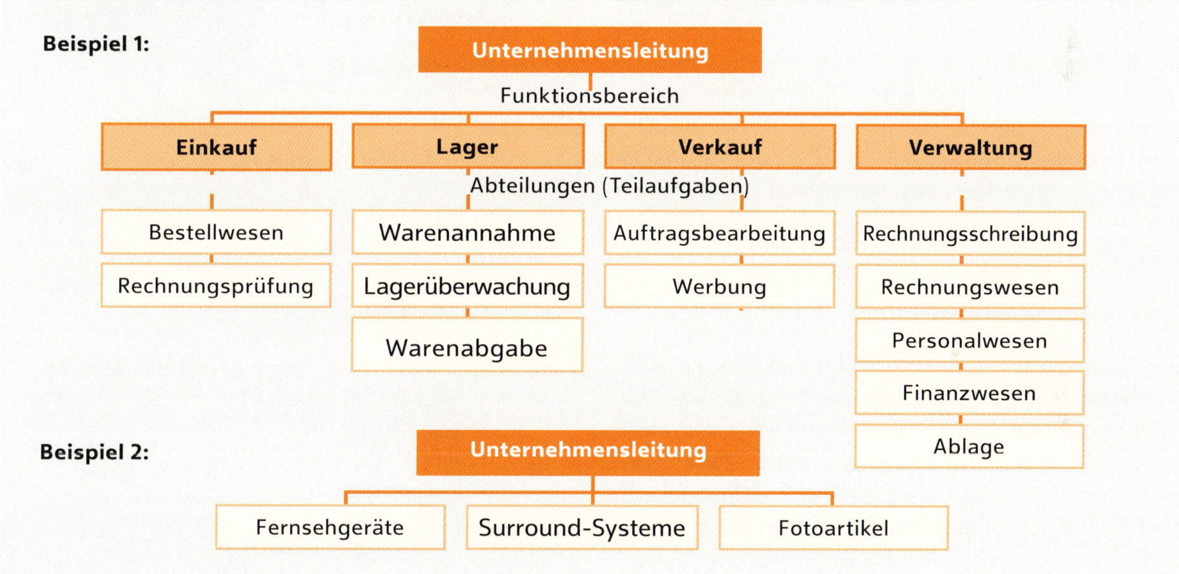

Weisungssysteme

Das jeweils gewählte Weisungssystem (oft auch Leitungssystem genannt) vervollständigt die Aufbauorganisation eines Betriebs:
Für jede Stelle wird genau festgelegt, welche anderen Stellen in ihren Aufgaben gleichgeordnet, über- bzw. untergeordnet sind. Die Weisungssysteme geben Auskunft über die offiziellen Befehls- und Informationswege im Unternehmen. Die wichtigsten Weisungssysteme werden im Folgenden genannt.

1 Einliniensystem

Alle Personen sind in einen einheitlichen Befehlsweg eingegliedert, der von der obersten Instanz bis zur letzten Arbeitskraft reicht. Jeder Mitarbeiter erhält nur von seinem unmittelbaren Vorgesetzten Anweisungen. Ebenso kann er Meldungen und Vorschläge nur bei ihm vorbringen (= Instanzen- oder Dienstweg).

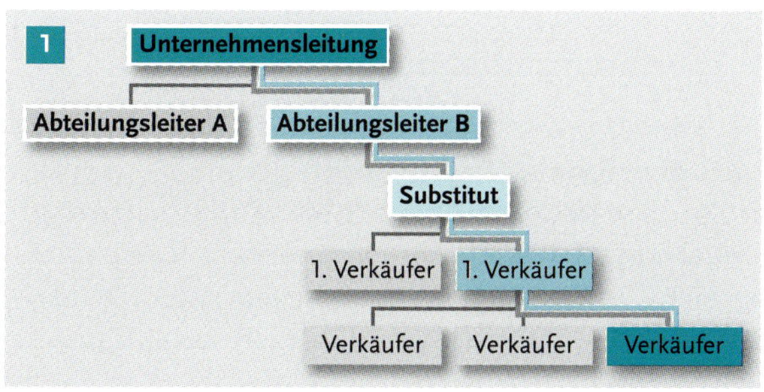

Einliniensystem	
Vorteile	**Nachteile**
• klare Verantwortungsbereiche • eindeutige Regelungen der Weisungszuständigkeiten • gute Kontrollmöglichkeiten • übersichtlicher organisatorischer Aufbau • einheitliche Leitung	• durch die langen Dienstwege für Anordnungen und Meldungen sehr schwerfällig • Starke Belastung der oberen Leitungsebenen, weil alle Entscheidungen vom Vorgesetzten getroffen werden müssen. Mit steigender Ranghöhe nimmt die Arbeitsbelastung zu. • Gefahr von Fehlentscheidungen • Spezialisierung wird erschwert

2 Mehrliniensystem

Beim Mehrliniensystem kann ein Mitarbeiter von mehreren spezialisierten Vorgesetzten Anweisungen erhalten. Dies erfordert eine gute Abstimmung und Zusammenarbeit der jeweils weisungsberechtigten Stellen. Dadurch wird die Gefahr von Kompetenzüberschneidungen sehr groß. Dies kann sich leistungshemmend auf die ausführenden Personen auswirken. Als vorteilhaft erweist sich jedoch häufig der kurze und schnelle Dienst- und Instanzenweg.

2 Ausschnitt aus einem Mehrliniensystem in einem Industriebetrieb

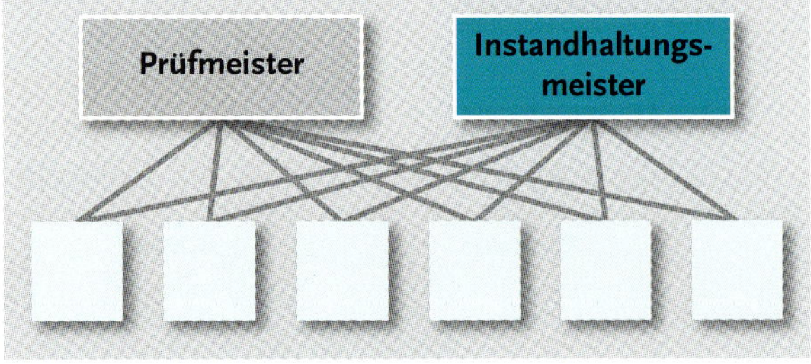

3 Stabliniensystem

Das Stabliniensystem ist ein Liniensystem, in dem den oberen Leitungsstellen Spezialisten zugeordnet werden. Es werden sogenannte **Stabsstellen** gegründet. Ein Stab kann eine eigene Stabsabteilung, aber auch nur eine einzelne Stelle sein, z. B. eine Sekretärin. Die Mitarbeiter in diesen Stäben können selbst keine Anordnungen erteilen. Notwendige Anweisungen werden durch den obersten Leiter erteilt.

3

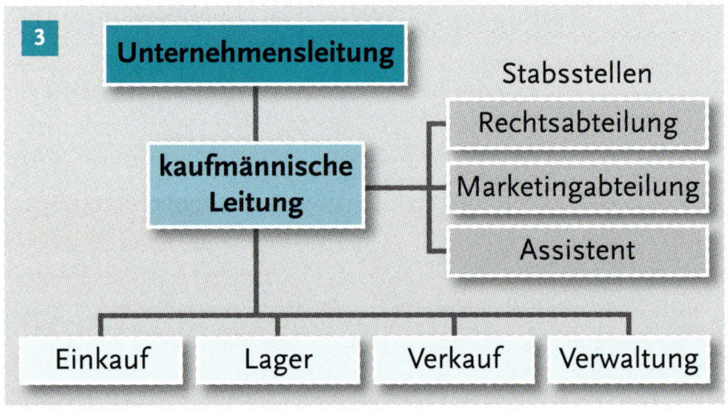

Die Aufgabe der Stabsstellen besteht in der fachkundigen Beratung der Führungskräfte, z. B. in Fragen der Planung, des Rechts, der Organisation, des Marketing oder der Finanzen. Sie sollen die Leitungsstellen entlasten.

4 Spartenorganisation

Im Rahmen der Spartenorganisation – häufig auch **divisionale Organisation** genannt – werden große, der Regel unübersichtliche und schwer zu steuernde Unternehmen in mehrere Geschäftsbereiche unterteilt. Diese Sparten oder Divisionen sind praktisch wirtschaftlich unabhängige Teilunternehmen, denen nur die Gesamtunternehmensleitung übergeordnet ist. Die Unternehmensbereiche werden nach dem Objektprinzip gebildet. Sie sind also beispielsweise für einzelne Produktgruppen zuständig, die sich oft sehr stark unterscheiden. Innerhalb der einzelnen Sparten ist das Einlinien- oder Stabliniensystem mit den üblichen Funktionsbereichen eines Unternehmens anzutreffen.

Verfügt ein Spartenleiter über die direkte Gewinnverantwortung gegenüber der Unternehmensleitung, spricht man im Zusammenhang mit der Sparte auch von einem **Profit Center**.

4 Spartenorganisation	
Vorteile	**Nachteile**
• bessere Anpassung an die Marktverhältnisse bei Produktgruppen mit unterschiedlichen Eigenschaften • Die Erfolgsentwicklung wird transparenter (durchschaubarer) und beim Profit-Center-Konzept werden sogar Gewinne klar zurechenbar. • Die Unternehmensleitung wird durch Delegation (Übertragung) von Verantwortung an die Geschäftsbereiche vom Alltagsgeschäft entlastet.	• Die Unternehmensleitung kann den Gesamtüberblick verlieren. • Mit der Zahl der Führungspositionen wächst die Gefahr, dass Informationen für das Top-Management verschleiert werden.

5 Matrixorganisation

Wenn einzelne Mitarbeiter auf das Management bestimmter Produkte bzw. Projekte spezialisiert sind, ohne dass die übrigen Funktionsbereiche (z. B. Beschaffung, Lager, Absatz, Verwaltung) der Unternehmensleitung aufgegeben werden, liegt eine Matrixorganisation vor. Jeder Mitarbeiter untersteht also sowohl einer verrichtungsorientierten als auch einer objektorientierten Instanz.

In Matrixorganisationen kann es zu Konflikten zwischen Produktmanagern und Funktionsmanagern kommen. Diese zum Teil sogar gewollten Konflikte bieten oft Wege, gemeinsam Möglichkeiten einer optimalen Lösung zu finden.

BEISPIEL

Einem Produktmanager sind in der Regel alle Entscheidungen vorbehalten, die sich aus der Sicht des Produkts ergeben. Er ist beispielsweise allein zuständig für Lebensmittel, er kümmert sich um alle anfallenden Probleme vom Einkauf über die Lagerung bis zum Verkauf. Dagegen entscheidet der Leiter eines Funktionsbereichs – der für alle Produkte verantwortlich ist –, wie in seinem Bereich die verschiedenen Aufgaben ausgeführt werden.

5

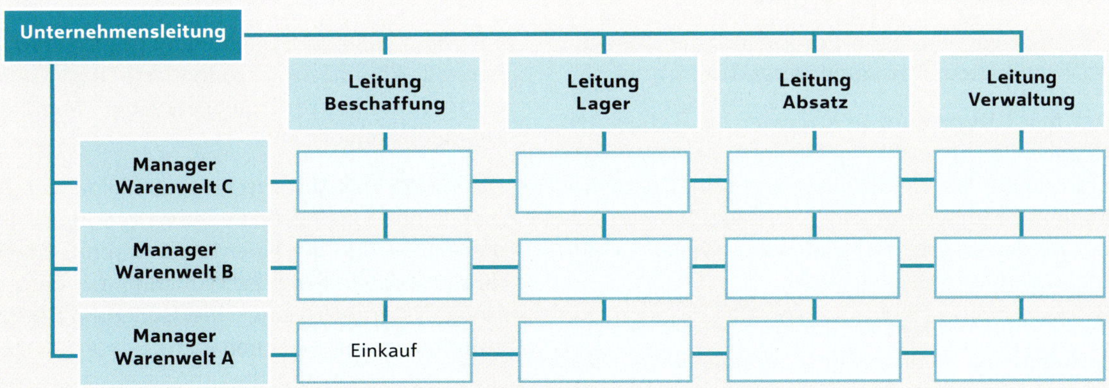

6 Teamorientierte Organisation

Diese Organisationsform gibt es vor allem bei Projekten. Dabei werden Teams oft aus Mitarbeitern unterschiedlicher Abteilungen zusammengestellt. Es gibt keine straffe Hierarchie (Rangordnung): Die Teammitglieder sind gleichberechtigt und sind lediglich dem Teamleiter verantwortlich.

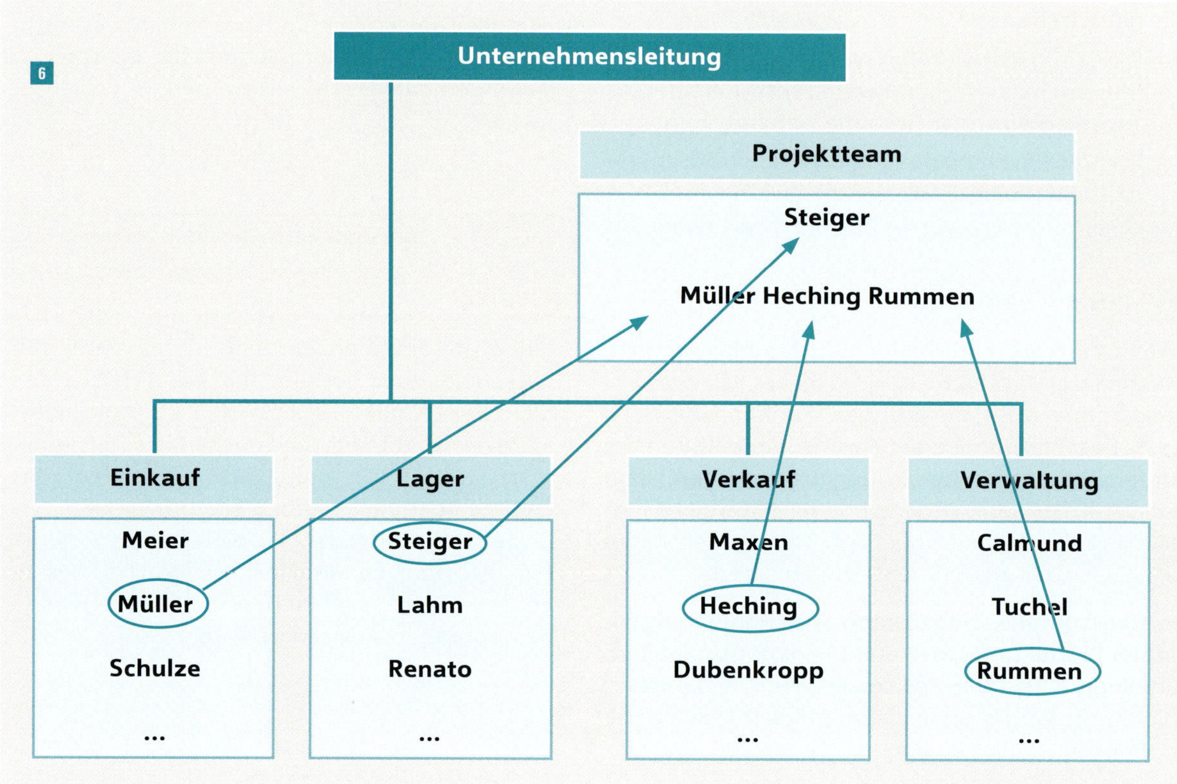

Auswahl der Organisationsform

Es können verschiedene Punkte für die Auswahl der Organisationsform maßgebend sein:

- **Art der Tätigkeiten:** Je kreativer die Tätigkeiten (Forschung, Entwicklung, Design), desto weniger starr sollte das Weisungssystem sein: Kreativität kann nicht unbedingt von Vorgesetzten angeordnet werden. In solchen Fällen spricht vieles für eine teamorientierte Organisation.
- **Das Produkt- oder Leistungsprogramm des Unternehmens:** Wenn ein Unternehmen viele – und vor allem vollständig unterschiedliche – Produkte herstellt, könnten objektorientierte Organisationsformen (divisionale Organisation oder Matrixorganisation) sinnvoll sein.
- **Die Größe des Unternehmens:** Kleine Unternehmen können sehr effektiv über Liniensysteme gesteuert werden. Ab einer bestimmten Größe werden Unternehmen jedoch so komplex, dass es in Liniensystemen zu einer Überforderung der Unternehmensleitung kommen kann.

AUFGABEN

1. Wovon ist der Organisationsaufbau eines Betriebs abhängig?
2. Erklären Sie das Funktionsprinzip und das Objektprinzip.
3. Worin besteht der Unterschied zwischen einer Abteilung und einer Stelle?
4. Warum ist es sinnvoll, eine Stelle möglichst genau zu beschreiben?
5. Was verstehen Sie unter
   a) Hierarchie,
   b) Instanz?
6. Was versteht man unter einer Stellenbeschreibung?
7. Führen Sie Bestandteile einer Stellenbeschreibung auf.
8. Warum wird das Einliniensystem in größeren Unternehmen nicht angewendet?
9. Welche Bedeutung haben Stabsstellen?
10. Welche Vorteile hat das Stabliniensystem gegenüber dem Einliniensystem?
11. Nennen Sie Beispiele für Abteilungen, Stellen und Stabsstellen Ihres Ausbildungsbetriebs.
12. Beschreiben Sie den Unterschied zwischen Einlinien- und Mehrliniensystem.
13. Wodurch unterscheiden sich die verschiedenen Liniensysteme von
    a) der divisionalen Organisation,
    b) der Matrixorganisation?
14. Informieren Sie sich über Ihren Ausbildungsbetrieb. Erstellen Sie ein Organigramm, das Auskunft über das Weisungssystem Ihres Ausbildungsbetriebs gibt.
15. In Ihrem Ausbildungsunternehmen ist eine Person für Ihre Ausbildung zuständig. Fertigen Sie eine Stellenbeschreibung für diese Person an.
16. Ein Mitbewerber der Tom Hoss KG ist die Teka Textilkaufhaus GmbH.

    A. Zeichnen Sie nach der unten stehenden Beschreibung ein Organigramm, aus dem der Aufbau der Teka Textilkaufhaus GmbH hervorgeht:

       a) Geschäftsführer der Teka Textilkaufhaus GmbH ist Bernd Schneider; sein Sekretariat leitet als Chefsekretärin Frau Tippe.
       b) Ernst Breit leitet das Lager und untersteht dem Leiter des Einkaufsbereichs (Herrn Bastian).
       c) Der Verkaufsbereich gliedert sich in die Abteilungen Verkauf Haus Hannover und in die Versandabteilung.
       d) Innerhalb der Textilabteilung ist Herr Scheuermann Gruppenleiter Einkauf Herrenbekleidung, Frau Winkelmann ist zuständig für die Damenbekleidung, Herr Otto ist Gruppenleiter Einkauf Raumtextilien.
       e) Der Verwaltungsbereich besteht aus den Abteilungen Hausverwaltung, Personal und Rechnungswesen/Controlling.
       f) Herr Jansen ist Leiter des Verkaufsbereichs, die zwei anderen unter dem Geschäftsführer liegenden Bereiche sind Frau Zuege und Herr Bastian.
       g) Frau Dr. Kremtz berät die Geschäftsführung in Rechtsfragen.
       h) Innerhalb des Einkaufsbereichs gibt es neben der Textilabteilung noch eine Abteilung für Raumtextilien.
       i) Frau Becke berät die Geschäftsführung in Organisations- und Datenverarbeitungsfragen.

    B. Geben Sie an, welches Weisungssystem vorliegt, und begründen Sie dies anhand des Organigramms.

17. Stellen Sie die Aufbauorganisation anderer Unternehmen vor. Führen Sie dazu eine Internetrecherche durch (z. B. Stichwort *Organigramm*).

ZUSAMMENFASSUNG

Aufbauorganisation = Ordnung von Zuständigkeiten

- regelt die Gliederung der Betriebsaufgaben nach
  a) Verrichtungen (Tätigkeiten, Funktionen)
  b) Objekten (Waren)
- legt Verantwortungsbereiche und Handlungsbefugnisse fest
- ordnet Aufgaben und Teilaufgaben (Zuständigkeiten) Personen zu
  - soll durch die Stellen- und Abteilungsbildung eine reibungslose betriebliche Leistungserstellung ermöglichen
- wird im Organisationsplan festgehalten
- legt Weisungsbefugnisse und Über- bzw. Unterstellungen fest

• Eine **Abteilung** ist die Zusammenfassung mehrerer Stellen unter einer Leitung. In ihr werden gleichartige oder miteinander verwandte Tätigkeiten zusammengefasst.

• Eine **Stelle** ist die unterste Gliederungsstufe der Aufbauorganisation. Sie ist eine Zusammenfassung von Teilaufgaben zum Arbeitsgebiet einer Person.

• **Instanzen** sind Stellen mit Weisungsbefugnis.

• **Stabsstellen** haben keine Weisungsbefugnis, beraten aber die Vorgesetzten.

• Ein **Weisungssystem** ist die Organisation des Betriebs nach dem Instanzenaufbau. Dadurch werden sämtliche Mitarbeiter entsprechend der Weisungsbefugnis erfasst.

- **Einliniensystem:** Jeder untergeordneten Stelle ist nur eine Stelle mit Weisungsbefugnis übergeordnet.
- **Mehrliniensystem:** Jeder Mitarbeiter hat mehrere spezialisierte Vorgesetzte.
- **Divisionale Organisation** (Spartenorganisation): Auf der Ebene unterhalb der Unternehmensleitung erfolgt die Abteilungsbildung nach Objekten.
- **Matrixorganisation:** Jeder Mitarbeiter hat einen produkt- bzw. projektorientierten und einen funktionsorientierten Vorgesetzten.

Man versteht erst dann etwas richtig, wenn man versucht, es einem anderen zu erklären. Dies führt zu einer eigenen gründlichen Auseinandersetzung mit dem gerade behandelten Thema.

1. Suchen Sie sich deshalb einen Partner.
2. Lesen Sie noch einmal die Zusammenfassung. Bei Verständnisproblemen schlagen Sie ggf. noch einmal im Informationstext nach.
3. Jeder formuliert vier Fragen, die mithilfe der Zusammenfassung beantwortet werden können.
4. Der Partner beantwortet die eigenen Fragen und umgekehrt.

ICH ÜBERPRÜFE MEINE NEU ERWORBENEN KOMPETENZEN

Den Erwerb der zu Beginn aufgeführten Kompetenzen können Sie selbst mithilfe der folgenden Tabelle überprüfen.

Wenn Sie alle Aufgaben, die hinter einer Kompetenz stehen, gelöst haben, machen Sie ein Kreuz bei „Ganz".

Bei den Kompetenzen, bei denen Sie Aufgaben „Teilweise" oder „Gar nicht" gelöst haben, sollten Sie den dazugehörigen Informationstext noch einmal lesen und die Aufgaben anschließend noch einmal bearbeiten.

Was ich nach der Bearbeitung dieses Kapitels kann	Aufgaben	Ganz	Teilweise	Gar nicht
Ich kann ...				
... Aufgaben und Bestandteile einer Stellenbeschreibung erklären und verwenden.	5, 6, 15			
... zwischen Instanzen, Stellen, Abteilungen und Stabsstellen unterscheiden.	1, 2, 3, 4, 5			
... unterschiedliche Weisungssysteme erläutern und darstellen.	8, 9, 10, 11, 12, 13			
... Organigramme für das Modellunternehmen und mein Ausbildungsunternehmen erstellen.	14, 16, 17			

1.12 Warenwirtschaftssysteme und ERP-Systeme

Problemstellung

Die Tom Hoss KG hat seit Kurzem im Rahmen einer Neuorganisation auf EDV umgestellt. Der Sachbearbeiter im Verkauf, Herr Spree, bearbeitet gerade einen Auftrag des Kunden Adlatus GmbH, Rosenstr. 3, 50733 Köln, der 50 Trainingsanzüge bestellt hat.

Um den Überblick über die Tätigkeiten bei der Auftragsabwicklung nicht zu verlieren, hat Herr Spree sich ein Flussdiagramm erstellt.

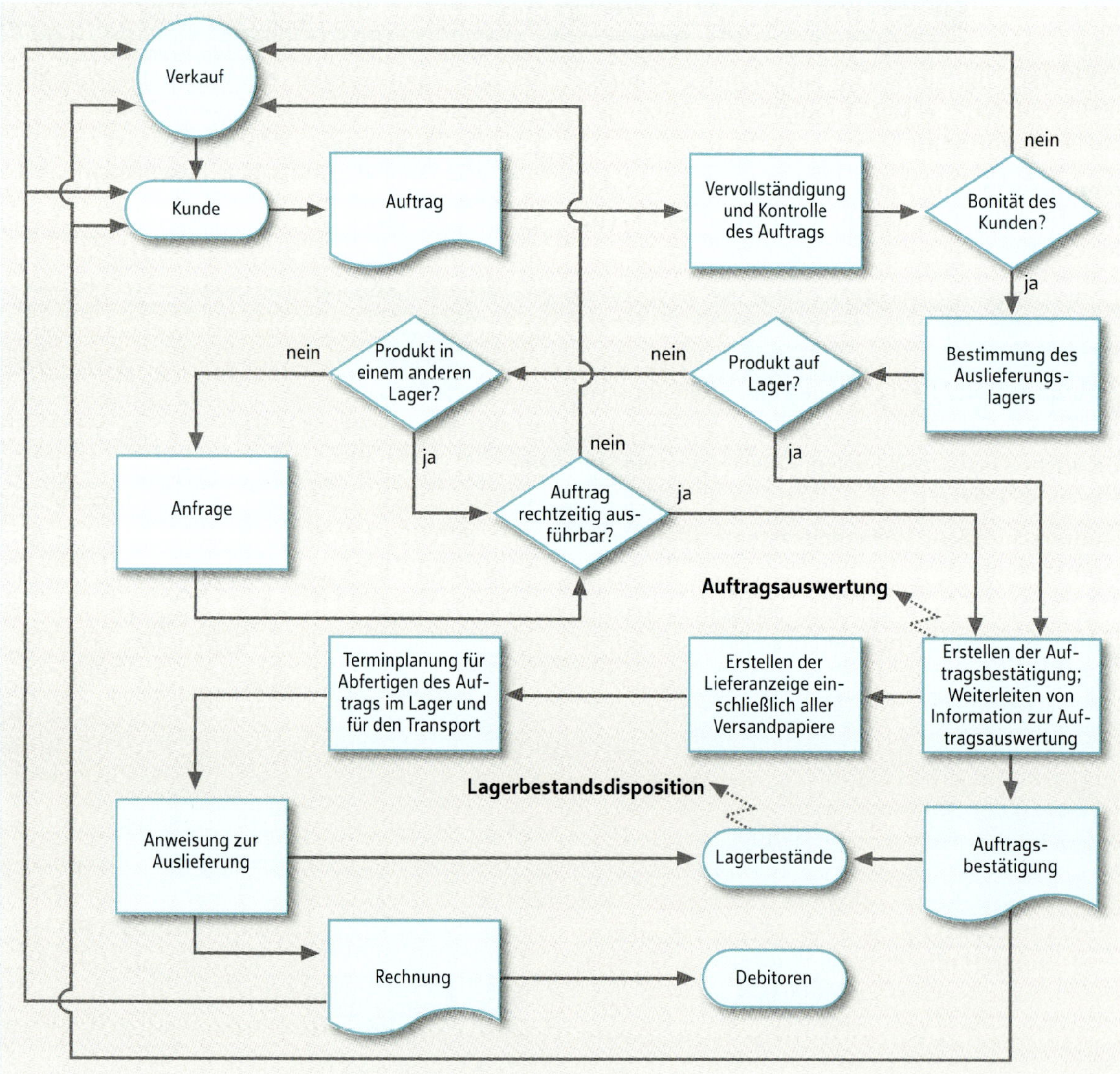

Geben Sie an, welche Hilfen ihm dabei die EDV bietet.

EINORDNUNG DES THEMAS

Lernfeld 1: Das Einzelhandelsunternehmen repräsentieren

Betrieb erkunden | Kompetenzen erwerben | Stellung des Betriebes | Ziele des Betriebes | Betriebs- und Verkaufsformen | Gliederung des Betriebes | **Warenfluss im Betrieb** | Berufsausbildung | Tarifvertrag | Jugendarbeitsschutz | Mitbestimmung | Soziale Sicherung | Präsentation

Kompetenzen

Nach Bearbeitung dieses Kapitels können Sie ...

- ... die große Bedeutung von Warenwirtschaftssystemen für den Einzelhandel begründen.
- ... den Kreislauf der Warenwirtschaft im Einzelhandel nachvollziehen und den Weg der Ware in einem Einzelhandelsbetrieb beschreiben.
- ... grundlegende Leistungen eines Warenwirtschaftssystems aufzeigen.
- ... verschiedene Arten von Warenwirtschaftssystemen unterscheiden.
- ... Unterschiede und Gemeinsamkeiten von Warenwirtschaftssystemen und ERP-Systemen erläutern.

INFORMATIONSTEXT

Warenwirtschaft

Der Warenbereich des Unternehmens wird sehr oft auch Warenwirtschaft genannt. Die Warenwirtschaft umfasst sämtliche Tätigkeiten, die mit der Beschaffung, der Lagerung und dem Absatz verbunden sind.

Waren- und Informationsflüsse in der Warenwirtschaft

Im Unternehmen findet in der Regel folgender Waren- und Informationskreislauf statt:

Im **Warenfluss** wird die Ware physisch (= körperlich) durch das Unternehmen bewegt. Die Mitarbeiter arbeiten mit und an den Waren.

BEISPIEL

Ein Auftragseingang z. B. im Onlineshop löst in der Warenwirtschaft der Tom Hoss KG eine Reihe voneinander abhängiger Vorgänge aus: Die Ware muss auf ihre Verfügbarkeit hin geprüft, zusammengestellt, verpackt und versandt werden.

Im **Informationsfluss** werden Informationen über Waren durch das Unternehmen bewegt. Die Beschäftigten arbeiten mit Informationen über Waren.

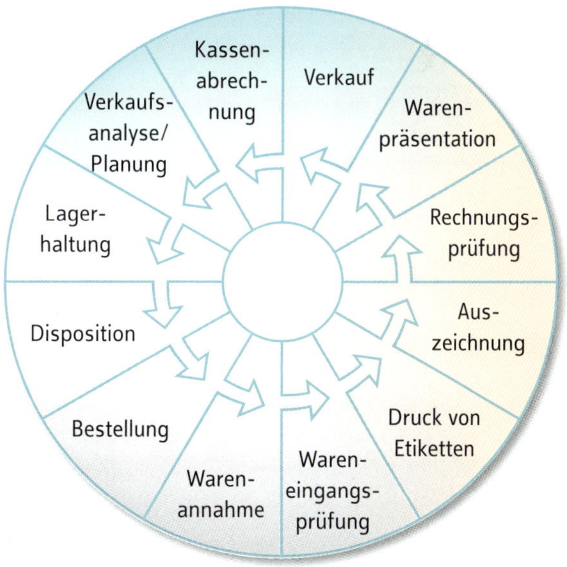

Der Kreislauf der Warenwirtschaft: Tätigkeiten der Auftragsbearbeitung beeinflussen das Bestellwesen und umgekehrt

BEISPIELE

Der Eingang an Ware führt bei der Tom Hoss KG – zum Teil zeitlich versetzt – unter anderem zu folgenden Tätigkeiten:

- Der Lieferschein wird geprüft.
- Die Rechnung wird kontrolliert.
- Der Bestand an Ware wird in den Büchern aktualisiert.
- Für den Verkauf wird der Ladenpreis mithilfe der Kalkulation festgelegt.
- Die Umsätze dieses Artikels werden beim Verkauf erfasst.
- Aufgrund der Nachfrage wird der Umfang der Nachbestellungen festgelegt.

Die Ware ist die wichtigste und meist die größte Investition im Unternehmen. Daher können Fehler im Bereich der Ware den Bestand des Unternehmens direkt und relativ kurzfristig gefährden.

In der Warenwirtschaft geht das Bestreben des Unternehmens dahin, die richtige Ware zur rechten Zeit, zum richtigen Preis, in der richtigen Menge und am richtigen Ort vorrätig zu haben. Sobald eine dieser Forderungen nicht erfüllt ist, entstehen dem Unternehmen zusätzliche Kosten bzw. es entgeht Gewinn:

Ist die Ware z. B. zu früh oder in zu großen Mengen am Lager, entstehen unnötige Lagerkosten. An anderer Stelle dringend benötigtes Kapital wird gebunden.

Im umgekehrten Fall – wenn z. B. die Nachfrage nach einem Artikel das Angebot übersteigt – kann der kaufwillige Kunde nicht bedient werden. Das Unternehmen kann wegen der ausbleibenden Verkäufe keinen Gewinn machen. Die gleichen Feststellungen können gemacht werden, sobald im Sortiment die nachgefragte Ware nicht enthalten oder nicht zum richtigen Preis angeboten wird.

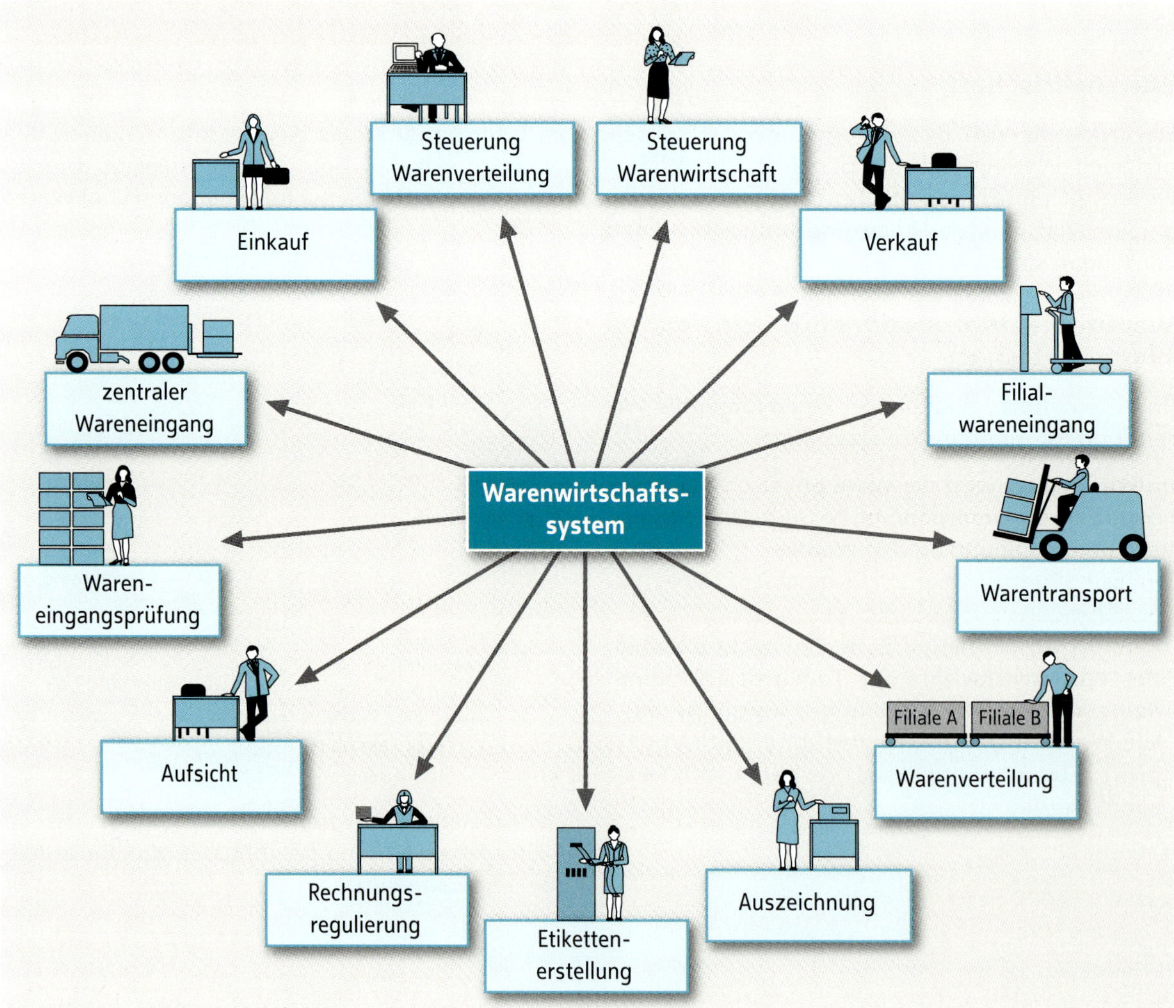

Warenwirtschaftssysteme

Damit die Ware möglichst schnell und störungsfrei vom Hersteller zum Kunden gebracht wird, arbeiten Unternehmen mit Warenwirtschaftssystemen.

DEFINITION

Warenwirtschaftssysteme (WWS) steuern den Warendurchlauf durch ein Unternehmen und liefern alle notwendigen Informationen dazu.

Warenwirtschaftssysteme bilden den gesamten Weg der Ware, angefangen von Lieferanten über das Unternehmen bis hin zum Käufer ab. Außerdem kontrollieren sie diesen Weg durch warenbezogene Auswertungen.

Ein gut arbeitendes Warenwirtschaftssystem kann wesentlich zum Unternehmenserfolg beitragen. Es hilft einem Unternehmen z. B. bei der Lösung von Konflikten zwischen den beiden grundlegenden Zielen der Warenwirtschaft: Die Beschaffung und Bereitstellung aller Artikel sollte möglichst wenig Kapital binden und Kosten verursachen. Der Lagerbestand ist daher so weit wie möglich zu verringern. Gleichzeitig streben Unternehmen aus Service- und Imagegründen häufig die sofortige Erfüllung aller Kaufwünsche an.

Herkömmliche Warenwirtschaftssysteme

Die herkömmlichen Warenwirtschaftssysteme werden oft auch **manuelle** (= mit der Hand) **Warenwirtschaftssysteme** genannt. Sie listen alle Informationen über Warenbewegungen in Form von „handerstellten" Belegen (Listen, Karteikarten, Rechnungen usw.) auf. Um den Warenfluss in den Griff zu bekommen, wird im Unternehmen eine Vielzahl von gleichen Informationen benötigt, die in unterschiedlichen Karteien gespeichert werden. Es kommt zu einer anwachsenden Papierflut. Ein einziger Beleg, wie z. B. eine Bestellung, wird vervielfältigt und an mehrere Arbeitsplätze wie Warenannahme, Lager usw. geschickt. Auf diesem Weg werden laufend Daten hinzugefügt und übertragen.

Je häufiger das geschieht, desto größer ist die Gefahr, falsch abgelesene oder unleserliche Daten zu erhalten.

Letztendlich besitzen die einzelnen Mitarbeiter als Grundlage ihrer weiteren Arbeit verschiedene statt einheitliche Informationsausschnitte. Das mehrfache Bearbeiten der Belege und der begrenzte Datenumfang an einem Arbeitsplatz haben zur Folge, dass die von herkömmlichen Warenwirtschaftssystemen zur Verfügung gestellten Informationen von der Praxis als zu ungenau angesehen werden.

Manuelle Warenwirtschaftssysteme laufen daher Gefahr, überfordert zu werden. Angesichts der Sortimentserweiterungen und des gestiegenen Informationsbedarfs erscheint ein herkömmliches Erfassen sämtlicher Artikelbewegungen in der Praxis als kaum lösbar.

EDV-gestützte Warenwirtschaftssysteme

Die Möglichkeiten der elektronischen Datenverarbeitung (EDV) haben zu einer wirtschaftlichen und überschaubaren Lösung geführt. Erst die EDV ermöglichte es, die Zeitabstände von der Entstehung bis zur Auswertung der Informationen – beispielsweise zwischen den verschiedenen Bereichen im Unternehmen – zu verkürzen. Mithilfe von Computern können warenwirtschaftliche Informationen also schneller und fehlerfreier verarbeitet und damit Arbeitsabläufe rationeller gestaltet werden.

Solche Geschäftsprozesse werden mithilfe von Warenwirtschaftssystemen, neuerdings auch immer mehr von ERP-Systemen, durchgeführt.

Quelle: Marien, Stefan, Kleinmann, Mario: Logistik-Prozesse mit SAP. In: Flügelstift 1/2013. http://www.oszbwd.de/images/dokumente/Winklers_Fluegelstift_10-14.pdf. S. 10 ©

OSZ BwD [10.09.2021]

In einem EDV-gestützten Warenwirtschaftssystem wird der gesamte Warenfluss lückenlos – vom Wareneingang bis zum Warenausgang – von einer EDV-Anlage erfasst, gesteuert und kontrolliert.

Jedes EDV-gestützte Warenwirtschaftssystem hat grundsätzlich zwei Aufgaben zu erfüllen:

Warenwirtschaftssysteme (Arten)

geschlossene	offene	integrierte
Alle Aufgaben der Warenwirtschaft werden mit dem PC gelöst. Die EDV-Anlage begleitet den gesamten Warendurchlauf durch das Unternehmen.	Nur ein Teil der Warenwirtschaftsarbeiten wird mithilfe des Computers erfasst, die übrigen werden manuell gelöst.	(stark zunehmend) Diese Warenwirtschaftssysteme binden Kunden, Lieferanten und Banken in die Warenwirtschaft des Unternehmens ein. Die warenwirtschaftlichen Daten fließen ohne manuelle Erfassung direkt durch Datenträgeraustausch oder -übertragung in das EDV-System der Partner, schnell und kostensparend durch Wegfall der Mehrfacherfassung.

- Es bildet den Warenfluss in einem Betrieb ab. Es steuert und regelt diesen Warenfluss. Durch den Einsatz der computergestützten Warenwirtschaftssysteme werden nahezu sämtliche Funktionsabläufe, die im Zusammenhang mit Warenbewegungen und der mit ihnen verbundenen Tätigkeiten stehen, rationalisiert: Der Warendurchlauf über verschiedene Stufen hinweg wird eindeutig verbessert.
- Es stellt Informationen aus dem Bereich der Warenwirtschaft – z. B. in Form von betriebswirtschaftlichen Kennzahlen – bereit, um die Qualität der Entscheidungen im Unternehmen zu verbessern.

Da Unternehmen sehr uneinheitlich in ihrem Aufbau und in ihren Abläufen sein können, bestehen unterschiedliche Anforderungen an ein EDV-gestütztes Warenwirtschaftssystem. Das optimale System gibt es nicht, sondern immer nur das am besten passende. Der Softwareauswahl kommt dabei eine entscheidende Bedeutung zu.

Der Menübaum eines Warenwirtschaftssystems. Angegeben sind auch die Schnittstellen zur Finanzbuchführung

ERP[1]-Software

Viele Unternehmen sind angesichts eines immer härter werdenden nationalen sowie internationalen Wettbewerbs dazu gezwungen, sich auf eine schnellere Vermarktung, einen verbesserten Kundenservice und eine effiziente Ausführung ihrer Geschäftsprozesse zu konzentrieren.

Dies verlangt eine perfekte Abstimmung des Informationsflusses und der Arbeitsabläufe aufeinander: Das Unternehmen muss einwandfrei funktionieren. Notwendig dazu sind leistungsfähige Computersysteme, die Informationen und Daten aus vielen verschiedenen Funktionsbereichen und Organisationseinheiten zusammenführen. Auch die Aktivitäten des Unternehmens müssen mit denen von Lieferanten und anderen Geschäftspartnern abgestimmt werden.

Die Konsequenz für die betriebliche Informationsverarbeitung eines Unternehmens ist, dass die einzelnen Programme für solche Funktionsbereiche wie Warenwirtschaft, Finanzbuchhaltung, Rechnungswesen, Produktion usw. immer weniger für sich allein stehen können.

Daher rücken ERP[1]-Systeme immer mehr in den Mittelpunkt des Interesses. Mittlerweile setzen über 70 % der deutschen Unternehmen ERP-Systeme ein.

ERP-Systeme sind umfassende Programmpakete, die die Geschäftsprozesse eines Unternehmens abbilden. Diese Programmpakete, die in jedem Unternehmen eingesetzt werden können, erfassen die Prozesse eines Unternehmens nicht mehr als Programme in Einzelbereichen und isoliert, sondern über alle Funktionsbereiche hinweg.

Mit ERP-Systemen verliert das auf die einzelnen Funktionsbereiche bezogene unternehmerische Denken und Handeln an Bedeutung. Solche Systeme verknüpfen stattdessen Informationen über Finanzen, Einkauf, Produktion, Vertrieb und Personalwesen. Sie erfassen alle Aufgaben der Auftragsabwicklung, Warenwirtschaft, Produktionsplanung und -steuerung, Betriebsdatenerfassung, der Finanzwirtschaft und des Rechnungswesens.

Sie ermöglichen Unternehmen die Integration (Einbindung) der früher isoliert eingesetzten unterschiedlichen Programme im Rahmen der gesamten finanz- und warenwirtschaftlich orientierten Wertschöpfungskette: Bei einer Wertschöpfungskette wird der Einkauf, Lagerung und Verkauf von Waren als eine geordnete Reihung von Tätigkeiten dargestellt. Alle Aufgabenbereiche entlang der gesamten Wertschöpfungskette im Unternehmen werden mithilfe einer zentralen Datenbasis zusammengeführt. Diese Softwarepakete haben also die Aufgabe, die in einem Unternehmen vorhandenen Ressourcen wie Personal, Betriebsmittel oder Kapital möglichst effizient für den betrieblichen Ablauf einzusetzen.

Vorteile solcher Programmpakete sind:

- Alle einmal erfassten Daten stehen in sämtlichen Modulen zur Verfügung. Die Datenbestände sind damit immer aktuell.
- Eine Mehrfacherfassung von Daten wird vermieden.
- Die zentrale Datenhaltung und bereichsübergreifende Datennutzung bringt Effizienzvorteile durch Integration von Geschäftsprozessen.
- Es kommt zu einer erhöhten Informationsqualität.
- Die Kommunikation wird durch offene Daten- und Prozessmodelle erleichtert.
- Es ergibt sich eine einfache Bedienung durch Einheitlichkeit der Benutzeroberflächen.

Mögliche Nachteile können sein:

- hoher Aufwand bei Anpassungen an spezifische Geschäftsprozesse und branchenspezifische Abläufe (*Customizing* = Anpassung eines Produkts – in diesem Fall der Software – an die Bedürfnisse des Kunden)
- Abhängigkeit vom Hersteller, da man im Extremfall nur noch Programme eines Softwareanbieters verwendet
- hohe Komplexität und überladene Funktionalität (Die Programme haben eine für einen Sachbearbeiter kaum noch überschaubare Vielfalt an Funktionen.)

Typische Module einer ERP-Software sind:

- Stammdaten
- Warenwirtschaft
- Produktionsplanung und -steuerung

1 ERP = Enterprise Resource Planning (Unternehmensressourcenplanung)

- Verkauf
- Finanzwirtschaft
- Rechnungswesen
- Controlling
- Personalwesen
- Marketing

Neben diesen klassischen Modulen bieten ERP-Systeme mittlerweile weitere Lösungen an:

- Sie streben (durch Integration früher unterschiedlicher Module) eine Beschleunigung der Geschäftsprozesse an.
- Mithilfe des Customer Relationship Managements (Maßnahmen zur Kundenbindung) versucht man, die Kundenbeziehungen zu optimieren.
- Sie bieten oft die Möglichkeit an, einen Internetshop aufzubauen.
- Über das Supply Chain Management werden die EDV-Systeme der Geschäftspartner integriert.

Bekannte ERP-Anbieter sind u. a.:

- SAP
- Oracle
- Microsoft (Dynamics NAV und Dynamics AX)

Der Trend geht zu **web-basierten ERP-Systemen**. Sie ermöglichen die Darstellung der Systemoberfläche in einem Browserfenster. Dadurch bekommen unternehmensfremde Personen – also z. B. Geschäftspartner – Zugriff auf das eigene Programm, ohne Software installieren zu müssen: sie werden somit direkt in die eigenen Geschäftsprozesse mit einbezogen. Das bringt wesentliche Zeit- und somit auch Kostenvorteile.

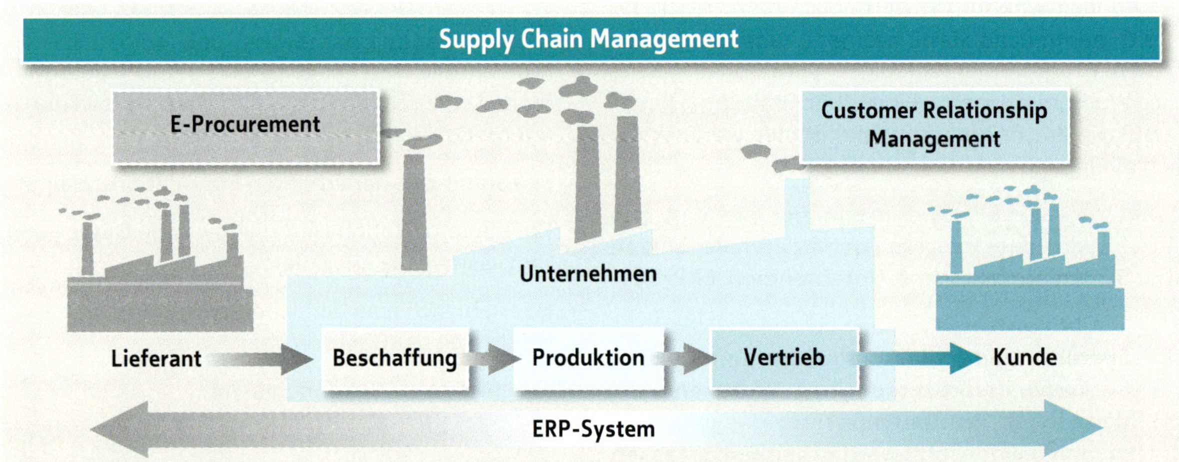

Quelle: IDV GmbH, Hannover

Unter Supply Chain Management versteht man die optimale Koordinierung der Zusammenarbeit mit den Partnern des eigenen Unternehmens (Lieferanten, Händler, Logistikdienstleister, Kunden) über verschiedene Wirtschaftsstufen hinweg. Diese Prozesse werden innerhalb des Unternehmens durch das ERP-System gesteuert. So regelt das System beispielsweise sowohl die Beschaffung über das Internet beim Lieferanten (E-Procurement) als auch die Beziehung zum Kunden (Customer Relationship Management).

AUFGABEN

1. Was versteht man unter dem Begriff „Warenwirtschaft"?
2. Warum wird der Warenwirtschaft eine sehr große Aufmerksamkeit geschenkt?
3. In der Textilhandlung Rohrmoser KG führen die Mitarbeiter die folgenden Tätigkeiten durch:

   a) Pullover werden Textileinzelhändlern im Verkaufsgespräch vorgeführt.
   b) Die Ware wird für den Kunden verpackt.
   c) Die Merkmale und Leistungen einer Ware werden beschrieben.
   d) Es wird eine Rechnung für den Kunden geschrieben.
   e) Ware wird im Showroom dekorativ angeordnet.

Entscheiden Sie, ob die Tätigkeiten zum Waren- oder zum Informationsfluss im Unternehmen gehören.

4. Was ist ein Warenwirtschaftssystem?

5. Erläutern Sie
   a) den Warenfluss,
   b) den Informationsfluss

   in einem Einzelhandelsunternehmen.

6. Welcher Zielkonflikt tritt in der Warenwirtschaft auf?

7. Durch welche Merkmale sind herkömmliche Warenwirtschaftssysteme gekennzeichnet?

8. Was ist ein EDV-gestütztes Warenwirtschaftssystem?

9. Welche Art von Warenwirtschaftssystem wird in Ihrem Betrieb verwendet?

10. Was sind integrierte Warenwirtschaftssysteme?

11. Was versteht man unter ERP-Systemen?

12. Welche Vorteile erhoffen sich Unternehmen vom Einsatz der ERP-Systeme?

13. Welche Module umfasst eine ERP-Software?

14. Bearbeiten Sie dieses Kapitel mithilfe des aktiven Lesens.

15. Erstellen Sie eine Mindmap, die alle wichtigen Informationen dieses Kapitels zu Warenwirtschaftssystemen enthalt.

16. Um sich in die Warenwirtschaft Ihres Unternehmens einzuarbeiten, müssen Sie die Tätigkeitsbereiche der Warenwirtschaft analysieren.
    a) Zeichnen Sie jeweils den Waren-, Geld- und Datenfluss in Ihrem Ausbildungsbetrieb. Tragen Sie jeweils den Standort von Computern und mit der EDV in Verbindung stehende Geräte ein.
    b) Versuchen Sie, den Waren- und Datenfluss im Kreislaufmodell darzustellen.

17. Entwerfen Sie eine Stellenbeschreibung für eine Stelle als Verantwortlicher im Bereich der Warenwirtschaft Ihres Ausbildungsbetriebs.

18. **Stammdaten** sind Daten, die über einen längeren Zeitraum unverändert bleiben. Sie ändern sich selten oder nie.
    Dagegen versteht man unter **Bewegungsdaten** alle Daten, die öfter Veränderungen unterliegen.
    a) Untersuchen Sie im Warenwirtschaftssystem Ihrer Schule oder Ihres Ausbildungsunternehmens, welche Stammdaten jeweils erfasst werden.
    b) Führen Sie 15 Beispiele für Bewegungsdaten auf.

19. Bilden Sie in Ihrer Klasse vier Gruppen. Ihre Lehrerin/Ihr Lehrer nennt ein Unterprogramm aus dem Warenwirtschaftssystem Ihrer Schule, das Sie suchen müssen. Das Gruppenmitglied, das das Unterprogramm als Erstes gefunden hat, gewinnt für seine Gruppe einen Punkt. Gewinner ist die Gruppe, die am Schluss die meisten Punkte erzielt hat.

20. Entscheiden Sie in den folgenden Fällen, ob jeweils Stammdaten oder Bewegungsdaten vorliegen.
    a) Telefonnummer: 05121 83901
    b) Produktpreis: 20,00 €
    c) Geburtsdatum: 01.01.1980
    d) Anrede: Herr
    e) Bestelldatum: 13.2.2022
    f) Vor- und Nachname: Mark Storch
    g) Bestelluhrzeit: 17:21
    h) Bestellte Produkte: T-Shirt Muscle man XL rot
    i) Bestellsumme: 80 €
    j) Straße und Hausnummer: Soltaustr. 18
    k) Postleitzahl: 31141
    l) Bestellmenge: 4
    m) Ort: Hildesheim
    n) Mobilfunknummer: 0177 443448585

21. Welche Begriffe sind mit den folgenden Erläuterungen gemeint:
    a) Dies ist der Bereich eines Einzelhandelsunternehmens, in dem die Verwaltung, die Planung und die Steuerung von Artikelbewegungen innerhalb eines Unternehmens oder zwischen Unternehmen, Kunden, Lieferanten oder Zweigstellen erfolgt.
    b) Diese unterstützen sämtliche in einem Unternehmen ablaufenden Geschäftsprozesse. Sie enthalten i. d. R. Module für die Bereiche Beschaffung, Lagerung, Verkauf, Anlagenwirtschaft, Personalwesen, Finanz- und Rechnungswesen usw., die über eine gemeinsame Datenbasis miteinander verbunden sind.

c) Eine datenbankgestützte Software, die sämtliche Warenströme eines Einzelhandelsunternehmens abbildet. Darin enthalten sind alle Stationen vom Einkauf über die Lagerung und Warenpräsentation bis hin zum Verkauf.

ZUSAMMENFASSUNG

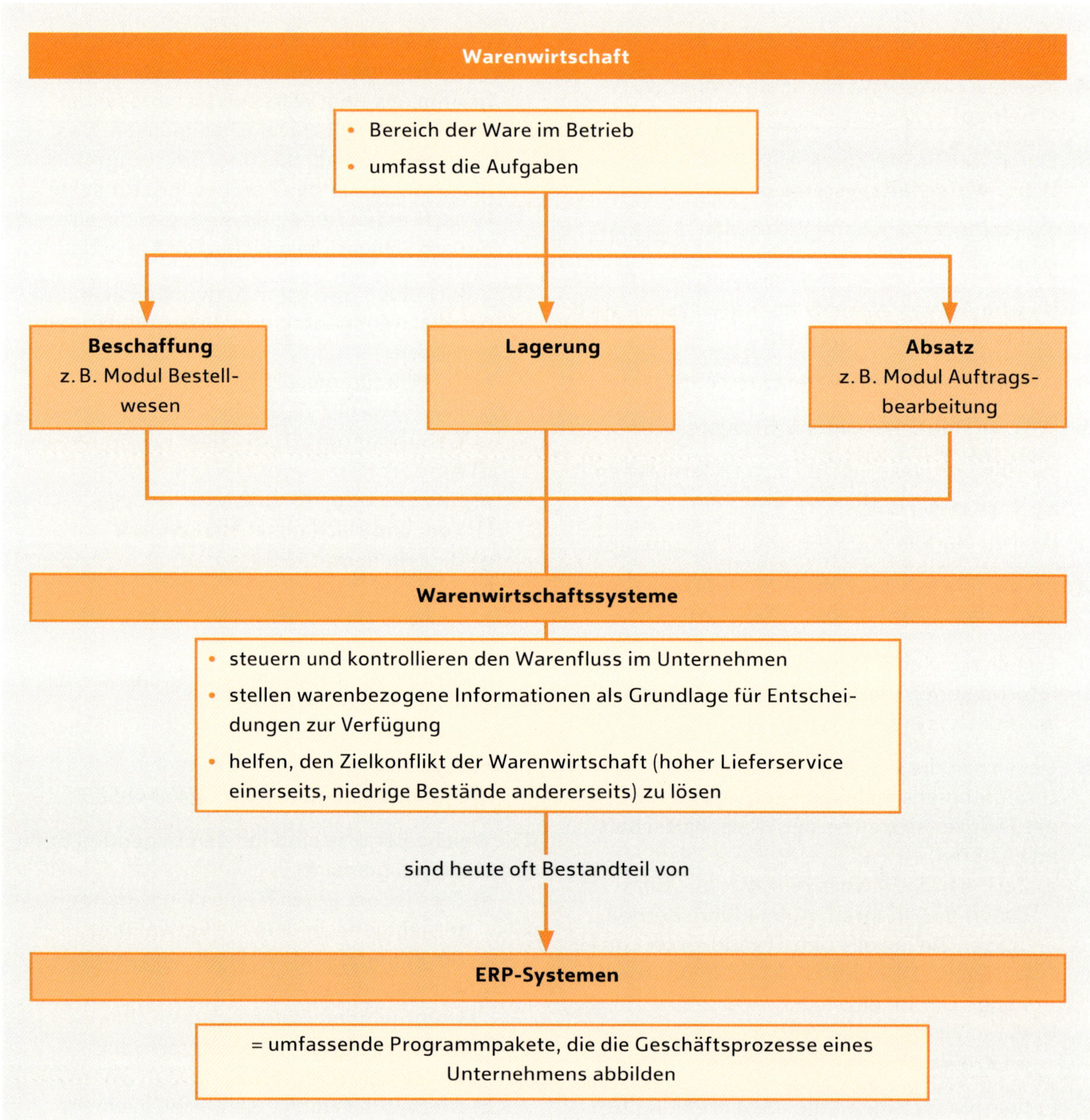

Man versteht erst dann etwas richtig, wenn man versucht, es einem anderen zu erklären. Dies führt zu einer eigenen gründlichen Auseinandersetzung mit dem gerade behandelten Thema.

1. Suchen Sie sich einen Partner.
2. Lesen Sie noch einmal die Zusammenfassung. Bei Verständnisproblemen schlagen Sie ggf. noch einmal im Informationstext nach.

3. Jeder formuliert vier Fragen, die mithilfe der Zusammenfassung beantwortet werden können.

4. Der Partner beantwortet die eigenen Fragen und umgekehrt.

ICH ÜBERPRÜFE MEINE NEU ERWORBENEN KOMPETENZEN

Den Erwerb der zu Beginn aufgeführten Kompetenzen können Sie selbst mithilfe der folgenden Tabelle überprüfen.

Wenn Sie alle Aufgaben, die hinter einer Kompetenz stehen, gelöst haben, machen Sie ein Kreuz bei „Ganz“.

Bei den Kompetenzen, bei denen Sie Aufgaben „Teilweise“ oder „Gar nicht“ gelöst haben, sollten Sie den dazugehörigen Informationstext noch einmal lesen und die Aufgaben anschließend noch einmal bearbeiten.

Was ich nach der Bearbeitung dieses Kapitels kann	Aufgaben	Ganz	Teilweise	Gar nicht
Ich kann ...				
... die große Bedeutung von Warenwirtschaftssystemen für den Einzelhandel begründen.	1, 2, 5			
... den Kreislauf der Warenwirtschaft im Einzelhandel nachvollziehen und den Weg der Ware in einem Einzelhandelsbetrieb beschreiben.	3, 14			
... grundlegende Leistungen eines Warenwirtschaftssystems aufzeigen.	17			
... verschiedene Arten von Warenwirtschaftssystemen unterscheiden.	6, 7, 8, 9			
... Unterschiede und Gemeinsamkeiten von Warenwirtschaftssystemen und ERP-Systemen erläutern.	4, 11, 12, 16, 21			
... zwischen Stamm- und Bewegungsdaten unterscheiden.	10, 20			

1.13 Rechte und Pflichten in der Berufsausbildung

Problemstellung

Die Tom Hoss KG hat mit Stefanie Beyer und Jakub Nowak einen Ausbildungsvertrag über die Ausbildung zur Kauffrau bzw. zum Kaufmann im Einzelhandel abgeschlossen.

Die LEMI AG hat mit Shirin Gül und Martin Klages einen Ausbildungsvertrag über die Ausbildung zur Kauffrau bzw. zum Kaufmann im Einzelhandel abgeschlossen.

Stellen Sie fest, welche Pflichten Stefanie, Shirin, Jakub und Martin mit Abschluss des Ausbildungsvertrages übernommen haben. Stellen Sie fest, welche Pflichten die Tom Hoss KG und die LEMI AG mit Abschluss des Ausbildungsvertrages übernommen haben.

EINORDNUNG DES THEMAS

Lernfeld 1: Das Einzelhandelsunternehmen repräsentieren

Betrieb erkunden | Kompetenzen erwerben | Stellung des Betriebes | Ziele des Betriebes | Betriebs- und Verkaufsformen | Gliederung des Betriebes | Warenfluss im Betrieb | **Berufsausbildung** | Tarifvertrag | Jugendarbeitsschutz | Mitbestimmung | Soziale Sicherung | Präsentation

Kompetenzen

Nach Bearbeitung dieses Kapitels können Sie ...

... den Abschluss eines Berufsausbildungsvertrages beschreiben.
... die Pflichten des Ausbildenden erläutern.
... die Pflichten des Auszubildenden erläutern.
... die Dauer der Probezeit in einem Ausbildungsverhältnis nennen.
... die Bedeutung der Probezeit erläutern.
... die Möglichkeiten der Kündigung des Ausbildungsvertrages nennen.
... den Zeitpunkt der Beendigung des Ausbildungsverhältnisses nennen.

INFORMATIONSTEXT

Die wichtigsten Regelungen über die Berufsausbildung stehen im Berufsbildungsgesetz. Das Berufsbildungsgesetz regelt den Abschluss von Berufsausbildungsverträgen, die Pflichten von Ausbildenden und Auszubildenden, die Dauer der Probezeit sowie Kündigung und Beendigung des Ausbildungsverhältnisses.

Abschluss des Berufsausbildungsvertrages

Der Ausbildungsvertrag wird zwischen dem Auszubildenden und dem Ausbildenden abgeschlossen. Der Ausbildende ist der Inhaber des Ausbildungsbetriebes. Ein Erziehungsberechtigter (Vater, Mutter oder Vormund) muss den Ausbildungsvertrag mit unterschreiben, wenn der Auszubildende noch keine 18 Jahre alt ist. Der abgeschlossene Ausbildungsvertrag wird anschließend der zuständigen Industrie- und Handelskammer (IHK) oder Handwerkskammer vorgelegt. Die IHK oder Handwerkskammer prüft, ob die Inhalte des Ausbildungsvertrags den gesetzlichen Bestimmungen entsprechen. Sie trägt das Ausbildungsverhältnis in ein Verzeichnis der Berufsausbildungsverhältnisse ein. Sie wacht darüber, dass ordnungsgemäß ausgebildet wird.

Pflichten des Ausbildenden

1. **Ausbildungspflicht:** Der Ausbildende muss dafür sorgen, dass dem Auszubildenden die Kenntnisse und Fertigkeiten vermittelt werden, die er zum Erreichen des Ausbildungsziels benötigt.
2. **Bereitstellung von Ausbildungsmitteln:** Der Ausbildende muss dem Auszubildenden die Ausbildungsmittel für die betriebliche Ausbildung kostenlos zur Verfügung stellen.
3. **Freistellung für den Berufsschulunterricht:** Der Ausbildende muss den Auszubildenden zum Besuch der Berufsschule anhalten und freistellen.

   Dies gilt sowohl für jugendliche als auch für volljährige Auszubildende.
   - für die Teilnahme am Berufsschulunterricht an einem Berufsschultag mit mehr als fünf Unterrichtsstunden von je mindestens 45 Minuten, einmal in der Woche,
   - in Berufsschulwochen mit einem planmäßigen Blockunterricht von 25 oder mehr Stunden an mindestens fünf Tagen sowie
   - an dem Arbeitstag unmittelbar vor dem Tag der schriftlichen Abschlussprüfung.

   Dabei spielt es keine Rolle, ob der Auszubildende jugendlich oder volljährig ist.

   Beginnt der Berufsschulunterricht vor 9 Uhr, darf ein Auszubildender nicht mehr vorher in seinem Betrieb beschäftigt werden.
4. **Sorgepflicht:** Der Ausbildende darf dem Auszubildenden nur Tätigkeiten übertragen, die dem Ausbildungszweck dienen. Die Tätigkeiten müssen seinen körperlichen Kräften angemessen sind. Der Auszubildende darf keinen gesundheitlichen und sittlichen Gefahren ausgesetzt werden.
5. **Vergütungspflicht:** Der Ausbildende muss dem Auszubildenden eine angemessene Ausbildungsvergütung bezahlen. Für Auszubildende, deren Ausbildung im Jahr 2021 beginnt, muss diese Vergütung im ersten Ausbildungsjahr mindestens 550,00 € betragen (Mindestausbildungsvergütung). Diese Mindestausbildungsvergütung erhöht sich im zweiten Ausbildungsjahr um 18 % und im dritten Ausbildungsjahr um 35 %. So wird dem steigenden Beitrag Auszubildender zur betrieblichen Wertschöpfung spürbar Rechnung getragen. Für Auszubildende, deren Ausbildung im Jahr 2022 beginnt, beträgt die Mindestausbildungsvergütung im ersten Ausbildungsjahr 585,00 € und für Ausbildungen, die 2023 beginnen, 620,00 €. In den darauffolgenden Jahren werden die Mindestausbildungsvergütungen jährlich an die durchschnittliche Entwicklung aller Ausbildungsvergütungen angepasst.

Pflichten des Auszubildenden

1. **Lernpflicht:** Der Auszubildende muss sich bemühen, die notwendigen Kenntnisse und Fertigkeiten zu erwerben, die er benötigt, um das Ausbildungsziel zu erreichen.
2. **Befolgung von Weisungen:** Der Auszubildende muss die Weisungen befolgen, die ihm im Rahmen der Berufsausbildung vom Ausbildenden, vom Ausbilder oder anderen Weisungsberechtigten (z. B. dem Abteilungsleiter) erteilt werden.
3. **Besuch der Berufsschule:** Der Auszubildende muss am Berufsschulunterricht teilnehmen.
4. **Führen des Berichtsheftes:** Der Auszubildende muss ein vorgeschriebenes Berichtsheft führen. Er muss es seinem Ausbilder regelmäßig vorlegen.
5. **Einhaltung der Betriebsordnung:** Der Auszubildende muss die Betriebsordnung seiner Ausbildungsstätte einhalten.
6. **Schweigepflicht:** Der Auszubildende darf keine Betriebs- und Geschäftsgeheimnisse weitergeben.

Probezeit

Das Berufsausbildungsverhältnis beginnt mit der Probezeit. Diese beträgt mindestens einen Monat. Sie darf höchstens vier Monate betragen.

Kündigung des Berufsausbildungsverhältnisses

Während der Probezeit können der Auszubildende und der Ausbildende das Berufsausbildungsverhältnis ohne Einhaltung einer Kündigungsfrist und ohne Angabe von Gründen kündigen.

Nach Ablauf der Probezeit kann das Berufsausbildungsverhältnis nur vom **Auszubildenden** und vom **Ausbildenden** aus einem wichtigen Grund ohne Einhaltung einer Kündigungsfrist gekündigt werden. Außerdem kann das Ausbildungsverhältnis vom **Auszubildenden** auch nach der Probezeit gekündigt werden, wenn er die Berufsausbildung aufgeben oder sich für eine andere Berufstätigkeit ausbilden lassen will. Dabei muss der Auszubildende eine Kündigungsfrist von vier Wochen einhalten.

Ende des Berufsausbildungsverhältnisses

Das Berufsausbildungsverhältnis endet mit Ablauf der vorgeschriebenen Ausbildungszeit. Wenn der Auszubildende die Abschlussprüfung vor Ablauf der vereinbarten Ausbildungszeit besteht, endet das Ausbildungsverhältnis mit dem Bestehen der Abschlussprüfung.

Wenn der Auszubildende die Abschlussprüfung nicht besteht, verlängert sich das Ausbildungsverhältnis auf Wunsch des Auszubildenden bis zur nächstmöglichen Wiederholungsprüfung, jedoch höchstens um ein Jahr.

Wird der Auszubildende im Anschluss an das Berufsausbildungsverhältnis weiterbeschäftigt, ohne dass hierüber ausdrücklich etwas vereinbart wurde, so gilt er als auf unbestimmte Zeit angestellt.

AUFGABEN

1. Zwischen welchen Personen wird ein Ausbildungsvertrag abgeschlossen?
2. Wer überwacht die ordnungsgemäße Durchführung der Berufsausbildung?
3. Wodurch wird das Ausbildungsverhältnis beendet?
4. Beurteilen Sie die folgenden sieben Fälle:
   a) Janina Pflüger meint, nach zehn Schuljahren genug gelernt zu haben. Sie bittet ihren Ausbilder, sie von der Berufsschule abzumelden.
   b) Ein Auszubildender erzählt seiner Freundin, welche Geldbeträge jeden Abend in der Firmenkasse sind.
   c) Ein Textileinzelhändler untersagt seinem Auszubildenden den Berufsschulbesuch, weil er während des Weihnachtsgeschäfts in seinem Ausbildungsbetrieb gebraucht wird.
   d) Frau Jürgens erklärt sich nach langem Bitten von Herrn Jonas bereit, dessen Tochter Saskia in ihrem Betrieb auszubilden. Da sie aber eigentlich keine Auszubildende benötigt, will sie Saskia keine Ausbildungsvergütung bezahlen.
   e) In einem Berufsausbildungsvertrag ist eine Probezeit von vier Monaten vereinbart. Nach zwei Monaten kündigt der Auszubildende fristlos.
   f) Eileen Strate gefällt die Ausbildung zur Verkäuferin nicht mehr. Sie möchte daher ihr Ausbildungsverhältnis nach nunmehr sechs Monaten fristlos kündigen.
   g) Nach sechs Monaten kündigt ein Ausbildender fristlos mit der Begründung: „Die Leistungen des Auszubildenden reichen nicht aus."

ZUSAMMENFASSUNG

Ausbildender → **Ausbildungsvertrag** ← **Auszubildender**

regelt unter anderem

Pflichten des Ausbildenden
- Ausbildungspflicht
- Pflicht, den Auszubildenden für den Berufsschulbesuch freizustellen
- Vergütungspflicht
- Sorgepflicht
- Bereitstellung von Arbeitsmitteln

Pflichten des Auszubildenden
- Lernpflicht
- Pflicht zum Besuch der Berufsschule
- Einhalten der Betriebsordnung
- Schweigepflicht
- Befolgen von Weisungen
- Führen des Berichtsheftes

Kündigung
- innerhalb der Probezeit (ein bis vier Monate) sofort ohne Angabe von Gründen
- nach der Probezeit: durch den Ausbildenden nur noch aus wichtigem Grund, durch den Auszubildenden fristlos aus wichtigem Grund oder mit vierwöchiger Kündigungsfrist bei Berufswechsel oder Aufgabe der Berufsausbildung

Man versteht erst dann etwas richtig, wenn man versucht, es einem anderen zu erklären. Dies führt zu einer eigenen gründlichen Auseinandersetzung mit dem gerade behandelten Thema.

1. Suchen Sie sich einen Partner.
2. Lesen Sie noch einmal die Zusammenfassung. Bei Verständnisproblemen schlagen Sie ggf. noch einmal im Informationstext nach.
3. Einer von Ihnen erläutert die Zusammenfassung dem Partner.
4. Dieser achtet auf Korrektheit und Vollständigkeit und wiederholt noch einmal.

ICH ÜBERPRÜFE MEINE NEU ERWORBENEN KOMPETENZEN

Den Erwerb der zu Beginn aufgeführten Kompetenzen können Sie selbst mithilfe der folgenden Tabelle überprüfen.

Wenn Sie alle Aufgaben, die hinter einer Kompetenz stehen, gelöst haben, machen Sie ein Kreuz bei „Ganz".

Bei den Kompetenzen, bei denen Sie Aufgaben „Teilweise" oder „Gar nicht" gelöst haben, sollten Sie den dazugehörigen Informationstext noch einmal lesen und die Aufgaben anschließend noch einmal bearbeiten.

Was ich nach der Bearbeitung dieses Kapitels kann	Aufgaben	Ganz	Teilweise	Gar nicht
Ich kann ...				
... den Abschluss eines Berufsausbildungsvertrages beschreiben.	1, 2			
... die Pflichten des Ausbildenden erläutern.	4 a), 4 b)			
... die Pflichten des Auszubildenden erläutern.	4 c), 4 d)			
... die Bedeutung der Probezeit erläutern.	4 e), 4f), 4 g)			
... die Dauer der Probezeit in einem Ausbildungsverhältnis nennen.	4 e)			
... die Möglichkeiten der Kündigung des Ausbildungsvertrages nennen.	4 e), 4 f), 4 g)			
... den Zeitpunkt der Beendigung des Ausbildungsverhältnisses nennen.	3			

1.14 Die Duale Berufsausbildung im Einzelhandel

Problemstellung

Stefanie Beyer und Jakub Nowak werden in der Filiale der Tom Hoss KG im SWZ ausgebildet. Shirin Gül und Martin Klages werden in der Filiale der LEMI AG im SWZ ausgebildet. Außerdem besuchen sie zweimal in der Woche gemeinsam die Berufsschule im Oberstufenzentrum Handel in Berlin.

In der Klasse der Berufsschule

1. Was sollen die vier Auszubildenden in ihren Ausbildungsbetrieben lernen?
2. Was sollen die vier Auszubildenden in der Berufsschule lernen?

EINORDNUNG DES THEMAS

Lernfeld 1: Das Einzelhandelsunternehmen repräsentieren

- Betrieb erkunden
- Kompetenzen erwerben
- Stellung des Betriebes
- Ziele des Betriebes
- Betriebs- und Verkaufsformen
- Gliederung des Betriebes
- Warenfluss im Betrieb
- **Berufsausbildung**
- Tarifvertrag
- Jugendarbeitsschutz
- Mitbestimmung
- Soziale Sicherung
- Präsentation

Kompetenzen

Nach Bearbeitung dieses Kapitels können Sie ...

... erläutern, warum die Ausbildung im Einzelhandel als duale Berufsausbildung bezeichnet wird.
... Ausbildungsberufsbild und Ausbildungsrahmenplan unterscheiden.
... die Ausbildungsdauer der Ausbildungsberufe „Verkäufer/Verkäuferin“ und „Kaufmann/Kauffrau im Einzelhandel“ nennen.
... den Termin und die Prüfungsfächer der Zwischenprüfung für Auszubildende im Ausbildungsberuf „Verkäufer/Verkäuferin“ nennen.
... den Termin und die Prüfungsbereiche der Abschlussprüfung für Auszubildende im Ausbildungsberuf „Verkäufer/Verkäuferin“ nennen.
... den Termin und die Prüfungsbereiche des ersten Teils der gestreckten Abschlussprüfung für Auszubildende im Ausbildungsberuf „Kaufmann/Kauffrau im Einzelhandel“ nennen.
... den Termin und die Prüfungsbereiche des zweiten Teils der gestreckten Abschlussprüfung für Auszubildende im Ausbildungsberuf „Kaufmann/Kauffrau im Einzelhandel“ nennen.
... die Unterschiede zwischen den Ausbildungsberufen „Verkäufer/Verkäuferin“ und „Kaufmann/Kauffrau im Einzelhandel“ erläutern.

INFORMATIONSTEXT

Lernorte in der dualen Berufsausbildung

Auszubildende werden während ihrer Ausbildung an zwei Lernorten ausgebildet: im Ausbildungsbetrieb und in der Berufsschule. Deshalb nennt man das System der Berufsausbildung in der Bundesrepublik Deutschland auch „duales Berufsausbildungssystem".

Im Ausbildungsbetrieb sollen die Auszubildenden die im Ausbildungsrahmenplan genannten Fähigkeiten und Fertigkeiten lernen und durch praktische Tätigkeit einüben.

In der Berufsschule werden den Auszubildenden allgemeinbildende und berufsbezogene theoretische Lerninhalte vermittelt. Sie sind durch Richtlinien der Kultusministerien der Länder vorgeschrieben.

Der Berufsschulunterricht kann in Form von Teilzeitunterricht oder als Blockunterricht durchgeführt werden. Im Teilzeitunterricht besuchen die Auszubildenden einmal oder zweimal in der Woche die Berufsschule. An den anderen Arbeitstagen werden die Auszubildenden in ihren Ausbildungsbetrieben ausgebildet. Beim Blockunterricht besuchen die Auszubildenden an mehreren aufeinanderfolgenden Tagen die Berufsschule (z. B. zwei oder drei Wochen). Anschließend arbeiten sie mehrere Wochen in ihrem Ausbildungsbetrieb. In dieser Zeit besuchen sie die Berufsschule nicht.

Duale Berufsausbildung

- **Lernorte:** **Betrieb** (insb. Betriebe der Wirtschaf sowie vergleichbare Einrichtungen auBerhalb der Wirtschaft, z. B. offentlicher Dienst)
- **Absciuss:** **Berufsschule** Staatlich anerkannter Ausbildungsberuf nach BBiG/HwO (in der Regel Kammerzeugnis)
- **Voraussetzung:** Erfüllung der allgemeinen Vollzeitschulpflicht (kein Abschluss erforderlich)
- **Dauer:** 2, 3 oder 3,5 Jahre – auch in Teilzeit möglich

Ausbildungsordnung

In der Ausbildungsordnung findet man Informationen über die Inhalte und die zeitliche Gliederung der betrieblichen Berufsausbildung in einem staatlich anerkannten Ausbildungsberuf. Die Ausbildungsordnungen werden vom Bundesministerium für Wirtschaft oder den sonstigen zuständigen Fachministerien für die einzelnen Ausbildungsberufe erlassen.

Die Ausbildungsordnung für die Ausbildungsberufe „Verkäufer/Verkäuferin“ und „Kaufmann/Kauffrau im Einzelhandel“ enthält das Ausbildungsberufsbild, den Ausbildungsrahmenplan, Angaben zur Ausbildungsdauer und zur Prüfung der beiden Ausbildungsberufe.

- Das **Ausbildungsberufsbild** beschreibt die Kenntnisse und Fertigkeiten, die während der Berufsausbildung vermittelt werden sollen.
- Der **Ausbildungsrahmenplan** regelt die Inhalte der betrieblichen Berufsausbildung verbindlich.
- Die **Dauer der Ausbildung** beträgt drei Jahre.
- Die **Bestimmungen über die Prüfung** regeln Art und Inhalt der einzelnen Prüfungsteile.

Prüfung im Ausbildungsberuf „Verkäufer/Verkäuferin“

Die **Zwischenprüfung** für den Ausbildungsberuf „Verkäufer/Verkäuferin“ findet zu Beginn des zweiten Ausbildungsjahres statt.
Die Zwischenprüfung wird schriftlich im Prüfungsbereich Verkaufsprozesse durchgeführt:

Die Zwischenprüfung wird schriftlich in folgenden Prüfungsfächern durchgeführt:

- Verkauf und Marketing
- Kassieren und Rechnen
- Wirtschafts- und Sozialkunde

Die **Abschlussprüfung** wird in den Prüfungsbereichen „Verkauf und Werbemaßnahmen“, „Warenwirtschaft und Kalkulation“ und „Wirtschafts- und Sozialkunde“ schriftlich durchgeführt. Im Prüfungsbereich „Fachgespräch in der Wahlqualifikation“ wird die Prüfung mündlich durchgeführt.

Die Prüfung im Ausbildungsberuf „Kaufmann/Kauffrau im Einzelhandel“

Die Prüfung im Ausbildungsberuf „Kaufmann/Kauffrau im Einzelhandel“ wird als **gestreckte Abschlussprüfung** durchgeführt.

DEFINITION

Bei der gestreckten Abschlussprüfung werden Teile der Abschlussprüfung vorgezogen und schon im Verlauf der Ausbildung durchgeführt.

Prüfungsabschnitt	Prüfungsbereich	Prüfungsanforderungen	Prüfungsform	Gewichtung der Prüfungsbereiche
Teil 1 Zum Ende des 2. Ausbildungsjahres	1. Verkauf und Marketing	Der Prüfling soll • praxisorientierte Aufgaben oder Fälle insbesondere aus den Gebieten 1. Verkauf, Beratung und Kasse, 2. Warenpräsentation und Werbung bearbeiten und dabei zeigen, • dass er verkaufsbezogene sowie vorund nachbereitende Aufgaben des Verkaufs, Beschwerden und Reklamationen bearbeiten und • rechtliche Bestimmungen berücksichtigen, • Möglichkeiten der Konfliktlösung anwenden und • kundenorientiert arbeiten kann.	Schriftlich Dauer: 120 Minuten	15 %

Prüfungsabschnitt	Prüfungsbereich	Prüfungsanforderungen	Prüfungsform	Gewichtung der Prüfungsbereiche
	2. Warenwirtschaft und Rechnungswesen	Der Prüfling soll • praxisorientierte Aufgaben oder Fälle insbesondere aus den Gebieten 1. Warenannahme und -lagerung, 2. Bestandsführung und -kontrolle, 3. rechnerische Geschäftsvorgänge, 4. Kalkulation bearbeiten und dabei zeigen, • dass er Zusammenhänge dieser Gebiete beachten und • und Aufgaben der Steuerung und Kontrolle der Warenbewegungen durchführen und • verkaufsbezogene Rechenvorgänge bearbeiten kann.	Schriftlich Dauer: 90 Minuten	10 %
	3. Wirtschafts- und Sozialkunde	Der Prüfling soll praxisbezogene Aufgaben oder Fälle bearbeiten und dabei zeigen, • dass er wirtschaftliche und gesellschaftliche Zusammenhänge der Berufs- und Arbeitswelt darstellen kann.	Schriftlich Dauer: 60 Minuten	10 %
Teil 2 Gegen Ende des 3. Ausbildungsjahres	1. Geschäftsprozesse im Einzelhandel	Der Prüfling soll zeigen, dass er • fachliche, wirtschaftliche und soziale Zusammenhänge bezogen auf Kernprozesse des Einzelhandels von Einkauf und Sortimentsgestaltung über logistische Prozesse bis zum Verkauf und • Unterstützungsprozesse wie Rechnungswesen, Personalwirtschaft, Marketing und IT-Anwendungen versteht und • Sachverhalte analysieren sowie • Lösungsmöglichkeiten zu Aufgabenstellungen entwickeln kann.	Schriftlich Bearbeitung fachbezogener Aufgaben oder Fälle Dauer: 105 Minuten	25 %
	2. Fallbezogenes Fachgespräch	Der Prüfling soll anhand einer von zwei ihm zur Wahl gestellten praxisbezogenen Aufgaben ein Fachgespräch führen. Grundlage für die praxisbezogene Aufgabenstellung durch den Prüfungsausschuss ist eine der Wahlqualifikationen nach § 4 Absatz 3.	Praktisch/mündlich Dauer: 20 Minuten	40 %

5321132

AUFGABEN

1. Warum nennt man die Berufsausbildung im Einzelhandel „duales Berufsausbildungssystem“?
2. Wer legt die Inhalte des Berufsschulunterrichts fest?
3. Unterscheiden Sie Teilzeitunterricht und Blockunterricht.
4. Welche Unterrichtsfächer werden in der Berufsschule angeboten?
5. In welchen Lernfeldern werden Sie in der Berufsschule unterrichtet?
6. Beantworten Sie folgende Fragen zum Ausbildungsberuf „Verkäufer/Verkäuferin“:
   a) Wie lange dauert normalerweise die Ausbildung?
   b) Wann müssen die Auszubildenden die Zwischenprüfung ablegen?
   c) Was wird in der Zwischenprüfung geprüft?
   d) In welchen Prüfungsbereichen werden die Auszubildenden in ihrer schriftlichen Abschlussprüfung geprüft?
   e) Was wird in der mündlichen Prüfung geprüft?
7. Beantworten Sie folgende Fragen zum Ausbildungsberuf „Kaufmann/Kauffrau im Einzelhandel“:
   a) Wie lange dauert normalerweise die Ausbildung?
   b) Wann müssen die Auszubildenden Teil 1 der gestreckten Abschlussprüfung ablegen?
   c) Was wird in Teil 1 der gestreckten Abschlussprüfung geprüft?
   d) In welchen Prüfungsbereichen werden die Auszubildenden am Ende ihrer Ausbildung schriftlich geprüft?
   e) Was wird in der mündlichen Prüfung geprüft?
8. Welche Teile der Ausbildungsordnung legen die Inhalte der betrieblichen Berufsausbildung fest?
9. Erläutern Sie die Unterschiede zwischen den Ausbildungsberufen „Verkäufer/Verkäuferin“ und „Kaufmann/Kauffrau im Einzelhandel“.

ZUSAMMENFASSUNG

System der dualen Berufsausbildung

Ausbildungsbetrieb

- überwiegend praktische Ausbildung
- berufsbezogene Ausbildungsinhalte
- Ausbildungsinhalte sind durch den Ausbildungsrahmenplan vorgeschrieben.

Berufsschule

- überwiegend theoretische Ausbildung
- Unterricht in berufsbezogenen und allgemeinbildenden Unterrichtsfächern
- Unterrichtsinhalte sind durch Richtlinien der Kultusministerien vorgeschrieben.

Man versteht erst dann etwas richtig, wenn man versucht, es einem anderen zu erklären. Dies führt zu einer eigenen gründlichen Auseinandersetzung mit dem gerade behandelten Thema.

1. Suchen Sie sich einen Partner.
2. Lesen Sie noch einmal die Zusammenfassung. Bei Verständnisproblemen schlagen Sie ggf. noch einmal im Informationstext nach.
3. Einer von Ihnen erläutert die Zusammenfassung dem Partner.
4. Dieser achtet auf Korrektheit und Vollständigkeit und wiederholt noch einmal.

ICH ÜBERPRÜFE MEINE NEU ERWORBENEN KOMPETENZEN

Den Erwerb der zu Beginn aufgeführten Kompetenzen können Sie selbst mithilfe der folgenden Tabelle überprüfen.

Wenn Sie alle Aufgaben, die hinter einer Kompetenz stehen, gelöst haben, machen Sie ein Kreuz bei „Ganz".

Bei den Kompetenzen, bei denen Sie Aufgaben „Teilweise" oder „Gar nicht" gelöst haben, sollten Sie den dazugehörigen Informationstext noch einmal lesen und die Aufgaben anschließend noch einmal bearbeiten.

Was ich nach der Bearbeitung dieses Kapitels kann	Aufgaben	Ganz	Teilweise	Gar nicht
Ich kann ...				
... erläutern, warum die Ausbildung im Einzelhandel als duale Berufsausbildung bezeichnet wird.	1			
... Ausbildungsberufsbild und Ausbildungsrahmenplan unterscheiden.	8			
... die Dauer der Ausbildungsberufe „Verkäufer/Verkäuferin" und „Kaufmann/Kauffrau im Einzelhandel" nennen.	6a, 7a			
... den Termin und die Prüfungsfächer der Zwischenprüfung für Auszubildende im Ausbildungsberuf „Verkäufer/Verkäuferin" nennen.	6b, 6c			
... den Termin und die Prüfungsbereiche der Abschlussprüfung für Auszubildende im Ausbildungsberuf „Verkäufer/Verkäuferin" nennen.	6d, 6e			
... den Termin und die Prüfungsbereiche des ersten Teils der gestreckten Abschlussprüfung für Auszubildende im Ausbildungsberuf „Kaufmann/Kauffrau im Einzelhandel" nennen.	7bd, 7c			
... den Termin und die Prüfungsbereiche des zweiten Teils der gestreckten Abschlussprüfung für Auszubildende im Ausbildungsberuf „Kaufmann/Kauffrau im Einzelhandel" nennen.	7d, 7e			
... die Unterschiede zwischen den Ausbildungsberufen „Verkäufer/Verkäuferin" und „Kaufmann/Kauffrau im Einzelhandel" erläutern.	9			

1.15 Der Tarifvertrag

Problemstellung

Shirin Gül liest in ihrem Ausbildungsvertrag, dass für die Höhe ihrer Ausbildungsvergütung der jeweils gültige Tarifvertrag des Einzelhandels maßgebend ist.

1. Stellen Sie fest, welche Ausbildungsvergütung einer Auszubildenden zur Kauffrau im Einzelhandel im ersten Ausbildungsjahr nach dem Tarifvertrag zusteht.
2. Erläutern Sie den Einfluss tarifvertraglicher Regelungen auf die Ausbildung von Shirin Gül.

EINORDNUNG DES THEMAS

Lernfeld 1: Das Einzelhandelsunternehmen repräsentieren

Betrieb erkunden → Kompetenzen erwerben → Stellung des Betriebes → Ziele des Betriebes → Betriebs- und Verkaufsformen → Gliederung des Betriebes → Warenfluss im Betrieb → Berufsausbildung → **Tarifvertrag** → Jugendarbeitsschutz → Mitbestimmung → Soziale Sicherung → Präsentation

Kompetenzen

Nach Bearbeitung dieses Kapitels können Sie ...

... die Tarifparteien nennen.
... den Ablauf von Tarifverhandlungen beschreiben.
... die Arbeitskampfmaßnahmen der Tarifparteien erläutern.
... die Verbindlichkeit von Tarifverträgen erläutern.
... die Tarifvertragsarten nennen.
... die Tarifvertragsarten unterscheiden.

INFORMATIONSTEXT

Tarifparteien

Zwischen Gewerkschaften und Arbeitgeberverbänden oder einzelnen Arbeitgebern werden die Höhe von Löhnen und Gehältern, die Länge der Arbeitszeit, die Dauer des Urlaubs, die Arbeitsbedingungen und anderes mehr ausgehandelt.

DEFINITION

Gewerkschaften und Arbeitgeberverbände oder einzelne Arbeitgeber, die einen Tarifvertrag aushandeln, werden **Tarifparteien** genannt.

Die Ergebnisse der Tarifverhandlungen werden in Tarifverträgen festgehalten. Tarifverträge zwischen Gewerkschaften und Arbeitgeberverbänden werden **Flächentarifverträge** genannt. Tarifverträge zwischen Gewerkschaften und einzelnen Arbeitgebern werden als **Haustarifverträge** bezeichnet. Die Gewerkschaften und die Arbeitgeberverbände bzw. die einzelnen Arbeitgeber haben das Recht, diese Tarifverträge ohne Einmischung des Staates auszuhandeln. Dieses Recht wird **Tarifautonomie** genannt.

Gewerkschaften

In der Bundesrepublik Deutschland haben sich annähernd sechs Millionen Arbeitnehmer in **Gewerkschaften** zusammengeschlossen. Gewerkschaften sind Selbsthilfeorganisationen der Arbeitnehmer. Sie setzen sich für die Verbesserung der Situation der arbeitenden Menschen ein. Die Mitgliedschaft in einer Gewerkschaft ist freiwillig. Der größte Gewerkschaftsdachverband ist der Deutsche Gewerkschaftsbund (**DGB**). Im Rahmen dieses Dachverbands vertritt die Gewerkschaft **ver.di** die Interessen der Arbeitnehmer im Einzelhandel

Arbeitnehmer können sich aber auch in anderen Gewerkschaften, z. B. im Christlichen Gewerkschaftsbund (CGB) organisieren.

Arbeitgeberverbände

Die Arbeitgeber haben sich in **Arbeitgeberverbänden** zusammengeschlossen. Der Bundesvereinigung der Deutschen Arbeitgeberverbände gehören direkt oder indirekt über 88 Einzelverbände an. Auch die Mitgliedschaft in Arbeitgeberverbänden ist freiwillig.

Ablauf von Tarifverhandlungen

1. Zu Beginn der Tarifverhandlungen zwischen Gewerkschaften und Arbeitgeberverbänden stellen die Gewerkschaften ihre **Forderungen** auf. Die Arbeitgeber machen ein Angebot, das niedriger ist als die Gewerkschaftsforderungen.
2. Im Laufe der Verhandlungen versucht man eine **Vereinbarung** zu erreichen, der beide Tarifparteien zustimmen können.
3. Kommt es zu **keiner Einigung**, können die Tarifparteien das **Scheitern** der Tarifverhandlungen erklären.
4. Lässt eine der Tarifparteien die Verhandlungen scheitern, kann sich ein **Schlichtungsverfahren** anschließen. Ein Schlichtungsverfahren schließt sich aber nur dann an, wenn dieses zwischen den Tarifparteien zuvor in einem Abkommen vereinbart wurde. An dem Schlichtungsverfahren nehmen die gleiche Anzahl Gewerkschafts- und Arbeitgebervertreter teil. Die Schlichtung wird von einem unparteiischen Vorsitzenden geleitet. Am Ende der Schlichtung steht ein mehrheitlich gefasster Einigungsvorschlag.
5. Stimmen beide Tarifparteien dem Einigungsvorschlag zu, wird dieser als **neuer Tarifvertrag** abgeschlossen.
6. Wird der Einigungsvorschlag von einer der beiden Tarifparteien abgelehnt, beginnt entweder eine neue Schlichtungsrunde oder es kommt zum **Arbeitskampf**.

Arbeitskampfmaßnahmen

- Die Arbeitskampfmaßnahme der Gewerkschaften ist der **Streik**. Bei einem Streik legen die gewerkschaftlich organisierten Arbeitnehmer für einen vorübergehenden Zeitraum die Arbeit nieder. Bevor die Gewerkschaft einen Streik erklärt, lässt sie ihre Mitglieder über den Streik abstimmen. Diese Abstimmung wird als **Urabstimmung** bezeichnet. Die Gewerkschaft ruft zum Streik auf, wenn bei der Urabstimmung mindestens 75 % der Gewerkschaftsmitglieder für einen Streik gestimmt haben.

  Ein Streik kann auf einzelne Betriebe beschränkt sein. Er kann aber auch ganze Wirtschaftszweige umfassen, z. B. alle Einzelhandelsunternehmen.

  Durch einen Streik kommt es zu Produktionsausfällen und Umsatzeinbußen. So sollen die Arbeitgeber gezwungen werden, auf die Forderungen der Gewerkschaft einzugehen.

- Die Arbeitskampfmaßnahme der Arbeitgeber ist die **Aussperrung**. Dabei verweigern die Arbeitgeber gewerkschaftlich organisierten und nicht organisierten Arbeitnehmern die Möglichkeit zu arbeiten.

Während des Arbeitskampfs erhalten die Arbeitnehmer weder Gehalt noch Urlaub oder Gehaltsfortzahlung im Krankheitsfall. Die gewerkschaftlich organisierten Arbeitnehmer erhalten jedoch **Streikgeld** von ihrer Gewerkschaft. Die Höhe des Streikgelds richtet sich nach dem monatlichen Gewerkschaftsbeitrag des einzelnen Gewerkschaftsmitglieds. Arbeitnehmer, die nicht in einer Gewerkschaft organisiert sind, bekommen kein Streikgeld.

Die bestreikten Arbeitgeber werden aus dem Arbeitskampffonds ihres Arbeitgeberverbands unterstützt.

Der Arbeitskampf wird beendet, wenn sich die beiden Tarifparteien in neuen Verhandlungen oder im Rahmen eines besonderen Schlichtungsverfahrens einigen. Es kommt zu einem neuen Tarifvertrag, wenn beide Seiten der Einigung zustimmen. Aufseiten der Gewerkschaften müssen dazu in einer erneuten Urabstimmung mindestens 25 % der Gewerkschaftsmitglieder zustimmen. Solange der neue Tarifvertrag gültig ist, besteht für die beiden Tarifparteien **Friedenspflicht**. Friedenspflicht bedeutet, dass während der Gültigkeitsdauer des Tarifvertrags von den vertragsschließenden Gewerkschaften und Arbeitgeberverbänden keine Arbeitskampfmaßnahmen durchgeführt werden dürfen.

Bindung des Tarifvertrags

Tarifverträge gelten nur für die Mitglieder der Tarifparteien (Gewerkschaften und Arbeitgeberverbände). Auf Antrag einer Tarifpartei kann das Bundesministerium für Arbeit einen Tarifvertrag auch für allgemein verbindlich erklären. Damit ist der Tarifvertrag dann auch für nicht organisierte Arbeitgeber und Arbeitnehmer gültig.

Inhalt der Tarifverträge

Nach dem Inhalt werden Mantel- oder Rahmentarifverträge und Entgelttarifverträge unterschieden:

- **Manteltarifverträge**
  Manteltarifverträge regeln allgemeine Arbeitsbedingungen. Das sind z. B. Kündigungsfristen, Urlaubsregelungen, Dauer der täglichen und wöchentlichen

Arbeitszeit, Nachtarbeit, Mehrarbeit, Sonn- und Feiertagszulagen, Vorschrift über Schlichtungsverfahren. Manteltarifverträge werden auch **Rahmentarifverträge** genannt.

- **Entgelttarifverträge**
  In Entgelttarifverträgen sind die getroffenen Vereinbarungen über Entgelthöhen enthalten. In diesen Verträgen werden sehr häufig Tätigkeitsmerkmale für verschiedene Entgeltgruppen beschrieben, nach denen die Arbeitnehmer eingruppiert werden.

Die Bestimmungen der Tarifverträge sind Mindestbedingungen. Abmachungen in Einzelarbeitsverträgen zwischen Arbeitgeber und Arbeitnehmer dürfen die Vereinbarungen des Tarifvertrags nicht unterschreiten. Die Vereinbarungen im Einzelarbeitsvertrag dürfen den Arbeitnehmer jedoch besserstellen, als es die Bestimmungen des Tarifvertrags regeln.

Zwischen den Tarifparteien können auch **Rationalisierungsschutzabkommen** abgeschlossen werden. Rationalisierungsschutzabkommen regeln Versetzungen und Umschulungen bei Personalabbau und die Zahlung von Abfindungen bei unvermeidbaren Kündigungen durch den Arbeitgeber.

Was regeln die Tarifverträge?

Entgelttarifverträge (meist ein- bis zweijährige Laufzeit)
- Einkommen
- Ausbildungsvergütungen

Entgelt-Rahmentarifverträge (langfristig angelegt)
- Entlohnungsgrundsätze
- Leistungsmaßstäbe
- Entgeltgruppen

Manteltarifverträge (langfristig angelegt)
- Arbeitszeit
- Kündigungsfristen
- Arbeitszeitkonten
- Urlaub
- Sonderzahlungen
- Weihnachtsgeld

Sonstige Tarifverträge
- Beschäftigungssicherung
- Qualifizierung
- Chancengleichheit
- Altersvorsorgewirksame Leistungen (AVWL)
- Flexibler Übergang in die Rente (FlexÜ)

AUFGABEN

1. Nennen Sie die beiden Tarifparteien.
2. Für wen gelten die Bestimmungen eines Tarifvertrages?
3. Wer darf Tarifverträge für allgemein verbindlich erklären?
4. Welche Bedeutung hat es für die Arbeitnehmer, wenn ein Tarifvertrag für allgemein verbindlich erklärt wird?
5. Nennen Sie die Arbeitskampfmaßnahmen der Gewerkschaften und der Arbeitgeberverbände.
6. Beschreiben Sie den möglichen Ablauf von Tarifverhandlungen.
7. Unter welcher Voraussetzung kann eine Gewerkschaft einen Streik erklären?
8. Welche Auswirkungen haben Arbeitskampfmaßnahmen auf die betroffenen Arbeitgeber?
9. Welche Auswirkungen haben Arbeitskampfmaßnahmen auf gewerkschaftlich organisierte Arbeitnehmer?
10. Welche Auswirkungen haben Arbeitskampfmaßnahmen auf die Arbeitnehmer, die nicht in Gewerkschaften organisiert sind?
11. Welche Regelungen enthält ein Manteltarifvertrag?
12. Welche Regelungen enthält ein Entgelttarifvertrag?
13. Stellen Sie die Arbeitszeit-, Pausen- und Urlaubsregelungen des für Sie geltenden Tarifvertrages zusammen.
14. Was versteht man unter Friedenspflicht?
15. Was versteht man unter Tarifautonomie?
16. Wann wird im Rahmen von Tarifverhandlungen ein Schlichtungsverfahren durchgeführt?

ZUSAMMENFASSUNG

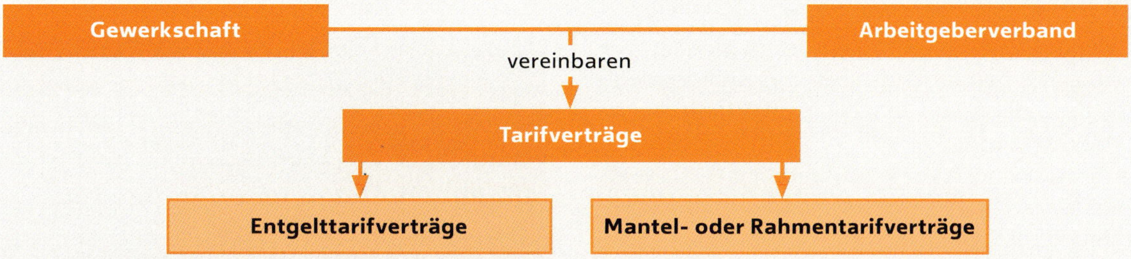

- Bei Tarifverhandlungen ist die Tarifautonomie gewährleistet.
- Arbeitskampfmaßnahmen sind Streik und Aussperrung.
- Tarifverträge sind Kollektivverträge: Grundsätzlich gelten die Bestimmungen nur für Mitglieder der beteiligten Tarifparteien.
- Durch eine Allgemeinverbindlichkeitserklärung des zuständigen Arbeitsministers wird der Tarifvertrag für alle Arbeitnehmer und Arbeitgeber der betroffenen Branche gültig.
- Während der Laufzeit des Tarifvertrags gilt für die Tarifparteien die Friedenspflicht.

Man versteht erst dann etwas richtig, wenn man versucht, es einem anderen zu erklären. Dies führt zu einer eigenen gründlichen Auseinandersetzung mit dem gerade behandelten Thema.

1. Suchen Sie sich einen Partner.
2. Lesen Sie noch einmal die Zusammenfassung. Bei Verständnisproblemen schlagen Sie ggf. noch einmal im Informationstext nach.
3. Einer von Ihnen erläutert die Zusammenfassung dem Partner.
4. Dieser achtet auf Korrektheit und Vollständigkeit und wiederholt noch einmal.

ICH ÜBERPRÜFE MEINE NEU ERWORBENEN KOMPETENZEN

Den Erwerb der zu Beginn aufgeführten Kompetenzen können Sie selbst mithilfe der folgenden Tabelle überprüfen.

Wenn Sie alle Aufgaben, die hinter einer Kompetenz stehen, gelöst haben, machen Sie ein Kreuz bei „Ganz“.

Bei den Kompetenzen, bei denen Sie Aufgaben „Teilweise“ oder „Gar nicht“ gelöst haben, sollten Sie den dazugehörigen Informationstext noch einmal lesen und die Aufgaben anschließend noch einmal bearbeiten.

Was ich nach der Bearbeitung dieses Kapitels kann	Aufgaben	Ganz	Teilweise	Gar nicht
Ich kann ...				
... die Tarifparteien nennen.	1			
... den Ablauf von Tarifverhandlungen beschreiben.	6, 14, 15, 16			
... die Arbeitskampfmaßnahmen der Tarifparteien erläutern.	5, 7			
... die Verbindlichkeit von Tarifverträgen erläutern.	2, 3, 4			
... die Tarifvertragsarten nennen.	11, 12			
... die Tarifvertragsarten unterscheiden.	11, 12			

1.16 Das Jugendarbeitsschutzgesetz

Problemstellung

Während der Mittagspause unterhält sich die Vorsitzende der Jugend- und Auszubildendenvertretung der Tom Hoss KG mit Stefanie Beyer und Jakub Nowak:
„Da ihr beide noch keine achtzehn Jahre alt seid, gelten für euch im Betrieb besondere Schutzbestimmungen. Seid ihr darüber informiert?“
„Ja, na klar, das Jugendarbeitsschutzgesetz. Da steht alles genau drin: Arbeitszeit, Pausen und so.“

Stellen Sie die Bestimmungen des Jugendarbeitsschutzgesetzes zur Arbeitszeit, zu den Pausen, zum Urlaub und zum Berufsschulbesuch zusammen.

EINORDNUNG DES THEMAS

Lernfeld 1: Das Einzelhandelsunternehmen repräsentieren

Betrieb erkunden → Kompetenzen erwerben → Stellung des Betriebes → Ziele des Betriebes → Betriebs- und Verkaufsformen → Gliederung des Betriebes → Warenfluss im Betrieb → Berufsausbildung → Tarifvertrag → **Jugendarbeitsschutz** → Mitbestimmung → Soziale Sicherung → Präsentation

Kompetenzen

Nach Bearbeitung dieses Kapitels können Sie ...

... die Bedeutung des Jugendarbeitsschutzgesetzes für Beschäftigung für Auszubildende und jugendliche Arbeitnehmer erläutern.
... die wöchentliche und tägliche Höchstarbeit von Jugendlichen nennen.
... die Bestimmungen des Jugendarbeitsschutzgesetzes zur Samstags- und Sonntagsarbeit von Jugendlichen darstellen.
... die Pausenregelungen für Jugendliche nennen.
... die Urlaubsansprüche von Jugendlichen gemäß Jugendarbeitsschutzgesetz nennen.
... feststellen, mit wie viel Stunden Ihr Berufsschulunterricht auf Ihre wöchentliche Arbeitszeit angerechnet werden muss.
... die Beschäftigungsverbote für Jugendliche nennen.
... die Regelungen zu Erstuntersuchung und Nachuntersuchung von Jugendlichen erläutern.

INFORMATIONSTEXT

Jugendarbeitsschutzgesetz

Das Jugendarbeitsschutzgesetz soll jugendliche Arbeitnehmerinnen, Arbeitnehmer und Auszubildende vor Überforderungen im Berufsleben schützen. Es gilt für 14- bis 17-jährige Personen.

Arbeitszeitregelungen

Die wöchentliche Arbeitszeit darf 40 Stunden pro Woche nicht überschreiten. Jugendliche dürfen nur an fünf Tagen in der Woche beschäftigt werden.

Die regelmäßige tägliche Arbeitszeit beträgt acht Stunden. Sie darf auf achteinhalb Stunden erhöht werden, wenn dadurch die wöchentliche Arbeitszeit von 40 Stunden nicht überschritten wird.

Jugendliche dürfen frühestens um 6 Uhr mit der Arbeit beginnen. Sie dürfen nach 20 Uhr nicht mehr beschäftigt werden. Ausnahmen von dieser Regelung sind für das Gaststätten- und Schaustellergewerbe, mehrschichtige Betriebe, die Landwirtschaft, Bäckereien und Konditoreien erlaubt. In Bäckereien und Konditoreien dürfen über 16-Jährige ab 5 Uhr beschäftigt werden. Über 17-Jährige dürfen in Bäckereien ab 4 Uhr arbeiten.

Jugendliche dürfen im Einzelhandel nicht an Sonntagen beschäftigt werden.

Jugendliche dürfen im Einzelhandel an Samstagen beschäftigt werden. Sie sollen zwar an mindestens zwei Samstagen im Monat nicht arbeiten. Es handelt sich hier aber nur um eine Soll-Bestimmung. Jugendliche dürfen auch an diesen Samstagen beschäftigt werden, wenn es die betrieblichen Verhältnisse erfordern.

Pausen

Bei einer täglichen Arbeitszeit von mehr als viereinhalb Stunden müssen Jugendliche mindestens 30 Minuten Pause machen. Bei mehr als sechs Stunden sind es mindestens 60 Minuten. Die Pausen werden nicht auf die tägliche Arbeitszeit angerechnet. Eine Pause muss mindestens 15 Minuten lang sein. Jugendliche dürfen nicht länger als viereinhalb Stunden ohne Ruhepause beschäftigt werden.

Pause!

Urlaub

15-jährige Jugendliche haben einen Anspruch auf 30 Werktage Urlaub im Jahr. Für 16-jährige Arbeitnehmerinnen, Arbeitnehmer und Auszubildende sieht das Jugendarbeitsschutzgesetz 27 Werktage und für 17-jährige Beschäftigte 25 Werktage Jahresurlaub vor. Werktage sind alle Wochentage außer Sonntag.

Anrechnung des Berufsschulbesuchs auf die Arbeitszeit

Wenn der Berufsschulunterricht vor 9 Uhr beginnt, dürfen Jugendliche vorher nicht mehr im Ausbildungsbetrieb beschäftigt werden. Dies gilt auch für Personen, die über 18 Jahre alt und noch berufsschulpflichtig sind.

An einem Tag in der Woche sind Jugendliche den ganzen Tag von der Arbeit befreit, wenn sie an diesem Tag mehr als fünf Unterrichtsstunden die Berufsschule besuchen. Dieser Berufsschultag wird mit acht Stunden auf die wöchentliche Arbeitszeit angerechnet. Für einen zweiten Berufsschultag gilt diese Regelung nicht. Dieser zweite Berufsschultag wird auf die wöchentliche Arbeitszeit nur mit den Unterrichtsstunden und Pausen angerechnet, die der Auszubildende in der Berufsschule verbringen musste.

Beschäftigungsverbote

Personen unter 15 Jahren dürfen nur in einem Ausbildungsverhältnis beschäftigt werden. Sie dürfen keine Akkordarbeit leisten. Außerdem dürfen Jugendliche nicht mit Arbeiten betraut oder an Orten beschäftigt werden, die eine sittliche Gefährdung darstellen. Gesundheitsgefährdende Arbeiten sind für Jugendliche unter 16 Jahren grundsätzlich verboten. Für 16- und 17-jährige Beschäftigte sind gesundheitsgefährdende Arbeiten nur dann erlaubt, wenn im Rahmen der Ausbildung nicht auf sie verzichtet werden kann.

Gesundheitliche Betreuung

Vor Beginn einer Ausbildung müssen alle Jugendlichen von einem Arzt untersucht worden sein. Die Untersuchung darf nicht länger als 14 Monate zurückliegen (Erstuntersuchung). Nach dem 1. Ausbildungsjahr müssen sich alle Jugendlichen einer 1. Nachuntersuchung unterziehen (Pflichtuntersuchung). Weitere Nachuntersuchungen sind freiwillig.

Aufsicht über die Durchführung des Jugendarbeitsschutzgesetzes

Die Einhaltung der Jugendarbeitsschutzbestimmungen wird durch die zuständige staatliche Aufsichtsbehörde überwacht. Das sind in der Regel die regionalen Gewerbeaufsichtsämter.

Die Beamten der staatlichen Aufsichtsbehörde dürfen alle Betriebe in ihrer Region zu den Betriebs- und Arbeitszeiten unangemeldet betreten, besichtigen und prüfen.

Schwerwiegende Verstöße gegen das Arbeitsschutzgesetz teilt die Aufsichtsbehörde der zuständigen Industrie- und Handelskammer oder Handwerkskammer mit.

AUFGABEN

1. Für welche Personen gilt das Jugendarbeitsschutzgesetz?
2. Was soll mit den Bestimmungen des Jugendarbeitsschutzes erreicht werden?
3. Ein Jugendlicher arbeitet 7,5 Stunden am Tag. Wie viele Minuten Pause stehen ihm zu?
4. Wie viele Stunden dürfen Jugendliche täglich höchstens arbeiten?
5. Wie viele Stunden dürfen Jugendliche wöchentlich höchstens arbeiten?
6. Wie viele Werktage Jahresurlaub stehen einer 17-jährigen Auszubildenden nach dem Jugendarbeitsschutzgesetz zu?
7. Eine 16-jährige Auszubildende soll an der Inventur eines Elektronikmarktes teilnehmen. Bis wie viel Uhr darf sie höchstens an der Inventur teilnehmen?
8. Eine 16-jährige Auszubildende besucht an zwei Tagen in der Woche die Berufsschule. Am ersten Berufsschultag hat sie sechs Unterrichtsstunden in der Zeit von 07:45 Uhr bis 12:45 Uhr. Am zweiten Berufsschultag hat sie von 07:45 Uhr bis 11:00 Uhr vier Unterrichtsstunden. Mit wie vielen Stunden wird der Berufsschulbesuch auf die wöchentliche Arbeitszeit angerechnet?
9. Ein 17-jähriger Auszubildender besucht an seinem ersten Berufsschultag die Berufsschule von 08:00 Uhr bis 14:45 Uhr. An seinem zweiten Berufsschultag besucht er die Berufsschule ebenfalls von 08:00 Uhr bis 14:45 Uhr. Mit wie vielen Stunden wird der Berufsschulbesuch auf die wöchentliche Arbeitszeit angerechnet?
10. An welchen Tagen dürfen Jugendliche in ihrem Ausbildungsbetrieb nicht arbeiten?
11. Für welche Arbeiten dürfen Jugendliche nicht eingesetzt werden?
12. An wie vielen Pflichtuntersuchungen müssen Jugendliche teilnehmen?
13. Wer überwacht die Einhaltung der Bestimmungen des Jugendarbeitsschutzgesetzes?

ZUSAMMENFASSUNG

Jugendarbeitsschutzgesetz

gilt für 14- bis 17-jährige Jugendliche; enthält Regeln über:

Arbeitszeit und Freizeit

- tägliche Arbeitszeit: bis 8,5 Stunden
- wöchentliche Arbeitszeit: 40 Stunden
- 5-Tage-Woche
- Berufsschule: arbeitsfrei an einem Tag der Woche nach mehr als 5 Unterrichtsstunden
- Ruhepausen: 4,5 bis 6 Stunden = 30 Minuten
  mehr als 6 Stunden = 60 Minuten
- keine Sonntagsarbeit
- Samstagsarbeit: Mindestens zwei Samstage sollen arbeitsfrei bleiben.
- Nachtruhe: normalerweise 20:00 Uhr bis 06:00 Uhr

Urlaub

- 30 Werktage für 15-Jährige
- 27 Werktage für 16-Jährige
- 25 Werktage für 17-Jährige

Beschäftigungsverbote und -beschränkungen

- gesundheitsgefährdende Arbeiten
- Akkordarbeit
- Arbeiten, die die Leistungsfähigkeit der Jugendlichen überschreiten
- Arbeiten, bei denen Jugendliche sittlichen Gefährdungen ausgesetzt sind

gesundheitliche Betreuung

- Erstuntersuchung
- erste Nachuntersuchung
- weitere freiwillige Nachuntersuchungen

Man versteht erst dann etwas richtig, wenn man versucht, es einem anderen zu erklären. Dies führt zu einer eigenen gründlichen Auseinandersetzung mit dem gerade behandelten Thema.

1. Suchen Sie sich einen Partner.
2. Lesen Sie noch einmal die Zusammenfassung. Bei Verständnisproblemen schlagen Sie ggf. noch einmal im Informationstext nach.
3. Einer von Ihnen erläutert die Zusammenfassung dem Partner.
4. Dieser achtet auf Korrektheit und Vollständigkeit und wiederholt noch einmal.

ICH ÜBERPRÜFE MEINE NEU ERWORBENEN KOMPETENZEN

Den Erwerb der zu Beginn aufgeführten Kompetenzen können Sie selbst mithilfe der folgenden Tabelle überprüfen.

Wenn Sie alle Aufgaben, die hinter einer Kompetenz stehen, gelöst haben, machen Sie ein Kreuz bei „Ganz".

Bei den Kompetenzen, bei denen Sie Aufgaben „Teilweise" oder „Gar nicht" gelöst haben, sollten Sie den dazugehörigen Informationstext noch einmal lesen und die Aufgaben anschließend noch einmal bearbeiten.

Was ich nach der Bearbeitung dieses Kapitels kann	Aufgaben	Ganz	Teilweise	Gar nicht
Ich kann ...				
... die Bedeutung des Jugendarbeitsschutzgesetzes für Beschäftigung für Auszubildende und jugendliche Arbeitnehmer erläutern.	1			
... die wöchentliche und tägliche Höchstarbeit von Jugendlichen nennen.	4, 7			
... die Bestimmungen des Jugendarbeitsschutzgesetzes zur Samstags- und Sonntagsarbeit von Jugendlichen darstellen.	10			
... die Pausenregelungen für Jugendliche nennen.	3			
... die Urlaubsansprüche von Jugendlichen gemäß Jugendarbeitsschutzgesetz nennen.	6			
... feststellen, mit wie viel Stunden mein Berufsschulunterricht auf meine wöchentliche Arbeitszeit angerechnet werden muss.	8, 9			
... die Beschäftigungsverbote für Jugendliche nennen.	11			
... die Regelungen zu Erstuntersuchung und Nachuntersuchung von Jugendlichen erläutern.	12			

1.17 Die innerbetriebliche Mitbestimmung

Problemstellung

Der Vorsitzende des Betriebsrats und die Vorsitzende der Jugend- und Auszubildendenvertretung der Tom Hoss KG begrüßen die neuen Auszubildenden:

„Liebe Kolleginnen und Kollegen, wir freuen uns, dass Sie eine Ausbildung in unserem Unternehmen begonnen haben. Wir möchten uns Ihnen heute als Ihre Arbeitnehmerinnen- und Arbeitnehmervertreter vorstellen.

Wann immer Sie Fragen zu Ihrer Ausbildung haben oder Hilfe und Unterstützung brauchen, kommen Sie zu uns. Sie finden uns während der angegebenen Sprechzeiten im Betriebsratsbüro."

1. Stellen Sie fest, welche Aufgaben der Betriebsrat der Tom Hoss KG hat.
2. Erläutern Sie die Aufgaben der Jugend- und Auszubildendenvertretung der Tom Hoss KG.

EINORDNUNG DES THEMAS

Lernfeld 1: Das Einzelhandelsunternehmen repräsentieren

Betrieb erkunden → Kompetenzen erwerben → Stellung des Betriebes → Ziele des Betriebes → Betriebs- und Verkaufsformen → Gliederung des Betriebes → Warenfluss im Betrieb → Berufsausbildung → Tarifvertrag → Jugendarbeitsschutz → **Mitbestimmung** → Soziale Sicherung → Präsentation

Kompetenzen

Nach Bearbeitung dieses Kapitels können Sie ...

... die gesetzlichen Regelungen zur Wahl eines Betriebsrates erläutern.
... Mitwirkungsrechte und Mitbestimmungsrechte des Betriebsrats unterscheiden.
... Mitbestimmungsrechte des Betriebsrats in sozialen Angelegenheiten nennen.
... Mitwirkungsrechte des Betriebsrats in wirtschaftlichen Angelegenheiten nennen.
... Mitwirkungs- und Mitbestimmungsrechte des Betriebsrats in personellen Angelegenheiten nennen.
... die Rechte des Betriebsrats bei Einstellungen und Kündigungen von Mitarbeitern erläutern.
... die Bedeutung von Betriebsvereinbarungen darstellen.
... die Bedeutung von Betriebsversammlungen darstellen.
... die gesetzlichen Regelungen zur Wahl von Jugend- und Auszubildendenvertretungen erläutern.
... die Aufgaben und Einflussmöglichkeiten von Jugend- und Auszubildendenvertretungen erläutern.
... Mitwirkungsrechte des einzelnen Arbeitnehmers nennen.

INFORMATIONSTEXT

Betriebsverfassungsgesetz

Im Betriebsverfassungsgesetz von 1972 sind die Mitwirkungs- und Mitbestimmungsrechte des Betriebsrats, der Jugend- und Auszubildendenvertretung und der einzelnen Arbeitnehmer in Betrieben der Privatwirtschaft geregelt.

Betriebsrat

Wahl des Betriebsrats

Der Betriebsrat ist die wichtigste Interessenvertretung der Arbeitnehmer in einem Betrieb. Er wird von allen Arbeitnehmern eines Betriebs gewählt, die mindestens 18 Jahre alt sind.

In den Betriebsrat können alle Arbeitnehmer eines Betriebs über 18 Jahre gewählt werden, die mindestens sechs Monaten in diesem Betrieb beschäftigt sind. Die Amtsdauer des Betriebsrats beträgt vier Jahre.

Betriebsräte dürfen in allen Betrieben gewählt werden, die mindestens fünf Arbeitnehmer über 18 Jahre beschäftigen. Die Mitglieder des Betriebsrats wählen aus ihrer Mitte den Betriebsratsvorsitzenden und seinen Stellvertreter.

Für ihre Tätigkeit müssen die Betriebsratsmitglieder so viele Stunden von ihrer beruflichen Arbeit befreit werden, wie sie zur Erfüllung ihrer Betriebsratsaufgaben benötigen. In einem Betrieb mit mindestens 200 Arbeitnehmern muss mindestens ein Betriebsratsmitglied ganz von der Arbeit freigestellt werden.

Die Mitgliederzahl des Betriebsrats ist abhängig von der Anzahl der wahlberechtigten Arbeitnehmer eines Betriebs.

Bei fünf bis 20 wahlberechtigten Arbeitnehmern wird nur ein einzelner Betriebsobmann gewählt.

Betriebsratswahl im Unternehmen

Wahlberechtigte Arbeitnehmer im Betrieb	Mitgliederzahl
21 bis 50	3
51 bis 100	5
101 bis 200	7
201 bis 400	9
401 bis 700	11
701 bis 1000	13
1001 bis 1500	15

Wahlberechtigte Arbeitnehmerim Betrieb	Mitgliederzahl
1501 bis 2000	17
2001 bis 2500	19
2501 bis 3000	21
3001 bis 3500	23
3501 bis 4000	25
4001 bis 4500	27
4501 bis 5000	28
5001 bis 6000	31
6001 bis 7000	33
7001 bis 9000	35

In Betrieben mit mehr als 9000 Arbeitnehmern erhöht sich die Zahl der Betriebsratsmitglieder um zwei Mitglieder für jede weiteren angefangenen 3000 Arbeitnehmer.

Allgemeine Aufgaben des Betriebsrats

Der Betriebsrat überwacht, dass im Betrieb alle zum Schutz der Arbeitnehmer erlassenen Gesetze, Verordnungen, Unfallverhütungsvorschriften und Tarifverträge eingehalten werden.

Darüber hinaus hat der Betriebsrat eine Reihe von Mitwirkungs- und Mitbestimmungsrechten.

DEFINITION

Mitbestimmung des Betriebsrats bedeutet: Die betriebliche Maßnahme wird erst mit Zustimmung des Betriebsrats wirksam.
Mitwirkung des Betriebsrats bedeutet: Der Betriebsrat hat ein Informations-, Beratungs- oder Anhörungsrecht. Durch den Widerspruch des Betriebsrats wird die vom Arbeitgeber angeordnete Maßnahme nicht unwirksam.

- **Mitbestimmung in sozialen Angelegenheiten**

  Der Betriebsrat hat in sozialen Angelegenheiten ein volles Mitbestimmungsrecht. Dazu gehören:
  - Kurzarbeit und Überstunden
  - Beginn und Ende der täglichen Arbeitszeit
  - Errichtung betrieblicher Sozialeinrichtungen (z. B. Kantinen und Aufenthaltsräume)
  - Entscheidung über Arbeitsplätze mit leistungsbezogenem Entgelt (Akkordlöhne oder Prämien)
  - Einführung von Arbeitskontrollen

Verweigert der Betriebsrat in diesen Angelegenheiten seine Zustimmung, so entscheidet eine **Einigungsstelle.** Die Einigungsstelle setzt sich aus der gleichen Anzahl von Vertretern des Arbeitgebers und des Betriebsrats sowie einem unparteiischen Vorsitzenden zusammen.

- **Mitwirkung bei personellen Angelegenheiten**

  Bei folgenden personellen Angelegenheiten hat der Betriebsrat ein **Zustimmungsverweigerungsrecht oder Widerspruchsrecht**:

  - Arbeitsplatzgestaltung
  - Beurteilungsfragen
  - Berufung und Abberufung von Ausbildern
  - Versetzungen
  - Umgruppierungen
  - Einstellungen

  In einem Unternehmen mit mehr als 20 wahlberechtigten Arbeitnehmern dürfen Einstellungen und Versetzungen grundsätzlich nur durchgeführt werden, wenn der Betriebsrat vorher zugestimmt hat (= volles Mitbestimmungsrecht). Wenn der Betriebsrat die Zustimmung verweigert, kann der Arbeitgeber sich an das Arbeitsgericht wenden. Das Arbeitsgericht ersetzt die Zustimmung des Betriebsrats, wenn der Betriebsrat die Zustimmung unbegründet verweigert hat.

  Bei **Kündigungen** von Arbeitnehmern hat der Betriebsrat nur ein **Anhörungsrecht**. Die Kündigung ist also unwirksam, wenn der Betriebsrat vor einer Kündigung nicht angehört wird. Der Betriebsrat kann eine Kündigung jedoch nicht verhindern. Auch wenn der Betriebsrat mit der Kündigung nicht einverstanden ist, kann der Arbeitgeber den Arbeitnehmer entlassen. Wenn der Betriebsrat einer ordentlichen Kündigung binnen einer Woche widersprochen hat und der Arbeitnehmer Kündigungsschutzklage erhoben hat, muss der Arbeitnehmer auf Wunsch jedoch bis zum rechtskräftigen Abschluss des Rechtsstreits weiterbeschäftigt werden.

- **Mitwirkung in wirtschaftlichen Angelegenheiten**

  In wirtschaftlichen Angelegenheiten hat der Betriebsrat nur ein **Informations-, Unterrichtungs- und Beratungsrecht**. In Unternehmen mit mehr als 100 Arbeitnehmern wird ein **Wirtschaftsausschuss** eingerichtet. Die Mitglieder dieses Ausschusses werden vom Betriebsrat bestimmt. Die Unternehmensleitung muss den Wirtschaftsausschuss umfassend über die wirtschaftliche und finanzielle Lage des Unternehmens unterrichten.

  Ein Widerspruch des Betriebsrats in wirtschaftlichen Angelegenheiten bleibt ohne Folgen. Letztlich kann hier der Arbeitgeber alleine entscheiden.

Betriebsvereinbarungen

Zwischen dem Betriebsrat und dem Arbeitgeber können Vereinbarungen geschlossen werden, die für die Arbeitnehmer eines Betriebs unmittelbar gelten. Diese Betriebsvereinbarungen müssen in schriftlicher Form getroffen und von Arbeitgeber und Betriebsrat unterzeichnet werden. Der Arbeitgeber ist verpflichtet, Betriebsvereinbarungen an einer geeigneten Stelle im Betrieb auszulegen oder auszuhängen.

Eine Sonderform der Betriebsvereinbarung ist der **Sozialplan**. Er soll die wirtschaftlichen Nachteile, die dem Arbeitnehmer durch eine geplante Betriebsänderung (z. B. Stilllegung oder Verlegung des Betriebs) entstehen, ausgleichen oder mildern.

Betriebsversammlungen

Der Betriebsrat muss einmal in jedem Kalendervierteljahr auf einer Betriebsversammlung alle Arbeitnehmer (einschließlich der Auszubildenden) über seine Tätigkeit informieren und sich der Diskussion stellen. Der Arbeitgeber muss ebenfalls zur Betriebsversammlung eingeladen werden. Er hat das Recht, auf den Betriebsversammlungen zu sprechen. Mindestens einmal im Jahr muss der Arbeitgeber oder sein Vertreter in einer Betriebsversammlung berichten über:

- das Personal- und Sozialwesen. Dabei muss er auch über den
  - Stand der Gleichstellung von Frauen und Männern im Betrieb und

  - die Integration der im Betrieb beschäftigten ausländischen Arbeitnehmer berichten.
- die wirtschaftliche Lage und Entwicklung des Betriebs
- den betrieblichen Umweltschutz

An den Betriebsversammlungen können Beauftragte der im Betrieb vertretenen Gewerkschaften beratend teilnehmen. Der Arbeitgeber kann Vertreter seines Arbeitgeberverbands hinzuziehen, wenn er an einer Betriebsversammlung teilnimmt.

Jugend- und Auszubildendenvertretung (JAV)

Die Jugend- und Auszubildendenvertretung kümmert sich um die besonderen Angelegenheiten der jugendlichen Arbeitnehmer unter 18 Jahren und der Auszubildenden unter 25 Jahren.

Eine Jugend- und Auszubildendenvertretung kann in Betrieben gewählt werden, in denen mindestens fünf Arbeitnehmer bis 18 Jahre oder Auszubildende bis 25 Jahre beschäftigt sind. Sie wird von allen Arbeitnehmern unter 18 Jahren und allen Auszubildenden unter 25 Jahren gewählt.

In die Jugend- und Auszubildendenvertretung können alle Arbeitnehmer des Betriebs gewählt werden, die noch nicht 25 Jahre alt sind. Die Amtsdauer der Jugend- und Auszubildendenvertretung beträgt zwei Jahre.

Die Jugend- und Auszubildendenvertretung bei der Arbeit

Die Zahl der Vertreter in der Jugend- und Auszubildendenvertretung richtet sich nach der Zahl der in dem Betrieb beschäftigten Jugendlichen bis 18 Jahre und der Auszubildenden bis 25 Jahre.

Vertretung in der JAV	
Jugendliche bis 18 Jahre bzw. Auszubildende bis 25 Jahre im Betrieb	Zahl der Vertreter
5 bis 20	1
21 bis 50	3
51 bis 200	5
201 bis 300	7
301 bis 600	9
601 bis 1000	11
über 1000	13

Für die Jugend- und Auszubildendenvertretung ist der Betriebsrat Ansprechpartner. Ein Vertreter der Jugend- und Auszubildendenvertretung kann an allen Sitzungen des Betriebsrats teilnehmen. Die gesamte Jugend- und Auszubildendenvertretung kann an der Betriebsratssitzung teilnehmen, wenn besondere Probleme der Jugendlichen und Auszubildenden im Betrieb zur Debatte stehen. Die Jugend- und Auszubildendenvertreter haben im Betriebsrat dann Stimmrecht, wenn die Beschlüsse des Betriebsrats überwiegend jugendliche Arbeitnehmer oder Auszubildende betreffen.

Mitwirkungs- und Beschwerderechte des einzelnen Arbeitnehmers

Bei den Rechten des einzelnen Arbeitnehmers handelt es sich in erster Linie um Informations- und Anhörungsrechte zur Person des Arbeitnehmers, die im Betriebsverfassungsgesetz genannt sind, und zu seinem Arbeitsplatz. Der Arbeitnehmer kann z. B. verlangen, dass ihm die Berechnung und die Zusammensetzung seines Gehalts erläutert werden. Auch seine Leistungsbeurteilung und seine beruflichen Entwicklungsmöglichkeiten im Betrieb müssen mit ihm erörtert werden, wenn er es wünscht. Dazu kann er ein Mitglied des Betriebsrats hinzuziehen.

Der Arbeitnehmer hat das Recht, sich über den Inhalt seiner Personalakte zu informieren. Auch dazu kann er ein Betriebsratsmitglied hinzuziehen. Er hat die Möglichkeit, zum Inhalt der Personalakte Erklärungen abzugeben. Er kann verlangen, dass diese Erklärungen der Personalakte beigefügt werden.

Der Arbeitnehmer darf sich bei der zuständigen Stelle des Betriebs (z. B. Geschäftsinhaber, Geschäftsführer) beschweren, wenn er sich benachteiligt oder ungerecht behandelt fühlt. Dabei kann er ein Betriebsratsmitglied zu seiner Unterstützung hinzuziehen.

AUFGABEN

1. Wie viele wahlberechtigte Arbeitnehmer müssen in einem Betrieb beschäftigt sein, damit ein Betriebsrat gewählt werden darf?
2. Was versteht man unter Mitbestimmung des Betriebsrats?
3. Was versteht man unter Mitwirkung des Betriebsrats?
4. In welchen sozialen Angelegenheiten hat der Betriebsrat ein volles Mitbestimmungsrecht?
5. In welchen Fällen ist eine Entscheidung des Arbeitgebers ohne Zustimmung des Betriebsrats ungültig?
6. In welchen Angelegenheiten hat der Betriebsrat nur ein Informationsrecht?
7. Welche Folgen hat es, wenn einem Angestellten gekündigt wurde, ohne dass der Betriebsrat angehört wurde?
8. Ein Unternehmer will einen zusätzliche Angestellten einstellen. Der Betriebsrat stimmt der Einstellung nicht zu. Kann der Angestellte trotzdem eingestellt werden? Begründen Sie Ihre Antwort.
9. Welche Personen dürfen zu Jugend- und Auszubildendenvertretern gewählt werden?
10. An wen muss sich die Jugend- und Auszubildendenvertretung in Streitfällen wenden?
11. Zwischen wem werden Betriebsvereinbarungen abgeschlossen?
12. Wie oft müssen Betriebsversammlungen in einem Jahr mindestens stattfinden?
13. Ein Angestellter liest in seiner Personalakte, dass er häufig zu spät gekommen sei. Tatsächlich ist er bisher nur zweimal verspätet zur Arbeit gekommen. Was kann er tun?
14. Was kann durch Betriebsvereinbarungen geregelt werden?

ZUSAMMENFASSUNG

Der Betriebsrat

- achtet auf Gleichbehandlung aller Betriebsangehörigen,
- überwacht die Einhaltung von Arbeitsgesetzen, Verordnungen, Tarifverträgen und Betriebsvereinbarungen,
- schließt mit dem Arbeitgeber Betriebsvereinbarungen ab,
- führt regelmäßig Betriebsversammlungen durch.

Wahl des Betriebsrats

- Er kann in Betrieben mit mindestens fünf wahlberechtigten Arbeitnehmern für vier Jahre gewählt werden.
- Wahlberechtigt sind alle Arbeitnehmer über 18 Jahre.
- Wählbar sind alle wahlberechtigten Arbeitnehmer, die seit mindestens sechs Monaten in dem Betrieb beschäftigt sind.

Aufgaben des Betriebsrats

Mitwirkung
(= Anhörung oder Unterrichtung)

Mitbestimmung
(= Mitentscheiden)

bei wirtschaftlichen Angelegenheiten

bei personellen Angelegenheiten

bei sozialen Angelegenheiten

Jugend- und Auszubildendenvertretung (JAV)

- Sie vertritt in Betrieben mit mindestens fünf Arbeitnehmern unter 18 Jahren oder Auszubildenden unter 25 Jahren die Interessen der Jugendlichen und Auszubildenden im Betrieb.
- Sie wird von allen Arbeitnehmern unter 18 Jahren und Auszubildenden unter 25 Jahren für zwei Jahre gewählt.
- Wählbar sind Arbeitnehmer und Auszubildende, die noch nicht 25 Jahre alt sind.

Rechte des einzelnen Arbeitnehmers

- Informations- und Anhörungsrecht in Angelegenheiten, die seine Person oder seinen Arbeitsplatz betreffen
- Recht, seine Personalakte einzusehen
- Beschwerderecht

Man versteht erst dann etwas richtig, wenn man versucht, es einem anderen zu erklären. Dies führt zu einer eigenen gründlichen Auseinandersetzung mit dem gerade behandelten Thema.

1. Suchen Sie sich einen Partner.
2. Lesen Sie noch einmal die Zusammenfassung. Bei Verständnisproblemen schlagen Sie ggf. noch einmal im Informationstext nach.
3. Einer von Ihnen erläutert die Zusammenfassung dem Partner.
4. Dieser achtet auf Korrektheit und Vollständigkeit und wiederholt noch einmal.

ICH ÜBERPRÜFE MEINE NEU ERWORBENEN KOMPETENZEN

Den Erwerb der zu Beginn aufgeführten Kompetenzen können Sie selbst mithilfe der folgenden Tabelle überprüfen.

Wenn Sie alle Aufgaben, die hinter einer Kompetenz stehen, gelöst haben, machen Sie ein Kreuz bei „Ganz“.

Bei den Kompetenzen, bei denen Sie Aufgaben „Teilweise“ oder „Gar nicht“ gelöst haben, sollten Sie den dazugehörigen Informationstext noch einmal lesen und die Aufgaben anschließend noch einmal bearbeiten.

Was ich nach der Bearbeitung dieses Kapitels kann	Aufgaben	Ganz	Teilweise	Gar nicht
Ich kann ...				
... die gesetzlichen Regelungen zur Wahl eines Betriebsrates erläutern.	1			
... Mitwirkungsrechte und Mitbestimmungsrechte des Betriebsrats unterscheiden.	2, 3			
... Mitbestimmungsrechte des Betriebsrats in sozialen Angelegenheiten nennen.	4, 5			
... Mitwirkungsrechte des Betriebsrats in wirtschaftlichen Angelegenheiten nennen.				
... Mitwirkungs- und Mitbestimmungsrechte des Betriebsrats in personellen Angelegenheiten nennen.	7, 8			
... die Rechte des Betriebsrats bei Einstellungen und Kündigungen von Mitarbeitern erläutern.	8			
... die Bedeutung von Betriebsvereinbarungen darstellen.	14			
... die Bedeutung von Betriebsversammlungen darstellen.	12			
... die gesetzlichen Regelungen zur Wahl von Jugend- und Auszubildendenvertretungen erläutern.	9			
... die Aufgaben und Einflussmöglichkeiten von Jugend- und Auszubildendenvertretungen erläutern.	10			
... Mitwirkungsrechte des einzelnen Arbeitnehmers nennen.	13			

1.18 Notwendigkeit und Grenzen sozialer Sicherung

Problemstellung

Stefanie Beyer hat ihre erste Ausbildungsvergütungsabrechnung bekommen.

Sie stellt fest, dass ihr von ihrer Bruttoausbildungsvergütung Sozialabgaben abgezogen worden sind:

Ergebnis:	
Bruttoeinkommen:	**805,00 €**
Abgaben des Arbeitnehmers:	
Lohnsteuer:	0,00 €
Solidaritätszuschlag:	0,00 €
Kirchensteuer:	0,00 €
Steuern gesamt:	**0,00 €**
Sozialabgaben:	
Krankenversicherung:	64,00 €
Pflegeversicherung:	12,28 €
Arbeitslosenversicherung:	9,66 €
Rentenversicherung:	74,87 €
Sozialabgaben gesamt:	**160,81 €**
Nettolohn:	**644,19 €**
Abgaben des Arbeitgebers:	
Rentenversicherung:	74,87 €
Arbeitslosenversicherung:	9,66 €
Krankenversicherung:	64,00 €
Pflegeversicherung:	12,28 €
Summe der Sozialabgeben Arbeitgeber:	**160,81 €**
Gesamtbelastung Arbeitgeber:	**965,81 €**

1. Welche Sozialabgaben sind von Stefanie Beyers Ausbildungsvergütung abgezogen worden?
2. Welche Ansprüche erwirbt sie durch die einbehaltenen Abzüge?

EINORDNUNG DES THEMAS

Lernfeld 1: Das Einzelhandelsunternehmen repräsentieren

Betrieb erkunden | Kompetenzen erwerben | Stellung des Betriebes | Ziele des Betriebes | Betriebs- und Verkaufsformen | Gliederung des Betriebes | Warenfluss im Betrieb | Berufsausbildung | Tarifvertrag | Jugendarbeitsschutz | Mitbestimmung | **Soziale Sicherung** | Präsentation

Kompetenzen

Nach Bearbeitung dieses Kapitels können Sie ...

... die Zweige der gesetzlichen Sozialversicherung und deren Träger nennen.
... die Bedeutung von Beitragsbemessungsgrenzen erläutern.
... die Personengruppen nennen, die in den einzelnen Sozialversicherungszweigen versicherungspflichtig sind.
... einen Überblick über die Leistungen der einzelnen Sozialversicherungszweige geben.
... die Notwendigkeit der sozialen Sicherung und der privaten Vorsorge in der Bundesrepublik Deutschland erläutern.
... die Ziele und Grenzen der sozialen Sicherung erläutern.

INFORMATIONSTEXT

Die Sozialversicherung ist in der Bundesrepublik Deutschland der weitaus wichtigste Teil der sozialen Sicherung.

Die fünf Zweige der Sozialversicherung sind:

- die gesetzliche Rentenversicherung
- die gesetzliche Krankenversicherung
- die soziale Pflegeversicherung
- die Arbeitslosenversicherung
- die gesetzliche Unfallversicherung

Die Sozialversicherung ist eine gesetzliche Pflichtversicherung, der die Mehrheit der Bevölkerung angehören muss. Sie wird durch Beitrage finanziert, die von den versicherten Arbeitnehmern und deren Arbeitgebern aufgebracht werden müssen.

Die Arbeitgeber müssen Arbeitnehmer innerhalb von 14 Tagen, nachdem sie sie eingestellt haben, bei der gesetzlichen Krankenkasse zur Sozialversicherung anmelden.

Die Beiträge zur Kranken-, Pflege-, Renten- und Arbeitslosenversicherung müssen von den Arbeitgebern an die gesetzliche Krankenkasse abgeführt werden. Die Krankenkasse leitet dann die Beiträge für gesetzliche Rentenversicherung und die Arbeitslosenversicherung an die gesetzliche Rentenversicherung und die Arbeitslosenversicherung weiter.

Die gesetzliche Rentenversicherung

In der gesetzlichen Rentenversicherung sind alle Arbeiter, Angestellten, kaufmännischen und gewerblichen Auszubildenden pflichtversichert.

Alle **Rentenversicherungsträger** – die Bundesversicherungsanstalt für Angestellte (BfA), die 22 Landesversicherungsanstalten (LVA), die Bundesknappschaft, die Bahnversicherungsanstalt und die Seekasse – sowie der Verband der Deutschen Rentenversicherungsträger (VDR) sind unter einem Dach zusammengeschlossen. Sie treten jetzt gemeinsam unter dem Namen **„Deutsche Rentenversicherung“** auf.

Der Beitrag des einzelnen Arbeitnehmers zur gesetzlichen Rentenversicherung hängt von seinem Bruttogehalt oder Bruttolohn ab. Im Jahr 2022 müssen 18,6 % des Bruttogehalts oder Bruttolohns als Rentenversicherungsbeitrag entrichtet werden. Die Hälfte des Beitrags (9,3 %) wird dem versicherten Arbeitnehmer vom Lohn oder Gehalt abgezogen. Die andere Hälfte muss der Arbeitgeber zahlen. Bei der Ermittlung des Rentenversicherungsbeitrags wird der Bruttoverdienst jedoch nur bis zu einer festgesetzten Höchstgrenze berücksichtigt. Diese Beitragsbemessungsgrenze steigt jährlich. Im Jahr 2022 liegt diese Grenze in den alten Bundesländern bei 7.050,00 € und in den neuen Bundesländern bei 6.750,00 € monatlich.

Generationenvertrag

Die Leistungen der gesetzlichen Rentenversicherung werden aus den Beiträgen der Versicherten (Arbeitnehmer- und Arbeitgeberanteil) und einem Bundeszuschuss aus Steuermitteln gezahlt. Die Altersruhegelder, Hinterbliebenenrenten und Erwerbsminderungsrenten für die jetzigen Rentner werden also im Wesentlichen aus den Beiträgen der heutigen Arbeitnehmer gezahlt. Die heutigen Arbeitnehmer verlassen sich darauf, dass ihre Rente später durch die Beiträge der nachfolgenden Generationen gezahlt wird. Dieses Finanzierungsverfahren wird als **Umlageverfahren** oder Generationenvertrag bezeichnet.

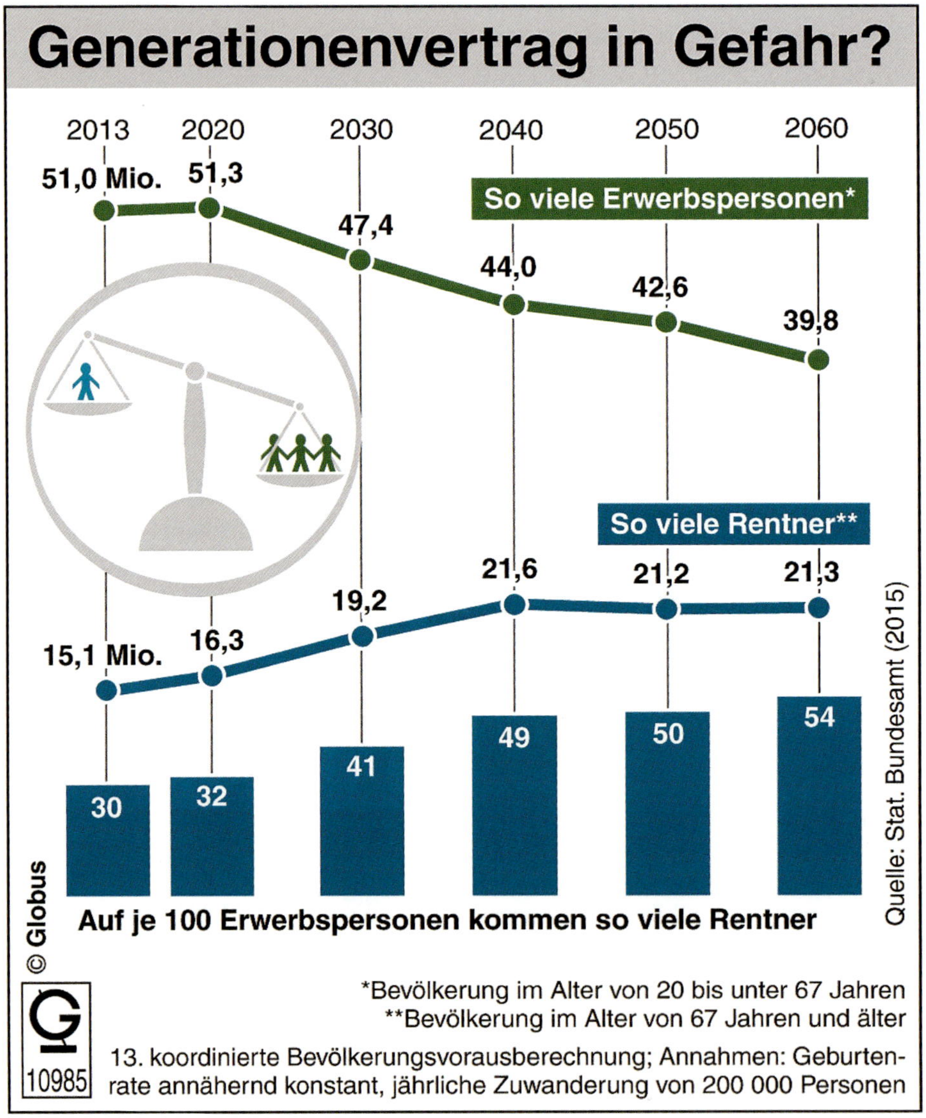

Altersrente

Bei der Altersrente unterscheidet man:

- **Regelaltersrente:** Sie wird ab Vollendung des 65. Lebensjahres gezahlt. Die Altersgrenze wird zwischen 2012 und 2029 schrittweise von 65 Jahren auf 67 Jahre angehoben.
- **Altersrente für besonders langjährig Versicherte:** Wer eine Wartezeit von 45 Jahren erfüllt hat, kann mit 65 Jahren ohne Abschläge in Rente gehen.
- **Altersrente für langjährig Versicherte:** Die Altersgrenze für eine abschlagsfreie Altersrente erhöht sich für langjährig Versicherte (ab Geburtsjahrgang 1949) stufenweise von 65 auf 67 Jahre.

Langjährig Versicherte können ab dem 63. Lebensjahr vorzeitig Altersrente mit einem Abschlag von 14,4 % beziehen.

- **Altersrente für schwerbehinderte Versicherte:** Die Altersgrenze für eine abschlagsfreie Altersrente wird (ab Geburtsjahrgang 1952) stufenweise von 63 auf 65 Jahre angehoben. Gleichzeitig wird die Altersgrenze für eine vorzeitige Altersrente von 60 auf 62 Jahre angehoben.
(vgl.: *www.deutsche-rentenversicherung.de*)

Renten für morgen

Wer 1964 oder später geboren wurde, kann unter folgenden Bedingungen in Rente gehen:

Rentenart	Reguläre Altersgrenze	Vorzeitiger Rentenbezug* ab ...	Voraussetzungen
Regelaltersrente	67	67	5 Jahre Wartezeit = Mindestversicherungszeit (Beitragszeiten, Ersatzzeiten, Zeiten aus Versorgungsausgleich oder Rentensplitting, Zeiten aus 400-Euro-Jobs)
Altersrente für besonders langjährig Versicherte	65	65	45 Jahre Wartezeit (Pflichtbeitragszeiten aus Beschäftigung oder selbstständiger Tätigkeit, Berücksichtigungszeiten)
Altersrente für langjährig Versicherte	67	63	35 Jahre Wartezeit (Beitragszeiten, Ersatzzeiten, Zeiten aus Versorgungsausgleich oder Rentensplitting, Anrechnungs- und Berücksichtigungszeiten, Zeiten aus 400-Euro-Jobs)
Altersrente für schwerbehinderte Menschen	65	62	35 Jahre Wartezeit; bei Rentenbeginn als schwerbehindert anerkannt

* für jeden Monat vorzeitiger Inanspruchnahme wird die Rente dauerhaft um 0,3 % gekürzt

ZAHLENBILDER 149 393

Erwerbsminderungsrente

Wer aus gesundheitlichen Gründen nur noch unter drei Stunden täglich arbeiten kann, erhält eine volle Erwerbsminderungsrente. Wer noch drei bis unter sechs Stunden täglich arbeiten kann, erhält eine halbe Erwerbsminderungsrente. Wer noch sechs Stunden täglich und länger arbeiten kann, hat keinen Rentenanspruch.

Hinterbliebenenrente

Wenn ein Versicherter stirbt, zahlt die gesetzliche Rentenversicherung Hinterbliebenenrente. Sie zahlt auch, wenn der Versicherte gestorben ist, ohne vorher selbst Rentner gewesen zu sein. Der Verstorbene muss allerdings die Wartezeit für die Erwerbsminderungsrente erfüllt haben. Frauen und Männer erhalten eine Witwen- oder Witwerrente, wenn der Ehegatte stirbt. Die Witwe oder der Witwer bekommt 60 % von der Rente des verstorbenen Ehegatten. Eigenes Einkommen der Witwe oder des Witwers wird jedoch zum Teil auf die Witwen- oder Witwerrente angerechnet.

Kinder des Verstorbenen erhalten Waisenrente bis zur Vollendung des 18. Lebensjahres. Sie können Waisenrente bis zur Vollendung des 25. Lebensjahres beziehen, wenn sie sich noch in einer Schul- oder Berufsausbildung befinden.

Sonstige Leistungen

Die gesetzliche Rentenversicherung zahlt die Beiträge der Rentner zur gesetzlichen Krankenversicherung zur Hälfte. Die andere Hälfte wird den Rentenempfängern von ihrer Rente abgezogen.

Die Rentenversicherung zahlt jedoch nicht nur Renten. Zu ihren Aufgaben gehört es auch, die Erwerbsfähigkeit der Versicherten zu erhalten, zu bessern und wiederherzustellen. In diesem Rahmen bietet die Deutsche Rentenversicherung Heilbehandlungen (besonders Kuren) und Berufsförderungsmaßnahmen an.

Dynamische Rente

Die Renten werden in der Regel den jährlichen Entgeltsteigerungen (= Lohn und Gehaltssteigerungen) der rentenversicherungspflichtigen Arbeitnehmer angepasst. Dabei erfolgt die Rentenanpassung unter Berücksichtigung eines Nachhaltigkeitsfaktors. Dieser Nachhaltigkeitsfaktor berücksichtigt das Verhältnis von Rentenempfängern und Beitragszahlern. Die Rentenanpassung orientiert sich dabei nur an dem gesamten beitragspflichtigen Bruttoentgelt. Damit führen weniger Beitragszahler zu einer geringeren Rentenerhöhung. Mehr Beitragszahler bewirken dagegen eine stärkere Rentenerhöhung.

Die gesetzliche Krankenversicherung

In der gesetzlichen Krankenversicherung sind Arbeiter, Angestellte, Auszubildende, Arbeitslose, Rentner und Studenten pflichtversichert. Angestellte und Arbeiter sind nur dann pflichtversichert, wenn ihr monatliches Entgelt eine bestimmte Grenze nicht übersteigt. Diese Versicherungspflichtgrenze beträgt in den alten Bundesländern und in den neuen Bundesländern 5.362,50 € monatlich (Stand 2022). Angestellte und Arbeiter, deren Gehalt die Versicherungspflichtgrenze überschreitet, können der gesetzlichen Krankenversicherung freiwillig beitreten oder sich freiwillig bei einer privaten Krankenversicherung versichern. Selbstständige und Freiberufler, wie z. B. Architekten oder Rechtsanwalte, können der gesetzlichen Krankenversicherung ebenfalls freiwillig beitreten.

Träger der gesetzlichen Krankenversicherung sind die

- Allgemeinen Ortskrankenkassen (AOK),
- Ersatzkassen,
- Betriebskrankenkassen,
- Innungskrankenkassen,
- landwirtschaftlichen Krankenkassen,
- Knappschaft (inklusive See-Krankenversicherung).

Die Beiträge der einzelnen Arbeitnehmer richten sich nach ihren Einkommen. Der allgemeine Beitragssatz liegt 2022 bei 14,6 % vom monatlichen Bruttoverdienst. Für die Krankenversicherung können die einzelnen Krankenkassen einen Zusatzbeitrag erheben. Den Krankenkassenbeitrag einschließlich des Zusatzbeitrags bezahlen Arbeitnehmer und Arbeitgeber je zur Hälfte.

Die Beitragsbemessungsgrenze der gesetzlichen Krankenversicherung beträgt in den alten und in den neuen Bundesländern monatlich 4.837,50 € (Stand 2022).

Die Träger der gesetzlichen Krankenversicherung (AOK, Ersatzkassen usw.) zahlen bei Erkrankung eines Arbeitnehmers Krankenpflege und Krankengeld.

Krankenpflege

Die Krankenpflege beinhaltet u. a.

- die ärztliche und zahnärztliche Behandlung,
- die Versorgung mit Arznei-, Verbands-, Heilmitteln, Körperersatzstücken (Prothesen), orthopädischen und anderen Hilfsmitteln,
- Zuschüsse zu den Kosten für Zahnersatz und Zahnkronen,
- Krankenhauspflege,
- häusliche Krankenpflege,
- das Stellen einer Haushaltshilfe.

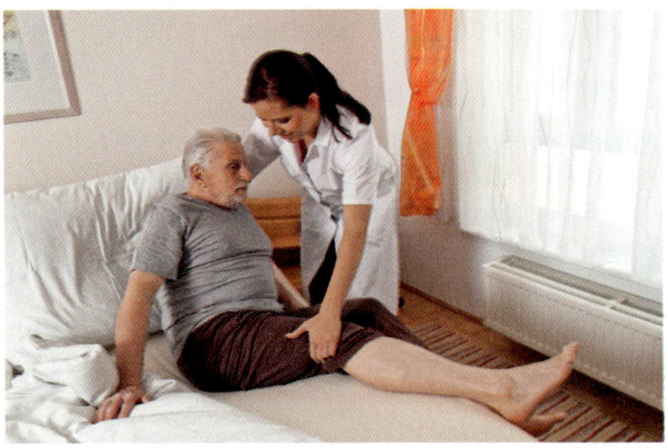
Auch bei häuslicher Krankenpflege muss zugezahlt werden

Bei sämtlichen Arzneimitteln muss der versicherungspflichtige Arbeitnehmer 10 %, mindestens jedoch 5,00 € und höchstens 10,00 €, selbst zahlen. Kinder und Jugendliche bis zum 18. Lebensjahr sind von diesen Zuzahlungen befreit.

Krankenhaus- und Rehaklinikpatienten zahlen 10,00 € pro Tag für höchstens 28 Tage.

Für Heilmittel, Krankengymnastik, Massagen und Hilfsmittel sind 10 % der Kosten und 10,00 € je Verordnung zu übernehmen. Auch bei häuslicher Krankenpflege und einer Haushaltshilfe muss der Krankenversicherte zuzahlen.

Für Brillen und Kontaktlinsen (Ausnahme: Kinder bis 18 Jahre und Sehbehinderte), Fahrtkosten zu einer ambulanten Behandlung (Ausnahmen), Medikamente, die nicht verschreibungspflichtig sind, gibt es keine Zuschüsse der gesetzlichen Krankenversicherung.

Die Zuzahlungen sind für die Versicherungspflichtigen jedoch auf 2 % ihres beitragspflichtigen Bruttoeinkommens pro Jahr begrenzt. Chronisch Kranke zahlen höchstens 1 % ihres beitragspflichtigen Bruttoeinkommens pro Jahr.

Krankengeld

Die Krankenkasse zahlt Krankengeld ab der siebten Woche, wenn ein Arbeitnehmer wegen Krankheit arbeitsunfähig ist. In den ersten sechs Wochen erhält der Arbeitnehmer eine Entgeltfortzahlung durch seinen Arbeitgeber. Das Krankengeld beträgt 70 % des durchschnittlichen Bruttoverdienstes. Es darf jedoch nicht höher sein als der letzte Nettoverdienst. Krankengeld wird innerhalb eines Zeitraums von drei Jahren für höchstens 78 Wochen bezahlt.

Maßnahmen zur Früherkennung von Krankheiten

Die gesetzliche Krankenversicherung gewährt ihren Mitgliedern nicht nur Schutz bei Krankheiten, sondern auch Schutz vor Krankheiten durch kostenlose Maßnahmen zur Früherkennung. Frauen ab dem 20. Lebensjahr und Männer ab dem 45. Lebensjahr können einmal im Jahr auf Kosten ihrer Krankenkasse zur Krebsvorsorge gehen. Versicherte können ihre Kinder bis zum vierten Lebensjahr in regelmäßigen Abständen untersuchen lassen. Durch diese Früherkennungsuntersuchungen sollen angeborene Leiden oder Entwicklungsschäden schon in den ersten Lebensjahren festgestellt werden, da sie dann meist besser geheilt werden können.

Mutterschaftshilfe

Die gesetzliche Krankenkasse gewährt Schwangeren Mutterschaftshilfe. Zur Mutterschaftshilfe gehören

- Mutterschaftsvorsorgeuntersuchungen,
- Hilfe bei der Entbindung durch eine Hebamme und, falls erforderlich, durch einen Arzt,
- Pflege in einer Entbindungsklinik oder Hauspflege.

Außerdem erhalten Mütter, die Mitglied in der gesetzlichen Krankenversicherung sind, Mutterschaftsgeld. Es wird innerhalb der Mutterschutzfrist von sechs Wochen vor und acht bzw. zwölf Wochen nach der Entbindung gezahlt.

Familienhilfe

Die Leistungen der gesetzlichen Krankenversicherung erhält nicht nur der Versicherte selbst, sondern auch seine Familienangehörigen. Ehegatten und unterhaltsberechtigte Kinder sind mitversichert, wenn sie kein eigenes Einkommen oberhalb bestimmter Grenzen beziehen. Für diese Familienangehörigen muss der Versicherte keine besonderen Beiträge zahlen.

Die mitversicherten Familienangehörigen haben Anspruch auf Krankenpflege und Maßnahmen zur Früherkennung von Krankheiten in demselben Umfang wie der Versicherte. Krankengeld bekommen sie nicht. Mitversicherte Familienangehörige erhalten auch Mutterschaftshilfe.

Sonstige Hilfen

Zu den Leistungen der gesetzlichen Krankenversicherung gehören auch ärztliche Beratungen über Empfängnisverhütung und Familienplanung sowie Leistungen bei Schwangerschaftsabbruch.

Soziale Pflegeversicherung

In der sozialen Pflegeversicherung sind alle Personen versichert, die in der gesetzlichen Krankenversicherung versichert sind (Arbeiter, Angestellte, Auszubildende, Arbeitslose, Rentner und Studenten).

Träger der sozialen Pflegeversicherung sind die bei den gesetzlichen Krankenversicherungen errichteten Pflegekassen.

Die soziale Pflegeversicherung gewährt den versicherten Pflegebedürftigen Leistungen zur Verbesserung der häuslichen Pflege (ambulante Pflege) und Leistungen bei stationärer Pflege, z. B. in einem Pflegeheim.

Die Beiträge zur sozialen Pflegeversicherung betragen 3,05 % des monatlichen Einkommens. Arbeitnehmer und Arbeitgeber zahlen jeweils die Hälfte der genannten Beiträge. Kinderlose Versicherte, die älter als 23 Jahre sind, müssen einen Zusatzbeitrag von 0,35 % zahlen. Die Beitragsbemessungsgrenze der sozialen Pflegeversicherung entspricht der Beitragsbemessungsgrenze der gesetzlichen Krankenversicherung.

Arbeitslosenversicherung

Der gesetzlichen Arbeitslosenversicherung gehören alle Arbeiter, Angestellten und Auszubildenden an.

Der Träger der Arbeitslosenversicherung ist die Bundesagentur für Arbeit. Die örtlichen Agenturen für Arbeit sind Zweigstellen der Bundesagentur für Arbeit.

Die Beiträge zur Arbeitslosenversicherung werden je zur Hälfte von Arbeitnehmern und Arbeitgebern gezahlt. Im Jahr 2022 beträgt der Beitrag zur Arbeitslosenversicherung 2,4 % des Bruttoverdienstes. Die Beitragsbemessungsgrenze der Arbeitslosenversicherung entspricht der Beitragsbemessungsgrenze der Rentenversicherung (Stand 2022: 7.050,00 € in den alten und 6.750,00 € in den neuen Bundesländern), d. h., der Verdienst eines Arbeitnehmers in den alten Bundesländern, der 7.050,00 € monatlich übersteigt, wird bei der Berechnung des Beitrags zur Arbeitslosenversicherung nicht berücksichtigt.

Für Arbeitnehmer, deren monatlicher Verdienst aus allen Arbeitseinkommen zusammen unter 450,00 € liegt und die keinerlei sonstige Einkünfte erhalten, zahlt der Arbeitgeber die Sozialversicherungsbeiträge allein. Er muss einen Pauschbetrag von 28 % an die Rentenversicherung (15 %) und die gesetzliche Krankenversicherung (13 %) allein bezahlen. Für Auszubildende liegt diese Grenze bei 325,00 € monatlich (Stand 2022).

Arbeitslosengeld I

Ein arbeitsloser Arbeitnehmer muss sich bei der zuständigen Agentur für Arbeit arbeitslos melden. Dort kann er Arbeitslosengeld beantragen.

Die Arbeitslosenversicherung zahlt an Arbeitnehmer, die **unfreiwillig arbeitslos geworden sind**, Arbeitslosengeld. Ein Arbeitsloser, der in den letzten zwei Jahren vor Beginn der Arbeitslosigkeit mindestens 52 Wochen (360 Kalendertage) versicherungspflichtig beschäftigt war, hat Anspruch auf Arbeitslosengeld. Er muss arbeitsfähig und arbeitswillig sein. Und er muss jede zumutbare Arbeit annehmen, die er ausüben kann.

Das Arbeitslosengeld beträgt für Arbeitslose mit mindestens einem Kind, für das sie noch unterhaltspflichtig sind, 67 % vom durchschnittlichen Nettoverdienst der letzten zwölf Monate. Für Arbeitslose ohne unterhaltspflichtige Kinder beträgt das Arbeitslosengeld 60 % vom durchschnittlichen Nettoverdienst.

Die Dauer der Arbeitslosengeldzahlung ist von sechs Monaten (= 156 Wochentage) bis 24 Monate (= 468 Wochentage) gestaffelt. Sie ist abhängig von der Dauer der vorhergehenden versicherungspflichtigen Beschäftigungszeit und dem Lebensalter des Arbeitslosen. Wer mindestens zwölf Monate beschäftigt war, erhält sechs Monate Arbeitslosengeld. Arbeitslosen, die junger als 50 Jahre sind, wird höchstens zwölf Monate Arbeitslosengeld gezahlt.

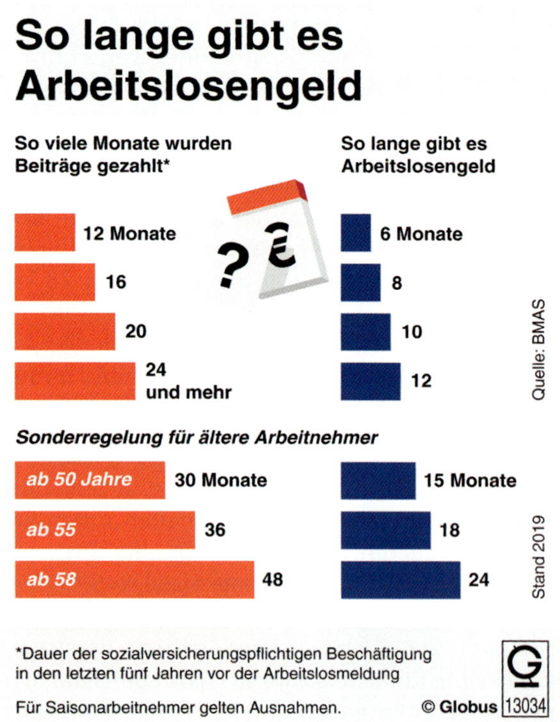

Nach Vollendung des 50. Lebensjahres beträgt die Bezugsdauer des Arbeitslosengeldes höchstens 15 Monate, über 55 Jahre 18 Monate und über 58 Jahre 24 Monate.

Arbeitslosengeld II

Wenn die Bezugsdauer für Arbeitslosengeld I abgelaufen ist, wird nur noch Arbeitslosengeld II gezahlt. Arbeitslosengeld II wird nicht aus den Beiträgen zur Arbeitslosenversicherung, sondern aus Mitteln der Bundesregierung finanziert.

Arbeitslosengeld II wird nur an bedürftige Arbeitslose gezahlt. Ein Arbeitsloser ist dann bedürftig, wenn das Vermögen und das Einkommen des Arbeitslosen und seiner Familienangehörigen für den Lebensunterhalt nicht ausreichen. Auch das Einkommen und Vermögen einer Person, mit der ein Arbeitsloser in eheähnlicher Gemeinschaft lebt, wird bei der Prüfung der Bedürftigkeit berücksichtigt.

Bedürftige Arbeitslose erhalten Arbeitslosengeld II, ihre Angehörigen Sozialgeld. Alleinstehende und Alleinerziehende haben Anspruch auf die volle Regelleistung von 449,00 €. Erwachsene Partner erhalten jeweils 90 % dieses Betrags (404,00 €). Für Kinder bis zur Vollendung des 5. Lebensjahres gibt es 285,00 €, für Kinder von sechs Jahren bis 13 Jahren 311,00 €, für Kinder zwischen 14 Jahren und 17 Jahren 376,00 €.

Sonstige Leistungen für Arbeitslose

Die Arbeitslosenversicherung zahlt für die Bezieher von Arbeitslosengeld die Beiträge zur gesetzlichen Kranken- und Rentenversicherung.

Arbeitnehmer, die bei Insolvenz ihres Arbeitgebers noch Arbeitsentgelt für die vorausgegangenen drei Monate beanspruchen können, erhalten von der Agentur für Arbeit Insolvenzgeld als Ausgleich für das nicht gezahlte Arbeitsentgelt.

Maßnahmen zur Arbeits- und Berufsförderung

Die Leistungen der Arbeitslosenversicherung beschränken sich nicht nur auf die Unterstützungszahlungen bei Arbeitslosigkeit. Damit es erst gar nicht zu lang andauernder Arbeitslosigkeit kommt, werden von der Bundesagentur für Arbeit Maßnahmen zur Arbeits- und Berufsförderung angeboten. Dazu gehören:

- die Arbeitsvermittlung
- die Berufsberatung
- die Gewährung von berufsfördernden Leistungen zur Rehabilitation (= Wiederherstellung) körperlich, geistig und seelisch Behinderter.

Die Bundesagentur für Arbeit fördert die berufliche Ausbildung, Umschulung und Einarbeitung:

- An Auszubildende zahlt sie unter bestimmten Voraussetzungen eine Berufsausbildungsbeihilfe.
- In beruflichen Umschulungen werden Arbeitsuchenden Kenntnisse und Fähigkeiten vermittelt, die ihnen den Wechsel in einen anderen, aussichtsreicheren Beruf ermöglichen.

Leistungen zur Erhaltung und Schaffung von Arbeitsplätzen

Die Bundesanstalt für Arbeit versucht durch Zahlung von Kurzarbeitergeld und durch Maßnahmen zur Arbeitsbeschaffung Arbeitsplätze zu erhalten und neue Arbeitsplätze zu schaffen.

Arbeitnehmer erhalten **Kurzarbeitergeld** als Ausgleich für den Verdienstausfall, der durch eine vorübergehende Verkürzung ihrer Arbeitszeit verursacht wird.

Gesetzliche Unfallversicherung

In der gesetzlichen Unfallversicherung sind alle Arbeitnehmer und Auszubildenden gegen Arbeitsunfälle und Berufskrankheiten versichert.

Die Berufsgenossenschaft für den Einzelhandel ist der Träger der gesetzlichen Unfallversicherung für Arbeitnehmer und Auszubildende im Einzelhandel. Die Beiträge zur gesetzlichen Unfallversicherung werden allein vom Arbeitgeber aufgebracht.

Leistungen nach einem Arbeitsunfall

Die gesetzliche Unfallversicherung bietet Versicherungsschutz nach Arbeitsunfällen. Arbeitsunfälle sind Unfälle, die im Zusammenhang mit der Berufsausübung eintreten, wie Unfälle während der Arbeit, Wegeunfälle und Berufskrankheiten.

Wegeunfälle sind Unfälle, die sich auf dem Weg von und zur Arbeit ereignen.

Berufskrankheiten sind Krankheiten, die durch besonders schädigende Einflusse am Arbeitsplatz (z. B. Schadstoffe, Lärm) verursacht wurden.

Die Berufsgenossenschaft leistet nach einem Arbeitsunfall:

- Heilbehandlung des Unfallverletzten (ärztliche und zahnärztliche Behandlung, Arznei- und Verbandsmittel, Heilmittel, Ausstattung mit Prothesen und Gewährung von Pflege bei Hilflosigkeit)
- Berufshilfe für den Unfallverletzten (z. B. Umschulungen)
- finanzielle Entschädigung für Unfallfolgen (Verletztenrente, Witwen- und Waisenrente, Verletztengeld, das dem Krankengeld entspricht)

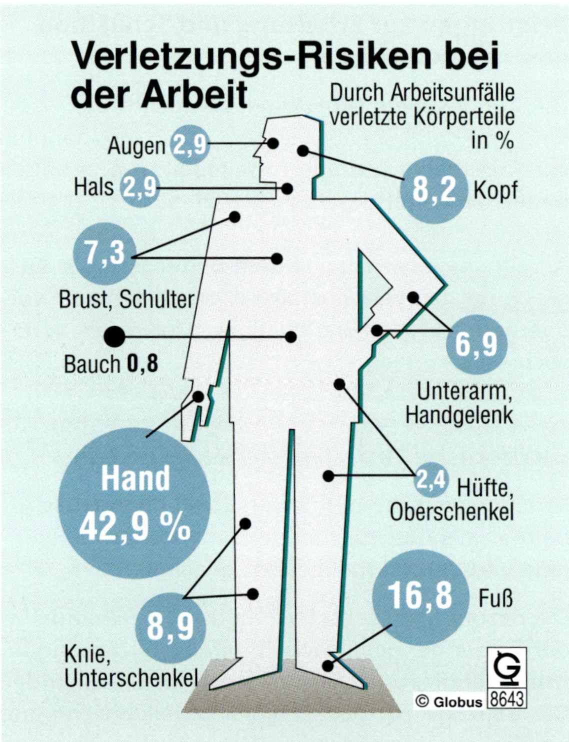

Unfallschutzbestimmungen

Die Berufsgenossenschaften erlassen die Unfallverhütungsvorschriften zur Verhütung von Arbeitsunfällen. Die Unfallverhütungsvorschriften sind für Arbeitgeber und Arbeitnehmer gleichermaßen verbindlich.

Die Durchführung der Unfallverhütung wird durch die zuständige Berufsgenossenschaft überwacht. Sie führt in regelmäßigen Zeitabständen Betriebsbesichtigungen durch. Festgestellte Mängel muss der Arbeitgeber in einer angemessenen Frist beseitigen. Bei schweren Verstößen gegen die Unfallverhütungsvorschriften kann die Berufsgenossenschaft gegen Arbeitgeber und versicherte Arbeitnehmer Geldbußen verhängen.

Erste Hilfe und Verhalten bei Unfällen

1. *Beachten Sie den Aushang „Anleitung zur Ersten Hilfe bei Unfällen mit den Angaben über Notrufeinrichtungen sowie Personal der Ersten Hilfe, Arzt und Krankenhaus.*
2. *Informieren Sie sich, wo Erste-Hilfe-Material bereitgehalten wird und wer Erste Hilfe leisten kann.*
3. *Denken Sie bei einem Unfall daran, nicht nur den Verletzten zu retten und Erste Hilfe zu leisten, sondern erforderlichenfalls auch die Unfallstelle abzusichern.*
4. *Lassen Sie auch Ihre kleineren Verletzungen sofort versorgen.*
5. *Suchen Sie einen Durchgangsarzt, Augenarzt/HNO-Arzt auf, wenn aufgrund der Verletzung mit Arbeitsunfähigkeit oder mehr als eine Woche Behandlungsbedürftigkeit zu rechnen ist.*
6. *Melden Sie jeden Unfall unverzüglich Ihrem Vorgesetzten.*
7. *Achten Sie darauf, dass über jede Erste-Hilfe-Leistung Aufzeichnungen gemacht werden, z. B. in einem Verbandbuch.*
8. *Lassen Sie sich zum Ersthelfer ausbilden, damit Sie auch anderen helfen können.*

Quelle: BGHW: Erste Hilfe und Verhalten bei Unfällen. In: Sicherheitsratschläge – Ein Leitfaden für sicheres Arbeiten. Auszug aus der Ausgabe Juni 2017. https://kompendium.bghw.de/bghw/docs/bghw_sb/bghw_sb-Documents/b12b019/figures/b12b019.pdf, Seite 14 [10.09.2021].

Arbeitssicherheit und Gesundheitsschutz

Außer den Unfallverhütungsvorschriften der zuständigen Berufsgenossenschaft müssen die staatlichen Gesetze und Verordnungen zur Arbeitssicherheit und zum Gesundheitsschutz in den Betrieben beachtet werden.

Gemäß **Arbeitsschutzgesetz** ist der Arbeitgeber für die Sicherheit und den Gesundheitsschutz bei der Arbeit aller Arbeitnehmer seines Betriebs verantwortlich. Er muss dies durch Maßnahmen des Arbeitsschutzes dauerhaft absichern.

Das **Arbeitsschutzgesetz** verpflichtet den Arbeitgeber,

- die Arbeit so zu gestalten, dass eine Gefährdung für Leben und Gesundheit möglichst vermieden und die verbleibende Gefährdung möglichst gering gehalten wird,

- die an bestimmten Arbeitsplätzen vorhandenen Gefahren zu ermitteln,
- die Beschäftigten über unvermeidbare Gefahren eines Arbeitsplatzes umfassend zu informieren, bevor sie den Arbeitsplatz einnehmen dürfen,
- die Beschäftigten während der Arbeitszeit über Sicherheit und Gesundheitsschutz ausreichend und angemessen zu unterweisen,
- den Beschäftigten zu gestatten, sich je nach den Gefahren für Sicherheit und Gesundheit bei der Arbeit regelmäßig arbeitsmedizinisch untersuchen zu lassen.

Das Arbeitsschutzgesetz bildet den Rahmen für viele weitere Spezialgesetze oder -verordnungen für den Arbeitsschutz, die der Arbeitgeber beachten muss.

Das sind u. a.

- das **Arbeitssicherheitsgesetz:** Es regelt den Einsatz von Betriebsärzten und Fachkräften für Arbeitssicherheit.
- die **Arbeitsstättenverordnung:** Sie regelt die Gestaltung von Arbeitsräumen, Pausen- und Bereitschaftsräumen, Sanitärräumen, Erste-Hilfe-Räumen und Unterkünften. Sie schreibt vor, dass der Arbeitgeber die erforderlichen Maßnahmen trifft, damit nicht rauchende Beschäftigte in Arbeitsstätten wirksam vor den Gesundheitsgefahren durch Tabakrauch geschützt sind. Soweit erforderlich, muss der Arbeitgeber ein allgemeines oder auf einzelne Bereiche der Arbeitsstätte beschränktes Rauchverbot erlassen.
- die **Bildschirmarbeitsverordnung:** Sie regelt die Mindestanforderungen bezüglich der Sicherheit und des Gesundheitsschutzes bei der Arbeit an Bildschirmgeräten. Sie schreibt die regelmäßige Unterbrechung der Bildschirmarbeit durch andere Tätigkeiten oder Pausen vor. Außerdem verlangt die Bildschirmverordnung, dass Beschäftigte ihre Augen und ihr Sehvermögen vor Aufnahme der Bildschirmarbeit und anschließend in regelmäßigen Zeitabständen durch eine fachkundige Person untersuchen lassen.
- die **Gefahrstoffverordnung:** Sie regelt hygienische und technische Maßnahmen, z. B. die Kennzeichnung von giftigen Stoffen.
- die **Lastenhandhabungsverordnung:** Sie regelt die Verbesserung von Sicherheit und Gesundheitsschutz der Beschäftigten durch Arbeitsschutzmaßnahmen bei der manuellen Handhabung von Lasten.

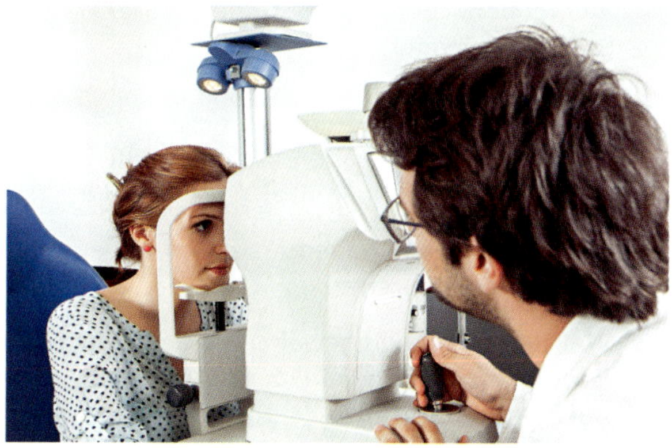

Gewerbeaufsicht

Die Einhaltung der Arbeitsschutzbestimmungen wird durch die regionalen Gewerbeaufsichtsämter überwacht. Die Beamten des Gewerbeaufsichtsamtes dürfen alle Betriebe in ihrer Region zu den Betriebs- und Arbeitszeiten unangemeldet betreten, besichtigen und prüfen. Das zuständige Gewerbeaufsichtsamt kann erforderliche Arbeitsschutzmaßnahmen anordnen oder notfalls zwangsweise durchsetzen.

AUFGABEN

1. Nennen Sie die Träger der einzelnen Versicherungszweige.
2. Wer zahlt die Beiträge zur Sozialversicherung?
3. Welche Angestellten sind in der gesetzlichen Krankenkasse pflichtversichert?
4. Welche Leistungen gewährt die gesetzliche Krankenversicherung im Rahmen der Krankenpflege?
5. Wie lange muss ein Arbeitgeber einem Angestellten im Krankheitsfall das Gehalt weiterzahlen?

6. Welche Leistungen erhalten schwangere Frauen im Rahmen der Mutterschaftshilfe?

7. Für welche Personengruppen zahlt die gesetzliche Krankenkasse Früherkennungsuntersuchungen?

8. Wann hat ein Mitglied einer gesetzlichen Krankenversicherung Anspruch auf Krankengeld?

9. Welche Personen sind im Rahmen der Familienhilfe in der gesetzlichen Krankenversicherung mitversichert?

10. Wer ist in der Rentenversicherung pflichtversichert?

11. Warum wird das System der gesetzlichen Rentenversicherung als „Generationenvertrag“ bezeichnet?

12. Welche Formen des Altersruhegeldes gibt es?

13. Welche Personen haben Anspruch auf Erwerbsminderungsrente?

14. Welche Personen haben Anspruch auf eine Hinterbliebenenrente?

15. Welche Leistungen gewährt die gesetzliche Rentenversicherung einem Arbeitnehmer, der noch berufstätig ist?

16. Weshalb ist die Rente in der Bundesrepublik Deutschland eine dynamische Rente?

17. Informieren Sie sich über zusätzliche Vorsorgemöglichkeiten für das Alter.
    Stellen Sie diese Informationen über eine dieser zusätzlichen Vorsorgemöglichkeiten zusammen und präsentieren Sie diese Informationen in Ihrer Klasse.

18. Im Jahr 2022 wurde in den neuen Bundesländern die Beitragsbemessungsgrenze für die Rentenversicherung von 6.700,00 € auf 6.750,00 € monatlich erhöht. Für welche Arbeitnehmer bedeutet diese Erhöhung eine Beitragserhöhung?

19. Aus welchen Gründen wurde die soziale Pflegeversicherung eingeführt?

20. Welche Voraussetzungen muss ein arbeitsloser Arbeitnehmer erfüllen, damit er von der Arbeitslosenversicherung Arbeitslosengeld erhält?

21. Die 30-jährige Frau Schuster wird nach zehnjähriger Berufstätigkeit arbeitslos. Sie ist ledig und hat ein achtjährige Tochter. Ihr Nettogehalt betrug in den letzten zwölf Monaten durchschnittlich 1.800,00 € im Monat.
    a) Wie viel € Arbeitslosengeld erhält sie?
    b) Wie lange hat sie höchstens Anspruch auf Arbeitslosengeld I?

22. Welche Personen haben Anspruch auf Arbeitslosengeld II?

23. Welche Maßnahmen zur Arbeits- und Berufsförderung bietet die Bundesagentur an?

24. In welchen der folgenden Fälle ist die gesetzliche Unfallversicherung zuständig?
    a) Ein Verkäufer fällt bei der Arbeit von der Leiter und bricht sich einen Arm.
    b) Eine Verkäuferin verletzt sich beim Fußballspiel.
    c) Eine Marktleiterin verunglückt auf der Fahrt von ihrer Arbeitsstelle zu ihrer Wohnung mit dem Fahrrad.
    d) Ein Arbeiter ist durch den Maschinenlärm an seinem Arbeitsplatz schwerhörig geworden.
    e) Nach Betriebsschluss besucht eine Verkäuferin noch ein Fitnessstudio. Auf der Heimfahrt vom Fitnessstudio hat sie einen Autounfall.

25. Ein Angestellter hat einen schweren Arbeitsunfall. Welche Leistungen erhält er von der gesetzlichen Unfallversicherung?

26. Welche Leistungen gewährt die gesetzliche Unfallversicherung bei einem tödlichen Arbeitsunfall?

27. Durch welche Maßnahmen versucht die Berufsgenossenschaft, Unfälle zu verhüten?

28. Welche Maßnahmen müssen Sie ergreifen, wenn Sie sich während der Arbeit verletzen?

29. Stellen Sie fest, welche Gesetze und Verordnungen für die Arbeitssicherheit und den Gesundheitsschutz von Mitarbeitern beachtet werden müssen.

5321162

ZUSAMMENFASSUNG

Die Sozialversicherungszweige

	Versicherungsträger	Versicherungspflicht	Leistungen
Krankenversicherung	Allgemeine Ortskrankenkassen, Ersatzkassen, Betriebskrankenkassen usw.	für alle Auszubildenden, Rentner; für Angestellte und Arbeiter bis zur Versicherungspflichtgrenze	Krankenpflege, Krankengeld, Maßnahmen zur Früherkennung von Krankheiten, Mutterschaftshilfe, Familienhilfe
Pflegeversicherung	Pflegekassen	für alle in der gesetzlichen Krankenversicherung Versicherten	Leistungen bei ambulanter Pflege und stationärer Pflege von Pflegebedürftigen
Rentenversicherung	Deutsche Rentenversicherung	für alle Arbeiter, Angestellten, Auszubildenden	Altersruhegeld, Erwerbsminderungsrente, Hinterbliebenenrente, Beiträge für die Krankenversicherung der Rentner, Heilbehandlungen
Arbeitslosenversicherung	Bundesagentur für Arbeit	für alle Arbeiter, Angestellten, Auszubildenden	Arbeitslosengeld, Arbeitslosengeld II[1], Insolvenzgeld, Beiträge zur Renten- und Krankenversicherung der Arbeitslosen, Maßnahmen zur Arbeits- und Berufsförderung, Kurzarbeitergeld, Maßnahmen zur Arbeitsbeschaffung
Unfallversicherung	Berufsgenossenschaften	für alle Beschäftigten	Heilbehandlung, Berufshilfe, Verletztengeld, Verletztenrente, Witwen- und Waisenrente

- Die Rente ist eine dynamische Rente.
- Das Finanzierungsverfahren der Rente wird als „Generationenvertrag“ bezeichnet.
- Die Berufsgenossenschaften erlassen und überwachen die Unfallverhütungsvorschriften.
- Das Arbeitsschutzgesetz bildet den Rahmen für Spezialgesetze und -verordnungen für die Sicherheit und den Gesundheitsschutz von Beschäftigten am Arbeitsplatz.

1 Arbeitslosengeld II wird aus Mitteln der Bundesregierung finanziert.

Man versteht erst dann etwas richtig, wenn man versucht, es einem anderen zu erklären. Dies führt zu einer eigenen gründlichen Auseinandersetzung mit dem gerade behandelten Thema.

1. Suchen Sie sich einen Partner.
2. Lesen Sie noch einmal die Zusammenfassung. Bei Verständnisproblemen schlagen Sie ggf. noch einmal im Informationstext nach.
3. Einer von Ihnen erläutert die Zusammenfassung dem Partner.
4. Dieser achtet auf Korrektheit und Vollständigkeit und wiederholt noch einmal.

ICH ÜBERPRÜFE MEINE NEU ERWORBENEN KOMPETENZEN

Den Erwerb der zu Beginn aufgeführten Kompetenzen können Sie selbst mithilfe der folgenden Tabelle überprüfen.

Wenn Sie alle Aufgaben, die hinter einer Kompetenz stehen, gelöst haben, machen Sie ein Kreuz bei „Ganz“.

Bei den Kompetenzen, bei denen Sie Aufgaben „Teilweise“ oder „Gar nicht“ gelöst haben, sollten Sie den dazugehörigen Informationstext noch einmal lesen und die Aufgaben anschließend noch einmal bearbeiten.

Was ich nach der Bearbeitung dieses Kapitels kann	Aufgaben	Ganz	Teilweise	Gar nicht
Ich kann ...				
... die Zweige der gesetzlichen Sozialversicherung und deren Träger nennen.	1			
... die Bedeutung von Beitragsbemessungsgrenzen erläutern.	18			
... die Personengruppen nennen, die in den einzelnen Sozialversicherungszweigen versicherungspflichtig sind.	3, 10			
... einen Überblick über die Leistungen der einzelnen Sozialversicherungszweige geben.	4, 5, 6, 7, 8, 9, 12, 13, 14, 15, 20 , 21, 22, 23, 24, 25, 26, 27, 28			
... die Notwendigkeit der sozialen Sicherung und der privaten Vorsorge in der Bundesrepublik Deutschland erläutern.	17			
... die Ziele und Grenzen der sozialen Sicherung erläutern.	11, 16, 19			

1.19 Professionell präsentieren

Problemstellung

In der Berufsschule wurden Themen für 15-minütige Kurzreferate verteilt, die von den Auszubildenden vor der Klasse gehalten werden sollen. Martin Klages hat sich zum Thema „Aufgaben des Handels“ gemeldet. Der Lehrer möchte, dass die Klassenkameraden den Umfang der Thematik verstehen und übersichtliche Materialien erhalten, die sie zum Lernen verwenden können.

Martin Klages:
„Ich bin ja gerade in der Abteilung Einkauf und somit im Thema. Das kann ich ruckzuck erledigen.“

Stefanie Beyer:
„Und wie willst du das Thema für die Präsentation aufarbeiten?“

Martin Klages:
„Was meinst du damit?“

Stefanie Beyer:
„Wirst du einen Tageslichtprojektor oder einen Beamer einsetzen? Was kannst du der Klasse austeilen, damit sie das Thema versteht?“

Martin Klages:
„Das habe ich, ehrlich gesagt, noch nicht überlegt ...“

Präsentation mithilfe eines Projektors

1. Was sollte Martin bei der Vorbereitung der Präsentation beachten?
2. Worauf muss Martin während der Präsentation achten?

EINORDNUNG DES THEMAS

Lernfeld 1: Das Einzelhandelsunternehmen repräsentieren

Betrieb erkunden | Kompetenzen erwerben | Stellung des Betriebes | Ziele des Betriebes | Betriebs- und Verkaufsformen | Gliederung des Betriebes | Warenfluss im Betrieb | Berufsausbildung | Tarifvertrag | Jugendarbeitsschutz | Mitbestimmung | Soziale Sicherung | **Präsentation**

Kompetenzen

Nach Bearbeitung dieses Kapitels können Sie ...

... Präsentationen Ihrer Arbeitsergebnisse professionell vorbereiten und durchführen.
... die Vor- und Nachteile möglicher Präsentationsmedien benennen.
... aus der Vielzahl möglicher Präsentationsmedien das geeignete Medium für Ihre Präsentation auswählen.
... Arbeitsergebnisse mithilfe des gewählten Präsentationsmediums adressatenorientiert präsentieren.
... Arbeitsergebnisse mithilfe des gewählten Präsentationsmediums dokumentieren.
... die Regeln für Feedbackrunden anwenden.

INFORMATIONSTEXT

DEFINITION

Eine **Präsentation** ist der mündliche Vortrag von Inhalten durch eine oder mehrere Personen. Die Präsentation erfolgt anlassbezogen und zielgerichtet gegenüber einer bestimmten Zielgruppe. Meist werden Medien eingesetzt, die die Präsentation bildlich unterstützen und den Inhalt verdeutlichen.

Vorüberlegungen

Vor jeder Präsentation sollte sich der Präsentierende einige grundsätzliche Fragen stellen, die er bei der Erstellung der Präsentation berücksichtigen muss. Einige solche grundsätzlichen Fragen sind oft:

- Für welche **Zielgruppe** wird die Präsentation erstellt?
  (z. B. Vorgesetzte, Mitarbeiter, Mitschüler, Prüfungsausschuss, unbekanntes und/oder gemischtes Publikum, Zahl der Zuhörer)
- Zu welchem **Anlass** wird die Präsentation erstellt?
  - Soll etwas vorgestellt werden?
  - Soll etwas vermittelt werden?
  - Steht die eigene Person des Präsentierenden im Vordergrund, wie z. B. bei einer Präsentation im Rahmen eines Einstellungstests?
- Was soll das **Ergebnis** der Präsentation sein?
  (z. B. Information, Verständnis, Kaufentscheidung, Begeisterung oder Überzeugung der Zuhörer)
- Welcher **Zeitrahmen** ist für die Präsentation vorgesehen bzw. angemessen?
- Unter welchen **Rahmenbedingungen** findet die Präsentation statt?
  (z. B. Raum, Medien, Licht)

Es ist oft hilfreich, wenn der Präsentierende seine Vorüberlegungen im Rahmen einer Mindmap strukturiert festhält.

Struktur und Aufbau

Ablauf einer Präsentation

Schritte der Präsentation	Inhalte	Zeitanteil
Einleitung	• Begrüßung: Der erste Eindruck zählt! Es gibt nur eine Chance, einen guten ersten Eindruck zu hinterlassen, und zwar an dieser Stelle! • Thema vorstellen • Inhalt und mögliche Eingrenzungen der Thematik erläutern • Ablauf kurz erklären und für das Publikum dauerhaft sichtbar im Raum anbringen („Roter Faden“)	ca. 15 %
Hauptteil	• Gliederung der Inhalte • logischer, an die Gliederung angelehnter Aufbau der Präsentation und der Argumentation • Rückbezug auf die Gliederung, um dem Publikum zu verdeutlichen, an welchem Punkt der Präsentation man sich befindet („Roter Faden“) • Visualisierung (Verbildlichung) der Inhalte/Medieneinsatz (siehe weiteren Verlauf des Kapitels) • Interaktion mit dem Publikum (Verständnis sicherstellen, bei Bedarf Rückfragen zulassen)	ca. 75 %
Schluss	• Zusammenfassung/Fazit (nach Möglichkeit nicht nur mündlich, sondern auch bildlich) • ggf. Publikumsfragen und Diskussion	ca. 10 %

Erste Schritte in der Vorbereitung

Bevor mit der Erstellung der eigentlichen Präsentation begonnen wird, verschafft sich der Präsentierende einen Überblick über das Thema der Präsentation. Diesen Überblick erlangt er zum Beispiel durch Lesen von Informationsmaterial zu dem Thema der Präsentation. Dabei macht er sich Notizen in Stichpunkten. Das Erstellen einer Mindmap hilft oft in der Vorbereitung. Hier werden Gedanken schnell und strukturiert gesammelt . Die Mindmap kann jederzeit erweitert werden.

Auswahl der Präsentationsmedien

Eine Präsentation erfolgt meistens zu einem großen Teil mündlich. Eine gute Präsentation lebt aber davon, dass der Präsentierende zur Ergänzung geeignete Medien wählt. Mithilfe der Medien werden den Zuhörern die Inhalte besser verständlich gemacht.

BEISPIEL

Für sein Referat vor der Klasse recherchiert Martin im Internet und in Fachbüchern und erstellt im Rahmen seiner Recherchen als Strukturierungshilfe folgende Mindmap:

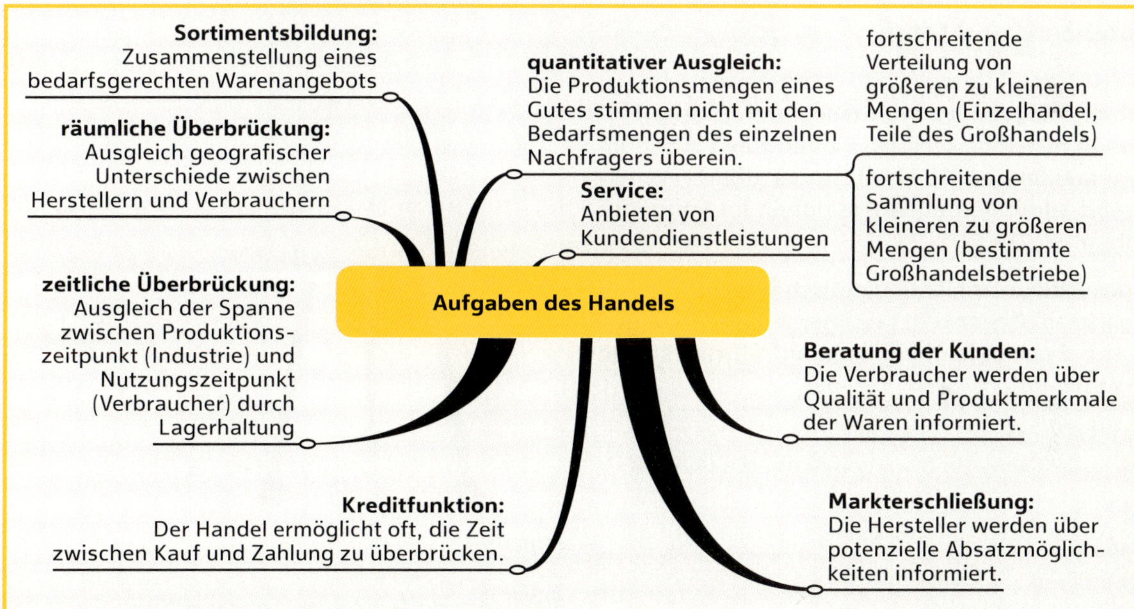

Bei der Auswahl lässt sich der Präsentierende nicht davon leiten, dass ihm ein Präsentationsmedium besonders gut gefällt (z. B. ein bestimmter Film) oder dass er damit am besten umgehen kann (z. B. eine PowerPoint-Präsentation). Bei der Wahl der Präsentationsmedien müssen Anlass, Zielgruppe und gewünschtes Ergebnis der Präsentation im Vordergrund stehen.

Die richtige Wahl ist häufig gar nicht so leicht. Die verschiedenen Möglichkeiten haben oft sowohl Vor- als auch Nachteile. Es ist daher wichtig, sich einen Überblick über die verschiedenen Präsentationsmedien zu verschaffen.

Tafel, Whiteboard und Flipchart

Die klassischen Präsentationsmedien wie Tafel, Whiteboard und Flipchart sind von Strom und Technik unabhängig. Sie werden eingesetzt, um während eines Vortrags Gedanken, Schritte oder Schaubilder schriftlich für alle Zuhörer festzuhalten oder gemeinsam zu entwickeln. Auch für Ideensammlungen und Brainstorming sind diese Medien gut geeignet. Der Raum, in dem die Präsentation stattfindet, darf allerdings nicht zu groß sein, damit die Lesbarkeit gewährleistet ist. Ist der Raum sehr groß, so muss darauf geachtet werden, dass die Zuhörer nahe genug an der Präsentationsfläche sitzen.

Bei der Vorbereitung der Präsentation muss bedacht werden, dass der Platz auf diesen Medien begrenzt ist. Wird der Platz beim Schreiben falsch eingeschätzt, stört das den Präsentationsablauf erheblich. Genauso ist es, wenn die einzelnen Punkte einer Präsentation nicht komplett abgebildet werden können. Der Präsentierende muss schnell reagieren und sich eine Lösung überlegen oder alles erneut aufschreiben.

Während er schreibt, sollte der Präsentierende nicht sprechen. Er ist in diesem Moment vom Publikum abgewandt und redet sprichwörtlich gegen die Wand. Zudem muss er daran denken, dass das Schreiben sein Präsentationstempo enorm verlangsamt.

Whiteboard und Tafel

Nahezu jeder Tagungs- und Klassenraum verfügt über ein Whiteboard oder eine Tafel. Dieses Medium ist meistens fest an der zentralen Wand im Raum angebracht. Es ist oft in der Höhe verstellbar und somit von allen Positionen im Raum gut sichtbar.

Da das Medium meist magnetisch ist, bietet es die Möglichkeit, Gedanken, Argumente oder Aussagen mit entsprechenden Magneten auf Abfragekarten anzubringen.

Whiteboard

Flipchart

Das Flipchart ist transportabel. Es eignet sich daher gut, um die Struktur einer Präsentation zunächst zentral vorzustellen. Anschließend wird das Flipchart an den Rand des Blickfelds gestellt. Der Präsentierende kann sich jederzeit auf den Ablauf beziehen. Die einzelnen Abschnitte der Präsentation können mithilfe des Flipcharts angezeigt werden. Das Publikum weiß dann stets, in welchem Stadium sich die Präsentation befindet.

Das Flipchart kann genutzt werden, um nacheinander einzelne Punkte einer Präsentation abzuarbeiten bzw. darzustellen. Der Präsentierende blättert nach jedem Punkt um und arbeitet auf dem nächsten Blatt weiter. Der Vorteil, z. B. gegenüber dem Whiteboard, besteht darin, dass die Charts auch im weiteren Verlauf der Präsentation vorliegen. Bei Bedarf – zum Beispiel bei offenen Fragen am Ende der Präsentation – kann der Präsentierende darauf zurückgreifen.

Flipchart

Technische Präsentationsmedien

Präsentationsräume verfügen häufig über Möglichkeiten zur Nutzung technischer Präsentationsmedien. Bei der Nutzung dieser Medien muss der Präsentierende sich vor der Präsentation mit dem Medium vertraut machen.
Hierzu gehört:

- das Medium auf seine Funktion testen,
- alle Geräte korrekt anschließen und miteinander verbinden, z. B. mit einem Beamer; das Speichermedium muss erkannt werden,
- bei Verwendung eines Präsentations-PC prüfen, ob ein passendes Software-Programm installiert ist, mit dem sich die Datei zur Präsentation problemlos öffnen lässt.

Der Raum muss über angemessene Projektionsflächen verfügen. Der Präsentierende muss dafür sorgen, dass die Präsentationsflächen an der Wand frei und von überall sichtbar sind.

Technische Präsentationsmedien erleichtern die Visualisierung von Inhalten und den Ablauf der Präsentation.

Schaubilder, Tabellen usw. können vorab zu Hause in Ruhe erstellt werden. Der Präsentierende kann sich während der Präsentation auf seine Erläuterungen konzentrieren.

Overheadprojektor

Mit einem Overheadprojektor (auch Tageslichtprojektor genannt) lassen sich Inhalte mit wenig Aufwand in vergrößerter Form sichtbar an die Wand projizieren. Hierzu muss vor der Präsentation lediglich mithilfe eines entsprechenden Druckers oder Kopierers eine Folie erstellt werden.
Weitere Vorteile sind:

- Die Folien können während des Vortrags problemlos und bei Bedarf in vielen Farben ergänzt werden.
- Teilbereiche von Folien können im Verlauf der Präsentation aufgedeckt werden.
- Stattdessen kann auch die Overlay-Technik verwendet werden. Hierbei wird z. B. eine zunächst leere Tabelle aufgelegt, auf welche dann ergänzende Folien mit Lösungsteilen für einzelne Felder, Zeilen oder Spalten gelegt werden. Das Ergebnis wird gemeinsam entwickelt.
- Ergebnisse, die auf Folien erarbeitet wurden, können problemlos für alle Teilnehmer kopiert und ausgeteilt werden.

Overheadprojektor

Die Arbeit mit Overheadprojektoren bringt auch Probleme mit sich. Beispielsweise kann sich der Präsentierende nicht frei im Raum bewegen, wenn er seine Folien während des Vortrags ergänzen oder aufdecken will. Gleiches gilt, wenn er an der Folie etwas zeigen möchte. Eine große Gefahr ist, dass der Präsentierende ständig hinter dem Overheadprojektor steht. Dadurch ist er nicht gut sichtbar und möglicherweise schlecht verständlich. Für den Präsentierenden ist die Position hinter dem Overheadprojektor zumeist unangenehm, weil das Gerät eine enorme Wärme abstrahlt. Dies wirkt sich insbesondere bei längeren Vorträgen auf die Konzentration und das Wohlbefinden aus. Häufig ist die Handschrift mit einem Folienstift unleserlicher als mit einem gewöhnlichen Stift.

Dokumentenkamera

Viele Präsentationsräume sind mit Dokumentenkameras ausgestattet. Es sind kleine, leicht transportierbare Kameras. Man kann Dokumente (z. B. Blätter, Bücher) unter die Kamera legen, die dann über einen Beamer großflächig an die Wand projiziert werden. Die meisten Geräte haben einen Zoom. Damit können auch kleine Ausschnitte des Dokuments hinreichend vergrößert werden. Über eine Fernbedienung können sie von zentraler Position im Raum bedient werden.

Neben der reinen Visualisierung von Informationen bietet die Dokumentenkamera folgende Einsatzmöglichkeiten:

- Arbeitsblätter können mit dem Publikum gemeinsam für alle sichtbar erarbeitet werden.
- Arbeitsergebnisse einzelner Zuhörer können allen gezeigt werden.
- Dokumente und Schaubilder können vorab verdeckt und dann im Verlauf der Präsentation entsprechend des Arbeitsfortschritts aufgedeckt werden.
- Dokumente können fotografiert und direkt auf einem angeschlossenen Speichermedium (z. B. PC, Festplatte, USB-Stick, SD-Karte) gespeichert werden. Oder die Präsentation kann als Film aufgezeichnet werden.
- Einige Kameras können durch transportable, interaktive Tablets ergänzt werden. Auf dem Tablet kann der Präsentierende Eintragungen oder Markierungen vornehmen. Die Einträge erscheinen dann auf der Projektionsfläche direkt im Bild. Die Ergebnisse können als Datei gespeichert und bei Bedarf ausgedruckt oder weiterbearbeitet werden.

Die Arbeit mit der Dokumentenkamera verlangt eine gewisse Erfahrung. Die vielfältigen Funktionen müssen bedient werden, während der Präsentierende sich auf seinen Vortrag konzentrieren muss. So wird z. B. häufig vergessen, einen einmal eingestellten Zoom (also die Vergrößerung einzelner Bildabschnitte) wieder rückgängig zu machen. Dadurch hat das Publikum keinen Überblick mehr über das gesamte Dokument.

Interaktives Whiteboard

Interaktive Whiteboards sind ein Multitalent unter den Präsentationsmedien:

- Sie können als normales Whiteboard genutzt werden.
- Über einen mit dem Whiteboard verbundenen Beamer, an den ein PC angeschlossen werden kann, können beliebige PC-Inhalte, wie z. B. PowerPoint-Präsentationen, auf das Whiteboard projiziert werden.

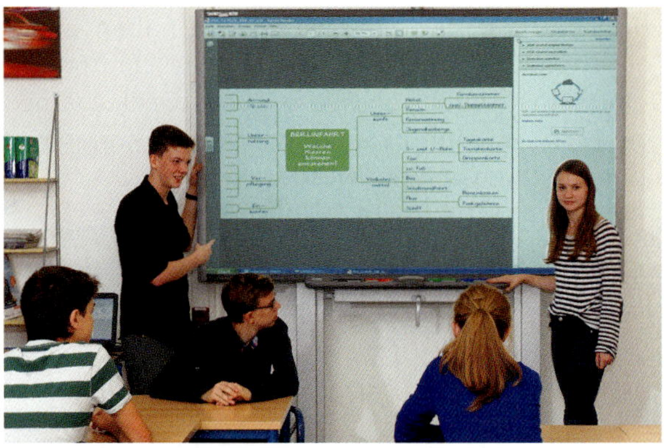

Interaktives Whiteboard

- Mit einem kabellosen Stift können Notizen, Lösungen usw. direkt in die Projektionsfläche eingetragen werden. Das Ergebnis wird als Datei gespeichert. Es kann zu einem späteren Zeitpunkt weiterverwendet werden.
- Über den angeschlossenen PC kann das Internet genutzt werden.

Im Vergleich zu herkömmlichen Whiteboards haben interaktive Whiteboards allerdings den Nachteil, dass sie zumeist eine kleinere Präsentationsfläche haben. Sie sind in der Höhe nicht oder nur bedingt verstellbar. Dadurch sind sie für eine Präsentation vor größerem Publikum nicht geeignet. Der Präsentierende sollte im Umgang mit diesem Präsentationsmedium erfahren sein.

PowerPoint-Präsentation

PowerPoint-Präsentationen bestehen aus einer sinnvollen Abfolge von Folien. Der Präsentierende ist so schon bei der Erstellung gezwungen, die Inhalte der Präsentation zu gliedern und zu strukturieren. Ein weiterer Vorteil liegt darin, dass digitale Inhalte problemlos in die Präsentation eingebaut werden können. Ein solcher digitaler Inhalt können z. B. Excel-Tabellen, Abbildungen aus dem Internet, Filme, Animationen und vieles mehr sein.

Bei der Erstellung jeder einzelnen Folie muss darauf geachtet werden, sie nicht mit Texten oder Effekten zu überladen. Zu viele Effekte, z. B. Animationen, lenken von den Inhalten ab oder überlagern diese. Der Text auf den Folien sollte sich auf die Kernaussagen beschränken.

Zu viel Text

- führt dazu, dass eine kleine, für das Publikum nicht mehr gut lesbare Schrift gewählt werden muss, und
- verleitet den Präsentierenden zum Ablesen und zerstört so den Präsentationsfluss.

Dieser Fehler kann durch das Ausdrucken der Präsentation in verkleinertem Format (Druckoptionen *Notizenseiten* oder *Handzettel* mit beliebig vielen Folien pro Seite) vermieden werden. Der Ausdruck kann nicht nur für den Präsentierenden, sondern auch für das Publikum hilfreich sein und die Präsentation sinnvoll unterstützen.

Referat/Frontalvortrag (medienfrei)

Das Referat ohne Verwendung weiterer Medien ist ebenfalls eine Möglichkeit der Präsentation. Diese Form der Präsentation eignet sich nur für wortgewandte und unterhaltsame Präsentierende. Andernfalls besteht die Gefahr, dass die Präsentation monoton, langweilig und unverständlich wird. Es besteht keine Möglichkeit, das Verständnis des Publikums durch Visualisierungen (Verbildlichungen), Ablaufpläne oder Zusammenfassungen zu fördern. Ein Frontalvortrag ohne Medien wird nur durchgeführt, wenn keine oder keine geeigneten Präsentationsmedien zur Verfügung stehen.

Medienkonkurrenz

Medieneinsatz ist bei professionellen Präsentationen wichtig, förderlich und zumeist unverzichtbar. Aber eine Präsentation darf nicht mit Medien über-

laden werden. Viele Medien können zueinander in Konkurrenz stehen. Diese Medienkonkurrenz muss der Präsentierende schon bei der Auswahl der Medien beachten, da es sonst zu spät ist.
Medienkonkurrenz ist abhängig von den räumlichen Gegebenheiten und bei jeder Präsentation neu zu beachten.

BEISPIEL

Ein Präsentierender möchte seine Präsentation über die Standortwahl eines Unternehmens mithilfe eines internetfähigen PC und Beamers halten. Er kann die Informationsquellen und Entfernungen so perfekt darstellen. Zugleich möchte er während der gesamten Präsentation auf eine Übersicht über die Kriterien für die Standortwahl zurückgreifen.

Seine erste Idee, die Übersicht mithilfe einer Dokumentkamera anzufertigen, verwirft er, da Dokumentenkamera und PC in Konkurrenz zueinander stehen: Beide Medien projizieren über denselben Beamer an die Wand. Ein paralleler Einsatz der Medien ist nicht möglich.

Der Präsentierende stellt die Übersicht daher auf einer Folie dar. Beim parallelen Einsatz von PC mit Beamer und Tageslichtprojektor muss er allerdings die Medienkonkurrenz bezüglich der Projektionsfläche beachten. Er besichtigt daher den Raum, um festzustellen, ob ausreichend Fläche vorhanden ist, die Projektionsflächen von Beamer und Tageslichtprojektor nebeneinander auf die Wand zu setzen.

Es sind bereits bei der Auswahl der Präsentationsmedien folgende Aspekte zu beachten:

- nicht zu viele Medien auswählen
- Medien nur durchdacht und sinnvoll einsetzen
- mögliche Medienkonkurrenz identifizieren, beachten und vermeiden

Professionell präsentieren

Vorbereitung der Präsentation

Die Präsentation wurde erstellt. Unter Berücksichtigung der Vor- und Nachteile und der Medienkonkurrenz wurden die Präsentationsmedien gewählt. Die Inhalte sind gut strukturiert aufbereitet. Die Voraussetzungen für eine professionelle Präsentation liegen somit vor. Zwischen der Erstellung der Präsentationsunterlagen und dem ersten Wort der Präsentation liegen noch viele andere Arbeitsschritte, die den Erfolg der Präsentation erst ermöglichen.

- **Kleidung**

Eine Präsentation ist immer anlassbezogen. Daher ist es auch wichtig, dass der Präsentierende seine Kleidung dem Anlass entsprechend wählt. Die Überlegung sollte einige Tage vor der Präsentation erfolgen, um z. B. die Schuhe noch zu putzen oder das Hemd zu bügeln.

BEISPIEL

Bei Martin Klages stehen in naher Zukunft zwei Präsentationen an. In der Schule soll er ein Kurzreferat zum Thema „Aufgaben des Handels“ halten. Zudem wurden er und Shirin dazu ausgewählt, vor den Abteilungsleitern seines Ausbildungsbetriebs eine Präsentation über die ersten Erfahrungen in der Ausbildung zu halten.

Martin möchte vor den Abteilungsleitern angemessen auftreten und einen guten Eindruck hinterlassen. Daher wählt er für die Präsentation schwarze Lederschuhe, eine schlichte dunkle Jeanshose mit einem Ledergürtel in Kombination mit einem Hemd und einem Sakko. Er bittet Shirin, ihr Nasenpiercing an diesem Tag zu Hause zu lassen oder zumindest nicht den auffälligen Nasenring zu tragen. Für den Vortrag in der Schule kleidet Martin sich ganz normal mit Jeans, T-Shirt und Sneakers.

- **Raum**

Der Präsentierende muss sich vor der Präsentation einen Eindruck von der Beschaffenheit des Präsentationsraums verschaffen. Er muss z. B. folgende Punkte überprüfen:

- Fenster
- Lichtquellen
- Lichteinfall
- Verdunklungsmöglichkeiten
- Projektionsflächen
- Risiken für Medienkonkurrenz
- Sitzordnung und Veränderbarkeit der Sitzordnung, Anzahl der Sitzplätze
- vorhandene Medien
- anzuschließende Medien

- Kompatibilität der Medien. Er muss prüfen, ob die Dateien für die Präsentation auch auf dem im Raum vorhandenen Computer geöffnet werden können.
- Akustik = Klangwirkung im Raum
- Sauberkeit von Whiteboard und Tafel (auch wenn sie nicht verwendet werden)

Um den Raum für seine Präsentation vorzubereiten, plant der Präsentierende eine angemessene Zeit ein. Dies kann bereits am Vortag geschehen, wenn der Raum zwischenzeitig nicht mehr genutzt wird. Zur Vorbereitung des Raums gehören:

- die benötigten technischen Geräte anschließen und auf ihre Funktionsfähigkeit überprüfen
- falls nötig, angemessen verdunkeln. Dies wird in der Aufregung der Präsentation häufig vergessen.
- Sitzordnung auf die Präsentation abstimmen; jeder Zuschauer muss z. B. freie Sicht auf alle Medien und Projektionsflächen haben.
- Ablaufplan z. B. auf Tafel, Whiteboard, Flipchart in aller Ruhe erstellen

- **Präsentationshilfen**

Gerade ungeübte Präsentierende haben Angst davor, in der Aufregung der Präsentation wichtige Gesichtspunkte ihrer Planungen zu vergessen. Daher ist es oft sehr hilfreich, sich vor der Präsentation Moderationskarten anzufertigen. Hierbei muss Folgendes beachtet werden:

- Moderationskarten nicht größer als im A5-Format. Schließlich soll man sich nicht dahinter verstecken, sondern im Notfall während der Präsentation eine Hilfe zur Hand haben,
- keine ganzen Sätze, sondern nur einzelne Stichworte notieren. Andernfalls ist die Gefahr sehr groß, dass man die Karten einfach vorliest.

Mithilfe von Moderationskarten vermeidet der Präsentierende, dass er seine Hände in die Tasche gleiten lässt oder sich sichtbar unwohl fühlt, weil er nicht weiß, was er mit den Händen machen soll.

Auch ein an der Rückwand des Raums angebrachtes Plakat mit wichtigen Stichworten, der Gliederung oder Hinweisen zum Präsentationsverhalten kann zur Sicherheit des Präsentierenden beitragen. Das Plakat wird vom Publikum nicht wahrgenommen, weil es in seinem Rücken hängt.

Ferner kann es hilfreich sein, sich am Tag vor der Präsentation eine Checkliste zu erstellen. Auf dieser Checkliste sollten die Aspekte erwähnt sein, die am Präsentationstag zu erledigen sind, und zwar möglichst in zeitlicher Reihenfolge. Diese Checkliste muss man dann in der direkten Präsentationsvorbereitung nur noch abarbeiten.

BEISPIEL

Zu Hause

- Endversion der Präsentation auf den USB-Stick kopieren (Sicherheitskopie per E-Mail an mich selbst)
- Handout ausdrucken
- Moderationskarten einpacken

In der Schule

- Stifte für die Folien und die Poster im Sekretariat besorgen
- Poster zuschneiden und Handouts kopieren
- Beamer vom Hausmeister holen

Im Raum

- Sitzordnung vorbereiten und gegebenenfalls Stühle aus Nachbarraum holen
- Tafel reinigen
- Fenster verdunkeln
- Technik-Check bei ausgeklappter Tafel und OHP-Projektion machen und Medienkonkurrenz ausschließen
- Kopien, Handouts, Moderationskarten, Poster, Stifte usw. verteilen bzw. bereitlegen

Verhalten während der Präsentation

Während der Präsentation gibt es zahlreiche Dinge, die vom Präsentierenden zu berücksichtigen sind.

BEISPIELE

Aspekt	Verhalten
Sprache	laut und deutlich, aber auch ruhig und langsam sprechen; Betonung, kurze Sätze
Gestik	Gesten offen und oberhalb der Taille darstellen; Hände nicht in die Tasche oder hinter den Rücken
Mimik	freundlich und offen; lächeln
Körpersprache	offen, gerader und fester Stand, Arme und Beine nicht verschränken; Bewegungen dosieren

Blickrichtung	Blickkontakt zum Publikum halten
Position im Raum	abhängig von der Präsentation; meistens stehend und in der Mitte vor dem Publikum
Rückfragen	Publikumsfragen wenigstens am Ende der Präsentation zulassen und auf sie eingehen
Projektionsflächen	Fenster abdunkeln oder das Licht ausschalten, damit die Projektionsfläche erkennbar ist; Achtung: nicht zu sehr abdunkeln, das ermüdet die Zuhörer

Die Einhaltung der oben genannten Gesichtspunkte wird erleichtert, wenn die Präsentierenden die Präsentation vollständig ausformulieren und laut gesprochen proben. Im günstigsten Fall finden die Proben vor einem kleinen Publikum statt, das auf die Einhaltung der genannten Aspekte achtet und ein entsprechendes Feedback gibt.

Technische Probleme dürfen nicht zu Nervosität oder einem Scheitern der Präsentation führen. Daher müssen sie bereits bei der Vorbereitung der Präsentation bedacht werden. Für sämtliche Probleme muss der Präsentierende einen Plan B haben.

Wenn eine Präsentation im Team gehalten wird, muss darauf geachtet werden, dass die Sprechanteile der Gruppenmitglieder gleichmäßig verteilt sind. Die Präsentierenden treten dabei nicht nacheinander als eine Reihe von Einzelvorträgen auf, sondern stehen im Austausch miteinander.

Ende der Präsentation

Die Präsentation endet mit einer kurzen Zusammenfassung der wesentlichen Argumente und dem Ergebnis. Im Anschluss an dieses Fazit wird dem Publikum der Raum für Fragen eingeräumt, die dann auch ausführlich diskutiert werden können.

Bewertung von Präsentationen

Nach einer gehaltenen Präsentation ist es wichtig, dass diese bewertet wird. Zumeist erfolgt die Bewertung im Rahmen einer Diskussion über die dargestellten Inhalte. Dies ist immer abhängig von den Rahmenbedingungen der Präsentation. Sie kann deshalb an dieser Stelle nicht thematisiert werden. Aber auch eine methodische Bewertung ist für den Präsentierenden und für alle anderen Beteiligten wichtig und vorteilhaft.

Die methodische Bewertung von Präsentationen kann auf verschiedene Weise erfolgen. Ein weit verbreitetes Bewertungsinstrument ist der Feedbackbogen.

Feedbackbogen

Im Rahmen dieses Kapitels wurden zahlreiche Gesichtspunkte benannt, die eine gute Präsentation ausmachen. Bei einer Präsentation kommt es zunächst auf den Inhalt und die Vermittlung der Inhalte an. Zuschauer von Präsentationen können aber mithilfe eines Feedbackbogens (siehe Seite 175) Vorträge bezüglich der wesentlichen nichtinhaltlichen Aspekte (Aufbau, Vortrag, Medieneinsatz) bewerten. Der Präsentierende erhält eine wertvolle Rückmeldung zu seiner Arbeit. Er kann diese Rückmeldung bei der Planung und Durchführung zukünftiger Vorträge berücksichtigen.

Ein Feedbackbogen sollte dem Bewertenden immer die Möglichkeit bieten, auch einen freien Text als Feedback zu verfassen. In diesem Bereich können bei dem folgenden Feedbackbogen auch inhaltliche Gesichtspunkte beurteilt werden. Die inhaltlichen Gesichtspunkte wurden in dem Bogen nicht als gesonderter Abschnitt aufgenommen, da es bei vielen Präsentationen nicht möglich, nötig oder gewollt ist, dass das Feedback sich auch auf inhaltliche Aspekte bezieht. Dies ist z. B. bei Vorstellungen, Auswahltests und Verkaufspräsentationen der Fall.

Weitere Feedbackmethoden

Neben dem Feedbackbogen gibt es zahlreiche andere Möglichkeiten, Feedback zu geben. So kann zum Beispiel eine kurze mündliche Feedbackrunde immer durchgeführt werden. Weitere Methoden sind:

- Blitzlicht
- Sätze vervollständigen
- Zielscheibenevaluation
- Meinungslinie
- Fischernetz und Teich
- Feedback-SMS
- Kartenabfrage
- Smileys malen
- Na wie war's?“

Feedback geben und annehmen

Beim Geben und Annehmen kann es sehr schnell passieren, dass sich eine Person falsch verstanden fühlt. Es besteht die Gefahr, dass ein Konflikt entsteht, z. B. weil beim Feedback die Worte oder der Ton falsch gewählt werden oder weil kritisches Feedback auf vorangegangene Konfliktsituationen übertragen wird.

Insbesondere der Feedbackempfänger ist in einer ungewohnten Situation. Er hat eine Präsentation gehalten und nun wird sie vom gesamten Publikum bewertet. Er ist der Gruppe also hilflos ausgesetzt. Dies erfordert besondere Regeln, die eingehalten werden müssen.

Regeln für das Feedback-Geben

Feedback sollte immer
- positive und negative Gesichtspunkte enthalten; einleitend könnten beispielsweise positive Gesichtspunkte hervorgehoben werden
- konstruktiv sein, also einen Verbesserungsvorschlag beinhalten. So wird dem Präsentierenden Hilfe angeboten.
- konkret an Beispielen aus der vorangegangenen Präsentation veranschaulicht werden. Es sollten also keine Pauschalaussagen gemacht werden.
- wertfrei und sachlich sein. Das Feedback sollte also keine persönlichen Wertungen, Interpretationen oder Kritiken wie Beleidigungen beinhalten
- deutlich machen, dass der Feedbackgebende von seinen eigenen Eindrücken spricht und nicht von denen des gesamten Publikums

Regeln für das Feedback-Annehmen

Der Feedbackempfänger sollte immer
- zunächst den anderen ausreden lassen
- davon ausgehen, dass der andere ihn nicht beleidigen, sondern ihm helfen will, in Zukunft etwas besser zu machen
- aufmerksam zuhören
- nachfragen, falls er das Feedback nicht versteht
- darauf verzichten, sich zu rechtfertigen, da das Feedback die Wahrnehmung des anderen wiedergibt. Diese Wahrnehmung ist nicht umkehrbar!
- das Feedback als Chance sehen und diese Chance dankend nutzen
- im Nachhinein das Feedback für sich durchdenken und nach der möglicherweise angespannten Situation in Ruhe für sich Schlüsse ziehen

Feedbackbogen zur Präsentation

Kriterien	Merkmale	– –	–	+	++	nicht zutreffend
1. Aufbau						
klare Struktur	Einführung → Hauptteil → Schluss					
Gliederung	vorhanden					
	sinnvoll					
	jederzeit nachvollziehbar					
Fazit	am Ende gezogen					
	vollständig					
2. Vortrag						
Sprache	laut und deutlich					
	ruhig und langsam					
	abwechslungsreiche Betonung					
	kurze Sätze					
	angemessene Ausdrucksweise					
	ggf. Reaktion bei Störungen					
Gestik	offen					
	Hände in den Taschen oder hinter dem Rücken					
Mimik	freundlich, offen lächelnd					
Blickkontakt zum Publikum						
Körpersprache	offen					
	gerader, fester Stand (sicheres Auftreten)					
	ruhige und motivierte Haltung					
	Position im Raum angemessen					
Teampräsentation	gleiche Sprechanteile					
	Abwechslung der Präsentierenden					
Publikumsbezug	Publikum angesprochen					
	Publikum aktiv einbezogen					
	Fragen zugelassen und darauf eingegangen					
Zeitmanagement	Zeit eingehalten					
3. Medieneinsatz						
Auswahl	angemessen					
	abwechslungsreich					
Kompetenz	Schriftgröße angemessen					
	Einsatz und Gestaltung von Bildern, Fotos etc.					
	evtl. Lichteinfall reguliert					
	Darstellung verständlich und gut					
	Bedienung beherrscht					
	evtl. Umgang mit Problemen					
Medienkonkurrenz	Projektionsflächen überschnitten					
	Doppelbelegung des Beamers oder Tageslichtprojektors					

Bemerkungen:

AUFGABEN

1. Welche Gesichtspunkte sollte ein Präsentierender vor der Vorbereitung der eigentlichen Präsentation durchdenken?

2. Begründen Sie, warum es sinnvoll ist, dass der Präsentierende sich vor der Vorbereitung der eigentlichen Präsentation Gedanken über die in Aufgabe 1 genannten Gesichtspunkte macht.

3. Geben Sie die Vorteile für den Präsentierenden an, wenn er vor der Erstellung der Präsentation eine Mindmap
   a) zu den Umständen der Präsentation erstellt,
   b) zu den Inhalten der Präsentation erstellt.

4. Erstellen Sie einen tabellarischen Überblick mit den Vor- und Nachteilen der in dem Kapitel genannten Präsentationsmedien.

5. Erklären Sie den Begriff „Medienkonkurrenz" anhand eines geeigneten Beispiels mit Ihren eigenen Worten.

6. Erklären Sie, warum es wichtig ist, dass Präsentierende eine Rückmeldung zu ihrer Präsentation erhalten.

7. Überlegen Sie, warum in dem vorliegenden Feedbackbogen lediglich eine positive oder eine negative Beurteilung und keine neutrale Beurteilung möglich ist.

8. Bereiten Sie in der Gruppe eine Präsentation zum Thema „Professionell präsentieren" vor. Die Wahl der Medien ist Ihnen freigestellt. Die Präsentation sollte 15 Minuten dauern.

9. Erstellen Sie arbeitsteilig in Gruppen Plakate zu einzelnen Themenbereichen dieses Kapitels, die Sie im Klassenraum aufhängen können. Die Plakate sollen Ihnen bei der Vorbereitung und Durchführung von Präsentationen in Zukunft helfen.

10. Suchen Sie sich eine der im Kapitel genannten Feedbackmethoden aus. Informieren Sie sich im Internet über diese Methode. Bereiten Sie eine kurze Präsentation vor, in welcher Sie die Methode der Klasse vorstellen. Bereiten Sie auch ein Handout über die Methode für Ihre Klassenkameraden vor. Das Handout soll höchstens eine Seite umfassen.

11. Der Ihnen vorliegende Feedbackbogen enthält keine inhaltlichen Aspekte, die beurteilt werden. Entwerfen Sie in der Gruppe eine Ergänzung zu dem Feedbackbogen, die ausschließlich eine Beurteilung der inhaltlichen Aspekte einer Präsentation erfasst.

ZUSAMMENFASSUNG

Grundsätzliche Aspekte

- Zielgruppe
- Anlass
- Ergebnis
- Zeitrahmen
- Rahmenbedingungen

Medienauswahl

unter Beachtung der Medienkonkurrenz

- Whiteboard/Tafel
- Flipchart
- Overheadprojektor
- Dokumentenkamera
- interaktives Whiteboard

Vorbereitung der Präsentation

- Kleidung
- Raum
- Präsentationshilfen

Verhalten während der Präsentation

- Sprache
- Gestik
- Mimik
- Blickkontakt
- Körpersprache
- Position im Raum
- Rückfragen
- Projektonsflächen

Ende der Präsentation

- Zusammenfassung
- Ergebnis
- Publikumsfragen

Feedback

Man versteht erst dann etwas richtig, wenn man versucht, es einem anderen zu erklären. Dies führt zu einer eigenen gründlichen Auseinandersetzung mit dem gerade behandelten Thema.

1. Suchen Sie sich einen Partner.
2. Lesen Sie noch einmal die Zusammenfassung. Bei Verständnisproblemen schlagen Sie ggf. noch einmal im Informationstext nach.
3. Ihre Lehrerin/Ihr Lehrer stellt Ihnen 20 Karten zur Verfügung. Auf diese schreiben Sie die zentralen Begriffe des Themas.
4. Diese Karten legen Sie nun so, dass sich eine sinnvolle Struktur ergibt. Dies geschieht in gemeinsamer Diskussion mit Ihrem Partner: Sie sollen gemeinsam begründen können, warum Sie Ihre Struktur so gelegt haben.
5. Stellen Sie sich darauf ein, einer anderen Gruppe – oder dem Plenum – Ihre Struktur vorzustellen.

ICH ÜBERPRÜFE MEINE NEU ERWORBENEN KOMPETENZEN

Den Erwerb der zu Beginn aufgeführten Kompetenzen können Sie selbst mithilfe der folgenden Tabelle überprüfen.

Wenn Sie alle Aufgaben, die hinter einer Kompetenz stehen, gelöst haben, machen Sie ein Kreuz bei „Ganz".

Bei den Kompetenzen, bei denen Sie Aufgaben „Teilweise" oder „Gar nicht" gelöst haben, sollten Sie den dazugehörigen Informationstext noch einmal lesen und die Aufgaben anschließend noch einmal bearbeiten.

Was ich nach der Bearbeitung dieses Kapitels kann	Aufgaben	Ganz	Teilweise	Gar nicht
Ich kann ...				
... Präsentationen meiner Arbeitsergebnisse professionell vorbereiten und durchführen.	1, 2, 3			
... die Vor- und Nachteile möglicher Präsentationsmedien benennen.	4, 5			
... aus der Vielzahl möglicher Präsentationsmedien das geeignete Medium für meine Präsentation auswählen.	4, 5			
... Arbeitsergebnisse mithilfe des gewählten Präsentationsmediums adressatenorientiert präsentieren.	8			
... Arbeitsergebnisse mithilfe des gewählten Präsentationsmediums dokumentieren.	9			
... die Regeln für Feedbackrunden anwenden.	6, 7, 10, 11			

Lernfeld 2

Die Durchführung eines typischen Verkaufsgesprächs

2.1 Grundlagen für erfolgreiche Verkaufsgespräche

Problemstellung

Stefanie Beyer führt heute ihr erstes Verkaufsgespräch durch.
In der Sportmodenabteilung stehen zwei Damen am Ständer mit Laufhemden und unterhalten sich. Zielstrebig steuert Stefanie auf die Kundinnen zu.

Stefanie Beyer (mit lauter Stimme):
„Nehmen Sie diese Hemden aus Boretex nur nicht! Nur Baumwollhemden sind fürs Laufen geeignet. Das sage ich Ihnen als Fachfrau!“

Kundin:
„Äh, ich...“

Stefanie Beyer (unterbricht die Kundin):
„Ich weiß, wovon ich rede! Ich laufe selber mit Baumwollshirts.“

Die beiden Damen sehen sich kurz an und verlassen fluchtartig das Geschäft.

Nennen Sie Gründe, warum dieses Verkaufsgespräch scheiterte.

EINORDNUNG DES THEMAS

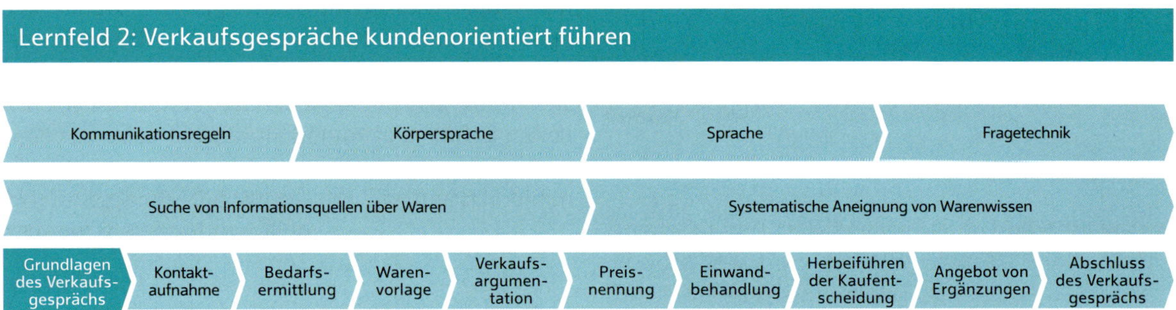

Kompetenzen

Nach Bearbeitung dieses Kapitels können Sie ...

... Gründe für den Erfolg von Verkaufsgesprächen aufführen.
... die neun Phasen eines idealtypischen (üblichen) Verkaufsgesprächs benennen.
... die Funktionen (Aufgaben) der einzelnen Phasen des Verkaufsgesprächs erklären.
... ein Verkaufsgespräch mit allen neun Phasen durchführen.
... in den neun Phasen des Verkaufsgesprächs einige der wichtigsten Regeln anwenden.
... die Bedeutung eines großen Warenwissens für erfolgreiche Verkaufsabschlüsse erläutern.
... nachvollziehen, dass der Erfolg von Verkaufsgesprächen durch den Einsatz verschiedener Instrumente der Kommunikation unterstützt wird.
... Unterschiede von Verkaufsgesprächen in den unterschiedlichen Verkaufsformen aufführen.
... die Phasen des Verkaufsgesprächs abhängig von der jeweiligen Verkaufsform oder anderen Rahmenbedingungen an die jeweilige Situation anpassen.
... die Bedeutung von Rollenspielen zum Aufbau einer professionellen Verkaufskompetenz nachvollziehen.

INFORMATIONSTEXT

Eine häufig geäußerte Meinung ist: „Gut verkaufen kann man nicht lernen. Entweder man hat das Talent dazu, oder man hat es eben nicht." Ist das richtig?

Nein, das ist falsch! Unter 1000 Verkäufern im Einzelhandel ist im Durchschnitt nur ein *geborener* Verkäufer. Eine Suche nach diesen seltenen Verkaufskanonen löst den ständigen Mangel an wirklich guten Verkäuferinnen und Verkäufern nicht.

Die Fähigkeit, erfolgreich zu verkaufen, ist nicht angeboren. Sie kann gelernt werden. Ein guter Verkäufer entwickelt daher seine verkäuferischen Fähigkeiten systematisch. Jeder, der im Einzelhandel arbeitet, muss also die Grundlagen der Verkaufslehre beherrschen.

Erfolg in Verkaufsgesprächen

Verkaufsgespräche sind die persönliche Begegnung zwischen Verkäufer und Kunden. Sie sind im Einzelhandel für den Verkaufserfolg von entscheidender Bedeutung.

Ein Verkäufer muss über sehr große Fähigkeiten und Fertigkeiten in drei Bereichen verfügen, um ein Verkaufsgespräch so gut wie möglich durchzuführen.

1. Er muss über ein großes Warenwissen verfügen. Das ist die Grundlage für erfolgreiche Verkaufsabschlüsse.
2. Für eine erfolgreiche Gesprächsführung muss er angemessen kommunizieren können. Er muss sich dem Kunden gut verständlich machen.
3. Ein Verkaufsgespräch kann nur dann erfolgreich enden, wenn es alle typischen Phasen durchläuft und das Verkaufspersonal alle dort geltenden Verkaufsregeln angewendet.

Warum gutes Verkaufen lernen?

„Meine Einschätzung ist, dass der stationäre Handel unter anderem wegen dem Faktor Mensch bestehen bleibt. Das kann das Internet in dieser Qualität nicht bieten."

Quelle: Zitat von Manfred Zöchbauer, Wirtschaftskammer Oberösterreich. in: APA: Digitaler Handel: Was die Konsumenten von morgen erwartet. In: Vorarlberg.at. 25.04.2016, Russmedia Digital GmbH https://www.vol.at/digitaler-handel-was-die-konsumenten-von-morgen-erwartet/4698559 [10.09.2021].

„Es hat sich eine sichtbare Koexistenz[1] stationärer und online geprägter Handelsformen eingespielt. Ein reiner Kannibalismus des Internets zulasten des stationären Handels ist für gut positionierte Einzelhändler ausgeblieben, wobei ‚gut positioniert' hier das Schlüsselwort ist."

Quelle: Winter, Jörg: Der Kunde ist Gast. 2. aktualisierte und erweiterte Auflage. Frankfurt/Main: Dr. Brahmann Verlag, 2016.

Ein Großteil der deutschen Verbraucher legt größten Wert auf persönliche Beratung in Verkaufsgesprächen. Die meisten Kunden sind sogar bereit, für eine gute Betreuung durch Verkäufer mehr Geld für ein Produkt zu zahlen.

1 Koexistenz = gleichzeitiges Existieren

1. Warenwissen

Waren stehen im Mittelpunkt der Verkaufstätigkeit im Einzelhandel. In Verkaufsgesprächen wird immer auf Produktmerkmale Bezug genommen. Produktmerkmale sind sichtbare oder auch nicht sichtbare Eigenschaften der Ware.

Darum benötigt das Verkaufspersonal im unmittelbaren Kontakt mit Kunden angemessene Kenntnisse über die angebotenen Waren. Professionelle Mitarbeiter im Einzelhandel verfügen über ein großes Warenwissen. Dies ist eine grundlegende Voraussetzung für ein erfolgreiches Verkaufsgespräch. Gute Verkäufer nutzen ihr Warenwissen, um Verkaufsargumente zu entwickeln.

Wer im Einzelhandel arbeitet, benötigt ein umfassendes Wissen über das Sortiment seines Unternehmens

Die Kunden erwarten, dass die Verkäufer sie fachlich umfassend über alle Artikel des Sortiments beraten. Der Erfolg eines Verkaufsgesprächs ist stark gefährdet, wenn das nicht der Fall ist.

BEISPIEL

Immer mehr Kunden des Einzelhandels stellen Fragen

- zu neuen technologischen Entwicklungen,
- zur Qualität,
- zu Unterschieden zu anderen Artikeln,
- zur Bedienung,
- zum Gesundheits- und Umweltschutz,
- zur Zukunftsfähigkeit,
- zum fairen Handel usw.

Können diese Fragen nicht zufriedenstellend beantwortet werden, wirft dies ein schlechtes Licht sowohl auf das Unternehmen als auch auf den Mitarbeiter.

2. Instrumente für eine erfolgreiche Gesprächsführung

Die verschiedenen Formen des direkten Gesprächs beinhalten entscheidende Situationen im Berufsleben. Als Gespräch wird dabei die verbale Kommunikation zwischen mindestens zwei Personen bezeichnet. Verbale Kommunikation bedeutet: Verständigung mit Worten. Das Gespräch ist erfolgreich, wenn bestimmte Instrumente der Kommunikation angewendet werden. Dies gilt im Einzelhandel vor allem auch für Verkaufsgespräche:

In der Kommunikation mit Kunden müssen Sprache, Körpersprache und Fragetechniken gezielt eingesetzt werden

Instrumente für erfolgreiche Gesprächsführung			
Sprache	**Körpersprache**	**Fragetechnik**	**Kommunikationsregeln**
Sprachliche Äußerungen können hemmend oder fördernd für einen erfolgreichen Verlauf von Gesprächen sein (siehe Kap. 2.6).	Körpersprache zu entschlüsseln und bewusst einzusetzen, bietet in Gesprächen zahlreiche Vorteile (siehe Kap. 2.5).	Mit Fragen können Gespräche gelenkt werden (siehe Kap. 2.7).	Durch Kenntnis der Kommunikationsregeln können Störungen in Gesprächen vermieden werden (siehe Kap. 2.4).

5321182

3. Verkaufsregeln in den neun Phasen eines Verkaufsgesprächs

Geht nicht gibt's häufig

Beratung in Baumärkten ist meist mangelhaft

Bei neun getesteten Baumarktketten war die Beratung in fünf Ketten „mangelhaft", die restlichen vier berieten nur „ausreichend". In der neuen Ausgabe von test kommt die Stiftung Warentest zu dem Ergebnis, dass Beratung Mangelware ist und selten zum Sortiment gehört. Fehlendes Fachwissen und das Unverständnis für Probleme können durch kurze Wartezeiten und guten Willen nicht ausgeglichen werden.

Deutschland hat die höchste Dichte an Baumärkten in Europa. Täglich strömen Millionen Heimwerker, Hausverschöner und Hobbygärtner in die Filialen der großen Baumärkte. test hat für ihre neue Ausgabe 63 Verkaufsgespräche in neun bundesweit vertretenen Baumarktketten geführt. Die Hüter von Wandfarben und Bodenfliesen geben sich gern einen kompetenten Anstrich. Urbi etwa verspricht: „Komplette Fachberatung in jeder Abteilung und auch themenübergreifend". Durch solche Aussagen werden bei den Kunden Hoffnungen geweckt, die zu oft enttäuscht werden. [...] Während das Personal fast immer recht freundlich ist, erfolgt selten eine fachlich qualifizierte Beratung. Die Beratungsgespräche waren zu kurz und oberflächlich und mündeten meist in Verkaufsgespräche. Genereller Mangel: Das Leistungsniveau der Mitarbeiter schwankt beträchtlich. [...]

Quelle: Stiftung Warentest, Pressemitteilungen: Geht nicht gibt's häufig – Beratung in Baumärkten ist meist mangelhaft. In: test Juni 2004. 27.05.2004. https://www.test.de/presse/pressemitteilungen/test-Juni-2004-Geht-nicht-gibts-Beratung-in-Baumaerkten-meist-mangelhaft-1180883-0/ [10.09.2021].

Ein typisches Verkaufsgespräch bei der Verkaufsform Bedienung kann bis zu neun Phasen umfassen:

- Kontaktaufnahme zum Kunden
- Ermittlung des Kaufwunsches (des Bedarfs)
- Vorlegen der Ware
- Verkaufsargumentation
- Preisnennung
- Behandlung von Einwänden
- Ergänzungen anbieten (Zusatzangebote)
- Herbeiführen des Kaufabschlusses
- Abschluss des Verkaufsgesprächs

„Ich bleibe dabei: Erste Anlaufstelle für eine kompetente Beratung ist und bleibt das persönliche Gespräch."

Vertriebsexperte und Verkaufstrainer Alexander Koch vom Coachingportal Faircoach.de

Die Verkaufsformen Selbstbedienung und Vorwahl enthalten in der Regel nicht alle aufgeführten Phasen. Dennoch gelten in diesen Verkaufsformen auch alle Verkaufsregeln der jeweiligen Phase. Wenn bei den Verkaufsformen Selbstbedienung oder Vorwahl von einem Kunden eine Beratung verlangt wird und es zu einem Verkaufsgespräch kommt, dann müssen auch dort die Regeln der Phase Verkaufsargumentation angewendet werden.

BEISPIEL

Ein Kunde betritt ein Geschäft mit Selbstbedienung. Er wird vom Verkaufspersonal, das gerade Regale mit Waren bestückt, begrüßt. Verlässt er das Geschäft wieder, bedankt sich die Kassiererin und verabschiedet sich.

Erfolgreiche Verkäufer besitzen nicht nur umfangreiche Warenkenntnisse und können gut kommunizieren. Vor allem beherrschen sie die Regeln der Verkaufstechnik in allen neun Phasen eines Verkaufsgesprächs

1. Phase: Die Kontaktaufnahme zum Kunden
Der Kunde erwartet in dieser Phase des Verkaufsgesprächs eine freundliche Begrüßung. Die Verkaufshandlung wird also eröffnet, indem man den Kunden freundlich grüßt oder ihm zumindest zeigt, dass man ihn bemerkt hat und beachtet. Dadurch zeigt das Verkaufspersonal dem Kunden seine Wertschätzung und gibt dem Verkaufsgespräch eine persönliche Natur: Dies erleichtert den Verkauf.

Kunden, die Hilfe benötigen, senden vor Beginn des Verkaufsgesprächs Signale aus. Verkäufer müssen diese unbedingt beachten, um ein Verkaufsgespräch einleiten zu können. Dabei sollten sich die Verkäufer nie aufgrund der ersten äußerlichen Eindrücke eine vorschnelle Meinung bilden.

2. Phase: Die Ermittlung des Kaufwunsches (des Bedarfs)
In dieser Phase wird der Bedarf des Kunden ermittelt: Weiß der Kunde schon genau, was er kaufen möchte, braucht der Verkäufer den gewünschten Artikel nur auszuhändigen (**Aushändigungskauf**).

Wenn der Kunde noch nicht genau weiß, was er kaufen möchte, dann muss der Verkäufer konkrete Informationen vom Kunden gewinnen. Hier liegt ein **Beratungsverkauf** vor. Dazu stellt der Verkäufer dem Kunden situationsgerechte Fragen. In der Regel beginnen diese mit einem Fragewort. Denkbar ist auch ein gleichzeitiges Verkäuferhandeln, z. B. das sofortige Vorlegen und Empfehlen von Waren. Der Kunde wird dadurch dazu gebracht, durch Signale seinen Bedarf aufzuzeigen.

3. Phase: Das Vorlegen der Ware
Der Verkäufer legt dem Kunden eine begrenzte Anzahl von Artikeln vor. Die Warenvorlage wird nach Möglichkeit sofort durchgeführt. Es werden dem Kunden höchstens drei Artikel vorgelegt, damit er nicht die Übersicht verliert. In begründeten Einzelfällen können auch bis zu fünf Artikel vorgelegt werden. Es handelt sich hierbei um Artikel, die dem Kaufwunsch und der Kaufkraft des Kunden entsprechen. Bei der Vorlage der Artikel werden die Sinne des Käufers angesprochen: Wenn möglich, gibt der Verkäufer dem Kunden die Ware zum An- und Ausprobieren in die Hand.

4. Phase: Die Verkaufsargumentation
Der Verkäufer hilft dem Kunden, seine Einkaufsprobleme zu lösen. Dabei geht er von den Kaufmotiven des Kunden aus. Dies geschieht durch Anbieten von Artikeln mit hohem Nutzen für den Kunden Dabei geht der Verkäufer möglichst wie folgt vor:

- Der Verkäufer macht sich die Warenmerkmale des Artikels klar.
- Der Kunde erwartet mehrere Vorteile von einem Artikel: Er kauft die Ware wegen des Nutzens, den sie für ihn haben kann. Der Verkäufer übersetzt also die Merkmale und Eigenschaften des Artikels so, dass der Kunde sie als Vorteile sehen kann.
- Der Verkäufer überträgt die möglichen Vorteile der Ware für den Kunden in eine kundenbezogene Sprache durch Verwendung des „Sie-Stils": Durch eine direkte Ansprache des Kunden stellt der Verkäufer eine unmittelbare Beziehung zwischen dem Kunden und der Ware her. Die Nutzungseigenschaften der Ware wandelt er also in kundenbezogene Verkaufsargumente um.
- Kunden wollen durch den Kauf von Artikeln bestimmte individuelle Probleme lösen. Aus der Vielzahl der denkbaren kundenbezogenen Verkaufsargumente wird der Verkäufer deshalb die Verkaufsargumente im Verkaufsgespräch verwenden, die am ehesten das Problem des Kunden lösen. Auf keinen Fall dürfen Verkaufsphrasen verwendet werden. Dies sind nichtssagende Formulierungen, die dem Kunden keinen Nutzen verdeutlichen.

5. Phase: Die Preisnennung
Der Preis wird dem Kunden in der Regel erst dann genannt, wenn er nach der Verkaufsargumentation des Verkäufers den Verkaufswert des Artikels kennt. Der Preis sollte dem Kunden nie isoliert mitgeteilt werden. Stattdessen wird er immer in Bezug zur Leistung gesetzt, indem man ihn mit einigen besonders wirkungsvollen Verkaufsargumenten in Verbindung bringt. Die Begriffe „teuer"

bzw. „billig" werden in einem Verkaufsgespräch nicht verwendet.

6. Phase: Die Behandlung von Einwänden
Auf Kundeneinwände sollte mit Argumenten reagiert werden: Ist der Kunde unsicher oder hat er Fragen bzw. Bedenken, äußert er Einwände, die vom Verkäufer genau beachtet werden müssen. Sie dürfen nie übergangen werden. Die Kundeneinwände werden höflich und sachkundig entkräftet, ohne in Widerspruch zum Kunden zu geraten. Dabei können verschiedene Methoden verwendet werden.

7. Phase: Ergänzungs- und Zusatzangebote
Mitarbeiter im Einzelhandel sollten immer Zusatzartikel anbieten. Dies stellt einerseits den Kunden zufrieden und schafft andererseits für das Unternehmen mehr Umsatz: Interessiert sich ein Kunde in einem Verkaufsgespräch für eine Ware, werden ihm weitere Artikel angeboten. Diese stehen in direktem Zusammenhang mit dem Hauptartikel. Sie steigern den Kundennutzen (= **Zusatzangebot**)

BEISPIEL

In der Schuhabteilung wird zu Wildlederschuhen Imprägnierungsspray angeboten.

oder ermöglichen überhaupt erst einmal die Nutzung des Hauptartikels (**Ergänzungsangebot**).

BEISPIEL

DVD-Rohlinge werden beim Kauf eines PC mit DVD-Brenner angeboten.

Das Angebot von Ergänzungs- und Zusatzartikeln findet spätestens während der Phase „Herbeiführen des Kaufentschlusses" statt. Dies kann jedoch auch situationsabhängig schon früher erfolgen.

8. Phase: Herbeiführen des Kaufentschlusses
Dem Kunden muss die Kaufentscheidung erleichtert bzw. ermöglicht werden. Durch verschiedene Kundensignale (Äußerungen, Gesten) kann der Verkäufer Hinweise darauf erhalten, dass der richtige Zeitpunkt für die Einleitung des Kaufabschlusses gekommen ist. Der Verkäufer kann den Kaufabschluss beispielsweise herbeiführen durch

- eine Zusammenfassung der Verkaufsargumentation,
- systematische Einschränkung der Artikelauswahl auf zwei Artikel,
- direkte Kaufaufforderung,
- durch Handlungen oder Argumentationen, als wäre die Entscheidung des Kunden bereits gefallen.

9. Phase: Der Abschluss des Verkaufsgesprächs
Hat der Kunde sich zum Verkauf entschlossen, bekräftigt der Verkäufer noch einmal die Richtigkeit seiner Entscheidung. Dadurch hat der Kunde das Geschäft in angenehmer Erinnerung und kommt gern wieder. Nach dem Kassieren des Kaufpreises und dem eventuellen Einpacken der gekauften Ware bedankt und verabschiedet sich der Verkäufer.

Auch im Bedienungsverkauf müssen nicht immer alle Phasen eines Verkaufsgesprächs durchgeführt werden. Dies kann der Fall sein, wenn der Kunde

- genau weiß, was er kaufen möchte,
- den Preis kennt,
- nur in wenigen Punkten unklare Vorstellungen hat.

Rollenspiele

Um in jeder Phase des Verkaufsgesprächs die angemessene Entscheidung zu treffen, empfiehlt es sich immer, die Kriterien für eine erfolgreiche Durchführung der einzelnen Phasen zu beachten. Übt man dies schon in der Ausbildung – beispielsweise in Rollenspielen[1] zwischen Verkäufer und Kunde –, so wird man später im eigentlichen Berufsleben in Verkaufsgesprächen Fehler weitgehend vermeiden und viele Kaufabschlüsse tätigen.

Die Vorteile, Verkaufsgespräche in Rollenspielen zu üben, werden noch verstärkt, wenn man sie mithilfe der **Videotechnik** aufzeichnet:

- Das Anschauen der Videoaufzeichnung ermöglicht noch größere Selbsterfahrung im Hinblick auf das eigene Verkäuferverhalten.
- Es steht Material für gezielte Auswertungen bereit: Ein normales Rollenspiel kann man sich nur einmal anschauen, ein aufgezeichnetes mehrfach.

1 Mehr zu Rollenspielen im Kapitel 1.3.

Rollenspiele sind sehr beliebte und wirkungsvolle Instrumente des Verkäufertrainings. Ein Trainingskandidat spielt den Verkäufer und ein anderer Trainingskandidat oder der Trainer übernimmt die Käuferrolle. Mithilfe des Rollenspiels lassen sich die verkäuferischen Fähigkeiten entwickeln und verbessern. Sowohl Rollenspieler als auch Beobachter können aus dem Rollenspiel Nutzen ziehen.

Besondere Vorteile des Einsatzes eines Rollenspiels sind:

- Verkaufen wird „ganzheitlich" geübt (Verhalten, Argumentation, Sprechen).
- Man erhält eine bessere Einsicht in das eigene Verhalten.
- Die Teilnehmer können aktiv üben.
- Die Teilnehmer erleben Erfolge ihres Verhaltens.
- Es besteht für die Teilnehmer die Möglichkeit der Selbstkontrolle.
- Es steigert die Selbstsicherheit.
- Durch die Spielsituation ist das Verhalten der Teilnehmer „ungefährlich".
- Es bietet die Möglichkeit, neue Verkaufstechniken zu üben.
- Es schafft eine positive Lernmotivation.
- Auch die Beobachter können Nutzen daraus ziehen.
- Die Möglichkeit der Videoaufzeichnung bietet die Möglichkeit einer späteren eingehenden Analyse, auch durch die Teilnehmer.

Quelle: Weis, Hans-Christian: Verkaufsmanagement. 7. Auflage. Ludwigshafen: Kiehl Verlag 2010, S. 242.

AUFGABEN

1. Die Personalabteilung der Tom Hoss KG wertet ein Gutachten einer Unternehmensberatung aus. Dort wurde festgestellt, dass Verkaufsrückgänge durch die mangelnde Qualität von Verkaufsgesprächen einiger in der Verkaufsabteilung beschäftigter älterer Mitarbeiter und Mitarbeiterinnen verursacht wurden. In der Personalabteilung wird erwogen, diese Mitarbeiter und Mitarbeiterinnen auf ein Seminar der Industrie- und Handelskammer zu schicken.

a) Klären Sie, warum die Tom Hoss KG bereit ist, 6.200,00 € netto pro Mitarbeiter auszugeben.

b) Stellen Sie fest, was von der Tom Hoss KG und auch von der Referentin als wichtige Inhalte zur Durchführung professioneller Verkaufsgespräche angesehen wird.

c) Vergleichen Sie die Inhalte des Workshops mit den Inhalten dieses Buches (Lernfeld 2: Inhaltsverzeichnis).

Zweitägiges Verkaufstraining am 13./14. Dezember:

Trainiert als Verkaufsprofi viel verkaufen – statt zufällig wenige Abschlüsse tätigen

Im Seminar „Verkaufstraining" am 13. und 14. Dezember steht die Anwendung und Übung von Verkaufsverhalten im Vordergrund. Anhand von Checklisten werden Verkaufssituationen vorbereitet. In vielen Rollenspielen üben die Teilnehmer spezifische Verkaufssituationen vor der Videokamera ein und erhalten konstruktives Feedback.

Gehen Sie unbedacht und unvorbereitet ins Verkaufsgespräch, werden Sie nur zufällig einen Abschluss tätigen. Durch systematisches praxisorientiertes Training werden Sie zum Verkaufsprofi. Ihre Verkaufszahlen werden steigen.

Seminarprogramm:

- **Kontaktphase und Bedarfsermittlung**
- **Warenvorlage**
- **Argumentationsphase**
- **Preisnennung und Einwandbehandlung**
- **Der Kunde muss begeistert sein**
  - Empathie aufbauen

- Regelmäßige „Kundenpflege“
- **Gesprächsvor- und -nachbereitung**
  - Was will ich erreichen?
  - Was habe ich erreicht?
  - Welche Konsequenzen ergeben sich?
- **Briefe und Faxe zur Kundengewinnung**
  - Kurz, knapp, empfängerorientiert
  - **Telefonakquisition**
  - Leitfaden für die telefonische Terminierung
- **Taktische Gesprächsführung**
  - Gezielt Fragen
  - Aktiv Zuhören
- **Typische Nutzenargumentation**
- **Preisgespräche führen**
- **Spezifische Einwandentkräftung**
- **Abschlusstechniken**
- **Positive Reklamationsbearbeitung als Wettbewerbsvorteil**

Seminarthema: Verkaufstraining
Seminarnummer: 677271
Termin: 13./14.12.20.., jeweils 9:00–17:00 Uhr
Veranstaltungsort und Anmeldung: IHK Hannover, Schiffgraben 49, 30175 Hannover
Preis: 6200 Euro + 19% USt. inkl. Mittagessen, Tagungsgetränke und Seminarunterlagen
Referentin: Dipl.-Kauffr. Johanna Hecht

2. Führen Sie Voraussetzungen für den Erfolg in Verkaufsgesprächen auf.
3. Was sind Verkaufsgespräche?
4. Wodurch unterscheiden sich Verkaufsgespräche in der Verkaufsform Bedienung von solchen in den Verkaufsformen Selbstbedienung und Vorwahl?
5. Was muss ein Verkäufer bei der Kontaktaufnahme mit dem Kunden beachten?
6. Wie ist die Ermittlung des Kaufwunsches durchzuführen?
7. Erläutern Sie das Vorgehen des Verkäufers bei der Warenvorlage.
8. In welchen Schritten wird die Verkaufsargumentation durchgeführt?
9. Was ist bei der Preisnennung zu beachten?
10. Erläutern Sie Methoden der Einwandbehandlung.
11. Warum sollten auch Ergänzungs- und Zusatzartikel angeboten werden?
12. Was ist bei der Herbeiführung des Kaufentschlusses zu beachten?
13. Erläutern Sie die Tätigkeiten des Verkäufers beim Abschluss der Verkaufsverhandlungen.
14. Sie sollen Ihrer Klasse eine Phase des Verkaufsgesprächs vorstellen.

Methodeninformation:

Wandplakate dienen der Vermittlung von Inhalten. Ziel dabei ist in den meisten Fällen die Unterstützung eines Vortrages. Es fasst aufbereitet die wichtigsten Informationen zusammen. Dadurch wird ein Vortrag noch besser verständlich. Das Wandplakat ist ein wichtiges Hilfsmittel bei einer Präsentation. Im Vordergrund stehen jedoch die Erläuterungen des Vortragenden.

Die wichtigsten Regeln:
- Frage klären: Welche Aussagen fassen den Inhalt des Vortrags kurz zusammen?
- Wandplakat vorher planen: Entweder Vorentwurf auf DIN-A4-Blatt oder mit Bleistift auf Plakat vorläufige Eintragungen vornehmen.
- Sich Gedanken über die Struktur (Aufteilung des Plakats) und die Inhalte machen.
- Überschrift überlegen: Sie sollte den Hauptinhalt des Wandplakates wiedergeben.

- Die Schrift sollte von jeder Stelle des Raumes aus sichtbar sein. Deshalb die Daumenregel anwenden: Ein Buchstabe sollte so groß wie ein Daumen sein.
- Inhalte kurz und prägnant darstellen Mit Schlagwörtern arbeiten und auf Füllwörter verzichten.
- Bilder (Grafiken, Fotos) – evtl. durch Pfeile verbunden – helfen, Fakten und Zusammenhänge zu erklären. Die Bilder ggf. aufkleben.

a) Suchen Sie sich einen Partner.
b) Erstellen Sie ein Wandplakat, das kurz und prägnant das Ziel der jeweiligen Phase und mindestens zwei Regeln, die dort angewendet werden, vorstellt.
c) Bereiten Sie sich darauf vor, einen Kurzvortrag über diese Phase zu halten.

15. Erstellen Sie eine Mindmap, die über alle Phasen eines typischen Verkaufsgesprächs informiert.

16. Erläutern Sie, warum Rollenspiele ein wichtiges Instrument beim Üben von Verkaufsgesprächen sind.

17. Das bis jetzt gewonnene Wissen über die neun Phasen eines Verkaufsgesprächs soll jetzt in die Praxis umgesetzt werden.
a) Suchen Sie sich einen Partner (nach Möglichkeit aus der gleichen Branche). Entwerfen Sie *in Stichworten* ein Verkaufsgespräch zwischen einem Verkäufer Ihrer Branche und einem Kunden als Rollenspiel. Um richtiges Verkäuferverhalten herauszuarbeiten, wenden Sie zunächst die Kopfstandmethode an: In dem Dialog soll der Verkäufer **so viele Fehler wie möglich machen** (!!).
Das Verkaufsgespräch soll alle typischen Phasen umfassen. Benutzen Sie entsprechende Artikel, wenn diese im Verkaufskunderaum vorhanden sind.
b) Führen Sie **möglichst frei** mit Ihrem Partner das Verkaufsgespräch vor.
c) Notieren Sie bei den vorgeführten Verkaufsgesprächen der anderen Gruppen die dort vorgestellten Verkäuferfehler.
d) Führen Sie c) wenn möglich als Kartenabfrage durch: Formulieren Sie jeweils einen Fehler auf einer Karte, die Ihnen zur Verfügung gestellt wird.
e) Fassen Sie mit der gesamten Klasse die eingesammelten Karten in Gruppen zusammen (Clustern), um Oberbegriffe für die genannten Fehler zu finden.
f) Formulieren Sie für jeden Oberbegriff, der ein fehlerhaftes Verhalten im Verkaufsgespräch darstellt, eine Regel für ein positives Vorgehen im Verkauf.
g) Entwerfen Sie ein zweites Verkaufsgespräch als Rollenspiel im Dialog. Versuchen Sie nun, bei der Vorführung so wenige Fehler wie möglich zu machen.
h) Notieren Sie bei den vorgeführten Verkaufsgesprächen der anderen Gruppen zunächst das dort präsentierte gute Verkäuferverhalten, anschließend die dort vorgestellten Verkäuferfehler.

18. Führen Sie eine Erkundung durch.

Stellen Sie Passanten in der Innenstadt folgende Fragen:
- Womit waren Sie vor Kurzem als Kunde unzufrieden?
- Welche Fehler wurden dabei von Verkäufern gemacht?
- Hatte dies Folgen?

Fassen Sie die Ergebnisse der Befragung auf einem Wandplakat zusammen und bereiten Sie sich darauf vor, dieses zu präsentieren.

19. Beantworten Sie die folgenden Fragen mithilfe der folgenden Mindmap.
a) Was sind Ziele eines Rollenspiels?
b) Warum werden Rollenspiele im Unterricht angewendet?

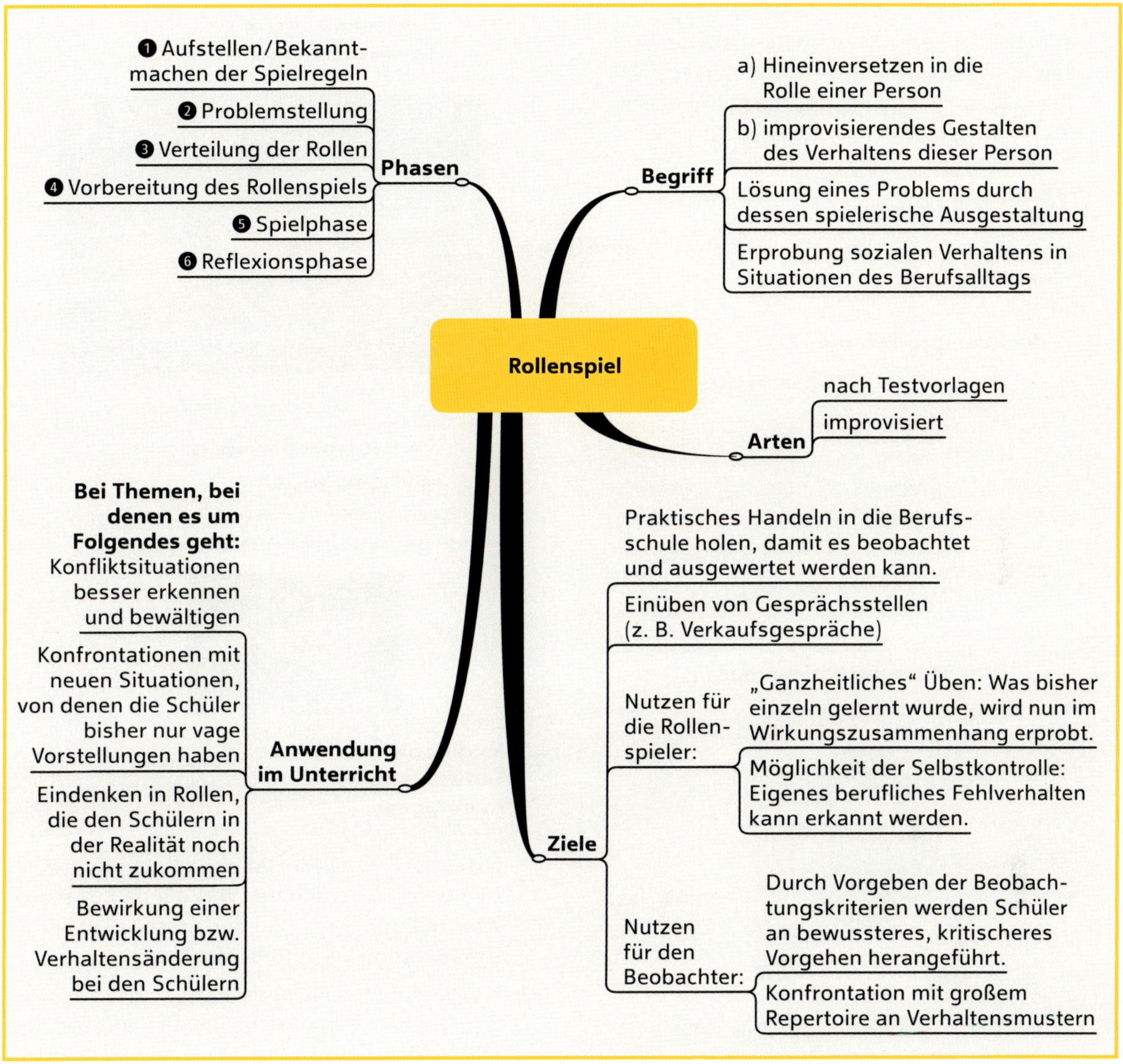
Rollenspiel
Phasen
❶ Aufstellen/Bekanntmachen der Spielregeln
❷ Problemstellung
❸ Verteilung der Rollen
❹ Vorbereitung des Rollenspiels
❺ Spielphase
❻ Reflexionsphase
Begriff
a) Hineinversetzen in die Rolle einer Person
b) improvisierendes Gestalten des Verhaltens dieser Person
Lösung eines Problems durch dessen spielerische Ausgestaltung
Erprobung sozialen Verhaltens in Situationen des Berufsalltags
Arten
nach Testvorlagen
improvisiert
Anwendung im Unterricht
Bei Themen, bei denen es um Folgendes geht: Konfliktsituationen besser erkennen und bewältigen
Konfrontationen mit neuen Situationen, von denen die Schüler bisher nur vage Vorstellungen haben
Eindenken in Rollen, die den Schülern in der Realität noch nicht zukommen
Bewirkung einer Entwicklung bzw. Verhaltensänderung bei den Schülern
Ziele
Praktisches Handeln in die Berufsschule holen, damit es beobachtet und ausgewertet werden kann.
Einüben von Gesprächsstellen (z. B. Verkaufsgespräche)
Nutzen für die Rollenspieler:
„Ganzheitliches“ Üben: Was bisher einzeln gelernt wurde, wird nun im Wirkungszusammenhang erprobt.
Möglichkeit der Selbstkontrolle: Eigenes berufliches Fehlverhalten kann erkannt werden.
Nutzen für den Beobachter:
Durch Vorgeben der Beobachtungskriterien werden Schüler an bewussteres, kritischeres Vorgehen herangeführt.
Konfrontation mit großem Repertoire an Verhaltensmustern

20. Die Tom Hoss KG hat einige Beschäftige mit mangelnder Verkaufskompetenz auf ein Verkaufstrainingsseminar bei der IHK geschickt. Die Referentin Johanna Hecht beginnt dieses mit der Frage: „Wie haben Sie Schwimmen gelernt?“ Anschließend zeigt sie eine Präsentation:

Johanna Hecht

Verkaufsprofi werden?

Zum Verkaufsprofi werden?

Durch Lesen eines Schulbuchs allein? NEIN !!

Zum Verkaufsprofi werden?

Man wird einfach ohne Vorbereitung und Lernmittel ins Wasser geworfen? Nein!

Doch wohl eher so!
Schwimmen lernen im Wasser

Verkaufsprofi werden!

Ich höre – und ich vergesse
Ich sehe – und ich merke es mir
Ich tue – und ich verstehe, ich kann und wende an

Es gibt nichts Gutes – außer man tut es!

Sanktionsfrei in Rollenspielen

Diskutieren Sie, was Johanna Hecht den Teilnehmern zu Beginn des Verkaufskundeseminars mit der Frage und der anschließenden Präsentation vermitteln möchte.

21. Heute in einem Fachgeschäft.
Eine Kundin schaut sich hilfesuchend vor einem Regal mit Küchenmaschinen um. Eine Verkäuferin kommt auf sie zu und beginnt ein Verkaufsgespräch.
Geben Sie die richtige Reihenfolge der Arbeitsschritte an:

a) Die Verkäuferin bestätigt die Kaufentscheidung der Kundin.
b) Die Verkäuferin ermittelt durch gezielte Fragen den Kaufwunsch der Kundin.
c) Die Verkäuferin nimmt mit freundlicher Begrüßung den Kontakt zur Kundin auf.
d) Die Verkäuferin führt die Küchenmaschine vor und lässt die Kundin selbst einige Funktionen ausprobieren.
e) Die Verkäuferin begegnet den Einwänden der Kundin mit Argumenten.
f) Die Verkäuferin verabschiedet die Kundin und bedankt sich bei ihr für den Einkauf.

5321190

ZUSAMMENFASSUNG

Phasen in Verkaufsgesprächen

Kontaktaufnahme zum Kunden = Beachtung und Begrüßung des Kunden	
Ermittlung des Kaufwunschs	= Bedarfsermittlung
Warenvorlage	= Präsentation der Artikel
Verkaufsargumentation	= Aufzeigen der Vorteile eines Artikels für den Kunden im Sie-Stil
Preisnennung	= Der Verkaufswert der Ware wird in Bezug zur Leistung gesetzt
Behandlung von Einwänden	= Entkräftung von Vorbehalten
Angebot von Zusatz- bzw. Ergänzungsangeboten	= Angebot von weiteren Artikeln, die dem Kunden nützen
Herbeiführen des Kaufabschlusses	= Unterstützung des Kunden bei der Entscheidungsfindung
Abschluss des Verkaufsgesprächs	= Beendigung des Verkaufsgesprächs mit positiver Nachwirkung beim Kunden

Man versteht erst dann etwas richtig, wenn man versucht, es einem anderen zu erklären. Dies führt zu einer eigenen gründlichen Auseinandersetzung mit dem gerade behandelten Thema.

1. Suchen Sie sich einen Partner.
2. Lesen Sie noch einmal die Zusammenfassung. Bei Verständnisproblemen schlagen Sie gegebenenfalls noch einmal im Informationstext nach.
3. Einer von Ihnen erläutert die Zusammenfassung dem Partner.
4. Dieser achtet auf Korrektheit und Vollständigkeit und wiederholt noch einmal.

ICH ÜBERPRÜFE MEINE NEU ERWORBENEN KOMPETENZEN

Den Erwerb der zu Beginn aufgeführten Kompetenzen können Sie selbst mithilfe der folgenden Tabelle überprüfen.

Wenn Sie alle Aufgaben, die hinter einer Kompetenz stehen, gelöst haben, machen Sie ein Kreuz bei „Ganz“.

Bei den Kompetenzen, bei denen Sie Aufgaben „Teilweise“ oder „Gar nicht“ gelöst haben, sollten Sie den dazugehörigen Informationstext noch einmal lesen und die Aufgaben anschließend noch einmal bearbeiten.

Was ich nach der Bearbeitung dieses Kapitels kann	Aufgaben	Ganz	Teilweise	Gar nicht
Ich kann ...				
... Gründe für den Erfolg von Verkaufsgesprächen aufführen.	1, 2			
... die neun Phasen eines idealtypischen (üblichen) Verkaufsgesprächs benennen.	5–15			
... die Funktionen (Aufgaben) der einzelnen Phasen des Verkaufsgesprächs erklären.	5–15, 21			
... ein Verkaufsgespräch mit allen neun Phasen durchführen.	5–15, 17, 21			
... in den neun Phasen einige der wichtigsten Regeln anwenden.	5–15, 17, 18			
... die Bedeutung eines großen Warenwissens für erfolgreiche Verkaufsabschlüsse erläutern.	2, 18			
... nachvollziehen, dass der Erfolg von Verkaufsgesprächen vom Einsatz verschiedener Instrumente der Kommunikation unterstützt wird.	2, 18			
... Unterschiede in den Verkaufsgesprächen in den unterschiedlichen Verkaufsformen aufführen.	4, 18			
... die Phasen des Verkaufsgesprächs abhängig von der jeweiligen Verkaufsform oder anderen Rahmenbedingungen an die jeweilige Situation anpassen.	17, 18			
... die Bedeutung von Rollenspielen zum Aufbau einer professionellen Verkaufskompetenz nachvollziehen.	1, 2, 19, 20			

2.2 Informationsmöglichkeiten über Waren

Problemstellung

Stefanie Beyer unterhält sich mit Jakub Nowak.

Jakub:
„Mensch, warum liest du denn diese Fachzeitschrift?“

Stefanie:
„Schau mal hier: Ich habe gerade einen Test in der Zeitschrift der Stiftung Warentest über Funktionsjacken gelesen. Da kann ich schon eine Menge Informationen gewinnen!“

Jakub:
„Braucht doch kein Mensch, das Zeug! So was muss ich nicht wissen!“

Geprüft mit dem Herrenmodell	**Jack Wolfskin** Highland Men Art.-Nr. 11608	**Berghaus** Carrock Jacket Art.-Nr. 20111	**Columbia** Mission Air II Shell Art.-Nr. EM 2443	**Marmot** Vagabond Jacket Art.-Nr. 30190	**Patagonia** Storm Jacket Art.-Nr. 84998	**Haglöfs** Velum II Jacket Art.-Nr. 601659
Mittlerer Preis in Euro ca.	**179**	**220**	**100**	**300**	**250**	**220**
test - QUALITÄTSURTEIL 100 %	**GUT (1,7)**	**GUT (1,9)**	**BEFRIEDIGEND (2,6)**	**BEFRIEDIGEND (2,7)**	**BEFRIEDIGEND (2,9)**	**BEFRIEDIGEND (3,0)**
Funktion 45 %	**gut** (1,6)	**gut** (2,1)	**befriedigend** (2,9)	**befriedigend** (3,2)*)	**befriedigend** (2,9)	**befriedigend** (3,2)
Regendichtheit	++	○	○	⊖*)	○	⊖*)
Atmungsaktivität	+	+	○	+	○	+
Tragekomfort 25 %	**gut** (2,2)	**gut** (2,0)	**gut** (2,5)	**sehr gut** (1,5)	**befried.** (2,6)	**befried.** (2,6)
Passform	+	++	○	++	○	○
Anziehen und Verstellen der Jacke	○	○	+	+	+	+
Verstellen und Sichtfeld der Kapuze	+	○	+	+	○	+
Haltbarkeit 25 %	**sehr gut** (1,3)	**sehr gut** (1,4)	**gut** (2,0)	**befried.** (3,1)	**befried.** (3,3)	**befried.** (3,4)
Verarbeitung	++	++	○	○	○	○
Scheuerbeständigkeit	++	++	+	○	⊖	○
Lichtechtheit	++	+	++	○	⊖	⊖*)
Waschen	++	++	+	++	++	++
Schadstoffe 5 %	**gut** (2,3)	**gut** (2,1)	**befried.** (2,6)	**sehr gut** (1,0)	**befried.** (2,8)	**sehr gut** (1,0)
Ausstattung						
Material des Oberstoffs[1]	Polyamid	Polyamid	Polyamid	Polyester	Polyester	Polyester
Material und Bezeichnung der Membran oder Beschichtung	PU-Beschichtung (Texapore)	PTFE-Membran (Gore-Tex Performance)	PU-Membran (Omni-Tech)	PTFE-Membran (Gore-Tex Performance)	Membran (H2No)	PES-Membran (Proof)
Gewicht in Gramm (Größe L)	674	606	544	694	792	518
Name des Damenmodells	Highland Women Art.-Nr. 11609	Carrock Women Jacket Art.-Nr. 20125	Venture on Rain Art.-Nr. EL 2416	Women's Vagabond Jacket Art.-Nr. 35120	Kein vergleichbares Damenmodell erhältlich.	Velum II Q Jacket Art.-Nr. 601660
CSR-ENGAGEMENT[2] (SIEHE SEITE 74)	**BEFRIEDIGEND**	**AUSKUNFT VERWEIGERT**	**AUSKUNFT VERWEIGERT**	**AUSREICHEND**	**AUSKUNFT VERWEIGERT**	**AUSKUNFT VERWEIGERT**

Bewertungsschlüssel der Prüfergebnisse:
++ = Sehr gut (0,5–1,5). + = Gut (1,6–2,5). ○ = Befriedigend (2,6–3,5).
⊖ = Ausreichend (3,6–4,5). — = Mangelhaft (4,6–5,5).

Bei gleichem Qualitätsurteil Reihenfolge nach Alphabet.
***) Führt zur Abwertung** (siehe „So haben wir getestet“ auf Seite 69).

1. Beurteilen Sie die Meinung von Jakub Nowak.
2. Geben Sie an, welche Informationen über Funktionsjacken aus solchen Tests gezogen werden können.
3. Nennen Sie weitere Quellen, aus denen sich Verkäufer über Waren informieren können.

EINORDNUNG DES THEMAS

Lernfeld 2: Verkaufsgespräche kundenorientiert führen

Grundlagen des Verkaufsgesprächs | Kontaktaufnahme | Bedarfsermittlung | Warenvorlage | Verkaufsargumentation | Preisnennung | Einwandbehandlung | Herbeiführen der Kaufentscheidung | Angebot von Ergänzungen | Abschluss des Verkaufsgesprächs

Kommunikationsregeln | Körpersprache | Sprache | Fragetechnik

Suche von Informationsquellen über Waren | Systematische Aneignung von Warenwissen

Kompetenzen

Nach Bearbeitung dieses Kapitels können Sie ...

... die Bedeutung der Warenkenntnisse für den Einzelhandel und das dort beschäftigte Personal begründen.
... verschiedene Informationsquellen aufführen und erläutern.
... verschiedene Informationsquellen zum Aufbau eines systematischen Warenwissens nutzen.
... Informationsquellen auswählen, die für die Aneignung von Warenwissen in Ihrem Ausbildungssortiment besonders geeignet sind.
... Informationsquellen im Hinblick auf ihren Wahrheitsgehalt und ihre Aktualität beurteilen.

INFORMATIONSTEXT

Die entscheidende Voraussetzung für erfolgreiche Verkaufsgespräche ist sehr gute Warenkenntnis des Verkäufers. Die Mitarbeiter im Einzelhandel nutzen daher jede Informationsquelle, die warenkundliche Informationen zur Verfügung stellt. Je mehr Warenkenntnisse der Verkäufer hat, desto besser kann er argumentieren. Ein umfangreiches Warenwissen unterstützt aber auch die Warenpräsentation und gibt dem Verkäufer Selbstvertrauen. Er kann nur dann überzeugend argumentieren, wenn er die angebotene Ware kennt.

Gute und umfangreiche Warenkenntnisse des Verkäufers ermöglichen eine problemorientierte Fachberatung des Kunden. Sie steigern die Leistungsfähigkeit des Einzelhandels. Das bedeutet:

- Die Warenkenntnisse dürfen nicht oberflächlich sein: Es wäre sehr schlecht, wenn ein Verkäufer nur weiß, wie der Artikel heißt, wo er steht und wie viel er kostet. Die Ware darf keine „Blackbox“ – also kein unbekanntes Objekt – bleiben.
- Die Warenkenntnisse dürfen für die Verkaufsargumentation nicht einseitig genutzt werden, um den Umsatz zu sichern. Es sollten auch die Nachteile genannt werden.

Warenkundliches Wissen sollte also soweit wie möglich eine unparteiische Fachberatung ermöglichen, die sich am optimalen Preis-Leistungs-Verhältnis für den Kunden orientiert.

Die Warenprüfung

Sehr viele Informationen über die Ware kann man gewinnen, wenn man die Ware direkt untersucht. Dies kann geschehen

- in verkaufsschwachen Zeiten im Verkaufsraum,
- im Wareneingang,
- im Lager.

Durch eine genaue Prüfung der Ware ergeben sich Hinweise auf Material, Zusammensetzung und weitere Produktmerkmale der Ware.

BEISPIEL

- Ein Radiowecker kann auf seine Funktionen untersucht werden.
- In der Käseabteilung wird eine Geschmacksprobe verschiedener Schweizer Käsesorten vorgenommen.

Warenprüfung: Etiketten und Beschriftung der Artikel geben viele Informationen

Produktinformationen der Hersteller

Informationsquellen, die mit der Ware in Verbindung stehen, wie

- Prospekte,
- Kataloge,
- Betriebsanleitungen,
- Verpackungsaufschriften,
- Zutatenlisten,
- Gebrauchsanweisungen,

lassen sich sehr gut zur Gewinnung warenkundlicher Informationen nutzen. Diese von den Herstellern zur Verfügung gestellten Informationsquellen enthalten viele Argumente für erfolgreiche Verkaufsgespräche.

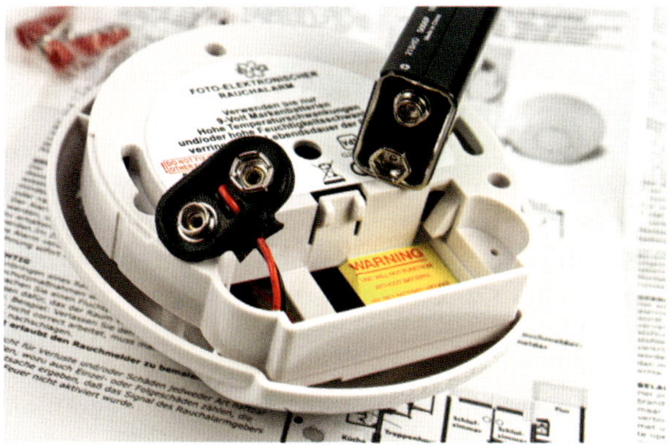

Gebrauchsanweisungen enthalten viele Informationen

Messen und Ausstellungen

Da Waren erklärungsbedürftiger und vielfältiger werden, wird der Besuch von Messen und Ausstellungen immer wichtiger. Für Einzelhändler kann ein Messe- oder Ausstellungsbesuch die folgenden Vorteile haben:

- Orientierung über das Gesamtangebot
- Information über bestimmte Waren oder Warengruppen
- Orientierung über technische Neuheiten
- Vermittlung von Anregungen aus anderen Branchen
- Information über Preis- und Lieferbedingungen
- Information über bestimmte Problemlösungen
- Vorbereitung von Kaufentscheidungen
- persönliche Weiterbildung
- Information über den Wettbewerb
- Informationsbeschaffung für den eigenen Betrieb
- Herstellung persönlicher Kontakte zu Lieferanten

Messen und Ausstellungen bieten vielfältige Möglichkeiten, sich über Waren zu informieren

Messen sind Veranstaltungen mit Marktcharakter, die ein umfassendes Angebot eines oder mehrerer Wirtschaftszweige bieten. Sie finden im Allgemeinen in regelmäßigen Abständen am selben Ort statt. Auf Messen werden Waren aufgrund von Mustern für den Wiederverkauf oder für die gewerbliche Verwendung verkauft. Messen können grundsätzlich nur von Fachbesuchern besucht werden.

Nach dem Umfang der angebotenen Waren unterscheidet man Universalmessen, Mehrbranchenmessen und Fachmessen:

- Universalmessen umfassen ein breites Angebot. Das Angebot ist nicht auf Branchen- und Produktgruppen festgelegt.
- Mehrbranchenmessen umfassen ein begrenztes Angebot aus mehreren Produktions- und Absatzbereichen.
- Fachmessen umfassen einzelne, klar umrissene Branchen und Bedarfsgruppen.

Ausstellungen sprechen neben den Fachkreisen auch die Allgemeinheit an. Sie dienen der aufklärenden und werbenden Darstellung einzelner Wirtschaftszweige. Natürlich kann auf Ausstellungen auch verkauft werden.

Der Messeplatz Deutschland ist weltweit Marktführer im Bereich der internationalen Messen. Es finden jährlich 120 bis 130 Veranstaltungen dieses Typs statt. Zu den Messen kommen pro Jahr rund 65.000 Aussteller und 1,8 Millionen Besucher aus dem Ausland. Zahlreiche Branchen haben hier ihre weltweit wichtigste Messe. Die Attraktivität des Messeplatzes Deutschland ist in der Größe des Marktes und in der Lage Deutschlands im Zentrum Europas begründet.

Ein ebenso wichtiger Grund ist aber die Qualität der Messen selbst. Die Messekonzepte sind langfristig angelegt und werden in enger Abstimmung mit Vertretern der ausstellenden und besuchenden Wirtschaft ständig weiterentwickelt. Außerdem betreiben die Messeveranstalter eine ständige weltweite Aussteller- und Besucherwerbung. Die internationalen Messen in Deutschland sind Fachmessen oder Mehrbranchenmessen mit deutlich abgegrenztem Branchenspektrum. Sie sprechen klar festgelegte Zielgruppen an. Sie überschneiden sich nur in Ausnahmefällen.

Fachzeitschriften und Fachbücher

Einzelhändler können warenkundliche Informationen vielen der über 8.000 Fachzeitschriften und Fachzeitungen in Deutschland entnehmen. Fast für jede Branche gibt es Fachzeitschriften. Fachzeitschriften geben einen Überblick über neue Artikel und untersuchen aktuelle Trends. Häufig findet man sie auch unter dem Titel „Warenkunde". Fachzeitschriften sind der wichtigste Warenträger der Industrie in der Kommunikation mit dem Einzelhandel. Außerdem gibt es viele Fachbücher zu den wichtigen Themen des Einzelhandels.

Fachzeitschriften enthalten sehr häufig Warenkunde-Artikel

Kurse zur Weiterbildung

Hersteller und Branchenverbände bieten viele Kurse oder Seminare zur Warenkunde, zur Betriebsführung und zu aktuellen Themen an.

Konkurrenzbeobachtungen

Für Einzelhandelsunternehmen ist es sehr wichtig, über Pläne, Leistungen und Kompetenzen der Konkurrenten Bescheid zu wissen. Das Verkaufspersonal besucht zum Beispiel als Konsument Mitbewerber. Es versucht dort Sortiment und Methoden der Vermarktung der Mitbewerber kennenzulernen. Ziel solcher Konkurrenzbeobachtungen ist es, von den Mitbewerbern zu lernen.

Die Aufmerksamkeit wird auf folgenden Merkmale gelegt:

- Warenangebot,
- Preisgestaltung,
- Unterschiede in der Beratung.

5321196

Beobachtung erfolgreicher Verkäufer

Eine der besten warenkundlichen Informationsquellen sind erfahrene Fachkollegen. Von diesen kann zum einen ein sehr gutes Vorgehen bei der Verkaufsargumentation abgeschaut werden. Zum anderen sind diese Fachkollegen meistens gern bereit, Fragen über Merkmale von Waren zu beantworten.

Von Kollegen kann man viel lernen

Auswertung von Gesprächen mit Kunden

Untersucht man die geführten Verkaufsgespräche, erkennt man, worauf Kunden beim Kauf einer nachgefragten Ware Wert legen. Dies hilft, sich auf spätere Kunden besser einzustellen. Sachkundige Kunden geben im Verlauf von Verkaufsgesprächen oft wertvolle Hinweise, die man beim Gespräch mit anderen Kunden verwenden kann.

Verbraucherverbände

Zu den Verbraucherverbänden gehören 16 Verbraucher-Zentralen sowie 22 sozial orientierte Organisationen mit Interesse am Verbraucherschutz. Verbraucherverbände arbeiten gemeinnützig und sind parteipolitisch neutral.

In jedem Bundesland gibt es eine unabhängige Verbraucherzentrale, die wiederum verschiedene Verbraucherberatungsstellen unterhält. Bundesweit beläuft sich die Zahl dieser Beratungsstellen auf etwa 350.

Verbraucherverbände sind die Interessenvertretungen der Verbraucher und Verbraucherinnen gegenüber Wirtschaft und Gesetzgeber. Die Verbraucherverbände beraten seit über 40 Jahren konsequent den Verbraucher in allen Fragen des privaten Konsums und vertreten ihn gegenüber Wirtschaft, Verwaltung, Politik und Gesetzgeber.

Verbraucherzentralen bieten unabhängige Informationen über Waren

Die Kernaufgaben der Verbraucherverbände liegen nach deren eigenem Selbstverständnis

- im Verbraucherschutz:
  Als Interessenvertretung der Verbraucher werden rat- und hilfesuchende Konsumenten unterstützt. Mithilfe vor allem der Verbraucherzentralen können die Ratsuchenden ihre Rechte gegenüber Anbietern wahrnehmen, weil die Schwellenangst hier häufig geringer ist als bei Anwälten und Gerichten. Hier kann man sich mithilfe von geschultem Personal eine Lösung für praktisch jedes Konsumenten-Problem holen. So werden eine Vielzahl von Reklamationen bearbeitet und auf dieser Grundlage zahlreiche Informationsmaterialien erstellt. Die Verbraucherzentralen sind zur außergerichtlichen Rechtsberatung und Rechtsordnung befugt.

  Viele Verfahren können mithilfe der Verbraucherzentralen außergerichtlich geklärt werden. Ämter und die Gerichte werden dadurch entlastet. Das entlastet auch den Steuerzahler. Durch die Information der Verbraucher wird zugleich ein verbraucherorientiertes Verhalten der Unternehmen gefördert.

- in der Verbraucherarbeit durch Beratung, Bildung, Öffentlichkeitsarbeit:
  Durch warenkundliche Informationen zu Artikeln fast jeder Branche sorgen die Verbraucherverbände für den Durchblick der Verbraucher auf den Märkten. Erklärtes Ziel ist es, Transparenz über Produktion, Eigenschaften und Qualität von Waren und Dienstleistungen durchzusetzen. Diese sehr informativen Materialien können natürlich auch vom Verkaufspersonal im Einzelhandel genutzt werden, um Warenkenntnisse zu gewinnen.

Die Verbraucherverbände stellen Materialien als Broschüren oder Handzettel zur Verfügung. Sehr stark sind auch die Informationsmöglichkeiten im Internet.

Verbraucherzentralen im Internet

Die wichtigsten Einrichtungen für unabhängige Verbraucherberatung und -information sind in Deutschland (neben der Stiftung Warentest) die Verbraucherzentralen. Diese haben ihr Angebot ausgebaut. Im Vordergrund steht die Bereitstellung von Verbraucherinformationen in Form von Berichten, Artikeln und Datenbanken. Es werden auch eigene Untersuchungen durchgeführt und Veröffentlichungen anderer Institutionen ausgewertet.

BEISPIELE

- www.vzbv.de
- www.vz-nrw.de
- www.verbraucher.org

Stiftung Warentest

Eine ganz wichtige Quelle für warenkundliche Informationen ist die Stiftung Warentest. Sie ist eigentlich eine Einrichtung für vergleichende Waren- und Dienstleistungstests, die zur besseren Marktbeurteilung bei Waren und Dienstleistungen beiträgt. Ihr Ziel ist, dass jeder interessierte Verbraucher in der Lage ist, für sich Fehleinkäufe zu vermeiden.

Es ist aufgrund der schnellen technischen Veränderungen für den Verbraucher – und auch für den Fachverkäufer – sehr schwer geworden, sich zurechtzufinden. Hierbei hilft die Stiftung Warentest. Sie ist ein objektiver Betrachter. Sie hilft, das Angebot überschaubar und vergleichbar zu machen.

Die Stiftung Warentest bietet einen Informationsservice zu sämtlichen Verbraucherthemen. Dies geschieht vor allem in Form detaillierter Produktinformationen, -tests und -analysen sowohl in der Zeitschrift „test“ als auch im Internet (*http://www.stiftung-warentest.de*).

General-Anzeiger vom 03.04.1999
Waren auf dem Prüfstand

VERBRAUCHER: Der Bundestag beschließt die Gründung der Stiftung Warentest

Von Frank Vallender

Die Qual der Wahl haben Deutschlands Verbraucher, als sie in den 60er Jahren einkaufen gehen. Nach dem Aufschwung der Wirtschaftswunderjahre stehen sie vor einem großen Angebot neuer Waren in den Regalen. Mit dem „Tiger im Tank“ und dem „Weißen Riesen“ geht die Industrie auf Kundenfang; die Werbung wird im Wortsinne plakativer, aber auch zunehmend informationsloser.

In den fünfziger Jahren war der vergleichende Warentest durch unabhängige Institute in Deutschland noch umstritten. Während Bundeswirtschaftsminister Ludwig Erhard solche Tests für notwendig hielt, beharrte die deutsche Wirtschaft darauf, daß der „Verbraucher durch Werbung in ausreichendem Maße unterrichtet ist“.

Am 4. Dezember 1964 beschließt der Bundestag die Gründung der Stiftung Warentest, eines privatrechtlichen unabhängigen Instituts, dessen Ziel laut Satzung es ist, „die Öffentlichkeit über objektive Merkmale des Nutz- und Gebrauchswerts sowie der Umweltverträglichkeit“ von Waren und Dienstleistungen zu unterrichten. 1966 erscheint erstmals die Zeitschrift „DER test“. Nähmaschinen und Stabmixer sind die ersten Produkte, deren Untersuchungsergebnisse veröffentlicht werden. Die Presse beklagt die magere Zahl der Tests und auch die zu vage Bewertung der Produkte. Prüfnoten und zusammenfassende Qualitätsurteile erstellen die Tester erst fünf Jahre später.

Im Laufe der Jahre folgen zahlreiche Sonderpublikationen der Zeitschrift „test“, wie sie jetzt heißt. Seit 1991 gibt der „FINANZtest“ Tips. 1971 wird die Organisationsstruktur der Stiftung Warentest gestrafft. Unverändert bleibt die paritätische Besetzung wichtiger Gremien: Verbrauchervertreter haben ebenso das Sagen wie die der Wirtschaft und neutrale Sachverständige. Sie geben Untersuchungen an in- und ausländische Spezialinstitute in Auftrag, die mittlerweile

5321198

jährlich rund 2 400 Produkte – vom Fahrrad bis zur Körperlotion – testen.

Heute kennt laut Umfragen fast jeder Deutsche die Stiftung Warentest, und mehr als ein Drittel der Konsumenten richtet sich bei wichtigen Kaufentscheidungen nach dem Urteil der unabhängigen Fachleute. Auch bei den Herstellern finden die Warentests große Beachtung: Über ihre Umsätze bekommt die Industrie die Bewertungen zu spüren.

Quelle: „Waren auf dem Prüfstand“ von Frank Vallender in General-Anzeiger (Ressort Journal) vom 03.04.1999

„test“, die Zeitschrift von Stiftung Warentest

In ihrem monatlich erscheinenden anzeigenfreien Magazin „test“ veröffentlicht die Stiftung Warentest ihre Untersuchungsergebnisse. Jedes Jahr werden Tausende von Produkten anonym von Mitarbeitern im Handel eingekauft und in einem unabhängigen Labor oder Institut untersucht. Bei der Auswahl dieser Testprodukte orientiert man sich an Leserwünschen, an Trends und an saisonalen Themen: Wie oft werden welche Produkte im Internet aufgerufen? Für welche Waren interessieren die Verbraucher sich gerade besonders? Auch Dienstleistungen werden geprüft. Hier lassen sich geschulte Tester inkognito auf ein Probetraining in einem Fitnessstudio ein oder lassen sich in einer Bankfiliale zu Geldangelegenheiten beraten. Eine klare Benotung informiert den Leser dann über die Qualität der geprüften Produkte oder Leistungen und verweist auf deren Stärken, Schwächen und Preisunterschiede.

Die Zeitschrift „test“ erscheint monatlich, jeweils zum Ende eines Monats

Stiftung Warentest im Internet

Zentrale Aufgabe von Warentestorganisationen ist die Bereitstellung von neutralen Informationen zu Waren für Konsumenten. In Deutschland führt die Stiftung Warentest vergleichende Warentests durch. Deren Ergebnisse werden auch immer häufiger im Internet veröffentlicht und dort vermehrt abgerufen. Aus der Vorstellung der Testergebnisse können Verkäufer wichtige Informationen ziehen. Mehr unter *www.stiftung-warentest.de*.

Das Internet als Informationsquelle

Auch im Internet lassen sich wertvolle Informationen über Waren gewinnen. Wegen seiner technologischen Eigenschaften eignet sich das Internet sehr gut als vorrangige Quelle für Produktinformationen. Ein Verkäufer kann sich aus verschiedenen Internetquellen sein Warenwissen aufbauen:

Herstellerseiten

Hersteller stellen ihre Waren oft detailliert auf ihren Internetseiten vor.

Verbraucherforen

Verbraucherforen sind Internet-Plattformen, auf denen Verbraucher Informationen und Erfahrungen zu unterschiedlichen Artikeln austauschen können. Diese Internetseiten stellen also Verbrauchern einen Ort zur Verfügung, in dem sie ihre Erfahrungen mit einer Ware schildern können.

Erfahrene Verkäufer nutzen diese Informationen für den Aufbau eines umfassenden Warenwissens. Sie finden hier

- Kommentare, Kritik und Empfehlungen von Verbrauchern zu bestimmten Waren,
- persönliche Bewertungen und Erfahrungsberichte der Mitglieder des Verbraucherforums.

BEISPIELE

- Ciao (www.ciao.com)
- Dooyoo (www.dooyoo.de)
- Yopi (www.yopi.de)

Im Gegensatz zu den Verbraucher- und Warentestorganisationen stellen Verbraucherforen keine Experteninformationen und Ergebnisse objektiver Untersuchungen bzw. Tests bereit. Sie beinhalten nur persönliche Bewertungen anderer Konsumenten auf der Grundlage persönlicher Erfahrungen.

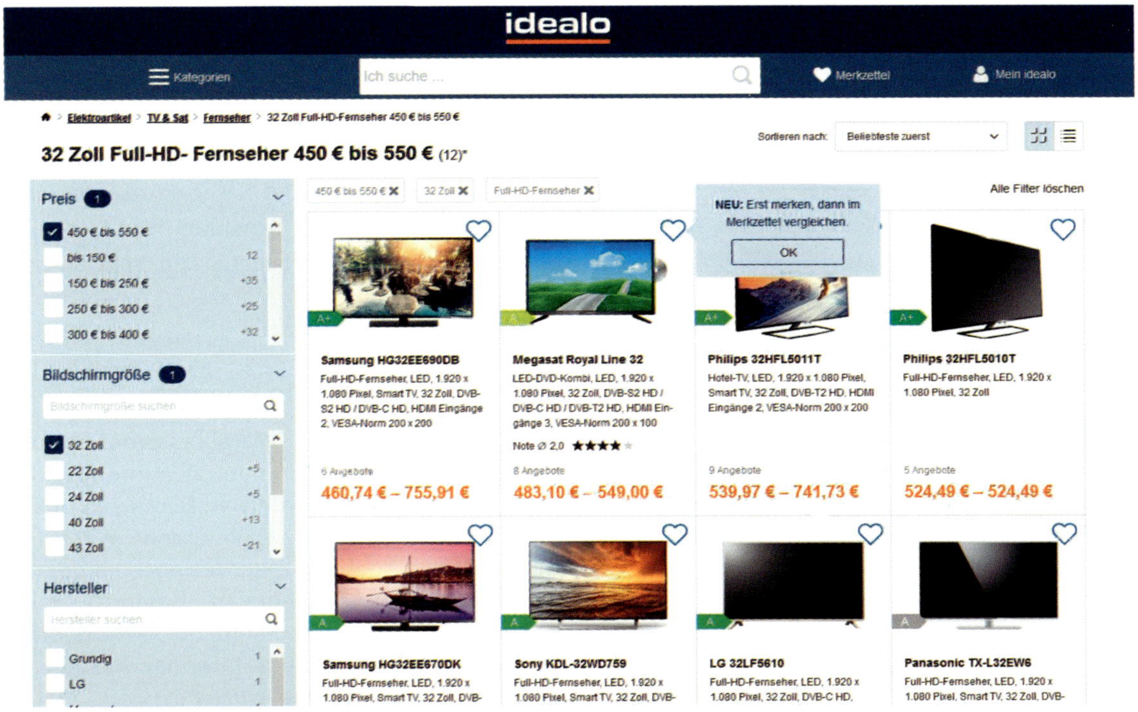

Preisvergleichsportale, Preissuchmaschinen und Verbraucherportale suchen nicht nur die günstigsten Preise im Internet. Sie liefern oft auch viele Informationen über die entsprechende Ware. Über sogenannte Produktfinder kann nach ganz bestimmten Produktmerkmalen gesucht werden.

Preisdatenbanken

Preisdatenbanken im Internet bieten dem Verbraucher Unterstützung bei der Suche nach dem günstigsten Preis für einen Artikel: Sie durchsuchen die Internet-Seiten von Händlern und werten diese aus. Solche Internetseiten vergleichen anhand umfangreicher Kriterienkataloge Artikel unterschiedlicher Hersteller und führen einen Preisvergleich durch.

Bei den über Preisdatenbanken bereitgestellten Produktinformationen stehen die Preise zwar eindeutig im Vordergrund. Es gibt oft jedoch auch Produktbeschreibungen sowie manchmal auch Bewertungen verschiedener Artikel durch Käufer.

BEISPIELE

- www.guenstiger.de
- https://geizhals.de/
- http://schnaeppchenjagd.de/

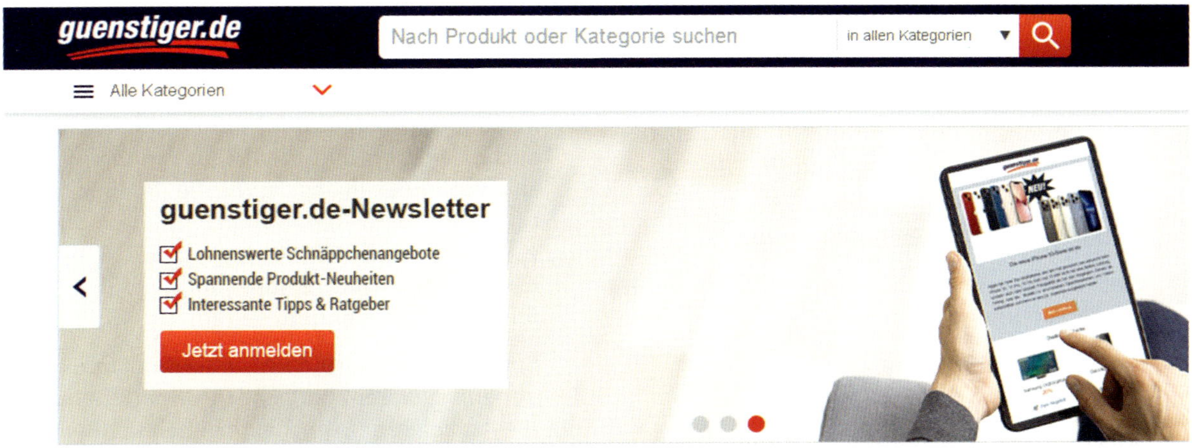

Preisdatenbanken geben oft neben der Angabe des günstigsten Preises auch Produktinformationen über ein Produktdatenblatt

Verbraucherzeitschriften im Internet

Weitere Anbieter von Produktinformationen für Verbraucher im Internet sind verschiedene Verbraucherzeitschriften: Bei den im Internet bereitgestellten Inhalten handelt es sich sehr häufig um konkrete Produktinformationen für Konsumenten. Oft sind es vergleichende Produkttests. Die Informationen sind manchmal kostenpflichtig, da sie von Experten geliefert werden.

BEISPIELE

- www.ökotest.de
- www.finanzen.de

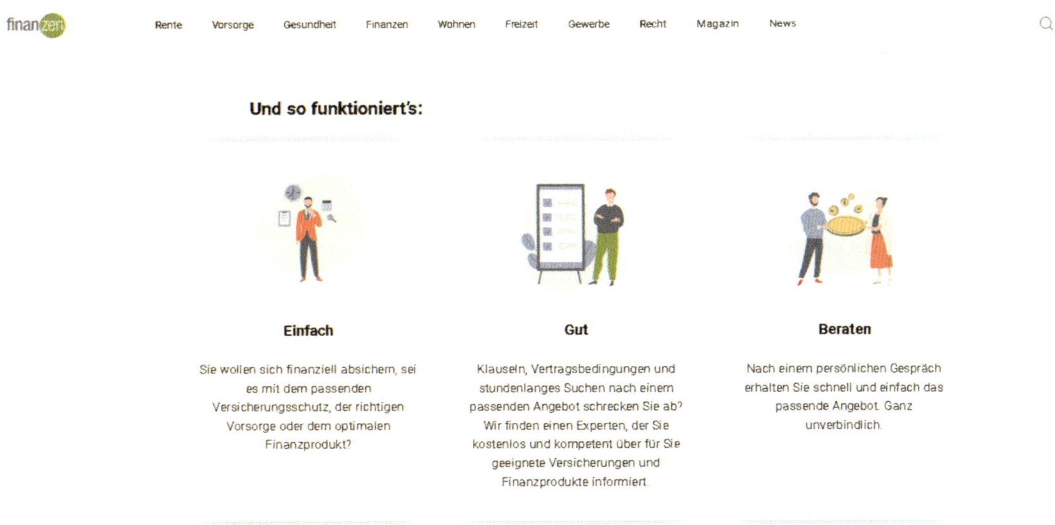

AUFGABEN

1. Warum müssen Verkäufer Informationsquellen über Waren nutzen?
2. Welche Folgen hat eine falsche Information des Kunden über eine Ware aufgrund mangelnden Warenwissens des Verkäufers?
3. Welche Produktinformationen stellen Hersteller zur Verfügung?
4. Wodurch unterscheiden sich Messen und Ausstellungen?
5. Welche Vorteile haben Messe- und Ausstellungsbesuche?
6. Welches Ziel verfolgen Konkurrenzbeobachtungen?
7. Erläutern Sie die Aufgaben der Verbraucherverbände.
8. Welche Möglichkeiten gibt es, sich im Internet über Waren zu informieren?
9. Präsentieren Sie der Klasse anhand eines Artikels Ihres Ausbildungssortiments (der Ihnen in Ihrem Verkaufskunderaum zur Verfügung steht oder den Sie mitgebracht haben), welche Kenntnisse Sie über die Ware durch eine Warenprüfung gewinnen können.

   Bringen Sie dazu eine Produktinformation eines Herstellers (Katalog, Gebrauchsanweisung usw.) mit und erläutern Sie beispielhaft, wie diese zur Gewinnung von Warenwissen ausgewertet werden kann.
10. Fragen Sie in Ihrem Ausbildungsbetrieb nach den dort gelesenen Fachzeitschriften. Stellen Sie Ihren Mitschülern ein Exemplar dieser Fachzeitschriften vor.
11. Jeder, der sich über die neuesten Entwicklungen in seinem Fachgebiet auf dem Laufenden halten oder in andere Bereiche einarbeiten will, profitiert vom Angebot der Bibliotheken. Wenn Sie also für die Anfertigung eines Referats über ein warenkundliches Thema Informationen benötigen, müssen Sie sich auf Literatursuche begeben. In diesem Zusammenhang sind Bibliotheken unsere wichtigsten Informationsspeicher. Führen Sie eine Erkundung in einer Bibliothek (z. B. Stadtbibliothek, Schulbücherei) durch. Das Personal dort wird Ihnen bei Fragen sicher sehr gern helfen.

    Suchen Sie in der Bibliothek fünf Bücher, aus denen Sie warenkundliche Informationen über die Artikel Ihrer Branche beziehen können. Geben Sie jeweils an:

    - Verfasser
    - Titel
    - Kurze Beschreibung, welche Informationen dem Buch entnommen werden können (z. B. komplette Warenkunde im Überblick, eine Warengruppe im Detail, Teilaspekte ...)
    - die Signatur (Angabe, wo – also in welchem Regal – das Buch steht)
12. Gehen Sie auf die Internetseite der Stiftung Warentest (*http://www.stiftung-warentest.de*).

    Führen Sie am Beispiel eines Sie als Verbraucher interessierenden Artikels vor, wie die Testinformationen für eine fundierte Kaufentscheidung ausgewertet werden können.
13. Informieren Sie sich unter der Internetadresse *http://www.verbraucherzentrale.com/* über die nächstgelegene Beratungsstelle einer Verbraucherzentrale und deren Leistungsangebot.
14. Suchen Sie sich bei *guenstiger.de* ein Produkt aus, das Sie als Verbraucher interessiert. Gehen Sie dabei von einem bestimmten Höchstpreis aus und entscheiden Sie sich für zwei vorgeschlagene Artikel.
    a) Lassen Sie *guenstiger.de* die Produktmerkmale vorstellen und vergleichen.
    b) Schauen Sie, ob es schon Meinungen von Käufern des jeweiligen Artikels gibt.

ZUSAMMENFASSUNG

Informationsquellen zur Aneignung von Warenwissen

- Produktinformationen der Hersteller
- Messen und Ausstellungen
- Fachzeitschriften und Fachbücher
- Kurse zur Weiterbildung
- Konkurrenzbeobachtungen
- Beobachtung erfolgreicher Verkäufer
- Auswertung von Gesprächen mit Kunden
- Verbraucherverbände
- Stiftung Warentest
- Das Internet
  - Herstellerseiten
  - Preissuchmaschinen
  - Verbraucherforen
  - Stiftung Warentest
  - Internetseiten von Fachzeitschriften

Man versteht erst dann etwas richtig, wenn man am Ende der Behandlung eines Themas versucht, dieses sich selbst noch einmal zu erklären. Dies führt zu einer eigenen gründlichen Auseinandersetzung mit dem gerade behandelten Thema.

1. Suchen Sie sich deshalb einen Partner.
2. Lesen Sie noch einmal die Zusammenfassung. Bei Verständnisproblemen schlagen Sie ggf. noch einmal im Informationstext nach.
3. Wandeln Sie die Zusammenfassung mit Ihrem Partner in eine gemeinsame Mindmap um.

ICH ÜBERPRÜFE MEINE NEU ERWORBENEN KOMPETENZEN

Den Erwerb der zu Beginn aufgeführten Kompetenzen können Sie selbst mithilfe der folgenden Tabelle überprüfen.

Wenn Sie alle Aufgaben, die hinter einer Kompetenz stehen, gelöst haben, machen Sie ein Kreuz bei „Ganz“.

Bei den Kompetenzen, bei denen Sie Aufgaben „Teilweise“ oder „Gar nicht“ gelöst haben, sollten Sie den dazugehörigen Informationstext noch einmal lesen und die Aufgaben anschließend noch einmal bearbeiten.

Was ich nach der Bearbeitung dieses Kapitels kann	Aufgaben	Ganz	Teilweise	Gar nicht
Ich kann ...				
... die Bedeutung der Warenkenntnisse für den Einzelhandel und das dort beschäftigte Personal begründen.	1, 2			
... verschiedene Informationsquellen aufführen und erläutern.	3, 4, 5, 6, 7, 8			
... verschiedene Informationsquellen zum Aufbau eines systematischen Warenwissens nutzen.	9, 10, 11, 12,			
... Informationsquellen auswählen, die für die Aneignung von Warenwissen in meinem Ausbildungssortiment besonders geeignet sind.	13, 14			
... Informationsquellen im Hinblick auf den Wahrheitsgehalt und die Aktualität beurteilen.	1, 2, 11			

5321204

2.3 Das Warenwissen

Problemstellung

Stefanie Beyer und Jakub Nowak unterhalten sich in der Mittagspause über ihren Vormittag.

Jakub: „Und dann kamen fünfmal hintereinander Frauen. Die wollten alle eine Tasche kaufen."

Stefanie: „Dann hast du heute Morgen ja richtig Umsatz gemacht!"

Jakub: „Die hatten eine Menge Fragen. Schließlich fragten mich zwei Kundinnen noch, ob ich eine besondere Empfehlung hätte."

Stefanie: „Und wie ging das Gespräch weiter? "

Jakub: „Ich sagte ihnen, dass wir eine große Auswahl hätten und sie sich doch bitte einmal umschauen sollten. Sie haben noch etwas unschlüssig geguckt und dann die Abteilung verlassen."

Stefanie: „Hast du ihre Fragen denn beantwortet?"

Jakub: „Naja, bei der großen Auswahl sollten die Kundinnen selbst schon das Richtige finden. Ich muss keine komplizierten Fragen beantworten ... Es reicht doch aus, dass ich weiß, wo ein Artikel steht und welchen Preis er hat."

1. Beurteilen Sie Jakubs Verhalten.
2. Geben Sie an, was ein Verkäufer über einen Artikel seines Sortiments wissen muss. Führen Sie auf, anhand welcher Produktmerkmale sich Taschen voneinander unterscheiden.
3. Geben Sie an, wie mit unterschiedlichen Produktmerkmalen zwei Artikel Ihres Ausbildungssortiments beschrieben werden können.

EINORDNUNG DES THEMAS

Lernfeld 2: Verkaufsgespräche kundenorientiert führen

Grundlagen des Verkaufsgesprächs → Kontaktaufnahme → Bedarfsermittlung → Warenvorlage → Verkaufsargumentation → Preisnennung → Einwandbehandlung → Herbeiführen der Kaufentscheidung → Angebot von Ergänzungen → Abschluss des Verkaufsgesprächs

Kommunikationsregeln → Körpersprache → Sprache → Fragetechnik

Suche von Informationsquellen über Waren → Systematische Aneignung von Warenwissen

Kompetenzen

Nach Bearbeitung dieses Kapitels können Sie ...

... die Bedeutung der Warenkenntnisse für den Einzelhandel und das dort beschäftigte Personal begründen.
... den Aufbau von Sortimenten von der Sorte bis zur Warengruppe erläutern.
... erläutern, wie Artikel mit unterschiedlichen Produktmerkmalen zur Unterscheidung von anderen Artikeln beschrieben werden.
... Waren Ihres Ausbildungsbetriebes mit Produktmerkmalen beschreiben.
... einen Warenbeschreibungsbogen nutzen, um sich systematisch Warenwissen in Ihrem Ausbildungssortiment anzueignen.

INFORMATIONSTEXT

Manche Verkäufer behaupten, dass man nur die Regeln des Verkaufens beherrschen muss und schon kann man alles verkaufen – egal, wie das Produkt aussieht. Dies stimmt natürlich nicht. Ein Verkäufer benötigt umfangreiche Warenkenntnisse. Wie soll denn der Verkäufer sinnvoll die Bedürfnisse des Kunden herausfinden, wenn er nicht weiß, ob seine Ware die Bedürfnisse des Kunden auch erfüllen kann? Das eigene herausragende Warenwissen ist das Startkapital eines erfolgreichen Verkäufers. In Verkaufsgesprächen zeigt der Verkäufer, welchen Nutzen eine Ware dem Kunden persönlich bringt. Er muss die Ware genau kennen, um die Vorteile dieser Ware treffend darstellen zu können. Er hat daher ein umfangreiches Warenwissen. Der Kunde erwartet von ihm Informationen über Material, Farbe, Form, Beschaffenheit, Qualität, Verwendungsmöglichkeiten, Bedienung, Pflege usw.

Das Warenwissen ist die Gesamtheit der Informationen zu den Waren, die das Einzelhandelsunternehmen anbietet. Über welche Warenkenntnisse muss ein Verkäufer aber verfügen? In jedem Fall muss er dem Kunden unbedingt umfassende Auskünfte geben können über

- die Zusammensetzung des Sortiments,
- die Produktmerkmale einer Ware,
- für die Kunden wichtige Punkte, die nicht direkt mit der Ware in Verbindung stehen (Produktnebeninformationen).

Ein Verkaufsmitarbeiter muss eine qualifizierte und individuelle Kundenberatung leisten können. Hierfür benötigt er ein großes Maß an Einfühlungsvermögen und Gewandtheit im Umgang mit Menschen, sowie umfassende Warenkenntnisse. Denn nur derjenige, der das Warensortiment umfassend kennt, ist in der Lage,

- Kunden sachlich und zutreffend zu informieren;
- Waren vorteilhaft darzustellen und ihre Anwendung gekonnt vorzuführen;
- treffende und überzeugende Verkaufsargumente anzuführen;
- dem Kunden die Kaufentscheidung durch Vorschläge, Vergleiche und Hinweise zu erleichtern;
- Fragen der Kunden hieb- und stichfest zu beantworten;
- Sicherheit auszustrahlen und Vertrauen zu schaffen.

Sortimentswissen

Jeder Einzelhändler ist bestrebt, die Waren in seinem Sortiment zu führen, für die bei seinen Kunden ausreichender Bedarf besteht. Deshalb muss jeder Mitarbeiter im Einzelhandel gründliche Kenntnisse über die Waren seiner Branche und über den Aufbau des Sortiments seines Betriebes besitzen.

BEISPIEL

Wenn ein Kunde ein bügelfreies Hemd sucht, muss der Verkäufer wissen, welche Hemden im Sortiment pflegeleicht sind.

Sortimentsgliederung

Ein Handelssortiment ist die Gesamtheit aller Waren (und Dienstleistungen), die ein Einzelhändler anbietet. Es besteht aus verschiedenen Sorten, die zu Artikeln und Warengruppen zusammengefasst werden können.

BEISPIEL

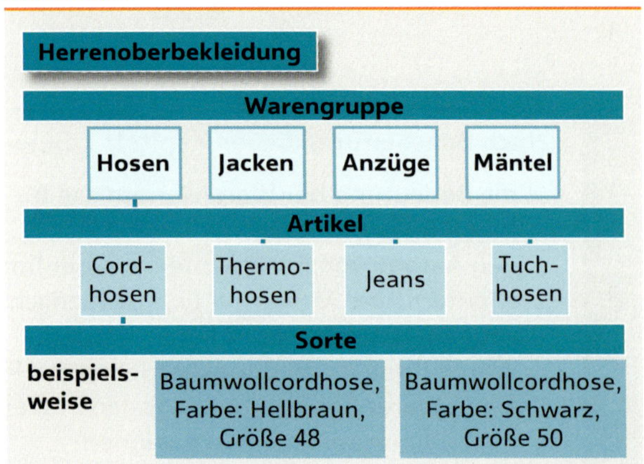

Die **Sorte** ist die kleinste Einheit des Sortiments. Gleichartige Sorten, die sich nur nach der Menge, Größe, Farbe und Musterung unterscheiden, bilden einen **Artikel**. Verschiedene, aber ähnliche Artikel werden zu **Warengruppen** zusammengefasst.

Sortiment	Warengruppen
Lederwaren	Koffer, Geldbörsen, Damentaschen, Herrentaschen
Schuhe	Damenschuhe, Herrenschuhe, Kinderschuhe
Damenoberbekleidung	Röcke, Mäntel, Kleider, Kostüme, Hosen usw.
Lebensmittel	Fleisch, Fisch, Molkereiprodukte usw.

Kern- und Randsortiment

Nach der Bedeutung für den Gesamtumsatz unterteilt man das Sortiment eines Einzelhandelsbetriebes in Kern- und Randsortiment. Das Kernsortiment ist der Sortimentsteil, auf den sich die Haupttätigkeit des jeweiligen Einzelhandelsbetriebes erstreckt. Es erbringt in der Regel den überwiegenden Umsatzanteil. Das Randsortiment wird zur Ergänzung und Abrundung des Kernsortiments geführt. Es erbringt den geringeren Umsatzanteil.

BEISPIEL

Zum Kernsortiment eines Lebensmittelgeschäftes gehören u. a. Molkereiprodukte, Nährmittel, Brot- und Backwaren, Obst und Gemüse, Fleisch- und Wurst waren. Im Randsortiment führt dieses Geschäft Zeitschriften, Strümpfe und Kunststoffgeschirr.

Sortimentsumfang

Der Sortimentsumfang eines Einzelhandelsbetriebes wird mit den Begriffen „Sortimentsbreite" und „Sortimentstiefe" beschrieben.

Die Zahl der Warengruppen bestimmt die Sortimentsbreite. Je mehr Warengruppen in einem Einzelhandelsbetrieb angeboten werden, umso **breiter** ist sein Sortiment. Ein breites Sortiment enthält viele Warengruppen. Ein **schmales** Sortiment besteht nur aus einer oder wenigen Warengruppen.

Die **Sortimentstiefe** wird durch die Artikel- und Sortenzahl bestimmt. Je mehr Artikel und Sorten innerhalb einer Warengruppe angeboten werden, umso **tiefer** ist ein Sortiment. Ein Einzelhandelsbetrieb führt ein tiefes Sortiment, wenn er innerhalb der einzelnen Warengruppen viele Artikel und Sorten anbietet. Werden innerhalb der einzelnen Warengruppen nur wenige Artikel und Sorten angeboten, ist das ein flaches Sortiment.

Sortimentsarten			
Breites Sortiment	**Schmales Sortiment**	**Tiefes Sortiment**	**Flaches Sortiment**
Es werden mehrere unterschiedliche Warengruppen geführt.	Der Betrieb hat nur wenige Warengruppen.	Innerhalb einer Warengruppe gibt es viele Artikel mit unterschiedlichen Ausprägungen.	Es werden nur wenige Artikel innerhalb der Warengruppe angeboten.
In einem großen Warenhaus findet man unterschiedlichste Artikel (Lebensmittel, Textilien, Schmuck, Elektrogeräte usw.).	Ein Uhrenfachgeschäft verkauft überwiegend nur Uhren.	Ein Getränkefachhandel bietet Orangenlimonaden von zwölf Herstellern sowohl als Normal- als auch als Lightversion an. Es gibt unterschiedliche Flaschengrößen.	Ein Discounter hat in der Warengruppe Getränke nur einen Artikel Orangenlimonade im Sortiment.

Produktmerkmale

Waren lassen sich mithilfe der Produktmerkmale beschreiben. Durch Produktmerkmale wird eine Ware gekennzeichnet und charakterisiert. Durch Produktmerkmale lassen sich die Produkte voneinander unterscheiden.

Unterscheidungsmerkmale von Produkten der meisten Branchen können unter anderem sein:

- Material
- Herstellung
- Aussehen
- Zahlenangaben
- Namen und Kennzeichen
- Funktion
- Handling (= Handhabung)
- Preis
- Herkunft

Die Bedeutung der einzelnen Produktmerkmale für die Charakterisierung bzw. Unterscheidung von Artikeln unterscheidet sich von Branche zu Branche.

Material

Viele Artikel mit gleicher Funktion unterscheiden sich dadurch, dass sie aus unterschiedlichen Materialien bestehen. Dadurch ergeben sich qualitative Unterschiede. Diese haben natürlich Auswirkungen auf die Verkaufsargumentation. Für Kunden ist die Zusammensetzung einer Ware häufig auch wichtig aus Gründen der Umwelt-, Gesundheits- und Sozialverträglichkeit von Waren.

Jedes Produkt besteht aus einem Material oder aus einer Kombination von Materialien. Die Materialien haben bestimmte Eigenschaften, die als Produktleistungen in Verkaufsgesprächen wirksam werden können.

BEISPIEL

Ein Pullover besteht aus Wolle. Wolle ist u. a.

- wärmend
- formbeständig und knitterarm
- temperaturausgleichend
- feuchtigkeitsaufnehmend
- schmutzabweisend
- dezent aussehend und gut kombinierbar
- antistatisch

Bei den vielfältigen Eigenschaften des Materials Wolle kommt es nicht darauf an, dem Kunden sämtliche Eigenschaften aufzuzählen. Stattdessen werden dem Kunden die Materialinformation gegeben, die ihm helfen, sein Problem zu lösen. Ein Kunde, der gerne im Herbst wandert, ist mehr daran interessiert, dass der Pullover wärmend und temperaturausgleichend ist, als dass er dezent und kombinierbar ist.

Produktmerkmal Material: Bei Schmuck ist es ganz entscheidend, aus welchem Metall der Artikel besteht

Herstellung

Herstellungsangaben geben häufig Hinweise auf die Qualität, die Dauerhaftigkeit und das Aussehen der Produkte. Herstellungsangaben dienen daher oft dem Verkäufer als willkommenes Verkaufsargument, um die Wirksamkeit eines Artikels zu belegen, Preisunterschiede zu begründen und Kundeneinwände auszuräumen.

BEISPIEL

Handarbeit ist zwar teurer als Maschinenarbeit. Doch entsprechend hergestellte Waren zeichnen sich deshalb durch eine gewisse Exklusivität und Kostbarkeit aus. Sie steht auch für individuelle und sorgfältige Gestaltung.

Produktmerkmal Herstellung: Es macht argumentationsmäßig einen Unterschied, ob ein Artikel beispielsweise per Handarbeit oder industriell erstellt wird

Aussehen

Untersuchungen zeigen, dass bei vielen Kaufentscheidungen die Farbe einer Ware eine wesentliche Rolle spielt. Bei der Beschreibung einer Ware kann der Verkäufer auch die äußere Form ansprechen. Sie ist für viele Kunden kaufentscheidend.

Produktmerkmal Aussehen: Jeder Verkäufer muss Formen und Farben von Artikeln kennen

Zahlenangaben

Waren weisen unterschiedliche Zahlenangaben auf. Diese geben Hinweise auf beispielsweise

- Maße,
- Gewichte,
- Leistung,
- Energieverbrauch,
- Haltbarkeit,
- Zusammensetzung

der Ware. Auch in solchen Fällen erwarten Kunden Erläuterungen und ein Aufzeigen von Produktvorteilen.

BEISPIEL

- Häufig können Kunden zwischen Artikeln mit unterschiedlichen Maßangaben wählen. Bei Vollmilch gibt es Verpackungen mit einem oder einem halben Liter.
- Verschiedene Produkte haben messbare Eigenschaften. Milch gibt es z. B. mit 3,5 % oder 1,5 % Fettanteil.
- Verschiedene Produkte können nach unterschiedlichen Qualitätsmerkmalen eingeteilt werden (Handelsklassen bei Obst oder Vorzugsmilch, die in Hinsicht auf Gewinnung, Behandlung und Beschaffenheit bestimmte zusätzliche Anforderungen gegenüber herkömmlicher Milch erfüllen muss).

Maßeinheiten haben in der Regel drei Bestandteile:

- das Mengenmerkmal (z. B. Länge, Inhalt usw.),
- die Maßzahl (z. B. 4/5, 2 usw.),
- die Maßeinheit (z. B. Liter, Meter usw.).

BEISPIEL

Für eine Glühlampe gilt:

Mengenmerkmal Maßzahl Maßeinheit:

Elektrische Leistung 40 Watt

Die Angabe „40 Watt“ auf der Glühlampe bedeutet also, dass sie eine elektrische Leistung von 40 Watt hat. Der Zahlenwert (= Maßzahl) und die Maßeinheit kennzeichnen das spezielle Produktmerkmal (= Mengenmerkmal).

Namen und Kennzeichen

Der **Produktname** dient eigentlich der Bezeichnung und Bestimmung von Waren. Er lässt aber bereits Rückschlüsse auf die Herkunft, den Hersteller, auf verwendete Materialien, Form, Farben und Beschaffenheit usw. zu. Rückschlüsse auf Eigenschaften und Verwendungsmöglichkeiten sind ebenfalls möglich.

BEISPIEL

Parmaschinken ist eine Bezeichnung für eine luftgetrocknete Schinkenspezialität aus Italien mit einem besonderen Aroma, das vor allem von Feinschmeckern geschätzt wird.

Auch aus dem **Herstellernamen** erhält man Informationen. Bestimmte Produzenten sind bekannt für die Qualität, innovative Technik ihrer Produkte oder für ihren Kundendienst. Wenn Produzenten sich bewusst von anderen Herstellern abheben wollen, verwenden sie Warenzeichen. **Warenzeichen** oder **Markenzeichen** kennzeichnen Artikel bestimmter Hersteller. Sie weisen damit auf gleichbleibende Qualität ihrer Produkte hin. Sie unterscheiden sich damit gleichzeitig von Artikeln anderer Hersteller.

Markenartikel der Hersteller sind Waren,

- die durch Warenzeichen gekennzeichnet sind,
- die in stets gleicher Art, Aufmachung und Mengenabpackung überall erhältlich sind,
- deren Lieferung in gleichbleibender oder verbesserter Qualität gewährleistet ist,

BEISPIEL

Gustin, Odol, Persil, Rama

Die Marke enthält

- einen Markennamen, der den ansprechbaren Teil der Marke darstellt,
- und ein Markenzeichen, das die Ware im Bewusstsein des Verbrauchers festhält.

BEISPIEL

Als Markenzeichen finden Verwendung

Symbole: der Bär von Bärenmarke, die Kuh von Milka, der Mercedes-Stern

bestimmte Schreibweisen: Coca-Cola-Schriftzug, 4711-Marke

Gewerbliche Schutzrechte

	Patent	Gebrauchsmuster	Marke	Eingetragenes Design
Gegenstand des Rechtsschutzes:	**technische Erfindungen** (Gegenstände, Stoffe, Herstellungs- und Arbeitsverfahren)	**technische Erfindungen** (Neuerungen an Gegenständen, keine Verfahren)	**Wort-, Bild-, Hörmarken, 3D-Marken** zur Kennzeichnung und Unterscheidung von Waren oder Dienstleistungen	**äußere Gestaltung (Form, Farbgebung)** eines zwei- oder dreidimensionalen Gegenstandes
Voraussetzungen:	Neuheit, Erfindungshöhe, gewerbliche Anwendbarkeit	Neuheit, Erfindungshöhe, gewerbliche Anwendbarkeit	Unterscheidungskraft	Neuheit und Eigenart
Erteilung der Schutzrechte durch:	**Deutsches Patent- und Markenamt**			
Schutzdauer:	20 Jahre	3 Jahre (Verlängerung bis höchstens 10 Jahre)	10 Jahre (Verlängerung um jeweils weitere 10 Jahre)	25 Jahre (muss alle 5 Jahre aufrechterhalten werden)

nationale Schutzverfahren

ZAHLENBILDER

 128 710

Es gibt unterschiedliche Schutzrechte für Artikel

Gründe für die Schaffung eines Markenartikels durch die Hersteller:

- Nur durch die Markierung lässt sich die Ware aus der Masse der anderen Waren herausheben und sich so von Konkurrenzwaren deutlich abheben.
- Die mit der Markierung erreichte Kennzeichnung und Herausstellung der Ware ermöglicht eine warenspezifische Werbung, die gezielt auf die besonderen Eigenschaften und Vorzüge gerichtet ist.
- Nur die Markenbildung bietet die Möglichkeit, für eine Ware einen besonderen Ruf aufzubauen.
- Markenartikel ermöglichen es, eine gewisse Markenbindung und Markentreue zu der entsprechenden Ware aufzubauen.

Gütezeichen werden für gleichartige Erzeugnisse verschiedener Hersteller vergeben, wenn sie einer bestimmten Mindestqualität entsprechen. Sie werden von einer Gütegemeinschaft herausgegeben, zu der sich Hersteller einer Branche zusammengeschlossen haben.

Nur der RAL (das Deutsche Institut für Gütesicherung und Kennzeichnung e. V.) darf in Deutschland Gütezeichen vergeben. Der RAL ist ein gemeinnütziger und interessenneutraler Spitzenverband. Er ist im Auftrag seiner über 139 Mitgliedsverbände sowie neutraler Gremien tätig. Seine Grundsätze:

- Die Qualitätskriterien werden für jede Produkt- und Dienstleistungsgruppe unter Federführung des RAL gemeinsam mit Herstellern, Verbraucherverbänden, staatlichen Behörden und Prüfinstituten erarbeitet und festgelegt.
- Qualitätskriterien werden genau und objektiv überprüfbar definiert.
- Die festgelegten Qualitätskriterien müssen alle wichtigen Eigenschaften des Produkts/der Dienstleistung abdecken.
- Alle Gütezeichen sind durch die Worte „RAL" und „Gütezeichen" vom Verbraucher leicht von anderen Kennzeichen zu unterscheiden.
- Gütezeichen werden nur für genau abgegrenzte Produkt- und Dienstleistungsgruppen vergeben.
- Markenschutz erhalten RAL-Gütezeichen z. B. durch Eintragung in das Register beim Deutschen Patent- und Markenamt.

Schutz- und Prüfzeichen bestätigen, dass ein Produkt bestimmte Mindestanforderungen an die Sicherheit erfüllt. Sie haben ein Prüfverfahren z. B. des technischen Überwachungsvereins (TÜV) oder des Verbandes der Elektrotechniker (VDE) bestanden.

BEISPIEL

Das GS-Zeichen für geprüfte Sicherheit bescheinigt, dass das Produkt den Anforderungen an die Sicherheit und den Gesundheitsschutz erfüllt.

Seit einiger Zeit werden **Umweltzeichen (Öko-Label)** eingeführt: Der „Blaue Engel" für die Verwendung umweltfreundlicher Materialien bzw. Herstellungsmethoden. Der „Grüne Punkt" für die Zugehörigkeit zum Dualen System, das die Vermeidung bzw. Wiederverwertung von Verpackung betreibt.

Verpackungszeichen schaffen durch eine richtige und vollständige Markierung von Verpackungen die Voraussetzungen, um falsche Handhabung, Unfälle, Falschauslieferung, Masse- und Mengenverluste zu vermeiden. Sie dienen grundsätzlich Verkäufern beim innerbetrieblichen Transport sowie der Lagerung. Aber sie haben auch für selbstabholende Kunden eine Bedeutung.

Bedienungszeichen erleichtern die Handhabung von Produkten. Sie helfen aufgrund einfacher und einleuchtender Zeichen, Bedienungsfehler zu vermeiden bzw. auf einen Blick den Betriebsablauf zu kontrollieren. Es gibt entsprechende Bedienungszeichen an der Steuerung von Wasch- und Spülmaschinen, Trocknern, Bügeleisen und anderen elektrischen Geräten.

BEISPIEL

Beispiele für Verpackungszeichen:

Oben (This way up):	Zerbrechliches Packgut (Fragile, Handle with care)	Vor Nässe schützen (Keep dry)
Das Packstück muss grundsätzlich so transportiert, umgeschlagen und gelagert werden, dass die Pfeile jederzeit nach oben zeigen.	Das Symbol ist bei leicht zerbrechlichen Waren anzubringen. Derartig gekennzeichnete Waren sind sorgfältig zu behandeln und keineswegs zu stürzen oder zu schnüren.	Derartig gekennzeichnete Waren sind vor zu Regen bzw. hoher Luftfeuchtigkeit zu schützen, sie müssen daher gedeckt gelagert oder transportiert werden.

Pflegezeichen geben dem Benutzer wertvolle Hinweise auf die sachgerechte Behandlung des Produkts.

BEISPIEL

In Textilien finden sich in der Regel Pflegezeichen, die über Waschart und -temperatur, Bügelstufe oder über empfohlene chemische Reinigungsvorgänge Auskunft geben.

Testzeichen geben das Ergebnis von Vergleichstests an, die z.B. von Zeitschriften oder der Stiftung Warentest (vgl. Kapitel 2.2) vergeben werden.

Typenschilder enthalten Angaben über die Ware, die dem Verbraucher den Vergleich mit anderen Produkten und damit die Kaufentscheidung erleichtern. Typenschilder finden sich z. B. auf Elektrogeräten mit Angaben über Sicherheitsstandard, Stromanschluss, Frequenz, Leistung bei unterschiedlicher Schalterstellung, Schutzisolierung usw.

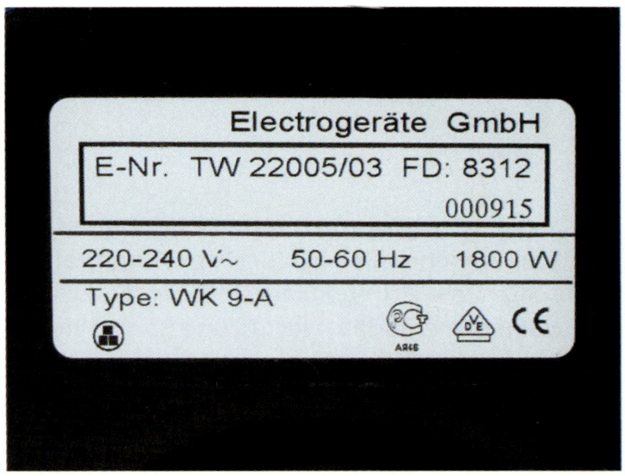

Funktion

Ein Kunde kauft Waren nicht ziellos, sondern er möchte mit dem erworbenen Artikel ein Bedürfnis befriedigen. Er kauft die Ware also für einen bestimmten Verwendungszweck. Ein guter Verkäufer weiß deshalb, für welchen Verwendungszweck welche Ware geeignet ist.

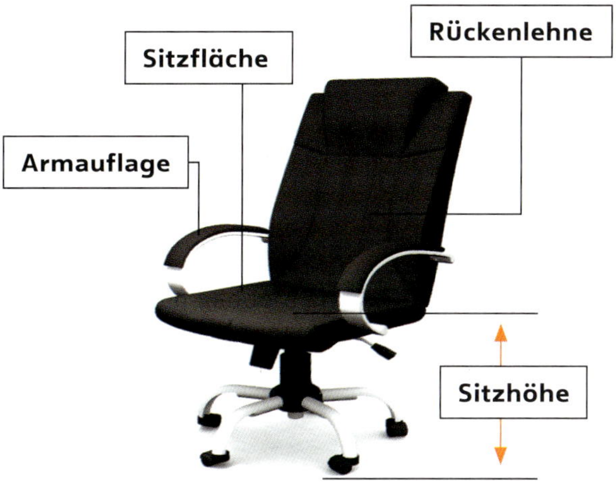

Produktmerkmal Funktion: Ein moderner Bürostuhl kann individuell eingestellt werden

Handling (= Handhabung)

Ein Kunde ist zufrieden, wenn er die Waren richtig handhaben kann. Deshalb muss der Verkäufer ihm Informationen geben können über:

- die **Ingebrauchnahme** des Artikels: Der Verkäufer kann dem Käufer erklären, wie das Produkt transportiert und aufgebaut wird.
- die **Bedienung** des Artikels: Kunden erwarten häufig eine Erläuterung, wie ein Artikel gebraucht werden kann.
- die **Pflege** des Artikels: Die Kunden möchten, dass der Wert der Ware möglichst lange erhalten bleibt. Deshalb wird den Kunden gezeigt, wie die Gebrauchsfähigkeit von Produkten erhalten, verlängern und eventuell sogar wiederhergestellt wird.

Produktmerkmal Handling: Jeder Verkäufer muss die von ihm verkauften Geräte auch bedienen können

Preis

Jede durch den Einzelhandel verkaufte Ware hat ihren Preis. Häufig bestimmt dieses Produktmerkmal ein Verkaufsgespräch erheblich. Der Preis wird bestimmt durch die Produktmerkmale

- Materialien
- Herstellungsverfahren
- Namen
- Formen
- Farben

Herkunft

Bei vielen Artikeln kann die Herkunft einer Ware in die Verkaufsargumentation einbezogen werden. Für bestimmte Kunden ist für die Kaufentscheidung auch wichtig:

- die ***regionale Herkunft:*** Einige Orte oder Länder, an denen die Produkte hergestellt worden sind, haben ein positives Image (= guter Ruf). Mit ihnen wird häufig eine hohe Produktqualität verbunden.

BEISPIELE

Schweizer Uhren
Dresdner Stollen
Messer aus Solingen
Champagner (Schaumwein aus der Champagne)
„Made in Germany"

Der Verkäufer weiß, welche Produktvorteile sich aus der jeweiligen Herkunft ergeben.

BEISPIELE

„Dieser Champagner ist nur auf Rebsorten zurückzuführen, die ausschließlich in der Champagne wachsen (*Produktmerkmal*). Deshalb ist er ein exklusiver Schaumwein mit einem erlesenen Geschmack (*Produktvorteil*). Für die Geschäftseröffnung Ihres Schmuckgeschäfts also genau das Richtige (*Produktnutzen im Sie-Stil*)."

- die ***personelle Herkunft***: Bei einigen Produkten ist es verkaufsentscheidend, welche Person diese hergestellt oder gestaltet hat.

BEISPIELE

- Besteck des Designers Colani
- Parfüm des Modegestalters Wolfgang Joop

- die ***zeitliche Herkunft***: Bei einigen Artikeln haben zeitliche Herkunftsangaben eine positive

Ausstrahlung. Dies kann sich einerseits auf die Zeit seit Herstellung des Produkts beziehen.

BEISPIELE

Bei sehr vielen Artikeln – z. B. im Lebensmittelbereich Backwaren oder Fleischwaren – wird mit Frische ein hohes Qualitätsniveau in Verbindung gebracht.

Bei anderen Artikeln dagegen – z. B. Weine, bestimmte Käsesorten usw. – ergibt eine lange Lagerdauer („Reifung") i. d. R. eine hohe Produktqualität.

Andererseits werden Produkte häufig in Anlehnung an bestimmte zeitliche Trends und Stilrichtungen gestaltet.

BEISPIELE

- Bei Möbeln, Porzellanservices und Bestecken gibt es Stilrichtungen wie z. B. Barock, Klassizismus usw., die einer bestimmten Zeit zuzuordnen sind.
- Im Textilbereich nehmen aktuelle Modetrends immer wieder Elemente vergangener Epochen auf („Die 70er Jahre").

Die Aneignung von Warenwissen

Ein angehender Verkäufer sollte sofort mit Beginn der Ausbildung anfangen, sich ein umfassendes Warenwissen anzueignen. Später im Berufsleben müssen die Warenkenntnisse ständig vertieft und aktualisiert werden: Technische Neuerungen und ständige Sortimentsveränderungen machen dies notwendig.

Deshalb wertet ein Verkäufer sämtliche Informationsquellen über Waren, die ihm zur Verfügung stehen, aus: Er sammelt also alle warenkundlichen Informationen und fasst sie zusammen.

Mit einer Produktanalyse lernt ein Verkäufer gezielt die Waren und das Sortiment seines Unternehmens kennen. In Form von Fragen an das Produkt erfasst er die einzelnen Produktmerkmale eines Artikels systematisch. Dies erfolgt auf sogenannten Warenbeschreibungsbögen. Diese Hilfsmittel werden häufig auch Warenerschließungsbögen oder Warensteckbriefe genannt. Wegen der unterschiedlichen Gewichtung der Produktmerkmale können sie sich von Branche zu Branche sehr stark unterscheiden.

Produktmerkmal (zeitliche) Herkunft: Möbel im Stil der 70er Jahre

Warenbeschreibungsbogen

Artikel:

Preis:

Hersteller:

Stellung im Sortiment:

Material des Artikels und damit verbundene Produktvorteile:

Herkunft des Artikels und damit verbundene Produktvorteile:

Aussehen des Artikels und damit verbundene Produktvorteile:

Namen und Kennzeichen des Artikels und damit verbundene Produktvorteile:

Handling des Artikels und damit verbundene Produktvorteile:

Funktion des Artikels und damit verbundene Produktvorteile:

Zahlenangaben in Zusammenhang mit dem Artikel und damit verbundene Produktvorteile:

Zusatzartikel:

Alternativartikel:

Verpackung:

Serviceleistungen:

Weitere Informationen:

AUFGABEN

1. Erläutern Sie die Begriffe
   a) Sorte,
   b) Artikel,
   c) Warengruppe.
2. Unterscheiden Sie Kern- und Randsortiment.
3. Wann hat ein Einzelhandelsunternehmen ein breites Sortiment?
4. Wodurch ist ein tiefes Sortiment gekennzeichnet?
5. Was ist ein Produktmerkmal?
6. Welche allgemeinen Produktmerkmale kann eine Ware aufweisen?
7. Worauf können Herstellungsangaben hinweisen?
8. Welche Bestandteile haben Maßeinheiten?
9. Aus welchen Bestandteilen setzen sich Marken zusammen?
10. Welche Aufgabe haben
    a) Testzeichen,
    b) Typenschilder,
    c) Gütezeichen,
    d) Schutzzeichen?
11. Liegt ein Gütezeichen oder ein Warenzeichen vor?
    a) Eine Herstellergruppe versendet ein Gemeinschaftszeichen.
    b) Das Zeichen ist beim Deutschen Patentamt in die Zeichenrolle eingetragen.
    c) Das Zeichen darf nur von einem eingetragenen Zeicheninhaber verwendet werden.
    d) Dem Zeichen liegt eine Prüfung durch den RAL-Ausschuss zugrunde.
    e) Das Zeichen kennzeichnet gleichartige Waren verschiedener Hersteller.
12. Welche Informationen muss der Verkäufer dem Kunden über das Handling einer Ware geben können?
13. Was bedeutet die
    a) regionale,
    b) personelle,
    c) zeitliche
    Herkunft von Waren?
14. In der Sportabteilung von Ambiente interessiert sich ein Kunde für Laufschuhe.

    Verkäuferin: „Laufen Sie auf der Straße oder im Wald?"
    Kunde: „Überwiegend im Wald."
    Verkäuferin: „Für Waldboden kann ich Ihnen den Gepard 3sl empfehlen. Dieses Modell hat eine griffige Sohle. Damit sind Sie auch bei nassem Wetter sehr standfest."

    Die Argumentationstechnik der Verkäuferin beschränkt sich hier auf das Produktmerkmal Material. Machen Sie für drei weitere Produktmerkmale Formulierungsvorschläge.
15. Stellen Sie in einem kurzen Vortrag den Sortimentsaufbau Ihres Ausbildungsunternehmens vor. Gehen Sie dabei besonders auf die Merkmale Sortimentsbreite und -tiefe sowie auf die Abgrenzung von Kern- und Randsortiment ein. Versuchen Sie die Anschaulichkeit Ihres Vortrags durch Beispiele sowie evtl. durch Visualisierung (z. B. Folie/OHP, Wandplakat) zu unterstützen.
16. Suchen Sie für jedes Produktmerkmal eine Ware aus Ihrem Ausbildungssortiment. Leiten Sie einen Produktvorteil und einen entsprechenden Kundennutzen ab. Formulieren Sie jeweils eine Verkaufsargumentation in drei Schritten.
17. Erstellen Sie eine Tabelle (Vorlage unten), die fünf Materialien von typischen Artikeln Ihres Ausbildungssortiments enthält. Leiten Sie mindestens einen Produktvorteil ab.

Material	Produktvorteil	Artikel

18. Fertigen Sie eine Liste an, die typische Zahlenangaben (z. B. Maße, Konfektionsgrößen, Leistungsangaben usw.) enthält, die in Ihrem Ausbildungssortiment vorkommen.
19. Informieren Sie sich, welche Zeichen in Ihrer Branche von Bedeutung sind. Halten Sie diese in einer Übersicht fest (Aufgabe 20).

5321216

20.

Zeichen	Zeichenart	Aussage des Zeichens	vergebende Stelle

21. Erstellen Sie in Gruppenarbeit ein Lexikon, das Herstellungsverfahren beinhaltet, die bei Artikeln Ihrer Branche angewendet werden. Es soll mindestens zehn Begriffe umfassen. Falls möglich, können Sie als Informationsquelle dazu auch das Internet benutzen.

22. Fertigen Sie ein Wandplakat an, das für einen Artikel Ihres Ausbildungssortiments einen oder mehrere Produktvorteile darstellt, die sich aus der räumlichen, zeitlichen oder personellen Herkunft des Produkts ergeben.

23. Von Jahr zu Jahr wechseln Modestile und der Geschmack der Kunden. Beschreiben Sie in einem kurzen Vortrag, welche Trends gegenwärtig in Ihrem Ausbildungssortiment aktuell sind.

24. Fertigen Sie ein Wandplakat an. Dieses soll die bei Waren Ihres Ausbildungssortiments vorkommenden Flächen- und Raumformen beispielhaft aufführen. Als Beispiel soll auch ein typischer Artikel, der die jeweilige Form hat, angegeben werden.

25. Erstellen Sie für vier verschiedene Artikel Ihres Sortiments einen Warenbeschreibungsbogen.

26. Bis jetzt ist das Verkaufsgespräch in der Sportabteilung der Tom Hoss KG hervorragend gelaufen. Ein Ehepaar sucht Wanderschuhe:

Verkäufer: „Für welchen Zweck wollen Sie denn die Schuhe benutzen?"
Kunde: „In zwei Wochen haben wir Urlaub und machen eine Wanderwoche in den Alpen."
Kundin: „Auf unserem Programm stehen lange, aber nicht schwierige Strecken."
Verkäufer: „Dann sind weniger diese steigeisengeeigneten Bergstiefel, sondern eher diese Leichtwanderschuhe für Sie zu empfehlen."
Kunde: „Warum sind die Bergstiefel nicht zu empfehlen?"
Verkäufer: „Eigentlich kommt es darauf an, was Ihnen mehr zusagt."
Kundin: „Worauf habe ich denn bei Leichtwanderschuhen zu achten?"
Verkäufer: „Da muss ich eigentlich mal in meinen Unterlagen nachschlagen."
Kunde: „Ich bin am Knöchel etwas empfindlich. Bei welchem der vielen hier ausgestellten Modelle ist denn der Knöchelschutz besonders gut?"
Verkäufer: „Alle Schuhe, die wir führen, sind sehr gut."
Kundin: „Haben die verschiedenen Sohlenprofile bestimmte Vor- und Nachteile?"
Verkäufer: „Ja, in jedem Fall."
Kunde: „Sind Schuhe mit Leder oder mit Spezialgewebe praktischer?"
Verkäufer: „Das müssen Sie selber ausprobieren"
Kundin: „Welches spezielle Modell würden Sie uns denn besonders empfehlen?"
Verkäufer: „Schauen Sie sich doch einmal um, wir haben hier eine große Auswahl."
Kunde: „Ich glaube, wir denken noch einmal über die Wanderschuhe nach."
Kundin: „Wir kommen morgen vielleicht noch einmal wieder."

Die Kunden verlassen die Abteilung.

a) Auf welche Fehler des Verkäufers ist der Abbruch des Verkaufsgesprächs zurückzuführen?

b) Welche Nachteile hat der Abbruch des Verkaufsgesprächs für das Einzelhandelsunternehmen?

27. Wie kann in den folgenden Fällen das Sortiment bezeichnet werden?

a) Die Hol-und-Trink-Getränkefachhandlung Rostock hat auch Finta in 5 Flaschengrößen neben anderen 17 Orangenlimonaden im Angebot.

b) Im Erdgeschoss der Kaufstadt Warenhaus AG in Hannover befinden sich die Abteilungen Parfümerie, Schmuck, Papierwaren, Süßwaren.

ZUSAMMENFASSUNG

Warenwissen

- Gesamtheit der Informationen zu den Produkten, die das Einzelhandelsunternehmen anbietet.
- Grundlage der Verkaufsargumentation

Je mehr Produktmerkmale ein Verkäufer kennt, desto mehr Produktvorteile wird er im Verkaufsgespräch ableiten können.

Notwendiges Warenwissen

Stellung eines Artikels im Sortiment

- **Sortimentsgliederung**
  - Sorte
  - Artikel
  - Warengruppe
- **Sortimentsumfang**
  - Sortimentsbreite
  - Sortimentstiefe
- **Zugehörigkeit zum Kern- oder Randsortiment**

Produktmerkmale eines Artikels

- **Material**
  - Zusammensetzung einer Ware
- **Aussehen**
  - Farbe
  - Form
- **Herkunft**
  - regional
  - personell
  - zeitlich
- **Herstellung**
- **Zahlenangaben**
- **Namen und Kennzeichen**
  - Produktname
  - Herstellername
  - Warenzeichen/
  - Markenzeichen
  - Gütezeichen
  - Schutzzeichen
  - Umweltzeichen
- **Funktion**
  - Verwendungszweck
- **Handling**
  - Ingebrauchnahme
  - Bedienung
  - Pflege
- **Preis**

Man versteht erst dann etwas richtig, wenn man am Ende der Behandlung eines Themas versucht, dieses sich selbst noch einmal zu erklären. Dies führt zu einer eigenen gründlichen Auseinandersetzung mit dem gerade behandelten Thema.

1. Suchen Sie sich deshalb einen Partner.
2. Lesen Sie noch einmal die Zusammenfassung. Bei Verständnisproblemen schlagen Sie ggf. noch einmal im Informationstext nach.
3. Ihre Lehrerin/Ihr Lehrer stellt Ihnen 20 Karten zur Verfügung. Auf diese schreiben Sie die zentralen Begriffe des Themas.
4. Diese Karten legen Sie nun so, dass sich eine sinnvolle Struktur ergibt. Dies geschieht in gemeinsamer Diskussion mit Ihrem Partner: Sie sollen gemeinsam begründen können, warum Sie Ihre Struktur so gelegt haben.
5. Stellen Sie sich darauf ein, einer anderen Gruppe – oder dem Plenum – Ihre Struktur vorzustellen.

ICH ÜBERPRÜFE MEINE NEU ERWORBENEN KOMPETENZEN

Den Erwerb der zu Beginn aufgeführten Kompetenzen können Sie selbst mithilfe der folgenden Tabelle überprüfen.

Wenn Sie alle Aufgaben, die hinter einer Kompetenz stehen, gelöst haben, machen Sie ein Kreuz bei „Ganz".

Bei den Kompetenzen, bei denen Sie Aufgaben „Teilweise" oder „Gar nicht" gelöst haben, sollten Sie den dazugehörigen Informationstext noch einmal lesen und die Aufgaben anschließend noch einmal bearbeiten.

Was ich nach der Bearbeitung dieses Kapitels kann	Aufgaben	Ganz	Teilweise	Gar nicht
Ich kann ...				
... die Bedeutung der Warenkenntnisse für den Einzelhandel und das dort beschäftigte Personal begründen.	16, 17, 26			
... den Aufbau von Sortimenten von der Sorte bis zur Warengruppe erläutern.	1, 2, 3, 4, 26			
... erläutern, wie Artikel mit unterschiedlichen Produktmerkmalen zur Unterscheidung von anderen Artikeln beschrieben werden.	5, 6, 7, 8, 9, 10, 11, 12, 13, 14			
... Waren meines Ausbildungsbetriebes mit Produktmerkmalen beschreiben.	15, 16, 17, 18, 19, 20, 21, 22, 23,			
... einen Warenbeschreibungsbogen nutzen, um mir systematisch Warenwissen in meinem Ausbildungssortiment anzueignen.	24			

2.4 Kommunikation in Verkaufsgesprächen

Problemstellung

Kein guter Tag für die Auszubildenden der Tom Hoss KG:

- Heute herrscht schlechte Stimmung im Verkauf. Frau Hoss hatte zu Stefanie Beyer und Jakub Nowak gesagt: „Ihr haltet euch nicht an die Verkaufsregeln. Ihr macht sowieso, was ihr wollt!“ Als die beiden Auszubildenden etwas erwidern wollten, sagte Frau Hoss: „Ich will jetzt nicht mit Ihnen reden!“ Die beiden Auszubildenden sind verärgert.
- Jakub Nowak ist später im Showroom eingesetzt. Er beobachtet, wie ein Kunde in die Umkleidekabine geht und dort ein Hemd anprobiert. Als der Kunde den Umkleidebereich wieder verlässt, sagt Jakub Nowak: „Das Hemd steht Ihnen. Sie können es sehr gut auch zu Jeanshosen tragen.“ Der Kunde reagiert gereizt.

1. Geben Sie an, welche Fehler Frau Hoss gemacht hat.
2. Machen Sie Verbesserungsvorschläge.
3. Stellen Sie fest, welche vier Botschaften die Aussage von Jakub Nowak enthalten kann.
4. Erläutern Sie, wo es zu Konflikten in der Kommunikation zwischen dem Kunden und Jakub Nowak kommen kann.

EINORDNUNG DES THEMAS

Lernfeld 2: Verkaufsgespräche kundenorientiert führen

Grundlagen des Verkaufsgesprächs → Kontaktaufnahme → Bedarfsermittlung → Warenvorlage → Verkaufsargumentation → Preisnennung → Einwandbehandlung → Herbeiführen der Kaufentscheidung → Angebot von Ergänzungen → Abschluss des Verkaufsgesprächs

Suche von Informationsquellen über Waren → Systematische Aneignung von Warenwissen

Kommunikationsregeln → Körpersprache → Sprache → Fragetechnik

Kompetenzen

Nach Bearbeitung dieses Kapitels können Sie ...

... die Bedeutung der Kommunikationsfähigkeit als ein Instrument für erfolgreiche Verkaufsgespräche begründen.
... mithilfe des einfachen Kommunikationsmodells nachvollziehen, dass Botschaften zwischen Sendern und Empfängern evtl. unterschiedlich verstanden werden.
... die vier Seiten einer Nachricht im Rahmen des Vier-Ohren-Modells der Kommunikation erklären.
... das Vier-Ohren-Modell auf Praxisbeispiele anwenden.
... den Unterschied zwischen Tiefstatus und Hochstatus in Kommunikationsprozessen erläutern.
... die Wirkung von Hochstatus und Tiefstatus in Verkaufsgesprächen erkennen.

INFORMATIONSTEXT

Kommunikation als Erfolgsfaktor

Menschen, die gut kommunizieren können, kommen gut mit anderen Menschen aus. Sie machen sich verständlich und können ihre Interessen erfolgreich umsetzen.

DEFINITION

Unter **Kommunikationsfähigkeit** versteht man die Fähigkeit eines Menschen, Informationen wie z. B. Erkenntnisse, Botschaften, Wünsche, Gefühle und Erwartungen wirksam mit anderen Personen auszutauschen.

Kommunikation ist der Dialog zwischen mindestens zwei Menschen, bei dem Informationen auf verbaler Ebene (Sprache) oder nonverbaler Ebene (Körpersprache) fließen. Kommunikation ist also das Mittel, sich anderen Menschen mitzuteilen und diese auch zu verstehen.

„Man kann nicht nicht kommunizieren."

Paul Watzlawick

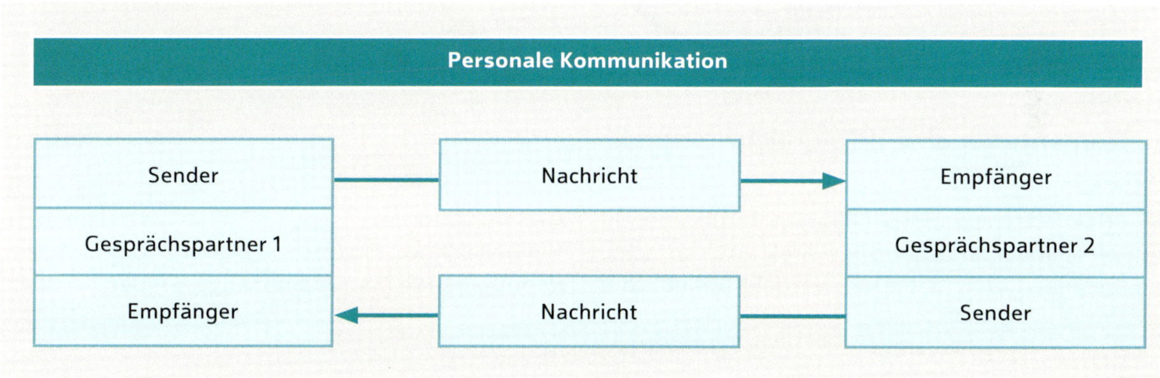

Die Kommunikationsfähigkeit spielt im Leben eines Menschen sowohl im privaten als auch im beruflichen Bereich eine entscheidende Rolle.

Der Austausch mit Lebenspartnern, Familienmitgliedern, Freunden und Bekannten sollte auf nutzbringende und zielführende Weise erfolgen, damit es zu keinen Missverständnissen oder Konflikten kommt.

Für Unternehmen ist es immer wichtiger, dass die Kommunikation zwischen den Mitarbeitern bzw. zwischen Mitarbeitern und Vorgesetzten gut klappt. Gibt es in der Kommunikation Störungen, so kann dies gewaltige Auswirkungen auf die Geschäftsprozesse des Unternehmens haben.

BEISPIEL

Scheitern Verkaufsgespräche, weil der Informationsaustausch zwischen Verkäufern und Kunden nicht funktioniert, entgehen dem Unternehmen Umsätze und Gewinne. Es kann zudem zu Kundenverlusten kommen.

Eine störungsfreie Kommunikation zwischen allen im Unternehmen arbeitenden Personen ist daher ein wesentlicher Bestandteil der Kultur erfolgreicher Unternehmen. Zu einem entscheidenden Wettbewerbsvorteil können werden:

- Die interne Unternehmenskommunikation zwischen den Mitarbeitern bzw. Mitarbeitern und Vorgesetzten.
- Die externe Kommunikation zu Lieferanten, Kunden und anderen Geschäftspartnern.
- Je gelungener die interne Kommunikation verläuft, desto besser und produktiver ist das Arbeitsklima und die Zusammenarbeit.
- Je gelungener die externe Kommunikation ist, desto besser kann sich das Unternehmen am Markt behaupten.

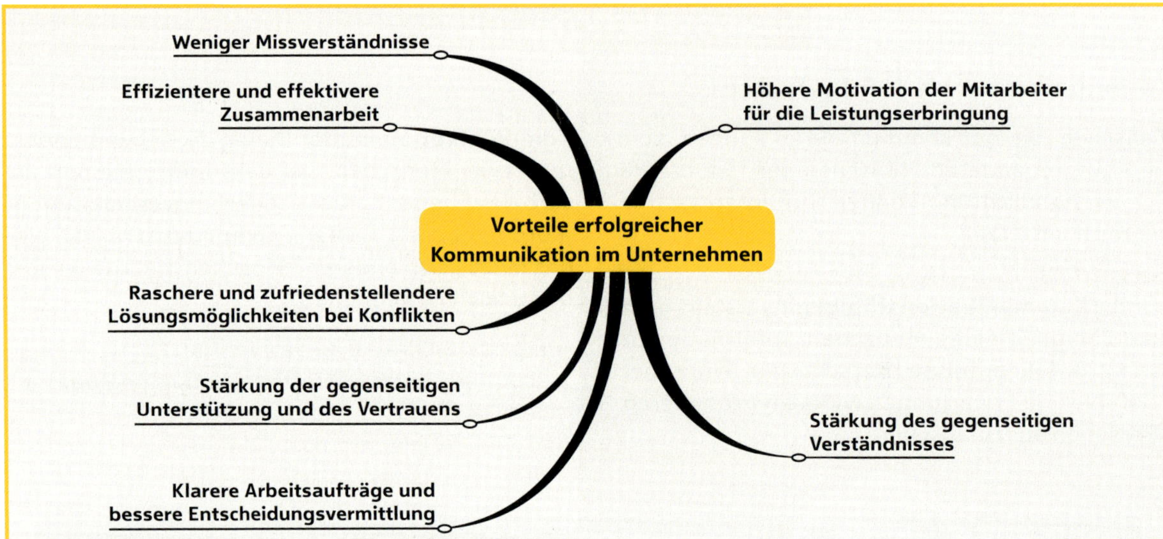

Instrumente für eine erfolgreiche Gesprächsführung

Wichtige Entscheidungen fallen im Berufsleben in den verschiedenen Formen des direkten Gesprächs. Als Gespräch wird dabei die verbale (mündliche) Kommunikation zwischen mindestens zwei Personen bezeichnet. Ein Gespräch wird erfolgreich sein, wenn folgende Instrumente angewendet werden:

Instrumente für erfolgreiche Gesprächsführung			
Sprache	**Körpersprache**	**Fragetechnik**	**Kommunikations-regeln**
Sprachliche Äußerungen können hemmend oder fördernd für einen erfolgreichen Verlauf von Gesprächen sein (siehe Kap. 7.3).	Körpersprache zu verstehen, sie sogar bewusst einzusetzen, bietet in Gesprächen zahlreiche Vorteile (siehe Kap. 7.2).	Fragen bieten die Möglichkeit, Gespräche zu lenken (siehe Kap. 7.4).	Durch Kenntnis der Kommunikationsregeln können Störungen in Gesprächen vermieden werden.

Kommunikationsregeln

Der Mensch lernt im Laufe seiner Erziehung unbewusst einige Kommunikationsregeln. Dennoch gibt es im täglichen Berufsleben und im privaten Alltag sehr viele Probleme und Konflikte, die auf mangelnde Kenntnis und Anwendung von Kommunikationsregeln zurückzuführen sind.

Je mehr Kommunikationsregeln man beherrscht, desto eher kann man

- seinen eigenen Standpunkt deutlich, überzeugend und konfliktfrei vermitteln,
- den Gesprächsverlauf steuern,
- ein von allen akzeptiertes Ergebnis erzielen.

Eine gute Kommunikation fördert die Beziehung der Gesprächspartner und stellt sie gleichermaßen zufrieden. Daher ist es von enormer Wichtigkeit, dass Beschäftigte in Unternehmen Kenntnisse über die Kommunikationsregeln besitzen.

Gesprächssituation beachten

Macht man sich bewusst, in welcher Gesprächssituation man kommuniziert bzw. kommunizieren wird, ist es wahrscheinlicher, dass die Kommunikation erfolgreich sein wird: Hat man sich z. B. klar gemacht, welche Zielsetzungen der Partner in der jeweiligen Gesprächssituation verfolgt, kann man

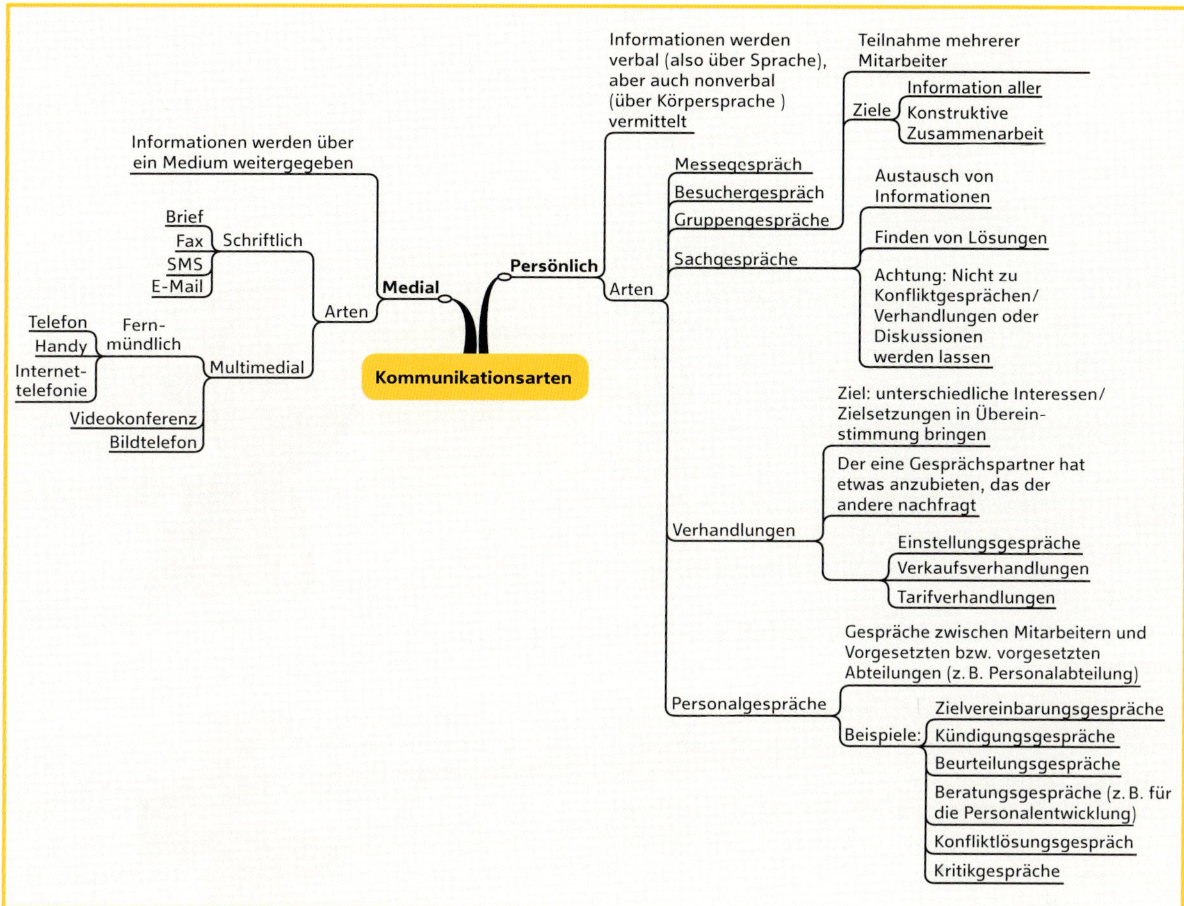

sich erheblich besser auf das Gespräch vorbereiten.

BEISPIEL

Einem möglichen Käufer in einem Beratungsgespräch muss man anders gegenübertreten als einem möglichen Verkäufer in einer Verhandlung über Einkaufskonditionen. Beschwerden und Reklamationen bringen andere Anforderungen an die Gesprächssituation mit sich als Mitarbeitergespräche.

Äußerungen als individuelle Wahrnehmungen betrachten

Was und wie jeder Mensch denkt und fühlt, hängt von den Erfahrungen im Verlauf seines Lebens ab. Vor diesem Hintergrund neigt er dazu, seine Sicht der Wirklichkeit als die einzig wahre und richtige anzusehen.

Stimmen die Ansichten der Gesprächspartner weitgehend überein, wird es zwischen diesen kaum Probleme in der Kommunikation geben. Es kann jedoch schnell zu Problemen, Missverständnissen und Konflikten kommen, wenn diese sich nicht ähneln. Deshalb muss in jeder Kommunikation beachtet werden, was die andere Person wahrnimmt: Für eine erfolgreiche Kommunikation ist nicht nur wichtig, was und wie etwas gesagt wird. Mindestens ebenso bedeutend ist, was und wie die andere Person es versteht und aufnimmt. Man muss sich also klarmachen, dass Gesagtes und Gehörtes nicht automatisch immer übereinstimmen.

Emotionale Ebenen berücksichtigen

Kommunikation erfolgt nicht nur auf einer sachlichen und rationalen (von der Vernunft gesteuerten) Ebene, bei der Informationen nüchtern in Worten zum Ausdruck gebracht werden. Diese Inhalte sind oft gut wahrzunehmen. Gleichzeitig werden aber auch Informationen auf emotionalen (= gefühlsmäßigen) Ebenen vermittelt, die sich hinter den eigentlichen Worten verbergen. Dieser Bereich der Kommunikation, bei dem Gefühle, Wünsche, Sympathien/Antipathien, Stimmungen usw. transportiert werden, ist oft nicht direkt wahrnehmbar.

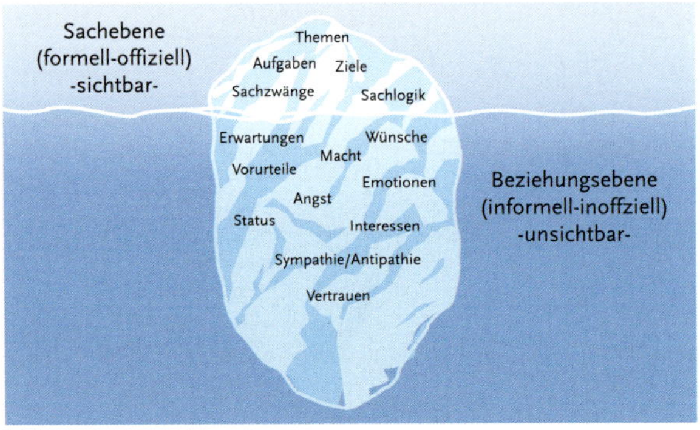

Das Eisbergmodell besagt, dass nur ein kleiner Teil der Kommunikation offen sichtbar ist und der erheblich größere Anteil, der den Beziehungsbereich wiedergibt, quasi unter der Oberfläche liegt.

Einfaches Kommunikationsmodell beachten

Kommunikationsprozesse verlaufen störungsfrei, wenn man das einfache Kommunikationsmodell beachtet. Derjenige, der Informationen gibt (der Sender), stellt sicher, dass der Adressat (der Empfänger) diese auch genauso versteht, wie sie gemeint waren.

Vier-Ohren-Modell der Kommunikation beachten

Nach dem Vier-Ohren-Modell von Schulz von Thun[1] kann der Sender einer Nachricht dem Empfänger Informationen im unterschiedlichen Ausmaß auf vier Ebenen geben. Der Empfänger kann der Nachricht ebenfalls in unterschiedlichem Ausmaß Informationen auf vier Ebenen entnehmen. Friedemann Schulz von Thun spricht in diesem Zusammenhang davon, dass der eine Gesprächspartner mit „vier Schnäbeln" spricht, der andere mit „vier Ohren" zuhört.

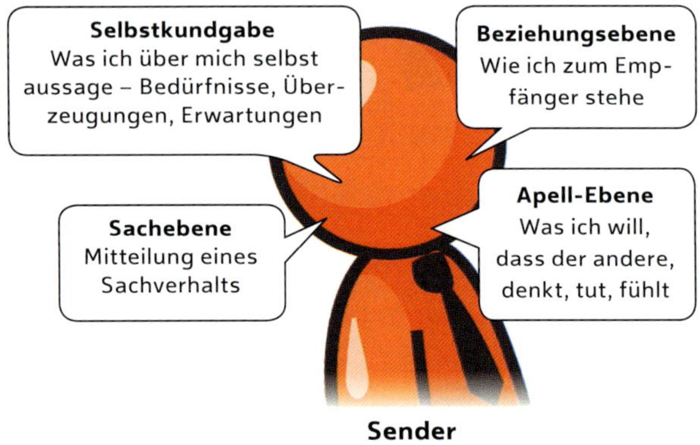

Ebene	Sender	Empfänger
Sachebene	• vermittelt alle nötigen Daten und Fakten	• nimmt alle nötigen Daten und Fakten ganz emotionslos auf
Selbstoffenbarungsebene	• teilt etwas von sich mit • gibt seine Stimmung bzw. seine Motive preis	• erfährt, was der Sender von sich hält • bekommt die Information, was für ein Typ der Sender ist oder in welcher Stimmung er ist
Beziehungsebene	• gibt Hinweise, wie er aktuell zu dem Gesprächspartner (Empfänger) steht • zeigt dem Empfänger, was er von ihm hält	• bekommt mit, wie der Sender zu ihm steht • erfährt, was der Sender von ihm hält
Appell-Ebene	• will den Empfänger veranlassen, etwas zu tun • möchte etwas (beim Gesprächspartner erreichen)	• fasst Aussage des Senders als direkte Einflussnahme (Wunsch/Befehl) auf • fühlt sich veranlasst, etwas zu tun

5321224

Im Idealfall sind sich beide Gesprächspartner der vier Ebenen bewusst. Zu Kommunikationsstörungen kann es kommen,

- wenn Sender und Empfänger nicht alle Ebenen berücksichtigen (also z. B. nur auf einer Ebene Information aufgenommen oder vermittelt werden),
- wenn der Empfänger eine Ebene stark wahrnimmt, auf die der Sender gar nicht das Gewicht legen wollte.

BEISPIEL

In einer Abteilungskonferenz wird ein Vorschlag gemacht. Ein Mitarbeiter sagt daraufhin: „Dies haben wir bisher immer anders gemacht."

Wenn der Vorschlagende auf der Sachebene versteht: „Diese Arbeit wurde bisher anders erledigt", wird es keine Störung der Kommunikation gehen.

Hört der Vorschlagende jedoch sehr stark eine der drei anderen Ebenen, kann es zu Problemen in der Kommunikation kommen:

„Ich bin ja sehr skeptisch, ob Ihr Vorschlag richtig ist. Das bezweifele ich." (Selbstoffenbarung)

„Sie schon wieder: Sie wissen ja immer alles besser als ich!" (Beziehungsebene)

„Lassen wir das Ganze so, wie wir es bisher immer gemacht haben!" (Appell-Ebene)

Viele Schwierigkeiten in Verkaufsgesprächen entstehen, wenn man auf unterschiedliche Botschaften von Kunden nicht situationsgerecht reagiert.

Aktives Zuhören

Sehr häufig werden Kommunikationsprozesse dadurch gestört, dass nicht richtig zugehört wird.

Häufige Fehler in diesem Zusammenhang sind:

- Der Sprecher wird unterbrochen.
- Es wird schon geredet, während der andere noch spricht.
- Es wird nicht darauf geachtet, was der andere sagt.

Man sollte deshalb dem Gesprächspartner deutlich zeigen, dass man ein Interesse daran hat, seine Informationen aufrichtig wahrzunehmen. Der Gesprächspartner soll sich verstanden fühlen. Aktives Zuhören ist eine Grundeinstellung, mit der man dem Sprechenden mit aller Aufmerksamkeit zeigt, dass man innerlich zuhört.

Sprachliche Signale für aktives Zuhören sind u. a.:

- kurze Ein-Wort-Rückmeldungen
- Nachfragen
- kurze Zusammenfassungen des Gesagten

Körpersprachliche Signale für aktives Zuhören sind:

- Blickkontakt
- Kopfnicken
- Anfertigung von Notizen
- leicht nach vorne geneigte Körperhaltung

BEISPIEL

Wegen eines nicht eingehaltenen Termins führt Herr Hoss ein Gespräch mit Stefanie Beyer. Sie signalisiert Herrn Hoss mit Blickkontakt, Kopfnicken und mehrmaligen kurzen Äußerungen wie z. B „Ja", „Aha" und „Mhm", dass sie seinen Ausführungen aufmerksam folgt. Sie unterbricht Herrn Hoss nicht, fragt aber während einer kurzen Sprechpause von Herrn Hoss bei einer Unklarheit kurz nach, ob sie dies auch richtig verstanden habe. Zum Ende des Gesprächs fasst sie das von Herrn Hoss Gesagte noch einmal kurz zusammen: „Ich habe Sie doch richtig verstanden? Sie glauben, dass ich den Termin absichtlich nicht eingehalten habe?"

Ich-Botschaften senden

Aussagen in Sätzen, die mit „Du" oder „Sie" beginnen, werden vom Gesprächspartner oft als Beschuldigungen, Vorwürfe oder Anklagen aufgefasst. Der Angesprochene reagiert dann mit Rechtfertigungen oder aggressivem Verhalten. Er fühlt sich bevormundet und unverstanden. Erheblich günstiger ist es, Sätze mit „Ich" zu beginnen.

BEISPIEL

Statt „Sie müssen ja bei jeder Sitzung zu spät kommen!" sollte man dem Gesprächspartner seine Meinung zu verstehen geben, ohne dass er sich direkt und aggressiv angegangen fühlt: „Ich bevorzuge es, Sitzungen pünktlich anzufangen!"

Zu beachten ist, dass abschwächende Formulierungen bei Ich-Botschaften das Gesagte entwerten und unsicher wirken.

BEISPIEL

„Es macht mich ein bisschen ärgerlich, dass Sie ..."

Gefühle äußern

In der Kommunikation spielt der Ausdruck von Gefühlen immer eine besondere Rolle. Diese sollten dem Gesprächspartner zurückgemeldet werden. Dabei ist auf die Formulierung von Ich-Botschaften zu achten.

So gibt es häufig Situationen, in denen der Empfänger einer Nachricht emotional so sehr aufgeregt und aufgebracht ist, dass er nicht mehr mit Verständnis auf den Sender reagieren kann. Um Missverständnisse zu vermeiden und anzusprechen sowie Veränderungen herbeizuführen, ist das Ausdrücken negativer Gefühle sehr wichtig.

BEISPIEL

Stefanie Beyer regt sich darüber auf, dass Herr Hoss ihr im Gespräch vorhält, einen Termin nicht eingehalten zu haben, denn sie war über den Termin vorher gar nicht informiert worden.

Wenn Stefanie gar nichts sagt, um einen Konflikt zu vermeiden, wäre das eine falsche Reaktion. Dies könnte dazu führen, dass der aufgestaute Ärger irgendwann – vielleicht sogar bei einem vergleichsweise geringen Anlass – unverhältnismäßig stark zum Ausdruck kommen und zu einer Eskalation führen. Genauso falsch wäre eine Reaktion wie: „So ein Quatsch, was Sie da erzählen! Das ist doch gar nicht wahr!!" Hier richtet Stefanie ihre Kritik und ihre Gefühle indirekt auf die Person des Gesprächspartners als Ganzes, nicht auf dessen konkretes Verhalten.

Gut wäre es, wenn Stefanie ihre eigenen Gefühle dem Gesprächspartner direkt mit einer Ich-Botschaft zurückmelden würde: „Ich bin sehr verwundert, dass Sie meinen, ich hätte den Termin absichtlich nicht eingehalten."

Auch positive Gefühle sollten dem Gesprächspartner zurückgemeldet werden: Bei positiven Emotionen meinen die Gesprächspartner nämlich oft, dass der jeweilige Gegenüber diese auch wahrnimmt. Dies ist aber sehr häufig gar nicht der Fall.

BEISPIEL

Nachdem in dem Gespräch sehr sachlich geklärt wurde, dass Stefanie von dem Termin gar nichts wissen konnte, meldet Herr Hoss seine Freude darüber zurück: „Ich finde es gut und sehr erfreulich, dass wir dieses Missverständnis gemeinsam aus der Welt schaffen konnten!"

Sich konkret und positiv äußern

Nach Möglichkeit sollten in Gesprächen keine negativ besetzten Worte verwendet werden. Solche Worte verstärken das Negative und vermindern die Chance auf eine erfolgreiche Kommunikation. Deshalb sollten Sachverhalte konkret benannt werden und wenn möglich auch positiv ausgedrückt werden.

BEISPIEL

Statt „Ich will jetzt nicht mit Ihnen reden. Keine Zeit!" sollte Frau Hoss besser folgendermaßen vorgehen: „Lassen Sie uns heute Nachmittag darüber reden. Ich habe jetzt gleich eine Sitzung mit Herrn Hoss!"

Nicht unterbrechen

Ein Gesprächspartner sollte in seinen Ausführungen nach Möglichkeit nicht unterbrochen werden. Lässt man ihn ausreden, vermeidet man destruktive (zerstörerische) Emotionen durch die Unterbrechung.

Fragen statt kritisieren

Fragen können Kritik oder Verständnisschwierigkeiten ausdrücken. Bei dem Gesprächspartner wirkt dies häufig nicht wie eine direkte Kritik.

BEISPIEL

Statt direkt zu kritisieren: „Sie haben nur an die eine Möglichkeit gedacht!", stellt Herr Hoss eine Frage: „Sind Sie sicher, dass dies die einzige Möglichkeit war?"

Status des Gesprächspartners beachten

Im Alltag, erst recht im Berufsleben, wird im Rahmen der Kommunikation bewusst oder unbewusst ein Statusverhältnis zwischen den Beteiligten hergestellt. Unter einem Status versteht man das wahrnehmbare Verhalten einer Person gegenüber einer anderen Person oder einer Gruppe von Personen.

Ist jemand im Hochstatus, verhält er sich dominant gegenüber einer anderen Person im Tiefstatus. Diese passt ihr Handeln dagegen an den Vorgaben der Person im Hochstatus an.

Hochstatus	Tiefstatus
• Person demonstriert durch das eigene Verhalten – die eigene Überlegenheit, – die Unterlegenheit der anderen Person. • Person hat die Kontrolle über alles.	• Person demonstriert durch das eigene Verhalten – die eigene Unterlegenheit, – die Überlegenheit der anderen Person. • Person gibt die Kontrolle über alles ab.
Auf Personen mit Hochstatus treffen u. a. die folgenden Merkmale zu: • Sie gehen zielgerichtet. • Sie bewegen sich zielgerichtet. • Sie sprechen normal oder laut, bevorzugt mit einer tiefen Stimmlage. • Sie berühren den Gesprächspartner (Hand auf die Schulter legen). • Sie schauen den Gesprächspartner an, ohne den Blick abzuwenden. • Sie gehen aufrecht. • Sie haben eine straffe Körperhaltung. • Sie atmen ruhig und gleichmäßig.	Auf Personen mit Tiefstatus treffen u. a. die folgenden Merkmale zu: • Sie berühren den eigenen Körper (z. B. sich durch die Haare oder das Gesicht streichen): • Sie bewegen sich/wirken fahrig. • Sie sprechen leise und stockend, bevorzugt in einer hohen Stimmlage. • Sie halten Abstand zu dem Kommunikationspartner. • Sie vermeiden längeren Blickkontakt: Sie wenden den Blick ab bzw. haben einen gesenkten Blick. • Sie haben eine gebeugte und schlaffe Körperhaltung. • Ihr Atem ist unregelmäßig.

Wenn sich zwei Personen im Hochstatus begegnen, kann es zu einem Konflikt kommen. Ist keiner bereit, seinen Status zu senken, muss jeder seinen Status immer weiter erhöhen. Der Fall des Verlierers wird dadurch tiefer werden, seine Demütigung größer: Die Kommunikation ist letztlich gescheitert.

Eine gelungene Kommunikation basiert auf dem ständigen Statuswechsel beider Gesprächspartner: Während des Gesprächs wird unbewusst ein gegenseitiger Statusausgleich hergestellt, weil sich keiner über den anderen heben will.

Tiefstatus

Hochstatus

BEISPIEL

Beratungsgespräche im Verkauf können durch das Einnehmen von zwei gegensätzlichen Statusformen wirkungsvoll gesteuert werden. Ein souveräner Verkäufer wird dabei seinen Status der jeweiligen Situation des Verkaufsgesprächs anpassen:

Damit ein Beratungsgespräch überhaupt stattfinden und durchgeführt werden kann, kommt es gewöhnlich auch auf die Sympathie des Kunden an. Diese kann der Verkäufer z. B. in der Kontaktphase zunächst dadurch gewinnen, dass er den Tiefstatus einnimmt, bei dem er dem Kunden eher freundschaftlich begegnet. Dieser Tiefstatus muss nicht negativ sein: Im Rahmen der Kundenorientierung verzichtet man in den meisten Phasen des Verkaufsgesprächs auf den Hochstatus. Durch bewusste Einnahme des Tiefstatus weist man als dienstleistender Verkäufer dem Kunden den Hochstatus zu.

Um im Beratungsgespräch zu überzeugen, sind z. B. in Phasen, in denen argumentiert wird, neben Sympathie auch Kompetenz, Fachlichkeit und Respekt erforderlich. Diese Eigenschaften kann der Verkäufer erfahrungsgemäß durch den Hochstatus vermitteln. Auch beim Herbeiführen des Kaufentschlusses sollte man den Hochstatus anstreben.

In der Abschlussphase des Beratungsgesprächs sollte der Verkäufer wieder zurück in den Tiefstatus gehen.

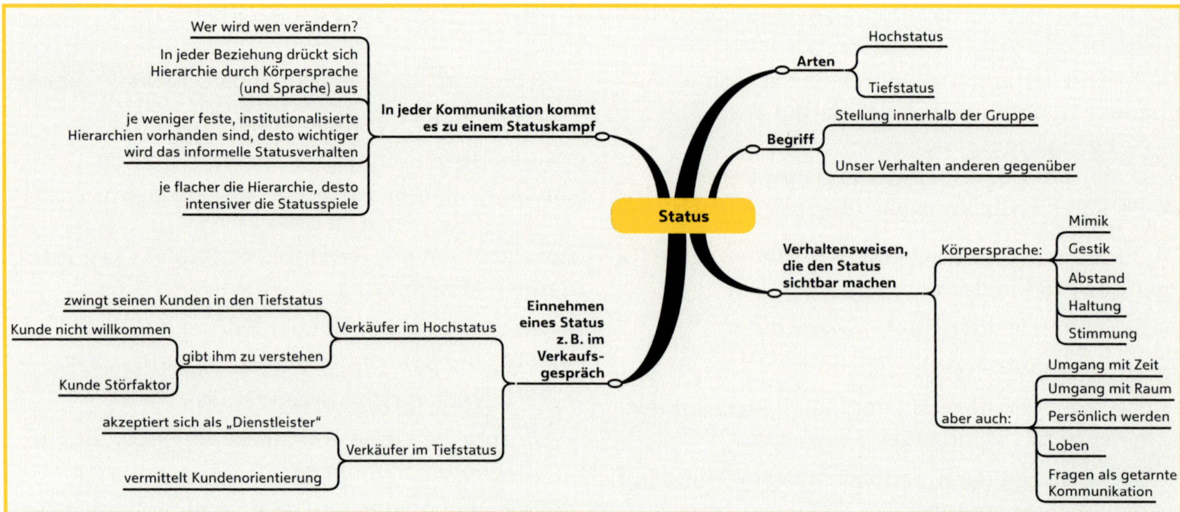

Beobachtet werden sollte	
das eigene Statusverhalten	**das Statusverhalten des Gesprächspartners**
• In welchem Status bewegt man sich gerade? • Wie fühlt man sich dabei? • Woran kann man den gewählten Status erkennen?	• Welchen Status hat der Gesprächspartner? • Welche Informationen gibt das Statusverhalten des Gesprächspartners? • Welche Absicht verfolgt der Gesprächspartner mit dem gewählten Status?

Statusvorgänge durchziehen praktisch das gesamte gesellschaftliche Leben. Wenn das Statusverhalten des Gesprächspartners sowie das eigene Statusverhalten richtig analysiert und interpretiert (bewertet) werden, kann man die Kommunikation sinnvoll beeinflussen.

Jeder hat in der Regel einen Lieblingsstatus als Hauptstrategie in allen Lebenssituationen. Vor diesem Hintergrund ist es wichtig,

- einerseits seinen eigenen Lieblingsstatus zu kennen und damit sinnvoll umzugehen,
- andererseits den Lieblingsstatus des Gesprächspartners zu erkennen und darauf zu reagieren: Dessen Status wird also entweder anerkannt oder ihm wird etwas entgegengesetzt.

Generell gilt, dass in einer Kommunikationssituation derjenige mit der größten Statusflexibilität die Situation beherrscht: Der, der am besten mit den Statusarten spielen kann, wird am besten kommunizieren können. Konflikte beginnen oft dort, wo der Status des Gegenübers infrage gestellt wird oder nicht akzeptiert wird.

BEISPIEL

- Jette Maibaum sucht in einem Elektrofachmarkt nach einem Fernseher. Sie möchte sich beraten lassen. Ein Verkäufer räumt Ware ein und beachtet sie nicht. Von Jette Maibaum angesprochen, antwortet er: „Fragen Sie meinen Kollegen!“
- Joachim Marx möchte ein neues Sakko kaufen. Die Verkäuferin des Warenhauses wollte gerade in die Mittagspause gehen, er wird extrem lustlos bedient.

In beiden Fällen nehmen sich die Verkaufsmitarbeiter den Hochstatus. Sie zwingen die Kunden damit in den Tiefstatus. Diesen wird zu verstehen gegeben, dass sie Störfaktoren sind und unwillkommen sind.

Interkulturelle Besonderheiten beachten

Abhängig von ihrer Herkunft haben Mitarbeiter in einem Unternehmen oft eine unterschiedliche kulturelle Orientierung. Häufig hat man es zudem mit ausländischen Geschäftspartnern zu tun. Eine Kommunikation mit diesen beiden Personengrup-

pen ist umso erfolgreicher, je eher man bereit ist, Unterschiede in deren Kommunikationsverhalten (im Vergleich zum eigenen) bewusst und einfühlsam wahrzunehmen und sich darauf entsprechend einzustellen.
Verfügt man über interkulturelle Kompetenz, wird dies nicht schwerfallen.

BEISPIEL

In asiatischen Ländern erfolgt eine Begrüßung durch eine Verbeugung. Händeschütteln wie bei uns wird dort als zu direkt und aggressiv empfunden. Anschließend erfolgt oft eine formale Übergabe von Visitenkarten – allerdings ausschließlich mit beiden Händen.
Ist man sich dessen bei Verhandlungen mit chinesischen Geschäftsleuten bewusst, verfügt man über interkulturelle Kompetenz.

Win-win-Situation anstreben

Ein Kommunikationsprozess ist auch dann erfolgreich, wenn beide Gesprächspartner darauf achten, dass es zu einer Win-win-Situation kommt. Eine solche Situation liegt z. B. vor, wenn das Ergebnis einer Verhandlung für beide Verhandlungspartner einen größeren Nutzen darstellt, als wenn keine Vereinbarung getroffen worden wäre. Beide Seiten sollten darauf achten, dass sich alle im Vorteil fühlen. Beide Seiten gewinnen also.

Konventionen einhalten

Beachtet man in beruflichen Gesprächen bestimmte Konventionen bzw. Höflichkeitsregeln, wird die Kommunikation erheblich erleichtert. Eine Missachtung solcher Regeln im geschäftlichen Umfeld kann sich sehr nachteilig auswirken.

AUFGABEN

1. Warum müssen Verkäufer viel Augenmerk auf Kommunikationsprozesse legen?
2. Welche Fehler werden in den folgenden Fällen gemacht?
   a) „Sie müssen das immer folgendermaßen machen!“
   b) „Da haben Sie ein wenig übertrieben!“
   c) „Sie haben nur an diesen einen Lieferanten gedacht!“
3. Was sind die fünf Instrumente einer erfolgreichen Gesprächsführung?
4. Führen Sie verschiedene Kommunikationsregeln auf und begründen Sie deren Notwendigkeit.
5. Was versteht man unter dem einfachen Kommunikationsmodell?
6. Welche Informationen werden mit den vier Seiten einer Nachricht nach dem Vier-Ohren-Modell gesendet?
7. Der Freund von Stefanie Beyer sagt abends zu ihr: „Stefanie, schön, dass du hier bist.“

   Die Auszubildende nimmt vier Botschaften mit dieser Nachricht wahr:
   a) „Verbring mehr Zeit mit mir!“
   b) „Stefanie, du vernachlässigst mich.“
   c) „Ich fühl mich allein und einsam.“
   d) „Dass du da bist, das ist schön.“

   Ordnen Sie die Botschaften den Ebenen des Vier-Ohren-Modells zu.
8. Was ist der Status?
9. Woran erkennt man einen Tiefstatus?
10. Liegt in den folgenden Fällen jeweils ein Hochstatus oder Tiefstatus vor?
    a) Eine Kollegin wendet den Blick rasch ab.
    b) Ein Mitarbeiter spricht stockend.
    c) Ein Vorgesetzter hat eine tiefe Stimmlage.
    d) Ein Kunde kommt mit einem aufrechten Gang in das Geschäft.
    e) Ein neuer Auszubildender spricht leise.
    f) Der Personalchef lässt den Bewerber warten.
    g) Der Bewerber streicht sich während des Bewerbungsgesprächs durch die Haare.
11. a) In welchem Status befindet sich die Person?
    b) Woran wird der eingenommene Status erkennbar?

12. Führen Sie eine Übung in Partnerarbeit zum aktiven Zuhören durch.
- **a)** Lassen Sie sich von Ihrem Partner/Ihrer Partnerin von seinem/ihrem gestrigen Tag drei Minuten berichten.
- **b)** Wenden Sie dabei die Technik des aktiven Zuhörens bewusst an.
- **c)** Verständigen Sie sich anschließend kurz mit Ihrem Partner/Ihrer Partnerin, wie es ihm/ihr und Ihnen ergangen ist.
- **d)** Wechseln Sie die Rollen.

13. Führen Sie eine Übung in Partnerarbeit zum Senden von Ich-Botschaften durch.
- **a)** Versuchen Sie, sich an Verhaltensweisen anderer Personen in der letzten Woche zu erinnern, über die Sie sich geärgert haben.
- **b)** Formulieren Sie Sätze als Ich-Botschaften, wie Sie dies der anderen Person (in diesem Fall Ihrem Partner/Ihrer Partnerin in der Partnerarbeit) hätten sagen können.

14. Im Showroom der Tom Hoss KG sagt der Abteilungsleiter zu Stephanie Beyer: „Frau Beyer, da kommt gerade eine Kundin!" Halten Sie fest, welche vier Botschaften die Aussage des Abteilungsleiters enthalten kann.

15.
- **a)** Jeweils acht Schülerinnen und Schüler der Klasse stellen sich in einer Reihe auf. Die Reihe bekommt eine Vorgabe, z. B.: Ein Kunde beschwert sich, dass eine Ware mangelhaft ist. Von rechts nach links wird ein zunehmend höherer Status gespielt, anschließend von links nach rechts ein zunehmend tieferer Status.
- **b)** Die zuschauenden Schülerinnen und Schüler werten aus: Was passiert mit der Haltung …
  - des Kopfes: Augen, Mund, Kinn …?
  - des Oberkörpers: Schultern, Rücken, Hände, Finger …?
  - des Unterkörpers: Beine, Knie, Füße …?
- **c)** Jetzt sind neue Schülerinnen und Schüler an der Reihe. Vorgaben können sein:
  - Ein Kunde wird begrüßt.
  - Ein Verkäufer argumentiert.
  - Ein Kunde wird verabschiedet.
  - Es können auch Situationen nach Wahl der Klasse durchgespielt werden.

16. Arbeiten Sie ein Lernprogramm zur interkulturellen Kommunikation durch. Sie finden es unter der Internetadresse *www.mig-komm.eu/node/331*.

17. Eine Kundin sagt: „Leider haben Sie für meine Größe nur eine sehr kleine Auswahl. Was Sie aber haben, ist mir insgesamt zu konservativ."
- **a)** Bestimmen Sie die möglicherweise in dieser Aussage enthaltenen Botschaften.
- **b)** Überlegen Sie sich mögliche Antworten für jede dieser Botschaften.

18. Eine Kundin sagt: „Ich weiß, dass Schleifchen jetzt in sind. Ich mag aber dieses Verspielte nicht. Das passt nicht zu meiner beruflichen Stellung."
- **a)** Bestimmen Sie die möglicherweise in dieser Aussage enthaltenen Botschaften.
- **b)** Überlegen Sie sich mögliche Antworten für jede dieser Botschaften.

ZUSAMMENFASSUNG

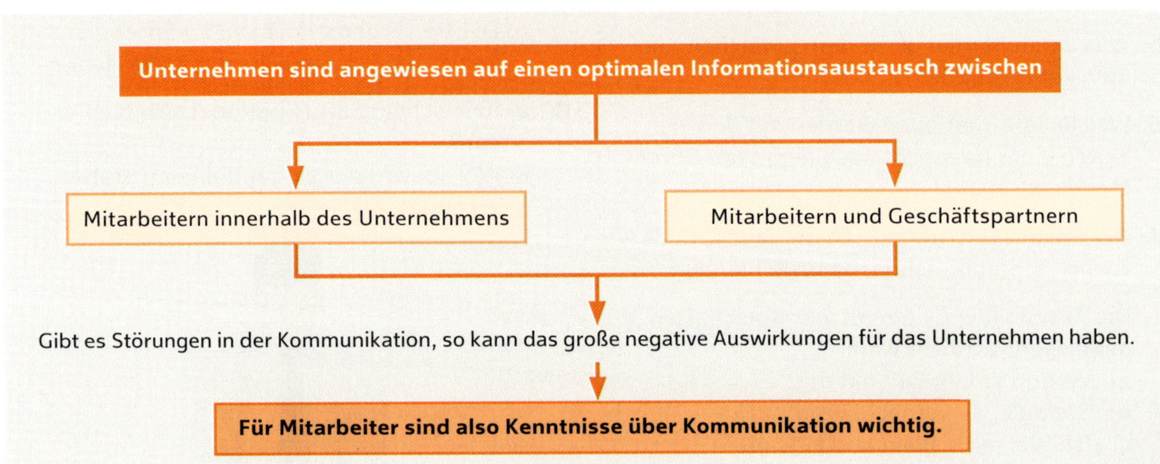

Kommunikationsregeln für eine erfolgreiche Gesprächsführung

- Gesprächssituation beachten
- einfaches Kommunikationsmodell beachten
- emotionale Ebenen berücksichtigen
- Vier-Ohren-Modell der Kommunikation beachten
- aktives Zuhören
- Ich-Botschaften senden
- Gefühle äußern
- Sachverhalte konkret und positiv ausdrücken
- Gesprächspartner nicht unterbrechen
- fragen statt kritisieren
- Status des Gesprächspartners beachten
- interkulturelle Besonderheiten beachten
- Win-win-Situation anstreben
- Konventionen einhalten

Man versteht erst dann etwas richtig, wenn man versucht, es einem anderen zu erklären. Dies führt zu einer eigenen gründlichen Auseinandersetzung mit dem gerade behandelten Thema.

1. Suchen Sie sich einen Partner.
2. Lesen Sie noch einmal die Zusammenfassung. Bei Verständnisproblemen schlagen Sie ggf. noch einmal im Informationstext nach.
3. Einer von Ihnen erläutert die Zusammenfassung dem Partner.
4. Dieser achtet auf Korrektheit und Vollständigkeit und wiederholt noch einmal.

ICH ÜBERPRÜFE MEINE NEU ERWORBENEN KOMPETENZEN

Den Erwerb der zu Beginn aufgeführten Kompetenzen können Sie selbst mithilfe der folgenden Tabelle überprüfen.

Wenn Sie alle Aufgaben, die hinter einer Kompetenz stehen, gelöst haben, machen Sie ein Kreuz bei „Ganz“.

Bei den Kompetenzen, bei denen Sie Aufgaben „Teilweise“ oder „Gar nicht“ gelöst haben, sollten Sie den dazugehörigen Informationstext noch einmal lesen und die Aufgaben anschließend noch einmal bearbeiten.

Was ich nach der Bearbeitung dieses Kapitels kann	Aufgaben	Ganz	Teilweise	Gar nicht
Ich kann ...				
... die Bedeutung der Kommunikationsfähigkeit als ein Instrument für erfolgreiche Verkaufsgespräche begründen.	1, 2			
... Instrumente für eine erfolgreiche Gesprächsführung aufführen.	3,			
... verschiedene Kommunikationsregeln aufführen und begründen.	4, 12, 13, 16			
... mithilfe des einfachen Kommunikationsmodells nachvollziehen, dass Botschaften zwischen Sendern und Empfängern evtl. unterschiedlich verstanden werden.	5			
... die vier Seiten einer Nachricht im Rahmen des 4-Ohren-Modells der Kommunikation erklären.	6, 7			
... das 4-Ohren-Modell auf Praxisbeispiele anwenden.	15			
... den Unterschied zwischen Tiefstatus und Hochstatus in Kommunikationsprozessen erläutern.	8, 9, 10, 11			
... die Wirkung von Hochstatus und Tiefstatus in Verkaufsgesprächen erkennen.	15			

2.5 Der Einsatz der Körpersprache im Verkauf

Problemstellung

Stefanie Beyer sieht sich im Verkaufsraum um. Drei Kolleginnen befinden sich in ihrer Nähe.

1. Beurteilen Sie, wie die Verkäuferinnen jeweils auf Kunden wirken.
2. Geben Sie an, woran man in den Beispielen positive und negative Wirkungen auf Kunden erkennt.

EINORDNUNG DES THEMAS

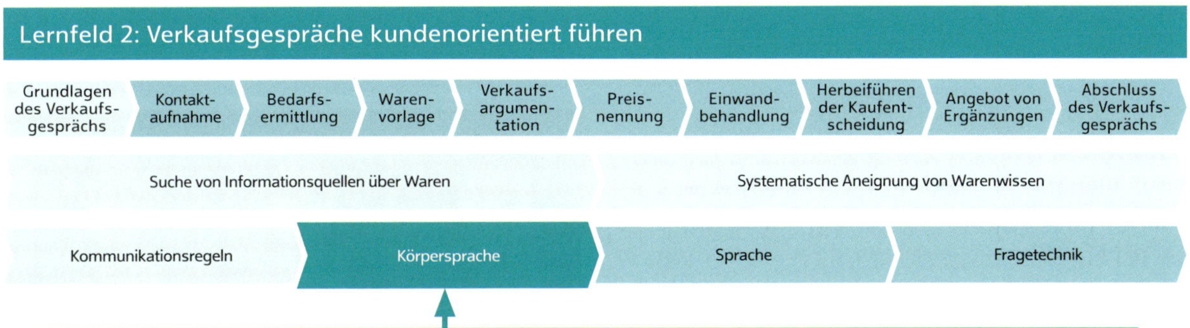

Kompetenzen

Nach Bearbeitung dieses Kapitels können Sie ...

... die Auswirkungen körpersprachlicher Signale in Kommunikationsprozessen nachvollziehen.
... die unterschiedlichen Arten der Körpersprache aufführen und erläutern.
... die Bedeutung der nonverbalen Kommunikation für Verkaufsgespräche begründen.
... körpersprachliche Signale in Verkaufssituationen beschreiben und analysieren.
... Ihr Wissen über körpersprachliche Signale in Verkaufsgesprächen anwenden.

INFORMATIONSTEXT

Bedeutung der Körpersprache in der Kommunikation

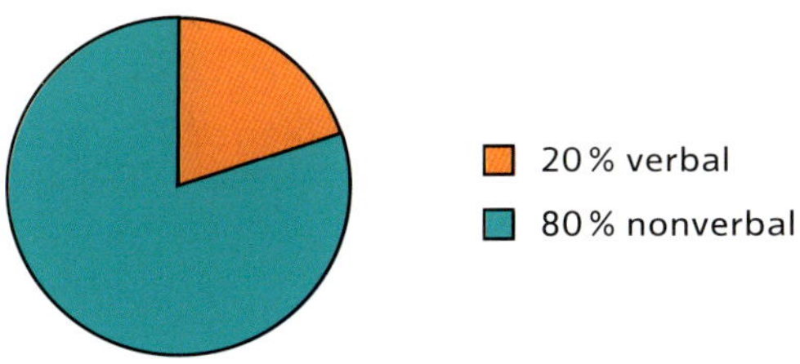

Körpersprache ist der unterschätzte Teil der Kommunikation. Um bestimmte Situationen – z. B. in Verkaufsgesprächen – besser zu verstehen, hilft es, Körpersprache wahrnehmen zu können. Darauf kann man dann direkt reagieren. Man kann die Situation eventuell ändern und die Auswirkungen wieder wahrnehmen.

„Wer nicht lächeln kann, sollte keinen Laden aufmachen."

Altes chinesisches Sprichwort

Bis zu 80 % aller Informationen in Gesprächen werden durch nonverbale (nicht-sprachliche) Signale ausgesandt. Diese nonverbale Kommunikation wird unter dem Begriff „Körpersprache" zusammengefasst. Bestandteile der Körpersprache sind

- Mimik
- Gestik
- Haltung
- Stimme
- Abstand zu anderen
- äußere Erscheinung

Die Körpersprache wird ohne Worte „gesprochen": Sie vollzieht sich in der Regel unbewusst, unwillkürlich und unbeabsichtigt.

„Der Körper ist der Handschuh der Seele."

Samy Molcho

In Verbindung mit dem gesprochenen Wort verdeutlicht Körpersprache verbale Aussagen. Sie kann die Aussagen ersetzen oder verstärken, in bestimmten Fällen diesen aber auch widersprechen.

BEISPIEL

- Verstärkung: Ein Politiker unterstützt bei einer Bundestagsrede seine Argumentation, in dem er mit der Faust aufs Rednerpult schlägt.
- Widerspruch: Eine Aussage, die auf den ersten Blick ernst gemeint erscheint, wird durch Lächeln und ein Augenzwinkern ins Gegenteil gewendet.

Lernen die Verkaufsmitarbeiter körpersprachlich auf die Kunden einzugehen, so wird dies für sie und ihr Unternehmen große Vorteile haben. Erkennen und berücksichtigen sie körpersprachliche Aussagen beim Kunden, wird es dem Verkaufspersonal leichter fallen, in den Verkaufsgesprächen zu überzeugen: Die Körpersprache des Kunden verrät seine Interessen, Abneigungen, Gefühle und Empfindungen. Beobachtet der Verkaufsmitarbeiter solche Signale und deutet sie richtig, kann er in einem Verkaufsgespräch optimal vorgehen. So kann er beispielsweise besser erkennen, welche Ware er vorführen soll und wie er auf Einwände reagiert.

Es geht für den Verkäufer aber nicht nur darum, körpersprachliche Signale des Kunden richtig zu verstehen. Es ist genau so wichtig, dass er seine eigene Körpersprache gezielt als Instrument in erfolgreichen Verkaufsgesprächen einsetzt.

BEISPIEL

- In der Phase der Kontaktaufnahme wird der Blickkontakt zum Kunden gesucht.
- Die Warenvorlage kann durch demonstrierende Bewegungen von Armen und Händen unterstützt werden.

Mimik

Zur Mimik zählt alles, was sich im Gesicht des Gesprächspartners abspielt. Dazu gehören also alle Signale des Gesichts.

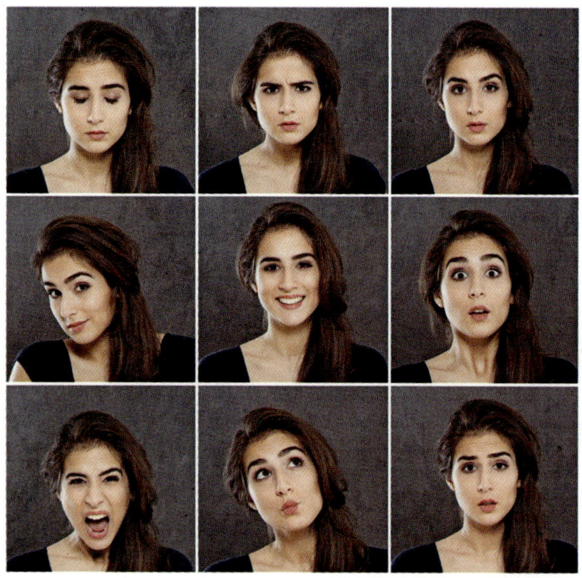

Mimik: die sichtbaren Bewegungen der Gesichtsoberfläche verraten viel über den Gesprächspartner

Ein Bestandteil der Mimik ist der **Gesichtsausdruck**, der das innere Erleben spiegelt. Es gibt etwa vierhundert unterscheidbare Gesichtsausdrücke.

Die Emoticons zeigen mit ihrer Mimik deutlich ihre Gefühle

Die Mimik umfasst aber auch die Art des **Blickkontakts**. Blicke sind Ausdrucksbewegungen der Augen. Mit Blicken kann man ganz allgemein positiv oder negativ bekräftigen. So kann man beispielsweise mit ihnen Kontakt aufnehmen oder Sympathie bekunden, aber auch Dominanz (durch Fixieren) und Drohen (durch Anstarren) ausdrücken.

Gestik

Der Einsatz von Händen und Armen in der Kommunikation zählt zur Gestik. Gesten begleiten die gesprochene Sprache, sie beleben die Kommunikation und unterstreichen den Inhalt des Gesagten.

Die Gestik umfasst die Signale von Armen und Händen. Sie kann also

- das Verständnis des Gesagten unterstützen,
- Hinweise auf die Stimmung geben.

BEISPIEL

Ärmelaufkrempeln oder Faustbildung als Zeichen für Entschlossenheit

- Zweifel am Gesagten schaffen durch die Diskrepanz zwischen Inhalt und Gestik.

Gestik: Auch Bewegungen von Körperteilen dienen der Kommunikation

Körperhaltung

Die innere Haltung eines Menschen wird oft in seiner körperlichen Haltung ausgedrückt. Zur Körperhaltung zählen Ausdrucksbewegungen des **Kopfes**, des **Oberkörpers** und der **Beine**.

BEISPIEL

Ein erhobener Kopf kann Selbstbewusstsein und Entschlossenheit signalisieren.

Die Körperhaltung kann sich bewegen zwischen den Extremen:

- Entspannung und Anspannung
- geschlossene und offene Haltung

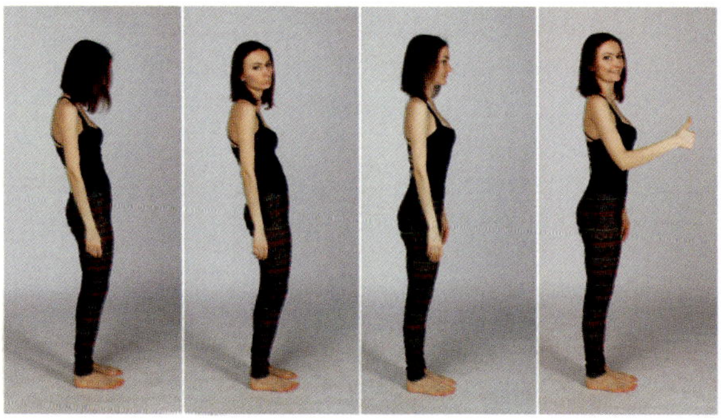

Körperhaltung: Der bewusste Einsatz von guter Körpersprache spielt gerade im Verkaufsgespräch eine wichtige Rolle.

Stimme

Auch mit der Stimme kann ein Mensch nonverbale Signale aussenden. Die Stimme und die Sprechtechnik des Gesprächspartners entscheiden über die Auswertung sprachlicher Äußerungen von Gesprächspartnern.

BEISPIEL

Eine Kundin ist verunsichert. Stefanie Beyer erkennt dies daran, dass deren Atem flach und kurz wird. Die Kundin wird leiser, sie gerät ins Stocken. Die Stimme wird hoch, kurzfristig versagt die Stimme.

Veränderungen des Tonfalls, der Lautstärke, der Stimmlage, des Sprechtempos und der Sprechpausen können die Bewertung einer Aussage ändern.

Stimme: Schreit der Verkäufer, wird die Kundin nicht gerne kaufen.

Auch mit Lachen oder Seufzen können Informationen übermittelt werden.

Auch am Telefon kann der Gesprächspartner ein Lächeln an der Stimme „sehen".

BEISPIEL

Sind Menschen erregt (sowohl durch Angst als auch durch freudig gespannte Erwartung), werden sie in höheren Tönen sprechen. Betonen sie jedoch etwas nachdrücklich, werden sie tiefer sprechen, was Sicherheit, Ruhe, Dominanz, aber auch Drohendes signalisieren kann.

Abstand zu anderen Menschen

Die Entfernung zwischen Menschen, die kommunizieren, sagt auch etwas über deren Beziehung aus: Der Abstand, der zu anderen Menschen eingenommen wird, drückt die **Nähe** bzw. die **Distanz** zu ihnen aus. Mit einem zu geringen Abstand kann die Dringlichkeit eines Anliegens oder eine Angriffslust signalisiert werden.

Unter Gesprächspartnern können grob vier Distanzzonen (Abstandszonen) unterschieden werden:

- **Intimzone**
  In Mitteleuropa beginnt die Intimzone ca. 50 cm vor und endet 50 cm hinter einer Person – an der Seite ist die Intimzone etwas kleiner. In diese Zone dürfen nur Personen mit einer besonderen Erlaubnis eindringen.

- **Persönliche Distanzzone**
  Die persönliche Distanzzone beginnt am Rande der Intimzone und reicht etwa 1 bis 1,5 Meter nach vorne und hinten. Zur Seite ist die Distanz wiederum etwas geringer. In diesem Bereich werden persönliche Gespräche geführt, ohne sich bedrängt zu fühlen. Die persönliche Distanzzone ist in normalen Situationen (also z. B. nicht gerade in der vollbesetzten S-Bahn oder in einem Fahrstuhl) Freunden und dem Lebenspartner vorbehalten. Hier ereignen sich persönliche Gespräche. Bei vielen erfolgreich verlaufenden Verkaufsgesprächen findet hier ein Teil der Kommunikation statt.

- **Die soziale Distanzzone**
  Von der Grenze der persönlichen Distanzzone bis zu einer Entfernung von ca. 4 Metern nach vorne und hinten erstreckt sich die soziale Distanzzone. In ihr finden formale Gespräche statt, also auch die meisten Verkaufsgespräche (zumindest zu Beginn). In diesem Bereich werden andere Personen wahrgenommen.

- **Die öffentliche Zone:**
  Sie beginnt bei ca. 4 Metern Abstand. Redner wählen z. B. diese Entfernung, wenn sie eine Rede vor einem großen Publikum halten müssen.

Die Distanzzonen werden subjektiv unterschiedlich aufgefasst. Das Nichtbeachten von Distanzzonen löst beim Kunden negative Reaktionen aus.

Introvertierte (nach innen gekehrte) Menschen werden die Distanzzonen weitersetzen als extrovertierte (kommunikationsfreudige, offene). In unterschiedlichen Kulturkreisen können die Distanzzonen unterschiedlich verlaufen.

Die äußere Erscheinung: Die Artefakte

Zur Körpersprache wird im weiteren Sinn neuerdings die äußere Erscheinung gezählt. Diese wird bestimmt durch sogenannte **Artefakte**: Dazu zählen alle Objekte, die zur Ausschmückung einer Rolle oder Betonung einer Haltung oder Einstellung dienen können.

BEISPIEL

- Kleidung,
- Frisuren,
- Schmuck,
- Parfüm,
- Sonnenbrillen,
- Accessoires.

Mit Kleidung kann z. B. ein klarer Rollenunterschied dargestellt bzw. eine Gruppenzugehörigkeit angezeigt werden. Ein weißer Kittel in einem Drogeriemarkt zeigt deutlich, wer zum Verkaufspersonal gehört. Das Spielen mit Artefakten kann auch besonders auf andere Personen wirken. Klammert sich z. B. ein Schüler bei einer Präsentation an seinen Notizzettel, dann erscheint er unsicher, nervös und ängstlich.

Körpersprache in Verkaufsgesprächen

- Es ist extrem wichtig, das Distanzbedürfnis anderer Menschen zu respektieren. Wer jemandem zu dicht „auf die Pelle" rückt, macht sich unbeliebt. Das unerlaubte Eindringen in die intime Distanzzone wird praktisch immer als unerwünschte Grenzübertretung empfunden. Um seine Kunden zu erhalten, sollte ein Verkäufer Abstand von der intimen Distanzzone wahren. Erfahrene Verkäufer strecken gedanklich immer den Arm aus: Wenn sie dann den Kunden „berühren", sind sie in seine Intimdistanz eingedrungen.
- Eine erfolgreiche Verkaufsverhandlung, bei der die Entfernung zum Kunden fünf oder sechs Meter beträgt, ist kaum vorstellbar. Anzustreben bei Verkaufsgesprächen ist die persönliche Distanz.
- Ein Lächeln wirkt Wunder: Ein Verkäufer, der viel lächelt, hat eine positive Ausstrahlung auf seine Umgebung. Allerdings sollte das Lächeln echt sein. Das echte Lächeln ist meist von hochgezogenen Wangen, kleinen Fältchen unter den Augen (Krähenfüße) sowie dem Senken der Augenbrauen begleitet. Personen mit schiefem „Lächeln" werden dagegen gemieden. Beim vorgetäuschten Lächeln sind die Muskeln rund um die Augen nicht aktiv. Oft bricht ein falsches Lächeln abrupt ab oder verschwindet stufenweise vom Gesicht.

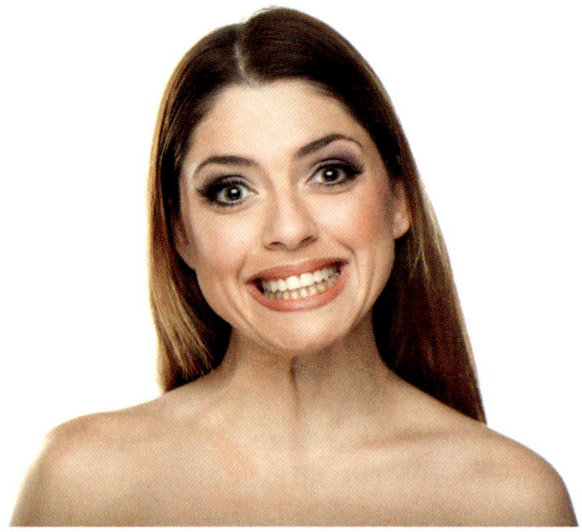

- Mit einem schmollenden Mund überzeugt ein Verkäufer keinen Kunden. Ebenso wie das schiefe Lächeln wirkt ein schiefer Mund wenig glaubwürdig. Wird sogar nur ein Mundwinkel angehoben, so signalisiert diese Mimik immer auch Zynismus, Arroganz oder ein Überlegenheitsgefühl.
- Die wichtigsten Signale werden von den Augen gesendet. Sie sind am leichtesten zu verstehen. Ein freundlicher offener Blick stimmt den Kunden positiv. Wer den anderen „keines Blickes würdigt", wird als arrogant und überheblich eingeschätzt. Aber Achtung: Wer zu lange und zu intensiv sein Gegenüber fixiert, wird schnell als bedrohlich und angriffslustig angesehen.
- Schließende Gesten eines Verkäufers (z. B. Mauerbildung durch überkreuzende Arme vor der

Brust oder Zeigen des Handrückens statt der Handfläche) werden von vielen Kunden als negativ empfunden. Entschuldigungsgesten (wie Schulterzucken mit Aufdrehen der Hände unterhalb der Taille) werden als Hilflosigkeit und Unterwerfung gedeutet. Wenn ein Verkäufer in Verkaufsgesprächen überzeugen will, vermeidet er möglichst negative Aussagen durch Gesten.

- Positive Aussagen (z. B. Verkaufsargumente) sollte ein Verkäufer durch positive – öffnende und harmonische – Gesten verstärken.

AUFGABEN

1. Welche Bestandteile umfasst die Körpersprache?

2. Welche Aufgabe haben die nonverbalen Signale des Körpers?

3. Welche Bedeutung hat die Körpersprache für Verkäufer?

4. Was versteht man unter Mimik?

5. Erläutern Sie den Begriff Gestik.

6. Bringen Sie Beispiele für Signale der Körperhaltung.

7. Wie können mit der Stimme nonverbale Signale ausgesendet werden?

8. Welche Distanzzonen werden unterschieden?

9. Warum werden die Distanzzonen subjektiv unterschiedlich aufgefasst?

10. Was muss ein Verkäufer in Verkaufsgesprächen hinsichtlich der Körpersprache beachten?

11. Ein Verkäufer muss beim Kaufabschluss auch die körpersprachlichen Signale erkennen. Zeigen Sie je zwei körpersprachliche Reaktionen von Kunden für
- **a)** Ablehnung
- **b)** Unentschlossenheit
- **c)** Zustimmung

12. Wir führen ein Experiment zur Körpersprache durch:
- **a)** Setzen Sie sich bitte so hin, dass Sie Ihre Partner nicht sehen können (also: Rücken gegen Rücken, Blick zur Wand).
- **b)** Führen Sie ein Gespräch über das Thema „Warum ist es in der Schule so schön?“
- **c)** Achten Sie auf die Änderungen in der Kommunikationsstruktur: Was ist anders als sonst?

13. Wir führen eine Übung zur Mimik durch. Sie sollen eine der folgenden Stimmungen einnehmen:
- Sie freuen sich und sind überglücklich.
- Sie sind wütend.
- Sie zweifeln an etwas.
- Sie sind entspannt.
- Sie sind angespannt.

- **a)** Überlegen Sie sich mindestens drei Merkmale, mit denen Sie diese Mimik darstellen können.
- **b)** Führen Sie eine der Mimiken vor.
- **c)** Fragen Sie die Klasse nach den Merkmalen, an denen die jeweilige Mimik zu erkennen war.

14. Wir führen eine Übung zur Mimik durch.
- **a)** Suchen Sie sich mit einem Partner vier Signale aus und üben Sie diese ein.
- **b)** Spielen Sie die vier Signale der Klasse vor.
- **c)** Die Klasse soll versuchen, die Bedeutung zu erkennen.

Mimik: Einige Signale und ihre Bedeutung	
die Stirn runzeln	leichtes Stirnrunzeln: Nachdenklichkeit starkes Runzeln: angestrengtes Nachdenken Stirnrunzeln und Runzeln bzw. Hochziehen der Augenbrauen: Missbilligung, Zweifel, Wut
die Nase rümpfen	Unzufriedenheit, Ablehnung leichtes Naserümpfen: kann auch ein Zeichen von Unsicherheit sein starkes Naserümpfen: Ekel, Abscheu

Mimik: Einige Signale und ihre Bedeutung	
Augenbrauen hochziehen	schnell hochgezogen: Überraschung langsam hochgezogen: Missbilligung, Zweifel
häufig blinzeln	Unsicherheit, Nervosität, Anspannung
den Blick senken	im Gespräch: Unsicherheit, es wird gelogen, Unwohlsein nicht aktiv im Gespräch: Desinteresse
vergrößerte Pupillen	Freude, Sympathie, Interesse
weit geöffnete Augen	Interesse, Friedfertigkeit, Freundlichkeit
Augen zusammenkneifen	Konzentration leicht zusammengezogene Augen: Skepsis
nur einen Mundwinkel anheben	Verachtung
die Lippen schürzen	Nachdenklichkeit, genaues Abwägen
übertrieben lange Blickkontakt halten	Drohung, Dominanz

15. Wir führen eine Übung zur Gestik durch.
a) Suchen Sie sich mit einem Partner vier Signale aus und üben Sie diese ein.
b) Spielen Sie die vier Signale der Klasse vor.
c) Die Klasse soll versuchen, die Bedeutung zu erkennen.

Gestik: Signale und ihre Bedeutung	
mit den Fingern trommeln, mit einem Stift spielen	Ungeduld, Nervosität wenn absichtlich: Provokation
den Finger an die Nase legen	Konzentration, auch Skepsis, Bedenken
den Kopf in die Hände stützen	positiv: Nachdenklichkeit negativ: Langeweile, Erschöpfung
die Arme verschränken	Distanz, Nicht-einverstanden-Sein, bei Frauen oft auch Unsicherheit, Anspannung
die Nasenwurzel reiben	Stress, Anspannung, Nervosität
die Handflächen nach vorne drehen	Abwehr, Wegschieben von Gedanken
die Hände falten	Überlegenheit
sich am Kopf kratzen	Unsicherheit, Ratlosigkeit
die Hände hinter dem Rücken halten	Zurückhaltung, Unsicherheit
die Hände reiben	kurzes Reiben: Zufriedenheit längeres Reiben: Unruhe, Unsicherheit
den Zeigefinger erheben	Überheblichkeit

5321240

Gestik: Signale und ihre Bedeutung	
zum „Spitzdach“ geformte Hände	Überheblichkeit, Selbstgefälligkeit zeigen die Hände in Richtung Gesprächspartner: Ablehnung, Unsicherheit
mit dem Fuß wippen	Nervosität, Ungeduld
die Hände über den Kopf legen, halten	Souveränität, Selbstsicherheit
das Kinn reiben, über die Oberlippe streichen	Nachdenklichkeit, Skepsis
wilde, schnelle Gesten	Unsicherheit, Unruhe
die Füße um die Stuhlbeine „wickeln“	Unsicherheit, Anspannung

16. Wir führen eine Übung zur Körperhaltung durch. Sie sollen gleich eine der folgenden Körperhaltungen einnehmen:
- Sie erwecken eine offene Körperhaltung.
- Sie erwecken eine geschlossene Körperhaltung.
- Sie sind entspannt.
- Sie sind angespannt.

a) Überlegen Sie sich mindestens drei Merkmale, mit denen Sie diese Körperhaltung darstellen können.
b) Führen Sie eine der Körperhaltungen vor.
c) Fragen Sie die Klasse nach den Merkmalen, an denen die jeweilige Körperhaltung zu erkennen war.

17. Wir führen eine Übung zur Körperhaltung durch.
a) Suchen Sie sich mit einem Partner vier Signale aus und üben Sie diese ein.
b) Spielen Sie die vier Signale der Klasse vor.
c) Die Klasse soll versuchen, die Bedeutung zu erkennen.

Körperhaltung: Einige Signale und ihre Bedeutung	
die Schultern hochziehen	Angst
Gegenstände vor den Körper halten	Schüchternheit, Unsicherheit
den Kopf senken	ohne Blickkontakt: Unterwürfigkeit mit Blickkontakt: Trotz
breitbeinig stehen	Überheblichkeit, Imponiergehabe, eventuell Verärgerung
nur auf der Vorderkante des Stuhls sitzen	Unsicherheit, Anspannung
leicht nach vorn geneigter Oberkörper	Interesse, Offenheit, Konzentration
breitbeing und halb liegend auf dem Stuhl sitzen	Überheblichkeit, Arroganz
wiederholt von einem Bein auf das andere treten	Unsicherheit, Unwohlsein
den Oberkörper zurückneigen	Desinteresse, „Fluchtgedanken“
die Arme und Hände auf den Tisch legen	Interesse, Kontakt-/Gesprächsbereitschaft
erhobener Kopf in Verbindung mit großen Augen	Aufmerksamkeit, je nach Intensität auch Überheblichkeit

18. Wir führen eine Übung zur Stimme durch.

a) Bereiten Sie sich darauf vor, einen etwas längeren Text (mindestens acht Absätze) vorzulesen (z. B. den Informationstext dieses Kapitels).

b) Lesen Sie dann der Klasse diesen Text vor: Abwechselnd absatzweise mit einer negativ und einer positiv wirkenden Stimme.

Negativ wirkende Stimme	Positiv wirkende Stimme
• zu leise • zu laut • zittrig • monoton • gehetzt • zu hoch • zu tief • zu langsam • zu schnell	• ruhig • klar • Tempowechsel • Lautstärkewechsel • Abwechslung in der Betonung

19. Diese Übung findet in Partnerarbeit statt. Sie sollen mit körpersprachlichen Mitteln verschiedene vorgegebene Stimmungen ausdrücken.

a) Suchen Sie sich drei Stimmungen aus, ohne Ihren Partner darüber zu informieren.
- glücklich
- traurig
- ärgerlich
- aggressiv
- interessiert
- müde
- abwehrend
- einfühlsam
- abwesend
- selbstsicher
- unsicher

b) Führen Sie eine Stimmung so lange vor, bis Ihr Partner sie erraten hat.

c) Der Partner hat die Aufgabe anzugeben, woran er die Stimmung erkannt hat.

d) Das Spiel ist beendet, wenn jeder seine drei ausgewählten Stimmungen dargestellt hat.

20. Jetzt werden kurz hintereinander viele Rollenspiele aufgeführt. Durch Abzählen bekommt jedes Klassenmitglied eine Verkaufssituation zugewiesen, in der ein Kunde körpersprachliche Signale aussendet.

a) Bereiten Sie sich darauf vor, das beschriebene körpersprachliche Verhalten des Kunden vorzuführen.

b) Führen Sie das beschriebene Kundenverhalten vor.

c) Überlegen Sie bei den anderen vorgeführten Rollenspielen, welche Bedeutung das dort vorgeführte Kundenverhalten hat.

Spielen Sie, dass der Kunde

1. den Kopf ruckartig nach hinten wirft
2. den Kopf ein- und die Schultern hochzieht
3. seine Stirn runzelt
4 beide Augenbrauen hebt
5. durch Sie „hindurchschaut"
6. Sie direkt ansieht
7. seinen Blick häufig abwendet
8. oft blinzelt
9. die Brille hochschiebt
10. sich kurz an die Nase fasst
11. sich die Nasenwurzel mit zwei Fingern reibt
12. immer leiser und langsamer spricht
13. die Lippen fest zusammenpresst
14. sich wiederholt auf die Lippen beißt
15. über sein Kinn streicht
16. sich mit dem Oberkörper weit nach vorn lehnt
17. den Oberkörper weit zurückbiegt
18. die Arme vor der Brust verschränkt
19. eine ausholende Armbewegung macht
20. eine Armbewegung eng am Körper macht
21. die Hand während des Sprechens vor den Mund hält
22. die Hand nach dem Sprechen vor den Mund hält
23. die Hände in die Hüften stemmt
24. sich die Hände reibt
25. die Hände auf dem Rücken verschränkt
26. die Hände gefaltet vor die Brust legt
27. die Arme vor der Brust kreuzt
28. den Zeigefinger beim Sprechen hebt

21. Verkäuferinnen und Verkäufer senden beim Führen eines Verkaufsgespräches bewusst und unbewusst nonverbale Signale aus. Welche Verhaltensweisen gehören **nicht** zur Körpersprache?

a) Die Verkäuferin Stephanie Lang wendet sich beim Verkaufsgespräch der Kundin

Ronja Bunko zu, um nicht zu laut reden zu müssen.

b) Stephanie Lang hält während des gesamten Verkaufsgesprächs mit dem Kunden Sebastian Wolpert Augenkontakt.

c) Durch gezielte Bewegungen ihre Hände und Arme versucht Stephanie Lang, den Kunden Lukas Volkmar zu beeinflussen.

d) Stephanie Lang verzieht die Mundwinkel bei der Annahme eines schmutzigen 50-€-Scheines.

e) Stephanie Lang spricht besonders gewählt, um die Kundin Caroline Kaiser zu beeindrucken.

ZUSAMMENFASSUNG

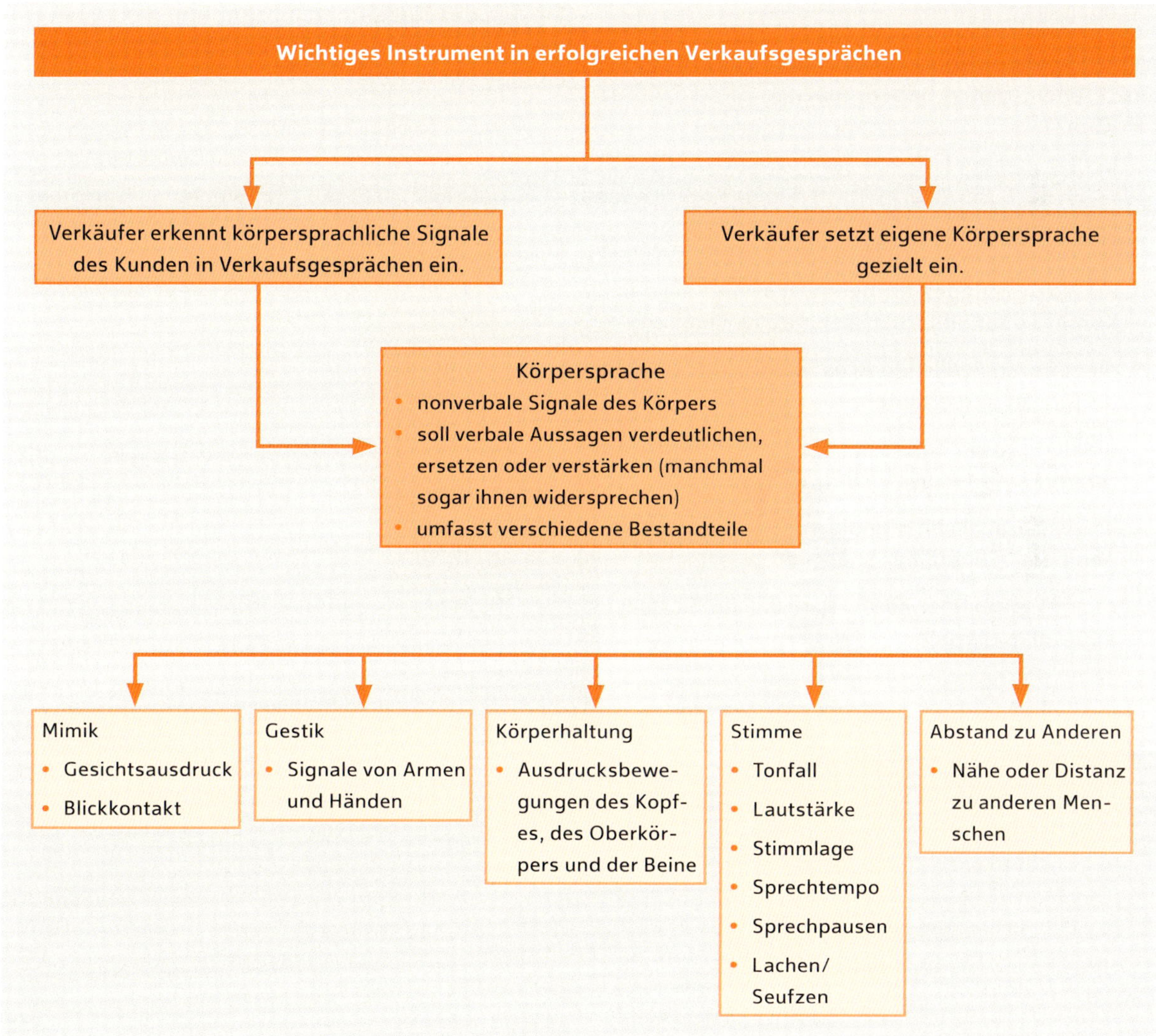

Man versteht erst dann etwas richtig, wenn man versucht, es einem anderen zu erklären. Dies führt zu einer eigenen gründlichen Auseinandersetzung mit dem gerade behandelten Thema.

1. Suchen Sie sich einen Partner.

2. Lesen Sie noch einmal die Zusammenfassung. Bei Verständnisproblemen schlagen Sie ggf. noch einmal im Informationstext nach.

3. Ihre Lehrerin/Ihr Lehrer stellt Ihnen 20 Karten zur Verfügung. Auf diese schreiben Sie die zentralen Begriffe des Themas.

4. Diese Karten legen Sie nun so, dass sich eine sinnvolle Struktur ergibt. Dies geschieht in gemeinsamer Diskussion mit Ihrem Partner: Sie sollen gemeinsam begründen können, warum Sie Ihre Struktur so gelegt haben.

5. Stellen Sie sich darauf ein, einer anderen Gruppe – oder dem Plenum – Ihre Struktur vorzustellen.

ICH ÜBERPRÜFE MEINE NEU ERWORBENEN KOMPETENZEN

Den Erwerb der zu Beginn aufgeführten Kompetenzen können Sie selbst mithilfe der folgenden Tabelle überprüfen.

Wenn Sie alle Aufgaben, die hinter einer Kompetenz stehen, gelöst haben, machen Sie ein Kreuz bei „Ganz".

Bei den Kompetenzen, bei denen Sie Aufgaben „Teilweise" oder „Gar nicht" gelöst haben, sollten Sie den dazugehörigen Informationstext noch einmal lesen und die Aufgaben anschließend noch einmal bearbeiten.

Was ich nach der Bearbeitung dieses Kapitels kann	Aufgaben	Ganz	Teilweise	Gar nicht
Ich kann ...				
... die Auswirkungen körpersprachlicher Signale in Kommunikationsprozessen nachvollziehen.	2, 3			
... die unterschiedlichen Arten der Körpersprache aufführen und erläutern.	1, 4, 5, 6, 7, 8			
... die Bedeutung der nonverbalen Kommunikation für Verkaufsgespräche begründen.	3, 10, 11			
... körpersprachliche Signale in Verkaufssituationen beschreiben und analysieren.	12, 13, 14, 15, 16, 17, 18			
... mein Wissen über körpersprachliche Signale in Verkaufsgesprächen anwenden.	19, 20			

5321244

2.6 Sprache als Instrument in erfolgreichen Verkaufsgesprächen

Problemstellung

Stefanie Beyer hat heute einige Verkaufsgespräche durchgeführt, die nicht erfolgreich waren. Einige ihrer Äußerungen zu Kunden waren:

„Das glauben Sie doch selbst nicht, dass Ihnen dieser Pullover steht!"

„Ich kann es meinen Kundinnen und Kunden nicht oft genug sagen: Nehmen Sie Cordhosen!"

„Ich habe Ihnen doch gleich gesagt, dass Ihnen dieser Anzug nicht steht!"

„Ich glaube, dieser Anzug ist zu teuer für Sie!"

Beurteilen Sie die sprachlichen Äußerungen von Stefanie Beyer.

EINORDNUNG DES THEMAS

Lernfeld 2: Verkaufsgespräche kundenorientiert führen

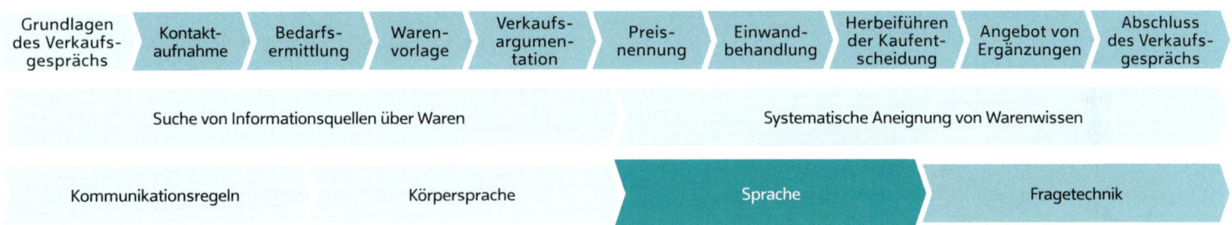

Kompetenzen

Nach Bearbeitung dieses Kapitels können Sie ...

... die Auswirkungen von Gesprächsstörern und Gesprächsförderern auf Verkaufsgespräche erklären.
... verschiedene Gesprächsstörer bzw. Gesprächsförderer nennen und erläutern.
... Gesprächsstörer in Verkaufsgesprächen vermeiden.
... in den verschiedenen Phasen eines Verkaufsgesprächs Gesprächsförderer benutzen.

INFORMATIONSTEXT

Verkäufer gewinnen das Vertrauen in Verkaufsgesprächen insbesondere durch ihre Sprache. Damit wird die Sprache zum wichtigsten Verkaufsinstrument eines Verkäufers. Die Beherrschung dieses Handwerkzeuges ist also von großer Bedeutung.

Easy, Digga

Gestern erreichte uns die Klage eines Konsumenten, der sich in fester Reklamierungsabsicht in einen Telekommunikationsladen in der Innenstadt begeben hatte. Es ging ihm um sein neues Handy, gerade gekauft, schon defekt.

Leider geriet der Mann an einen aus seiner Sicht recht frechen Verkäufer, der ihn im feinstem Jugendslang aufforderte: „Digga, chill mal", was vor vielen Jahren mal in etwa der Äußerung „Mein lieber, guter Freund, so beruhige dich doch" entsprochen hätte. Sprachwissenschaftler weisen ja schon lange darauf hin, dass die Anrede „Digga" weder abwertend noch als Hinweis auf Gewichtsprobleme des Adressaten zu werten sei. Tja? Dem Kunden ging der plumpe Ton dennoch gegen den Strich. Gänzlich vergrätzte ihn schließlich die Reaktion der Servicekraft auf einen Zwischenruf seiner Freundin: Wenn zwei Männer sich unterhielten, habe sie sich herauszuhalten, soll der Verkäufer ihr geraten haben. Der Handykäufer und seine Liebste wollen sich jetzt aus dem Laden heraushalten und die ganze Chose ihrem Anwalt übergeben. Ob der chillig drauf ist, muss sich noch zeigen.

Quelle: Wolters, Christian: Easy Digga. In: Hildesheimer Allgemeine Zeitung. 28.07.2016, S. 13.

Verschiedene Punkte beeinflussen sprachliche Aktivitäten in Verkaufsgesprächen:

- die Persönlichkeit des Verkäufers und des Kunden
- die momentane Stimmung der am Verkaufsgespräch Beteiligten
- das Verhältnis zum Gesprächsgegenstand
- die Ziele von Verkäufer und Kunde.

Sprechen Sie kundisch? Eine gute Sprache hilft, Kunden zu gewinnen und erfolgreiche Verkaufsgespräche zu führen

Gesprächsstörer[1]

Natürlich wird im Verkaufsgespräch alles vermieden, was dieses Gespräch negativ beeinflussen könnte:

- Der Verkäufer sollte keine Monologe führen und keine Fachbegriffe verwenden. Um einfach zu sprechen, verzichtet er auf Fremdwörter. Bei Fachausdrücken überlegt sich der Verkäufer, ob diese Begriffe dem Kunden bekannt sind.
- Der Verkäufer vermeidet komplizierte und langatmige Sätze. Jeder Kunde ist dankbar, wenn der Verkäufer sich kurz, knapp und genau ausdrückt.
- Ein erfolgreicher Verkäufer verzichtet auf ironische und bewertende Bemerkungen.

BEISPIEL

- Das ist aber schlecht ...
- Das glauben Sie doch selber nicht!

- Kunden verübeln es Verkäufern häufig, wenn diese versuchen
  – sie zu überreden oder ihnen Befehle zu geben:

BEISPIEL

- „Ich kann es nicht oft genug wiederholen, nehmen Sie diesen Artikel!"
- Greifen Sie sofort zu, sonst ...!"

1 Dieses Kapitel lehnt sich in Teilen an an: Ruhleder, Rolf H.: Verkaufstraining intensiv. 7. Aufl. Renningen: expert 1998, Seite 97–100

- ihnen Vorwürfe zu machen

BEISPIEL

- „Ich habe Ihnen gleich gesagt, ..."
- „Hätten Sie mal ..."

- die Erwartungen der Kunden zu dämpfen.

BEISPIEL

- „Diese Digitalkamera werden Sie kaum bedienen können."
- „Damit werden Sie sicher Schwierigkeiten haben."

- Sehr negativ fassen Kunden „**Killerphrasen**" des Verkäufers auf. Killerphrasen sind Negativformulierungen des Verkäufers. Sie führen meistens dazu, dass das Verkaufsgespräch ohne Erfolg beendet wird.

BEISPIEL

- Ohne jetzt dieses Verkaufsgespräch unterbinden zu wollen ...
- Das geht im Augenblick nicht.
- Keine Zeit für so etwas.
- Schaffen wir nie.
- So haben wir das früher doch (nicht) gemacht.
- Sie stellen sich das so einfach vor.

„Ohne Sie jetzt hetzen zu wollen, aber wir schließen gleich ..." – Bei so einer Aussage wird jeder Kunde den Kauf sofort abbrechen und das Geschäft verlassen.

Killerphrasen sind pauschale und abwertende Angriffe z. B. in einer Diskussion oder in einem Verkaufsgespräch. Sie sind nicht an der Sache orientiert, sondern werden im Gegenteil vorzugsweise dann hervorgezogen, wenn Sachargumente fehlen. Sie **kehren soziale Dominanz bei sachlicher Unterlegenheit hervor**.

Killerphrasen verhindern einen Austausch und ein echtes Gespräch, indem sie Gesprächspartner abblocken.

Gesprächsförderer

Für die Formulierung von Aussagen, die das Verkaufsgespräch fördern, gilt der Grundsatz der Kundenfreundlichkeit:

- Der Verkäufer verwendet kurze Sätze. Um den Kunden nicht mit Bandwurmsätzen zu verwirren, vermeidet er Nebensätze.
- Der Verkäufer sollte im Verkaufsgespräch deutlich sprechen.
- Die Sprache im Verkaufsgespräch muss dem Kunden angemessen sein. Man sollte die Fachsprache der jeweiligen Kundschaft beherrschen und auch anwenden können.
- Die Aussagen müssen dem fachlichen Bildungsstand des Kunden entsprechen.
- Die Sprache ist aktiv und motivierend.
- Bestimmte Zwischenbemerkungen des Verkäufers erweisen sich in Verkaufsgesprächen als gesprächsfördernd, da der Verkäufer dem Kunden Interesse signalisiert. Mit solchen Zwischenbemerkungen kann der Verkäufer
  - dem Kunden aktiv zuhören

BEISPIEL

- „Ah, ja."
- „Mmh ..."
- „Ja, gut!"

Aktives Zuhören

Auch das Zuhören ist eine Form der Kommunikation, insbesondere, wenn man dabei dem Kunden das Gefühl vermittelt, dass man wirklich bei der Sache ist. Wer aktiv zuhört, gibt dem Gesprächspartner durch Körperhaltung und Mimik zu verstehen, dass er im Mittelpunkt der

Aufmerksamkeit steht. Gelegentliche Reaktionen wie Kopfnicken und kurze gesprochene Aufmunterungen unterstützen den Redefluss des Kunden. Der Verkäufer als guter Zuhörer wirkt interessiert und gibt dem redenden Kunden ein Gefühl von Geltung und Achtung. Man kann dieses Gefühl noch verstärken, indem man ab und zu Fragen stellt, die beweisen, dass man tatsächlich zuhört und dass man gerne noch mehr erfahren würde.

– dem Kunden zustimmen

BEISPIEL

- „Richtig!“
- „Ja!“
- „Da bin ich ganz Ihrer Meinung!“

– beim Kunden nachfragen

BEISPIEL

- „Könnten Sie das noch etwas erläutern?“
- „Habe ich das richtig verstanden?“

– dem Kunden Denkanstöße geben

BEISPIEL

- „Was halten Sie denn von...?“
- „Haben Sie sich schon einmal überlegt...?“

- Die Stimmtechnik des Verkäufers muss stimmen:
  – Er darf nicht zu hoch sprechen, da dies auf Nervosität und Verspannung des Verkäufers hindeutet.
  – Eine zu leise und dünne Stimme wird von Kunden oft als Signal für fehlende Fachkompetenz wahrgenommen. Im Zweifel spricht der Verkäufer lieber etwas lauter.
  – Verkäufer, die erfolgreiche Verkaufsgespräche anstreben, sollten öfter ihre Stimme kontrollieren. Wenn sie sehr monoton und abgehackt sprechen, wirkt sich dies negativ auf die Überzeugung des Kunden aus.
  – Kunden bevorzugen auch eine nicht zu schnelle Sprache des Verkäufers.

		besonders ▼		mittel ▼		besonders ▼	
Sprechtempo	schnell				●		langsam
	abgehackt				●		rhythmisch
Stimmstärke	laut			●			leise
	hart			●			weich
Stimmlage (Modulation)	hoch				●		tief
	dünn				●		voluminös

● Idealzustand

Quelle: Ruhlender, Rolf H.: Verkaufstraining intensiv. 7. Aufl. Renningen: expert 1998, Seite 158.

- „Substantivierte Sätze“ sind Sätze mit Hauptwörtern. Diese haben etwas Träges, manchmal sogar Umständliches an sich. Verbale Sätze (Sätze mit Tätigkeitswörtern) bestimmen eindeutiger, was passiert. Hier werden die Tätigkeiten direkt angesprochen. Die verbale Ausdrucksweise wirkt dadurch wesentlich konzentrierter und lebhafter.

BEISPIEL

Substantivierter Satz: „Sie wollen also einen Einkauf tätigen?“

Verbaler Satz: „Sie wollen etwas einkaufen?“

- Der Verkauf einer Ware wird durch Vorteilsformulierungen sprachlich unterstützt. Mit einem Verb (Tätigkeitswort) weist der Verkäufer den Kunden auf Vorteile der Ware hin.

BEISPIEL

- „Das Gerät hilft Ihnen ...“
- „Sie sparen beim Kauf dieses Artikels zwölf Euro im Vergleich zu ...“
- „Dieses Label garantiert Ihnen ...“

- Grundsätzlich ist ein passiver Satzaufbau im Verkäuferdeutsch nicht falsch, enthält jedoch einen gewissen Grad an „Faulheit“. Deshalb sollte der Verkäufer bewusst aktiv – d. h. also mit aktivierender Wirkung – sprechen.

BEISPIEL

Passive Aussage: „Es wird von uns ein Angebot ausgearbeitet."

Aktive Aussage: „Wir arbeiten ein Angebot aus."

- Ein und dasselbe Verkaufsargument kann jeweils mit einer negativen und positiven Ausdrucksweise vorgebracht werden. Positive Aussagen wirken als Gesprächsförderer.

BEISPIEL

Negative Aussage: „Bei diesem Gerät werden Sie sicherlich keine Reklamationen haben."

Positive Aussage: „Dieses Gerät bleibt immer leistungsfähig und einsatzbereit."

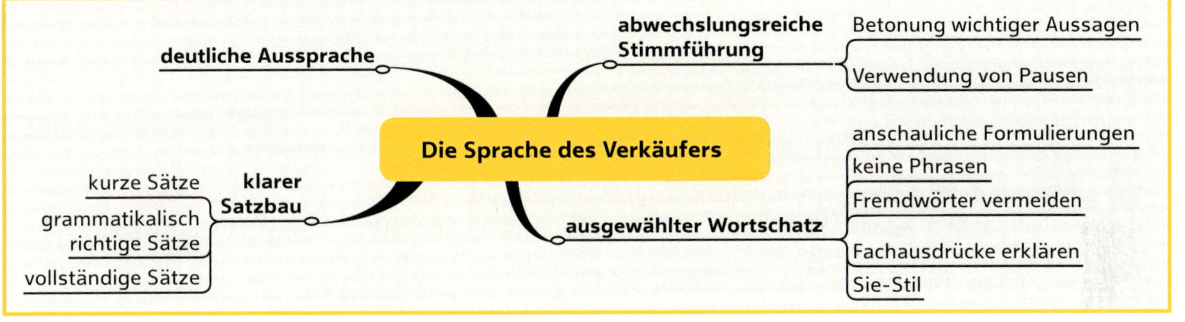

Gesprächsstörer:

Befehle

Überreden

Warnen und Drohen

Herunterspielen / Bagatellisieren

Ausfragen

Gesprächsförderer:

Umschreiben

Zusammenfassen

Bestätigung

Nachfragen

Klärend auf den Punkt bringen

Zuhören

AUFGABEN

1. Warum ist die Sprache ein wichtiges Instrument in Verkaufsgesprächen?
2. Wodurch werden sprachliche Aktivitäten in Verkaufsgesprächen beeinflusst?
3. Führen Sie drei Beispiele für Gesprächsstörer auf.
4. Was sind Killerphrasen?
5. Was sind Gesprächsförderer?
6. Führen Sie drei Beispiele für Gesprächsförderer auf.
7. Was sind Vorteilsformulierungen?
8. Formulieren Sie drei Vorteilsformulierungen für einen Artikel Ihres Sortiments.
9. Warum sind aktive Aussagen in Verkaufsgesprächen meistens besser als passive Aussagen?
10. Ersetzen Sie eine negative Aussage über einen Artikel Ihres Sortiments durch eine positive Aussage.
11. Wie hört man aktiv zu?

12. Entscheiden Sie, ob in den folgenden Fällen Gesprächsförderer oder Gesprächsstörer vorliegen:

a) „Mit der Entscheidung für diese Ware haben Sie sehr gut gewählt."

b) „Eigentlich hätte ich gedacht, Sie wissen, was wir so alles im Angebot haben."

c) „Ja, wer ist denn hier der Experte, Sie oder ich? Also mir können Sie so schnell nichts vormachen."

d) „Ja, das stimmt. Wie finden Sie denn ..."

13. Kurt Tucholsky hat in der folgenden Glosse „Ratschläge für einen schlechten Redner" die Kopfstandmethode angewandt. Er bezieht sich zwar allgemein auf Redner, das meiste lässt sich jedoch auch auf Verkäufer anwenden.

a) Sammeln Sie mithilfe einer Kartenabfrage die Fehler eines Redners, die auch von einem Verkäufer in Verkaufsgesprächen gemacht werden können.

b) Arbeiten Sie als Gegenlösung die Regeln für einen gut redenden Verkäufer aus.

Ratschläge für einen schlechten Redner

Fang nie mit dem Anfang an, sondern immer drei Meilen vor dem Anfang! Etwa so:

„Meine Damen und meine Herren! Bevor ich zum Thema des heutigen Abends komme, lassen Sie mich kurz ..."

Hier hast du schon alles, was einen schönen Anfang ausmacht: eine steife Anrede; der Anfang vor dem Anfang; die Ankündigung, dass und was du zu sprechen beabsichtigst, und das Wörtchen kurz. So gewinnst du im Nu die Herzen und die Ohren der Zuhörer.

Denn das hat der Zuhörer gern: dass er deine Rede wie ein schweres Schulpensum aufbekommt; dass du mit dem drohst, was du sagen wirst, sagst und schon gesagt hast. Immer schön umständlich!

Sprich nicht frei, das macht einen so unruhigen Eindruck. Am besten ist es, du liest deine Rede ab. Das ist sicher, zuverlässig, auch freut es jedermann, wenn der lesende Redner nach dem vierten Satz misstrauisch hochblickt, ob auch noch alle da sind.

Wenn du gar nicht hören kannst, was man dir so freundlich rät, und du willst durchaus und durchum frei sprechen ... du Laie! Du lächerlicher Cicero! Nimm dir doch ein Beispiel an unseren professionellen Rednern, an den Reichstagsabgeordneten – hast du die schon mal frei sprechen hören? Die schreiben sich sicherlich zu Hause auf, wann sie „Hört! Hört!" rufen ... ja, also wenn du denn frei sprechen musst:

Sprich, wie du schreibst. Und ich weiß, wie du schreibst. Sprich mit langen, langen Sätzen – solchen, bei denen du, der du dich zu Hause, wo du ja die Ruhe, deren du so sehr benötigst, deiner Kinder ungeachtet, hast, vorbereitest, genau weißt, wie das Ende ist, die Nebensätze schön ineinandergeschachtelt, sodass der Hörer ungeduldig auf seinem Sitz hin und her träumend, sich in einem Kolleg wähnend, in dem er früher so gern geschlummert hat, auf das Ende solcher Periode wartet. Nun ich habe dir eben ein Beispiel gegeben. So musst du sprechen.

Fang immer bei den alten Römern an und gib stets, wovon du auch sprichst, die geschichtlichen Hintergründe der Sache. Das ist nicht nur deutsch, das tun alle Brillenmenschen. Ich habe einmal in der Sorbonne einen chinesischen Studenten sprechen hören, der sprach glatt und französisch, aber er begann zu aller Freude so:

„Lassen Sie mich Ihnen in aller Kürze die Entwicklungsgeschichte meiner chinesischen Heimat seit dem Jahre 2000 vor Christi Geburt ..." Er blickte ganz erstaunt auf, weil die Leute so lachten.

So musst du das auch machen. Du hast ganz recht: Man versteht es ja sonst nicht, wer kann denn das alles verstehen, ohne die geschichtlichen Hintergründe ... sehr richtig! Die Leute sind doch nicht in deinen Vortrag gekommen, um lebendiges Reden zu hören, sondern das, was sie auch in den Büchern nachschlagen können ...

sehr richtig! Immer gib ihm Historie, immer gib ihm.

Kümmere dich nicht darum, ob die Wellen, die von dir ins Publikum laufen, auch zurückkommen – das sind Kinkerlitzchen. Sprich unbekümmert um die Wirkung, um die Leute, um die Luft im Saale; immer sprich, mein Guter. Gott wird es dir lohnen.

Du musst alles in die Nebensätze legen. Sag nie: „Die Steuern sind zu hoch." Das ist zu einfach. Sag: „Ich möchte zu dem, was ich soeben gesagt habe, noch kurz bemerken, dass mir die Steuern bei Weitem ..." – so heißt das !

Trink den Leuten ab und zu ein Glas Wasser vor – man sieht das gerne.

Wenn du einen Witz machst, lach vorher, damit man weiß, wo die Pointe ist.

Eine Rede ist, wie könnte es anders sein, ein Monolog.

Weil doch nur einer spricht. Du brauchst auch nach vierzehn Jahren öffentlicher Rednerei noch nicht zu wissen, dass eine Rede nicht nur ein Dialog, sondern ein Orchesterstück ist: Eine stumme Masse spricht nämlich ununterbrochen mit. Und das musst du hören. Nein, das brauchst du nicht hören.

Sprich nur, lies nur, donnere nur, geschichtle nur. Zu dem, was ich eben über die Technik der Rede gesagt habe, möchte ich noch kurz bemerken, dass viel Statistik eine Rede immer sehr hebt. Das beruhigt ungemein, und da jeder imstande ist, zehn verschiedene Zahlen mühelos zu behalten, so macht das viel Spaß.

Kündige den Schluss deiner Rede lange vorher an, damit die Hörer vor Freude nicht einen Schlaganfall bekommen. (Paul Lindau hat einmal einen dieser gefürchteten Hochzeitstoaste so angefangen: „Ich komme zum Schluss"). Kündige den Schluss an, und dann beginne deine Rede von vorne und rede noch eine halbe Stunde. Dies kann man mehrere Male wiederholen.

Du musst dir nicht nur eine Disposition machen, du musst sie den Leuten auch vortragen – das würzt die Rede.

Sprich nie unter anderthalb Stunden, sonst lohnt es gar nicht erst anzufangen.

Wenn einer spricht, müssen die anderen zuhören – das ist deine Gelegenheit. Missbrauche sie.

Quelle: Tucholsky, Kurt: Panter, Tiger und andere. 1. Auflage. Berlin: Volk und Welt, 1957.

14. **a)** Entwerfen Sie ein Rollenspiel, in dem ein Verkäufer einem Kunden eine Ware Ihres Ausbildungssortiments vorstellt. Dieses Rollenspiel soll so viele Fachbegriffe wie möglich enthalten. Diese Fachbegriffe sollen im Verkaufsgespräch auch korrekt verwendet werden.

b) Schreiben Sie anschließend das Rollenspiel so um, dass bei inhaltlich gleichen Aussagen kein einziger Fachbegriff mehr verwendet und das Verkaufsgespräch leicht verständlich wird.

c) Führen Sie die beiden Rollenspiele auf.

15. Arbeiten Sie die folgende Übung in Partnerarbeit durch. Beide Partner bekommen unterschiedliche Aufgaben.

a) Der erste Partner wählt eines der folgenden Themen aus und erzählt dem zweiten Partner vier Minuten lang darüber.

- Worüber habe ich mich zuletzt im Betrieb geärgert?
- Worüber habe ich mich zuletzt im Betrieb gefreut?
- Was habe ich letztes Wochenende gemacht?
- Wie möchte ich meinen nächsten Urlaub verbringen?
- Was sind meine Hobbys?
- Was ist mein Lieblingsverein?

Erlaubt sind auch andere selbst gewählte Themen.

b) Der zweite Partner wählt eine der folgenden Verhaltensweisen beim Zuhören aus, ohne dem Gegenüber mitzuteilen, welche Verhaltensweise er ausgewählt hat:

- Aktives Zuhören: Sie zeigen Interesse, indem Sie nachfragen.

- Aktives Zuhören: Sie beachten Ihr Gegenüber und zeigen durch Anschauen oder Blickkontakt, dass Sie zuhören.
- Schlechtes Zuhören: Sie versuchen das Thema zu wechseln oder geben belehrende Ratschläge.
- Schlechtes Zuhören: Sie hören nicht zu, sondern sprechen über ähnliche Erfahrungen, die Sie selber gemacht haben.
- Schlechtes Zuhören: Obwohl Sie Ihrem Partner zustimmen, vermeiden Sie jeden Blickkontakt und beschäftigen sich mit etwas anderem.

In dem Gespräch übt er die ausgewählte Verhaltensweise aus.

c) In einem zweiten Durchgang werden die Rollen gewechselt.

d) Nach den zwei Durchgängen führen Sie eine kurze Auswertung durch. Besprechen Sie beispielsweise, wie Sie sich als Sprecher beim aktiven bzw. schlechten Zuhören gefühlt haben und welche Folgen dies hatte.

16. **a)** Bilden Sie Gruppen, die aus vier Personen (= zwei Untergruppen) bestehen.

b) Jeweils zwei Personen der Gruppe entwerfen ein Rollenspiel für ein komplettes Verkaufsgespräch zwischen Verkäufer und Kunde.

c) Jede der beiden Untergruppen führt ihr Rollenspiel frei vor.

d) Die andere Untergruppe beobachtet das sprachliche Verhalten und informiert die Vorführenden.

e) Als Hilfe kann die folgende Checkliste verwendet werden:

Merkmal	**negativ**	**positiv**
Satzbau	*lang*	*kurz*
Pausen	*keine*	*viele*
Fremdwörter	*häufig*	*selten*
Wiederholungen	*häufig*	*selten*
Nein-Sager	*häufig*	*selten*
Dialekt	*stark*	*kein*
Feststellungen	*häufig*	*selten*
Ausreden lassen	*nie*	*immer*
Stimmlage (Modulation)	*hoch*	*tief*
Sprechweise	*abgehackt*	*fließend*
Sprechtempo	*schnell*	*langsam*
Kritik	*häufig*	*selten*
Unsicherheit	*häufig*	*selten*
Engagement	*kaum*	*viel*
Aufbau/Inhalt des Verkaufsgespräches	*abstrakt*	*konkret*

17. Zwei Verkäufer der Tom Hoss KG sind gerade in einem Verkaufsgespräch.

Ausschnitte aus Verkaufsgespräch 1:

„... Diese Frage wird im weiteren Verlauf noch Gegenstand des Verkaufsgesprächs sein ... Sie werden Ihre Kaufentscheidung nie bedauern ... Für den Kauf möchte ich meinen Dank zum Ausdruck bringen ...“

Ausschnitte aus Verkaufsgespräch 2:

„... Wir werden diese Frage noch im weiteren Verlauf besprechen ... Sie werden sich über diese Kaufentscheidung immer freuen ... Ich bedanke mich bei Ihnen ..."

In welchem Verkaufsgespräch wird die Sprache besser eingesetzt?

18. Beurteilen Sie die folgenden Aussagen. Machen Sie ggf. Vorschläge für ein besseres Vorgehen:
- **a)** „Als Experte sage ich Ihnen ..."
- **b)** „Das ist doch Blödsinn!"
- **c)** „Sie haben wohl nicht richtig verstanden ..."

19. Beurteilen Sie die folgenden Aussagen eines Verkäufers:
- **a)** „Dieser Artikel wird von vielen Kunden gerne gekauft."
- **b)** „Dieser Artikel zeichnet sich durch ein optimales Preis-Leistungsverhältnis aus."
- **c)** „Das Produkt ist sehr schön."
- **d)** „Ähm, Sie würden sich nicht als clever erweisen, wenn Sie diesen Artikel nicht nehmen."

20. Nachdem Andreas Seeger sich klargemacht hat, wie gesprächshinderlich manche Aussagen sein können, hört er ganz besonders auf Aussagen hin, die in seinem Umfeld gemacht werden.
- **a)** „Der Anzug muss immer besonders gereinigt werden."
- **b)** „Vor Weihnachten können wir die Ware nicht liefern."
- **c)** „Dieser Herd verursacht Ihnen nur wenig Arbeit."
- **d)** „Mit diesem Tischtennisschläger schlagen Sie nicht so häufig ins Netz."
- **e)** „So viel Arbeit haben Sie mit diesem Gerät nicht."

Formulieren Sie die Beispiele in positive Aussagen um.

21. Welcher Gesprächsförderer wird in diesem Gespräch angewandt?

ZUSAMMENFASSUNG

Sprache

Verkäufer gewinnen in Verkaufsgesprächen Vertrauen durch

Vermeidung von Gesprächsstörern
- Keine unbekannten Fachbegriffe und Fremdwörter
- Keine langatmigen Sätze und Monologe
- Keine Ironie
- Keine Überredungsversuche oder Vorwürfe an den Kunden
- Keine Killerphrasen

Verwendung von Gesprächsförderern
- Dem Kunden angemessene Sprache verwenden
- Deutliche Aussprache
- Effiziente (wirkungsvolle) Stimmtechnik
- Dem Kunden durch bestimmte Formulierungen Interesse signalisieren
- Verbale Sätze
- Vorteilsformulierungen
- Aktive Aussagen
- Positive Aussagen

Man versteht erst dann etwas richtig, wenn man versucht, es einem anderen zu erklären. Dies führt zu einer eigenen gründlichen Auseinandersetzung mit dem gerade behandelten Thema.

1. Suchen Sie sich einen Partner.
2. Lesen Sie noch einmal die Zusammenfassung. Bei Verständnisproblemen schlagen Sie gegebenenfalls noch einmal im Informationstext nach.
3. Einer von Ihnen erläutert die Zusammenfassung dem Partner.
4. Dieser achtet auf Korrektheit und Vollständigkeit und wiederholt noch einmal.

ICH ÜBERPRÜFE MEINE NEU ERWORBENEN KOMPETENZEN

Den Erwerb der zu Beginn aufgeführten Kompetenzen können Sie selbst mithilfe der folgenden Tabelle überprüfen.

Wenn Sie alle Aufgaben, die hinter einer Kompetenz stehen, gelöst haben, machen Sie ein Kreuz bei „Ganz“.

Bei den Kompetenzen, bei denen Sie Aufgaben „Teilweise“ oder „Gar nicht“ gelöst haben, sollten Sie den dazugehörigen Informationstext noch einmal lesen und die Aufgaben anschließend noch einmal bearbeiten.

Was ich nach der Bearbeitung dieses Kapitels kann	Aufgaben	Ganz	Teilweise	Gar nicht
Ich kann ...				
... die Auswirkungen von Gesprächsstörern und Gesprächsförderern auf Verkaufsgespräche erklären.	1, 2, 17			
... verschiedene Gesprächsförderer bzw. Gesprächsförderer nennen und erläutern.	3, 4, 5, 6, 7, 8, 9, 10, 11			
... Gesprächsstörer in Verkaufsgesprächen vermeiden.	12, 18			
... in den verschiedenen Phasen eines Verkaufsgesprächs Gesprächsförderer benutzen.	13, 14, 15, 16, 17, 18, 20, 21			

5321254

2.7 Fragen im Verkaufsgespräch

Problemstellung

Im Rahmen ihrer Verkaufsgespräche hat Stefanie Beyer heute viele Fragen gestellt:

„Aus welchem Material sollte das Hemd sein?“

„Wenn ich Sie richtig verstanden habe, suchen Sie eine Krawatte, die man zu verschiedenen Anlässen tragen kann?“

„Das Hemd steht Ihnen. Meinen Sie nicht auch?“

„Möchten Sie eine blaue oder schwarze Jeans?“

„Gefällt Ihnen die Krawatte ?“

„Zu welchem Anlass benötigen Sie die Krawatte?“

1. Führen Sie auf, um welche Frageart(en) es sich bei der jeweiligen Frage handelt.
2. Geben Sie jeweils an, welches Ziel Stefanie Beyer mit der Frage verfolgt.

EINORDNUNG DES THEMAS

Lernfeld 2: Verkaufsgespräche kundenorientiert führen

Grundlagen des Verkaufsgesprächs → Kontaktaufnahme → Bedarfsermittlung → Warenvorlage → Verkaufsargumentation → Preisnennung → Einwandbehandlung → Herbeiführen der Kaufentscheidung → Angebot von Ergänzungen → Abschluss des Verkaufsgesprächs

Suche von Informationsquellen über Waren → Systematische Aneignung von Warenwissen

Kommunikationsregeln → Körpersprache → Sprache → **Fragetechnik**

Kompetenzen

Nach Bearbeitung dieses Kapitels können Sie ...

... die Bedeutung eines richtigen Frageverhaltens für den erfolgreichen Verlauf von Verkaufsgesprächen begründen.
... die einzelnen Fragearten unterscheiden und erklären.
... Fragen in Verkaufsgesprächen situationsgerecht einsetzen.

INFORMATIONSTEXT

Fragetechnik in Gesprächen

Zu den klassischen Instrumenten einer erfolgreichen Gesprächsführung gehört die Fragetechnik. Fragen zu stellen, ist eine der erfolgreichsten Verhandlungstechniken: Der Fragesteller steuert den Verlauf der Verhandlung.

„Wer fragt, der führt,
und wer führt, der gewinnt.“

(Spruch unbekannter Herkunft, nach www.aphorismen.de)

Auch erfolgreiche Verkäufer versuchen in Verkaufsgesprächen durch den gezielten Einsatz von geeigneten Fragen die Gesprächsführung zu übernehmen und zu behalten.

Richtig gestellte Fragen in Gesprächen haben folgende Vorteile:

- Der Fragesteller bekommt wichtige Informationen für sein Gespräch. Die Qualität der Fragestellung beeinflusst die Beschaffenheit der Informationen dabei unmittelbar.
- Das Gespräch wird durch die Fragen in die Richtung des Fragestellers gelenkt. Er übernimmt die Führung des Gesprächs. (Wer fragt, behält die Initiative!)
- Mit Fragen geht man auf den Gesprächspartner ein. Sie geben ihm das Gefühl, dass er verstanden und ihm zugehört wird. Dadurch baut man ein Vertrauensverhältnis zum Gesprächspartner auf.
- In bestimmten (z. B. unangenehmen) Situationen schaffen die Fragen einen Spielraum für neue Argumentationen: Man gewinnt Zeit.
- Fragen lassen den Fragesteller Gegenargumente schneller erkennen und machen es ihm leichter, Einwände abzuwehren.

Ein Witz zur Bedeutung von Fragetechniken:

Ein junger Mönch, gerade neu ins Kloster eingetreten, fragt den Abt: „Ist es erlaubt, während des Betens zu rauchen?“ Der Abt, ziemlich erstaunt über eine solche Frage, antwortet voller Überzeugung: „Das ist verboten!“

Am Abend begibt sich der junge Mönch in die Klosterkapelle zum ersten gemeinsamen Gebet im Kreis der Klosterbrüder. Und was muss er sehen? Da kniet ein alter Mönch, betet und pafft dazu in aller Seelenruhe sein Pfeifchen. Der junge Mönch ist verständlicherweise sauer. Er kann das Ende der Gebetsstunde kaum erwarten. Endlich ist es soweit; er nähert sich dem alten Mönch und stellt ihn zur Rede: „Bruder!

Wie kommt es, dass du während des Betens rauchst, das hat der Abt doch ausdrücklich verboten!“

„Hast du ihn denn gefragt?“

„Aber natürlich!“

„Seltsam“, meint der alte Mönch, „auch ich habe ihn gefragt, und er hat es mir gestattet.“

Empört über diese Ungerechtigkeit will der junge Mönch sofort zum Abt eilen, aber der alte Mönch hält ihn zurück. „Sage mir doch“, will er wissen, „was hast du den Abt genau gefragt?“

Der junge Mönch: „Ich habe gefragt, ob ich während des Betens rauchen dürfe!“

„Siehst du, ich habe ihn gefragt, ob ich während des Rauchens beten dürfte!“

Durch die Zuhilfenahme von Fragetechniken erfährt man etwas über den Gesprächspartner, seine Bedürfnisse und Zielsetzungen. Die Fragetechniken gehören zu den wichtigsten Schlüsselqualifikationen in der Kommunikation. Es lassen sich unterschiedliche Frageformen unterscheiden. Bestimmte Frageformen sollen bestimmte Arten von Antworten erreichen. Andere Frageformen zielen darauf ab, bestimmte Informationen zu erzielen oder das Gespräch zu lenken.

Frageformen zur Erreichung bestimmter Antworten

Jede Frage ist entweder eine offene Frage, eine geschlossene Frage oder eine Alternativfrage.

Geschlossene Fragen

Auf geschlossene Fragen kann man eigentlich nur mit Ja oder Nein antworten. Sie beginnen immer mit einem Verb oder Hilfsverb.

BEISPIELE

- „Gefällt Ihnen die Bluse?"
- „Ist das Ihre Größe?"
- „Sagt Ihnen unser Angebot zu?"

Geschlossene Fragen können dazu verwendet werden, beim Gesprächspartner Zustimmung oder Ablehnung zu einer bestimmten Sache zu erfahren.

Offene Fragen

Offene Fragen erfordern individuelle Antworten. Sie geben keinen Antworthinweis vor. Sie eignen sich besonders, um Informationen zu bekommen. Die Fragewörter, die Hinweise auf Ansichten, Einstellungen, Bedürfnisse usw. des Gesprächspartners geben, beginnen meistens mit „W".

Wie	Welche
Wo	Wieso
Was	Weshalb
Wann	Warum

BEISPIELE

- „Zu welchem Anlass wollen Sie das Kostüm tragen?"
- „Zu welcher Sportart brauchen Sie die Schuhe?"
- „Wann kann ich Sie am besten telefonisch erreichen?"
- „Welche Lieferart bevorzugen Sie?"
- „Welchen Vorschlag zur Pausenregelung haben Sie?"

Alternativfragen

Alternativfragen stellen eine Mischung aus offener und geschlossener Frage dar. Sie geben in der Frage schon die Antwortmöglichkeiten vor und engen diese somit stark ein.

BEISPIELE

- „Suchen Sie ein rotes oder ein grünes Hemd?"
- „Möchten Sie ein T-Shirt mit rundem oder V-Ausschnitt?"
- „Möchten Sie Kaffee oder Tee trinken?"

Dem Gesprächspartner wird nicht die Wahl zwischen Zustimmung oder Ablehnung gegeben. Ihm werden stattdessen die Auswahlmöglichkeiten aufgezeigt.

Frageformen zur Lenkung des Gesprächs

Lenkungsfragen könnte man auch als taktische Fragen bezeichnen. Sie gliedern sich auf in:
- rhetorische Fragen
- Gegenfragen
- Suggestivfragen
- Kontrollfragen (Bestätigungsfragen)
- Motivierungsfragen

Suggestivfragen

Suggestivfragen drängen den Gesprächspartner in eine bestimmte Richtung. Sie sollen also eine andere Person beeinflussen. Sie haben also manipulativen (= beeinflussenden) Charakter. Verwendet werden dazu bestimmte Füllwörter wie
- doch,
- nicht,
- auch,
- wohl,
- sicherlich,

die in geschlossene Fragen eingebaut werden.

BEISPIELE

- „Der Anzug sitzt wie angegossen. Meinen Sie nicht auch?"
- „Sie sind doch auch der Meinung, dass man beim Kühlschrankkauf auf größtmögliche Energieeinsparung achten sollte?"
- „Haben Sie nicht Lust, ein paar Vorschläge zu machen?"

Suggestivfragen sollten nicht zu oft eingesetzt werden, da Menschen ablehnend reagieren, wenn sie das Gefühl haben, beeinflusst zu werden. Zudem kann mit einer einfachen Gegenfrage seitens des Gesprächspartners wie z. B. „Wie kommen Sie darauf?" das Gespräch kippen.

Rhetorische Frage

Die Hauptaufgabe dieser Frageform besteht darin, ein Gespräch wieder in Gang zu bringen und in Richtung des Gesprächsziels zu steuern. Der Fragesteller erwartet eigentlich gar keine Antwort oder die Antwort ist eigentlich überflüssig. Deshalb beantwortet er sie manchmal auch selber. Diese Frageform setzt aber voraus, dass der Gesprächspartner alle Daten und Fakten kennt.

BEISPIEL

„Wer weiß nicht, dass die Combo Bank in Sachen Gesprächspartnerkredite die besten Konditionen hat?"

Gegenfrage

Die Gegenfrage eignet sich generell bei problematischen Gesprächssituationen. Der Gesprächspartner ist gefordert, seine eigene Frage bzw. Aussage klarer darzulegen. Damit lässt sich gut auf Einwände reagieren. Der Gesprächspartner ist gezwungen, deutlicher zu werden. Der Fragesteller kann sich in der Zwischenzeit eine weitere Frage oder auch Antwort überlegen. Zusätzlich bringt die Gegenfrage häufig noch Hintergrundinformationen.

BEISPIELE

Kunde: „Wieso ist Ihr Kundendienst so schlecht organisiert?"

Gegenfrage: „Womit genau haben Sie denn schlechte Erfahrungen gemacht?"

Kontrollfrage

Eine Kontrollfrage soll einen Sachverhalt oder eine Vermutung bestätigen. Diese Frageart ist deshalb besonders in der Argumentationsphase wichtig. Kontrollfragen werden oft auch Bestätigungsfragen genannt: Sie eignen sich sehr gut, um Teilergebnisse eines Gesprächs zu sichern. Der Fragesteller vergewissert sich, ob er den Gesprächspartner richtig verstanden hat. Damit signalisiert er dem Gesprächspartner, dass er wirklich an seinen Wünschen oder seiner Meinung interessiert ist. Gleichzeitig erfährt er, ob ihm der Gesprächspartner noch folgt.

BEISPIELE

- „Wenn ich Sie richtig verstanden habe, suchen Sie eine Hose, die weit geschnitten ist. Ist das korrekt?"
- „Gefällt Ihnen diese moderne Form?"

Diese Frageart sollte in einem Verkaufsgespräch laufend eingestreut werden. Stimmt der Kunde zu, kann der Verkäufer sicher sein, dass ein Abschnitt des Verkaufsgesprächs erfolgreich beendet ist.

Motivierungsfrage

Die Motivierungsfrage regt den Gesprächspartner an, aus sich herauszugehen und sich zu öffnen. Sie setzt man ein, um beim Gesprächspartner eine besonders positive Stimmung zu erzielen. Sie kann ebenfalls dazu dienen, seinen Gesprächspartner aufzuwerten.

BEISPIELE

- „Mit Ihrem Umweltbewusstsein sind Sie sicherlich auch der Meinung, dass ...?"
- „Was sagen denn Sie als Experte zu diesem Artikel?"

Informationsfragen

Informationsfragen leuchten den Hintergrund aus und liefern dem Fragesteller entscheidende Informationen für sein Gespräch.

Bedarfsbezogene Fragen

Diese Frageart erkundet den möglichen Bedarf eines Kunden in einem Verkaufsgespräch.

BEISPIELE

„Zu welchem Anlass benötigen Sie den Anzug?"

Warenbezogene Fragen

Bei warenbezogenen Fragen kann sich der Kunde konkret äußern. Sie beziehen sich direkt auf eine Ware.

BEISPIELE

„Aus welchem Material sollte das Hemd sein?"

Der Verkäufer überprüft dann, ob der bestimmte Artikel im Sortiment zu finden ist oder nicht. Falls etwas gesucht wird, dass sich nicht im Sortiment befindet, kann der Verkäufer den Gesprächspartner fragen, ob er Alternativen aufzeigen darf.

Einsatz der Fragetechniken in Beratungsgesprächen

Erfolgreiche Verkäufer verwenden Fragetechniken in starkem Ausmaß. Bei noch so geschicktem und konsequentem Einsatz der Fragetechniken sollte jeder Verkäufer jedoch immer daran denken, es nicht zu übertreiben und ab sofort alles nur noch zu erfragen. Er könnte sonst den Eindruck erwecken, dass er selbst nicht über ausreichende Kenntnisse verfügt. Genauso unangebracht ist es, wenn ein

Verkäufer einem offensichtlich eiligen Gesprächspartner zahlreiche Fragen stellt, bevor er ihm etwas gibt. Das gleiche gilt für Gesprächspartner, die ganz konkrete Wünsche äußern.
Allgemein sollten zu Beginn und im Verlauf von Verkaufsgesprächen lieber offene Fragen gestellt werden: Der Kunde soll zunächst einmal detaillierte Auskünfte geben. Mit Alternativfragen kann man dem Kunden dann zwei positive Varianten aufzeigen. Geschlossene Fragen können den Gesprächspartner am Ende eines Verkaufsgesprächs zum Abschluss des Kaufes bringen.

Fragen im Verkaufsgespräch

1. Nehmen Sie mit Fragen Kontakt auf:
- „Was kann ich für Sie tun?“
- „Ich habe das Gefühl, Sie suchen etwas Bestimmtes. Was kann ich Ihnen zeigen?
- „Ich sehe, Sie blättern in einem Veggie-Kochbuch. Darf ich Ihnen unseren Bestseller vorstellen?“

So zeigen Sie Interesse am Kunden und schaffen eine positive Atmosphäre.

2. Finden Sie mit detaillierteren Fragen heraus, was der Kunde möchte:
- „Was erwarten Sie von Ihrer neuen Kamera?“
- „Wollen Sie den Mantel auch im Winter tragen oder nur im Übergang?“
- „Wofür wollen Sie das Fernglas nutzen?“

So erklärt Ihnen Ihr Kunde, was er eigentlich sucht.

3. Beenden Sie Ihre Warenvorlage mit Fragen:
- „Entspricht dieses Modell Ihren Vorstellungen?“
- „Gefällt Ihnen dieser Koffer?“
- „Sagt Ihnen dieser Schnitt zu?“

So stellen Sie sicher, dass Sie den Kunden auch verstanden haben und dass er auch wirklich kaufen möchte.

4. Begegnen Sie einem Kundeneinwand mit einer Frage:
- „Ja, das verstehe ich. Was aber, wenn ein solcher Wasserkocher sich automatisch entkalken würde?“
- „Ist der Preis wirklich das einzige Hindernis?“
- „Gibt es außer der Farbe noch etwas, das Sie zögern lässt?“

So erfahren Sie, was wirklich hinter einem Einwand steckt.

5. Stellen Sie Fragen zum Abschluss des Gesprächs:
- „Welches dieser beiden Hemden darf ich Ihnen zur Kasse bringen?“
- „Darf ich das so ins Angebot schreiben?“
- „Möchten Sie bar zahlen oder mit Karte?“

So bestärken Sie den Kunden in seiner Kaufentscheidung.

AUFGABEN

1. Welche Vorteile haben Fragen in Verkaufsgesprächen?
2. Welche Frageformen streben bestimmte Antworten an?
3. Was ist eine offene Frage?
4. Formulieren Sie eine geschlossene Frage, die in einem Verkaufsgespräch Ihrer Branche oder in einer Verhandlung gestellt werden kann.
5. Was ist der Vorteil von Alternativfragen?
6. Welche Frageformen dienen der Lenkung eines Gesprächs?
7. Welchen Zweck haben Suggestivfragen?
8. Formulieren Sie die Aussage eines Kunden in Ihrer Branche, zu der Sie eine Gegenfrage stellen können.
9. Welche Aufgaben haben rhetorische Fragen?
10. Welche Frageform sichert Teilergebnisse eines Gesprächs, indem sie einen Sachverhalt oder eine Vermutung bestätigt?

11. Welche Aufgaben haben Informationsfragen?

12. Unterscheiden Sie bedarfsbezogene und warenbezogene Fragen.

13. Machen Sie aus der Aussage
- **a)** „Möchten Sie das Hemd in Weiß oder in einer anderen Farbe ?" eine offene Frage;
- **b)** „Wollen Sie einen Artikel mit besonders langer Lebensdauer?" eine Suggestivfrage;
- **c)** „Der Pullover sieht gut aus" eine rhetorische Frage.

14. Welche Frageart liegt jeweils vor?
- **a)** „Sie sind doch sicher auch überrascht, dass sich dieser Pullover so angenehm tragen lässt?"
- **b)** „Soll ich die normale Version oder die preisgünstige Familienversion mit zur Kasse nehmen?"
- **c)** „Warum zeige ich Ihnen die Bedienung dieses Gerätes so ausführlich? Weil ..."
- **d)** „Zu welchem Anlass möchten Sie den Anzug tragen?"
- **e)** „Soll das Geschenk für eine Dame oder einen Herrn sein?"
- **f)** „Sie bevorzugen doch sicherlich die große Sparpackung?"
- **g)** „Werden Sie schon bedient?"

15. Welche Frageart verwendet der Verkäufer in den folgenden Verkaufssituationen?
- **a)** Verkäufer: „Was halten Sie von diesem DVD-Player?" – Kunde: „Er ist mir etwas zu kompliziert."
- **b)** Verkäufer: „Gefällt Ihnen dieser DVD-Player?" – Kunde: „Ja."
- **c)** Verkäufer: „Ihnen gefällt doch dieser DVD-Player, oder?" – Kunde: „Ja."

16. Um zu lernen, wie man durch systematische Fragen Informationen sammelt, werden drei Ratespiele durchgeführt. Das Ziel ist, durch Fragen an den Spielleiter (also Ihre Lehrerin oder Ihren Lehrer) die richtige Lösung herauszubekommen. Versuchen Sie, systematisch vorzugehen. Vermeiden Sie wildes Herumraten.

Auf den ersten Blick scheint dies einfach zu sein, es gelten aber Regeln:
- Es sollen so wenig Fragen wie möglich gestellt werden. Die Klasse hat verloren, wenn mehr als 20 Fragen nötig sind.
- Es dürfen nur geschlossene Fragen verwendet werden (also Fragen, die mit Ja oder Nein zu beantworten sind).
- Hat jemand (oder eine Gruppe) eine Frage gestellt, ist der nächste (die nächste Gruppe) an der Reihe
- Wer die Lösung des Rätsels schon kennt, beteiligt sich nicht bzw. übernimmt vom Lehrer die Spielleitung.

- **a)** Sie kommen in ein Zimmer. Dort finden Sie John und Mary tot am Boden liegen. Es ist kein Blut zu sehen. Der Teppich unter den Leichen ist nass. Außerdem befindet sich auf dem Teppich ein zerbrochenes Glas. Zu lösendes Problem: Was ist passiert?
- **b)** Ein Mann geht nachmittags um vier Uhr in seinen Garten. Die Sonne scheint. Ein Vogel singt laut und anhaltend. Plötzlich fällt der Mann um. Zu lösendes Problem: Was ist passiert?
- **c)** Ein Mann liegt in einem Kornfeld. Er ist tot. Aber: Wenn er das Paket, das er bei sich hatte, hätte öffnen können, wäre er nicht gestorben. Zu lösendes Problem: Was war in dem Paket?

Lassen Sie zwei Ihrer Klassenkameradinnen oder Klassenkameraden die Fragen protokollieren. Analysieren Sie hinterher, welche Fragen
- weder System noch Logik aufweisen,
- von der Systematik her besonders geschickt waren.

17. Fragetechniken werden von Verkäufern sehr stark in der Bedarfsermittlung angewandt. Hier ein Beispiel aus einem Haushaltswarengeschäft:

Situation: Ein junges Paar betritt ein Haushaltswarengeschäft und blickt sich suchend um. Die Auszubildende Monika geht lächelnd auf das Paar zu und begrüßt es freundlich.

Monika: „Guten Tag, kann ich Ihnen helfen?"

Gesprächspartner: „Wir suchen eine Pfanne."

Monika: „Haben Sie an etwas Bestimmtes gedacht?"

Gesprächspartner: „Eigentlich nicht. Wir wollten uns erst einmal umsehen, was Sie so da haben."

Monika: „Möchten Sie eine beschichtete oder eine unbeschichtete Pfanne?"

5321260

Das Paar schaut sich fragend an.

Gesprächspartner: „Das wissen wir noch nicht."

Monika zeigt auf einen Sondertisch in der Nähe.

Monika: „Darf ich Sie bitten, mir zu folgen? Hier haben wir gerade ein Sonderangebot, eine Teflonpfanne von Kissler."

Gesprächspartner: „Was kostet die denn?"

Monika: „39,90 €. Wir haben aber auch Edelstahl- oder Gusspfannen."

Monika zeigt auf das nebenstehende Verkaufsregal.

Gesprächspartner: „Was ist denn da der Unterschied?"

Monika: „Die Edelstahl- und Gusspfannen sind teurer."

Gesprächspartner: „Was können Sie uns denn empfehlen?"

Monika: „Wofür brauchen Sie die Pfanne?"

[...]

Bestimmen Sie im vorliegenden Verkaufsgespräch die genutzten Frageformen.

18. Erarbeiten Sie einen Fragenkatalog mit typischen Fragen aus Ihrem Arbeitsbereich. Finden Sie deshalb jeweils fünf Fragen zu den folgenden Fragearten:
- **a)** rhetorische Frage
- **b)** Gegenfrage
- **c)** Suggestivfrage
- **d)** Kontrollfrage (Bestätigungsfrage)
- **e)** Motivierungsfrage
- **f)** geschlossene Frage
- **g)** offene Frage
- **h)** Alternativfrage

19. Wie nennt man diese Art von Fragen?

20. Welche Frageart liegt vor?
- **a)** Soll es Größe X oder XL sein?
- **b)** Finden Sie nicht auch, dass diese Bluse besser wirkt?
- **c)** Sie sagten, dass Sie die Laufschuhe überwiegend für Straßenläufe auf Asphalt nutzen wollten?
- **d)** Zu welchem Anlass wollen Sie denn den Anzug tragen?

21. Wandeln Sie die folgenden Fragen in offene Fragen um:
- **a)** „Mögen Sie bunte Farben?"
- **b)** „Lieben Sie Steaks?"
- **c)** „Haben Sie Bilder in Ihrem Wohnzimmer?"

22. Entscheiden Sie, welche Frageart vorliegt.
- **a)** „Sie legen doch sicher auch sehr viel Wert auf...?!"
- **b)** „Sind Sie damit einverstanden?"
- **c)** „Das grüne oder das weiße Exemplar?"
- **d)** „Was sagen Sie zu diesem Argument?"
- **e)** „Ich habe Sie doch richtig verstanden, Sie wollen die Waschmaschine noch diese Woche aufgestellt haben?"
- **f)** „Sind wir nicht alle ein bisschen bequem?"
- **g)** „Wie stellen Sie sich das vor?"
- **h)** „Wollen Sie die Lieferung am Montag oder Donnerstag?"
- **i)** „Finden Sie nicht auch, dass Sie diese Gelegenheit sofort nutzen sollten?"
- **j)** „Stimmen Sie diesen Argumenten nicht auch zu?"
- **k)** „Wie darf ich das verstehen?"
- **l)** „Das ist doch mit Sicherheit auch bei Ihnen der Fall?"

23. Stefanie Beyer erläutert einem Mitschüler den Unterschied zwischen geschlossenen Fragen (Entscheidungsfragen) und offenen Fragen (Ergänzungsfragen):
„Ohne Fragewörter stellst Du **Entscheidungsfragen**: Bei diesen Fragen steht das Tunwort (= Verb) an der ersten Stelle im Satz. Sie heißen Entscheidungsfragen, weil man auf diese Fragen in der Regel nur mit „Ja" oder „Nein" antworten kann: Der Gefragte muss also eine Entscheidung treffen.
Mit Fragewörtern stellen Sie **Ergänzungsfragen**: Ergänzungsfragen werden gestellt, wenn der Fragende nähere Auskunft über etwas erhalten möchte, z. B. über Personen, Dinge oder Zustände.

Welche Frageart liegt in den folgenden Fällen jeweils vor?

a) „Wo kann ich das anprobieren?"

b) „Kann ich das mal anprobieren?"

c) „Wann treffen Sie ihn?"

d) „Habe ich Ihnen das schon gezeigt?"

ZUSAMMENFASSUNG

Fragetechnik

= Instrument für erfolgreiche Gespräche

Fragen helfen
- Informationen zu gewinnen
- Vertrauen aufzubauen
- das Gespräch zu lenken
- in einigen Fällen Zeit zu gewinnen

verschiedene Frageformen

Fragen, um bestimmte Antworten zu erhalten
- **geschlossene Fragen** beginnen mit einem Verb und können nur mit Ja oder Nein beantwortet werden
- **offene Fragen** beginnen mit „W"-Fragen und lassen individuelle Antworten zu
- **Alternativfragen** geben die Antwortmöglichkeiten schon vor

Fragen, um das Gespräch zu lenken
- **Suggestivfragen** wollen manipulieren
- **rhetorische Fragen** zur Gesprächsfortführung: Es werden keine Antworten erwartet.
- **Gegenfragen** fordern den Gesprächspartner auf, eigene Aussagen klarer darzulegen
- **Kontrollfragen** sichern Teilergebnisse des Gesprächs
- **Motivierungsfragen** sollen positive Stimmung erzielen

Fragen, um Informationen zu erhalten
- **bedarfsbezogene Fragen** ermitteln den Bedarf
- **warenbezogene Fragen** beziehen sich direkt auf die Ware

Man versteht erst dann etwas richtig, wenn man am Ende der Behandlung eines Themas versucht, sich dieses selbst noch einmal zu erklären. Dies führt zu einer eigenen gründlichen Auseinandersetzung mit dem gerade behandelten Thema.

1. Suchen Sie sich einen Partner.
2. Lesen Sie noch einmal die Zusammenfassung. Bei Verständnisproblemen schlagen Sie ggf. noch einmal im Informationstext nach.
3. Wandeln Sie die Zusammenfassung mit Ihrem Partner in eine gemeinsame Mindmap um.

ICH ÜBERPRÜFE MEINE NEU ERWORBENEN KOMPETENZEN

Den Erwerb der zu Beginn aufgeführten Kompetenzen können Sie selbst mithilfe der folgenden Tabelle überprüfen.

Wenn Sie alle Aufgaben, die hinter einer Kompetenz stehen, gelöst haben, machen Sie ein Kreuz bei „Ganz".

Bei den Kompetenzen, bei denen Sie Aufgaben „Teilweise" oder „Gar nicht" gelöst haben, sollten Sie den dazugehörigen Informationstext noch einmal lesen und die Aufgaben anschließend noch einmal bearbeiten.

Was ich nach der Bearbeitung dieses Kapitels kann	Aufgaben	Ganz	Teilweise	Gar nicht
Ich kann ...				
... die Bedeutung eines richtigen Frageverhaltens für den erfolgreichen Verlauf von Verkaufsgesprächen begründen.	1, 16			
... die einzelnen Fragearten unterscheiden und erklären.	2, 3, 4, 5, 6, 7, 8, 9, 10, 11, 12, 14, 15, 19, 20, 21			
... Fragen in Verkaufsgesprächen situationsgerecht einsetzen.	13, 17, 18			

2.8 Der Kontakt zum Kunden

Problemstellung

Stefanie Beyer beobachtet auf dem Weg durch ihre Abteilung die folgende Situation:

Eine Kundin steht vor einer großen Auswahl von Jeans auf Ständern. Sie wirkt verunsichert, ihr Blick wandert zwischen verschiedenen Hosen hin und her. Ab und zu nimmt sie eine der Jeans in die Hand, befühlt sie und hängt sie zurück an den Ständer.

Ein Kollege von Stefanie Beyer räumt in der Nähe Ware ein. Er wirkt gelangweilt. Auch als er aus den Augenwinkeln die unsichere Kundin wahrnimmt, fährt er mit seiner Arbeit fort.

Die Situation geht einige Zeit so weiter. Endlich fasst sich die schüchterne Kundin ein Herz und spricht den Verkäufer an: „Guten Morgen, ich suche eigentlich eine beigefarbene Cordhose ..."

Der Verkäufer antwortet, während er weiter Ware einräumt: „Nicht hier, schauen Sie mal dahinten ..."

1. Nennen Sie die Fehler des Verkäufers.
2. Geben Sie an, welche Folgen diese Fehler haben können.

EINORDNUNG DES THEMAS

Lernfeld 2: Verkaufsgespräche kundenorientiert führen

Kommunikationsregeln | Körpersprache | Sprache | Fragetechnik

Suche von Informationsquellen über Waren | Systematische Aneignung von Warenwissen

Grundlagen des Verkaufsgesprächs | **Kontaktaufnahme** | Bedarfsermittlung | Warenvorlage | Verkaufsargumentation | Preisnennung | Einwandbehandlung | Herbeiführen der Kaufentscheidung | Angebot von Ergänzungen | Abschluss des Verkaufsgesprächs

Kompetenzen

Nach Bearbeitung dieses Kapitels können Sie ...

... die Bedeutung der Kontaktphase für den späteren Erfolg eines Verkaufsgesprächs begründen.
... wichtige Regeln für die Kontaktphase in den einzelnen Verkaufsformen aufführen und erläutern.
... die Art der Begrüßung in Abhängigkeit von Betriebsformen, Verkaufssystemen und Branchen in Verkaufsgesprächen unterschiedlich gestalten.

INFORMATIONSTEXT

Beim Betreten der Geschäftsräume eines Einzelhandelsunternehmens bildet sich jeder Kunde eine Meinung über das Unternehmen. Er nimmt sofort seine Umgebung und die anwesenden Personen wahr. Dieser erste Eindruck ist von entscheidender Wichtigkeit für den weiteren Verlauf des Verkaufsgesprächs. Er entscheidet über die Einstellung des Kunden zum Einzelhandelsgeschäft, zum Verkäufer und zur Ware.

In dieser Kontaktphase muss alles getan werden, um eine positive Beziehung zum Kunden herzustellen. Macht das Verkaufspersonal einen guten Eindruck, bildet sich der Kunde ein positives Urteil über das Einzelhandelsunternehmen. Dadurch wird eine angenehme Atmosphäre für das Verkaufsgespräch geschaffen. Negative Eindrücke versetzen den Kunden jedoch in eine dem Verkaufsgespräch abträgliche Abwehrhaltung. Sie können ihn sogar dazu veranlassen, das Geschäft zu verlassen. Die Kontaktphase ist deshalb in allen Verkaufsformen von erheblicher Bedeutung.

In der Kontaktphase geht es also darum, möglichst schnell eine positive Verkäufer-Käufer-Situation zu schaffen. Dies gelingt vor allem durch:

- positives und freundliches Auftreten des Verkäufers
- interesseweckendes Verhalten
- gesprächspartnerorientiertes Verhalten
- Aufzeigen von Gemeinsamkeit, Zuhören
- situationsspezifisches Sprechen
- positive Gestik und Mimik
- Aktivierung des Gesprächspartners
- entsprechende Kleidung.

Hier bekommt der Kunde einen positiven ersten Eindruck des Unternehmens

Kontaktaufnahme im Bedienungssystem

Ein Verkaufsgespräch beginnt mit der Begrüßung des Kunden. Dadurch nimmt der Verkäufer den Kontakt mit dem Kunden auf. Nur wenn ein guter Kontakt zum Kunden aufgebaut wird, bindet man auf Dauer den Kunden an das Einzelhandelsgeschäft. Bei der Kontaktaufnahme beachtet man grundsätzlich Folgendes:

- Der Verkäufer macht ein freundliches Gesicht und nimmt Augenkontakt auf.
  Die Zeitspanne, in der sich beim Kunden im Unterbewusstsein das erste und entscheidende Bild vom Einzelhandelsgeschäft bildet, ist mit etwa 30 Sekunden extrem kurz. Deshalb muss der Verkäufer mit allen ihm zur Verfügung stehenden körpersprachlichen Mitteln (Mimik, Gestik, Haltung usw.) bereits vor der sprachlichen Kontaktaufnahme versuchen, dem Kunden einen positiven Gesamteindruck zu vermitteln.
- Der Verkäufer begrüßt mit freundlicher, dynamischer Stimme den Kunden mit einem der Tageszeit angepassten Gruß. Die Begrüßung fällt so aus, dass der Kunde sie als höfliche Geste empfindet und sich als willkommener Gast des Unternehmens fühlt.
- Bei der Begrüßung wird der Kunde mit Namen angesprochen, wenn er bekannt ist. Diese namentliche Ansprache ist ein wesentliches Bindeglied für eine dauerhafte Beziehung zwischen dem Einzelhandelsgeschäft und dem Kunden.

BEISPIEL

- „Guten Morgen, Frau Bellgrau!"
- „Guten Tag, Herr Wontka!"
- „Guten Abend, Frau Hein!"

Stammkunden freuen sich, wenn sie mit Namen angesprochen werden

- Um den Wunsch des Kunden zu ermitteln, wird der Kunde freundlich angesprochen. Dabei kann der Verkäufer Floskeln verwenden. Einige Floskeln darf der Verkäufer jedoch nicht benutzen, weil sie aufdringlich, unbestimmt, unhöflich und plump wirken.

BEISPIEL

- „Sie wünschen bitte ...?"
- „Ja, bitte ...?"
- „Womit kann ich dienen ...?"
- „Was darf es sein ...?"

Andere Formulierungen dagegen bewirken, dass der Kunde konkret seinen Wunsch äußern kann:

BEISPIEL

- „Kann ich Ihnen helfen?"
- „Was kann ich für Sie tun?"

Damit befindet sich der Verkäufer sofort im Gespräch mit dem Kunden. Der Kunde wird zur ersten Angabe seiner Wünsche ermuntert. Aber auch hier besteht die Gefahr, dass viele Kunden das Gespräch abbrechen.

BEISPIEL

„Nein danke, ich schaue nur!“

Wichtig ist, dass der Kunde die Floskeln nicht als leere Phrasen wahrnimmt. Wenn möglich, vermeidet man Floskeln und spricht den Kunden jeweils situationsgerecht an.

BEISPIEL

„Guten Tag, möchten Sie sich erst selbst informieren oder interessiert Sie ein bestimmtes Modell?“

Kontaktaufnahme bei der Selbstbedienung

Auch bei der Selbstbedienung werden die Kunden im Geschäft gegrüßt. Ansonsten erwartet der Kunde hier normalerweise keine weitere Kontaktaufnahme durch das Verkaufspersonal. In einigen Fällen wird der Kunde einen Verkäufer ansprechen. Er kann beispielsweise fragen, wo ein bestimmter Artikel zu finden ist, um sich dann allein mit diesem Artikel weiter zu beschäftigen. In solchen oder ähnlichen Fällen sollte das Verkaufspersonal bei Bedarf in der Nähe sein, um dem Kunden behilflich sein zu können.

Für eventuelle Fragen steht der Verkäufer gerne zur Verfügung

Kontaktaufnahme im Vorwahlsystem

Im Vorwahlsystem schaut der Kunde sich selbstständig um. Bei der Kontaktaufnahme lassen sich vier Grundsituationen unterscheiden:

- Der Kunde spricht den Verkäufer direkt an.
- Der Kunde signalisiert, dass er vom Verkäufer bedient werden möchte.

BEISPIEL

– Kunde blickt sich um.
– Kunde geht gezielt auf Verkäufer zu.

Der Verkäufer sollte den Kunden dann unverzüglich ansprechen.

BEISPIEL

„Guten Morgen! Kann ich Ihnen behilflich sein?“

- Ein Kunde zeigt durch intensive Beschäftigung mit einer Ware sein Interesse daran. Dadurch hat der Kunde bereits Kontakt zur Ware gefunden. Die Ware ist dann als Kontaktvermittler zwischen Kunde und Verkäufer genutzt worden. Der Kunde, der gerade Informationen sammelt, kann über diese Ware angesprochen werden.

BEISPIEL

„Diese Laufschuhe, die Sie gerade in der Hand halten, haben ein neuartiges Dämpfungssystem, das sehr fuß- und gelenkfreundlich ist.“

Die Chance, mit dem Kunden über die Ware ins Gespräch zu kommen, sollte in jedem Fall genutzt werden.

- Der Kunde möchte sich im Geschäft zunächst einmal nur umschauen. Bummelt der Kunde durch das Geschäft, weil er ohne Kaufzwang Anregungen und Eindrücke sammeln möchte, sollte ihm Gelegenheit gegeben werden, sich ungestört umzusehen. Der Verkäufer beobachtet einen solchen Kunden jedoch. Damit kann er rechtzeitig auf ihn zugehen kann, wenn er an einer Ware größeres Interesse entwickelt oder sich doch entscheidet, beraten werden zu wollen.

Diese Kunden haben sich mit technischen Fragen an den Fachverkäufer gewendet

Kontaktaufnahme in den Verkaufsformen		
Selbstbedienung	**Bedienung**	**Vorwahl**
Kunden erwarten, vom Verkaufspersonal nicht angesprochen zu werden. Sie freuen sich in jedem Fall aber über eine Begrüßung.	Die Besucher des Einzelhandelsgeschäfts erwarten eine angemessene Kundenansprache.	Kunden können (z. T. auch erklärungsbedürftige) Waren ungestört ansehen und anfassen. Das beobachtende Verkaufspersonal sollte Fragebedarf der Kunden erkennen und diese dann ansprechen.

Übergang zur Phase der Bedarfsermittlung

Durch die Begrüßung und Ansprache des Kunden wird in der Kontaktphase das Vertrauen der Kunden gewonnen. Es geht hier in erster Linie um die Herstellung einer positiven Gesprächsatmosphäre. Erst in zweiter Linie wird der in dieser Phase noch vage Kaufwunsch des Kunden in Erfahrung gebracht. Da dies nicht ausreicht, um den Kundenerwartungen an ein Verkaufsgespräch gerecht zu werden, muss auf die Kontaktphase eine Phase der Bedarfsermittlung folgen.

AUFGABEN

1. Welche Aufgabe hat die Phase der Kontaktaufnahme in einem Verkaufsgespräch?
2. Wie sieht eine typische Kontaktaufnahme im Bedienungssystem aus?
3. Worin liegt der Unterschied bei der Verwendung der Floskeln „Ja, bitte ...?“ und „Kann ich Ihnen helfen?“
4. Wodurch unterscheidet sich die Kontaktaufnahme bei Selbstbedienung von der beim Bedienungssystem?
5. Welche Grundsituationen der Kontaktaufnahme gibt es im Vorwahlsystem?
6. Woran erkennt man, dass ein Kunde bedient werden möchte?
7. Michael Felix betritt eine Abteilung der Kaufstadt AG und geht auf einen Verkäufer zu, der gerade Ware auspackt und in den Verkaufsregalen platziert. Er verlangt eine bestimmte Ware. Der Verkäufer antwortet: „Wie jedermann sehen kann, habe ich gerade zu tun. Kommen Sie doch in einer Viertelstunde wieder. Oder Sie gehen gleich zum 2. Regal von links. Dort müssten Sie die Ware finden, die Sie suchen.“
   a) Wie ist die Kontaktaufnahme aus Sicht des Kunden Michael Felix zu beurteilen?
   b) Welche Folgen können sich aus der Verhaltensweise des Verkäufers ergeben?
   c) Wie hätte eine Kontaktaufnahme ordnungsgemäß erfolgen können?
8. In der Abteilung für Herrenmoden gilt das Vorwahlsystem. Der Kunde Heiner Kholen schaut sich an einer Hose das Preisschild sowie das Pflegeetikett an. Ein Verkäufer beobachtet dies und spricht Heiner Kholen an. Verkäufer: „Suchen Sie etwas Bestimmtes?“

Heiner Tholen: „Das kann man wohl sagen: eine Hose!“

a) Welcher Fehler wird bei der Kontaktaufnahme gemacht?
b) Formulieren Sie eine bessere Kontaktaufnahme durch den Verkäufer.

9. Das Ehepaar Landvogt betritt die Abteilung für Herrenmoden. Sie sind seit vielen Jahren Stammkunden. Wie muss sich der Verkäufer verhalten?

10. Wie sollten in den folgenden Situationen Kunden angesprochen werden?
   a) Sabine Liegand betritt gerade ein Einzelhandelsgeschäft. Sie schaut sich um und sucht einen Verkäufer.
   b) In einem anderen Geschäft hält Sabine Müller sich schon etwas länger auf. Sie entnimmt einem Verkaufsständer mehrere Pullover. Einen davon hält sie prüfend an sich und schaut dabei in einen Spiegel.
   c) Elke Komp schlendert gerade durch verschiedene Abteilungen in der Kaufstadt Warenhaus AG. Ab und zu bleibt sie kurz vor bestimmten Waren stehen.

11. a) Führen Sie in Partnerarbeit eine Erkundung in drei Einzelhandelsunternehmen durch. Denken Sie dabei daran, dass Sie Ihre Schule repräsentieren.
   b) Bei der Erkundung soll untersucht werden, welchen ersten Eindruck der Kunde beim Betreten eines Geschäftes gewinnt.
   c) Halten Sie die Ergebnisse in einer Tabelle fest. Die Tabelle soll Aussagen machen über
      - Name des Einzelhandelsgeschäfts
      - Branche
      - Betriebsform
      - Verkaufsform
      - Negative Eindrücke
      - Positive Eindrücke
   d) Bereiten Sie sich darauf vor, Ihre Ergebnisse zu präsentieren.

12. a) Führen Sie Kontaktaufnahmen im Rollenspiel durch.
   b) Bilden Sie kleine Gruppen. Legen Sie die Branche und die Waren fest.
   c) Suchen Sie sich zwei der folgenden Verkaufssituationen aus:
      1. Im Bedienungssystem bedient ein Verkäufer gerade einen Kunden. Ein zweiter Kunde nähert sich und greift eine auf dem Verkaufstresen liegende Ware.
      2. Ein Kunde betrachtet im Vorwahlsystem ganz interessiert eine bestimmte Ware. Er nimmt sie prüfend in die Hand.
      3. Ein Kunde schaut sich im Vorwahlsystem nach einem Verkäufer um.
      4. Kurz nach Betreten eines Geschäftes mit Vorwahlsystem läuft ein Kind, das mit seinen Eltern gekommen ist, auf eine sehr teure Ware zu und fängt an mit ihr zu spielen.
      5. Ein Kunde schlendert umher und schaut sich mal die eine, mal die andere Ware an.

13. In der Elektroabteilung eines Warenhauses betrachtet ein Kunde intensiv mehrere Smartphones. Ein Verkäufer nimmt Kontakt zu ihm auf: „Mit diesem Smartphone kommen Sie schnell, komfortabel und kostengünstig ins Internet ...“
   Welchen Vorteil hat diese Art der Kundenansprache?

14. Svenja Ausener arbeitet in einer Abteilung mit Vorwahl. In welchem Fall sollte sie eine Kundin persönlich und direkt über die Ware ansprechen?
   a) Die Kundin betritt die Abteilung.
   b) Die Kundin durchquert schnell die Abteilung, um zur Elektroabteilung zu kommen.
   c) Die Kundin nimmt einen Artikel mehrmals in die Hand.
   d) Die Kundin informiert sich an der Abteilungskasse über Kreditfinanzierungen.

15. Bernd Schneider schaut sich in der Elektroabteilung eines Warenhauses ganz interessiert verschiedene Elektrorasierer an.
   Wie wird er von einem Verkäufer am besten angesprochen?
   a) Guten Tag, der Herr. Was darf es denn sein?
   b) Hallo, was suchen Sie denn?
   c) Dieser Rasierer wird vom Hersteller im nächsten Monat aus dem Programm genommen. Ich zeige Ihnen deshalb schon die Nachfolgemodelle.
   d) Darf ich Ihnen die Leistungsmerkmale der verschiedenen Modelle vorstellen und erläutern?
   e) Wenn Sie sich entschieden haben, melden Sie sich bitte!

ZUSAMMENFASSUNG

Kontaktaufnahme

- **soll eine positive Atmosphäre für das Verkaufsgespräch herstellen**
- **soll für einen positiven Gesamteindruck beim Kunden sorgen**

Bedienungssystem
- Mit körpersprachlichen Mitteln den Kunden einen positiven Gesamteindruck vermitteln
- Begrüßung des Kunden mit einem der Tageszeit angepassten Gruß und ggf. Nennung des Namens
- Ansprechen des Kunden

Vorwahlsystem
- Kunden begrüßen
- Kunden beobachten
- Kunden nur dann ansprechen, wenn sie Bedienungswunsch signalisieren bzw. großes Interesse an der Ware zeigen

Selbstbedienung
- Kunden grüßen
- Beratung nur bei Bedarf

ICH ÜBERPRÜFE MEINE NEU ERWORBENEN KOMPETENZEN

Man versteht erst dann etwas richtig, wenn man am Ende der Behandlung eines Themas versucht, dieses sich selbst noch einmal zu erklären. Dies führt zu einer eigenen gründlichen Auseinandersetzung mit dem gerade behandelten Thema. Häufig helfen dabei Visualisierungen.

1. Suchen Sie sich einen Partner.
2. Lesen Sie noch einmal die Zusammenfassung. Bei Verständnisproblemen schlagen Sie ggf. noch einmal im Informationstext nach.
3. Visualisieren Sie die einzelnen Abläufe mithilfe einer Wertschöpfungskette.

Den Erwerb der zu Beginn aufgeführten Kompetenzen können Sie selbst mithilfe der folgenden Tabelle überprüfen.

Wenn Sie alle Aufgaben, die hinter einer Kompetenz stehen, gelöst haben, machen Sie ein Kreuz bei „Ganz".

Bei den Kompetenzen, bei denen Sie Aufgaben „Teilweise" oder „Gar nicht" gelöst haben, sollten Sie den dazugehörigen Informationstext noch einmal lesen und die Aufgaben anschließend noch einmal bearbeiten.

Was ich nach der Bearbeitung dieses Kapitels kann	Aufgaben	Ganz	Teilweise	Gar nicht
Ich kann ...				
... die Bedeutung der Kontaktphase für den späteren Erfolg eines Verkaufsgesprächs begründen.	1			
... wichtige Regeln für die Kontaktphase in den einzelnen Verkaufsformen aufführen und erläutern.	2, 3, 4, 5, 6, 7, 8, 9, 10, 11			
... die Art der Begrüßung in Abhängigkeit von Betriebsformen, Verkaufssystemen und Branchen in Verkaufsgesprächen unterschiedlich gestalten.	12, 13, 14, 15			

2.9 Die Bedarfsermittlung

Problemstellung

Stefanie Beyer hat gerade Kontakt mit einer Kundin aufgenommen.

Stefanie Beyer: „Was wollen Sie denn?"

Kundin: „Ich hoffe, Sie können mir weiterhelfen. Ich suche eine Stretchjeans."

Stefanie: „Das ist nicht gerade umweltfreundlich! Aber naja, gut. Soll es eine von Hoss sein?"

Kundin: „Welche Marken haben Sie?"

Stefanie: „Was hier steht. Das hier ist die Cordhose von Hacoste. Das soll doch für Sie sein?"

Kundin: „Ja. Aber wie und wo ist denn die Stretchjeans von Hoss?"

Stefanie: „Die ist auch nicht schlecht, ist aber ein etwas teureres Produkt. Ich weiß nicht, ob das was für Sie ist! Ich würde ja eh nur Cordhosen kaufen! Ich zeig Ihnen die mal. Sind auch viel schöner!"

Kundin: „Aber eigentlich wollte ich ja eine Stretchjeans kaufen."

Stefanie: „Ja, aber jetzt zeige ich Ihnen erstmal die Cordhosen. Vielleicht kann ich Sie ja doch noch dazu überreden."

Stefanie: „Wie viel dürfen die Cordhosen denn nun kosten?"

Kundin: „Darüber habe ich mir noch keine Gedanken gemacht."

Stefanie: „Wir haben hier Hosen in verschiedenen Preislagen!"

Kundin: Es sollte eigentlich eine Stretchjeans sein!"

Stefanie: „Na, meinetwegen."

Stefanie: „Hier haben wir dann Ihre Stretchjeans! Soll es denn nun Hacoste sein?"

Kundin: „... Ach, ich glaube, ich überleg mir das noch einmal."

Stefanie: „Meinetwegen!"

1. Führen Sie die Fehler auf, die Stefanie Beyer in dieser Phase des Verkaufsgesprächs macht.
2. Geben Sie an, welche Folgen diese Fehler haben können.

EINORDNUNG DES THEMAS

Lernfeld 2: Verkaufsgespräche kundenorientiert führen

Kommunikationsregeln | Körpersprache | Sprache | Fragetechnik

Suche von Informationsquellen über Waren | Systematische Aneignung von Warenwissen

Grundlagen des Verkaufsgesprächs | Kontaktaufnahme | **Bedarfsermittlung** | Warenvorlage | Verkaufsargumentation | Preisnennung | Einwandbehandlung | Herbeiführen der Kaufentscheidung | Angebot von Ergänzungen | Abschluss des Verkaufsgesprächs

Kompetenzen

Nach Bearbeitung dieses Kapitels können Sie ...

... die Bedeutung der Phase der Bedarfsermittlung in einem Verkaufsgespräch erläutern.
... die verschiedenen Arten der Bedürfnisse nennen und erläutern.
... die Begriffe Bedürfnisse, Bedarf, Nachfrage und Kaufmotiv erklären.
... zwischen dem Vorgehen beim Aushändigungsverkauf und dem Beratungsverkauf unterscheiden.
... die Kaufmotive der Kunden ermitteln.
... die Fragetechnik als Instrument der Bedarfsermittlung einsetzen.
... in Verkaufsgesprächen sowohl die indirekte als auch die direkte Bedarfsermittlung anwenden.

INFORMATIONSTEXT

Die Bedeutung der Bedarfsermittlung

Die Bedarfsermittlung durch den Verkäufer ist für den Erfolg des Verkaufsgesprächs sehr wichtig. Ziel des Verkäufers im Verkaufsgespräch ist es, den Kunden für die angebotene Ware zu gewinnen. Das erreicht er aber nur, wenn er erfährt, was der Kunde wirklich will und braucht. Dafür ist in einem Verkaufsgespräch die Phase der Bedarfsermittlung unerlässlich. Werden hier Fehler gemacht, endet das Verkaufsgespräch häufig schon in dieser Phase.

Bevor ein Verkäufer die Bedürfnisse seines Kunden erfüllen kann, muss er diese vorher erkannt haben. Die Aufgabe des Verkäufers ist es also, die Bedürfnisse seines Kunden in ihrer Gesamtheit zu erkennen und zu analysieren. Durch die Analyse (Untersuchung) der Kundenbedürfnisse gewinnt der Verkäufer Informationen darüber, welches Produkt er dem Kunden wie und mit welcher Argumentation präsentieren kann. Eine der größten Fehler eines Verkäufers ist es, die Phase der Bedarfsermittlung im Verkaufsgespräch zu vergessen. Ermittelt er hier keine sinnvollen Informationen, fehlt ihm später die Grundlage für eine kundenorientierte Präsentation seiner Artikel.

In der Phase der Bedarfsermittlung muss das Verkaufspersonal Informationen gewinnen, die ihm bei der kundenorientierten Beratung behilflich sind.

Der Kunde möchte die Ware aus einem bestimmten Grund (= Kaufmotiv) kaufen. Grundlage für das jeweilige Kaufmotiv des Kunden sind seine Bedürfnisse. Ein Kunde kauft nicht nur Ware, er befriedigt damit auch seine Bedürfnisse. Eine ganz wichtige Aufgabe des Verkäufers liegt nun darin, die Bedürfnisse seiner Kunden zu ermitteln und darauf gezielt einzugehen.

Kaufmotive

Ein Kaufmotiv ist der Grund, der einen Käufer zum Kauf bewegt.

Kann der Verkäufer im Verkaufsgespräch die Kaufmotive des Kunden herausfinden, weiß er,

- was der Kunde von der Ware erwartet
- und welchen Vorteil er sich vom Kauf erhofft.

Der Verkäufer ist anschließend in der Lage, gezielt im Verkaufsgespräch fortzufahren.

Er kann dann

- leichter überzeugen
- individueller argumentieren
- gezielter Ware vorlegen und damit besser ein kundenorientiertes Artikelangebot unterbreiten.

Es werden zwei Arten von Kaufmotiven unterschieden:

- Rationale Kaufmotive sind sachliche Gründe für einen Kauf: Die mögliche Anschaffung eines Artikels ergibt sich aus dessen Nützlichkeit und Zweckmäßigkeit für den Kunden.
- Emotionale Kaufmotive rufen durch den Kauf bestimmte (positive) Empfindungen (Emotionen) beim Kunden hervor.

Mögliche Kaufmotive	Kaufmotivart	Beispiele
Befriedigung von Grundbedürfnissen	rational	• Kauf von Lebensmitteln
Zeitersparnis	rational	• Geschirrspüler erspart Zeit im Vergleich mit dem herkömmlichen Abwasch • Elektrorasenmäher erspart Zeit gegenüber Handmäher • Fertiggerichte im Lebensmittelhandel
Bedarfsdeckung	rational	Altes/Verbrauchtes wird ersetzt: • Kaffeevorrat ist aufgebraucht
Wirtschaftlichkeit/ Sparsamkeit	rational	• Artikel als Sonderangebote bzw. mit Aktionspreisen • Hoher Ertrag bzw. geringe Kosten beim Kauf eines Motorrads in einfacher Ausführung

Mögliche Kaufmotive	Kaufmotivart	Beispiele
Neugier	emotional	• Ein neuer Bestseller im Buchhandel
Prestige und Geltung	emotional	• Einfluss und Anerkennung, Image und Ansehen: Luxusauto
Bequemlichkeit	rational	• Fernseher mit Fernbedienung • Computer mit Wartungs- oder Service-Verträgen
Sicherheit/ Geborgenheit	rational	• Artikel mit Qualitätsgarantie • Autos mit Airbags auf allen Plätzen
Umweltbewusstsein	emotional	• Biologisch abbaubare Waschmittel • Auto mit geringen Emissionswerten
Gesundheit	emotional	• Naturprodukte • Schreibtischstuhl, der nach ergonomischen Gesichtspunkten entwickelt wurde und so den Rücken schont

BEISPIEL

Für viele Kunden ist beispielsweise beim Kauf von Kleidung, Uhren oder eines Autos der Wunsch nach einem schönen, geschmackvollen Produkt, aber auch der Wunsch, einer bestimmten sozialen Gruppe anzugehören, von großer Bedeutung.

Marktforschungsstudien belegen, dass es immer wieder dieselben Gründe sind, die in Kaufsituationen den Ausschlag für den Kauf geben. Die fünf wichtigsten Gründe für die Kaufentscheidung sind:

- Gute Qualität/hohe Leistung
- Niedriger Preis/geringer Unterhalt
- Schnelle Lieferung/keine Wartezeiten
- Guter Service/qualifizierte Beratung
- Einfacher Kauf/problemlose Abwicklung

Gerade die emotionalen Kaufmotive versucht die Werbung bewusst anzusprechen. Einige Beispiele für Erfolge:

- „Der Duft, der Frauen provoziert" statt „Geruchsvermeidung" steigerte den Absatz von AXE vor einigen Jahren um das Fünfzigfache – von 1,3 auf über 65 Millionen Euro.
- Mit „Liebe ist, wenn es Landliebe ist" wuchs der Marktführer um 60 Prozent.
- Leitz besetzte mit der Aussage „Alles im Griff" erfolgreich den Kern-Vorteil für Büromaterial und erzielte zweistelliges Wachstum bei geringem Werbe-Budget.
- Der Biss ins Lenkrad, während man im Stau steht, kommuniziert die Vorteile der Bahn ohne Worte.
- Barbara Schöneberger warb genussvoll mit vollem Mund für Homann Fleischsalat. Die Absätze von Homann feiner Fleischsalat stiegen im Werbezeitraum um 81,1 Prozent.
- Der Anblick einer hässlichen Unterhose neben der Aussage „Viele Männer verhüten, ohne es zu wollen" steigerte die Absätze von Mey Herren-Unterwäsche.

Quelle: vgl. de Groot, Ralf Mayer: Emotionale Kauf-Impulse aus dem Unterbewusstsein: Details entscheiden über Erfolg oder Flop! 2012. In: www.mayerdegroot.com/fileadmin/downloads/de/Veroeffentlichung_Emotionale_Kauf-Impulse_aus_dem_Unterbewusstsein_Details_entscheiden.pdf [10.09.2021].

Bedürfnisse

Hinter den Kaufmotiven verbergen sich die Bedürfnisse, die die Verbraucher zum Kauf eines bestimmten Artikels bewegen. Jeder Mensch hat Bedürfnisse. Darunter versteht man das Empfinden eines Mangels mit dem Wunsch, diesen Mangel zu beseitigen. Sind bestimmte Bedürfnisse des Menschen befriedigt, treten weitere und andere Bedürfnisse auf.

Es gibt verschiedenen Bedürfnisarten:

- **Existenzbedürfnisse:** Um seine Existenz zu sichern, muss ein Mensch diese Bedürfnisse befriedigen. Die Existenzbedürfnisse werden häufig auch **Grundbedürfnisse** genannt.

  BEISPIEL

  - Nahrung
  - Schlaf
  - Unterkunft
  - Kleidung

- **Kulturbedürfnisse:** Diese Bedürfnisse gehen über die Existenzbedürfnisse hinaus. Kulturbedürfnis se sind zwar nicht überlebensnotwendig, werden aber in der Gesellschaft als normale Bedürfnisse von jedem anerkannt. Die Erfüllung dieser Bedürfnisse macht das Leben angenehmer.

BEISPIEL

- Urlaub
- Kino
- Smartphone
- Auto

- **Luxusbedürfnisse:** Luxusbedürfnisse werden von den meisten Mitgliedern einer Gesellschaft als etwas Besonderes angesehen. Diese Bedürfnisse müssen nicht unbedingt befriedigt werden. Sie verbessern jedoch die Lebensqualität und erhöhen das soziale Ansehen.

BEISPIEL

- Design-Handy
- teure Markenkleidung
- Ledermantel
- Luxus-Auto Rolls-Royce

Die Maslow'sche Bedürfnispyramide

Eine noch genauere Einteilung der Bedürfnisse hat der amerikanische Psychologe Abraham Maslow vorgenommen. Dadurch kann man besser auf Kunden eingehen: Maslow unterteilte die Bedürfnisse in fünf aufeinander aufbauende Stufen. Diese sind in Form einer Pyramide angeordnet. Die Maslow'sche Bedürfnispyramide ordnet Bedürfnisse aufgrund ihrer Dringlichkeit:

- Zunächst einmal müssen die **physiologischen, also körperlichen Bedürfnisse** befriedigt werden. Dies sind Grundbedürfnisse wie
  - essen,
  - trinken,
  - schlafen,
  - körperliches Wohlbefinden.
- Sind die Grundbedürfnisse erfüllt, werden **Sicherheitsbedürfnisse** für den Menschen wichtig. Eine Person möchte geborgen und geschützt sein. Diese sind z. B. das Streben nach
  - Sicherheit,
  - Schutz,

Existenzbedürfnisse dienen der Selbsterhaltung. Sie sind eine notwendige Voraussetzung für die Existenz eines Menschen. Sie gelten in jeder Kultur. Essen und Trinken sind Existenzbedürfnisse.

Kulturbedürfnisse gehen über Existenzbedürfnisse hinaus: Es sind Wünsche, die nicht lebensnotwendig sind, aber in einer bestimmten Kultur als selbstverständlich angesehen werden. In Deutschland wird Fernsehen beispielsweise als Kulturbedürfnis gesehen.

Luxusbedürfnisse werden durch Güter befriedigt, die man nicht haben muss. Es ist aber sehr angenehm, wenn man sich Luxusgüter leisten kann. Ein teurer Sportwagen ist zum Beispiel ein Luxusgut.

- Stabilität,
- Geborgenheit,
- Freiheit von Angst,
- Strukturen, Ordnungen, Grenzen, Regeln und Gesetzen.

• Zur nächsten Gruppe der Bedürfnisse gehören die **sozialen Bedürfnisse**. Menschen streben nach sozialen Beziehungen, z. B. nach
  - Freundschaften,
  - Liebe,
  - Gruppenzugehörigkeit.

• Hat der Mensch erst einmal soziale Beziehungen aufgebaut, möchte er anschließend Ansehen und Prestige gewinnen. Diese Bedürfnisgruppe wird **Wertschätzung** genannt. Es geht um Anerkennung und Status.
  - Einerseits der Wunsch nach Stärke, Erfolg, Unabhängigkeit und Freiheit,
  - andererseits möchte man von anderen Menschen geachtet und anerkannt werden.

• Als oberste Stufe menschlicher Bedürfnisse gilt die **Selbstverwirklichung**. Diese wird nach Erfüllung aller anderen Bedürfnisse angestrebt. Es geht um eine größtmögliche Entfaltung der Persönlichkeit, wie
  - Kreativität,
  - Unabhängigkeit.

Mit Millionen von Produkten versucht der Einzelhandel, Mittel zur Bedürfnisbefriedigung zur Verfügung zu stellen.

Erst wenn die physiologischen Bedürfnisse befriedigt sind, werden die Sicherheitsbedürfnisse wichtig

Das Erkennen von Kundenbedürfnissen

Das Erkennen von Kundenbedürfnissen ist für den Verkäufer beim **Aushändigungsverkauf** sehr leicht: Der Kunde verlangt sofort und unmissverständlich eine bestimmte Ware. Der Verkäufer kann diesem Wunsch ohne Verzögerungen und Schwierigkeiten nachkommen. Schwieriger ist in diesem Zusammenhang der Beratungsverkauf: Hier muss der Verkäufer wegen der (noch) unklaren Vorstellungen des Kunden im Verkaufsgespräch Art, Eigenschaften und Verwendungszweck der gewünschten Ware herausfinden.

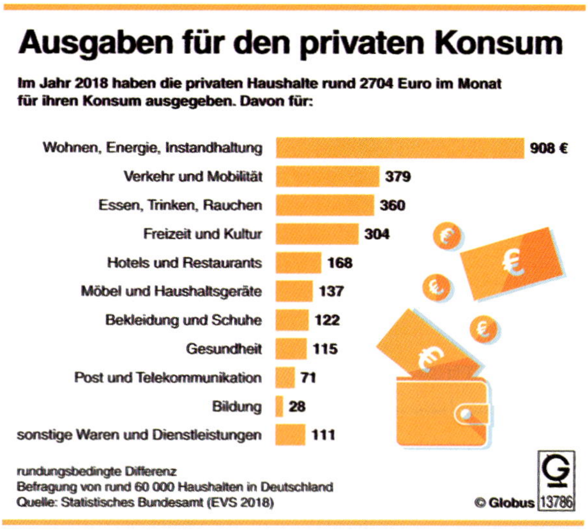

Kunden benutzen häufig bestimmte Schlüsselwörter, wenn sie bestimmte Bedürfnisse haben:

- wünschen
- mögen
- suchen nach
- brauchen
- interessieren
- gern haben

BEISPIEL

- „Ich suche nach einer Möglichkeit, Holz zu konservieren ...“
- „Wir brauchen etwas, um ...“
- „Ich interessiere mich für eine Stereoanlage, die ...“

Die Bedürfnisse des Kunden werden als Bedarf zur Nachfrage nach Gütern und Dienstleistungen, wenn er die nötigen finanziellen Mittel besitzt.

Unterschiedliche Arten der Bedarfsermittlung

Jeder Kunde hat bestimmte Wünsche und Vorstellungen. Kennt der Kunde seinen Bedarf genau, ist die Phase der Bedarfsermittlung relativ kurz. Das ist beim Aushändigungskauf der Fall.

BEISPIEL

Kunde: „Ich hätte gern einen Drucker Hape OfficeJet G55!“

Doch häufig ist der Bedarf des Kunden nicht sofort erkennbar. Es ist daher wichtig, dass der Verkäufer den Kunden im beratenden Verkaufsgespräch voll mit einbezieht. Dies erreicht er durch geschicktes und gezieltes Fragen. Dadurch kann er viele Informationen über den Gesprächspartner erhalten.

Direkte Bedarfsermittlung

Bei der direkten Bedarfsermittlung werden an den Kunden so lange gezielte Fragen gestellt, bis seine Vorstellungen vom gewünschten Artikel bzw. sein Kaufmotiv deutlich werden. Anschließend kann der Verkäufer im Verkaufsgespräch sofort Ware vorlegen. Während des Verkaufsgesprächs sollte der Verkäufer möglichst offene Fragen (W-Fragen) verwenden, um

- die Vorstellungen des Kunden,
- den Zweck der Ware,
- das Einsatzgebiet der Ware usw.

zu ermitteln.

BEISPIEL

Bei der direkten Bedarfsermittlung werden offene Fragen gestellt:

Verkäuferin: „Wofür benötigen Sie den Computer?“
Kunde: „Ich brauche den Computer für Online-Spiele!“
Verkäuferin: „Welche Spiele bevorzugen Sie denn?“
usw.

Aus den Antworten kann der Verkäufer auf den Bedarf bzw. gewünschten Artikel schließen und anschließend entsprechende Ware vorlegen.

Hat der Kunde ein spezielles Problem, das er durch Beratung gelöst haben möchte, empfiehlt sich die direkte Bedarfsermittlung.

Die indirekte Bedarfsermittlung

Bei der indirekten Bedarfsermittlung legt der Verkäufer nach relativ wenigen Fragen zur Orientierung gleich eine Ware vor. Aus der Reaktion des Kunden kann er dann Rückschlüsse hinsichtlich der gewünschten Ware ziehen. Zur Bestätigung des vermuteten Bedarfs kann der Verkäufer dann weitere Fragen stellen.

BEISPIEL

Es werden nur wenige Fragen gestellt:

Verkäufer: „Für welchen Anlass brauchen Sie den Anzug?"
Kunde: „Fürs Büro."

Dann wird probeweise – schon während der Bedarfsermittlung – Ware vorgelegt.

Verkäufer: „Ja, Sie benötigen also einen Anzug. Hier kann ich Ihnen drei Exemplare zeigen ..."

Dann wird probeweise – schon während der Bedarfsermittlung – Ware vorgelegt.

Die indirekte Bedarfsermittlung hat weniger ausfragenden Charakter, da der Verkäufer dem Kunden sehr schnell Ware vorlegt. Das Interesse des Kunden wird hier gleich auf die Ware gerichtet. Er wird auch nicht mit unnötig vielen Fragen konfrontiert.

Die Fragen des Verkäufers sollten immer freundlich gestellt werden und den Kunden nicht in Verlegenheit bringen.

BEISPIEL

- „Sie möchten sicherlich ganz bestimmte Wünsche erfüllt haben, wenn Sie ..."
- „Zielen Ihre Wünsche in eine ganz bestimmte Richtung?"
- „Worauf legen Sie denn besonderen Wert bei ...?"
- „Welche Erwartungen haben Sie denn beim Einsatz dieses Gerätes?"
- „Was haben Sie sich denn genauer vorgestellt?"
- „Schwebt Ihnen eher diese oder jene Ausführung vor?"

Direkte Bedarfsermittlung	Indirekte Bedarfsermittlung
Der Kunde wird durch mehrere offene Fragen dazu gebracht, über seinen Bedarf nachzudenken und diesen dann zu äußern.	Durch Vorlegen einer Ware (mit wenig Fragen) und beginnender Verkaufsargumentation soll der Kunde dazu gebracht werden, sich zu dem vorgelegten Produkt zu äußern. Dies lässt Rückschlüsse auf seinen Bedarf zu.

Damit die Auswahl des Warenangebots nicht eingeengt wird und der Kunde auch nicht zu früh zur Entscheidung gedrängt wird, fragt der Verkäufer nach Möglichkeit nicht nach Preis oder farblichen Ausführungen der Ware.

BEISPIEL

Kundin: „Ich suche ein Hemd."

Verkäufer: „Welche Farbe soll das Hemd denn haben?"

Kundin: „Gelb mit roten Rosen in der Mitte."

Kein optimales Vorgehen bei der Bedarfsermittlung	Gutes Vorgehen bei der Bedarfsermittlung
• „Was haben Sie sich denn für ein Notebook vorgestellt?" • „An welche Preisklasse dachten Sie denn?" • „Also im Angebot haben wir gerade ..."	• „Für wen soll das Notebook sein: Für Sie selbst oder für jemand anderen?" • „Möchten Sie das Notebook eher privat oder beruflich nutzen?" • „Was möchten Sie mit dem Notebook alles machen? Büroarbeiten erledigen oder auch andere Dinge wie z. B. Internet-Nutzung?"
• Hier werden nur wenige, schlecht strukturierte Fragen gestellt, die Kunden nur beantworten können, wenn sie bereits eine genaue Vorstellung von der Ware haben. • Die Fragen provozieren zum Preisgespräch. • Nach zwei Fragen beginnt ein Monolog ohne Bedarfsabklärung.	• Durch sehr viele, gut strukturierte Fragen wird der Bedarf ermittelt.

Instrumente der Bedarfsermittlung

Weitere Instrumente der Bedarfsermittlung neben der Fragetechnik sind:
- das aktive Zuhören
- das Spiegeln

Das aktive Zuhören

Beim aktiven Zuhören gibt der Verkäufer dem Kunden während eines Verkaufsgesprächs immer wieder Zeichen, dass er ihm aufmerksam zuhört. Er signalisiert ihm damit auch, dass er seine Gedanken nachvollziehen kann.

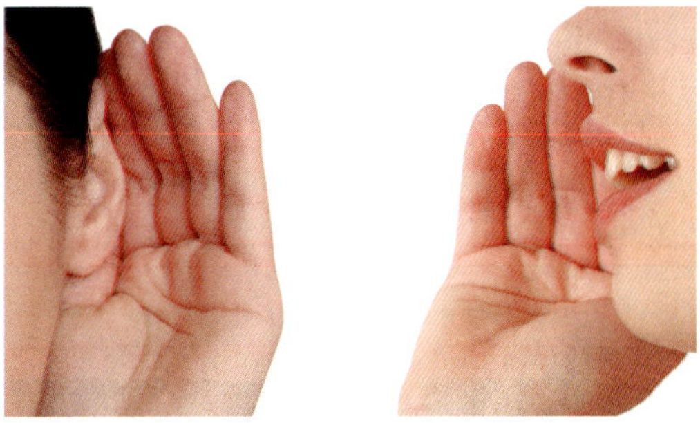

Wer aktiv zuhören kann, erzielt in Verkaufsgesprächen bessere Ergebnisse

Das Spiegeln

Spiegeln bedeutet, dass man sein Verhalten bewusst und absichtlich dem Verhalten eines Gegenübers anpasst. Diese oft auch **Pacing** genannte Technik bringt zwei Vorteile:

- Man bekommt durch den Versuch, sich in den Kunden einzufühlen, Informationen über die Gefühlswelt des Gesprächspartners.
- Menschen finden andere oft dann sympathisch, wenn sie ein ähnliches Verhalten zeigen.

BEISPIEL

Beim Spiegeln wird dem Kunden während des Verkaufsgesprächs immer wieder zurückgemeldet, dass man ihn verstanden hat: Die Äußerung des Kunden wird mit eigenen Worten als eine Frage formuliert. Diese Frage lässt man sich dann vom Kunden bestätigen.

Durch das Spiegeln bekommt der Verkäufer vom Kunden oft noch weitere Informationen, die er im Verkaufsgespräch weiter nutzen kann.

Spiegeln bedeutet, die Körpersprache des Kunden nachzuahmen. Untersuchungen haben gezeigt, dass dadurch eine sehr gute Beziehung zum Kunden aufgebaut wird

AUFGABEN

1. Warum ist die Bedarfsermittlung eine wichtige Phase im Verkaufsgespräch?
2. Was sind Kaufmotive?
3. Führen Sie mögliche Kaufmotive auf.
4. Nennen Sie die Kaufmotive, die sich hinter den folgenden Äußerungen von Kunden verbergen.
   a) „Ich suche einen sich selbst reinigenden Backofen."
   b) „Ich suche für meine Freundin ein Geschenk – es soll aber etwas ganz Besonderes sein."
   c) „Wie ist denn der Strom- und Wasserverbrauch dieser Geschirrspülmaschine?"
   d) „Wo steht denn der fettfreie Joghurt?"
   e) „Haben Sie einen Laufschuh, der besonders rutschfest ist? Ich laufe oft auf nassem Waldboden."
   f) „Kann ich auch als technischer Laie mit diesem DVD-Player umgehen?"
5. Was versteht man unter Bedürfnissen?
6. Welche Bedürfnisarten gibt es nach Maslow?
7. Angenommen, in Ihrem Ausbildungsunternehmen möchte die Geschäftsführung folgende Möglichkeiten einsetzen, um die Leistungsmotivation zu steigern und die Führung der Mitarbeiter zu verbessern: Aufstiegsmöglichkeiten, Gestaltung des Arbeits-

platzes, Mitbestimmung, betriebliche Altersversorgung, Maßnahmen der betrieblichen Weiterbildung, Betriebssport, Zuteilung von Weisungsbefugnissen und Gruppenzugehörigkeit.

Ordnen Sie jedem der erwähnten Gesichtspunkte eine Bedürfnisebene nach Maslow zu (Doppelnennungen sind möglich). Begründen Sie Ihre Zuordnung.

8. Woran erkennt man Kundenbedürfnisse?

9. Formulieren Sie für den Bereich Ihrer Branche drei Sätze eines Kunden, aus denen hervorgeht, dass dieser ein bestimmtes Bedürfnis hat.

10. Wodurch unterscheidet sich der Aushändigungskauf vom Beratungskauf?

11. Unterscheiden Sie direkte und indirekte Bedarfsermittlung.

12. Warum sollte nach Möglichkeit zunächst nicht nach Preis- und Farbe der Ware gefragt werden?

13. Finden Sie Beispiele, wo in Ihrem Unternehmen Kunden zu emotionalen Käufen veranlasst werden sollen.

Die Meinung einer Fachzeitschrift:
Emotionale Käufe von Kunden kommen häufiger vor als bisher angenommen. Aus Marketingsicht lassen sich diese Käufe bewusst steuern. Es müssen dabei ausreichend viele Anreize gesetzt werden, um das Kundeninteresse zu gewinnen und entsprechende Kaufwünsche auch zu wecken. Der emotionale Kauf zeichnet sich im Gegensatz zum rationalen dadurch aus, dass der Kunde auch ungeplant, also aufgrund eines plötzlich aufkommenden Kaufwunsches, ein bestimmtes Produkt erwirbt.

14. Wir gehen davon aus, dass Sie in der Warenwelt „Lebensmittel" des Warenhauses Larstadt arbeiten.

Die Warenwelt „Lebensmittel" ist vor zwei Jahren nach neuesten Gesichtspunkten der Ladengestaltung umgebaut worden. Hochwertige Materialien der Warenträger, die Licht- und Farbgestaltung und das Ladenlayout lassen das Einkaufen für die Kunden zum Erlebnis werden. Als Verkaufsformen finden wir neben den Selbstbedienungsbereichen umfangreiche Bedienungsbereiche. An einigen Bedienungsbereichen bietet sich den Kunden die Möglichkeit, zu verweilen und zubereitete Spezialitäten aus diesen Produktbereichen zu verzehren. Außerdem können die Kunden bei zahlreichen Sonderaktionen die angebotenen Produkte verkosten.
Das Warenangebot kann im oberen Bereich der Lebensmittelbranche angesiedelt werden. Es werden überwiegend Markenartikel und zahlreiche ausländische Spezialitäten angeboten. Das qualifizierte Fachpersonal, das an regelmäßigen Fort- und Weiterbildungsmaßnahmen teilnimmt, bietet sich zu ausführlichen Beratungsgesprächen an.
Das Sortiment umfasst das übliche Sortiment im Bereich Lebensmittel. Folgende Warengruppen und Warenarten vermitteln durch ihre Warenpräsentation ein besonderes Einkaufserlebnis:

- Obst, Gemüse, exotische Früchte (in Selbstbedienung und Bedienung)
- Fleisch- und Wurstwaren
- Käsetheke
- Fisch und Feinkost
- SB-Salatbar
- Brot und Backwaren, Konditoreiwaren (Bedienungstheke und SB-Regal)
- Süßwaren mit Konfiserie-Theke
- ausländische Spezialitäten (z. B. fernöstliche, mexikanische, mediterrane Spezialitäten)
- Wein- und Spirituosen

Das Angebot wird abgerundet durch umfangreiche Serviceleistungen, zu denen insbesondere der Bestell- und Lieferservice gehört.

a) Klären Sie in Ihrer Gruppe aufgrund der folgenden Rollenbeschreibungen, vor welchen Problemen der Kunde/die Kundin bzw. der Verkäufer/die Verkäuferin stehen.

Rolle Verkäufer/-in:
Ein/Eine Kunde/Kundin (20 Jahre) plant im Sommer gemeinsam mit Freunden eine Italienreise und möchte zur Einstimmung einen italienischen Abend organisieren. Es sollen italienische Getränke und Gerichte serviert werden und die Dekoration sollte auch italienisch wirken.
Der/Die Kunde/Kundin befindet sich in der Abteilung „ausländische Spezialitäten" und wirkt ratlos. Hilfesuchend spricht er/sie einen Verkäufer/Verkäuferin an, der/die in der Nähe ein Regal einräumt.

5321278

Rolle Kunde/Kundin:
Sie planen mit fünf Freunden im Sommer eine Italienreise und haben alle eingeladen, um die Reise bei einem italienischen Abend zu besprechen. Sie wollen aber nicht nur Pizza anbieten, sondern möchten ein Essen mit Vorspeise, Hauptgericht, Nachspeise und den entsprechenden Getränken vorbereiten. Allerdings sind Sie ziemlich ratlos, welche Speisen und Getränke typisch italienisch sind. Deshalb begeben Sie sich zunächst in die Abteilung „ausländische Spezialitäten". Sie finden sich in der Abteilung nicht zurecht und sprechen einen in der Nähe stehenden Verkäufer/Verkäuferin an und schildern Ihr Problem.

b) Schreiben Sie ein Drehbuch für ein Rollenspiel von der Kontaktaufnahme bis zur Bedarfsermittlung.

c) Überlegen Sie Beobachtungsmerkmale, die für die Beurteilung dieses Rollenspiels wichtig sein könnten und halten Sie diese schriftlich fest. Diskutieren Sie mit der Klasse Ihre Beobachtungsmerkmale und einigen Sie sich auf gemeinsame Merkmale.

d) Wählen Sie innerhalb Ihrer Gruppe zwei Personen, die die Rollen des Kunden und des Verkäufers übernehmen.

e) Stellen Sie im Rollenspiel die im Drehbuch vorgegebene Situation einer Bedarfsermittlung vor der gesamten Klasse dar.

15. Erstellen Sie eine Mindmap mit den wichtigsten Aussagen zur Bedarfsermittlung.

16. Während der Mittagspause treffen sich mehrere befreundete Auszubildende in der Kantine der Tom Hoss KG. Im Verlauf einer angeregten Diskussion über die Probleme des Handels wird die folgende Meinung geäußert: „Der Textilhandel wäre über Nacht bankrott, würden Textilien nur von Leuten gekauft, die sie wirklich brauchen."

a) Warum werden Textilien nicht nur zum Schutz des Menschen vor Kälte/Wärme oder Nässe gekauft?

b) Wie kann ein Verkäufer herausbekommen, aus welchem Grund der Käufer einen Bekleidungsartikel kaufen möchte?

17. Welche Bedürfnisse werden in den folgenden Fällen angesprochen?

a) Andreas Seeger hat sich mit seinen Ersparnissen einen Kleinwagen gekauft.

b) Nach Feierabend kauft sich Andreas Seeger einen Hamburger.

c) Ronja liest ein Buch.

d) Ronja Bunko träumt von einem roten Ferrari.

e) Andreas Seeger geht um 22:00 Uhr schlafen.

18. Welche Art der Bedarfsermittlung liegt vor?

a) Die Verkäuferin legt Andreas Seeger einzelne Laptops vor und beschreibt deren Merkmale. Aus den Reaktionen von Andreas Seeger schließt die Verkäuferin auf den Bedarf.

b) Die Verkäuferin stellt Andreas Seeger verschiedene Fragen. Aus seinen Antworten schließt sie auf den Bedarf und den beabsichtigten Verwendungszweck. Nun legt sie drei Laptops vor.

ZUSAMMENFASSUNG

Man versteht erst dann etwas richtig, wenn man versucht, es einem anderen zu erklären. Dies führt zu einer eigenen gründlichen Auseinandersetzung mit dem gerade behandelten Thema.

1. Suchen Sie sich einen Partner.
2. Lesen Sie noch einmal die Zusammenfassung. Bei Verständnisproblemen schlagen Sie ggf. noch einmal im Informationstext nach.
3. Einer von Ihnen erläutert die Zusammenfassung dem Partner.
4. Dieser achtet auf Korrektheit und Vollständigkeit und wiederholt noch einmal.

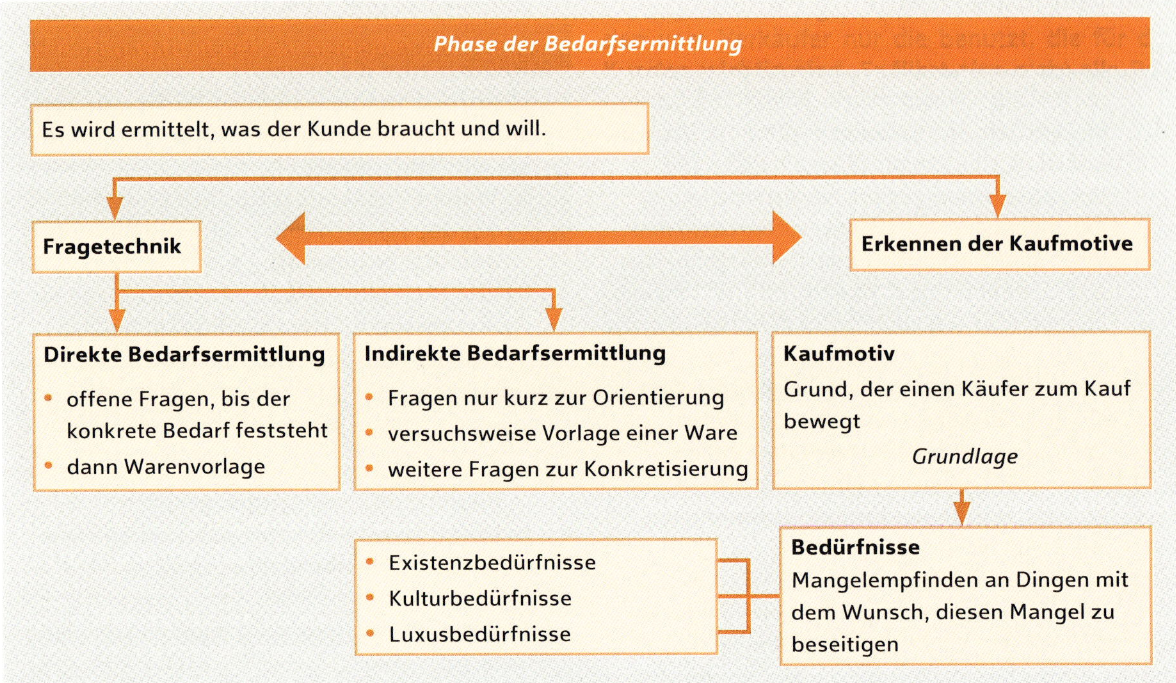

ICH ÜBERPRÜFE MEINE NEU ERWORBENEN KOMPETENZEN

Den Erwerb der zu Beginn aufgeführten Kompetenzen können Sie selbst mithilfe der folgenden Tabelle überprüfen.
Wenn Sie alle Aufgaben, die hinter einer Kompetenz stehen, gelöst haben, machen Sie ein Kreuz bei „Ganz“.

Bei den Kompetenzen, bei denen Sie Aufgaben „Teilweise“ oder „Gar nicht“ gelöst haben, sollten Sie den dazugehörigen Informationstext noch einmal lesen und die Aufgaben anschließend noch einmal bearbeiten.

Was ich nach der Bearbeitung dieses Kapitels kann	Aufgaben	Ganz	Teilweise	Gar nicht
Ich kann ...				
... die Bedeutung der Phase der Bedarfsermittlung in einem Verkaufsgespräch erläutern.	1, 17			
... die verschiedenen Arten der Bedürfnisse nennen und erläutern.	6, 17			
... die Begriffe Bedürfnisse, Bedarf, Nachfrage und Kaufmotiv erklären.	2, 5, 6			
... zwischen dem Vorgehen beim Aushändigungsverkauf und dem Beratungsverkauf unterscheiden.	16, 11			
... die Kaufmotive der Kunden ermitteln.	4, 7			
... die Fragetechnik als Instrument der Bedarfsermittlung einsetzen.	12, 13			
... in Verkaufsgesprächen sowohl die indirekte als auch die direkte Bedarfsermittlung anwenden.	9, 12, 15, 16			

2.10 Das Angebot von Alternativen als besonderes Problem der Bedarfsermittlung

Problemstellung

Ein Kunde spricht Jakub Nowak an:
„Haben Sie auch Pullover von Laroste?“

Jakub antwortet: „Nein, die führen wir nicht.“

Der Kunde verlässt das Geschäft.

Beurteilen Sie das Vorgehen von Jakub Nowak.

EINORDNUNG DES THEMAS

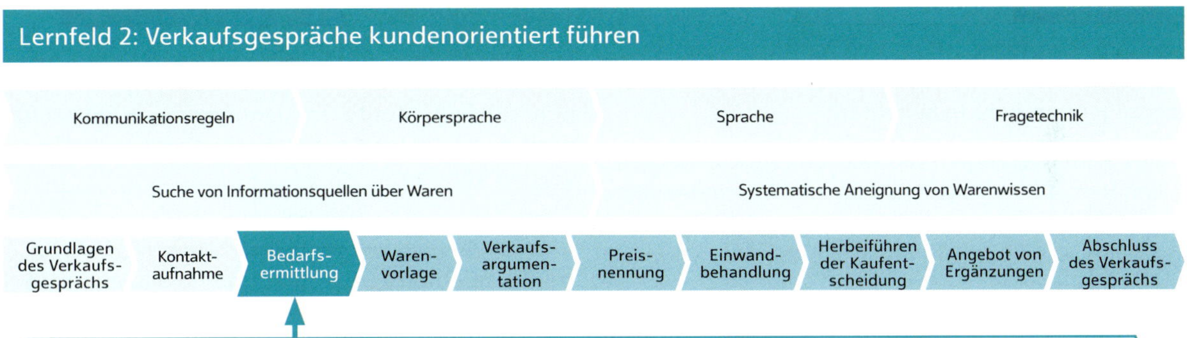

Kompetenzen

Nach Bearbeitung dieses Kapitels können Sie ...

... die Bedeutung von Alternativangeboten für den wirtschaftlichen Erfolg von Einzelhandelsunternehmen begründen.
... als Alternativangebot infrage kommende Artikel für Produkte Ihres Ausbildungssortiments aufführen.
... die richtigen Zeitpunkte für Alternativangebote in Verkaufssituationen erkennen und diese Artikel in Verkaufsgespräche argumentativ einbeziehen.

INFORMATIONSTEXT

Alternativangebote

Auch ein Einzelhandelsunternehmen mit einem sehr großen Sortiment hat nicht alle Artikel vorrätig. Doch das muss nicht das Ende des Verkaufsgesprächs sein. Häufig kann man dem Kunden ein **Alternativangebot** machen: Ist eine vom Kunden gewünschte Ware nicht vorrätig oder wird sie nicht im Sortiment geführt, schlägt der Verkäufer ein ähnliches oder gleichwertiges Produkt vor. Der Verkäufer sollte also nicht verfrüht auf eine Verkaufschance verzichten.

Alternativangebote, die gemacht werden, wenn die verlangte Ware in der vom Kunden gewünschten Ausführung nicht geführt wird bzw. nicht vorrätig ist, sollten nicht mit Ersatzangeboten verwechselt werden. Bei einem **Ersatzangebot** verlangt der Kunde Ersatz für eine Ware, die er schon hatte: Ist beispielsweise die Batterie seines Radioweckers leer, wird er sie durch den Kauf einer neuen Batterie austauschen.

Ziel eines Alternativangebotes ist es, das Verkaufsgespräch fortzusetzen, obwohl man den eigentlichen Wunschartikel des Kunden nicht vorlegen kann. Nur wenn es sich um Waren handelt, die überhaupt nicht ins Sortiment passen, wird das Verkaufsgespräch nicht fortgesetzt. Der Kunde sollte stattdessen freundlich informiert werden, wo er die betreffende Ware kaufen kann.

BEISPIEL

Ein Kunde fragt in einem Fachgeschäft für Bürobedarf nach einem Buch. Der Verkäufer nennt ihm höflich den Namen der nächsten Buchhandlung und beschreibt den kürzesten Weg dorthin.

In vielen Fällen kann das Verkaufsgespräch jedoch mit einem Alternativangebot fortgeführt werden: Der Verkäufer sollte deshalb zunächst herausfinden, wofür der gewünschte Artikel gebraucht wird. Er kann dann beurteilen, ob auch ein anderes Produkt aus seinem Sortiment diesen Zweck erfüllen kann. Bei dem Alternativangebot sollte der Kunde aber immer das Gefühl haben, dass es sich dabei nicht um einen schlechteren Ersatz, sondern um eine gleichwertige Alternative handelt. Beim Vorlegen der Alternativangebote sollte der Verkäufer die folgenden Punkte beachten:

- Alle Formulierungen, die den Eindruck erwecken könnten, dass es sich bei dem vom Verkäufer vorgelegten Alternativangebot nicht um eine gleichwertige Ware handelt, müssen unbedingt vermieden werden.

BEISPIEL

- Kunde: „Ich möchte gern einen Ceha-Füller." Verkäufer: „Wir haben nur Kelipan-Füller im Sortiment."

Mit dieser Formulierung werden von vornherein die eigenen Waren im Sortiment abgewertet.

- Über den nicht vorhandenen Wunschartikel des Kunden spricht der Verkäufer während des Verkaufsgesprächs nicht.
- Nach Möglichkeit weist der Verkäufer auf alle wichtigen Vorteile des mindestens gleichwertigen Alternativangebots hin.

BEISPIEL

- „Den DVD-Player von Soniba haben wir vor zwei Monaten aus dem Sortiment genommen. Mit diesem technisch gleichwertigen Gerät von Hiteiko sparen Sie immerhin 40,00 €. Darüber hinaus ist es leichter zu bedienen und hat einige nützliche Zusatzfunktionen, die ich Ihnen gleich mal zeige ..."

Besteht der Kunde jedoch auf seinem Wunschartikel, so kann überlegt werden, ob dieser vielleicht über einen Großhändler oder aus einem Zentrallager besorgt werden kann. Diese Serviceleistung lohnt sich auch bei niedrigpreisigen Produkten, wenn man dadurch einen treuen Kunden gewinnt. Ist die vom Kunden gewünschte Ware auch dort nicht erhältlich, kann dem Kunden nur noch ein Hinweis gegeben werden, bei welchem Mitbewerber die Ware eventuell geführt wird. Stoßen Kundenfragen vermehrt in bestimmte Sortimentslücken, sollte im Unternehmen überlegt werden, wie diese Sortimentslücken geschlossen werden können.

Kunden verwechseln oft die **Marke** mit der **Warenbezeichnung**. Sie benötigen beispielsweise Papiertaschentücher, verlangen aber Tempotaschentücher. Führt man die vom Kunden genannte Marke nicht oder ist sie nicht vorrätig, sollte man dem Kunden die eigenen Artikel zeigen. Man sollte kurz erläutern, warum die Alternative gleichwertig ist. Der Kunde wird dann entweder auf den Kauf verzichten oder ihm wird durch den Kaufabschluss weitere Lauferei und Sucherei erspart.

Weitere Beispiele für mögliche Verwechslungen von Markennamen und Warenbezeichnungen:

- Pampers: Wegwerfwindeln
- Matchbox: Spielzeugautos
- Leitzordner: Büroordner
- Mondamin: Soßenbinder

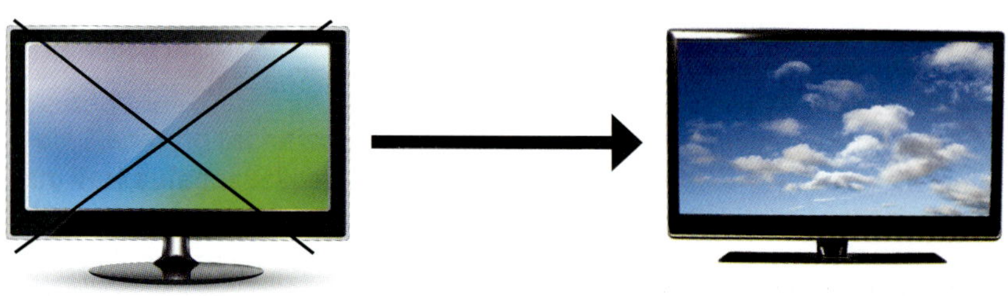

Alternativangebot: Wird ein vom Kunden gewünschter Artikel nicht geführt (oder ist er gerade nicht vorrätig), schlägt der Verkäufer dem Kunden eine gleichartige Ware vor

AUFGABEN

1. Was sind Alternativangebote?
2. Welche Art von Angebot liegt in dem folgenden Fall vor?
   Kunde: „Ich brauche eine neue Batterie von Sonei für meinen Radiowecker."
   Verkäufer: „Die führen wir leider nicht. Stattdessen kann ich Ihnen Batterien von ZARTA anbieten, die von der Stiftung Warentest ebenfalls mit ‚sehr gut' getestet wurden. Wir haben sie gerade im Angebot ..."
3. Welche Ziele verfolgt ein Verkäufer mit dem Vorlegen eines Alternativangebots?
4. Was muss der Verkäufer bei einem Alternativangebot beachten?
5. Was kann der Verkäufer tun, wenn er kein Alternativangebot vorlegen kann?
6. Beurteilen Sie das folgende Verkäuferverhalten:
   a) „Die Pullover von S-pri sind schon alle weg. Wir haben nur noch ein paar Pullover von Chefe."
   b) „Wir haben noch sehr schöne Pullover von Chefe. Wir haben hier mehrere mit modischen Farben genau in Ihrer Größe. Probieren Sie diesen hier einmal an. Sie werden begeistert sein, wie gut er sich anfühlt."
   c) „Pullover in Ihrer Größe haben wir aber erst ab 245,00 €."
7. Machen Sie einen Erkundungsgang in ein Unternehmen, das auch Waren Ihres Ausbildungssortiments führt.
   a) Suchen Sie dort mindestens drei Artikel,
      – einer Marke, die Sie nicht führen.
      – die Sie in einer gleichen Form, Ausführung, Aufmachung nicht vorrätig haben.
   b) Überlegen Sie sich Argumente, die geeignet sind, einen Kunden für entsprechende Artikel Ihres Ausbildungsbetriebes zu interessieren, wenn er nach den von Ihnen gefundenen Artikeln aus dem zu erkundenden Unternehmen fragt.
8. Untersuchen Sie, ob es in Ihrem Ausbildungssortiment Marken gibt, die besonders häufig mit der Warenbezeichnung verwechselt werden.

ZUSAMMENFASSUNG

- Erhöhung des Nutzens für den Kunden
- Umsatzsteigerung des Unternehmens

↓

Durch Angebot von

↓

Alternativen

Bei einem Alternativangebot wird dem Kunden eine gleichwertige bzw. ähnliche Ware angeboten, wenn er eine Ware verlangt, die nicht geführt oder vorrätig ist.

- Ausweichangebot als echte Alternative darstellen
- Als Verkäufer den eigentlichen Wunschartikel nicht mehr ansprechen
- Auf die Vorteile des Alternativangebotes hinweisen
- Wenn der Kunde weiterhin den eigentlichen Wunschartikel möchte:
  – evtl. bestellen
  – oder ihn informieren, wo er ihn kaufen kann

Man versteht erst dann etwas richtig, wenn man versucht, es einem anderen zu erklären. Dies führt zu einer eigenen gründlichen Auseinandersetzung mit dem gerade behandelten Thema.

1. Suchen Sie sich einen Partner.
2. Lesen Sie noch einmal die Zusammenfassung. Bei Verständnisproblemen schlagen Sie ggf. noch einmal im Informationstext nach.
3. Ihre Lehrerin/Ihr Lehrer stellt Ihnen 20 Karten zur Verfügung. Auf diese schreiben Sie die zentralen Begriffe des Themas.
4. Diese Karten legen Sie nun so, dass sich eine sinnvolle Struktur ergibt. Dies geschieht in gemeinsamer Diskussion mit Ihrem Partner: Sie sollen gemeinsam begründen können, warum Sie Ihre Struktur so gelegt haben.
5. Stellen Sie sich darauf ein, einer anderen Gruppe – oder dem Plenum – Ihre Struktur vorzustellen.

ICH ÜBERPRÜFE MEINE NEU ERWORBENEN KOMPETENZEN

Den Erwerb der zu Beginn aufgeführten Kompetenzen können Sie selbst mithilfe der folgenden Tabelle überprüfen.

Wenn Sie alle Aufgaben, die hinter einer Kompetenz stehen, gelöst haben, machen Sie ein Kreuz bei „Ganz“.

Bei den Kompetenzen, bei denen Sie Aufgaben „Teilweise“ oder „Gar nicht“ gelöst haben, sollten Sie den dazugehörigen Informationstext noch einmal lesen und die Aufgaben anschließend noch einmal bearbeiten.

Was ich nach der Bearbeitung dieses Kapitels kann	Aufgaben	Ganz	Teilweise	Gar nicht
Ich kann ...				
... die Bedeutung von Alternativangeboten für den wirtschaftlichen Erfolg von Einzelhandelsunternehmen begründen.	1, 2, 3, 4, 5, 6			
... als Alternativangebot infrage kommende Artikel für Produkte meines Ausbildungssortiments aufführen.	7, 8			
... die richtigen Zeitpunkte für Alternativangebote in Verkaufssituationen erkennen und diese Artikel in Verkaufsgespräche argumentativ einbeziehen.	3, 6, 7, 8			

5321284

2.11 Die Warenvorlage

Problemstellung

Stefanie Beyer hat in einem Verkaufsgespräch bereits den Bedarf (Stretchjeans von Hoss) ermittelt. Sie legt nun die Ware vor:
„Hoss Stretchjeans blau ..., Hoss Stretchjeans grün ..., Hoss Stretchjeans rot ..., Hoss Stretchjeans grau ..., Hoss Stretchjeans lila ..., Hoss Stretchjeans schwarz. So.“

Stefanie Beyer nimmt, während sie spricht, die einzelnen Jeans vom Ständer und präsentiert diese auf dem Boden.

Geben Sie an, welche Fehler Stefanie im Rahmen der Warenvorlage macht.

EINORDNUNG DES THEMAS

Lernfeld 2: Verkaufsgespräche kundenorientiert führen

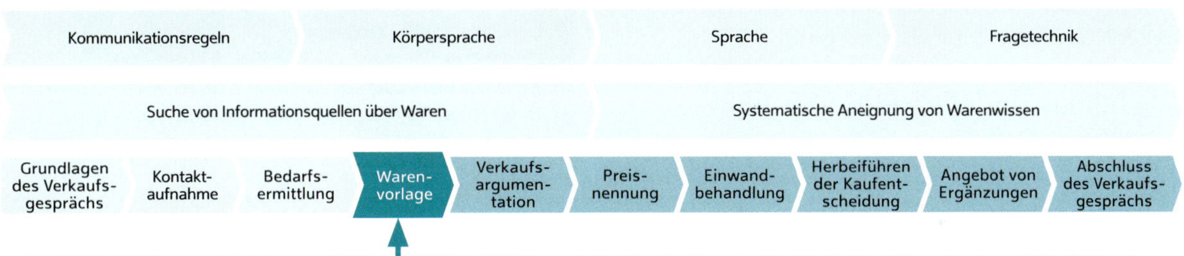

Kompetenzen

Nach Bearbeitung dieses Kapitels können Sie ...

- ... die Warenvorlage zum richtigen Zeitpunkt, mit der richtigen Menge und der richtigen Vorgehensweise durchführen.
- ... die verschiedenen Mittel der Warenvorlage erläutern.
- ... den Kunden in unterschiedlichen Verkaufssituationen Waren situationsgerecht vorlegen.

INFORMATIONSTEXT

Nach dem Empfang des Kunden und der Bedarfsermittlung beginnt mit der Warenvorlage der eigentliche Verkaufsvorgang. Diese Phase umfasst das Zeigen, Vorlegen und Vorführen von Waren. Unter Berücksichtigung des Verwendungszwecks und der Kaufmotive trifft der Verkäufer eine kundengerechte Warenvorauswahl. Eine richtige Warenvorlage hat einen entscheidenden Einfluss auf den Verkaufserfolg.

In der Verkaufsform der Selbstbedienung muss keine Warenvorlage durch das Verkaufspersonal erfolgen: Hier hat der Kunde selbst Zugang zur Ware. Er kann diese Ware aus dem Regal nehmen, anfassen und sie genau von allen Seiten anschauen.

Der Zeitpunkt der Warenvorlage

Die Warenvorlage beginnt häufig schon im Rahmen der Bedarfsermittlung. Sie verläuft auch in sehr vielen Fällen gleichzeitig mit der eigentlichen Verkaufsargumentation: Die Beratung des Kunden wird durch eine wirkungsvolle Demonstration der Ware unterstützt.

Wenn der Kunde einen bestimmten Kaufwunsch äußert und er einen bestimmten Artikel schon im Auge hat, ist der Verkauf leicht: Die gewünschte Ware wird ihm ohne viele Worte vorgelegt.

Schwieriger gestaltet sich das Verkaufsgespräch, wenn der Kaufwunsch noch nicht klar ist. Lässt der Kunde während der Phase der Bedarfsermittlung nur einen ungefähren Kaufwunsch erkennen, beginnt der Verkäufer in den meisten Fällen sofort und direkt mit der Warenvorlage: Der Verkäufer zeigt einige Artikel und stellt ergänzende Fragen, um den Bedarf des Kunden zu ermitteln. Aus den Kundenäußerungen kann er dann ableiten, in welche Richtung der Kaufwunsch geht.

Die Menge der vorgelegten Artikel

Der Verkäufer sollte eine kleine Auswahl an Waren vorlegen. Erfahrene Verkäufer führen in der Regel nicht mehr als drei Artikel vor:

- Eine zu kleine Warenauswahl wirkt sich negativ aus, weil der Kunde Vergleichsmöglichkeiten vermisst. Er könnte den Eindruck bekommen, dass nur eine geringe Auswahl vorhanden ist bzw. dieser Artikel unbedingt verkauft werden soll. Auch könnte er sich gleichgültig behandelt fühlen. Zudem kann der Anschein entstehen, dass der Verkäufer sich nicht für ihn interessiert.

Nur einen Artikel vorzuführen, hat negative Folgen in Verkaufsgesprächen.

- Bei einer zu großen Warenauswahl ist es wahrscheinlich, dass der Kunde und der Verkäufer die Übersicht verlieren: Der Kunde wird verwirrt, kann sich nur schwer entscheiden und kauft schließlich nichts mehr. Zudem verlieren die einzelnen vorgelegten Artikel an Wirkung. Kann der Verkäufer die vorgelegten Waren nicht mehr im Blick behalten, steigt die Diebstahlgefahr.

In einem Verkaufsgespräch sollte man zunächst drei Artikel vorlegen. Der Verkäufer steigt hier fachgerecht mit dem Wein mittlerer Qualität und Preislage ein.

Vorgehensweise bei der Warenvorlage

Die Warenvorlage beginnt mit einem Artikel mittlerer Qualität und Preislage:

- Ein Beginn mit der höchsten Preisklasse schreckt den Kunden vom Kauf ab. Außerdem hat der Verkäufer keine Steigerungsmöglichkeiten mehr, wenn der Kunde teurere Ware verlangt („Haben Sie noch etwas Besseres?").
- Die Ware der untersten Preisklasse entspricht möglicherweise nicht dem Verwendungszweck und enttäuscht den Kunden später. Natürlich versucht der Verkäufer auch im Interesse des Geschäftes nicht nur die billigste Ware zu verkaufen.

Je nach Reaktion des Kunden kann der Verkäufer dann im weiteren Verlauf seines Warenangebotes eine höhere oder eine niedrigere Preisklasse ansprechen.

In dieser Phase achtet der Verkäufer ganz besonders auf Signale des Kunden, die zeigen, dass die Ware nicht gefällt. Verschiedene Kundenäußerungen können darauf hindeuten, dass er Ware

- in einer höheren Preislage wünscht

BEISPIEL

- „Wir wollten schon etwas Besonderes!"
- „Haben Sie noch eine bessere Ausführung da?"
- „Ich suche hochwertige Schuhe."
- „Das sieht billig aus!"
- „Das ist zu billig!"
- „Der Preis ist nicht so wichtig!"
- „Ich möchte ein exklusives Geschenk für meine Freundin."

- oder in einer niedrigeren Preislage wünscht

BEISPIEL

- „Haben Sie momentan auch etwas im Sonderangebot?"
- „Eigentlich wollte ich so viel nicht ausgeben ..."
- „Gibt es noch eine einfachere Ausführung?"
- „Die Hose sollte nicht mehr als 30,00 € kosten."

Vom Kunden abgelehnte Ware wird vom Verkäufer beiseitegelegt.

Mittel einer wirkungsvollen Warenvorlage

Je mehr Sinnesorgane des Kunden bei der Warenvorlage angesprochen werden, desto stärker wird er eine Beziehung zur Ware aufbauen.

Einbeziehung des Kunden durch:	Sinne, die angesprochen werden:	Beispiele für Waren:	Demonstriert dem Kunden unter anderem:
Ware in die Hände geben	• Tastsinn (Hände) • Sehsinn (Augen) • Hörsinn (Ohren)	• Werkzeuge • Schmuck • Uhren • Videokameras • Kleidungsstücke	• Qualität • Handlichkeit • Leichtes Gewicht
Kostproben	• Geschmackssinn (Zunge) • Geruchssinn (Nase) • Tastsinn (Hände)	• Nahrungsmittel • Getränke • Kosmetika	• Bekömmlichkeit • guter Geschmack • gute Verträglichkeit
Anproben	• Tastsinn (Hände, aber auch Körpergefühl) • Sehsinn (Augen)	• Schuhe • Textilien	• Qualität • Aussehen • Wohlfühlen
Ausprobieren	• Tastsinn (Hände) • Sehsinn (Augen) • Hörsinn (Ohren)	• Geräte im weitesten Sinne • Spiele und Spielzeug	• einfache Bedienung • Funktionsmöglichkeiten und -vielfalt • Handlichkeit • Gefahrlosigkeit

Macht der Verkäufer den Kunden mit der Ware vertraut, sollte er versuchen, bei der Warenvorführung alle Sinne einzubeziehen. Dabei beachtet er Folgendes:

- Der Verkäufer legt nur einwandfreie und saubere Ware vor.
- Der Verkäufer führt die Ware schonend, sorgfältig und fachgerecht vor. Tut er dies nicht, verliert die Ware in den Augen des Kunden durch den nachlässigen und achtlosen Umgang an Wert.
- Die Ware wird so gezeigt, dass ihre Besonderheiten auf den Kunden wirken können. Artikel, die unterschiedliche Seiten haben, werden dem Kunden mit der Vorderseite vorgeführt.

BEISPIELE

- Champagnerflasche mit dem Etikett
- Eine Stereoanlage mit der Vorderfront

Es ist also immer die „Schokoladenseite“ der Ware vorzuführen. Alle Artikel, die unterschiedliche Seiten haben, werden dem Kunden mit ihrem „Gesicht“ gezeigt.

Artikel, die unterschiedliche Seiten haben, werden dem Kunden mit der Vorderseite vorgeführt. Ein Verkäufer zeigt eine Weinflasche mit dem Etikett

- Einige Waren können durch Verwendung passender Unterlagen oder Hintergründe wirkungsvoll zur Geltung gebracht werden.

BEISPIELE

- Wertvolle Füller und Kugelschreiber auf dunkler Unterlage
- Schmuck auf schwarzer Samtunterlage

Die Wirkung von Ware kann auch durch Verwendung entsprechender Beleuchtungsquellen gesteigert werden.

BEISPIEL

Die Farben vieler Textilien kommen nur bei natürlichem Tageslicht richtig zur Geltung. Andererseits wirkt festliche Bekleidung (Abendkleider, Anzüge) erst richtig in Kunstlicht.

- Die Waren sollten in ihren Gebrauchs- und Verwendungsmöglichkeiten gezeigt werden. Dadurch werden die Produktvorteile sichtbar.

BEISPIELE

- Drapieren einer Krawatte auf ein Hemd
- Einlegen und kurzes Anspielen einer CD in einer Stereoanlage

„Reden ist Silber, Zeigen ist Gold.“

(*alte Verkäuferweisheit*)

- Wenn möglich, wird der Kunde in die Warenvorlage einbezogen: Der Verkäufer gibt ihm die Ware und lässt sie ihn probieren. Durch das Anfassen, Anziehen, Bedienen und Anwenden eines Artikels bekommt der Kunde einen direkten Kontakt zur Ware. Durch das „Begreifen“ der Ware kann er sich vorstellen, wie es wäre, wenn sie ihm schon gehören würde. Außerdem wird sein Besitzerstolz geweckt.

Der Verkäufer führt die Ware sachgerecht vor. Die Kundin bekommt die Verwendungsmöglichkeiten gezeigt. Sie bekommt den Artikel auch in die Hand

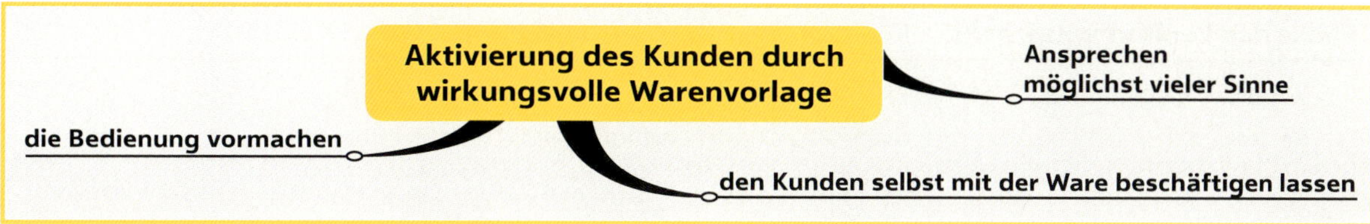

Sprachlich kann die Wirkung der Warenvorlage durch Verwendung passender Eigenschaftswörter gesteigert werden. Der Verkäufer kann durch anschauliche Eigenschaftswörter auf Vorteile der Ware hinweisen:

- „Dieser Regenmantel hat einen jugendlichen Schnitt."
- „Der Stoff ist anschmiegsam und weich wie eine zweite Haut."
- „Das Gerät ist federleicht."
- „Diese Schokolade ist so zart, dass sie auf der Zunge zergeht."

AUFGABEN

1. Erläutern Sie die Phasen der Warenvorlage.

2. Wann sollte die Warenvorlage erfolgen?

3. Begründen Sie, warum
 a) nicht zu viel
 b) nicht zu wenig

Ware vorgelegt werden soll.

4. Warum sollte die Warenvorlage mit einer Ware mittlerer Preisklasse beginnen?

5. Bringen Sie zwei Beispiele für Kundenäußerungen, an denen der Verkäufer erkennen kann, dass Ware einer höheren Preisklasse gewünscht wird.

6. Warum sollte der Kunde die Ware ausprobieren dürfen?

7. Welche der folgenden Verkaufssituationen zeigen ein Interesse der Kunden an der vorgelegten Ware?
 a) Eine Kundin probiert den vorgelegten Artikel aus.
 b) Ein Kunde nimmt den vorgelegten Artikel wiederholt in die Hand.
 c) Ein Kunde schüttelt den Kopf.
 d) Ein Kunde schiebt den Artikel zur Seite und wendet sich einem Begleiter zu.

8. Welche der folgenden Verhaltensweisen sind bei der Warenvorlage falsch?
 a) Wenn es möglich ist, soll die Ware dort vorgelegt werden, wo sich die Ware befindet.
 b) Wenn es möglich ist, soll die Ware dort vorgelegt werden, wo sich der Kunde befindet.
 c) Die Warenvorlage soll erst dann erfolgen, wenn sich der Kunde zum Kauf entschlossen hat und nur noch auswählen möchte.
 d) Nach Möglichkeit sollte der Kunde die Ware selbst ausprobieren.
 e) Die Ware sollte geordnet nach Preisklassen oder nach Qualitäten usw. vorgelegt werden.
 f) Nachdem sich der Kunde entschieden hat, sollte keine Ware mehr vorgelegt werden.
 g) Bei der Vorlage sollte stets darauf geachtet werden, dass möglichst viele Waren übereinander vorgelegt werden, damit dem Kunden das Gesamtangebot des Unternehmens verdeutlicht wird.

9. Eine Kundin steht schon längere Zeit vor den HD-Fernsehern und schaut sich die unterschiedlichen Modelle interessiert an. Der Verkäufer Mike Hairston wendet sich der Kundin zu.

Phase des Verkaufsgesprächs	*Kommunikation zwischen Verkäufer und Kundin*
I	Verkäufer: „Darf ich Ihnen behilflich sein?“ Kundin: „Ich interessiere mich für HD-Fernseher.“
II	Verkäufer: „Können Sie sich schon ein bestimmtes Modell vorstellen?“ Kundin: „Eigentlich nicht, ich möchte mir ab und zu mal einen Spielfilm aus einer Mediathek anschauen.“ Verkäufer: „Hatten Sie schon mal einen HD-Fernseher?“ Kundin: „Mein Ex-Freund hatte einen ... Aber da war mir die Bedienung zu kompliziert.“
III	Verkäufer: „Da kann ich Ihnen den Hitoni RX 65 vorstellen ...“

a) Um welche Phasen des Verkaufsgesprächs handelt es sich bei den Phasen I, II und III?
b) Wie beurteilen Sie das Verhalten des Verkäufers in den einzelnen Phasen?

10. Eine Ware soll dem Kunden vorgeführt werden.
a) Verwenden Sie dazu einen Artikel, der Ihnen in Ihrem Verkaufskunderaum zur Verfügung steht. Beschreiben Sie den Artikel, seine Vorteile und seine Verwendung so anschaulich wie möglich, ohne ihn vorzulegen. (Auf den zu verkaufenden Artikel wird also weder gezeigt noch wird er in Demonstration einbezogen.)
b) Anschließend legen Sie die Ware nur mit körpersprachlichen Mitteln vor. (Der Artikel selber, sein Gebrauch und seine Vorteile werden also ohne Worte vorgeführt.)
c) Die Klasse beobachtet jeweils, ob es gelang, die Ware wirkungsvoll vorzuführen.
d) Abschließend wird die Ware mit allen verbalen und nichtverbalen Mitteln vorgelegt.

11. Zeigen Sie am Beispiel von Waren Ihres Ausbildungssortiments Artikel,
a) die dem Kunden nicht zum Aus- oder Anprobieren gegeben werden können,
b) bei denen die Wirkung der Warenvorlage durch einen entsprechenden Hinter- oder Untergrund bzw. durch entsprechende Beleuchtungsquellen gesteigert werden kann.

12. Sie sollen fünf Waren Ihres Ausbildungssortiments vorlegen.
a) Verbinden Sie die jeweiligen Waren mit Eigenschaftswörtern, die Farbe, Wert und Anziehungskraft ausdrücken. (Beispiele: frischer knackiger Salat, knusprige Brötchen)
b) Führen Sie die Phase der Warenvorlage vor.

13. Heute wollen wir uns noch einmal die wichtigsten Regeln der drei ersten Phasen eines Verkaufsgesprächs klarmachen. Diese sollen in einer besonderen Form einer PowerPoint-Präsentation vorgestellt werden.

Arbeitsauftrag:
a) Bilden Sie Gruppen mit drei Personen.
b) Entscheiden Sie sich pro Phase für mindestens vier wichtige Regeln.
c) Stellen Sie die Regeln in einer PowerPoint-Präsentation vor. Diese darf nur Fotos, aber keinen Text enthalten. (Nur zur Trennung der Phasen sind drei Folien mit dem jeweils einzigen Text „Kontaktphase“, „Bedarfsermittlung“ und „Warenvorlage“ erlaubt.)
d) Überlegen Sie sich in der Gruppe, wie die Fotos aussehen können, um die einzelnen Regeln zu demonstrieren und zu veranschaulichen.
e) Erstellen Sie diese Fotos mithilfe Ihrer Handys im Verkaufskunderaum Ihrer Schule (oder vor Ort in einem Einzelhandelsunternehmen: Erlaubnis einholen!).
f) Bereiten Sie sich darauf vor, einen Vortrag über die wichtigsten Regeln der drei ersten Phasen eines Verkaufsgesprächs zu halten. Die PowerPoint-Präsentation dient dabei nur der Visualisierung. Im Vordergrund steht der Vortrag.

g) Jede Folie darf nur 20 Sekunden lang gezeigt werden.

14. Welchen Sinn des Kunden spricht der Verkäufer mit den folgenden Handlungen an?
a) Dem Kunden wird eine Kostprobe des Käses serviert.
b) Der Verkäufer übergibt dem Kunden das Gerät. Dieser befühlt es und probiert seine Funktionen aus.
c) Der Kundin wird eine Duftprobe des Parfüms gegeben. Diese schnuppert erfreut.
d) Die Ware wird dem Kunden auf einer edlen Unterlage präsentiert.

ZUSAMMENFASSUNG

Warenvorlage

das Zeigen, Vorlegen und Vorführen von Waren

Zeitpunkt
- so früh wie möglich (zum Teil schon während der Bedarfsermittlung)

Menge
- in der Regel nicht mehr als drei Artikel vorlegen

Vorgehensweise
- mit einem Artikel mittlerer Qualität und Preislage beginnen
- die Ware von der besten Seite zeigen

Mittel
- nur einwandfreie Ware vorzeigen
- Artikel in ihren Gebrauchs- und Verwendungsmöglichkeiten demonstrieren
- den Kunden die Ware ausprobieren lassen

Man versteht erst dann etwas richtig, wenn man am Ende der Behandlung eines Themas versucht, sich dieses selbst noch einmal zu erklären. Dies führt zu einer eigenen gründlichen Auseinandersetzung mit dem gerade behandelten Thema.

1. Suchen Sie sich einen Partner.
2. Lesen Sie noch einmal die Zusammenfassung. Bei Verständnisproblemen schlagen Sie ggf. noch einmal im Informationstext nach.
3. Wandeln Sie die Zusammenfassung mit Ihrem Partner in eine gemeinsame Mindmap um.

ICH ÜBERPRÜFE MEINE NEU ERWORBENEN KOMPETENZEN

Den Erwerb der zu Beginn aufgeführten Kompetenzen können Sie selbst mithilfe der folgenden Tabelle überprüfen.

Wenn Sie alle Aufgaben, die hinter einer Kompetenz stehen, gelöst haben, machen Sie ein Kreuz bei „Ganz“.

Bei den Kompetenzen, bei denen Sie Aufgaben „Teilweise“ oder „Gar nicht“ gelöst haben, sollten Sie den dazugehörigen Informationstext noch einmal lesen und die Aufgaben anschließend noch einmal bearbeiten.

Was ich nach der Bearbeitung dieses Kapitels kann	Aufgaben	Ganz	Teilweise	Gar nicht
Ich kann ...				
... die Warenvorlage zum richtigen Zeitpunkt, mit der richtigen Menge und der richtigen Vorgehensweise durchführen.	1, 2, 3, 4, 5, 6, 7, 8, 13			
... die verschiedenen Mittel der Warenvorlage erläutern.	9, 13			
... den Kunden in unterschiedlichen Verkaufssituationen Waren situationsgerecht vorlegen.	10, 11, 12, 13			

5321292

2.12 Die Verkaufsargumentation

Problemstellung

Nachdem Stefanie Beyer einem Kunden drei Herrenhemden vorgelegt hat, interessiert sich dieser für eines von diesen ganz besonders. Stefanie Beyer beginnt zu argumentieren:

„Dieser Microfleece-Troyer ist nur von außen angeraut, seine Innenseite hingegen ist glatt. Das Hemd hat auch Ziernähte und kleine Ton-in-Ton-Stickereien. Es besteht zu 100 % aus Polyester."

1. Führen Sie auf, welche Fehler Stefanie Beyer im Rahmen der Verkaufsargumentation macht.
2. Geben Sie ein Beispiel für eine bessere Verkaufsargumentation.

EINORDNUNG DES THEMAS

Lernfeld 2: Verkaufsgespräche kundenorientiert führen

Kommunikationsregeln	Körpersprache	Sprache	Fragetechnik

Suche von Informationsquellen über Waren	Systematische Aneignung von Warenwissen

Grundlagen des Verkaufsgesprächs → Kontaktaufnahme → Bedarfsermittlung → Warenvorlage → **Verkaufsargumentation** → Preisnennung → Einwandbehandlung → Herbeiführen der Kaufentscheidung → Angebot von Ergänzungen → Abschluss des Verkaufsgesprächs

Kompetenzen

Nach Bearbeitung dieses Kapitels können Sie ...

... zwischen kunden- und warenbezogener Argumentation unterscheiden.
... aus allen Produktmerkmalen eines Artikels diejenigen auswählen, die für die Kaufmotive des Kunden wichtig sind.
... Produktmerkmale argumentativ umsetzen, indem Sie deren Nutzen für den Kunden aufzeigen.
... im Rahmen der Nutzenargumentation Kunden direkt im Sie-Stil ansprechen.

INFORMATIONSTEXT

Ein gewinnendes Äußeres, sympathische Umgangsformen und geschicktes Reden reichen heute nicht mehr aus, um als Verkäufer erfolgreich zu sein. Vom heutigen Verkaufsmitarbeiter wird die Fähigkeit verlangt, das eigene Warenangebot so gekonnt darzustellen, dass der Kunde von den Vorteilen und Nutzen der Artikel überzeugt ist. In der Argumentationsphase geht es deshalb darum, dem Kunden Argumente für seinen Kauf zu geben. Der Verkaufserfolg hängt wesentlich davon ab, welche Argumente der Verkäufer nennt, in welcher Form und in welchem Moment er sie einsetzt.

Die warenbezogene Verkaufsargumentation

Produktmerkmale sind die Eigenschaften eines Artikels. Sie sagen etwas aus über die Qualität einer Ware, über deren Einsatzmöglichkeiten, deren Preis usw. Wenn der Verkäufer lediglich Produktmerkmale nennt, argumentiert er nur warenbezogen. In der warenbezogenen Verkaufsargumentation stellt der Verkäufer keine direkte Beziehung zum Kunden her. Stattdessen steht die Ware im Mittelpunkt. Der Verkäufer verwendet im Verkaufsgespräch also nur reine sachbezogene Aussagen. Warenbezogen sollte lediglich bei Experten argumentiert werden: Nur Fachleute als Kunden sind bei erklärungsbedürftigen Waren in der Lage, Vorteile aus den Produktmerkmalen (selbst) abzuleiten. Dies können normale Kunden normalerweise nicht. Deshalb müssen Verkäufer bei den meisten Kunden den Nutzen der Ware während der Beratung deutlich machen.

BEISPIEL

Der Kfz-Meister Frank Müller möchte privat eine wartungsfreie Autobatterie für das Auto seiner Frau in einem KfZ-Zubehörgeschäft kaufen.

Der Verkäufer argumentiert: „Da würde ich Ihnen die AR Energypower Autobatterie 12V 85Ah empfehlen. Sie hat die neuste Silber-Calcium Technologie. Sie hat eine Nennspannung: von 12V. Die Kapazität beträgt 85Ah. Beim Kältestrom EN haben wir 780A. Sie hat eine maximale Gesamthöhe von 190 mm." Frank Müller nickt zustimmend: Ihm als Experten ist klar, dass dies die richtige Autobatterie ist. Ein normaler Kunde wäre aber bei der Vielzahl technischer Daten überfordert.

In den meisten Verkaufssituationen ist eine kundenbezogene Verkaufsargumentation daher besser.

Die kundenbezogene Verkaufsargumentation

Die **kundenbezogene** Verkaufsargumentation ist eine Argumentation, die von den Vorteilen (Nutzen) der Ware für den Kunden ausgeht. Der Kunde wird dabei direkt mit dem Sie-Stil angesprochen: Normale Kunden interessieren sich nämlich weniger für das Produkt als für den Produktnutzen. Dieser Produktnutzen lässt sich aus den Kaufmotiven des Kunden ableiten. Eine solche Verkaufsargumentation ist gleichzeitig sach- und personenbezogen.

Die Argumentationsphase wird häufig zusammen mit der Warenvorlage durchgeführt. Der Verkäufer muss hier auf die Kaufmotive des Kunden eingehen. Diese Kaufmotive sind normalerweise bereits in der Phase der Bedarfsermittlung erkennbar. Der Verkäufer muss dem Kunden durch seine Art der Argumentation stets das Gefühl geben, dass durch den Kauf viele seiner Bedürfnisse befriedigt werden.

BEISPIEL

Einem Kunden wird keine Ware verkauft, sondern beispielsweise die Möglichkeit,

- Ansehen und Prestige zu gewinnen,
- besser auszusehen,
- Geld zu sparen,
- sich sicher zu fühlen,
- etwas zu erleben,
- Bequemlichkeit zu gewinnen usw.

Die Kunden sind in der Regel nicht an technischen Einzelheiten interessiert, die nicht direkt auf ihre Bedürfnisse zugeschnitten sind. In erfolgreichen Verkaufsgesprächen wird die Vorstellungswelt des Kunden getroffen. Die Argumentation betont klar die Vorzüge der Ware, die beim Kunden Probleme lösen oder zumindest verkleinern.

Die Ware stellt für den Kunden ein Mittel zu einem bestimmten Zweck dar, deren Nutzen dem Kunden vom Verkäufer deutlich vermittelt werden soll.

Der Kunde kauft nicht die Ware ...	... sondern beispielsweise den Nutzen
Spülmaschine	Arbeitsentlastung
elektrischer Rasierapparat	Zeitgewinn gegenüber Nassrasur
kosmetisches Präparat	schönere Haut
Haarwasser	gutes Aussehen
Fertigspeise	einfache und schnelle Zubereitung
Möbelstück	Gemütlichkeit
Kleidung	Selbstgefühl
Rasenmäher	Gartenschönheit oder Freizeitbeschäftigung

Die wirkungsvollste Weise, in einem Verkaufsgespräch zu argumentieren, liegt deshalb in einer dreistufigen Vorgehensweise:

1. Beschreibung des Produktmerkmals eines Artikels
2. Darlegung des damit zusammenhängenden Vorteils
3. Angabe des sich daraus für den Kunden ergebenden Nutzens im Sie-Stil.

BEISPIEL

Ein Kunde, der sich für einen Fernseher interessiert, möchte nicht den Fernseher an sich, sondern er erwartet für sich von dem Gerät überzeugende Unterhaltung.

Der Kunde ist also grundsätzlich nicht am Artikel an sich interessiert. Im Vordergrund steht für ihn vielmehr der Vorteil, den ihm die Ware bieten kann. Der Kunde will einen Nutzen und keine Produktmerkmale kaufen. Deshalb müssen für jeden Kunden immer die Produktmerkmale in seinen Nutzen übersetzt werden. Dabei wird der Kunde immer direkt angesprochen.

Produktmerkmale

Ausgangspunkt einer Verkaufsargumentation sind die **Produktmerkmale** der angebotenen Ware. Dies sind die Eigenschaften, die ein bestimmter Artikel hat. Je mehr Fachwissen ein Verkäufer über die Waren seines Sortiments hat, umso mehr Möglichkeiten hat er in der Verkaufsargumentation.

BEISPIEL

„Dieses Hemd ist vom Hersteller Hoss. Es ist aus Polyester hergestellt und …“ (Produktmerkmale)

Ableitung von Vorteilen

Technische Details der Ware sagen dem Kunden häufig überhaupt nichts. Trotzdem begehen viele Verkäufer den Fehler, den Kunden mit technischen Einzelheiten zu überschütten. Die Kunden interessieren sich jedoch stärker für die Vorzüge des Artikels als für eine reine Aufzählung von Fakten. Aus den Produktmerkmalen muss der Verkäufer in jedem Fall Eigenschaften und Vorteile ableiten.

BEISPIEL

„Dieses Hemd ist vom Hersteller Hoss. Es ist aus Polyester hergestellt (Produktmerkmal). Polyester trocknet bei der Wäsche schnell, ohne faltig zu werden (Produktvorteile).“

Um vorteilsbezogen argumentieren zu können, muss der Verkäufer treffende Verkaufsargumente aus seinem Vorrat an Argumenten auswählen. Vorteile eines Produktes kann er aus folgenden Bereichen ableiten:

- der **Ware**: Der Verkäufer kann von der Ware selbst Argumente zum Aussehen, für die praktischen Gebrauchseigenschaften und zu den Pflegemerkmalen ableiten.

BEISPIEL

Ein Anzug erzielt durch ein entsprechendes Muster sowie einen raffinierten Schnitt eine schlankmachende Wirkung.

Gegenüber einem Kunden mit Übergröße könnte dieses Argument im Vordergrund der Verkaufsargumentation stehen, wenn dessen Hauptmotiv für einen Kauf ein gutes Aussehen wäre. Andere Argumente wie leichte Pflege oder gute Stoffqualität würden dann erst an zweiter Stelle der Verkaufsargumentation stehen.

- dem **Verwendungszweck**: Bestimmte Artikel können in Beruf und Freizeit, im Sport und auf Reisen, bei Festlichkeiten oder anderen Anlässen verwendet werden. Dies bringt häufig Vorteile, die argumentativ genutzt werden können.

BEISPIEL

Ein Hemd mit variablem Kragen kann sowohl im Beruf mit Krawatte und in der Freizeit offen – ohne Krawatte – getragen werden.

- dem **Preis** der Ware: Auch der Preis eignet sich gut für die Ableitung von Produktvorteilen. Für sparsame Kunden kann ein besonders gutes Preis-Leistungs-Verhältnis oder ein sehr günstiger Preis ein entscheidendes Verkaufsargument sein. Auch kann der Preis als Qualitätsgarantie wirken. Bei solchen Kunden sind andere Argumente eher zweitrangig.
- den **Serviceleistungen**: Kunden lassen sich oft vom Kauf einer Ware überzeugen, wenn Kundendienstleistungen angeboten werden.

BEISPIEL

Ein Anzug wird in der hauseigenen Änderungsschneiderei der Tom Hoss KG innerhalb einer Stunde gekürzt. Für einen eiligen Kunden, der den Anzug dringend braucht, wird wird dies wahrscheinlich ein wichtigerer Vorteil sein als der Preis.

Die Nutzenargumentation im Sie-Stil

Der Kunde möchte wissen, welchen Nutzen er vom angebotenen Artikel hat. Aus den Produktmerkmalen lassen sich in der Regel viele Vorteile ableiten. Viele Vorteile braucht der Kunde jedoch gar nicht. Entscheidend für ihn sind die Vorzüge der Ware, die seine speziellen Probleme lösen und ihm tatsächlich nützen. Deshalb werden im Verkaufsgespräch diese **Nutzen** genannt.

Verkäufer haben es immer mit Menschen zu tun. Und Menschen haben private, berufliche, ureigene, fremde Probleme. Gute Verkäufer verkaufen Problemlösungen, indem sie dem Kunden den Nutzen einer Ware aufzeigen.

In der Argumentationsphase wird nach dem **Filterprinzip** vorgegangen:

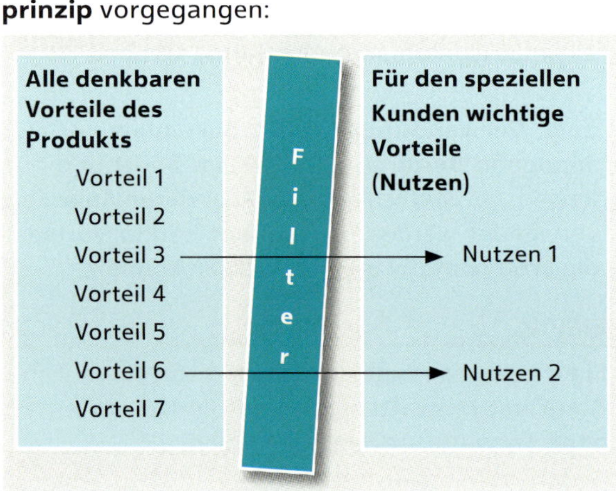

Aus den vielen möglichen Vorteilen der Ware werden vom Verkäufer nur die benutzt, die für den Kunden wichtig sind. Er führt also nicht alle Produktmerkmale mit den damit verbundenen Vorteilen auf. Stattdessen wird der wirkliche Nutzen für den Kunden in den Mittelpunkt der Verkaufsargumentation gestellt.

BEISPIEL

- Dieses Hemd ist vom Hersteller Hoss. Es ist aus Polyester hergestellt. ***(Produktmerkmal)***
- Polyester trocknet bei der Wäsche schnell, ohne faltig zu werden. ***(Produktvorteile)***
- Wenn Sie das Hemd am Abend waschen, können Sie es am Morgen schon wieder tragen. Sie brauchen es auch nicht zu bügeln. Sie sparen also Zeit und Geld. ***(Nutzenformulierung im Sie-Stil)***

Ein Verkäufer nennt nicht jeden Produktvorteil jedem Kunden. Er verwendet also nur die Argumente, die für den Kunden wichtig sind, also den Kundennutzen ansprechen.

Viele Verkäufer machen häufig den Fehler, ihre eigene Person im Verkaufsgespräch zu sehr in den Vordergrund zu rücken. Dies interessiert den Kunden jedoch nur am Rande. Für ihn ist nur ausschlaggebend, was er für seine Problemlösung erhält. Formulierungen mit den persönlichen Fürwörtern

- „Sie“,
- „Ihnen“,
- „Ihr“ usw.

stellen einen persönlichen Bezug zum Kunden her. Dies zeigt deutlich, dass die Interessen und Probleme des Kunden im Mittelpunkt des Verkaufsgesprächs stehen.

Nicht gut:	Optimal
Der Verkäufer sagt im Verkaufsgespräch nichts neutral oder ichbezogen, …	… sondern formuliert partnerbezogen aus Sicht des Kunden im Sie-Stil.
• „Das bedeutet …“	• „Das bedeutet für Sie …“
• „Das zeigt …“	• „Das zeigt Ihnen …“
• „Damit spart man …“	• „Dadurch sparen Sie …“
• „Ich habe Folgendes …“	• „Für Ihre Zwecke …“

Elemente eines Verkaufsarguments

Produktmerkmal

„Dieser Anorak ist aus Goretex.

Produktvorteil

Das hat den Vorteil, dass er atmungsaktiv ist.

Produktnutzen

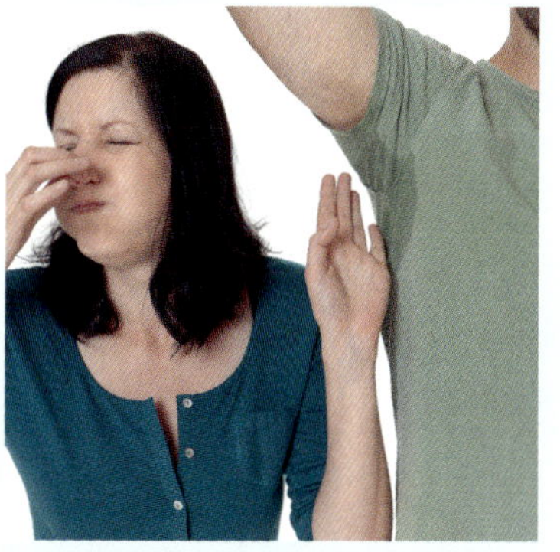

Sie werden sich deshalb auch wohl fühlen, wenn Sie schwitzen, denn die Körperfeuchtigkeit wird problemlos nach außen transportiert."

Argumentationsregeln

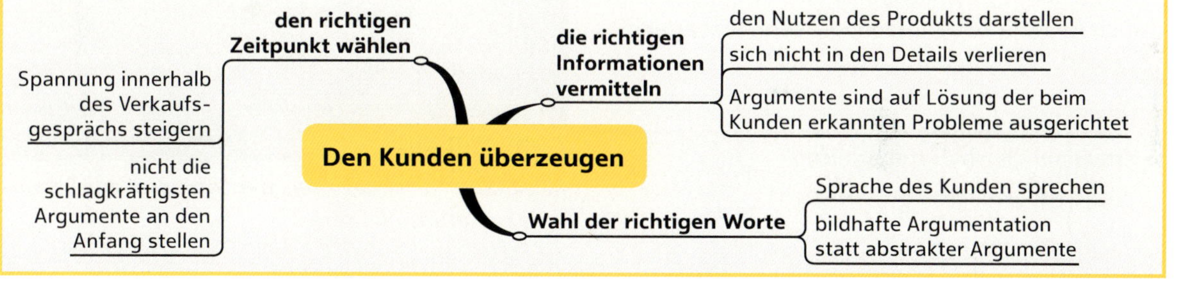

Durch Beachtung folgender Punkte kann die Verkaufsargumentation wirkungsvoll unterstützt werden:

- Je mehr Produktmerkmale einer Ware ein Verkäufer kennt, desto mehr mögliche Vorteile der Ware kann er ableiten. Er muss also in jedem Fall über ein umfangreiches Warenwissen verfügen. Wenn der Verkäufer dann noch auf die genaue Bedürfnis- und Interessenlage des Kunden eingeht, kann er im Verkaufsgespräch genau die Vorzüge des Produkts wirkungsvoll verwenden, die dem Kunden nützen: Der Verkäufer sucht im Verkaufsgespräch deshalb immer wieder die Probleme des Kunden. Er findet dann am besten die Argumente, die wirklich überzeugen können.
- Bei der Argumentation muss der Verkäufer bei der Wahrheit bleiben. Mit Übertreibungen schadet er sich und dem Unternehmen mehr, als er denkt. Er vermeidet solche Übertreibungen, wenn er sich ausreichend mit dem Kunden identifiziert und in dessen Nutzeninteresse denkt.
- Die Argumente müssen so angebracht werden, dass kein Druck auf den Kunden ausgeübt wird.
- Die Argumente müssen im richtigen und logischen Aufbau vorgebracht werden.
- Ein gutes Argument ist konkret formuliert. Durch präzise und kurz ausgedrückte Argumente hat der Kunde eine bessere Vorstellung.

BEISPIEL

„Durch Einsatz dieses Geräts sparen Sie 15 % Stromkosten ein. Das haben Untersuchungen gezeigt."

- Ein Argument richtet sich an den konkreten Bedürfnissen eines Kunden aus. Der Vorteil, den eine Ware dem Kunden verschafft, muss ihn neugierig machen.

BEISPIEL

„Ein wichtiger Punkt für Sie ist die Aufstellzeit. Dieses Zelt ist in zehn Sekunden aufgebaut."

- Ein Argument ist anschaulich. Kunden verstehen Vergleiche oder Beispiele besser als abstrakte Sprache.

BEISPIEL

„Dieses Programm ist so leicht zu bedienen, als ob Sie Ihren Fernseher einschalten ..."

- Der Verkäufer nutzt jede Möglichkeit, die Fantasie des Kunden anzusprechen. Dazu gehört, dass er die Ware anschaulich beschreibt. Er sollte auch Ausdrücke benutzen, die sehr aussagekräftig sind.

BEISPIEL

- Statt nur „leicht": „federleicht"
- Statt nur „weich": „butterweich"

- In der Argumentationsphase sollten die Argumente so vorgebracht werden, dass sich eine Steigerung ergibt. Das stärkste Argument gehört also an den Schluss dieser Phase. Dies bedeutet jedoch nicht, dass der Verkäufer mit dem schwächsten Argument beginnen sollte. Es empfiehlt sich im Allgemeinen, das Argument zuerst zu bringen, das voraussichtlich die zweitstärkste Wirkung im Verkaufsgespräch hat.

In jedem Menschen schlummern etwa 65 Kaufmotive. Wenn man sich die im Menschen schlummernden Kaufmotive als Schubladen vorstellt, dann springen diese nur auf – wirken also als Motor für die Kauftätigkeit –, wenn der richtige Schlüssel – also die nutzenbezogene Verkaufsargumentation – angewandt wird.

Manchmal kann der Preis der Schlüssel zur Schublade (= Kaufmotiv) sein ...

AUFGABEN

1. Mit welchen Phasen des Verkaufsgesprächs hängt die Verkaufsargumentation eng zusammen?
2. Erläutern Sie den Unterschied zwischen warenbezogener und kundenbezogener Argumentation.
3. Welche drei Stufen sollte eine Verkaufsargumentation im Regelfall umfassen?
4. Warum reicht die Nennung technischer Details in einem Verkaufsgespräch nicht aus?
5. Wodurch unterscheiden sich Produktmerkmal und Produktvorteil?
6. Woraus können Produktvorteile abgeleitet werden?
7. Was versteht man unter dem Sie-Stil?
8. Wodurch unterscheiden sich Produktvorteil und Nutzen?
9. Warum ist ein großes Warenwissen vorteilhaft für die Verkaufsargumentation?
10. In Verkaufsgesprächen können vom Verkäufer mehrere Argumente verwendet werden. In welcher Reihenfolge sollte dies geschehen?
11. Führen Sie die Argumentationsregeln auf.
12. In den meisten Verkaufssituationen sollte der Verkäufer kundenorientierte Verkaufsargumente verwenden. In welchem Fall können dem Kunden auch warenbezogene Verkaufsargumente genannt werden?

5321298

13. Entscheiden Sie in den folgenden Verkaufssituationen, ob waren- oder kundenbezogene Verkaufsargumente vorliegen.
  a) „Dieses Hemd müssen Sie nicht bügeln."
  b) „Dieser Staubsauger ist sehr leise."
  c) „Die Sohle dieses Laufschuhs enthält Luftkissen, die Ihnen gerade auf harten Straßenbelägen ein angenehmes und gefedertes Laufen ermöglichen."
  d) „Dieser Pullover ist leicht zu reinigen."
  e) „Dieses Sakko ist gut kombinierbar. Sie können es zu jeder Gelegenheit tragen, also auch zu einer Jeans."
  f) „Dieser Koffer ist sehr preiswert."
  g) „Diesen Staubsauger werden Sie beim Saugen Ihrer Wohnung kaum hören."
  h) „Da wir diesen Koffer im Rahmen einer Verkaufsaktion im Angebot haben, sparen Sie beim Kauf sehr viel Geld."
  i) „Das Smartphone hat einen schnellen Internetzugang."
  j) „Dieses Hemd besteht aus Synthetik."

14. Entwerfen Sie in Partnerarbeit ein Rollenspiel zwischen Kunde und Verkäufer.
  a) Der Kunde möchte mit dem Kauf eines typischen Artikels des Ausbildungssortiments ein Problem lösen. Der Verkäufer bietet ihm eine entsprechende Ware an und verwendet das dreistufige Schema der Verkaufsargumentation.
  b) Bereiten Sie sich darauf vor, das Rollenspiel vorzuführen.
  c) Achten Sie bei den anderen in der Klasse aufgeführten Rollenspielen darauf,
    - welches Problem der Kunde hat,
    - ob der Verkäufer im Rahmen der dreistufigen Verkaufsargumentation dem Kunden direkt den Nutzen des Artikels aufzeigt.

15. Besorgen Sie sich einen Prospekt (oder eine Anzeige) zu einem Artikel oder mehreren Artikeln. Der Prospekt oder die Anzeige sollte sehr viele Fachausdrücke enthalten.
  a) Übersetzen Sie die Produktmerkmale in den Sie-Stil (wenden Sie also das dreistufige Verfahren der Verkaufsargumentation an).
  b) Stellen Sie Ihre Argumentation Ihrer Klasse vor.

16. Greifen Sie sich aus Ihrem Ausbildungssortiment ein wichtiges Produkt heraus.
  a) Notieren Sie kurz die Argumente, die Sie im Verkaufsgespräch einsetzen würden.
  b) Finden Sie anschließend weitere Argumente anhand der folgenden Liste mit willkürlich aufgeführten Kaufmotiven.
    - Sicherheit
    - Präzision
    - Handhabungsvorteile
    - Beibehaltung bisheriger Gewohnheiten
    - Schönheit
    - Formgerechtigkeit
    - Vereinfachung
    - Kosteneinsparung
    - Erleichterung von Arbeit
    - Gewichtsvorteil
    - Spezialistenwissen
    - Prestigegewinn
    - Sauberkeit
    - Gesundheit
    - Sozialdenken
    - Wissenserweiterung
    - Perfektion
    - Luxus
    - Beliebtheit
    - Originalität
    - Vergnügen
    - Unterhaltung
    - Schenkmöglichkeit
    - Macht
    - Farbe
    - Form
    - Preis

17. Erstellen Sie in Partner- oder Gruppenarbeit für die zehn wichtigsten Artikel Ihres Ausbildungssortiments jeweils
  - typische Produktmerkmale
  - daraus abgeleitete Produktvorteile
  - und vor allem Nutzenformulierungen im Sie-Stil (für häufig vorkommende Kundenprobleme).

18. Ein vielfältiger Wortschatz mit passenden Worten unterstützt eine erfolgreiche Verkaufsargumentation. Erstellen Sie deshalb in Partner- oder Gruppenarbeit Wortlisten, die treffende Bezeichnungen enthalten für
a) Farben
b) Formen,
c) positive Eigenschaften der Ware.

Lösungshinweise:

Viel besser, als nur „rot" zu sagen, ist die Verwendung von Begriffen wie „chiantirot", „kirschrot", „feuerrot" usw.

Statt „In diesem Kleid sehen Sie sehr schön aus" kann man auch „In diesem Kleid sehen Sie sehr elegant aus" sagen usw.

19. Ein Kunde kommt in die Sportabteilung der Tom Hoss KG, weil er Sportschuhe für Hallenhandball kaufen möchte. Nach der Warenvorlage gibt der Kunde deutlich zu erkennen, dass er sich für das Modell Goal34 interessiert.

Der Verkäufer führt das Verkaufsgespräch weiter:

„Der Goal34 hat eine revolutionäre und richtungsweisender Farbgebung – metallic antique! Er verfügt über eine CLIMACOOL-Plate sowie Metal-Mesh-Einsätze im Schaft. Das sind absolute Innovationen für den Hallensport. Im 3-D-Torsion-System ist er mit Belüftungsschlitzen ausgestattet, die Sohle ist perforiert. Weitere Unterschiede zu anderen Sportschuhen liegen im adiprene-System ..."

Wie beurteilen Sie dieses Verkaufsgespräch?

20. Bestimmte Verben können für Vorteilsformulierungen verwendet werden. Mit ihnen kann dem Kunden der direkte Nutzen von Waren dargestellt werden. Beispiele: „Dieser Artikel sorgt für ...", „Dieses Produkt sichert ..."

Formulieren Sie mit jedem der folgenden Verben ein Verkaufsargument für einen Artikel Ihres Ausbildungssortiments:
- dienen
- schützen vor
- optimieren
- sparen
- garantieren
- helfen
- verbessern
- erleichtern
- sparen
- verringert

21. Finden Sie für fünf Produkte Ihres Ausbildungssortiments mindestens drei Probleme eines Kunden, die durch den Kauf des Produktes gelöst werden können.

22. Ronja Bunko ist von zu Hause ausgezogen und bezieht ihre erste Wohnung. Sie möchte sich einen Föhn zulegen und lässt sich in einem Warenhaus von einem Verkäufer beraten:
„Dieser Föhn hat einen innovativen MoistureProtect-Sensor. Er verfügt zusätzlich über eine ThermoProtect-Funktion. Die Ionisierungsfunktion umfasst einen Antifrizz-Effekt. Zum Zubehör gehört auch ein Volumendiffusor sowie eine Stylingsdüse ..."

Beurteilen Sie die Verkaufsargumentation des Verkäufers.

ZUSAMMENFASSUNG

Die Verkaufsargumentation

- **gibt dem Kunden Argumente für seinen Kauf**
- betont die Vorzüge der Ware, die beim Kunden Probleme lösen oder zumindest verkleinern.
- **ist eng verbunden mit der Phase der Bedarfsermittlung und Warenvorlage.**

Arten

Warenbezogene Argumentation
- Nennung nur der Produktmerkmale
- Anwendung nur gegenüber Fachleuten

Kundenbezogene Argumentation
- Es wird eine Verbindung zwischen Kunden und Ware hergestellt: Dem Kunden werden die Vorteile der Ware für ihn verdeutlicht.
- Für alle Verkaufsgespräche mit normalen Kunden

Nach Anwendung des Filterprinzips

Vorgehen in drei Schritten

Produktmerkmale
- Eigenschaften eines Artikels

Produktvorteile
- Vorzüge eines Artikels, die sich aus den Produktmerkmalen ableiten lassen

Nutzen
- Vorteile der Ware, die der Kunde tatsächlich braucht
- Dem Kunden wird der Nutzen im Sie-Stil dargestellt.

Man versteht erst dann etwas richtig, wenn man am Ende der Behandlung eines Themas versucht, sich dieses selbst noch einmal zu erklären. Dies führt zu einer eigenen gründlichen Auseinandersetzung mit dem gerade behandelten Thema. Häufig helfen dabei Visualisierungen.

1. Suchen Sie sich einen Partner.
2. Lesen Sie noch einmal die Zusammenfassung. Bei Verständnisproblemen schlagen Sie ggf. noch einmal im Informationstext nach.
3. Visualisieren Sie die einzelnen Abläufe mithilfe einer Wertschöpfungskette.

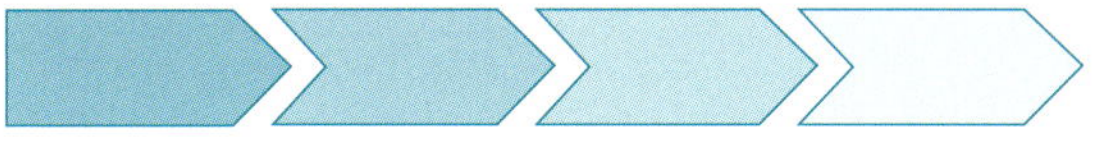

ICH ÜBERPRÜFE MEINE NEU ERWORBENEN KOMPETENZEN

Den Erwerb der zu Beginn aufgeführten Kompetenzen können Sie selbst mithilfe der folgenden Tabelle überprüfen.

Wenn Sie alle Aufgaben, die hinter einer Kompetenz stehen, gelöst haben, machen Sie ein Kreuz bei „Ganz“.

Bei den Kompetenzen, bei denen Sie Aufgaben „Teilweise“ oder „Gar nicht“ gelöst haben, sollten Sie den dazugehörigen Informationstext noch einmal lesen und die Aufgaben anschließend noch einmal bearbeiten.

Was ich nach der Bearbeitung dieses Kapitels kann	Aufgaben	Ganz	Teilweise	Gar nicht
Ich kann ...				
... zwischen kunden- und warenbezogener Argumentation unterscheiden.	2, 12, 13			
... aus allen Produktmerkmalen eines Artikels diejenigen auswählen, die für die Kaufmotive des Kunden wichtig sind.	2, 10, 15,			
... Produktmerkmale argumentativ umsetzen, indem sie deren Nutzen für den Kunden aufzeigen.	2, 3, 4, 5, 6, 7, 8, 9, 10, 11			
... im Rahmen der Nutzenargumentation Kunden direkt im Sie-Stil ansprechen.	14, 15, 16, 17, 18, 19, 20, 21, 22			

5321302

2.13 Die Preisnennung

Problemstellung

Stefanie Beyer ist in einem Verkaufsgespräch mit einer Kundin:

Kundin: „Wie teuer ist denn dieser Pullover?"

Stefanie: „Dieser Pullover ist nicht ganz billig: Leider kostet er 120,00 €."

Kundin: „Ui ... Das muss ich mir noch mal überlegen."

Stefanie: „Machen Sie das! Auf Wiedersehen!"

Geben Sie an, welche Fehler Stefanie macht.

EINORDNUNG DES THEMAS

Lernfeld 2: Verkaufsgespräche kundenorientiert führen

Kommunikationsregeln – Körpersprache – Sprache – Fragetechnik

Suche von Informationsquellen über Waren – Systematische Aneignung von Warenwissen

Grundlagen des Verkaufsgesprächs – Kontaktaufnahme – Bedarfsermittlung – Warenvorlage – Verkaufsargumentation – **Preisnennung** – Einwandbehandlung – Herbeiführen der Kaufentscheidung – Angebot von Ergänzungen – Abschluss des Verkaufsgesprächs

Kompetenzen

Nach Bearbeitung dieses Kapitels können Sie ...

... begründen, warum der Verkäufer die Phase der Preisnennung im Verkaufsgespräch sensibel und vorsichtig gestalten muss.
... die Sandwichmethode erläutern und in Verkaufsgesprächen anwenden.
... verschiedene Methoden der Preisnennung aufführen und in unterschiedlichen Verkaufssituationen anwenden.

INFORMATIONSTEXT

Ausschnitt aus dem Interview einer Fachzeitschrift mit dem Vertriebsexperten Alexander Koch:

Frage:
Herr Koch, wie groß ist der Druck der Online-Giganten wie Amazon oder Zalando auf den Einzelhandel?

Antwort:
Im Gespräch mit Beratern und Verkäufern höre ich immer wieder, wie hart der Preisdruck geworden sei. Das Internet hat den Markt auch aus der Sicht vieler Verkäufer in den letzten Jahren turbulent aufgewühlt. Und in der Tat: Kunden sind heute sehr gut vorinformiert, kennen die relevanten Preispunkte [...].

Frage:
Wenn doch die Preise im Netz so unschlagbar günstig sind, warum machen sich Kunden dann noch extra die Mühe und kommen vor der Kaufentscheidung persönlich zum Vor-Ort-Besuch bei einem Händler ihrer Wahl vorbei?

Antwort:

Stationär gehen für viele Kunden Dinge eben erstmal leichter als im Netz: Vor Ort lassen sich offene Fragen direkt und einfach klären, die Hardware live anschauen und ausprobieren, vergleichen, um dann doch am Ende wieder online zu kaufen.

Zynische Verkäufer haben für dieses Verhalten bereits ein Wort gefunden und nennen es „Beratungsdiebstahl". Und genau hier ist für den einzelnen Mitarbeiter im Verkauf schon extremes Umdenken erforderlich, denn mit einem derartigen Kundenbild lässt sich auf Dauer nicht erfolgreich arbeiten. Schauen wir also anders auf das Thema: Jeder potenzielle Käufer, der von sich aus den persönlichen Kontakt zum Unternehmen aufnimmt, ist verkäuferisch gesehen ein riesiges Geschenk. Die Chance auf einen neuen Kunden lässt sich am ehesten wahrnehmen mit natürlicher Freundlichkeit, Charme, Spaß an der Beratung und echtem Interesse an den Motiven und Bedürfnissen des Kunden. Servicehaltung, Verbindlichkeit, Kompetenz und Begeisterung sind zudem Faktoren, die ein Kunde über das persönliche Gespräch auch immer noch am besten erleben oder einschätzen kann. [...]

Frage:

Der Preis ist natürlich nicht alles. Bleibt er für die meisten Kaufentscheidungen denn nicht trotzdem das wichtigste Kaufkriterium?

Antwort:

Das Preis-Leistungsverhältnis muss für den Kunden stimmen.

Andere Motive wie Sicherheit, Spaß, Vertrauen, Prestige oder Komfort treiben viele Kunden aber sogar noch viel stärker an als die Mär von der „Geiz ist geil"-Mentalität.

Gute Verkäufer finden daher zuerst heraus, was dem Kunden besonders wichtig ist, und helfen ihm so auch sehr entscheidend, die richtige Kaufentscheidung zu treffen. Wenn der Kunde doch extra zum Ansehen, Anprobieren, Ausprobieren oder zu Demonstrationszwecken eines Artikels/Produkts/einer Dienstleistung vorbeischaut, dann ist das doch das Beste, was dem Verkäufer passieren kann.

Quelle: Koch, Alexander: Online vs. Offline. Wie der stationäre Einzelhandel im Kampf gegen Online Giganten bestehen kann. In: lifepr.de. 26.04.16. unn | UNITED NEWS NETWORK GmbH https://www.lifepr.de/pressemitteilung/hofmann-blank-gbr/Online-vs-Offline/boxid/589297 [10.09.2021]

Im gesamten Einzelhandel wird der Konkurrenzkampf immer schärfer. Dies führt automatisch dazu, dass im Alltag des Verkäufers die Preisverhandlungen eine noch größere und schwierigere Rolle spielen als in der Vergangenheit. Gleichzeitig versuchen immer mehr Kunden, Rabatte und Preisabschläge auszuhandeln. Die Kunden sind sehr preisbewusst geworden. Sie genießen einerseits den Kauf attraktiver Waren: Sie lassen sich individuell gern in einer angenehmen Kaufatmosphäre beraten. Andererseits trennen sie sich ungern von ihrem Geld: Das Geld, über dessen Ausgabe ein Kunde gerade entscheidet, kann er zum Kauf einer Menge anderer Artikel oder zur Beseitigung vorhandener Probleme benutzen. Zudem können Preis- und Warenwert aus der Kundensicht ganz anders aussehen als vom Verkäufer geplant. Dies macht die Phase der Preisnennung zu einem ganz besonders kritischen Abschnitt in einem Verkaufsgespräch.

Die Einzelhandelsunternehmen müssen so kalkulieren, dass sie rentabel (gewinnbringend) bleiben. Ihre Verkaufserlöse müssen so groß sein, dass sie einerseits alle Kosten (z. B. Verkaufspersonal, Ladenausstattung, Waren) abdecken können, andererseits noch genügend Mittel für zukunftssichernde Investition zur Verfügung haben. Aus diesem Grund ist es sowohl für ein Einzelhandelsunternehmen als auch für die Mitarbeiter wichtig, in Verkaufsgesprächen den Preis eines Artikels in Beziehung zur angebotenen Leistung zu setzen. Ein guter Verkäufer muss deshalb die Methoden der Preisargumentation kennen und beherrschen.

Selten äußern Kunden ihre Bedenken in Verkaufsgesprächen offen. In vielen Fällen verstecken sie sich hinter der Aussage „zu teuer", weil

- sich das Verhandeln um den Preis oft lohnt,
- sie kein Geld oder nicht genug Geld haben,
- sie sich nicht entscheiden können, es aber nicht zugeben möchten,
- sie vom Angebot des Verkäufers nicht hundertprozentig überzeugt sind,
- sie die Ware anderswo günstiger bekommen können.

Vorbeugen eines Preiskampfs zwischen Kunde und Verkäufer durch professionelles Verkaufen

Die Preisverhandlungen werden keine beherrschende Rolle spielen, wenn alle anderen Phasen der Verkaufsgespräche professionell, taktisch richtig und wertbewusst durchgeführt werden.

Preiseinwänden des Kunden beugt der Verkäufer vor durch

- sicheres Auftreten,
- genaue Bedarfserfassung,
- gezieltes Argumentieren,
- überzeugende Warenvorlage,
- Herausstellen des besonderen Kundennutzens usw.

Dadurch akzeptiert der Kunde den Preis eher und hat weniger Mut, den Preis zu drücken. Der Kunde sieht den Gegenwert dann klarer vor sich und hat auch mehr Vertrauen, dass der genannte Preis angemessen ist.

Ziele von Preisverhandlungen		
weg von der Preisdiskussion	→	hin zur Sachargumentation

Die Wahl des richtigen Zeitpunkts für die Preisnennung

Wenn die Verkäufer den richtigen Zeitpunkt der Preisnennung in einem Verkaufsgespräch beachten, werden sie in den Preisverhandlungen erfolgreicher sein:

- Der Preis sollte nicht zu Beginn eines Verkaufsgesprächs genannt werden. Besser ist es, beim Kunden erst ein Wertbewusstsein aufzubauen. Der Kunde wird einen Preis eher akzeptieren, wenn ihm der Verkäufer die Eigenschaften der angebotenen Ware und die damit für ihn verbundenen Vorteile genannt hat. Der Kunde geht nämlich von dem Wert aus, den der Artikel für ihn persönlich hat. Dies entscheidet darüber, ob der Preis für den Kunden zu hoch oder angemessen ist.
- Oft fragen Kunden allerdings sofort oder in einer frühen Phase des Verkaufsgesprächs direkt nach dem Preis. Nach Möglichkeit reagiert der Verkäufer dann flexibel. Er kann darauf verweisen, den Preis später zu nennen.

  BEISPIELE

  - „Darf ich darauf eingehen, wenn ..."
  - „Ihre Frage nach dem Preis ist verständlich, aber dieser hängt von der Ausführung und dem Zubehör ab. Deshalb sollten wir zunächst einmal abklären, was das Geeignetste für sie ist."

  Er kann aber auch durch Gegenfragen versuchen, Zeit zu gewinnen, um eventuelle Hintergrundinformationen zu erhalten.

  BEISPIELE

  - „Welche Ausführung unseres Modells bevorzugen Sie?"
  - „Was glauben Sie, was der Preis dieses wirklich zweckmäßigen Artikels ist?"

- Lässt sich dennoch die frühe Preisnennung nicht vermeiden, nennt der Verkäufer die wichtigsten Verkaufsargumente für das Produkt mit.

  BEISPIELE

  - „Sie fragen nach dem Preis? Dieser Artikel wurde durch Verwendung neuer Materialien so verbessert, dass er eine um 100 % längere Lebensdauer hat. Zudem verfügt er über weitere Funktionen. Dennoch kostet er nur 15,80 €!"

Vertrauen in den eigenen Preis

Wenn der Verkäufer nicht von dem eigenen Preis überzeugt ist, wird er den Kunden nicht überzeugen können. Selbst bei härtesten Preisverhandlungen strahlt der Verkäufer Sicherheit und Souveränität aus und schafft eine freundliche Atmosphäre. Damit signalisiert er Glaubwürdigkeit und Vertrauen. Er zeigt, dass er von seinem Preis absolut überzeugt ist.

Mit welchem Schuh machen Sie das bessere Geschäft?

Das hängt ganz von Ihnen ab: Wenn Sie Schuhe nur nach dem Preis kaufen, dann ist der billigere Schuh für Sie der bessere.

Was ist aber, wenn Sie an Ihre Schuhe höhere Ansprüche stellen?

Dann ist die Frage, wofür Sie sich entscheiden: Für billige Materialien oder natürlich weiches Leder. Für eine ausreichende Verarbeitung. Oder für eine perfekte Verarbeitung. All das macht einen Schuh natürlich teuer. Aber auch viel schöner. Und viel besser.

Lassen Sie sich in unserem Geschäft doch mal diese Unterschiede vorführen. Unverbindlich und in aller Ruhe.

Schöne Schuhe
Schuhfachgeschäft
Inhaber: Christian Schöne
Hudallastr. 7
31141 Hildesheim

Der Verkäufer vermeidet, bewusst oder unbewusst eine Meinung über den Preis eines Artikels in das Verkaufsgespräch einfließen zu lassen.

BEISPIEL

- „Dann kann ich Ihnen noch diesen Artikel anbieten. Der ist aber leider sehr teuer ..."

Dies kann den Erfolg eines Verkaufsgesprächs verhindern, weil nur der Kunde entscheidet, was für ihn teuer ist. Außerdem könnte eine Unterschätzung der Kaufkraft des Kunden vorliegen.

Gezeigt werden sollte immer, warum die Ware ihren Preis wert ist

Die Wahl der richtigen Form

Von entscheidender Bedeutung ist es, wie dem Kunden der Preis genannt wird:

- Erfolgreiche Verkäufer nennen nie den Preis einer Ware allein. Der Kunde, der nur den „nackten" Preis hört, findet die Ware automatisch zu teuer. Dies fordert den Kunden grundsätzlich zum Widerspruch heraus. Gute Verkäufer lassen stattdessen den Preis zwischen zwei Vorteilen des Artikels einfließen. Bei dieser sogenannten **Sandwichmethode** ist der Preis in Argumente – also von Beispielen für den Kundennutzen – verpackt.

Das Preis-Sandwich:

Deckel: *Aufführen des zweitwichtigsten Verkaufsarguments*

Belag: *Preis nennen*

Unterteil: *Aufführen des wichtigsten Verkaufsarguments*

- Vermieden werden sollten Wörter, die den Kunden abschrecken, wie
  - „Das kostet ..."
  - „Dafür zahlen Sie ..."

Für den Kunden sind dies Reizwörter. Besser ist es, zu betonen, was der Kunde für sein Geld „bekommt".

Nicht optimal:	**Besser:**
„Also – äh – dieses Notebook ist nicht ganz billig. Es kostet momentan 2.889,00 €."	„Sie bekommen das leistungsstärkste Notebook für 2.889,00 € und Windows ist bereits für Sie installiert, sodass Sie sofort mit dem Computer loslegen können."
• Der Verkäufer offenbart Zweifel an der Preiswürdigkeit des eigenen Angebots. • Er verwendet häufig abschlussfeindliche Wörter und Formulierungen wie z. B. „das kostet".	• Gute Verkäufer betonen selbstbewusst, was der Kunde für sein Geld bekommt • Gute Verkäufer verwenden die Sandwichmethode: **1. Argument:** Leistungsfähigkeit Preis: 2.889,00 € **2. Argument:** Sofortige Möglichkeit der Nutzung

Falsch

Richtig

Preistaktiken in Verkaufsgesprächen

Bestimmte Preistaktiken unterstützen in unterschiedlichen Situationen die Preisargumentation:

- Bei der Anwendung der **Teilungsmethode** wird der Gesamtpreis während des Verkaufsgesprächs nicht genannt. Gesprochen wird lediglich vom Grundpreis und weiteren Teilpreisen.

  BEISPIELE

  - „Dieses Möbelstück bekommen Sie für 898,00 €, dazu liefern wir Ihnen entsprechende Schrankeinsätze für 300,00 €!"

  Nach Möglichkeit sollte der Verkäufer versuchen, zuerst immer nur den Grundpreis ohne Nebenleistungen anzubieten. Diese sollten später hinzukommen.

- Bei der **Verkleinerungsmethode** nennt man dem Käufer nicht den Gesamtpreis für die gewünschte Warenmenge. Der Preis wird auf eine kleinere Menge zurückgeführt.

  BEISPIELE

  - „Der Stückpreis bei einem Bezug von 1000 Stück beträgt 52 Cent" wirkt günstiger als: „Der Gesamtpreis für die 1000 Stück beträgt 520 Euro."
  - „Wenn Sie die 300 Euro im Verhältnis zu der eben von mir genannten Nutzungsdauer setzen, dann beträgt der Preis pro Monat nur noch zwei Euro."

- Bei der **Vergleichsmethode** wird der angebotene Artikel mit einem teureren Artikel verglichen. Der Preis wirkt so natürlich entschieden niedriger.

  BEISPIELE

  - „Im Vergleich zum DVD-Recorder Grünpunkt Luxus CR 500 für 2.000,00 € haben Sie hier eigentlich die gleiche Grundausstattung."
  - „Für die von mir empfohlene Zusatzausstattung zahlen Sie nur 200,00 € mehr."
  - „Dieser Festplattenrecorder hat für 760,00 € fast alle Produktmerkmale wie der von Hilliphs für 1.270,00 €."

Bei der Vergleichsmethode sorgt man dafür, dass der Preis des im Verkaufsgespräch angebotenen Artikels günstig erscheint.

- Bei der **Verharmlosungsmethode** schwächt der Verkäufer den Mehrpreis gegenüber einer Preisgrenze des Kunden ab.

BEISPIELE

„Weil dieses Handy eine deutlich bessere Qualität hat, sind die 40,00 € zusätzlich zu vernachlässigen."

Den Preisschock beim Kunden vermindern

Manchmal entspricht der genannte Preis – trotz Beachtung aller bisher aufgeführter Regeln – den Vorstellungen des Kunden noch nicht. Dann können noch die folgenden Methoden zur Vermeidung eines Preisschocks beim Kunden eingesetzt werden:

- Auf den Einwand des Kunden, das Produkt wäre zu teuer, kann mit der Gegenfrage „Warum?" reagiert werden. Dies verwandelt den Preiseinwand des Kunden in die Möglichkeit, weitere Informationen zu bekommen. Auf dieser Basis kann die Preisargumentation dann eventuell leichter geführt werden.
- Führt ein Kunde ein Konkurrenzprodukt an, das günstiger ist, sollte nicht der ganze Preis als solcher verteidigt werden. Stattdessen rechtfertigt der Verkäufer nur den Mehrpreis. Der auf diese Weise erheblich kleineren Preisdifferenz können Argumente entgegengesetzt werden, die für das eigene Produkt sprechen. Der Verkäufer zeigt dem Kunden also, was er für die Preisdifferenz an zusätzlichen Leistungen bekommen kann.

BEISPIELE

„Finden Sie nicht auch, dass dieser Mehrpreis von 40,00 € bei einem insgesamt so aufwendigen Produkt durch die Gewährung einer dreijährigen Garantie mehr als gerechtfertigt ist?"

In solchen Fällen können auch Vergleiche angestellt werden: Der Mehrpreis im Vergleich zu einem Wettbewerbsprodukt wird mit einer täglichen Routineausgabe in Beziehung gesetzt.

BEISPIELE

„Für diesen Artikel bezahlen Sie lediglich zehn Flaschen Cola pro Woche mehr."

AUFGABEN

1. Warum ist die Phase der Preisnennung in Verkaufsgesprächen von entscheidender Bedeutung für den Verkaufserfolg?
2. Wodurch kann der Verkäufer erreichen, dass Preisverhandlungen in Verkaufsgesprächen keine große Rolle spielen?
3. Wann sollte die Preisnennung in Verkaufsgesprächen erfolgen?
4. Wie sollte der Verkäufer vorgehen, wenn ein Kunde sofort nach dem Preis fragt?
5. Wieso sollte ein Verkäufer den eigenen Angebotspreis immer als selbstverständlich betrachten?
6. Was versteht man unter der Sandwichmethode?
7. Erläutern Sie die Teilungsmethode.
8. Wie wird die Verkleinerungsmethode angewandt?
9. Was versteht man unter der Vergleichsmethode?
10. Beurteilen Sie die folgenden Preisnennungen:
    a) „Für den HD-Fernseher müssen Sie 345,00 € zahlen. Wir verkaufen ihn oft."
    b) „Dieser digitale Fotoapparat ist unser teuerstes Modell und kostet leider 989,00 €. Er hat ein hohes Auflösungsvermögen und ist sehr klein."
    c) „Durch Verwendung von Goretex ist diese Regenjacke sehr atmungsaktiv und Sie kommen nicht ins Schwitzen. Die Jacke kostet 186,00 €. Dieses Modell zeichnet sich durch eine ausgezeichnete Passform aus. Sie können die Jacke also nicht nur zum Wandern benutzen."
11. Ein Kunde steht vor dem Regal mit Pullovern. Da er die Preisauszeichnung nicht finden kann, wendet er sich an eine Verkäuferin.

    Kunde: „Wie teuer ist denn dieser Pullover?"
    Verkäuferin: „195,00 €."
    Kunde: „195,00 € für einen Pullover? Ich glaube, da komm ich aber ins Grübeln ... Das muss ich mir noch einmal überlegen."

Verkäuferin: „Ja, tun Sie das."
Kunde: „Wiedersehen."
Verkäuferin: „Tschüss."

a) Wie kann auf den Einwand, eine Ware wäre zu teuer, reagiert werden, um den Preisschock beim Kunden zu mindern?

b) Formulieren Sie die Preisangabe in wörtlicher Rede mithilfe der Sandwichmethode.

12. Welche Fehler werden in den folgenden beiden Verkaufsgesprächen gemacht?

a) „Sie suchen einen Farbdrucker? Was wollen Sie denn dafür ausgeben?"

b) „Ihr Preis ist aber gesalzen!" – „Nein, wir bieten Ihnen dafür einen Reparaturservice an, falls die Maschine kaputtgeht ..."

13. a) „Verpacken" Sie fünf Artikel Ihres Ausbildungssortiments gemäß der Sandwichmethode mit Argumenten.

b) Entwerfen Sie mit einem Partner ein Verkaufsgespräch, in dem Sie als Verkäufer den Preis eines dieser Artikel mit der Sandwichmethode nennen.

c) Bereiten Sie sich darauf vor, das Verkaufsgespräch vorzuführen.

14. a) Suchen Sie jeweils zwei Artikel Ihres Ausbildungssortiments, bei denen die Preisnennung nach der
- Teilungsmethode
- Verkleinerungsmethode
- Vergleichsmethode

erfolgen kann.

b) Bringen Sie mithilfe dieser Methoden den Preis in Beziehung zur Ware.

c) Entwerfen Sie mit einem Partner ein Verkaufsgespräch, in dem Sie als Verkäufer den Preis eines dieser Artikel mit der gewählten Methode nennen. Bereiten Sie sich darauf vor, das Verkaufsgespräch vorzuführen.

15. Stefanie Beyer liest gerade einen interessanten Artikel in einer Fachzeitschrift:

Kampf dem Preis-Poker

Nur 20 % der Unternehmen sehen sich derzeit in der Lage, zu normalen Preisen zu verkaufen. Die Folge: wachsender Preisdruck. Durch Aufbau mentaler, strategischer und taktischer „Preis-Fitness" lässt sich dem Preiskampf wirksam begegnen.

Eine Umfrage bei über 500 Firmenchefs belegt: 75 % der Handelsbetriebe, 74 % der Handwerksbetriebe und 71 % der Produktionsbetriebe leiden unter der Preis-Drückerei. Nur 20 % der Unternehmen sehen sich derzeit in der Lage, „zu normalen Preisen" zu verkaufen. Ein Ende der gnadenlosen Preisschlachten ist nicht abzusehen. Im Gegenteil. Der Slogan „Ich bin doch nicht blöd" ist zur Konsumentenphilosophie geworden. Kaufkräftige „Smart-Shopper" feilschen schamlos, ausgebuffte Kunden akzeptieren grundsätzlich keine Listenpreise mehr. Schon droht eine neue Dimension des Preis-Dumpings: „Power-Shopping" per Internet. So verspricht das Unternehmen PrimusPower mit der Headline: „Preisdrücker aller Länder vereinigt euch!" die Einkaufsrevolution im E-Commerce.

Welche Folgen ergeben sich für den Einzelhandel durch den Preisdruck der Konsumenten?

16. Tamara Nestmann bietet einer Kundin zwei Fernsehgeräte mit unterschiedlichen Preisen an.
Wie kann sie den höheren Preis des zweiten Geräts begründen?

a) „Dieses Gerät hat eindeutig den besseren Ruf."

b) „Dieses Gerät hat deutlich mehr Funktionen als das erste Gerät, das ich Ihnen gezeigt habe. Auch die Leistungsmerkmale sind besser."

c) „Dieses Gerät wurde von der Firma nur in geringen Mengen produziert. Deshalb ist es so teuer."

d) „Den höheren Preis können wir verlangen, weil das Gerät so stark nachgefragt wird. Sie wissen ja: Preise werden durch Angebot und Nachfrage bestimmt."

e) „Haben Sie mitbekommen, wie viel Werbung diese Firma macht? Diese Kosten müssen doch auf den Verkaufspreis umgelegt werden."

17. Kunde: „Der Artikel erscheint mir zu teuer!"
Verkäufer: „Können Sie mir diesen Eindruck erläutern?"
Welche Maßnahme zur Verminderung des Preisschocks wendet der Verkäufer hier an?

ZUSAMMENFASSUNG

Die Preisnennung

- Phase in Verkaufsgesprächen, in der der Preis einer Ware in Beziehung zur Leistung gesetzt wird
- dient der Durchsetzung der angestrebten Preise, um die Umsätze, Kosten und Gewinne der Einzelhandelsunternehmen abzudecken
- erfordert vor dem Hintergrund preisbewusster Konsumenten und großer Konkurrenz unter den Unternehmen besondere Beachtung

Vorbeugung eines Preiskampfs

- Wird das gesamte Verkaufsgespräch professionell durchgeführt, ist der Kunde eher bereit, einen Preis zu akzeptieren.

Auswahl des richtigen Zeitpunkts

- Preis erst nach Aufbau eines Wertbewusstseins nennen
- Fragt der Kunde sofort nach dem Preis, beweglich handeln oder den Preis mit Argumenten umgeben.

Vertrauen in den eigenen Preis

- Kunde wird überzeugt, wenn der Verkäufer den eigenen Preis als selbstverständlich betrachtet.

Wahl der richtigen Form

- Sandwichmethode
- Vermeidung von Reizwörtern

Preistaktiken

- Teilungsmethode
- Verkleinerungsmethode
- Vergleichsmethode

Verminderung des Preisschocks beim Kunden

- Gegenfrage „Warum?“
- Nur Mehrpreis gegenüber Konkurrenzprodukt rechtfertigen

Man versteht erst dann etwas richtig, wenn man versucht, es jemand anderem zu erklären. Dies führt zu einer eigenen gründlichen Auseinandersetzung mit dem gerade behandelten Thema.

1. Suchen Sie sich einen Partner.
2. Lesen Sie noch einmal die Zusammenfassung. Bei Verständnisproblemen schlagen Sie ggf. noch einmal im Informationstext nach.
3. Ihre Lehrerin/Ihr Lehrer stellt Ihnen 20 Karten zur Verfügung. Auf diese schreiben Sie die zentralen Begriffe des Themas.
4. Diese Karten legen Sie nun so, dass sich eine sinnvolle Struktur ergibt. Dies geschieht in gemeinsamer Diskussion mit Ihrem Partner: Sie sollen gemeinsam begründen können, warum Sie Ihre Struktur so gelegt haben.
5. Stellen Sie sich darauf ein, einer anderen Gruppe – oder dem Plenum – Ihre Struktur vorzustellen.

ICH ÜBERPRÜFE MEINE NEU ERWORBENEN KOMPETENZEN

Den Erwerb der zu Beginn aufgeführten Kompetenzen können Sie selbst mithilfe der folgenden Tabelle überprüfen.

Wenn Sie alle Aufgaben, die hinter einer Kompetenz stehen, gelöst haben, machen Sie ein Kreuz bei „Ganz".

Bei den Kompetenzen, bei denen Sie Aufgaben „Teilweise" oder „Gar nicht" gelöst haben, sollten Sie den dazugehörigen Informationstext noch einmal lesen und die Aufgaben anschließend noch einmal bearbeiten.

Was ich nach der Bearbeitung dieses Kapitels kann	Aufgaben	Ganz	Teilweise	Gar nicht
Ich kann ...				
... begründen, warum der Verkäufer die Phase der Preisnennung im Verkaufsgespräch sensibel und vorsichtig gestalten muss.	1, 2, 3, 4, 5, 15			
... die Sandwichmethode erläutern und in Verkaufsgesprächen anwenden.	6, 13			
... verschiedene Methoden der Preisnennung aufführen und in unterschiedlichen Verkaufssituationen anwenden.	7, 8, 9, 10, 11, 12, 13, 16, 17			

5321312

2.14 Die Einwandbehandlung

Problemstellung

Stefanie Beyer beobachtet auf dem Weg in ihre Mittagspause einige Kollegen bei ihren Verkaufsgesprächen. Sie haben es momentan wohl alle gerade mit kritischen Kunden zu tun.

Stefanie hört die folgenden Verkäuferäußerungen:

„Genau, und gerade wegen der rosa Farbe ist diese Art Pullover momentan und aktuell so angesagt."
„Meinen Sie, dass man vom Baumwollanteil Rückschlüsse auf die Qualität ziehen kann?"
„Ein Nachteil bei Baumwollpullovern ist allerdings, dass sie bei unsachgemäßer Wäsche eventuell einlaufen können. Geben Sie ihn im Bedarfsfall einfach zur chemischen Reinigung und Sie haben weiterhin den Vorteil, einen weichen Pullover tragen zu können ..."

Führen Sie auf, mit welchen Methoden die Verkäuferin auf Einwände der Kunden eingehen.

EINORDNUNG DES THEMAS

Lernfeld 2: Verkaufsgespräche kundenorientiert führen

Kommunikationsregeln – Körpersprache – Sprache – Fragetechnik

Suche von Informationsquellen über Waren – Systematische Aneignung von Warenwissen

Grundlagen des Verkaufsgesprächs → Kontaktaufnahme → Bedarfsermittlung → Warenvorlage → Verkaufsargumentation → Preisnennung → **Einwandbehandlung** → Herbeiführen der Kaufentscheidung → Angebot von Ergänzungen → Abschluss des Verkaufsgesprächs

Kompetenzen

Nach Bearbeitung dieses Kapitels können Sie ...

... begründen, warum Einwände eine Chance in Verkaufsgesprächen darstellen.
... zwischen unechten und echten Einwänden unterscheiden.
... bei Einwänden des Kunden ein angemessenes Verkäuferverhalten zeigen.
... Einwandbehandlungsmethoden anwenden und erläutern.
... eine der Einwandsituation angemessene Methode im Verkaufsgespräch einsetzen.

INFORMATIONSTEXT

Das Verkaufsgespräch kann aus Sicht des Verkäufers noch so gut verlaufen, irgendwann erhebt der Kunde bestimmt Einwände. Verkäufer sollten keine Angst vor Kundeneinwänden haben. Sie sollten sie nicht als etwas Unangenehmes verstehen oder den Verkaufserfolg anzweifeln: Einwände sind normale Bestandteile eines Verkaufsgesprächs.

Einwände sind aus Sicht des Käufers nicht negativ

Aus Sicht des Kunden steckt hinter jedem Einwand eine positive Absicht, zum Beispiel

- den klaren Nutzen des Produkts für sich zu erkennen,
- vorhandene Zweifel auszuräumen,
- oder sich seiner Sache beim Kauf ganz sicher zu werden.

Der Kunde ist noch bereit, mit dem Verkäufer über das Produkt diskutieren. Die Basis ist noch vorhanden. Es wurde bis jetzt lediglich noch keine Übereinstimmung im Verkaufsgespräch erzielt, die zum Abschluss führt.

Bringt der Kunde Einwände vor, prüft man zunächst einmal:

- Ist das Verkaufsgespräch zu schnell durchgeführt worden?
- Braucht der Kunde noch weitere Verkaufsargumente?

Einwände sind also ein Signal dafür, dass der Kunde noch nicht zum Verkaufsabschluss bereit ist.

Einwände sind für einen Verkäufer eine echte Chance, den Kunden zu überzeugen. Einwände stellen für den Verkäufer Argumentationshilfen dar. Er erkennt, welche Probleme der Kunde mit dem jeweiligen Artikel hat, um dann diese Probleme zu lösen. Kundeneinwände zeigen also, wo der Verkäufer mit seiner Verkaufsargumentation ansetzen muss.

BEISPIEL

Kunde: „Das Hemd finde ich ja ganz schön, aber ich mag keine kurzen Ärmel."

Verkäufer: „Kein Problem, wir haben das gleiche Hemd auch noch in einer Ausführung mit langen Ärmeln."

Der Kunde zeigt mit Einwänden außerdem sein Interesse an der Ware. Wer kein Interesse an etwas hat, der wird auch kaum echte Einwände gegen die Ware vorbringen. Somit lässt sich durch Kundeneinwände auch eine Tendenz zum Kauf ableiten. Gute Verkäufer zeigen durch Einwände, wie viel sie über die Ware wissen bzw. wie gut sie ihr Sortiment kennen. Einwände machen deutlich, dass der Kunde vor dem Kauf noch weitere Informationen über die Ware benötigt.

Kunden bringen Einwände, wenn sie ...

- den Nutzen und die Vorteile einer Ware nicht deutlich genug erkennen können,
- bereits negative Erfahrungen mit einem Wettbewerber gesammelt haben,
- von dem Angebot nicht völlig überzeugt sind,
- mit der angebotenen Ware bislang keine oder wenig Erfahrungen haben,
- generell ein schlechtes Gefühl bei einem Kauf der Ware haben,
- den Verkäufer nicht richtig verstanden haben oder sie ihm nicht genug Fachkenntnis zutrauen,
- wenn ihnen der Verkäufer unsympathisch ist und/oder sie ihm nicht vertrauen.

Kunden bringen Einwände, wenn sie merken, dass der Verkäufer ...

- nicht gut auf das Verkaufsgespräch vorbereitet ist,
- die Ware nicht durchdacht und übersichtlich präsentiert,
- offensichtlich ungeduldig ist und ihnen das Gefühl gibt, er wolle sie zum Abschluss überreden,
- im Verkaufsgespräch keine Rücksicht auf ihre Bedürfnisse nimmt, diese also missachtet oder nicht erfragt,
- schnelle Lösungen anbietet, obwohl er den Bedarf der Kunden noch nicht ermittelt hat.

Arten von Kundeneinwänden

Um mit Kundeneinwänden geschickt umzugehen, muss der Verkäufer Kundeneinwände überhaupt erst einmal erkennen. Durch genaues Beobachten der Körpersprache des Kunden oder durch genaues Hinhören auf den Ton, in dem Einwände vorgebracht werden, kann der Verkäufer echte von unechten Einwänden unterscheiden.

Echte Einwände

Echte Einwände sind ernstgemeinte Einwände. Sie sind sachlicher Natur. Sie haben also einen vernünftigen Hintergrund. Sie zeigen, dass der Kunde tatsächlich ein Problem mit bestimmten Eigenschaften einer Ware hat. Der Kunde ist dem Artikel gegenüber nicht grundsätzlich abgeneigt, sondern möchte wissen, ob dieses Problem lösbar ist oder nicht.

BEISPIEL

„Diese Jacke ist mir aber zu teuer!"

Echte Einwände können berechtigt oder unberechtigt sein. In beiden Fällen kann der Verkäufer mit verschiedenen Methoden reagieren. Mehr dazu finden Sie weiter unten in dem Abschnitt „Methoden der Einwandbehandlung".

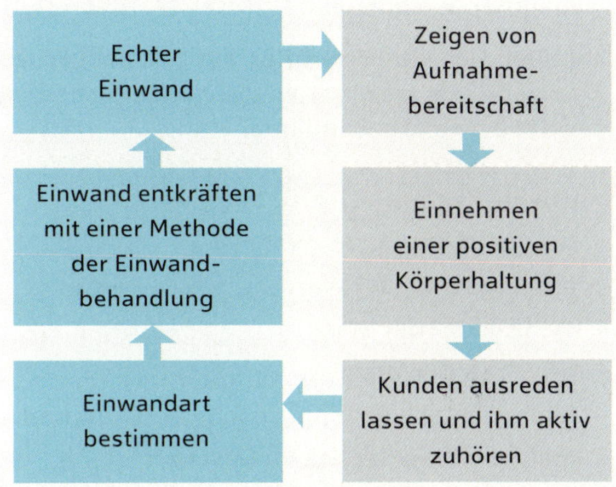

Was die Kunden am häufigsten einwenden

1. „Ach, schicken Sie mir doch die Infos bitte alle schriftlich."
   → Der Kunde möchte nicht unhöflich sein und dem Verkäufer direkt sagen, dass er kein Interesse hat.
   Mögliche Verkäuferreaktion: „Gerne. Damit ich Ihnen das für Sie Passende zusende, lassen Sie uns noch einmal überlegen, was genau für Sie infrage kommt ..."
2. „Danke, dann bespreche ich das nachher gemeinsam mit meiner Frau."
   → Auch hier möchte der Kunde dem Verkäufer nicht „knallhart" absagen, sondern gibt eine höfliche Ausrede.
   Mögliche Verkäuferreaktion: „Ja, ich verstehe, dass Sie diese Entscheidung nicht alleine treffen wollen. Meinen Sie, Sie könnten Ihre Frau gleich mal anrufen? Im Prinzip waren wir uns ja schon einig ..."
3. „Oh, na gut, aber das muss ich mir erst noch mal überlegen."
   → Der Kunde versucht, Zeit zu gewinnen und vielleicht woanders günstiger zu kaufen.
   Mögliche Verkäuferreaktion: „Kann ich Ihnen dabei helfen? Zu welchem Punkt brauchen Sie denn noch weitere Informationen?""
4. „Ui, das ist aber doch teurer, als ich gedacht habe."
   → Der Kunde versucht, durch Ehrlichkeit den Verkäufer abzuwimmeln oder einen finanziellen Vorteil für sich herauszuschlagen.
   Mögliche Verkäuferreaktion: „Mit welchem Preis hatten Sie denn gerechnet? Dann können wir sehen, ob ich Ihnen nicht mit einem Sondertarif entgegenkommen kann / ob wir nicht einige Extras weglassen können, damit es günstiger wird / ..."

Unechte Einwände

Unechte Einwände sind emotionaler Natur. Sie werden oft auch als **Vorwand** bezeichnet. Es sind Signale eines Kunden, dass er ein für ihn nutzloses Verkaufsgespräch beenden möchte. Er tut dies und verlässt das Geschäft.

BEISPIEL

„Ich komme morgen noch einmal vorbei."
„Ich überlege mir das noch einmal in Ruhe."

Solche Einwände richten sich nicht gegen den Artikel selbst oder dessen Eigenschaften. Stattdessen bringt der Kunde

- Vorurteile vor

BEISPIEL

„Alles von der Firma Nestmann ist Schrott ...!"

- oder benutzt den unechten Einwand als Vorwand, um den eigentlichen Einwand nicht vorzubringen.

BEISPIEL

Dem Kunden ist die Ware zu teuer, doch er sagt:
„Diese Farbe steht mir aber überhaupt nicht!"

Verhalten bei Kundeneinwänden

Folgende Grundregeln muss der Verkäufer bei der Einwandbehandlung beachten:

- Er hört aufmerksam und konzentriert zu. In jedem Fall muss er den Kunden ausreden lassen. Er darf den Kunden keinesfalls unterbrechen.
- Er nimmt das, was der Kunde vorbringt, ernst.
- Er bleibt stets höflich, ruhig und sachlich. Er sollte zu Einwänden eine positive Grundeinstellung

haben und sie als etwas Normales im Rahmen eines Verkaufsgesprächs ansehen. Auf keinen Fall darf er durch seine Mimik, Gestik oder Haltung seinen Unwillen über den Einwand ausdrücken.

- Er bleibt immer verbindlich und darf sich auf keinem Fall auf ein Streitgespräch mit dem Kunden einlassen.
- Er überlegt, was der Kunde mit dem Einwand bezweckt. Liegt ein unechter, emotionaler Einwand vor, lässt er sich kaum sachlich entkräften. Ist es aber ein echter Einwand, kann er argumentativ – z. B. mit einer der Methoden der Einwandbehandlung (siehe unten) – widerlegt werden.
- Weiß der Verkäufer einmal keine Antwort, so sollte er dies lieber offen zugeben und die Frage erst mit den zuständigen Fachleuten klären, ehe er wider besseren Wissens eventuell unwahre Behauptungen aufstellt.
- Bereitet sich der Verkäufer auf alle möglichen Einwände vor, gewinnt er die nötige Sicherheit bei der Einwandbehandlung.

Einwände können sich z. B. beziehen auf:
- die Verarbeitung der Ware
- das Aussehen der Ware
- die Qualität der Ware
- den Preis der Ware
- fehlende Auswahlmöglichkeiten im Geschäft
- mangelhaften Service im Geschäft
- unzureichende Beratung im Geschäft

Schematischer Ablauf der Gegenargumentation

Einwand	**-> Verständnis/Zustimmung**	**-> Gegenargument**
Aktiv zuhören! Kunden ausreden lassen!	evtl. Kundenargument wiederholen Keine Kritik üben!	Methoden der Einwandbehandlung

Methoden der Einwandbehandlung

Ein guter Verkäufer beherrscht eine Vielfalt von Methoden zum Umgang mit Kundeneinwänden.

Die Ja-aber-Methode

Bei dieser Methode der Einwandbehandlung zeigt der Verkäufer dem Kunden sein Verständnis, indem er dem Einwand des Kunden Gewicht verleiht. Anschließend schränkt er diesen Einwand durch eine Umformulierung ein.

BEISPIEL

„***Ja***, Sie haben recht, wenn Sie den Preis in Betracht ziehen, ***aber*** bei diesem Anzug liegt angesichts der Qualität ein ausgesprochen gutes Preis-Leistungs-Verhältnis vor."

Bei dieser Methode spürt der Kunde, dass er ernst genommen wird. Diese Methode kann bei jeder Art von Einwänden angewandt werden, zum Teil sogar bei unechten Einwänden.

Wenn möglich, verwendet man die Ja-aber-Methode nicht in der üblichen Form. „Aber" ist häufig ein Reizwort für die Kunden. Verkäufer gebrauchen deshalb andere rechtgebende Formulierungen, die von den Kunden als klarere Zustimmung aufgefasst werden können.

BEISPIEL

- „Ihre Argumentation ist sehr gut. Bedenken Sie ***jedoch*** Folgendes: ..."
- „Gern gebe ich dies zu, ***nur*** ..."
- „Das ist ein wichtiger Gesichtspunkt, den Sie da ansprechen, ***doch*** ..."

Die Vorwegnahme-Methode

Der Verkäufer formuliert selbst den erwarteten Einwand und entschärft ihn durch Gegenargumente. Damit wird dem Kunden der Wind aus den Segeln genommen.

BEISPIEL

- „Sie könnten jetzt meinen, der Preis sei zu hoch. Bedenken Sie jedoch bitte ..."
- „Um Ihrer berechtigten Frage zuvorzukommen ..."
- „An dieser Stelle hört man häufig den Einwand, dass ..."

Bei der Vorwegnahme-Methode bringt der Verkäufer einen zu erwartenden Einwand von sich aus – noch ehe dies der Kunde tut – in das Verkaufsgespräch. Er entkräftet ihn sofort mit Argumenten. Der Verkaufsmitarbeiter behält dadurch die Gesprächsführung in der Hand.

Die Verzögerungsmethode

Kann oder möchte der Verkäufer nicht sofort antworten, weil die Einwandbehandlung an einer anderen Stelle des Verkaufsgesprächs besser passt, stellt er den Einwand zurück.

Die Bumerang-Methode

Die Bumerang-Methode wird häufig auch „Umkehrungsmethode" genannt. Dabei greift der Verkäufer das Argument des Käufers einfach auf und wandelt es um: Er gibt den Einwand an den Kunden zurück und stellt den angesprochenen Nachteil als besonderen Vorteil heraus. Ein vom Kunden geäußerte Einwand kommt vom Verkäufer wie ein Bumerang als Vorteil zurück.

BEISPIEL

- „Sie haben recht, der Preis ist im oberen Bereich. Und gerade weil dies so ist, können wir Ihnen eine gute Qualität und Lebensdauer garantieren ..."
- „Gerade weil wir etwas teurer sind, sprechen wir auch andere Zielgruppen an."

Einstiegsformulierungen für die Bumerang-Methode:

- Gerade weil ...
- Gewiss doch ...
- Klar, von diesem Standpunkt aus betrachtet ...
- Eben ...

Die Rückfrage-Methode

Durch eine Gegenfrage wird der Kunde aufgefordert, genauer zu werden und seinen Einwand zu präzisieren.

BEISPIEL

- „Habe ich Sie richtig verstanden? Meinten Sie, dass ...?"
- „Die Ausführung sagt Ihnen aber grundsätzlich zu?"
- „Sie sagen, dieser Artikel würde Ihr Problem nicht lösen. Bitte helfen Sie mir, indem Sie mir sagen, welche Ihrer Erwartungen nicht erfüllt werden."
- „Welche Ausführung unseres Modells ziehen Sie vor?"
- „Was glauben Sie, was Sie für dieses wirklich zweckmäßige Produkt nur bezahlen?"

Bei der Rückfrage-Methode gibt der Verkäufer also den Einwand als Frage an den Kunden zurück, um weitere Informationen zur Beantwortung des Einwands zu erhalten. Zusätzlich gewinnt er dadurch einerseits Zeit. Andererseits wiederholt der Kunde den Einwand häufig nur noch in abgeschwächter Form.

Die Öffnungsmethode

Um Übereinstimmung in längeren Verkaufsgesprächen zu erzielen, wird der Kunde vom Verkäufer direkt auf sein zögerliches Verhalten angesprochen.

BEISPIEL

- „Was sagen Sie denn zu diesen Merkmalen?"
- „Darf ich Ihr Schweigen als Zustimmung betrachten?"
- „Ich sehe, dass Sie offensichtlich noch nicht ganz überzeugt sind. Darf ich fragen, woran das liegt?"

Mit dieser Methode erfährt der Verkäufer gerade bei unschlüssigen oder schweigenden Kunden Einwände frühzeitig.

BEISPIEL

- „Darf ich darauf eingehen, wenn ...“
- „Das ist so wichtig, dass ich gleich anschließend noch einmal besonders darauf eingehen werde.“
- „Darf ich später ausführlich darauf eingehen? Ich möchte vorher noch kurz auf folgende Merkmale hinweisen ...“

Diese Methode darf in einem Verkaufsgespräch nur ein- bis zweimal angewandt werden, da der Verkäufer sonst unglaubwürdig wird.

Die Offenbarungsmethode

Die allerletzte Möglichkeit, um einen besonders hartnäckigen Kunden, der sämtliche Verkaufsargumente des Verkäufers ablehnt, zu einem positiven Verkaufsabschluss zu bringen, ist die Anwendung der Offenbarungsmethode. Bei einem sich abzeichnenden Scheitern des Verkaufsgesprächs wird der hartnäckige Kunde direkt angesprochen, unter welchen Bedingungen er zum Kauf bereit wäre.

BEISPIEL

- „Unter welchen Umständen wären Sie denn bereit, diesen Artikel zu kaufen?“
- „Was muss ich tun, um ...?“

Bei einem hartnäckigen Kunden, der alle Vorschläge in den Wind schlägt, kann als letztes Mittel noch die Offenbarungsmethode angewendet werden: „Was kann ich tun, um ...?“

AUFGABEN

1. Warum sollten Verkäufer keine Angst vor Kundeneinwänden haben?

2. Unterscheiden Sie echte von unechten Einwänden.

3. Wie sollte das allgemeine Verhalten des Verkäufers bei Einwänden aussehen?

4. Worauf können sich Einwände beziehen?

5. Formulieren Sie ein Beispiel für die Beantwortung eines Kundeneinwandes mit der Ja-aber-Methode.

6. Erläutern Sie die Vorwegnahme-Methode.

7. Was versteht man unter der Bumerang-Methode?

8. Was wird mit der Rücknahme-Methode bezweckt?

9. In welchen Fällen kann der Verkäufer die Öffnungsmethode anwenden?

10. Erläutern Sie die Verzögerungs-Methode.

11. Welche Methode kann der Verkäufer eventuell anwenden, wenn alle anderen Methoden der Einwandbehandlung im Verkaufsgespräch keinen Erfolg gebracht haben?

12. Welche Methode der Einwandbehandlung liegt vor?

a) „Unsere Produkte sind nicht billig, haben aber im Gegensatz zu ...“
„Sie werden vermutlich gleich fragen, ob ...“
„Eine Frage, die oft gestellt wird, ist ...“
„Es ist Ihnen sicherlich nicht entgangen, dass ...“

b) „Jawohl, das ist völlig richtig, nur in diesem speziellen Fall ...“
„Genau, allerdings nur unter der Voraussetzung ...“

13. a) Finden Sie zu jeder im Informationstext aufgeführten Methode der Einwandbehandlung ein Beispiel für einen Kundeneinwand.

b) Beantworten Sie den Kundeneinwand mit einer Formulierung in wörtlicher Rede.

5321318

14. a) Finden Sie in Partnerarbeit für zwei Artikel Ihres Ausbildungssortiments zwei mögliche Nachteile.

b) Entwerfen Sie ein kurzes Rollenspiel, in dem der Verkäufer auf Einwände des Kunden, die sich auf diese Nachteile beziehen, mit einer Methode der Einwandbehandlung antwortet.

c) In einem zweiten kurzen Rollenspiel sollen dieselben Einwände mit einer jeweils anderen Methode des Verkäufers behandelt werden.

d) Bereiten Sie sich darauf vor, Ihre Rollenspiele vorzuführen.

15. Heute in einer Abteilung der Tom Hoss KG:
Kunde: „Also, der Preis ist mir eigentlich zu hoch!"
Verkäufer: „Kommen Sie, lassen Sie uns doch einmal ehrlich sein. Sie sagen das zwar, doch das kann nicht der wirkliche Grund Ihrer Ablehnung sein. Ihr Einwand ist unberechtigt und zeigt wenig Fachkenntnis."
Welche Fehler macht der Verkäufer?

16. Entscheiden Sie sich für drei wichtige Artikel Ihres Ausbildungssortiments.

Führen Sie drei Einwände von Kunden zu diesen Artikeln auf. Formulieren Sie zwei Argumente zur Einwandentkräftigung für jeden Einwand.

17. Welche Methode der Einwandbehandlung wendet der Verkäufer hier an?

18. Welche Einwandbehandlungsmethode liegt vor?

a) Kunde: „Ich bekomme den Rasenmäher bei Elektro Meier erheblich günstiger."
Verkäufer: „Ja, aber bedenken Sie, dass nur wir Ihnen eine 5-Jahres-Garantie bieten."

b) Kunde: „Ist das Material dieses Anzuges nicht zu dünn?"
Verkäufer: „Und genau deshalb ist er an heißen Tagen so angenehm zu tragen."

c) Kunde: „Dieses Gerät ist nicht so mein Ding."
Verkäufer: „Was genau gefällt Ihnen daran denn nicht?"

19. Welche Methode der Einwandbehandlung wird angewendet?

20. Welche Methode der Einwandbehandlung wird in den folgenden Fällen angewendet?

a) „Was müssen wir denn machen, damit Sie dieses Produkt doch kaufen?"

b) „Dieses Produkt sagt Ihnen aber grundsätzlich zu?"

c) „Das ist mit Sicherheit ein wichtiger Punkt, den Sie da ansprechen, doch beachten Sie die außergewöhnliche Ausstattung dieses Artikels."

d) „Viele Kunden sagen zunächst, dass der Preis ihnen zu hoch sei. Wenn sie sich dann jedoch die Leistungsmerkmale dieses Artikels anschauen ..."

e) „Auf diesen wichtigen Punkt komme ich gleich noch einmal zurück."

f) „Sie haben recht, dieser Pullover ist nicht aus reiner Baumwolle. Gerade deshalb brauchen Sie ihn nicht unbedingt chemisch zu reinigen, sondern können ihn bedenkenlos in die Waschmaschine stecken."

g) „Gibt es einen Grund, warum Sie sich bisher noch nicht zum Kauf entscheiden können?"

ZUSAMMENFASSUNG

Kundeneinwände

- zeigen an, wo der Kunde
  - Probleme mit der Ware hat,
  - weitere Informationen benötigt.
- zeigen dem Verkäufer, wo er in der Argumentation anzusetzen hat

Arten von Kundeneinwänden

Echte Einwände
- ernst gemeint
- rationaler Hintergrund

Unechte Einwände (Vorwände)
- Vorurteile
- emotionaler Hintergrund

Einwandbehandlung

Ja-aber-Methode	Vorwegnahme-Methode	Bumerang-Methode	Rückfragemethode	Öffnungsmethode	Verzögerungs-Methode	Offenbarungsmethode
Bedingte Zustimmung	Erwarteter Einwand wird selbst ausgesprochen und mit Gegenargumenten entschärft	Aus dem Abwehrargument des Kunden wird ein Gegenargument gemacht	Durch eine Gegenfrage soll der Kunde seinen Einwand präzisieren	Ansprechen des Kunden auf sein zögerliches Verhalten	Beantwortung des Einwandes wird zurückgestellt	Kunde wird nach seinen Bedingungen zum Kauf gefragt

Man versteht erst dann etwas richtig, wenn man am Ende der Behandlung eines Themas versucht, dieses sich selbst noch einmal zu erklären. Dies führt zu einer eigenen gründlichen Auseinandersetzung mit dem gerade behandelten Thema.

1. Suchen Sie sich einen Partner.
2. Lesen Sie noch einmal die Zusammenfassung. Bei Verständnisproblemen schlagen Sie ggf. noch einmal im Informationstext nach.
3. Wandeln Sie die Zusammenfassung mit Ihrem Partner in eine gemeinsame Mindmap um.

ICH ÜBERPRÜFE MEINE NEU ERWORBENEN KOMPETENZEN

Den Erwerb der zu Beginn aufgeführten Kompetenzen können Sie selbst mithilfe der folgenden Tabelle überprüfen.

Wenn Sie alle Aufgaben, die hinter einer Kompetenz stehen, gelöst haben, machen Sie ein Kreuz bei „Ganz“.

Bei den Kompetenzen, bei denen Sie Aufgaben „Teilweise“ oder „Gar nicht“ gelöst haben, sollten Sie den dazugehörigen Informationstext noch einmal lesen und die Aufgaben anschließend noch einmal bearbeiten.

Was ich nach der Bearbeitung dieses Kapitels kann	Aufgaben	Ganz	Teilweise	Gar nicht
Ich kann ...				
... begründen, warum Einwände eine Chance in Verkaufsgesprächen darstellen.	1			
... zwischen unechten und echten Einwänden unterscheiden.	2, 4			
... sprachliche und körpersprachliche Signale wahrnehmen, die Entscheidungsunsicherheit beim Kunden zeigen.	2			
... bei Einwänden des Kunden ein angemessenes Verkäuferverhalten zeigen.	3			
... Einwandbehandlungsmethoden aufführen und erläutern.	5, 6, 7, 8, 9, 10, 11, 12, 15, 17, 18			
... eine der Einwandsituation angemessene Methode in Verkaufsgesprächen einsetzen.	13, 14, 16, 17, 18			

2.15 Die Herbeiführung der Kaufentscheidung

Problemstellung

Stefanie Beyer erinnert sich. Sie hat heute viele Verkaufsgespräche durchgeführt. In einigen hat sie kurz vor Beendigung folgende Äußerungen gemacht:

„Wenn Ihnen der blaue Pulli nicht so zusagt, dann kann ich ihn ja gleich zur Seite legen."

„Modern, pflegeleicht, elegant und passt Ihnen wie angegossen."

„Dies ist unser vorerst letztes Exemplar und unser Lieferant hat dieses Produkt aus dem Programm genommen."

Beurteilen Sie das Verhalten von Stefanie Beyer.

EINORDNUNG DES THEMAS

Lernfeld 2: Verkaufsgespräche kundenorientiert führen

Kommunikationsregeln | Körpersprache | Sprache | Fragetechnik

Suche von Informationsquellen über Waren | Systematische Aneignung von Warenwissen

Grundlagen des Verkaufsgesprächs | Kontaktaufnahme | Bedarfsermittlung | Warenvorlage | Verkaufsargumentation | Preisnennung | Einwandbehandlung | **Herbeiführen der Kaufentscheidung** | Angebot von Ergänzungen | Abschluss des Verkaufsgesprächs

Kompetenzen

Nach Bearbeitung dieses Kapitels können Sie ...

... Kaufsignale wahrnehmen, die zeigen, dass der Kunde sich entschieden hat.
... Kunden bei der Kaufentscheidung argumentativ unterstützen.
... Techniken in Verkaufssituationen anwenden, die die Kaufentscheidung herbeiführen.

INFORMATIONSTEXT

Die Krönung des Verkaufsgesprächs ist die Kaufentscheidung (= Abschlussphase). Diese muss zwangsläufig nicht immer am Ende des Verkaufsgesprächs stehen. Der Kunde kann seine Kaufbereitschaft in jeder Phase des Kaufgesprächs signalisieren. Wichtig ist, dass der Verkäufer sie erkennt.

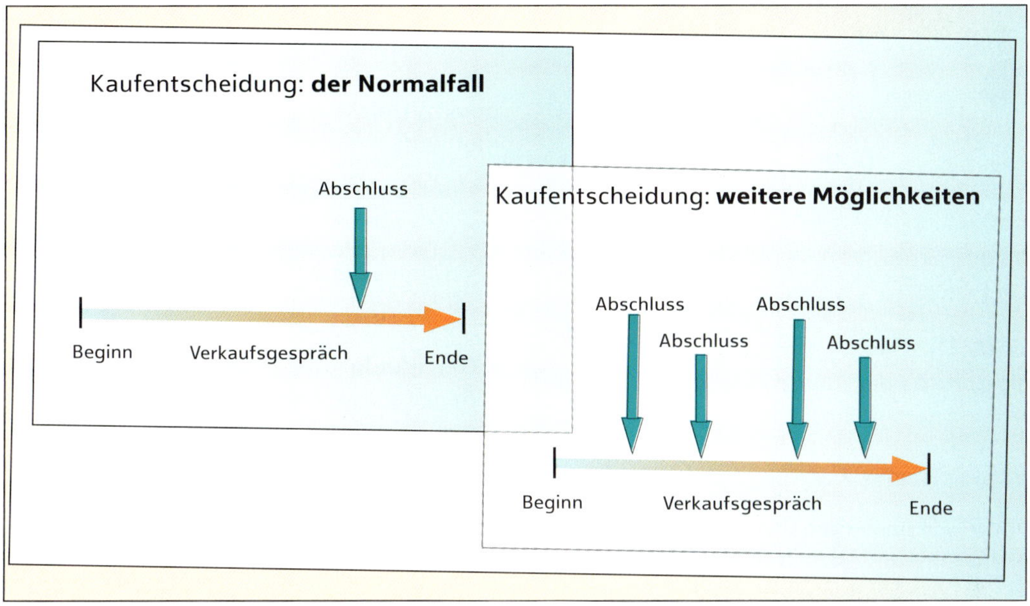

Im Rahmen des Verkaufsgesprächs muss der Käufer zu einer Entscheidung gebracht werden. Dies muss nicht immer am Ende geschehen. Bei vorliegender Kaufbereitschaft des Kunden kann dies auch schon in anderen Phasen eingeleitet werden

In der Abschlussphase unterstützt der Verkäufer den Kunden bei der Entscheidungsfindung: Häufig ist der Kunde bereits vom Nutzen der Ware überzeugt und bringt dies durch sein Verhalten zum Ausdruck. Er benötigt jedoch noch einen letzten Anstoß für eine Kaufentscheidung.

Beachtung der Kaufsignale des Kunden

Voraussetzung für die Kaufbereitschaft des Kunden ist ein überzeugender Verlauf der vorhergehenden Phasen im Verkaufsgespräch. Der Kunde möchte das Gefühl haben, dass es für ihn vorteilhafter ist, die angebotene Ware zu besitzen als das Geld zu behalten, das der Artikel kostet.

Während des gesamten Gesprächs beobachtet der Verkäufer den Kunden und prüft seine Reaktionen. Er wird dann den weiteren Verlauf des Gesprächs nach diesen Reaktionen gestalten. Wenn das Verkaufsgespräch in den Bereich der Abschlussphase kommt, darf der Verkäufer nicht den Fehler machen, weiterzureden und zu argumentieren.

BEISPIEL

Kunde: „Dieser Ski von Sportive, den Sie mir gerade zeigen, ist natürlich sehr preiswert.“	
Falsche Reaktion:	**Richtige Reaktion:**
Verkäufer: „Da hätten wir noch einen weiteren günstigen Ski, den Harbacher X321. Er zeichnet sich aus durch ...“	Verkäufer: „Dieser Sportive-Ski ist wirklich ein ausgezeichneter Ski zu einem günstigen Preis. Wenn Sie Ihre Ski-Schuhe mithaben, können wir die Bindung sofort anpassen.“

Der Verkäufer muss die Kaufsignale des Kunden beachten. Ist der Kunde abschlusswillig, können ihn weitere Informationen vom Kauf abbringen.

Dem Kunden muss die Möglichkeit gegeben werden, zu signalisieren, dass er kaufen will. Durch solche Signale gibt der Kunde zu erkennen, dass er sich mit der Kaufentscheidung beschäftigt. Grundsätzlich wird dabei zwischen körpersprachlichen und sprachlichen Kaufsignalen unterschieden.

Die Körpersprache der Kunden signalisiert Kaufbereitschaft

Körpersprachliche Kaufsignale

Viele nonverbale Aussagen des Kunden weisen darauf hin, dass er zum Abschluss bereit ist:

- zustimmendes Kopfnicken des Kunden:
  Verschiedene Verkaufstrainer empfehlen deshalb Verkäufern, während des Verkaufsgesprächs ab und zu auch mit dem Kopf zu nicken. Dies führt sehr oft schon zu den gleichen Reaktionen bei den Kunden.
- Änderung der Mimik des Kunden:
  Wenn er beispielsweise lächelt bzw. einen zufriedenen Gesichtsausdruck macht, sollte der Kaufabschluss durch Entscheidungshilfen erleichtert werden.
- Griff nach dem Portemonnaie:
  Holt der Kunde Girokarte oder Geldbeutel hervor, signalisiert er dadurch häufig Kaufinteresse.
- Nochmaliger Griff zur Ware:
  Die Ware wird plötzlich in die Hand genommen und beispielsweise anerkennend noch einmal geprüft.
- Zufriedenes Händereiben

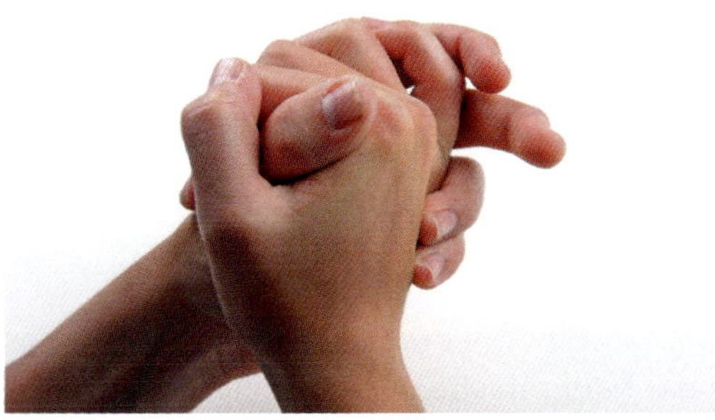

Ein zufriedenes Händereiben ist ein typisches Kaufsignal: Dies zeigt, dass der Kunde bereits vom Nutzen der Ware überzeugt ist

Sprachliche Kaufsignale

Charakteristische verbale Äußerungen zeigen dem Verkäufer, dass der Kunde schon fast den Zeitpunkt erreicht hat, an dem er sich endgültig zum Kauf entscheidet:

- Der Kunde fragt nach Einzelheiten.

  BEISPIEL

  „Gibt es dieses Gerät auch in einer weißen Ausführung?"

- Der Kunde fragt nach Informationen, die nach dem Kauf wichtig sind. Er stellt also Fragen nach der Zahlungsweise, nach dem Lieferzeitpunkt, nach Reparatur- und Reklamationsmöglichkeiten.

  BEISPIELE

  - „Wie sieht das denn mit der Garantie des Herstellers aus?"
  - „Wann können Sie mir denn die Waschmaschine liefern?"
  - „Könnte ich auch in Raten bezahlen?"

- Der Kunde wiederholt einzelne, für ihn besonders wichtige Verkaufsargumente.

  BEISPIEL

  „Durch das vorinstallierte Softwarepaket erspare ich mir die Ausgaben für das Betriebssystem und ein Office-Paket."

- Der Kunde formuliert seine Zustimmung.

  BEISPIELE

  - „Dieser HD-Fernseher gefällt mir!"
  - „Das klingt nicht schlecht!" (was der Verkäufer in dem Verkaufsgespräch zum Beispiel über einen Laptop gesagt hat)

Abschlusstechniken

Nachdem er die Kaufbereitschaft des Kunden erkannt hat, wendet der Verkäufer je nach Situation verschiedene Abschlusstechniken an. Er macht dies einerseits, um den Kaufabschluss möglichst schnell herbeizuführen. Andererseits will er dem Kunden die Kaufentscheidung so leicht wie möglich machen:

- **Einschränken der Auswahl:** Die vorgelegte Auswahl sollte gegen Ende des Verkaufsgesprächs immer mehr eingeschränkt werden. Dadurch wird die Aufmerksamkeit auf eine Ware gelenkt.

BEISPIEL

„Dieser Artikel hier kommt wohl nicht mehr infrage?“

- **Zusammenfassung der Argumente:** Die Vorteile, die in der Argumentation schon genannt wurden, werden zum Schluss sehr gestrafft zusammengefasst. Dabei sollten nur die Argumente verwendet werden, die vom Kunden bestätigt wurden. Der Verkäufer beachtet, dass die stärksten Argumente am Schluss stehen.
- **Alternativfragen stellen:** Der Verkäufer bietet dem Kunden die Wahl zwischen zwei möglichen Artikeln an. Die Frage, ob der Kunde überhaupt etwas kaufen will, wird geschickt ausgeklammert. Der Verkäufer stellt zwei positive Alternativen vor, zwischen denen sich der Käufer entscheiden muss.

BEISPIEL

„Möchten Sie die Grundausstattung oder die Luxusausführung zum Aktionspreis?“

- **Die Ja-Fragen-Technik:** Der Verkäufer stellt am Ende des Verkaufsgesprächs mehrere Fragen, die der Kunde nur mit „Ja“ beantworten kann. Durch das Sammeln der zustimmenden Antworten wird beim Kunden insgesamt eine positive Stimmung für den Kauf erzeugt. Durch das Herbeiführen mehrerer kleinerer Einzelentscheidungen wird in vielen Fällen die Kaufentscheidung erleichtert.

BEISPIEL

Verkäufer: „Sie legten ja Wert auf ein sparsames Modell?“

Kunde: „Ja.“

Verkäufer: „Mit der Leistung dieses Gerätes sind Sie einverstanden?“

Kunde: „Ja.“

Verkäufer: „Die Farbe gefällt Ihnen auch?“

Kunde: „Ja.“

Verkäufer: „Dann ist dieses Gerät mit Sicherheit das nützlichste.“

Kunde: „Ja.“

- **Die Empfehlung:** Um den Kunden den Kaufentschluss zu erleichtern, übernimmt der Verkäufer die Verantwortung für die Kaufentscheidung mit. Dazu gibt er mit einer sachbezogenen Formulierung seinen Ratschlag als Berater des Kunden.

BEISPIEL

„Es empfiehlt sich, schnell zu entscheiden, da dieser Artikel nur noch bis zum Ende der Woche im Angebot ist.“

Zu vermeiden ist einerseits ein Aufdrängen der Empfehlungen, andererseits die Verwendung subjektiver, personenbezogener Formulierungen (z. B. „Ich empfehle ...“).

- **Die Als-ob-Argumentation:** Der Kunde wird so angesprochen, als wäre seine Entscheidung schon gefallen und er hätte die Ware schon gekauft.

BEISPIEL

„Ihrer Familie werden Sie mit diesem Gerät viel Freude machen.“

- **Die Pause:** In manchen Verkaufssituationen führt auch das Schweigen des Verkäufers zu einer Kaufentscheidung. Dies erzeugt oft ein Unbehagen bei dem Kunden, dem er eventuell durch den Kaufabschluss entgehen kann.
- **Die direkte Kaufaufforderung:** Wenn der Kunde eindeutig seine Verkaufsbereitschaft zu erkennen gibt, wird der Kaufabschluss durch eine direkte Bestätigung eingeleitet.

BEISPIEL

„Bei diesem schönen Sommerwetter behalten Sie die Sandalen doch sicher gleich an!“

AUFGABEN

1. Wie sollte sich der Verkäufer in der Phase der Herbeiführung der Kaufentscheidung verhalten?
2. Wodurch unterscheiden sich körpersprachliche und sprachliche Kaufsignale?
3. Nennen Sie körpersprachliche Kaufsignale des Kunden.
4. Wie signalisiert ein Kunde sprachlich seine Kaufbereitschaft?
5. Warum fördert ein Einschränken der Auswahl die Entscheidung beim Kunden?
6. Was will ein Verkäufer erreichen, wenn er in der Abschlussphase Alternativfragen stellt?
7. Erläutern Sie die Ja-Fragen-Technik.
8. Was ist bei Empfehlungen des Verkäufers zu beachten?
9. Was kann ein Verkäufer mit einer Pause in der Abschlussphase bewirken?
10. Erläutern Sie die Als-ob-Argumentation.
11. Welche Voraussetzung muss bei einer direkten Kaufaufforderung gegeben sein?
12. Welche Abschlusstechnik liegt vor?
    a) – „Wenn ich Sie recht verstanden habe, kommt es für Sie darauf an, dass ...“
    – „Lassen Sie mich zusammenfassen: Sie wollen ...“
    b) – „Gefällt Ihnen der Artikel in weiß oder grün besser?“
    – „Wollen Sie den Anzug gleich mitnehmen oder soll unser Schneider die Kürzungen vornehmen?“
    c) „Ich empfehle Ihnen diesen DVD-Player, weil ...“
    d) „Das grüne Sakko sagt Ihnen nicht so zu? Dann lege ich es gleich mal zur Seite!“
    e) – „Sie möchten also ein HD-Display mit integriertem Festplattenrecorder?“
    – „Ja!“
    – „Die Größe sagt Ihnen auch zu?“
    – „Ja!“
    – „Die anderen Leistungsmerkmale überzeugen Sie auch ?“
    – „Ja!“
    – „Dann kaufen Sie also dieses Modell?“
    – „Ja!“
    f) „Da haben Sie ja das richtige Geschenk für Ihren Mann gefunden. Ich packe es Ihnen gleich ein!“
    g) „Ihren Anforderungen entspricht dieses Gerät!“
    h) „Weißweine mögen sie also nicht so? Sie bevorzugen also französische Rotweine?“
13. In der Damenmodeabteilung der Tom Hoss KG wird eine Kundin schon 25 Minuten lang beraten:
    Kundin: „Dieser rote Pullover könnte mir sehr gut gefallen ... Aber der blaue ist auch sehr schön.“
    Verkäuferin: „Sie haben Geschmack, beide sind sehr schön ausgefallen.“
    Kundin: „Tja, welchen nehme ich nun?“
    Verkäuferin: „Nun, das müssen Sie schon selber entscheiden. Das ist nicht mein Job.“
    a) Wie beurteilen Sie das Verhalten der Verkäuferin?
    b) Führen Sie zwei Abschlusstechniken auf, die Sie in der oben beschriebenen Situation anwenden können. Formulieren Sie in der Rolle der Verkäuferin dazu in wörtlicher Rede ein Beispiel.
14. Formulieren Sie schriftlich zehn Kaufbestätigungen für Waren Ihres Ausbildungssortiments.
15. Sammeln Sie Hinweise und Anregungen zu zehn Artikeln Ihres Ausbildungssortiments, die bei Ihren Kunden für eine positive Nachwirkung sorgen können.
16. Stefanie Beyer hat seit 20 Minuten ein Verkaufsgespräch durchgeführt. Der Kunde kann sich nicht zwischen zwei ähnlichen Artikeln entscheiden. Machen Sie Vorschläge, wie der Kunde zu einer Entscheidung gebracht werden kann.
17. Begründen Sie, warum Pausen oft eine angemessene Abschlusstechnik sind.

5321326

ZUSAMMENFASSUNG

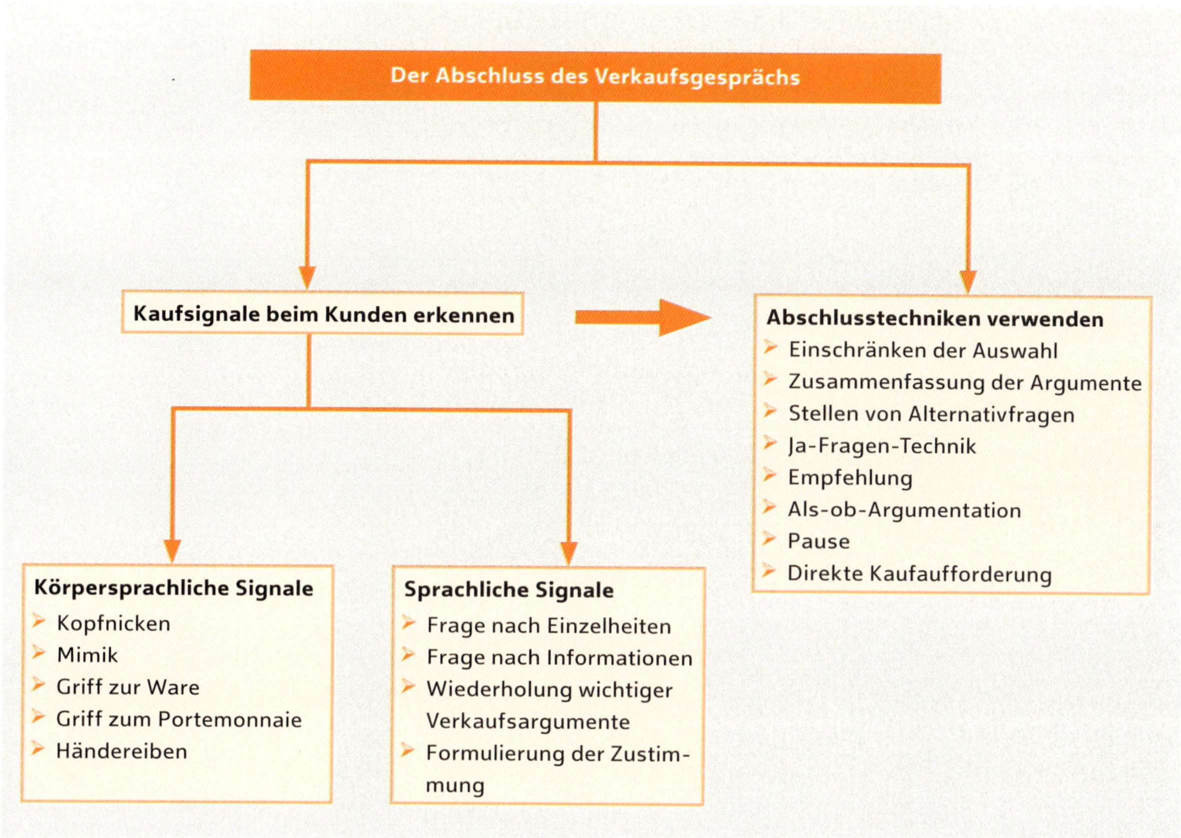

Man versteht erst dann etwas richtig, wenn man am Ende der Behandlung eines Themas versucht, dieses sich selbst noch einmal zu erklären. Dies führt zu einer eigenen gründlichen Auseinandersetzung mit dem gerade behandelten Thema. Häufig helfen dabei Visualisierungen.

1. Suchen Sie sich einen Partner.
2. Lesen Sie noch einmal die Zusammenfassung. Bei Verständnisproblemen schlagen Sie gegebenenfalls noch einmal im Informationstext nach.
3. Visualisieren Sie die einzelnen Abläufe mithilfe einer Wertschöpfungskette.

ICH ÜBERPRÜFE MEINE NEU ERWORBENEN KOMPETENZEN

Den Erwerb der zu Beginn aufgeführten Kompetenzen können Sie selbst mithilfe der folgenden Tabelle überprüfen.

Wenn Sie alle Aufgaben, die hinter einer Kompetenz stehen, gelöst haben, machen Sie ein Kreuz bei „Ganz“.

Bei den Kompetenzen, bei denen Sie Aufgaben „Teilweise“ oder „Gar nicht“ gelöst haben, sollten Sie den dazugehörigen Informationstext noch einmal lesen und die Aufgaben anschließend noch einmal bearbeiten.

Was ich nach der Bearbeitung dieses Kapitels kann	Aufgaben	Ganz	Teilweise	Gar nicht
Ich kann ...				
... Kaufsignale wahrnehmen, die zeigen, dass der Kunde sich entschieden hat.	1, 2, 3, 4			
... Kunden bei der Kaufentscheidung argumentativ unterstützen.	5, 6, 7, 8, 9, 10, 11, 12			
... Techniken in Verkaufssituationen anwenden, die den Kaufabschluss herbeiführen.	13, 14, 15, 16, 17			

5321328

2.16 Das Angebot von Ergänzungen

Problemstellung

Heute bei der Tom Hoss KG

Stefanie Beyer: „Sie werden sehen, dass Sie mit diesem Anzug sehr zufrieden sein werden. Wenn Sie mir bitte zur Kasse folgen würden ...
... Ach, da fällt mir ein, brauchen Sie eigentlich noch etwas anderes?“

Kunde: „Nein, eigentlich wollte ich nur einen Anzug kaufen. Wenn ich noch etwas anderes brauche, komme ich noch einmal rein.“

Beurteilen Sie das Vorgehen von Stefanie Beyer.

EINORDNUNG DES THEMAS

Lernfeld 2: Verkaufsgespräche kundenorientiert führen

Kommunikationsregeln → Körpersprache → Sprache → Fragetechnik

Suche von Informationsquellen über Waren → Systematische Aneignung von Warenwissen

Grundlagen des Verkaufsgesprächs → Kontaktaufnahme → Bedarfsermittlung → Warenvorlage → Verkaufsargumentation → Preisnennung → Einwandbehandlung → Herbeiführen der Kaufentscheidung → **Angebot von Ergänzungen** → Abschluss des Verkaufsgesprächs

Kompetenzen

Nach Bearbeitung dieses Kapitels können Sie ...

- ... die Bedeutung von Ergänzungsangeboten für den wirtschaftlichen Erfolg von Einzelhandelsunternehmen begründen.
- ... als Ergänzungsangebot infrage kommende Artikel für Produkte Ihres Ausbildungssortiments aufführen.
- ... die richtigen Zeitpunkte für Ergänzungsangebote in Verkaufssituationen erkennen und diese Artikel in Verkaufsgespräche argumentativ einbeziehen.

INFORMATIONSTEXT

Ergänzungsangebote

Sinnvolle und notwendige Ergänzungsartikel

Bei einem Ergänzungsangebot werden dem Kunden notwendige und/oder sinnvolle Artikel zusätzlich zu seinem Hauptkauf angeboten. Es handelt es sich also um weitere Artikel, die zu dem schon gekauften Hauptartikel passen. Sie werden dem Kunden vorgestellt, weil sie für die Verwendung des Hauptartikels nützlich sind.

Ein Ergänzungsartikel

- kann eine **notwendige** Ergänzung sein, die den Gebrauch des Hauptartikels überhaupt erst ermöglicht: Der Ergänzungsartikel ist unentbehrlich für die Nutzung des Hauptartikels. Unentbehrliche Ergänzungen dürfen vom Verkäufer auf keinen Fall übersehen werden, da sie den Hauptkauf für den Kunden erst komplett machen.

BEISPIELE

- Batterien für Taschenlampen
- Staubsaugerbeutel für Staubsauger

- kann eine **sinnvolle** Ergänzung sein, die dazu dient den Gebrauchswert des Hauptartikels zu erhöhen, zu verbessern oder zu erhalten.

BEISPIELE

- Spezialobjektive für einen Fotoapparat
- Imprägnierungs- und Pflegemittel für Schuhe
- Heizkörperdüse für den Staubsauger

Ergänzungsartikel werden oft auch **Zusatzartikel** genannt.

Meistens sind die Ergänzungsartikel kleiner als die schon gekaufte Ware. Ergänzungsangebote liegen in der Regel auch im Preis niedriger als der Hauptkauf. Das Anbieten von Ergänzungsartikeln bringt dennoch mehrere Vorteile:

- Die Ergänzungsartikel bringen mehr Nutzen für den Kunden.
- Der Kunde erkennt, dass der Verkäufer sich für seine Probleme interessiert.
- Die Ergänzungsangebote steigern den Umsatz und Gewinn.

Ergänzungsangebote

notwendig

Batterien sind für die Funktionsfähigkeit einer Taschenlampe unentbehrlich.

sinnvoll

Eine passende Krawatte zu einem Hemd schafft einen Zusatznutzen, weil sie das Hemd schöner macht.

Voraussetzungen für den erfolgreichen Verkauf von Ergänzungsartikeln

Angeboten werden dem Kunden nur Ergänzungsartikel, die er wirklich benötigt. Liegt diese Voraussetzung nicht vor, könnte der Kunde das Verkäuferverhalten als aufdringlich empfinden. Ist der

Verkäufer selber vom Nutzen des Ergänzungsangebots überzeugt, verdeutlicht er dies dem Kunden besser, als wenn er unsicher ist.

- Eine ganz wichtige Voraussetzung für Ergänzungsangebote ist, dass die **Verkäufer** umfassend über die Ergänzungsmöglichkeiten **informiert** sind.

BEISPIEL

Bei einem Elektrowerkzeug muss der Verkäufer wissen, was zum Zubehör gehört und mit welchem Zubehör die eventuell vom Kunden gewünschten Arbeiten durchgeführt werden können.

Ergänzungsartikel: Handyhüllen, externe Akkus, Handyhalter – für Smartphones gibt es viele sinnvolle zusätzliche Angebote

Normalerweise bietet man Ergänzungsartikel dann an, nachdem der Kunde sich für den Kauf des Hauptartikels entschieden hat, aber noch bevor der Kunde bezahlt hat. In einigen Fällen kann dies auch schon früher bei der Warenvorlage geschehen. So wirkt manchmal ein Ergänzungsartikel beim Verkauf des Hauptartikels verkaufsfördernd,

– wenn das Handling der Ware erklärt wird,

BEISPIELE

Der Verkäufer erklärt das Einlegen der Batterien in den tragbaren CD-Player.

– wenn die Wirkung des Ergänzungsartikels mithilfe des Hauptartikels gezeigt wird.

BEISPIELE

Der Verkäufer zeigt eine Krawatte als ideale Ergänzung zu einem Hemd.

In diesen Fällen ist der Ergänzungsartikel beim Verkauf des Hauptartikels nützlich. Wenn ein Vorteil des Hauptartikels darin liegt, dass verschiedene Ergänzungsangebote seinen Nutzen erheblich erweitern, kann das Ergänzungsangebot auch schon während des Hauptkaufs unterbreitet werden. Dies kann durch eine entsprechende Warenpräsentation in den Verkaufsräumen unterstützt werden. Wenn der Ergänzungsartikel neben dem Hauptartikel liegt, kann der Verkäufer fast von selbst auf den Ergänzungsartikel zu sprechen kommen.

Der richtige Zeitpunkt für das Angebot von Ergänzungsartikeln	**Ein falscher Zeitpunkt**	**Ein falscher Zeitpunkt**
Verkäufer: „Sie haben mir vorhin gesagt, dass Sie mit dieser Schleifmaschine Schäden an Ihrem Auto ausbessern möchten. Sie können damit zusätzlich auch Ihr Auto polieren." Kunde: „Mmh, wie geht denn das?" Verkäufer: „Als Zubehör gibt es einen aufsetzbaren Polierschwamm." Käufer: „Hätte ich gar nicht gedacht, dass es das gibt. Okay, den nehme ich noch dazu."	Verkäufer: „Sie sollten wirklich dieses Gerät nehmen: Diese elektrische Säge ist ein absolutes Multifunktionsgerät. Jede Menge Sägeblätter sowie anderes Zubehör können Sie dazu kaufen. Die Säge ist damit fast überall einsetzbar, selbst zum Entrosten von alten Gitterzäunen." Kunde: „Mit der Säge allein kann ich gar nichts machen. Das Entrosten des Zaunes ist eigentlich auch nicht mein Problem. Ich glaube, ich denke zu Hause noch einmal darüber nach."	Verkäufer: „Sie werden sehen, dass Sie mit dieser elektrischen Säge sehr zufrieden sein werden. Wenn Sie mir bitte zur Kasse folgen würden ... Ach, da fällt mir ein, wollen Sie eigentlich noch etwas anderes als Holz sägen.? Das beiliegende Sägeblatt in der Packung ist nur dafür geeignet." Kunde: „Nein, eigentlich will ich nur Holz sägen. Wenn ich noch etwas anderes brauche, komme ich noch einmal rein."

Der richtige Zeitpunkt für das Angebot von Ergänzungsartikeln	Ein falscher Zeitpunkt	Ein falscher Zeitpunkt
Hat der Kunde sich erst einmal entschlossen, sich seinen Kaufwunsch zu erfüllen, ist er oft auch bereit, eine sinnvolle Ergänzung zu kaufen.	Bevor der Kunde sich zum Kauf entschlossen hat, bietet der Verkäufer den Ergänzungsartikel an. Wenn der Kunde beispielsweise das Gefühl bekommt, das Gerät allein ist nicht funktionsfähig bzw. verteuert sich durch das Zubehör, kann der Erfolg des gesamten Verkaufsgesprächs über den Hauptartikel gefährdet werden.	Der Kunde ist in der Regel nicht mehr bereit, einen Ergänzungsartikel zu bezahlen, wenn er auf dem Weg zur Kasse ist bzw. schon bezahlt hat. Eventuell ist der Kunde auch verärgert, weil er zu spät informiert wurde.

Beim Angebot von Ergänzungsartikeln vermeidet der Verkäufer allgemeine Formulierungen. Es ist empfehlenswert, dem Kunden konkrete Vorschläge zu machen.

BEISPIELE

Statt:
- „Darf es sonst noch etwas sein?"
- „Ist das alles?"

Besser:
- „Kann ich Ihnen gleich das passende Imprägnierungsmittel einpacken?"

AUFGABEN

1. Wodurch unterscheiden sich Ergänzungsangebote von Alternativangeboten?

2. Was sind Ergänzungsangebote?

3. Unterscheiden Sie unentbehrliche und sinnvolle Ergänzungsartikel.

4. „Kann ich Ihnen sonst noch etwas anbieten?" Welcher Fehler wird von dem Verkäufer gemacht?

5. Welche Art der Ergänzung liegt vor?
- **a)** Ergänzung Krawatte zum Hauptkauf Anzug
- **b)** Ergänzung Druckpatrone für Hauptkauf Drucker

6. Welche Vorteile bringt das Anbieten von Ergänzungsartikeln?

7. Wann sollten Ergänzungsartikel angeboten werden?

8. Wie sollte das Angebot von Ergänzungsartikeln formuliert werden?

9. Führen Sie für fünf Hauptartikel Ihres Ausbildungssortiments unentbehrliche bzw. sinnvolle Ergänzungsartikel auf.

10. Sammeln Sie für jeden Ergänzungsartikel ein Verkaufsargument.

Welche Ergänzungsangebote können in den folgenden Fällen angeboten werden? Begründen Sie Ihre Wahl. Geben Sie auch an, ob es sich dabei jeweils um ein sinnvolles oder notwendiges Ergänzungsangebot handelt.
- **a)** Nadine Eggers ist begeisterte Läuferin. Sie benötigt ein neues Laufband. Im Verkaufsgespräch erwähnt sie, dass sie sich beim Laufen durch ihre langen Haare gestört fühlt.
- **b)** Lukas Borowski ist begeisterter Leser. Deshalb kauft er sich einen E-Book-Reader.
- **c)** Heya Ceto kauft sich für den Schriftverkehr ihrer Boutique einen Drucker.
- **d)** Marc Eisenburgers Hobby ist das Computerspielen. In einem Geschäft ersteht er einen neuen Laptop.
- **e)** Markus Brill benötigt für seinen nächsten Strandurlaub noch eine Digitalkamera.
- **f)** Kevin Griese plant mit Freunden einen Grillabend und kauft Steaks ein.
- **g)** Frau Grabsch möchte für ihre Tochter einen Geburtstagskuchen backen.

ZUSAMMENFASSUNG

Ziel

- Erhöhung des Nutzens für den Kunden
- Umsatzsteigerung des Unternehmens

↓

durch Angebot von

↓

Ergänzungen

Bei einem Ergänzungsangebot wird dem Kunden ein weiterer passender Artikel zusätzlich zum Hauptartikel angeboten. Dieser wird dadurch sinnvoll ergänzt, aufgewertet oder überhaupt erst einsatzfähig.

- Ergänzungsartikel muss für den Kunden einen Nutzen darstellen
- Verkäufer muss vom Nutzen des Ergänzungsartikels überzeugt sein
- Angebot erst nach dem Kauf des Hauptartikels (während des Hauptkaufs nur, wenn sich dies verkaufsfördernd auswirkt)
- Konkrete Vorschläge zum Ergänzungsangebot machen

Man versteht erst dann etwas richtig, wenn man versucht, es jemand anderem zu erklären. Dies führt zu einer eigenen gründlichen Auseinandersetzung mit dem gerade behandelten Thema.

1. Suchen Sie sich einen Partner.
2. Lesen Sie noch einmal die Zusammenfassung. Bei Verständnisproblemen schlagen Sie ggf. noch einmal im Informationstext nach.
3. Ihre Lehrerin/Ihr Lehrer stellt Ihnen 20 Karten zur Verfügung. Auf diese schreiben Sie die zentralen Begriffe des Themas.
4. Diese Karten legen Sie nun so, dass sich eine sinnvolle Struktur ergibt. Dies geschieht in gemeinsamer Diskussion mit Ihrem Partner: Sie sollen gemeinsam begründen können, warum Sie Ihre Struktur so gelegt haben.
5. Stellen Sie sich darauf ein, einer anderen Gruppe – oder dem Plenum – Ihre Struktur vorzustellen.

ICH ÜBERPRÜFE MEINE NEU ERWORBENEN KOMPETENZEN

Den Erwerb der zu Beginn aufgeführten Kompetenzen können Sie selbst mithilfe der folgenden Tabelle überprüfen.

Wenn Sie alle Aufgaben, die hinter einer Kompetenz stehen, gelöst haben, machen Sie ein Kreuz bei „Ganz".

Bei den Kompetenzen, bei denen Sie Aufgaben „Teilweise" oder „Gar nicht" gelöst haben, sollten Sie den dazugehörigen Informationstext noch einmal lesen und die Aufgaben anschließend noch einmal bearbeiten.

Was ich nach der Bearbeitung dieses Kapitels kann	Aufgaben	Ganz	Teilweise	Gar nicht
Ich kann ...				
... die Bedeutung von Ergänzungsangeboten für den wirtschaftlichen Erfolg von Einzelhandelsunternehmen begründen.	1, 2			
... als Ergänzungsangebot infrage kommende Artikel für Produkte meines Ausbildungssortiments aufführen.	3, 4, 5, 6, 7, 8, 9, 11			
... die richtigen Zeitpunkte für Ergänzungsangebote in Verkaufssituationen erkennen und diese Artikel in Verkaufsgespräche argumentativ einbeziehen.	9, 10			

2.17 Der Abschluss des Verkaufsgesprächs

Problemstellung

Das Verkaufsgespräch hat schon 60 Minuten gedauert. Endlich hat sich der Käufer entschieden. Jakub Nowak bringt den Kunden zur Kasse. Dort zeigt er auf das Display. Dieses zeigt 148,99 €.

Der Kunde zahlt mit drei 50-Euro-Scheinen. Wortlos übergibt Jakub das Wechselgeld und wendet sich dem nächsten Kunden zu.

Beurteilen Sie das Verhalten von Jakub Nowak.

EINORDNUNG DES THEMAS

Lernfeld 2: Verkaufsgespräche kundenorientiert führen

Kommunikationsregeln – Körpersprache – Sprache – Fragetechnik

Suche von Informationsquellen über Waren – Systematische Aneignung von Warenwissen

Grundlagen des Verkaufsgesprächs – Kontaktaufnahme – Bedarfsermittlung – Warenvorlage – Verkaufsargumentation – Preisnennung – Einwandbehandlung – Herbeiführen der Kaufentscheidung – Angebot von Ergänzungen – **Abschluss des Verkaufsgesprächs**

Kompetenzen

Nach Bearbeitung dieses Kapitels können Sie ...

... die Bedeutung der Abschlussphase für die Kundenbindung begründen.
... in Verkaufsgesprächen die Kaufentscheidung bestätigen.
... dem Kunden passende Serviceleistungen anbieten.
... den Kunden situationsgerecht verabschieden.
... die Abschlussphase bei verschiedenen Verkaufssystemen, Betriebsformen, Branchen und Unternehmensphilosophien unterschiedlich gestalten.

INFORMATIONSTEXT

Häufig wird beobachtet, dass Verkäufer nach der Kaufentscheidung das Interesse an dem Kunden verlieren und sehr schnell das Weite suchen. Viele Kunden beklagen sich deshalb darüber, dass sie sich von Verkäufern am Ende eines Verkaufsgesprächs falsch behandelt fühlen. Eine gekonnte Beendigung des Verkaufsgesprächs schafft eine positive Nachwirkung und wird vom Kunden als Belohnung empfunden.

An dieser Stelle des Verkaufsgesprächs entscheidet sich oft, ob der Kunde wiederkommt oder nicht. Um Kunden an das Geschäft zu binden, sollten Verkäufer auch auf die letzte Phase eines Verkaufsgesprächs ein großes Augenmerk legen. Diese Phase muss der Verkäufer so gestalten, dass aus dem Kunden ein zufriedener Dauerkunde werden kann. Der Einzelhandel lebt von zufriedenen Stammkunden.

„Der erste Eindruck zählt, der letzte bleibt."
Alte Einzelhandelsweisheit

Bestätigung der Kaufentscheidung

Oft hat der Kunde nach dem Kauf noch Zweifel und Bedenken.

BEISPIEL

Kundengedanken oder -äußerungen:
„Vielleicht hätte ich doch meinen Mann/meine Frau fragen sollen?"
„War es wirklich gut, diesen Artikel zu kaufen?"

Der Entschluss zum Kauf fällt dem Kunden nicht immer leicht. Er benötigt häufig für sich, aber auch gegenüber seiner Umwelt noch Rechtfertigungsgründe für seine Kaufentscheidung. Der Verkäufer muss dem Kunden deshalb solche Gründe in Form einer Kaufbestätigung liefern: Der Kunde kann nichts mehr gebrauchen als ein Erfolgserlebnis beim Einkauf der Ware. Dieses bekommt er, wenn der Verkäufer ihn in seiner Kaufentscheidung bestätigt.

Die Kaufbestätigungen des Verkäufers können sich beziehen auf:

- das **Kaufmotiv**

  BEISPIEL

  „Dieser HD-Fernseher gefällt mir!"

- die **Umtauschmöglichkeit**

  BEISPIEL

  „Sollte Ihrem Sohn der Pullover doch nicht gefallen, können Sie den Pullover gern wieder umtauschen."

- die **Verwendungsmöglichkeiten**

  BEISPIEL

  „Sie können mit Ihrer Wahl zufrieden sein. Dieses Hemd können Sie sowohl in der Freizeit als auch im Büro tragen."

- die **Haltbarkeit**

  BEISPIEL

  „Durch das sehr einfache Konstruktionsprinzip mit der damit verbundenen geringfügigen Abnutzung der Bauteile werden Sie das Gerät sehr lange nutzen können."

- die **Ergänzungsartikel**

  BEISPIEL

  „Den Sortieraufsatz für diesen Kopierer können Sie auch später noch dazu kaufen."

- die **Garantieleistungen**

  BEISPIEL

  „Sie bekommen vom Hersteller für dieses sehr leicht zu bedienende Kopiergerät eine Garantie für fünf Jahre."

- den **Kundendienst und Service**

  BEISPIEL

  „Sollte dennoch einmal ein Problem auftauchen, können Sie jederzeit das Gerät von unserem Kundendienst abholen lassen."

Hinweise und Anregungen

Tipps, Hinweise und Anregungen, die der Verkäufer gibt, werden vom Kunden mit großer Wahrscheinlichkeit positiv aufgenommen. Neben der Kaufbestätigung steht dabei im Vordergrund, dass der Verkäufer zeigt, dass er sich auch nach dem Kaufabschluss für seine Kunden interessiert. Dem Verkäufer liegt das Wohl des Kunden am Herzen: Die Hinweise und Anregungen dienen dazu, die Ware später vorteilhaft zu nutzen.

BEISPIEL

„Vergessen Sie bitte nicht, ab und zu die Linse zu reinigen."

Die Verabschiedung

In einem Verkaufsgespräch kann es zu drei möglichen Ergebnissen kommen:

- Der Kunde kauft.
- Der Kunde will sich den Kauf noch einmal überlegen.
- Der Kunde kauft nicht.

In den beiden letzten Fällen zeigt sich der Verkäufer nicht verärgert. Stattdessen bleibt er im Falle eines Nichtkaufs freundlich. Der Verkäufer ermöglicht es dem Kunden ohne Gesichtsverlust, sich aus dem Verkaufsgespräch zurückzuziehen.

BEISPIEL

„Wenn Sie das nächste Mal unser Geschäft besuchen, stehen wir Ihnen gerne wieder zur Verfügung."

5321336

Bei einem Kaufabschluss bedankt sich der Verkäufer zunächst in angemessener Form beim Kunden für den Kauf. Anschließend folgt der eigentliche Verabschiedungsgruß. Durch eine gelungene Verabschiedung schafft man es, dass sich der Kunde emotional gebunden fühlt.

BEISPIEL

„Vielen Dank für Ihren Einkauf!" (*Dank*)

„Auf Wiedersehen!" (*Die eigentliche Verabschiedung*)

In vielen Fällen empfiehlt sich auch eine situationsbezogene Verabschiedung. Diese bezieht sich auf bestimmte zeitliche Ereignisse.

BEISPIEL

- „Frohe Weihnachten!"
- „Schöne Ferien!"
- „Schöne Feiertage!"
- „Schönes Wochenende!"

Diese Kundin ist nach der Abschlussphase sehr zufrieden: Ihre Kaufentscheidung wurde bestätigt, sie bekam Hinweise und Anregungen und sie wurde freundlich verabschiedet.

AUFGABEN

1. Warum sollte die Beendigung des Verkaufsgesprächs höflich und professionell durchgeführt werden?

2. Warum ist es wichtig, den Kunden in seiner Kaufentscheidung zu bestätigen?

3. Worauf können sich die Kaufbestätigungen des Verkäufers beziehen?

4. Was erreicht der Verkäufer mit Hinweisen und Anregungen?

5. Wie sollte der Verkäufer reagieren, wenn kein Kauf zustande kommt?

6. Wie sollte die Verabschiedung eines Kunden, der Ware gekauft hat, durchgeführt werden?

7. Was ist eine situationsbezogene Verabschiedung?

8. Wie wird in den folgenden Fällen versucht, beim Kunden eine positive Nachwirkung zu erzielen?
  a) „Sie haben sicher viel Freude mit diesem Anzug!"
  b) „Im nächsten Herbst sollten Sie den Regenmantel imprägnieren!"

9. Formulieren Sie schriftlich zehn Kaufbestätigungen für Waren Ihres Ausbildungssortiments.

10. Sammeln Sie Hinweise und Anregungen zu zehn Artikeln Ihres Ausbildungssortiments, die bei Ihren Kunden für eine positive Nachwirkung sorgen können.

11. Was sind keine Maßnahmen im Rahmen des Abschlusses eines Verkaufsgesprächs?
  a) Kaufbestätigung
  b) Preisnennung mittels der Sandwichmethode
  c) Verabschiedung
  d) Hinweise und Anregungen geben
  e) Verkaufsargumentation mit dem Sie-Stil

12. Tamara Nestmann erzählt den anderen Auszubildenden: „Ist der Kunde dann an der Kasse, interessiert er mich überhaupt nicht mehr! Ich verabschiede ihn auch nicht mehr, mir ist dann der nächste Kunde wichtiger ...!" Begründen Sie, warum eine angemessene Verabschiedung des Kunden wichtig ist.

ZUSAMMENFASSUNG

Beendigung des Verkaufsgesprächs
- Es muss eine positive Nachwirkung beim Kunden erzielt werden.
- Dies ist von großer Bedeutung für die Kundenbindung.

Bestätigung der Kaufentscheidung
- Zweifel und Bedenken des Kunden werden ausgeräumt.
- Es werden Gründe geliefert, die den Kauf rechtfertigen.

Hinweise und Anregungen
- zeigen das Interesse des Verkäufers auch nach Kaufabschluss.
- zeigen, dass die Ware auch später vorteilhaft genutzt werden kann.

Verabschiedung
- Bei Nichtkauf: dem Kunden ermöglichen, sich ohne Gesichtsverlust zurückzuziehen
- Bei Kauf: Dank
- In jedem Fall: Verabschiedung mit Grußformel

Man versteht erst dann etwas richtig, wenn man am Ende der Behandlung eines Themas versucht, dieses sich selbst noch einmal zu erklären. Dies führt zu einer eigenen gründlichen Auseinandersetzung mit dem gerade behandelten Thema. Häufig helfen dabei Visualisierungen.

1. Suchen Sie sich einen Partner.
2. Lesen Sie noch einmal die Zusammenfassung. Bei Verständnisproblemen schlagen Sie gegebenenfalls noch einmal im Informationstext nach.
3. Visualisieren Sie die einzelnen Abläufe mithilfe einer Wertschöpfungskette.

ICH ÜBERPRÜFE MEINE NEU ERWORBENEN KOMPETENZEN

Den Erwerb der zu Beginn aufgeführten Kompetenzen können Sie selbst mithilfe der folgenden Tabelle überprüfen.

Wenn Sie alle Aufgaben, die hinter einer Kompetenz stehen, gelöst haben, machen Sie ein Kreuz bei „Ganz“.

Bei den Kompetenzen, bei denen Sie Aufgaben „Teilweise“ oder „Gar nicht“ gelöst haben, sollten Sie den dazugehörigen Informationstext noch einmal lesen und die Aufgaben anschließend noch einmal bearbeiten.

Was ich nach der Bearbeitung dieses Kapitels kann	Aufgaben	Ganz	Teilweise	Gar nicht
Ich kann ...				
... die Bedeutung der Abschlussphase für die Kundenbindung begründen.	1, 8, 11			
... in Verkaufsgesprächen die Kaufentscheidung bestätigen.	2, 3			
... dem Kunden passende Serviceleistungen anbieten.	4			
... den Kunden situationsgerecht verabschieden.	5, 6, 7, 11, 12			
... die Abschlussphase bei verschiedenen Verkaufssystemen, Betriebsformen, Branchen und Unternehmensphilosophien unterschiedlich gestalten.	9, 10			

2.18 Die professionelle Durchführung eines komplexen Verkaufsgesprächs

Problemstellung

Kurz vor der Abschlussprüfung verteilt die Ausbildungsleiterin der Tom Hoss KG einen Ausschnitt aus einer Fachzeitschrift an die Auszubildenden.

> Wenn ein Verkäufer sein eigenes Fachwissen kritisch überprüft, wird er feststellen, dass er es mit einer schwer zu beurteilenden Aufgabe zu tun hat. Der Tätigkeitsbereich des Verkäufers ist nämlich sehr vielschichtig. Ein Verkäufer, der den Anspruch erhebt, professionell und gut zu sein, muss zunächst seine Arbeit in ihren verschiedenen Erscheinungsformen überprüfen. Er muss sich ganz offen und nüchtern fragen, auf welchen Gebieten ihm Informationen und Kenntnisse fehlen. Es ist sinnvoll, die einzelnen Punkte dieses Fehlwissens festzuhalten und systematisch zu beseitigen.

Prüfen Sie, ob Sie

1. den Aufbau des Sortiments Ihres Ausbildungsbetriebes vollständig kennen.
2. die Produktmerkmale aller Artikel Ihres Ausbildungssortiments kennen.
3. in der Lage sind, alle Verkaufsphasen situationsgerecht und erfolgreich durchzuführen.
4. alle Kommunikationstechniken zur Unterstützung von Verkaufsgesprächen angemessen einsetzen können.

EINORDNUNG DES THEMAS

Lernfeld 2: Verkaufsgespräche kundenorientiert führen

Kommunikationsregeln | Körpersprache | Sprache | Fragetechnik

Suche von Informationsquellen über Waren | Systematische Aneignung von Warenwissen

Grundlagen des Verkaufsgesprächs | Kontaktaufnahme | Bedarfsermittlung | Warenvorlage | Verkaufsargumentation | Preisnennung | Einwandbehandlung | Herbeiführen der Kaufentscheidung | Angebot von Ergänzungen | Abschluss des Verkaufsgesprächs

Durchführung eines komplexen Verkaufsgesprächs

Kompetenzen

Nach Bearbeitung dieses Kapitels können Sie ...

... ein vollständiges Verkaufsgespräch führen.
... in jeder Phase des Verkaufsgesprächs weitgehend alle dort geltenden Regelungen anwenden.
... abhängig von der jeweiligen Verkaufsform oder anderen Rahmenbedingungen die Phasen des Verkaufsgesprächs an die jeweilige Situation anpassen.
... Warenwissen in Verkaufsgesprächen anwenden.
... Gemeinsamkeiten und Unterschiede von Verkaufsgesprächen im stationären Einzelhandel zu den Internet-Angeboten von Webshops aufführen.

INFORMATIONSTEXT

Professionelle Verkaufsgespräche sind komplex

Verkaufsgespräche sind sehr komplex. Das heißt: Sie sind sehr vielschichtig. In jeder Phase muss ein Verkäufer die jeweilige Verkaufssituation in Sekundenbruchteilen richtig einschätzen. Dann muss er vielfältige Entscheidungen treffen. Stellt sich nur eine dieser Entscheidungen als falsch heraus, kann das Verkaufsgespräch empfindlich gestört werden.

Wenn ein Verkäufer die in einer Phase des Verkaufsgesprächs geltenden Regeln nicht einhält, wird die einzelne Phase nicht erfolgreich durchlaufen. Die Phase kann nicht abgeschlossen werden. Erfahrungsgemäß wird der Verkäufer in einer darauf folgenden Stufe der Verkaufsverhandlung Schwierigkeiten haben. Störungen in Verkaufsverhandlungen treten dann auf, wenn eine der vorherigen Phasen nicht abgeschlossen wurde.

BEISPIEL

Wenn ein Verkäufer einen Kunden zu einem Verkaufsabschluss bringen will, muss er vorher eine Vertrauensbasis herstellen. Ist dies nicht der Fall, wird er feststellen, dass der Kunde sich nicht entscheiden wird.

Wird im Verkaufsgespräch jedoch eine Vertrauensbasis geschaffen, lernt der Verkäufer die konkreten Vorstellungen und Bedürfnisse des Kunden viel besser kennen. Er kann so gezielter zu einem Verkaufserfolg kommen.

Beobachtungsbogen für professionelle Verkaufsgespräche

Die wichtigsten Kriterien zur erfolgreichen Durchführung von professionellen Verkaufsgesprächen sind in der nachfolgenden Übersicht aufgeführt. Diese Übersicht kann auch als Beobachtungsbogen für komplexe Verkaufsgespräche verwendet werden.

Phase	Zielsetzung	Regeln
Kontaktphase	Der Kunde soll sich positiv angenommen und wahrgenommen fühlen.	• Kunden wahrnehmen (Aufmerksamkeit, vorherige Tätigkeiten unterbrechen) • Blickkontakt aufnehmen und halten • Positive Körpersprache (Willkommen signalisieren: zugewandt, offen, Lächeln) • Begrüßung (tageszeit-/anlassbezogen, namentlich, wenn bekannt)
Bedarfsermittlung	Der Verkäufer soll feststellen, welche Bedürfnisse der Kunde hat.	• Ansprache des Kunden (z. B. warenbezogen bei Vorwahl) • Kaufmotive ermitteln • direkte (Fragen) oder indirekte Bedarfsermittlung (Warenvorlage) • W-Fragen (ungünstig: nach Preis, Farbe, Größe, ... besser: nach Anlass, Nutzung etc.)
Warenvorlage	Der Verkäufer soll die Ware bedarfsgerecht unterbreiten.	• So früh wie möglich • In der Regel nicht mehr als drei Artikel • Unterschiedliche Preisklassen (niedrig, mittel, hoch, mit mittlerer Preislage beginnen) • Ware von der besten Seite/vor bestem Hintergrund präsentieren • Einwandfreie Ware nutzen • Gebrauch zeigen, Kunden ausprobieren lassen • Möglichst viele Sinne ansprechen

Phase	Zielsetzung	Regeln
Verkaufsargumentation	Der Kunde soll durch die Nutzendarstellung des Verkäufers überzeugt werden.	• Auf das Problem des Kunden eingehen • Alle drei Stufen des Verkaufsarguments (Produktmerkmal + Produktvorteil + Kundennutzen im Sie-Stil) • Filter-Prinzip • Argumentationsregeln (Argumente steigern, positiv formulieren) • Verkaufsphrasen vermeiden (beispielsweise Verkäufer besitzt das Produkt selbst)
Preisnennung	Der Verkäufer setzt den Preis der Ware in Bezug zur Leistung.	• Preisschock vermeiden • Erst Preisbewusstsein aufbauen (nicht zu früh und separat nennen) • Nicht für den Preis „entschuldigen" • Reizwörter vermeiden (kosten, teuer, leider, billig etc.) • Den Preis nicht isoliert nennen: Sandwichmethode (zweitbestes Argument – Preis – bestes Argument) • Gegebenenfalls weitere Preistaktiken (z. B. Teilungsmethode, Verkleinerungsmethode, Vergleichsmethode) anwenden
Einwandbehandlung	Dem unsicheren Kunden wird gezeigt, dass seine Bedenken ernst genommen werden.	• Verständnis für den Kunden zeigen • Einwand positiv als Chance sehen • Nicht aggressiv reagieren, keinen Konflikt entstehen lassen • Klären, ob echter oder unechter Einwand • Einwandbehandlungsmethoden anwenden (Ja-aber-Methode, Bumerangmethode, Vorwegnahmemethode, Rückfragemethode, Verzögerungsmethode, Öffnungsmethode, Offenbarungsmethode)
Anbieten von Ergänzungsartikeln	Für den Kunden wird der Hauptkauf komplett gemacht.	• Dem Kunden werden weitere Artikel angeboten, die den Hauptartikel sinnvoll ergänzen, aufwerten oder überhaupt erst einsatzfähig machen
Herbeiführen des Kaufabschlusses	Der Kunde soll dazu gebracht werden, eine Entscheidung zu treffen.	• Kaufsignale beim Kunden wahrnehmen (verbale und nonverbale) • Abschlusstechniken verwenden (Zusammenfassung der Argumente, Alternativfragen stellen, Als-ob-Fragen, Pausieren, direkte Kaufaufforderung, persönliche Empfehlung, Ja-Fragen-Technik, Auswahl einschränken)
Abschluss der Verkaufshandlung	Das Verkaufsgespräch wird für den Kunden zufriedenstellend beendet.	• Bestätigung der Kaufentscheidung („Kaufblues"[1] vermeiden) • Hinweise und Anregungen • Dank • Verabschiedung (tageszeit-/anlassbezogen, persönlich)

1 Kaufblues = Gewissensbisse und schlechte Stimmung nach einem Kauf

Verkaufsgespräche im Onlinehandel

Einer der großen Vorteile des stationären Handels ist die Durchführung von Verkaufsgesprächen. Für viele Kunden ist der direkte Kontakt mit Verkäufern ein Erlebnis, das zu einem Kauf dazugehört.

Der Onlinehandel versucht daher, mit seinen Möglichkeiten so weit wie möglich ein Verkaufsgespräch nachzuempfinden:

Kontaktphase:

- Der Internetshop muss sehr leicht von Suchmaschinen gefunden werden können. Es muss dafür gesorgt sein, dass ein potenzieller (zukünftiger) Kunde bei der Suche nach einem Artikel über eine Suchmaschine einen Link auf das Online-Angebot an vorderer Stelle gezeigt bekommt.
- Das Design des Onlineshops muss einerseits zweckmäßig, andererseits auch optisch ansprechend sein.
- Der Kunde muss ohne Schwierigkeiten und sofort zu den gewünschten Seiten des Internet-Shops gelangen können.

Bedarfsermittlung:

Jeder frühere Besuch eines Onlineshops durch einen Kunden wurde automatisch protokolliert. Vom Einzelhandelsunternehmen wird registriert, welche Artikel in welcher Anzahl bestellt und welche Waren nur angesehen wurden. Aus dieser automatischen Protokollierung des Kaufverhaltens schließt der Betreiber des Onlineshops auf die individuellen Kundenwünsche. Im Rahmen der Warenvorlage wird dem Kunden eine individualisierte Form des Sortiments gezeigt.

Warenvorlage:

- Abhängig vom früher beobachteten Kundenverhalten wird jedem Besucher des Onlineshops ein persönlicher Katalog gezeigt. Dieser ergibt sich aus dem jeweiligen Zugriffsverhalten.
- Einige Regeln der stationären Warenvorlage gelten hier nicht (zum Beispiel nur drei Produkte vorlegen usw.).
- Der potenzielle Käufer kann die Waren vor dem Kauf nicht berühren, testen oder auf andere Art und Weise untersuchen. Vor allem Artikel, für die eine genaue Begutachtung durch den Käufer notwendig sind (Berührung, Geruchsprobe usw.), haben hier im Vergleich zu normalen Verkaufsgesprächen Nachteile.

Verkaufsargumentation:

- Im Artikelkatalog des Onlineshops kann langfristig eine immense Menge an Warenwissen aufgebaut und dem Kunden präsentiert werden. Diese Informationen stehen dem Kunden Tag und Nacht zur Verfügung.
- Der Artikelkatalog kann immer (zum Beispiel von einer zentralen Stelle im Unternehmen) aktuell gehalten werden.
- Die Darstellung der Artikel im Internet lässt sich mit unterschiedlichen Fotos versehen. Dabei kann die Wahrnehmung mithilfe von Filmen, animierten Bildern oder Musik positiv beeinflusst werden.
- Viele Unternehmen bieten auch einen „Link zum Produkt".
- Einige Unternehmen bieten Chat-Möglichkeiten an, wobei fast Verkaufsgespräche wie im stationären Einzelhandel ermöglicht werden.

Preisnennung:

Die Preisnennung erfolgt im Rahmen der Warenvorlage.

Einwandbehandlung:	• Viele Shops bieten Produkt- und Kaufbewertungen an. Hier kann Kritik über die Ware geäußert werden. • Den Kunden müssen deutliche Hinweise auf seine ihm gesetzlich zustehenden Rechte im Reklamationsfall auf der Internetseite angeboten werden. • Einige Online-Unternehmen werben auch mit deutlich über die Kundenrechte hinausgehenden Kulanzangeboten.
Alternativen und Ergänzungsangebote:	• Auf vielen Artikelseiten – in der Regel am Seitenende – werden Empfehlungen für ähnliche Produkte gegeben („Kunden, die diesen Artikel kauften, haben sich auch ... angeschaut"). • Es sollten auch immer Links zu Zubehör- und Ergänzungsartikeln auf der Artikelseite vorhanden sein.
Herbeiführen der Kaufentscheidung:	• Hinweise wie „Nur noch zwei Schritte bis zum Kauf" • Aufforderung, zum Warenkorb zu gehen.
Kaufabschluss:	Die Zahlungskonditionen werden angegeben und der Kauf bestätigt.

AUFGABEN

1. Welche Folgen hat ein Fehler in einer der Phasen eines Verkaufsgesprächs?

2. Warum ist es wichtig, schon in der Ausbildung die Regeln für eine erfolgreiche Durchführung der einzelnen Phasen eines Verkaufsgesprächs immer zu beachten?

3. Führen Sie die Ziele der einzelnen Phasen eines Verkaufsgesprächs auf.

4. Nennen Sie für jede einzelne Phase eines Verkaufsgesprächs Kriterien für eine erfolgreiche Durchführung der entsprechenden Phase.

5. In der Abteilung sehen Sie einen Kunden, der sich für einen ausgestellten Laptop interessiert. Sie sprechen ihn mit folgenden Worten an: „Dieser Laptop hat ein hochwertiges Modem. Damit können Sie sich Zugang zum Internet verschaffen."
Welchen Vorteil hat diese Art der Ansprache?
- **a)** Damit unterbinden Sie alle weiteren Fragestellungen.
- **b)** Durch diese Ansprache sichern Sie den Verkauf des Laptops.
- **c)** Durch diese Art der Ansprache vermeiden Sie spätere Reklamationen.
- **d)** Nach dieser warenbezogenen Ansprache können Sie den Kunden sich selbst überlassen.
- **e)** Durch diese Ansprache stellen Sie den Nutzen der Ware in den Vordergrund.

6. Ein technisch wenig informierter Kunde möchte eine HiFi-Anlage kaufen. Welches Verkäuferverhalten ist in diesem Fall angemessen?
- **a)** Der Verkäufer lässt den Kunden mit der Bedienungsanleitung und der Anlage allein.
- **b)** Der Verkäufer erklärt dem Kunden das Gerät unter Verwendung von vielen Fachbegriffen.
- **c)** Der Verkäufer berät den Kunden hinsichtlich Funktion, Qualität und Preis der Ware umfassend.
- **d)** Der Verkäufer rät dem Kunden vom Kauf einer HiFi-Anlage ab und bietet dafür ein Radiogerät an.
- **e)** Der Verkäufer verweist lediglich auf Fachliteratur.

7. Die Mitarbeiter der Elektroabteilung nehmen an einer weiteren Schulung über die Argumentation bei Verkaufsgesprächen teil. Welche Antwort ist bei dem Einwand: „285,00 € für ein Heizgerät, das ist aber teuer!" die sinnvollste?
- **a)** „Dafür hat das Heizgerät eine besonders schöne Form."
- **b)** „Für gute Heizgeräte muss man heute viel bezahlen."
- **c)** „Dann nehmen Sie doch das Heizgerät für 73,00 €."

d) „Sie haben recht, aber jeder Markenartikel hat seinen berechtigten Preis."
e) „Sie haben recht, aber beachten Sie bitte, dass dieses Heizgerät mit einem Überhitzungsschutz ausgestattet ist."

8. Welche Verkaufsargumente können den Kunden vom Kauf einer Ware abhalten?
a) Verkaufsargumente, die informativ sind.
b) Verkaufsargumente, die verständlich sind.
c) Verkaufsargumente, die positiv auf den Kunden wirken.
d) Verkaufsargumente, die kundenbezogen sind.
e) Verkaufsargumente, die allgemein gehalten sind.

9. Ein guter Verkäufer stellt bei seinen Verkaufsargumenten den persönlichen Bezug zum Kunden her. Welche Aussage im Rahmen der Beratung ist ein Verkaufsargument, das dem Kunden direkt den Nutzen verdeutlicht?
a) „Dies ist ein raumsparender Kühlschrank."
b) „Wir führen auch energiesparende Glühlampen."
c) „Diese Batterien sind umweltfreundlich."
d) „Dieser Bügelautomat ermöglicht Ihnen mehr Freizeit."
e) „Diese Waschmaschine hat ein Sparprogramm."

10. Sie erkennen, dass sich ein Kunde vor dem Regal der HD-Fernseher hilfesuchend umsieht. Bringen Sie die folgenden Schritte des Verkaufsvorgangs bei einem Bedienungskauf in die richtige Reihenfolge.
a) Sie bestätigen die Kaufentscheidung des Kunden.
b) Sie ermitteln den Kaufwunsch des Kunden durch gezielte Fragen.
c) Sie nehmen mit freundlicher Begrüßung den Kontakt zum Kunden auf.
d) Sie führen das Gerät vor und lassen den Kunden selbst einige Funktionen ausprobieren.

11. Sie wollen sich auf eine Klassenarbeit in diesem Lernfeld vorbereiten. Versuchen Sie die folgenden Aufgaben zur Vorbereitung und Durchführung eines Verkaufsgesprächs zu lösen. Haben Sie bei der Beantwortung einer Frage Probleme, kann es sein, dass Sie bei dem zugehörigen Thema Lücken haben. Lesen Sie sich dann bitte das entsprechende Kapitel dieses Buchs noch einmal ausführlich und genau durch.
a) Führen Sie fünf Informationsquellen über Waren auf.
b) Über welche allgemeinen Produktmerkmale kann eine Ware verfügen?
c) Was muss bei der Kontaktaufnahme beachtet werden?
d) Erläutern Sie die indirekte Bedarfsermittlung.
e) Nennen Sie drei Grundsätze der Warenvorlage.
f) Stellen Sie die drei Stufen der Verkaufsargumentation an einem Beispiel aus Ihrem Ausbildungssortiment vor.
g) Erläutern Sie den Begriff „Sandwichmethode" im Zusammenhang mit der Preisnennung.
h) Nennen und erklären Sie vier Methoden der Einwandbehandlung.
i) Wie kann eine Kaufentscheidung herbeigeführt werden?
j) Was ist beim Abschluss eines Verkaufsgesprächs zu beachten?
k) Was ist aktives Zuhören?
l) Führen Sie drei Fragearten auf und erläutern Sie diese.

12. Sie sollten auch ständig versuchen, Klarheit über das Niveau Ihres Warenwissens zu gewinnen. Dabei können u. a. die folgenden Fragen helfen:
- In welchen Warengruppen Ihres Ausbildungssortiments kennen Sie sich nicht besonders gut aus?
- Verstehen Sie die Ausführungen (Fachbegriffe usw.) in den unterschiedlichen Informationsquellen zu Waren Ihres Ausbildungssortiments?
- Kennen Sie die Produktmerkmale der wichtigsten und typischsten Artikel Ihres Ausbildungssortiments?
- Können Sie alle Produktmerkmale erläutern, beurteilen und kommentieren sowie Produktvorteile daraus ableiten?
- Wissen Sie genau, wie die Herstellungsverfahren der von Ihnen angebotenen Waren sind?
- Welche Fragen von Kunden haben Sie in den letzten Monaten ausweichend beantworten müssen?

Prüfen Sie sich bitte selbstkritisch und seien Sie ehrlich zu sich selbst. Bei erkannten

Lücken im Warenwissen versuchen Sie diese systematisch zu schließen.

13. *Tom Hoss KG 09:30 Uhr.*
Stefanie Beyer ist nervös. Nach Abschluss des Auszubildendenseminars kurz vor Ende des Schuljahrs ist sie heute wieder den ersten Tag in ihrer Abteilung. Im Ohr hat sie noch die Aussagen ihrer Ausbildungsleiterin, Christina Dräger:

„Ziel unserer Tätigkeiten ist nicht, dem Kunden auf Teufel komm raus etwas zu verkaufen. Er soll vielmehr zufriedengestellt werden. Eigentlich sogar noch mehr. Im Idealfall soll er von unserem Unternehmen begeistert sein, weil wir dem Kunden bei der Lösung seiner Probleme helfen.
Ein Verkaufsgespräch umfasst daher verschiedene Phasen, nämlich neun Stück, in denen man natürlich auch sehr viel falsch machen kann. Daher muss ein Verkäufer in jeder Phase des Verkaufsgesprächs bestimmte Regeln beachten, um den Kunden zufriedenstellen zu können.

Kein Mitarbeiter ist schon als Verkäufer auf die Welt gekommen.

Erfolgreiche Kolleginnen und Kollegen versuchen immer – das haben Untersuchungen gezeigt –, die Regeln für Verkaufsgespräche zu beachten. Sie haben schon in der Berufsschule die Durchführung effizienter und gut strukturierter Verkaufsgespräche mithilfe von Rollenspielen trainiert. Auch Videoaufzeichnungen sind dabei sehr hilfreich.
Und weil wir Sie alle als professionelle Verkaufsmitarbeiter brauchen, werden wir Sie in der nächsten Zeit alle einmal unauffällig beobachten ...“

Oh, Schreck! Mit fragendem Blick kommt gerade eine Kundin mittleren Alters auf Stefanie Beyer zu. Stefanie macht sich noch einmal kurz die Verkaufsregeln klar, die sie bis jetzt schon kennengelernt hat. Gleich wird sie ihr erstes Verkaufsgespräch nach Abschluss des Lernfeldes 2 führen.

Auch von Ihnen wird erwartet, dass Sie Verkaufsgespräche unter Anwendung aller Verkaufsregeln erfolgreich und zur Zufriedenheit der Kunden durchführen.

a) Bereiten Sie in Gruppenarbeit ein Verkaufsgespräch für einen Artikel Ihrer Wahl als Rollenspiel vor.
- Das Verkaufsgespräch soll alle neun Phasen umfassen.
- Im Rollenspiel sollen möglichst viele der Verkaufsregeln angewendet werden.
- Halten Sie schriftlich fest, welche der Verkaufsregeln Sie beachten.

b) Führen Sie das Rollenspiel möglichst frei durch.
Falls die technischen Möglichkeiten der Schule es zulassen, sollen die Rollenspiele aufgezeichnet werden.

c) Beobachten Sie die Rollenspiele der anderen Gruppen.
Stellen Sie dabei u. a. fest, welche Verkaufsregeln angewendet wurden bzw. in welcher Phase man auch andere Regeln hätte anwenden können.

14. Besuchen Sie den Internetshop *https://www.gambio-shop.de/shop1/de/*
Untersuchen Sie die einzelnen Seiten dieses Shops unter der Fragestellung: Wo – und in welchem Ausmaß – finden sich die einzelnen Phasen eines Verkaufsgesprächs im stationären Handel wieder?

5321346

ZUSAMMENFASSUNG

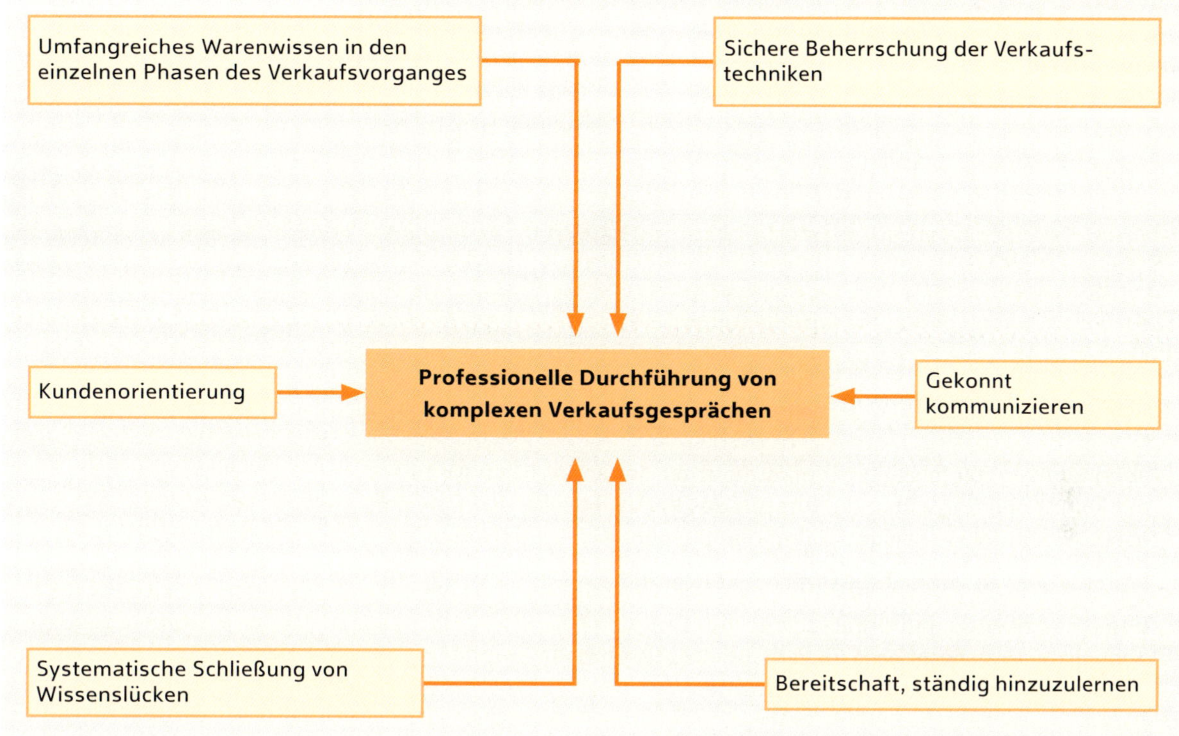

Man versteht erst dann etwas richtig, wenn man versucht, es jemand anderem zu erklären. Dies führt zu einer eigenen gründlichen Auseinandersetzung mit dem gerade behandelten Thema.

1. Suchen Sie sich einen Partner.
2. In diesem Kapitel ging es abschließend darum, dass man in professionellen Verkaufsgesprächen alle Regeln anwendet. Gehen Sie noch einmal detailliert die Inhalte dieses Kapitels durch. Sind Sie in der Lage, alle Verkaufsregeln aufzuführen, zu erläutern und anzuwenden?
   Bei Verständnisproblemen schlagen Sie ggf. noch einmal im Informationstext nach.
3. Einer von Ihnen erläutert den Inhalt dieses Kapitels dem Partner. Nutzen Sie zur Strukturierung die Zusammenfassung.
4. Der Partner achtet auf Korrektheit und Vollständigkeit und wiederholt noch einmal.

ICH ÜBERPRÜFE MEINE NEU ERWORBENEN KOMPETENZEN

Den Erwerb der zu Beginn aufgeführten Kompetenzen können Sie selbst mithilfe der folgenden Tabelle überprüfen.

Wenn Sie alle Aufgaben, die hinter einer Kompetenz stehen, gelöst haben, machen Sie ein Kreuz bei „Ganz".

Bei den Kompetenzen, bei denen Sie Aufgaben „Teilweise" oder „Gar nicht" gelöst haben, sollten Sie den dazugehörigen Informationstext noch einmal lesen und die Aufgaben anschließend noch einmal bearbeiten.

Was ich nach der Bearbeitung dieses Kapitels kann	Aufgaben	Ganz	Teilweise	Gar nicht
Ich kann ...				
... ein vollständiges Verkaufsgespräch führen.	1, 2, 13			
... in jeder Phase des Verkaufsgesprächs weitgehend alle dort geltenden Regelungen anwenden.	3, 4, 5, 6, 7, 8, 9, 11, 12			
... abhängig von der jeweiligen Verkaufsform oder anderen Rahmenbedingungen die Phasen des Verkaufsgesprächs an die jeweilige Situation anpassen.	10, 13			
... Warenwissen in Verkaufsgesprächen anwenden.	12			
... Gemeinsamkeiten und Unterschiede von Verkaufsgesprächen im stationären Einzelhandel zu den Internet-Angeboten von Webshops aufführen.	14			

5321348

Lernfeld 3

Kunden im Service-bereich Kasse betreuen

3.1 Das Zustandekommen von Rechtsgeschäften

Problemstellung

- Shirin Gül leiht sich von einer Freundin für einen Wochenendausflug ein Fahrrad.
- Die Tom Hoss KG macht Herrn Grüner ein schriftliches Angebot über Herrenhosen. Beim Schreiben des Angebotsbriefs macht Jakub Nowak einen Tippfehler und schreibt 23,00 € je Stück anstatt 32,00 € je Stück. Herr Grüner bestellt zwei Hosen zum Preis von 23,00 € je Stück.
- Herr Hoss schließt einen Vertrag über den Kauf eines Wochenendhauses mündlich ab.
- Ein Verkäufer der Tom Hoss KG kündigt seine Arbeitsstelle fristgerecht schriftlich, weil es ihm bei der Tom Hoss KG nicht mehr gefällt. Der geschäftsführende Gesellschafter der Tom Hoss KG Herr Hoss ist mit der Kündigung nicht einverstanden.

Prüfen Sie, in welchen Fällen ein gültiges Rechtsgeschäft zustande gekommen ist.

EINORDNUNG DES THEMAS

Lernfeld 3: Kunden im Servicebereich Kasse betreuen

Abschluss von Rechtsgeschäften → Abschluss von Kaufverträgen → Rechts- und Geschäftsfähigkeit → AGB → Abwicklung und Auswertung von Kassenvorgängen → Erfassung von Verkaufsdaten → Umsatzsteuer → Die verschiedenen Zahlungsarten → Kassenabrechnungen

Kompetenzen

Nach Bearbeitung dieses Kapitels können Sie ...

... einseitige Rechtsgeschäfte von mehrseitigen Rechtsgeschäften unterscheiden.
... das Zustandekommen zweiseitiger Rechtsgeschäfte erklären.
... Vertragsarten unterscheiden.
... die Merkmale der Vertragsfreiheit erläutern.
... die Bedeutung der Nichtigkeit von Willenserklärungen erklären.
... die Gründe für die Willenserklärungen nennen.
... nichtige Willenserklärungen erkennen.
... die Bedeutung der Anfechtbarkeit von Willenserklärungen erklären.
... die Gründe für die Anfechtbarkeit von Willenserklärungen nennen.
... anfechtbare Willenserklärungen erkennen.

INFORMATIONSTEXT

Willenserklärungen

DEFINITION

Rechtsgeschäfte entstehen durch eine oder mehrere Willenserklärungen. **Willenserklärungen** sind gewollte und zwangsfreie Erklärungen einer Person.

BEISPIELE

- Ein Verkäufer bietet einer Kundin eine preisgünstige Kaffeemaschine an. Er will der Kundin die Kaffeemaschine verkaufen.
- Die Geschäftsführerin eines Technikkaufhauses kündigt einem Abteilungsleiter. Sie will, dass der Abteilungsleiter nicht mehr in dem Technikkaufhaus arbeitet.

5321350

Willenserklärungen werden abgegeben

- durch ausdrückliche mündliche oder schriftliche Äußerungen,
- durch bloße Handlungen, aus denen der Wille zu erkennen ist. Das sind z. B. Handzeichen bei Versteigerungen, Geldeinwurf in einen Zigarettenautomaten, Einsteigen in ein Taxi,
- in Ausnahmefällen durch Schweigen.

Unter Kaufleuten gilt Schweigen nur dann als Annahme einer unbestellten Lieferung, wenn zwischen beiden Kaufleuten ein regelmäßiger Geschäftsverkehr besteht. Sonst bedeutet das Schweigen die Ablehnung der unbestellten Lieferung.

BEISPIEL

Der Großhändler Jansen schickt dem Lebensmitteleinzelhändler Klages, den er regelmäßig mit Konserven beliefert, 100 Dosen Gemüsekonserven, ohne dass Klages diese bestellt hat. Wenn sich der Einzelhändler Klages zu dieser Lieferung nicht äußert, bedeutet dieses Schweigen, dass er mit der Lieferung einverstanden ist.

Ist der Empfänger der unbestellten Ware eine Privatperson, gilt ihr Schweigen immer als Ablehnung der unbestellten Lieferung. Die Privatperson ist nicht verpflichtet, eine unerwünschte Ware zu bezahlen. Sie muss die Ware auch nicht zurücksenden. Sie ist auch nicht verpflichtet, den Absender davon zu unterrichten, dass sie die Ware nicht kaufen möchte. Dies braucht sie auch dann nicht zu tun, wenn es in der Sendung z. B. heißt, ein Kaufvertrag gelte als abgeschlossen, wenn nicht binnen bestimmter Frist Einspruch erhoben wird.

Rechtsgeschäfte

Einseitige Rechtsgeschäfte

Einseitige Rechtsgeschäfte entstehen durch die Willenserklärung nur einer Person. Sie können empfangsbedürftig oder nicht empfangsbedürftig sein.

Empfangsbedürftige Willenserklärungen sind z. B. Kündigungen, Mahnungen, Bürgschaften. Sie sind erst dann wirksam, wenn sie einer anderen Person zugehen. **Nicht empfangsbedürftige Willenserklärungen** sind z. B. Testamente. Sie sind gültig, ohne dass sie einer anderen Person zugehen.

Mehrseitige Rechtsgeschäfte oder Verträge

Verträge kommen grundsätzlich durch die Abgabe von zwei übereinstimmenden gültigen Willenserklärungen zustande. Die 1. Willenserklärung wird als Antrag, die 2. Willenserklärung als Annahme bezeichnet. Mit der Annahme des Antrags ist ein Vertrag abgeschlossen.

Vertragsarten

Vertragsart	Vertragsinhalt	Beispiel
Kaufvertrag	Veräußerung von Sachen und Rechten	Ein Verkäufer verkauft einem Kunden einen Anzug gegen Bezahlung.
Tauschvertrag	gegenseitige Übereignung von Sachen oder Rechten	Ein Briefmarkensammler gibt einem anderen Briefmarkensammler eine Marke, die er doppelt hat. Als Gegenleistung erhält er eine andere Briefmarke.
Schenkung	unentgeltliche Vermögensübertragung an andere Personen	Ein junger Mann schenkt seiner Freundin einen Ring.
Mietvertrag	Überlassung einer Sache gegen Zahlung eines vereinbarten Mietpreises	Ein Mieter mietet eine Wohnung. Er erhält das Wohnrecht gegen Zahlung einer monatlichen Miete an den Vermieter.
Pachtvertrag	Überlassung von Sachen und Rechten zum Gebrauch und zur Nutzung gegen Zahlung eines vereinbarten Pachtzinses	Ein Landwirt pachtet ein Stück Land. Er darf auf diesem Land Ackerbau betreiben. Die Früchte, die er von dem Acker erntet, gehören ihm als Pächter.

Vertragsart	Vertragsinhalt	Beispiel
Leihvertrag	Überlassung einer Sache zum unentgeltlichen Gebrauch	Jemand leiht in der Stadtbücherei kostenlos ein Buch aus und bringt es nach Ende der Leihfrist wieder zurück.
Darlehensvertrag	Überlassung von Geld oder anderen vertretbaren Sachen zum Verbrauch gegen spätere Rückgabe gleichartiger Sachen	Ein Einzelhändler nimmt bei einer Bank einen Kredit von 25.000,00 € auf. Er zahlt diesen Kredit bis zu einem vereinbarten Zeitpunkt an die Bank zurück.
Dienstvertrag	Leistung von Diensten gegen Bezahlung	Durch Abschluss eines Arbeitsvertrags verpflichtet sich ein Arbeitnehmer, für einen Arbeitgeber zu arbeiten. Der Arbeitgeber muss ihm als Gegenleistung Lohn oder Gehalt zahlen.
Werkvertrag	Herstellung eines Werks gegen Bezahlung	Eine Schneiderin näht für eine Kundin ein Kleid. Die Kundin liefert dazu den Stoff.
Reisevertrag	Erbringung von Reiseleistungen gegen Bezahlung	Ein junges Ehepaar bucht bei einem Reiseveranstalter eine vierzehntägige Pauschalreise nach Florida. Die Reiseleistungen, die der Reiseveranstalter erbringen muss, umfassen den Hin- und Rückflug und die Unterbringung in einem Hotel in Florida.

Vertragsfreiheit

Für den Abschluss von Rechtsgeschäften gilt der Grundsatz der Vertragsfreiheit. Die Vertragsfreiheit setzt sich aus drei Merkmalen zusammen:

- **Abschlussfreiheit**
Jeder Person steht es frei, einen Vertrag abzuschließen. Personen können also nicht gezwungen werden, einen Vertrag abzuschließen. Nur in wenigen Ausnahmefällen gibt es die Pflicht zum Vertragsabschluss. Die Pflicht zum Vertragsabschluss nennt man Kontrahierungszwang. Einem Kontrahierungszwang unterliegen z. B. Stromanbieter.

- **Formfreiheit**
Für den Abschluss eines Vertrags gibt es normalerweise keine Formvorschrift. Das heißt, Verträge können z. B. mündlich, fernmündlich, schriftlich, per Fax, per E-Mail oder im Internet abgeschlossen werden. Nur in wenigen Ausnahmefällen ist eine bestimmte Form des Vertragsabschlusses vorgeschrieben, z. B. bei Darlehensverträgen und Ausbildungsverträgen.

- **Inhaltsfreiheit**
Die Vertragspartner können die Inhalte eines Vertrags frei festlegen.

Nichtigkeit und Anfechtbarkeit von Willenserklärungen

- **Nichtige Willenserklärungen**
Nichtige Willenserklärungen sind von Anfang an ungültig. Sie haben keine Rechtsfolgen.

Nichtig sind ...	Beispiel
Willenserklärungen von Geschäftsunfähigen	Ein sechsjähriger Schüler kauft eine Hörspielkassette.
Willenserklärungen, die im Zustand der Bewusstlosigkeit abgegeben wurden	Ein Mann kauft im volltrunkenen Zustand eine Schlafzimmereinrichtung.
Willenserklärungen von beschränkt Geschäftsfähigen gegen den Willen des gesetzlichen Vertreters	Ein siebzehnjähriger Auszubildender kauft ohne Zustimmung seines Vaters ein Motorrad.
Willenserklärungen, die gegenüber einer anderen Person mit deren Einverständnis nur zum Schein abgegeben wurden (= Scheingeschäft)	Ein Gast lässt sich in einem Restaurant von einem Kellner eine Quittung über 75,00 € geben, obwohl er nur 50,00 € bezahlt. Er will die Quittung als Beleg für Geschäftskosten verwenden, um damit Steuern zu sparen.
nicht ernst gemeinte Willenserklärungen (= Scherzgeschäfte)	Jemand sagt im Scherz: „Du kannst mein Haus geschenkt haben!“
Rechtsgeschäfte, die nicht in der vorgeschriebenen Form abgeschlossen wurden	Ein Vertrag über einen Hauskauf wurde nur mündlich abgeschlossen.
Rechtsgeschäfte, die gegen ein gesetzliches Verbot verstoßen	Ein Verkäufer verkauft Alkohol an Kinder.
Rechtsgeschäfte, die gegen die guten Sitten verstoßen	Ein Glasermeister nimmt nach einer Sturmkatastrophe überhöhte Preise für seine Glasscheiben (= Wucher).

- **Anfechtbare Willenserklärungen**
  Anfechtbare Willenserklärungen können im Nachhinein durch Anfechtung ungültig werden. Bis zur Anfechtung sind sie gültig.

Anfechtungsgrund	Beispiel
Irrtum in der Erklärung Die Äußerung einer Person entspricht nicht dem, was sie sagen wollte.	Ein Einzelhändler bestellt irrtümlich 53 Mäntel anstatt 35 Mäntel.
Irrtum über die Eigenschaft einer Person oder Sache	Ein Einzelhändler stellt einen Buchhalter ein und erfährt nachträglich, dass dieser wegen Urkundenfälschung vorbestraft ist.
Irrtum in der Übermittlung Die Willenserklärung wurde von der mit der Übermittlung beauftragten Person oder Organisation (z. B. der Post) falsch weitergegeben.	Ein Einzelhändler bittet einen Angestellten, bei einem Großhändler telefonisch 100 A4-Blöcke, rautiert, zu bestellen. Der Angestellte bestellt irrtümlich karierte Blöcke.
Widerrechtliche Drohung Eine Person wird durch eine Drohung zur Abgabe einer Willenserklärung gezwungen.	Ein Zeitschriftenwerber bedroht eine alte Frau, damit sie ein Zeitschriftenabonnement bestellt.
Arglistige Täuschung Eine Person wird durch arglistige Täuschung zur Abgabe einer Willenserklärung veranlasst.	Ein Kunde kauft einen gebrauchten Pkw. Nach Angaben des Verkäufers ist er unfallfrei. Nachträglich stellt sich heraus, dass der Pkw einen Unfallschaden hatte.

Die **Anfechtung wegen Irrtums** muss unverzüglich nach Entdecken des Irrtums erfolgen. Der Anfechtende muss Schadenersatz leisten, wenn durch die Anfechtung ein Schaden entsteht.

Bei **widerrechtlicher Drohung** muss die Anfechtung innerhalb eines Jahres, nachdem die Drohung nicht mehr besteht, erfolgen.

Bei **arglistiger Täuschung** muss die Anfechtung innerhalb eines Jahres, nachdem die Täuschung entdeckt wurde, erfolgen. Bei der Anfechtung wegen arglistiger Täuschung hat der Anfechtende Schadensersatzanspruch.

AUFGABEN

1. In welcher Form können Willenserklärungen abgegeben werden?
2. Was ist der Unterschied zwischen einseitigen und zweiseitigen Rechtsgeschäften?
3. Wodurch kommen zweiseitige Rechtsgeschäfte zustande?
4. Was bedeutet der Grundsatz der Vertragsfreiheit für den Abschluss von Rechtsgeschäften?
5. In welchen der folgenden Fälle ist ein Vertrag zustande gekommen? Begründen Sie Ihre Antwort.
   a) Ein Reisebüromitarbeiter macht einem Kunden ein Reiseangebot. Der Kunde bucht die Reise zu den angebotenen Bedingungen.
   b) Ein Käufer bestellt eine Ware per E-Mail, ohne ein Angebot erhalten zu haben. Der Verkäufer liefert die Ware.
   c) Die Tom Hoss KG beauftragt ein Teppichreinigungsunternehmen mit der Reinigung der Teppichböden in ihrer Filiale im SüdWestZentrum. Das Teppichreinigungsunternehmen schickt eine Auftragsbestätigung.
   d) Jakub Nowak bestellt eine Pizza Salami. Der Pizzabote liefert sofort eine Pizza Prosciutto.
6. Um welche Vertragsarten handelt es sich jeweils in den folgenden Fällen?
   a) Ein Autofahrer lässt in einer Kfz-Werkstatt einen Kotflügel seines Wagens ausbeulen.
   b) Ein Bankkunde leiht bei seiner Bank Geld, das er mit Zinsen zurückzahlen muss.

 5321354

c) Ein Verkäufer arbeitet in der Filiale der LEMI AG für ein Monatsgehalt von 1.200,00 €.

d) Ein Tischler fertigt für einen Kunden einen Einbauschrank an. Das Holz für den Schrank besorgt er selbst.

7. Wodurch unterscheiden sich Mietvertrag und Pachtvertrag?

8. Nennen Sie Gründe für die Nichtigkeit von Willenserklärungen.

9. Nennen Sie Gründe für die Anfechtung von Willenserklärungen.

10. Welche Auswirkung hat die Nichtigkeit einer Willenserklärung für die Gültigkeit eines Rechtsgeschäfts?

11. Welche Auswirkungen hat die Anfechtbarkeit einer Willenserklärung für die Gültigkeit eines Rechtsgeschäfts?

12. Beurteilen Sie folgende Fälle:

a) Eine Ware, die 198,00 € kostet, wird irrtümlich mit 189,00 € angeboten.

b) Ein Kunsthändler verkauft die Kopie eines Bildes als Original.

c) Der sechzehnjährige Frank Schrader kommt stolz mit einem Motorrad nach Hause. Er hat es für 1.250,00 € gekauft. Den Kaufpreis will er in zehn Raten abbezahlen. Sein Vater ist nicht so begeistert und verlangt, dass er das Motorrad zurückbringt.

d) Ein Druckereibesitzer schließt den Kauf über ein Grundstück mündlich ab.

e) Ein Einzelhändler verrechnet sich bei der Ermittlung des Verkaufspreises für eine Ware. Irrtümlich berechnet er 28,50 € anstatt 32,60 €.

f) Der Kaufpreis eines Hauses war doppelt so hoch wie der durch ein späteres Gutachten ermittelte Wert.

ZUSAMMENFASSUNG

Rechtsgeschäfte sind

nichtig
= von Anfang an ungültig

bei

- Willenserklärungen von Geschäftsunfähigen
- Willenserklärungen von beschränkt Geschäftsfähigen gegen den Willen des gesetzlichen Vertreters
- Willenserklärungen, die im Zustand der Bewusstlosigkeit oder vorübergehender Geistesstörung abgegeben wurden
- Scherzgeschäft
- Scheingeschäft
- sittenwidrigem Rechtsgeschäft
- Fehlen der vorgeschriebenen Form
- Verstoß gegen ein gesetzliches Verbot

anfechtbar
= bis zur Anfechtung gültig

wegen

- Irrtums
  - in der Erklärung
  - in der Eigenschaft einer Person oder Sache
  - in der Übermittlung
- widerrechtlicher Drohung

- arglistiger Täuschung

→ **Schadensersatzanspruch!**
(nur für den Anfechtenden)

Man versteht erst dann etwas richtig, wenn man versucht, es einem anderen zu erklären. Dies führt zu einer eigenen gründlichen Auseinandersetzung mit dem gerade behandelten Thema.

1. Suchen Sie sich einen Partner.
2. Lesen Sie noch einmal die Zusammenfassung. Bei Verständnisproblemen schlagen Sie ggf. noch einmal im Informationstext nach.
3. Einer von Ihnen erläutert die Zusammenfassung dem Partner.
4. Dieser achtet auf Korrektheit und Vollständigkeit und wiederholt noch einmal.

ICH ÜBERPRÜFE MEINE NEU ERWORBENEN KOMPETENZEN

Den Erwerb der zu Beginn aufgeführten Kompetenzen können Sie selbst mithilfe der folgenden Tabelle überprüfen.

Wenn Sie alle Aufgaben, die hinter einer Kompetenz stehen, gelöst haben, machen Sie ein Kreuz bei „Ganz“.

Bei den Kompetenzen, bei denen Sie Aufgaben „Teilweise“ oder „Gar nicht“ gelöst haben, sollten Sie den dazugehörigen Informationstext noch einmal lesen und die Aufgaben anschließend noch einmal bearbeiten.

Was ich nach der Bearbeitung dieses Kapitels kann	Aufgaben	Ganz	Teilweise	Gar nicht
Ich kann ...				
... einseitige Rechtsgeschäfte von mehrseitigen Rechtsgeschäften unterscheiden.	2			
... das Zustandekommen zweiseitiger Rechtsgeschäfte erklären.	3, 5			
... Vertragsarten unterscheiden.	4, 5			
... die Merkmale der Vertragsfreiheit erläutern.	4			
... die Bedeutung der Nichtigkeit von Willenserklärungen erklären.	6			
... die Gründe für die Nichtigkeit von Willenserklärungen nennen.	8			
... nichtige Willenserklärungen erkennen.	12			
... die Bedeutung der Anfechtbarkeit von Willenserklärungen erklären.	10, 11			
... die Gründe für die Anfechtbarkeit von Willenserklärungen nennen.	9			
... anfechtbare Willenserklärungen erkennen.	12			

3.2 Abschluss und Erfüllung von Kaufverträgen

Problemstellung

Jakub Nowak bietet einem Kunden eine Herrenjeans zum Preis von 89,00 € an. Dem Kunden gefällt die Hose sehr gut. Er entscheidet sich, die angebotene Jeanshose zu kaufen. Jakub Nowak begleitet den Kunden zur Kasse. Dort kassiert er den Verkaufspreis. Er verpackt die Hose und übergibt sie dem Kunden. Anschließend bedankt er sich bei dem Kunden für den Einkauf und verabschiedet ihn.

1. Beschreiben Sie, durch welche Erklärungen der Vertrag über den Kauf der Herrenjeans zustande gekommen ist.
2. Erläutern Sie die Pflichten, die von dem Verkäufer und dem Käufer der Herrenjeans nach Abschluss des Kaufvertrages erfüllt worden sind.

EINORDNUNG DES THEMAS

Lernfeld 3: Kunden im Servicebereich Kasse betreuen

Abschluss von Rechtsgeschäften → **Abschluss von Kaufverträgen** → Rechts- und Geschäftsfähigkeit → AGB → Abwicklung und Auswertung von Kassenvorgängen → Erfassung von Verkaufsdaten → Umsatzsteuer → Die verschiedenen Zahlungsarten → Kassenabrechnungen

Kompetenzen

Nach Bearbeitung dieses Kapitels können Sie ...

... die Möglichkeiten des Abschlusses eines Kaufvertrages beschreiben.
... die Pflichten des Verkäufers nach Abschluss eines Kaufvertrages nennen.
... die Pflichten des Käufers nach Abschluss eines Kaufvertrages nennen.
... Eigentum und Besitz unterscheiden.
... die Bedeutung des Eigentumsvorbehalts erklären.
... einfachen Eigentumsvorbehalt, verlängerten Eigentumsvorbehalt und erweiterten Eigentumsvorbehalt unterscheiden.
... die Bedeutung des Erfüllungsorts für die Erfüllung des Kaufvertrags erläutern.
... die Bedeutung des Gerichtsstands darstellen.

INFORMATIONSTEXT

Abschluss des Kaufvertrags

Der Antrag auf Abschluss eines Kaufvertrags kann vom Verkäufer oder vom Käufer einer Sache oder eines Rechts ausgehen.

- **Der Kaufvertrag geht vom Verkäufer aus**
  Der Verkäufer macht einen Antrag auf Abschluss eines Kaufvertrages, indem der dem Käufer ein Angebot unterbreitet. Der Käufer nimmt das Angebot durch eine Bestellung an. Ein Kaufvertrag kommt zustande, wenn die Bestellung mit dem Angebot übereinstimmt.

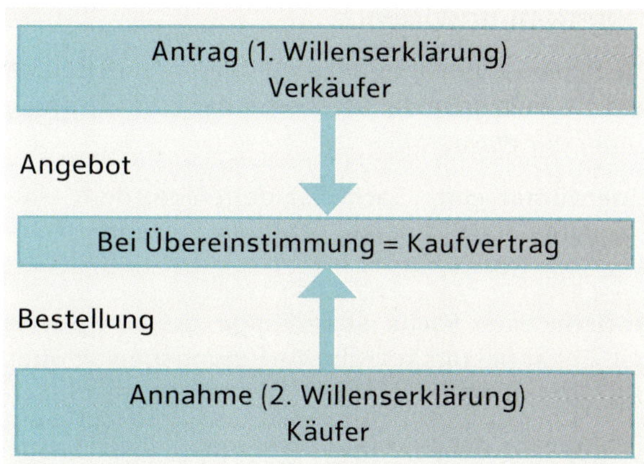

- **Der Kaufvertrag geht vom Kunden aus**
  Der Antrag auf Abschluss eines Kaufvertrags geht vom Käufer aus, wenn der Käufer bestellt, ohne dass er ein Angebot erhalten hat. Der Verkäufer nimmt diesen Antrag durch die sofortige Lieferung oder einer Bestellungsannahme (= Auftragsbestätigung) an.

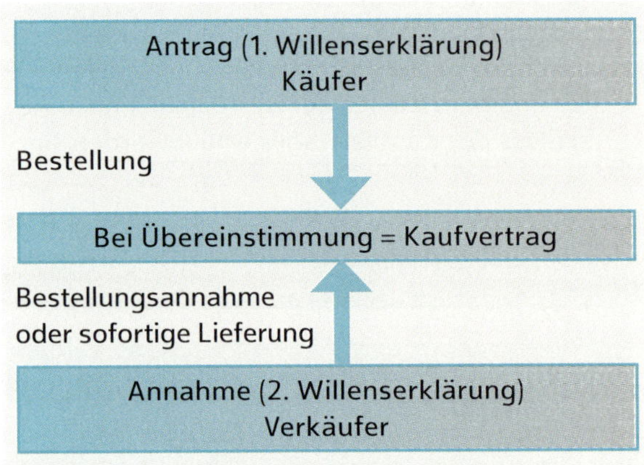

Erfüllung des Kaufvertrags

Mit dem Abschluss des Kaufvertrags übernehmen die Vertragspartner folgende Pflichten:

- Der Verkäufer muss
  - die mangelfreie Ware am richtigen Ort, zur richtigen Zeit übergeben,
  - dem Käufer das Eigentum an der Ware verschaffen.
- Der Käufer muss
  - die ordnungsgemäß gelieferte Ware annehmen,
  - die ordnungsgemäß gelieferte Ware fristgerecht bezahlen.

Der Kaufvertrag ist erfüllt, wenn beide Vertragspartner ihre Pflichten erfüllt haben.

Eigentum und Besitz

Durch die Einigung zwischen Verkäufer und Käufer und die Übergabe der Ware wird der Käufer Eigentümer der Ware.

Eigentümer einer Sache ist derjenige, dem eine Sache gehört. Er hat die rechtliche Verfügungsgewalt über die Sache.

Besitzer einer Sache ist derjenige, der eine Sache hat. Er hat die tatsächliche Verfügungsgewalt über die Sache.

Häufig sind Besitzer und Eigentümer einer Sache dieselbe Person.

BEISPIEL

Jemand liest ein Buch, das er in einer Buchhandlung gekauft hat. Der Besitzer des Buchs ist hier Eigentümer des Buchs. Es gehört ihm, weil er es rechtmäßig erworben hat.

Nur der Eigentümer einer Sache darf diese Sache verkaufen, weiterverarbeiten, vermieten, verleihen, verändern, verschenken und auch vernichten.

Eigentumsvorbehalt

Durch die ordnungsgemäße Übergabe einer Ware wird der Käufer Eigentümer dieser Ware, auch wenn er den Kaufpreis noch nicht bezahlt hat. Als Eigentümer kann er über diese Ware frei verfügen. Er kann sie z. B. weiterverkaufen, verschenken oder weiterverarbeiten. Darum kann der Verkäufer häufig nicht die Rückgabe der Ware verlangen, wenn der Käufer den Kaufpreis der Ware nicht oder nicht fristgerecht zahlt. Dieses Risiko kann der Verkäufer durch die Vereinbarung eines Eigentumsvorbehalts verringern.

Beim Eigentumsvorbehalt unterscheidet man:

- einfacher Eigentumsvorbehalt
- verlängerter Eigentumsvorbehalt
- erweiterter Eigentumsvorbehalt

Einfacher Eigentumsvorbehalt

Beim einfachen Eigentumsvorbehalt wird vertraglich vereinbart, dass die Ware so lange das Eigentum des Verkäufers bleibt, bis der Käufer den Kaufpreis vollständig bezahlt hat.

Dieser einfache Eigentumsvorbehalt erlischt jedoch, wenn

- die gelieferte Ware weiterverarbeitet wurde,
- mit einem Gebäude oder Grundstück fest verbunden wurde,
- weiterverkauft wurde.

Damit bietet der einfache Eigentumsvorbehalt nur einen unzureichenden Schutz vor Zahlungsausfällen.

Verlängerter Eigentumsvorbehalt

Beim verlängerten Eigentumsvorbehalt erlischt der Eigentumsvorbehalt nicht, wenn der Käufer die Ware weiterverkauft. Beim Weiterverkauf wird die entstehende Forderung an den ursprünglichen Verkäufer übertragen.

BEISPIEL

Der Hemdenhersteller Spengler & Sohn verkauft 500 Herrenhemden an die Hoffmann KG auf Ziel. Verkauf auf Ziel bedeutet, dass der Kunde Hoffmann KG die Ware erst später bezahlen muss. Der Hemdenhersteller Spengler & Sohn liefert die Hemden unverzüglich unter verlängertem Eigentumsvorbehalt.

Bevor sie die Hemden bezahlt hat, verkauft die Hoffmann KG 300 dieser Hemden ebenfalls auf Ziel an die Tom Hoss KG. Da der Hoffmann KG die Hemden von Spengler & Sohn unter verlängertem Eigentumsvorbehalt geliefert wurden, wird die Forderung der Hoffmann KG an die Tom Hoss KG an den ursprünglichen Verkäufer Spengler & Sohn übertragen.

Erweiterter Eigentumsvorbehalt

Beim erweiterten Eigentumsvorbehalt erstreckt sich der Eigentumsvorbehalt nicht nur auf das Eigentum an der Ware, die noch nicht bezahlt wurde, sondern auf alle von dem Verkäufer an den Käufer gelieferten Waren. Beim erweiterten Eigentumsvorbehalt bleiben alle vom Verkäufer an den Käufer gelieferten Waren so lange Eigentum des Verkäufers, bis alle gelieferten Waren vollständig bezahlt wurden.

Erfüllungsort

DEFINITION

Der **Erfüllungsort** ist der Ort, an dem der Schuldner seine Leistung zu erbringen hat.

Gesetzliche Regelung

Wenn zwischen Käufer und Verkäufer keine vertragliche Regelung getroffen wurde, ist der Erfüllungsort der Wohn- oder Geschäftssitz des Schuldners (= gesetzlicher Erfüllungsort).

Da durch den Abschluss eines Kaufvertrags sowohl der Verkäufer als auch der Käufer Leistungsverpflichtungen übernommen haben, gibt es auch zwei Erfüllungsorte:

- Der Verkäufer schuldet dem Käufer die ordnungsgemäße Lieferung der Ware (= **Warenschulden**). Deshalb ist der Erfüllungsort für die Warenlieferung der Wohn- oder Geschäftssitz des Verkäufers.
- Der Käufer schuldet dem Verkäufer die fristgerechte Zahlung des Kaufpreises (= **Geldschulden**). Deshalb ist der Erfüllungsort für die Zahlung der Wohn- oder Geschäftssitz des Käufers.

Bedeutung des gesetzlichen Erfüllungsorts für die Warenschulden

Der Verkäufer muss die Ware fristgerecht an seinem Geschäfts- oder Wohnsitz übergeben oder zur Abholung bereitstellen (Warenschulden sind Holschulden):

- Beim **Handkauf** muss er dem Käufer die Ware in seinem Geschäft übergeben.
- Beim **Platzkauf** muss er dem Käufer die Ware zum vereinbarten Zeitpunkt in dessen Geschäft oder Wohnung übergeben.
- Beim **Versendungskauf** muss er die Ware zum vereinbarten Zeitpunkt an den mit dem Warentransport beauftragten Frachtführer übergeben. Frachtführer sind Unternehmen, die den Transport von Waren durchführen.

Am Erfüllungsort geht die Haftung für die Beschädigung und den Verlust der Ware vom Verkäufer auf den Käufer über. Dies geschieht

- beim Handkauf und Platzkauf durch die Übergabe der Ware an den Käufer und
- beim Versendungskauf durch die Übergabe an den Frachtführer.

Der Erfüllungsort regelt auch die Übernahme der Versandkosten. Der Käufer muss bei einem Versendungskauf die Transportkosten ab Versandstation am Geschäfts- oder Wohnsitz des Verkäufers bis zu seinem Geschäfts- oder Wohnsitz bezahlen, wenn vertraglich nichts anderes vereinbart wurde.

Bedeutung des gesetzlichen Erfüllungsorts für die Geldschulden

Der Käufer muss die Ware zum vereinbarten Zeitpunkt an seinem Geschäfts- oder Wohnsitz bezahlen oder auf das Konto des Verkäufers überweisen (Geldschulden sind Bring- oder Schickschulden). Die Überweisungskosten trägt der Käufer.

Anders als bei den Warenschulden geht die Haftung für den Verlust des Geldbetrags aber nicht schon am Erfüllungsort (Geschäfts- oder Wohnsitz des Käufers), sondern erst am Geschäfts- oder Wohnsitz des Verkäufers auf den Verkäufer über. Der Geldversand erfolgt also auf Risiko des Käufers.

Vertragliche Regelung

Verkäufer und Käufer können Abweichungen von der gesetzlichen Regelung vertraglich vereinbaren. Man spricht dann von einem vertraglichen Erfüllungsort.

BEISPIEL

Erfüllungsort für beide Teile ist der Geschäftssitz des Verkäufers.

Gerichtsstand

DEFINITION

Der **Gerichtsstand** ist der Ort, an dem die Vertragsparteien klagen oder verklagt werden können.

Gesetzliche Regelung

Der gesetzliche Erfüllungsort bestimmt den Gerichtsstand, wenn vertraglich nichts anderes vereinbart wurde.

Für Warenschulden ist der Gerichtsstand somit der Geschäfts- oder Wohnsitz des Verkäufers. Für Geldschulden ist der Gerichtsstand der Geschäfts- oder Wohnsitz des Käufers.

Vertragliche Regelung

Zwischen Kaufleuten kann der Gerichtsstand abweichend von der gesetzlichen Regelung vertraglich vereinbart werden. Bei Verträgen mit Verbrauchern ist eine vertragliche Vereinbarung, die von der gesetzlichen Regelung abweicht, nicht erlaubt.

AUFGABEN

1. Wie kommt in folgenden Fällen der Kaufvertrag zustande?
   a) Der Einzelhändler Reimann bestellt bei der Tom Hoss KG 100 T-Shirts zum Preis von 3,00 € je Stück, ohne dass ihm ein Angebot vorliegt. Die Tom Hoss KG nimmt die Bestellung an und liefert die Ware.
   b) Eine Kundin lässt sich in den Geschäftsräumen der Tom Hoss KG Pullover vorlegen. Nach langem Vergleichen entscheidet sie sich für einen Pullover. Sie sagt: „Den nehme ich."
   c) Frau Lange bestellt 1000 Briefumschläge für 1,50 €. Der Lieferant liefert zwei Tage später.
2. In welchen der folgenden Fälle ist ein Kaufvertrag zustande gekommen? Begründen Sie Ihre Antwort.
   a) Der Verkäufer unterbreitet ein Angebot. Der Käufer bestellt zu den Angebotsbedingungen.
   b) Der Käufer bestellt, ohne ein Angebot erhalten zu haben. Der Verkäufer reagiert überhaupt nicht.
   c) Der Verkäufer macht ein Angebot. Der Käufer bestellt mit abgeänderten Bedingungen.
   d) Der Käufer bestellt. Der Verkäufer liefert sofort.
3. Welche Pflichten müssen
   a) der Verkäufer und
   b) der Käufer
   nach Abschluss eines Kaufvertrags erfüllen?
4. Unterscheiden Sie Besitz und Eigentum.
5. In einem Angebot findet sich der Satz „Die Ware bleibt bis zur vollständigen Bezahlung des Kaufpreises unser Eigentum".
   a) Aus welchem Grund hat der Anbieter diese Klausel in sein Angebot aufgenommen?
   b) Wodurch erlischt dieser einfache Eigentumsvorbehalt?
6. Unterscheiden Sie den erweiterten Eigentumsvorbehalt vom verlängerten Eigentumsvorbehalt.
7. Der Inhaber eines Herrenoberbekleidungsgeschäfts in Göttingen bestellt aufgrund eines Angebots der Tom Hoss KG, Berlin, 50 Herrenoberhemden. Die Bestellung trifft am 15.11.20.. bei der Tom Hoss KG ein. Die Lieferung soll gemäß Angebot spätestens 14 Tage nach Eingang der Bestellung erfolgen. Die Ware wird am 29.11.20.. mit einem Paketdienst an das Herrenoberbekleidungsgeschäft versandt und trifft dort erst am 01.12.20.. ein.
   a) Prüfen Sie, ob die Ware rechtzeitig geliefert wurde.

5321360

b) Stellen Sie fest, wer für eine Beschädigung oder den Verlust der Ware auf dem Transport von Berlin nach Göttingen haftet.

c) Wo befindet sich der Erfüllungsort für die Zahlung, wenn darüber vertraglich nichts vereinbart wurde?

d) An welchem Ort muss die Tom KG klagen, wenn sie den Kunden wegen nicht rechtzeitiger Zahlung verklagen möchte?

ZUSAMMENFASSUNG

Abschluss des Kaufvertrags durch

- **Angebot + Bestellung**

oder

- **Bestellung + Bestellungsannahme (Auftragsbestätigung) oder Lieferung**

Pflichten

des Verkäufers

- ordnungsgemäße Übergabe der Ware
- Übereignen der Ware an den Käufer

des Käufers

- Annahme der Ware
- fristgerechte Bezahlung

Regelungen zur Vertragserfüllung	gesetzliche Regelung	vertragliche Regelungen
Eigentumsvorbehalt		• einfacher Eigentumsvorbehalt • verlängerter Eigentumsvorbehalt • erweiterter Eigentumsvorbehalt
Erfüllungsort	• für die Ware: Wohn- und Geschäftssitz des Verkäufers • für Geld: Wohn- und Geschäftssitz des Käufers	von der gesetzlichen Regelung abweichende Vereinbarungen möglich
Gerichtsstand	Erfüllungsort bestimmt den Gerichtsstand	von der gesetzlichen Regelung abweichende Vereinbarungen nur zwischen Kaufleuten möglich

Man versteht erst dann etwas richtig, wenn man versucht, es einem anderen zu erklären. Dies führt zu einer eigenen gründlichen Auseinandersetzung mit dem gerade behandelten Thema.

1. Suchen Sie sich einen Partner.
2. Lesen Sie noch einmal die Zusammenfassung. Bei Verständnisproblemen schlagen Sie ggf. noch einmal im Informationstext nach.
3. Einer von Ihnen erläutert die Zusammenfassung dem Partner.
4. Dieser achtet auf Korrektheit und Vollständigkeit und wiederholt noch einmal.

ICH ÜBERPRÜFE MEINE NEU ERWORBENEN KOMPETENZEN

Den Erwerb der zu Beginn aufgeführten Kompetenzen können Sie selbst mithilfe der folgenden Tabelle überprüfen.

Wenn Sie alle Aufgaben, die hinter einer Kompetenz stehen, gelöst haben, machen Sie ein Kreuz bei „Ganz".

Bei den Kompetenzen, bei denen Sie Aufgaben „Teilweise" oder „Gar nicht" gelöst haben, sollten Sie den dazugehörigen Informationstext noch einmal lesen und die Aufgaben anschließend noch einmal bearbeiten.

Was ich nach der Bearbeitung dieses Kapitels kann	Aufgaben	Ganz	Teilweise	Gar nicht
Ich kann ...				
... die Möglichkeiten des Abschlusses eines Kaufvertrages beschreiben.	1, 2			
... die Pflichten des Verkäufers nach Abschluss eines Kaufvertrages nennen.	3 a)			
... die Pflichten des Käufers nach Abschluss eines Kaufvertrages nennen.	3 b)			
... Eigentum und Besitz unterscheiden.	4			
... die Bedeutung des Eigentumsvorbehalts erklären.	5			
... einfachen Eigentumsvorbehalt, verlängerten Eigentumsvorbehalt und erweiterten Eigentumsvorbehalt unterscheiden.	6			
... die Bedeutung des Erfüllungsorts für die Erfüllung des Kaufvertrags erläutern.	7 a), 7 b), 7 c)			

5321362

3.3 Rechts- und Geschäftsfähigkeit

Problemstellung

Die sechzehnjährige Stefanie Beyer ist als Auszubildende zurzeit im Verkauf der Tom Hoss KG beschäftigt. Sie berät eine Kundin in den Verkaufsräumen ihres Ausbildungsbetriebes und verkauft ihr eine Bluse und eine Jeanshose.

Stellen Sie fest, ob Stefanie Beyer dieses Geschäft abschließen durfte.

EINORDNUNG DES THEMAS

Lernfeld 3: Kunden im Servicebereich Kasse betreuen

Abschluss von Rechtsgeschäften → Abschluss von Kaufverträgen → **Rechts- und Geschäftsfähigkeit** → AGB → Abwicklung und Auswertung von Kassenvorgängen → Erfassung von Verkaufsdaten → Umsatzsteuer → Die verschiedenen Zahlungsarten → Kassenabrechnungen

Kompetenzen

Nach Bearbeitung dieses Kapitels können Sie ...

... Rechtsfähigkeit und Geschäftsfähigkeit unterscheiden.
... Beginn und Ende der Rechtsfähigkeit natürlicher und juristischer Personen angeben.
... die Bedeutung von Geschäftsunfähigkeit, beschränkter Geschäftsfähigkeit und Geschäftsfähigkeit natürlicher Personen erläutern.
... feststellen, ob eine Person geschäftsunfähig, beschränkt geschäftsfähig oder geschäftsfähig ist.
... die gesetzlichen Regelungen zur Geschäftsfähigkeit beim Abschluss von Kaufverträgen beachten.

INFORMATIONSTEXT

Rechtsfähigkeit

DEFINITION
Rechtsfähigkeit ist die Fähigkeit einer Person, Träger von Rechten und Pflichten zu sein.

Eine Person hat z. B. das Recht, ein Geschäft zu erben, oder die Pflicht, die Schule zu besuchen.

Rechtsfähig sind nicht nur Menschen (= natürliche Personen), sondern auch Personenvereinigungen, z. B. Vereine, Aktiengesellschaften, Gesellschaften mit beschränkter Haftung, Genossenschaften. Sie werden als juristische Personen bezeichnet.

Die **Rechtsfähigkeit einer natürlichen Person** beginnt mit Vollendung der Geburt. Sie endet mit dem Tod.

Die **Rechtsfähigkeit einer juristischen Person** beginnt mit ihrer Gründung. Bei einer Aktiengesellschaft ist das die Eintragung der Aktiengesellschaft in das Handelsregister. Die Rechtsfähigkeit einer juristischen Person endet mit der Auflösung. Bei einer Aktiengesellschaft ist das die Löschung der Aktiengesellschaft im Handelsregister.

Geschäftsfähigkeit

DEFINITION
Geschäftsfähigkeit ist die Fähigkeit von Personen, Rechtsgeschäfte rechtswirksam abzuschließen.

Eine geschäftsfähige Person kann z. B. Waren einkaufen oder verkaufen, eine Wohnung mieten oder eine Reise buchen.

Man unterscheidet drei Stufen der Geschäftsfähigkeit:

- Geschäftsunfähigkeit
- beschränkte Geschäftsfähigkeit
- unbeschränkte oder volle Geschäftsfähigkeit

Geschäftsfähigkeit
ist die Fähigkeit, rechtsgeschäftliche Willenserklärungen abzugeben und entgegenzunehmen

Volle Geschäftsfähigkeit	Beschränkte Geschäftsfähigkeit	Geschäftsunfähigkeit
Unbeschränkt geschäftsfähig sind alle Personen, die das 18. Lebensjahr vollendet haben, soweit sie nicht zu den Geschäftsunfähigen gehören.	Beschränkt geschäftsfähig sind Minderjährige (Personen vom vollendeten 7. Lebensjahr bis zur Vollendung des 18. Lebensjahres).	Geschäftsunfähig sind Personen bis zur Vollendung des 7. Lebensjahres bzw. dauernd Geisteskranke.

Geschäftsunfähigkeit

Geschäftsunfähig sind:
- Kinder unter sieben Jahren
- dauernd geisteskranke Personen

Die Willenserklärung eines Geschäftsunfähigen ist nichtig, d.h. ungültig. Geschäftsunfähige Personen können also keine Rechtsgeschäfte rechtswirksam abschließen.

Beschränkte Geschäftsfähigkeit

Beschränkt geschäftsfähig sind Personen, die mindestens sieben, aber unter 18 Jahre alt sind. Eine beschränkt geschäftsfähige Person darf Rechtsgeschäfte normalerweise nur mit Zustimmung des gesetzlichen Vertreters (Vater, Mutter, Vormund) abschließen. Rechtsgeschäfte, die sie ohne vorherige Einwilligung des gesetzlichen Vertreters abgeschlossen hat, sind **schwebend unwirksam**. Sie können durch die nachträgliche Genehmigung des gesetzlichen Vertreters wirksam werden.

BEISPIEL

Der 17-jährige Auszubildende Jochen Reinhard kauft ein Notebook, ohne dass er seinen Vater vorher gefragt hat. Der Verkäufer des Notebooks fragt den Vater von Jochen später, ob er mit dem Kauf einverstanden ist. Wenn sich Jochens Vater mit dem Kauf einverstanden erklärt, ist ein Kaufvertrag zustande gekommen. Ist er nicht einverstanden, kommt kein Kaufvertrag zustande.

In Ausnahmefällen darf eine beschränkt geschäftsfähige Person Rechtsgeschäfte auch ohne Zustimmung ihres gesetzlichen Vertreters abschließen.

- Sie darf Willenserklärungen abgeben, die ihr nur rechtliche Vorteile bringen. Sie darf z.B. ein Geschenk annehmen.
- Sie darf Verträge abschließen, die sie mit ihrem Taschengeld erfüllen kann.

BEISPIEL

Die 16-jährige Sabine Beyer kauft von ihrem Taschengeld ein Buch zum Preis von 12,90 €.

- Sie darf Rechtsgeschäfte im Rahmen eines Arbeitsvertrags abschließen, den sie mit Zustimmung ihres gesetzlichen Vertreters eingegangen ist.

BEISPIEL

Ein 17-jähriger Verkäufer darf Ware an Kunden verkaufen, ohne vorher seinen gesetzlichen Vertreter zu fragen. Er darf ohne Zustimmung seines gesetzlichen Vertreters Vereinbarungen über Arbeitszeit, Gehalt, Pausen, Urlaub usw. treffen. Er darf das Arbeitsverhältnis auch ohne Zustimmung des gesetzlichen Vertreters kündigen.

- Wenn es ihr gesetzlicher Vertreter mit Zustimmung des Vormundschaftsgerichts erlaubt hat, einen selbstständigen Geschäftsbetrieb zu führen, darf sie ohne Zustimmung alle Rechtsgeschäfte abschließen, die dieser Betrieb mit sich bringt.

BEISPIEL

Die 16-jährige Carmen Freese führt selbstständig einen Jeansshop. Sie darf ohne Zustimmung ihres gesetzlichen Vertreters Ware einkaufen und verkaufen, Rechnungen bezahlen usw. Will sie jedoch privat von ihrem Geld eine teure Stereoanlage kaufen, muss sie ihren gesetzlichen Vertreter um Erlaubnis bitten.

Unbeschränkte Geschäftsfähigkeit

Unbeschränkt geschäftsfähig sind natürliche Personen, die das 18. Lebensjahr vollendet haben. Willenserklärungen unbeschränkt geschäftsfähiger Personen sind voll rechtswirksam.

Kann ein Volljähriger seine Angelegenheiten aufgrund einer psychischen Krankheit oder einer körperlichen, geistigen oder seelischen Behinderung ganz oder teilweise nicht erledigen, so bestellt das Vormundschaftsgericht für ihn einen Betreuer. Der Betreuer vertritt ihn gerichtlich und außergerichtlich.

AUFGABEN

1. Unterscheiden Sie Rechtsfähigkeit und Geschäftsfähigkeit.
2. Wann beginnt die Rechtsfähigkeit natürlicher Personen und wann endet sie?
3. Wann beginnt die Rechtsfähigkeit juristischer Personen und wann endet sie?
4. Der 17 Jahre alte Hans Vollmer erhält von seinem Vater 500,00 € für ein Notebook. Der Händler besteht darauf, dass der Vater ihm gegenüber erklärt, dass er mit dem Kauf einverstanden ist. Warum verlangt der Händler diese Einverständniserklärung?
5. Die vierzehnjährige Sandra und der fünfzehnjährige Thomas kaufen von ihrem Taschengeld ein gebrauchtes Tablet für 20,00 €.
   Ihr Vater will den Kaufvertrag rückgängig machen. Der Händler weigert sich. Wer hat recht? Begründen Sie Ihre Meinung.
6. Der neun Jahre alte Jürgen bekommt von seiner Tante einen MP3-Player geschenkt. Seine Eltern verbieten ihm die Annahme des Geschenks. Sind sie dazu berechtigt? Begründen Sie Ihre Meinung.
7. Die siebzehnjährige Anja Schneider schließt mit Einwilligung ihrer Eltern ein Ausbildungsverhältnis zur Kauffrau im Einzelhandel in einem Elektromarkt ab. Welches der folgenden Rechtsgeschäfte darf sie nur mit Zustimmung ihrer Eltern abschließen? Begründen Sie Ihre Meinung.
   a) In ihrem Ausbildungsbetrieb verkauft sie eine Geschirrspülmaschine an einen Kunden.
   b) Am Wochenende verkauft sie ihre Waschmaschine an eine Freundin.
8. Britta Körber arbeitet in der Abteilung „Unterhaltungselektronik" eines Warenhauses. Heute kommen unter anderem folgende Kunden zu ihr:
   - Ein 17-jähriger Schüler: Er möchte einen Laserdrucker zum Preis von 234,00 € kaufen.
   - Ein 6-jähriges Mädchen: Es möchte eine CD zum Preis von 7,00 € als Geburtstagsgeschenk für seine Mutter kaufen.
   - Ein 12-jähriger Junge: Er möchte einen USB-Stick im Wert von 5,60 € kaufen.
   - Ein ca. 30 Jahre alter Mann: Er möchte ein Fernsehgerät zum Preis von 560,00 € kaufen.

   Wie sollte sich Britta Körber gegenüber den einzelnen Kunden verhalten?
9. Der 17 Jahre alte Frank Förster führt mit Genehmigung des Vormundschaftsgerichts den Betrieb seines verstorbenen Vaters. Welche der folgenden Rechtsgeschäfte darf er ohne Zustimmung seines gesetzlichen Vertreters abschließen? Begründen Sie Ihre Meinung.
   a) Einkauf neuer Verkaufsregale für den Betrieb
   b) Kauf eines Ferienhauses in Griechenland
   c) Kauf eines Taschenrechners im Wert von 15,00 €
   d) Einstellen eines neuen Mitarbeiters

ZUSAMMENFASSUNG

Rechtsfähigkeit

= Fähigkeit einer Person, Träger von Rechten und Pflichten zu sein

natürlicher Personen

- beginnt mit der Vollendung der Geburt
- endet mit dem Tod

juristischer Personen

- beginnt mit der Gründung
- endet mit ihrer Auflösung
- handelt durch ihre Organe (AG = Vorstand; GmbH = Geschäftsführer)

Geschäftsfähigkeit

= Fähigkeit einer Person, Rechtsgeschäfte rechtswirksam abzuschließen

Geschäftsunfähigkeit

Willenserklärungen von
- Kindern unter sieben Jahren und
- dauernd geisteskranken Personen

sind **nichtig.**

beschränkte Geschäftsfähigkeit

Willenserklärungen von Personen, die mindestens sieben Jahre, aber unter 18 Jahre alt sind, sind bis auf bestimmte Ausnahmen **schwebend unwirksam.**

unbeschränkte Geschäftsfähigkeit

Personen, die das 18. Lebensjahr vollendet haben, können **uneingeschränkt** Rechtsgeschäfte abschließen.

Man versteht erst dann etwas richtig, wenn man versucht, es einem anderen zu erklären. Dies führt zu einer eigenen gründlichen Auseinandersetzung mit dem gerade behandelten Thema.

1. Suchen Sie sich einen Partner.
2. Lesen Sie noch einmal die Zusammenfassung. Bei Verständnisproblemen schlagen Sie ggf. noch einmal im Informationstext nach.
3. Einer von Ihnen erläutert die Zusammenfassung dem Partner.
4. Dieser achtet auf Korrektheit und Vollständigkeit und wiederholt noch einmal.

5321366

ICH ÜBERPRÜFE MEINE NEU ERWORBENEN KOMPETENZEN

Den Erwerb der zu Beginn aufgeführten Kompetenzen können Sie selbst mithilfe der folgenden Tabelle überprüfen.

Wenn Sie alle Aufgaben, die hinter einer Kompetenz stehen, gelöst haben, machen Sie ein Kreuz bei „Ganz“.

Bei den Kompetenzen, bei denen Sie Aufgaben „Teilweise“ oder „Gar nicht“ gelöst haben, sollten Sie den dazugehörigen Informationstext noch einmal lesen und die Aufgaben anschließend noch einmal bearbeiten.

Was ich nach der Bearbeitung dieses Kapitels kann	Aufgaben	Ganz	Teilweise	Gar nicht
Ich kann ...				
... Rechtsfähigkeit und Geschäftsfähigkeit unterscheiden.	1			
... Beginn und Ende der Rechtsfähigkeit natürlicher und juristischer Personen angeben.	2, 3			
... die Bedeutung von Geschäftsunfähigkeit, beschränkter Geschäftsfähigkeit und Geschäftsfähigkeit natürlicher Personen erläutern.	4, 5, 6, 7, 8, 9			
... feststellen, ob eine Person geschäftsunfähig, beschränkt geschäftsfähig oder geschäftsfähig ist.	4, 5, 6, 7, 8, 9			
... die gesetzlichen Regelungen zur Geschäftsfähigkeit beim Abschluss von Kaufverträgen beachten.	4, 5, 6, 7, 8, 9			

3.4 Die Allgemeinen Geschäftsbedingungen

Problemstellung

Stefanie Beyer ist gerade an der Kasse der Tom Hoss KG eingesetzt.

Eine Kundin kommt an die Kasse. Sie hat zwei Oberteile dabei, die sie zurückgeben möchte. Die Kundin weist Stefanie darauf hin, dass sie das darf, weil das in den AGB der Tom Hoss KG steht.

Stefanie ist verunsichert, da sie nicht weiß, was in den Allgemeinen Geschäftsbedingungen (AGB) der Tom Hoss AG steht und ob die Kundin tatsächlich die Kleidungsstücke zurückgeben darf.

1. Welche Bedeutungen haben die AGB für die Tom Hoss KG?
2. Welche Inhalte zu den Allgemeinen Geschäftsbedingungen sind Ihnen aus Ihrem Unternehmen bekannt?

EINORDNUNG DES THEMAS

Lernfeld 3: Kunden im Servicebereich Kasse betreuen

Abschluss von Rechtsgeschäften → Abschluss von Kaufverträgen → Rechts- und Geschäftsfähigkeit → **AGB** → Abwicklung und Auswertung von Kassenvorgängen → Erfassung von Verkaufsdaten → Umsatzsteuer → Die verschiedenen Zahlungsarten → Kassenabrechnungen

Kompetenzen

Nach Bearbeitung dieses Kapitels können Sie ...

... die Gründe für das Verfassen von AGB benennen.
... erklären, was Allgemeine Geschäftsbedingungen sind.
... erklären, warum es gesetzliche Mindestbestimmungen bei Handelsgeschäften gibt.
... die Bedeutung der Paragraphen 305–309 BGB kurz erklären.

INFORMATIONSTEXT

Beim Abschluss von Verträgen ist es notwendig, die Vertragsbestimmungen im Vorfeld zu regeln. Dabei sind die Allgemeinen Geschäftsbedingungen (AGB) ein sehr bedeutender Bestandteil der Vertragsgestaltung.

DEFINITION

Allgemeine Geschäftsbedingungen sind vorformulierte Vertragsbedingungen einer Vertragspartei, die für eine Vielzahl von Verträgen gelten. Sie werden Bestandteil eines Vertrages, wenn bei Abschluss des Vertrages ausdrücklich auf sie hingewiesen wird.

5321368

Allgemeine Geschäftsbedingungen für den Onlineshop der Tom Hoss KG

§ 1 Geltungsbereich

1.1 Diese Geschäftsbedingungen der Tom Hoss KG (nachfolgend „Tom Hoss" genannt) gelten für alle Verträge, die ein Verbraucher mit der Tom Hoss über in deren Onlineshop dargestellte Waren abschließt.

1.2 Die Geschäftsbedingungen der Tom Hoss gelten ausschließlich. Abweichende, entgegenstehende oder ergänzende AGB des Kunden werden nur dann Vertragsbestandteil, wenn die Tom Hoss ihrer Geltung ausdrücklich zugestimmt hat. Dieses Zustimmungserfordernis gilt in jedem Fall. Es gilt auch dann, wenn die Tom Hoss in Kenntnis der AGB des Kunden die Lieferung an ihn vorbehaltslos ausführen sollte.

1.3 Verbraucher ist jede natürliche Person, die ein Rechtsgeschäft zu Zwecken abschließt, die überwiegend weder ihrer gewerblichen noch ihrer selbstständigen beruflichen Tätigkeit zugerechnet werden können (§ 13 BGB). Unternehmer ist eine natürliche oder juristische Person oder eine rechtsfähige Personengesellschaft, die bei Abschluss des Rechtsgeschäfts in Ausübung ihrer gewerblichen oder selbstständigen beruflichen Tätigkeit handelt (§ 14 BGB).

§ 2 Mindestbestellwert/Versand

2.1 Der Mindestbestellwert beträgt 20,00 EUR.

2.2 Die Kosten des Standardversands betragen 1,00 EUR.

2.3 Der Versand erfolgt ein bis drei Werktage nach Bestelldatum, einwandfreies Ergebnis der Überprüfung Ihrer Daten (Bonitäts- und Identitätsüberprüfung) vorausgesetzt.

§ 3 Zustellung und Rückgabe im Tom-Hoss-Store

3.1 Sie haben die Möglichkeit, im Tom-Hoss-Onlineshop bestellte Waren an einen teilnehmenden Tom-Hoss-Store zur Abholung liefern zu lassen und im Tom-Hoss-Onlineshop bestellte Waren auch in einem teilnehmenden Tom-Hoss-Store zurückzugeben.

3.2 Falls Sie sich für die Abholung der bestellten Waren in einem von Ihnen ausgewählten Tom-Hoss-Store entschieden haben, werden diese dort für Sie zur Abholung bereitgestellt. Sie erhalten von uns per E-Mail eine Nachricht über die Bereitstellung der Waren.

3.3 Werden die für Sie bereitgestellten Waren nicht innerhalb von zehn Tagen nach Benachrichtigung abgeholt, werden die Waren von dem Tom-Hoss-Store wieder an den Tom-Hoss-Onlineshop zurückgeschickt.

3.4 Sie können von Ihrem Widerrufsrecht gemäß Ziffer 7 (s.u.) auch Gebrauch machen, indem Sie im Tom-Hoss-Onlineshop bestellte Waren unter Verwendung des der Bestellung beigefügten Retourenscheins in einem der teilnehmenden Tom-Hoss-Stores abgeben. Die Ware gilt dann mit der fristgerechten Abgabe als zurückgesendet.

§ 4 Reservierung im Tom-Hoss-Store

4.1 Sie haben darüber hinaus die Möglichkeit, im Tom-Hoss-Onlineshop Waren auszuwählen und in der von Ihnen gewünschten Ausführungsart (Farbe, Größe etc.) in einem teilnehmenden Tom-Hoss-Store vor Ort für Sie zur Anprobe und zum Erwerb zu reservieren.

4.2 Nach Aufgabe Ihrer Reservierung im Tom-Hoss-Onlineshop erhalten Sie eine Bestätigungsmail zum Reservierungseingang, in welcher die wesentlichen Merkmale der von Ihnen reservierten Ware aufgeführt werden. In einer weiteren E-Mail wird Ihnen mitgeteilt, ob die Ware in Ihrem Wunsch-Store für Sie reserviert werden konnte („Reservierungsbestätigung") oder ob die Ware dort nicht mehr verfügbar ist.

4.3 Sofern Sie beabsichtigen, die im jeweiligen Tom-Hoss-Store reservierte Ware zu erwerben, kommt der Kaufvertrag mit dem jeweiligen Storebetreiber zustande. Der Produktpreis kann abhängig vom jeweiligen Tom-Hoss-Store variieren.

4.4 Sie willigen ein, dass Ihre Reservierungsdaten, wie Name, ausgewähltes Produkt und Reservierungsnummer zur Verifikation Ihrer Reservierung von uns an den Tom-Hoss-Store weitergeleitet werden. Der Tom-Hoss-Store kann entweder von einem unabhängigen Franchisepartner oder von einem verbundenen Unternehmen von uns betrieben werden.

4.5 Werden die für Sie reservierten Waren nicht innerhalb von 48 Stunden ab Zugang der Reservierungsbestätigung von Ihnen im Tom-Hoss-Store erworben, erlischt Ihre Reservierung.

§ 5 Preise und Zahlungsmethoden

5.1 Es gelten die zum Zeitpunkt der Bestellung angegebenen Preise. Alle Preise enthalten die gesetzlich gültige Mehrwertsteuer.

5.2 Die Bezahlung der Waren erfolgt wahlweise gemäß den im Bestellvorgang vorgeschlagenen Zahlungsarten und zu den dort genannten Bedingungen. Wir behalten uns abhängig von dem Ergebnis der Überprüfung Ihrer Daten (Identitäts- und Bonitätsprüfung) den Ausschluss bestimmter Zahlungsarten vor.

5.3 Bei Lieferung auf Rechnung verpflichten Sie sich, den Rechnungsbetrag innerhalb von 14 Tagen nach Erhalt der Ware zu begleichen. Im Falle einer vorangegangenen Rücksendung von Lieferteilen kann dieser Rechnungsbetrag entsprechend gekürzt werden.

5.4 Sollten Sie mit der Zahlung in Verzug geraten, behalten wir uns vor, Ihnen für die zweite und alle folgenden Mahnungen pauschale Mahngebühren in Höhe von 5,99 EUR in Rechnung zu stellen.

§ 6 Eigentumsvorbehalt

Die Ware bleibt bis zur vollständigen Bezahlung unser Eigentum.

§ 7 Gesetzliche Widerrufsbelehrung

7.1 Widerrufsrecht

Sie haben das Recht, binnen 14 Tagen ohne Angabe von Gründen diesen Vertrag zu widerrufen. Die Widerrufsfrist beträgt 14 Tage ab dem Tag, an dem Sie oder ein von Ihnen benannter Dritter, der nicht Beförderer ist, die Waren in Besitz genommen haben bzw. hat.

Ihren Widerruf können Sie ausüben, indem Sie uns mittels einer eindeutigen Erklärung (z. B. ein mit der Post versandter Brief, Telefax oder E-Mail) über Ihren Entschluss, diesen Vertrag zu widerrufen, informieren. Sie können dafür das beigefügte Muster-Widerrufsformular verwenden, das jedoch nicht vorgeschrieben ist.

7.2 Widerrufsfolgen

Wenn Sie diesen Vertrag widerrufen, haben wir Ihnen alle Zahlungen, die wir von Ihnen erhalten haben, einschließlich der Lieferkosten (mit Ausnahme der Kosten, die sich daraus ergeben, dass Sie eine andere Art der Lieferung als die von uns angebotene, günstigste Standardlieferung gewählt haben), unverzüglich und spätestens 14 Tage ab dem Tag zurückzuzahlen, an dem die Mitteilung über Ihren Widerruf dieses Vertrages oder die Sache bei uns eingegangen ist. Für diese Rückzahlung verwenden wir das gleiche Zahlungsmittel, das Sie bei der ursprünglichen Transaktion eingesetzt haben, es sei denn, mit Ihnen wurde ausdrücklich etwas anderes vereinbart; in keinem Fall werden Ihnen wegen dieser Rückzahlung Entgelte berechnet. Wir können die Rückzahlung verweigern, bis wir die Waren wieder zurückerhalten haben oder bis Sie den Nachweis erbracht haben, dass Sie die Waren zurückgesandt haben, je nachdem, welches der frühere Zeitpunkt ist.

Sie haben die Waren unverzüglich und in jedem Fall spätestens binnen 14 Tagen ab dem Tag, an dem Sie uns über den Widerruf dieses Vertrages unterrichten, an uns zurückzusenden oder zu übergeben. Die Frist ist gewahrt, wenn Sie die Waren vor Ablauf der Frist von 14 Tagen absenden. Wir tragen die Kosten der Rücksendung der Waren.

Sie müssen für einen etwaigen Wertverlust der Waren nur aufkommen, wenn dieser Wertverlust auf einen zur Prüfung der Beschaffenheit, Eigenschaften und Funktionsweise der Waren nicht notwendigen Umgang mit ihnen zurückzuführen ist.

7.3 Hinweis zu Ausnahmen

Das Widerrufsrecht besteht nicht bei Verträgen zur Lieferung von Waren, die nicht vorgefertigt sind und zu deren Herstellung eine individuelle Auswahl oder Bestimmung durch den Verbraucher maßgeblich ist oder die eindeutig auf die persönlichen Bedürfnisse des Verbrauchers zugeschnitten sind.

§ 8 Gewährleistung

Soweit nicht ausdrücklich etwas anderes vereinbart ist, gelten die gesetzlichen Gewährleistungsvorschriften.

§ 9 Urheberrecht und Markenzeichen

Der gesamte Inhalt der Webseite, einschließlich Texten, Grafiken, Fotos, Bildern, bewegten Bildern, Geräuschen, Illustrationen und Software ist unser Eigentum oder das unserer verwandten Unternehmen, Lizenznehmer und/oder Content-Provider. Diese Inhalte sind durch Urheberrechte und andere Rechte geschützt. Ihre Verwendung ist nur mit unserer ausdrücklichen Zustimmung gestattet. Alle auf der Webseite verwendeten Markenzeichen sind – soweit nicht anders angegeben unser Markenzeichen. Diese dürfen ohne unsere vorherige schriftliche Genehmigung nicht verwendet werden.

§ 10 Datenschutz

10.1 Ihre für die jeweilige Bestellung bzw. Reservierung maßgeblichen personenbezogenen Daten werden von uns entsprechend den jeweiligen gesetzlichen Datenschutzbestimmungen zum Zweck der Durchführung des Vertrages oder der Reservierung sowie zur Wahrung berechtigter Interessen erhoben, verarbeitet, genutzt und gespeichert. Zum Zwecke der Bonitätsprüfung können wir im Einklang mit den datenschutzrechtlichen Vorschriften Auskünfte von Auskunfteien einholen und an diese personenbezogene, das Liefervertragsverhältnis betreffende, Daten weitergeben. Ergeben sich hieraus Zweifel an Ihrer Bonität, sind wir berechtigt, einen Vertragsschluss abzulehnen.

10.2 Genauere Informationen zur Art und Nutzung der erhobenen personenbezogenen Daten entnehmen Sie bitte unserer Datenschutzerklärung.

AGB	
Vorteile	• Vertragsinhalte müssen nicht jedes Mal neu ausgehandelt werden. • Vereinheitlichung der Vertragsinhalte • Rationalisierung (Zeit- und Geldersparnis)
Nachteile (in der Regel Gefahren für den Käufer)	• Käufer muss oftmals AGB akzeptieren • Verlagerung der Risiken auf den Käufer (Benachteiligung des Käufers)

Der Vertragspartner, der die AGB formuliert hat, trifft damit Vereinbarungen, die von gesetzlichen Bestimmungen abweichen können. Die gesetzlichen Bestimmungen sind im Bürgerlichen Gesetzbuch (BGB) formuliert.

Eine Problematik bei Kaufverträgen sind die unterschiedlichen Interessen von Käufer und Verkäufer.

Die AGB dürfen zwar von den gesetzlichen Bestimmungen abweichen. Sie dürfen aber nicht unlauter sein. Das heißt, sie müssen sich im Rahmen der in den §§ 305–310 BGB geregelten Bestimmungen zu den AGB bewegen.

Durch diese gesetzlichen Regelungen soll der schwächere Vertragspartner besonders geschützt werden.

Die Verbraucher sind in der Regel „schwächere" Vertragspartner, weil sie keine Kaufleute sind und als Privatpersonen über ihre Rechte häufig nicht informiert sind.

Kommentierte Gesetzesauszüge BGB

§	Überschrift	Gesetzesauszug	Kommentar/Beispiel
305	Einbeziehung Allgemeiner Geschäftsbedingungen in den Vertrag	(...) (2) AGB werden nur dann Bestandteil eines Vertrags, wenn der Verwender bei Vertragsschluss die andere Vertragspartei ausdrücklich oder, wenn ein ausdrücklicher Hinweis wegen der Art des Vertragsschlusses nur unter unverhältnismäßigen Schwierigkeiten möglich ist, durch deutlich sichtbaren Aushang am Ort des Vertragsschlusses auf sie hinweist und der anderen Vertragspartei die Möglichkeit verschafft, in zumutbarer Weise (...) von ihrem Inhalt Kenntnis zu nehmen. (...)	Der Verwender (meistens der Verkäufer) muss auf die AGB hinweisen.
305 b	Vorrang der Individualabrede	Individuelle Vertragsabreden haben Vorrang vor AGB.	In den AGB steht z. B. „Lieferung so schnell wie möglich", es wurde aber ein fester Termin vereinbart.

Kommentierte Gesetzesauszüge BGB			
§	**Überschrift**	**Gesetzesauszug**	**Kommentar/Beispiel**
305 c	überraschende und mehrdeutige Klauseln	(1) Bestimmungen in AGB, die (...) so ungewöhnlich sind, dass der Vertragspartner des Verwenders mit ihnen nicht zu rechnen braucht, werden nicht Vertragsbestandteil.	Überraschend ist z. B.: „Bei Kauf dieser Kaffeemaschine verpflichtet sich der Käufer zum Kauf von Kaffeepulver in unserem Unternehmen."
306	Rechtsfolgen bei Nichteinbeziehung und Unwirksamkeit	(1) Sind AGB ganz oder teilweise nicht Vertragsbestandteil geworden oder unwirksam, so bleibt der Vertrag im Übrigen wirksam. (2) Soweit die Bestimmungen nicht Vertragsbestandteil geworden oder unwirksam sind, richtet sich der Inhalt des Vertrags nach den gesetzlichen Vorschriften.	In den AGB steht z. B. „Der Käufer muss Mängel innerhalb von einer Woche nach Entdeckung rügen." Als Privatperson kann ein Kunde offene und versteckte Mängel innerhalb der Gewährleistungsfrist rügen. Dieser Vertragsbestandteil ist unwirksam, der Rest ist aber gültig.
307	Inhaltskontrolle	(1) Bestimmungen in AGB sind unwirksam, wenn sie den Vertragspartner des Verwenders entgegen den Geboten von Treu und Glauben unangemessen benachteiligen. (...)	Die AGB müssen z. B. klar verständlich, das heißt frei von Widersprüchen oder mit den gesetzlichen Regelungen vereinbar sein. Zweck ist auch ein besonderer Verbraucherschutz.
308	Klauselverbote mit Wertungsmöglichkeit	In Allgemeinen Geschäftsbedingungen ist insbesondere unwirksam (...)	Die in den AGB genannten Bestimmungen sind nur dann unwirksam, wenn sie den Käufer unangemessen benachteiligen. Schwer zu werten ist dabei, was mit „unangemessen" der acht Unterpunkte des § 308 gemeint ist (juristische Abwägung ist notwendig).
309	Klauselverbote ohne Wertungsmöglichkeit	Auch soweit eine Abweichung von den gesetzlichen Vorschriften zulässig ist, ist in Allgemeinen Geschäftsbedingungen unwirksam (...)	Jede der in den AGB genannten 13 Klauseln, die in § 309 stehen, ist grundsätzlich unwirksam.

Bei den beiden Paragrafen 308 und 309 soll der Verbraucher besonders geschützt werden, unwirksam sind z. B. Klauseln wie „Modelländerungen vorbehalten", „Der Verkäufer kann ohne Angabe von Gründen zurücktreten", „Der Verkäufer übernimmt grundsätzlich keine Gewähr".

5321372

AUFGABEN

1. Warum haben viele Unternehmen ihre AGB bereits vorformuliert?

2. Erläutern Sie folgende Paragrafen jeweils anhand eines praktischen Beispiels aus Ihrem Unternehmen.
   a) § 305 BGB, Einbeziehung Allgemeiner Geschäftsbedingungen in den Vertrag
   b) § 305 b BGB, Vorrang der Individualabrede
   c) § 307 BGB, Inhaltskontrolle

3. Begründen Sie, ob nachfolgende AGB-Klauseln die Bestimmungen zu den AGB in den §§ 305–310 BGB verletzen:
   a) Die Lieferung erfolgt ab Werk auf Rechnung und Gefahr des Kunden.
   b) Bei Vertragsrücktritt betragen die Gebühren 75 % des Preises.
   c) Bei verspäteter Zahlung wird direkt das gerichtliche Mahnverfahren eingeleitet.
   d) Unsere Angebote sind nur bei unverzüglicher Bestellung als verbindlich anzusehen, andernfalls freibleibend.
   e) Ein offener Mangel muss durch den Kunden innerhalb von sieben Tagen erfolgen, ansonsten entfallen die Gewährleistungsrechte.
   f) Bei Rücksendungen hat die Frachtkosten der Kunde zu tragen.

4. In § 305 c BGB ist von einer „überraschenden Klausel" die Rede. Warum sind überraschende Klauseln nicht erlaubt?

5. Bringen Sie aus Ihren Betrieben gültige AGB mit. Bilden Sie branchenähnliche Gruppen und erstellen Sie branchenspezifische AGB.

6. Vergleichen Sie die erstellten AGB mit denen einer branchenfremden Gruppe. Wo gibt es Unterschiede, wo Gemeinsamkeiten?

ZUSAMMENFASSUNG

Allgemeine Geschäftsbedingungen (AGB)

Gesetzliche Bestimmungen
(§§ 305–310 BGB)

- Schutz vor unseriösen AGB
- Individuelle Absprachen haben Vorrang.
- Überraschende Klauseln sind unwirksam.
- Bestimmungen, die gegen den Grundsatz von Treu und Glauben verstoßen, sind unwirksam.
- Bei unwirksamen Klauseln gelten die gesetzlichen Bestimmungen.

Allgemeiner Zweck

- vorformulierte Vertragsbedingungen
- grundsätzliche Ausgestaltung von Verträgen
- besonderer Verbraucherschutz
- Rationalisierung (Zeitersparnis)

Man versteht erst dann etwas richtig, wenn man versucht, es einem anderen zu erklären. Dies führt zu einer eigenen gründlichen Auseinandersetzung mit dem gerade behandelten Thema.

1. Suchen Sie sich einen Partner.
2. Lesen Sie noch einmal die Zusammenfassung. Bei Verständnisproblemen schlagen Sie ggf. noch einmal im Informationstext nach.
3. Einer von Ihnen erläutert die Zusammenfassung dem Partner.
4. Dieser achtet auf Korrektheit und Vollständigkeit und wiederholt noch einmal.

ICH ÜBERPRÜFE MEINE NEU ERWORBENEN KOMPETENZEN

Den Erwerb der zu Beginn aufgeführten Kompetenzen können Sie selbst mithilfe der folgenden Tabelle überprüfen.

Wenn Sie alle Aufgaben, die hinter einer Kompetenz stehen, gelöst haben, machen Sie ein Kreuz bei „Ganz“.

Bei den Kompetenzen, bei denen Sie Aufgaben „Teilweise“ oder „Gar nicht“ gelöst haben, sollten Sie den dazugehörigen Informationstext noch einmal lesen und die Aufgaben anschließend noch einmal bearbeiten.

Was ich nach der Bearbeitung dieses Kapitels kann	Aufgaben	Ganz	Teilweise	Gar nicht
Ich kann ...				
... die Gründe für das Verfassen von AGB benennen.	1			
... erklären, was Allgemeine Geschäftsbedingungen sind.	1, 6			
... erklären, warum es gesetzliche Mindestbestimmungen bei Handelsgeschäften gibt.	4, 6			
... die Bedeutung der Paragraphen 305–309 BGB kurz erklären.	2, 3			

3.5 Die Arbeit an der Kasse

Problemstellung

Stefanie Beyer ist nervös. Morgen soll sie im Rahmen ihrer Ausbildung das erste Mal an der Kasse arbeiten. Sie spricht mit ihrer Ausbildungsleiterin Christina Dräger.

Stefanie Beyer:
„Glauben Sie, dass ich das schaffe ..."

Christina Dräger:
„Aber natürlich! Frau Zehren wird morgen ständig bei Ihnen sein, Sie einarbeiten und nötigenfalls einspringen. Bis dahin machen Sie sich am besten einmal mit dem Kassenarbeitsplatz vertraut. Vor allem aber beachten Sie unsere Kassieranweisung."

Kassieranweisung der Tom Hoss KG

Der Kassierprozess verlangt von allen unseren Verkaufsmitarbeitern erhöhte Aufmerksamkeit. Sehr leicht können Fehler und unsachgerechtes Vorgehen zu schwerwiegenden Kassendifferenzen führen. Deshalb gelten in allen Filialen die folgenden Kassierregeln.

1. Die vom Kunden ausgesuchte Ware wird unverpackt neben die Kasse gelegt.
2. Dann wird der zu zahlende Kaufpreis in Euro und Cent laut und deutlich genannt.
3. Der Gesamtkaufpreis wird registriert. Das vom Kunden überreichte abgezählte Geld muss nachgezählt werden.
4. Der Betrag wird laut wiederholt und dann in die Kasse gelegt und die Kasse geschlossen.
5. Zahlt der Kunde mit größeren Geldbeträgen, wird der Betrag laut genannt. Soweit möglich, werden Geldscheine auf Echtheit geprüft und auf die Kassenplatte gelegt.
6. Das Wechselgeld wird der Kasse entnommen und dem Kunden vorgezählt.
7. Das vom Kunden bezahlte Geld wird in die Kasse gelegt und die Kasse dann geschlossen.
8. Ware und Kassenbon werden verpackt und dem Kunden ausgehändigt bzw. der Kunde nimmt sie vom Kassentisch und verpackt sie selbst.
9. Ausnahmen von diesen Regeln dürfen nur auf Anweisung der Abteilungsleitung erfolgen.

1. Erläutern Sie, welchem Zweck solche Kassieranweisungen dienen.

2. Vergleichen Sie die Kassieranweisung Ihres Unternehmens mit der Kassieranweisung der Tom Hoss KG.

EINORDNUNG DES THEMAS

Lernfeld 3: Kunden im Servicebereich Kasse betreuen

Abschluss von Rechtsgeschäften → Abschluss von Kaufverträgen → Rechts- und Geschäftsfähigkeit → AGB → **Abwicklung und Auswertung von Kassenvorgängen** → Erfassung von Verkaufsdaten → Umsatzsteuer → Die verschiedenen Zahlungsarten → Kassenabrechnungen

Kompetenzen

Nach Bearbeitung dieses Kapitels können Sie ...

... die grundlegenden Aufgaben von Kassen erläutern.
... verschiedene Kassenarten nennen und unterscheiden.
... Datenkassen als Stand-alone-Terminals von Datenkassen im Verbundsystem unterscheiden.
... die Bestandteile von Datenkassen nennen und erläutern.
... den Arbeitsablauf an der Kasse durchführen.
... nachvollziehen, dass die von Kassen erhobenen Daten Grundlage für viele Auswertungen sind.
... Merkmale von Falschgeld erkennen.
... die Vor- und Nachteile des Selfscanning beurteilen.

INFORMATIONSTEXT

Aufgaben der Kassensysteme

Neben der Warenübergabe und der Verabschiedung des Kunden steht die Bezahlung der Ware am Abschluss der Verkaufshandlung. Zur Abwicklung des Zahlungsvorganges verwenden die Einzelhandelsbetriebe Kassensysteme. Diese haben zwei Hauptaufgaben zu erfüllen:

- **Kassieren:**
  Die Kassen sollen das schnelle und fehlerfreie Kassieren des Kaufbetrages ermöglichen: An den Kassenplätzen findet der Tausch „Ware gegen Geld" mit der Annahme der Kaufbeträge statt. Die Kassen dienen also zunächst als Abwicklungs- und Kontrollstelle für den Geldein- und -ausgang.
- **Verkaufsdatenerfassung:**
  Da am Warenausgang – dem Standort der Kassen – wesentliche Daten anfallen, werden Kassensysteme zunehmend zu Datenerfassungsstationen. Sie liefern Daten über Waren, Zahlungsmittel, Kunden und Personal, die später von einer EDV-Anlage ausgewertet werden können. Die Kassen sind also ein Informationsinstrument für den Einzelhändler im Rahmen der Warenwirtschaftssysteme.

Arten von Kassensystemen

Im Einzelhandel werden verschiedene Kassenarten verwendet. Sie erfüllen die an sie gestellten Anforderungen in unterschiedlicher Weise. In modernen Einzelhandelsunternehmen werden heute überwiegend nur noch Datenkassen verwendet.

Datenkassen stehen in Verbindung mit einer EDV-Anlage. Sie erfassen die Warenabgänge artikelgenau.

EDV-Anlagen verarbeiten die von der Datenkasse erfassten Verkaufsdaten zu unterschiedlichsten Informationen für den Einzelhändler. Der eigentliche Nutzen einer Datenkasse ist also in Verbindung mit einem EDV-gestützten Warenwirtschaftssystem zu sehen.

Heute sind fast nur noch Datenkassen anzutreffen. Mit den herkömmlichen Kassen haben die Datenkassen nur noch die grundsätzlichen Kassenfunktionen und das Aussehen gemein. Das wesentliche Merkmal der Datenkassen besteht darin, dass sie an eine EDV-Anlage anschließbar sind. Die Datenkassen erheben am Ort des Verkaufs die notwendigen Warenwirtschaftsdaten. Diese Daten leiten sie anschließend zur Auswertung an einen angeschlossenen Computer weiter. Dies kann auf zwei Arten geschehen:

- Die Datenkasse, die nicht direkt mit der EDV-Anlage über Leitungen verbunden ist, speichert die erfassten Verkaufsdaten zunächst auf dafür geeignete Datenträger. Erst anschließend, z.B. nach Geschäftsschluss, werden diese Datenträger zur weiteren Auswertung zu einer EDV-Anlage gebracht. Diese Art der Verbindung zwischen Datenkasse und Rechner nennt man **Offline-Verbindung**. Diese Art Datenkassen sind immer seltener anzutreffen.
- Eine **Online-Verbindung** liegt dagegen vor, wenn die Daten direkt und sofort über Leitungen an den Computer weitergegeben werden.

Datenkassen im Einsatz

Aufbau von Datenkassen

Alle Datenkassen haben in etwa den gleichen Aufbau. Diese Kassen sind in Modulbauweise erstellt, d.h. sie setzen sich aus bestimmten technischen Bausteinen zusammen.

Die **Tastatur** dient der Dateneingabe. Die Eingabe erfolgt bei allen Modellen über eine internationale Zehnertastatur und Funktionstasten. Bei der internationalen Zehnertastatur ist die Anordnung der einzelnen Ziffern genormt. Dadurch ergibt sich für das Kassenpersonal eine leichte und sichere Bedienbarkeit. Aufgaben der Funktionstasten ist es, der Kasse mitzuteilen, welcher Teil des Kassiervorgangs als Nächster folgt. Soll z.B. die Verkäufernummer erfasst werden, wird die Funktionstaste Verkäufernummer gedrückt und die entsprechende Nummer über die Zehnertastatur eingegeben. Einige Funktionstasten dienen auch der Unterteilung des Geldverkehrs (z.B. in bar, Girocard, Kreditkarte usw.).

Aufgabe der **Bedieneranzeige** ist es, dem Kassenpersonal eine Kontrolle der eingegebenen Daten zu ermöglichen. Eingabefehler können in dieser

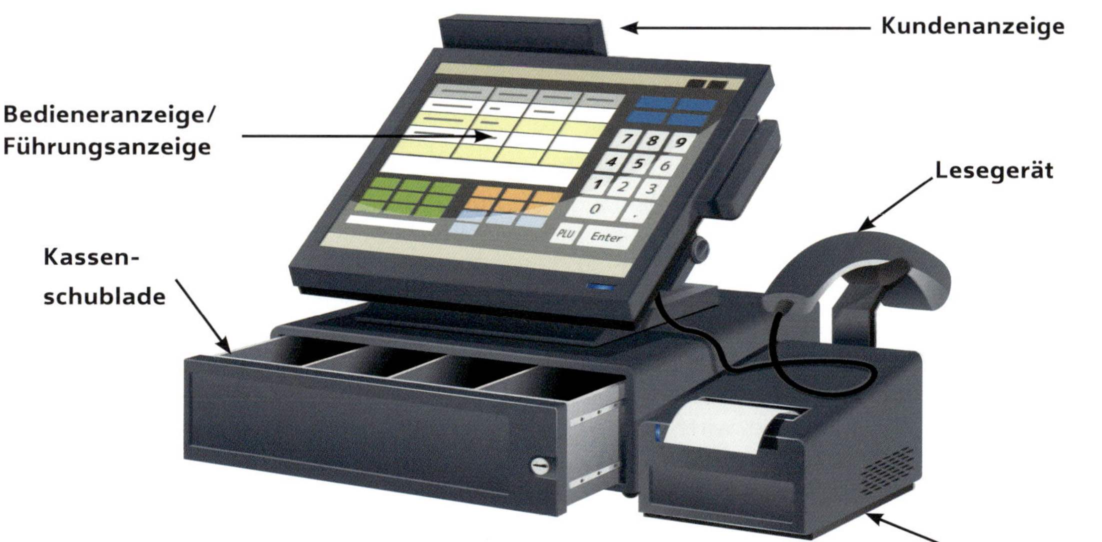

Die Bestandteile einer Datenkasse

Phase noch sofort korrigiert werden, da die Eingabedaten nicht unmittelbar verarbeitet werden. Sie befinden sich zunächst in einem Zwischenspeicher und werden erst mit der Folgeeingabe endgültig abgespeichert.

Die **Führungsanzeige,** die oft zusammen mit der Bedieneranzeige installiert ist, gibt dem Kassenpersonal Hilfestellungen beim Ablauf des Kassiervorgangs. Durch die Vielzahl und den Umfang möglicher Erfassungsvorgänge wird die Bedienung von Datenkassen erschwert. Um das Kassenpersonal nicht zu überfordern, werden daher bei fast allen Modellen die einzelnen folgenden Eingabeschritte oder die jeweils letzte gültige Buchung angezeigt. Der Bediener einer Kasse wird mithilfe der Führungsanzeige auch durch selten vorkommende Vorgangsabläufe sicher geführt. Dies kann entweder durch das Aufleuchten von Symbolen oder von Textanweisungen geschehen. Neben den Bedienungshinweisen werden auch Fehlerursachen und deren Korrekturmöglichkeit mitgeteilt.

Die **Kundenanzeige** informiert den Käufer sowohl über jeden registrierten Artikelpreis als auch über die zu zahlende Gesamtsumme. Sie kann bei sehr vielen Modellen aus der Kasse herausgelöst werden. Damit besteht die Möglichkeit, sie an einer besonders für den Kunden gut sichtbaren Stelle aufzustellen.

Jede Datenkasse hat zumindest ein **Druckwerk**, das Bons, Quittungen und Tagesberichte ausdrucken kann. Weiter gehören zu einer Kasse die **Zentraleinheit**, in der die eingegebenen Daten verarbeitet werden, und die **Kassenschublade**.

Lesegeräte

Die Artikelerfassung an der Kasse mit Lesegeräten erfolgt automatisch: Die Verkaufsdaten werden maschinell gelesen. In diesem Zusammenhang spricht man statt von Datenkassen sehr oft auch von Scannerkassen, weil hier ein Scanning (vom engl. „to scan" = mit Licht abtasten) genanntes Verfahren angewandt wird. Beim Scanning werden mittels optischer Lesegeräte auf oder an der Ware angebrachte maschinenlesbare Daten durch Reflexion gelesen. Das Lesegerät wirft z.B. auf den EAN-Code einen Lichtstrahl, der von den Strichen und den Lücken zwischen den Strichen unterschiedlich zurückgeworfen wird. Dadurch kann das Lesegerät die Daten entschlüsseln und an die Datenkasse weitergeben. Als Lesegerät stehen dem Einzelhändler Lesepistolen, Lesestifte und Scanner zur Verfügung.

- **Scanner** sind stationäre (feststehende), meist in die Kassentische eingebaute Lesegeräte. Sie erkennen nur den EAN-Code. Bei dem in die Datenkasse fest eingebauten Scanner erzeugt ein Laser einen Lichtstrahl, der auf verschiedene sich bewegende Spiegel trifft. Von dem dadurch erzeugten Muster von Lichtstrahlen fällt mindestens ein Strahl auf den Strichcode der Verpackung, die über die Scanneröffnung gehalten wird. Das dann vom Strichcode zurückgeworfene Licht wird durch den Spiegel auf einen Fotodetektor gelenkt, der es in ein elektronisches Signal an den Computer verwandelt.

Fest eingebauter Scanner

- **Lesestifte** und **Lesepistolen** sind beweglich und kabellos oder durch ein Kabel mit der Datenkasse verbunden. Ein grundsätzlicher Unterschied zwischen einem Lesestift und einer Lesepistole besteht darin, dass man mit dem Lesestift direkt über die Codierung streichen muss, während man die Lesepistole in einem Abstand über die Codierung führen kann. Lesestifte erfassen nur Strichcodes wie den EAN-Code, die Lesepistolen lesen den OCR-Code, zum Teil auch Strichcodes.

Sowohl Strichcodelesestifte als auch der Scanner in der Datenkasse arbeiten nach dem gleichen Prinzip: Zunächst wird ein feiner Lichtstrahl über den Strichcode, der sich auf der Ware befindet, bewegt. Die schwarzen Linien des Balkencodes reflektieren das Licht weniger gut als die weißen Flächen. Das vom Strichcode zurückgeworfene Licht ist also unterschiedlich hell. Die Helligkeitsunterschiede des reflektierten Lichts werden in elektronische Signale umgewandelt, die an den Computer gesandt werden.

Lesepistole im Einsatz

Im Lesestift befindet sich eine Lichtquelle, die LED genannt wird. Das ist die englische Abkürzung für „light emitting diode“ und bedeutet so viel wie „Licht aussendende Diode“. Das Licht der LED wird durch eine Linse auf den Strichcode geführt, wenn der Lesestift über den Code geführt wird. Das vom Code zurückgeworfene Licht trifft auf einen Fotodetektor, der abhängig von der Helligkeit ein bestimmtes elektronisches Signal erzeugt. Dieses Signal wird an den Computer weitergeleitet.

Weitere technische Hilfsmittel am Kassenplatz

Identkartengeräte

Bisher war Bargeld das übliche Zahlungsmittel an der Kasse. Dieses Zahlungsmittel führt aber zu Problemen beim Handel. Es verursacht nämlich den überwiegenden Teil der Kosten, die im Zusammenhang mit der Bezahlung einer Ware entstehen.[1]

Mittlerweile wird immer häufiger mit Technologien der elektronischen Zahlung im Einzelhandel gezahlt. Dadurch wird die Zahlungsabwicklung wesentlich vereinfacht. Der Kunde entrichtet den zu zahlenden Betrag nicht mehr bar, sondern steckt nur noch seine Identkarte (Kunden-, Kredit- oder Girokarte) in ein an der Kasse angeschlossenes Identkartengerät (ID-Unit). Hat der Kunde seine Geheimzahl eingetippt, wird diese zusammen mit den auf der Karte gespeicherten Daten durch das Identkartengerät an die EDV-Anlage weitergeleitet. Da die EDV Anlage über Direktverbindung mit den Banken verbunden ist, wird der Einkaufsbetrag sofort vom Konto des Kunden auf das Konto des Händlers überwiesen.

Zahlung am Kartenlesegerät

Bedeutsam sind Identkartengeräte für Warenwirtschaftssysteme, weil damit Waren unmittelbar dem Kunden zugeordnet werden können. Das war bei der sonst üblichen Barzahlung im Einzelhandel nicht der Fall. Zusammen mit Identkartengeräten ermöglichen Warenwirtschaftssysteme somit auch kundenbezogene Verkaufsanalysen, die einen Einblick in das Einkaufsverhalten der Verbraucher ermöglichen.
Beinhalten die kundenbezogenen Daten nur Vorname, Name und Anschrift, so kann das Warenwirtschaftssystem bereits das Einzugsgebiet aus der Anschrift und das Geschlecht der Käufer aus dem Vornamen ermitteln. Weitere Merkmale lassen sich gewinnen und mit Warenwirtschaftssystemen verarbeiten, wenn z. B. bei der erstmaligen Ausgabe von Kreditkarten zusätzliche personenbezogene Daten erfasst werden. Denkbare Informationen sind beispielsweise Angaben über Geburtstage, Beruf, Familienstand usw. Aus diesen Daten kann ein EDV-gestütztes Warenwirtschaftssystem ermitteln,

- wer
- was
- wie viel
- wann
- wo
- wie

gekauft hat. Auf der Grundlage dieser Analyse des Käuferverhaltens kann der Einzelhändler begründetere Entscheidungen treffen, als er es früher konnte.

1 Bargeld muss aufbewahrt, geschützt und dann zur Bank gebracht werden.

Das Verbundsystem Waage/Kasse

Das Verbundsystem Waage/Kasse schließt im Lebensmitteleinzelhandel die Lücke im Warenwirtschaftssystem durch Einbeziehung von noch nicht verpackter Ware der Frischabteilungen. Darüber hinaus wird auch eine kundenaktive Selbstbedienung ermöglicht. Dies kann auf zweierlei Arten geschehen:

- Der Kunde verpackt die Ware, wiegt sie aus und drückt ein entsprechendes Symbol an der Waage. Die elektronische Waage, die an den Preisspeicher der EDV-Anlage angeschlossen ist, druckt nach dem Wiegevorgang ein Strichcodeetikett aus, das der Kunde auf die Verpackung klebt. Der mit der Waage verbundene Computer registriert die Veränderungen im Bestand.

Der Kunde druckt sein eigenes Preisetikett

- Der Kunde verpackt die Ware und bringt sie zur Kasse. Dort wird sie beim Scannen von der in den Kassentisch eingebauten Waage gewogen. Der Preis wird dann automatisch berechnet.

Die Technische Sicherheitseinrichtung (TSE)

Die Kassensicherungsverordnung schreibt vor, dass alle elektronischen Kassensysteme über ein Sicherheitsmodul verfügen: die technische Sicherheitseinrichtung (TSE). Dieser Kassenbestandteil gewährleistet eine unveränderbare, manipulationssichere Aufzeichnung aller Kassenvorgänge. Auch eine nachträgliche Bearbeitung von Kassendaten wird dadurch verhindert.

Jeder Geschäftsvorfall im Zusammenhang mit einer elektronischen Kasse, der den Wert eines Unternehmens ändert, wird aufgezeichnet. Dazu gehört vor allem die Erfassung der Umsätze mit Bargeld, Gutscheinen, EC- oder Kreditkarten. Diese werden so signiert, dass Löschungen oder Änderungen an Einträgen nicht mehr möglich sind. Es kann auch eine lückenlose und fehlerfreie Datenübertragung über ein bestimmtes Format an das Finanzamt erfolgen. Dieses geht dadurch davon aus, dass die übermittelten Angaben richtig sind.

Die Kassenanordnung

In den verschiedenen Geschäften des Einzelhandels können Kassensysteme unterschiedlich angeordnet werden. Angestrebt wird mit der jeweils gewählten Platzierung der Kassen zunächst ein für den Kunden günstiger Kassenweg. Die Kassenanordnung sollte aber auch gleichzeitig berücksichtigen, dass der Verbraucher auf dem Weg zur Kasse zu Impulskäufen angeregt wird.

Bei der **zentralen** Kassenanordnung befinden sich die Kassen in der Nähe der Ausgänge. Fast alle Selbstbedienungsgeschäfte platzieren auf diese Weise ihre Kassen. Die zentrale Kassenanordnung wird oft auch Checkout genannt.

Wenn die Kassen im ganzen Geschäft verteilt sind, spricht man von einer **dezentralen** Kassenanordnung. Jede Kasse ist für einen bestimmten Bereich – z. B. eine Warengruppe – zuständig. Die dezentrale Kassenanordnung wird von Kaufhäusern und Warenhäusern bevorzugt.

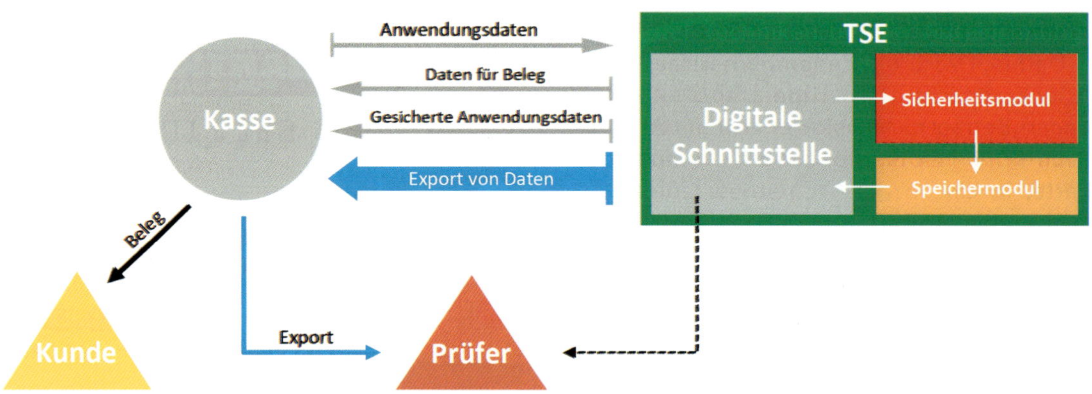

Arbeitsabläufe an der Kasse

Anforderungen an Kassensysteme

An den Ablauf des Kassiervorgangs werden sowohl vom verkaufenden Einzelhandelsunternehmen als auch vom Kunden bestimmte Anforderungen gestellt:

- Für den Kunden müssen so viele Kassen geöffnet sein, dass er nicht unnötig warten muss.
- Der Kunde muss während des Kassiervorgangs über eine gut einsehbare Kundenanzeige und nach dem Kassiervorgang über einen übersichtlichen Kassenbon Transparenz über den Kassiervorgang erhalten.
- Das Kassenpersonal muss die Kassen gut bedienen können, damit es zu keinen unnötigen Wartezeiten aufseiten der Kunden kommt. Dazu sind einerseits bedienerfreundliche Kassen notwendig, andererseits eine angemessene Schulung der Mitarbeiter.

Der normale Ablauf eines Kassiervorgangs

Der Kassiervorgang erfolgt in mehreren Schritten. Diese sind in der **Kassieranweisung** des jeweiligen Unternehmens festgehalten. Ziel dabei ist es immer, Missverständnisse beim Kunden zu vermeiden. Dabei wird fast immer die folgende Reihenfolge eingehalten:

1. Das Kassenpersonal erfasst den Preis (bzw. bei Datenkassen die Artikelnummer) der verkauften Ware.
2. Die Kasse errechnet die endgültige Kaufsumme, die das Kassenpersonal dem Kunden deutlich mitteilt.
3. Das Geld des Kunden wird entgegengenommen und neben die Kasse bzw. auf eine dafür vorgesehene Ablage auf der Kasse gelegt. Der Mitarbeiter an der Kasse nennt bei der Übernahme des Geldscheins bzw. Geldstücks den Wert und tippt den entgegengenommenen Betrag in die Kasse ein.
4. Die Kasse errechnet das Rückgeld, das aus der Kasse genommen wird. Das Rückgeld wird dem Kunden vorgezählt.
5. Das Geld des Kunden wird in die Kasse eingeordnet.
6. Die Ware und der Kassenbon werden dem Kunden übergeben.

Besondere Situationen an der Kasse

Neben der normalen Abwicklung des Kassiervorgangs gibt es noch einige besondere Fälle, die Mitarbeiter an der Kasse situationsgerecht und angemessen lösen müssen:

- **Stornobuchungen:** Bei Doppelbuchungen oder Fehlern muss der Registrierungsvorgang rückgängig gemacht werden. Je nach Kassieranweisung des Unternehmens darf das Kassenpersonal dies selbst vornehmen oder muss eine Kassenaufsicht rufen, die dies übernimmt.
- **Kunde kann nicht zahlen:** Abhängig von den im Unternehmen geltenden Regeln kann die Ware, die nicht bezahlt werden kann, storniert werden. Oft gibt es aber auch die Möglichkeit, die Ware zurücklegen zu lassen.
- **Verkauf an Jugendliche oder Kinder:** Vor allem im Lebensmitteleinzelhandel müssen die Bestimmungen des Jugendschutzgesetzes beachtet werden: An Jugendliche unter 18 Jahren dürfen keine Waren mit größeren Alkoholmengen sowie Tabakwaren verkauft werden. Ab 16 Jahren dürfen Bier, Wein und Sekt an Jugendliche abgegeben werden. Viele Kassensysteme weisen das Kassenpersonal auf Artikel hin, die unter die Vorschriften des Jugendschutzgesetzes fallen. Ist man sich über das Alter des Kunden nicht sicher, sollte nach dem Personalausweis oder Führerschein gefragt werden. Vollmachten eines Erwachsenen sind nicht zu berücksichtigen.
- **Gutscheine:** Werden Gutscheine ausgestellt, werden diese häufig an einer Kasse als Gutscheinverkauf registriert. Wird ein Gutschein von einem Kunden später eingelöst, muss der Mitarbeiter an der Kasse darauf achten, dass dieser sofort entwertet wird.

Die Bonpflicht

Alle Einzelhandelsunternehmen mit elektronischem Kassensystem sind im Rahmen der Bonpflicht (auch bekannt als Belegausgabepflicht) gesetzlich dazu angehalten, jedem Kunden beim Kauf von Waren oder Dienstleistungen einen Beleg auszuhändigen. Die rechtliche Grundlage dazu findet man in der Kassensicherungsverordnung. Diese soll sicherstellen, dass Kassenmanipulationen verhindert werden und dadurch Steuerhinterziehung vorgebeugt wird. Die Kassensicherungsverordnung schreibt vor, dass jeder Beleg eine eindeutige Identifikationsnummer – und ununterbrochene Nummernketten – enthalten muss.

Jedes Unternehmen, das über ein elektronisches Kassensystem mit einem zertifizierten technischen Sicherheitseinrichtung-Modul (TSE) verfügt, braucht dem Finanzamt nicht mehr nachzuweisen, dass seine Aufzeichnungen stimmen. Die elektronische Erfassung aller Umsätze auf eine solche Art wird vom Finanzamt als vollständige Aufzeichnung aller Geschäftsvorfälle anerkannt.

Einzelhandelsunternehmen müssen Kassenbons in Papierform direkt anbieten. Die Kundenhaben jedoch die Wahl, ob sie diese auch entgegennehmen.

Wird dem Käufer einer Ware oder Dienstleistung dagegen ein elektronischer Beleg angeboten, muss das Unternehmen sicherstellen, dass dieser Beleg für den Kunden tatsächlich zugänglich ist: Ihm muss der Bon in irgendeiner Weise zugestellt werden (ein einfaches Betrachten des Bons an der Kasse reicht nicht aus). Dies muss in einem standardisierten elektronischen Format (zum Beispiel PDF/jpg) geschehen.

Auswertungen des Kassiervorgangs

Als **Verkaufsbeleg** gibt es für den Kunden an der Kasse entweder

- einen Kassenbon,
- eine von der Verkaufskraft ausgestellte Quittung
- oder einen Abriss eines mehrteiligen Abrissetiketts.

Der Verkaufsbeleg enthält in der Regel folgende Daten:

- Firmenbezeichnung,
- Kaufdatum (und Uhrzeit),
- Artikelbezeichnung,
- Einzelpreis der Ware,
- Gesamtsumme der Waren (bei mehreren Artikeln) und ggf.
- Mehrwertsteuerausweis.

Da der Kassenzettel häufig für statistische Zwecke verwendet wird, werden oft zusätzliche Daten eingetragen. Zum Beispiel:

- Warengruppennummer, um den Umsatz der einzelnen Waren zu verfolgen.
- Verkäufernummer, um den Umsatz der Verkaufskraft zu ermitteln, der dann die Grundlage zur Errechnung der Umsatzprovision bildet.
- Bonuserfassung (bei Vorlage einer Kundenkarte).

Der Kassenzettel, ebenso das Abrissetikett und der Bon, bestehen in der Regel aus zwei Teilen. Einen Teil erhält der Kunde als Beleg und der andere Teil geht gegebenenfalls mit der Ware zur Kasse und wird dort als Beleg für das Rechnungswesen gesammelt.

Kassenabrechnung und Kassenbericht

Im Einzelhandel wird täglich – normalerweise abends nach Geschäftsschluss – eine **Kassenabrechnung** durchgeführt. Dabei werden die Geldeingänge und Ausgänge jeweils getrennt erfasst. Es ist die Aufgabe der kassierenden Person, das Geld nach Sorten getrennt zu zählen. Das Ergebnis wird dann im **Kassenzählprotokoll** festgehalten.

BEISPIEL

In einem Einzelhandelsunternehmen wird am 2.5. nach Geschäftsschluss das Zählprotokoll erstellt:

Kassenzählprotokoll		3.5.20xx
Wert (Stückelung)	Anzahl	Summe
0,01 EUR	12	0,12 EUR
0,02 EUR	3	0,06 EUR
0,05 EUR	2	0,10 EUR
0,10 EUR	2	0,20 EUR
0,20 EUR	0	0,00 EUR
0,50 EUR	8	4,00 EUR
1,00 EUR	12	12,00 EUR
2,00 EUR	23	46,00 EUR
5,00 EUR	17	85,00 EUR
10,00 EUR	35	350,00 EUR
20,00 EUR	1	20,00 EUR
50,00 EUR	1	50,00 EUR
100,00 EUR	2	200,00 EUR
200,00 EUR	0	0,00 EUR
500,00 EUR	0	0,00 EUR
Kassenbestand gesamt		767,48 EUR

Anschließend wird der **Kassenbericht** erstellt.

Es wird also – in der Regel mithilfe des Kassenzählprotokolls – der Kassenendbestand an Bargeld am Ende des Tages ermittelt. Alle Barentnahmen, die den Endbestand vermindert haben, müssen jetzt noch hinzugerechnet werden. Anschließend werden noch der Kassenbestand sowie alle nicht durch Verkäufe verursachten Einnahmen abgezogen.

Ebenfalls in den Kassenbericht eingetragen werden Tippfehler, Geldentnahmen und Gutscheine. Unter Einbeziehung des anfänglichen Wechselgeld-Bestandes wird dann der Kassenbestand ermittelt.

Die Registrierkassen weisen einen Kontrollstreifen auf, den **Journalstreifen**. Die gezählten Beträge in der Kasse müssen in der Regel von einem Vorgesetzten mit den Beträgen des Journalstreifens sowie Soll- und Istbestand der Kasse verglichen werden.

Eine **Kassendifferenz** liegt vor, wenn es einen Unterschied zwischen dem Geldbetrag laut Kassenzählwerk und dem in der Kasse vorhandenen Geld gibt. Plus- und Minusdifferenzen entstehen durch versehentliche Falschregistrierungen und Irrtümer bei der Wechselgeldrückgabe. Manchmal entstehen Kassendifferenzen auch durch Unterschlagungen des Kassierpersonals.

Neben dem im Kassenbericht festgehaltenen täglichen Soll-Ist-Vergleich ist ein **Kassensturz** ein weiteres Kontrollmittel zur Aufklärung von Kassendifferenzen. Er wird außerhalb der normalen Kassenabrechnung gemacht. Beim Kassensturz wird das in der Kasse vorhandene Geld gezählt und mit dem Sollbestand verglichen.

BEISPIEL:

Tagesbericht	**2.5.20xx**	
	Buchungstext	Betrag brutto
Bargeldendbestand		767,48 EUR
+ Ausgaben	Briefmarken	15,00 EUR
	Fachzeitschrift	13,50 EUR
+ Privatentnahme		0,00 EUR
+ Einzahlungen Bank	Einzahlung auf Girokonto	200,00 EUR
	Zwischensumme	995,98 EUR
– Privateinlagen		0,00 EUR
– Bareinlage (Abhebungen Bank)		0,00 EUR
– Kassenbestand vom Vortag		200,00 EUR
=	Bareinnahmen	995,98 EUR

Self-Scanning

Viele Einzelhandelsunternehmen bieten mittlerweile Kunden beim Bezahlen die Möglichkeit des Self-Scannings an. Dabei führt der Kunde die Ware selbst über den Scanner. Anschließend bezahlt er.

Beim Self-Scanning sind zwei unterschiedliche Systeme denkbar:

- der **stationäre Self-Checkout**: Dieser wird auch Selbstbediener- oder SB-Kasse genannt: Der Kunde wählt erst unmittelbar vor dem Bezahlen, ob er den Scan- und Bezahlvorgang selbst vornimmt.

- das **mobile Self-Scanning**: Bereits beim Betreten eines Geschäftes entscheidet sich der Kunde für dieses Verfahren. Mithilfe eines *mobilen Erfassungsgeräts* (MDE) scannt er während seines Einkaufs die Artikel. Dieses Verfahren kommt noch vergleichsweise selten vor.

Noch ist Self-Scanning nicht sehr verbreitet

Beide Möglichkeiten stellen bislang immer nur eine Ergänzung zu den traditionellen Kassen dar.

Vorteile des Self-Scannings für das Einzelhandelsunternehmen:

- Es kommt zu spürbaren Personaleinsparungen, da die Kunden einen Teil der bisherigen Arbeit der Beschäftigten übernehmen. Nur noch ein Mitarbeiter ist für mehrere Self-Scanning-Bänder zuständig.
- Es kommt zu einem Wegfall der Wartezeiten an der Kasse. Ärger bei den Kunden über unbesetzte Kassen wird vermieden.

Auch beim Self-Scanning ist die Anwesenheit von Verkaufspersonal im Kassenbereich notwendig, um Warendiebstähle zu vermeiden. Manipulationsversuchen kann durch zwei Verfahren vorgebeugt werden:

- Der Einkaufswagen des Kunden wird vor dem Kassiervorgang gewogen. Da neben dem Preis auch das Gewicht in der Artikelstammdatei des Kassensystems gespeichert ist, wird beim Scannen automatisch errechnet, ob das Gewicht aller gescannten Artikel mit dem Gesamtgewicht aller Artikel im Einkaufswagen übereinstimmt.
- Sind die Waren mit RFID-Chips versehen, erkennt die Kasse automatisch, welche Waren sich im Einkaufswagen befinden (RFID = engl. Radio frequency identification, ein Sender-Empfänger-System, das über Radiowellen, also „Funk“, funktioniert).

Weiterhin lassen sich Diebstähle und Manipulationen zusätzlich durch integrierte Kontrollwaagen, Kameraüberwachung, Warensicherung und Sicherheitspersonal vermeiden.

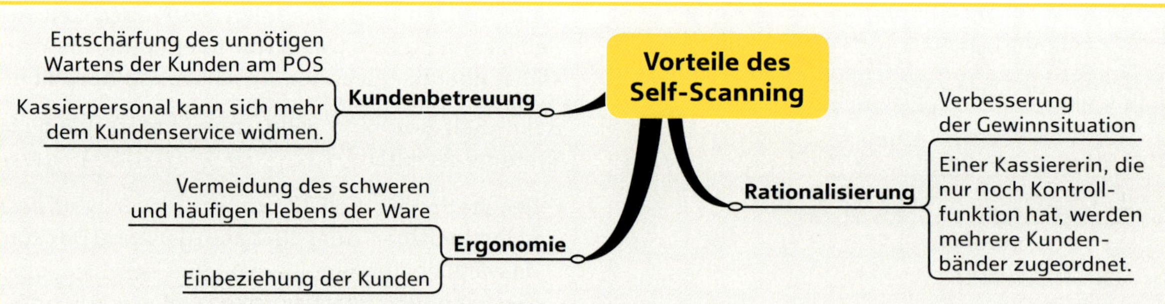

Amazon startet eigenen Supermarkt: Jetzt zittern viele Verkäufer in Deutschland um ihre Jobs

Es ist ein Supermarkt, der ganz ohne Kassen und Kassierer funktioniert: Amazon stellt in Seattle im US-Westküstenstaat Washington erstmals sein neues Ladenkonzept „Amazon Go“ vor. Der Online-Riese fordert damit traditionelle Supermärkte heraus. Mitarbeiter von großen Einzelhandelsketten zittern.

Was kosten Kassierer? Diese Frage stellen sich derzeit viele US-Amerikaner. Hintergrund ist das neue Supermarktkonzept von Amazon. Mit Amazon Go hat der US-Riese erstmals einen Laden ohne Kassen vorgestellt. Dabei kommt eine ausgeklügelte Technik zum Einsatz.

Wie funktioniert Amazon Go?

Um den Laden betreten zu können, braucht ein Amazon-Kunde lediglich sein Smartphone und die „Amazon Go"-App. Nach der schnellen Registrierung kann er einkaufen.

Kameras, Sensoren und künstliche Intelligenz beobachten ihn auf Schritt und Tritt. Am Ausgang durchleuchten sie schließlich alle gekauften Produkte und legen sie in einen virtuellen Warenkorb.

Über das Amazon-Prime-Konto und das hinterlegte Bankkonto oder die Kreditkarte bezahlt der Kunde seinen Einkauf.

Quelle: Mitsis, Konstantinos: Amazon startet eigenen Supermarkt: Jetzt zittern viele Verkäufer in Deutschland um ihre Jobs. In: www.chip.de, Verbraucher & Lifestyle. 23.01.2018. http://www.chip.de/news/Amazon-startet-Amazon-Go-Jetzt-zittern-viele-Mitarbeiter_132459755.html [10.09.2021].

Vermeidung der Annahme von Falschgeld

Während des Kassiervorgangs muss besonders auf die Vermeidung der Annahme von Falschgeld geachtet werden.

Mehr Falschgeld im Umlauf

Die Bundesbank hat im ersten Halbjahr 2017 rund 39.700 falsche Euro-Banknoten mit einem Wert von 2,2 Millionen Euro aus dem Verkehr gezogen. Das sind 8,7 Prozent mehr als im zweiten Halbjahr des vergangenen Jahres. Rein rechnerisch fielen damit rund zehn falsche Banknoten pro 10.000 Einwohner und Jahr an.

Quelle: Deutsche Bundesbank: Mehr Falschgeld im Umlauf. In: www.bundesbank.de, Aufgaben. 21.7.2017. https://www.bundesbank.de/de/aufgaben/themen/mehr-falschgeld-im-umlauf-665388 [10.09.2021].

Erkennt ein Einzelhandelsunternehmen Falschgeld zu spät und nimmt dieses an, ergeben sich einige Probleme:

- Das Einzelhandelsunternehmen muss das Falschgeld einer zuständigen Behörde abliefern, bekommt aber keine Entschädigung.
- Wird das Falschgeld jedoch weitergegeben, liegt eine Straftat vor. Diese kann mit einer empfindlichen Freiheitsstrafe bestraft werden.

Vor diesem Hintergrund muss die Überprüfung der Echtheit von Banknoten sehr sorgfältig erfolgen. Da die Euro-Banknoten mit qualitativ hochwertigen Sicherheitsmerkmalen versehen sind, gibt es einfache Möglichkeiten, echte Banknoten von Fälschungen zu unterscheiden. Die Deutsche Bundesbank empfiehlt bei der Prüfung die Anwendung der Prinzipien FÜHLEN, SEHEN und KIPPEN.

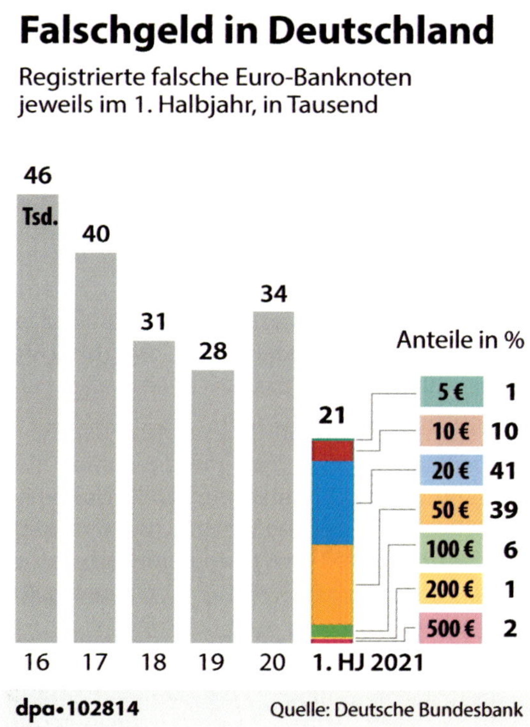

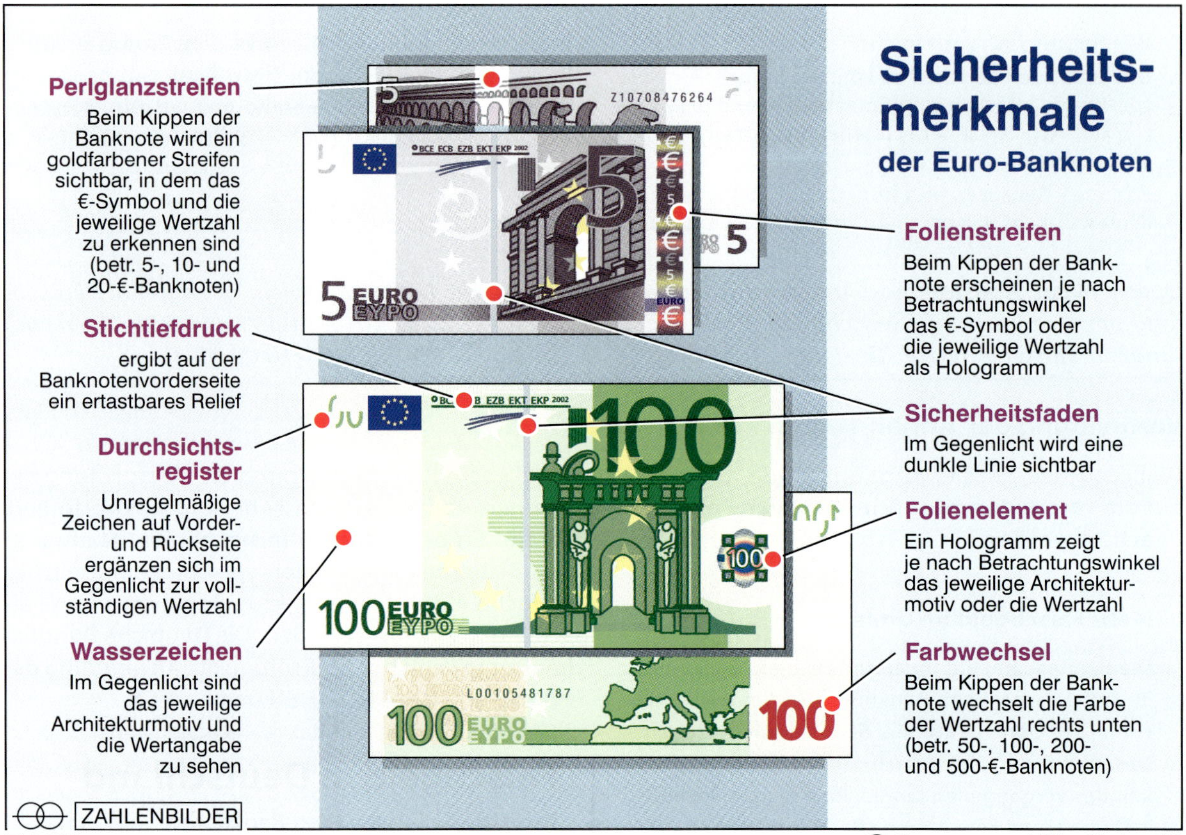

715 582 © Bergmoser + Höller Verlag AG

Prüfung von Banknoten		
Wie fühlen sich die Banknoten an? **(FÜHLEN)**	**Wie sehen die Banknoten gegen das Licht gehalten aus?** **(SEHEN)**	**Was geschieht, wenn die Prüfer die Banknote kippen?** **(KIPPEN)**
• Da das Banknotenpapier auch Baumwolle enthält, fühlt es sich griffig an. Fälschungen sind glatt oder lappig. • Mit einer Fingernagelprobe können die deutlich von der Oberfläche abgesetzten o Abkürzungen der Europäischen Zentralbank, o Wertzahlen deutlich ertastet werden (Stichtiefdruck).	• Jede Banknote hat in der Mitte o einen Sicherheitsfaden (die dunkle, durchgehende Linie enthält wechselweise Euro und die Wertzahl), o ein Wasserzeichen (enthält ein Bauwerk und den Zahlenwert des Geldscheins). • Jede Banknote enthält auf der Vorderseite links oben und auf der Rückseite rechts oben ein unregelmäßiges Zeichen, das gegen das Licht gesehen die Wertzahl zeigt.	• Das Spezialfolienelement auf dem rechten Teil der Vorderseite der Banknoten ab 50,00 € kann je nach Betrachtungswinkel die Wertzahl bzw. das Architekturmotiv als Hologramm in wechselnden Farben zeigen. • Auf der unteren rechten Ecke der Rückseite der Banknoten von 50,00 € an verändert die Wertzahl ihre Farbe.

Im Kassenbereich ist es oft stressig. Man hat kaum Zeit, das Geld angemessen zu prüfen. Deshalb werden am Kassenarbeitsplatz häufig **Geldscheinprüfgeräte** eingesetzt. Diese dienen dazu, gefälschte Banknoten mithilfe von UV-Licht, Magnet- oder Infrarottechnik von echten Banknoten zu unterscheiden und herauszufiltern.

Geldscheinprüfgerät

AUFGABEN

1. Welche Aufgaben haben Kassen im Einzelhandel?
2. Wodurch unterscheiden sich die verschiedenen Kassenarten?
3. Welche Bauteile sind bei jeder Kasse zu finden?
4. Auf welche Weise können Kassen im Geschäft angeordnet werden?
5. Wie erfolgt der Kassiervorgang?
6. Welche Kassenart wird in Ihrem Betrieb verwendet?
7. Wodurch unterscheiden sich die Lesegeräte Scanner, Lesepistole und Lesestift?
8. Die LEMI AG erwägt in ihrer Filiale im SWZ Self-Scanning durchzuführen.
   a) Was bedeutet dies?
   b) Welche Vorteile hat Self-Scanning?
   c) Welche Probleme können auftauchen?
9. In welchem Fall handelt es sich um eine Datenkasse?
   a) In der Kasse der ZUMDICK KG werden die Preise eines Verkaufsvorganges eingegeben, die im Rechenwerk der Kasse auf mechanische Weise zusammengezählt werden. Informationen über Warenbewegungen sind nur durch eine mühsame Inventur möglich.
   b) Die Kassen der GÖTTINGER FEINKOST GMBH stehen in direkter Verbindung zu einem EDV-gestützten Warenwirtschaftssystem, das die übermittelten artikelgenauen Daten auswertet.
   c) Die Kasse des Kiosks von Frau Nietmann besteht aus einer einfachen Schublade, in die der eingenommene Kaufbetrag gelegt wird.
10. Welchen Vorteil hat der Verbund elektronischer Waagen mit den Datenkassen in der LEMI AG?
11. Eine Kassenzählung ergab folgende Bestände an Bargeld am Ende eines Tages in einer Kasse der LEMI AG:

Münze/Note	Anzahl
0,01 EUR	16
0,02 EUR	4
0,05 EUR	2
0,10 EUR	2
1,00 EUR	25
2,00 EUR	30
5,00 EUR	12
10,00 EUR	40
20,00 EUR	1
50,00 EUR	21

Erstellen Sie ein Kassenzählprotokoll und ermitteln Sie den Kassenendbestand.

12. Am Ende des Tages werden an einer Kasse der Tom Hoss KG die folgenden Daten ermittelt:

- Der Kassenbestand vom Vortag betrug 100,00 €.
- Zum Geschäftsschluss liegen 1.237,48 € Bargeld in der Kasse.
- Zu Beginn des Tages wurden 300,00 € Bargeld vom Bankkonto in die Kasse gelegt, kurz vor Geschäftsschluss wurden 400,00 € der Kasse wieder entnommen und auf das Bankkonto eingezahlt.

Stellen Sie einen Kassenbericht auf und ermitteln Sie die Tageslosung (Bareinnahmen).

13. Lesen Sie zunächst den Mitschnitt der folgenden Mitarbeiterbesprechung bei der LEMI AG:

...
Frau Beck: Gestern Morgen bin ich um 10:00 Uhr durch das Geschäft gegangen. An unseren Kassen standen lange Schlangen. Die Kunden waren zu Recht verärgert und schimpften. Als ich mittags um 14:00 Uhr vom Essen kam, haben sich unsere Kassierer und Kassiererinnen unterhalten, weil zu wenig Kunden kamen.
Herr Schulze: Ich schaue mir mal die gestrige Kassenauslastung im EDV-gestützten Warenwirtschaftssystem an.
Frau Beck: Wir müssen beachten, dass wir nicht alle Kassen besetzt halten können. 30 Kunden pro Stunde können wir höchstens an einer Kasse bedienen. Aber ab 25 Kunden pro Stunde entstehen Warteschlangen.
Herr Schulze: So, hier hab ich die Kassenauslastung von gestern:

Kassensituation Warenwelt Lebensmittel

Zeit bis	Kassennummer						Kunden	Prozentanteil
	1	2	3	4	5	6	Gesamt	Gesamt
09:00	10	5	3	12				
10:00	30	10	20	30	10	15		
11:00	20	8	12	20	23			
12:00	8	12	20	15	20			
13:00	28	22	15	10				
14:00	4	10	8	5				
15:00	10	20	12	9				
16:00	12	14	16	8				
17:00	26	23	19	20	17	20		
18:00	30	25	15	16	9			
19:00	30	24	18	17	13			
20:00	25	25	20	15				
Summe je Kasse								
Prozentanteil je Kasse								

a) Vervollständigen Sie die vorliegende Liste mithilfe der Tabellenkalkulation Excel. Stimmen die Aussage der Liste mit den Beobachtungen von Frau Beck überein?

b) Stellen Sie das tägliche Kundenaufkommen mit geeigneten Grafiken dar.

c) Erstellen Sie einen Kasseneinsatzplan, der die Vorgaben von Frau Beck berücksichtigt.

14. Für die neu zu eröffnende Filiale der Larstadt Warenhaus AG in Hildesheim werden bei verschiedenen Anbietern Angebote für die Kassensysteme eingeholt. Nach einem Preisvergleich bleiben zwei Anbieter übrig. Entscheidend wird also die Qualität der Kassensysteme sein. In der Geschäftsleitung macht man sich die Anforderungen, die an die Kassensysteme gestellt werden, noch einmal klar:

- Kassensysteme sind heute innovative und branchenspezifische Hard- und Software-Komplettlösungen auf modernster technologischer Basis.
- Von der kleinen Boutique mit einer Kasse bis hin zum großen Warenhaus mit mehreren hundert Kassenplätzen in manchen Filialen müssen sich Kassensysteme durch bestimmte Merkmale auszeichnen.
- Zuverlässigkeit, Ergonomie, standardisierte Schnittstellen, Benutzerfreundlichkeit und Verbundfähigkeit sind hier die entscheidenden Kriterien.
- Darüber hinaus zeichnen sich modernste Kassensysteme dadurch aus, dass sie in der Praxis entwickelt und erprobt sind.
- Eine für alle Endgeräte einheitliche grafische Oberfläche gewährleistet durch ihre intuitive Benutzerführung einen geringen Lernaufwand und ermöglicht geringe Fehlerquoten bei der Dateneingabe über Touchscreens.
- Besonders wichtig ist eine klare und übersichtliche Programmstruktur, die es auch unseren Mitarbeitern ohne EDV-Kenntnisse ermöglicht, schnell und effizient die Endgeräte zu nutzen.
- Schnelle Einarbeitung spart Zeit und Geld. Ein ungestörter Arbeitsablauf wird sich unmittelbar in der Zufriedenheit unserer Mitarbeiter zeigen und somit die Umsätze steigen lassen.
- Erst wenn eine Kasse diese Merkmale erfüllt, dazu noch technisch ausgereift und voll erweiterbar ist, kommt sie für uns infrage.

Erstellen Sie eine Mindmap, die alle Anforderungen, die moderne Kassensysteme heute erfüllen müssen, wiedergibt.

15. Im Arbeitsvertrag der Verkaufsmitarbeiter findet sich folgender Abschnitt:

„... Als Kassieranweisung wird die als Festlegung des gesamten Kassiervorgangs schriftlich verfasste Unterlage, die zur Vermeidung von Fehlern und Manipulationen dient, bezeichnet. Sie ist für jede Kassierkraft als Bestandteil des Arbeitsvertrages verbindlich. Regelmäßige Verstöße gegen diese Anweisung können die Kündigung zur Folge haben ...“

a) Erkundigen Sie sich, wie die Kassieranweisung in Ihrem Unternehmen aussieht.
b) Vergleichen Sie die Kassieranweisung Ihres Unternehmens mit Kassieranweisungen anderer Unternehmen.

16. In der LEMI AG steht ein Kunde an der Kasse und reklamiert einen Kassenbon.

Eine Flasche Whiskey ist im Angebot mit dem Preis 19,80 € ausgewiesen. Der Kassenbon weist jedoch einen Preis von 31,20 € aus.

a) Diskutieren Sie in Ihrer Gruppe, wie Sie sich gegenüber dem Kunden verhalten.
b) Begründen Sie Ihre Lösung vor der Klasse.

17. Wie sollten Banknoten zur Vermeidung der Falschgeldannahme geprüft werden?

18. In den Filialen der Lemi AG werden Datenkassen eingesetzt. Welche Vorteile bieten diese?

a) Es ist sichergestellt, dass es überhaupt keine Inventurdifferenzen mehr gibt.
b) Die Datenkassen können der Geschäftsleitung sofort den Istbestand an Waren übermitteln.
c) Datenkassen können sofort Kassendifferenzen ermitteln.
d) Die Abwicklung von Reklamationen wird durch sprechende Kassenbons erleichtert.
e) Datenkassen schließen Ladenhüter von vornherein aus.

19. Welche Bauteile einer Datenkasse dienen der Datenausgabe?

a) Scanner
b) Strichcodeleser
c) Display
d) Kassenschublade
e) Bondrucker
f) Tastatur
g) Maus
h) integrierte Waage-Einheit
i) Identkarten-Gerät

20. Müssen die folgenden Geschäftsvorfälle dem Kassen-Endbestand hinzugerechnet oder abgezogen werden?
  a) Zu Beginn des Tages wird Bargeld vom Bankkonto in die Kasse eingelegt.
  b) Einer Mitarbeiterin wird ein Gehaltsvorschuss aus der Kasse bar ausgezahlt.
  c) Ein Paketdienst bekommt Zustellgebühren (Nachnahme) in bar aus der Kasse.

ZUSAMMENFASSUNG

Kassensysteme im Einzelhandel

Aufgaben:
- Tausch Ware gegen Geld
- Erfassung von Verkaufsdaten

Wesentliche Bauteile:
- Tastatur
- Bedieneranzeige
- Führungsanzeige
- Kundenanzeige
- Druckwerk
- Zentraleinheit mit Gehäuse
- Kassenschublade

Anordnung:
- zentral: alle Kassen am Ausgang
- dezentral: Kassen im Geschäft verteilt

Abwicklung des Kassiervorgangs:
- Beachten der Kassieranweisung
- Überprüfung auf Falschgeldzahlung

Auswertung des Kassiervorgangs:
- Kassenzählprotokoll
- Kassenbericht

Man versteht erst dann etwas richtig, wenn man versucht, es einem anderen zu erklären. Dies führt zu einer eigenen gründlichen Auseinandersetzung mit dem gerade behandelten Thema.

1. Suchen Sie sich einen Partner.
2. Lesen Sie noch einmal die Zusammenfassung. Bei Verständnisproblemen schlagen Sie ggf. noch einmal im Informationstext nach.
3. Jeder formuliert vier Fragen, die mithilfe der Zusammenfassung beantwortet werden können.
4. Der Partner beantwortet die eigenen Fragen und umgekehrt.

ICH ÜBERPRÜFE MEINE NEU ERWORBENEN KOMPETENZEN

Den Erwerb der zu Beginn aufgeführten Kompetenzen können Sie selbst mithilfe der folgenden Tabelle überprüfen.

Wenn Sie alle Aufgaben, die hinter einer Kompetenz stehen, gelöst haben, machen Sie ein Kreuz bei „Ganz“.

Bei den Kompetenzen, bei denen Sie Aufgaben „Teilweise“ oder „Gar nicht“ gelöst haben, sollten Sie den dazugehörigen Informationstext noch einmal lesen und die Aufgaben anschließend noch einmal bearbeiten.

Was ich nach der Bearbeitung dieses Kapitels kann	Aufgaben	Ganz	Teilweise	Gar nicht
Ich kann ...				
... die grundlegenden Aufgaben von Kassen erläutern.	1, 18			
... verschiedene Kassenarten nennen und unterscheiden.	2, 3			
... Datenkassen als Stand-alone-Terminals von Datenkassen im Verbundsystem unterscheiden.	4, 9			
... die Bestandteile von Datenkassen nennen und erläutern.	3, 7, 9, 10, 19			
... den Arbeitsablauf an der Kasse durchführen.	5, 11, 12, 14, 15, 16			
... nachvollziehen, dass die von Kassen erhobenen Daten Grundlage für viele Auswertungen sind.	7, 13, 20			
... Merkmale von Falschgeld erkennen.	17			
... die Vor- und Nachteile des Self-Scanning beurteilen.	8			

3.6 Die Erfassung der Verkaufsdaten

Problemstellung

Heute in der Sportartikelabteilung:
Jakub Nowak sortiert gerade Schuhe in Regale, als er von einem Kunden nach dem Preis eines Fußballschuhs gefragt wird. Am Regal fehlt das Regaletikett. Die Ware ist auch nicht einzeln mit einem Preis ausgezeichnet.

Kunde: „Enthält nicht diese Strichcodenummer den Preis?"

Jakub: „Nein, das nicht! Aber diese sogenannte GTIN-Nummer kann uns dennoch helfen, den Preis herauszubekommen."

Erklären Sie, ob und wenn ja wie Martin Klages mithilfe der GTIN-Nummer den Preis ermitteln kann.

EINORDNUNG DES THEMAS

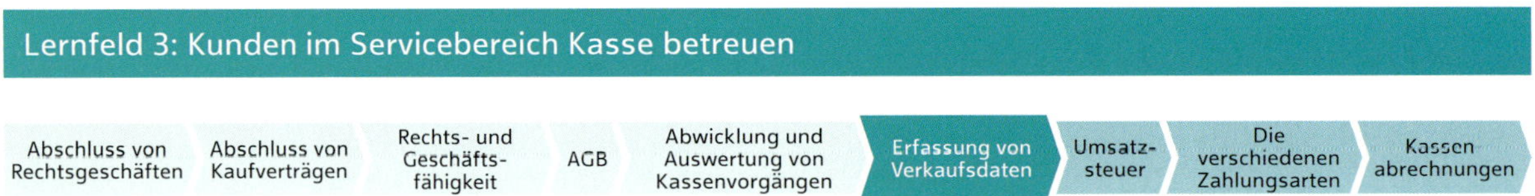

Kompetenzen

Nach Bearbeitung dieses Kapitels können Sie ...

... begründen, warum eine artikelgenaue Auszeichnung und Erfassung der Ware grundlegende Voraussetzung für die Informationen ist, die ein EDV-gestütztes Warenwirtschaftssystem liefert.
... die zwei grundlegenden Arten darstellen, wie Ware mit Artikelnummern versehen werden kann.
... im Rahmen der Codierung von Artikelnummern zwischen GTIN und OCR unterscheiden.
... den Vorgang der Datenerfassung an der Datenkasse wiedergeben.
... das Preisabrufverfahren darstellen.
... RFID als neue Technologie zur Artikelauszeichnung erläutern.
... rechtliche Folgen einer falschen Artikelauszeichnung beurteilen.

INFORMATIONSTEXT

Vergabe von Artikelnummern

Eine wesentliche Voraussetzung für die Nutzung eines EDV-gestützten Warenwirtschaftssystems ist die Vergabe von Artikelnummern für jeden im Sortiment enthaltenen Artikel. Damit wird das Ziel verfolgt, die Verkäufe vollständig und artikelgenau zu jenem Zeitpunkt zu erfassen, zu denen sie getätigt werden. Dies erfolgt bei der Bezahlung der Ware an der Kasse.

Bei herkömmlichen Warenwirtschaftssystemen gibt es in der Regel noch keine artikelgenaue Verkaufsdatenerfassung an der Kasse, weil hierzu oft noch die technischen Möglichkeiten der Datenverarbeitung fehlen. Man kann die Verkäufe einzelner Artikel nur überblicken, wenn die vorhandenen Lagerbestände z. B. im Rahmen einer Inventur körperlich gezählt wurden und das Ergebnis von der jeweils eingekauften Menge abgezogen wurde.

Es ist offenkundig, dass dieser Methode aus Zeit- und Kostengründen enge Grenzen gesetzt sind: So kann u. a. wegen des erforderlichen Aufwands nicht beliebig häufig gezählt werden. Es stehen also z. B. nur vierteljährliche Verkaufszahlen für einen bestimmten Artikel zur Verfügung. Das ist aber für viele Sortimentsbereiche ungenügend. Erkennt der Einzelhändler Ladenhüter erst nach längerer Zeit, entstehen ihm unnötige Kosten. Beobachtet er nicht den Ausverkauf einer stark nachgefragten Ware, entgeht ihm Gewinn.

Herkömmliche Warenwirtschaftssysteme sind also nicht genau genug: Werden die Wareneingänge zwar artikelgenau erfasst, die Verkäufe jedoch nur nach Warengruppen, so können zwangsläufig nur warengruppengenaue Auswertungen und Informationen gewonnen werden.

Das Grundkonzept EDV-gestützter Warenwirtschaftssysteme besteht dagegen darin, auch den Warenausgang artikelgenau zu erfassen.

Die Verkaufsdaten für bestimmte Artikel stehen damit sofort als Grundlage für sortimentspolitische Entscheidungen zur Verfügung. Ermöglicht wird die artikelgenaue Erfassung der Verkäufe durch bestimmte technische Verfahren, die später noch näher beschrieben werden.

Welche Vorteile eine artikelgenaue Erfassung des Umsatzes im Rahmen eines EDV-gestützten Warenwirtschaftssystems hat, soll im folgenden Beispiel dargestellt werden:

BEISPIEL

Ein herkömmliches Warenwirtschaftssystem zeigt den Umsatz einer Warengruppe in einem bestimmten Monat:

Umsatz April	90000,00 €
Umsatz April Vorjahr	96000,00 €

Die Warengruppe hatte also – im Vergleich zum Vorjahr – einen Umsatzrückgang um 6000,00 € zu verzeichnen. Diese Aussage zeigt zwar ein eindeutig negatives Ergebnis, gibt aber keinerlei Hinweise, wo der Hebel für künftige Verbesserungen anzusetzen ist. Dafür wird ein EDV-gestütztes Warenwirtschaftssystem benötigt, das uns die Umsätze der Artikel der Warengruppe einzeln auflistet:

Warengruppe Spirituosen	Umsatz April	Umsatz April Vorjahr
Artikel Eierlikör	10000,00	11000,00
Artikel Rum	7000,00	7000,00
Artikel Gin	14000,00	13000,00
Artikel Wodka	21000,00	20000,00
Artikel Cognac	6000,00	14000,00
Artikel Korn	12000,00	11000,00
Artikel Apfelkorn	20000,00	20000,00
Gesamt	90000,00	96000,00

Deutlich wird, dass der Umsatzrückgang von 6000,00 € für die Warengruppe hauptsächlich auf den Artikel Cognac mit einem Minus von 8000,00 € zurückzuführen ist. Der Einzelhändler würde nun nach den Ursachen (evtl. falsche Kalkulation/falsche Warenpräsentation) forschen und dann entsprechende Maßnahmen einleiten. Je genauer die Aussagen über die Zusammensetzung des Gesamtumsatzes sind, desto vielfältiger sind die Möglichkeiten, im Unternehmen gezielte Änderungen und Verbesserungen vorzunehmen.

Hauseigene Artikelnummern

Grundsätzlich spielt es keine Rolle, ob eine Artikelnummer vom Hersteller der Ware oder aber von dem betreffenden Einzelhandelsunternehmen selbst vergeben wird. Bei einer hauseigenen Vergabe der Artikelnummer versucht jeder Betrieb, sein Artikelnummernsystem an den besonderen betrieblichen Belangen auszurichten.

Sehr viele Handels- und Industrieunternehmen kamen allerdings zu der Erkenntnis, dass im Warenverkehr zwischen Handel und Industrie hauseigene Artikelnummern nutzlos und zum Teil sogar störend sind. Die EDV-Anlagen der Unternehmen, die miteinander im Geschäftsverkehr stehen, können so lange nicht miteinander verkehren, wie jede Anlage unter ihren Artikelnummern etwas anderes versteht. Da die internationale Verflechtung des Warenverkehrs immer weiter fortschreitet, entstand die Idee, ein Europäisches Nummerierungssystem zur Standardisierung zu entwickeln.

Viele Unternehmen haben ihre eigenen Artikelnummern

Die GTIN (Die Europäische Artikelnummerierung)

13 Europäische Länder hatten sich ursprünglich mit den USA, Kanada und Japan zusammengeschlossen und mit der sogenannten „Europäischen Artikelnummerierung" (EAN) ein einheitliches Kennzeichnungssystem geschaffen. Mittlerweile haben sich über 33 Länder diesem System angeschlossen.

Die heute noch oft in der Umgangssprache sogenannte EAN wird von Fachleuten nun **GTIN (Global Trade Item Number)** genannt. Jede handelsübliche Mengen- oder Verpackungseinheit erhält beim Hersteller eine eigene Nummer zugeordnet, die den Artikel bis zum Endverbraucher begleitet. Sie ermöglicht auf allen Handelsstufen eine artikelbezogene Datenverarbeitung. Die aus 13 Ziffern bestehende GTIN ist folgendermaßen aufgebaut:

Länderkennzeichen		international location number					individuelle Artikelnummer des Herstellers					Prüfziffer
4	0	1	2	3	4	5	0	0	3	1	5	4
GS1 Germany		FRANZ SCHUSTER KG Travestraße 20 23570 Lübeck					Lübecker Edelmarzipan Geschenkpackung 100 g					99 % Sicherheit

Die ersten beiden Stellen dieser GTIN (-- 40 --) nehmen das **Länderkennzeichen** auf. In jedem Land, das sich der GTIN-Organisation angeschlossen hat, gibt es eine Gesellschaft, der eines oder mehrerer solcher Kennzeichen zugeteilt wurden. In Deutschland ist dies die GS1 germany in Köln, eine vom Handel und der Konsumgüterindustrie gleichermaßen getragene Einrichtung. Sie verfügt über die Länderkennzeichen 40, 41, 42 und 43.

00–09	USA (und Kanada)
10–19	Reserve
20–29	interne Nummerierungen
30–37	Frankreich
40–43	Bundesrepublik Deutschland
49	Japan
50	Großbritannien
54	Belgien
57	Dänemark
64	Finnland
70	Norwegen
73	Schweden
76	Schweiz
80–81	Italien
84	Spanien
87	Niederlande
90–91	Österreich

Die nächsten fünf Ziffern (-- 12345 --) stellen die **bundeseinheitliche Betriebsnummer** dar. Jeder Hersteller bzw. Lieferant erhält diese Betriebsnummer von der Centrale für Coorganisation zugewiesen. Diese identifiziert das Unternehmen eindeutig.

Die folgenden fünf Ziffern (-- 00315 --) kennzeichnen die **interne Artikelnummer** des Herstellers. Für diese Artikelnummer kann der Hersteller seine eigene Artikelnummer benutzen, wenn sie nicht mehr als fünf Stellen lang ist. Normalerweise kann man davon ausgehen, dass die Kapazität (das Aufnahmevermögen) der fünfstelligen Nummer (von 00000–99999 = 100000 Artikel) ausreicht, um alle Artikel eines Herstellers zu nummerieren. Führt ein Hersteller mehr als 100000 Artikel in seinem Sortiment, kann er eine weitere Betriebsnummer ausschließlich für die Zwecke der Artikelnummerierung bei der Centrale für Coorganisation beantragen.

Die letzte Ziffer der GTIN (-- 4 --) stellt eine **Prüfziffer** dar. Bei der Erfassung eines Artikels mit GTIN an der Kasse kann es zu Fehlern kommen, gleichgültig ob die Eingabe über die Tastatur oder maschinell über einen Lesestift vorgenommen wird. Die Kasse bzw. der mit der Kasse verbundene Computer melden sich, wenn sich die eingegebene GTIN und ihre Prüfziffer nicht über eine einprogrammierte Proberechnung miteinander verbinden lassen. Dies kann z. B. bei einer falsch eingelesenen Stelle der Fall sein.

Die GTIN kennzeichnet jeden einzelnen Artikel im Sortiment des Handelsbetriebes genau und eindeutig durch die Kombination der Betriebsnummer des Herstellers mit einer vom Industriebetrieb selbst festzulegenden Artikelnummer. Die für Hersteller und Handel einheitliche Artikelnummer führt zu einer Erleichterung der Identifikation der Ware auf Preislisten, Belegen, im Regal und auf dem Artikel selbst sowohl beim Hersteller als auch im Groß- und Einzelhandel.

Die Codierung der Artikelnummer

Eine Artikelnummer kann natürlich auch von Hand an der Kasse eingegeben werden. Dieses Vorgehen ist aber aus folgenden Gründen häufig unzweckmäßig:

- Wird die Anzahl der Kassen beibehalten, entstehen durch die zusätzliche Erfassung der Artikelnummern längere Wartezeiten, was die Kunden verärgert.
- Eine Erhöhung der Kassenzahl würde aber unmittelbar die Kosten im Unternehmen ansteigen lassen.

Daher wurden automatische Kassensysteme entwickelt, mit denen an den Kassen schneller und billiger gearbeitet werden kann. Wenn die Ware an der Kasse vorgelegt wird, liest ein mit der Kasse verbundenes Lesegerät automatisch die Artikelnummer. Diese ist entweder bereits von der Industrie als GTIN bei der Herstellung des Verpackungsmaterials oder aber als hauseigene Artikelnummer durch Aufkleben eines Etiketts an der Ware angebracht.

Damit die am Verkaufspunkt zu erfassenden Daten automatisch gelesen werden können, müssen sie in einer maschinenlesbaren, computergerechten Form vorliegen. Soll eine Artikelnummer also erfasst werden, ist sie so verschlüsselt, dass sie vom Lesegerät verstanden und gelesen werden kann. Dies geschieht durch bestimmte Codesysteme.

Der Strichcode

Strichcodes verschlüsseln die Artikelnummer als Strichmarkierungen unterschiedlicher Breite, die bei der Eingabe optisch aufgrund von Hell-Dunkel-Kontrasten erkannt werden. Zwar können auch hauseigene Artikelnummern durch Strichmarkierungen maschinenlesbar gemacht werden, hauptsächlich findet der Strichcode jedoch Anwendung im Zusammenhang mit GTIN.

4 012345 003154

GTIN-Normalsymbol, 13-stellig

Der GTIN-Strichcode wird bereits vom Hersteller am Artikel angebracht. Er hat eine Größe von ca. 10 cm^2 in der Normalversion. In bestimmten Grenzen sind je nach Druck und Papierqualität Vergrößerungen und Verkleinerungen möglich.

Der Strichcode soll möglichst in der linken unteren Ecke oder auf dem natürlichen Boden eines Artikels vom Hersteller bei der Packmittelherstellung angebracht werden. Die Strichmarkierungen können in den meisten der auf den Artikelverpackungen verwendeten Farben gedruckt werden. Von den Lesegeräten kann der Strichcode richtungsunabhängig gelesen werden. Da er nur maschinenlesbar ist, wird noch eine Klarschriftzeile am unteren Rand des Strichcodes angebracht.

Für einige besonders kleine Artikel ist die normale 13-stellige GTIN und die für deren Codierung benötigte Fläche von 10 cm^2 zu groß. In diesen zahlenmäßig begrenzten Fällen ist es möglich, den Strichcode in noch kleinerer Form (6 cm^2; bei allergünstigsten Druck- und Papierqualitäten 4 cm^2) zu drucken. Für dieses verkürzte Lesesymbol ist auch eine auf acht Stellen verkürzte GTIN erforderlich.

4012 3455

GTIN-Kurzsymbol, 8-stellig

Der OCR-Code

Der OCR-Code ist ein sowohl vom menschlichen Auge als auch von einem Datenerfassungsgerät lesbarer Code. Er besteht aus normierten Schriftzeichen für die maschinelle Erkennung.

Im Einzelhandel dient der OCR-Code hauptsächlich zur Verschlüsselung hauseigener Artikelnummern. In selteneren Fällen wird jedoch auch die GTIN, die normalerweise im Strichcode angegeben ist, damit maschinenlesbar gemacht. Im Gegensatz zum Strichcode kann die OCR-Schrift nur richtungsabhängig (von links nach rechts) gelesen werden.

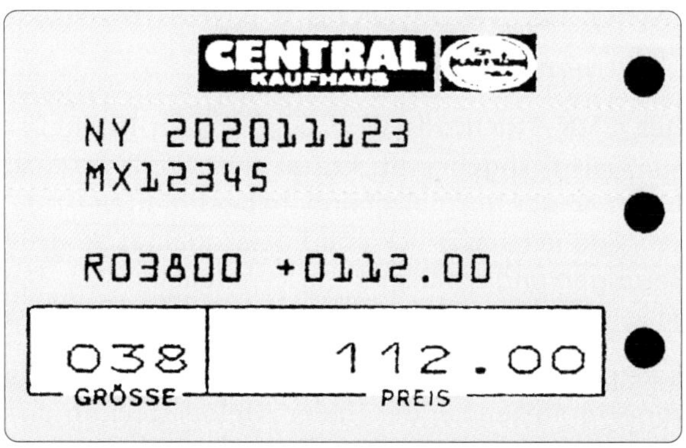

Die Anwendung des GTIN- bzw. OCR-Codes

Welches der beiden Codierungssysteme in einem Einzelhandelsunternehmen angewandt wird, hängt von den betrieblichen Gegebenheiten ab.

Als wesentliche Vorteile der GTIN-Codierung sind folgende Punkte anzusehen:

- Schnelles und fehlerfreies Erfassen des Warenausgangs, da der Strichcode schneller gelesen werden kann als z. B. die OCR-Schrift.
- Die Auszeichnung der Artikel entfällt für den Handel in den meisten Fällen, da der Hersteller die GTIN-Nummer vergibt und am Produkt anbringt.

Die OCR-Schrift hat folgende Vorteile:

- Durch die Möglichkeit, Etiketten an die Ware anzuhängen, anzukleben, anzustecken usw., ist die Gefahr einer Verunstaltung der Verpackung geringer als beim GTIN-Code.
- Das Etikett im OCR-Code hat eine hohe Aussagekraft, da es auch vom Menschen gelesen werden kann. Es ist somit kundenfreundlicher als der GTIN-Code.
- Etiketten im OCR-Code können in Abhängigkeit vom Informationsbedarf weitere Daten enthalten, die ebenfalls automatisch gelesen werden können.

Die GTIN-Codierung hat sich bereits in der Lebensmittelbranche und in Teilen des Hartwarensortiments durchgesetzt und bewährt. Im Lebensmittelbereich liegt der Auszeichnungsgrad mit GTIN durch die Industrie bei über 90 % aller Nahrungsmittel. Der modisch orientierte Textilhandel bedarf dagegen zur Kennzeichnung der vielfältigen Kombinationen von Größen, Materialien und Farben sehr oft mehr als fünf Stellen für die interne Artikelnummer des Herstellers. Deshalb sind in der Textilbranche sehr häufig OCR-Code und hauseigene Artikelnummer vorzufinden.

Weil vor allem Warenhäuser auf eine Vereinheitlichung der Techniken bei der Auszeichnung und beim Kassieren drängen, wird sich wahrscheinlich der GTIN-Code langfristig auch im Textilbereich durchsetzen. Das Problem, dass hier extrem viele Artikelnummern benötigt werden, kann auf zwei Arten gelöst werden:

- Im Bedarfsfall wird einem Hersteller mehr als eine Betriebsnummer zugewiesen.
- Die GTIN benennt nur den Artikel (z. B. Herrenhose, Jeansstoff, schwarz). Die Größe wird auf einem eigens erstellten Etikett im Strichcode verschlüsselt.

Das Preisabrufverfahren

Um im Rahmen des Warenwirtschaftssystems die Verkäufe vollständig und artikelgenau zu erfassen, wird jeweils die Artikelnummer der gekauften Ware mithilfe von Lesegeräten in die Kasse eingelesen. Eine Angabe des Preises auf dem einzelnen Produkt erübrigt sich dann, wenn das sogenannte Preisabrufverfahren **(Price-Look-Up-Verfahren [PLU])** Verwendung findet:

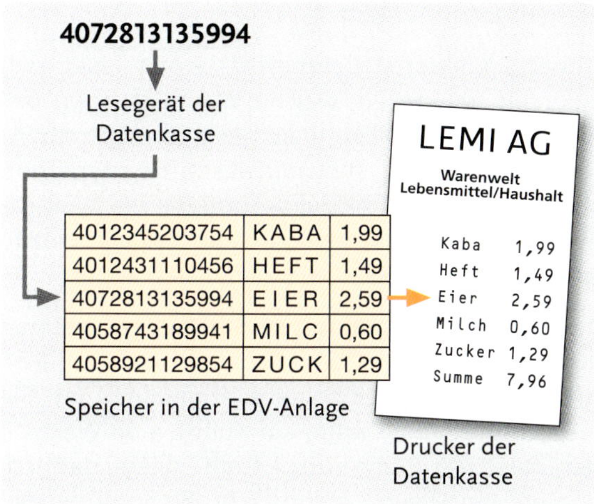

Das Preisabrufverfahren

Die an der Kasse erfasste GTIN sagt noch nichts über den Preis der Ware aus. Deshalb werden der GTIN aus dem Speicher des angeschlossenen Computers in Bruchteilen von Sekunden der dazugehörende Preis und die Artikelbezeichnung zugeordnet und an die Kasse zurückgegeben. Beide Angaben werden im Klartext auf den **„sprechenden Kassenbon"** gedruckt.

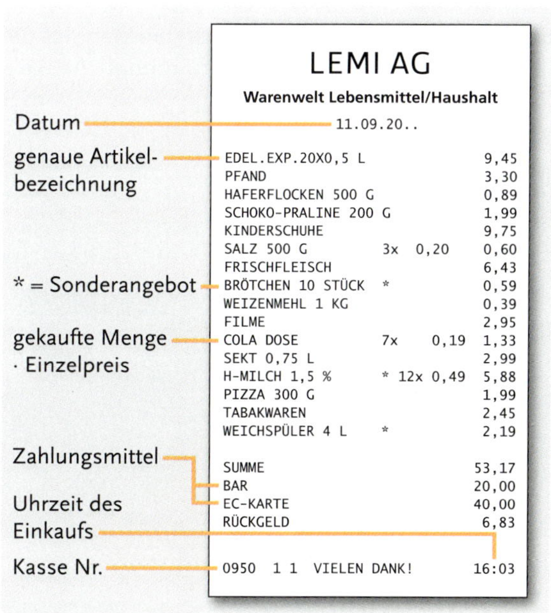

Ein „sprechender Kassenbon"

Durch das Zuordnen des aktuell gültigen Preises zu einer bestimmten Artikelnummer kann die Einzelpreisauszeichnung völlig wegfallen. Es erfolgt nur noch eine Auszeichnung am Regal zur Kundeninformation. Die Preise können vom Datenspeicher aus jederzeit herauf- oder herabgesetzt werden.

Die Veränderung des Preisschilds am Regal ist die einzig übriggebliebene Tätigkeit. Die Vorteile des Preisabrufverfahrens sind demnach:

- Im Gegensatz zur herkömmlichen Preisauszeichnung, wo jeder Artikel mit einem Verkaufspreis versehen wird, ist beim Preisabrufverfahren ein Umzeichnen der Ware bei Preisänderungen nicht mehr notwendig. Durch eine einmalige Änderung im EDV-System werden Personal- und Sachkosten eingespart.
- Durch die automatische Zuordnung des Artikelpreises braucht das Kassenpersonal keine Preise mehr zu lernen. Es werden weniger Fehler gemacht.
- Die automatische Erfassung der Artikelnummer führt zu einer schnelleren Kundenabfertigung.

Preisunsicherheit von Scannerkassen

Der Verbraucher ist darauf angewiesen, dass die im Computer gespeicherten Preise immer mit dem am Regal ausgezeichneten Preisen übereinstimmen. Dies liegt auch im Interesse des Handels. Würden die Kunden eines Einzelhandelsunternehmens ein wachsendes Misstrauen gegenüber Scannerkassen entwickeln, wäre mit Kundenverlust sowie mit Umsatz- und Gewinneinbußen zu rechnen. Daher muss ein Einzelhandelsunternehmen über innerbetriebliche Maßnahmen alles tun, um übereinstimmende Preise zu bekommen. Sinnvoll sind dabei folgende Maßnahmen:

- Einrichtung von Kontrollkassen oder Kontrollscannern für die Kunden.
- Der Kunde erhält das Produkt umsonst, bei dem der Fehler entdeckt wurde.
- Der Kunde bekommt eine Prämie für jeden falsch gespeicherten Preis, der ihm auffällt.
- Das Einzelhandelsunternehmen aktiviert die Preisänderung erst, wenn alle Filialen die Etikettenplatzierung gemeldet haben.
- An elektronischen Preisetiketten erfolgen die Änderungen per Datenfunk.
- Bestimmte Mitarbeiter werden ausdrücklich angewiesen, die Preisänderungen persönlich zu kontrollieren.

Verbraucherschutzorganisationen empfehlen den Kunden stichprobenartige Kontrollen der Preis-Zuverlässigkeit der Geschäfte. Bei Preisdiskrepanzen (also bei Unterschieden zwischen den am Regal ausgezeichneten und den an der Kasse ausgegebenen Preisen) sollten sie Meldungen an Unternehmen und Ämter vornehmen. Für Einzelhandelsunternehmen können sich bei falscher Preisauszeichnung und -speicherung rechtliche Folgen ergeben:

- Preisdiskrepanzen sind Verstöße gegen die Preisangabenverordnung und können mit Bußgeld geahndet werden.
- Kann dem Einzelhandelsunternehmen sogar Vorsatz nachgewiesen werden, liegt ein Verstoß gegen das UWG (Gesetz gegen den unlauteren Wettbewerb) mit entsprechend harten Strafen vor.
- Fand die Falschauszeichnung im großen Umfang statt, so kann dies als Unzuverlässigkeitstatbestand bis zur Gewerbeuntersagung führen.

Die neue RFID-Technologie

Ein RFID-Chip

Die Artikelauszeichnung revolutionieren wird in den nächsten Jahren die RFID-Technologie. RFID heißt übersetzt Radio Frequency Identification. Dies ist eine neue Technik, mit dem Objekte berührungslos erkannt werden können. Im Mittelpunkt dieser Technologie steht ein kleiner Computerchip mit Mini-Antenne, der sogenannte RFID-Tag. Damit können Waren ausgestattet werden. Sobald der RFID-Chip das Funksignal eines Lesegeräts an der Kasse empfängt, übermittelt er automatisch und drahtlos über Radiofrequenzen die gespeicherten Daten dorthin. Der RFID-Chip benötigt keine Batterie, da er seinen Strom allein aus den Funkwellen gewinnt, die die Lese- und Schreibgeräte aussenden.

Vorteile der RFID-Technologie:

- Heute kennzeichnet der GTIN-Code auch schon Waren: Jeder Artikel der gleichen Sorte hat aber dieselbe Nummer. Deshalb kann zwar festgestellt werden, wie viel Stück von einem Artikel verkauft werden, nicht aber genau – und das ermöglicht gerade RFID –, um welchen Artikel (aus welcher Charge, Lieferung, Umverpackung etc.) es sich dabei handelt.
- Ohne gesonderte Datenerfassungen lässt sich jederzeit feststellen, welche Waren sich wo befinden. Die Logistikkette im gesamten Einzelhandelsunternehmen ist damit absolut transparent. Mit RFID können Produktinformationen elektronisch hinterlegt werden, die überall abgelesen werden können.
- Regale mit eingebauten RFID-Lesesystemen melden sich, wenn das Haltbarkeitsdatum von Artikeln schon oder beinahe abgelaufen ist. Sie melden ebenfalls, wenn ein Kunde eine Ware an den falschen Platz zurückstellt. Allein dadurch sparen Handelsunternehmen große Summen ein, denn falsch eingeordnete Ware gilt als quasi verloren. Die Bestände stimmen nicht, es wird unnötig nachbestellt. Beim Auffüllen mit Ware passen die Regale auf, dass die Bestückungsvorgaben eingehalten werden.
- RFID-Chips können auch als elektronische Artikelsicherung (EAS) dienen. Ein nicht bezahlter Artikel mit RFID-Chip kann an den elektronischen Schleusen am Ausgang Alarm auslösen.
- Sollte trotzdem etwas gestohlen werden, ist die genaue Herkunft eines aufgefundenen Artikels durch seine weltweit eindeutige Seriennummer nachweisbar.

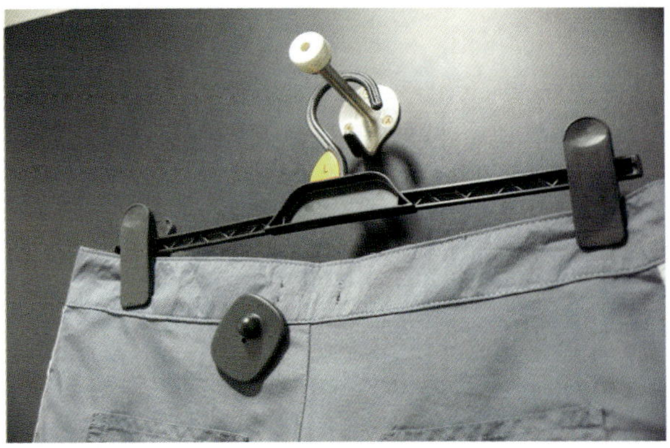

Per RFID gesicherte Ware

5321398

Nachteile:

- Die RFID-Chips sind zurzeit noch recht teuer.
- Wenn die RFID-Chips an Artikeln nicht beim Verlassen des Geschäfts deaktiviert werden, können deren Daten mit personenbezogenen Daten verknüpft werden. Dadurch ergibt sich ein Datenschutzproblem.

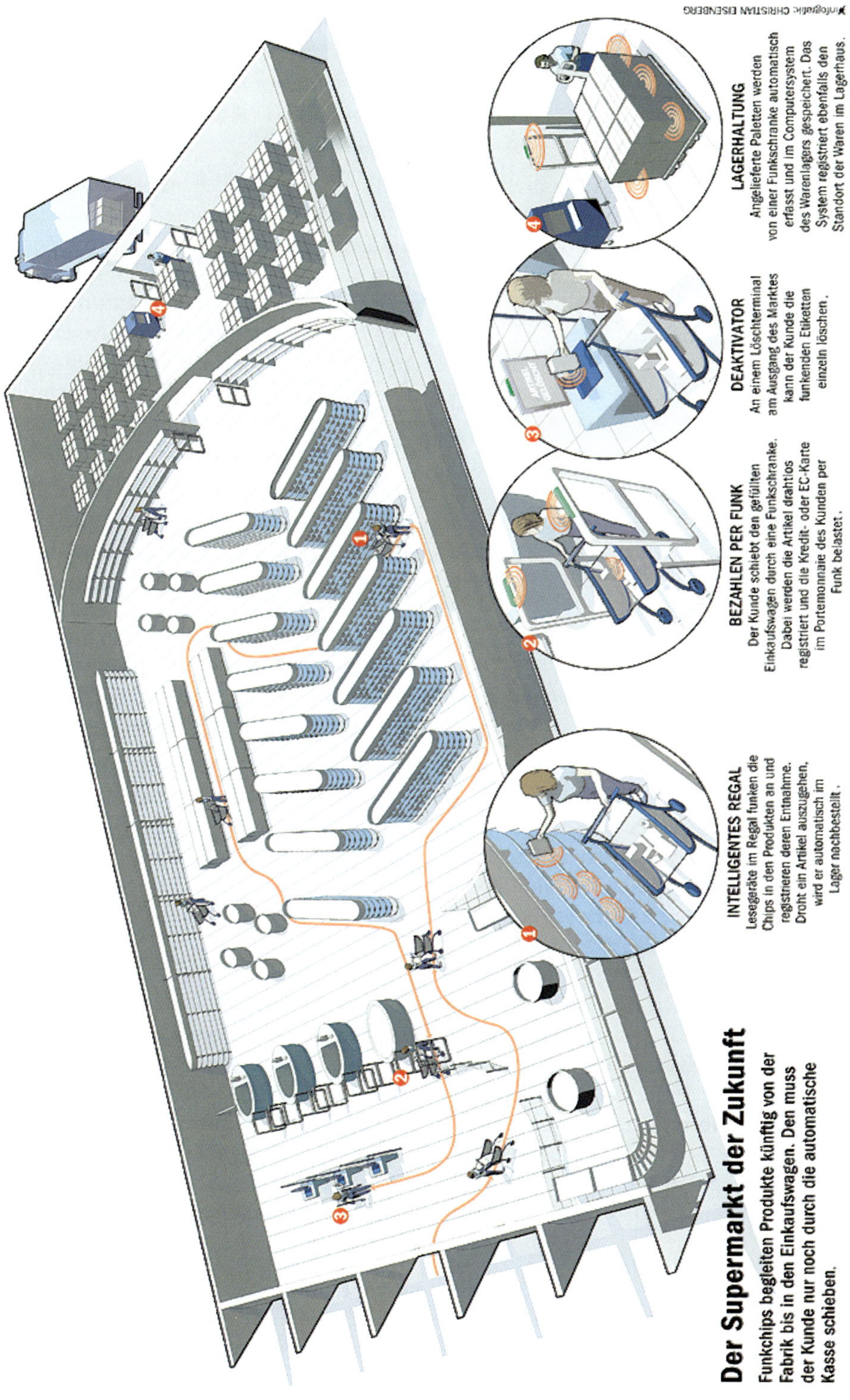

AUFGABEN

1. Warum muss im Rahmen eines EDV-gestützten Warenwirtschaftssystems jeder Artikel des Sortiments mit einer Artikelnummer versehen werden?

2. Nennen Sie jeweils einen Vorteil und einen Nachteil der Vergabe hauseigener Artikelnummern.

3. Wie ist eine GTIN-Nummer aufgebaut?

4. Wie viele verschiedene Artikel kann ein Hersteller mit GTIN-Nummern versehen?

5. Warum müssen die Artikelnummern codiert werden?

6. Wodurch unterscheiden sich Strichcode und OCR-Code?

7. Warum enthält der GTIN-Code nicht den Preis einer Ware?

8. Was versteht man unter dem Preisabrufverfahren?

9. Karin Otte packt Ware in die Verkaufsregale. Die Artikel kommen aus unterschiedlichen Ländern, wie sie dem Länderkennzeichen des GTIN-Codes entnehmen kann.
   Woher kommen die Produkte mit dem Länderkennzeichen
   a) 87,
   b) 76,
   c) 50,
   d) 42,
   e) 37?

10. Bernd Schneider kauft in einem nahegelegenen Supermarkt für einen Kindergeburtstag zehn Tüten Gummibären ein, die am Regal mit 1,59 € pro Stück ausgezeichnet sind. An der Datenkasse soll er laut Kassenbon 17,80 € bezahlen.
    a) Wie wirkt sich dieser Vorfall auf Bernd Schneider aus?
    b) Wie hätte der Supermarkt den Vorfall verhindern können?
    c) Welche rechtlichen Folgen könnten sich für den Supermarkt ergeben?

11. Die Auszubildende Seher Aydin legt den Aufbau des „sprechenden Kassenbons" der Vesper und Klein OHG fest und kommt zu folgenden Ergebnis:

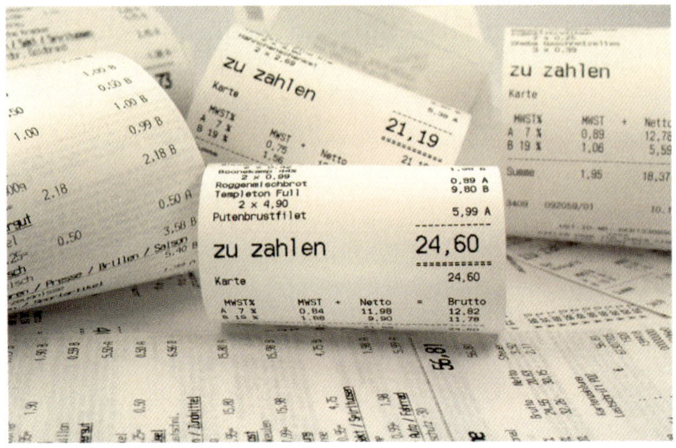

Geben Sie an, welche Informationen der „sprechende Kassenbon" enthält.

12. Ordnen Sie die Informationen des „sprechenden Kassenbons" den Datenarten zu.

13. Führen Sie Vorteile des „sprechenden Kassenbons" gegenüber herkömmlichen Kassenbons an.

14. Begründen Sie, warum eine sorgfältige Datenerfassung der Artikeldaten beim Preisabrufverfahren (Price-Look-Up-Verfahren)
    a) für das Einzelhandelsunternehmen,
    b) für die Kunden

    von großer Bedeutung ist.

15. Suchen Sie Maßnahmen, die falsche Preisauszeichnungen verhindern.

16. Was versteht man unter der RFID-Technologie?

17. Sie sollen ein zweiseitiges Referat über GTIN-Code halten.
    a) Zur Information nutzen Sie bitte die Internetadresse *https://www.gs1-germany.de/gs1-standards/identifikation/artikel-gtin-sgtin/* und die Informationen dieses Kapitels.
    b) Erstellen Sie eine Gliederung und formulieren Sie das Referat.
    c) Überlegen Sie sich, ob Sie Möglichkeiten der Visualisierung nutzen wollen.
    d) Seien Sie darauf vorbereitet, Ihr Referat vorzutragen.

18. Suchen Sie im Internet die Preisangabenverordnung. Untersuchen Sie den möglichen Einwand von Kunden, dass die Regalauszeichnung von Waren als illegal anzusehen ist.

19. Bilden Sie in der Klasse mehrere Gruppen. Diese bereiten sich auf die Teilnahme an einer Pro-und-Kontra-Diskussion zur RFID-Technologie vor. Jede Gruppe entsendet einen Vertreter, der mindestens zwei Argumente vorbringen soll. Ihr(e) Lehrer(in) moderiert die Pro-und-Kontra-Diskussion.
Die Hälfte der Gruppen repräsentiert Vertreter von Einzelhandelsunternehmen, die in der Einführung von RFID-Chips Vorteile sehen. Diese suchen ihre Argumente im Informationstext des Kapitels.
Die andere Hälfte der Gruppen setzt sich aus Datenschutzvertretern zusammen. Nachteile lassen sich besonders in dem folgenden Zeitungsartikel, aber auch im Internet unter den Stichworten „RFID" und „Datenschutz" finden.

RFID – die alltägliche, aber unsichtbare Technik

Auch wenn wir sie oft nicht sehen oder spüren können, sie hat in unser tägliches Leben Einzug gehalten und breitet sich darin immer weiter aus. Gemeint ist die Technik der RFID. **RFID ermöglicht die automatische Identifizierung und Lokalisierung von Gegenständen und Lebewesen.** Die sprachlich-sperrige Abkürzung steht für „radio-frequency identification", benannt nach der technischen Funktionsweise. Obwohl insbesondere die Wirtschaft in immer mehr Bereichen von diesem praktischen Vehikel Gebrauch macht, wird die Technik und deren Folgen kaum in der Öffentlichkeit diskutiert. Zumindest aus Sicht von Datenschützern ist dies äußerst bedenklich. [...]

Wo wird RFID aktuell eingesetzt?

- Deutscher Reisepass seit 01.11.2005
- Deutscher Personalausweis seit 01.11.2010
- Textilien und Bekleidung: z. B. Lemmi Fashion, Levi Strauss & Co., Gerry Weber
- Fahrzeugidentifikation mit e-Plate-Nummernschildern, z. B. für Mautsysteme
- Autoschlüssel (Wegfahrsperre)
- Ohrmarken, Implantate etc. zur Identifikation von Tieren
- Chipcoins, z. B. für Abrechnungssysteme
- Chipkarten: Zutrittskontrolle (insbes. Ticketing), Zeiterfassung, elektronische Geldbörse, z. B. in Bibliotheken, öffentlichen Verkehrsmitteln, Studierendenausweisen
- EC-Karten mit Funk-Bezahlsystem: z. B. Girogo-Karte der Sparkasse, Touch&Travel-System der Deutschen Bahn
- Zugriffskontrolle bei bestimmter Hardware-Benutzung
- Kennzeichnung von Leiterplatten und anderen Bauteilen
- Container-Siegel

Welche datenschutzrechtlichen Risiken bestehen?

Je nach Einsatzgebiet kommen zahlreiche Risiken in Betracht, die den Rahmen dieses Beitrags sprengen würden. Allein der Einsatz von **RFID-Tags in Kleidung**, die nach dem Kauf nicht unschädlich gemacht werden, führt zu datenschutzrechtlichen Problemen.

Wenn der Käufer mit RFID-Tags versehene Gegenstände häufig mit sich führt, könnte u. U. jeder, der einmal die Zuordnung zwischen Käufer und Produkt-ID vorgenommen hat, ein Bewegungsprofil des Käufers erstellen. Dies wird umso wahrscheinlicher, je mehr Auslesegeräte in Unternehmen, Behörden und im sonstigen öffentlichen Bereich vorhanden sind und je mehr Datenaustausch zwischen den einzelnen Geräteinhabern stattfindet. Mit einer entsprechenden Technik wäre dieses Szenario auch von Dritten durchführbar. Dementsprechend könnten auch Nutzungs- und Verhaltensprofile erstellt werden.

Eventuell würden auf diese Weise große Mengen personenbezogener Daten entstehen, die systematisch ausgewertet werden könnten. Die Unternehmen, die im Besitz dieser Daten wären, hätten die Möglichkeit sog. Data Mining durchzuführen.

Vor allem ist die mangelnde Transparenz und Kontrolle beim Einsatz von RFID zu beklagen. Eventuell bleibt der Verbraucher in Unkenntnis der Verwendung von RFID-Tags und der damit verbundenen Datenerhebung und -verarbeitung. Was auf den Tags genau gespeichert ist bzw. wird, ist ebenfalls nicht nachvollziehbar. Die Einhaltung datenschutzrechtlicher Vorschriften kann nicht überprüft werden. Letztendlich würde der Verlust des Rechts auf informationelle Selbstbestimmung drohen, wenn der Verbraucher keinen Einfluss mehr darauf hat, welche Informationen (personenbezogene Daten) von ihm preisgegeben werden.

Quelle: Dr. Datenschutz: RFID – die alltägliche, aber unsichtbare Technik. In: www.datenschutzbeauftragter-info.de, Fachbeiträge. 18.7.2012. https://www.datenschutzbeauftragter-info.de/rfid-die-alltaegliche-aber-unsichtbare-technik/ [10.09.2021].

ZUSAMMENFASSUNG

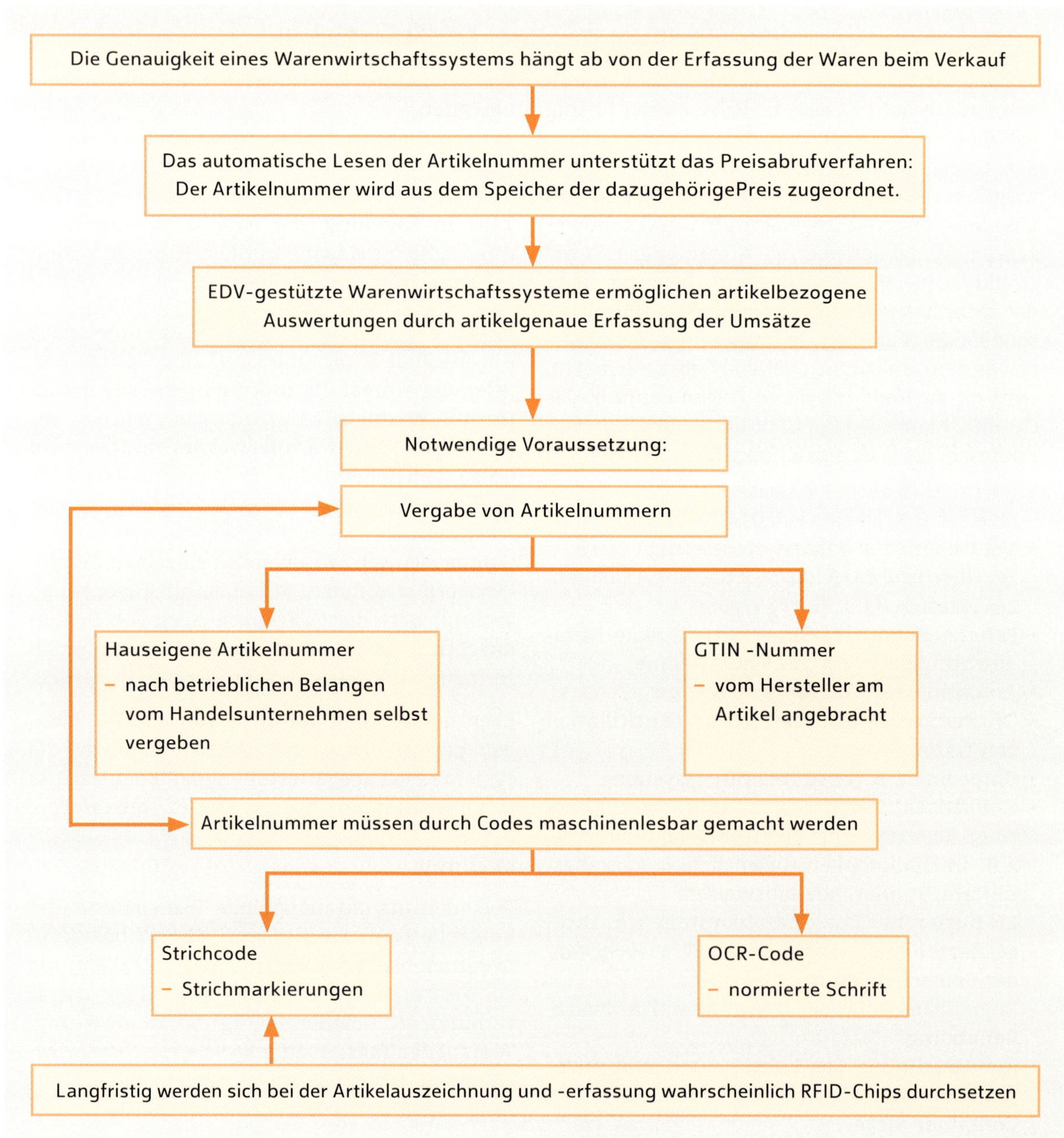

Man versteht erst dann etwas richtig, wenn man versucht, es einem anderen zu erklären. Dies führt zu einer eigenen gründlichen Auseinandersetzung mit dem gerade behandelten Thema.

1. Suchen Sie sich einen Partner.
2. Lesen Sie noch einmal die Zusammenfassung. Bei Verständnisproblemen schlagen Sie ggf. noch einmal im Informationstext nach.
3. Einer von Ihnen erläutert die Zusammenfassung dem Partner.
4. Dieser achtet auf Korrektheit und Vollständigkeit und wiederholt noch einmal.

ICH ÜBERPRÜFE MEINE NEU ERWORBENEN KOMPETENZEN

Den Erwerb der zu Beginn aufgeführten Kompetenzen können Sie selbst mithilfe der folgenden Tabelle überprüfen.

Wenn Sie alle Aufgaben, die hinter einer Kompetenz stehen, gelöst haben, machen Sie ein Kreuz bei „Ganz".

Bei den Kompetenzen, bei denen Sie Aufgaben „Teilweise" oder „Gar nicht" gelöst haben, sollten Sie den dazugehörigen Informationstext noch einmal lesen und die Aufgaben anschließend noch einmal bearbeiten.

Was ich nach der Bearbeitung dieses Kapitels kann	Aufgaben	Ganz	Teilweise	Gar nicht
Ich kann ...				
... begründen, warum eine artikelgenaue Auszeichnung und Erfassung der Ware grundlegende Voraussetzung für die Informationen ist, die ein EDV-gestütztes Warenwirtschaftssystem liefert.	1			
... die zwei grundlegenden Arten darstellen, wie Ware mit Artikelnummern versehen werden kann.	2, 3, 4, 10, 19			
... im Rahmen der Codierung von Artikelnummern zwischen GTIN und OCR unterscheiden.	5, 6, 7			
... den Vorgang der Datenerfassung an der Datenkasse wiedergeben.	7, 8, 9, 10, 11			
... das Preisabrufverfahren darstellen.	11, 12, 13, 14, 15,			
... RFID als neue Technologie zur Artikelauszeichnung erläutern.	17, 20			
... rechtliche Folgen einer falschen Artikelauszeichnung beurteilen.	12, 15, 16, 19			

3.7 Die Umsatzsteuer

Problemstellung

Florian Gerber hat bei der Tom Hoss KG einen Anzug gekauft. Jakub Nowak stellt an der Kasse für den Einkauf den folgenden Kassenbeleg aus:

Rechnung Nr. 1020/88 Kundennummer: 512-L

Art.-Nr.	Artikelbezeichnung	Menge	Einzelpreis €	Gesamtpreis €
315.08	Herrenanzug Boge	1	400,00	400,00
Summe				400,00
+ 19 % Umsatzsteuer				76,00
Gesamtbetrag				476,00

Welche wirtschaftlichen Auswirkungen hat die Umsatzsteuer

1. für die Tom Hoss KG und
2. für Herrn Gerber?

EINORDNUNG DES THEMAS

Lernfeld 3: Kunden im Servicebereich Kasse betreuen

Abschluss von Rechtsgeschäften → Abschluss von Kaufverträgen → Rechts- und Geschäftsfähigkeit → AGB → Abwicklung und Auswertung von Kassenvorgängen → Erfassung von Verkaufsdaten → **Umsatzsteuer** → Die verschiedenen Zahlungsarten → Kassenabrechnungen

Kompetenzen

Nach Bearbeitung dieses Kapitels können Sie ...

... die Bedeutung der Umsatzsteuer für das Einzelhandelsunternehmen und den Kunden erläutern.
... die Umsatzsteuer für die unterschiedlichen Artikel des Sortiments ermitteln.
... Rechnungen unter Berücksichtigung der Umsatzsteuervorschriften erstellen.
... Umsatzsteuer, Vorsteuer und Zahllast unterscheiden.
... die Zahllast ermitteln.

INFORMATIONSTEXT

Umsatzsteuer

Die Umsatzsteuer ist eine der wichtigsten Einnahmequellen des Staates. 2020 betrugen die Einnahmen des Staates aus der Umsatzsteuer (einschließlich Einfuhrumsatzsteuer) insgesamt 219,5 Mrd. €.

Schuldner und Träger der Umsatzsteuer

Die Umsatzsteuer ist eine indirekte Steuer. Bei einer indirekten Steuer sind Steuerschuldner und wirtschaftlicher Träger der Steuer verschiedene Personen. Bei der Umsatzsteuer ist der Unternehmer der Steuerschuldner. Er muss die Umsatzsteuer an das Finanzamt zahlen. Er trägt sie aber nicht selbst, sondern wälzt sie über den Verkaufspreis auf seine Kunden ab. Damit zahlt letztlich der Kunde die Umsatzsteuer.

BEISPIEL

Die Tom Hoss KG muss die Umsatzsteuer an das Finanzamt abführen. Wirtschaftlicher Träger der Umsatzsteuer ist aber der Kunde, Herr Gerber. Er muss für den Anzug den Bruttoverkaufspreis von 476,00 € einschließlich 76,00 € Umsatzsteuer bezahlen.

Steuerbare und steuerfreie Umsätze

Die Umsatzsteuer erfasst wirtschaftliche Vorgänge (Umsätze). Der Umsatzsteuer unterliegen u. a.:

- Lieferungen und sonstige Leistungen, die ein Unternehmer im Inland gegen Entgelt im Rahmen seines Unternehmens ausführt
- der Eigenverbrauch eines Unternehmers für private Zwecke
- die Einfuhr von ausländischen Gütern in das Inland (Einfuhrumsatzsteuer)

Von der Umsatzsteuer sind z. B. befreit:

- Ausfuhrlieferungen
- Umsätze im Geld- und Kapitalverkehr, z. B. Gewährung von Krediten
- Versicherungsumsätze
- Einnahmen aus Vermietungen und Verpachtungen

Die Berechnung der Umsatzsteuer

Der Unternehmer benötigt für die Berechnung der Umsatzsteuer die Bemessungsgrundlage und den Steuersatz.

Die Bemessungsgrundlage bei Warenumsätzen ist der Nettowarenwert (= Nettoverkaufspreis).

Der allgemeine Steuersatz beträgt zurzeit 19 % der Bemessungsgrundlage.
Bestimmte Umsätze unterliegen einem ermäßigten Steuersatz von 7 %. Dazu gehören z. B.

- alle Lebensmittel mit Ausnahme von Kaviar, Langusten, Hummer, Austern, Schnecken sowie Zubereitungen aus diesen Waren,
- Wasser, Milch und Milchmischgetränke mit einem Milchanteil von mindestens 75 %,
- Kaffee und Tee,
- Bücher, Zeitschriften und Noten,
- die Personenbeförderung in Taxis.

Auf Kaviar muss als „Luxusspeise" 19 % Umsatzsteuer gezahlt werden

Ermittlung der Zahllast

Der Unternehmer muss die Umsatzsteuer, die er dem Kunden in Rechnung stellt, nicht vollständig an das Finanzamt abführen. Er darf die Umsatzsteuer, die er an seinen Vorlieferer gezahlt hat, als Vorsteuer abziehen. An das Finanzamt muss er nur den Unterschiedsbetrag zwischen der dem Kunden in Rechnung gestellten Umsatzsteuer und der an die Vorlieferer gezahlten Vorsteuer abführen. Dieser Unterschiedsbetrag wird als Zahllast bezeichnet.

Umsatzsteuer
– Vorsteuer
= Zahllast

Durch den Vorsteuerabzug wird erreicht, dass der Unternehmer nur die Umsatzsteuer an das Finanzamt abführt, die auf den von ihm erzielten Mehrwert entfällt. Deshalb wird die Umsatzsteuer auch Mehrwertsteuer genannt.

Jedes Unternehmen stellt seinem Abnehmer auf der folgenden Stufe die Vorsteuer, die ihm von seinem Vorlieferer berechnet wurde, und die Zahllast, die es an das Finanzamt bezahlen muss, in Rechnung. So muss letztlich der Endverbraucher die gesamte Umsatzsteuerbelastung bezahlen. Für die Unternehmer ist die Umsatzsteuer kein Kostenfaktor, sondern nur ein durchlaufender Posten.

Die Umsatzsteuer

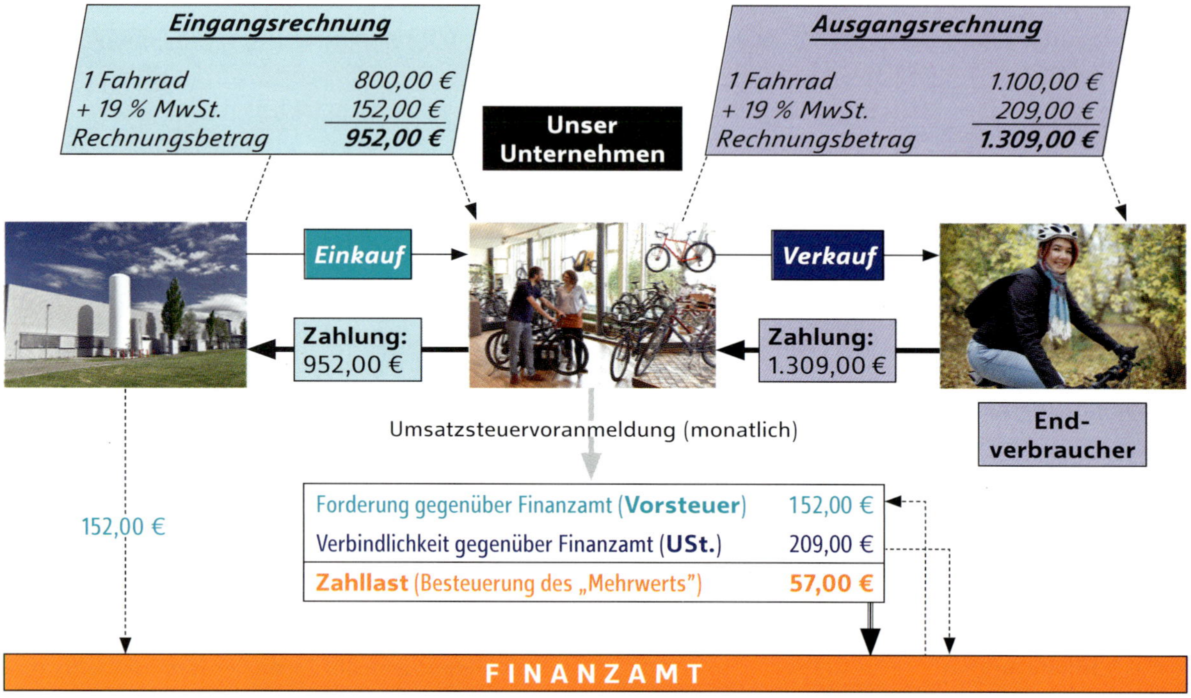

Voranmeldung und Vorauszahlung

Der Unternehmer muss innerhalb von zehn Tagen nach Ablauf eines Kalendermonats beim Finanzamt eine Umsatzsteuervoranmeldung für den abgelaufenen Kalendermonat (= Voranmeldezeitraum) einreichen, wenn die Umsatzsteuerschuld für das vorangegangene Kalenderjahr mehr als 7.500,00 € betrug. Sonst beträgt der Voranmeldezeitraum drei Monate. Die für den Voranmeldezeitraum errechnete Zahllast muss er gleichzeitig als Umsatzsteuervorauszahlung leisten.

Rechnungsausstellung

In Rechnungen, die ein Unternehmer für umsatzsteuerpflichtige Leistungen an Privatpersonen ausstellt, muss die Umsatzsteuer nicht gesondert ausgewiesen werden.

Für umsatzsteuerpflichtige Leistungen an andere Unternehmer muss ein Unternehmer auf Wunsch Rechnungen ausstellen, die die Umsatzsteuer gesondert ausweisen.

Umsatzsteuererklärung

Nach Ablauf eines Kalenderjahres muss der Unternehmer eine Umsatzsteuererklärung abgeben. Wenn die in der Steuererklärung errechnete Steuerschuld die Summe der geleisteten Umsatzsteuervorauszahlungen übersteigt, muss er eine Umsatzsteuernachzahlung (= Abschlusszahlung) an das Finanzamt leisten. Übersteigt die Summe der Umsatzsteuervorauszahlungen die Steuerschuld, so wird der Unterschiedsbetrag (= Erstattungsanspruch) an ihn zurückgezahlt.

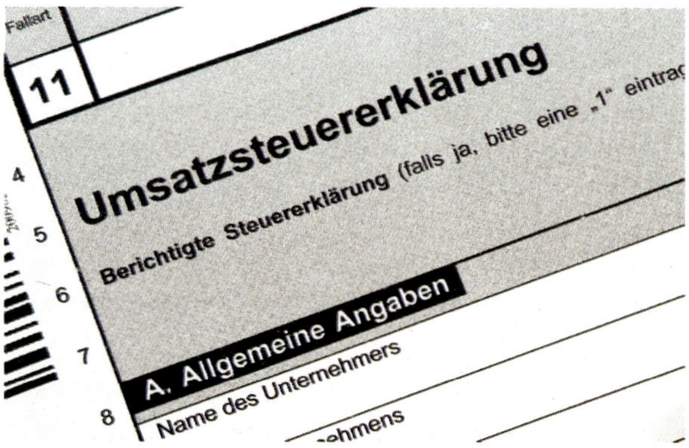

AUFGABEN

1. Für welche der folgenden Vorgänge muss Umsatzsteuer gezahlt werden?
- **a)** Ein Textileinzelhändler verkauft an einen Kunden einen Anzug.
- **b)** Ein Einzelhändler gibt bei der Post ein Paket auf.
- **c)** Ein Einzelhändler vermietet eine Wohnung in seinem Geschäftshaus.
- **d)** Der Verkäufer Klaus Reimann kauft einen gebrauchten Pkw von einem Kollegen.
- **e)** Ein Lebensmitteleinzelhändler nimmt aus seinem Geschäft eine Kiste Wein für eine Familienfeier mit nach Hause.

2. Wie hoch ist in folgenden Fällen die Umsatzsteuer?
- **a)** 1/2 kg Kaffee: Nettopreis 4,00 €
- **b)** 1 DVD-Rekorder: Nettopreis 500,00 €
- **c)** 1 Brot: Nettopreis 1,50 €

3. Der Großhändler Bayer liefert an Franz Göbel, Inhaber eines Rundfunk- und Fernsehfachgeschäfts, ein Fernsehgerät zum Nettoverkaufspreis von 1.000,00 € + 19 % Umsatzsteuer. Einzelhändler Göbel verkauft das Fernsehgerät an einen Kunden zum Nettoverkaufspreis von 1.400,00 € + 19 % Umsatzsteuer.

Ermitteln Sie die Zahllast, die Göbel an das Finanzamt abführen muss.

4. Warum ist die Umsatzsteuer für Unternehmer ein durchlaufender Posten?

5. Bis zu welchem Termin muss ein Unternehmer die Zahllast für den Monat Mai an das Finanzamt abgeführt haben?

6. In welchen Fällen ist ein Unternehmer nicht verpflichtet, die Umsatzsteuer in einer Rechnung gesondert aufzuführen?

7. Warum zählt die Umsatzsteuer zu den indirekten Steuern?

ZUSAMMENFASSUNG

Umsatzsteuerpflichtig sind	alle Lieferungen und sonstigen Leistungen eines Unternehmens im Inland gegen Entgelt, Eigenverbrauch der Unternehmer und Wareneinfuhren, die nicht steuerbefreit sind.
Schuldner der Umsatzsteuer sind	Unternehmer (Einzelhändler).
Träger der Umsatzsteuer sind	Endverbraucher.
Steuersätze	allgemeiner Steuersatz: 19 % – ermäßigter Steuersatz: 7 %
Umsatzsteuervoranmeldung und -erklärung	• Umsatzsteuervoranmeldung und Umsatzsteuervorauszahlung grundsätzlich bis zum 10. des Folgemonats • Umsatzsteuererklärung nach Ablauf des Kalenderjahres, bis zum 31. Mai des Folgejahres
Berechnung der Zahllast	Bemessungsgrundlage * Steuersatz = Umsatzsteuer (Traglast) - Abziehbare Vorsteuer = Zahllast
wirtschaftliche Bedeutung für den Einzelhandel	Die Umsatzsteuer ist wettbewerbsneutral, weil sie ein durchlaufender Posten ist.

Man versteht erst dann etwas richtig, wenn man versucht, es einem anderen zu erklären. Dies führt zu einer eigenen gründlichen Auseinandersetzung mit dem gerade behandelten Thema.

1. Suchen Sie sich einen Partner.
2. Lesen Sie noch einmal die Zusammenfassung. Bei Verständnisproblemen schlagen Sie ggf. noch einmal im Informationstext nach.
3. Einer von Ihnen erläutert die Zusammenfassung dem Partner.
4. Dieser achtet auf Korrektheit und Vollständigkeit und wiederholt noch einmal.

ICH ÜBERPRÜFE MEINE NEU ERWORBENEN KOMPETENZEN

Den Erwerb der zu Beginn aufgeführten Kompetenzen können Sie selbst mithilfe der folgenden Tabelle überprüfen.

Wenn Sie alle Aufgaben, die hinter einer Kompetenz stehen, gelöst haben, machen Sie ein Kreuz bei „Ganz".

Bei den Kompetenzen, bei denen Sie Aufgaben „Teilweise" oder „Gar nicht" gelöst haben, sollten Sie den dazugehörigen Informationstext noch einmal lesen und die Aufgaben anschließend noch einmal bearbeiten.

Was ich nach der Bearbeitung dieses Kapitels kann	Aufgaben	Ganz	Teilweise	Gar nicht
Ich kann ...				
... die Bedeutung der Umsatzsteuer für das Einzelhandelsunternehmen und den Kunden erläutern.	1, 4, 7			
... die Umsatzsteuer für die unterschiedlichen Artikel des Sortiments ermitteln.	2			
... Rechnungen unter Berücksichtigung der Umsatzsteuervorschriften erstellen.	6			
... Umsatzsteuer, Vorsteuer und Zahllast unterscheiden.	3			
... die Zahllast ermitteln.	3			

5321408

3.8 Die Barzahlung

Problemstellung

Die Tom Hoss KG hatte zwei Gärtner beauftragt, den Eingang des Flagship Stores mit Pflanzen zu verschönern. Die Gärtner wollten gern bar bezahlt werden.

Frau Hoss: „Das ist ja sehr schön geworden ..."

Gärtner Müller: „Ja, wir haben uns Mühe gegeben. So, dann kommen wir mal zur Bezahlung!"

Frau Hoss: „Bezahlung??? Wieso?? Ich habe doch heute Morgen Ihrem Kollegen den Geldbetrag übergeben!"

Gärtner Müller: „Das glaube ich nicht."

1. Stellen Sie fest, wie die Tom Hoss KG die Zahlung nachweisen kann.
2. Führen Sie Nachteile der Barzahlung aus Sicht der Tom Hoss KG auf.

EINORDNUNG DES THEMAS

Lernfeld 3: Kunden im Servicebereich Kasse betreuen

Abschluss von Rechtsgeschäften → Abschluss von Kaufverträgen → Rechts- und Geschäftsfähigkeit → AGB → Abwicklung und Auswertung von Kassenvorgängen → Erfassung von Verkaufsdaten → Umsatzsteuer → **Die verschiedenen Zahlungsarten** → Kassenabrechnungen

Kompetenzen

Nach Bearbeitung dieses Kapitels können Sie ...

... den Begriff Barzahlung erklären.
... eine rechtsgültige Quittung ausfüllen.
... die Annahmepflicht von Bargeld nachvollziehen.
... verschiedene Arten der Barzahlung vornehmen.
... den Unterschied der Barzahlung zur halbbaren Zahlung erläutern.

INFORMATIONSTEXT

DEFINITION

Bei der **Barzahlung** wechselt das Geld direkt den Besitzer: Übergeben werden Münzen beziehungsweise Banknoten. Weder der Schuldner noch der Gläubiger benutzen ein Konto.

Quittung

Bei jeder Form der Barzahlung ist es wichtig, dass die Übergabe des Bargelds später auch bewiesen werden kann. Daher muss die Übergabe von Bargeld durch Quittungen bestätigt werden.

Eine Quittung ist eine Empfangsbestätigung für den Erhalt einer Leistung, also in der Regel eines Geldbetrags. Mit der Quittung weist der Schuldner nach, dass eine Forderung nicht mehr besteht. Der Gläubiger ist verpflichtet, die Quittung auszustellen.

Eine Quittung muss mindestens die folgenden Angaben enthalten:

- Name des Zahlers
- Zahlungsbetrag in Buchstaben und Ziffern
- Grund der Zahlung
- Ort und Tag der Ausstellung
- Empfangsbestätigung
- Unterschrift des Zahlungsempfängers

Als Quittungen gelten:

- ausgefüllte Quittungsvordrucke
- eigenständig erstellte schriftliche Quittungen
- Kassenzettel
- auf Rechnungen angebrachte Quittungsvermerke

Bis zu einem Betrag von 250,00 € muss bei zweiseitigen Handelsgeschäften die Umsatzsteuer nicht ausgewiesen werden (Kleinbetragsrechnung). Zweiseitige Handelsgeschäfte sind Geschäfte unter Kaufleuten.

Unterschiede zwischen Rechnungen, Quittungen und Kassenbons		
Rechnungen	Quittungen	Kassenbons
Mit einer Rechnung informiert ein Unternehmer seinen Kunden über eine fällige Forderung in Höhe des Rechnungsbetrages.	Eine Quittung bestätigt den Empfang einer Leistung. Dies ist in der Regel eine Geldzahlung.	Kassenbons erfüllen nicht von vornherein automatisch die Anforderungen, die hinsichtlich der Form an Rechnungen und Quittungen gestellt werden. Die heutigen Kassensysteme drucken jedoch in der Regel Kassenbons aus, die zumindest die notwendigen Angaben einer Kleinbetragsrechnung enthalten. Obwohl streng genommen nicht alle Anforderungen an eine Quittung erfüllt werden, dienen Kassenbons damit dennoch der Bescheinigung der Bezahlung eines Einkaufs oder einer Dienstleistung. Sie werden vom Finanzamt auch ohne Unterschrift als Zahlungsnachweis anerkannt.

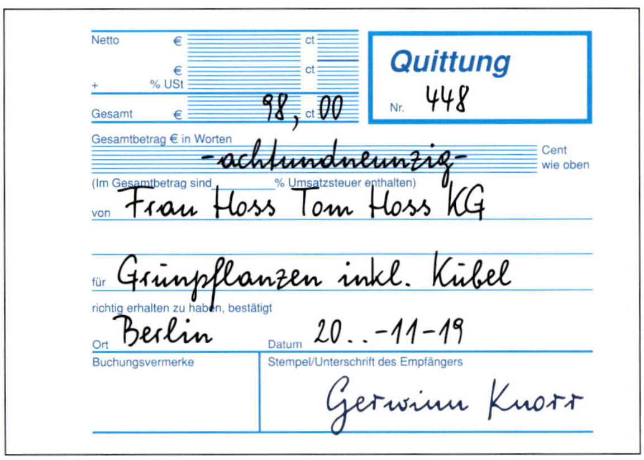
Quittung
Netto € ct
+ % USt € ct
Gesamt € 98,– ct 00
Nr. 448
Gesamtbetrag € in Worten –achtundneunzig– Cent wie oben
(Im Gesamtbetrag sind % Umsatzsteuer enthalten)
von Frau Hoss Tom Hoss KG
für Grünpflanzen inkl. Kübel
richtig erhalten zu haben, bestätigt
Ort Berlin Datum 20..-11-19
Buchungsvermerke
Stempel/Unterschrift des Empfängers Gerwinn Knorr

ausgefüllter Quittungsvordruck

Boutique Petra
Inh. Petra Maier
Nordendstr. 4
82357 München
Tel.: 089/123456

Artikel	Menge	Summe
012345		
Leuchter Ciao	1	3,45
012345		
Leuchter Ciao	1	3,45
033421		
Kerzen	2	2,50
	Gesamt EURO	9,40
	Betrag, netto	7,90
	MWST 19%	1,50
	Bar	10,00
	Rückgeld	0,60

Vielen Dank für Ihren Besuch!
Umausch nur mit Kassenbon
Es bediente Sie Frau Hafner
Datum 19.01.20..
Bon Nr.: 0000212304

Kassenbon

5321410

Annahmepflicht von Bargeld

In der Eurozone sind Banknoten gesetzliches Zahlungsmittel: Aufgrund gesetzlicher Bestimmung muss jeder dieses Geld annehmen, wenn damit finanzielle Verpflichtungen erfüllt werden sollen. Es kann jedoch per Vertrag oder AGBs vereinbart werden, dass

- eine Verbindlichkeit nicht mit Bargeld beglichen werden kann,
- die Annahme von Banknoten auf eine bestimmte Höhe beschränkt ist.

BEISPIEL

Ein Schild an einer Zapfsäule weist darauf hin, dass keine 500-Euro-Noten angenommen werden.

Für Münzen gilt die folgende Regelung: Niemand ist im Geltungsbereich des Euros verpflichtet, in einer Zahlung mehr als fünfzig Münzen anzunehmen. Mit dieser Regelung ist keine Wertangabe verbunden.

Arten der Barzahlung

Bei der **unmittelbaren** Barzahlung erfolgt die Zahlung von Hand zu Hand. Das Bargeld wird persönlich oder durch eine Boten übergeben. Bei der **mittelbaren** Barzahlung wird das Bargeld unter Einbeziehung der Post oder anderer Anbieter über größere räumliche Entfernungen weitergegeben. Hierbei werden allerdings immer hohe Gebühren fällig.

Expressbrief

Mit einem DHL-Expressbrief der Deutschen Post kann dem Empfänger Bargeld im Laufe des folgenden Tages zugestellt werden. Gegen eine zusätzliche Gebühr ist auch eine Zustellung vor 9:00, 10:00 oder 12:00 Uhr möglich. Die Post haftet bei Verlust oder Beschädigung im Regelfall bis 500,00 €. Beim Expressbrief sind viele zusätzliche Services möglich, z. B. Eigenhändig oder Rückschein.

Bargeldtransfer mit Western Union

In allen Postbank Finanzcentern, in größeren Filialen der Post sowie bei weiteren Western Union-Vertriebspartnern kann Bargeld eingezahlt werden. Weitere Vertriebspartner der Western Union sind diverse Sparkassen und Kreissparkassen, AGw in Hamburg sowie Schiller 5 in München, in letzter Zeit vermehrt auch Tankstellen, Kioske und Einzelhandelsunternehmen. Für den Bargeldtransfer mit Western Union muss ein Formular ausgefüllt werden. Benötigt wird nur ein gültiger Ausweis. Es gibt keine Betragsgrenze. Die Gebühren richten sich nach der Höhe der Summe und dem jeweiligen Empfängerland. Sie werden nur dem Absender berechnet; der Empfänger zahlt keine Gebühren.

BEISPIEL

Das Entgelt beträgt in Euroländern 4 % des Zahlungsbetrags, mindestens 20,00 € – maximal 200,00 €. In das sonstige Ausland 5 %, mindestens 26,00 € – maximal 260,00 €.

Nach der Einzahlung erhält der Absender eine Transaktionsnummer (Money Transfer Control Number = MTCN), die er zur Sendungsverfolgung verwenden kann. Anschließend muss er sich mit dem Empfänger in Verbindung setzen und ihm den Bargeldtransfer ankündigen.

Damit der Empfänger das Bargeld an einem von mehr als 355 000 Vertriebsstandorten in 200 Ländern weltweit ausgezahlt bekommt, benötigt er:

- den Namen des Absenders der Barzahlung
- Höhe und Ursprungsland des Geldtransfers
- den eigenen Ausweis mit Lichtbild
- MTCN (nicht unbedingt nötig, aber empfehlenswert)

Bedeutung der Barzahlung

Die Barzahlung spielt noch eine vergleichsweise große Rolle im Einzelhandel sowie im Personenbeförderungsgewerbe.

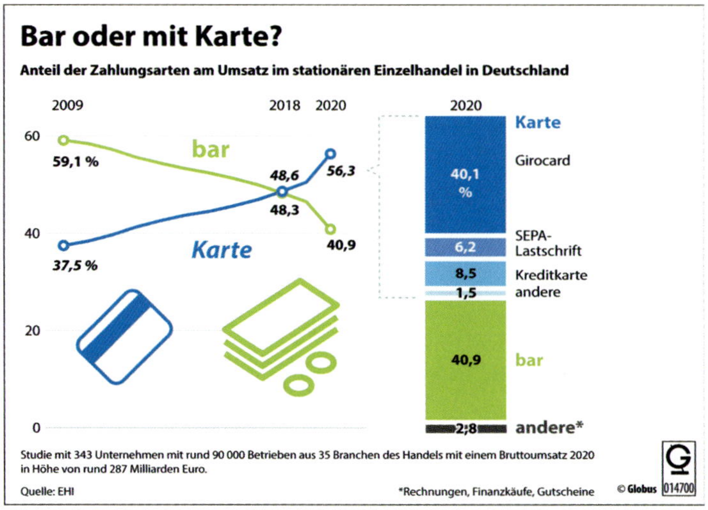

Halbbare Zahlung
Nicht zu verwechseln mit den Formen der Barzahlung sind die halbbaren Zahlungsformen. Diese sind eine Zwischenstufe zwischen der Barzahlung und dem bargeldlosen Zahlungsverkehr: Entweder der Zahlungsempfänger eines Zahlungsvorgangs erhält Bargeld oder der Zahlungspflichtige zahlt Bargeld ein. Der jeweils andere Geschäftspartner besitzt jedoch ein Konto, auf dem er eine Lastschrift bzw. eine Gutschrift erhält.

Hat der Schuldner – also der Zahlungspflichtige – ein Konto, der Empfänger soll aber Bargeld ausbezahlt bekommen, kann ein **Barscheck** ausgestellt werden.

Im umgekehrten Fall zahlt der Schuldner Bargeld auf ein Konto des Zahlungsempfängers ein: Dies kann er mit einem **Zahlschein** bei allen Banken oder der Postbank machen. Die Zahlung mit einem Zahlschein ist teurer als eine Überweisung von Konto zu Konto.

Eine weitere Möglichkeit der halbbaren Zahlung ist die Zahlung per **Nachnahme:** Der Schuldner bezahlt die gelieferte Ware beim Empfang der Ware beim liefernden Post- bzw. Logistikunternehmen bar. Das Post- bzw. Logistikunternehmen leitet den Betrag auf das Konto des Lieferanten weiter.

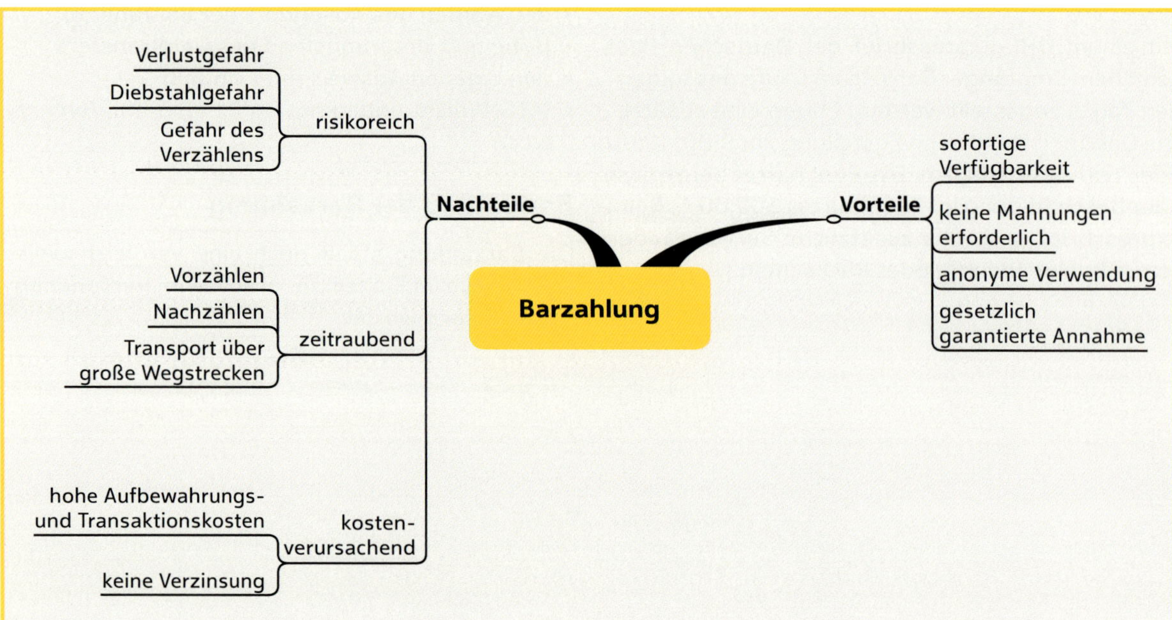

AUFGABEN

1. Beschreiben Sie, wie eine Barzahlung abläuft.
2. Was ist eine Quittung?
3. Was gilt als Quittung?
4. Führen Sie die Bestandteile einer Quittung auf.
5. Auf zwei Rechnungen sind Vermerke angebracht:
   a) „Von Frau Diedrichs habe ich dankenswerterweise den Rechnungsbetrag erhalten. Hoss“
   b) „Für kleinere Tapezierarbeiten habe ich von Frau Diedrichs 112,00 € erhalten. 21.7.20.. Schiech“
   Welche Fehler wurden hier gemacht?
6. Wodurch unterscheidet sich die unmittelbare von der mittelbaren Barzahlung?
7. Erläutern Sie die Barzahlung mit:
   a) einem Expressbrief
   b) einem Bargeldtransfer mit der Western Union
8. Mit welchen Arten der mittelbaren Barzahlung können die folgenden Beträge gezahlt werden?
   a) 80,00 €
   b) 340,00 €
   c) 12.500,00 €
9. Welche Vor- und Nachteile hat die Barzahlung?
10. Die Hoffmann KG möchte Bargeld versenden. Berechnen Sie mithilfe der Internetadresse *https://www.dhl.de/de/privatkunden/pakete-versenden/deutschlandweit-versenden/express-easy.html* den Preis für einen Expressbrief mit dem Gewicht von 1 kg, der vor 9:00 Uhr am nächsten Tag zugesandt werden soll.
11. Suchen Sie unter *www.westernunion.de* (Link Vertriebsstandort suchen) den nächsten Vertriebspartner
    a) in der Nähe Ihrer Berufsschule,
    b) in der Nähe Ihres Ausbildungsunternehmens.
12. Erläutern Sie den Unterschied zwischen Barzahlung und halbbarer Zahlung.
13. Welche Regelungen gelten für die Annahmepflicht von Bargeld?

ZUSAMMENFASSUNG

Barzahlung

- Der Zahlende gibt Bargeld in Form von Münzen oder Banknoten, der Zahlungsempfänger erhält Bargeld.
- Anwendung überwiegend im Einzelhandel (mit abnehmender Tendenz)

unmittelbare Barzahlung
direkte Übergabe von Hand zu Hand

- **persönlich**
- **durch Boten**

mittelbare Barzahlung
Einbeziehung der Post oder anderer Anbieter

- **Expressbrief**
- **Bargeldtransfer mit Western Union**

Man versteht erst dann etwas richtig, wenn man versucht, es einem anderen zu erklären. Dies führt zu einer eigenen gründlichen Auseinandersetzung mit dem gerade behandelten Thema.

1. Suchen Sie sich einen Partner.
2. Lesen Sie noch einmal die Zusammenfassung. Bei Verständnisproblemen schlagen Sie ggf. noch einmal im Informationstext nach.
3. Einer von Ihnen erläutert die Zusammenfassung dem Partner.
4. Dieser achtet auf Korrektheit und Vollständigkeit und wiederholt noch einmal.

ICH ÜBERPRÜFE MEINE NEU ERWORBENEN KOMPETENZEN

Den Erwerb der zu Beginn aufgeführten Kompetenzen können Sie selbst mithilfe der folgenden Tabelle überprüfen.

Wenn Sie alle Aufgaben, die hinter einer Kompetenz stehen, gelöst haben, machen Sie ein Kreuz bei „Ganz".

Bei den Kompetenzen, bei denen Sie Aufgaben „Teilweise" oder „Gar nicht" gelöst haben, sollten Sie den dazugehörigen Informationstext noch einmal lesen und die Aufgaben anschließend noch einmal bearbeiten.

Was ich nach der Bearbeitung dieses Kapitels kann	Aufgaben	Ganz	Teilweise	Gar nicht
Ich kann ...				
... den Begriff Barzahlung erklären.	1			
... eine rechtsgültige Quittung ausfüllen.	2, 3, 4, 5			
... die Annahmepflicht von Bargeld nachvollziehen.	14			
... verschiedene Arten der Barzahlung vornehmen.	7, 8, 9			
... den Unterschied der Barzahlung zur halbbaren Zahlung erläutern.	13			

3.9 Die Zahlung mit Girocard

Problemstellung

Ein großer Teil der Kunden der Tom Hoss KG bezahlt ihre Einkäufe noch immer mit Bargeld. Der Geschäftsführer der Tom Hoss KG möchte die Bereitschaft der Kunden erhöhen, an der Kasse mit ihrer Girocard zu zahlen. Mit Interesse liest er deshalb die folgende Pressemitteilung im Internet:

Girocard

Das kann die deutsche Bankkarte

Sie gehört zu fast jedem Girokonto: die Girocard (früher EC-Karte genannt). Mit ihr kannst Du Geld abheben und Deine Einkäufe bezahlen. [...] Die gezahlte oder abgehobene **Summe geht sofort** vom Girokonto ab. Das ist ein wichtiger Unterschied zu vielen Kreditkarten, bei denen Du teilweise einen Monat Zeit hast, das Geld zurückzuzahlen oder es gar in Raten abstotterst. Das unmittelbare Abbuchen bei der Girocard kann Dir helfen, Deine Finanzen besser im Blick zu behalten.

[...] Mit der Girocard kannst Du vor allem in **Deutschland Geld abheben**. Bei den Geldautomaten Deiner Bank kostet das oft nichts. Auch wenn Deine Bank Mitglied in einem Automatennetzwerk wie Cash Group oder Cashpool ist, kannst Du bei den anderen Mitgliedsbanken kostenlos Geld abheben.

[...] Du kannst mit der Girocard natürlich auch bezahlen. Die Zahlung bestätigst Du, indem Du die PIN der Karte eingibst. Deine Bank verspricht dann dem Händler, dass er auch sein Geld kriegt. Dafür prüft sie beim Bezahlvorgang, ob genug Geld auf Deinem Konto liegt.

[...] Mit der Girocard kannst Du auch kontaktlos bezahlen. Du musst die Karte also beim Bezahlen nicht mehr aus der Hand geben, sondern sie nur an das Lesegerät der Kasse halten. Du erkennst die passenden Kassen an einer Kombination aus Girocard-Logo und Funkwellen-Symbol.

Es gibt zwei Möglichkeiten, kontaktlos zu zahlen. Die bekanntere heißt NFC (near field communication): Inzwischen sind viele Karten mit einem **NFC-Chip** ausgerüstet. Zahlst Du mittels NFC wird das Geld **direkt vom Konto abgebucht**, so wie Du es von der Girocard gewohnt bist.

Erst ab Summen über 25 Euro musst Du zusätzlich Deine PIN eingeben. Während der Corona-Pandemie haben die Banken und Händler diese Summe auf 50 Euro hochgesetzt. [...] Die Sparkassen und Volksbanken bieten auch das Bezahlen mit der Girocard über Android-Smartphones an. Das funktioniert mit ihren Banking-Apps. Falls Du ein iPhone hast, kannst Du nur bei den Sparkassen mit der **Girocard mobil bezahlen**, sie bieten dafür Apple Pay an. Statt der Karte hältst Du beim mobilen Bezahlen das Smartphone an das Lesegerät der Kasse.

Hürden beim Online-Shopping

Noch funktionieren Girocards in den meisten Fällen beim Online-Shopping nicht, Du musst dafür zu Deiner Kreditkarte greifen. Wenn Du Dein Konto bei einer Sparkasse hast, ändert sich das womöglich bald: Denn künftig soll bei vielen Sparkassen die Girocard zusätzlich als „Mastercard Debit" funktionieren, also wie eine Debit-Kreditkarte. Das soll nicht nur die Akzeptanz beim Bezahlen in Läden erhöhen, mit den Karten kannst Du dann auch im Internet einkaufen.

Quelle: Lietzau, Josefine: Girocard – Das kann die deutsche Bankkarte. In: www.finanztip.de. 20.11.2020. https://www.finanztip.de/girokonto/girocard/ [23.11.2021]

1. Stellen Sie fest, wie die Kunden an der Kasse mit ihrer Girocard bezahlen können.
2. Beurteilen Sie die Sicherheit der Zahlung mit einer Girocard.

EINORDNUNG DES THEMAS

Lernfeld 3: Kunden im Servicebereich Kasse betreuen

Abschluss von Rechtsgeschäften → Abschluss von Kaufverträgen → Rechts- und Geschäftsfähigkeit → AGB → Abwicklung und Auswertung von Kassenvorgängen → Erfassung von Verkaufsdaten → Umsatzsteuer → **Die verschiedenen Zahlungsarten** → Kassenabrechnungen

Kompetenzen

Nach Bearbeitung dieses Kapitels können Sie ...

... die Zahlungsabwicklung beim Electronic-cash beschreiben.
... die Vorteile des Electronic-Cash-Verfahrens für den Kunden erläutern.
... die Vorteile des Electronic-Cash für den Einzelhändler erläutern.
... Nachteile von Electronic-Cash nennen.
... das Lastschriftverfahren bei der Bezahlung mit Girocard erläutern.
... die Vorteile des Lastschriftverfahrens für den Einzelhändler nennen.
... die Zahlung mittels Near Field Communication (NFC) beschreiben.

INFORMATIONSTEXT

Zahlungen mit der Girocard

Die Besitzer einer Girocard oder Bankkarte können mit ihrer Karte und ihrer persönlichen Identifikationsnummer (PIN = Personal Identification Number) an Geldautomaten Bargeld abheben oder im Electronic-Cash-System bargeldlos bezahlen, z. B. im Handel an der Kasse.

In Deutschland kann man an mehr als 58000 und in Europa an über 580000 Geldautomaten mit der Girocard Bargeld abheben.

DEFINITION

Unter **Electronic Cash** wird das bargeldlose Zahlen nur mit der Girocard verstanden.

Wenn der zu zahlende Betrag feststeht, schiebt der Kunde seine Girocard in das bereitstehende elektronische Lesegerät und bestätigt den angezeigten Betrag per Tastendruck (z. B. „OK" oder „Bestätigung"). Als Nächstes tippt er seine persönliche Geheimnummer, die PIN, ein. Damit ist der Zahlungsvorgang für den Kunden abgeschlossen. Er muss nichts mehr unterschreiben.

Die Zahlungsabwicklung ist schnell, denn bei Electronic Cash entfällt das zeitaufwendige Wechseln und Herausgeben von Bargeld. Weil so weniger Bargeld in den Kassen ist, verringert sich für das Unternehmen das Risiko, beraubt zu werden. Auch Kassenfehlbeträge sind mit Electronic Cash weitgehend ausgeschlossen.

Um die hohen Sicherheitsanforderungen zu erfüllen, sind alle Electronic-Cash-fähigen Datenkassen online mit Netzknotenrechnern privater Betreibergesellschaften verbunden. Sie wickeln den elektronischen Zahlungsverkehr ab. Sobald ein Zahlungsvorgang eingeleitet wird, erfolgt innerhalb weniger Sekunden eine Autorisierungsanfrage (autorisieren = zustimmen, genehmigen) an den jeweiligen Zentralrechner der Bankengruppe. Dort wird der Zahlungsvorgang unmittelbar untersucht oder noch einmal zum Computer des kontoführenden Geldinstituts weitergeleitet.

Dabei wird u. a. geprüft, ob die Geheimnummer richtig eingegeben wurde und ob eine Sperre der Karte vorliegt. Außerdem kann jedem Geldinstitut für jeden Kunden eine Ausgabengrenze festgelegt werden, wie z. B. ein bestimmter Höchstbetrag (z. B. 1.000,00 € pro Woche).

5321416

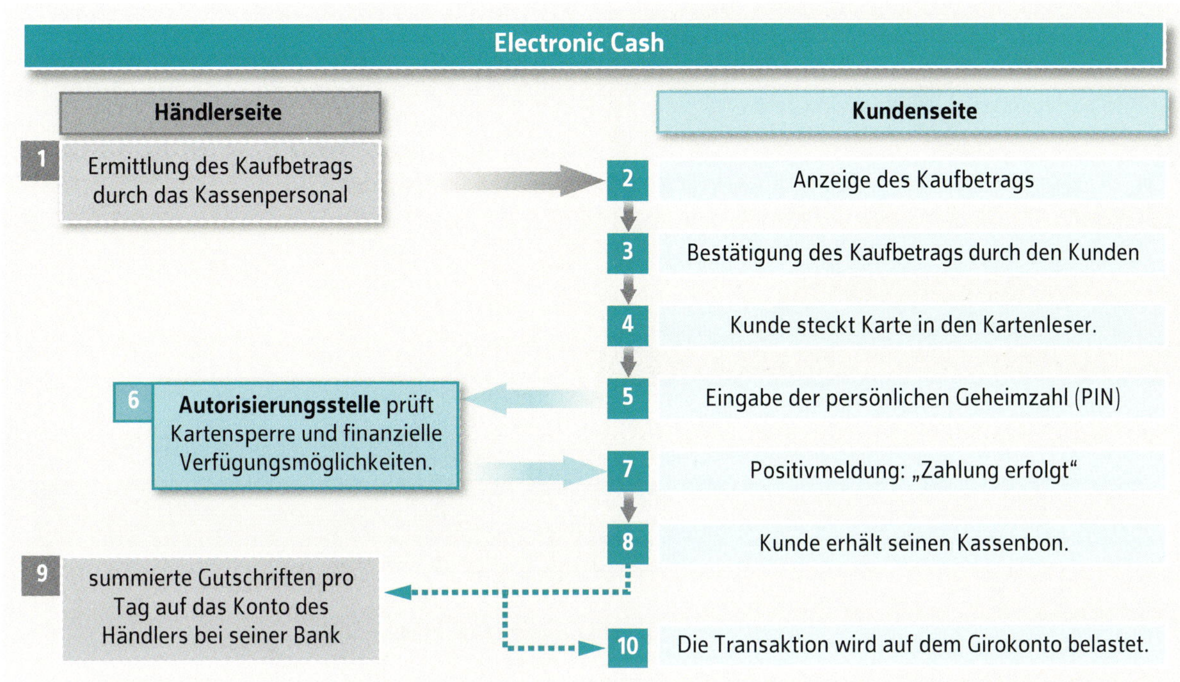

Untersuchungen haben gezeigt, dass mit Electronic Cash die Höhe der einzelnen Einkäufe und die Zahl der Spontankäufe deutlich zunimmt. Zudem kann eine höhere Kundenbindung erreicht werden.

Verbraucherschutzverbände weisen in diesem Zusammenhang auf folgende Probleme hin:

- Der Kauf mit der Girocard kostet den Kunden häufig Geld. Viele Banken berechnen für die einzelnen Kontenbewegungen Postengebühren.
- Electronic Cash kann zu einer „Entsinnlichung“ des Zahlens führen. Die Kunden verlieren den Überblick über ihre Käufe. Es besteht eine größere Neigung, sich zu verschulden.

Lastschriftverfahren bei der Zahlung mit Girocard

Durch Electronic Cash entstehen für die Händler Kosten für Bankgebühren, Leitungskosten und Kosten für die Hardwareausstattung. Die mit Electronic Cash verbundenen Kosten für die Händler führten dazu, dass einige experimentierfreudige Händler Alternativen entwickelten. Bei dem von verschiedenen Händlern angewandten Lastschriftverfahren benötigt der Kunde nur seine Girocard. Mithilfe der Girocard werden über einen Kartenleser die Internationale Bankkontonummer (IBAN) und die Internationale Bankleitzahl (BIC) ermittelt und ein Lastschriftbeleg erstellt. Mit seiner Unterschrift auf diesem Beleg ermächtigt der Kunde den Händler, den Zahlbetrag von seinem Konto einzuziehen. Es findet dabei keine Prüfung der persönlichen Identifikationsnummer statt. Die Unternehmen sparen Kosten, da keine Gebühren für eine Verbindung zu einer Autorisierungszentrale anfallen. Das Unternehmen trägt jedoch das volle Risiko für die Zahlbeträge.

Smartcards

Die Girocard entwickelt sich zunehmend zur Smartcard (= kluge Karte). Statt mit einem Magnetstreifen, wird sie mit einem Mikrochip ausgerüstet. Dadurch wird die Girocard zu einem Minicomputer mit eigenem Betriebssystem und eigener Logik. Der Chip ist in der Lage, selbstständig einen größeren Teil der Autorisierung bei POS-Zahlungen vorzunehmen. Damit erfolgt sowohl die Prüfung der Geheimnummer als auch die Prüfung der Ausgabenhöchstgrenze „vor Ort“.

Smartcards mit Mikrochips

Aufgaben der Chipkarte

Die Chipkarte ist ein Kleingeldspeicher, der beim Einkauf um den Kaufbetrag entladen wird. Ist die „debitorische Börse“ leer, wird sie bei der Bank wieder aufgeladen. Dabei wird das Konto des Karteninhabers belastet.

Aufgaben der Chipkarte

„debitorische Börse“

- Kleingeldspeicher, der beim Einkauf um den Kaufbetrag entladen wird
- Ist die „debitorische Börse“ leer, wird sie bei der Bank wieder aufgeladen. Dabei wird das Konto des Karteninhabers belastet.

Speicherung aktueller Informationen über die Zahlungsfäigkeit des Kunden

- Eingabe der PIN am Kassenterminal
- Kassenterminal reduziert Verfügungsrahmen im Chip um den Einkaufsbetrag und erhält von der Karte einen gesicherten Buchungssatz.
- Zahlungsvorgänge werden im Kassenterminal gespeichert.
- Aus den Chipkartenumsätzen des Unternehmens werden Lastschriftdateien erstellt. Sie werden bei der Hausbank des Händlers zur weiteren Bearbeitung – also zum Einzug der jeweiligen Kaufbeträge – eingereicht.
- Diese Offlineabwicklung macht Electronic-Cash für die Betriebe erheblich attraktiver. Kommunikationskosten entfallen zum großen Teil. Nur wenn der Einkaufsbetrag den Verfügungsrahmen übersteigt, wird online (über Datenfernübertragung) abgefragt.

Zahlung mittels Near Field Communication

Die Girocard kann auch mittels Near Field Communication (NFC) zum kontaktlosen Bezahlen genutzt werden. Der NFC-Übertragungsstandard ermöglicht eine kontaktlose Kommunikation im Nahbereich bis zu zehn Zentimetern. Damit eine Girocard zum kontaktlosen Bezahlen eingesetzt werden kann, muss in ihr ein RFID-Chip (Radio-Frequency-Identification-Chip) integriert sein.

Bei der kontaktlosen NFC-Zahlung muss der Zahler seine Girocard nur kurz in einem Abstand von weniger als vier Zentimetern an das Terminal des Zahlungsempfängers halten. Nachdem der Zahlungsempfänger das Terminal durch die Eingabe des Zahlungsbetrags aktiviert hat, wird dieser Betrag in weniger als einer Sekunde von dem auf der Girocard gespeicherten Guthaben abgebucht. Bis zu einer Obergrenze von 25,00 € erfolgt diese Zahlung ohne Eingabe einer PIN.

Wie sicher sind kontaktlose Zahlungen?

Immer häufiger ist es an Kassen möglich, kontaktlos zu bezahlen, also ohne Unterschrift oder die Eingabe der PIN. Dazu halten Sie einfach Ihre mit NFC ausgestattete Karte in die Nähe des Terminals, und schon wird der Kaufbetrag abgebucht. Millionen solcher Karten sind bereits im Umlauf, Tendenz rasant steigend.

Sicher haben Sie sich auch schon gefragt, ob so dem Kartenmissbrauch nicht Tür und Tor geöffnet werden: Vielleicht gehen Sie gerade an einer Kasse vorbei, und von Ihrer Karte wird aus Versehen abgebucht. Oder ein in betrügerischer Absicht manipuliertes Kartenlesegerät wird in die Nähe Ihrer Karte gehalten, erkennt diese und bucht – von Ihnen gänzlich unbemerkt – davon ab. Dies könnte Ihnen doch überall passieren, im überfüllten Bus, beim Einkaufen im Supermarkt, in der Buchhandlung.

Theoretisch ist dies tatsächlich möglich. Praktisch ist fraglich, ob sich eine solche Tat für einen Kriminellen lohnen würde, denn der Gewinn, den er aus dieser Straftat ziehen könnte, liegt bei maximal 25 Euro pro Transaktion – nur bis zu diesem Betrag ist eine NFC-Zahlung möglich. Dafür müsste der Täter zunächst einmal über ein manipuliertes Lesegerät verfügen. Dann müsste er herausfinden, ob Sie überhaupt eine NFC-fähige Karte besitzen. Als Nächstes müsste er wissen, wo genau Sie diese Karte immer aufbewahren, denn um davon abbuchen zu können, muss er Ihrer Karte mit seinem Terminal sehr nahekommen.

Beruhigend für Sie zu wissen: Diese Szenarios haben die kartenausgebenden Banken bereits durchgespielt und auch für diese eher unwahrscheinlichen Fälle Vorkehrungen getroffen.

- Eine NFC-Zahlung ist nur im Abstand von wenigen Zentimetern zum Terminal möglich.
- Jede Zahlung wird vom Kassenmitarbeiter einzeln aktiviert, eine getätigte Zahlung wird mit einem optischen oder akustischen Signal bestätigt. So ist ein versehentliches Bezahlen im Vorbeigehen an einem Terminal ausgeschlossen, Mehrfachzahlungen werden so unmöglich gemacht.
- Sollten an der Kasse mehrere NFC-Signale ankommen, also mehrere Karten erkannt werden, wird die Transaktion sofort abgebrochen.
- Jedes Terminal muss gesondert als Lesegerät zugelassen werden und wird zertifiziert. Ein manipuliertes Terminal herzustellen, ist mit extrem hohem auch finanziellem Aufwand verbunden.
- Da jede NFC-Zahlung auf 25 Euro begrenzt ist und Mehrfachzahlungen nicht möglich sind, ist selbst ein eventueller Missbrauch begrenzt. Für Zahlungen unter 25 Euro haften meist sogar die Banken.

Sollten Sie dennoch Bedenken haben, können Sie sich bei Ihrer Bank in der Regel kostenfrei eine Schutzhülle für Ihre Karte besorgen, die vor dem Auslesen abschirmt, oder den NFC-Chip auf Ihrer Karte deaktivieren lassen.

Quelle: vgl. Paysol GmbH & Co. KG: Wie kann ich meine Karte vor NFC-Betrug schützen? O.D. In: bezahlen.de.www.bezahlen.de/schutz-vor-nfc-betrug.php [10.09.2021].

Auch mit einem Handy oder einer Kreditkarte kann mittlerweile im NFC-System kontaktlos gezahlt werden. Die großen Mobilfunknetzwerke bieten ihren Kunden die Möglichkeit an, in Einzelhandelsbetrieben mit ihren Handys zu bezahlen. Damit ein Handy zur kontaktlosen Zahlung eingesetzt werden kann, muss an ihm jedoch ein NFC-Sticker angebracht sein.

Mit Paypass und Paywave bieten die Kreditkartenunternehmen Mastercard und Visa ebenfalls kontaktloses Zahlen mit Kreditkarten an.

Zahlung mit dem RFID-Chip

mastercard

An diesem Logo erkennt man, ob ein Karten-Lesegerät an der Kasse kontaktlosfähige Zahlungsmittel akzeptiert

Bezahlsysteme mit NFC-Technologie und Smartphones sind:

- Google Wallet:
  Dies ist das Bezahlsystem der Suchmaschine Google. Bevor mit einem mit einem NFC-Chip ausgestatteten Mobiltelefon in einem Laden bezahlt werden kann, muss ein Kunde sich bei Google anmelden und dort seine Kreditkartendaten hinterlegen.

- Apple Pay
  Apple Pay funktioniert ähnlich wie Google Wallet – allerdings nur auf hauseigenen, mobilen Geräten.

- Yapital
  Mit der kostenlosen Yapital-App kann ein Kunde an einer Vielzahl von Kassen im Einzelhandel einkaufen und bezahlen. An der Kasse erscheint an einem speziellen Display ein QR-Code mit dem Betrag.

Mit einem QR-Code können Zahlen – wie z. B. Preise oder Rechnungsbeträge – Texte, Hyperlinks oder andere Informationen mithilfe einer zweidimensionalen Grafik dargestellt werden. Diese können dann sehr schnell eingelesen werden.

Der Kunde muss nun die Yapital-App auf seinem Handy öffnen, eine PIN eingeben und schließlich den QR-Code mit seinem Handy einscannen.

Der Payment-Anbieter Yapital setzt zukünftig zusätzlich zum QR-Code auf die neue Beacon-Technologie. Mobiles Bezahlen an den Einzelhandelskassen soll so nicht nur einfacher, sondern besser verfügbar werden.

Bezahlsysteme mit Beacon-Technik

Bei allen NFC- oder QR-basierten Bezahlsystemen kann man zwar kontaktlos zahlen, muss jedoch zur Datenübertragung sehr nah an der Kasse sein. Diskutiert im Zusammenhang mit Zahlungen wird der zukünftige Einsatz der Beacon-Technik. Diese spielt schon eine große Rolle im Bereich der Kundenführung und Werbung in den Verkaufsräumen.

Beacons sind kleine – auf dem Bluetooth-Standard basierende – Funksender, die in den Ladenräumen über bis zu 30 m Verbindung zum Handy des Kunden aufnehmen können. Hat der Kunde eine entsprechende App auf seinem Handy, kann er genau verortet und direkt zu den gewünschten Artikeln geführt werden. Dabei kann auf Sonderangebote oder Rabattaktionen hingewiesen werden. Da die Handys über eine Anbindung an das Internet verfügen, können die Waren vor allem aber auch direkt (über größere Entfernung) elektronisch bezahlt werden. Langes Schlangestehen und Warten an der Kasse können damit entfallen.

Beacons werden über das gesamte Geschäft verteilt

BEISPIEL

Auch der Anbieter PayPal setzt auf die Beacon-Technik: „PayPal Beacon" ist ein Bezahlsystem, das sich mit der PayPal-App auf dem Smartphone eines Kunden verbindet, sobald er in die Nähe eines Beacons im Laden kommt.

Hat der bereits mit dem Beacon verbundene Kunde seinen Einkauf beendet, nimmt er seine Waren und teilt dem Verkäufer an der Kasse mit, er wolle per PayPal bezahlen. Der Kunde muss dann nicht mehr nach Geld, Kreditkarten oder Handy suchen.

Die Waren werden über das Kassensystem abgewickelt, der Händler löst die Zahlung aus, der Kunde erhält seinen Kaufbeleg elektronisch. Am Zahlungsvorgang selbst ist der Kunde im Prinzip nicht aktiv beteiligt. Der Vorteil für den Kunden liegt im Zeitgewinn und Komfort der Methode. Der Nachteil für den Kunden ist zugleich ein Vorteil für den Händler: Er bekommt viele Daten über den Kunden. Sobald dieser den Laden betritt, erhält er dessen Namen, Foto sowie weitere Informationen über den Kunden präsentiert.

Beacons geben den Kunden auch Hinweise auf Rabatte und Sonderangebote

AUFGABEN

1. Wofür kann der Inhaber einer Girocard seine Karte benutzen?
2. Was versteht man unter Electronic Cash?
3. Welche Vorteile bietet Electronic Cash dem Zahlungsempfänger?
4. Welche Nachteile hat Electronic Cash für den Einzelhändler?
5. Welche Vorteile bietet Electronic Cash dem Kunden?
6. Welche Nachteile hat Electronic Cash für den Kunden?
7. Beschreiben Sie den Zahlungsvorgang beim Electronic Cash.
8. Wodurch unterscheidet sich Electronic Cash vom Lastschriftverfahren?
9. Welche Vorteile bietet das Lastschriftverfahren dem Einzelhändler?
10. Welche Vorteile bietet eine Girocard mit integriertem Chip?
11. Beschreiben Sie den Ablauf einer NFC-Zahlung mit einer Girocard oder Kreditkarte an einer Kasse.
12. Nennen Sie Bezahlsysteme mit Smartphones und NF-Technologie.
13. Beschreiben Sie den Ablauf einer NFC-Zahlung mit dem Smartphone an der Kasse.
14. Beschreiben Sie die Zahlung mit einem Bezahlsystem mit Beacon-Technik.

ZUSAMMENFASSUNG

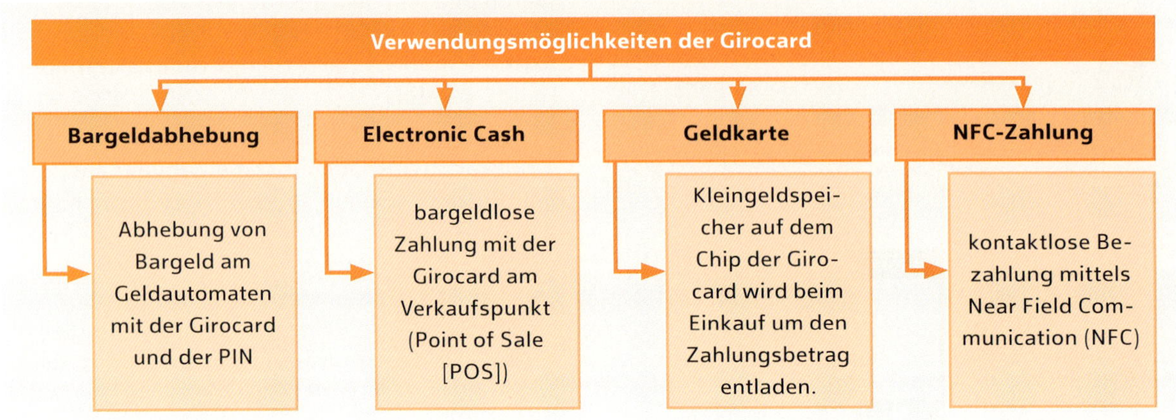

Man versteht erst dann etwas richtig, wenn man versucht, es einem anderen zu erklären. Dies führt zu einer eigenen gründlichen Auseinandersetzung mit dem gerade behandelten Thema.

1. Suchen Sie sich einen Partner.
2. Lesen Sie noch einmal die Zusammenfassung. Bei Verständnisproblemen schlagen Sie ggf. noch einmal im Informationstext nach.
3. Einer von Ihnen erläutert die Zusammenfassung dem Partner.
4. Dieser achtet auf Korrektheit und Vollständigkeit und wiederholt noch einmal.

ICH ÜBERPRÜFE MEINE NEU ERWORBENEN KOMPETENZEN

Den Erwerb der zu Beginn aufgeführten Kompetenzen können Sie selbst mithilfe der folgenden Tabelle überprüfen.

Wenn Sie alle Aufgaben, die hinter einer Kompetenz stehen, gelöst haben, machen Sie ein Kreuz bei „Ganz“.

Bei den Kompetenzen, bei denen Sie Aufgaben „Teilweise“ oder „Gar nicht“ gelöst haben, sollten Sie den dazugehörigen Informationstext noch einmal lesen und die Aufgaben anschließend noch einmal bearbeiten.

Was ich nach der Bearbeitung dieses Kapitels kann	Aufgaben	Ganz	Teilweise	Gar nicht
Ich kann ...				
... die Zahlungsabwicklung beim Electronic Cash beschreiben.	6			
... die Vorteile des Electronic-Cash-Verfahrens für den Kunden erläutern.	5			
... die Vorteile des Electronic Cash für den Einzelhändler erläutern.	3			
... Nachteile von Electronic-Cash nennen	4, 6			
... das Lastschriftverfahren bei der Bezahlung mit Girocard erläutern.	7			
... die Vorteile des Lastschriftverfahrens für den Einzelhändler nennen.	9			
... die Zahlung mittels Near Field Communication (NFC) beschreiben.	11, 12, 13, 14			

3.10 Die bargeldlose Zahlung

Problemstellung

Thorsten Fröhlich hat im Onlineshop der Tom Hoss KG zwei Jeanshosen bestellt. Als Zahlungsart hat er Zahlung per Rechnung ausgewählt. Die Tom Hoss KG fügt darum der Lieferung die folgende Rechnung bei:

Rechnung Nr. 1020/88 Kundennummer: 512-L

Art.-Nr.	Artikelbezeichnung	Menge	Einzelpreis €	Gesamtpreis €
315.08	Jeanshose Phönix	2	89,00	178,00

Summe	178,00
+ 19 % Umsatzsteuer	33,82
Gesamtbetrag	211,82

Thorsten Fröhlich begleicht die Rechnung der Tom Hoss KG mit einer Banküberweisung.

Erläutern Sie die Vorteile der Zahlung durch Banküberweisung für die Tom Hoss KG.

EINORDNUNG DES THEMAS

Lernfeld 3: Kunden im Servicebereich Kasse betreuen

Abschluss von Rechtsgeschäften → Abschluss von Kaufverträgen → Rechts- und Geschäftsfähigkeit → AGB → Abwicklung und Auswertung von Kassenvorgängen → Erfassung von Verkaufsdaten → Umsatzsteuer → **Die verschiedenen Zahlungsarten** → Kassenabrechnungen

Kompetenzen

Nach Bearbeitung dieses Kapitels können Sie ...

... Überweisungsaufträge erteilen

... die Inhalte eines Überweisungsauftrags nennen.

... die gesetzlichen Ausführungsfristen für Überweisungsaufträge nennen.

... die Vor- und Nachteile von Überweisungen für die Kunden aufzählen.

... die Wirtschaftlichkeit von Überweisungen für den Einzelhandelsbetrieb beurteilen.

... die Sonderformen der Überweisung erläutern.

... Einsatzmöglichkeiten von Dauerauftrag und Lastschriftverfahren nennen.

... Überweisungen mittels Electronic Banking durchführen.

... Vorteile des Electronic Banking nennen.

INFORMATIONSTEXT

Überweisung

DEFINITION

Mit **Überweisungen** werden Geldbeträge von einem Konto auf ein anderes Konto umgebucht.

Der Überweisungsbetrag wird vom Konto des Zahlers abgezogen. Man sagt dazu auch „Der Betrag wird abgebucht" oder „Das Konto wird belastet". Der Betrag wird dem Konto des Zahlungsempfängers gutgeschrieben. Das heißt, sein Konto wird um den Überweisungsbetrag erhöht.

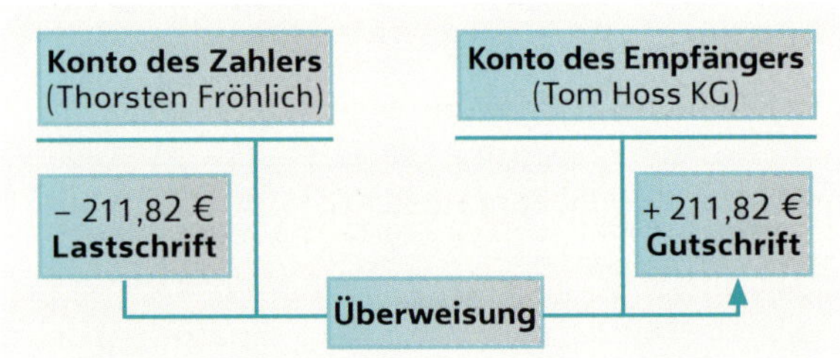

Überweisungen werden von Banken und Sparkassen ausgeführt.

Überweisungsauftrag

Euro-Überweisungen im einheitlichen Eurozahlungsraum in Europa (Single Euro Payments Area [SEPA]) und im Inland werden mit SEPA-Überweisungen durchgeführt.

In den Überweisungsauftrag muss der Zahler Folgendes eintragen:

- Namen des Empfängers
- IBAN (International Bank Account Number = Internationale Bankkontonummer) des Empfängers
- BIC (Bank Identifier Code = internationale Bankleitzahl) des Empfängers
- Überweisungsbetrag
- seinen Namen und seine IBAN
- Ausstellungsdatum und seine Unterschrift

Außerdem sollte er den Verwendungszweck angeben (z. B. Rechnungsnummer), damit der Empfänger daraus ersehen kann, wofür er das Geld erhält.

SEPA-Überweisungen können ausschließlich in Euro abgewickelt werden. Zahlungen in anderen Währungen müssen mit einer **Auslandsüberweisung** durchgeführt werden.

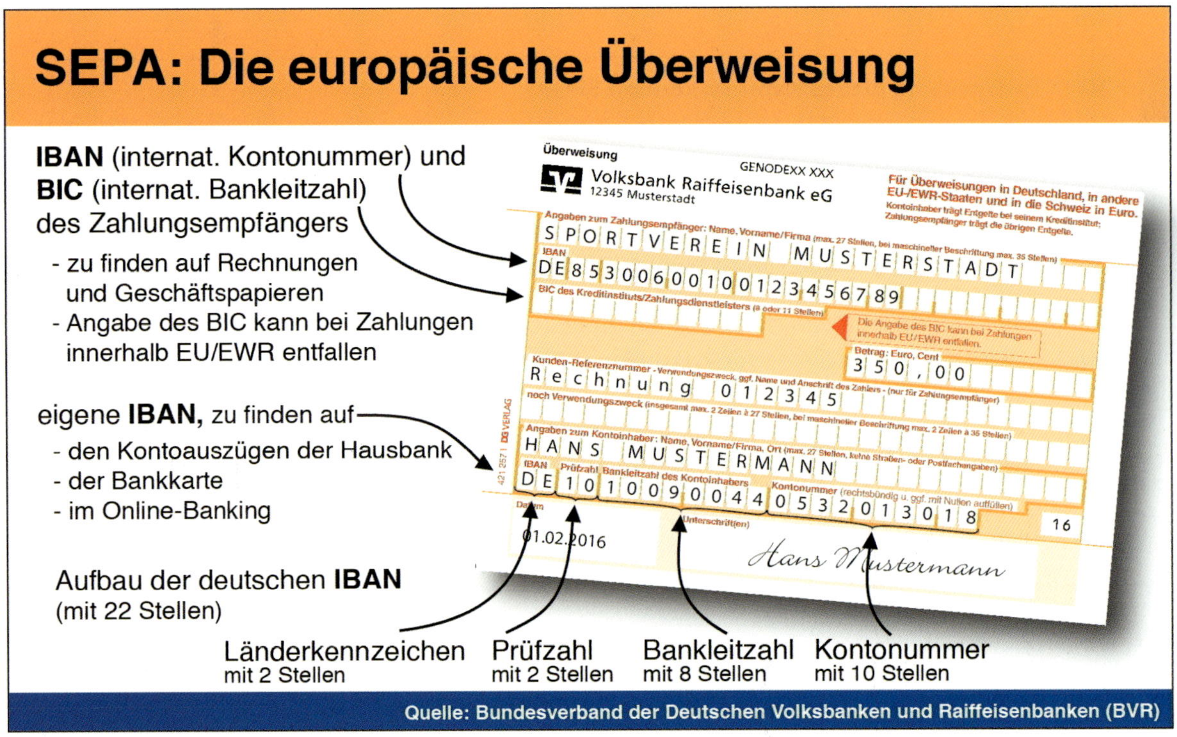

Überweisungsfristen

Wird ein Überweisungsauftrag erteilt, wird das Konto des Auftraggebers noch am selben Tag belastet. Wenn der Zahlungsempfänger sein Konto bei demselben Geldinstitut hat, erfolgt die Gutschrift meist schon am selben Geschäftstag.

Bei Überweisungen auf Konten anderer Geldinstitute kann es einige Tage dauern, bis der Überweisungsbetrag gutgeschrieben wird.

Soweit keine anderen Fristen vereinbart werden, sind Überweisungen im Rahmen der gesetzlichen Fristen gemäß § 675 s Abs. 1 BGB durchzuführen.

GESETZ

§ 675 s Ausführungsfrist für Zahlungsvorgänge
(1) Der Zahlungsdienstleister des Zahlers ist verpflichtet sicherzustellen, dass der Zahlungsbetrag spätestens am Ende des auf den Zugangszeitpunkt des Zahlungsauftrags folgenden Geschäftstags beim Zahlungsdienstleister des Zahlungsempfängers eingeht. Für Zahlungsvorgänge innerhalb des Europäischen Wirtschaftsraums, die nicht in Euro erfolgen, können ein Zahler und sein Zahlungsdienstleister eine Frist von maximal vier Geschäftstagen vereinbaren. Für in Papierform ausgelöste Zahlungsvorgänge können die Fristen nach Satz 1 um einen weiteren Geschäftstag verlängert werden.

Besondere Formen der Überweisung

Besondere Formen der Überweisung sind:

- Sammelüberweisungsauftrag
- Dauerauftrag
- Lastschriftverfahren

Sammelüberweisungsauftrag

Inhaber von Girokonten können mehrere Überweisungsaufträge an verschiedene Zahlungsempfänger in einem Sammelüberweisungsauftrag zusammenfassen. Sammelüberweisungsaufträge sind zeit- und kostensparend. Mit einem einzigen ordnungsgemäß unterschriebenen Sammelüberweisungsauftrag können beliebig viele zusammengefasste Überweisungen zum Preis einer einzigen Buchung durchgeführt werden.

In den Sammelüberweisungsauftrag wird nur die Gesamtsumme der Überweisungen eingetragen. Für jeden Zahlungsempfänger muss ein Überweisungsträger ausgestellt werden. Die dafür notwendigen Endlosformulare erhält der Auftraggeber bei seiner Bank oder Sparkasse.

Dauerauftrag

Mit einem Dauerauftrag beauftragt ein Kontoinhaber sein Geldinstitut, regelmäßig zu einem bestimmten Termin einen bestimmten Betrag auf das Konto des Zahlungsempfängers zu überweisen. Daueraufträge eignen sich für wiederkehrende Zahlungen in derselben Höhe (z. B. Miete, Versicherungsprämien).

Lastschriftverfahren

Beim Lastschriftverfahren erlaubt der Zahlungspflichtige dem Zahlungsempfänger, Zahlungen für einen bestimmten Zweck von seinem Girokonto abzubuchen. Das Lastschriftverfahren bietet sich bei regelmäßigen Zahlungen von Beträgen in unterschiedlicher Höhe an (z. B. Telefongebühren, Strom-, Gas- und Wasserkosten).

Im einheitlichen Eurozahlungsraum ist nur noch die SEPA-Lastschrift möglich. Ebenso wie bei SEPA-Überweisungen ersetzt bei einer SEPA-Lastschrift die IBAN die bisherige Kontonummer und die BIC die bisherige Bankleitzahl.

Für eine SEPA-Lastschrift muss der Kontoinhaber ein schriftliches Mandat erteilen. Damit berechtigt er den Zahlungsempfänger zum Einzug fälliger Forderungen mittels Lastschrift und erteilt seiner Bank oder Sparkasse den Auftrag, die Lastschrift durch die Belastung seines Kontos einzulösen.

Bei der SEPA-Lastschrift gibt es zwei Verfahren:

- die SEPA-Basislastschrift für alle Bankkunden
- die SEPA-Firmenlastschrift. Sie kann ausschließlich für Zahlungen zwischen Geschäftskunden genutzt werden.

Bei beiden Verfahren muss der Zahlungsempfänger den Kontoinhaber vierzehn Tage vor der Kontobelastung über den Lastschrifteinzug informieren. Dann kann dieser für die genügende Deckung seines Kontos zum Zeitpunkt des Lastschrifteinzugs sorgen.

SEPA-Basislastschriften können innerhalb acht Wochen nach dem Belastungstag ohne Angabe von Gründen rückgängig gemacht werden.

Electronic Banking

Beim Electronic Banking erfolgt eine beleglose Auftragserteilung durch den Kunden an die Bank auf elektronischem Weg. Alle wichtigen Bankgeschäfte werden durch die Geschäftskunden der Bank vom Betrieb aus oder durch die Privatkunden von zu Hause aus mittels Datenfernübertragung erledigt. Dies geschieht überwiegend auf dem Übertragungsweg Internet.

Homebanking – Kontoführung bequem von zu Hause aus

BEISPIEL

Die Tom Hoss KG kann – ohne Papierbelege auszufüllen und die Bank direkt aufzusuchen – die folgenden Bankgeschäfte in Auftrag geben:

- Kontenstand-Abfragen
- Daueraufträge
- Überweisungen
- Mitteilungen an die Bank

Beim Electronic Banking wendet man sich über das Internet an seine Hausbank.

Um eine Überweisung auszuführen, geht man folgendermaßen vor:

- Einstieg in das System
- Auswahl der Leitseite der Bank
- Eingabe der Kontonummer und der PIN

  Die PIN (Persönliche Identifikationsnummer) ist eine Geheimzahl, die den Zugang zum Bankrechner und dem dort geführten Konto ermöglicht.
- Auswahl der Bankleistung
- Eingabe der TAN
  Die TAN (Transaktionsnummer) berechtigt als zusätzliches Sicherungsmittel zu bestimmten Handlungen: Überweisungen können beispielsweise nur mit ihr durchgeführt werden. Die TAN „verbraucht" sich, das heißt, sie kann jeweils nur für eine Handlung verwendet werden.
- Durchführung des Dialogs mit dem Bankcomputer

Das Electronic Banking bringt folgende Vorteile:

- Zeitersparnis
- Kostenersparnis
- sichere Übergabe von Überweisungen und Lastschriften
- Verkürzung der Einreichungszeiten
- Aufträge außerhalb der Schalteröffnungszeiten

BEISPIEL

Die Tom Hoss KG nahm früher 3000 beleghafte Buchungen vor. Achtmal in der Woche besuchte der zuständige Sachbearbeiter (Gehaltskosten: Stundensatz 50,00 €) die Hausbank für jeweils 30 Minuten.

	Beleghafte Buchungen	Beleglose Buchungen
Anzahl der monatlichen Buchungen	3000 Stück	3000 Stück
Preis für eine Buchung	0,25 €	0,05 €
monatliche Kosten der Buchungen	750,00 €	150,00 €
monatliche Kosten durch Zeitaufwand für Bankbesuche	200,00 € (4 Stunden à 50,00 €)	–

Gegenüber der bisher angewandten herkömmlichen Methode bringt die elektronische Kontenführung der Tom Hoss KG folgende Kostenvorteile:

- Kostenvorteil aufgrund der elektronischen Zahlung:
  750,00 € – 150,00 € = 600,00 €
- Kostenvorteil durch Zeitersparnis: 200,00 €
  Gesamtkostenvorteil: 600,00 € + 200,00 € = 800,00 €

AUFGABEN

1. Wie kann ein Zahler nachweisen, dass er seiner Bank einen Überweisungsauftrag erteilt hat?

2. Was muss der Zahler in einen Überweisungsauftrag eintragen?

3. Bis zu welchem Zeitpunkt muss der Überweisungsbetrag dem Konto des Zahlungsempfängers gutgeschrieben werden?

4. Nennen Sie Vor- und Nachteile einer Banküberweisung.

5. Welche besonderen Formen der Überweisung würden Sie in folgenden Fällen jeweils wählen? Begründen Sie Ihre Meinung.
a) Zahlung der Telefongebühren
b) Zahlung des IHK-Beitrags
c) Zahlung von Mitgliedsbeiträgen (Partei, Sportverein)
d) Zahlungen an mehrere Zahlungsempfänger
e) Zahlung der Miete
f) Zahlung der Stromrechnung
g) Zahlung der Gehälter an die Angestellten des Betriebs

6. Wozu dienen beim Electronic Banking
a) die PIN,
b) die TAN?

7. Welche Vorteile hat das Electronic Banking?

8. Beschreiben Sie die Erteilung eines Überweisungsauftrags beim Electronic Banking.

ZUSAMMENFASSUNG

Überweisung

= Umbuchung von Konto zu Konto

Zahler
hat ein Girokonto bei einer Bank oder Sparkasse

Empfänger
hat ein Girokonto bei einer Bank oder Sparkasse

SEPA-Überweisungen
Euro-Überweisungen im neuen einheitlichen Eurozahlungsraum in Europa (*Single Euro Payments Area* [SEPA])

Auslandsüberweisungen
Zahlungen in Länder des einheitlichen Eurozahlungsraums in anderen Währungen und in Länder außerhalb des einheitlichen Eurozahlungsraums

Besondere Formen der Überweisung

Sammelüberweisungsauftrag
für zusammengefasste Überweisungen an mehrere Zahlungsempfänger

Dauerauftrag
für regelmäßige Zahlungen in derselben Höhe

Lastschriftverfahren
für regelmäßige Zahlungen in unterschiedlicher Höhe

Electronic Banking

- beleglose Weiterleitung von Zahlungsdaten per Datenfernübertragung
- Erledigung aller wichtigen Bankgeschäfte von zu Hause (Homebanking) oder vom Betrieb aus

5321428

Man versteht erst dann etwas richtig, wenn man versucht, es einem anderen zu erklären. Dies führt zu einer eigenen gründlichen Auseinandersetzung mit dem gerade behandelten Thema.

1. Suchen Sie sich einen Partner.
2. Lesen Sie noch einmal die Zusammenfassung. Bei Verständnisproblemen schlagen Sie ggf. noch einmal im Informationstext nach.
3. Einer von Ihnen erläutert die Zusammenfassung dem Partner.
4. Dieser achtet auf Korrektheit und Vollständigkeit und wiederholt noch einmal.

ICH ÜBERPRÜFE MEINE NEU ERWORBENEN KOMPETENZEN

Den Erwerb der zu Beginn aufgeführten Kompetenzen können Sie selbst mithilfe der folgenden Tabelle überprüfen.

Wenn Sie alle Aufgaben, die hinter einer Kompetenz stehen, gelöst haben, machen Sie ein Kreuz bei „Ganz“.

Bei den Kompetenzen, bei denen Sie Aufgaben „Teilweise“ oder „Gar nicht“ gelöst haben, sollten Sie den dazugehörigen Informationstext noch einmal lesen und die Aufgaben anschließend noch einmal bearbeiten.

Was ich nach der Bearbeitung dieses Kapitels kann	Aufgaben	Ganz	Teilweise	Gar nicht
Ich kann ...				
... Überweisungsaufträge erteilen.	1			
... die Inhalte eines Überweisungsauftrags nennen.	2			
... die gesetzlichen Ausführungsfristen für Überweisungsaufträge nennen.	3			
... die Vor- und Nachteile von Überweisungen für die Kunden aufzählen.	4			
... die Wirtschaftlichkeit von Überweisungen für den Einzelhandelsbetrieb beurteilen.	4			
... die Sonderformen der Überweisung erläutern.	5			
... Einsatzmöglichkeiten von Dauerauftrag und Lastschriftverfahren nennen.	5			
... Überweisungen mittels Electronic Banking durchführen.	6, 8			
... Vorteile des Electronic Banking nennen.	7			

3.11 Die Zahlung mit Kunden- und Kreditkarten

Problemstellung

Shirin Gül liest im Internet folgenden Bericht:

Warum akzeptieren immer mehr Händler in Deutschland Kreditkarten?

Kreditkarten werden bei immer mehr deutschen Händlern akzeptiert. Liegt das an der Verbreitung unter den Kunden in Deutschland oder an anderen Faktoren?

[...]

Gründe für höhere Kreditkartenakzeptanz im Einzelhandel

Schnelle und sichere Zahlungsabwicklung

Für Händler bietet die Akzeptanz von Kreditkarten mehrere Vorteile. Dazu gehört allen voran eine schnelle und sichere Zahlungsabwicklung. Ist bei Bargeld beispielsweise eine Prüfung auf Echtheit nötig, wird eine Zahlungsabwicklung bei Kreditkarten elektronisch geprüft. So wird das Risiko menschlicher Fehler deutlich reduziert, wodurch die Sicherheit für die Händler wiederum steigt. Dass immer mehr Händler in Deutschland Kreditkarten akzeptieren, liegt auch daran, dass die Abwicklung per se deutlich schneller geht.

Zahlen Sie mit Kreditkarte, so dauert der gesamte Bezahlprozess meist nicht länger als 30 Sekunden. Selbst mit Eingabe Ihrer PIN vergeht in der Regel nur etwas mehr Zeit, bis die Zahlung abgewickelt ist. Noch schneller geht es mit der modernen NFC-Technologie.

[...]

Geringere Kosten für die Abwicklung von Kreditkartenzahlungen

Dass immer mehr Händler in Deutschland Kreditkarten akzeptieren, liegt auch daran, dass die Kosten für die Abwicklung von Zahlungen mit Kreditkarten mittlerweile deutlich günstiger sind als früher. Durch eine EU-Verordnung, die Ende 2015 in Kraft getreten ist, wurden die Gebühren für Zahlungen mit Kreditkarten auf 0,3 Prozent der jeweiligen Zahlungssumme begrenzt (ausgenommen sind Zahlungen mit sogenannten Firmenkreditkarten sowie American Express-Kreditkarten). Diese sogenannten Interbankenentgelte muss der Händler an die jeweilige Kreditkartenbank bezahlen. Sie persönlich merken von diesen Gebühren entsprechend nichts.

[...]

Gründe für höhere Kreditkartenakzeptanz im Online-Handel

Höhere Sicherheit für Händler und schnellere Abwicklung der Bestellungen

Auch im Online-Handel akzeptieren immer mehr Shops in Deutschland Kreditkarten. Das liegt allen voran daran, dass eine Zahlung mit Kreditkarte eben nicht nur für Sie als Kunde, sondern auch für Händler Sicherheit bedeutet. Sobald eine Zahlung autorisiert wird, geht die Wahrscheinlichkeit eines Zahlungsausfalls gegen null. Zwar besteht auch nach einer autorisierten Zahlung noch die Möglichkeit eines sogenannten „chargebacks", doch zu einem solchen kann es grundsätzlich nur bei einer unberechtigten Transaktion kommen. Haben Händler eine legitime Forderung, besteht auch kein Risiko, dass sie das Geld nicht erhalten.

Durch die Sicherheit des Zahlungseingangs entsteht für Sie als Kunde und für Händler im Online-Geschäft ein weiterer Vorteil. Dass immer mehr Händler in Deutschland Kreditkarten akzeptieren, liegt nämlich auch an der Geschwindigkeit des Prozesses. Bei einer Zahlung per Vorkasse muss ein Händler meist bis zum Zahlungseingang, also teilweise mehrere Tage warten, ehe ein Versand erfolgen kann. Das wiederum führt oft zu unzufriedenen Kunden. Lassen Sie dagegen andere Zahlungsweisen wie Nachnahme oder Rechnung zu, entstehen entweder hohe Gebühren oder ein Ausfallrisiko.

5321430

Statistisch ist bei keiner anderen Zahlungsweise das Ausfallrisiko so hoch wie bei der Zahlung per Rechnung. Auch deshalb bieten viele Händler diese Möglichkeit nur ihren Bestandskunden an.

Zahlen Sie dagegen mit Kreditkarte, kann der Versand innerhalb kürzester Zeit erfolgen. Größere Shops können so teilweise einen Versand binnen weniger Stunden und einen Erhalt der Ware am nächsten Tag garantieren.

[...]

Große Verbreitung von Kreditkarten macht Zahlung einfach

Dass immer mehr Verbraucher auf eine Kreditkarte setzen, ist ein weiterer entscheidender Vorteil für Online-Händler. In den vergangenen Jahren ist die Zahl der Kreditkarten in Deutschland um mehrere Millionen gestiegen. Mittlerweile gibt es in Deutschland fast 30 Millionen aktive Kreditkarten. Entsprechend nutzen auch deutlich mehr Käufer in Deutschland eine Kreditkarte zur Zahlung als beispielsweise alternative Dienste wie Sofortüberweisung.de oder giropay.

Quelle: Bezahlen.de: Warum akzeptieren immer mehr Händler in Deutschland Kreditkarten?. In: www./www.bezahlen.de. https://www.bezahlen.de/kreditkarten-im-handel.php [23.11.2021]

1. Stellen Sie fest, warum viele Unternehmen in Deutschland ihren Kunden jetzt Kreditkartenzahlung anbieten.
2. Erläutern Sie, warum es vorteilhaft sein kann, eine Kreditkarte als Zahlungsmittel zu nutzen.

EINORDNUNG DES THEMAS

Lernfeld 3: Kunden im Servicebereich Kasse betreuen

Abschluss von Rechtsgeschäften → Abschluss von Kaufverträgen → Rechts- und Geschäftsfähigkeit → AGB → Abwicklung und Auswertung von Kassenvorgängen → Erfassung von Verkaufsdaten → Umsatzsteuer → **Die verschiedenen Zahlungsarten** → Kassenabrechnungen

Kompetenzen

Nach Bearbeitung dieses Kapitels können Sie ...

... Kunden- und Kreditkarten unterscheiden.
... die Zahlungen unter Berücksichtigung von Kundenkarten abwickeln.
... den Ablauf von Kreditkartenzahlungen im stationären Einzelhandelsgeschäft erläutern.
... Zahlungen mit Kreditkarten an der Kasse abwickeln.
... den Ablauf von Kreditkartenzahlungen im Internet beschreiben.
... die Vor- und Nachteile der Kreditkartenzahlung für den Kunden (= Kreditkarteninhaber) nennen.
... die Vorteile und Nachteile der Kreditkartenzahlung für den Einzelhandelsbetrieb (= Vertragsunternehmen) nennen.
... die Zahlung mit Kreditkarte im Onlineshop beschreiben.

INFORMATIONSTEXT

Kreditkartenarten

In der Bundesrepublik Deutschland werden Kreditkarten von Einzelhandelsbetrieben in eigener Regie oder von Kreditkartenorganisationen und Banken ausgegeben. Die Kreditkarten, die einzelne Einzelhandelsbetriebe (meist Waren- und Kaufhäuser) kreditwürdigen Kunden auf Antrag ausstellen (sogenannte Kundenkarten), berechtigen zum Kauf auf Kredit in dem jeweiligen Einzelhandelsbetrieb.

Die **Kundenkarten** werden an die Kunden kostenlos oder gegen eine geringe Servicegebühr abgegeben.

Mit einer **Kreditkarte**, die von einer Kreditkartenorganisation oder Bank ausgegeben wurde, kann der Karteninhaber bei allen in- und ausländischen Vertragsunternehmen des Kreditkartenherausgebers Waren oder Dienstleistungen bis zu einer bestimmten Höchstsumme auf Kredit erhalten. Zur Bezahlung muss er nur seine Kreditkarte vorlegen und auf der Rechnung unterschreiben. Für die von Kreditkartenorganisationen und Banken ausgegebenen Kreditkarten muss der Inhaber häufig einen festen Jahresbeitrag bezahlen. Die wichtigsten Kreditkartenorganisationen auf dem deutschen Markt sind zurzeit Mastercard, American Express, Diners Club und Visa. Vertragsunternehmen sind hauptsächlich Einzelhandelsbetriebe, Hotels und Gaststätten, aber auch Banken, Tankstellen, Reisebüros und Fluggesellschaften.

Abwicklung der Zahlung mit Kreditkarte

Der Karteninhaber legt beim Kauf seine Kreditkarte vor. Auf ihr sind der Name des Karteninhabers und verschiedene Nummerierungen (u. a. Kartennummer und Verfalldatum) in erhabenem Druck eingeprägt.

Der Verkäufer stellt die Kreditkartenrechnung aus und lässt sie von dem Kreditkarteninhaber unterschreiben.

Kreditkartenrechnungen können elektronisch mit einem Kartenlesegerät erstellt werden. Zur Erstellung der Kreditkartenrechnung mit einer Datenkasse muss der Kassierer zunächst die Zahlungsartentaste „Kreditkarte" drücken und der Kunde seine Kreditkarte in das mit der Datenkasse verbundene Kartenlesegerät stecken. Nachdem durch eine Online-Überprüfung festgestellt wurde, dass die Kreditkarte nicht gesperrt ist, erstellt die Datenkasse zwei Kreditkartenbelege.

Ein Beleg wird dem Karteninhaber ausgehändigt. Den zweiten Beleg behält der Vertragsunternehmer (z. B. Einzelhändler). Der Kreditkartenherausgeber begleicht dann die Kreditkartenrechnung innerhalb einer vertraglich festgesetzten Frist. Von der Rechnungssumme behält er eine ebenfalls vertraglich vereinbarte Umsatzprovision (zurzeit zwischen bis zu 0,3 % des Rechnungsbetrags) ein. Dafür trägt er das volle Kreditrisiko, d. h., wenn der Karteninhaber seine Rechnungen nicht begleicht, geht dies zulasten des Kreditkartenherausgebers. Der Kreditkartenherausgeber verlangt meist einmal monatlich von dem Karteninhaber die Bezahlung aller Rechnungen. Sofern der Karteninhaber eine Einzugsermächtigung erteilt hat, lässt der Kreditkartenherausgeber den Betrag vom Konto des Karteninhabers durch Lastschrift einziehen. Der Karteninhaber braucht keine Zuschläge auf die von ihm unterschriebenen Rechnungen zu zahlen.

Bezahlen mit Kreditkarte im Internet

Beim Einkauf in Onlineshops bezahlt mittlerweile jeder fünfte Käufer den Einkauf mit seiner Kreditkarte. Bei der Zahlung im Internet mit Kreditkarte muss der Käufer nur die Daten übermitteln, die auf der Karte offen lesbar angegeben sind:

- Kreditkartennummer
- Ablaufdatum der Kreditkarte
- dreistellige Kreditkartenprüfnummer (CVC oder KPN genannt), die auf der Rückseite der Kreditkarte angegeben ist.

Die geheime PIN darf der Kreditkarteninhaber beim Kauf im Internet grundsätzlich nicht angeben. Die Zahlung mit Kreditkarte beim Einkauf in Onlineshops, die ihren Standort in Deutschland haben, gilt als sehr sicher. Nur zuverlässige Shops dürfen die Zahlung mit Kreditkarte anbieten.

Vor- und Nachteile der Kreditkartenzahlung

Vorteile für den Kreditkarteninhaber

- zinsfreier Kredit bis zum Fälligkeitsdatum der Monatsrechnung
- übersichtliche Abrechnung: genaue und detaillierte Aufstellung aller Zahlungen mit Kreditkarte während eines Monats
- bequemes Zahlungsmittel: Zahlung mit Karte und Unterschrift
- sicheres Zahlungsmittel: Anstelle größerer Geldmengen braucht man nur eine Kreditkarte zum Einkauf mitzunehmen. Das Verlustrisiko wird dadurch erheblich vermindert.

Nachteile für den Kreditkarteninhaber

- Gefahr des Kreditkartenmissbrauchs im Internet
- Einkauf mit Kreditkarte nur bei Vertragsunternehmen
- Gefahr, mehr einzukaufen, als wenn mit Bargeld bezahlt würde
- Offenlegen persönlicher Daten: Im Kreditkartenantrag werden u. a. Angaben über Familienstand, Monatseinkommen und Arbeitgeber verlangt.

Vorteile für das Vertragsunternehmen

- Steigerung des Umsatzes: Kreditkarten können zu Mehreinkaufen führen.
- kein Kreditrisiko, wenn der Kunde mit Kreditkarte zahlt, die von einer Kreditkartenorganisation oder Bank herausgegeben wurde
- Einsatz der Kreditkarte im Electronic Cash und im Internet möglich

Nachteile für das Vertragsunternehmen

- höhere Kosten: Der Kreditkartenherausgeber behält von den Kreditkartenumsätzen eine Umsatzprovision ein.
- größerer Verwaltungsaufwand durch Abwicklungsformalitäten

AUFGABEN

1. Welche Unterschiede bestehen zwischen Kreditkarten, die von Kreditkartenorganisationen herausgegeben werden, und Kundenkarten einzelner Einzelhandelsbetriebe?
2. Weshalb geben Einzelhändler an ihre Kunden Kundenkarten aus?
3. Ein Kunde will in einem Fachgeschäft mit Kreditkarte bezahlen. Wie verhält sich der Verkäufer, wenn das Fachgeschäft Vertragsunternehmen des Kreditkartenherausgebers ist?
4. Wer trägt die Kosten, die bei der Zahlung mit Kreditkarte entstehen?
5. Welche Vorteile hat die Zahlung mit der Kreditkarte für den Kunden?
6. Welche Nachteile hat die Zahlung mit der Kreditkarte für den Kunden?
7. Ein Herrenausstatter entschließt sich, Vertragsunternehmer einer Kreditkartenorganisation zu werden. Welche Vorteile verspricht er sich davon?
8. Wie kann eine Kreditkartenrechnung erstellt werden?
9. Wie kann sich ein Kreditkarteninhaber gegen Kreditkartenmissbrauch schützen?
10. Welche Daten muss ein Käufer in einem Onlineshop bei der Zahlung mit Kreditkarte angeben?

ZUSAMMENFASSUNG

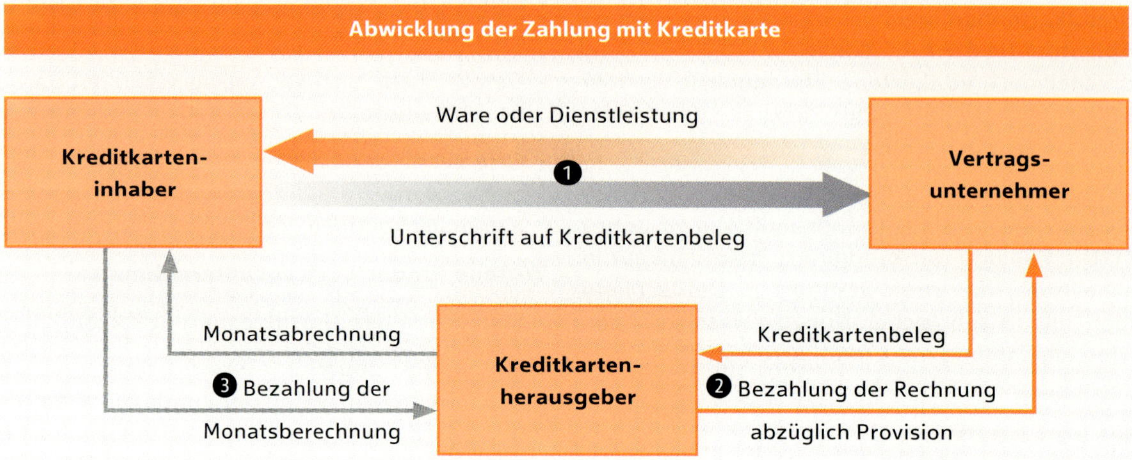

Man versteht erst dann etwas richtig, wenn man versucht, es einem anderen zu erklären. Dies führt zu einer eigenen gründlichen Auseinandersetzung mit dem gerade behandelten Thema.

1. Suchen Sie sich einen Partner.
2. Lesen Sie noch einmal die Zusammenfassung. Bei Verständnisproblemen schlagen Sie ggf. noch einmal im Informationstext nach.
3. Einer von Ihnen erläutert die Zusammenfassung dem Partner.
4. Dieser achtet auf Korrektheit und Vollständigkeit und wiederholt noch einmal.

ICH ÜBERPRÜFE MEINE NEU ERWORBENEN KOMPETENZEN

Den Erwerb der zu Beginn aufgeführten Kompetenzen können Sie selbst mithilfe der folgenden Tabelle überprüfen.

Wenn Sie alle Aufgaben, die hinter einer Kompetenz stehen, gelöst haben, machen Sie ein Kreuz bei „Ganz“.

Bei den Kompetenzen, bei denen Sie Aufgaben „Teilweise“ oder „Gar nicht“ gelöst haben, sollten Sie den dazugehörigen Informationstext noch einmal lesen und die Aufgaben anschließend noch einmal bearbeiten.

Was ich nach der Bearbeitung dieses Kapitels kann	Aufgaben	Ganz	Teilweise	Gar nicht
Ich kann ...				
... Kunden- und Kreditkarten unterscheiden.	1			
... die Zahlungen unter Berücksichtigung von Kundenkarten abwickeln.	2			
... den Ablauf von Kreditkartenzahlungen im stationären Einzelhandelsgeschäft erläutern.	3			
... Zahlungen mit Kreditkarten an der Kasse abwickeln.	8			
... die Vor- und Nachteile der Kreditkartenzahlung für den Kunden (= Kreditkarteninhaber) nennen.	5, 6, 9			
... die Vorteile und Nachteile der Kreditkartenzahlung für den Einzelhandelsbetrieb (= Vertragsunternehmen) nennen.	7			
... die Zahlung mit Kreditkarte im Onlineshop beschreiben.	10			

3.12 Der Zahlungsverkehr beim Onlinekauf

Problemstellung

Stefanie Beyer liest im Internet einen Artikel über die Zahlung in Webshops:

Viele gewagte Vorhersagen sind in den letzten zwei Jahren für die E-Commerce-Branche gemacht worden. Spekuliert wurde sehr häufig über die erwarteten großen Umsatzsteigerungen. Die Mehrzahl der Experten sprachen von Milliardenumsätzen.

Viel diskutiert wird also über die Höhe der zukünftigen Umsatzzuwächse beim Internethandel. Aus dem Blickwinkel ist dabei die Frage geraten, welche Zahlungsverfahren bei Onlinekäufen den Kunden als auch den Verkäufern zur Verfügung stehen.

Nach wie vor gibt es die herkömmlichen Verfahren für Onlinezahlungen: Wie schon immer kann per Rechnung, Nachnahme oder Bankeinzug die Erstattung der Rechnungsbeträge erfolgen. Festzustellen ist mittlerweile darüber hinaus ein fast inflationäres Angebot unterschiedlicher Zahlungssysteme, mit denen Kunden bei Händlern zahlen können. Die Händler müssen sich vor diesem Hintergrund für ein optimales System entscheiden. Dieses muss sowohl sicher, aber auch nutzerfreundlich sein. Auch der Bekanntheitsgrad und die Akzeptanz bei den Kunden spielt eine große Rolle. Für den Händler ist es aber auch wichtig, dass für ihn die Einführung und das Betreiben des neuen Zahlungssystems (z. B. wegen überhöhter Provisionen an den Anbieter des Zahlungssystems) nicht zu teuer wird.

Führen Sie verschiedene in Webshops übliche Bezahlmethoden auf.

EINORDNUNG DES THEMAS

Lernfeld 3: Kunden im Servicebereich Kasse betreuen

Abschluss von Rechtsgeschäften → Abschluss von Kaufverträgen → Rechts- und Geschäftsfähigkeit → AGB → Abwicklung und Auswertung von Kassenvorgängen → Erfassung von Verkaufsdaten → Umsatzsteuer → **Die verschiedenen Zahlungsarten** → Kassenabrechnungen

Kompetenzen

Nach Bearbeitung dieses Kapitels können Sie ...

... traditionelle Zahlungsverfahren im Internet erläutern.
... verschiedene Arten von elektronischen Bezahlsystemen unterscheiden.
... die Zahlung mit Bitcoins beurteilen.
... Zahlungen im Bereich Mobile Payment durchführen.
... sich im Rahmen des Unternehmens gegen Störungen absichern.

INFORMATIONSTEXT

Zahlungsmittel und -methoden im Internet

Die Probleme bei Zahlungen im Internet sind: Wie kann sich ein Käufer gegenüber dem Verkäufer ausweisen und wie bezahlt er die bestellte Ware? Folgende Zahlungsmöglichkeiten stehen zur Auswahl:

Zahlung mit Kreditkarten

Ihr größter Vorteil ist, dass Kreditkarten weltweit verbreitet sind und sich deshalb auch für die Onlineabrechnung anbieten. Aber das unverschlüsselte Versenden von Kreditkartennummern und Kontoangaben über das Internet gilt vielen Nutzern als zu unsicher. Das schränkt den Einsatz von Kreditkarten im E-Commerce nicht unwesentlich ein.

- **3-D-Secure-Verfahren zur Verbesserung der Sicherheit bei der Zahlung mit Kreditkarte**

Betrugsrisiken im E-Commerce-Bereich lassen sich durch den Einsatz der 3-D-Secure-Verfahren bei Kreditkartenzahlungen wirksam verringern. Dieses Verfahren stellt sicher, dass der rechtmäßige Kreditkartenbesitzer und der rechtmäßige Online-Händler an einer Zahlungstransaktion teilnehmen. Voraussetzung dafür ist allerdings, dass der Händler das 3-D-Secure-Verfahren unterstützt. Es gibt hier keinen einheitlichen Standard: Bei MasterCard heißt diese Lösung „MasterCard Secure Code", bei Visa „Verified by Visa".

BEISPIEL

Burkhard Bodenstein hat sich über eine der Registrierungsmethoden am 3-D-Secure-Verfahren seiner Kreditkartenfirma angemeldet. Nun kauft er in einem Onlineshop ein.

Während des Bezahlvorgangs wird ihm dort eine Eingabeseite seines Kreditkartenunternehmens angezeigt, auf der er sein Passwort eingibt. Nur mit dem korrekten Passwort, das ausschließlich ihm und seinem Kreditkartenunternehmen bekannt ist, wird die Zahlung durchgeführt.

Zahlung per Bankeinzug

Die Bezahlung im Internet per Bankeinzug oder Lastschrift per Bankeinzug (elektronisches Lastschriftverfahren) ist für den Käufer ziemlich bequem: Der Kunde muss sich nicht weiter um die Begleichung der Rechnung kümmern. Der Rechnungsbetrag wird direkt (üblicherweise erst beim Versand der Ware) von seinem Bankkonto abgebucht. Allerdings werden bei der Zahlung per Bankeinzug die Bankdaten des Kunden an den Verkäufer übermittelt.

Sollte der Verkäufer eine unberechtigte Abbuchung durchführen, kann der Kunde bei seiner Bank innerhalb von acht Wochen ohne Angabe von Gründen Widerspruch einlegen und sein Geld ganz einfach zurückbuchen lassen.

Zahlung per Nachnahme

Die Zahlungsmöglichkeit per Nachnahme bieten in Deutschland zurzeit verschiedene Logistik-Dienstleister, z. B. DHL, UPS, GLS und DPD an: Die Ware wird erst bei der Auslieferung der Ware bar an den Zusteller bezahlt. Diese Möglichkeit ist oft umständlich, da der Käufer anwesend sein muss, wenn die Ware geliefert wird. Zudem fallen in der Regel hohe Nachnahmegebühren an.

Zahlung auf Rechnung

Eine Lieferung auf Rechnung birgt ein größeres Risiko für den Verkäufer als für den Käufer. Deshalb bieten viele Händler den Rechnungskauf gar nicht an oder nur einem bekannten Stammkundenkreis. Der Käufer teilt dem Verkäufer seine Bankinformationen mit und der Betrag wird abgebucht. Gibt es Probleme mit der Lieferung, kann der Käufer die Abbuchung innerhalb von sechs Wochen rückgängig machen. Der Verkäufer weiß jedoch weder, ob das Konto existiert, noch, ob es mit dem Kunden in Zusammenhang steht.

Zahlung auf Vorkasse

Einige Onlinehändler gewähren für diese Zahlungsart Preisnachlässe. Diese Möglichkeit ist jedoch für den Käufer gefährlich (vor allem, wenn der Lieferant nicht bekannt ist).

Digitales Geld

Zahlungsform der Zukunft werden die verschiedenen Methoden des digitalen Geldes sein. Da sich viele dieser elektronischen Zahlungssysteme aber noch in der Test- und Entwicklungsphase befinden, hat sich ein allgemeiner Standard noch nicht durchsetzen können. Ein weiterer Nachteil: Elektronische Zahlungen dieser Art sind nur zwischen Mitgliedern des gleichen Verfahrens möglich.

Elektronische Bezahlsysteme

Elektronische Bezahlsysteme ermöglichen Zahlungen zwischen Käufern und Verkäufern. Sie sorgen für die Ausführung von Zahlungen über elektronische Medien wie das Internet. Für Kunden ist eine transparente und vertrauenswürdige Bezahlung eines der wichtigsten Merkmale im Onlineshopping.

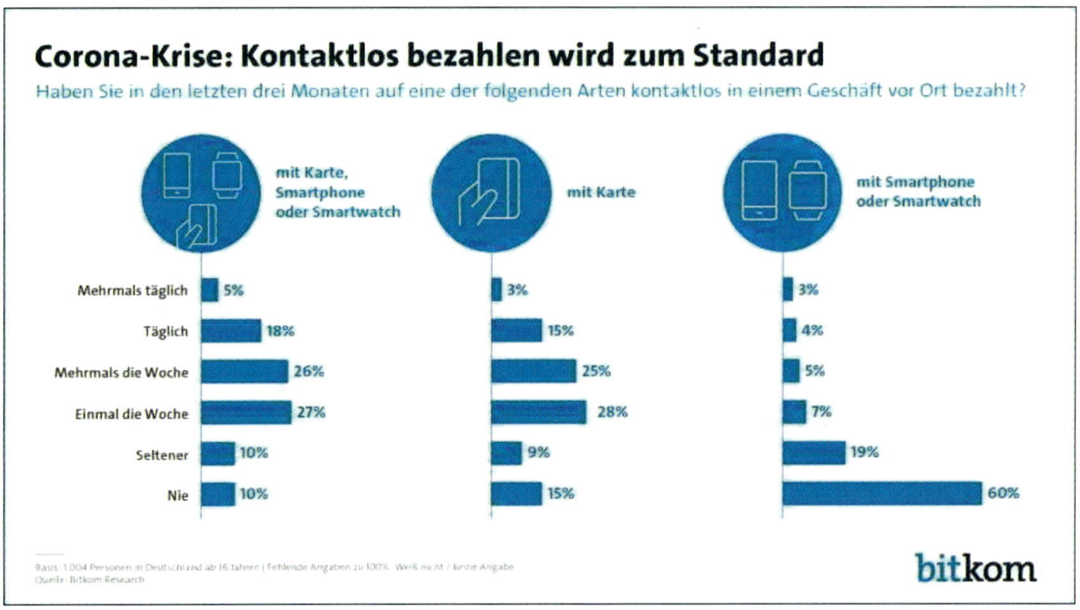

Die richtige Auswahl eines solchen Bezahlsystems ist für Unternehmen also für den Erfolg sehr wichtig. Einige dieser Bezahlsysteme sind im Zusammenhang mit der mobilen Zahlung auch im stationären Einzelhandel von Bedeutung.

445 221

Es gibt zurzeit eine Vielzahl von konkurrierenden Verfahren des elektronischen Zahlungsverkehrs (E-Payment). Zum gegenwärtigen Zeitpunkt hat sich (vielleicht mit Ausnahme von PayPal) noch kein System im gesamten E-Commerce-Bereich durchgesetzt. Die Verfahren des elektronischen Zahlungsverkehrs können sich zum Teil erheblich unterscheiden im Hinblick auf die anfallenden Kosten für Käufer und/oder Verkäufer sowie den Käuferschutz.

Einige Verfahren des E-Payments (ohne Anspruch auf Vollständigkeit)

	Erklärung	Beispiel	
E-Mail-basierte Verfahren	Bei diesen Verfahren werden die Buchungsinformationen über E-Mails übertragen. Der Kunde hat sich registriert bei einem entsprechenden E-Payment-Anbieter und hinterlegt bei ihm seine Kontodaten oder seine Kreditkartendaten.	**PayPal** PayPal ist ein Internetgestütztes Bezahlsystem, das bis zur Abspaltung 2015 zu eBay gehörte. Mit PayPal können sowohl kleinere als auch größere finanzielle Transaktionen durchgeführt werden. Für den Käufer ist PayPal ein sicherer Weg, um Waren zu bezahlen, ohne sich Gedanken darüber machen zu müssen, dem Händler seine Kreditkartendaten zu geben.	PayPal

5321438

Einige Verfahren des E-Payments (ohne Anspruch auf Vollständigkeit)			
	Erklärung	**Beispiel**	
	Will der Käufer nun eine Zahlung vornehmen, so muss er auf der Seite des Verkäufers lediglich seine E-Mail-Adresse und ein Passwort angeben und kann auf diese Weise dem Anbieter des Zahlungsdienstes einen Überweisungsauftrag erteilen. Dieser leitet die Zahlung an den Verkäufer weiter. Vorteile: • Die Sicherheit für den Kunden wird erhöht, da dem Verkäufer keine Konto- oder Kreditkarteninformationen gegeben werden müssen. • Schnelles Verfahren: Der Verkäufer bekommt sofort eine Nachricht darüber, dass der Kaufbetrag seinem Konto gutgeschrieben wird.	**PayPal** Beim PayPal-Bezahlungssystem haben sowohl der Käufer als auch der Händler ein Konto bei PayPal. PayPal ruft vom Kundenkonto die durch die Warenverkäufe fällig gewordenen Beträge ab und überweist diese auf das Konto des Händlers. Die notwendigen Geldbeträge kommen je nach Wunsch des Kunden entweder durch Lastschrifteinzug vom Girokonto des Käufers oder durch Belastung von dessen Kreditkarte auf das Kundenkonto. Der Geldtransfer vom PayPal-Konto des Händlers auf sein Girokonto erfolgt wiederum durch Überweisung. Kauft ein Kunde in einem Onlineshop eine Ware, wird beim Bezahlvorgang ein Fenster geöffnet, in das die PayPal-Kontodaten des Kunden eingegeben werden. Dem Kunden wird dann durch PayPal die Zahlung bestätigt, gleichzeitig wird dem Händler eine Rückmeldung gegeben. Der Händler kann nun die Warenauslieferung vornehmen.	

BEISPIEL

PayPal ermöglicht dem Vater von Jakub Nowak beim privaten Kauf über das Internet ein schnelles Bezahlen. Seine Bankdaten werden nicht an den Einzelhändler weitergegeben.

Jakubs Mutter, die jetzt auch PayPal nutzen will, wird sich zunächst mit ihren Kreditkarten- oder Kontendaten registrieren.

Beim Kauf eines Artikels in einem Onlineshop braucht sie später nur ihre E-Mail-Adresse und ihr PayPal-Passwort einzugeben. PayPal bucht darauf in die Zahlung vom Konto des Kunden (also Jakubs Mutter) ab und leitet sie an PayPal weiter.

Einige Verfahren des E-Payments (ohne Anspruch auf Vollständigkeit)			
	Erklärung	**Beispiel**	
		Amazon Pay Der große Internetanbieter Amazon hat ein eigenes Bezahlsystem, das im Prinzip wie PayPal funktioniert. Das bei Amazon hinterlegte Konto und die Lieferadresse können auch für die Zahlung auf anderen Webseiten verwendet werden, sofern diese den Zahldienst akzeptieren.	
Wertkarten-basierte Verfahren (vorausbezahlte Guthabenkarten)	Der Kunde kauft eine Guthabenkarte über einen bestimmten Betrag und erhält einen Ausdruck mit einem 16-stelligen Code. Diese wird beim Onlineshop im Falle des Einkaufs eingegeben. Dem Kunden bieten solche Systeme absolute Sicherheit durch das Prepaid-Prinzip und Kostenkontrolle.	**paysafecard** paysafecard ist eine Prepaidkarte, mit der man sicher im Internet bezahlen kann: Der Kunde eines Internetshops hat eine paysafecard in einer von 600.000 Verkaufsstellen gekauft. Auf der paysafecard findet er einen 16-stelligen Code. Die Bezahlung im Internet erfolgt später durch Eingabe dieses paysafecard Codes. paysafecard ist ein sicheres Zahlungsmittel, da bei der Bezahlung im Internet weder persönliche Daten noch Bank- oder Kreditkartendaten angegeben werden müssen.	

Einige Verfahren des E-Payments (ohne Anspruch auf Vollständigkeit)			
	Erklärung	**Beispiel**	
Onlinebankingorientierte Verfahren	Onlinebanking-orientierte Verfahren **ermöglichen es, vom Internetshop aus direkt per Online-Banking zu bezahlen.**	**giropay** giropay ist ein Online-Bezahlverfahren, das von über 1.500 Banken und Sparkassen angeboten wird. Basierend auf dem Onlinebanking mit PIN und TAN ermöglicht es die einfache und sichere Bezahlung per Onlineüberweisung. Kunden benötigen für die Zahlung mit giropay lediglich ein Onlinebanking-Girokonto bei einer teilnehmenden Bank oder Sparkasse. Der Händler erhält unmittelbar nach erfolgreicher Zahlung eine Zahlungsgarantie der Bank des Käufers und kann somit Waren oder Dienstleistungen direkt zusenden oder zur Verfügung stellen. Entscheidet sich der Kunde im Onlineshop für die Bezahlung mit giropay, wird er sicher zum Onlinebanking seiner Bank oder Sparkasse geleitet. Hier meldet er sich wie gewohnt mit seinen Zugangsdaten an. Nach erfolgreichem Login wird ihm automatisch eine vorausgefüllte Überweisung angezeigt, die bereits alle Details des Kaufs enthält. Um die Überweisung durchzuführen, braucht der Kunde nur noch eine TAN einzugeben.	giropay
		Sofortüberweisung Wählt der Kunde im Onlineshop die Sofortüberweisung als Zahlmethode aus, wird er automatisch auf das sicher verschlüsselte Sofort-Zahlformular geleitet. Dort wählt er seine Bank aus und loggt sich mit seinen gewohnten Zugangsdaten ein. Nach Eingabe der Zugangsdaten wird geprüft, ob das Konto den zu überweisenden Betrag abdeckt (Kontodeckungsprüfung). Anschließend gibt er die Überweisung mit einer TAN frei. Vorteil ist, dass die Sofortüberweisung direkt an die Bestellung anknüpft und alle Bezahldaten aus dem Shop direkt übernommen werden – fehlerfrei. Der Onlineshop erhält direkt eine Transaktionsbestätigung und kann die Bestellung schneller bearbeiten. Für die Nutzung der Sofortüberweisung ist keine Registrierung und kein zusätzliches Passwort notwendig. Durch die Verwendung der PIN und einer einmalig verwertbaren TAN ist das Bezahlverfahren äußerst sicher und sogar vom TÜV Saarland zertifiziert.	Klarna.

Einige Verfahren des E-Payments (ohne Anspruch auf Vollständigkeit)			
	Erklärung	**Beispiel**	
		Paydirekt Seit Ende 2015 gibt es paydirekt. Hinter paydirekt stehen die privaten Banken, die Volksbanken und die Sparkassen Bei diesem Bezahlsystem gibt es keinen Drittanbieter. Für die Registrierung bei paydirekt benötigen die Kunden ein Girokonto bei einer teilnehmenden Bank oder Sparkasse, einen Onlinebanking-Zugang sowie eine E-Mail-Adresse. Die Kunden bezahlen, indem sie einen Benutzernamen und ein Passwort eingeben. Die fälligen Beträge werden dann von dem hinterlegten Girokonto abgebucht.	paydirekt

Bitcoin

Einige Onlineshops bieten auch die Zahlung mit der virtuellen Währung Bitcoin an, die für den Handel mit Waren und zur Bezahlung von Dienstleistungen verwendet wird.

bitcoin ACCEPTED HERE

Bei normalen Währungen geben Staaten und deren Zentralbanken Geldscheine und Münzen aus. Bitcoins jedoch werden im Internet künstlich, also „virtuell" erzeugt. Bitcoins basieren auf extrem sicheren Verschlüsselungssystemen. Dadurch werden die einzelnen Einheiten fälschungssicher. Jeder Betrag kann nur einmal ausgegeben werden. Der Kunde verwaltet seine Bitcoins in einer Art elektronischen Geldbörse (Wallet), die über eine Signatur (individuelle Kennung) geschützt ist. Der Wert, den die Einheit Bitcoin jeweils hat, schwankt; er hängt ab von Angebot und Nachfrage.

Möchte ein Kunde für Einkäufe mit Bitcoins bezahlen, hat er zwei Möglichkeiten, diese zu erwerben:

- Der Kunde erwirbt Bitcoins durch sogenanntes „**Mining**" („Geldschürfen"): Er kann mit seinem Computer mathematische Probleme, die in einem Netzwerk gestellt werden, lösen. Als Belohnung erhält er Bitcoins. Da hier in der Regel eine große Rechenleistung des Computers notwendig ist, werden normale Nutzer diese Möglichkeit kaum nutzen.
- Die meisten Kunden haben ihre Bitcoins durch Tausch an einer der verschiedenen **Bitcoin-Börsen** im Internet erworben. Dort kann jeder Angebote einstellen, um Bitcoins gegen seine Landeswährung oder andere Währungen einzutauschen.

Hat ein Kunde Bitcoins erworben, werden diese in der Wallet – also der elektronischen Brieftasche – aufbewahrt. Diese kann sich auf dem eigenen Rechner, auf einem Smartphone oder auf einer externen Internetseite, die einen entsprechenden Service anbietet, befinden.

Zahlt man in einem Geschäft direkt, muss man die Zahlung mit einem kryptografischen Schlüssel autorisieren (kryptografisch: mit technischen Verfahren verschlüsselt): Die Zugangsdaten zur Wallet sind also z. B. auf dem Smartphone verschlüsselt.

Überwiegend werden Zahlungen jedoch durch elektronische Überweisungen im Internet durchgeführt. Dabei weist man mit dem kryptografischen Schlüssel nach, dass man Eigentümer und Besitzer der Bitcoins ist. Die Überweisung wird in der „Block-Chain" verzeichnet. Dies ist eine im Internet geführte Datenbank, die alle Transaktionen mit Bitcoins aufzeichnet.

BEISPIEL

Frau Hoss möchte Bitcoins zum Bezahlen nutzen. Dazu registriert sie sich bei einem Anbieter, lädt eine entsprechende Software herunter und tauscht anschließend bei einer Internetbörse Bitcoins gegen Euros. Beim Einkaufen mit Bitcoins tippt sie ihren persönlichen Code in ihr Smartphone oder in ein Bitcoin-Terminal.

Gegenüber Diensten wie PayPal bietet Bitcoin
- keine Zensur-, Sperr- oder Kontrollmöglichkeit
- gebührenfreie weltweite Transaktionen
- vollständige Anonymität (wie Bargeld)

Bitcoins verbinden also – vor allem wegen der sehr niedrigen Transaktionsgebühren – die Vorteile von Bargeld und Überweisungen.

Die Verbreitung der Bitcoins wird jedoch durch starke Kursschwankungen (ihr Wert ist abhängig von Angebot und Nachfrage) sowie eine Anfälligkeit für Manipulationen Grenzen gesetzt. Aufgrund ihrer Anonymität stehen sie auch in dem Ruf, für illegale Geschäfte verwendet zu werden.

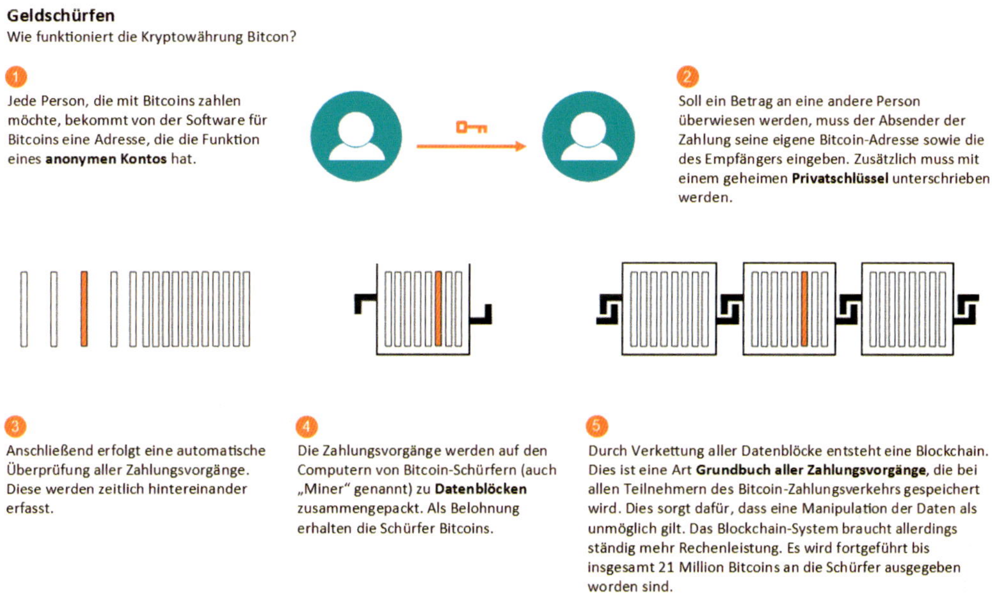

Mobile Payment

Bei diesen elektronischen Zahlungsformen werden die mobilen Endgeräte (Handys, Smartphones) der Kunden verwendet: Das Mobile Payment erlangt eine immer größere Bedeutung im Zahlungsverkehr mit Kunden im stationären Einzelhandel. Einige der Verfahren haben jedoch auch im Internethandel Bedeutung.

Mobiltelefone und Smartphones sind weiter verbreitet und werden von den Kunden – der Zielgruppe des stationären Einzelhandels – länger genutzt als jedes andere Medium. Daher eignet sich das Handy besonders auch für die Abwicklung von Zahlungen.

Das mobile Zahlen mit Handys oder Smartphones bringt den Kunden viele Vorteile.

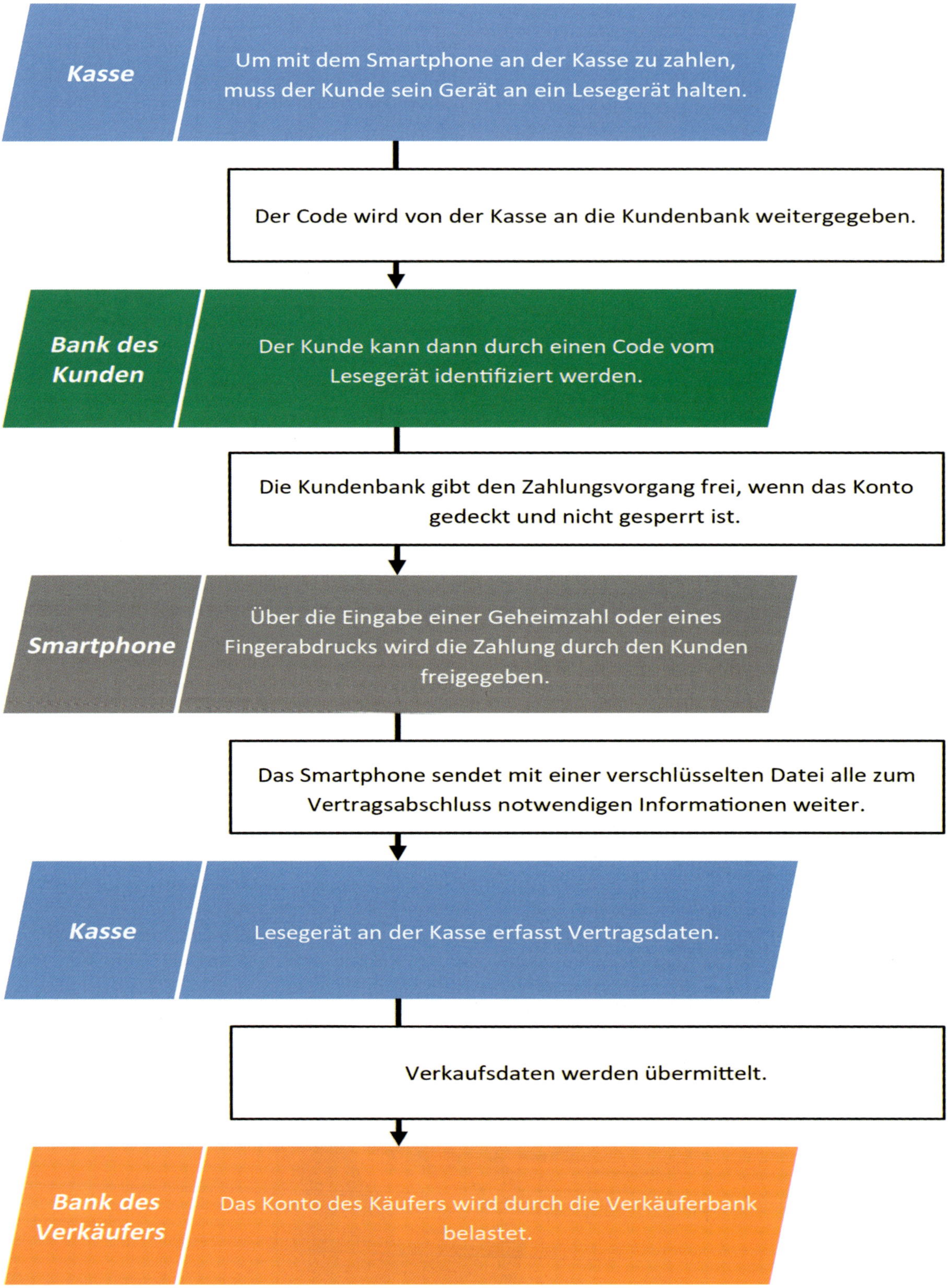

Das Grundprinzip des Mobile Payment

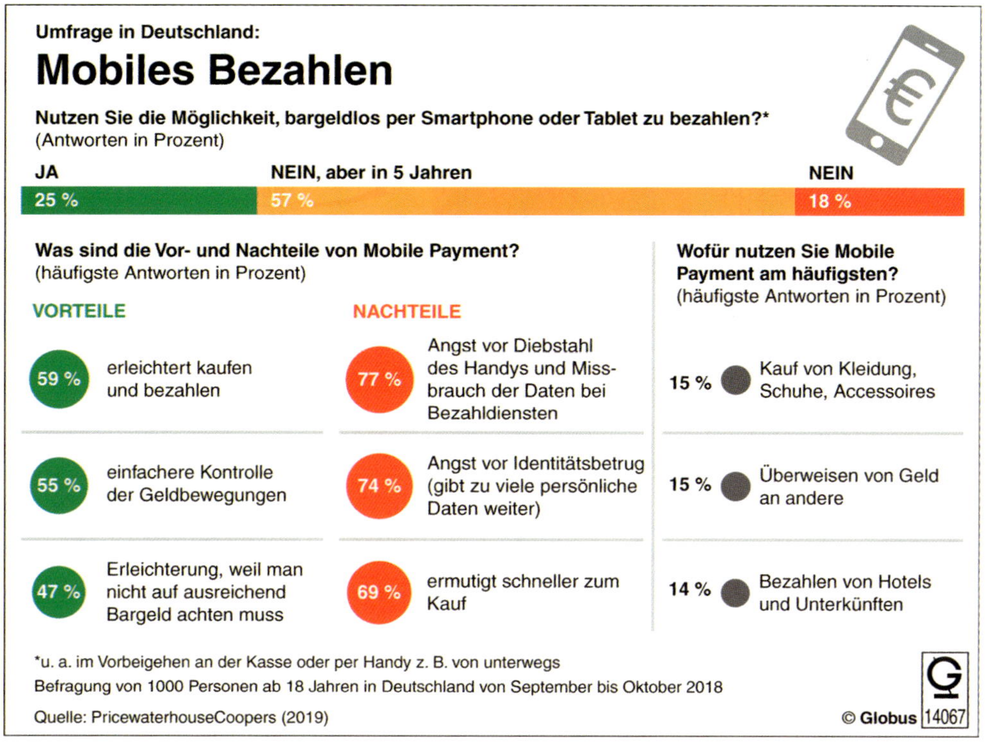

Absicherung der Händler beim Zahlungsverkehr

E-Commerce-Händler können verschiedene Strategien verfolgen, um ihre Zahlungsrisiken zu minimieren:

- **Registrierung des Kunden**
  Der beste Weg, sich abzusichern, besteht darin, seine Kunden kennenzulernen. So ist in vielen Internetshops Voraussetzung für die Benutzung des Bankeinzugs (Lastschrifteinzug), dass sich der Kunde beim ersten Einkauf registrieren lässt und zunächst einmal mit einer für den Händler relativ sicheren Zahlungsform bezahlt. Wer beim ersten Kauf korrekt bezahlt hat, genießt zukünftig einen gewissen Zuverlässigkeitsbonus.

- **Sicherung der Datenübertragung**
  Kunden und Verkäufer können auch das Protokoll SSL (Secure Socket Layer) zur sicheren Datenübertragung verwenden. Sensible Informationen wie Personen oder Kreditkarteninformationen sind so vor Hackern geschützt. SSL – momentan zu Transport Layer Security (TLS) weiterentwickelt – bietet die Möglichkeit, Übertragungen über das Internet, unabhängig vom verwendeten Protokoll, gegen fremden Zugriff zu sichern. So können z. B. Daten sicher abgerufen werden und vertrauliche Daten über ein Formular gesichert an den Server übermittelt werden. Doch nicht nur die Verbindung ist gesichert. Auch die Echtheit des kontaktierten Servers und die Verbindung zu ihm werden durch ein Zertifikat garantiert. Die Übertragung erfolgt verschlüsselt und vor Dritten nicht einsehbar. Die Verbindung und die Daten werden ständig überprüft.

  Weitere sehr hochwertige Varianten des sicheren Zahlens im Internet wie z. B. SET (Secure Electronic Transactions) haben bisher nur geringe Verbreitung gefunden.

- **Digitale Signatur**
  Seit 2001 ist die digitale Signatur rechtsgültig. Sie erlaubt das Unterschreiben beim Onlineeinkaufen, sodass dem Händler eine echte Zahlungsgarantie geboten wird. Voraussetzung hierfür ist, dass genügend Nutzer über Kartenleser und Signaturkarte verfügen.

In der Einzelbetrachtung zeigt sich, dass der Gesamtablauf der Geschäftsprozesse im stationären Handel wesentlich anders aussieht als im E-Commerce. Auch im Bereich Marketing müssen neue Produkt-, Preis-, Distributions- und Kommunikationskonzepte gefunden werden.

AUFGABEN

1. Beschreiben Sie, mit welchem Problem der Betreiber eines Webshops konfrontiert wird, wenn es um die Auswahl der Zahlungsart geht.
2. Erläutern Sie die Vorteile, die sich durch die Nutzung eines Payment Service Providers (Anbieter von Zahlungssystemen) ergeben.
3. Nennen Sie drei Kostenpunkte, die bei der Benutzung von Payment Service Providern (Anbieter von Zahlungssystemen) auftreten können.
4. Nennen Sie
   a) die Vorteile der Zahlung auf Vorkasse für den Verkäufer und
   b) die Nachteile der Zahlung auf Vorkasse für den Kunden.
5. Führen Sie
   a) die Nachteile der Zahlung auf Rechnung für den Verkäufer und
   b) die Vorteile der Zahlung auf Rechnung für den Kunden auf.
6. Erläutern Sie die Zahlung per Nachnahme.
7. Beschreiben Sie, welche Möglichkeiten ein Unternehmen hat, wenn es Zahlung per Bankeinzug anbietet.
8. Welche Nachteile bringt die Zahlung per Bankeinzug mit sich?
9. Erläutern Sie die elektronischen Bezahlsysteme.
   a) Was sind e-mailbasierte Verfahren?
   b) Führen Sie zwei Beispiele für e-mailbasierte Verfahren auf.
   c) Was sind wertkartenbasierte Verfahren?
   d) Führen Sie zwei Beispiele für wertkartenbasierte Verfahren auf.
   e) Was sind onlinebankingorientierte Verfahren?
   f) Führen Sie zwei Beispiele für onlinebankingorientierte Verfahren auf.
10. Erläutern Sie den Begriff „Mobile Payment".
11. Was sind Bitcoins?
12. Welche Vor- und Nachteile hat eine Zahlung mit Bitcoins?
13. Nennen Sie eine Strategie, mit der ein Einzelhändler, der einen Webshop betreibt, sein Zahlungsrisiko minimieren kann, und erläutern Sie diese Strategie.
14. Welche Fragen muss der Betreiber eines Webshops in Hinsicht auf seine angebotenen Zahlungsarten berücksichtigen?
15. Beschreiben Sie, wie ein Webshopbetreiber seine Kunden zu einer für den Webshop günstigen Zahlungsart lenken kann.
16. Immer häufiger wird im Einzelhandel mit mobilen Endgeräten bezahlt (mobile Payment).
    Erläutern Sie die Vorteile des mobilen Zahlens für Verbraucher.

17. Womit zahlt der Kunde in diesem Beispiel eines innovativen Einzelhandelsunternehmens?

ZUSAMMENFASSUNG

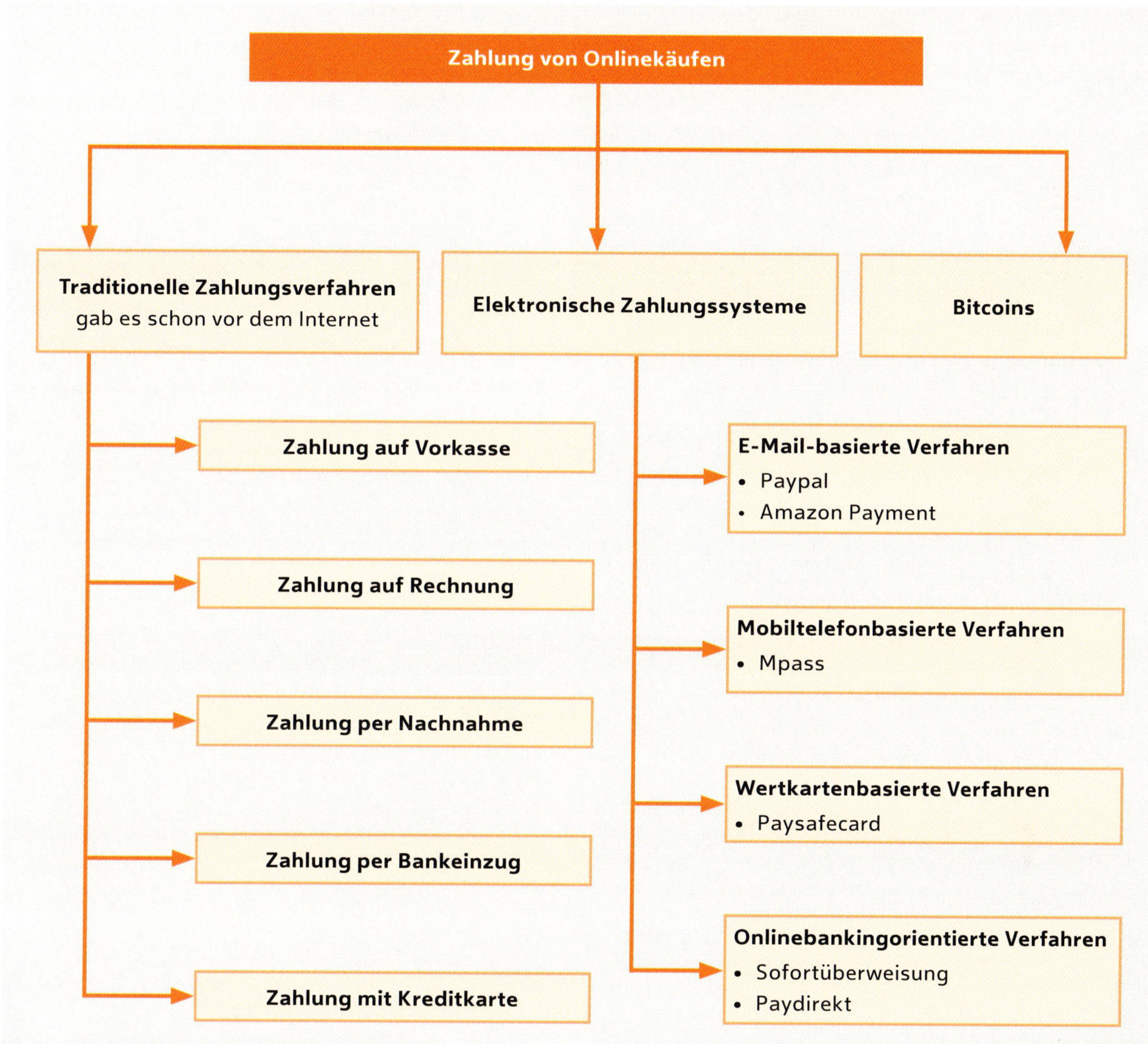

Man versteht erst dann etwas richtig, wenn man versucht, es einem anderen zu erklären. Dies führt zu einer eigenen gründlichen Auseinandersetzung mit dem gerade behandelten Thema.

1. Suchen Sie sich einen Partner.
2. Lesen Sie noch einmal die Zusammenfassung. Bei Verständnisproblemen schlagen Sie ggf. noch einmal im Informationstext nach.
3. Einer von Ihnen erläutert die Zusammenfassung dem Partner.
4. Dieser achtet auf Korrektheit und Vollständigkeit und wiederholt noch einmal.

ICH ÜBERPRÜFE MEINE NEU ERWORBENEN KOMPETENZEN

Den Erwerb der zu Beginn aufgeführten Kompetenzen können Sie selbst mithilfe der folgenden Tabelle überprüfen.

Wenn Sie alle Aufgaben, die hinter einer Kompetenz stehen, gelöst haben, machen Sie ein Kreuz bei „Ganz“.

Bei den Kompetenzen, bei denen Sie Aufgaben „Teilweise“ oder „Gar nicht“ gelöst haben, sollten Sie den dazugehörigen Informationstext noch einmal lesen und die Aufgaben anschließend noch einmal bearbeiten.

Was ich nach der Bearbeitung dieses Kapitels kann	Aufgaben	Ganz	Teilweise	Gar nicht
Ich kann ...				
... traditionelle Zahlungsverfahren im Internet erläutern.	1, 4, 5, 6, 7			
... verschiedene Arten von elektronischen Bezahlsystemen unterscheiden.	1, 2, 3, 9, 19			
... die Zahlung mit Bitcoins beurteilen.	11, 12			
... Zahlungen im Bereich Mobile Payment durchführen.	10, 18			
... mich im Rahmen des Unternehmens gegen Störungen absichern.	13, 15			

5321448

3.13 Die Anwendung von Rechenverfahren

Problemstellung

In der Berliner Filiale der Supermarktkette LEMI AG sind die beiden Auszubildenden Shirin Gül und Martin Klages auch an der Kasse eingesetzt.
Beide sind grundsätzlich froh, weil das Warenwirtschaftssystem mit dem Kassenscanner ihnen die Arbeit leichter macht. Trotzdem müssen sie immer auch wieder rechnen. Zum Beispiel beim Wechselgeld oder auch beim Zählen der Geldbeträge täglich bei der Kassenabrechnung. Auch beim Erstellen des Kassenberichtes muss gerechnet werden.
Die Filialleiterin Frau Marx beauftragt Shirin und Martin damit, das Kassenzählprotokoll sowie den Kassentagesbericht auszuwerten.

BEISPIELE

In einem Einzelhandelsunternehmen wird am 2.5. nach Geschäftsschluss das Zählprotokoll erstellt:

Kassenzählprotokoll		2.5.20xx
Wert (Stückelung)	Anzahl	Summe
0,01 EUR	12	0,12 EUR
0,02 EUR	3	0,06 EUR
0,05 EUR	2	0,10 EUR
0,10 EUR	2	0,20 EUR
0,20 EUR	0	0,00 EUR
0,50 EUR	8	4,00 EUR
1,00 EUR	12	12,00 EUR
2,00 EUR	23	46,00 EUR
5,00 EUR	17	85,00 EUR
10,00 EUR	35	350,00 EUR
20,00 EUR	1	20,00 EUR
50,00 EUR	1	50,00 EUR
100,00 EUR	2	200,00 EUR
200,00 EUR	0	0,00 EUR
500,00 EUR	0	0,00 EUR
Kassenbestand gesamt		767,48 EUR

BEISPIELE

Tagesbericht	2.5.20xx	
	Buchungstext	Betrag brutto
Bargeldendbestand		767,48 EUR
+ Ausgaben	Briefmarken	15,00 EUR
	Fachzeitschrift	13,50 EUR
+ Privatentnahme		0,00 EUR
+ Einzahlungen Bank	Einzahlung auf Girokonto	200,00 EUR
	Zwischensumme	995,98 EUR
- Privateinlagen		0,00 EUR
- Bareinlage (Abhebungen Bank)		0,00 EUR
- Kassenbestand vom Vortag		200,00 EUR
=	Bareinnahmen	995,98 EUR

1. Welche Daten könnten aus dem Kassenzählprotokoll und dem Kassen-Tagesbericht noch berechnet werden?

2. Welche kaufmännischen Rechenarten benötigt man für die Berechnung der Beispiele aus Aufgabe 1?

EINORDNUNG DES THEMAS

Lernfeld 3: Kunden im Servicebereich Kasse betreuen

Abschluss von Rechtsgeschäften → Abschluss von Kaufverträgen → Rechts- und Geschäftsfähigkeit → AGB → Abwicklung und Auswertung von Kassenvorgängen → Erfassung von Verkaufsdaten → Umsatzsteuer → Die verschiedenen Zahlungsarten → **Kassenabrechnungen**

Kompetenzen

Nach Bearbeitung dieses Kapitels können Sie ...

... Rechnungen mit dem einfachen und zusammengesetzten Dreisatz vornehmen.
... Verfahren der Prozentrechnung anwenden.
... situationsabhängig den einfachen und den gewogenen Durchschnitt berechnen.

INFORMATIONSTEXT

Dreisatz

Der proportionale (der gerade) Dreisatz wird sehr häufig im Einzelhandel genutzt.

In der Mathematik wird zwischen dem proportionalen und dem antiproportionalen Dreisatz unterschieden.

Proportionaler Dreisatz

DEFINITION

Wenn sich die Ausgangsmenge verdoppelt, verdreifacht oder vervierfacht, dann verdoppelt, verdreifacht, vervierfacht sich die Zielmenge.

Es ist zunächst einmal **wichtig zu erkennen, dass es sich um ein proportionales Verhältnis handelt.**

Faustregel:

„je mehr, desto mehr“ oder
„je weniger, desto weniger“

BEISPIEL 1

Ein Kunde der LEMI AG bezahlt für 3 kg Tomaten 7,50 €. Für 5 kg Tomaten muss er 12,50 € zahlen.

Wie löst man die Frage **„Wie viel muss der Kunde für 5 kg Tomaten zahlen?“** Dazu gibt es mehrere Rechenwege. Hier sollen zwei mögliche Wege dargestellt werden:

RECHENWEG 1

	Tomaten	Preis (€)	
	3	7,50	
: 3			:3
	1	2,50	
· 5			· 5
	5	12,50	

Bei der Aufstellung der Tabelle sind folgende Punkte zu beachten:

- Die gegebene Größe (Tomaten) sollte auf der linken Seite stehen.
- Die gesuchte Größe (Preis) sollte in der rechten Spalte stehen.
- Es wird auf der linken Seite zunächst auf eine Einheit gerechnet (hier : 3, um den Preis für 1 kg Tomaten zu bestimmen).
- Anschließend wird auf die gesuchte Größe wieder „hochgerechnet“ (hier · 5).

RECHENWEG 2

Bedingungssatz:	3 kg Tomaten	≙	7,50€
Fragesatz:	5 kg Tomaten	≙	x €

$$x = \frac{5\ \text{kg} \cdot 7{,}50\ €}{3\ \text{kg}} = 12{,}50\ €$$

Bei der zweiten Variante mit Bedingungs- und Fragesatz sind folgende Dinge zu beachten:

- Dieselben Größen müssen jeweils untereinander stehen (Tomaten unter Tomaten usw.).
- Die gesuchte Größe x sollte unten rechts stehen.
- Auf den Bruchstrich werden die Zahlen links neben dem x und über dem x geschrieben und multipliziert (hier 5 kg x 7,50 €).
- Unter den Bruchstrich wird die Zahl gegenüber x geschrieben (hier 3 kg).

Antiproportionaler Dreisatz

DEFINITION

Wenn sich die Ausgangsmenge verdoppelt, verdreifacht oder vervierfacht, dann halbiert, drittelt, viertelt sich die Zielmenge.

Es ist auch hier zunächst einmal **wichtig** zu erkennen, dass es sich um ein antiproportionales Verhältnis handelt.

Faustregel:

„je mehr, desto weniger“ oder
„je weniger, desto mehr“

BEISPIEL 2

Zur Ernte von 2 Tonnen Tomaten benötigt ein Gemüseerzeuger bei 4 Mitarbeitern 12 Stunden Zeit. Bei einem Einsatz von 6 Mitarbeitern benötigt der Gemüseerzeuger 8 Stunden.

Wie löst man die Frage **„Wie lange benötigen 6 Mitarbeiter für die Ernte der Tomaten?“** Auch dazu gibt es mehrere Rechenwege. Hier sollen wieder zwei mögliche Wege dargestellt werden:

RECHENWEG 1

	Mitarbeiter	Zeit (Stunden)	
	4	12	
: 4	1	48	· 4
· 6	6	8	: 6

Bei der Aufstellung der Tabelle sind folgende Punkte zu beachten:

- Die gegebene Größe (Mitarbeiter) sollte auf der linken Seite stehen.
- Die gesuchte Größe (Zeit) sollte in der rechten Spalte stehen.
- Es wird auf der linken Seite auf eine Einheit gerechnet (hier :4).
- Auf der rechten Seite wird der „umgekehrte“ Rechenschritt durchgeführt (wenn links geteilt wird, dann wird rechts multipliziert und umgekehrt), da es sich hier um ein antiproportionales Verhältnis handelt.

RECHENWEG 2

Bedingungssatz:	4 Mitarbeiter	≙	12 Std.
Fragesatz:	6 Mitarbeiter	≙	x Std.

$$x = \frac{4\ \text{MA} \cdot 12\ \text{Std.}}{6\ \text{MA}} = 8\ \text{Std.}$$

Bei der zweiten Variante mit Bedingungs- und Fragesatz sind folgende Dinge zu beachten:

- Dieselben Größen müssen jeweils untereinander stehen (Mitarbeiter unter Mitarbeiter usw.).
- Die gesuchte Größe x sollte unten rechts stehen.
- Auf den Bruchstrich werden die Zahlen des Bedingungssatzes miteinander multipliziert (hier 4 MA · 12 Std.).
- Unter den Bruchstrich wird die Zahl neben x geschrieben (hier 6 MA).

Nicht proportionale Verhältnisse

Es gibt auch Zuordnungen, die nicht eindeutig sind. Das heißt, hier ist kein proportionales oder antiproportionales Verhältnis zu erkennen.

BEISPIEL 3

Usain Bolt hat im 100-m-Lauf einen Weltrekord mit einer Zeit von 9,58 Sekunden aufgestellt. Das bedeutet, dass er im 400-m-Lauf eine Zeit von 38,32 Sekunden erreichen müsste.

Natürlich kann Usain Bolt diese Zeit nicht erreichen. Hier liegt der Weltrekord bei 43,18 Sekunden (erzielt 1999 von Michael Johnson). Aber warum eigentlich nicht? Die Antwort ist klar. Hier gibt es nicht die Regel, dass bei einer Verdoppelung der Ausgangsmenge sich die Zielmenge in gleicher Weise vervielfacht. Mit anderen Worten: Usain Bolt kann nicht auch noch die nächsten 300 m in derselben Geschwindigkeit laufen wie die ersten 100 m.

Prozentrechnung

Bei der Berechnung von Angebotspreisen wird sehr häufig die Prozentrechnung angewendet. Die Umsatzsteuer, Gewinnaufschläge, Handlungskostenzuschlagssätze oder auch Gemeinkostenzuschlagssätze sind hier einige Beispiele.

Der Begriff Prozent kommt aus dem Lateinischen *per centum* = „vom Hundert“ (v.H.). Mithilfe der Prozentrechnung werden Zahlen vergleichbar gemacht.

DEFINITION

Bei der **Prozentrechnung** werden die Zahlenangaben in Prozent angegeben. Das bedeutet, dass bestimmte (Größen-)Verhältnisse mithilfe der Bezugszahl 100 vergleichbar gemacht werden.

Die Prozentrechnung ist wie der proportionale Dreisatz zu berechnen. Im Einzelhandel ist die Berechnung des Umsatzsteueranteils ganz wichtig.

Nettopreis	+	Umsatzsteuer	=	Bruttopreis
100 %	+	i.d.R. 19 %	=	119 %
100 %	+	7 % bei Lebensm.	=	107 %

(vgl. Kapitel 3.7)

BEISPIEL 4

Die LEMI AG will rote Paprika zu einem Bruttopreis von 3,49 €/kg an ihre Kunden verkaufen. Der Umsatzsteueranteil (7 %) beträgt hier 0,23 € pro kg Paprika.

Wie löst man die Frage **„Wie hoch ist der Umsatzsteueranteil für 1 kg rote Paprika?“** Dazu soll hier der Rechenweg mit Bedingungs- und Fragesatz dargestellt werden:

RECHENWEG ZUM VERMEHRTEN GRUNDWERT

Bedingungssatz:	107 %	≙	3,49 €
Fragesatz:	7 %	≙	x €

$$x = \frac{3{,}49\ € \cdot 7\ \%}{107\ \%} = 0{,}23\ €$$

In unserem Beispiel ist der angegebene Wert, also die 3,49 €, der bereits vermehrte Grundwert von 107 %. Der Nettopreis für 1 kg rote Tomaten müsste berechnet werden mit 3,49 € – 0,23 € = 3,26 €.

Soll der Umsatzsteueranteil ausgehend vom Nettopreis der roten Paprika bestimmt werden, geht man vom Grundwert 100 % aus. Folgender Rechenweg ist möglich:

RECHENWEG ZUM GRUNDWERT

Bedingungssatz:	100 %	≙	3,26 €
Fragesatz:	7 %	≙	x €

$$x = \frac{3{,}26\ € \cdot 7\ \%}{100\ \%} = 0{,}23\ €$$

BEISPIEL 5

Die LEMI AG will dem Kunden wegen leichter Verschmutzung der Paprika einen Rabatt von 8 % gewähren. Nach Abzug dieses Rabatts ergibt sich ein Preis von 3,00 €. Daraus ergibt sich ein Rabattanteil von 0,26 €.

Wie löst man die Frage **„Wie hoch ist der Rabattanteil für die rote Paprika?“**.

Zu beachten ist, dass der Rabattanteil vom Nettopreis (Grundwert) berechnet wird und der Zielverkaufspreis somit ein verminderter Grundwert ist.

Der Rechenweg mit Bedingungs- und Fragesatz sieht daher folgendermaßen aus:

RECHENWEG ZUM VERMINDERTEN GRUNDWERT

Bedingungssatz:	92 %	≙	3,00 €
Fragesatz:	8 %	≙	x €

$$x = \frac{3{,}00\ € \cdot 8\ \%}{92\ \%} = 0{,}26\ €$$

Bei der Prozentrechnung mithilfe des Rechenverfahrens „Bedingungs- und Fragesatz“ muss Folgendes beachtet werden:

- Zunächst muss erkannt werden, ob es sich bei den angegebenen Werten um den Grundwert, den vermehrten Grundwert oder den verminderten Grundwert handelt.
- Aus den angegebenen Größen wird der Bedingungssatz gebildet.
- Aus der gesuchten Größe und „x“ wird der Fragesatz gebildet.
- Dieselben Größen müssen jeweils untereinander stehen (% unter % usw.).
- Die gesuchte Größe x sollte unten rechts stehen.
- Auf den Bruchstrich werden die Zahlen links neben dem x und über dem x geschrieben und multipliziert (hier 3,00 € · 8 %).
- Unter den Bruchstrich wird die Zahl „diagonal gegenüber“ x geschrieben (hier 92 %).

Vereinfachungsmöglichkeiten der Prozentrechnung

Die Werte aus Beispiel 4 und Beispiel 5 lassen sich in einer Tabelle kurz zusammenfassen:

	€	%	Prozentfaktor
Bruttoverkaufspreis	3,49 €	107 %	1,07
– Umsatzsteuer	0,23 €	7 %	0,07
= Nettoverkaufspreis	3,26 €	100 %	1
– Rabatt	0,26 €	8 %	0,08
= Reduzierter VK-Preis	3,00 €	92 %	0,92

FORMEL

$$\text{Prozentfaktor} = \frac{\text{Prozentsatz}}{100}$$

Mithilfe dieses Prozentfaktors lassen sich die Berechnungen der Prozentrechnung häufig sehr vereinfachen.

BEISPIEL 6

Angenommen, es ist nur der Bruttoverkaufspreis von 34,98 € für eine Kaffeemaschine gegeben. Die Umsatzsteuer beträgt 19 %. Es soll der Nettoverkaufspreis bestimmt werden. Dann lässt sich die Berechnung folgendermaßen abkürzen:

$$\text{NVP} = \frac{34{,}98\ €}{1{,}19} = 29{,}39\ €$$

Erläuterung zum Beispiel 6:
Der gegebene Bruttoverkaufspreis von 34,98 € sind 119 % im Beispiel, daher muss er durch 1,19 geteilt werden, um den Nettoverkaufspreis zu erhalten. Der Nettoverkaufspreis sind 100 %.

BEISPIEL 7

Angenommen, es ist der Nettoverkaufspreis der Kaffeemaschine von 29,39 € bekannt. Es soll der Bruttoverkaufspreis (BVP) bestimmt werden. Dann lässt sich die Berechnung folgendermaßen abkürzen:

$$\text{BVP} = 29{,}39 \cdot 1{,}19 = 34{,}98\ €$$

Erläuterung zum Beispiel 7:
Der Nettoverkaufspreis ist 100 %. Um dann zum Bruttoverkaufspreis zu gelangen (119 %), muss der Nettoverkaufspreis mit 1,19 multipliziert werden.

Auch der Umsatzsteuerbetrag lässt sich mithilfe des Prozentfaktors schnell berechnen.

Durchschnittsrechnung

Bei der Durchschnittsrechnung wird zwischen dem einfachen und dem gewogenen Durchschnitt unterschieden.

Einfacher Durchschnitt

Der einfache Durchschnitt ist der Mittelwert, der sich ergibt, wenn man alle Werte einer vorliegenden Statistik zusammenzählt und durch die Anzahl der Werte teilt.

Die Formel zur Ermittlung des Durchschnitts lautet wie folgt:

FORMEL

$$x = \frac{\text{Summe der Daten}}{\text{Anzahl der Daten}} = \frac{x_1 + x_2 + \ldots + x_n}{n}$$

Anwendungsfälle für die Durchschnittsberechnung finden sich im Alltag überall. So kann man zum Beispiel das durchschnittliche Einkommen von Personen berechnen, den durchschnittlichen Verkaufspreis einer Ware, aber auch die durchschnittliche Anzahl von Spielminuten, die ein Fußballspieler benötigt, um ein Tor zu schießen, wenn man die hierfür nötigen Daten vorliegen hat.

BEISPIEL 8

Sie arbeiten als Kaufmann/Kauffrau im Einzelhandel in der Geschäftsstelle des Fußballvereins Hannover 96. Der Manager beauftragt Sie damit, die durchschnittliche Zuschauerzahl aus vier Heimspielen von Hannover 96 in der abgelaufenen Saison zu berechnen, da er die Zahlen der Presse melden muss.

Zuschauerzahlen Hannover 96 in der abgelaufenen Saison:

Gegner	Zuschauer
Dortmund	43.754
München	49.000
Leverkusen	34.341
Köln	43.218

Berechnung:

$$x = \frac{43.754 + 49.000 + 34.341 + 43.217}{4} = 42.578$$

Die letzten vier Heimspiele von Hannover 96 besuchten durchschnittlich 42.578 Zuschauer.

Gewogener Durchschnitt

Mithilfe des gewogenen Durchschnitts kann man Einzelwerten bei einer Durchschnittsberechnung eine Gewichtung zukommen lassen.

Die Formel zur Berechnung des gewogenen Durchschnitts lautet wie folgt:

FORMEL

$$x = \frac{m_1x_1 + m_2x_2 + m_3x_3 + \ldots + m_nx_n}{m_1 + m_2 + m_3 + \ldots + m_n}$$

$$= \frac{\text{Summe der gewichteten Daten}}{\text{Summe der Gewichtungsfaktoren}}$$

Anwendungsfälle für die Berechnung des gewogenen Durchschnitts sind zum Beispiel die Berechnung des durchschnittlichen Verkaufspreises.

BEISPIEL 9

Der Manager von Hannover 96 gibt Ihnen für das letzte Heimspiel dieser Saison eine Übersicht, aus der hervorgeht, wie viele Eintrittskarten zu welchem Preis verkauft wurden. Er möchte von Ihnen wissen, wie viel Geld eine Eintrittskarte im Durchschnitt eingebracht hat.

Gegner	davon Stehplatz 13 €	davon Sitzplatz 22 €	davon Sitzplatz 27 €	davon Sitzplatz 44 €
Bremen	8.000	24.796	9.703	628

Die Berechnung mit dem einfachen Durchschnitt funktioniert hier nicht mehr, da mehrere Karten zu einem bestimmten Preis verkauft wurden. Daher wendet man den gewogenen Durchschnitt an.

Berechnung:

$$x = \frac{(8.000 \cdot 13{,}00\,€) + (24.796 \cdot 22{,}00\,€) + (9.703 \cdot 27{,}00\,€) + (628 \cdot 44{,}00\,€)}{8.000 + 24.796 + 9.703 + 628}$$

$$= \frac{939.125}{43.127} = 21{,}7758 = 21{,}78\,€/\text{Karte}$$

Jeder Zuschauer hat im Durchschnitt 21,78 € Eintritt gezahlt.

AUFGABEN

1. Die Tom Hoss KG verkauft Herrenfreizeithemden zum Bruttoverkaufspreis von 44,95 €. Bestimmen Sie den Nettoverkaufspreis sowie den Umsatzsteueranteil in Euro.

2. Die Tom Hoss KG hat für eine Damenbluse einen Gewinn von 4,85 € pro Stück erzielt. Das entspricht einem Gewinnzuschlag von 12 %. Wie hoch ist der Preis vor (= Selbstkostenpreis) und nach dem Gewinnzuschlag (= Barverkaufspreis)?

3. Bei der Warenausgangskontrolle ist Stefanie Beyer aufgefallen, dass 7 Herrenpullover ein Loch haben. Sie soll dem Kunden Spindler KG diese 7 Pullover 40 % günstiger anbieten. Der eigentliche Bruttopreis liegt bei 59,95 €/Stück. Berechnen Sie den neuen Nettoverkaufspreis sowie den neuen Bruttoverkaufspreis für die gesamte Lieferung.

4. Die Spedition Russ berechnet für die Auslieferung von Hannover nach Kassel (170 km) für eine Lieferung 195,00 €. Wie viel kostet die gleiche Lieferung für die Auslieferung von Hannover nach Frankfurt (360 km)?

5. Ein Lieferant muss einen Großauftrag für die Tom Hoss KG über 280 Herrenanzüge schnellstmöglich zur Auslieferung bringen. Bislang stellen 12 Mitarbeiter 7 Herrenanzüge pro Tag her. Die Geschäftsleitung möchte 4 Mitarbeiter zusätzlich dort einsetzen. Wie lange benötigt der Lieferant ohne zusätzliche Mitarbeiter und mit den zusätzlichen Mitarbeitern für den Großauftrag?

6. Die Tom Hoss KG bezahlt an den Lieferanten eine Rechnung unter Abzug von 2 % Skonto für vorzeitige Zahlung per Banküberweisung. Der Überweisungsbetrag lautet über 3.229,10 €. Wie hoch war der Rechnungsbetrag?

7. Der Kunde Spindler KG hat bei Bezahlung seiner Rechnung einen Skontobetrag von 49,15 € abgezogen. Seine Zahlungsbedingung lautet 30 Tage netto oder 2,5 % Skonto bei Zahlung innerhalb von 10 Tagen. Wie hoch war der Rechnungsbetrag und wie hoch der Zahlungsbetrag?

8. Stefanie Beyer bereitet diese Woche das Frühstück für sich und ihre vier Kollegen vor. Heute sind statt der 5 Mitarbeiter noch weitere 5 Gäste (Kunden) angekündigt. Zum Kochen von einem Frühstücksei benötigt Stefanie 6 Minuten. Wie lange benötigt sie für 10 Eier?

9. Im vergangenen Jahr wurde die Inventur bei der LEMI AG von 15 Angestellten in 9 Stunden bewältigt. Wie viele Stunden wird die Durchführung in diesem Jahr dauern, wenn bei gleichem Arbeitsanfall 3 Angestellte mehr damit beschäftigt sind?

10. Zur Umzeichnung von Schlussverkaufs-Ware bei der LEMI AG in Berlin für 90 Warengruppen werden 30 Arbeitsstunden geplant. Wie viele Arbeitsstunden sind unter den gleichen Bedingungen erforderlich, um 150 Warengruppen neu auszuzeichnen?

11. Für Dekorationsarbeiten in den Schaufenstern der Tom Hoss KG werden 75,00 m Stoff bei einer Ballenbreite von 1,20 m benötigt. Der Stoff ist aber nur in einer Breite von 0,90 m erhältlich. Wie viel Meter des Stoffes werden bei 0,90 m Breite benötigt?

12. Für einen Umsatz von 664,00 € erhält eine Mitarbeiterin der Tom Hoss KG eine Umsatzprämie von 16,60 €. Wie viel € beträgt die Umsatzprämie eines Kollegen, der 340,00 € Umsatz erzielt hat?

13. Folgende Zahlen der Berliner Filiale der LEMI AG sind bekannt:

Monatsumsatz März 20..:	228.800,00 €
angestrebte Umsatzsteigerung im April:	8,5 %
Öffnungstage April 20..:	26 Tage
Arbeitskräfte im Verkaufsbereich:	6 Vollzeitkräfte

Wie viel € beträgt der angestrebte durchschnittliche Tagesumsatz im April 20..?

14. Die Statistik der Tom Hoss KG weist folgende Zahlen aus:

Jahr	Umsatz €	durchschnittlich im Verkauf Beschäftigte
2020	400000	8
2021	495000	11

Um wie viel Prozent ist der durchschnittliche Umsatz je Verkäufer gesunken?

15. Die FairStyle KG ist ein wichtiger Lieferant der Tom Hoss KG. Sie erwirtschaftete letztes Jahr die folgenden Quartalsergebnisse vor Steuern:
1. Quartal: 42.350,00 EUR
2. Quartal: 23.560,00 EUR
3. Quartal: 36.540,00 EUR
4. Quartal: 45.550,00 EUR

Berechnen Sie den durchschnittlichen Quartalsgewinn der FairStyle KG im letzten Jahr.

16. Die FairStyle KG kauft die folgenden vier verschiedenen Stoffe zur Herstellung von Taschen ein. Aus dem ersten Stoff werden Laptoptaschen gefertigt. Die FairStyle KG kauft Stoff für 250 Laptoptaschen ein. Pro Tasche kostet der Stoff 15,50 EUR.

Für die Fertigung von 400 hochwertigen Handtaschen kauft die FairStyle KG Stoff für 35,00 EUR je Tasche ein.

Zur Bedienung eines Großauftrages für Reisetaschen (nachgefragte Menge: 1.000 Stück) werden Stoffe für 47,00 EUR je Reisetasche eingekauft.

Für einen großen privaten Botendienst sollen 75 Kuriertaschen gefertigt werden. Dafür wird Stoff im Wert von 20,00 EUR je Tasche eingekauft.

Berechnen Sie den durchschnittlichen Stoffpreis, der zur Herstellung einer Tasche aufgewendet wird.

17. Die Finalsendungen der Serie „Deutschland sucht den Superstar“ hatten die folgenden durchschnittlichen Einschaltquoten:

1. Staffel: 12,8 Mio.	4. Staffel: 5,99 Mio.
2. Staffel: 5,33 Mio.	5. Staffel: 5,54 Mio.
3. Staffel: 7,04 Mio.	6. Staffel: 6,08 Mio.

Wie viele Zuschauer sahen durchschnittlich ein Finale der Castingsendung?

18. Eine Umfrage unter weiblichen Teilnehmern ergab, dass Robert Pattinson (Twilight) derzeit der beliebteste Schauspieler ist. Die weiblichen Fans, die für Pattinson stimmten, hatten folgende Altersstruktur:

Alter	Anzahl der Fans
13 Jahre:	8
14 Jahre:	17
15 Jahre:	26
16 Jahre:	20
17 Jahre:	35
18 Jahre:	28
19 Jahre:	18

Berechnen Sie das durchschnittliche Alter der befragten Teilnehmer.

19. Martin spielt gerne FIFA auf seiner Playstation. Er hat derzeit 3.128 Onlinepunkte erspielt und möchte wissen, ob er besser ist als seine Freunde im Durchschnitt.
Punktzahlen seiner Freunde:
Flo: 2.549 Onlinepunkte
Christopher: 3.552 Onlinepunkte
Ali: 2.818 Onlinepunkte
Marc: 2.119 Onlinepunkte
Amir: 3.119 Onlinepunkte

Berechnen Sie die durchschnittliche Onlinepunktzahl von Martins Freunden und sagen Sie, ob er besser ist als der Durchschnitt seiner Freunde.

20. Stefanie Beyer ist diese Woche für den Einsatz im Einkauf der Tom Hoss KG eingeteilt. Sie ist gespannt auf die neue Aufgabe. Helfen Sie ihr, die folgenden Probleme zu lösen:

a) Die Nachfrage nach den neu in das Sortiment aufgenommenen Accessoire-Sets der Marke „TrèsJolie“ ist immens. Bei den aktuell eingehenden Bestellungen der Kunden von 1.200 Sets pro Woche reichen die Vorräte noch für fünf Wochen. Erfahrungsgemäß steigen die Bestellmengen zum anstehenden Weihnachtsgeschäft jedoch kurzfristig um 45 % an. Die Bestellungen der Kunden für das Weihnachtsgeschäft werden in den nächsten vier Wochen eingehen. Es ist aber undenkbar, dass dieser Verkaufsschlager ausgerechnet zu Weihnachten nicht vorrätig ist. Stefanie soll berechnen, ob die Vorräte noch für die Weihnachtsbestellungen reichen.

b) Jakub Nowak soll die voraussichtlichen monatlichen Lohnkosten des Reinigungspersonals der Tom Hoss KG ermitteln. Aktuell betragen die monatlichen Kosten 37.800,00 € für 27 in Vollzeit beschäftigte Reinigungskräfte. Aufgrund der guten Konjunkturlage und des höheren Arbeitsanfalls durch die Inbetriebnahme eines neuen Lagers sollen dauerhaft zwei weitere Personen in Vollzeit eingestellt werden. Zusätzlich wird die anfallende Mehrarbeit durch eine voll vergütete Erhöhung der Arbeitszeit von 40 auf 41 Stunden aufgefangen.

ZUSAMMENFASSUNG

Dreisatz
→ **Diese Werte stehen in demselben Verhältnis zueinander.**

proportionaler Dreisatz
Faustregel:
→ „je mehr, desto mehr"
→ „je weniger, desto weniger"

antiproportionaler Dreisatz
Faustregel:
→ „je mehr, desto weniger"
→ „je weniger, desto mehr"

Prozentrechnung
→ (Größen-)Verhältnisse werden mithilfe der Bezugszahl 100 vergleichbar gemacht.
→ mathematisch/rechnerisch wie ein proportionaler Dreisatz zu behandeln

Rechenverfahren
→ mithilfe der Tabellenschreibweise
→ durch Aufstellung von Bedingungs- und Fragesatz
→ mithilfe des Prozentfaktors

Durchschnittsberechnung

Einfacher Durchschnitt

$$x = \frac{\text{Summe der Daten}}{\text{Anzahl der Daten}} = \frac{x_1 + x_2 + \ldots + x_n}{n}$$

Gewogener Durchschnitt

$$x = \frac{m_1x_1 + m_2x_2 + m_3x_3 + \ldots + m_nx_n}{m_1 + m_2 + m_3 + \ldots + m_n}$$

$$= \frac{\text{Summe der gewichteten Daten}}{\text{Summe der Gewichtungsfaktoren}}$$

ICH ÜBERPRÜFE MEINE NEU ERWORBENEN KOMPETENZEN

Den Erwerb der zu Beginn aufgeführten Kompetenzen können Sie selbst mithilfe der folgenden Tabelle überprüfen. Wenn Sie alle Aufgaben, die hinter einer Kompetenz stehen, gelöst haben, machen Sie ein Kreuz bei „Ganz". Bei den Kompetenzen, bei denen Sie Aufgaben „Teilweise" oder „Gar nicht" gelöst haben, sollten Sie den dazugehörigen Informationstext noch einmal lesen und die Aufgaben anschließend noch einmal bearbeiten.

Was ich nach der Bearbeitung dieses Kapitels kann	Aufgaben	Ganz	Teilweise	Gar nicht
Ich kann …				
… Rechnungen mit dem einfachen und zusammengesetzten Dreisatz vornehmen.	4, 5, 6, 7, 8, 9, 10, 11, 20			
… Verfahren der Prozentrechnung anwenden.	1, 2, 3, 12, 13, 20			
… situationsabhängig den einfachen und den gewogenen Durchschnitt berechnen.	12, 13, 14, 15, 16, 17, 18, 19			

Lernfeld 4

Waren präsentieren

4.1 Das Instore-Marketing

Problemstellung

Dieses Textilkaufhaus ist nicht sehr modern eingerichtet

Neuhausen ist eine Stadt mit 40.000 Einwohnern, ca. 50 km vom Hauptsitz der Tom Hoss KG entfernt. Bisher gab es hier nur das kleine Textilkaufhaus Müller, das neben zwei Boutiquen die Neuhausener mit Textilien versorgte. Nun möchte sich das Ehepaar Müller zur Ruhe setzen. Doch sie finden keinen Nachfolger.
Auf diese Situation wurde die Tom Hoss KG aufmerksam. Sie unterbreitete den Müllers ein Kaufangebot und man wurde schnell handelseinig. Das bisherige Verkaufspersonal wird übernommen. Die neue Filialleitung kommt aus Berlin.

In der heutigen ersten Leitungssitzung nach der Übernahme kommt es zu einigen Differenzen:

Barbara Mielke, Verkaufsleiterin:
„Wir sollten das gesamte Kaufhaus so lassen, wie es ist. Dann haben wir keinen Stress mit Umbauen und können gleich das gesamte Weihnachtsgeschäft mitnehmen."

Bernd Höweling, Marketing:
„Davon halte ich überhaupt nichts! Die Tom Hoss KG hat sämtliche Elemente, Ausstattungen und Farben unserer Kaufhäuser genau festgelegt, weil sie größten Wert auf eine kundenfreundliche Warenpräsentation legt.
Von daher ist Ihr Vorschlag, Frau Mielke, doch ziemlich kurzfristig gedacht. Um auch langfristig gute Umsätze zu machen, sollten wir die jetzt doch ziemlich altmodisch wirkenden Geschäftsräume nach neuesten Erkenntnissen einrichten. Dabei sollten wir an den Vorgaben aus der Zentrale festhalten.
Wir müssen darauf achten, dass die Kunden möglichst leicht ins Geschäft kommen, dort lange bleiben und viel erleben. Dazu müssen die Waren optimal präsentiert werden."

Filialleiterin Reinhild Dannenberg:
„Na gut! Was gehört alles zu einer gründlichen Neueinrichtung?"

Klären Sie, worum sich die Filialleitung bei der Neueinrichtung der Geschäftsräume kümmern muss.

EINORDNUNG DES THEMAS

Lernfeld 4: Waren präsentieren

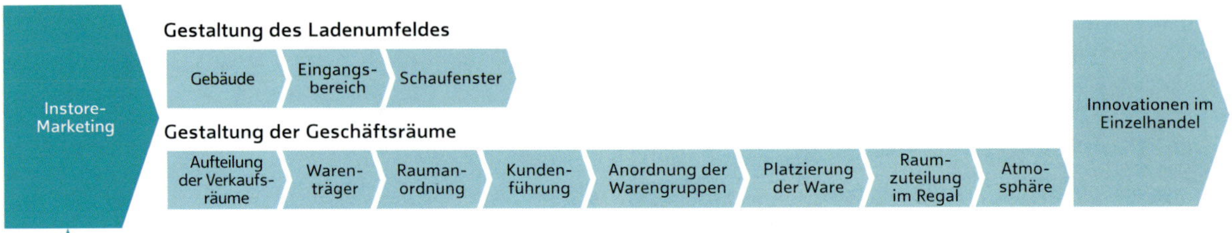

Kompetenzen

Nach Bearbeitung dieses Kapitels können Sie ...

... die betriebswirtschaftliche Bedeutung einer kundengerechten Warenpräsentation nachvollziehen.
... beschreiben, welche Bereiche zur Gestaltung eines Geschäfts gehören.
... die unterschiedlichen Aufgaben der Warenpräsentation aufführen.
... die Merkmale des Visual Merchandising erklären.
... allgemeine Grundsätze der Warenpräsentation anwenden.

INFORMATIONSTEXT

Die Situation ist für Einzelhandelsunternehmen in den letzten Jahren immer schwieriger geworden. Unter den Unternehmen einer Branche herrscht ein sehr scharfer Preiswettbewerb. Die Kunden werden immer kritischer und preisbewusster. Handelsunternehmen stehen somit gegenwärtig vor einer großen Aufgabe. Sie müssen

- sich immer rascher wechselnden Trends,
- steigendem Konkurrenzdruck,
- zunehmend instabilen Wertvorstellungen
- und immer unterschiedlicheren Erwartungen der einzelnen Kunden

anpassen und die Produktivität der Verkaufsflächen gemäß der Unternehmensstrategie steuern.

Zwei Drittel aller Kaufentscheidungen treffen Kunden in den Verkaufsräumen. Ein Einzelhandelsunternehmen muss also genau an diesem Ort richtig vorgehen. In den Verkaufsräumen muss das Verkaufspersonal daher mit den Kunden professionelle Verkaufsgespräche durchführen, um zum Verkaufsabschluss zu kommen.

Die Arbeit des Einzelhändlers beginnt jedoch viel früher: Bereits vor den Verkaufsgesprächen werden die angebotenen Waren (vor und im Laden) so präsentiert und platziert, dass die Kunden zum Kauf der Waren angeregt werden. Der Verkaufsraum ist neben dem Verkaufsgespräch einer der entscheidenden Erfolgsfaktoren von Einzelhandelsunternehmen.

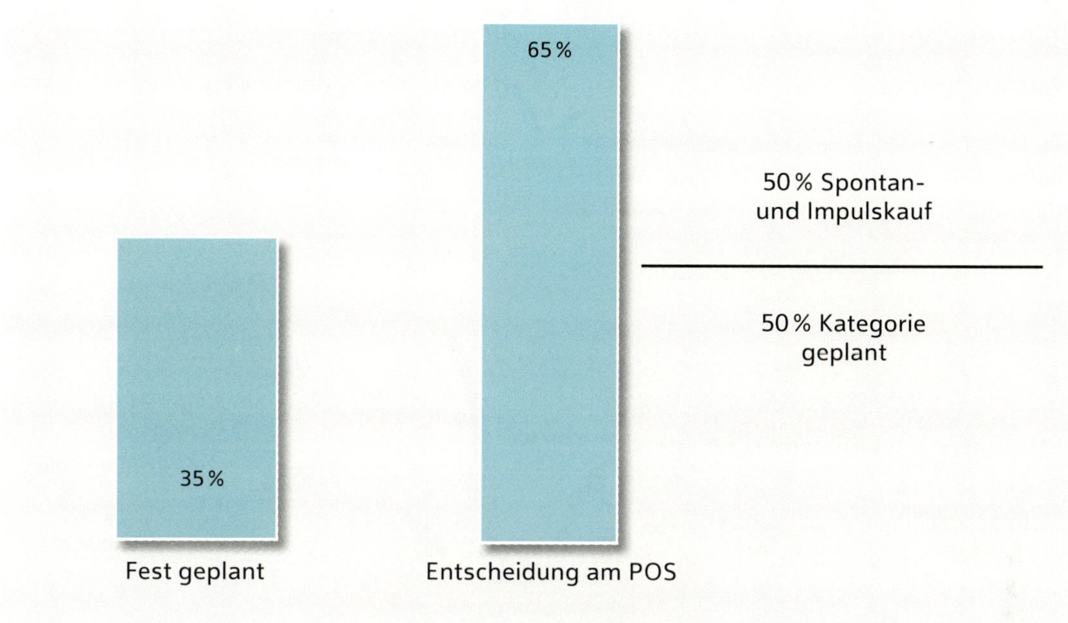

Warum sind die Verkaufsraumgestaltung und die Warenpräsentation im Einzelhandel so wichtig? Die meisten Kaufentscheidungen fallen erst am POS (Point of Sale = Verkaufsort)

Die Bedeutung der Verkaufsraumgestaltung und der Warenpräsentation hat in den letzten Jahren erheblich zugenommen. Dafür gibt es Ursachen:

- Ein großer Teil der Kaufentscheidungen im stationären Einzelhandel fällt im Verkaufsraum. Deshalb müssen die Unternehmen hier verkaufsfördernde Maßnahmen treffen.
- Viele Geschäfte werden von den Kunden als austauschbar angesehen. Gerade durch die Verkaufsraumgestaltung und die Warenpräsentation können sich Einzelhandelsunternehmen aber gegenüber Mitbewerbern profilieren (= sich von ihnen abgrenzen).

Instore-Marketing

Sowohl mit der Warenpräsentation als auch mit der Ladengestaltung fördert ein Einzelhandelsunternehmen den Verkauf seiner Artikel aktiv: Ein gezieltes und bewusstes Vorgehen in diesen Bereichen beeinflusst die Durchführung von Verkaufsgesprächen im Bedienungs- und Vorwahlsystem positiv. Denn es wird eine angenehme Einkaufsatmosphäre geschaffen.

Im Selbstbedienungssystem und zum Teil auch im Vorwahlsystem sorgt eine optimale Warenpräsentation dafür, dass der Kunde den Kontakt zur Ware selber aufnehmen und sich selbst informieren kann. In allen Verkaufsformen kommt die Ware erst dann richtig zur Wirkung, wenn sie in der richtigen Umgebung angeboten wird.

Im Bereich der inneren und äußeren Verkaufsraumgestaltung steht eine sehr große Zahl von Instrumenten zur Verfügung. Sie sollen letztlich alle den Absatz der Waren fördern. Werden diese Instrumente gezielt kombiniert und angewendet, so spricht man vom **Instore-Marketing**. Nach Ansicht aller Experten wird dem Instore-Marketing mit seinen verschiedenen Maßnahmen eine stark zunehmende Bedeutung für den zukünftigen Unternehmenserfolg beigemessen.

Zum Instore-Marketing gehören die folgenden Bereiche:

- **Die Gestaltung des Ladenumfeldes:**
  Das Design (die Gestaltung) des Gebäudes, die Schaufenster und der Eingangsbereich stellen den ersten Kontakt eines Einzelhandelsunternehmens mit dem Kunden her. Eine ansprechende Gestaltung wird den Kunden in die eigentlichen Verkaufsräume führen.
- **Die Verkaufsraumgestaltung:**
  Der zur Verfügung stehende Raum wird nach verschiedenen Funktionen aufgeteilt. Es muss

auch entschieden werden, wie die Kunden durch das Geschäft geführt werden.

- **Die Raumzuteilung:**
  Zur optimalen Gestaltung muss einerseits geklärt werden, wo bestimmte Warengruppen bzw. Artikel innerhalb des Verkaufsraums platziert werden sollen. Andererseits geht es darum, wie viel Verkaufsfläche den Warengruppen bzw. Artikeln zugeordnet wird.
- **Die atmosphärische Verkaufsraumgestaltung:**
  Die Instrumente der atmosphärischen Verkaufsraumgestaltung sollen im Geschäft ein positves Kaufverhalten der Kunden fördern.

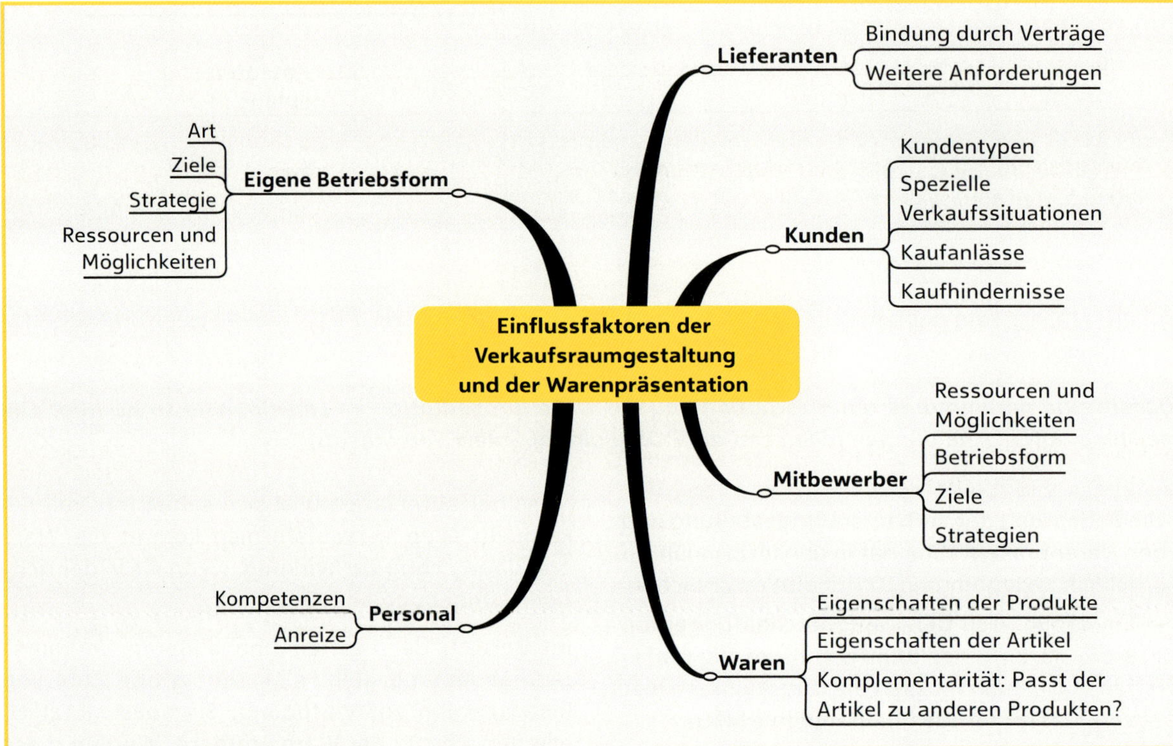

Die Ladengestaltung

Vor diesem Hintergrund kümmert sich das Einzelhandelsunternehmen zunächst einmal um die Ladengestaltung. Darunter wird **die innere und äußere Gestaltung der Verkaufsräume** verstanden. Es geht um den Aufbau, das Aussehen und die Ausstattung der Verkaufsstätten.

Das innere und äußere Erscheinungsbild der Verkaufsräume eines Einzelhandelsunternehmens soll positiv beeinflusst werden, damit es auf den Kunden möglichst verkaufswirksam wirkt.

DEFINITION

Die **Ladengestaltung** beantwortet die Frage:
Wie wird der Verkaufsraum innen und außen gestaltet?

5321462

Ladengestaltung			
Aufgabenschwerpunkte:	**Ziele:**	**Einflussfaktoren:**	**Zu beachtende Gründe für den Besuch von Einzelhandelsgeschäften:**
• Wie werden die Geschäftsräume (bzw. der Bereich davor) gestaltet? • Wo werden die Waren im Laden angeboten? • Wie werden die Artikel den Kunden dargeboten?	• aussagekräftige Information über die Ware • ansprechende Darbietung des Sortiments • Erleichterung der Kaufentscheidungen • Erzeugung von Stimmungen und Emotionen	• Ware • Verkaufsräume • Warenträger	• Versorgung der Kunden • Information über neue Warenangebote • Attraktivität des Geschäfts: Man geht hinein, um das Geschäft zu sehen und etwas zu erleben • Ablenkung vom Alltag • Erleben eines sozialen Umfelds (Treffpunkt/ Unterhaltung)

Eine Ladengestaltung, die Kaufanreize bietet, sorgt dafür, dass ein Einzelhändler nicht nur den Preis und seine Beratungskompetenz als Mittel zur Absatzsteigerung einsetzen muss.

Die Warenpräsentation

Nach der Ladengestaltung muss sich das Unternehmen um die Warenpräsentation kümmern. Hier geht es um die Anordnung und Dekoration der Waren im Verkaufsraum. Das Sortiment wird verkaufswirksam mit dem Verkaufsraum abgestimmt. Bei der eigentlichen Warenpräsentation geht es um die optimale Darbietung der Ware in den Verkaufsräumen.

DEFINITION

Die **Warenpräsentation** beantwortet die Frage: Wie wird die Ware in den Verkaufsräumen verteilt und dargestellt?

Verschiedene Maßnahmen der Warenpräsentation sollen beim Kunden Kaufimpulse auslösen.

Ladengestaltung und Warenpräsentation haben die folgenden Aufgaben:

- Die Kunden sollen ohne Schwierigkeiten zum und dann durch das Sortiment geführt werden.
- Dann sollen die Kaufbedürfnisse der Kunden geweckt werden.
- Schließlich sollen Kaufentscheidungen bei den Kunden hervorgerufen werden.

Die Mitarbeiter müssen darum alle Regeln einer optimalen Ladengestaltung sowie Warenpräsentation kennen und anwenden können.

Die Ladengestaltung in Verbindung mit einer gelungenen Warenpräsentation ist für den stationären Handel eines der wichtigsten Abgrenzungs- und Unterscheidungsmerkmale gegenüber den Mitbewerbern.

Die **Rentabilität der Verkaufsflächen** (der Umsatz pro Quadratmeter Verkaufsfläche) kann erhöht werden durch eine ansprechende Ladengestaltung und Verkaufsatmosphäre.

↓

Mehr Kunden

- Durch eine individuelle und durchdachte Ladengestaltung hebt sich das Unternehmen von den Mitbewerbern ab.
- Die Kunden fühlen sich wohl und kommen immer wieder, werden zu Stammkunden.
- Sie empfehlen das Unternehmen weiter. So werden schnell neue Kunden gewonnen.
- Das Image des Unternehmens wird stark verbessert und zieht ebenfalls neue Kunden an.

↓

Mehr Umsatz

- Mehr Kunden führen zwangsläufig zu mehr Umsatz.
- Die Präferenzen von Stammkunden können gezielt durch Kaufanreize und Warenplatzierungen angesteuert werden.
- Kunden, die sich wohlfühlen, bleiben länger im Geschäft.
- Dadurch kaufen sie auch mehr.
- Wenn Kunden sich wohlfühlen, neigen sie eher zu Spontankäufen.
- Außerdem kaufen sie oft „verwandte“ Artikel, wie zum Beispiel Chips und Getränke, Hemden und Krawatten.
- In einer ihnen angenehmen Atmosphäre lassen sie sich bereitwilliger von Werbung überzeugen.
- Kunden, die sich wohlfühlen, kommen häufiger.

Systematisch durchgeführte Ladengestaltungen und Warenpräsentationen haben die folgenden Aufgaben:

- Steigerung von Umsatz und Gewinn: Sicherung bzw. Erhöhung der Rentabilität und des Geschäftserfolges
- Werbung:
  - Schaffen von Aufmerksamkeit,
  - Umrahmung des eigenen Angebots,
  - Anlocken von Kunden
- Ansprechen von Bedürfnissen der Kunden: Schaffung von Kauflust, Einkaufserleichterungen und Annehmlichkeiten
- Unterstützung des Warenflusses:
  - Reibungslose Abwicklung des Verkaufs
  - Raumordnung, unterstützt durch ein Warenwirtschaftssystem
- Wohlfühl- und Erlebnisfaktor: Beeinflussung des Wohlbefindens der Konsumenten durch architektonische Maßnahmen

5321464

Ergebnisse eines erfolgreichen Instore-Marketings

- Die Kundenzahl pro Zeitraum (= Kundenfrequenz, also wie viele und wie oft Kunden das Geschäft betreten) ist ausgeglichen.
- Die Anzahl der Verbundkäufe steigt.
- Durch gezielte Raumaufteilung und Kundenleitwege werden Kunden bewusst durch den Verkaufsraum gelenkt.
- Artikel mit einer hohen Umsatzspanne werden so wahrgenommen und gekauft.
- Die Verweildauer der Kunden im Verkaufsraum wird erhöht.
- Kunden werden zu Impulskäufen angeregt.
- Kunden werden emotional angesprochen; emotionale Käufe werden ausgelöst.
- Durch individuelle Ladengestaltung und das Pflegen eines eigenen Images erhöht sich der Bekanntheitsgrad des Unternehmens.
- Die Zahl der Stammkunden steigt.
- Die Besuchshäufigkeit der Kunden nimmt zu.
- Der Bekanntheitsgrad des Unternehmens steigt.
- Die Warenbewirtschaftung wird optimiert; Mitarbeiter können die Regale schneller und leichter befüllen.

Strategien der Verkaufsraumgestaltung

Bei der Gestaltung von Verkaufsräumen sind grundsätzlich zwei Strategien denkbar:

- Betonung des **Versorgungsaspekts**:
  - Verkauf des Lebensnotwendigen
  - Waren des täglichen Bedarfs
- Hervorhebung der **Erlebnisorientierung**:
  - Einkaufen bedeutet Unterhaltung
  - Spannende Warenpräsentation
  - Atmosphäre

Viele Kunden machen den Besuch eines Geschäfts von den dort zu erwartenden Erlebnissen abhängig. Deshalb sollten Einzelhandelsunternehmen in Schaufenstern und in den Geschäften ihre Waren so präsentieren, dass sie Emotionen ansprechen und Reize aussenden. Im Erlebnishandel ist es wichtig, Erlebniszonen zu schaffen.

Gerade im Erlebnishandel ist die Warenpräsentation mit kreativen Methoden notwendig. Dies kann zum Beispiel mit Dekorationsmitteln erfolgen.

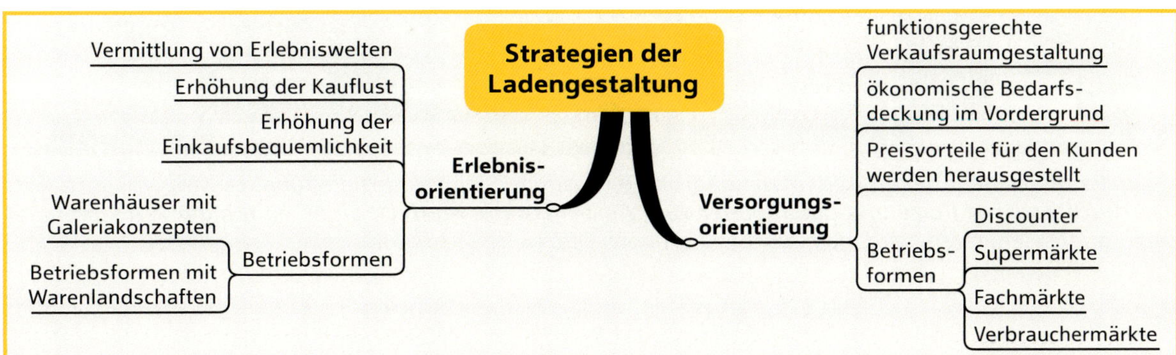

Sind die Einzelhandelsunternehmen **versorgungsorientiert**, konzentrieren sie sich überwiegend auf die Bereitstellung von Handelswaren. Die Ladeneinrichtung ist funktionsgerecht: Es geht um die Bedarfsdeckung der Kunden. Herausgestellt werden oft die Preisvorteile.

Süßigkeiten – versorgungsorientiert präsentiert

Bei Geschäften mit **Erlebnisorientierung** geht es um die Schaffung positiver Verkaufserlebnisse beim Kunden – über die reine Bedarfsdeckung hinaus. So wird durch unterschiedliche Reize (Musik, Beleuchtung, Beduftung, Warenlandschaften usw.) versucht, eine für den Kunden interessante und abwechslungsreiche Ladenatmosphäre zu erzielen.

Süßigkeiten – erlebnisorientiert präsentiert

Visual Merchandising

Der Trend bei der inneren und äußeren Verkaufsraumgestaltung geht zum **Visual Merchandising**. Visual Merchandising bedeutet, die Ware dem Kunden an der Fassade, im Schaufenster und vor allem in den Verkaufsräumen so zu präsentieren, dass sie Atmosphäre und Erlebnischarakter erhält. Visual Merchandising ist also eine Art optischer Verkaufsförderung. Sie hat die Aufgabe, den Einkauf für den Kunden zu einem besonderen Erlebnis zu machen.

Dem Kunden werden scheinbar entfernte Träume erfüllbar vor Augen gezaubert. Dadurch wird er zum Kauf animiert.

An erster Stelle steht beim Visual Merchandising die visuelle Sinneswahrnehmung. Es wird versucht, Kunden durch optische Reize und durch Bilder zum Abschluss von Kaufverträgen zu bringen. Zu stimmigen Dekorationselementen werden verstärkend oft noch Düfte und Musikuntermalung eingesetzt.

Beim Visual Merchandising wird durch eine entsprechende optische Gestaltung der Ladenräume die Warenpräsentation verkaufsfördernd gestaltet.

Visual Merchandising bedeutet letzten Endes, Waren so anzuordnen, damit sie jedem Kunden direkt ins Auge fallen. Visual Merchandising ergänzt deshalb das Beratungs- und Verkaufsgespräch. Es ist in einer Zeit der „satten“ Konsumenten zum unverzichtbaren Mittel für den Geschäftserfolg im Handel geworden.

Convenience ist ein neuer Trend in der Ladengestaltung und Warenpräsentation: Wenn für Kunden ein Hauptverkaufsargument die Bequemlichkeit ist, dann muss dies auch durch die Warenpräsentation unterstützt werden. Wichtig ist dieses Prinzip im Lebensmittelhandel, in Bahnhöfen und an Tankstellen.

An Verkehrsknotenpunkten und in Hochfrequenzlagen mehren sich die Zahl der Einzelhandelsunternehmen, die auf Convenience setzen

Erste allgemeine Grundsätze der Ladengestaltung und Warenpräsentation

Im Rahmen des Instore-Marketings werden *systematisch* verschiedene Maßnahmen einer geschickten Anordnung von Produkten angewendet, um die Aufmerksamkeit des Kunden zu erhalten. Dabei werden die folgenden Grundsätze beachtet.

- Die Artikel des Einzelhandelsunternehmens werden im richtigen Umfeld so präsentiert, dass die Ware optimal angeboten werden kann. Somit entsteht für den Kunden eine angenehme Einkaufsatmosphäre. Dazu können auf unterschiedliche Weise die Gestaltungselemente Licht, Farbe, Material und Form verwendet werden.
- Der Verkaufsraum wird so gestaltet, dass der Kundenstrom gelenkt und verlangsamt wird. Bezweckt wird damit eine längere Verweildauer der Kunden im Geschäft. Das führt zu vermehrten Kontakten mit den angebotenen Artikeln – und damit wahrscheinlich zu mehr Verkäufen.
- Die Ware wird dort präsentiert, wo sie möglichst verkaufsaktiv ist. Jeder Artikel wird bewusst und durchdacht mit einer bestimmten Absicht an seinem Standort platziert.
- Der Warenaufbau sollte schön, lebendig, informativ und übersichtlich sein. Auch sollte für Abwechslung gesorgt werden.
- Präsentationshilfen wie Displays oder Warenpräsenter unterstützen die Präsentation in vielen Fällen wirkungsvoll.
- Durch unterstützende Maßnahmen wie beispielsweise zielgruppengerechte Musik oder effektiver Einsatz der Lichttechnik kann die Aufmerksamkeit der Kunden auf bestimmte Waren gelenkt werden.
- Einzelhandelsunternehmen, die sich überwiegend an anspruchsvolle Kunden wenden, die den Erlebniskauf bevorzugen, sollten Waren auch in **Warenlandschaften** präsentieren. Um diesen Kunden Unterhaltung und Erlebnisse zu bieten, werden verschiedene Artikel in Form einer „Geschichte" zusammengefasst. Durch eine solche Inszenierung sollen die Kunden interessiert und fasziniert werden.

„Thementisch" rund um Halloween

AUFGABEN

1. Warum ist für Einzelhandelsunternehmen die innere und äußere Gestaltung des Verkaufsraums wichtig?
2. Welche Aufgaben hat die Verkaufsraumgestaltung?
3. Nennen Sie die vier Bereiche des Instore-Marketings.
4. Welche zwei Strategien der Verkaufsraumgestaltung findet man im Einzelhandel?
5. In welchen Betriebsformen wird bei der Verkaufsraumgestaltung das Prinzip der Versorgungsorientierung betont?
6. Welche Ziele verfolgt man, wenn die Verkaufsraumgestaltung erlebnisorientiert erfolgt?
7. Was versteht man unter dem Begriff „Visual Merchandising"?
8. Führen Sie allgemeine Grundsätze der Warenpräsentation auf.
9. Sie lesen folgenden Text in einer Fachzeitschrift:

Wenn der Einkauf zum Ereignis wird

Die Kunden von heute wollen mehr als nur den Preis einer Ware erfahren und deren Leistung und Nutzen erkennen – sie wollen beim Kauf unterhalten werden. „Erlebnis-Shopping" ist in. Ein Trend, auf den die Einzelhändler aufspringen müssen, denn das Internet mit seiner Vielzahl an Vergleichsmöglichkeiten winkt und wirbt immer mehr Kunden ab. Hier kann das Ladengeschäft jedoch noch punkten, denn nur hier kann die Ware angefasst und in einer angenehmen Atmosphäre aus- bzw. anprobiert werden. Bald werden wohl nur noch die Dinge des täglichen Bedarfs wie Milch oder Butter „unspektakulär" angeboten.

Das stellt den Einzelhandel jedoch oft vor ein Budgetproblem: Umbaumaßnahmen werden nötig, wenn man zeitgemäß und zielgruppengerecht die Waren präsentieren will. Gerade in Zeiten, in denen Ladengeschäfte immer mehr Umsätze verlieren und der Gürtel eigentlich enger geschnallt werden müsste, soll investiert werden?

Ja, meinen Unternehmensberater: Betriebe, die ihre Verkaufsräume nicht nur umgestalten, sondern sogar noch erweitern, können den höchsten Umsatzzuwachs erzielen. Einen Toaster kann man heutzutage leicht günstig online bestellen oder einfach im Supermarkt kaufen. Wenn der Kauf aber zum Erlebnis wird, wenn man ihn genießen kann und sich gern daran erinnert, dann sind Kunden bereit, auch mehr zu bezahlen, dann kaufen sie vielleicht auch den farblich passenden Wasserkocher dazu, dann kommen sie wieder. Und warum nicht mal eine neue Messerkollektion verkaufen mit der Hilfe eines Kochs, der das Gemüse für einen leckeren Auflauf oder das Obst für einen Salat vor den Augen der staunenden Kunden mit den neuen Messern schnippelt – und ihnen dann das fertige Gericht auch noch in kleinen Portionen serviert? Einige Einzelhändler haben sogar schon eine Café-Ecke mit freiem WLAN eingerichtet oder bieten dem Nachwuchs die Gelegenheit, per Rutsche von einer Etage zur anderen zu gelangen.

Wie aber schafft man diese Erlebnis- und Wohlfühlorte? Hier sind die Ladenbauer gefragt. Viele haben sich bereits auf das „Event-Shopping" eingestellt und bieten den Einzelhändlern Rundumpakete an, in denen alles ganzheitlich aufeinander abgestimmt ist. Ihre Dienstleistungen erinnern inzwischen mehr an Kulissen- denn an Ladenbau: Sie arbeiten mit Requisiten, erzeugen Stimmungen und Emotionen mit Farbe. Boden, Wände und Decken werden in die Ambientebeleuchtung integriert,

Regale sind verschieb- und umbaubar, und die passende Hintergrundmusik und sogar Düfte runden die Atmosphäre ab. So kann auch immer auf saisonale Ereignisse eingegangen werden: die Grusel-Dekoration zu Halloween, die mit Herzen und Blumen geschmückten Warentische zum Valentinstag oder die geschickt platzierten Sonnenschirme und Strandkörbe zum Beginn der Sommerferien – der Fantasie sind keine Grenzen gesetzt.

Für hochwertige und damit hochpreisigere Produkte lohnt sich die durchdachte Präsentation allemal – hier entscheidet das Auge mit, hier zahlt der Kunde auch einen höheren Preis, wenn er dafür ein Drumherum geboten bekommt. Schon heute gibt es Schuhgeschäfte, in denen man seine neuen Sportschuhe an einer Kletterwand oder auf einem Laufband ausprobieren kann, und Outdoorläden, in denen der Kunde seine Regenjacke in einer Art Dusche auf Tauglichkeit prüft. Solche Erlebnisse kann das Internet nicht bieten.

a) Erstellen Sie eine Mindmap mit den wichtigsten Aussagen des Textes.
b) Welche Bedeutung hat die Warenpräsentation auf die Verkäufe im Einzelhandel?

10. Führen Sie eine Erkundung durch.
a) Suchen Sie in verschiedenen Einzelhandelsunternehmen Beispiele dafür, wo versucht wird,
- Waren erlebnisorientiert anzubieten bzw.
- Atmosphäre und Stimmungen zu erzeugen.

Halten Sie die Instrumente fest, mit denen die Handelsunternehmen dies anstreben.
b) Präsentieren Sie die Ergebnisse Ihren Mitschülern.

11. Entscheiden Sie, ob in den folgenden Fällen ein Erlebniskauf oder ein Versorgungskauf vorliegt. Begründen Sie Ihre Entscheidung.

a)

b)

c)

d)

ZUSAMMENFASSUNG

Instore-Marketing

Systematische Ladengestaltung und Warenpräsentation

- Wichtigstes Unterscheidungs- und Abgrenzungsmerkmal gegenüber Mitbewerbern
- Erzielung einer möglichst großen Verkaufswirksamkeit des inneren und äußeren Erscheinungsbilds der Verkaufsräume

Gestaltung des Ladenumfelds	Verkaufsraumgestaltung	Raumzuteilung	Atmosphärische Verkaufsraumgestaltung
LADENGESTALTUNG		WARENPRÄSENTATION	
• Gebäude • Eingangsbereich • Schaufenster	• Aufteilung des Verkaufsraums nach unterschiedlichen Aufgaben • Art der Kundenführung	• Anordnung von Warengruppen/Artikeln im Verkaufsraum • Anteil der Warengruppen/Artikel an der Verkaufsfläche	• Musik • Beleuchtung • Düfte

Man versteht erst dann etwas richtig, wenn man am Ende der Behandlung eines Themas versucht, dieses sich selbst noch einmal erklärt. Dies führt zu einer eigenen gründlichen Auseinandersetzung mit dem gerade behandelten Thema.

1. Suchen Sie sich einen Partner.
2. Lesen Sie noch einmal die Zusammenfassung. Bei Verständnisproblemen schlagen Sie ggf. noch einmal im Informationstext nach.
3. Wandeln Sie die Zusammenfassung mit Ihrem Partner in eine gemeinsame Mindmap um.

ICH ÜBERPRÜFE MEINE NEU ERWORBENEN KOMPETENZEN

Den Erwerb der zu Beginn aufgeführten Kompetenzen können Sie selbst mithilfe der folgenden Tabelle überprüfen.

Wenn Sie alle Aufgaben, die hinter einer Kompetenz stehen, gelöst haben, machen Sie ein Kreuz bei „Ganz".

Bei den Kompetenzen, bei denen Sie Aufgaben „Teilweise" oder „Gar nicht" gelöst haben, sollten Sie den dazugehörigen Informationstext noch einmal lesen und die Aufgaben anschließend noch einmal bearbeiten.

Was ich nach der Bearbeitung dieses Kapitels kann	Aufgaben	Ganz	Teilweise	Gar nicht
Ich kann ...				
... die betriebswirtschaftliche Bedeutung einer kundengerechten Warenpräsentation nachvollziehen.	1, 2, 9			
... beschreiben, welche Bereiche zur Gestaltung eines Geschäfts gehören.	3			
... die unterschiedlichen Aufgaben der Warenpräsentation aufführen.	4, 5, 6, 11			
... die Merkmale des Visual Merchandising erklären.	7			
... allgemeine erste Grundsätze der Warenpräsentation anwenden.	8			

5321472

4.2 Das Ladenumfeld

Problemstellung

Die nächste internationale Fußballmeisterschaft ist in Sicht. Alle Auszubildenden drücken der deutschen Fußballnationalmannschaft die Daumen. Auch in der Sportabteilung der Tom Hoss KG muss dieses Ereignis berücksichtigt werden. Die Ausbildungsleiterin Christina Dräger möchte, dass die Auszubildenden möglichst viele Erfahrungen im Bereich der Warenpräsentation gewinnen. In Abstimmung mit der Geschäftsleitung werden die Auszubildenden beauftragt, die Gestaltung des Fanartikelbereichs in der Sportabteilung unter dem Motto „Mit Tom Hoss sind auch Sie am Ball" selbstständig durchzuführen.

Die Tom Hoss KG verfügt über eine rechteckige 200 m² große Fläche für Sonderaktionen jeder Art. Neben der Verkaufsfläche stehen der Abteilung fünf Schaufenster zur Verfügung. Im Rahmen einer gemischten Platzierung soll hier zum Anlass passende Sportbekleidung zusätzlich zur Platzierung im Verkaufsraum angeboten werden.

Die Auszubildenden werden in Gruppen eingeteilt. Sie sollen jeweils ein Konzept für die Warenpräsentation im Fanartikelbereich der Sportabteilung entwickeln. Dieses Konzept sollen sie der Geschäftsleitung vorstellen. Das Konzept, das die meisten Regeln der Warenpräsentation beachtet, wird mit einer Prämie belohnt. Das Konzept soll das Ladeninnere und so weit wie möglich auch das Ladenumfeld (vor allem die Schaufenster) betreffen.

1. Versetzen Sie sich in die Rolle der Auszubildenden der Tom Hoss KG.
2. Einigen Sie sich darauf, welche Artikel in Ihrer Abteilung für Fanartikel platziert werden sollen. Geben Sie an, welche passende Sportbekleidung dazu angeboten werden sollte.
3. Stellen Sie dar, mit welchen Mitteln das Ladenumfeld der Tom Hoss KG verkaufswirksam gefördert werden kann.
4. Je eines der fünf Schaufenster soll als
   - Übersichtsfenster
   - Stapelfenster
   - Sachfenster
   - Fantasiefenster
   - Spezialfenster

   gestaltet werden. Fertigen Sie jeweils einen Entwurf für die Dekoration an. Bereiten Sie sich zusätzlich darauf vor, den anderen Gruppen anhand des Entwurfs die jeweiligen Merkmale der Schaufensterart zu erläutern.

EINORDNUNG DES THEMAS

Lernfeld 4: Waren präsentieren

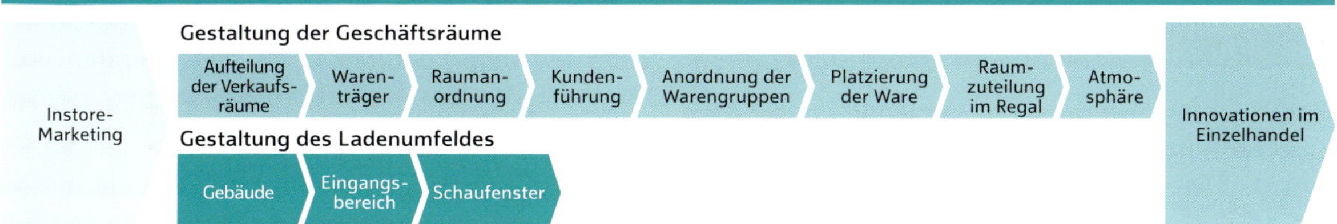

Kompetenzen

Nach Bearbeitung dieses Kapitels können Sie ...

... die Bedeutung der Außengestaltung eines Ladens erläutern.
... die Bereiche der Außengestaltung eines Ladens nennen.
... Regeln für die Gestaltung von Fassade, Ladenumgebung und Eingangsbereich erklären.
... verschiedene Arten von Schaufenstern unterscheiden und deren Wirkung beurteilen.
... die Gestaltungsregeln für Schaufenster aufführen.
... eigene Schaufenster verkaufswirksam gestalten.

INFORMATIONSTEXT

Einzelhandelsgeschäfte müssen daran arbeiten, schon von Weitem aufzufallen, wenn sie von Kunden beachtet und besucht werden wollen. Häufig entscheidet der erste Eindruck, den ein Kunde von Fassade und Schaufenster eines Einzelhandelsgeschäfts bekommt, darüber, ob er ein Geschäft betritt oder nicht. Deshalb muss sowohl die Fassadengestaltung als auch die Präsentation in Schaufenstern besonders beachtet werden: Schaufenster sind die Visitenkarte des Geschäfts. Sie müssen als Blickfang (Fachausdruck: Eyecatcher) wirken. Hier wird der erste Eindruck der Ware vermittelt. Auch der Eingangsbereich muss von den Kunden als Zone empfunden werden, die ein Willkommen signalisiert.

Das Gebäudedesign

Der erste Kontakt eines Kunden mit einem Einzelhandelsgeschäft ist in der Regel nicht das Innere eines Geschäfts, sondern dessen Äußeres. Die Fläche an und um das Geschäftsgebäude haben einige Einzelhändler in den letzten Jahren bereits als wichtige Werbefläche für das eigene Unternehmen erkannt. Sie kann (oft) kostenlos und nach eigenen Wünschen gestaltet werden.

Hierbei ist das Anbringen des eigenen Logos oder Firmenschriftzuges am Gebäude nur ein erster Schritt. Die Gestaltung des gesamten Gebäudes erfolgt mit dem Ziel, einen möglichst hohen Wiedererkennungswert und Identifikationsgrad mit dem Einzelhandelsgeschäft zu erreichen. Absicht ist hierbei, das Äußere des Gebäudes so zu gestalten, dass der Bezug zum Unternehmen auch ohne Anbringen des Unternehmensnamens bzw. eines entsprechenden Logos möglich ist. Hierbei ist ein eigener Stil zu entwickeln, der Ausdruck für die Unternehmensphilosophie ist und der den Wert bzw. die Inhalte der Unternehmensmarke transportieren kann.

BEISPIEL

- Zur Unterstützung der eigenen Unternehmensphilosophie gestaltet ALDI die eigenen Verkaufsstätten fast identisch und dabei sehr schlicht.
- Die Warenhäuser der Galeria Karstadt Kaufhof haben einen hohen Wiedererkennungswert.

Die Fassade

Zur Fassade zählt die gesamte Außenfront eines Einzelhandelsunternehmens. Die Fassadengestaltung zielt einerseits auf möglichst große Fernwirkung, andererseits auf einen guten ersten Eindruck beim Kunden.

Die repräsentativ gestaltete Außenwand soll als Blickfang Aufmerksamkeit erzielen. Durch das Äußere des Einzelhandelsgeschäfts sollen mögliche Kunden auf das Innere neugierig gemacht und zum Eintreten in die Verkaufsräume bewegt werden. Die Gestaltung der Ladenfront entscheidet mit darüber, ob das Unternehmen von den Kunden vorteilhaft oder negativ wahrgenommen wird. Das äußere Erscheinungsbild des Geschäfts vermittelt den Passanten den ersten Eindruck. Dieser Eindruck ist im negativen Fall oft nur noch schwer zu korrigieren. Ist die Ladenfront positiv gestaltet, kann sie sogar dafür sorgen, dass Kunden das Geschäft zum ersten Mal betreten. Eine Fassade ist also eine Visitenkarte des Unternehmens. Die Fassade hat eine große Fernwirkung.

Die Ladenfront eines Unternehmens kann auf vielfaltige Weise gestaltet werden. Dabei ist die Gestaltung der Ladenfront von den Zielgruppen, der Betriebsform des Unternehmens sowie der Mitbewerbersituation abhängig.

Gestaltungskriterien bei Fassaden sind:

- Farbwahl
- Beleuchtung
- Anbindung an die Umgebung und die Straße

Bei der Fassadengestaltung gelten folgende Grundsätze:

- Bei der Fassadengestaltung muss der äußere Eindruck mit dem Inneren des Geschäfts übereinstimmen. Schriftzug und Firmenlogo des Unternehmens sollten gut sichtbar sein. Sie sollen sich von den Schriftzügen und Firmenlogos der Nachbargeschäfte bzw. der Konkurrenz deutlich abheben. Die Schaufenster müssen der Außenfassade angepasst werden.
- Durch die Wahl von Farbe, Schriftart und -größe usw. wird die Ladenfront so gestaltet, dass die Kunden das Geschäft als jugendlich-modern oder dezent einstufen: Ein teurer Juwelierladen wählt eine andere Fassadengestaltung als eine Modeboutique, die moderne Textilien verkauft.
- Ladengeschäfte einer Unternehmensgruppe lassen sich durch die Einheitlichkeit der Ladenfront kenntlich machen. Durch ein solches einheitliches Design ergibt sich ein hoher Wiedererkennungswert für die Kunden.

„Fassaden haben Augen, leuchtende Augen, die die Passanten beobachten und anziehen, die eine Botschaft verkünden, an alle, die in sie schauen."
Kreft, Wilhelm: Ladenplanung, Leinfelden-Echterdingen 1993

Firmenschriftzug und Firmenlogo

Zur Gestaltung der Fassade gehört auch die Gestaltung des **Firmenschriftzuges**. Dies ist die grafisch gestaltete Form des Namens eines Unternehmens, mit dem man sich von benachbarten oder konkurrierenden Unternehmen abheben möchte. Der Firmenschriftzug wird häufig an der Fassade angebracht. Je auffälliger dies geschieht, desto höher ist die Werbewirkung.

Ist der Name des Unternehmens zu lang, verwenden die Einzelhandelsunternehmen oft ein Firmenlogo. Das **Firmenlogo** bildet die Grundlage für das visuelle Erscheinungsbild (Corporate Design) eines Einzelhandelsunternehmens. Es ist ein optisches Zeichen, das als Erkennungsmerkmal für das gesamte Unternehmen steht.

Ein Firmenlogo kann aus einem Bild, einem Wort, einem oder mehreren Buchstaben oder auch aus einer Kombination dieser Elemente bestehen. Es soll einprägsam, eigenständig und für die Kunden wiedererkennbar sein.

Kombination aus Firmennamen und -logo an der Fassade

Die Umgebung des Geschäfts

Auch die angrenzenden Flächen rund um das Geschäft werden oft für die Ziele des Unternehmens – z. B. für den Aufbau von Sympathie – genutzt. Es gibt hier verschiedene Möglichkeiten, als Geschäft aufzufallen und den vorbeifließenden Passantenstrom zu bremsen. Dadurch bekommt das Unternehmen mehr Aufmerksamkeit.

Elemente, mit denen Einzelhandelsunternehmen vor dem Geschäft arbeiten, sind u. a.

- Wegestopper
- Outdoorständer
- Sonnenschirme
- Fahrradständer mit Händlerlogo
- Begrünung
- Straßenreiter mit aktuellen Angeboten

- Sitzbänke
- Werbefahnen
- Parkplätze
- Prospekthalter

Auch bewegliche Warenträger mit Artikeln vor dem Geschäft sorgen oft für Aufmerksamkeit. Sie vergrößern zudem die Verkaufsfläche des Unternehmens.

Mit verschiedenen Maßnahmen kann das Unternehmen Aufmerksamkeit bei den Kunden erringen

Der Eingangsbereich

Der Eingangsbereich eines Einzelhandelsgeschäfts ist entscheidend für die Wirkung auf den Kunden: Er soll den Kunden in den Laden „hineinziehen". Hier entscheidet sich, ob der Kunde eintritt oder nicht. Der Eingangsbereich muss einladend wirken und darf keine Schwellenängste[1] aufbauen.

Diese kreative Eingangsgestaltung richtet sich an Kinder und Jugendliche

Manchmal soll bei der Gestaltung des Eingangsbereichs jedoch das genaue Gegenteil erzielt werden: Bei Edelmarken bzw. edlen Geschäften wird bewusst Schwellenangst erzeugt, denn nicht jeder soll das Geschäft betreten.

Der Eingangsbereich lädt zum Betreten des Geschäfts ein

Da hier ein erster Eindruck vom Geschäft vermittelt wird, muss auf Übersichtlichkeit und Sauberkeit im Eingangsbereich besonders Wert gelegt werden.

Bei der Gestaltung des Eingangsbereichs sollten folgende Punkte beachtet werden:

- Der Eingangsbereich wird so gestaltet, dass er mit den Schaufenstern eine Einheit bildet.
- Er sollte breit und bequem sein.
- Die beste Lage für den Eingang ist in Laufrichtung des Kunden. Diese Laufrichtung wird bereits vor der Tür aufgenommen werden, sodass der Kunde unbewusst in den Laden gelenkt wird.
- Der Übergang vom Fußgängerweg vor dem Laden in die Verkaufsräume sollte fließend sein, sodass es einen direkten Zutritt in das Geschäft gibt.
- Die Beleuchtung im Eingangsbereich sollte heller als auf der Straße sein, da mögliche Kunden durch dunkle Zonen unbewusst abgeschreckt werden.

1 Schwellenangst = Überwindung, ein Geschäft zu betreten

Gestaltungselemente von Eingängen

Der Eingangsbereich eines Einzelhandelsunternehmens ist erheblich wichtiger als viele Einzelhändler annehmen. Jeder, der im Einzelhandel arbeitet, muss sich darüber im Klaren sein, dass für Kunden der erste Eindruck zählt. Zwar findet das eigentliche Verkaufen im Geschäft statt, doch dahin muss der Kunde erst einmal kommen.

Vor diesem Hintergrund sollten Kunden durch eine nachlässige Gestaltung des Eingangsbereichs nicht abgeschreckt werden. Vielmehr sollte alles getan werden, damit die Kunden den Verkaufsraum betreten, sich wohlfühlen und schließlich einkaufen.

Daraus folgt, dass der Eingang eines Geschäftes ansprechend und werbeaktiv gestaltet werden muss.

Die Schaufenster

Schaufenster repräsentieren die Waren, die der Kunde in den Verkaufsräumen vorfinden kann. Die dort werbewirksam ausgestellten Waren machen die möglichen Käufer auf die zu verkaufenden Waren im Inneren des Geschäfts aufmerksam und wecken ihr Kaufinteresse. Eine interessante Schaufenstergestaltung soll mögliche Kunden zunächst zum Stehenbleiben und dann zum Betrachten der ausgestellten Waren veranlassen; schließlich sollen sie das Geschäft betreten.

Schaufenster sollen also:

- einen Kaufanreiz bieten,
- das Sortiment des Einzelhandelsunternehmens verdeutlichen,
- die Preisstruktur des Geschäfts vermitteln,
- das Unternehmen im Vergleich zu anderen positionieren,
- Einblicke in das Geschäft gewähren.

Kunden bekommen über das Schaufenster nicht nur die Waren des Geschäfts präsentiert. Zusätzlich lässt sich oft auch die Kompetenz (das Können) und die Unternehmensphilosophie des Unternehmens ablesen.

Schaufensterarten

Es gibt verschiedene Schaufensterarten:

- Mit einem **Übersichtsfenster** wird das Warenangebot eines Einzelhandelsunternehmens beispielhaft vorgestellt. Der Kunde erfährt dadurch, welche unterschiedlichen Waren er im Geschäft kaufen kann.

Das Übersichtsfenster präsentiert das Warenangebot

- **Stapelfenster** zeigen eine Fülle von Waren. Durch die Anordnung der gezeigten Waren in Stapeln, Blöcken oder Reihen soll ein preisgünstiges Massenangebot zum Ausdruck kommen. Besonders bei Saisonverkäufen ist diese Schaufensterart üblich. Auch Einzelhandelsunternehmen, die Niedrigpreissortimente führen, bevorzugen Stapelfenster. In Stapelfenstern werden oft Artikel zu niedrigen Preisen präsentiert.

Im Stapelfenster ist die Ware in Stapeln oder Reihen angeordnet

- Ein ***Sachfenster*** stellt die Artikel mit sachlichen Argumenten vor. Es weist auf den Gebrauchswert und Verwendungszweck hin und informiert über Qualitäts- und Preisvorteile.

Dieses Sachfenster informiert über den Gebrauchswert von Immobilien

- Entscheidendes Merkmal eines ***Fantasiefensters*** ist eine künstlerische Idee, die das Vorstellungsvermögen des Kunden anregt. Dabei haben sich die ausgestellten Waren dem Grundgedanken unterzuordnen. Die manchmal auch Ideen- oder Stimmungsfenster genannten Schaufenster stellen oft den emotionalen Zusatznutzen der ausgestellten Ware in den Vordergrund.

Dem Fantasiefenster liegt eine künstlerische Idee zugrunde

- Ein ***Anlassfenster*** berücksichtigt besondere Termine in der Gestaltung. Das kann beispielsweise ein Osterfenster sein oder der Beginn der neuen Frühjahrsmode in einem Textilgeschäft.

Weihnachten: Ein besonderer Anlass

- In einem ***Spezialfenster*** stellt das Einzelhandelsunternehmen meist nur eine Ware aus. Dadurch soll der besondere Wert des Artikels hervorgehoben werden. Die gesamte Umgebung in dem Schaufenster wird diesem einen repräsentativen Produkt zugeordnet. Damit soll dessen Güte betont werden.

Im Spezialfenster wird eine einzige Ware ausgestellt

- **Durchblickfenster** gestatten den Einblick in den Verkaufsraum und auf die dort präsentierten Waren. Es findet aber keine Schaufenstergestaltung statt

Durchblickfenster: Von außen sind die im Geschäft angebotenen Waren sichtbar

Schaufenstergestaltung

Bei der Schaufenstergestaltung sollten folgende Kriterien beachtet werden:

- Die Waren aus dem Schaufenster muss der Kunde im Laden sofort wiederentdecken.
- Das Schaufenster ist so gestaltet, dass es dem Geschmack der umworbenen Zielgruppen entspricht. Durch Dekoration, Text oder Blickfang werden die Wareneigenschaften besonders betont, die für die Zielgruppen wichtig sind.
- Die gestalterische Leistung muss später durch ein professionelles Verkaufsgespräch ergänzt werden.
- In einem Schaufenster wird nur so viel gezeigt, wie ein Passant in etwa zwölf Sekunden aufnehmen kann. Zuviel verwirrt den möglichen Kunden.
- Die Waren sollten in übersichtlicher Form gezeigt werden. Wichtig dabei ist, dass Waren, die zusammengehören, auch zusammengestellt werden, und solche, die weniger zusammenpassen, auch in der Auslage getrennt werden.
- Kein Ausstellungsstück darf die Sicht auf ein anderes verstellen.
- Die Warenauslage muss für den Vorbeikommenden interessant sein. Gestalten Sie das Dekorationsbild so, dass es das Interesse des Betrachters anspricht. Die ganze Auslage muss dieser Forderung entsprechen. Der Passant bleibt erfahrungsgemäß nur dann vor der Auslage stehen, wenn sie ihm irgendwie auffällt, also aus dem Rahmen springt. Die Aufmerksamkeit kann unterschiedlich hervorgerufen werden, z. B. durch:
  - starke Farbkontraste,
  - Bewegung,
  - Beleuchtungseffekte,
  - eine gute Plakatgestaltung,
  - die Originalität der Auslage,
  - Bänder und weiteres Dekor.
- Die Schaufenstergestaltung sollte von außen – also aus dem Blickwinkel der Kunden – kontrolliert werden. Der gute Eindruck, den Schaufenster machen, ist ausschlaggebend für die Entscheidung des Kunden, das Geschäft zu betreten oder nicht.
- Die Auslage sollte nach etwa drei bis vier Wochen gewechselt werden. Sonst wird das Bild für den Passanten langweilig. Es ist besser, die Dekoration häufig zu ändern, als mit einer überhäuften Auslage alles zeigen zu wollen.

Das Ladenumfeld

Was gefällt dem Kunden nicht?	Was mag der Kunde?
• unscheinbares Äußeres • ungepflegter, schmutziger Eindruck von außen • kein Hinweis auf Öffnungszeiten • keine kundengerechten Öffnungszeiten • keine Warenpräsentation vor dem Geschäft • unattraktives Warenangebot im Schaufenster	• gut zu erkennen (z. B. Außenwerbung, Beleuchtung, Dekoration) • sauberer Eindruck • Hinweis auf Öffnungszeiten • kundenfreundliche Öffnungszeiten • Aufsteller mit Waren oder Angeboten vor dem Geschäft • ansprechendes Warenangebot im Schaufenster

AUFGABEN

1. Welche Bereiche zählen zur äußeren Ladengestaltung?
2. Welche Maßnahmen gehören zur Gestaltung der Ladenfront?
3. Welche Bedeutung hat die Gestaltung der Ladenfront für ein Einzelhandelsunternehmen?
4. Wodurch unterscheiden sich Firmenschriftzug und Firmenlogo?
5. Wie ist der Eingangsbereich eines Einzelhandelsunternehmens zu gestalten?
6. Was ist die Aufgabe eines Schaufensters?

5321480

7. Nach welchen Kriterien sollten Schaufenster gestaltet werden?

8. Welche Schaufensterart wird in Ihrem Ausbildungsbetrieb angewandt?

9. Welche Schaufensterart liegt vor?
   a) Türme verschiedener Badehandtücher sind im Schaufenster ausgestellt.
   b) Mehrere Schaufenster der Larstadt AG enthalten Reisetaschen, Bademode, Strandsportartikel und leichte und luftige Freizeitbekleidung. In der Dekoration sind Plakate der Fluglinien und der Bahn mit großen Fotos beliebter Urlaubziele unter dem Motto „Sommerferien" kombiniert.

10. Erläutern Sie
   a) Übersichtsfenster,
   b) Stapelfenster,
   c) Sachfenster,
   d) Fantasiefenster.

11. Skizzieren Sie die Fassade Ihres Ausbildungsbetriebes. Stellen Sie Ihren Mitschülern den äußeren Bereich Ihres Ausbildungsbetriebs vor. Gehen Sie in Ihrem kurzem Vortrag auf die folgenden Fragen ein:
   - Welche Gestaltungselemente sollen die Aufmerksamkeit der Vorbeikommenden wecken?
   - Wie weit sind die Gestaltungselemente erkennbar?
   - Mit welchen Gestaltungselementen hebt man sich überwiegend von Konkurrenzunternehmen ab?

12. Erarbeiten Sie mit der Kopfstandmethode Regeln für eine gute Schaufenstergestaltung. Ausgangspunkt dieser Aufgabe ist also die Frage: Woran erkennt man ein schlechtes Schaufenster?

13. Führen Sie eine Erkundung durch. Bearbeiten Sie in Gruppen die folgenden Arbeitsaufträge:
   a) Untersuchen Sie ein Schaufenster Ihrer Wahl mithilfe der folgenden Fragestellungen:
   - Welche Schaufensterart liegt vor?
   - Sind vergleichsweise viele oder wenige Waren ausgestellt?
   - Wie ist die Ware angeordnet?
   - Gibt es einen Blickfang, etwas Überraschendes, das den Blick des Betrachters sofort anzieht? Was ist das?
   - Welche Farben, Formen, Materialien werden verwendet?
   - Welche Lichtquellen werden verwendet und wie sind sie eingesetzt?
   - Welche Wirkung wird durch die eingesetzten Lichtquellen erzeugt?
   - Wie nah müssen Sie vor dem Schaufenster stehen, um aufmerksam zu werden bzw. um es in Einzelheiten wahrnehmen zu können?
   - Wie beurteilen Sie die Sauberkeit des Schaufensters?
   - Warum sind Sie vor diesem Fenster stehen geblieben und haben sich entschieden, es zu beschreiben?

   b) Fertigen Sie während der Erkundung eine Skizze des Schaufensters an und übertragen sie diese zur Visualisierung Ihres Erkundungsberichts auf ein Wandplakat.
   c) Bereiten Sie sich darauf vor, die Ergebnisse Ihrer Erkundung vorzutragen.

14. Stellen Sie auf einer Wandzeitung ein Schaufenster mit zeichnerischen/grafischen Mitteln dar.
   a) Das Schaufenster soll Waren des Sortiments Ihres Ausbildungsbetriebes enthalten. Bei der Wahl der Schaufensterart sind Sie frei.
   b) Erläutern Sie anschließend Ihren Mitschülern,
   - um welche Schaufensterart es sich handeln soll,
   - an welchen Merkmalen man dies erkennen kann,
   - welche Ziele diese Schaufensterart verfolgt.

   c) Führen Sie auf, welche Gestaltungsmerkmale der Schaufensterentwürfe Ihrer Mitschüler (Ihre) besondere Aufmerksamkeit wecken.

15. Stefanie Beyer geht durch die Innenstadt. Interessiert betrachtet sie das Ladenumfeld eines Mitbewerbers.

Bewerten Sie die einzelnen Elemente des Ladenumfeldes auf dem Foto.

16. Geben Sie an, welche Schaufensterart bei den jeweiligen Schaufenstern vorliegt. Begründen Sie Ihre Entscheidung.

a)

b)

c)

d)

17. Erläutern Sie, mit welchen Elementen diese Unternehmen versuchen, den Passantenstrom in der Umgebung ihrer Geschäfte zu bremsen.

18. Anne Wilke bereitet gerade die Dekoration der Schaufenster für das Weihnachtsgeschäft vor. Dabei erzählt sie Jakub Nowak, wie sie vorgehen möchte:

Anne Wilke: „Ich werde die Schaufenster als Anlassfenster dekorieren. Feste wie Ostern – oder jetzt gerade Weihnachten –, aber auch andere Anlässe wie Urlaub, Schulanfang usw. liefern für solche Art Schaufenster die Ideen."

Jakub Nowak: „Warum stellt man nicht nur die Waren mit den Preisen aus und informiert sachlich über die Waren?"

Anne Wilke: „Solche Schaufenster – Sachfenster genannt – gibt es zu Recht auch bei uns. Weihnachten aber empfinden die meisten Kunden als sehr stimmungsvoll. Da wollen wir nicht nur über unser Sortiment informieren, sondern, wie es so schön heißt, Erlebnisse vermitteln, also das Lebensgefühl unserer Kunden ansprechen."

Stellen Sie fest,

a) wodurch sich Sachfenster und Anlassfenster unterscheiden,

b) welche Ziele die Tom Hoss KG damit verfolgt.

19. Wir führen eine Erkundung am Berufsschulort durch.

a) Besuchen Sie – mit einem Partner – sechs Geschäfte Ihrer Wahl.

b) Beantworten Sie jeweils die folgenden Fragen:
- Wie ist der Firmenschriftzug gestaltet?
- Wie sieht die Fassade aus?
- Gibt es Besonderheiten in dem Bereich vor dem Geschäft?
- Wo liegt der Eingangsbereich?

c) Fertigen Sie ggf. Skizzen an.

d) Bereiten Sie sich darauf vor, Ihre Ergebnisse zu präsentieren.

ZUSAMMENFASSUNG

Die Außengestaltung der Verkaufsräume

hat die **Aufgaben:**

- sich von benachbarten oder konkurrierenden Unternehmen abzugrenzen
- beim Kunden für Wiedererkennung sorgen
- die Kunden zu interessieren und neugierig zu machen
- beim Kunden Eintrittsbarrieren abzubauen
- über das Warenangebot zu informieren (Schaufenster!)
- die Unternehmensphilosophie deutlich zu machen

Gebäudedesign
- Anbringen des Firmenschriftzuges/-logos
- Fassadengestaltung

Ladenumfeld
- Der Passantenstrom soll gebremst werden

Eingangsbereich
- In der Regel Abbau von Schwellenängsten
- In Laufrichtung der Kunden
- Fließender Übergang
- Hell beleuchtet
- Breiter und bequemer Zugang für die Kunden

Schaufenstergestaltung
- Den Zielgruppen anpassen
- Waren übersichtlich und interessant zeigen
- Durch verschiedene Mittel Aufmerksamkeit hervorrufen
- Dekoration öfter ändern

Schaufensterarten
- Übersichtsfenster
- Stapelfenster
- Sachfenster
- Anlassfenster
- Fantasiefenster
- Spezialfenster
- Durchblicksfenster

Man versteht erst dann etwas richtig, wenn man versucht, es jemandem anderen zu erklären. Dies führt zu einer eigenen gründlichen Auseinandersetzung mit dem gerade behandelten Thema.

1. Suchen Sie sich einen Partner.
2. Lesen Sie noch einmal die Zusammenfassung. Bei Verständnisproblemen schlagen Sie ggf. noch einmal im Informationstext nach.
3. Ihre Lehrerin/Ihr Lehrer stellt Ihnen 20 Karten zur Verfügung. Auf diese schreiben Sie die zentralen Begriffe des Themas.
4. Diese Karten legen Sie nun so, dass sich eine sinnvolle Struktur ergibt. Dies geschieht in gemeinsamer Diskussion mit Ihrem Parter: Sie sollen gemeinsam begründen können, warum Sie Ihre Struktur so gelegt haben.
5. Stellen Sie sich darauf ein, einer anderen Gruppe – oder dem Plenum (also der gesamten Klasse) – Ihre Struktur vorzustellen.

ICH ÜBERPRÜFE MEINE NEU ERWORBENEN KOMPETENZEN

Den Erwerb der zu Beginn aufgeführten Kompetenzen können Sie selbst mithilfe der folgenden Tabelle überprüfen.

Wenn Sie alle Aufgaben, die hinter einer Kompetenz stehen, gelöst haben, machen Sie ein Kreuz bei „Ganz“.

Bei den Kompetenzen, bei denen Sie Aufgaben „Teilweise“ oder „Gar nicht“ gelöst haben, sollten Sie den dazugehörigen Informationstext noch einmal lesen und die Aufgaben anschließend noch einmal bearbeiten.

Was ich nach der Bearbeitung dieses Kapitels kann	Aufgaben	Ganz	Teilweise	Gar nicht
Ich kann ...				
... die Bedeutung der Außengestaltung eines Ladens erläutern.	3, 19			
... die Bereiche der Außengestaltung eines Ladens nennen.	1, 2, 11, 15, 17, 19			
... Regeln für die Gestaltung von Fassade, Ladenumgebung und Eingangsbereich erklären.	4, 5, 7, 19			
... verschiedene Arten von Schaufenstern unterscheiden und deren Wirkung beurteilen.	8, 9, 10, 15,			
.... Gestaltungsregeln für Schaufenster aufführen.	6, 7, 12, 16, 18,			
... eigene Schaufenster verkaufswirksam gestalten.	13, 14			

4.3 Das Einrichten von Verkaufsräumen

Problemstellung

Die Auszubildenden arbeiten weiter an dem Projekt „Fanartikelbereich".

Jakub Nowak:
„So, für den Außenbereich und die Schaufenster haben wir jetzt Lösungen entwickelt."

Stefanie Beyer:
„Stimmt, aber wir haben 200 m^2 leere Fläche, die müssen wir noch einrichten."

Jakub Nowak:
„Okay, womit fangen wir an ..."

Fertigen Sie für die Präsentation auf einer Wandzeitung eine Skizze an, die über die Gestaltung der Verkaufsfläche für den „Fanartikelbereich" informiert. Aus der Skizze soll ersichtlich werden,

1. welche Warenträger für welche Fanartikel verwendet werden: Gehen Sie im Rahmen der Präsentation auch darauf ein, welche Vorteile die ausgewählten Warenträger haben.
2. in welche Bereiche der Verkaufsraum für die Fanartikel eingeteilt wird.
3. wie die Warenträger im Verkaufsraum verteilt werden.
4. inwieweit man einen Individualablauf zulässt (Begründung).
5. welche Maßnahmen der Kundenführung man anwendet.

EINORDNUNG DES THEMAS

Lernfeld 4: Waren präsentieren

Kompetenzen

Nach Bearbeitung dieses Kapitels können Sie ...

... die verschiedenen Bereiche eines Verkaufsraums erkennen.
... die Merkmale verschiedener Warenträger erläutern und deren Einsatzmöglichkeiten beurteilen.
... Verkaufshilfen und Werbehilfen nennen und erläutern.
... verschiedene Grundprinzipien der Regalanordnung erläutern und beurteilen.
... Mittel der Kundenführung in Verkaufsräumen erkennen.
... eine Verkaufsraumgestaltung verkaufswirksam entwickeln.

INFORMATIONSTEXT

Der erste Eindruck, den ein Kunde von der positiven Gestaltung der Fassade, der Schaufenster und des Eingangsbereichs bekommen hat, muss im Verkaufsraum weiter ausgebaut werden.

Die Gestaltung der Verkaufsräume

Die Verkaufsraumgestaltung erfüllt eine doppelte Aufgabe:

- Die Verkaufsräume müssen so eingerichtet werden, dass alle Warenbewegungen (vom Einkauf bis zum Verkauf) zweckmäßig und ohne Störungen durchgeführt werden können.
- Die Verkaufsräume werden aber ebenfalls so gestaltet, dass der Verkauf der Waren gefördert wird. In diesem Zusammenhang soll die Verweildauer der Kunden im Verkaufsraum so weit wie möglich erhöht werden. Es besteht nämlich ein direkter Zusammenhang zwischen Verweildauer und Umsatz des Kunden. Zudem muss im Verkaufsraum aber auch eine Übersichtlichkeit und optimale Wegeführung gewährleistet sein.

Bei der erstmaligen Gestaltung eines Verkaufsraums müssen einige grundlegende Entscheidungen getroffen werden:

- Zunächst einmal entscheidet man über das grundlegende Design (Aussehen des Unternehmens).
- Anschließend wird geklärt, welche Bereiche der Präsentation der Waren dienen und welche Flächen den Kunden zur Ware führen.
- Dann muss überlegt werden, mit welchen Elementen der Laden ausgestattet werden soll. Neben Verkaufs- und Werbehilfen geht es hier vor allem um die Art der zu verwendenden Warenträger.
- Darauffolgend werden die Warenträger so im Verkaufsraum angeordnet, dass möglichst viele Kunden an möglichst vielen Bereichen des Sortiments vorbeigeleitet werden.
- Die Raumanordnung kann schließlich noch durch weitere Elemente der Kundenführung unterstützt werden.

Verkaufsraumgestaltung			
Aufgabenschwerpunkte:	Ziele:	Einflussfaktoren:	Zu beachtende Gründe für den Besuch von Einzelhandelsgeschäften:
• Wie werden die Verkaufsräume (bzw. der Bereich davor) gestaltet? • Wo werden die Waren im Laden angeboten? • Wie werden die Artikel den Kunden dargeboten?	• aussagekräftige Information über die Ware • ansprechende Darbietung des Sortiments • Erleichterung der Kaufentscheidungen • Erzeugung von Stimmungen und Emotionen	• Ware • Verkaufsräume • Warenträger • ästhetische und emotionale Aspekte	• Versorgung der Kunden • Information über neue Warenangebote • Attraktivität des Geschäfts: Man geht in den Laden, um das Geschäft zu sehen und etwas zu erleben • Ablenkung vom Alltag • Erleben eines sozialen Umfelds (Treffpunkt/Unterhaltung)

Das Design (Aussehen) der Verkaufsräume

Schon bei der Planung der Verkaufsräume sollte genau auf die Bedürfnisse der späteren Kunden (Käufergruppen) eingegangen werden. Das Design des Ladens muss sowohl auf die Ware als auch auf die Käufergruppe zugeschnitten sein.

Das Aussehen der Verkaufsräume muss bestimmte Anforderungen erfüllen:

- Die Verkaufsraumeinrichtung ist so gestaltet, dass der Kunde das Warenangebot als positiv ansieht.

  BEISPIEL

  - Der Discounter Ladl hat in seinen Verkaufsräumen nüchterne Einrichtungsgegenstände. Seine Unternehmensphilosophie: Waren des täglichen Bedarfs zu extrem günstigen Preisen zu verkaufen. Würde er die Artikel in luxuriösen Warenträgern aus Edelholz lagern, könnten die Kunden den Eindruck bekommen, dass die Artikel nicht günstig, sondern wertvoll und teuer sind. Die Kunden schließen nämlich vom Wert der Einrichtung häufig automatisch auf den Wert der Artikel im Einzelhandelsunternehmen.
  - Einfachste Stahlregale aus normalem Blech nehmen beim Schmuckgeschäft Meier Ringe, Armbanduhren und anderen Schmuck auf. Hier vermissen die Kunden das bei Luxusgütern angemessene Umfeld.

  Die Gestaltung der Verkaufsräume stimmt vom Niveau her mit dem Sortiment und den Kundenerwartungen überein.

- Das Material der Ladeneinrichtung muss zur Branche und dem entsprechenden Sortiment passen.

  BEISPIEL

  - Warenträger aus Glas werden in der Regel in Schmuckgeschäften, Parfümerien und Uhrengeschäften verwendet.
  - Metall ist oft das Material, aus dem die Einrichtung in Einzelhandelsunternehmen aus den Branchen Lebensmittel und Unterhaltungselektronik besteht.

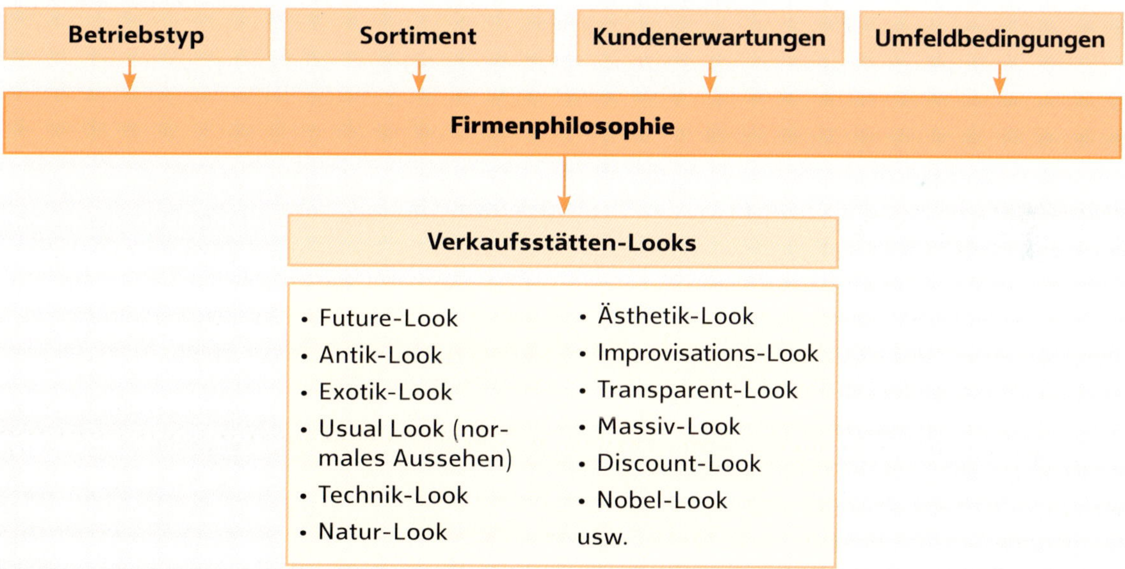

vgl. Schenk, Hans-Otto, Psychologie im Handel, Göttingen 2007

Aufteilung der Räume

Einzelhandelsunternehmen müssen entscheiden, wie viel Fläche sie der Ware und wie viel Fläche sie anderen Zwecken zuweisen wollen. Verkaufsräume eines jeden Einzelhandelsunternehmen teilt man daher in drei Bereiche auf:

- Zum **Warenbereich** gehört jener Teil des Verkaufsraums, in dem das Einzelhandelsunternehmen die Waren auf Warenträgern (Regale, Verkaufsgondeln usw.) anbietet.
- Die Fläche, die den Kunden zur Ware führt, wird **Kundenbereich** genannt. Dazu zählen die Ein- und Ausgänge sowie die Verkehrswege.
- Umkleideräume, Zusatzräume, Kasseneinrichtungen usw. gehören zum **übrigen Verkaufsbereich**.

BEISPIEL

- Ruhezonen mit Bänken
- Kommunikationsbereiche
- Ruhezonen
- Informationstheken
- Bars
- Cafés
- Imbissbetriebe
- Spielecken für Kinder

Favorisiert ein Einzelhandelsunternehmen die Erlebnisorientierung, dann kommt dem übrigen Verkaufsbereich als zentralem Kommunikationstreffpunkt eine große Rolle zu.

Warenbereich	Kundenbereich	Übriger Verkaufsbereich

Der Warenbereich umfasst die Warenträger.	Der Kundenbereich ist die Fläche, wo der Käufer sich bewegen kann.	Hier findet Kommunikation statt, die der Erlebnisorientierung dient.

Elemente der Ladeneinrichtung

Warenträger

Warenträger sind in den meisten Geschäften neben der Kasse die einzigen festen Elemente in einem Verkaufsraum. Sie spielen deshalb sowohl im Hinblick auf ihre Anordnung als auch in der Art ihrer Bestückung mit Ware eine große Rolle.

Warenträger sind die Teile der Ladeneinrichtung, mit denen die Ware den Kunden angeboten wird. Warenträger dienen einerseits dazu, die Ware im Verkaufsraum aufzubewahren. Andererseits sollen sie dem Kunden die Artikel gut sichtbar und ansprechend präsentieren. Sie verfügen also über Ausstellungsflächen und ermöglichen dem Kunden den Kontakt zur Ware.

Hauptzweck von Warenträgern ist es, Ware aufzunehmen und diese den Kunden zugänglich zu machen. Darüber hinaus sind Warenträger jedoch auch entscheidend für den Eindruck, den die Kunden vom Verkaufsraum eines Unternehmens erhalten. Während sich die ausgestellten Artikel im Verkaufsraum häufig ändern, bleiben die Warenträger langfristig dort: Damit kann ein Unternehmen die Warenträger als Erkennungsmerkmal verwenden. Einerseits können Warenträger den Kunden die Orientierung erleichtern, andererseits spiegeln sie das Geschäftsprofil wider.

Warenträger haben zwei Aufgaben:

- die Lagerfunktion: Seit jeher bewahren Warenträger Waren auf.
- die Präsentationsfunktion: Immer wichtiger wird heute, dass die Kunden durch die Möglichkeiten der Warenträger auf die Ware aufmerksam werden. Sie sind Präsentationshilfen, die den Umsatz fördern sollen.

Die Qualität eines Warenträgers wird heute nicht mehr nur an Menge und Umfang der unterzubringenden Artikel gemessen, sondern auch immer mehr an den Möglichkeiten, die Ware zu präsentieren.

Alle Warenträger sollten flexibel gebaut sein. Dadurch können sie schnell an sich verändernde Trends oder Raumanforderungen angepasst werden.

Es gibt eine Vielzahl von Warenträgerarten. In Einzelhandelsunternehmen werden als Warenträger hauptsächlich verwendet:

- **Regale:** Ein Regal ist ein offener Warenträger, der es ermöglicht, viele Waren zu präsentieren. Der Kunde hat direkten Zugang zur Ware: Er kann sie sehen und anfassen, was eventuell seinen Kaufwunsch steigert. Als Nachteil besteht aus Sicht des Einzelhandelsunternehmens die Möglichkeit des Diebstahls bzw. der Beschädigung oder Verschmutzung von Artikeln.

  Mit Regalen können Verkaufsräume eingeteilt und Gänge gebildet werden. Mit ihnen können also Verkaufsräume in Zonen eingeteilt werden.

  Man unterscheidet:
  - **Wandregale:** Sie nutzen die freien Wände der Verkaufsräume zur Präsentation von Ware. Bereiche oberhalb der Reckzone (dem Bereich, den die Kunden mit Streckbewegungen erreichen können) werden oft für Informationen genutzt. Diese können Kunden die Orientierung im Geschäft erleichtern. Auch werden hier oft Bilder untergebracht.
  - **Frei im Raum stehende Regale:** Sie dürfen nicht zu hoch sein, damit die Übersichtlichkeit im Verkaufsraum erhalten bleibt.

- **Ständer** sind Warenträger mit einer oder mehreren Stützen. Auf Ständern können den Kunden Waren präsentiert werden. Gibt es Ablagen, können Artikel auch hingestellt werden. Ständer gibt es in vielen Ausführungen.

- **Gondeln** sind eine spezielle Art von Ständern: Diese sind frei im Verkaufsraum platzierte Einrichtungselemente. Sie sind mindestens auf zwei Seiten mit Warenträgern bestückt.

Eine Gondel ist ein freistehendes Regal

- **Tische und Podeste** sind frei im Raum stehende Elemente zur Aufnahme von Artikeln. Oft sind sie rechteckig, sie können aber auch andere Grundrissformen annehmen. Podeste sind in der Regel niedriger als Tische.
  Die auf Tischen und Podesten ausgestellte Ware ist im Verkaufsraum schon von Weitem erkennbar und lockt dadurch Kunden an. Durch die Stapelmöglichkeit von Waren können auch Arrangements (künstlerische Anordnungen) oder Warenpyramiden aufgebaut werden. Tische und Podeste werden oft auch für besondere Aktionen genutzt. Sie bieten große Dekorationsmöglichkeiten.

Auf diesen Podesten werden Waren sowohl aufbewahrt als auch angemessen präsentiert

- **Vitrinen** sind abschließbare Warenträger. Sie werden hauptsächlich zum Schutz wertvoller Ware eingesetzt.

Vitrinen werden auch dazu genutzt, eine gewünschte Kommunikation zwischen Verkaufspersonal und Verkäufer herzustellen: Will ein Kunde einen Artikel näher ansehen, muss er einen Verkäufer ansprechen. Ein Nachteil von Vitrinen ist, dass sie gepflegt werden müssen (z. B. Beseitigung von Fingerabdrücken auf Glas).

- **Wühltische** werden häufig bei Aktionsverkäufen verwendet.

- **Verkaufstheken**, hinter der die Verkäufer Kunden erwarten, spielen eine große Rolle im Bedienungskauf.

- **Lochrückwände** halten Artikel in unterschiedlichen Behältern oder Verpackungen im Griffbereich bereit.

Artikel werden auf Haken geschoben, die in Lochrückwände eingehängt sind

- **Displays** sind farbig bedruckte Warenträger aus Kunststoff oder Kartons. Sie werden sehr oft von Markenartikelherstellern zur Verfügung gestellt. Sie sind mit Werbeaussagen versehen und (von der Form her) oft direkt auf die Ware zugeschnitten.

Displays sind Warenträger, die im Rahmen der Verkaufsförderung besonders auf bestimmte Artikel hinweisen

Verkaufshilfen

Verkaufshilfen erleichtern im Verkaufsraum Kunden und Verkaufspersonal den Kaufvorgang.

BEISPIEL

Hermann Huhn begleitet seine Frau beim Shopping bei der Tom Hoss KG. Frau Huhn kann in der Umkleidekabine schauen, ob ihr eine Hose passt. Währenddessen entspannt sich Hermann Huhn in einer Sitzecke mit einer Auswahl interessanter Zeitschriften für wartende Männer.

Werbehilfen

Werbehilfen unterstützen die Kontakte des Unternehmens zu den Kunden. Sie werden im Rahmen der Verkaufsförderung eingesetzt.

BEISPIEL

Von einem Markenhersteller zur Verfügung gestellte Plakate weisen vor den Verkaufsräumen der Tom Hoss KG werbewirksam auf bestimmte Artikel hin.

Plakat auf sogenannten „Aufstellern“ sind eine typische Werbehilfe

Die Anordnung der Warenträger

Im Hinblick auf die Anordnung von Warenträgern (z. B. Regale, Gondeln, Vitrinen) können die Längs- und Querplatzierung unterschieden werden:

Die Längsplatzierung

Die **Längsplatzierung** ist gekennzeichnet durch lange Warenträger, an denen die Kunden vorbeigeführt werden. Verkaufsräume mit Längsplatzierung sind sehr übersichtlich und günstig für die Auffüllung der Regale. Sie wirken manchmal jedoch relativ nüchtern.

Die Querplatzierung

Bei der **Querplatzierung** sind die Warenträger kürzer als bei der Längsplatzierung. Dadurch eignen sie sich für eine abwechslungsreiche Warenpräsentation.

Längsplatzierung

- Verkäufer haben einen guten Überblick
- Kunden können gut beobachtet werden
- Wenige Diebstähle
- Geringe Kosten

Querplatzierung

- Ermöglicht eine interessantere und abwechslungsreichere Warenpräsentation
- Verkäufer haben einen schlechteren Überblick
- Es kann eine bessere Verkaufsatmosphäre erzielt werden.
- Mehr Impulsverkäufe möglich

Raumanordnung

Bei der Raumanordnung geht es um die Verteilung der Regale (zum Teil auch anderer Warenträger) im Verkaufsraum. Als Grundsatz für die Raumanordnung gilt: So viele Kunden wie möglich sollen durch möglichst viele Teile des Warenbereichs geleitet werden. Angestrebt wird einerseits eine möglichst hohe Kontakthäufigkeit mit allen Teilen des Sortiments. Andererseits werden die Kunden möglichst raumausnutzend und flüssig – also ohne sich zu stören – durch die Verkaufsräume geleitet.

Es gibt verschiedene Grundprinzipien der Regalanordnung:

- Beim **Individualablauf** kann der Kunde verschiedene Wege im Geschäft wählen und gehen. Die Kunden gestalten ihre Wege im Verkaufsraum individuell.

BEISPIEL

Bei drei Kunden der LEMI AG soll es heute Spaghetti Bolognese geben:

- Frau Kirchner steuert vom Eingang sofort die Fleischtheke an, weil sie zu Hause noch Nudeln und Parmesankäse hat
- Herr Richert geht erst zur Käsetheke, von dort zur Fleischtheke und dann zu den Nudeln
- Frau Weisig wählt erst Nudeln aus, kauft dann Parmesan und geht erst am Ende zur Fleischtheke

- Der **Zwangsablauf** ist das genaue Gegenteil vom Individualablauf. Er ist dadurch gekennzeichnet, dass dem Kunden **ein** Einkaufsweg durch den Verkaufsraum vom Einzelhandelsunternehmen genau vorgeschrieben ist. Möchte der Kunde den Artikel einer bestimmten Warengruppe kaufen, muss er immer erst an Regalen mit anderen

5321492

Warengruppen vorbei – unabhängig davon, ob er sich für diese interessiert. Andere Wege kann er nicht auswählen. Er kann auch nicht abkürzen.

BEISPIEL

Beim Discounter Ladl gibt es einen Zwangsablauf. Würden Frau Kirchner, Herr Richert und Frau Weisig dort einkaufen, müssen alle drei diesen Weg gehen:

1. Frischeregal mit Milchprodukten (Käse)
2. Fleischregal (Mett)
3. Nudeln

- Neben diesen beiden Extremformen der Regalanordnung gibt es verschiedene **Mischformen**:
  - Beim **Arenaprinzip** werden die Warenträger von der Mitte bis zum Ende der Verkaufsräume terrassenartig höher. Auch die Regale sind vorne kürzer und hinten höher, sodass der Kunde beim Betreten des Geschäfts die hinteren Warenträger sieht. Die Vorteile dieser Gestaltung der Verkaufsräume nach Art antiker Amphitheater liegen in der guten Orientierung für den Kunden, der die Waren bis zur Rückwand wahrnehmen kann.
  - In Fachgeschäften mit unterschiedlichen Waren wird häufig das **Sternprinzip** angewandt: Die Regale sind sternförmig in der Mitte des Verkaufsraums angeordnet. Es erfolgt eine Steuerung von der Mitte aus.
  - Im **Kojenprinzip** gibt es viele Kontaktzonen zwischen Kunde und Ware: Der Innenraum des Ladens wird durch die Regalanordnung in kleinere abgeschlossene Bereiche – die Kojen – eingeteilt.
  - Beim **Diagonalprinzip** sind die Regale im Verhältnis zu den Außenwänden nicht im 90-Grad-Winkel, sondern im 45-Grad-Winkel angeordnet. Der Laden wird dadurch gut einsehbar und abwechslungsreich. Der Kunde hat kurze Laufwege.

Grundprinzipien der Regalanordnung

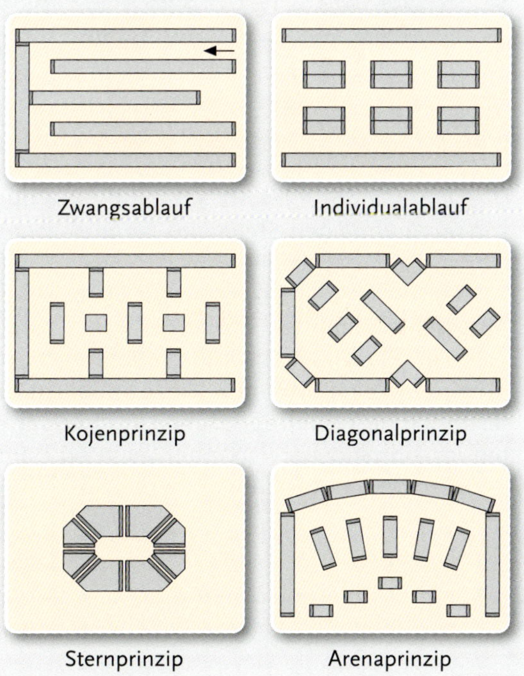

Auch Einzelhändler, die über große Verkaufsflächen verfügen, sollten diese nach bestimmten Kriterien gestalten:

- Die Gänge dürfen nicht zu lang sein – maximal acht Meter. Sonst werden Kunden durch die langen Wege abgeschreckt.
- Auch zwischen zwei Regalgängen sollte der Abstand nicht zu groß sein – niemand will beim Einkaufen einen Marathon absolvieren.
- Gerade bei vielen Gängen sollten Kunden immer wieder durch besondere Verkaufsflächen, Aktionen, Stände mit Verkostung oder sonstige Anreize motiviert werden, auch die übrigen Reihen abzulaufen.
- Eine deutliche, von überall gut sichtbare Beschilderung ist nötig, damit die Kunden den Überblick behalten und auf der Suche nach den gewünschten Produkten nicht durch die Gänge irren müssen.

Kundenführung

Unter Kundenführung versteht man die Art, wie man den Kunden (unabhängig von der Regalanordnung) durch den Verkaufsraum leitet. Ziel ist es, die Kunden auch in den abgelegensten Winkel des Verkaufsraums zu führen.

Die Kundenführung kann durch folgende Hilfsmittel gesteuert werden:

- Licht
- Positionierung der Mittelraumelemente
- Laufwege/-zonen

BEISPIEL

- Soll ein Weg von den Kunden als Hauptlaufweg genommen werden, dann sollte man ihn so breit wie möglich anlegen.
- Hauptwege können auch farblich vom Rest der Verkaufsräume abgetrennt werden.
- Auch stärkere Lichtquellen an den Decken signalisieren den Verlauf von Hauptwegen

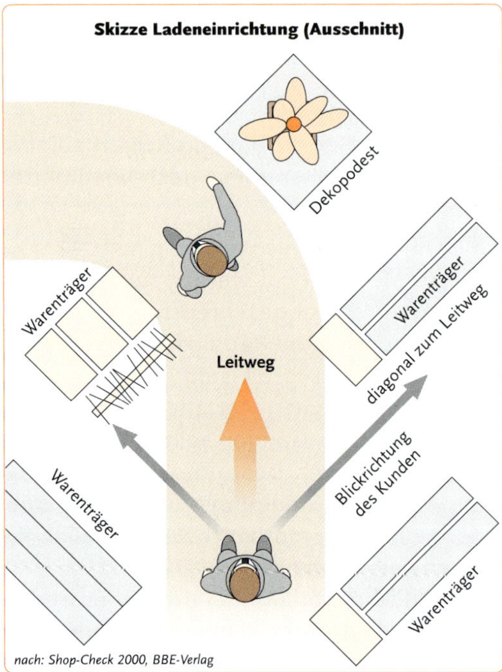

Ziel der Ladeneinrichtung: der Kunde soll möglichst viel vom Sortiment möglichst lange sehen

Mit einer angedeuteten Laufbahn werden Kunden durch ein Sportgeschäft geführt

- **Beschilderung:** Wichtige Abteilungen, Sortimente, Warengruppen usw. werden deutlich per Schild gekennzeichnet. Es ist dabei aber darauf zu achten, dass kein Schilderwald entsteht. Diese Schilder helfen dabei, dass bei den Kunden keine Verwirrung aufkommt.
- **Fascination Points** können als Unterbrechungen oder Endpunkte innerhalb der Laufwege mit einer „Lockvogelfunktion" wirkungsvoll eingesetzt werden. Aber in erster Linie dienen sie zur Abwechslung. Sie werden ins Blickfeld des Kunden gesetzt. Sie signalisieren ihm als Dekorationspunkt mit überdurchschnittlicher Attraktivität interessante Besonderheiten im Warenangebot. Fascination Points sind beispielsweise Warenpräsentationen auf Podesten mit Puppen, Stilelemente (Wasserspiele) usw. Fascination Points haben also die Aufgabe, durch visuelle Überraschungen im Geschäftsraum Eintönigkeit zu vermeiden. Regelmäßiges Verändern dieser Fascination Points (alle 14 Tage) zeigen dem Kunden ein ständig verändertes Angebot und Aktualität.

Durch Fascination Points wird die Ware an besonders auffälligen Stellen im Verkaufsraum erlebnisorientiert präsentiert

- Ab einer bestimmten Größe der Verkaufsräume kommen Einzelhandelsunternehmen nicht ohne **Wegweisersysteme** aus. Diese möglichst auffallenden und lesefreundlichen Wegweiser sollten im Eingangsbereich, aber auch an Knotenpunkten im Geschäft angebracht sein.

BEISPIEL

- Weggabelungen
- Treppen
- Aufzüge
- Rolltreppen
- Toiletten
- Informationsstände

Das Wegweisersystem unterteilt das Sortiment des Einzelhandelsunternehmens in immer kleinere Teilbereiche, sodass jeder Kunde an den von ihm gewünschten Ort im Verkaufsraum geführt wird. Dabei muss gewährleistet sein, dass der Kunde an jeder Stelle des Verkaufsraums weiß, wo er sich selbst befindet und wie die Ein- und Ausgänge sowie die Informationsstände zu erreichen sind.

Wegweiser sollen gut sichtbar sein

AUFGABEN

1. Welche Funktionen erfüllt die Verkaufsraumeinrichtung?

2. Welche Anforderungen werden an die Verkaufsraumeinrichtung gestellt?

3. Nennen Sie jeweils zwei Beispiele für
   a) Warenträger,
   b) Verkaufshilfen,
   c) Werbehilfen.

4. Führen Sie Anforderungen an Warenträger auf.

5. In welche Bereiche können Verkaufsräume aufgeteilt werden?

6. Wodurch unterscheiden sich Individual- und Zwangsablauf?

7. Woran kann der Kunde Hauptlaufwege erkennen?

8. Welche Anforderungen müssen Wegweisersysteme erfüllen?

9. Was versteht man unter Kundenführung?

10. Was sind Fascination Points?

11. Geben Sie an, welche Elemente der Kundenführung in Ihrem Ausbildungsunternehmen angewandt werden.

12. Recherchieren Sie im Internet.
   a) Suchen Sie unter den Stichwörtern
      - Regal(e)
      - Vitrine(n)
      - Verkaufsgondel
      - Verkaufstheke

   Geben Sie als Begriff eventuell auch spezielle Warenträger aus Ihrer Branche ein.
   b) Suchen Sie aussagekräftige und erklärende Texte und Abbildungen.
   c) Stellen Sie mithilfe eines Textverarbeitungsprogramms eine kleine „Informationsbroschüre über Warenträger im Einzelhandel“ zusammen.

13. Führen Sie in Gruppen eine Erkundung in drei Einzelhandelsgeschäften durch.
   a) Skizzieren Sie dabei in Ihrem Heft grundrissmäßig die Verkaufsraumgestaltung.
   b) Untersuchen Sie dabei
      - die Art der Warenträger: Klären Sie, welche Warenträger verwendet werden. Lässt sich ein Bezug zum Sortiment bzw. der Branche feststellen?
      - die Aufteilung der Verkaufsräume: Kennzeichnen Sie die verschiedenen Bereiche des Verkaufsraums. Stellen Sie – geschätzt – fest, wie groß ihr Anteil an den Verkaufsräumen ist.
      - die Raumanordnung: Geklärt werden soll dabei, ob ein Zwangsablauf, ein Individualablauf oder eine Mischform vorliegt.
      - die Kundenführung: Welche Maßnahmen zur Kundenführung werden angewandt?
   c) Übertragen Sie die Skizze auf ein Wandplakat.

d) Stellen Sie Ihrer Klasse die Untersuchungsergebnisse vor.

14. Fertigen Sie eine Skizze der Verkaufsfläche Ihres Ausbildungsbetriebes an.

a) Führen Sie dort die in den Warenträgern enthaltenen Warengruppen auf.

b) Erläutern Sie, welche Vorteile der jeweilige Warenträger bei der Präsentation von Waren der Warengruppe hat.

c) Führen Sie Prinzipien der Warenpräsentation auf, die sich aus der Skizze ableiten lassen.

15. Stellen Sie Ihrer Klasse vor, welche Verkaufs- und Werbehilfen Ihr Einzelhandelsunternehmen verwendet.

16. Besuchen Sie fünf Geschäfte an Ihrem Berufsschulstandort:

a) Erkunden Sie, welche Warenträger in den einzelnen Geschäften verwendet werden. Geben Sie auch an, wo sich diese im Laden befinden und welche Waren dort untergebracht werden. Fertigen Sie eine Tabelle mit folgendem Aussehen an:

Warenträger	Geschäft	Waren	Standort im Laden

b) Erkunden Sie in den fünf Geschäften, welche Verkaufs- und welche Werbehilfen von den Betrieben genutzt werden. Fertigen Sie eine Tabelle mit folgendem Aussehen an:

Geschäft	Verkaufshilfen	Werbehilfen

c) Ermitteln Sie für die fünf Geschäfte in etwa (Fläche schätzen!) das Verhältnis zwischen Warenbereich, Kundenbereich und dem übrigen Verkaufsbereich. Führen Sie auch auf, was zum übrigen Verkaufsbereich des jeweiligen Geschäfts gehört.

Geschäft	Flächenverhältnis			Zum übrigen Verkaufsbereich gehören:
	Warenbereich	Kundenbereich	Übriger Verkaufsbereich	

5321496

17. Liegen in den folgenden Beispielen Warenträger, Verkaufshilfen oder Werbehilfen vor? Um welche Art davon handelt es sich dabei jeweils?

a) 

b) 

c) 

d) 

18. Welcher Bereich eines Einzelhandelsunternehmens liegt vor?

a) 

b) 

19. Um welche Warenträger handelt es sich in den folgenden Fällen?

a) 

b) 

c)

ZUSAMMENFASSUNG

Verkaufsraumeinrichtung

Soll eine
- störungsfreie Abwicklung aller Warenbewegungen
- absatzfördernde Präsentation der Waren (immer wichtiger!)

ermöglichen

Design der Verkaufsräume
- Das Aussehen der Verkaufsräume muss den Bedürfnissen der Kunden, aber auch den Eigenschaften der Ware entsprechen

Auswahl präsentationsfördernder Elemente der Ladeneinrichtung
- Arten: u. a. Warenträger, Verkaufshilfen, Werbehilfen
- Übereinstimmung mit Sortiment und Kundenerwartungen
- Passend zur Branche
- Muss Anforderungen erfüllen

Optimale Aufteilung der Verkaufsräume
- Warenbereich
- Kundenbereich
- Übriger Verkaufsbereich

Raumanordnung
- Verteilung der Warenträger im Verkaufsraum: Quer- oder Längsplatzierung
- Entscheidung zwischen Individualablauf und Zwangsablauf sowie verschiedenen Mischformen

Kundenführung
- Maßnahmen, damit Kunden einen möglichst großen Teil des Sortiments sehen

Man versteht erst dann etwas richtig, wenn man versucht, es einem anderen zu erklären. Dies führt zu einer eigenen gründlichen Auseinandersetzung mit dem gerade behandelten Thema.

1. Suchen Sie sich einen Partner.
2. Lesen Sie noch einmal die Zusammenfassung. Bei Verständnisproblemen schlagen Sie ggf. noch einmal im Informationstext nach.
3. Einer von Ihnen erläutert die Zusammenfassung dem Partner.
4. Dieser achtet auf Korrektheit und Vollständigkeit und wiederholt noch einmal.

ICH ÜBERPRÜFE MEINE NEU ERWORBENEN KOMPETENZEN

Den Erwerb der zu Beginn aufgeführten Kompetenzen können Sie selbst mithilfe der folgenden Tabelle überprüfen.

Wenn Sie alle Aufgaben, die hinter einer Kompetenz stehen, gelöst haben, machen Sie ein Kreuz bei „Ganz“.

Bei den Kompetenzen, bei denen Sie Aufgaben „Teilweise“ oder „Gar nicht“ gelöst haben, sollten Sie den dazugehörigen Informationstext noch einmal lesen und die Aufgaben anschließend noch einmal bearbeiten.

Was ich nach der Bearbeitung dieses Kapitels kann	Aufgaben	Ganz	Teilweise	Gar nicht
Ich kann ...				
... die verschiedenen Bereiche eines Verkaufsraums erkennen.	1, 2, 5, 16, 18			
... die Merkmale verschiedener Warenträger erläutern und deren Einsatzmöglichkeiten beurteilen.	3, 4, 12, 13, 16			
... Verkaufshilfen und Werbehilfen nennen und erläutern.	3, 15, 16			
... verschiedene Grundprinzipien der Regalanordnung erläutern und beurteilen.	6, 16			
... Mittel der Kundenführung in Verkaufsräumen erkennen.	7, 8, 9, 11, 16			
... eine Verkaufsraumgestaltung verkaufswirksam entwickeln.	10, 13, 14, 16			

4.4 Maßnahmen der Flächenzuteilung

Problemstellung

Jakub Nowak:
„Hurra, unsere Abteilung ist eingerichtet! Jetzt müssen nur noch die bestellten Artikel aus dem Lager in die Warenträger gebracht werden …“

Stefanie Beyer:
„Ach, das geht schnell! Das schaffen wir heute Vormittag.“

Jakub Nowak:
„Das meine ich auch! Die Waren vorne im Lager kommen in die vorderen Warenträger, die hinten aus dem Lager in die hinteren Regale.“

1. Beurteilen Sie die Meinungen von Stefanie Beyer und Jakub Nowak.
2. Visualisieren Sie mit einem Mittel Ihrer Wahl,
   a) welche Platzierungsart im Verkaufsraum angewandt wird.
   b) wie viel Prozent der Verkaufsfläche die von Ihnen ausgewählten Warengruppen bekommen.
   c) wie Sie Waren Ihrer Wahl in unterschiedlichen Bereichen eines Regals unterbringen.

EINORDNUNG DES THEMAS

Lernfeld 4: Waren präsentieren

Kompetenzen

Nach Bearbeitung dieses Kapitels können Sie …

… die Verkaufswirksamkeit unterschiedlicher Bereiche eines Verkaufsraums beurteilen.
… Waren auf die unterschiedlichen Bereiche eines Verkaufsraums angemessen verteilen.
… die unterschiedlichen Platzierungsarten von Waren in einem Warenträger unterscheiden.
… einzelne Artikel nach ihrer Verkaufswertigkeit und ihren Eigenschaften in einem Warenträger verkaufswirksam einsortieren.
… verschiedene Platzierungsregeln zur Steigerung des Absatzes anwenden.

INFORMATIONSTEXT

Bei der Flächenzuteilung geht es darum, nach welchen Regeln Waren im Verkaufsraum und in den Warenträgern verteilt werden. Die Flächenzuteilung wird oft auch Raumzuteilung genannt. Ein weiterer Fachausdruck dafür ist **Space Utilization**. Untersucht wird in diesem Zusammenhang auch, welchen Anteil eine Warengruppe an der Verkaufsfläche erhalten soll.
Die **Space Utilization** (= Flächen- bzw. Raumzuteilung) versucht also zwei Probleme eines Einzelhandelsunternehmens zu lösen:

- Das Unternehmen muss festlegen, in welchen Bereichen des Verkaufsraums oder des Warenträgers bestimmte Waren oder Warengruppen angeboten werden sollen. Diese qualitative Flächenzuteilung beantwortet also die Frage, wo ein Artikel platziert werden soll.
- Entschieden werden muss aber auch, wie viel Fläche einem Artikel bzw. einer Warengruppe im Verkaufsraum bzw. im Warenträger zur Verfügung gestellt werden soll. Bei der quantitativen Flächen- bzw. Raumzuteilung geht es also darum, wie der Platz im Verkaufsraum oder z. B. einem Regal mengenmäßig aufgeteilt wird.

Die Flächen- bzw. Raumzuteilung in einem Unternehmen erfolgt am besten folgendermaßen:

- Auf der Grundlage von Kundenlaufstudien werden verkaufsstarke und verkaufsschwache Bereiche im Verkaufsraum bzw. im Warenträger festgestellt.
- Zunächst einmal wird dann der Verkaufsraum betrachtet:
  - Zuerst werden die Warengruppen des Sortiments möglichst verkaufswirksam in den unterschiedlichen Bereichen des Verkaufsraums platziert.
  - Anschließend werden unterschiedliche Platzierungsgrundsätze angewandt.
- Dann nimmt man die Raumzuteilung für die einzelnen Artikel im Warenträger (z. B. einem Regal) vor.
- Schließlich geht es noch darum, wie viel Platz einer Warengruppe bzw. einem Artikel zur Verfügung gestellt wird.
- Die Arbeit im Bereich der Space Utilization wird oft durch den Einsatz von Regaloptimierungssoftware unterstützt.

Werden die verkaufspsychologischen Erkenntnisse der Warenplatzierung berücksichtigt, ist eine Verbesserung von Umsatz und Gewinn wahrscheinlich.

Kundenlaufstudien und Blickstudien

Kundenlaufstudien

Kundenlaufstudien bringen Transparenz in das Einkaufsverhalten der Kunden. Sie beantworten die für Einzelhandelsunternehmen zentralen Fragen:

- Welchen Weg wählen die Kunden durch den Verkaufsraum?
- Wie beeinflusst dieser Weg ihr Kaufverhalten?

Verdeckte Beobachter erfassen die Bewegung und das Verhalten der Kunden auf einer elektronischen Karte des Unternehmens.

BEISPIELE

Geht der Kunde durch einen Gang, halten die verdeckten Beobachter über ein dort aufgestelltes Regal u. a. fest:

- „Am Regal wird vorbeigegangen.“ (Frequenz)
- „Kunde informiert sich am Regal.“ (In vielen Fällen wird auch festgehalten, wie lange er am Regal bleibt und welche Regalbereiche er betrachtet.)
- „Kunde kauft Ware.“
- „Kunde geht in Richtung ...“

Bei einer Auswertung aller Daten durch die EDV werden Kundenströme und Verweildauer der Kunden innerhalb der Verkaufsräume sichtbar. Erkennbar werden so

- tote Winkel und Ecken in den Geschäftsräumen,
- Laufhindernisse,
- Wege, die von Kunden kaum genommen werden,
- Wegstrecken, die die Kunden schnell bewältigen,
- Wege, auf denen die Kunden sich langsam bewegen.

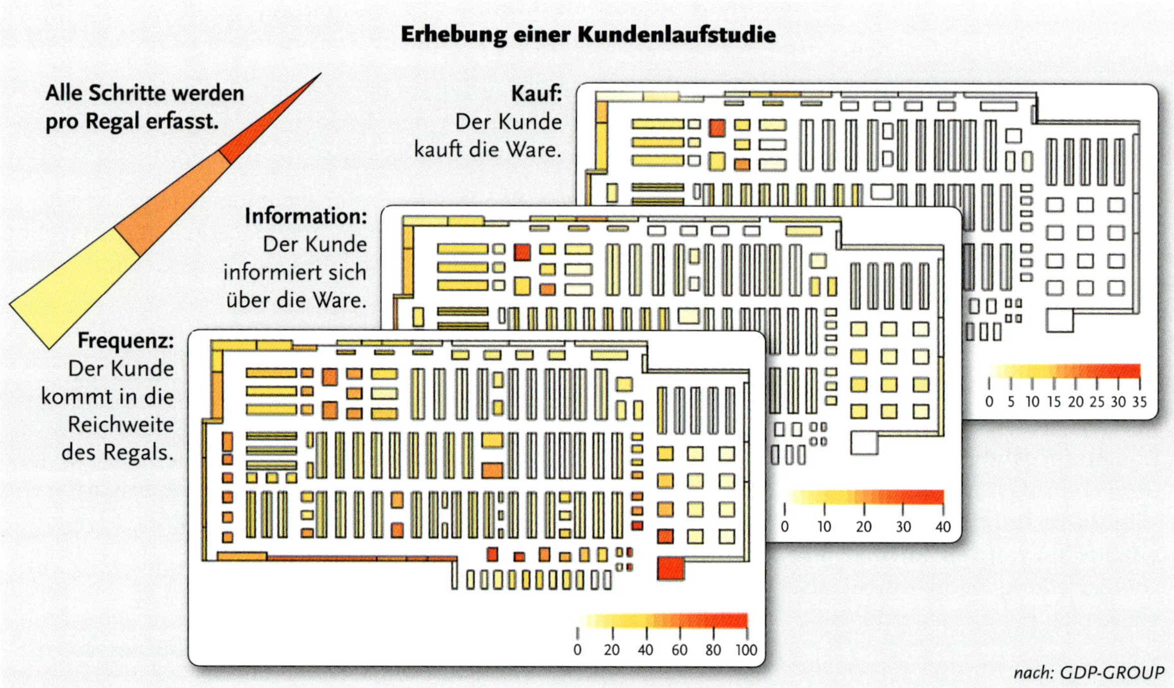

Speziell ausgebildete Interviewer vollziehen die Bewegungen und Aktionen der Kunden in einer elektronischen Karte des Marktes nach

Blickstudien

Durch Beobachtungen der Augenbewegungen kann man mithilfe von Blickstudien Informationen über die Informationsaufnahme von Kunden ziehen. Die Blickaufzeichnung kann zwar auch durch normale Beobachtung durch entsprechendes Personal erfolgen. Diese Art der Blickstudien ist aber relativ ungenau. Die Augenbewegungen werden daher immer öfter im Rahmen von Tests durch Testpersonal oder durch dazu bereite Kunden mit entsprechenden Brillen aufgezeichnet. Diese **„Eyetracker"** genannten Brillengestelle zeichnen auf, welche Punkte (z. B. in einem Regal) wie lange angeschaut werden.

Blickverlauf und Blickverweildauer eines Kunden, der einen Eyetracker trägt

BEISPIELE

In einem Supermarkt der LEMI AG trägt ein Testkäufer einen Eyetracker. Das Unternehmen untersucht dadurch das Kaufverhalten dieser Person. Ermittelt werden kann, welche Produkte wann, wie, warum und wie lange angesehen wurden. Blickstudien untersuchen also, wie bestimmte Blickziele von potenziellen (möglichen) Kunden wahrgenommen werden.

Die Anordnung von Warengruppen

Durch Kundenlaufstudien kann das Einzelhandelsunternehmen verkaufsschwache oder verkaufsstarke Verkaufsraumbereiche genau erkennen.

Eine Hauptaufgabe der Space Utilization ist dann die Verteilung der Warengruppen auf die unterschiedlichen Bereiche des Verkaufsraums. Das

Unternehmen möchte dabei ein möglichst gutes Gesamtergebnis erzielen. Angestrebt werden dabei

- eine optimale Nutzung der Verkaufsfläche
- und leichtes Auffinden der Ware durch den Kunden.

Aus verschiedenen Untersuchungen weiß man, dass Kunden beim Betreten eines Einzelhandelsgeschäfts dazu neigen, nach rechts zu schwenken und entgegen dem Uhrzeigersinn an den Außenwänden entlangzugehen. Die Mittelbereiche werden deutlich schwächer besucht. Auch die Ecken werden gemieden. Den in Laufrichtung rechts platzierten Waren wird deutlich mehr Aufmerksamkeit geschenkt als den links stehenden. Die Kunden vermeiden so weit wie möglich Kehrtwendungen. Sie streben den kürzesten Weg an und suchen die Bereiche seltener auf, die vom Eingang am weitesten entfernt sind.

Aus diesem Verhalten ergeben sich verkaufsstarke und verkaufsschwache Verkaufsraumbereiche.

Im Hinblick auf die unterschiedliche Aufmerksamkeit der Kunden für verschiedene Verkaufsraumbereiche wenden die Einzelhandelsunternehmen unterschiedliche Strategien an:

- An verkaufsstarken Stellen werden Artikel mit hohen Gewinnspannen platziert.
- Nicht nur der Verkaufsraum selbst, sondern die Warengruppen für sich genommen haben unterschiedliche Wertigkeiten: In verkaufsschwachen Ladenbereichen werden **Mussartikel** (z. B. Milch, Zucker in Lebensmittelgeschäften) platziert. Das sind für den täglichen Bedarf unentbehrliche Artikel, an denen häufig auch wenig verdient wird. Sie werden deshalb von den Kunden auch in den hintersten Ecken des Verkaufsraums gesucht.
- Durch Platzierung von Aktionsartikeln können verkaufsschwache Verkaufsraumbereiche aufgewertet werden: Häufig werden verkaufsstarke Warengruppen mit hohem Kontaktpotenzial (Magnetwirkung) in schwächeren Verkaufszonen platziert.

	Verkaufsschwache Ladenzonen	**Verkaufsstarke Ladenzonen**
Merkmale	• In diese Bereiche geht ein Kunde nicht automatisch. • Kunden beachten diese Zonen selten. • Wenige Kunden	• Kunden gehen hier automatisch durch. • Große Kundenzahl in diesen Bereich. • Dieser Bereich hat eine hohe Aufmerksamkeit bei Kunden.
Bereiche	• Alle links vom Kundenweg stehenden Flächen • Mittelgänge werden weniger benutzt. • Die Kunden sparen gerne die Ecken aus. • In der Eingangszone werden die Kunden noch heruntergebremst. • Ober- und Untergeschosse • Bereiche vor Rolltreppen, Aufzügen und Treppen • Sackgassen	• Alle rechts vom Kundenstrom stehenden Präsentationsflächen • Flächen, auf die ein Kunde bei einem Richtungswechsel automatisch zugeht, werden stark beachtet. • Gangkreuzungen in größeren Geschäften • Kassenzonen wegen der Impulskäufe

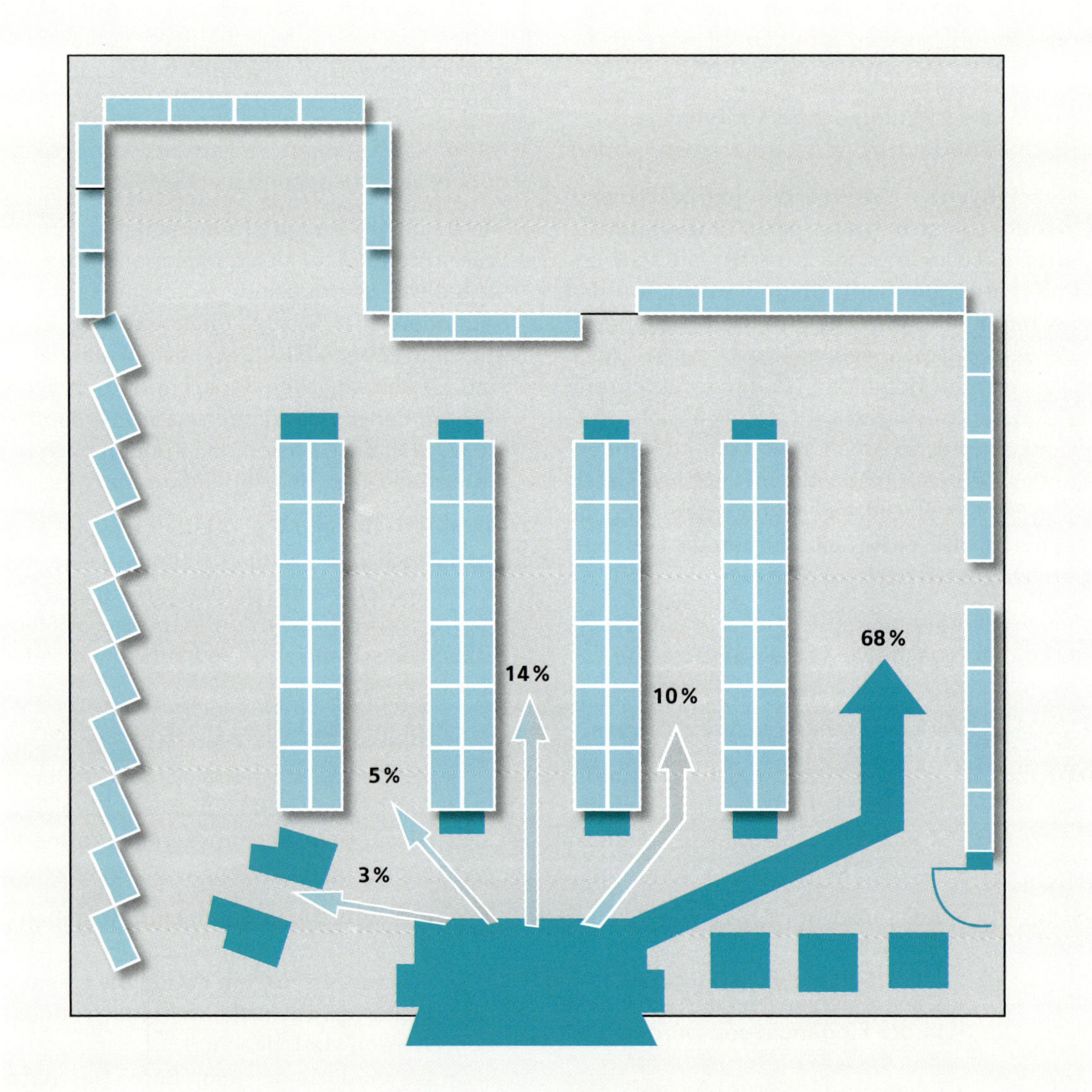

Laufrichtungen in Verkaufsräumen: 68 % der Kunden gehen nach rechts

Platzierung der Ware

Bei der Platzierung der Ware geht es darum, wie die Artikel des Sortiments in den Verkaufsräumen verkaufswirksam zusammengefasst werden. Abhängig davon, mit welchen anderen Artikeln eine Ware präsentiert wird, unterscheidet man:

- Warengruppenplatzierung
- Verbundplatzierung
- Gemischte Platzierung

Warengruppenplatzierung

Bei der **Warengruppenplatzierung** erfolgt die Zusammenfassung der Artikel nach der Zugehörigkeit zu einer Warengruppe.

BEISPIELE

In einem Regal werden die Süßwaren platziert: Das Regal enthält nebeneinander Pralinen, Schokolade, Schokoriegel, Bonbons usw.

Bei dieser Platzierungsart kann sich der Kunde schnell orientieren.

Schnelle Orientierung: die Warengruppenplatzierung im Süßigkeiten-Regal

Verbundplatzierung

Im Rahmen einer Verbundplatzierung präsentiert man verschiedene Artikel zusammen, die einen Bezug zueinander haben.

BEISPIELE

Biskuitböden werden zusammen mit Erdbeeren und Eierlikör angeboten.

Der Kunde bekommt dadurch Anregungen und Tipps und hat kürzere Wege im Geschäft.

Gemeinsame Präsentation unterschiedlicher Artikel

Gemischte Platzierung

Viele Einzelhandelsunternehmen nehmen zunächst einmal die Warengruppenplatzierung vor. Gleichzeitig werden aber bestimmte Artikel im Verbund mit anderen Waren präsentiert. Diese Vorgehensweise wird als gemischte Platzierung bezeichnet. Die doppelte Platzierung erhöht die Aufmerksamkeit der Kunden.

BEISPIELE

- In der Spirituosenabteilung werden dem Kunden sehr viele Weine angeboten. Bestimmte Weine werden zusätzlich noch dort angeboten, wo sie einen anderen Artikel ergänzen (Käseabteilung).
- Bestimmte Süßigkeiten findet der Kunde im Regal, aber auch vor der Kasse.

Die Platzierung an der Kasse erhöht die Aufmerksamkeit

Warengruppenplatzierung

Das Sortiment wird nach Warengruppen und -arten zusammengestellt und verteilt sich entsprechend auf die Warenträger.

Verbundplatzierung

Mehrere Artikel werden für den Kunden entsprechend einem Verwendungszusammenhang zusammen präsentiert.

Gemischte Platzierung

Die Artikel werden mehrfach im Verkaufsraum präsentiert: es findet (neben der Stammplatzierung oben) eine zweite Platzierung im Verkaufsraum statt.

Die Artikelanordnung innerhalb einer Warengruppe

Üblicherweise erfolgt die Platzierung von Artikeln einer Warengruppe in Form einer vertikalen Blockbildung: Alle Artikel einer Produktgruppe werden senkrecht (vertikal) von oben nach unten als geschlossene Einheit angeordnet.

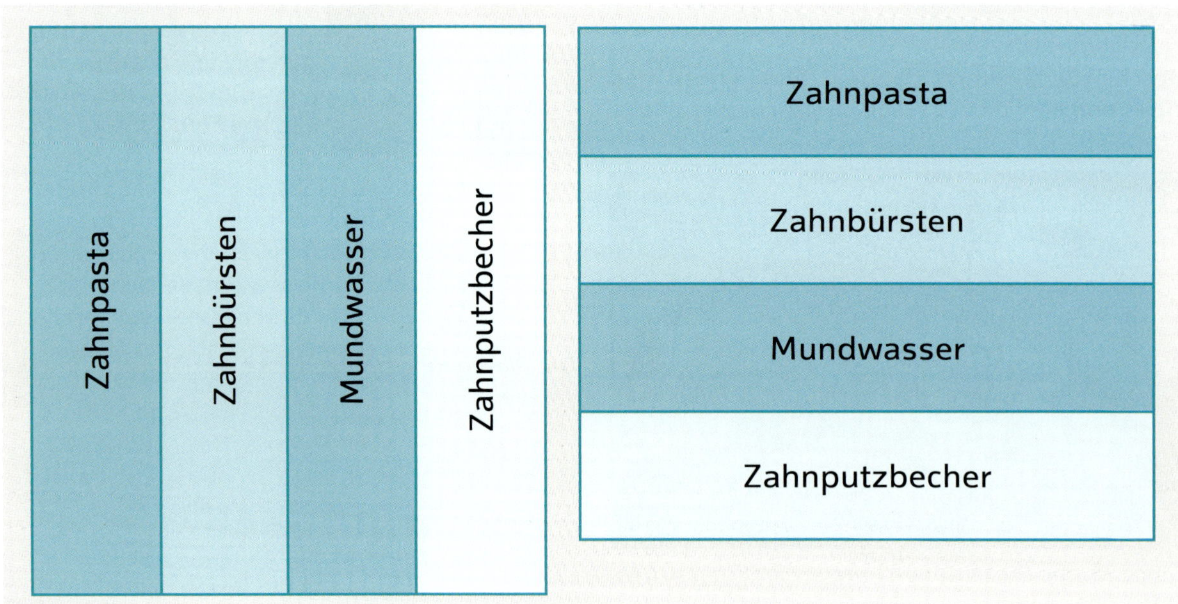

Vertikale (links) und horizontale (rechts) Blockbildung

Die richtige Warenanordnung im Regal

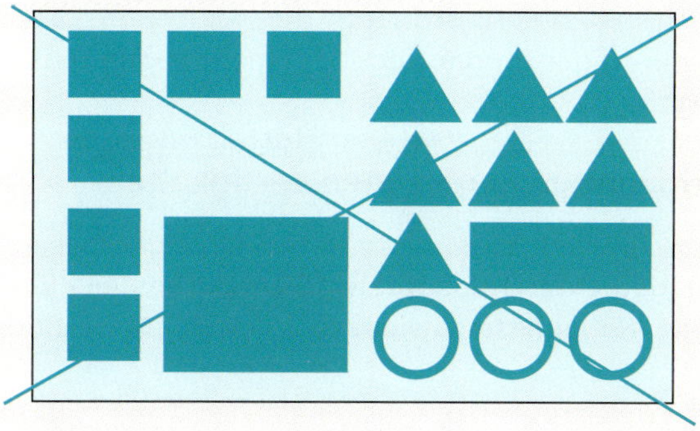
falsch

richtig

Blockplatzierung

Bei der Blockplatzierung werden Waren eng nebeneinander im Regal platziert.

Markenblock

- oft auch Herstellerblock genannt
- Die Waren eines Herstellers werden nebeneinander platziert.

Beispiel:

Sämtliche Artikel der Firma Hoss werden nebeneinander in den Warenträgern präsentiert, dann folgen alle Artikel der Firma Caloste.

Vorteil: gutes Herausstellen der Marke

Nachteil: für Kunden erschwerter Preis-/Leistungsvergleich

Segmentblock

- oft auch Produktblock genannt
- Bestimmte Sorten eines bestimmten Herstellers werden jeweils nebeneinander präsentiert.

Beispiel:

Im Warenträger werden zunächst die verschiedenen Pullover der Firma Hoss, dann die von Caloste angeboten. Anschließend folgen erst die Hemden von Hoss, dann die von Caloste.

Vorteil: gute Orientierung für den Verbraucher

Nachteil: Manchmal ist das Ordnungsprinzip schwer zu erkennen.

Kreuzblock

- Mischform aus Marken- und Segmentblock
- Der Warenträger wird aus waagrechter (horizontaler) Sicht nach produktgruppen und nach senkrechter (vertikaler) Sicht nach Herstellern in Blöcke eingeteilt.

Beispiel:

Der Warenträger ist von links nach rechts mit Pullovern, Hemden und Hosen belegt, die jeweils von oben nach unten von den Firmen Caloste, Hoss und Nina kommen.

Ein Segment- oder Produktblock im Warenträger

Markenblöcke im Regal

Die Raumzuteilung für einzelne Artikel im Regal

Auch für die Anordnung der Artikel in einem Warenträger (in der Regel in einem Regal) gibt es Regeln:

Horizontale Regalzonenwertigkeiten

Verschiedene Ergebnisse haben gezeigt, dass aus waagerechter (horizontaler) Sicht die besten Plätze in der Regalmitte sowie rechts von der Mitte sind.

BEISPIELE

Stefanie Beyer sortiert Pullover in ein Regal ein. Sie beachtet bei der horizontalen Regalzonenwertigkeit die Reihenfolge der einzelnen Regalbereiche:

- Waren in der Regalmitte werden sehr gut beachtet.
- Pullover im rechten Regalbereich haben eine gute Kundenaufmerksamkeit.
- Artikel auf der linken Regalseite werden weniger gut gesehen.

Vertikale Regalzonenwertigkeiten

Betrachtet man Regale senkrecht (vertikal), können sie in vier Zonen mit unterschiedlichen Verkaufswertigkeiten eingeteilt werden:

Reckzone	ab 160 cm	drittbeste Verkaufswirksamkeit	• leichte Artikel • nicht verkaufsintensive Waren
Sichtzone	zwischen 120 cm und 160 cm	beste Verkaufswirksamkeit	• Artikel mit hohen Preisen • Artikel mit hohen Gewinnspannen • Impulsartikel • Spezial- und Luxusartikel
Greifzone	zwischen 80 cm und 120 cm	zweitbeste Verkaufswirksamkeit	• Impulsartikel • Zusatzartikel
Bückzone	unter 80 cm	schlechteste Verkaufswirksamkeit	• Massenartikel • Waren des täglichen Bedarfs • Artikel mit geringen Gewinnspannen • schwere Artikel

„Ein Artikel, der in Kniehöhe im Regal platziert ist und dort 30-mal verkauft wird, bringt es in Hüfthöhe auf 70 Verkäufe, in Augenhöhe aber auf 100!"

Quelle: Verbraucherzentrale Nordrhein-Westfalen. In: t-online: Billige Produkte sind Bückware. In: t-online, Home, Leben. o. D. http://www.t-online.de/lifestyle/besser-leben/id_13240564/sid_13240564/si_3/vorsicht-falle-so-tricksen-supermaerkte.html [10.09.2021].

5321508

Regeln für die Warenpräsentation und die Verkaufsraumgestaltung

Die Größenzuteilung von Verkaufsflächen

Untersucht wird im Einzelhandelsunternehmen auch, welchen Anteil eine Warengruppe von der Verkaufsfläche benötigt, um einen maximalen Nutzen aus der gesamten Verkaufsflache zu erzielen.

Normalerweise ist die Verkaufsfläche so ausgelastet, dass die Flächenbeanspruchung einer Warengruppe oder eines Artikels nur zulasten einer anderen Warengruppe oder eines anderen Artikels geht. Deshalb müssen die Flächenanteile der einzelnen Warengruppen oder Artikel zur Erreichung des Gesamtnutzens genau berechnet, erprobt und kontrolliert werden. Weil man das manuell (= per Hand) nur mit unverhältnismäßig hohem Aufwand erreichen kann, arbeiten viele Einzelhandelsunternehmen mittlerweile mit einer Regaloptimierungssoftware.

Grundlegende Regeln für die Warenpräsentation und die Verkaufsraumgestaltung

Im Bereich der Verkaufsraumgestaltung und Warenpräsentation gelten drei grundlegende Regeln[1]:

- Erfolgreiche Handelsunternehmen richten sämtliche Aktivitäten im Bereich der Verkaufsraumgestaltung nach der Devise aus: *Je länger der Kunde im Geschäft ist, desto mehr kauft er ein.* Mit den verschiedensten Maßnahmen bremsen die Unternehmen daher den Kunden sowohl vor und beim Betreten als auch beim Durchlaufen des Geschäfts systematisch und geplant ab: Die Kunden sollen dadurch langsamer gehen, die Waren besser betrachten können und als Folge letztlich mehr kaufen.
- Der Mensch besitzt fünf Sinne: Sehen, Hören, Riechen, Fühlen und Schmecken. Erfolgreiche Handelsunternehmen sprechen die Kunden nach Möglichkeit bei der Warenpräsentation mit mehreren Sinnen an. Diese sogenannte „Multisensualität“ erhöht die Kaufbereitschaft der Kunden erheblich.
- Angewendet werden alle weiteren Maßnahmen einer geschickten Anordnung von Produkten, um die Aufmerksamkeit des Kunden zu erhalten.

Einige in diesem Zusammenhang angewendete Maßnahmen des Einzelhandels:

AUFGABEN

1. Was versteht man unter Space Utilization?
2. Was sind Kundenlaufstudien?
3. Wie werden Kundenlaufstudien erstellt?
4. Welche Aussage macht diese Kundenlaufstudie über die Frequenz?

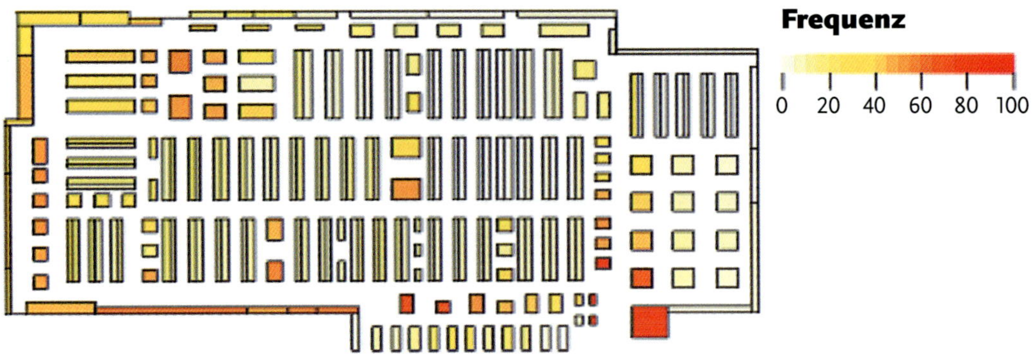

nach: GDP-GROUP

5. Welche Bereiche eines Einzelhandelsunternehmens sind verkaufsstark und welche sind verkaufsschwach?
6. Wodurch ist eine Verbundplatzierung gekennzeichnet?

---

1 vgl. auch Abbildung S. 468

7. In welche Zonen können Regale eingeteilt werden?

8. Führen Sie vier Platzierungsregeln auf.

9. Welche der folgenden Regeln der Warenpräsentation sind richtig?
   a) Impulsartikel sollten in der Sicht- und Griffzone platziert werden.
   b) Kunden werden durch Licht vertrieben.
   c) In der Bückzone sollten schwere Artikel platziert werden.
   d) Stark nachgefragte Artikel gehören im Regal nach unten.

10. Stefanie Beyer muss Artikel mit den folgenden Eigenschaften in ein Regal einordnen:
   - Zusatzartikel
   - Massenartikel
   - Artikel mit hohem Rohertrag
   - Leichte Artikel
   - Ergänzungsartikel
   - Teure Artikel
   - Impulsartikel
   - Preiswerte Artikel
   - Neue Artikel
   - Schwere Artikel
   - Suchartikel (**Suchartikel** sind oftmals preiswerte und bekannte Artikel, die der Kunde aufgrund eines aktuellen Bedarfs gezielt sucht und die daher keiner Bestplatzierung bedürfen)

   Helfen Sie Stefanie Beyer, indem Sie einen Vorschlag für die Belegung der einzelnen Zonen des Regals machen.

11. Besuchen Sie die folgenden Internetseiten:
   https://www.rundschau-online.de/ratgeber/finanzen/geld/einkaufsfallen-verbraucherschuetzer-warnen-vor-diesen-sieben-tricks-der-supermaerkte-30577634
   https://www.t-online.de/leben/essen-und-trinken/id_12892246/supermaerkte-mit-diesen-tricks-werden-sie-zum-kaufen-verfuehrt.html
   Nennen Sie Einkaufsfallen im Zusammenhang mit der Warenpräsentation.

12. Skizzieren Sie auf einem Wandplakat eine Maßnahme der Raumanordnung, die in Ihrem Ausbildungsbetrieb angewendet wird. Präsentieren Sie dann das Wandplakat. Erläutern Sie dabei die Absichten, die Ihr Ausbildungsbetrieb mit dieser Maßnahme verfolgt.

13. Machen Sie Vorschläge, welche Waren Ihres Ausbildungssortiments in welcher Regalzone platziert werden, und begründen Sie dies.

14. Besuchen Sie sechs Geschäfte an Ihrem Berufsschulstandort:
   Erkunden Sie, welche Platzierung in den einzelnen Geschäften im Hinblick auf die Präsentation mit anderen Artikeln einer Ware verwendet werden. Geben Sie auch an, woran dies erkennbar ist.

Unternehmen	Warengruppenplatzierung	Verbundplatzierung	Gemischte Platzierung	Woran erkennbar?

15. Stefanie Beyer möchte durch eine verkaufsfördernde Platzierung der Ware den Umsatz der Tom Hoss KG in einem bestimmten Absatzsegment fördern. Sie überlegt, ob man dieses nicht auch durch eine Verbundplatzierung erreichen kann.
   Bei welcher der folgenden Maßnahmen handelt es sich um Verbundplatzierung?
   a) Stefanie Beyer präsentiert Ware, die stark im Preis reduziert ist, in großer Menge als Stapelware auf beweglichen Warenpräsentationstischen.
   b) Stefanie Beyer bietet potenziellen Käufern Standardartikel an stark frequentierten Stellen im Laden an.
   c) Stefanie Beyer präsentiert Artikel nebeneinander, die von ihrer Verwendung her zusammengehören oder sich auch gegenseitig ergänzen.

d) Stefanie Beyer präsentiert Ware im Verkaufsraum an gut einsehbaren Stellen, damit sich die Verkaufsform mit anschließender Kundenberatung harmonisch verbinden lässt.

e) Stefanie Beyer präsentiert alle Artikel der Sommersaison aus dem Bereich „Saisonsport“ auf einer gemeinsamen Aktionsfläche.

16. Stefanie Beyer nimmt bei bestimmten Artikeln auch eine Zweitplatzierung im Geschäft vor. Welchen Vorteil bringt dies?

a) Diese Form der Warenpräsentation sollte immer in Kassennähe erfolgen, da die Besucher des Einzelhandelsgeschäfts hier auch verstärkt Impulsartikel kaufen.

b) Der Wareneinsatz erhöht sich, dadurch steigt gleichzeitig die Umschlagshäufigkeit.

c) Der potenzielle Käufer wird an seinen Bedarf erinnert. Gleichzeitig werden neue Kaufwünsche geweckt.

d) Bei Preisrückfragen muss Stefanie Beyer nicht so weit laufen.

e) Dadurch wird garantiert, dass der Kunde jede Ware zumindest theoretisch zu sehen bekommt.

17. Suchen Sie in einem der Geschäfte (vergleiche Aufgabe 14) ein Regal (bzw. einen Teil davon). Identifizieren Sie die vier Zonen der Warenanordnung im SB-Regal. Tragen Sie die Artikel mit ihren Preisen in eine Tabelle mit folgendem Aussehen ein:

Zone	1	2	3	4	5
Streckzone					

ZUSAMMENFASSUNG

Space Utilization
= Raumanordnung

Zur Umsatzsteigerung wenden Einzelhandelsunternehmen Maßnahmen an zur wirkungsvollen

Identifikation von verkaufsstarken und verkaufsschwachen Bereichen
- Ermittlung durch Kundenlaufstudien

Verteilung der Warengruppen/Artikel auf die unterschiedlichen Bereiche des Verkaufsraums
- Wo werden die Warengruppen/Artikel im Verkaufsraum untergebracht?
- Verteilung der Waren zur Erzielung eines optimalen Gesamtergebnisses

Platzierung der Ware
- Wie werden die Waren im Verkaufsraum angeboten?
- Arten:
  - Warengruppenplatzierung
  - Verbundplatzierung
  - Gemischte Platzierung

Verteilung der Artikel auf unterschiedliche Bereiche des Regals
- Wo werden die Artikel im Warenträger untergebracht?
- Einteilung der Regale in Zonen unterschiedlicher Verkaufswirksamkeit

Größenzuteilung von Verkaufsflächen
- Wie viel der Verkaufsfläche bekommt eine Warengruppe?
- Ermittlung durch Regaloptimierungssoftware

Man versteht erst dann etwas richtig, wenn man versucht, es einem anderen zu erklären. Dies führt zu einer eigenen gründlichen Auseinandersetzung mit dem gerade behandelten Thema.

1. Suchen Sie sich einen Partner.
2. Lesen Sie noch einmal die Zusammenfassung. Bei Verständnisproblemen schlagen Sie ggf. noch einmal im Informationstext nach.
3. Jeder formuliert vier Fragen, die mithilfe der Zusammenfassung beantwortet werden können.
4. Der Partner beantwortet die eigenen Fragen und umgekehrt.

ICH ÜBERPRÜFE MEINE NEU ERWORBENEN KOMPETENZEN

Den Erwerb der zu Beginn aufgeführten Kompetenzen können Sie selbst mithilfe der folgenden Tabelle überprüfen.

Wenn Sie alle Aufgaben, die hinter einer Kompetenz stehen, gelöst haben, machen Sie ein Kreuz bei „Ganz“.

Bei den Kompetenzen, bei denen Sie Aufgaben „Teilweise“ oder „Gar nicht“ gelöst haben, sollten Sie den dazugehörigen Informationstext noch einmal lesen und die Aufgaben anschließend noch einmal bearbeiten.

Was ich nach der Bearbeitung dieses Kapitels kann	Aufgaben	Ganz	Teilweise	Gar nicht
Ich kann ...				
... die Verkaufswirksamkeit unterschiedlicher Bereiche eines Verkaufsraums beurteilen.	1, 2, 3, 4, 5, 14, 16			
... Waren auf die unterschiedlichen Bereiche eines Verkaufsraums angemessen verteilen.	6, 7, 16			
... die unterschiedlichen Platzierungsarten von Waren in einem Warenträger unterscheiden.	8, 16			
... einzelne Artikel nach ihrer Verkaufswertigkeit und ihren Eigenschaften in einem Warenträger verkaufswirksam einsortieren.	9, 10, 11, 16			
... verschiedene Platzierungsregeln zur Steigerung des Absatzes anwenden.	9, 10, 11, 12, 13, 17			

4.5 Die Gestaltung einer positiven Einkaufsatmosphäre

Problemstellung

Stefanie Beyer:
„Frau Dräger, wir sind fertig! Alles eingerichtet: das Ladenumfeld, der Verkaufsbereich, und wir haben auch die Flächenzuteilung der Artikel vorgenommen."

Christina Dräger:
„Herr Hoss und ich haben uns das schon angeschaut: Das habt ihr ganz toll gemacht. Alle Regeln angewandt. Toll! Aber – eine Sache fehlt noch ..."

Jakub Nowak:
„Was denn?"

Christina Dräger:
„Ihr müsst noch mal auf die Kunden gucken. Mit bestimmten Maßnahmen kann deren Stimmungen verbessert werden. Dadurch steigt deren Einkaufslust."

Jakub Nowak:
„Mmh ..."

Christina Dräger:
„Ihr habt ja eigentlich noch zwei Tage Zeit. Denkt einfach mal darüber nach, wie man noch eine positive Einkaufsatmosphäre schaffen kann."

Stellen Sie der Geschäftsleitung eine Liste mit 25 Maßnahmen zur Schaffung eines positiven Einkaufsklimas für den Bereich der Fanartikel im Verkaufsraum vor.

EINORDNUNG DES THEMAS

Lernfeld 4: Waren präsentieren

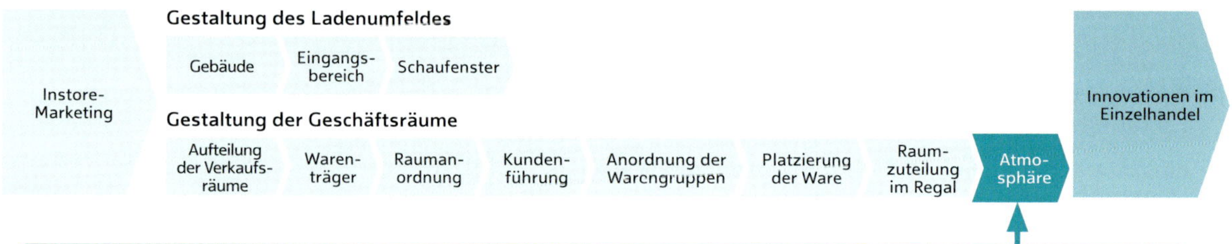

Kompetenzen

Nach Bearbeitung dieses Kapitels können Sie ...

- ... den Zusammenhang zwischen Gestaltung der Einkaufsatmosphäre im Verkaufsraum und einer Steigerung des Absatzes herstellen.
- ... die Elemente der Gestaltung der Einkaufsatmosphäre im Verkaufsraum aufführen und erläutern.
- ... Vorschläge zur Schaffung einer positiven Einkaufsatmosphäre machen.

INFORMATIONSTEXT

„Wenn ein Kunde von einem Ladengeschäft sagen kann: ‚Da gehe ich gern hin', ohne dass er es näher erklären kann, so ist die gute Atmosphäre der Grund dafür."

Verkaufsatmosphäre und Kaufentscheidungen

Die Einkaufsatmosphäre ist eine Einflussgröße, die bei jeder Kaufentscheidung eine Rolle spielt. Plant ein Unternehmen die Einkaufsatmosphäre bewusst, verbessert dies die Stimmung des Kunden. Damit erhöht sich seine Lust am Einkauf.

Gelingt es, den Kunden in eine positive Stimmung zu versetzen, wird er im Verkaufsraum verstärkt positive Aspekte wahrnehmen. Wenn das gesamte Warenangebot oder der einzelne Artikel positiver erscheint, wird ein Kauf wahrscheinlicher.

Viele erfolgreiche Einzelhandelsunternehmen zeichnen sich durch eine besondere Einkaufsatmosphäre aus. Die Kunden fühlen sich dort wohl. Sie bleiben lange im Geschäft und kommen immer wieder gern zurück.

Die Kaufentscheidungen der Kunden werden in den Verkaufsräumen durch das Ansprechen ihrer Sinne positiv beeinflusst. Die Gestaltung der Verkaufsatmosphäre soll Sympathieempfindungen der Kunden und positive Stimmungen wecken.
Emotionen und Stimmungen zum Zwecke einer Absatzsteigerung können gezielt hervorgerufen werden durch:

- Dekorationsgegenstände
- Bilder
- Farben
- Musik
- Duftstoffe
- Beleuchtung
- Raumklima

In der Praxis verbindet man die einzelnen Techniken häufig zu einem emotionalen Gesamteindruck.

BEISPIEL

Ein emotionales „Frischeerlebnis“ kann beispielsweise durch grün-gelbe und einige blaue Farbtöne in Verbindung mit Bildern von Blumen oder Wasserlandschaften, klarer fröhlicher Musik und Zitrusdüften geschaffen werden:

Wenn es dem Einzelhandelsunternehmen gelingt, die Kunden in eine positive oder positivere Stimmung zu versetzen, führt dies

- zu einer verbesserten Wahrnehmung der angebotenen Unternehmensleistung,
- zu einer größeren Einkaufsfreude der Besucher,
- zu einem größeren Umsatzerfolg.

Die Maßnahmen zur Gestaltung der Einkaufsatmosphäre im Verkaufsraum führen also zunächst zu einer Verbesserung des emotionalen Befindens der potenziellen (= möglichen) Kunden in deren wichtigem Alltagsbereich „Einkaufen“. Die Lebensqualität der Besucher wird vergrößert. Dies führt dann anschließend zu wirtschaftlichen Erfolgen bei den Unternehmen.

> „Eine angenehme Verkaufsumgebung hat bei der unendlichen Suche der Unternehmen nach dem entscheidenden Wettbewerbsvorteil an Bedeutung gewonnen.“
>
> *Douglas Rushkoff*

Das Ansprechen der Sinne

Die Gestaltung der Einkaufsatmosphäre im Verkaufsraum schafft ein angenehmes Umfeld. Dies bedeutet, dass alle Sinne des Kunden positiv gestimmt werden. Jeder Sinn allein erzeugt Kaufanreize und fördert damit bereits die Kauflust. Im Idealfall wird die Ansprache der verschiedenen Sinne aber sinnvoll verknüpft.

Sinn	Bedeutung	Einige mögliche Maßnahmen
Visueller Sinn	Mit dem Auge – dem optischen Kanal – nimmt der Mensch viele Eindrücke auf.	• Lichteffekte • Farbwirkungen • Dekorationselemente • Bilder
Auditiver Sinn	Der Mensch lässt sich auch über den akustischen Kanal – das Ohr – beeinflussen.	• Musik • Hintergrundgeräusche
Gustatorischer Sinn	Der Geschmackssinn (Schmecken mit Zunge und Mund)	• Proben • Verköstigungen
Olfaktorischer Sinn	Der Geruchssinn (Riechen mit Nase)	• Klimaanlagen • Raumbeduftung • Vermeidung von unangenehmer Raumluft
Taktiler Sinn	Der Tastsinn (Tasten und Fühlen über Haut)	• Zugängliche Präsentation der Ware (sie kann angefasst werden)

Sinn	Bedeutung	Einige mögliche Maßnahmen
Thermaler Sinn	Das Wärmeempfinden	• Raumfeuchtigkeit • Raumtemperatur
Kinästhetischer Sinn	Orientierung, Gleichgewicht und Bewegung	• Nutzung rechter Flächen bzw. Regalseiten, die verkaufsstärker sind als jeweils links

Dekorationsgegenstände

Die Verkaufsräume werden so mit Dekorationsgegenständen ausgestaltet und ausgeschmückt, dass die Verkaufsförderung optimiert wird. Bei der Dekoration wird auf Besonderheiten der Branche, der Betriebsform, des Sortiments und des Standorts Rücksicht genommen.

BEISPIEL

Die Dekorationsmöglichkeiten reichen im Einzelhandel von der nüchternen, fast „dekorationslosen" Ausstattung von Discountern bis hin zu aufwendigen, üppigen und fantasievollen Dekorationen in Geschäften, die auf den Erlebniskauf setzen.

Die Dekoration mit Ballons spricht nicht nur Kinder an

Einzelhandelsunternehmen wenden eine breite, fast unüberschaubare Palette von Dekorationsgegenständen an.

BEISPIEL

Dekostoffe,

Materialien für die Raumdekoration,

Ballons,

Konfetti,

Luftschlangen,

Kunstwerke,

Kunstblumen,

Wandverkleidungen,

Behänge,

Dekorationsartikel für spezielle Events wie z. B. Ostern, Weihnachten oder Halloween.

Häufig werden auch branchenuntypische Dekorationsgegenstände verwendet, um für Überraschungseffekte zu sorgen (z. B. ein Markenfahrrad im Textilkaufhaus).

Arten der Dekoration	
Dekoration durch das Unternehmen (individuelle Dekoration)	Verwendung von Herstellerdekorationen
• Es werden Dekorationselemente verwendet, die vom Unternehmen ausgesucht bzw. gestaltet werden: Dadurch kann die Dekoration einzigartig und einmalig werden. • Der individuelle Stil des Unternehmens kann hervorgehoben werden. • Diese Art der Dekoration ist zeitaufwendig und teuer.	• Die Lieferanten des Einzelhandelsunternehmens stellen Dekorationsmaterial zur Verfügung. • Durch Wegfall individueller Dekoration entfallen Kosten und Zeit. • Das Unternehmen kann keinen eigenen Stil darstellen.

5321516

Dieses Geschäft ist sehr aufwendig dekoriert

Bilder

Bilder eignen sich gut zur Dekoration, weil sie natürliche Reize direkter wiedergeben können als z. B. Sprache. Ohne den Umweg einer gedanklichen Auswertung wirken Informationen aus Bildern direkt auf das Empfinden.

Durch bildliches Ansprechen bestimmter Erlebnisse wie Frische, Exklusivität, Exotik usw. soll die Sortimentswahrnehmung emotional (stimmungsmäßig) im Sinne des Unternehmens eingefärbt werden.

Bilder sind Blickfänger. Sie rufen bestimmte Stimmungen hervor.

Maßnahmen zur Verbesserung der Einkaufsatmosphäre

Musik

Ein kluger und passender Einsatz von Musik im Verkaufsraum bewirkt einen Wettbewerbsvorteil. Musik kann unterschiedliche Emotionen hervorrufen. In Abhängigkeit von z. B. Melodie, Tempo oder Lautstärke reichen die Wirkungen von traurig und depressiv bis zu fröhlich und heiter.

Häufig wird Musik als Hintergrundmusik eingesetzt, um eine angenehme Atmosphäre für die Vermittlung der Botschaften zu erzeugen. Hintergrundmusik sollte in den Verkaufsräumen möglichst unauffällig zu hören sein. Sie darf nicht zu laut sein und muss ausreichenden Unterhaltungswert für alle Kunden haben. Sie darf nicht bei Verkaufsgesprächen stören und die Kunden nicht vom Kaufgedanken ablenken. Die Musik ist nach psychologischen Kriterien ausgesucht. Sie ist zudem auf die jeweilige Tageszeit abgestimmt.

Die Musik muss auch auf die Zielgruppen abgestimmt sein. Dabei kommt vor allem sanfte Unterhaltungsmusik (Pop, Schlager) zum Einsatz. Bei speziellen Zielgruppen kann die Musikauswahl auch aggressiver sein. Beachtet werden muss in jedem Fall, dass eine Musikrichtung, die einer Zielgruppe gefällt, andere Kundengruppen geradezu aus dem Geschäft treiben könnte.

Unter „Instore-Radio“ bzw. „Ladenfunk“ versteht man die Ausstrahlung von Musik, Moderation, Textbeiträgen und Werbung innerhalb der Verkaufsstellen des Handels. Der Ladenfunk läuft unauffällig und störungsarm im Hintergrund. Wie bei einem „echten“ Radiosender werden zu jeder vollen Stunde Nachrichten mit anschließender Wettervorhersage gebracht: Information wechselt mit einem Unterhaltungsprogramm aus Musik und Serviceinformationen und natürlich Werbung ab.

Der Ladenfunk soll eine harmonische Atmosphäre im Verkaufsraum schaffen und angenehme Gefühle bei den Kunden hervorrufen. Auf negative Informationen und pessimistisch stimmende Inhalte wird deshalb verzichtet. „Bunte“, fröhliche Meldungen beherrschen das ansonsten eher dünne redaktionelle Programm.

Der Ladenfunk wird, wie ein „echter“ Radiosender, in einer Sendezentrale produziert. Das Programm wird über Satellit verschlüsselt an Einzelhandelsgeschäfte übertragen, die neben der für den Satellitenempfang erforderlichen Antenne auch einen Decoder dafür haben.

Diese Geschäfte, die den Ladenfunk empfangen wollen, müssen neben den Kosten für die Empfangsanlage außerdem eine monatliche Systemmiete zahlen. Sie erhoffen sich durch das „Instore-Radio“ eine Verbesserung der Einkaufs- bzw. Ladenatmosphäre, höhere Umsätze durch zufriedene Kunden und vermehrte Spontankäufe.

Außerhalb der Ladenöffnungszeiten werden spezielle Mitarbeiterprogramme ausgestrahlt, um diese zu motivieren.

Supermarkt-Radio: Für ein gutes Gefühl

Radio P.O.S. ist das vielleicht unbekannteste Radio-Programm Deutschlands. P.O.S. – das steht für Point of Sale; und damit ist auch schon klar, wo das Programm zu hören ist: Da, wo wir alle einkaufen, im Supermarkt zum Beispiel. Dort läuft dann Musik, die nicht stört, zusammen mit Servicethemen und kurzen Nachrichten. Aber nicht zu allen Themen.

Von Christoph Sterz

„Idealerweise läuft es so, dass der Endkunde sagt: Mensch, hier habe ich mich wohlgefühlt, ist aber 'ne angenehme Atmosphäre. Und ihm ist gar nicht bewusst, dass er tatsächlich die ganze Zeit Radio wirklich so wahrgenommen hat. Wir haben ja keine Hitfunktion, sondern wir haben eine Begleitfunktion", sagt Nicolas Plaßmann, Vertriebschef bei Radio P.O.S. [...]

Die Redaktion von Radio P.O.S. bietet ihren Kunden Musik- und Servicethemen, aber auch Nachrichtensendungen, Sport und ganze Morningshows. Die laufen zum Beispiel bei Edeka und haben eine wichtige Funktion, meint Nicolas Plaßmann. „Sie haben ja bei vielen Handelsunternehmen das Problem, dass nicht alle Mitarbeiter zentral an einem Ort gruppiert sind, sondern in vielen Filialen, über ganz Deutschland beispielsweise. Das ist ein tolles Medium quasi, wenn man sagt, wir können unser Instore-Radio nutzen, um vor Öffnungszeit Mitarbeiter zu informieren oder Grüße zu versenden. Hey, Frau Müller ist seit 30 Jahren im Betrieb, herzlichen Glückwunsch. Es wird geschult auf bestimmte neue Verkaufsaktionen. Da kann man tatsächlich die klassischen Medien, wenn ich Radio mal als solches begreife, ganz gut noch nutzen."

Wobei das Einkaufsradio natürlich auch für eine andere Sache genutzt wird: Um denjenigen, die gerade einkaufen, ein gutes Gefühl zu geben – das geht zum Beispiel mit Musik, die jeder kennt, und mit Inhalten, die keinem weh tun. Ganz klassisches Radio, meint Redaktionsleiter Torsten Stender. „Es fing an, ihr macht ja nur Ladenfunk, ne? Dieses alte Klischee. Wir kämpfen halt dafür zu sagen: Nein, es ist Instore-Radio. Das ist ganz modernes Radio, was den Hörgewohnheiten entspricht, die der Hörer auch aus dem Autoradio, aus dem terrestrischen Radio kennt."

Lebensmittelskandale besser rauslassen

Einen Unterschied gibt es aber doch: Auch wenn Radio P.O.S. nach ganz normalem Radio klingen mag: Dahinter steht jemand, der dafür bezahlt – und der dann letztlich auch entscheidet, was bei ihm im Laden läuft. Deswegen kommt es auch schon mal vor, dass die Service-Themen mehr oder weniger offensichtlich zum Einkaufen ermuntern. „Saisonal ist Grillen jetzt ein großes Thema, so wie auch die Spargelzeit. Natürlich sprechen wir dann über Sauce Hollandaise und wie man Spargel am besten zubereitet. Und dass es den dann bei Edeka gibt, ist dann kein Geheimnis mehr."

Quelle: Sterz, Christoph: Supermarkt-Radio – Für ein gutes Gefühl. In: www.deutschlandfunk.de, Markt und Medien. 5.9.2015. https://www.deutschlandfunk.de/supermarkt-radio-fuer-ein-gutes-gefuehl.761.de.html?dram:article_id =330274 [10.09.2021].

Auch mit Geräuschen wird häufig gearbeitet.

BEISPIEL

- In der Reisebüroabteilung Kaufstadt Warenhaus AG ist Meeresrauschen zu hören, um Fernweh zu vermitteln.
- In der Obstabteilung wird Vogelgezwitscher eingesetzt, um den Eindruck von Naturnähe zu erwecken.

Sounduschen

Ein neuer Trend sind Sounduschen. Mit diesen hört nur der Kunde, der direkt unter einer 1 m^2 großen Deckenplatte steht, den Ton. Andere Kunden werden nicht gestört: Über ein spezielles (Decken-)Lautsprechersystem mit Sensor ist eine Audio-Nachricht (Sprache/Musik) nur an diesem Ort hörbar. Wer aus der „Dusche" herausgeht, hört nichts mehr.

Duft

Einzelhandelsunternehmen kümmern sich zunächst einmal darum, dass die Verkaufsräume nicht unangenehm riechen. Kunden dürfen sich nicht über schlechte Luft beklagen.

Einzelhandelsunternehmen wenden in den Verkaufsräumen jedoch auch Düfte aktiv an, um im Unterbewusstsein der Kunden ganz bestimmte Verhaltensweisen auszulösen. Gut riechende Düfte können Gefühle erzeugen, die vom Verstand nicht kontrolliert werden können. Dies verschafft dem Kunden ein neues Einkaufserlebnis. Sein Wohlbefinden erhöht sich. Dadurch wird die Kauflust gesteigert. Dies kann gegenüber Wettbewerbern einen entscheidenden Wettbewerbsvorteil bedeuten.

BEISPIEL

Jakub Nowak hat heute Urlaub. Am Morgen geht er einkaufen. Im Lebensmittelsupermarkt LEMI betritt er zunächst die Obst- und Gemüseabteilung. Dort riecht es angenehm nach Orangen. Dies signalisiert ihm unterbewusst: Alle Artikel hier sind absolut frisch. In der Backwarenabteilung duftet es nach Brötchen und frischem Kaffee: Er bekommt richtig Hunger.

Düfte werden also für die Emotionsvermittlung eingesetzt. Zwar wirken nicht alle Gerüche und Düfte auf alle Menschen gleich; doch einige bestimmte Düfte werden von fast allen Menschen übereinstimmend als angenehm empfunden.

BEISPIELE

Viele Düfte wirken suggestiv (= stark beeinflussend/einen starken Eindruck erweckend):

- Frische Backwaren (Der Duft von frisch gebackenem Brot signalisiert und suggeriert Frische der Ware!)
- Blumen
- Minze
- Kräuter
- Blumen
- Ledergeruch in Schuhgeschäften

Dies kann natürlich zur Verbesserung der Einkaufsatmosphäre genutzt werden. Ein großer Vorteil der Raumbeduftung besteht darin, dass Duftstoffe zwar sehr stark emotional wirken, aber dies den Konsumenten kaum bewusst wird. Zu beachten ist, dass das Sortiment und der zur Verkaufsförderung verwendete Duft zueinander passen müssen. Die Raumbeduftung erfolgt durch

- spezielle Raumbeduftungsgeräte,
- Klimaanlagen,
- Duftkerzen oder -lampen,
- Öle,
- duftende Blumensträuße.

BEISPIEL

In dem Reisebüro neben der Tom Hoss KG hat die Duftpatrone der Klimaanlage den Duft „Meerwasserduft Mediteranee."

Farbe

Der Mensch nimmt über 80 % aller Informationen über die Augen auf. Deshalb können Einzelhandelsunternehmen durch eine entsprechende Farbgebung die Aufmerksamkeit der Kunden auf die Ware lenken. Farben rufen beim Menschen zudem Stimmungen und Gefühle hervor. Auch damit kann das Einkaufsklima positiv beeinflusst werden.

Farbe	Assoziationen	Wirkung
ROT	Vitalität, Aktivität, Dynamik, Wille, Gefahr, Kampf, Blut, Liebe, Lust, Leidenschaft, Sex	• wirkt anregend, aktivierend und aufregend, wärmend • weckt innere Kräfte („Urkräfte") • Rot macht aktiv (auch sexuell), unruhig, aggressiv – wirkt sehr schnell!
ORANGE	Freude, Lebhaftigkeit, Spaß, Lebensbejahung, Ausgelassenheit, Tatkraft, Ausdauer	• aufbauend und leistungssteigernd • weckt die Arbeitsfreude • stimmungsaufhellend, • macht heiter, ausgeglichen, fröhlich und genussfreudig • fördert die Geselligkeit
GELB	Reife, Wärme, Optimismus, Weite, Offenheit, Kommunikation, Kraft, Erfolg, Glück	• wirkt sonnig, luftig, heiter, licht • freundlich, optimistisch • geistig anregend • stimmt heiter
GRÜN	Wachstum, Hoffnung, Durchsetzungsvermögen, Beharrlichkeit, Entspannung, Ruhe, Zufriedenheit, Natürlichkeit, Heiterkeit und Gelöstheit	• wirkt beruhigend und ausgleichend • erfrischt und regeneriert • fördert die Konzentration und seelische Ausgewogenheit
BLAU	Harmonie, Zufriedenheit, Ruhe, Unendlichkeit, Freundlichkeit und Freundschaft, innerer Frieden	• entspannend, lösend, harmonisiert • fördert Kommunikation und • die Sachlichkeit und Präzision der Gedanken
VIOLETT	Selbstbezogenheit, Mystik, innere und geistige Kraft, Inspiration, Magie, Frieden, Würde	• fördert inneres Gleichgewicht • wirkt ausgleichend und regenerierend • weckt meditative Kräfte • regt das Unterbewusstsein an
ROSA	Romantik, Liebe	• fördert Ruhe • wirkt erfrischend • verbessert das Urteilsvermögen
BRAUN	Sinnlichkeit, Bequemlichkeit, Anpassung, Schwere, Zurückgezogenheit	
WEISS	Reinheit, Sauberkeit, Ordnung, Leichtigkeit, Vollkommenheit, Schutz, Einigkeit, Beruhigung, Wohlbefinden. Symbol für Reinheit und Tod. Aber nicht nur, denn Weiß ist auch die Farbe der Weite und des Weitblicks.	
SCHWARZ	Negation, Auflehnung, Undurchdringlichkeit, Trauer, Einengung, Abgeschlossenheit	

Quelle: Stadler, Marlene: Assoziationen und Farbwirkungen – allgemein. In: Farben und Leben-Online, Das Portal für Farben und Farbwirkung. 21.8.2017. http://www.farbenundleben.de/farbwirkung/farbwirkung_allgemein.htm [10.09.2021]. (verändert)

Zur Unterstützung der Verkaufsförderung informiert sich das Einzelhandelsunternehmen über die Modefarben, die von den Kunden gerade als angenehm empfunden werden. Bei der Farbgestaltung der Verkaufsräume und deren Bestandteilen muss ebenfalls darauf geachtet werden, dass die Farben häufig nicht allein wirken. Sie können auch benachbarte Farben und andere Gestaltungselemente verändernd oder verstärkend beeinflussen.

Einzelhandelsgeschäfte setzen in den Verkaufsräumen überwiegend helle Farben ein.

BEISPIEL

- Weiß
- helle Grautöne
- Pastelltöne
- Naturtöne

Es sollte immer beachtet werden, dass die jeweils verwendeten Farben zum jeweiligen Sortiment passen müssen:

- Für Warengruppen mit Artikeln für Hygiene und Sauberkeit eignen sich blau-weiße Farben.
- Im Zusammenhang mit Artikeln aus den Bereichen Urlaub und Freizeit werden oft gelbblaue Farben verwendet.

Einzelhandelsunternehmen arbeiten mit Licht, Bildern und Farben

Beleuchtung

Licht lockt Leute!

(Alte Einzelhändlererfahrung)

In den letzten Jahren hat die Bedeutung von Licht als visuelles Gestaltungsmittel stark zugenommen. Eine gute Beleuchtungsanlage ist für Einzelhandelsunternehmen außerordentlich wichtig:

- Licht lenkt (= führt und lenkt den Blick des Kunden auf die Ware),
- signalisiert,
- informiert,
- gestaltet,
- fasziniert (durch überraschende Lichteffekte),
- und wirbt.

Damit die Waren kein „Schattendasein" führen, benötigt ein Einzelhandelsunternehmen ein Beleuchtungskonzept. Dies muss mit der Verkaufsstrategie harmonisieren und sich perfekt in den Verkaufsraum einfügen. Passendes Licht unterstreicht Wert und Gewicht, Frische und Farbe.

Die richtige Beleuchtung macht Kunden aufmerksam und wirkt ansprechend. Sie prägt das Image der Geschäfte und macht das Angebot begehrenswerter. Je stärker die Warenträger zugunsten der Artikel in den Hintergrund treten, umso mehr Bedeutung kommt dem Gestaltungselement Licht zu. Durch Anwendung verschiedener Lichtquellen kann der Absatz von Waren gesteigert werden.

Mögliche Gestaltungselemente der Beleuchtung:

- Mit einer gleichmäßigen Beleuchtung von oben wird der Verkaufsraum klar und übersichtlich. Im gesamten Verkaufsraum muss daher eine gleichmäßige **Grundausleuchtung** mit hellem Licht erfolgen. Das Licht dient in diesem Zusammenhang dem Sehen. In Eingangszonen oder an Informationsstellen wird die Helligkeit etwas gesteigert, in Ruhezonen etwas abgemildert

- Sollen einzelne Waren bzw. bestimmte Bereiche hervorgehoben werden, wird zusätzlich noch eine **Punktbeleuchtung** eingesetzt. Das Licht dient dem Hinsehen. Einzelne Artikel können mit punktuellem Licht hervorgehoben werden. Durch Kontraste von Licht und Schatten kann eine sinnvolle, lebendige Atmosphäre erzeugt werden.

Durchdachtes Beleuchtungskonzept

- Mit farbigem Licht kann eine große Aufmerksamkeit erzeugt werden. Gleichzeitig wirkt es als Blickfang.
- Mit Lichtreflexen (z. B. durch blinkende, drehende oder springende Lichter) wird durch die entstehenden Überraschungseffekte bei Kunden Beachtung erzielt.

Beim Einsatz von Beleuchtungen sollte Folgendes beachtet werden:

- Untersuchungen haben gezeigt, dass die größte Kauflust bei Tageslicht besteht.
- Müssen die Verkaufsräume jedoch beleuchtet werden, kommt es weniger auf eine große Helligkeit an. Positiv wirkt sich warmes und dezentes Licht aus.
- Auch die jeweilige Beleuchtungsstärke muss beachtet werden.

Was Sie bei der Lichtinstallation beachten sollten

- Auch die hinteren Teile des Verkaufsraums müssen gut ausgeleuchtet werden und dürfen vom Eingang aus nicht „dunkel“ wirken.
- Hinweisschilder wie „Kasse“, „Kunden-WC“ oder „Aufzug“ müssen gut sichtbar platziert und beleuchtet sein.
- In den Verkaufsräumen müssen ausreichend Steckdosen installiert sein, damit flexibel überall ausgeleuchtet werden kann.
- Um die Energiekosten niedrig zu halten, sollte nachhaltige und effiziente Lichttechnik verwendet werden (z. B. LED).
- Die Richtung der Strahler muss immer überprüft werden: Es gilt, die Ware und nicht die Kunden anzuleuchten.

Im Einzelhandel werden zwei Arten von Lichtquellen verwendet:

- Die Selbstleuchter erzeugen selbst und direkt Licht.
- Nichtselbstleucher wie Spiegel oder helle Wände werfen bestehendes Licht zurück.

Spiegel reflektieren das Licht

Raumklima

Das Wohlbefinden der Kunden wird auch durch angemessene Be- und Entlüftung, Befeuchtung und Raumtemperaturen beeinflusst. Bestimmte Mindestregeln sind in bau- und arbeitsschutzrechtlichen Regelungen festgehalten.

Untersuchungen haben gezeigt, dass eine optimale Raumtemperatur zwischen 18 und 22 Grad liegt.

Weitere Maßnahmen zur Verbesserung der Einkaufsatmosphäre

Neben den bisher aufgeführten Elementen einer Gestaltung der Einkaufsatmosphäre im Verkaufsraum wirken sich auch folgende Maßnahmen verkaufsfördernd aus:

- Viele Unternehmen verstärken den Eventcharakter durch Ausbau der Zweitplatzierung zu Marktständen.
- Es werden oft Ruhezonen oder Informationscenter eingerichtet. Dadurch können Kunden entspannen oder in Ruhe das Angebot studieren.
- Cafés, Restaurants, Wasserspender usw. dienen der Verbesserung des Einkaufsklimas.
- Auch themenorientierte Events (Veranstaltungen) dienen diesem Zweck.

BEISPIEL

Fußball-WM, Gesundheitswoche

Das Ladeninnere

Was gefällt dem Kunden?	Was mag der Kunde nicht?
• Gute/angenehme Beleuchtung	• Unzureichende oder zu grelle Beleuchtung
• Angenehmes Raumklima	• Unangenehmes Raumklima (zu warm/zu kalt)
• Gute Luft	• Schlecht gelüftete Räume
• Einladende und übersichtliche Warenpräsentation	• Wenig einladende Warenpräsentation
• Angenehme Musik	• Unangenehme bzw. unpassende Musik

Einkaufsklima und Warenpräsentation im Onlinehandel

Die Warenpräsentation erfüllt im **stationären Einzelhandelsunternehmen** verschiedene Aufgaben:

- Aus Sicht der Einzelhandelsunternehmen soll die Ware in den Verkaufsräumen schnell eingelagert und optimal aufbewahrt werden.
- Die Kunden sollen ihre Einkäufe schnell und ohne Schwierigkeiten tätigen können.
- Die Besucher des Unternehmens sollen zum Kauf angeregt werden. Dies wird erreicht durch:
  - Anwendung von Warenplatzierungsregeln,
  - Schaffung eines ansprechenden optischen Erscheinungsbilds des Verkaufsraums,
  - Inszenierung von Einkaufserlebnissen für die Kunden.

Eine der Hauptvorteile des stationären Handels liegt vor diesem Hintergrund in der direkten Präsentation der Waren in seinen Verkaufsräumen.

Der **Onlinehandel**, der seine Waren über das Internet vertreibt, muss versuchen, dieses über die Gestaltung seiner Webshops weitgehend auszugleichen:

- Eines der wichtigsten Erfolgskriterien des Onlinehandels ist die Benutzerfreundlichkeit. Wie im stationären Handel gilt auch hier: Wo ein Kunde sich gut zurechtfindet, dort kauft er auch ein. Deshalb müssen Onlinehändler dafür sorgen, dass sich die Besucher schnell im Webshop zurechtfinden. Dazu müssen sich die potenziellen Käufer möglichst intuitiv durch die verschiedenen Internetseiten bewegen können. Der Onlineshop muss also übersichtlich sein. Zusätzlich muss er über ein ansprechendes Design verfügen.
- Da die Kunden nicht wie im stationären Handel die Waren direkt begutachten können, müssen diese auf den Internetseiten informativ, übersichtlich und optisch ansprechend präsentiert werden. Im Onlinehandel wird nur gekauft, was auch gut aussieht. Bei der Vorstellung der Artikel sind deshalb umfangreiche Detailinformationen in Verbindung mit Bildern in hochwertiger Qualität unerlässlich:
  - Um Aufmerksamkeit bei den Kunden zu erreichen, müssen die präsentierten Artikel in Szene gesetzt werden. Bei der Gestaltung des Designs der Internetseiten sind also Individualität und Kreativität gefordert.
  - So weit wie möglich sollten die Kunden bei der Präsentation von Artikeln im Internet emotional angesprochen werden. Einkaufserlebnisse werden mithilfe von Animationen, Musik und Videos geschaffen.
- Eine sehr große Rolle im Onlinehandel spielt eine ausgeklügelte Suchfunktion. Viele Kunden verwenden sofort die Produktsuche, ohne den Weg über die Warengruppen zu gehen. Hier muss einerseits die Möglichkeit von Tipp- und Rechtschreibfehlern bei der Eingabe durch die Kunden beachtet werden. Andererseits geben die potenziellen Käufer häufig andere Artikelbezeichnungen in die Artikelsuche ein, als im Onlineshop verwendet werden. Eine intelligente Suchfunktion berücksichtigt dies.

AUFGABEN

1. Woran erkennt man eine gute Einkaufsatmosphäre?
2. Welche Gestaltungselemente gehören zur Gestaltung der Einkaufsatmosphäre im Verkaufsraum?
3. Führen Sie sechs verschiedene Dekorationsgegenstände an.
4. Mit welchen Dekorationsgegenständen wird in Ihrem Ausbildungsbetrieb gearbeitet?
5. Was bezwecken Einzelhandelsunternehmen durch Anbringen von Bildern?
6. Was muss beim Einsatz von Hintergrundmusik beachtet werden?
7. Was sind Instore-Radios?
8. Nennen Sie ein Beispiel, wo im Einzelhandelsunternehmen mit Geräuschen gearbeitet werden kann.
9. Mit welchen Düften sollte die Raumbeduftung in Einzelhandelsunternehmen erfolgen?
10. Auch Farben spielen im Einzelhandel eine große Rolle.
    a) Warum beachten Einzelhandelsunternehmen die Farbgestaltung ihrer Verkaufsräume?
    b) Mit welchen Farben sind die Verkaufsräume Ihres Ausbildungsunternehmens ausgestattet?
    c) Was wird mit der Farbgestaltung Ihres Ausbildungsunternehmens evtl. bezweckt?
    d) Gibt es Unterschiede zu Betrieben Ihrer Mitschüler, die evtl. aus anderen Branchen kommen?
11. Nennen Sie eine
    a) beruhigende,
    b) aggressiv-aktive Farbe.
12. Führen Sie Aufgaben des Lichts in Einzelhandelsunternehmen auf.
13. Unterscheiden Sie Grundausleuchtung und Punktbeleuchtung.
14. Lesen Sie den folgenden Artikel:

Zielperson Kunde

Orangen und Äpfel, vielfach gespiegelt, Bananen und Birnen unter grünen Markisen, Salat und Kartoffeln in klarem Licht – ein kleines Paradies gleich zu Anfang. Geschaffen hat es Dieter Brinkmann, oberster Ladendesigner in der Dortmunder Firmenzentrale einer bekannten Einzelhandelskette. Mit dem vegetarischen Feuerwerk der Farben und Formen am Eingang will er seine Kunden bremsen. Schließlich hätten die noch ihren Straßenschritt in den Beinen, „und mit dem“, sagt Brinkmann, „würde jeder auf den ersten zehn Metern an normalen Regalen vorbeirennen“.

Auf diesem duftenden Marktplatz aber bleiben die Kunden stehen, drehen einen der roten Äpfel in der Hand und denken: So etwas gibt es beim Discounter nicht. Das ist das „Frische-Signal“, wie Designer Brinkmann es nennt. Nur noch mit Obst und Gemüse könne sich ein klassischer Supermarkt abheben von der immer stärkeren Billigkonkurrenz mit ihren eingeschweißten Gurken.

Ein sanfter Sog zieht den Kunden den langen Gang hinunter in die Tiefe des Raumes, wo ganz hinten der Schinken wartet. Links fächern sich die ersten Regale quer zur Laufrichtung auf. Hier stehen die teuren Artikel immer in jenen Reihen, denen die Kunden entgegenlaufen, die preiswerten liegen in ihrem Rücken. Den Diäthonig sieht man sofort, den anderen nicht.

Aber die meisten bleiben ohnehin im Hauptgang, wo sie erst das Feinkostregal passieren müssen, um zur Milch zu gelangen, die vier von fünf Kunden kaufen. Direkt nebenan lockt ein Becherlein mousse au chocolat, „Killefit“ eben, „Impulsware“, wie Brinkmann auch sagt. Das ganze Geschäft ist so sortiert: Neben den wenigen Artikeln, die der Mensch wirklich braucht, liegen gewinnbringende Schlaraffenwaren, die wir sehen müssen, damit uns der Kaufimpuls durchzuckt.

Das Einkaufsverhalten der Deutschen hat sich stark verändert. Heute, ohne kostenintensives Verkaufspersonal, entscheiden und verführen allein Preis, Markenname, Werbung und Platzierung. Und Musik: Ganz leise rieselt sie in Unna aus den Deckenlautsprechern auf die Kunden herab. Musik ist wichtig in diesen lauten Zeiten, „denn ein stiller Laden, der wirkt tot", sagt Brinkmann. Der klingende Kaufanreiz fliegt über Satellit von Kiel nach Unna, gesendet von P.O.S. Radio, das knapp 5000 Supermarktfilialen in der Republik belebt. „Nicht zu laut, das darf nicht ablenken, aber es muss etwas da sein, eine Melodie, mit der man flötend durch den Markt läuft", erklärt Supermarktfunker Marcel Eberle die latente Behaglichkeit. Die Kieler wissen genau, wann Rentner einkaufen und wann Schulkinder. Also funkt P.O.S. morgens Roland Kaiser, ab mittags wird es poppig.

Auf einem Teppich seichter Melodien schweben die Kunden in die Tiefkühlzone. Rechts vom langen Gang summen jene gläsernen Regale, deren Türen stets links aufgehen, damit der Kunde beim Schließen sofort neue Ware im Blick hat. Und der fällt ganz am Ende des Ganges auf Wurst und Käse. Neun von zehn Käufern laufen artig bis zur Rückseite des Raumes. 65 Prozent allerdings lassen Gouda und Emmentaler – mag ja nicht jeder – rechts liegen und schlendern direkt nach links ins Rotlichtviertel zu Fleisch und Wurst, nicht ganz zufällig flankiert vom Gewürzständer. Rotlicht lässt Fleisch appetitlicher aussehen, denn „wenn man es mit Weißlicht bestrahlt, sieht es grau aus, richtig hässlich", hat Dieter Brinkmann erkannt. Im Idealfall fällt das Licht schräg auf Salami und Sauerbraten, damit selbst dünne Filetscheiben noch möglichst breite Schatten werfen.

Mit dem Betreten des Geschäfts wird der Kunde auf einen Weg geschickt – gegen den Uhrzeigersinn. Immer links herum: erst die Gerade vom Gemüse zum Käse, dann nach links zur Wurst und jetzt schon wieder nach links, zurück in Richtung Kasse. Den gleichen Kreis laufen Sportler auf der Aschenbahn und im Eislaufstadion – ganz selbstverständlich. „Bei 95 Prozent der Menschen ist das Gleichgewichtsempfinden aus dem Lot geraten, einen Tick nach links", sagt Diplompsychologe Harald Ackerschott: „Wenn Sie jemanden in der Wüste absetzen, läuft der lauter Linkskreise." Einmal hat er Versuchspersonen rechts herum durch einen Supermarkt geschickt und deren Herzfrequenz und Körpertemperatur gemessen. Der Stress war signifikant größer. Also hat Ackerschott sein Wissen zum Geschäft gemacht. Seine Intelligenz System Transfer GmbH in Königswinter gehört zu jener Wachstumsbranche, die interessierten Lebensmittelketten beim Ladenbau zur Hand geht.

Mittlerweile befindet sich der Kunde in der Filiale von Unna bei angenehmen neunzehn Grad auf dem Weg zurück zur Kasse. Das Spirituosenregal. Dass die neue Ware hinter der alten steht, ist bekannt und bei Alkohol auch nicht so wichtig. Dass der günstige Schnaps grundsätzlich ganz unten steht und der teure in Griff- und Blickhöhe, ist auch geläufig. Aber, wie die Menschen so sind: Fast immer, wenn sie ein Bild erfassen, wandert ihr Blick von links nach rechts und bleibt dort stehen. Instinkt, sagt Psychologe Ackerschott. Deshalb platziert Dieter Brinkmann die teure Dose Mais immer rechts von der günstigen; bei Weinbrand und Kognak das Gleiche: links Meisterbrand für 6,99, dann Mariacron für 2 Euro mehr, in der Mitte Asbach für 11,99, rechts Hennessy für 17,99 und schließlich Martell für 23 Euro. Oft ist der Griff schneller als der Gedanke. Ein Narr von Verkäufer, der den Kunden da mit einem „Kann ich helfen?" aus der Spur wirft.

Natürlich stellen die Ladendesigner die Flaschen nicht selber hin. Dieter Brinkmann zum Beispiel hat alle seine 300 Filialen als Grundriss im Computer, sogar die Frontansicht eines jeden Regals. Wenn die Einkäufer einen neuen Artikel ins Sortiment nehmen, schiebt Brinkmann die Waren auf seinem Bildschirmregal in Position, „dass kein Zentimeter frei bleibt". Diese Ordersätze gehen mehrmals im Monat an alle Filialleiter. Bezirksleiter kontrollieren, ob Brinkmanns Anweisungen eingehalten werden. Der 48-Jährige weiß, dass seine Arbeit über Triumph oder Waterloo einer Marke mit entscheidet.

Über diesen Einfluss der Supermarktketten schweigt er sich lieber aus, logisch sei aber, dass die Industrie mit „vielen Arten von Rabatten" die

Platzierung zu beeinflussen versuche. Tatsächlich ein schwieriges Feld. Die amerikanischen Soziologen William Whyte und Paco Underhill haben beobachtet, dass Kundinnen fast jede Ware sofort ins Regal zurückstellen, sobald sie im Gedränge angestoßen werden – der gefürchtete *ass-brush factor.*

Zu viel Platz darf aber zwischen den Regalen auch nicht sein, denn auf breiten Gängen senken die Kunden ihren Blick allzu schnell in den Einkaufswagen und nehmen Geschwindigkeit auf. Der Kompromiss zwischen Platzangst und Leere lautet für Brinkmann: zwei Meter. Nicht zu breit und nicht zu eng.

Dann sind da noch die Stirnseiten der Regale. Aus der Ladenmitte ragen sie in den Hauptgang hinein. Dort hat Brinkmann seine „Stopper" aufgebaut; auf ihnen stapeln sich Waren, die sich wie Schnäppchen ausnehmen – gegen die Langeweile, sagt Brinkmann: „Jedes Geschäft hat einen dynamischen Teil. Der Kunde ist ja zwei-, dreimal pro Woche im Laden, und er will nicht immer dasselbe sehen." Jeden Mittwochabend räumt der Filialleiter auf Brinkmanns Geheiß daher die Stopper um. Wo heute Toilettenpapier liegt, wartet morgen die Shampoo-Pyramide. Das verleiht dem Laden ohne viel Aufwand ein neues Gesicht.

Während die Kunden durch die Getränkeabteilung schweifen und nach dem Fruchtsaft greifen, wartet noch die sogenannte „Quengelzone" direkt vor der Kasse. Hier steht all das, was kleinen Kindern große Augen macht: Eis, Überraschungseier, Wasserpistolen. „Hoch kalkulierte Artikel, mit denen wir noch mal richtig Geld verdienen", sagt Brinkmann. Schnell hat der Nachwuchs seine Mama einen Schokoriegel in den Wagen genervt, leider kostet das Ding hier fast genau so viel wie der Dreierpack hinten im Laden.

Nach knapp 20 Minuten ist der Durchschnittskunde an der Kasse angelangt. Rund zehn Artikel legt er auf das Band, an die 14 Euro wird er bezahlen. Ob er in diesem Moment ahnt, was die Stiftung Warentest längst weiß: Bis zu 35 Prozent der Lebensmittel, die er in seinen Kühlschrank legt, werden dort vergammeln.

Quelle: Sußebach, Henning: Zielperson Kunde. In: DIE ZEIT, 12/97. (verändert)

In dem Artikel werden Präsentationstechniken zur Schaffung einer Verkaufsatmosphäre angesprochen, die den Kunden überzeugen. Erstellen Sie eine Mindmap dazu.

15. In dieser Aufgabe geht es um die Gestaltungselemente Musik und Farbe. Führen Sie dazu in Gruppen ein Brainstorming durch.

a) Sie sollen sich noch einmal den Zusammenhang zwischen Farben und Stimmungen klarmachen.
b) Sammeln Sie daher Redewendungen, Sprichwörter oder Begriffe, die eine Farbe enthalten und eine entsprechende Symbolik aufweisen. Beispiel: „der graue Alltag"
c) Sammeln Sie Musiktitel, die sich als Hintergrundmusik eignen. Nehmen Sie dazu Musiktitel,
- die Sie schon einmal in einem Einzelhandelsgeschäft gehört haben.
- die Sie sich als Hintergrundmusik vorstellen können.

d) Stellen Sie den anderen Gruppen mithilfe der von Ihnen gefundenen Beispiele die Wirkung von Farben und der Musiktitel vor.

16. Führen Sie eine Erkundung zum Thema „Gestaltung der Einkaufsatmosphäre im Verkaufsraum" durch.

a) Sammeln Sie in kleinen Gruppen in den von Ihnen besuchten Geschäften Beispiele für die verschiedenen Elemente der Gestaltung der Einkaufsatmosphäre.
b) Stellen Sie diese Beispiele Ihren Mitschülern auf einem Wandplakat vor.

17. Besuchen Sie sieben Geschäfte an Ihrem Berufsschulstandort.
Erkunden Sie, welche Elemente der Gestaltung der Einkaufsatmosphäre in den einzelnen Geschäften verwendet werden. Geben Sie auch an, wie diese von den Unternehmen genutzt werden. Fertigen Sie sieben Tabellen der folgenden Art an:

Geschäft 1:

Gestaltungselement	Vorhanden?	Bemerkungen:
Dekoration		
Musik		
Raumklima		
Raumbelüftung		
Farben		
Beleuchtung		
Bilder		

ZUSAMMENFASSUNG

Gestaltung der Einkaufsatmosphäre im Verkaufsraum

- sorgt für ein positives Einkaufsklima
- spricht die Sinne der Kunden an
- führt durch die positive Stimmung der Kunden letztlich zu höherem Umsatz

Gestaltungselemente

- Dekoration
- Farben
- Musik
- Beleuchtung
- Raumklima
- Bilder
- Raumbeduftung

Man versteht erst dann etwas richtig, wenn man versucht, es einem anderen zu erklären. Dies führt zu einer eigenen gründlichen Auseinandersetzung mit dem gerade behandelten Thema.

1. Suchen Sie sich einen Partner.
2. Lesen Sie noch einmal die Zusammenfassung. Bei Verständnisproblemen schlagen Sie ggf. noch einmal im Informationstext nach.
3. Jeder formuliert vier Fragen, die mithilfe der Zusammenfassung beantwortet werden können.
4. Der Partner beantwortet die eigenen Fragen und umgekehrt.

ICH ÜBERPRÜFE MEINE NEU ERWORBENEN KOMPETENZEN

Den Erwerb der zu Beginn aufgeführten Kompetenzen können Sie selbst mithilfe der folgenden Tabelle überprüfen.

Wenn Sie alle Aufgaben, die hinter einer Kompetenz stehen, gelöst haben, machen Sie ein Kreuz bei „Ganz“.

Bei den Kompetenzen, bei denen Sie Aufgaben „Teilweise“ oder „Gar nicht“ gelöst haben, sollten Sie den dazugehörigen Informationstext noch einmal lesen und die Aufgaben anschließend noch einmal bearbeiten.

Was ich nach der Bearbeitung dieses Kapitels kann	Aufgaben	Ganz	Teilweise	Gar nicht
Ich kann ...				
... den Zusammenhang zwischen Gestaltung der Einkaufsatmosphäre im Verkaufsraum und einer Steigerung des Absatzes herstellen.	1, 14, 16, 17			
... die Elemente der Gestaltung der Einkaufsatmosphäre im Verkaufsraum aufführen und erläutern.	2, 3, 4, 5, 6, 7, 8, 9, 10, 11, 12, 13, 16, 17			
... Vorschläge zur Schaffung eines positiven Einkaufsklimas machen.	14, 15, 16, 17			

5321528

4.6 Innovationen in der Warenpräsentation

Problemstellung

Stefanie Beyer und Jakub Nowak haben den Auftrag bekommen, bei der Einrichtung einer neuen digitalen Umkleidekabine zu helfen. Momentan führen die beiden einen Testkauf durch. Stefanie Beyer spielt eine Kundin, die sich für einen Pullover interessiert:

Die RFID-Technologie (Radio Frequency Identification) erkennt, welche Kleidungsstücke Stefanie Beyer in die Kabine bringt. Die ausgesuchten Produkte werden auf einem Tablet im Umkleideraum angezeigt. Möchte Stefanie Beyer als Kundin das Produkt in einer anderen Farbe oder Größe haben, werden die Verkaufsmitarbeiter direkt durch das Tablet benachrichtigt. Jakub Nowak bringt der Testkundin Stefanie Beyer das gewünschte Kleidungsstück. Er bekommt über das Tablet zusätzlich Empfehlungen für ähnliche Produkte, die Stefanie gefallen könnten.

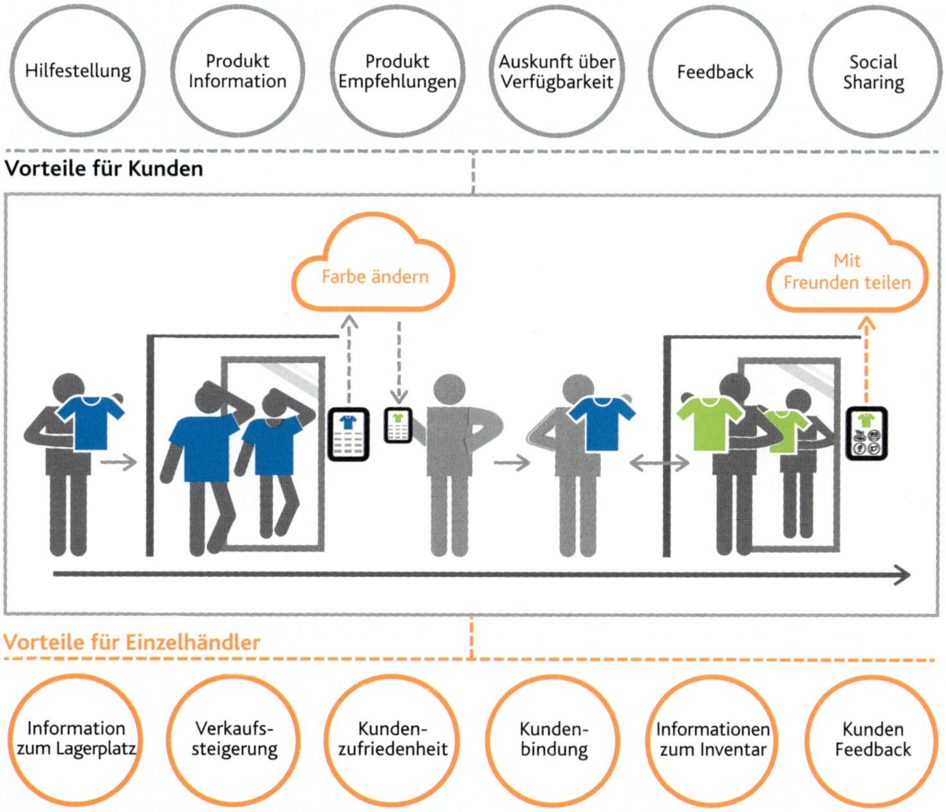

Vorteile der interaktiven Umkleidekabine

Vor der Umkleidekabine steht ein Bodyscanner. Dort hatte Stefanie Beyer die Maße ihres Körpers digital erfassen und ins EDV-System übernehmen lassen. Mithilfe eines digitalen Spiegels kann Stefanie nun sofort sehen,

- wie der Pullover an ihr aussieht,
- wie eine andere Farbe oder Größe wirken würde
- ob andere Artikel – z. B. einer bestimmten Jeans – dazu passen würden.

Stefanie Beyer kann also verschiedene Kleidungsstücke „anprobieren", ohne sich wirklich umzuziehen.

1. Nennen Sie Vorteile interaktiver Umkleidekabinen für Einzelhändler und Kunden.
2. Geben Sie an, welche anderen modernen Warenpräsentationen Sie kennen.

EINORDNUNG DES THEMAS

Lernfeld 4: Waren präsentieren

Instore-Marketing	Gestaltung des Ladenumfeldes: Gebäude – Eingangsbereich – Schaufenster
	Gestaltung der Geschäftsräume: Aufteilung der Verkaufsräume – Warenträger – Raumanordnung – Kundenführung – Anordnung der Warengruppen – Platzierung der Ware – Raumzuteilung im Regal – Atmosphäre

Innovationen im Einzelhandel

Kompetenzen

Nach Bearbeitung dieses Kapitels können Sie ...

... verschiedene Innovationen in den Verkaufsräumen eines Einzelhandelsunternehmens nennen und erläutern.
... Vorteile der unterschiedlichen Instore-Technologien für Kunden und Einzelhändler aufführen.
... die Bedeutung von Smartphones der Kunden vor und in Verkaufsräumen für Einzelhandelsunternehmen nachvollziehen.
... die Möglichkeiten von Augmented Reality und Virtual Reality für den Einzelhandel darstellen.

INFORMATIONSTEXT

Ständiger Wandel im Handel

Der stationäre Handel erhält immer stärkere Konkurrenz durch die verschiedenen Formen des E-Commerce, die sich über das Internet an Kunden wenden. Deshalb müssen sich Inhaber und Beschäftigte im Einzelhandel stärker mit dem Verkauf über das Internet an Endverbraucher auseinandersetzen.

Der stationäre Handel kann dabei zwei Strategien verfolgen:

- Er betreibt selber Onlinehandel im Rahmen einer Omnichannel[1]-Strategie.
- Er setzt moderne innovative Informationstechnologien auch im Verkauf und in der Warenpräsentation ein („digitaler Handel“).

Vor diesem Hintergrund ändert sich das Umfeld für stationäre Einzelhandelsgeschäfte ständig:

- Beim Warenangebot ist ein steter Wandel zu beobachten.
- Im stationären Handel legen die Kunden viel Wert auf den emotionalen Faktor vor Ort: Je weniger Emotionen ein Artikel und seine Umgebung auslösen, desto eher wird dieser im Internet gekauft.
- Die Kunden wenden zusätzlich neue Einkaufsformen an. Sie kaufen anders ein als früher. Smartphones, Computer und Tablets spielen dabei eine große Rolle. Die Kunden informieren sich und kaufen online und stationär in beliebiger Kombination.

BEISPIEL

Die Kunden gehen heute nicht mehr einfach los, um zu schauen, was es in den Geschäften des stationären Einzelhandels gibt. Sie informieren sich vorher im Internet und suchen dann gezielt einzelne Geschäfte auf.

- Die Kunden denken immer weniger in Absatzkanälen: Sie akzeptieren Unterschiede bei den in verschiedenen Absatzkanälen auftretenden Einzelhandelsunternehmen immer weniger. Diese können auftreten
  - beim Preis,
  - beim Service
  - und bei der Qualität.

  Sie möchten die Vorteile des Interneteinkaufs in Zukunft auch im stationären Einzelhandel haben.

1 „Omnichannel“ bedeutet, dass das Einzelhandelsunternehmen sowohl Waren über ein Ladengeschäft als auch über das Internet verkauft.

Durch diese vielen Veränderungen verändern sich die Gewohnheiten und Ansprüche der Kunden. Es wird für den Handel immer schwieriger, Kunden zu halten und zu erneuten Einkäufen zu bewegen.

Zu seiner Zukunftssicherung muss der stationäre Handel zwei Strategien verfolgen:

- Der stationäre Handel muss den Kunden Mehrwerte bieten, die über den eigentlichen Verkauf hinausgehen. Geboten werden muss
  - Erlebnis,
  - Abenteuer,
  - Spaß,
  - Unterhaltung,
  - Einbindung in Communities[1].
- Der stationäre Handel muss auf den digitalen Handel setzen. Er muss die Verkaufsräume mit den Möglichkeiten der Digitalisierung verknüpfen: Verschiedene Arten innovativer Technologien unterstützen den Verkauf vor Ort. Man nennt sie oft auch **Instore-Technologien**. Im Mittelpunkt stehen neben anderen EDV-Technologien auch die Smartphones der Kunden: Sie werden zu einem der wichtigsten Kanäle der Kundenansprache. Für den stationären Handel wird es in Zukunft von zentraler Bedeutung sein, neue Technologien schnell aufzugreifen und in den Geschäften einzusetzen.

Der digitale Handel schafft mithilfe digitaler Services und Informationstechnologien völlig neuartige, stationäre Ladengeschäfte.

Die Omnichannel-Strategie von Einzelhandelsunternehmen

Die Kunden des Einzelhandels werden in Zukunft immer häufiger mehrere Vertriebswege für ihren Einkauf gleichzeitig in Anspruch nehmen. Der Einzelhandel reagiert darauf, indem er zunehmend mit mehreren Vertriebswegen arbeitet. Marketingexperten sprechen von „Kanälen“ oder“ Channels“.

Unterschieden wird hier zwischen Multichannel und Omnichannel.

Wenn ein Einzelhandelsunternehmen Waren über mehrere Kanäle (= Vertriebswege) verkauft, liegt **Multichannel** vor. Diese unterschiedlichen Vertriebswege werden dem Kunden zwar von einem Unternehmen angeboten, haben aber nichts miteinander zu tun.

BEISPIEL

Ein Unternehmen des stationären Einzelhandels verkauft seine Waren über das Ladengeschäft vor Ort. Unabhängig davon werden die Waren aber zusätzlich auch noch über einen Katalog und neuerdings über einen kürzlich eingerichteten Onlineshop vertrieben.

Omnichannel ist eine Weiterentwicklung des Multichannels: Hier werden alle Kanäle nicht nur einfach nebeneinander genutzt. Stattdessen versucht man, sie planmäßig miteinander zu verknüpfen. Dadurch handelt der Kunde kanalübergreifend.

BEISPIEL

- Stina Lachendro bestellt im Internetshop der Tom Hoss KG und holt die Ware im Geschäft ab.
- Dominik Waldau informiert sich im Laden und bestellt im Webshop der Tom Hoss KG.

Die Kunden suchen immer mehr im Netz, um ihre stationären Käufe vorzubereiten. Auch in den Verkaufsräumen möchten sie verstärkt kaufrelevante Informationen abrufen. Vor diesem Hintergrund kann man eigentlich immer weniger vom reinen stationären Einzelhandel oder reinen internetgestützten Einzelhandelsformen sprechen. Beide Erscheinungsformen des Einzelhandels verschmelzen zu **hybriden** Handelsformen (hybrid: gemischt). Hier ist häufig nicht mehr auszumachen, ob der Kauf online oder offline zustande kam. Die damit zusammenhängenden technologischen Innovationen ergeben enorme Chancen für den stationären Einzelhandel. Kommen die Unternehmen den von den Kunden geforderten digitalen Nutzungsmöglichkeiten nach, schaffen sie eine völlig neue Form der Kundenorientierung.

Der Digitale Handel: Informationstechnologien in den Verkaufsräumen

Nachdem man die sehr große Bedeutung der verschiedenen Bereiche der Verkaufsraumgestaltung erkannt hat, werden von diversen Einzelhandelsunternehmen zunehmend unterschiedliche Neuerungen im Bereich der Warenpräsentation angewandt. Dabei handelt es sich

1 Eine Community ist eine Gruppe von Menschen, die gemeinsame Interessen oder Wertvorstellungen haben.

vor allem um digitale Technologien vor und in den Verkaufsräumen.

Diese Technologien befinden sich häufig noch in der Versuchsphase. Es ist jedoch abzusehen, dass sie sich mittelfristig durchsetzen und im Einzelhandel alltäglich werden.

Um Kunden anzuziehen und zu halten, müssen stationäre Einzelhandelsunternehmen neue Wege gehen. Im Vergleich zu Internetgeschäften sind sie hinsichtlich der Produktvielfalt durch ihre Ladenfläche begrenzt. Zusätzlich werden sie preislich vom Internethandel unter Druck gesetzt. Deshalb setzen Einzelhandelsunternehmen vermehrt auf innovative EDV-Technik, um ihre Position im Wettbewerb zu verbessern. Diese Technik wird in den Verkaufsräumen eingesetzt, um sie zu modernisieren. Gleichzeitig versuchen viele Einzelhändler, das Internet und die Ladengeschäfte zu verbinden. Sie setzen dabei vor allem auf Smartphones und Tablets.

Im Rahmen des digitalen Handels kann der stationäre Einzelhandel also das Einkaufserlebnis im Ladengeschäft mithilfe neuer Technologien verbessern.

Fokus Store 4.0

„Come to me“	*„Convince me“*	*„Make it easy for me“*	*„Wow me“*	*„Engage me“*
Zielgruppennähe • Gut erreichbare und gut zugängliche Läden • Zielgruppenorientierte Formate oder Module (z. B. Convenience Stores)	**Produktsortiment** • Kontinuierliche Weiterentwicklung des Sortiments • Ausbalancierte Breite und Tiefe des Produktsortiments • Trendorientiertes Produktportfolio	**Omni-Channel-Integration** • Nahtloses kanalübergreifendes Einkaufserlebnis als „Muss“ • Technologien, die den Einkauf bequem machen (z. B. Verfügbarkeit von Produkten über alle Kanäle prüfen)	**Mehrwert-Services und digitale Läden** • Bestmögliche Dienstleistungen auf allen Ebenen (z. B. Lieferservices) • Innovative und außergewöhnliche digitale Features im Laden (z. B. Augmented Reality, moderne Bezahlverfahren)	**Kundenengagement** • Aufbau von (Fan-) Gemeinschaften • Individualisierung und Personalisierung von Produkten • Konsumenten als Ideengeber einbeziehen

Anforderungen von Kunden an den Einzelhandel, die mithilfe digitaler Innovationen erreicht werden können

Lässt sich der stationäre Handel auf die Digitalisierung ein, ist er gegenüber dem reinen Onlinehandel im Vorteil:

- Durch die Gewinnung und Auswertung der Kundendaten werden Kundenerwartungen vorhergesehen und vorweggenommen: Es können den Kunden individuelle Empfehlungen gegeben werden.
- Mit verschiedenen technologischen Innovationen kann versucht werden, den Kunden zu inspirieren und zu begeistern: Das Erlebnis des Ladenbesuchs wird unvergesslich gemacht.
- Datengestützt kann der Kunde optimal an das Unternehmen gebunden werden, indem er auch alle nicht in den Verkaufsräumen vorrätigen Waren erleben, weitgehend ausprobieren und dann gegebenenfalls bestellen kann.

5321532

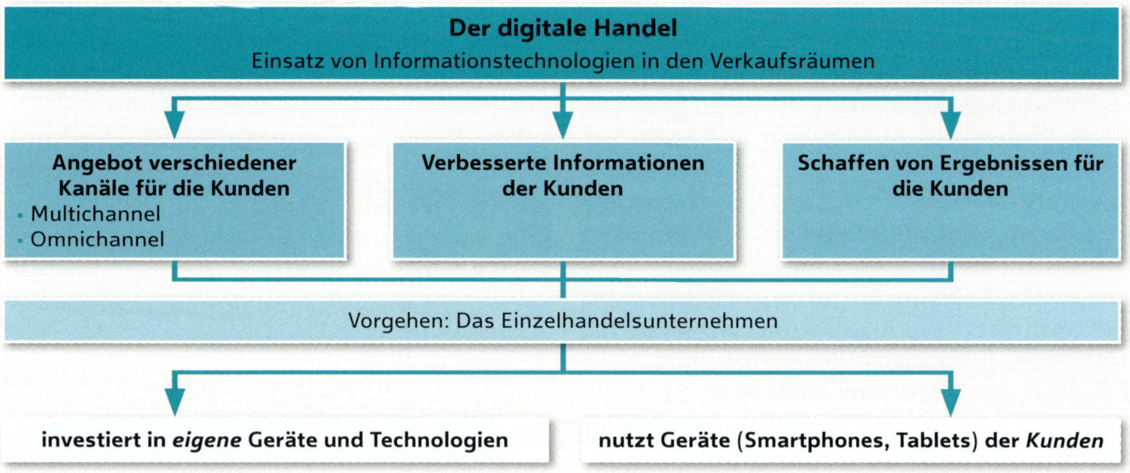

Innovative Technologien in den Verkaufsräumen

In den Verkaufsräumen wird von vielen Einzelhandelsunternehmen mittlerweile stark in die unterschiedlichsten innovativen Technologien mit unterschiedlichsten Zielsetzungen investiert. Bei allen nutzt das Einzelhandelsunternehmen Möglichkeiten der Datenverarbeitung.

Informationsterminals

Informationsterminals bieten umfassende Informationen zu verschiedenen Waren. Darüber hinaus erhalten die Kunden dort hilfreiche Tipps, zum Beispiel ständig wechselnde Rezeptvorschläge. Diese den Kunden zum Kauf anregenden Systeme bestehen aus Säulen, die über einen Touchscreen bedient werden. Die Informationsterminals sind dabei so ausgelegt, dass sie auch von im Umgang mit Computern ungeübten Personen ohne Bedienungsanleitung genutzt werden können.

BEISPIEL

In der Schreibwarenabteilung der Kaufstadt Warenhaus AG in Schönstadt sucht Anke Gronau die passende Druckerpatrone für ihren Tintenstrahldrucker. Sie hat aber ein Problem: Welches der vielen Produkte ist die richtige Wahl für ihr Gerät? Suchend blickt sie sich um und entdeckt ein Informationsterminal. Mit nur vier Berührungen des Bildschirms bekommt sie hier die richtige Antwort. Nachdem sie den Hersteller ihres Druckers ausgewählt und ihre Patronenart angegeben hat, bestimmt sie nur noch ihr Druckermodell. Das Infoterminal gibt ihr in Sekundenschnelle die Auskunft: Die passende Kartusche hängt an Haken 15, es handelt sich um das Produkt mit der Nummer 9998.

Mit vielfältigen Multimediafunktionen werden den Kunden Informationen schnell und einfach zur Verfügung gestellt

Elektronische Kiosksysteme

Werden die Informationsterminals neben den Informations- und Präsentationsaufgaben um die Möglichkeit erweitert, verschiedene Artikel zu bestellen oder zu kaufen, spricht man von elektronischen Kiosksystemen. Das sind einzelne Standsäulen mit Touchscreen-Monitor, die an stark besuchten Plätzen (z. B. am Eingang eines Einzelhandelsunternehmens) in multimedialer Form und durch Interaktionsmöglichkeiten nicht nur Informationen und Übersichten über verschiedene Themen (z. B. Warenangebote) präsentieren. Im Vordergrund steht der Verkauf von Waren und Dienstleistungen. Erlaubt werden oftmals sogar Kreditkartenzahlungen.

Dadurch ergibt sich der große Vorteil für Einzelhandelsunternehmen, ihre Warenpräsentation zu vergrößern: Sie bieten Waren an, die nicht zum normalen Sortiment gehören und daher nicht vorrätig sind.

Kiosksysteme liefern z. B. multimediale Präsentationen, interaktive Produktinformationen, Teleshopping, Erlebniseinkäufe in virtuellen Kaufhäusern oder Schulungen.

An elektronischen Kiosksystemen können Artikel gekauft werden, z. B. Tickets am Flughafen

Elektronische Etiketten

Elektronische Regaletiketten (Electronic Shelf Labels) dienen zunächst einmal der Preis- und Produktauszeichnung direkt am Regal.

Preisauszeichnung

Um einen Preisvergleich und eine Prüfung der Rechnung durch den Käufer zu ermöglichen, ist durch die **Preisangabenverordnung** eine generelle Preisauszeichnungsverpflichtung vorgeschrieben.

Waren müssen demnach innerhalb und außerhalb der Verkaufsräume mit dem Endpreis gekennzeichnet werden, sodass Verbraucher sehen können, was wie viel kostet. Damit wird Transparenz und Vergleichbarkeit gewährleistet. Einzelhandler sind außerdem verpflichtet,

- den Grundpreis einer Ware anzugeben sowie
- die handelsüblichen Warenbezeichnungen bzw. Gütebezeichnungen.

Am Regal kann die Auszeichnung auf dreierlei Arten erfolgen:

Einzelpreisauszeichnung: Jeder Artikel wird mit einem Etikett versehen.

Traditionelle Regalauszeichnung: Für alle Artikel gilt ein Etikett aus Papier am Regal.

Regalauszeichnung mit elektronischen Displays: Die Preisauszeichnung erfolgt über ein elektronisches Etikett am Regal.

Elektronische Preisetiketten ersetzen herkömmliche Regaletiketten aus Papier. Die Technologie macht die manuelle Preisauszeichnung in weiten Bereichen überflüssig. Bei elektronischen Etiketten sieht der Kunde auf einem kleinen elektronischen Display am Regal die Grund- und Warenpreise. Die Preisauszeichnung erfolgt über das drahtlose lokale Datennetzwerk des Einzelhandelsunternehmens. Ins Warenwirtschaftssystem eingegebene Preisänderungen werden automatisch in Sekundenschnelle direkt an die Displays geschickt: Preisänderungen sind somit ohne Verzögerung umgesetzt. Der Regalpreis entspricht stets dem Preis an der Kasse.

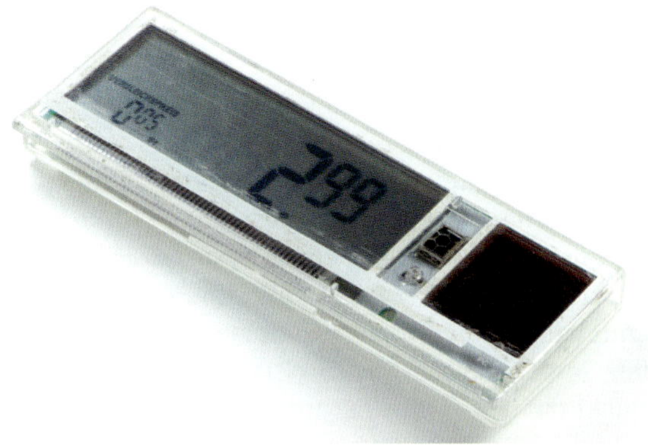

Elektronische Etiketten informieren die Kunden immer über den aktuellen Preis

Neben der Anzeige des Produktpreises können Zusatzinformationen bis hin zu werbewirksamen Kurztexten in das elektronische Regaletikett eingespeichert werden, wie z. B. die Produktbezeichnung, die Herkunft usw.

5321534

Weitere Vorteile:

- Es sind auch mehrfache Preisauszeichnungen möglich, die neben dem Verkaufspreis den Grundpreis ausweisen.
- Die Preisangabe kann durch die zentrale Eingabe filialbezogen, zeitlich begrenzt und auch kundenindividuell (z.B. Nachlässe für Inhaber von Kundenkarten) zeitgenau erfolgen und ist kurzfristig steuerbar.
- Besonders werbewirksam lassen sich wahrnehmungssteuernde Hinweise wie z.B. das Blinken des Displays einsetzen. So kann gezielt und auffällig auf Sonderangebote hingewiesen werden.

Elektronische Preisetiketten eröffnen dem stationären Handel nicht nur die Möglichkeit, schnell und flexibel auf Preisaktionen der Online-Konkurrenz zu reagieren. Die neuesten Entwicklungen in diesem Bereich bieten Einzelhändlern und Kunden darüber hinaus noch weitere Möglichkeiten:

- Die Schilder können zur Navigation genutzt werden. Sucht ein Kunde zum Beispiel ein ganz bestimmtes Produkt in einem Geschäft, lässt sich dieses über eine App ansteuern, die entsprechende Standortinformationen vom Preisschild bekommt.

  BEISPIEL

  Im Frischebereich der Lebensmittelabteilungen der Kaufstadt Warenhaus AG wird der Verkauf durch gestaffelte Preisminderungen gefördert. Der Preis wird kurz vor Geschäftsschluss immer günstiger.

- Intelligente elektronische Regaletiketten vereinfachen Kommissionierprozesse bei Onlinebestellungen von Kunden, die ihren Einkauf abholen oder nach Hause liefern lassen wollen. Mitarbeiter stellen die bestellten Artikel anhand einer wegeoptimierten Liste zusammen. Die Mitarbeiter werden zum richtigen Produkt am Regal geführt. Durch Blinken des Etiketts wird angezeigt, wo sich der gewünschte Artikel im Regal befindet.
- Das elektronische Regaletikett kann sich auf Wunsch auf die Anzeige des Lagerbestandes umstellen, um den Mitarbeitern die Logistik der Regalnachfüllung zu vereinfachen.
- Wenn die Kunden ihr Smartphone an das Preisschild halten, können sie zusätzliche Informationen über das Produkt abrufen, zum Beispiel Inhaltsstoffe, Bilder und andere Produktdaten.

BEISPIEL

Das Preisschild der Zukunft kann aber noch mehr als eine schnelle Preisänderung auf Knopfdruck. Steht der Kunde Martin Hicke am Regal, kann das Preisschild per NFC-Technologie (also Near Field Communication) zum Beispiel Daten über Allergene in Lebensmitteln auf sein Handy übertragen. Martin kann auch Rezensionen zu den gewünschten Produkten abrufen.

Elektronische Regaletiketten informieren unter anderem über den Zuckergehalt eines Produkts

Intelligente Regale

Intelligente Regale – sogenannte **Smartshelves** – sind mit dem Warenwirtschaftssystem des Einzelhandelsunternehmens verbunden. Durch ein RFID-Lesegerät am Regal werden die Mitarbeiter aufmerksam gemacht, wenn Artikel fehlen oder vom Kunden falsch platziert zurückgelegt werden. Die Mitarbeiter können dann das Regal auffüllen bzw. die Ware umsortieren.

Alle Waren, die aus dem Lager geholt werden, sind dann entsprechend als „nicht mehr am Lager" markiert. Eine Nachbestellung kann veranlasst werden. Damit ist dem Problem der leeren Regale entgegengewirkt. Hersteller können frühzeitig auf eine höhere Nachfrage reagieren und Kunden werden nicht mehr umsonst in ein Geschäft kommen und sich ärgern, wenn sie ein bestimmtes Produkt nicht vorfinden. Elektronische Preisschilder an Regalen machen zudem Schluss mit nicht ausgezeichneten Waren. Ein weiterer Vorteil ist, dass es keine Fehler bei der Auszeichnung mehr gibt, denn elektronische Preisschilder nutzen die gleichen Daten wie die Kasse.

Die intelligenten Regale basieren auf RFID-Technologie: Automatisch werden falsch eingestellte Waren erkannt. Sinkt der Warenbestand im Regal unter eine bestimmte Menge, erhält das Verkaufspersonal sofort diese Information

BEISPIEL

Die Smartshelves können durch die RFID-Technologie die Informationen der Waren lesen. Dadurch werden sofort Fragen beantwortet:

- Liegt das Sakko noch in der Umkleidekabine,
- hängt es im falschen Ständer
- oder probiert es ein Kunde jetzt gerade an?

Elektronische Werbedisplays

Elektronische Werbedisplays sind multimediale Ausprägungen der sogenannten **POS-Displays**

> POS-Displays sind beleuchtete, manchmal auch mit Bewegungseffekten versehene Werbeträger aus Metall, Holz, Pappe oder Kunststoff. Der Einsatz von Batterien oder ein Stromanschluss sorgt zusammen mit Sensoren, Leuchtmitteln und Elektromotoren für Lichteffekte und/oder Bewegungen. Dadurch soll der Verkaufsraum belebt und die Aufmerksamkeit der Kunden gewonnen werden. Manche POS-Displays sind in Nebenfunktion gleichzeitig Warenträger: Sie nehmen nämlich auch Ware auf.

(POS = Point of Sale = Ort des Verkaufs) bzw. der Plakatdisplays. Es handelt sich dabei um Werbeträger zur visuellen Information im Verkaufsraum. Sie befinden sich in der Regel in unmittelbarer Nähe der Waren.
Displays und Touchscreens eignen sich optimal zur Information der Kunden und zur Kommunikation mit diesen.

BEISPIEL

In der Tom Hoss KG werden Displays zur Warenpräsentation genutzt. Neben den ausgestellten Schuhen laufen auf Displays Filme, die diese in Aktion zeigen. Mit Touchscreens können die Kunden direkt Feedback geben.

Plakatdisplays sind Werbeträger, die mit Postern und Plakaten informieren. Häufig sind sie beleuchtet, da der Einsatz von Licht dem Kunden eher auffällt als normale Plakate in einem Rahmen.

Bei elektronischen Werbedisplays erfolgt die Erzeugung der Informationen mithilfe der EDV, die Darstellung der Informationen über die LED-Technik. Elektronische Werbedisplays sind also elektronische Bildschirme, die zur Werbung eingesetzt werden. Die Werbedisplays übernehmen Präsentations- und Informationsaufgaben.

Mit Fotos, Grafiken oder Videoanimationen und im Vergleich zur Papierdarstellung optimalem Farbbild erläutern sie Waren oder bestimmte Leistungen des Einzelhandelsunternehmens. Motivwechsel – wie z. B. Änderungen oder Aktualisierungen – können extrem schnell übermittelt und angezeigt werden. Neben unterschiedlichsten Text- und Bildinformationen ist es auch möglich, Videos über die elektronischen Werbedisplays zu zeigen.

Auch die folgenden Warenträger finden schon Einzug in die Verkaufsräume:

- **Sensoren im Schaufenster**
  Sensoren erkennen mithilfe von Software zur Gesichtserkennung, welche Artikel besonders lange angeschaut werden. Diese Artikel werden speziell ausgeleuchtet. Die Sensoren sorgen dafür, dass zusätzliche Bilder und Informationen von innen mittels eines Projektors an die Scheibe geworfen werden. Außerdem erklären sie mittels einer Stimme über Außenlautsprecher die Vorzüge des Artikels („virtuelles Schaufenster").

Das virtuelle Schaufenster informiert über Produkte und Dienstleistungen

- **Advertising Display**
  Das sind Flachbildschirme mit Informationsspots, die passend durch RFID-Chips im Einkaufswagen ausgelöst werden.

BEISPIEL

In allen Filialen gleichzeitig startet die Kaufstadt Warenhaus AG das Aktionsvideo eines Markenartikellieferanten, der ein neues Produkt herausstellen möchte.

- **Interaktive Displays**
  Die Wände der Verkaufsräume sind mit interaktiven Bildschirmen ausgestattet. Auf diesen sind Videos und Live-Streams zu sehen.

BEISPIEL

Ein Artikel ist mit einem RFID-Chip versehen. Nähert sich ein Kunde einem der Bildschirme, startet ein Video, das den entsprechenden Artikel in Szene setzt.

Kinect-Sensoren und Displays

Informationen zu Produkten können auf großen interaktiven Flächen präsentiert werden. Dies sind Zubereitungstipps, Sonderangebote, aber auch Preisinformationen wie Herkunftsland, Nährwertangaben und ähnliche Produkte. Die Displays reagieren auf die Gestensteuerung der Kunden. Dies wird möglich durch „Kinect-Sensoren", die die Bewegungen der potenziellen Käufer auswerten.

Die Programme, die hinter diesen Sensoren stehen, ermöglichen mittlerweile sogar künstliche Gefühlsanalysen (affective computing bzw. emotional decoding). Die Sensoren erkennen das Geschlecht, das Alter, die Emotionen, Gesten und Körperhaltungen von Personen und reagieren darauf: Sie sehen also, wann der Kunde mit Desinteresse reagiert bzw. wo er sich emotional zufrieden fühlt. Dazu sammelt die Software unbewusste Gesichtsausdrücke (Mimik). Kommen potenzielle Käufer in die Nähe der Displays, passt die Software dann die Werbebotschaften individuell an den vermuteten Gefühlszustand des Käufers an. Eyetracker überprüfen, ob die emotionale Reaktion der Kunden tatsächlich mit dem Blick auf den Bildschirm zu tun hat. Insgesamt wird dadurch die Werbung in stationären Geschäften individuell gesteuert.

Mit Gesichtserkennung kann das Interesse an Artikeln im Regal erkannt werden

Regaloptimierungssoftware

„**Regaloptimierung**" (engl.: space management) bedeutet, dass die Produkte im Einzelhandel so angeordnet werden, dass sie den größtmöglichen Umsatz bringen und dabei die vorhandene Verkaufsfläche bestmöglich ausnutzen. Jeder Ware soll der Platz zugeordnet werden, der ihrem Umsatz- und Ertragsbeitrag und den Kaufgewohnheiten der Kunden am besten entspricht. Angesichts der ständig wechselnden und immer umfangreicher werdenden Sortimente erweist sich das jedoch als immer schwieriger. Der Umfang der Verkaufsfläche, auf der die Produkte platziert werden können, ändert sich nämlich kaum.

Deshalb wird die Regaloptimierung seit einiger Zeit in vielen Einzelhandelsunternehmen von einer **Regaloptimierungssoftware** unterstützt. Regaloptimierungssoftware verwaltet die Regalfläche optimal: Sie schlägt die bestmögliche Platzierung einer Ware einerseits aus betriebswirtschaftlicher Sicht (Umsatz) vor. Andererseits tut sie dies auch aus Kundensicht: Wo finden die Kunden die gesuchte Ware am schnellsten? Die grafischen Möglichkeiten der Software und die Kennzahlen, die aus dem Programm gewonnen werden können, sind dabei eine große Hilfe. Beispiele für solche Kennzahlen sind:

- die Regalproduktivität (der zu erwartende Umsatz pro Regalmeter)
- die Regalrentabilität (der Deckungsbeitrag pro Regalmeter = Beitrag je Regalmeter zur Deckung der festen Kosten)

Mit einer Regaloptimierungssoftware lassen sich auch alternative (= weitere mögliche) Produktplatzierungen am PC testen, simulieren und wirtschaftlich auswerten.

Software hilft in einem Einzelhandelsunternehmen bei der Regaloptimierung

Shopping als interaktives Erlebnis

Konfigurationsmöglichkeiten

Bei verschiedenen Artikeln findet der Kunde Tablets mit einem Konfigurator, mit denen er das Produkt nach eigenen Wünschen zusammenstellen kann.

In einem Fahrradgeschäft kann man verschiedene Modelle mit einem Konfigurator individuell gestalten

An einer „interaktiven Wand“ können die Kunden ihr Wunsch-Bike dann in voller Größe erleben

Fotowände als Verkaufsstätten

Fotowände an belebten Orten (Bahnhöfe/Flughäfen) bilden Regale mit Waren nach. Die Kunden benötigen lediglich eine kleine App auf ihrem Smartphone. Sie scannen damit kleine Codes (z. B. Matrixcodes) von den Artikeln, die sie kaufen möchten. Wenige Zeit später können die Waren im Markt abgeholt werden oder sogar nach Hause geliefert werden.

Die Fotowände sind also virtuelle Regale: Ein virtuelles Regal ist ein Bildschirm, auf dem Produkte zu sehen sind, ähnlich wie in einem Schaufenster. Was im Regal liegt, legen die Händler kurzfristig fest, etwa nach Tageszeit oder Wetter.

BEISPIEL

Die LEMI AG testet gerade das Konzept der virtuellen Filiale in Berlin: In einer U-Bahn-Station hat das Unternehmen große Plakatwände aufgehängt. Diese sehen aus wie Regale im Supermarkt und zeigen die 800 beliebtesten Produkte – von Milch über Äpfel bis hin zu Tierfutter. Jedes Produkt besitzt einen Code, der mithilfe der LEMI-App auf dem Smartphone eingescannt wird. Erfolgt die Bestellung vor 13 Uhr, wird die Ware noch am selben Abend nach Hause geliefert. Der nervige Einkauf lässt sich so in den paar Minuten erledigen, bis die nächste U-Bahn kommt.

Die Nutzer scannen mit der Kamera ihres Smartphones den QR-Code, der neben den Waren abgebildet ist. Die App erkennt das Produkt und legt es in den virtuellen Einkaufskorb.

Beim Konzept der virtuellen Filiale verschmelzen Einkaufsstraße und Onlineshopping immer stärker zu einer einzigen Einkaufswelt

Beinahe an jedem beliebigen Ort kann ein Unternehmen ein virtuelles Geschäft eröffnen.

BEISPIEL

In Parks, bei Sehenswürdigkeiten, in Wohnsiedlungen oder direkt vor Ladengeschäften von Mitbewerbern sind virtuelle Geschäfte denkbar.

Darstellung des Verkaufsraums im Internet

Stationäre Einzelhandelsgeschäfte haben auch die Möglichkeit, die Lagerung der Waren im Verkaufsraum im Internet direkt nachzuahmen. Der Kunde sieht auf einer Internetseite des Unternehmens ein aktuelles Foto eines Regals und der dort untergebrachten Ware. Er braucht dann nur auf das Produkt seiner Wahl klicken.

Digitale Showrooms

Sowohl stationäre Geschäfte als auch Onlinehändler können mit digitalen Schauräumen (Showrooms) arbeiten. Diese verfügen über ausgefeilte multimediale Präsentationen von Artikeln und eindrucksvolle Innenraumgestaltung. In diesen kann auch eine Videoberatung stattfinden, durch die die räumliche Trennung zwischen Händler und Kunde verringert werden kann.

BEISPIEL

Auch die Tom Hoss KG verfügt über einen digitalen Showroom. Die Kunden können mit modernster Technik in den aktuellen Kollektionen stöbern. Live per Webcam können Kleidungsstücke anprobiert werden. Dazu berät ein Verkäufer den Kunden im Rahmen eines Videochats.

Persönliche Einkaufsberater

Ein Personal Shopping Assistant (PSA) ist ein kleiner Computer, den der Kunde an seinem Einkaufswagen befestigen kann und der dann die Rolle eines persönlichen Einkaufsberaters für ihn spielt. Personal Shopping Assistants stellen also mobile Hilfen am Einkaufswagen mit einer Fülle von Servicefunktionen für den Kunden dar:

- Der Kunde bekommt den Weg dorthin gezeigt, wo er bestimmte Waren finden kann.
- PSAs geben Auskunft über jeden Artikel des Sortiments.
- Wenn der Kunde sich z. B. mit einer Kundenkarte identifiziert hat, kennt ihn das Warenwirtschaftssystem und kann auf früher gern gekaufte Artikel hinweisen.
- Bei Bedarf soll in Zukunft sogar – auf Grundlage der früher erfassten Einkaufsinformationen – eine Einkaufsliste erstellt werden können.
- Wenn die eingekauften Artikel mit einem integrierten Scanner gleich gescannt werden, hat der Kunde einen Überblick über Menge und Wert seiner Einkäufe.
- Auch das Selfscanning wird unterstützt: Die gescannten Daten werden an die Kasse weitergegeben.
- Es wird auf Ergänzungsangebote für die vom Kunden eingekauften Artikel hingewiesen.
- Zukünftig soll der Kunde sogar seine zu Hause erstellte Einkaufsliste an das Einzelhandelsunternehmen schicken können, wo sie im PSA zur Verfügung steht.

Leicht gebräunt steht der Verkäufer da, mit weißem T-Shirt und blauen Kontaktlinsen, und trägt im Arm ein … nun ja, ein Ding. Ein hellgraues Etwas aus Plastik, groß und dick wie ein Leitz-Ordner, mit einem dunklen Flachbildschirm in der Mitte. Ob ich einen PSA haben möchte, fragt der Herr und strahlt mich erwartungsfroh an.

Wen bitte?

Er meint das Ding. PSA steht für „Personal Shopping Assistant" und bedeutet „persönlicher Einkaufsberater". Ein kleiner Computer, den ich mir vorne auf die Stange meines Einkaufswagens klemmen kann. Der PSA hilft mir, weil er alles weiß. Er weiß, was ich sonst immer kaufe, weil meine Einkaufsgewohnheiten auf meiner Kundenkarte gespeichert sind, und mit der zeige ich dem PSA, wer ich bin. Er weiß, was es gerade für Sonderangebote im Laden gibt. Und er weiß, wie ich sie finde, weil er funktioniert wie ein kleines Navigationssystem im Auto, erklärt der freundliche Herr. Er könne mich zwar nicht von Köln nach Frankfurt lotsen, aber immerhin von der Käsetheke zum Meister-Proper-Regal.

Quelle: Rohwetter, Marcus: Das Philadelphia-Experiment. In: DIE ZEIT, 05.06.2003, Nr. 24. (verändert)

5321540

Der „Personal Shopping Assistant“ ist direkt am Einkaufswagen angebracht.

Der selbstfahrende Einkaufswagen

Überwiegend – aber nicht nur – für mobilitätseingeschränkte Personen ist der selbstfahrende Einkaufswagen bestimmt. Geeignet ist er damit z. B. für Rollstuhlfahrer oder für Kunden mit Kinderwagen. Der Einkaufswagen erkennt mittels Bilderkennung den Kunden und folgt ihm quer durch den Verkaufsraum. Dabei kann er auch Hindernissen aus dem Weg gehen.

Der selbstfahrende Lieferservice

Für diesen innovativen Lieferservice gilt die gleiche Zielgruppe wie für den selbstfahrenden Einkaufswagen: Ein autonomer Roboter bringt z. B. Rollstuhlfahrern oder älteren Menschen ihre Einkäufe und Bestellungen nach Hause. Dieser umweltfreundliche Zustelldienst wird momentan noch erprobt. Er soll langfristig herkömmliche Lieferservices ablösen und kleinere Pakete aus dem Einzelhandelsunternehmen nach Hause transportieren. Vor Ort beladen, bewegt sich der Lieferroboter innerhalb einer halben Stunde mit bis zu sechs Stundenkilometern sicher über Bürgersteige zur Haustür. Dort öffnet der Kunde ihn mit einer Smartphone-App und entlädt ihn.

Der „Autobot“ liefert über kürzere Entfernungen Einkäufe nach Hause

Scanner zur Unterstützung der Produktsuche: Die Findbox

Oft haben Kunden in den Verkaufsräumen das Problem, vor meterlangen Regalen mit einer kaum überschaubaren Vielzahl von Artikeln zu stehen und aus Hunderten Produkten ein ganz bestimmtes ausfindig machen zu müssen. Die Lösung bietet die Findbox: Kunden halten mitgebrachte Artikel unter einen speziellen Scanner. Im Regal blinkt daraufhin ein ähnliches Produkt per LED-Leuchte auf.

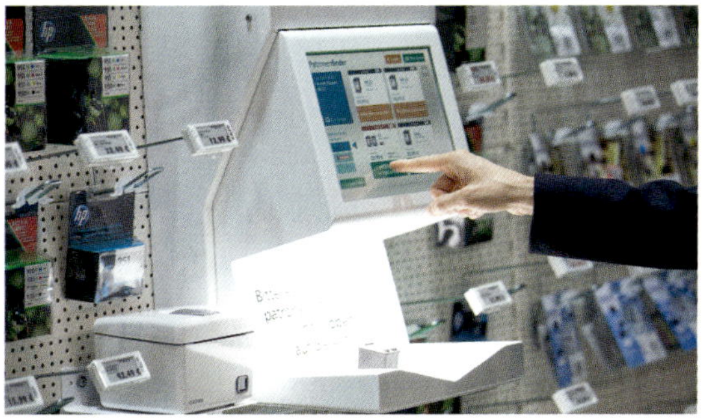

Eine Findbox soll die passende Druckerpatrone finden

BEISPIEL

Stefanie Beyer braucht Druckertinte und bringt die alte Druckerkartusche mit in das Geschäft. Dort hält sie die leere Druckerpatrone unter einen an der Wand installierten Scanner, der mithilfe von drei Kameras ein Bild erstellt, wie es auch vom menschlichen Auge erzeugt wird. Hat die Findbox den Artikel erkannt, wird zum einen der Fundort auf dem Display des Scanners angezeigt, zum anderen blinkt ein LED-Licht am entsprechenden Regalplatz.

Für die Kunden bedeutet ein solches Gerät, dass sie viel einfacher und schneller immer den richtigen Artikel finden. Die Findbox zeigt den Kunden zudem auch Ersparnismöglichkeiten an, indem sie die Preise von Einzel- und Multipacks miteinander vergleicht. Aber auch für das Verkaufspersonal bedeutet die einfache Handhabung der Findbox eine Arbeitserleichterung.

Click & Collect

Diese Strategie vereint die Stärken des stationären Handels mit denen von Internetshops. Der Kunde sucht bequem und in aller Ruhe Waren im Internetshop des stationären Einzelhandelsbetriebes aus und zahlt diese auch online. Die zusammengestellten Waren werden dann nicht per Paketdienst nach Hause gebracht. Der Kunde holt sie sich stattdessen im Ladengeschäft ab.
Vorteile dieser Strategie:

- Der Kunde kann entspannt ohne Wartezeiten einkaufen.
- Der Versand in die stationäre Filiale erfolgt in der Regel schneller als bei der Lieferung nach Hause.
- Die Ware kann innerhalb einer gewissen Zeitspanne jederzeit vom Kunden abgeholt werden.
- Es werden Versandkosten eingespart.
- Reklamationen und Retouren können sofort abgewickelt werden.
- Für das Unternehmen bietet Click & Collect die große Chance, dass dadurch Kunden in die Verkaufsräume kommen.

Lieferdienste des Einzelhandels

Wer als Einzelhandelsunternehmen seinen Kunden die Warenlieferung anbieten möchte, kann hierfür auf verschiedene Strategien setzen. Hierzu zählen:

- Warenlieferung mit eigenem Lieferdienst: Ein eigener Lieferservice ist für ein Unternehmen eine flexible und sehr schnell umzusetzende Möglichkeit. Es wird lediglich ein Transportfahrzeug und eine Person, die dieses fährt, benötigt. Zusätzlich erforderlich sind noch ein Tourenplanungsprogramm sowie ein Navigationsgerät.
- Kooperation mit benachbarten Geschäften: In manchen Städten haben sich verschiedene Unternehmen zusammengeschlossen. Sie betreiben aus wirtschaftlichen Gründen einen gemeinsamen Lieferdienst.

Besonders Lebensmittelgeschäfte stehen in einigen Städten in Konkurrenz zu Express-Lieferservices. Diese entnehmen die Waren aus unterschiedlichen Lagern, die sie in Innenstadtlagen gemietet haben. Sie versuchen dann, die Artikel schnell wie möglich (zum Teil innerhalb von 10 Minuten) anzuliefern.

Smartphones und Warenpräsentation

Der Einzelhandel investiert nicht nur in neue Technologien in seinen Verkaufsräumen. Er kann auch schon bei den Kunden vorhandene Technik nutzen. Die Verbreitung, die Intelligenz und die Möglichkeiten von Smartphones steigen von Jahr zu Jahr. Viele Einzelhandelsunternehmen sehen die Smartphones der potenziellen Käufer mittlerweile als vielfältige Shopping-Agenten an, die eine Hauptrolle in der Kommunikation zwischen Kunden und Unternehmen spielen.

Das Smartphone ist für die Kunden der universelle Einkaufsbegleiter. Dies macht sie für Einzelhandelsgeschäfte interessant:

Für den Einzelhandel immer wichtiger wird auch die Auslieferung von Waren durch Lieferdienste.

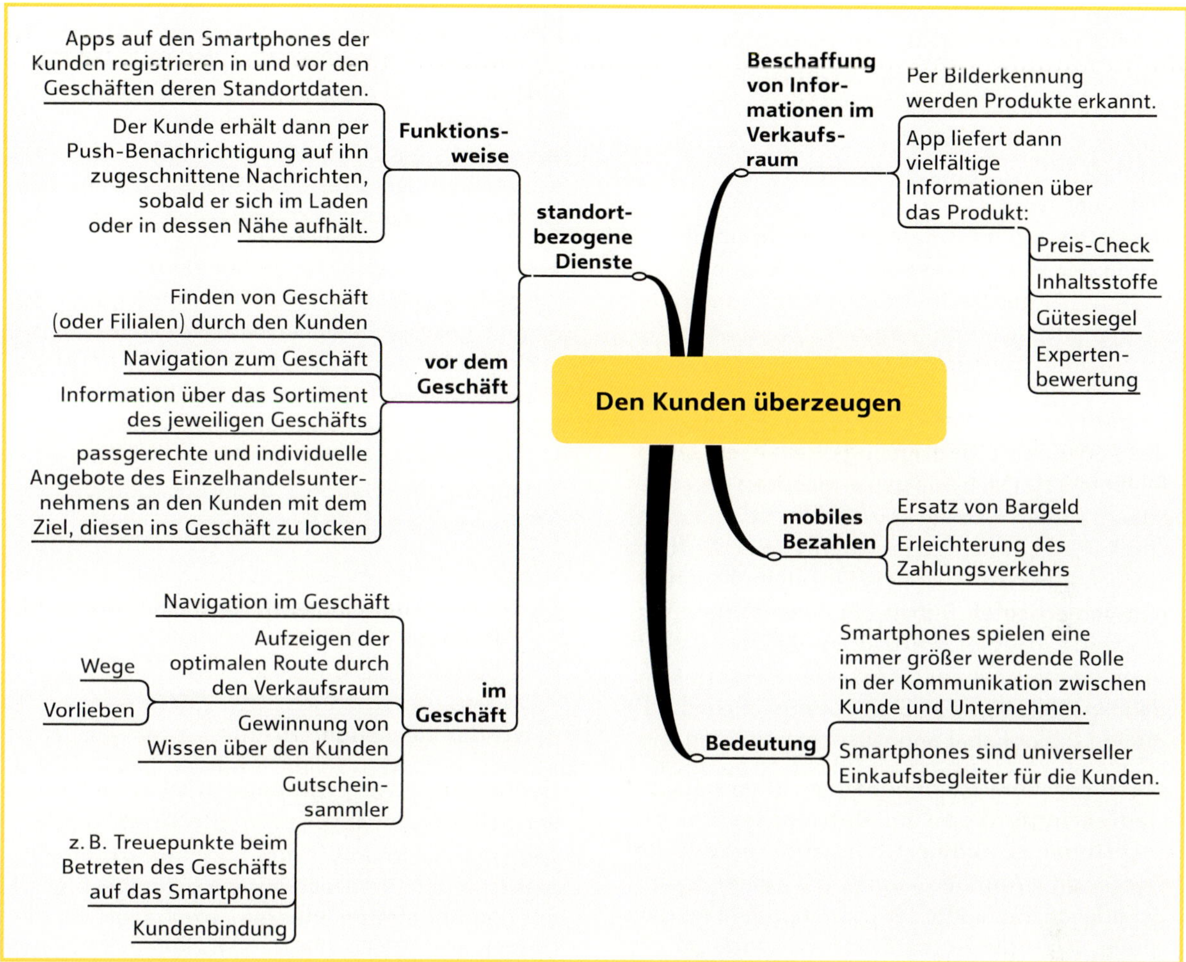

Beschaffung von Informationen vor dem Verkaufsraum (location based services)

Vor allem durch die Verbindung von Smartphones und **Ortserkennung** (**location based services**) eröffnen sich für Einzelhandelsunternehmen interessante Einsatzgebiete. Beim Annähern an das Geschäft versuchen bestimmte Apps, Kunden mit passgenauen Angeboten zu informieren, abzubremsen und in das Geschäft zu locken.

Diese Apps
- informieren einerseits über das Sortiment des jeweiligen Unternehmens

BEISPIEL

Kunden der Kaufstadt Warenhaus AG bekommen in der Nähe einer Filiale einen Überblick über das vorhandene Sortiment sowie Serviceinformationen (z. B. Rezeptideen).

- und andererseits über Angebote und Aktionen.

BEISPIEL

Eine entsprechende App zeigt vorbeigehenden Passanten, dass die Tom Hoss AG verschiedene Rabattaktionen anbietet. Sie versucht die Smartphone-Besitzer zum Besuch zu animieren. Die Tom Hoss AG arbeitet auch mit Mobile Shopping: Registrierte Kunden erhalten einen Gutschein aufs Smartphone, den sie beim Kauf bestimmter Produkte in einer Filiale einlösen können.

Einzelhandelsunternehmen nutzen den Zugang zum Internet also nicht, um ihre Produkte und Dienstleistungen weltweit anzubieten, sondern um Kunden direkt vor Ort zu erreichen. Dabei orientieren sie sich genau an deren Verhalten und Bedürfnissen. Denn Kunden suchen heute verstärkt online und mobil, etwa per Smartphone, nach Angeboten und Informationen aus ihrem direkten Umfeld. Mit entsprechenden Apps können sie auf attraktive Angebote in ihrer Umgebung aufmerksam gemacht werden – perfekt passend zu Ort, Zeit und ihren persönlichen Interessen.

Möglich werden „location based services" durch das sogenannte **Geofencing-Verfahren** („Geofencing" setzt sich aus den englischen Begriffen „geographie" = Geografie/Erdkunde und „fencing" = einzäunen zusammen.): Hier wird ein „unsichtbarer Zaun" um ein Einzelhandelsunternehmen errichtet. Betritt ein Passant das „eingezäunte" Gebiet, wird über dessen Smartphone ein Signal ausgelöst. Der Passant kann dann wieder über das Smartphone in einem digitalen Dialogkanal angesprochen werden.

Wenn der Smartphonebesitzer einerseits die Geofencingfunktion im Betriebssystem des Smartphones aktiviert hat, andererseits der Geofencing-App den Zugriff auf seinen Standort erlaubt hat, kann der Einzelhandel diese digitale Strategie nutzen: Sobald eingegebene Grenzkoordinaten überschritten werden, sendet eine Geofencing-App eine entsprechende Nachricht mit den Koordinaten, dem Datum und der Uhrzeit an einen zentralen Server.

Geofencing wird für eine spezielle Form des Internetmarketings verwendet: Mit dem **Geotargeting** (engl. „target" = Ziel) sollen Kunden an ihrem geografischen Standort mit unterschiedlichen Werbeinhalten erreicht werden. Um solche Maßnahmen umsetzen zu können, sind folgende Maßnahmen notwendig:

- Zunächst einmal ist für die Standortbestimmung eine Einwilligung des Kunden erforderlich. Dies kann geschehen durch Aktivierung der GPS-, Bluetooth- oder WLAN-Funktionen seines Smartphones. Die Zustimmung kann aber auch über die entsprechende Shopping-App erfolgen.
- Zusätzlich muss der Kunde noch einmal eindeutig seine Erlaubnis für die Location-based-Services geben.

BEISPIEL

- direkt über eine Mitteilung einer App (App Push Notification),
- über E-Mail,
- SMS,
- oder Messenger

Geotargeting wird von Kunden auch für Preisvergleiche genutzt. Bestimmte Apps vergleichen beim Einkaufen Preise eines Unternehmens, in dem man sich gerade befindet, schnell mit den Angeboten anderer Einzelhändler in der Umgebung. Mit Text- oder Spracheingaben bzw. durch das Abfotografieren des Artikels oder Barcodes können Suchanfragen aufgegeben werden. Daraufhin erscheint eine Karte mit den Angeboten aus der näheren Umgebung.

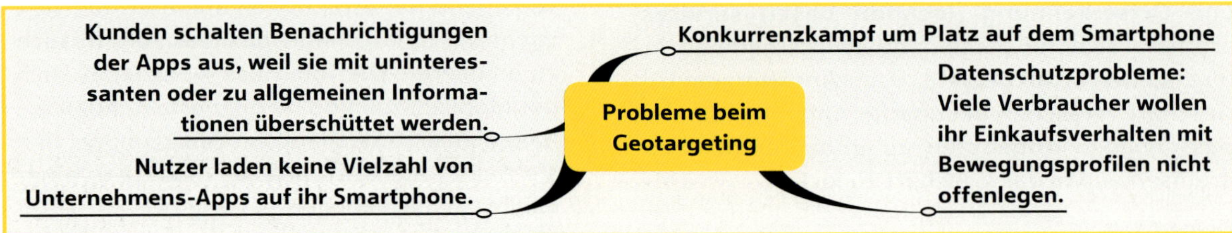

Beschaffung von Informationen im Verkaufsraum

- Im Verkaufsraum können Kunden durch Scannen eines Produkts zusätzlich Wissenswertes dazu abrufen: Am Produkt selber oder am Regal in der Nähe zum jeweiligen Artikel sind sogenannte QR-Codes angebracht, über die eine Vielzahl von Informationen – jeglicher Art – abgefragt werden kann.

„QR" steht dabei für „Quick Response" (wortwörtlich: „schnelle Antwort"). Dieser Code, eine Matrix voller schwarzer und weißer Punkte, wird per Scanner oder Mobiltelefon gelesen.

5321544

BEISPIEL

Via Bilderkennung identifizieren bestimmte Apps Produkte und bringen sofort passende **Informationen** auf das Display. In Sekunden können die Kunden z. B. Preise vergleichen, Testberichte nachlesen oder die Allergieverträglichkeit von Produkten überprüfen.

Bestimmte Apps bieten eine Vielzahl an Daten rund um die Produkte, die jeden Tag genutzt, gekauft und konsumiert werden. Dies geht vom einfachen Preis-Check bis hin zu Informationen rund um Inhaltsstoffe, Gütesiegel und Expertenbewertungen.

- Andere Apps dienen als **Shopping-Navigationsgeräte im Geschäft**.
  Anhand einer vom Kunden erstellten (virtuellen) Einkaufsliste kann beispielsweise eine optimale Route durch das Geschäft berechnet werden. Die App kennt die Regalreihen und weitere wichtige Merkmale des Unternehmens und führt den Kunden.

BEISPIEL

Das Smartphone führt den potenziellen Käufer schneller zum Ziel. Im Rahmen der Indoor Navigation teilt der Kunde mit, welchen Artikel er sucht. Er wird dann entsprechend durch den Laden geführt. Bei der Tom Hoss KG können sich die Kunden mithilfe einer App optimal orientieren. Sie müssen nicht unbedingt nach Hinweisschildern suchen oder sich Ladenpläne anschauen. Ein Kunde fragt mündlich nur noch das Smartphone: „Wo sind die Herrenanzüge?“

Ein Zusatznutzen für den Einzelhandel liegt darin, dass er viel über die Wege und Vorlieben des Kunden erfährt.

BEISPIEL

Die Tom Hoss AG kann genau ermitteln, welchen Weg die Kunden im Geschäft gehen und wo – z. B. vor welchem Regal – sie wie lange stehengeblieben sind.

Möglich wird diese Navigation durch „**Beacons**“, kleine Sender, die auf einer energiesparenden Bluetoothversion basieren. (vgl. Lernfeld 3, Kapitel 12: Bezahlen mit Beacons).

Diese Minisender werden mit Jahre reichenden Batterien betrieben. Sie können ihre Signale bis zu 30 Meter weit aussenden.

BEISPIEL

Die Beacons bei der Tom Hoss AG erfassen nichts und sammeln auch keine Daten. Sie unterscheiden sich durch UUID-Kennungen (Universally Unique Identifier). Diese setzen sich zusammen aus
- der eigentlichen UUID-Kennung (z. B. Tom Hoss AG),
- dem Major-Teil (Filiale im SWZ Berlin),
- dem Minor-Teil (z. B. Sportabteilung).

Nur diese Angaben sendet der Beacon.

Eine entsprechende App auf dem Smartphone des Kunden empfängt sie. Dabei errechnet das empfangende Smartphone aus der Signalstärke, in welcher Entfernungszone sich der Kunde gerade befindet:
- Außer Reichweite: alles über 30 m
- Entfernt: zwischen 30 und 2 m
- Nah: zwischen 2 m und 50 cm
- Unmittelbar: unter 50 cm.

Nun reagiert die App. Dabei sind unterschiedliche Möglichkeiten denkbar:
- Erkennt ein entsprechend platzierter Beacon, dass ein potenzieller Kunde sich dem Geschäft nähert, wird versucht, diesen mit Werbebotschaften oder Rabattangeboten in die Unternehmensräume zu lotsen.
- Hat der Kunde das Geschäft betreten, wird er evtl. über die App identifiziert. In jedem Fall wird der potenzielle Käufer begrüßt.
- Nähert sich der Kunde einer bestimmten Abteilung, wird die App ihm Informationen zu den dort präsentierten Produkten liefern.
- Die App stellt ihm auch die dort gerade geltenden Sonderangebote vor.

Beacons können das Einkaufen verändern: Die Funksender erkennen Handys in ihrer Nähe. Entsprechende Apps vermitteln den Kunden dann persönliche Tipps, Treuepunkte und Rabatte

Virtual Reality und Augmented Reality: Neueste technologische Möglichkeiten in den Verkaufsräumen

Wenn der stationäre Einzelhandel Kunden wieder in die Verkaufsräume zurückbekommen möchte, muss er Shopping vor Ort zu einem Erlebnis machen. Dazu setzt er verschiedene Virtual-Reality- oder Augmented-Reality-Technologien ein. Der Einzelhandel kann sie in unterschiedlicher Weise in unterschiedlichen Bereichen verwenden.

Virtual Reality

Bei Virtual Reality befindet man sich in einem abgeschlossenen virtuellen Raum. Der Kunde riecht, hört und fühlt die reale Umgebung um sich zwar noch. Er sieht aber nicht mehr, was um ihn herum geschieht und wohin er sich bewegt.

Virtual Reality (abgekürzt VR) ist die Schaffung einer scheinbaren Welt, in die der Betrachter eintauchen und in der er sich bewegen kann. In der virtuellen Realität gibt es keine physischen Gebäudegrenzen mehr. Das Geschäft und das Sortiment werden virtuell dargestellt. Panoramatechnologien ermöglichen das Eintauchen in die Produktwelt eines scheinbar echten Ladengeschäfts. Im Rahmen eines 3-D-Erlebnisses bewegen sich die Kunden durch die Verkaufsräume. Sie können Angebote betrachten, Preise vergleichen und sich dabei beliebig drehen.

Ein großer Vorteil liegt darin, dass nur wenig tatsächliche Verkaufsfläche benötigt wird. Zusätzlich ist lediglich ein Lagerraum erforderlich.

BEISPIEL

Tanja Schwab arbeitet in einem sehr kleinen Geschäft. Sie lässt die Kundin eine Datenbrille aufsetzen. Die Kundin sieht nun einen riesigen, sehr schön ausgestatteten Verkaufsraum mit vielen Produkten. Sie findet Gefallen an einem virtuell dargestellten Artikel. Tanja holt ihn aus dem Lager.

Tanjas Kundin trägt die VR-Brille

Durch Virtual Reality werden besondere Erlebnisse für die Kunden geschaffen. Ohne tatsächlich dort gewesen zu sein, werden die Kunden an für sie fremde Orte versetzt.

BEISPIEL

- Die Kunden eines Modegeschäftes werden mit VR-Brillen ausgestattet. Sie haben dann das Gefühl live eine Modeschau zu besuchen.
- Im Bereich des Möbeleinzelhandels besteht das Problem, dass sich die Kunden die teuren Artikel schlecht in ihrem Umfeld vorstellen können. Mit VR-Brillen können sich die potenziellen Käufer mit individuell zusammengestellten Möbelstücken ihren virtuell dargestellten Wohnraum ansehen.

Augmented Reality

Die reale Welt vermischt sich mit der scheinbaren Welt. Augmented Reality (abgekürzt AR) bedeutet frei übersetzt „erweiterte Realität". Hierbei werden zusätzliche Informationen oder Objekte auf einem Gerät wie einem Smartphone eingeblendet, die Realität wird mit Computerobjekten erweitert.

Augmented Reality ist somit eine Kombination aus wahrgenommener und vom Computer erzeugter Realität.

BEISPIEL

Bei einem Bundesligaspitzenspiel im Fernsehen zeigt die in der Wiederholung in das Bild eingeblendete Linie, dass ein Spieler im Abseits stand.

Mit der Weiterentwicklung und Verbreitung der Smartphones hat mittlerweile fast jeder die Möglichkeit, AR zu erleben. Dadurch wird diese Technologie auch für den Einzelhandel interessant.

Einer der Vorteile von Augmented Reality ist, dass der potenzielle Käufer keine VR-Brille dazu tragen muss. Meist genügt dafür eine App. Ein vor einiger Zeit sehr populäres Beispiel für eine AR-App war „Pokémon Go".

BEISPIEL

In den Einzelhandelsbereichen Mode und Kosmetik probieren Kunden mithilfe eines Smartphones und einer Augmented-Reality-App verschiedene Make-up-Töne auf dem eigenen Gesicht aus. Sie können auch die Haarfarbe ohne größere Auswirkungen ändern.

Mithilfe einer App kann die Farbe der Fingernägel probeweise virtuell geändert werden

Unternehmen des stationären Einzelhandels können den Kunden zusätzlich zu deren realen Wahrnehmungen weitere Zusatzinformationen – die einen unmittelbaren Bezug dazu haben – zur Verfügung stellen.

BEISPIEL

- Der Einzelhandel nutzt Augmented Reality im Zusammenhang mit Location-based-Services, damit ortsabhängig Zusatzinformationen über das Unternehmen, dessen Angebote und Sortimente auf dem Display von Smartphones eingeblendet werden.
- Wird eine Fleischverpackung gescannt, wird ein Film über den Bauernhof gezeigt, von dem das Fleisch stammt.
- Bei Werkzeugen oder Haushaltswaren werden Videos mit Bedienhinweisen hinterlegt.
- Wird ein Buchcover vom Smartphone erfasst, erscheinen weitere Informationen über das Buch sowie Rezensionen.

Über AR können Unternehmen die Kunden auf Sonderangebote aufmerksam machen

Digitale Spiegel

Digitale Spiegel projizieren in Umkleidekabinen Kleider mittels Augmented Reality virtuell auf den Körper von Kunden. Die Kunden können so bequem alle Farben eines Modells ausprobieren, ohne dass sie dafür jedes Kleidungsstück einzeln anprobieren müssen. Das Einkaufen wird dadurch schneller und angenehmer.

BEISPIEL

Neuerdings können Kunden in der Filiale der Tom Hoss AG aus einer digitalen Datenbank Kleidungsstücke auswählen, die dann direkt auf ihr Spiegelbild projiziert werden. Der digitale Spiegel animiert virtuelle Kleidungsstücke täuschend echt, wenn sich der Kunde vor dem Spiegel bewegt. So entsteht die realistische Illusion, dass der Kunde die Kleidungsstücke tatsächlich am Körper trägt.

Eine Kundin probiert den digitalen Spiegel aus

In einem digitalen Spiegel betrachtet sich der Kunde also nach wie vor wie in einem herkömmlichen Spiegel. Die Informationstechnologie ergänzt aber dessen Möglichkeiten. Mithilfe des Wiederaufrufens gespeicherter Aufnahmen lassen sich verschiedene Aussehensmöglichkeiten direkt miteinander vergleichen. Diese Aufnahmen können über die sozialen Netzwerke auch an Freunde und Bekannte verschickt werden. Dies ermöglicht auch das Einholen der Meinungen anderer zum Einkauf.

Interaktive Umkleideräume

Interaktive Umkleideräume sind eine Weiterentwicklung der digitalen Spiegel. Der Kunde wird mithilfe einer 3-D-Technik in eine virtuelle Welt versetzt. Mehrere per Projektion bespielte Wände erzeugen eine vergleichsweise realistische Umgebung und setzen ein in die Umkleidekabine gebrachtes Kleidungsstück in den entsprechenden Produktkontext.

BEISPIEL

Ein Kunde interessiert sich für eine Skijacke. Er betritt mit ihr den Umkleideraum. Dort wird beispielsweise die Umgebung einer Berglandschaft angezeigt und mit der entsprechenden Soundkulisse hinterlegt: Der Kunde findet sich mit der entsprechenden Jacke ausgerüstet virtuell auf einem Berg wieder, hört Windrauschen usw.

5321548

Der interaktive Umkleideraum ist eine Kombination aus Sensoren, berührungsempfindlichen Oberflächen und einer Projektionsfläche. Es wird eine erlebnisorientierte Umgebung dargestellt, Produktinformationen mitgeteilt, dem Kunden Empfehlungen gegeben

Body Scanner (Body Kinectizer)

Der Kunde wird mit 3-D-Kameras gefilmt. Dabei werden seine Maße gescannt. Der Kunde stellt sich in den Bodyscanner. Seine Maße werden durch Abtasten von drei oder vier Laserstrahlen automatisch ermittelt. Anschließend werden die perfekt sitzenden Maße berechnet. Abschließend werden dann am eigenen Abbild in Frage kommende Kleidungsstücke am Bildschirm angeschaut.

Der Kunde hat dann die Möglichkeit seinen eigenen – virtuell erzeugten – Körper mit verschiedenen Outfits zu versehen. Er kann prüfen, ob Farbe, Form und Größe des Artikels passen.

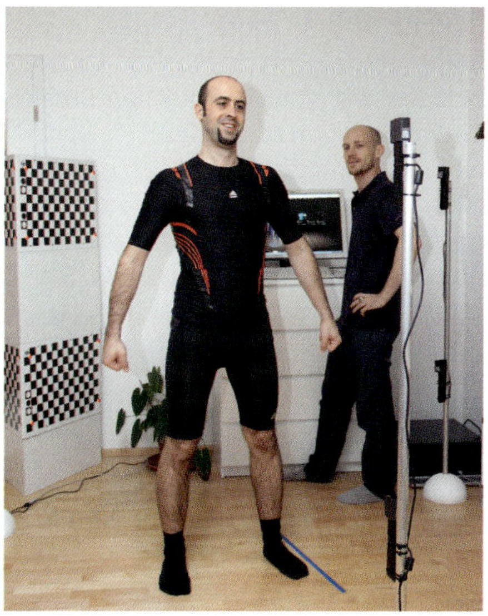

Ein Body Scanner scannt die Maße eines Kunden

3-D-Druck im Einzelhandel

Eine Technologie mit großen Auswirkungen auf die Produktion in der Industrie hat der 3-D-Druck. Bei diesem Fertigungsverfahren können computergesteuert Gegenstände aller Art hergestellt werden. Mit sogenannten 3-D-Druckern werden dabei die Endprodukte mit bestimmten Ausgangsmaterialien (z.B. Kunststoffe oder Metalle) nach vorgegebenen Formen und Maßen schritt- und schichtweise aufgebaut.

Auch für den Handel ist das 3-D-Verfahren interessant, weil es eine Produktion vor Ort ermöglicht. Damit ist eine Umgehung der Industrie möglich.

Händler können durch den 3-D-Druck zu Produzenten werden. Sie bieten für die Produktion des Artikels den Kunden entsprechende Vorlagen und Muster an. Dieser entscheidet sich. Der Einzelhändler fertigt dann das Endprodukt mit einem 3-D Drucker an. Haben Kunden ihre eigenen Ideen, können sie sich ihre eigenen Produkte kreieren. Der Händler liefert die Materialien. Mit der Fähigkeit, auf Knopfdruck mit dem 3-D-Drucker Artikel herzustellen, werden Produkte somit individualisiert.

Kunden können sich in der „magischen Süßigkeitenfabrik“ von Katjes in Berlin Süßigkeiten mithilfe eines 3-D-Druckers selbst erstellen

AUFGABEN

1. Was sind Informationsterminals?
2. Wodurch unterscheiden sich Informationsterminals von Kiosksystemen?
3. Welche Vorteile haben elektronische Etiketten gegenüber Etiketten in Papierform?
4. Was sind Smartshelves?
5. Erläutern Sie die Vorteile elektronischer Werbedisplays.
6. Was sind die Aufgaben von Programmen zur Regaloptimierung?
7. Welche Vorteile haben Personal Shopping Assistants für die Unternehmen?
8. Führen Sie die Vorteile von Personal Shopping Assistants für die Kunden auf. Lesen Sie dazu auch den folgenden Artikel.

Supermarkt der Zukunft – Der Einkaufswagen denkt mit

Vor 60 Jahren eröffnete der erste Supermarkt in Deutschland. In Zeiten von Online-Handel und Digitalisierung muss sich auch die Lebensmittelbranche anpassen. Intelligente Supermärkte sollen in der realen wie in der virtuellen Welt den Kunden von morgen bedienen – und seine Vorlieben speichern.

Einkaufen kann ziemlich stressig sein: das lästige Schlangestehen an der Supermarktkasse, die Hektik des Einkaufens nach Feierabend oder die herumirrenden Kunden, die scheinbar ziellos in den Regalen nach Lebensmitteln suchen, die sie zu Hause gerade vermissen.

Geht all das nicht bequemer? Und ob, sagt Antonio Krüger. Er ist Professor für künstliche Intelligenz im Handel und Direktor des Innovative Retail Laboratory des Deutschen Forschungszentrums für Künstliche Intelligenz (DFKI) in St. Wendel im Saarland.

Er und seine Mitarbeiter arbeiten am Supermarkt der Zukunft. Sie erproben, zusammen mit einem Partner aus dem Handel, Techniken, die uns in Zukunft das Einkaufen erleichtern und gleichzeitig den Supermarkt in eine Art Erlebnispark umwandeln sollen. Dinge des täglichen Bedarfs würde man dann einfach online kaufen, in den Supermarkt ginge man nur noch für Frischwaren – und für das reine Shopping-Vergnügen, meint Antonio Krüger:

„Was bleibt den Einzelhändlern anderes übrig? Wenn Sie im Internet bequem bestellen können, müssen Sie darauf reagieren und eben etwas bieten, was das Internet so ohne Weiteres nicht bieten kann. Und einer dieser Aspekte ist eben so ein Erlebnisaspekt, dass ich mir bestimmte Sachen anschauen kann, dass ich aussuchen kann, dass ich Freude daran habe, mir Sachen auszusuchen. Und wir werden diese Entwicklungen sicherlich auch in den Supermärkten in zehn, 15, 20 Jahren sehen."

Bezahlen ohne Kasse, intelligente Einkaufswagen, digitale Preisschilder, selbstdenkende Regale, Wohlfühlzonen für den Kunden – so könnte in Zukunft die Einkaufswelt aussehen. Bereits im vergangenen Jahr ist Amazon mit einem kassenlosen Supermarkt in Seattle vorgeprescht.

Der Kunde zahlt mit seinen Daten

Noch einen Schritt weiter, dann spaziert der Kunde mit Brille virtuell durch Märkte. Ganz ohne Stress beladen wir vom heimischen Sofa aus unseren Einkaufswagen mit Äpfeln, Fleisch, Salat und Eiern vom regionalen Bioerzeuger, obendrein noch individuell auf persönliche Kundenwünsche hin konfektioniert. Diese schöne neuen Einkaufswelt hat aber ihren Preis. Sie ist nur zu haben, wenn der Kunde mit seinen Daten bezahlt.

Quelle: Kassel, Dieter; Krüger, Antonio: Supermarkt der Zukunft – Der Einkaufswagen denkt mit. In: Deutschlandfunk Kultur. 15.8.2017. https://www.deutschlandfunkkultur.de/supermarkt-der-zukunft-der-einkaufswagen-denkt-mit.1008.de.html?dram:article_id =393289 [29.11.2018]

9. Wie können Einzelhandelsunternehmen die Smartphones von Kunden nutzen?

10. Erläutern Sie den Begriff „Location-based-Services“.

11. Was ist ein QR-Code?

12. Wodurch unterscheiden sich Virtual und Augmented Reality?

13. Führen Sie Beispiele für Virtual und Augmented Reality im Einzelhandel auf.

14. Lesen Sie dieses Kapitel erneut.
   a) Beachten Sie dabei alle Regeln des aktiven Lesens.
   b) Erstellen Sie eine Mindmap, die über alle wichtigen Neuerungen im Bereich der Warenpräsentation informiert.

15. Erstellen Sie für die Warenhäuser der Kaufstadt Warenhaus AG einen Vorschlag für die Inhalte eines Informationsterminals (z. B. die Vorstellung von vier Artikeln Ihres Ausbildungssortiments).

16. Überlegen Sie – welche Vorteile hat ein Einzelhandelsunternehmen durch einen 3-D-Drucker?

ZUSAMMENFASSUNG

Der Handel verändert sich ständig

neue Technologien

Digitalisierung des Handels
- Informationsterminals
- elektronische Kiosksysteme
- elektronische Etiketten
- intelligente Regale
- elektronische Werbedisplays
- persönliche Einkaufsberater
- Regaloptimierungssoftware
- interaktiver Bildschirm
- Fotowände als Verkaufsstätten
- Darstellung der Verkaufsräume im Internet
- der selbstfahrende Einkaufswagen
- Scanner zur Unterstützung der Produktsuche
- Click & Collect

Smartphones und Warenpräsentation
- Beschaffung von Informationen im Verkaufsraum
- Location-based-Services: Navigation
  - in und
  - vor den Geschäftsräumen

Techniken der Virtual und Augmented Reality
- Virtual Reality: Erschaffen einer computererzeugten Welt
- Augmented Reality: Vermischung der realen mit der computererzeugten Welt
- digitale Spiegel
- interaktive Umkleideräume
- Bodyscanner

Man versteht erst dann etwas richtig, wenn man versucht, es einem anderen zu erklären. Dies führt zu einer eigenen gründlichen Auseinandersetzung mit dem gerade behandelten Thema.

1. Suchen Sie sich einen Partner.
2. Lesen Sie noch einmal die Zusammenfassung. Bei Verständnisproblemen schlagen Sie ggf. noch einmal im Informationstext nach.
3. Ihre Lehrerin/Ihr Lehrer stellt Ihnen 20 Karten zur Verfügung. Auf diese schreiben Sie die zentralen Begriffe des Themas.
4. Diese Karten legen Sie nun so, dass sich eine sinnvolle Struktur ergibt. Dies geschieht in gemeinsamer Diskussion mit Ihrem Partner: Sie sollen gemeinsam begründen können, warum Sie Ihre Struktur so gelegt haben.
5. Stellen Sie sich darauf ein, einer anderen Gruppe – oder dem Plenum – Ihre Struktur vorzustellen.

ICH ÜBERPRÜFE MEINE NEU ERWORBENEN KOMPETENZEN

Den Erwerb der zu Beginn aufgeführten Kompetenzen können Sie selbst mithilfe der folgenden Tabelle überprüfen.

Wenn Sie alle Aufgaben, die hinter einer Kompetenz stehen, gelöst haben, machen Sie ein Kreuz bei „Ganz“.

Bei den Kompetenzen, bei denen Sie Aufgaben „Teilweise“ oder „Gar nicht“ gelöst haben, sollten Sie den dazugehörigen Informationstext noch einmal lesen und die Aufgaben anschließend noch einmal bearbeiten.

Was ich nach der Bearbeitung dieses Kapitels kann	Aufgaben	Ganz	Teilweise	Gar nicht
Ich kann ...				
... verschiedene Innovationen in den Verkaufsräumen eines Einzelhandelsunternehmens nennen und erläutern.	1, 2, 3, 4, 5, 6, 7, 8, 14, 15			
... Vorteile der unterschiedlichen Instore-Technologien für Kunden und Einzelhändler aufführen.	1, 2, 3, 4, 5, 6, 7, 8, 14, 15			
... die Bedeutung von Smartphones der Kunden vor und in Verkaufsräumen für Einzelhandelsunternehmen nachvollziehen.	9, 10, 11, 14, 15			
... die Möglichkeiten von Augmented Reality und Virtual Reality für den Einzelhandel darstellen.	12, 13, 14, 15			

Lernfeld 5

Werben und den Verkauf fördern

5.1 Instrumente der Kommunikationspolitik

Problemstellung

Herr Hoss berichtet den Abteilungsleitern:

„... Wir haben jetzt einmal die Ursachen für die schlechten Verkaufszahlen dieser Warengruppe untersucht: Im Gegensatz zu uns hat die Konkurrenz in ihren Geschäften passende Regale zur Verfügung und die Ware wird optimal präsentiert. Sie haben auch mehrmals Verkaufsaktionen durchgeführt. Auch in der Tageszeitung haben sie inseriert.
Ich glaube, wir sollten auch mal an Verkaufsförderungsmaßnahmen denken."

1. Geben Sie an, welche der aufgeführten Maßnahmen der Konkurrenz zur Verkaufsförderung gehören.
2. Schlagen Sie weitere Maßnahmen der Verkaufsförderung vor.

EINORDNUNG DES THEMAS

Lernfeld 5: Werben und den Verkauf fördern

Kommunikation mit Kunden → Werbung → Service → Gesetzliche Regelungen des Wettbewerbs → Verpackung → Zustellung der Ware

Kompetenzen

Nach Bearbeitung dieses Kapitels können Sie ...

... Marketing als systematische Einflussnahme eines Einzelhandelsunternehmens auf den Absatzmarkt erläutern.
... unterschiedliche Instrumente der Kommunikationspolitik aufführen und erläutern.
... verschiedene Maßnahmen der Kommunikationspolitik Ihres Ausbildungsunternehmens unterstützen.

INFORMATIONSTEXT

Heute ist der Einzelhändler Anbieter auf einem sogenannten **Käufermarkt**. Der Kunde hat hier die stärkere Position. Er kann sich den Artikel seiner Wahl aus einer Vielzahl von Produkten aussuchen, die ihm viele konkurrierende Einzelhändler anbieten. Ein Einzelhandelsunternehmen, dass auf einem solchen schwierigen Markt bestehen möchte, kann nicht passiv darauf warten, dass zufällig ein Kunde sein Geschäft betritt und dann eventuell einen Artikel kauft. Stattdessen muss der Einzelhändler Marketing betreiben. Marketing bedeutet übersetzt „den Markt bearbeiten". Darunter versteht man alle Maßnahmen, mit denen ein Unternehmen aktiv versucht, den Absatz zu steigern.

Für ein Einzelhandelsunternehmen ist – neben weiteren Marketingmaßnahmen – vor allem die Kommunikationspolitik von Bedeutung:

Die **Kommunikationspolitik** plant und steuert die Verständigung zwischen dem Unternehmen und seiner Umwelt beziehungsweise Teilen davon (= Zielgruppen). Die Kommunikationspolitik versucht also, Informationen über das Warenangebot nach außen an verschiedene Anspruchsgruppen und nach innen an die eigenen Mitarbeiter des Unternehmens zu vermitteln. Die Empfänger der einzelnen Maßnahmen sollen dabei gezielt beeinflusst werden.

Zur Kommunikationspolitik gehören die Teilinstrumente:

- Absatzwerbung
- Verkaufsförderung (Salespromotion)
- Direktwerbung
- Öffentlichkeitsarbeit (Public Relations)
- Sponsoring
- Human Relations
- Product-Placement
- persönlicher Verkauf

Absatzwerbung

Die Absatzwerbung transportiert eine oder mehrere Werbebotschaften über geeignete Werbemittel an die Zielgruppe(n) eines Einzelhandelsunternehmens. Das Einzelhandelsunternehmen will damit ein bestimmtes Ergebnis erreichen. Dies wird meistens der (vergrößerte) Absatz eines Artikels sein. Bei der Absatzwerbung sind die Mitglieder der Zielgruppe unbekannt.

Verkaufsförderung

Die Verkaufsförderung (Salespromotion) ist eine oft wirkungsvolle Ergänzung der klassischen Absatzwerbung. Ihr Ziel ist es, den am Absatz Beteiligten das Verkaufen zu erleichtern.

BEISPIEL

Stefanie Beyer erläutert Jakub Nowak den Unterschied zwischen Werbung und Verkaufsförderung: „Grob und salopp gesagt, soll Werbung die Kunden zur Ware bringen, Verkaufsförderung dagegen die Ware zum Kunden."

Kurzfristig soll mithilfe von Verkaufsförderungsaktionen der Absatz am Ort des Verkaufs erhöht oder die Bekanntmachung und Profilierung neuer Produkte erzielt werden.

BEISPIEL

Die Kunden werden in einem Einzelhandelsgeschäft auf ein Produkt aufmerksam gemacht oder zum Kauf angeregt. Umsatzsteigerungen sollen erreicht werden durch:

- Gewinnspiele
- Produktproben
- Warengutscheine
- Produktvorführungen

Abhängig von der Zielgruppe, an die sich die Verkaufsförderung jeweils richtet, können drei Arten der Verkaufsförderung unterschieden werden:

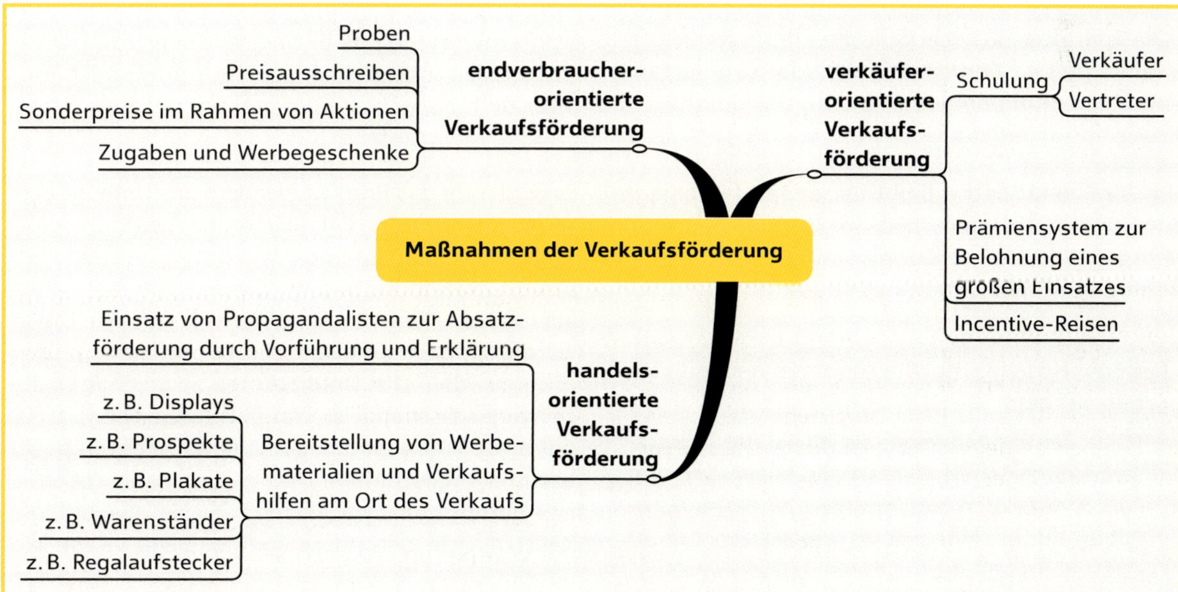

Verschiedene Maßnahmen der Verkaufsförderung

Direktwerbung

Im Gegensatz zur anonymen Massenwerbung spricht die Direktwerbung die Zielpersonen direkt individuell an. Die direkte Ansprache schafft Vertrauen und verbindet. Diese Form der Werbung hat an Bedeutung stark zugenommen. Hierbei kommen beispielsweise folgende Instrumente zur Anwendung:

- personalisierte Briefe (adressierte oder unadressierte postalische Werbeansprache)
- telefonische oder faxgestützte Werbeansprache
- E-Mail
- SMS

BEISPIEL

Die Tom Hoss KG schreibt alle Eltern von Kommunions- und Konfirmationskindern vor Ort an und bietet Kommunions- und Konfirmationsanzüge und -kleider an.

Die Direktwerbung erlaubt es, genau festgelegte Zielgruppen anzusprechen. Im Vergleich zur eher anonymen Absatzwerbung kommt es daher zu geringeren Streuverlusten.

BEISPIEL

Die Tom Hoss KG möchte für einen neuen Laufschuh werben.

- Eine Zeitungsanzeige (als Mittel der Absatzwerbung) richtet sich an alle Leser. Sie wird auch von vielen zur Kenntnis genommen, die überhaupt keinen Sport treiben bzw. zumindest nicht laufen.
- Schreibt man jedoch per Werbebrief alle Kunden an, die früher schon einmal Laufschuhe gekauft haben, erreicht man viel eher die eigentliche Zielgruppe der Läufer.

Über die Rückläufe wird sehr schnell der Erfolg der Maßnahme kontrolliert. Als problematisch kann angesehen werden, dass Direktwerbung von den Angesprochenen eventuell als aufdringlich und nervend empfunden wird.

Öffentlichkeitsarbeit

DEFINITION

Im Mittelpunkt der **Öffentlichkeitsarbeit** (Public Relations, kurz: PR) steht die Bereitschaft des Unternehmens, umfassend über seine vielfältigen Aktivitäten zu informieren und mit der Öffentlichkeit in einen Dialog einzutreten. Damit soll die Einstellung der Öffentlichkeit zur Unternehmung positiv beeinflusst werden. Dies wirkt sich letztendlich auch auf die Erreichung der ökonomischen Kommunikationsziele (Umsätze, Marktanteile) aus.

Es wird nicht das Produkt, sondern das Unternehmen dargestellt. Bei der Öffentlichkeitsarbeit geht es einem Unternehmen darum, dauernd und systematisch positive Beziehungen zum Kunden und Lieferanten aufzubauen. Die Öffentlichkeit soll von der Glaubwürdigkeit der Aussagen des Unternehmens überzeugt werden. Das Unternehmen zeigt, dass es sich seiner gesellschaftlichen Verpflichtungen bewusst ist. Auf diese Weise wird in der Öffentlichkeit ein positives Image geschaffen. Dies ist gerade in Zeiten eines harten Konkurrenzkampfs sowie ausgeprägter Käufermärkte besonders wichtig. Denn es hat sich gezeigt, dass ein positives Unternehmensimage eine absatzfördernde Wirkung hat.

5321556

Mögliche PR-Maßnahmen sind u. a.:

- Einrichtung von Pressestellen
- Auftreten von Unternehmensvertretern in der Öffentlichkeit (z. B. in Interviews)
- Veranstaltungen und Ausstellungen (z. B. Informationstage)
- Besichtigungen, Tag der offenen Tür (Aktivitäten für ausgewählte Zielgruppen)
- Zeitschriften und Broschüren (z. B. Werks- und Kundenzeitschriften, Jubiläumsschriften)
- Maßnahmen zur Förderung des Allgemeinwohls (z. B. Stiftungen, Spenden)
- Internet-PR
  Sie nimmt stark zu und reicht von E-Mail-Newslettern bis zu Unternehmenshomepages.

Besondere Bedeutung gewinnt die Öffentlichkeit in Krisenzeiten für das Unternehmen.

BEISPIEL

Nach Bekanntwerden der BSE-Problematik startete die Fleischindustrie mehrere Maßnahmen zur Öffentlichkeitsarbeit.

Werbung *PR*

Der PR-Gedanke wird bei der Gestaltung einer Corporate Identity (Unternehmensidentität) aufgegriffen. Ein einheitliches Bild des Unternehmens nach außen, eine Unternehmenskultur wird geschaffen. Dies geschieht z. B. durch Schaffung von einheitlichen Zeichen (Symbolen) des Unternehmens, die sich auf Briefbögen, Visitenkarten, Firmen-Pkws und -Lkws wiederfinden. Auch besondere Verhaltensregeln, die von den Mitarbeiterinnen und Mitarbeitern gegenüber Kunden, Lieferanten und der Öffentlichkeit einzuhalten sind, tragen zu einem einheitlichen Unternehmensbild bei.

Unterschiede zwischen Public Relations, Werbung und Verkaufsförderung

	bezogen auf das Unternehmen	*bezogen auf das Produkt*
Information	Public Relations	Absatzwerbung
Aktion (über Information hinaus)		Salespromotion

Sponsoring

DEFINITION

Sponsoring beruht auf dem Grundsatz von Leistung und Gegenleistung. Das Unternehmen (der Sponsor) unterstützt durch Finanz-, Sach- oder Dienstleistungen Personen, Organisationen oder Institutionen (Gesponserte) und erwartet dafür bestimmte Gegenleistungen (z. B. besondere Werbemöglichkeiten), die vertraglich abgesichert sind und zur Erreichung der Marketingziele beitragen sollen.

Mithilfe des Sponsorings versucht das Unternehmen, das positive Image des Gesponserten auf sich zu übertragen.
Die Sponsoring-Aktivitäten erreichen auch Zielgruppen, die sich mit herkömmlichen Mitteln der Kommunikationspolitik nicht oder kaum ansprechen lassen.
Ziel aller Sponsoring-Aktivitäten ist:

- die Erzielung und Aufrechterhaltung von Kontakten zu bestimmten Zielgruppen
- die Steigerung des Bekanntheitsgrades
- die individuelle Gestaltung des Produkt- und/oder Unternehmensimages

Sponsoring ist in fast allen Bereichen der Kommunikationspolitik möglich. Es kann in drei Bereichen erfolgen:

- **Sportsponsoring**

BEISPIEL

Die Tom Hoss KG unterstützt die E-Jugend eines örtlichen Fußballvereins. Auf den Spielertrikots erscheint der Namenszug Tom Hoss KG.

- **Kultursponsoring**

BEISPIEL

Die Tom Hoss KG sponsert das örtliche Stadttheater. Im Programmheft wird jedes Theaterstück angekündigt mit „Die Tom Hoss KG präsentiert ...".

- **Sozialsponsoring**

BEISPIEL

Die Tom Hoss KG spendet für das Sommerfest eines Kinderheims.

Örtliche Unternehmen sponsern den örtlichen Handballbundesligisten.

Human Relations

DEFINITION

Unter **Human Relations** versteht man die Pflege zwischenmenschlicher Beziehungen innerhalb eines Unternehmens.

Die Maßnahmen der Human Relations dienen der Verbesserung der internen Kommunikation und fördern den Informationsaustausch und die Kommunikation mit den Mitarbeitern. Sie richten sich nicht nur an Mitarbeiter, sondern auch an deren Angehörige sowie an frühere und potenzielle Mitarbeiter. Ihr Ziel ist die Verbesserung der zwischenmenschlichen Beziehungen, der Motivation und des allgemeinen Betriebsklimas innerhalb eines Unternehmens. Der Human-Relations-Ansatz geht von der Annahme aus, dass durch die Interaktion (das Zusammenwirken) der Mitarbeiter deren Arbeitszufriedenheit und Motivation gesteigert werden und es dadurch auch zu einer Verbesserung der Leistung des Unternehmens kommt, z. B. im Absatzbereich.

Product-Placement

DEFINITION

Werden Waren oder Dienstleistungen bewusst in Kinofilme oder Fernsehsendungen integriert, so spricht man von **Product-Placement**.

Markenartikel werden dabei so platziert, dass sie vom Zuschauer nicht als Werbemaßnahme erkannt werden können. Die beworbenen Produkte tauchen als Requisiten in der Handlung auf und werden vom Zuschauer unbewusst wahrgenommen. Im Mittelpunkt des Product-Placements steht also – im Gegensatz zu Public-Relations-Maßnahmen – das Produkt, nicht das Unternehmen. Als Gegenleistung für die Platzierung stellt das Unternehmen, dessen Artikel in dem Medienprogramm untergebracht werden, Geld- oder Sachleistungen in Form von Produkten zur Verfügung.
Angewandt wird Product-Placement häufig bei sehr hochwertigen Markenartikeln. Kritisiert wird oft eine Irreführung der Verbraucher. Als problematisch wird ebenfalls die Gefahr eines Verstoßes gegen das Wettbewerbsrecht angesehen.

Product-Placement ist eine Art Schleichwerbung in Filmen.

Persönlicher Verkauf

Viele Unternehmen bieten heute komplizierte Produkte an, die einen hohen Erklärungsbedarf haben. Die Absatzwerbung kann dies allein nicht leisten. Deshalb haben persönliche Beratungsgespräche (Verkaufsgespräche) zwischen Verkäufern und Kunden heute eine große Bedeutung.

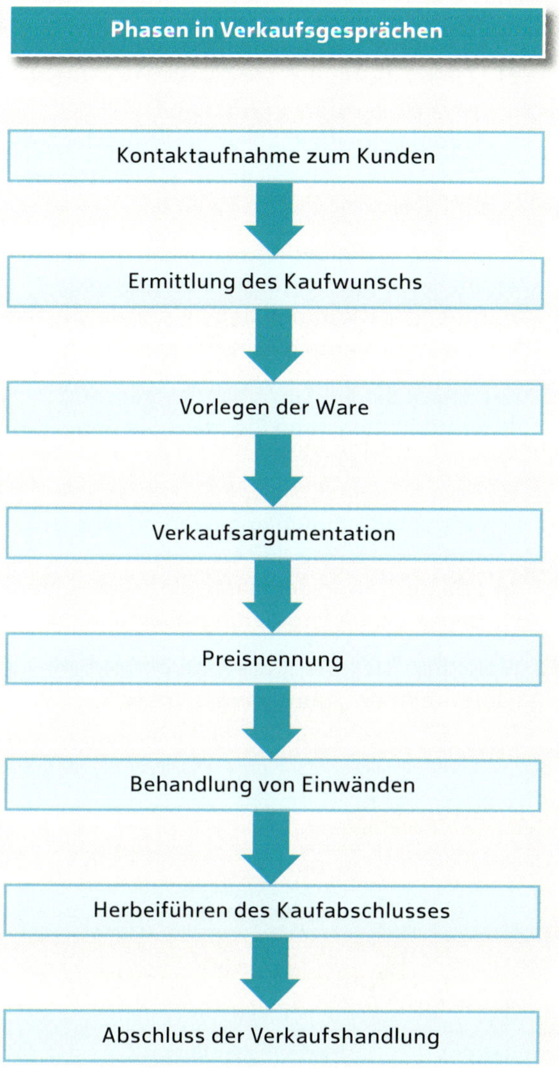

Dieser Teil der Kommunikationspolitik versucht mit geschulten Verkäufern gezielt auf die Bedürfnisse der Kunden einzugehen, ihnen den Nutzen der Artikel zu verdeutlichen und sie somit zur Kaufentscheidung zu bringen.[1]

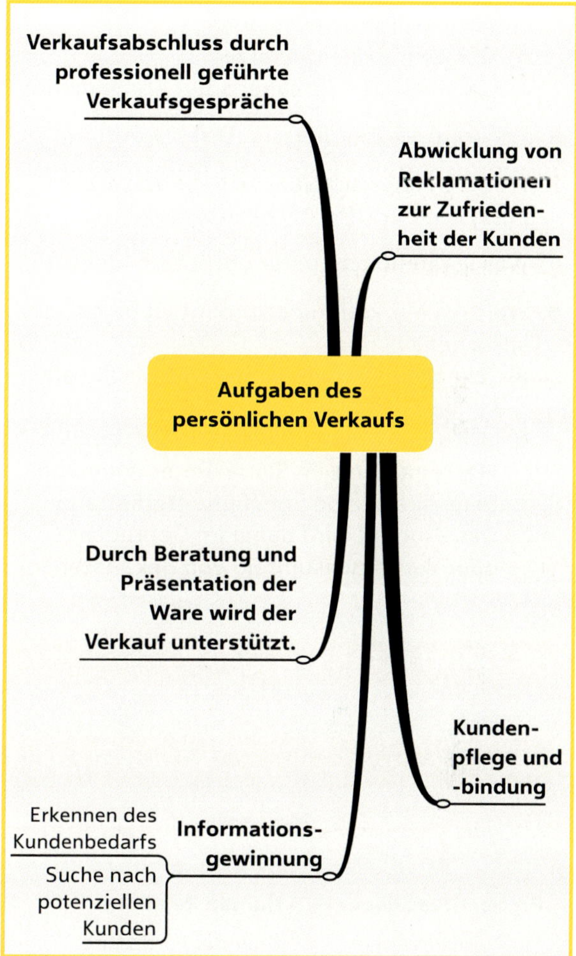

AUFGABEN

1. Erläutern Sie den Begriff „Käufermarkt“.
2. Was versteht man unter Marketing?
3. Welche der aufgeführten Marketingmaßnahmen gehören zur Verkaufsförderung?
   a) Werbung auf dem Trikot von Werder Bremen
   b) Werbefilm im Kino
   c) Preisausschreiben
   d) Firmenzeitschrift der Tom Hoss KG
   e) Proben
   f) Werbeständer
   g) Prospekte
   h) Schulung der Verkäufer
4. Wodurch unterscheidet sich die Verkaufsförderung von der Absatzwerbung?

1 vgl. das gesamte Lernfeld 2

5. Die Tom Hoss KG unterstützt das Handballteam von Eintracht Hildesheim. Wozu dient das Sponsoring hauptsächlich aus unternehmerischer Sicht?
  a) Verkauf der Produkte
  b) Nutzung steuerlicher Vorteile
  c) Verbesserung des Images
  d) Steigerung des Umsatzes
  e) Erkennen des Verhaltens der Konsumenten

6. Erläutern Sie den Begriff „Direktwerbung".

7. Wodurch unterscheidet sich die Absatzwerbung von der Öffentlichkeitsarbeit?

8. Was versteht man unter Corporate Identity?

9. Welches Marketinginstrument ist hier angesprochen?
  a) „Ein gutes Betriebsklima wird als absatzsteigernd angesehen."
  b) „Dies ist die kreative Einbindung eines Markenartikels im Sinne der notwendigen Requisite in eine Spielfilmunterhaltung. Das Produkt wird dabei im Gebrauchs- oder Verbrauchsumfeld von bekannten Schauspielern – in der Regel von Hauptdarstellern – gezeigt, wobei die Marke für den Filmbetrachter deutlich erkennbar ist."
  c) „Ein relativ teures, aber wirksames Instrument ist die gekonnte Präsentation des Produkts im Rahmen eines Gesprächs zwischen einem Mitarbeiter des Unternehmens und einem möglichen Kunden."

10. Berichten Sie in der Klasse, wenn Sie schon einmal an einer Verkaufsförderungsmaßnahme teilgenommen haben, um welche Art von Salespromotion es sich handelte.

11. Erkunden Sie ein Einzelhandelsgeschäft Ihrer Wahl. Beachten Sie, dass Sie dabei Ihre Schule repräsentieren.
  a) Stellen Sie fest, welche Verkaufsförderungsmaßnahmen angewendet werden, und notieren Sie diese.
  b) Erläutern Sie in der Klasse die jeweils gefundenen Verkaufsförderungsmaßnahmen.

12. Berichten Sie Ihrer Klasse, ob und wie Ihr Unternehmen Sponsoring betreibt.

ZUSAMMENFASSUNG

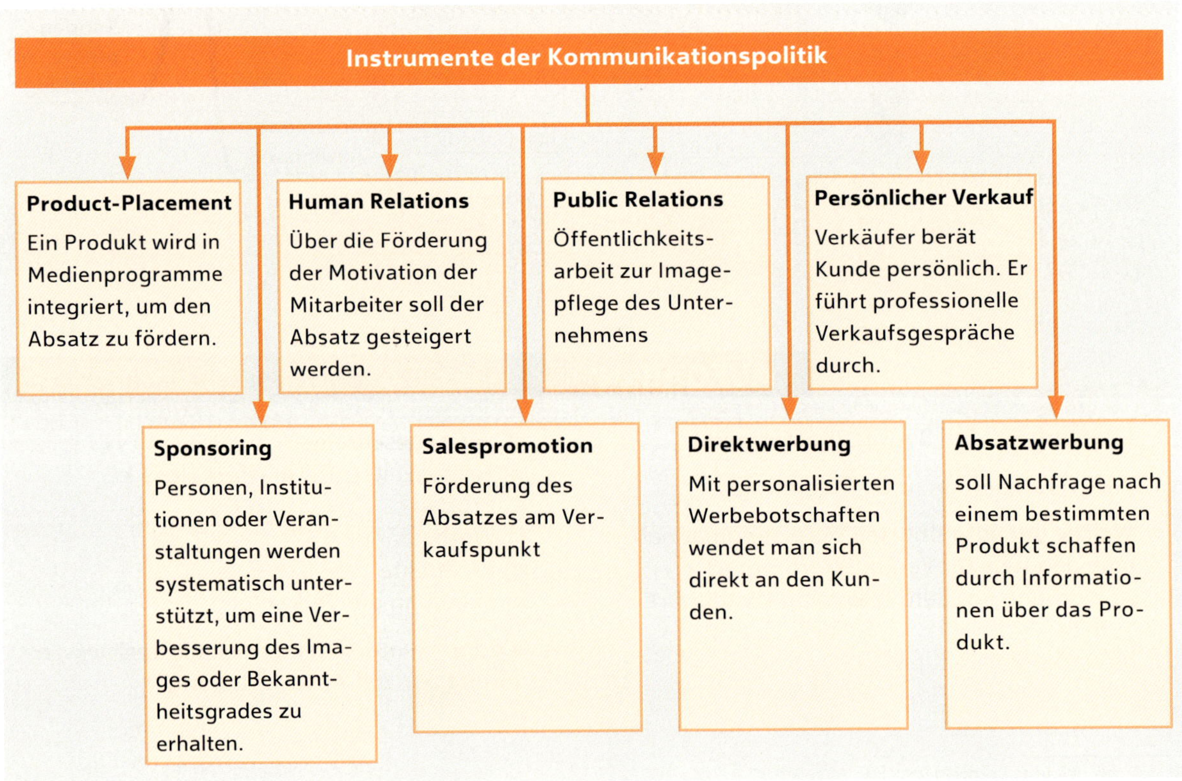

5321560

Man versteht erst dann etwas richtig, wenn man versucht, es einem anderen zu erklären. Dies führt zu einer eigenen gründlichen Auseinandersetzung mit dem gerade behandelten Thema.

1. Suchen Sie sich einen Partner.
2. Lesen Sie noch einmal die Zusammenfassung. Bei Verständnisproblemen schlagen Sie ggf. noch einmal im Informationstext nach.
3. Jeder formuliert vier Fragen, die mithilfe der Zusammenfassung beantwortet werden können.
4. Der Partner beantwortet die eigenen Fragen und umgekehrt.

ICH ÜBERPRÜFE MEINE NEU ERWORBENEN KOMPETENZEN

Den Erwerb der zu Beginn aufgeführten Kompetenzen können Sie selbst mithilfe der folgenden Tabelle überprüfen.

Wenn Sie alle Aufgaben, die hinter einer Kompetenz stehen, gelöst haben, machen Sie ein Kreuz bei „Ganz".

Bei den Kompetenzen, bei denen Sie Aufgaben „Teilweise" oder „Gar nicht" gelöst haben, sollten Sie den dazugehörigen Informationstext noch einmal lesen und die Aufgaben anschließend noch einmal bearbeiten.

Was ich nach der Bearbeitung dieses Kapitels kann	Aufgaben	Ganz	Teilweise	Gar nicht
Ich kann ...				
... Marketing als systematische Einflussnahme eines Einzelhandelsunternehmens auf den Absatzmarkt erläutern.	1, 2			
... unterschiedliche Instrumente der Kommunikationspolitik aufführen und erläutern.	3, 4, 5, 6, 7, 8, 9			
... verschiedene Maßnahmen der Kommunikationspolitik meines Ausbildungsunternehmens unterstützen.	10, 11, 12			

5.2 Werbung

Problemstellung

Tom Hoss:
„In einigen Filialen sowie bei einigen Warengruppen haben wir deutliche Umsatzeinbußen zu verzeichnen ...“

Stefanie Beyer:
„Dann müssen wir einfach etwas Werbung machen.“

Tom Hoss:
„Das sagt sich leicht. Dabei müssen wir allerdings allerhand beachten ...“

Machen Sie Vorschläge, was man bei der Vorbereitung und Durchführung von Werbemaßnahmen beachten sollte.

EINORDNUNG DES THEMAS

Lernfeld 5: Werben und den Verkauf fördern

Kommunikation mit Kunden → **Werbung** → Service → Gesetzliche Regelungen des Wettbewerbs → Verpackung → Zustellung der Ware

Kompetenzen

Nach Bearbeitung dieses Kapitels können Sie ...

... Ziele einer Absatzwerbung festlegen.
... die Bestandteile eines Werbeplans erläutern.
... Werbemittel und Werbeträger unterscheiden.
... für eine Werbemaßnahme eines Unternehmens einen Werbeplan aufstellen.
... die Notwendigkeit der Überprüfung des Werbeerfolgs nachvollziehen.
... den Werbeerfolg berechnen.
... die Wirksamkeit von Werbemaßnahmen beurteilen.
... Werbemittel unter Berücksichtigung der AIDA-Formel gestalten.

5321562

INFORMATIONSTEXT

Absatzwerbung

DEFINITION

Absatzwerbung – im normalen Sprachgebrauch auch Werbung genannt – stellt die von einem Unternehmen gesteuerte und geplante Form der Käuferbeeinflussung zur Erreichung der unternehmerischen Absatzziele dar: Sie kann mit unterschiedlichen Mitteln über verschiedene Medien
- unpersönlich (richtet sich grundsätzlich an alle) und
- in räumlicher Entfernung vom Verkaufsort durchgeführt werden.

Die Absatzwerbung verfolgt zunächst einmal vier aufeinander aufbauende Ziele:

- **Bekanntmachung**
  Potenziellen Kunden wird die Existenz des Produkts bewusst gemacht.
- **Information**
  Den Kunden werden Produktmerkmale (technische Daten, Preise usw.) mitgeteilt.
- **Imagebildung**
  Produkt oder Unternehmen sollen bei der Zielgruppe positiv aufgenommen werden.
- **Handlungsauslösung**
  Die Kunden sollen zum Kauf bewegt werden.

Die Absatzwerbung ist das Bindeglied zwischen den Anbietern (den anbietenden Unternehmen) und den Nachfragern von Produkten (den Kunden). Sie nimmt gezielt Einfluss auf die Kaufentscheidungen.

„Wer nicht wirbt, stirbt!“

Henry Ford

Ziel der Werbung ist es, die Bedürfnisse der Kunden zu wecken. Um dieses Ziel zu erreichen, muss die Werbung „wirksam“ bei den Nachfragern ankommen:

- Sie muss auf die Sinne der Kunden einwirken.
- Sie soll Aufmerksamkeit erzielen.

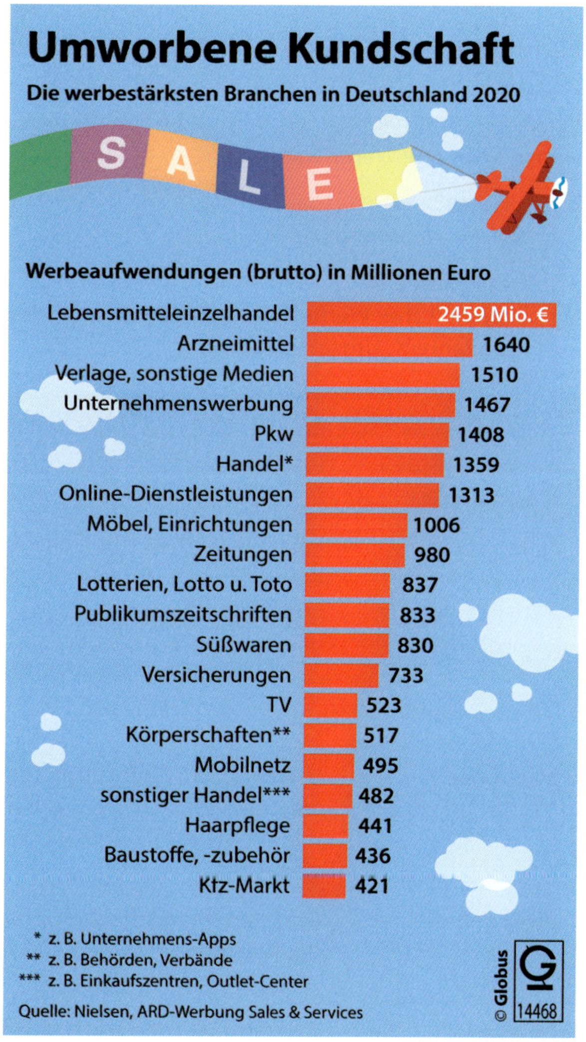

Nach Zahlen des Zentralverbands der deutschen Werbewirtschaft ZAW

- Sie muss im Gedächtnis der Kunden bleiben.
- Sie muss bestimmte Gefühle (Emotionen) hervorrufen.

Damit dies geschieht, wird eine Werbemaßnahme genau geplant. Hierfür wird ein Werbeplan aufgestellt, der die Einzelheiten für die Durchführung der Werbemaßnahme enthält.

Werbeplan

Im Werbeplan sind folgende Aspekte enthalten:

- **wer?**
  z. B. ein Unternehmen, ein Verbund von Unternehmen oder eine Werbeagentur
- (sagt) **was?**
  Inhalt der Werbebotschaft
- mit **welchem Ziel?**
  - ökonomische Werbeziele, z. B. Erhöhung des Marktanteils, Umsatzsteigerung
  - vorökonomische (kommunikative) Werbeziele, z. B. Erhöhung der Bekanntheit/des Images einer Marke
- **wann?**
  Bedacht werden sollte der günstigste Zeitpunkt der Werbemaßnahme:
  - Streuzeit (Werbezeit), z. B. eine bestimmte Jahreszeit
  - Beginn und Dauer der Werbemaßnahme
- **wem?**
  Die Zielgruppe (Streukreis) muss bestimmt werden: Der umworbene Personenkreis wird festgelegt.
- **wo?**
  Streugebiet (= geografischer Raum/Einsatzgebiet), z. B. lokal, international
- **wie?**
  Bestimmung der Werbemittel und Werbeträger

Einige wichtige Bestandteile eines Werbeplans

Bestandteil des Werbeplans	Erläuterung	Beispiele
Ziele	Formulierungen des Sollzustandes: **Was** soll nach der Werbemaßnahme erreicht sein?	• Eindringen in einen neuen Markt • Einführung eines neuen Artikels • Bekanntmachung einer neuen Serviceleistung • Information bestehender Kunden über die Eröffnung einer neuen Filiale
Streukreis	Hier wird die Zielgruppe festgelegt, also an wen sich die Werbemaßnahmen richten: **Für wen** ist die Werbung gedacht?	Die Tom Hoss KG möchte zukünftig vermehrt 20- bis 30-Jährige als Kunden gewinnen.
Streugebiet	Gibt das geografische Gebiet an, **wo** die Werbung erfolgen soll.	Eine Warenhauskette entscheidet, ob die Werbung lokal, regional, national oder gar international erfolgen soll.
Streuzeit	Überlegt werden muss auch, in welchem Zeitraum oder zu welchem Zeitpunkt die Werbung erfolgen soll. Es geht um die Frage: **Wann** soll die Werbemaßnahme durchgeführt werden?	Die Tom Hoss KG plant eine Werbemaßnahme in der Adventszeit.
Werbemittel und Werbeträger	Geklärt werden muss, über welche Medien (Werbeträger) mit welchen Mitteln die Werbebotschaft an die Kunden vermittelt wird.	Werbeträger: Tageszeitung, TV, Radio, Internet Werbemittel: Anzeige, TV- oder Radiospot, Bannerwerbung im Internet

Der Werbeplan ist abhängig vom Werbeetat des Unternehmens. Dies ist der Betrag, der dem Unternehmen für Werbemaßnahmen zur Verfügung steht. Die Höhe des Werbeetats kann abhängen von:
- den Werbezielen
- der finanziellen Lage des Unternehmens
- den Werbemaßnahmen der Konkurrenten

Werbegrundsätze

Steht der Werbeplan, werden die Werbemaßnahmen durchgeführt. Damit die Werbung effektiv ist, sollten die vier Werbungsgrundsätze beachtet werden:

- **Werbewirksamkeit**
  Werbeträger und -mittel sind so auszuwählen, dass sie den Konsumenten in Übereinstimmung mit den angestrebten Werbezielen optimal beeinflussen.
- **Werbewahrheit**
  Die Werbung wird unglaubwürdig, wenn sie nicht sachlich informiert oder sogar irreführend und täuschend ist. Werbung darf zudem nicht gegen die „guten Sitten“ verstoßen, wie sie im Gesetz gegen den unlauteren Wettbewerb formuliert sind.
- **Werbeklarheit**
  Werbeaussagen müssen von allen Konsumenten schnell und leicht verstanden werden können.
- **Werbewirtschaftlichkeit**
  Der Erfolg der Absatzwerbung muss in einem vernünftigen Verhältnis zu den aufgewendeten Kosten stehen. Dies zu überprüfen, ist Gegenstand der Werbeerfolgskontrolle.

Wird gegen mehrere oder gegen einen dieser Werbungsgrundsätze verstoßen, ist der Erfolg der Werbemaßnahme stark gefährdet.

Arten der Werbung

Nach verschiedenen Merkmalen können unterschiedliche Werbearten unterschieden werden.

Werbearten nach dem Gegenstand der Werbung

Geht man vom Gegenstand der Werbung aus, kann die Werbung in Sachwerbung und Firmenwerbung unterteilt werden.

- **Sachwerbung**
  Die Sachwerbung bezieht sich auf ein einzelnes Produkt. Der Name des anbietenden Unternehmens bleibt weitgehend im Hintergrund oder tritt gar nicht in Erscheinung.

BEISPIEL

Werbung für das Waschmittel Ariel

- **Firmenwerbung**
  Die Firmenwerbung bezieht sich auf das Unternehmen als solches oder auf dessen gesamtes Produktionsprogramm. Stark in den Vordergrund gerückt wird deshalb der Name des Unternehmens. Im Gegensatz zu den Public Relations ist jedoch noch ein gewisser Produktbezug vorhanden.

BEISPIEL

Fernsehspot für Audi-Automobile

Werbearten nach Anzahl der Werbenden

Nach der Anzahl der Werbenden wird unterschieden in Alleinwerbung, Sammelwerbung und Gemeinschaftswerbung.

- **Alleinwerbung**
  Die Alleinwerbung geht von einem einzelnen Unternehmen aus, weswegen sie oft auch Einzelwerbung genannt wird. Der Anbieter bewirbt seine eigenen Produkte.

BEISPIEL

Die Tom Hoss KG wirbt in einer Fachzeitschrift.

- **Sammelwerbung**
  Bei der Sammelwerbung werben mehrere Unternehmen gemeinsam. Da dabei die Namen der jeweiligen Unternehmen genannt werden, ist jeweils klar erkennbar, wer wirbt.

BEISPIEL

Die Einzelhandelsunternehmen einer Straße in der Innenstadt entscheiden sich für eine gemeinsame Anzeige in der örtlichen Tageszeitung.

Maßnahmen der Sammelwerbung bleiben hinsichtlich der Wirksamkeit hinter der Alleinwerbung zurück, können diese jedoch auf wirksame und preiswerte Art unterstützen.

BEISPIEL

Die Kosten der Anzeige werden geteilt. Es ist in der Anzeige jedoch nicht möglich, auf das Sortiment jedes Geschäfts speziell einzugehen.

Mit Werbung sollen Kunden angezogen werden

- **Gemeinschaftwerbung**
  Auch bei der Gemeinschaftswerbung werben mehrere Unternehmen gemeinsam. Sie treten dabei namentlich aber nicht in Erscheinung. Oft wird für Produkte eines bestimmten Wirtschaftszweigs geworben. Häufig werden dabei Werbesprüche (Slogans) verwendet, die sich bei den Zielpersonen der Werbung tief ins Gedächtnis einprägen sollen.

BEISPIEL

- Butter ist durch nichts zu ersetzen – außer durch Butter.
- Trinkt mehr Milch.
- Milch macht müde Männer munter.
- Aus deutschen Landen frisch auf den Tisch.

Werbearten nach Anzahl der Umworbenen

Hinsichtlich der Anzahl der Umworbenen kann eine Einteilung in Direktwerbung und Massenwerbung getroffen werden.

- **Direktwerbung**
  Bei der Direktwerbung wendet man sich unmittelbar an namentlich bekannte einzelne Personen

Typische Instrumente der Direktwerbung sind per Post zugestellte Werbebriefe, Prospekte, Kataloge oder Warenproben, die an Einzelpersonen adressiert sind.

  oder Zielgruppen. Wegen der gestiegenen Bedeutung der Direktwerbung wird sie zunehmend als eigenständiges Instrument der Kommunikationspolitik[1] neben der Absatzwerbung aufgefasst.

- **Massenwerbung**
  Normalfall der Werbung ist die Massenwerbung. Sie richtet sich an einen anonymen und großen Personenkreis. Der Vorteil dieser Werbeform liegt in der sehr großen Breitenwirkung bei verhältnismäßig geringen Kosten. Als Nachteil kann angesehen werden, dass es zu großen Streuverlusten kommen kann.

Bei der Massenwerbung wird eine große Anzahl von Menschen unpersönlich angesprochen.

Werbearten im Hinblick auf den Produktlebenszyklus

Abhängig vom zeitlichen Auftritt im Produktlebenszyklus gibt es die folgenden Werbearten:

- **Einführungswerbung**
  Ziel: Ein neuer Artikel soll auf dem Markt bekanntgemacht werden.
- **Expansionswerbung (Expansion = Erweiterung)**
  Ziel: Der Umsatz eines schon bekannten Produkts soll gesteigert werden.
- **Erinnerungswerbung**
  Ziel: Der Bekanntheitsgrad eines bereits gut auf dem Markt eingeführten Produkts soll erhalten werden.

Nicht immer, aber häufig werben Unternehmen **antizyklisch**: Steigen die Umsätze, wird die Intensität von Werbemaßnahmen zurückgefahren. Sinken die Umsätze dagegen, werden die Werbemaßnahmen ausgeweitet. Dadurch können saisonale Absatzschwankungen ausgeglichen werden. Zudem erhält man eine relativ ausgeglichene Kapazitätsauslastung.

1 siehe Kap. 5.6

Werbemittel und Werbeträger

Werbemittel

DEFINITION

Werbemittel sind alle in der Werbung eingesetzten Instrumente, um eine Werbebotschaft an die Zielgruppe zu bringen, wie Anzeigen, Prospekte, Plakate, Brief, Funkspots, Fernsehspots, Filme.

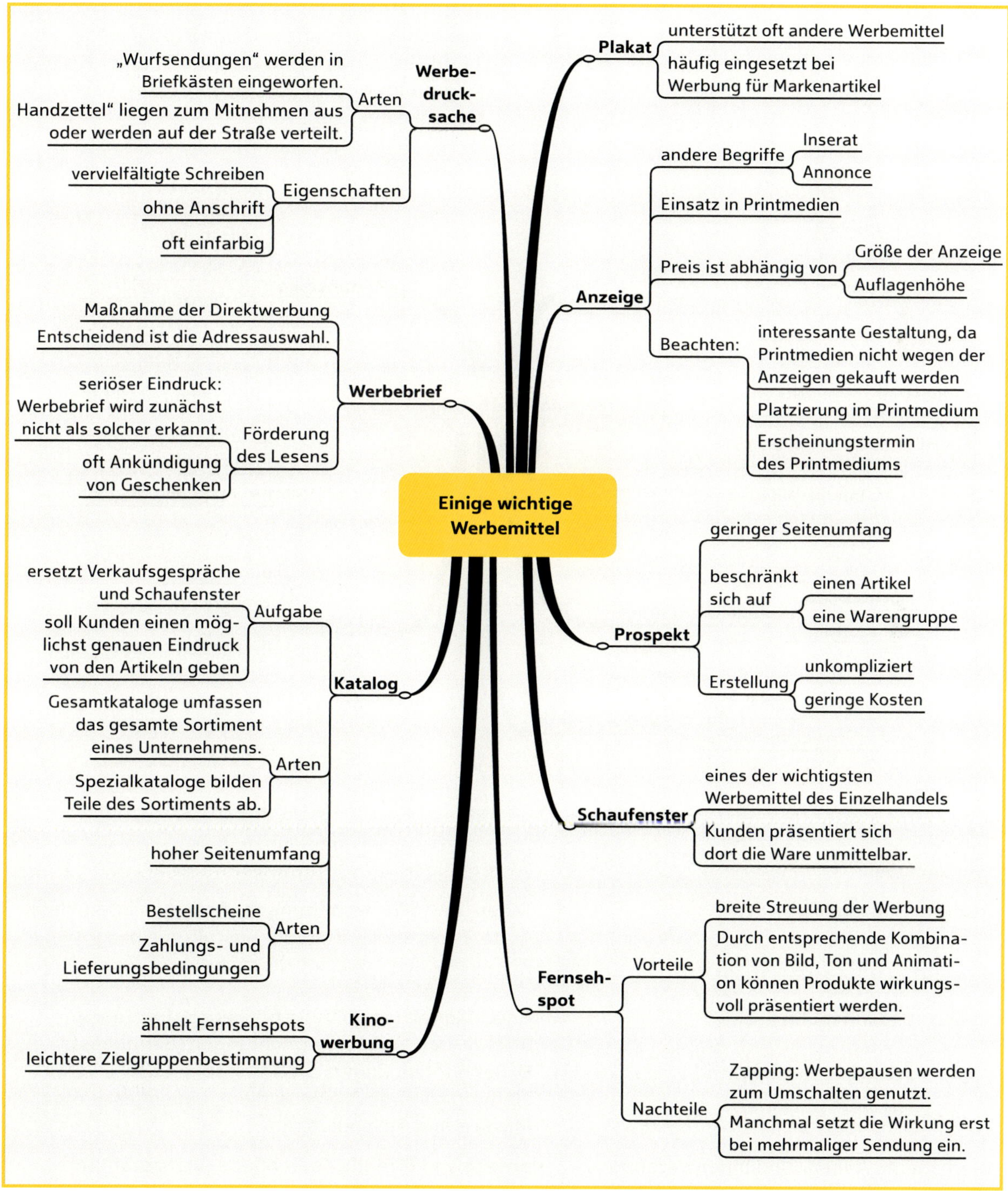

Werbeträger

DEFINITION

Unter einem **Werbeträger** wird das Medium verstanden, durch das ein Werbemittel an die Umworbenen herangetragen wird, z. B. Fernsehsendungen, Litfaßsäulen, Zeitungen und Zeitschriften.

Den Unternehmen stehen viele Werbeträger zur Verfügung. Sie werden nach Produkt und Zielgruppe ausgesucht.

BEISPIEL

Die Tom Hoss KG hat sich entschieden, ihre Werbebotschaft mit dem Instrument (= Werbemittel) Anzeige an potenzielle Kunden zu bringen. Entschieden werden muss jetzt noch, durch welches Medium (= Werbeträger) die Anzeige den Kunden bekanntgemacht wird. Zur Auswahl stehen eine Anzeige in der Fachzeitung Textilwesen oder eine Anzeige in einer Beilage (Supplement), die verschiedenen Fachzeitschriften beigelegt wird.

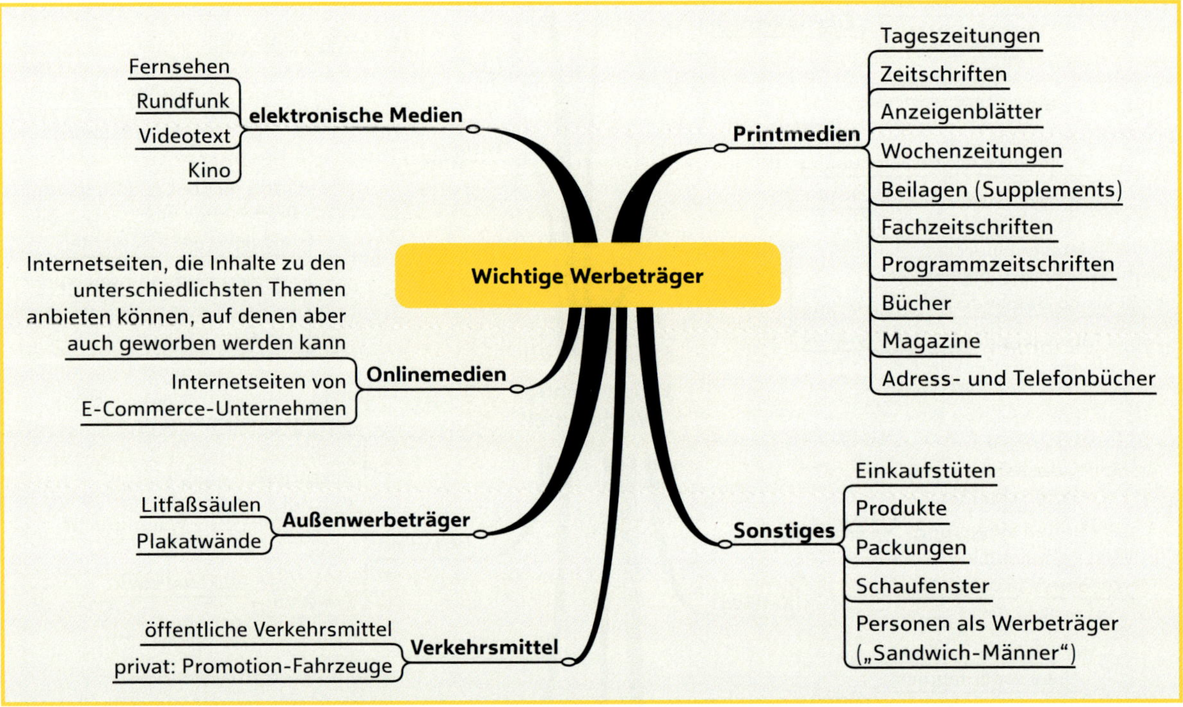

Übersicht über die wichtigsten Werbemittel und ihre potenziellen Werbeträger	
Werbemittel	**Werbeträger**
Inserate (Anzeigen)	Tages- und Wochenzeitungen, Anzeigeblätter, Illustrierte, Fachzeitschriften, Veranstaltungsprogramme
Banner (im World Wide Web)	Homepage (Internet)
Außen- und Innenplakate	Anschlagflächen an Verkehrswegen, Bauzäunen, öffentlichen Verkehrseinrichtungen (Bahnhöfen, U-Bahnhöfen, Zügen, Straßenbahnen usw.), Veranstaltungszentren (Sportstadien), Ladengeschäften, Messen und Ausstellungen
permanente Außen- und Innenwerbung mittels Leuchtschriften, Signeten und Dauerplakaten	private und öffentliche Gebäude, Veranstaltungszentren, Verkehrsmittel, Ladengeschäfte, Messen und Ausstellungen

Kataloge, Prospekte, Postkarten	Postversand, Hausverteilungsorganisationen, Verteilung auf Straße, an Veranstaltungen, Messen, Ausstellungen, durch Außendienstpersonal, als Beilage zum Schriftverkehr der Firma, in Produktpackungen, in Einzelhandelsgeschäften
individuell zu tragende Abzeichen und Signete, Abziehbilder und Kleber, Kleidungsstücke, Startnummern usw.	firmenangehöriges Personal, Käufer und Verwender, irgendwelche Dritte, Fahrzeuge, Teilnehmer an Sportveranstaltungen
Einpackpapier, Tragetaschen	Käufer und Besucher von Einzelhandelsgeschäften, Veranstaltungen usw.
Werbegeschenke wie Taschen- und Wandkalender, Arbeitstabellen, Werkzeuge, Taschenrechner, Fachbücher, Etuis usw.	Käufer und Verwender der Produkte, Händler und Absatzhelfer
Diapositive und Werbefilme	Kinos, Theater, Veranstaltungen
Fernsehspots	verschiedene Fernsehanstalten, eventuell auch verbilligte Abgabe von DVDs für Unterrichtszwecke
gesprochene und vertonte Werbetexte	Radiosender, Sport- und Unterhaltungsveranstaltungen, Einzelhandelsgeschäfte, Autos mit Lautsprechereinrichtungen

Quelle: Thommen, Jean-Paul: Managementorientierte Betriebswirtschaftslehre. 7. Auflage., Zürich: Versus 2004, S. 324.

Werbemittel	**Werbeträger**
= Erscheinungsform der Werbebotschaft	= Medien, die die Werbebotschaft an die Zielpersonen herantragen
BEISPIEL	BEISPIEL

Die Gestaltung von Werbemitteln mit Software

Oft legen Unternehmen die Gestaltung von Werbemitteln in die Hände professioneller Werbeagenturen. In einigen Fällen erfolgt das Layout der Werbemittel jedoch auch direkt durch das werbende Unternehmen am Computer. Der entsprechend gestaltete Entwurf wird dann an den Betreiber des Werbeträgers weitergeleitet. Die Gestaltung mit Software kann auf zweierlei Arten erfolgen:

- Das Unternehmen verwendet dafür vorgesehene Spezialsoftware. Diese bietet sehr viele Möglichkeiten, ist jedoch in der Anschaffung vergleichsweise teuer.

- Das Unternehmen nutzt Standardsoftware. Mit Textverarbeitungsprogrammen und Bildbearbeitungssoftware kann man häufig auch zufriedenstellende Ergebnisse erzielen.

BEISPIEL

Eine Abfrage von Postleitzahlen an der Kasse ergab, dass aus einem westlichen Stadtteil kaum Kunden ins Geschäft kommen. Die Geschäftsleitung entschließt sich, dort kurzfristig eine Werbemaßnahme durchzuführen. Mithilfe von MS-Word wird eine Anzeige entworfen, die in der nächsten Ausgabe einer Stadtteilzeitung erscheinen soll. Die Worddatei wird an die Geschäftsstelle der Zeitung per E-Mail geschickt.

Wirksamkeit von Werbemaßnahmen

Die Werbewirksamkeit einer Werbemaßnahme hängt davon ab, ob es dem Werbenden gelingt, die Werbebotschaft so auszusenden, dass sich die umworbene Person (Personenkreis) angesprochen fühlt. Das bedeutet, dass deren Bedürfnisse geweckt werden. Die umworbenen Personen sollen schließlich zum Kauf veranlasst werden. Diese bei den Kunden beabsichtigte Wirkung der Werbung kann mithilfe der AIDA-Formel dargestellt werden.

AIDA-Prinzip		
Attention = Aufmerksamkeit	Es muss ein erster Blick des möglichen Kunden gewonnen werden.	Aufmerksamkeit kann durch Hingucker erzielt werden: • nackte Haut • schöne Frauen/Männer • niedliche Tiere, Kinder • Fangfoto, das etwas zeigt, das neugierig macht • grelle Farben, große Sprüche • schiere Größe
Interest = Interesse	Der erste Blick des Betrachters soll gehalten werden.	Das Interesse des möglichen Kunden für die Werbung soll gebunden werden: Er soll vor der Werbung verweilen und sich mit ihr beschäftigen.
Desire = Verlangen	Das Verlangen des Betrachters nach dem beworbenen Produkt soll sowohl rational als auch emotional geweckt werden.	Der Betrachter bekommt Gründe dafür genannt, warum er das beworbene Produkt kaufen sollte: • rationale (= vernünftige) Gründe Nennen der Vorteile des Artikels, z. B. günstiger Preis, Bestandteile • emotionale (= gefühlsmäßige) Gründe Das Produkt bekommt ein bestimmtes Image zugewiesen, das auf den Käufer abfärben soll: Wenn das Produkt „cool" ist, dann soll diese Eigenschaft auch auf den Käufer übergehen.
Action = Handlung	Die Kaufhandlung soll ausgelöst und erleichtert werden.	Werbung soll den Kunden drängen, möglichst umgehend zu kaufen. Zur Kaufhandlung kann durch folgende Maßnahmen geführt werden: • Produktabbildung • Kontaktinformationen • befristete Sonderangebote • Drängen durch „jetzt", „sofort" oder andere Aufforderungen

BEISPIEL

I = Interest: Das Interesse der umworbenen Person wird durch das Versprechen geweckt, dass die Arbeiten im oder am Haus dem Auftraggeber keinen Stress verursachen und ein positives Gefühl erzeugen.

A = Attention: Die Fotos machen auf die Anzeige aufmerksam.

D = Desire: Der Wunsch, genau diesen Malerbetrieb zu beauftragen, wird unterstützt durch die Zusicherung von Kompetenz und Zuverlässigkeit.

A = Action: Der Adressat der Werbung soll einfach und schnell mit der Firma Kontakt aufnehmen können.

Werbeerfolgskontrolle

Jedes Unternehmen, das wirbt, möchte auch wissen, ob sich Werbemaßnahmen – und der damit verbundene finanzielle Aufwand – auch gelohnt haben. Mit der Werbeerfolgskontrolle wird überprüft, ob die Ziele der Werbung erreicht wurden.

> „Fünfzig Prozent bei der Werbung sind immer rausgeworfenes Geld. Man weiß aber nicht, welche Hälfte das ist."
>
> *Henry Ford*

Ein großes Problem der Werbeerfolgskontrolle ist, dass die ermittelten Kennzahlen nicht eindeutig auf die Wirkung von Werbemaßnahmen zurückgeführt werden können. Nicht auszuschließen ist der Einfluss anderer unternehmerischer Maßnahmen zur Absatzförderung.

Es gibt verschiedene Verfahren, die im Rahmen der Werbeerfolgskontrolle angewendet werden können.

Ermittlung der Werberendite

Mit der Ermittlung der Werberendite versucht man, die Wirtschaftlichkeit der Werbung zu messen. Hier wird der ökonomische Erfolg ermittelt. Der durch die Werbung erzielte Umsatzzuwachs wird dabei ins Verhältnis zu den Werbekosten gebracht.

FORMEL

$$\text{Werberendite} = \frac{\text{Umsatzzuwachs} \cdot 100}{\text{Werbekosten}}$$

BEISPIEL

Eine Werbemaßnahme der Tom Hoss KG für eine bestimmte Warengruppe kostet 75.000,00 €. Der Jahresumsatz vor der Werbemaßnahme betrug 525.000,00 €, nach der Werbemaßnahme 750.000,00 €.

Umsatzzuwachs =
750.000,00 € – 525.000,00 € = 225.000,00 €

Werberendite

$$= \frac{225.000{,}00\ € \cdot 100}{75.000{,}00\ €} = 300\,\%$$

Für jeden Euro, den die Tom Hoss KG in die Werbemaßnahme investiert hat, bekam sie 3,00 € zusätzlichen Umsatz.

Ermittlung des außerökonomischen Werbeerfolgs

Ein außerökonomischer Werbeerfolg – der sich also nicht wie bei der Werberendite in positiven Auswirkungen auf den Umsatz niederschlägt – kann mit dem Recall- oder dem Recognition-Verfahren gemessen werden.

Recallverfahren
Beim Recallverfahren (Erinnerungsverfahren) stellt man durch eine Befragung fest,

- ob sich Personen an eine Werbung erinnern können
- und welche Details sie behalten haben.

Recognition-Verfahren
Im Rahmen des Recognition-Verfahrens (Wiedererkennungsverfahrens) werden den teilnehmenden Personen z. B. einzelne Anzeigen aus Zeitungen, Zeitschriften oder Werbespots präsentiert, um zu ermitteln, was – in welchem Umfang – sie schon einmal gesehen haben.

Kritik an der Werbung

Im Idealfall liegt eine rein informierende Werbung vor. Oft geht die Absatzwerbung jedoch darüber hinaus. Das grundsätzliche Ziel der Werbung – die Absatzsteigerung – soll dann mit Methoden der **Suggestion** und **Manipulation** erreicht werden. Dadurch gerät die Absatzwerbung häufig in die Kritik. Der Umworbene wird mit psychologischen Methoden zum Kauf von Produkten gebracht, ohne dass dies für ihn erkennbar ist. Durch den Aufbau von Stimmungen, das Wecken von Sehnsüchten, das Hervorrufen von Schuldgefühlen werden Bedürfnisse erzeugt, die ohne die Werbung nicht da wären. Erst die Werbung verleiht also manchen Artikeln ihre Bedeutung. Ohne die Werbung wären viele Artikel nicht gefragt. Unterschwellige Werbung verleitet Konsumenten, Produkte zu kaufen, die sie normalerweise nicht kaufen würden, da sie diese eigentlich nicht brauchen.

Muss...ich...haben...

Eine andere Kritik an der Werbung zielt auf deren mangelhaftes Niveau. Oft ist in diesem Zusammenhang auch von **Reklame** die Rede. Darunter versteht man heutzutage

- schlechte,
- marktschreierische,
- übertriebene oder sogar
- unwahre Werbung.

AUFWACHEN!!!
AUFWACHEN!!!

Aus geplatzten Aufträgen bieten wir noch wenige

NIGELNAGELNEUE

Fertiggaragen

zu absoluten Schleuderpreisen

www.garagen-fast-gratis-wvd.de

DAS IST DER TOTALE WAHNSINN!!!
DAS IST DER HAMMER!!!

Reklame heute = Werbung, die anrüchig, übertrieben oder marktschreierisch ist

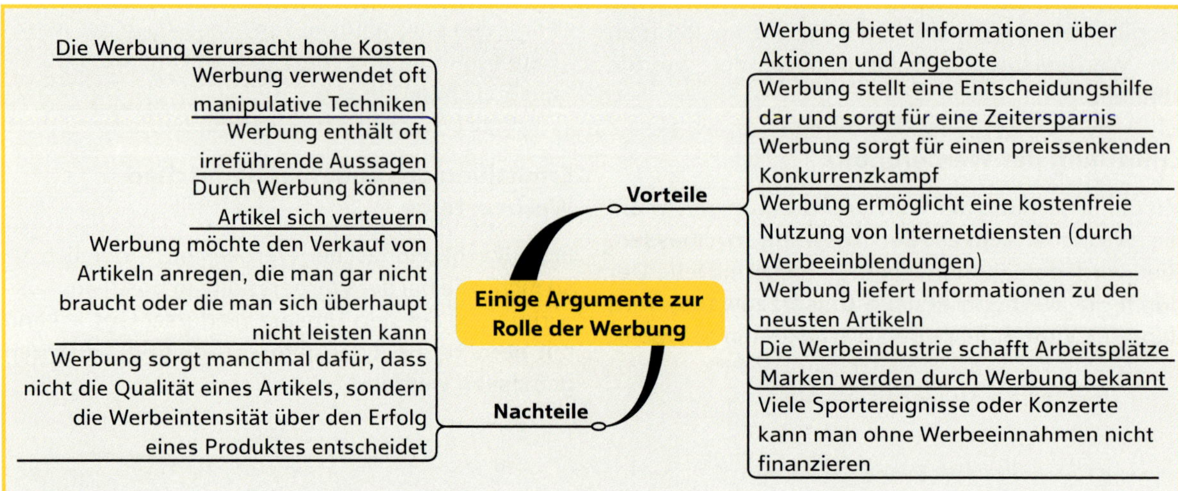

Werbung, Reklame, PR – alles dasselbe?

Nein! Im heutigen Sprachgebrauch werden zwar sowohl das Wort Werbung, Reklame als auch PR (Public Relations) als ein Synonym (Synonyme sind Wörter mit gleicher Bedeutung) angesehen, dies ist aber nicht so.

Das Wort Public Relations bedeutet nichts anderes als Öffentlichkeitsarbeit. Das bedeutet, dass ein Unternehmen für die Öffentlichkeit Informationen zur Verfügung stellt, ohne dabei ein eigenes Produkt zu bewerben. Hier zwei Beispiele, um PR zu veranschaulichen:

Wenn eine Computerzeitung beschließt, Handys zu testen, fragt diese bei dem Hersteller nach Informationen über das Gerät an und bekommt zusätzlich ein Gerät zur Verfügung gestellt, um dieses zu testen. Danach veröffentlicht die Zeitung das Ergebnis. Dieser Artikel ist dann PR.

Der Restauranttester, eine Sendung von RTL, ist auch eine PR-Sendung. Hierbei testet ein Koch ein Restaurant und verbessert dieses, richtet es neu ein und erstellt eine neue Speisekarte. Dabei wird jedoch nicht gesagt, dass man nun in das Restaurant essen gehen soll, jedoch regt es eventuell einige Menschen an, in diesem Restaurant essen zu gehen.

Das Wort Reklame ist in den 50er-Jahren durch das Wort Werbung ersetzt worden. Heute gibt es jedoch einen bedeutenden Unterschied dieser beiden Worte.

Bei Reklame umwirbt der Verkäufer den Kunden nicht, sondern stellt lediglich sich selbst dar, ohne dabei darauf zu achten, wie er es tut. Ziel ist es nur, bekannt zu geben, dass man dieses Produkt verkauft.

Werbung früher: eine klassische Reklame-Tafel der 50er-Jahre

(Post von Patrick Mertens)

Quelle: Mertens, Patrick: Werbung, Reklame, PR – alles dasselbe? In: Azubileben. 19.1.2009. http://azubileben.blogspot.com/2009/02/werbung-reklame-pr-alles-das-selbe.html [10.09.2021].

AUFGABEN

1. Was versteht man unter Absatzwerbung?
2. Was ist ein Werbeplan?
3. Welche Informationen sind im Werbeplan enthalten?
4. Was versteht man unter dem Werbeetat?
   a) rechtliche Vorgaben zur Gestaltung der Werbung seitens des Gesetzgebers
   b) finanzielle Mittel, die für eine bestimmte Werbekampagne zur Verfügung stehen
   c) Ermittlung des ökonomischen Werbeerfolgs
   d) Befriedigung der Kundenwünsche zwecks Gewinnerzielung
   e) Ermittlung des außerökonomischen Werbeerfolgs
5. Wovon hängt der Werbeetat eines Unternehmens ab?
6. Wodurch unterscheiden sich die Firmen- und die Sachwerbung?
7. Erläutern Sie die drei Werbearten nach der Zahl der Werbenden.

8. Was ist das entscheidende Merkmal der Massenwerbung?

9. Was versteht man unter Einführungswerbung?

10. Welche Aufzählung(en) enthält/enthalten allein Werbemittel?
- **a)** Plakate, Lichtwerbung, Internet
- **b)** Plakate, Liftfaßsäulen, Kino
- **c)** Kino, Fernsehen, Hörfunk
- **d)** Kino, Tageszeitung, Hörfunk
- **e)** Plakate, Lichtwerbung, Werbegeschenke

11. Was versteht man unter Werbeträgern?
- **a)** Werbeträger beinhalten die Werbebotschaft.
- **b)** Werbeträger werden über Werbemittel an die Zielgruppen herangebracht.
- **c)** Werbeträger sind Sachgegenstände und Personen, die Werbemittel an die Zielgruppen heranbringen.
- **d)** Werbeträger können auch Werbegeschenke sein.
- **e)** Werbeträger können nur innerhalb des Unternehmens eingesetzt werden.

12. Stellen Sie in einer Tabelle gegenüber, welche Eigenschaften auf Werbemittel bzw. auf Werbeträger zutreffen.

13. Entscheiden Sie in den folgenden Fällen, ob es sich um ein Werbemittel oder einen Werbeträger handelt.
- **a)** Fernsehsender ZDF
- **b)** Anzeige für den neuen VW-Golf
- **c)** Litfaßsäule
- **d)** Illustrierte STERN
- **e)** Prospekt
- **f)** Werbebrief an Herrn Schmidt

14. Erläutern Sie das AIDA-Prinzip am Beispiel der folgenden Anzeige:

15. Was versteht man unter der Werberendite?

16 Eine Werbemaßnahme der Tom Hoss KG für eine bestimmte Warengruppe kostet 200.000,00 €. Der Jahresumsatz vor der Werbemaßnahme betrug 1.600.000,00 €, nach der Werbemaßnahme 4.200.000,00 €. Berechnen Sie die Werberendite.

17. Stellen Sie das Hauptproblem der Werbeerfolgskontrolle dar.

18. Erstellen Sie eine Collage zum Thema: „Welche Erfahrungen verbinden Sie mit Werbung?“.
- **a)** Schneiden Sie dazu aus Zeitungen oder Zeitschriften passende Überschriften, Abbildungen, Fotos usw. aus.

b) Kleben Sie diese so auf eine Wandzeitung, dass sie Ihre Assoziationen wiedergeben.
c) Bereiten Sie sich darauf vor, Ihre Collage der Klasse kurz vorzustellen.

19. Sie haben sich entschieden, im Rahmen Ihres Marketingkonzepts eine Werbeaktion mit einem Plakat für Schaufenster oder Litfaßsäulen und einer ganzseitigen Anzeige für die örtliche Zeitung durchzuführen.
a) Erstellen Sie einen Werbeplan.
b) Fertigen Sie das Plakat und die Werbeanzeige an. Berücksichtigen Sie dabei die AIDA-Regel.
c) Präsentieren Sie den Werbeplan, das Plakat und die Werbeanzeige.
d) Untersuchen Sie bei den anderen Plakaten und Werbeanzeigen die Einhaltung der AIDA-Regel.
e) Bereiten Sie sich darauf vor, bei dem Ihrer Ansicht nach gelungensten Werbemittel die AIDA-Regel vorzustellen.

20. Untersuchen Sie unterschiedliche Zeitungen bzw. Zeitschriften. Achten Sie auch unterwegs, beim Fernsehen oder im Kino auf Werbungen.
- Finden Sie vier Beispiele für Absatzwerbung.
- Führen Sie auf, welches Beispiel Sie für effektiv und gelungen halten.
- Ordnen Sie den jeweiligen Werbemitteln die Werbeträger zu.

21. **a)** Lesen Sie die Mindmaps zu Werbemitteln (S. 567) und Werbeträgern (S. 568).
b) Bringen Sie zur nächsten Stunde Beispiele für Werbemittel mit, die Ihr Ausbildungsunternehmen verwendet bzw. die Ihnen privat begegnet sind.
c) Bereiten Sie sich darauf vor, im Plenum die Merkmale eines Werbemittels mithilfe eines Ihrer mitgebrachten Werbemittel zu präsentieren.

22. **a)** Bilden Sie in der Klasse Gruppen. Jede der Gruppen erstellt eine Wandzeitung oder eine Folie, die kurz über eines der folgenden Instrumente der Kommunikationspolitik
- Absatzwerbung
- Verkaufsförderung
- Sponsoring
- Öffentlichkeitsarbeit informiert

b) Beachten Sie die Regeln der Visualisierung („Ein Bild sagt oft mehr als 1000 Worte.“).
c) Bereiten Sie sich darauf vor, Ihr Handlungsprodukt vorzustellen.

23. Um wieder Umsatzsteigerungen zu erzielen, sollen Sie in Gruppenarbeit für die Hoffmann KG ein Marketingkonzept erstellen. Nach Möglichkeit sollen alle Marketinginstrumente berücksichtigt werden.
a) Machen Sie für jedes Marketinginstrument Vorschläge, die die Situation der Hoffmann KG verbessern könnten.
b) Suchen Sie aus Ihren Vorschlägen diejenigen aus, die zu einem stimmigen Marketingkonzept passen könnten.
c) Stellen Sie dieses Konzept Ihrer Klasse vor.

24. Entscheiden Sie, ob in den folgenden Beispielen Werbeträger oder Werbemittel vorliegen.

a)

b)

c)

ZUSAMMENFASSUNG

Absatzwerbung

= soll mögliche Verkäufer veranlassen, Bedürfnisse und Wünsche in Kaufhandlungen umzusetzen

Arten

Gegenstand der Werbung
- Sachwerbung
- Firmenwerbung

Anzahl der Werbenden
- Alleinwerbung
- Sammelwerbung
- Gemeinschaftswerbung

Anzahl der Umworbenen
- Direktwerbung
- Massenwerbung

zeitlicher Auftritt im Produktlebenszyklus
- Einführungswerbung
- Expansionswerbung
- Erinnerungswerbung

abhängig vom **Werbeetat**

Werbeplan

legt Einzelheiten der Werbemaßnahme fest

u. a.

Werbemittel

die in der Werbung eingesetzten Instrumente, um eine Werbebotschaft an die Zielgruppe zu bringen

Werbeträger

das Medium, durch das ein Werbemittel an die Umworbenen herangetragen wird

Für eine möglichst große Wirksamkeit der Maßnahmen sollte beachtet werden:

AIDA-Prinzip

- Attention
- Interest
- Desire
- Action

Wirksamkeit wird überprüft durch die **Werbeerfolgskontrolle.**

Man versteht erst dann etwas richtig, wenn man versucht, es einem anderen zu erklären. Dies führt zu einer eigenen gründlichen Auseinandersetzung mit dem gerade behandelten Thema.

1. Suchen Sie sich einen Partner.
2. Lesen Sie noch einmal die Zusammenfassung. Bei Verständnisproblemen schlagen Sie ggf. noch einmal im Informationstext nach.
3. Einer von Ihnen erläutert die Zusammenfassung dem Partner.
4. Dieser achtet auf Korrektheit und Vollständigkeit und wiederholt noch einmal.

ICH ÜBERPRÜFE MEINE NEU ERWORBENEN KOMPETENZEN

Den Erwerb der zu Beginn aufgeführten Kompetenzen können Sie selbst mithilfe der folgenden Tabelle überprüfen.

Wenn Sie alle Aufgaben, die hinter einer Kompetenz stehen, gelöst haben, machen Sie ein Kreuz bei „Ganz“.

Bei den Kompetenzen, bei denen Sie Aufgaben „Teilweise“ oder „Gar nicht“ gelöst haben, sollten Sie den dazugehörigen Informationstext noch einmal lesen und die Aufgaben anschließend noch einmal bearbeiten.

Was ich nach der Bearbeitung dieses Kapitels kann	Aufgaben	Ganz	Teilweise	Gar nicht
Ich kann ...				
... Ziele einer Absatzwerbung festlegen.	1, 18			
... die Bestandteile eines Werbeplans erläutern.	2, 3, 4, 5			
... für eine Werbemaßnahme eines Unternehmens einen Werbeplan aufstellen.	19			
... Werbemittel und Werbeträger unterscheiden.	10, 11, 12, 13, 20, 21, 24			
... verschiedene Werbearten erläutern.	6, 7, 8, 9			
... die Notwendigkeit der Überprüfung des Werbeerfolgs nachvollziehen.	15, 16, 17			
... den Werbeerfolg berechnen.	15, 16, 17			
... die Wirksamkeit von Werbemaßnahmen beurteilen.	14			
... Werbemittel unter Berücksichtigung der AIDA-Formel gestalten.	14, 19			

5.3 Service und Dienstleistungen als Maßnahmen der Kundenbindung

Problemstellung

Die Tom Hoss KG bietet Textilien zum gleichen Preis wie verschiedene Mitbewerber an. In begleitenden Werbemaßnahmen wird allerdings sehr stark auf den Kundendienst der Tom Hoss KG hingewiesen.

1. Warum stellt die Tom Hoss KG den Kundendienst in den Vordergrund?
2. Welche Kundendienstleistungen sind denkbar beim Kauf von
   a) Textilien,
   b) Fernsehgeräten?

EINORDNUNG DES THEMAS

Lernfeld 5: Werben und den Verkauf fördern

Werbung → Werbung → **Service** → Gesetzliche Regelungen des Wettbewerbs → Verpackung → Zustellung der Ware

Kompetenzen

Nach Bearbeitung dieses Kapitels können Sie ...

... die Wirksamkeit von Serviceleistungen für die Kundenbindung erläutern.
... zwischen warenabhängigen und warenunabhängigen Dienstleistungen unterscheiden und jeweils Beispiele dafür aufführen.
... verschiedene Serviceleistungen erläutern.

INFORMATIONSTEXT

Der Wettbewerb im Einzelhandel ist heute sehr groß. Nicht nur Preis und Qualität einer Ware sowie die Beratung spielen bei der Kaufentscheidung eine Rolle. Häufig entscheiden zusätzlich angebotene Serviceleistungen des Einzelhandelsunternehmens über den Kauf eines Produkts.

DEFINITION
Unter dem **Service** versteht man alle Leistungen und Dienste (über den eigentlichen Warenverkauf hinaus), die ein Einzelhandelsunternehmen seinen Kunden bietet.

Immer mehr Einzelhändler setzen deshalb auf Serviceleistungen im Bereich des Kundendienstes.

Service im Einzelhandel: Die Entdeckung des zufriedenen Kunden

Servicewüste Deutschland? Das stimmt im deutschen Einzelhandel nicht mehr so ganz. Eine aktuelle Studie zeigt, dass sich beim Kundenservice einiges gebessert hat. Dafür sorgt ausgerechnet die Konkurrenz aus dem Netz.

Hamburg. Es gibt sie noch, die frustrierenden Momente im Leben eines Konsumenten: Boutiquen, die Fehlkäufe nur gegen einen Warengutschein umtauschen. Elektronikketten, die im Laden andere Preise auszeichnen als online. Supermärkte mit Lücken im Regal. Aber: Solche Momente werden seltener. Das zeigt eine Studie der Unternehmensberatung OC&C, die dem Handelsblatt vorab vorliegt. „In den vergangenen fünf Jahren ist beim Service verdammt viel passiert. Das verdanken die Kunden dem Druck, den Amazon gemacht hat", sagt OC&C-Partner Christian Ziegfeld.

Tatsächlich waren die Service-Angebote aus dem Netz für viele stationäre Händler ein heilsamer Schock: großzügigste Umtauschregeln, scheinbar unbegrenzte Sortimente, hohe Preistransparenz. Damit konnte sich vor allem der US-Angreifer Amazon zunächst deutlich von den traditionellen Händlern absetzen. Doch offenbar haben diese die Botschaft verstanden: In der jährlichen OC&C-Studie zur Kundenzufriedenheit steigt das Niveau deutlich. Diejenigen Kunden, die einen Laden oder einen Webshop in Deutschland nutzen, sind im Schnitt deutlich zufriedener als noch vor wenigen Jahren. [...]

Einheitlich ist das Bild jedoch nicht: Einige Händler können sich besonders verbessern, andere fallen zurück. Und erneut schafft es nur einer, an Amazon vorbeizuziehen: der Drogeriemarkt dm. Er beantwortet offenbar eine Frage am besten, die ab diesem Mittwoch auch beim Handelskongress in Berlin im Mittelpunkt stehen dürfte: Warum soll jemand in Zeiten des Internets noch die Mühe auf sich nehmen, in den Laden zu kommen?

Eine klare Antwort darauf ist erfolgsentscheidend.

Quelle: Kapalschinski, Christoph: Service im Einzelhandel – Die Entdeckung des zufriedenen Kunden. In: Handelsblatt Online vom 18.11.2015. https://www.handelsblatt.com/unternehmen/handel-konsumgueter/service-im-einzelhandel-die-entdeckung-des-zufriedenen-kunden/12604454.html?ticket=ST-93563-neE2Cch2weTQJ3C265A2-ap2 [10.09.2021].

Die Serviceleistungen umfassen alle Nebenleistungen eines Einzelhandelsbetriebes, die er zusätzlich zu seiner Hauptleistung, dem Verkauf von Waren, erbringt. Zu den Serviceleistungen gehören also alle Dienste eines Händlers für seine Kunden vor dem Kauf, kaufbegleitend oder nach dem Kauf. Dabei verschafft der Einzelhandelsbetrieb dem Kunden einen höheren Nutzen als das Produkt allein. Der Zweck solcher Serviceleistungen liegt

- in der Förderung von Kaufentscheidungen des Kunden, falls diese nicht vorrangig aufgrund von Qualität, Preisen oder Markentreue getroffen werden,
- im Aufbau von Kundenbindungen, indem durch eine hohe Kundenzufriedenheit eine enge und dauerhafte Kundenbindung aufgebaut wird,
- in der Verwirklichung von Wettbewerbsvorteilen gegenüber der Konkurrenz.

Die Serviceleistungen dienen also dazu, den Absatz der Waren zu fördern. Bei Kundendienstleistungen kann es sich um kostenlose oder kostenpflichtige Leistungen handeln.

Bietet ein Einzelhandelsunternehmen Serviceleistungen an, muss es beachten, dass dies die Kosten erhöht. Deshalb sollte stets geprüft werden, ob die durch die Zusatzleistungen entstehenden Mehrkosten durch die zusätzlichen Erlöse aufgewogen werden. Sonst ist es manchmal sinnvoller, auf die Zusatzleitungen zu verzichten und dafür den Verkaufspreis zu senken. So gehen beispielsweise die Discounter vor.

Warenabhängige Serviceleistungen

Warenabhängige Serviceleistungen stehen in einem direkten Zusammenhang mit der Ware. Der Service des Einzelhandelsunternehmens bezieht sich unmittelbar auf das angebotene bzw. verkaufte Produkt.

Zu den warenabhängigen Serviceleistungen gehören

- ***technische Serviceleistungen***. Diese umfassen alle Maßnahmen, die der Gewährleistung oder Wiederherstellung der einwandfreien Funktion einer Ware dienen.

BEISPIELE

- Aufstellen von technischen Geräten (Waschmaschinen, Fernsehgeräte, Videorekorder usw.)
- Reparaturservice (z. B. für technische Geräte, Uhren, Schuhe)
- Inspektions- und Wartungsservice (z. B. bei Kraftfahrzeugen und Büromaschinen)
- Änderungsservice bei Bekleidung

Das Aufstellen einer Waschmaschine ist eine warenabhängige technische Serviceleistung

- ***kaufmännische Serviceleistungen.*** Diese Serviceleistungen erleichtern die Kaufvorbereitung und -durchführung. Dazu zählen vor allem verschiedene Einkaufserleichterungen, Beratungs- und Zustellungsdienste sowie Gefälligkeiten aller Art, individuelles Entgegenkommen und Hilfsbereitschaft in vielfältigen Ausprägungen.

BEISPIELE

- Auswahlsendungen
- Geschenkverpackung
- Garantiegewährung
- Kulanz: Der Umtausch von Waren bei Nichtgefallen ist eine freiwillige Leistung des Einzelhändlers, da er gesetzlich nur zum Umtausch fehlerhafter Ware verpflichtet ist. Ein solches Verhalten des Einzelhändlers wird als **Kulanz** (= Entgegenkommen) bezeichnet. Kulanz liegt auch dann vor, wenn Mängel an einer gekauften Ware von dem Einzelhandelsbetrieb nach Ablauf der Garantiefrist kostenlos behoben werden.
- Entsorgung (z. B. von alten Autos oder Computern)

An einem Extratisch wird in vielen Unternehmen als kaufmännische Serviceleistung das Verpacken von Geschenken angeboten

Warenunabhängige Serviceleistungen

Warenunabhängige Serviceleistungen stehen in keinem unmittelbaren Zusammenhang mit der Ware. Dies können Serviceleistungen sein, die der **Bequemlichkeit** des Kunden dienen.

BEISPIELE

- telefonischer Bestellservice
- Kinderhort
- Aufbewahrungsraum für Gepäck
- Parkplätze
- Restaurant, Imbissecke, Cafeteria
- Sitzplätze und Sitzecken
- Kaffee oder kalte Getränke, die gegen einen geringen Betrag oder sogar kostenlos angeboten werden

5321580

- Kundentoiletten
- eine Expresskasse für Kunden mit kleinen Einkaufsmengen
- Ausgabe eigener Kundenkarten, Akzeptieren firmenübergreifender Kundenkarten

Einige Einzelhandelsbetriebe laden ihre Kunden gelegentlich zu Events ein (Modenschau, Konzert, Lesungen usw.). Manche Unternehmen versorgen die Kunden mit aktuellen Informationen über Kundenfernsehen oder Internetterminals.

Auf die **Convenience** (= Bequemlichkeit) der Kunden einzugehen, ist eine für den Markterfolg notwendige und daher folgerichtige Anpassung der Einzelhandelsunternehmen im Markt.

Immer mehr Geschäfte bieten einen Kinderhort als warenunabhängige Kundendienstleistung an. Eltern können so bequem und ungestört einkaufen

Darüber hinaus bieten häufig andere Unternehmen in den Geschäftsräumen eines Einzelhandelsbetriebes **selbstständige Dienstleistungen** als Ergänzung zu dessen Angebot an. Diese selbstständigen Dienstleister sollen die Attraktivität des Einzelhandelsunternehmens erhöhen

BEISPIELE

- Reinigungen
- Friseure
- Banken
- Reisebüros

An Bedeutung gewonnen hat in letzter Zeit die Erfüllung von Serviceaufgaben in Gemeinschaft mit anderen Fachhändlern. Dabei kann es sich beispielsweise um eine Gemeinschaftswerkstatt von Computerfachhändlern, um den gemeinsamen Kinderhort in einem Einkaufszentrum oder einen gemeinsam unterhaltenen Fuhrpark für Zustelldienste handeln. Weitere Beispiele aus der Praxis sind Kundenzeitschriften oder Kredit- bzw. Kundenkartengemeinschaften.

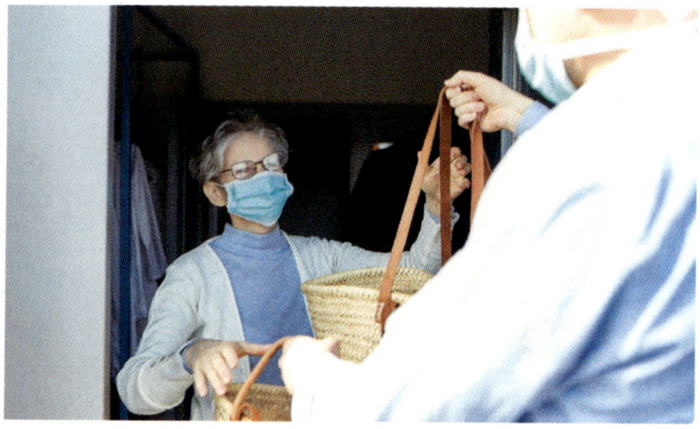

Lieferservice für Senioen in Quaränte

Kundenservice heute

Kunden und Unternehmen verstehen unter „Service“ heute oft ganz Unterschiedliches: Viele Unternehmen lieben es noch immer, kostenpflichtige Leistungen als „Service“ anzubieten: Da gibt es Servicetechniker, Lieferservices, Servicehotlines oder den Änderungsservice – und alle kosten, oft nicht zu knapp. Für Kunden gehören diese Dinge jedoch immer mehr als selbstverständlich zu einem Kauf dazu – umsonst.

Kundenzufriedenheit misst sich heute nicht mehr nur an der Qualität der gekauften Ware, sondern auch daran, wie die Ware verkauft wurde und welchen Service das Geschäft dazu bietet. Mehr noch: Kunden kaufen oft erst dann wieder, wenn ihre Erwartungen an den Service übertroffen wurden. Da heute immer mehr Produkte und Dienstleistungen austauschbar werden und „überall“ zu haben sind, gilt es für viele Einzel- und Fachhändler, so schnell wie möglich umzudenken: In der Kunden- und Serviceorientierung liegt großes Umsatzpotenzial.

AUFGABEN

1. Was versteht man unter dem Begriff „Serviceleistungen"?
2. Welche Ziele verfolgt ein Einzelhandelsunternehmen mit dem Angebot von Serviceleistungen?
3. Was sind warenabhängige Serviceleistungen?
4. Welche Aufgaben haben technische Serviceleistungen?
5. Führen Sie vier technische Serviceleistungen auf.
6. Was sind kaufmännische Serviceleistungen?
7. Welche Arten der warenunabhängigen Serviceleistungen gibt es?
8. Was müssen Einzelhandelsunternehmen beim Angebot von Serviceleistungen beachten?
9. Welche der folgenden Leistungen gehören nicht zu den Serviceleistungen?
   a) Parkplatz für Kunden
   b) Reparatur
   c) Werbung
   d) Verkaufsverpackung
   e) Ersatzteildienst
   f) Wartung
10. Welche der folgenden Serviceleistungen stehen in unmittelbarem Zusammenhang mit der Ware?
    a) Technischer Kundendienst
    b) Parkplatz
    c) Kinderhort
    d) Änderung von Textilien
    e) Restaurant
    f) Zustelldienst
11. Führen Sie einen Erkundungsgang in
    - einem Warenhaus
    - einem Discountgeschäft und in
    - einer weiteren Betriebsform eines Einzelhandelsgeschäfts durch.

    a) Ermitteln Sie, mit welchen Serviceleistungen der Wareneinkauf der Kunden erleichtert wird.
    b) Zeigen Sie bei der Auswertung in Ihrer Klasse vor allem die Unterschiede zwischen den einzelnen Betriebsformen auf.
12. Viele Verbrauchs- und Gebrauchsgüter sind – was den Service betrifft – völlig problemlos: Sie verlangen keinen Service. Der Kunde weiß nämlich, wie er mit diesen Gütern umgehen soll, wie er sie ge- oder verbraucht. Diese Artikel bedürfen keiner Erklärung oder Wartung.
    a) Führen Sie fünf Artikel aus Ihrem Ausbildungssortiment vor, die erklärungs-, wartungs- und eventuell auch irgendwann einmal reparaturbedürftig sind.
    b) Erläutern Sie dabei, welche Serviceleistungen Ihr Ausbildungsbetrieb im Zusammenhang mit diesen Artikeln den Kunden anbietet.
    c) Führen Sie ebenfalls fünf Artikel auf, die unter Servicegesichtspunkten problemlos sind.
13. Welche Art Serviceleistung liegt in den folgenden Fällen vor?

a) 

b) 

c) 

ZUSAMMENFASSUNG

Serviceleistungen

- alle Nebenleistungen eines Einzelhandelsbetriebes, die er zusätzlich zu seiner Hauptleistung, dem Verkauf von Waren, erbringt
- Zweck der Serviceleistungen ist die Förderung des Absatzes durch:
  - positive Beeinflussung von Kaufentscheidungen
  - Abheben von der Konkurrenz
  - Kundenbindung

Warenabhängige Serviceleistungen

technische Serviceleistungen
- Gewährleistung oder Wiederherstellung der einwandfreien Funktion einer Ware

kaufmännische Serviceleistungen
- Erleichterung der Kaufvorbereitung und -durchführung

Warenunabhängige Serviceleistungen

Service zur Bequemlichkeit
- Convenience

Selbstständige Dienstleistungen
- Ergänzung zum Angebot des Einzelhandelsbetriebs durch andere Unternehmen

Man versteht erst dann etwas richtig, wenn man am Ende der Behandlung eines Themas versucht, dieses sich selbst noch einmal zu erklären. Dies führt zu einer eigenen gründlichen Auseinandersetzung mit dem gerade behandelten Thema.

1. Suchen Sie sich einen Partner.
2. Lesen Sie noch einmal die Zusammenfassung. Bei Verständnisproblemen schlagen Sie ggf. noch einmal im Informationstext nach.
3. Wandeln Sie die Zusammenfassung mit Ihrem Partner in eine gemeinsame Mindmap um.

ICH ÜBERPRÜFE MEINE NEU ERWORBENEN KOMPETENZEN

Den Erwerb der zu Beginn aufgeführten Kompetenzen können Sie selbst mithilfe der folgenden Tabelle überprüfen.

Wenn Sie alle Aufgaben, die hinter einer Kompetenz stehen, gelöst haben, machen Sie ein Kreuz bei „Ganz".

Bei den Kompetenzen, bei denen Sie Aufgaben „Teilweise" oder „Gar nicht" gelöst haben, sollten Sie den dazugehörigen Informationstext noch einmal lesen und die Aufgaben anschließend noch einmal bearbeiten.

Was ich nach der Bearbeitung dieses Kapitels kann	Aufgaben	Ganz	Teilweise	Gar nicht
Ich kann ...				
... die Wirksamkeit von Serviceleistungen für die Kundenbindung erläutern.	1, 2, 8			
... zwischen warenabhängigen und warenunabhängigen Dienstleistungen unterscheiden und jeweils Beispiele dafür aufführen.	3, 4, 5, 6, 7, 9, 10, 11, 12			
... verschiedene Serviceleistungen erläutern.	4, 5, 7, 9, 10, 11, 12, 13			

5321584

5.4 Gesetzliche Regelungen des Wettbewerbs

Problemstellung

Tom Hoss liest gerade in einer Fachzeitschrift und traut seinen Augen nicht. Ein Einzelhandelsunternehmen, das seit einem Jahr bundesweit als neuer Mitbewerber auftritt, hat eine große Anzeige geschaltet.

Frau Bender, die Sekretärin der Geschäftsführung, ist total erstaunt, als ihr Chef erzürnt mit der Zeitschrift aus seinem Zimmer kommt: „Na, das wollen wir ja mal sehen ...“

Modna fashion GmbH

Tom Hoss KG

...

Zwei Drittel der Arbeitskräfte der Tom Hoss KG sind Ungelernte. Bei uns werden Sie daher besser beraten.

...

Stellen Sie fest, ob hier ein Verstoß gegen das Gesetz gegen den unlauteren Wettbewerb vorliegt.

EINORDNUNG DES THEMAS

Lernfeld 5: Werben und den Verkauf fördern

Kommunikation mit Kunden → Werbung → Service → **Gesetzliche Regelungen des Wettbewerbs** → Verpackung → Zustellung der Ware

Kompetenzen

Nach Bearbeitung dieses Kapitels können Sie ...

... die Zielsetzung des Gesetzes gegen den unlauteren Wettbewerb erklären.
... die Generalklausel des UWG nachvollziehen.
... konkrete unzulässige Wettbewerbshandlungen nach dem UWG aufführen.
... geplante Marketingmaßnahmen auf ihre Vereinbarkeit mit dem UWG überprüfen.

INFORMATIONSTEXT

Gesetz gegen den unlauteren Wettbewerb

Die Werbemaßnahmen eines Einzelhandelsunternehmens sollten sich nur an der Qualität und dem Preis der Waren orientieren. Oft verstoßen jedoch viele Unternehmen dagegen. Dadurch werden einerseits Mitbewerber um ihre Chancen betrogen und Kunden andererseits getäuscht bzw. irregeführt.

Gegen ein solches unzulässiges Verhalten richtet sich das Gesetz gegen den unlauteren Wettbewerb (UWG). Als unlauteren Wettbewerb versteht man das unfaire Verhalten von Unternehmen, die gegen die guten Sitten im Geschäftsleben verstoßen.

Das Gesetz gegen den unlauteren Wettbewerb ist wegen seines weiten Anwendungsbereichs für jeden in der Wirtschaft Tätigen relevant (wichtig):

- Es muss beachtet werden, damit man sich über das eigene Verhalten nicht angreifbar macht.
- Die Kenntnis des UWG ist wichtig, um unerwünschtes wettbewerbliches Verhalten Dritter abwehren zu können.

Gegen unlautere Handlungen vorgehen können:

- Mitbewerber
- Interessenverbände von Marktteilnehmern

BEISPIEL

- Wettbewerbsvereine
- Kammern
- Verbraucherschutzverbände

Verbraucher können dies jedoch nicht.

Machte das UWG in früheren Fassungen nur Angaben zu werberechtlichen Verstößen, erfasst es heute jedes wettbewerbswidrige Verhalten. Es richtet sich gegen alle geschäftlichen Handlungen, die als unlautere Geschäftspraktiken bezeichnet werden können.

Als geschäftliche Handlung gilt jedes Verhalten einer Person, das in einem tatsächlichen Zusammenhang mit der Förderung des Absatzes oder des Bezugs von Waren oder Dienstleistungen steht. Erfasst werden Verhaltensweisen der Unternehmen vor, während und nach dem Vertragsschluss.

Generalklausel des UWG

GESETZ

§ 3 Verbot unlauterer geschäftlicher Handlungen

(1) Unlautere geschäftliche Handlungen sind unzulässig, wenn sie geeignet sind, die Interessen von Mitbewerbern, Verbrauchern oder sonstigen Marktteilnehmern spürbar zu beeinträchtigen.

Diese allgemein formulierte Generalklausel des UWG verbietet also grundsätzlich alle unlauteren geschäftlichen Handlungen, soweit es sich um keine Bagatellfälle handelt. Die in der Generalklausel genannten Wirtschaftsteilnehmer werden folgendermaßen definiert:

- **Mitbewerber**
  Dies sind alle Unternehmen, die zu dem eigenen Unternehmen als Anbieter oder Nachfrager von Waren oder Dienstleistungen in einem konkreten Wettbewerbsverhältnis stehen.
- **Verbraucher**
  Darunter werden alle natürlichen Personen verstanden, die Rechtsgeschäfte abschließen, die weder beruflich noch gewerblich bedingt sind.
- **sonstige Marktteilnehmer**
  Dies sind neben Mitbewerbern und Verbrauchern alle Personen, die als Anbieter oder Nachfrager von Waren oder Dienstleistungen auftreten.

Schwarze Liste des UWG

Das UWG enthält zusätzlich einen Anhang mit stets unzulässigen Wettbewerbshandlungen. Dieser Katalog wird oft auch als „schwarze Liste“ bezeichnet. Diese Auflistung soll zu größerer Transparenz führen und es ermöglichen, unmittelbar dem UWG zu entnehmen, welches Verhalten in jedem Fall verboten ist.

Schwarze Liste	
verbietet in jedem Fall:	**BEISPIELE**
... die unwahre Angabe eines Unternehmens, zu den Unterzeichnern eines Verhaltenskodexes zu gehören.	Ein Mitbewerber der Tom Hoss KG wirbt damit, Mitglied in der Vereinigung fair handelnder Unternehmen zu sein, ohne es tatsächlich zu sein.
... die Verwendung von Gütezeichen, Qualitätskennzeichen usw. ohne die erforderliche Genehmigung.	Ein Mitbewerber der Tom Hoss KG bringt an seinen Textilien ein Biosiegel an, obwohl ihm dieses nie verliehen wurde.
... die unwahre Angabe, dass eine öffentliche oder andere private Stelle • einen Verhaltenskodex, • eine von einem Unternehmen vorgenommene geschäftliche Handlung bzw. • eine Ware oder Dienstleistung genehmigt, bestätigt oder gebilligt hat.	Ein Mitbewerber Tom Hoss KG wirbt mit „Unser Leistungsangebot ist staatlich anerkannt".
... Angebote für Waren und Dienstleistungen zu einem bestimmten Preis, • falls nicht darüber aufgeklärt wird, dass diese nicht in angemessener Menge in einem angemessenen Zeitraum bereitgestellt werden können. Diese Art Angebote nennt man Lockvogelangebote. Es sind Angebote, die man nicht halten kann. • wenn das Unternehmen in der Absicht, stattdessen eine andere Ware oder Dienstleistung abzusetzen, etwas Fehlerhaftes vorführt, sich weigert zu zeigen, was es beworben hat, oder sich weigert, Bestellungen dafür anzunehmen oder die beworbene Leistung innerhalb einer vertretbaren Zeit zu erbringen.	Lockvogelangebot: Ein Elektromarkt wirbt für einen Fernseher zu einem sehr günstigen Preis. Shirin Gül nimmt einen Tag Urlaub. Gleich zur Öffnung des Elektromarkts betritt sie das Geschäft. Ein Kunde vor ihr bekommt ein Gerät. Nun ist sie an der Reihe. Ein Verkäufer sagt zu ihr: „Die Ware ist leider eben gerade ausverkauft."
... die unwahre Angabe, bestimmte Waren oder Dienstleistungen seien nur für einen sehr begrenzten Zeitraum verfügbar, um den Verbraucher zu einer sofortigen geschäftlichen Entscheidung zu veranlassen, ohne dass dieser Zeit und Gelegenheit hat, sich aufgrund von Informationen zu entscheiden.	In einem anderen Elektromarkt interessiert sich Martin Klages für einen HD-Fernseher zu einem sehr günstigen Preis, der mit „Gestern nicht! – Nur heute! – Und dann nie wieder!" beworben wird, obwohl das Gerät schon zwölf Monate im Angebot ist.
... bei Kundendienstleistungen eine andere Sprache zu verwenden als diejenige, in der die Verhandlungen vor dem Abschluss des Geschäfts geführt worden sind. Dies gilt nicht, soweit Verbraucher vor dem Abschluss des Geschäfts darüber aufgeklärt werden, dass diese Leistungen in einer anderen als der ursprünglich verwendeten Sprache erbracht werden.	Ein französischer Onlineshop bietet Waren auch auf Deutsch an. Als Jakub Nowak bei einer bestellten Ware etwas reklamieren möchte, antwortet die Firma nur auf Französisch.

Schwarze Liste	
... die unwahre Angabe oder das Erwecken des unzutreffenden Eindrucks, eine Ware oder Dienstleistung sei verkehrsfähig.	Die Tom Hoss KG kauft von einem taiwanesischen Importeur 5000 Adidas-Trikots. Es stellt sich heraus, dass die Warenlieferung aus Billigprodukten besteht, auf denen zu Unrecht das Markensymbol angebracht wurde. Der Handel, Kauf oder Verkauf einer solchen Ware ist nicht erlaubt.
... die unwahre Angabe oder das Erwecken des unzutreffenden Eindrucks, gesetzlich bestehende Rechte stellten eine Besonderheit des Angebots dar.	Ein Unternehmen wirbt mit „Das kann keiner unserer Konkurrenten: Zwei Jahre Gewährleistung auf alle unsere Waren!" Dies ist irreführend, weil es sich um das jedem zustehende normale Recht im Fall einer mangelhaften Lieferung handelt.
... als Information getarnte Werbung (Schleichwerbung): Nicht erlaubt ist der von Unternehmern finanzierte Einsatz redaktioneller Inhalte zu Zwecken der Verkaufsförderung, ohne dass sich dieser Zusammenhang aus dem Inhalt oder aus der Art der optischen oder akustischen Darstellung eindeutig ergibt.	Ein Angestellter der betrü GmbH schreibt einen positiven Bericht über das Sortiment des Unternehmens, das „ökologisch vorbildlich" sein soll. Ohne dass der Bericht über die betrü GmbH als Anzeige erkennbar ist, wird er in einer überregionalen Zeitung veröffentlicht.
... unwahre Angaben über Art und Ausmaß einer Gefahr für die persönliche Sicherheit des Verbrauchers oder seiner Familie für den Fall, dass er die angebotene Ware nicht erwirbt oder die angebotene Dienstleistung nicht in Anspruch nimmt.	Obwohl in dieser Region die wenigsten Einbrüche in ganz Deutschland zu verzeichnen sind, wirbt ein Unternehmen der Sicherheitstechnik mit „Unser Landkreis ist das Paradies für Einbrecher und Diebe ...".
... Werbung für eine Ware oder Dienstleistung, die der Ware oder Dienstleistung eines Mitbewerbers ähnlich ist, wenn dies in der Absicht geschieht, über die betriebliche Herkunft der beworbenen Ware oder Dienstleistung zu täuschen.	Es wird für Plagiate geworben.
... die Einführung, der Betrieb oder die Förderung eines Systems zur Verkaufsförderung, das den Eindruck vermittelt, allein oder hauptsächlich durch die Einführung weiterer Teilnehmer in das System könne eine Vergütung erlangt werden (Schneeball- oder Pyramidensystem).	Ein Bekannter versucht Stefanie Beyer zu locken, ein Finanzanlageprodukt selbst zu vertreiben und dazu eigene Vertreter anzuwerben. Für deren Umsätze werden ihr Provisionen versprochen. An jedem Verkauf verdienen in einem solchen Schneeballsystem also mehrere Personen, da dieses eine Pyramidenstruktur aufweist.
... die unwahre Angabe, der Unternehmer werde demnächst sein Geschäft aufgeben oder seine Geschäftsräume verlegen.	Ein Einzelhändler wirbt mit „Geschäftsaufgabe! Auf alle Artikel 50 % Rabatt". 14 Tage später wird das Geschäft zwei Häuser weiter wieder eröffnet.
... die Angabe, durch eine bestimmte Ware oder Dienstleistung ließen sich die Gewinnchancen bei einem Glücksspiel erhöhen.	Herr Hoss hat in seiner Privatpost: „Mit dem Kauf von Ovomaltol erhöhen sich Ihre Gewinnchancen bei unserem attraktiven Preisausschreiben."

5321588

Schwarze Liste	
... die unwahre Angabe oder das Erwecken des unzutreffenden Eindrucks, der Verbraucher habe bereits einen Preis gewonnen oder werde ihn gewinnen, • wenn es einen solchen Preis oder Vorteil tatsächlich gar nicht gibt beziehungsweise • wenn die Möglichkeit, einen Preis oder sonstigen Vorteil zu erlangen, von der Zahlung eines Geldbetrags oder der Übernahme von Kosten abhängig gemacht wird.	In einem weiteren Schreiben liest Herr Hoss: „Hallo Herr Hoss, Sie haben gewonnen! Sichern Sie sich den Hauptpreis noch heute ...“
... die unwahre Angabe, eine Ware oder Dienstleistung könne Krankheiten, Funktionsstörungen oder Missbildungen heilen.	Anzeige einer Arzneimittelfirma: „CONTRAIDS heilt AIDS“. Tatsächlich gibt es noch kein heilendes Medikament.
... eine unwahre Angabe über die Marktbedingungen oder Bezugsquellen, um den Verbraucher dazu zu bewegen, eine Ware zu weniger günstigen Bedingungen als den allgemeinen Marktbedingungen abzunehmen.	• Obwohl die Ware in Taiwan hergestellt wurde, ist an den Artikeln „Made in Germany“ angebracht. • Eine Tankstelle wirbt mit „Letzte Tankstelle vor der A7“, obwohl noch drei weitere Tankstellen im Verlauf der A7 folgen.
... das Angebot eines Wettbewerbs oder Preisausschreibens, wenn weder die in Aussicht gestellten Preise noch ein angemessener Ersatz vergeben werden.	Ein Versandhandelsunternehmen führt ein Preisausschreiben durch, um an Adressen von möglichen Kunden zu kommen. Ein Gewinner wird aber gar nicht ermittelt. Keiner der Einsender bekommt einen Preis.
... das Angebot einer Ware oder Dienstleistung als „gratis“, „umsonst“, „kostenfrei“ oder dergleichen, wenn hierfür gleichwohl Kosten zu tragen sind. Dies gilt nicht für Kosten, die im Zusammenhang mit dem Eingehen auf das Waren- oder Dienstleistungsangebot oder für die Abholung oder Lieferung der Ware oder die Inanspruchnahme der Dienstleistung unvermeidbar sind.	Ein Mobiltelefonanbieter wirbt mit „1000 Gespräche gratis“. Nicht offengelegt wird im Angebot, dass es Grundgebühren gibt und die 1000 Gespräche erst bei einem Gesprächsvolumen von über 2000 Gesprächen gratis sind.
... die Übermittlung von Werbematerial unter Beifügung einer Zahlungsaufforderung, wenn damit der unzutreffende Eindruck vermittelt wird, die beworbene Ware oder Dienstleistung sei bereits bestellt.	Die Tom Hoss KG bekommt ein Schreiben: „Diesen Computer bestellt ... und Sie sind glücklich“. Dem Schreiben liegt ein ausgefüllter Zahlungsbeleg bei.
... die unwahre Angabe, der Unternehmer sei Verbraucher oder nicht für Zwecke seines Geschäfts, Handels, Gewerbes oder Berufs tätig.	Ein eBay-Verkäufer gibt sich als Privatmann aus, obwohl er gewerblich Waren vertreibt.

Schwarze Liste	
... die unwahre Angabe, es sei im Zusammenhang mit Waren oder Dienstleistungen in einem anderen Mitgliedstaat der Europäischen Union als dem des Warenverkaufs oder der Dienstleistung ein Kundendienst verfügbar.	Die Tom Hoss KG kauft eine Büromaschine bei einem englischen Hersteller, der in seiner Werbung deutlich auf den deutschen Kundendienst hinweist. Als bei einem Defekt der Kundendienst in Anspruch genommen werden soll, stellt sich heraus, dass sich die nächste Kundendienststelle in London befindet.
... die Ausübung von Druck, • indem der Eindruck erweckt wird, der Verbraucher könne bestimmte Räumlichkeiten nicht ohne vorherigen Vertragsabschluss verlassen, • indem bei persönlichem Besuch des Verbrauchers sich geweigert wird, diesen zu verlassen.	„Wenn Sie nicht unterschreiben wollen, ich kann hier noch lange warten!“
... Maßnahmen, durch die der Verbraucher von der Durchsetzung seiner vertraglichen Rechte aus einem Versicherungsverhältnis durch folgende Maßnahmen abgehalten werden soll: • Es werden von ihm bei der Geltendmachung seiner Ansprüche Unterlagen verlangt, die zum Nachweis dieses Anspruchs nicht erforderlich sind, • oder Schreiben zur Geltendmachung eines solchen Anspruchs werden systematisch nicht beantwortet.	Frau Hoss zeigt ihrer Versicherung einen Sturmschaden an. Diese ignoriert mehrere Schreiben.
... die Aufforderung an Kinder, Produkte zu kaufen oder Eltern zum Kauf zu überreden.	Ein Einzelhandelsunternehmen fordert in einer Anzeige Kinder direkt auf, ein bestimmtes Produkt zu kaufen bzw. die Eltern dahingehend zu beeinflussen: „Hey Kids, nur mit xxx-Jeans seid ihr modern. Sagt das euren Eltern und nervt sie!“
... die Aufforderung zur Bezahlung nicht bestellter Waren beziehungsweise eine Aufforderung zur Rücksendung oder Aufbewahrung nicht bestellter Sachen.	Die betrü GmbH schickt Kunden unbestellt Ware zu und fordert sie einen Tag später auf, unverzüglich die Rechnung zu begleichen.
... die ausdrückliche Angabe, dass der Arbeitsplatz oder Lebensunterhalt des Unternehmers gefährdet sei, wenn der Verbraucher die Ware oder Dienstleistung nicht abnimmt.	Es klingelt an der Haustür. Stefanie Beyer öffnet. Ein Mann steht vor der Tür und möchte etwas verkaufen: „Wenn ich das hier nicht loswerde, bin ich meinen Job los!“

Weitere Aussagen des UWG zur Werbung

Die Generalklausel des UWG verbietet von vornherein auch bestimmte Wettbewerbshandlungen auch im Bereich der Werbung, wenn sie unlauter sind. Darüber hinaus erklärt sie bestimmte Werbemaßnahmen ausdrücklich im Rahmen der Schwarzen Liste für nicht legal (nicht erlaubt). Zusätzlich geht das UWG in weiteren Paragrafen noch einmal auf besondere Aspekte (Gesichtspunkte) ein:

Vergleichende Werbung

Werbung, die unmittelbar oder mittelbar einen Mitbewerber oder die von einem Mitbewerber angebotenen Waren (oder Dienstleistungen) erkennbar macht, nennt man vergleichende Werbung. Diese ist in Deutschland zulässig, wenn nicht gegen bestimmte Kriterien verstoßen wird. Auch Preisvergleiche sind erlaubt. Sie müssen allerdings nachprüfbar sein.

Vergleichende Werbung soll das eigene Produkt von der Konkurrenz abheben – und ist nicht immer erlaubt

Vergleichende Werbung ist nicht zulässig, wenn sie ...

- ... nicht objektiv auf eine oder mehrere wesentliche, relevante, nachprüfbare und typische Eigenschaften oder den Preis dieser Waren oder Dienstleistungen bezogen ist.
- ... sich nicht auf Waren (oder Dienstleistungen) für den gleichen Bedarf oder dieselbe Zweckbestimmung bezieht.
- ... eine Ware oder Dienstleistung als Imitation oder Nachahmung einer unter einem geschützten Kennzeichen vertriebenen Ware oder Dienstleistung darstellt.
- ... die Waren, Dienstleistungen, Tätigkeiten oder persönlichen oder geschäftlichen Verhältnisse eines Mitbewerbers herabsetzt oder verunglimpft.
- ... im geschäftlichen Verkehr zu einer Gefahr von Verwechslung zwischen dem Werbenden und einem Mitbewerber oder zwischen den von diesen angebotenen Waren oder Dienstleistungen oder den von ihnen verwendeten Kennzeichen führt.
- ... den Ruf des von einem Mitbewerber verwendeten Kennzeichens in unlauterer Weise ausnutzt oder beeinträchtigt.

Irreführende Werbung

Jede Werbemaßnahme muss klar und wahr sein. Sie darf die Verbraucher nicht irreführen. Dies kann schon zutreffen, wenn die Aussage von einem kleineren, aber nicht unbeachtlichen Teil der Verbraucher missverstanden werden kann.

BEISPIELE

Dieser auf den ersten Blick sehr günstige Preis stellt nicht den Endpreis dar: Wenn teure Gebühren, z. B. Flughafengebühren, und Steuern in diesem Preis nicht enthalten sind, liegt eine irreführende Werbung vor, die nicht erlaubt ist.

Mondpreiswerbung

Ein Unternehmen darf nicht mit reduzierten Preisen werben, wenn der frühere (höhere) Preis nur für einen unangemessen kurzen Zeitraum gefordert wurde. Das Verbot einer solchen Mondpreiswerbung richtet sich dagegen, dass das werbende Unternehmen den Preis einer Ware nur deshalb einmal hoch ansetzt, um ihn kurz darauf werbewirksam herabzusetzen. Da man normalerweise nicht weiß, wie lange die Preise gefordert wurden, muss das werbende Unternehmen den Zeitraum der Preisforderung beweisen, wenn dies umstritten ist.

Solch drastische Preissenkungen können ein Hinweis auf eine Mondpreiswerbung sein

Lockvogelangebote

Kunden können erwarten, dass die Waren normalerweise in einer solchen Menge vorhanden sind, dass die zu erwartende Nachfrage gedeckt ist. Dies gilt vor allem dann, wenn ein Unternehmen besonders für einen Artikel wirbt. Andernfalls wird der mögliche Käufer über die Leistungsfähigkeit des werbenden Unternehmens und dessen Warenvorrat irregeführt. Die Lockvogelwerbung wird dann unzulässig, wenn die beworbene Ware nicht oder nur in unzureichenden Mengen zur Verfügung steht. Das Unternehmen muss informieren, wenn es die Waren in einem angemessenen Zeitraum in einer angemessenen Menge zu den in der Werbung genannten Preisen nicht anbieten kann. Die „Angemessenheit" wird in der Rechtsprechung momentan unterschiedlich ausgelegt.

BEISPIELE

Ob ein Lockvogelangebot vorliegt, muss oft von einem Gericht geklärt werden:

Gericht knöpft sich Media-Markt-Werbung vor

Von Susanne Amann

Irreführende Reklame, nichtexistente Sonderangebote: Solche Tricks werfen Verbraucherschützer dem Handelsriesen Media Markt vor. Jetzt melden sie einen ersten Teilerfolg: Ein Gericht will klären, ob mit Lockvogel-Angeboten geworben wird.

[...]

Es geht um einen DVD-Player, der zum Jahreswechsel 2005/2006 bundesweit im Fernsehen, Radio, im Internet und in Printmedien mit einem Preis von 19 Euro beworben wurde. Der Vorwurf: Das Gerät sei in verschiedenen Media-Märkten unmittelbar nach der Geschäftsöffnung schon nicht mehr erhältlich gewesen. „Wir haben stapelweise Beschwerden von Kunden aus ganz Deutschland bekommen, die aufgrund der Werbung extra in die Märkte gekommen sind", sagt Helke Heidemann-Peuser, Rechtsexpertin beim Bundesverband der Verbraucherzentrale, zu SPIEGEL ONLINE. „Aus unserer Sicht war das ein klarer Fall von zentral gesteuerter Lockvogelwerbung."

[...]

Die Werbung des Unternehmens ist nicht zum ersten Mal in der Kritik. „Die Werbung des Media Markts ist sehr aufmerksamsstark, oft laut und auffällig", sagt Volker Nickel vom Zentralverband der deutschen Werbewirtschaft. „Sie ist damit genau auf die Zielgruppe des Unternehmens ausgerichtet – auch wenn das manchem vielleicht nicht gefällt." Solange dies aber alles im Rahmen der gültigen Rechtslage stattfinde, sei dagegen nichts einzuwenden. „Wer Sonderangebote auslobt, muss die natürlich auch verfügbar haben", sagt Nickel.

Quelle: SPIEGEL.de, Susanne Amann, 9.5.2007 http://www.spiegel.de/wirtschaft/lockvogel-angebote-gericht-knoepft-sich-media-markt-werbung-vor-a-481788.html [10.09.2021].

Unzumutbare Belästigung

Das UWG sieht unzumutbare Belästigungen grundsätzlich als nicht erlaubt an. Hierunter fallen unter anderem:

- **unerwünschte Werbemaßnahmen**
  Diese belästigen den Kunden unzumutbar, wenn deutlich wird, dass er erkennbar die Werbung nicht möchte.
- **Telefonwerbung**
  Diese ist gegenüber Verbrauchern nur mit deren Einwilligung zulässig. Gegenüber Unternehmen ist sie erlaubt, wenn sie aufgrund einer vermutlichen Einwilligung erfolgt ist. Unerlaubte Anrufe können unter bestimmten Voraussetzungen mit Bußgeld geahndet werden.
- **E-Mail-Werbung**
  Diese ist grundsätzlich ohne Einwilligung nicht zulässig. Hat aber ein Unternehmen z. B. im Zusammenhang mit einem Kaufvertrag die E-Mail-Adresse eines Kunden erhalten, dürfen diesem auch ohne Erlaubnis Werbe-E-Mails zu ähnlichen Waren geschickt werden. Dabei muss der Kunde darauf hingewiesen werden, dass er der Werbung auch widersprechen kann.
- **Faxwerbung**
  Faxwerbung ist nur mit Zustimmung des Faxempfängers zulässig.

Bundesnetzagentur:

Unerlaubte Telefonwerbung (Cold Calls)

Ärgernis Telefonwerbung: Viele Menschen fühlen sich durch Anrufe belästigt, in denen zum Beispiel für Zeitschriftenabonnements oder einen neuen Telefontarif geworben wird. Verbraucherinnen und Verbraucher können sich aber gegen unerlaubte Werbeanrufe wehren, indem sie diese bei der Bundesnetzagentur anzeigen. Was dabei zu beachten ist und wie die Bundesnetzagentur vorgeht, um einen effektiven Verbraucherschutz zu gewährleisten, erfahren Sie hier.

Was gilt als Telefonwerbung?

Unter den Begriff Telefonwerbung fallen Anrufe, die mit der Zielsetzung erfolgen, den Absatz von Waren oder die Erbringung von Dienstleistungen zu fördern.

Beworben werden dabei oftmals Abonnements sowie Verträge zum Beispiel für einen neuen Stromtarif. Häufig sollen die Angerufenen während des Gesprächs zu einem Vertragsabschluss gedrängt werden.

Was ist z. B. keine Telefonwerbung?

Sogenannte „Phishing-Anrufe“ sind keine Telefonwerbung, auch dann nicht, wenn Firmennamen oder Produkte genannt werden. Bei „Phishing-Anrufen“ versuchen Trickbetrüger an sensible Daten wie Kennwörter oder Bankdaten zu gelangen. Der Anruf wird nur als Mittel zur Begehung oder Vorbereitung von Straftaten genutzt. [...]

Anrufe zu Markt- und Meinungsforschung stellen grundsätzlich keine Telefonwerbung dar, wenn jedoch mit einer (getarnten) Umfrage Absatzförderung (Werbung) betrieben wird, kann es sich sehr wohl um unerlaubte Telefonwerbung handeln [...].

Was dürfen Werbeanrufer nicht?

Verbraucherinnen und Verbraucher ohne deren ausdrückliche vorherige Einwilligung zu Werbezwecken anzurufen, ist gesetzlich verboten. Fehlt eine solche Einwilligung, handelt es sich um einen unerlaubten Werbeanruf, einen sogenannten Cold Call.

Ferner dürfen Anrufende bei Werbung mit einem Telefonanruf ihre Rufnummer nicht unterdrücken.

Wirksame Werbeeinwilligung?

Um das Verbot unerlaubter Telefonwerbung zu umgehen, berufen sich manche Anrufer auf eine angebliche Einwilligung, die die Verbraucherin oder der Verbraucher gar nicht abgegeben hat. Beispielsweise behaupten die Anrufer, dass der Angerufene an einem Online-Gewinnspiel teilgenommen und hierbei sein Einverständnis erklärt hat.

Eine Werbeeinwilligung ist eine konkrete Erklärung einer Verbraucherin oder eines Verbrauchers, dass sie/er mit einem Werbeanruf einverstanden ist. Die Erklärung ist nur dann wirksam, wenn die Verbraucherin oder der Verbraucher bei deren Abgabe erkennen kann, welches Unternehmen, welche Dienstleistung oder Produktgruppe telefonisch bewerben möchte. Die Erklärung muss also transparent und verständlich sein.

Eine Einwilligung zu Beginn des Telefonats einzuholen, ist nicht erlaubt. Vielmehr muss sie bereits vor dem Anruf vorliegen

Wie geht die Bundesnetzagentur gegen unerlaubte Telefonwerbung vor?

Die Missachtung der gesetzlichen Regelungen ist bußgeldbewehrt und kann als Ordnungswidrigkeit durch die Bundesnetzagentur verfolgt werden.

Bei Verstößen gegen das Verbot der unerlaubten Telefonwerbung kann die Behörde Bußgelder von bis zu 300.000 Euro verhängen. Eine Rufnummernunterdrückung bei Werbeanrufen kann mit Bußgeldern bis zu 10.000 Euro geahndet werden.

Quelle: Bundesnetzagentur: Unerlaubte Telefon(Cold Calls). In: Bundesnetzagentur. Verbraucherthemen. Stand 2018. https://www.bundesnetzagentur.de/DE/Sachgebiete/Telekommunikation/Verbraucher/UnerlaubteTelefonwerbung/unerlaubtetelefonwerbung-node.html [23.11.2018]

5321594

AUFGABEN

1. Was ist unlauterer Wettbewerb?
2. Was versteht das UWG unter einer geschäftlichen Handlung?
3. Welche Aussage trifft die Generalklausel des UWG?
4. Wodurch unterscheidet sich die Generalklausel des UWG von der Schwarzen Liste?
5. Führen Sie fünf Handlungen auf, die nach der Schwarzen Liste als unerlaubte geschäftliche Handlungen gelten.
6. Wie ist die Rechtslage in Deutschland bei vergleichender Werbung?
7. Erläutern Sie die Mondpreiswerbung.
8. Was sind unzumutbare Belästigungen im Sinne des UWG?
9. Welche Werbemaßnahme ist grundsätzlich nicht verboten?
   a) Mondpreiswerbung
   b) Lockvogelwerbung
   c) Benutzung fremder Firmenbezeichnungen
   d) geschäftsschädigende Behauptungen
   e) Preisgegenüberstellung
10. Herr Hoss beobachtet aufmerksam das Verhalten der Modna fashion GmbH. In fünf Fällen überprüft er, ob es sich um unlauteren Wettbewerb handelt.
    a) Die Modna fashion GmbH verspricht Kunden bei Abnahme einer bestimmten Menge eines bestimmten Artikels einen höheren Rabatt.
    b) Die Modna fashion GmbH wirbt anlässlich des zehnjährigen Firmenjubiläums in Zeitungsanzeigen mit Sonderangeboten.
    c) Die Modna fashion GmbH wirbt in Zeitungsanzeigen für Badeanzüge, die in Nordkorea hergestellt wurden, mit der Bezeichnung „Made in Germany".
    d) Die Modna fashion GmbH vergleicht in Werbeprospekten die Preise ihrer Artikel mit den Preisen der entsprechenden Artikel der Hoffmann KG. Der Preisvergleich ist zutreffend.
    e) Die Modna fashion GmbH bietet in einer Stellenanzeige Reisenden ein überdurchschnittliches Fixum an.

    Geben Sie an, in welchen Fällen Verstöße gegen das UWG vorliegen.
11. Erstellen Sie eine kleine PowerPoint-Präsentation, die informiert über
    a) das Ziel des UWG und die Generalklausel,
    b) die schwarze Liste,
    c) weitere Aussagen, die das UWG macht.
    Bereiten Sie sich darauf vor, Ihre Präsentation vorzustellen.
12. Besuchen Sie auf der Internetseite der Verbraucherschutzzentrale die Adressen *www.verbraucherzentrale.nrw/vorsicht-lockangebot* und *www.verbraucherzentrale.nrw/wissen/vertraege-reklamation/werbung*. Suchen Sie auf diesen Seite nach Beispielen für Verstöße gegen das UWG und stellen Sie diese Ihren Mitschülern vor.
13. Begründen Sie, warum es unlauter ist, wenn die Wende KG einem Besucher ihres Webshops auf der Internetseite eines Artikels einen Lagerbestand angibt, der tatsächlich geringer (oder auch größer) ist.
    Lesen Sie als Hilfe den folgenden Text:

> Webshops müssen aus rechtlicher Sicht grundsätzlich nicht für einen bestimmten Mindestwarenvorrat sorgen.
> Probleme vor dem Hintergrund des UWG bekommen jedoch solche Onlineshops, die gegenüber ihren potenziellen Käufern falsche Angaben über ihren Warenvorrat machen, um sie möglichst schnell zu einer Kaufentscheidung zu bewegen. Eine solche Praxis kann abgemahnt werden.

ZUSAMMENFASSUNG

Gesetz gegen den unlauteren Wettbewerb (UWG)

richtet sich gegen das unfaire Verhalten von Unternehmen, die gegen die guten Sitten im Geschäftsleben verstoßen

Generalklausel

- allgemein formuliert
- verbietet grundsätzlich alle unlauteren geschäftlichen Handlungen, soweit es sich um keine Bagatellfälle handelt

Schwarze Liste

zusätzliche konkrete Auflistung stets unzulässiger Wettbewerbshandlungen

weitere Aussagen des UWG

- unzumutbare Belästigungen
- Mondpreiswerbung
- Lockvogelwerbung
- vergleichende Werbung
- irreführende Werbung

Man versteht erst dann etwas richtig, wenn man versucht, es einem anderen zu erklären. Dies führt zu einer eigenen gründlichen Auseinandersetzung mit dem gerade behandelten Thema.

1. Suchen Sie sich einen Partner.
2. Lesen Sie noch einmal die Zusammenfassung. Bei Verständnisproblemen schlagen Sie ggf. noch einmal im Informationstext nach.
3. Einer von Ihnen erläutert die Zusammenfassung dem Partner.
4. Dieser achtet auf Korrektheit und Vollständigkeit und wiederholt noch einmal.

ICH ÜBERPRÜFE MEINE NEU ERWORBENEN KOMPETENZEN

Den Erwerb der zu Beginn aufgeführten Kompetenzen können Sie selbst mithilfe der folgenden Tabelle überprüfen.

Wenn Sie alle Aufgaben, die hinter einer Kompetenz stehen, gelöst haben, machen Sie ein Kreuz bei „Ganz".

Bei den Kompetenzen, bei denen Sie Aufgaben „Teilweise" oder „Gar nicht" gelöst haben, sollten Sie den dazugehörigen Informationstext noch einmal lesen und die Aufgaben anschließend noch einmal bearbeiten.

Was ich nach der Bearbeitung dieses Kapitels kann	Aufgaben	Ganz	Teilweise	Gar nicht
Ich kann ...				
... die Zielsetzung des Gesetzes gegen den unlauteren Wettbewerb erklären.	1, 2, 11, 12			
... die Generalklausel des UWG nachvollziehen.	3, 4, 11			
... konkrete unzulässige Wettbewerbshandlungen nach dem UWG aufführen.	4, 5, 6, 7, 8, 9, 10, 11			
... geplante Marketingmaßnahmen auf ihre Vereinbarkeit mit dem UWG überprüfen.	11, 12, 13, 14			

5321596

5.5 Verpackung im Einzelhandel

Problemstellung

Stefanie Beyer trifft Tamara Nestmann, eine Auszubildende aus dem 2. Lehrjahr.

Tamara Nestmann:
„...und dann hatte ich da mehrere Kunden, die wollten Umhüllungen der Ware zurückgeben, nachdem sie diese an der Kasse bezahlt hatten. Denen habe ich aber was erzählt. Die sind nach der Bezahlung Eigentümer der Ware geworden. Also ist das ihr Ding: Meins jedenfalls nicht!“

Beurteilen Sie die Aussage von Tamara Nestmann.

EINORDNUNG DES THEMAS

Lernfeld 5: Werben und den Verkauf fördern

Werbung → Werbung → Service → Gesetzliche Regelungen des Wettbewerbs → **Verpackung** → Zustellung der Ware

Kompetenzen

Nach Bearbeitung dieses Kapitels können Sie ...

... die Bedeutung von Verpackungen für Einzelhandelsunternehmen nachvollziehen.
... verschiedene Merkmale und Aufgaben von Packungen und Verpackungen aufführen.
... Wegwerfgesellschaft und Kreislaufwirtschaft unterscheiden.
... die wichtigsten Aussagen des Kreislaufwirtschaftsgesetzes angeben.
... die durch die Verpackungsverordnung festgelegte Rücknahmepflicht erläutern.
... die Funktionsweise der Dualen Systeme nachvollziehen.
... die verschiedenen Verpackungsarten nennen und erläutern.

INFORMATIONSTEXT

Verpackungen spielen im Einzelhandel eine sehr große Rolle. Sie dienen einerseits dem Schutz der Ware auf dem langen Weg vom Hersteller bis zum Endverbraucher. Andererseits erfüllen Verpackungen häufig auch Werbeaufgaben.

Verpackungen sind vom Einzelhandel auch besonders zu beachten, weil der Anteil der Verpackungskosten an den Kosten eines Produkts bis zu 20 % ausmacht. Ein großes Problem stellt zudem die Entsorgung der Verpackungsabfälle für den Handel dar.

Verpackungen und Packungen

DEFINITION

Unter **Verpackung** wird die Umhüllung einer Ware zum Zweck des Schutzes verstanden.

Dabei wird zwischen Transport- und Verkaufsverpackung unterschieden. In beiden Fällen steht der Nutzen der Umhüllung im Vordergrund:

- Schutz des Produkts
- Gewährleistung der Transport- und Lagerfähigkeit
- einfache Verwendung

DEFINITION

Wenn die Umhüllung zusätzlich noch der Kommunikation mit dem Kunden dient, so spricht man von **Packung**.

Die Packung dient zusätzlich

- zur Information über Produkteigenschaften
- dem Anreiz zum Kauf
- zur Information über Bestandteile und Inhaltsstoffe (gesetzliche Vorschriften!)
- als Bedienungsanleitung
- zur Markenidentifikation

Eine Packung hat also folgende Funktionen:

- **Schutzfunktion:** Die Umhüllung gewährleistet, dass die Ware in unversehrtem Zustand zum Käufer kommt.
- **Transport- und Lagerungsfunktion:** Die Verpackung muss so beschaffen sein, dass die Ware problemlos zwischen den Wirtschaftsstufen befördert und in verschiedenen Lagern aufbewahrt werden kann.
- **Informationsfunktion:** Die Umhüllung gibt Auskunft über die Ware.
- **Umweltfreundlichkeit:** Die Verpackung sollte ökologischen Ansprüchen genügen (also z. B. nach Möglichkeit recycelbar sein). Ziel der Packungspolitik ist es, das Produkt sowohl verkaufs- als auch marktgerecht zu verpacken.
- **Werbefunktion:** Die Packung wirbt für den Artikel und ist anregend für den Kauf.
- **Servicefunktion:** Im Idealfall wird die Handhabung der Ware erleichtert werden.

Die Packung trägt also einerseits dazu bei, durch ihre Attraktivität zum Kauf anzuregen. Andererseits gewährleistet sie Transport- und Lagerfähigkeit. Hat die Packung ihren Zweck erfüllt, wird sie entsorgt. Vor diesem Hintergrund muss ein Einzelhandelsunternehmen das Kreislaufwirtschaftsgesetz und die Verpackungsverordnung beachten.

Der Hausmüll (schwarze Tonne) ist in den letzten Jahren etwas zurückgegangen. **Doch diese Verbesserung wurde durch den starken Anstieg an Verpackungen – mehrheitlich bestehend aus Plastik, Glas und Karton – zunichte gemacht**. In den Jahren 2000 bis 2015 haben die **Papierverpackungen um 75%** zugenommen. Auch **Plastik-Verpackungen** haben in der Zeit **um fast 60%** zugelegt. Die wesentlichen Gründe dafür sind:

- Im Versandhandel und Online-Shopping werden zu den Primärverpackungen noch Versandverpackungen eingesetzt.
- Es werden zunehmend mehr **kleinere Füllgrößen und/oder vorportionierte Einheiten** angeboten. Dies ist auf die steigende Anzahl an Ein- und Zweipersonenhaushalte sowie an Senioren zurückzuführen. So verbraucht eine 0,5 Liter PET-Flasche im Vergleich zu einer 1 Liter PET-Flasche knapp 14% mehr Kunststoff.
- **Veränderte Essensgewohnheiten**: To-go-Verzehr, Fastfood-Gerichte, Einweggetränkeverpackungen sowie die Zubereitung von Fertiggerichten sind stark angestiegen. Das sind keine Zeichen für bewusstere Ernährung.

Quelle: Schreckenbach, Florian: Wie viel Wegwerfgesellschaft sind wir? In: Nachhaltig sein, Lebensweise. 2015. https://nachhaltig-sein.info/lebensweise/wegwerfgesellschaft-muellberg-muell-abfall-aufkommen-menge-deutschland-pro-kopf-verwertungsquote-bundeslaender-infografik-statistik [10.09.2021]. (verändert)

5321598

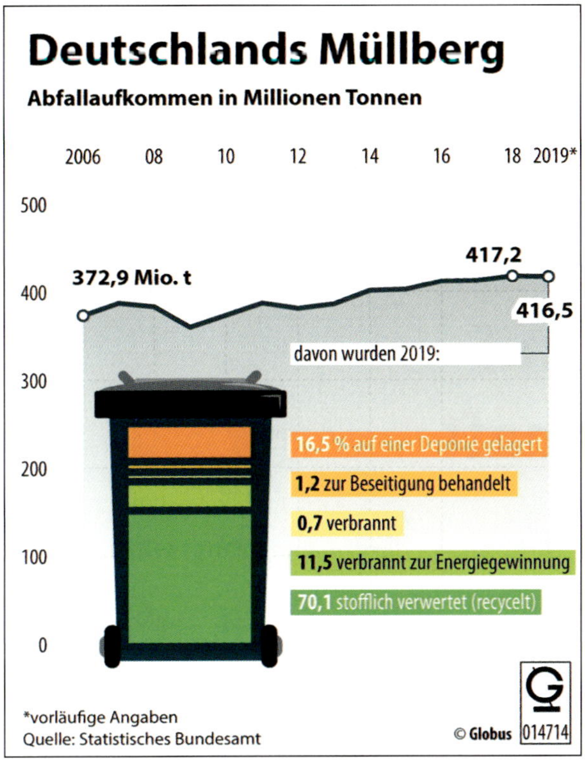

Pro Jahr fallen etwa 37 Mio. Tonnen Müll durch die Haushalte in Deutschland an. Im Durchschnitt erzeugte damit jeder Deutsche pro Kopf einen Müllberg von 453 kg pro Jahr. Zum Vergleich: Ein alter VW Käfer wiegt 600 kg. Verkaufsverpackungen machen ungefähr 18 % des Abfallaufkommens aus

In der Wegwerfgesellschaft werden Waren und Verpackungen nach einmaligen Gebrauch oder Verbrauch entsorgt

Das Kreislaufwirtschaftsgesetz

Das lange Zeit vorherrschende Prinzip in der Wirtschaft war das der **„Wegwerfgesellschaft"**.

In diesem oft auch **Lineargesellschaft** genannten System werden die Waren nach der Nutzungsdauer vernichtet.

In einer **Kreislaufwirtschaft** dagegen gelangen die in einer Ware enthaltenen Rohstoffe über den endgültigen Gebrauch oder Verbrauch der Ware beim Kunden hinaus wieder zurück in den Produktionsprozess. Abfälle werden wieder als Bestandteile neuer Waren verwendet (**Recycling**).

Das Kreislaufwirtschaftgesetz hat das gesamtgesellschaftliche Ziel, Herstellung und Verbrauch von Waren so zu gestalten, dass

- möglichst wenig Abfälle entstehen,

In der Linearwirtschaft landen nicht mehr benötigte Produkte auf der Deponie

- entstandene Abfälle nach Möglichkeit wiederverwertet werden können,
- nicht recycelbare (= wiederverwertbare) Abfälle möglichst umweltverträglich beseitigt werden.

Nicht mehr benötigte Produkte können in der Kreislaufwirtschaft verwesen. Sie können aber auch so aufbereitet werden, dass ein gleichwertiges, neues Produkt entsteht: Kompostierbare Stoffe gelangen zurück in die Umwelt. Andere nicht kompostierbare Materialien, z. B. Aluminium, werden immer wieder recycelt. Die Einzelteile eines Smartphones, das nach den Standards der Kreislaufwirtschaft gebaut wurde, könnten alle wiederverwertet werden.

Die Kreislaufwirtschaft

Das Kreislaufwirtschaftgesetz macht eine eindeutige Aussage zur Produktverantwortung: Das Unternehmen, das eine Ware entwickelt, herstellt oder verkauft, ist für die Erreichung der Ziele der Kreislaufwirtschaft verantwortlich. Für den Umgang mit Abfällen gilt die Abfallhierarchie:

VERMEIDEN	Nach Möglichkeit sollen Abfälle überhaupt nicht anfallen.
VERWERTEN	Sind Abfälle nicht zu vermeiden, sollen diese wieder in Rohstoffe zerlegt und anschließend in die Kreislaufwirtschaft zurückgeführt werden. Diese Wiederverwendung nennt man Recycling.
BESEITIGEN	Erst wenn das Recycling nicht möglich ist, sollte Abfall beseitigt werden.

Die Verpackungsverordnung

Die Verpackungsordnung konkretisiert die Ziele des Kreislaufwirtschaftsgesetzes im Hinblick auf Verpackungsabfälle. Die Verpackungsverordnung weist die Verantwortung für die Verpackungen denjenigen zu, die die Verpackungen in den Verkehr bringen. Dies sind beispielsweise die Händler, die ihre Waren versandfertig verpacken.

Es besteht eine **Rücknahmepflicht**:

- Hersteller und Handelsbetriebe müssen die Verpackungen ihrer Produkte vor Ort zurücknehmen.
- Da dies häufig mit Problemen verbunden ist, erlaubt es die Verpackungsverordnung, dass bestimmte Privatunternehmen Verpackungen direkt beim Verbraucher abholen. Diese Privatunternehmen, die parallel zur klassischen Hausmüll-Entsorgung arbeiten, nennt man **duale Systeme**. Ein Einzelhändler muss sich also nicht in jedem Fall um die Entsorgung jeder einzelnen Verpackung kümmern. Er ist jedoch verpflichtet, die dualen Systeme nach Menge und Art der von ihm in den Verkehr gebrachten Verpackungen zu bezahlen.

Der Hersteller einer Verkaufsverpackung (oder der Händler) beauftragt ein duales System, seine in Deutschland in den Markt gebrachten Verpackungsmengen (z. B. Glasflaschen) zurückzunehmen und zu verwerten. Hierfür zahlt er ein entsprechendes Entgelt. Das duale System beauftragt einen lokalen Entsorger, Container (z. B. Glascontainer an öffentlichen Plätzen) aufzustellen, diese regelmäßig zu leeren und die Verpackungsabfälle zu einer Sortier- oder Aufbereitungsanlage zu bringen. In der Anlage wird diese Verpackungsmenge im Auftrag des dualen Systems sortiert bzw. aufbereitet. Schließlich wird das sortierte und aufbereitete Material einem Verwerter (z. B. einer Glashütte) übergeben.

Die Organisation des Sammelns und Sortierens des Verpackungsabfalls übernahm zunächst das „Duale System Deutschland DSD". Mittlerweile gibt es insgesamt zehn Anbieter, die derzeit (November 2021) in Deutschland als **duale Systeme** zugelassen sind.

Diese Sammel- und Entsorgungssysteme sorgen dafür, dass die angefallenen Verpackungen in den Wirtschaftskreislauf zurückgeführt werden. Sie stehen in der Kreislaufwirtschaft zwischen den Händlern und den Verbrauchern.

Jedes Einzelhandelsunternehmen muss sich vertraglich einem Dualen System anschließen. Für die Menge der Verpackungen, die sie in den Verkehr bringen, müssen sie eine Gebühr zahlen. Die Höhe richtet sich dabei neben der Menge vor allem nach der Art der Verpackungen, die in den Verkehr gebracht werden.

Die dualen Systeme stellen sicher, dass die Verpackungen von allen Endkunden kostenlos in die entsprechenden Sammelstellen entsorgt werden können:

- Papier in Papiertonnen,
- Kunststoffe in gelben Säcken
- und Glas in Altglas-Containern.

Bis 1993 waren ausschließlich die Gemeinden für die Abfallentsorgung zuständig. Der überwiegende Anteil der verbrauchten Verkaufsverpackungen (etwa. 7 Mio. Tonnen jährlich) wird von den zehn dualen Systemen gesammelt und der Verwertung zugeführt (ungefähr. 5 Mio. Tonnen jährlich).

Verpackungsarten

Verpackungsarten nach der Häufigkeit ihrer Verwendung

Die Verpackungsverordnung unterscheidet verschiedene Verpackungsarten nach der Häufigkeit ihrer Verwendung.
Verpackungen können entweder einmal oder mehrfach verwendet werden.

- **Einwegverpackungen**

Eine Einwegverpackung wird nur für einen einzigen Transport verwendet.

BEISPIELE

- Einwegpaletten
- Konservendosen
- Joghurtbecher aus Plastik
- Holzkisten
- Kartons

Diese Kaffeesahne-Behälter können nur einmal benutzt werden

Die Nutzung von Einwegpackungen bietet sich an, wenn
- die Verpackung für Mehrfachtransporte nicht geeignet ist,
- eine erneute Verwendung nicht wirtschaftlich ist.

- **Mehrwegverpackungen**

Mehrwegverpackungen werden mehrfach verwendet. Dadurch wird die Anzahl der Verpackungen und anschließend die Menge des Verpackungsabfalls insgesamt verringert.

BEISPIELE

- Mehrwegflaschen (z. B. Bier- und Mineralwasserflaschen)
- Joghurtgläser
- Getränkekisten

Da sie stärker beansprucht werden, sind Mehrwegverpackungen stabiler konstruiert sein.

Verpackungsarten nach der wahrzunehmenden Funktion

Nach der von der Verpackung wahrzunehmenden Funktion lassen sich die folgenden Verpackungsarten unterscheiden:

- **Transportverpackungen**

Durch Transportverpackungen werden Waren auf dem Transport zum Einzelhändler vor Schäden bewahrt. Sie fallen überwiegend beim Vertreiber der Waren an. Transportverpackungen werden meistens vor dem Verkauf an die Kunden entfernt.

BEISPIELE

- Kartons, die eine größere Stückzahl von Waren zusammenfassen.
- Folien als Verpackung von Wasserflaschen

- **Verkaufsverpackungen**

Verkaufsverpackungen sind Umhüllungen von Waren, die den Inhalt schützen. Sie fallen beim Kunden bis zum Endverbrauch an.

Diese Weißwürste werden von der Verkaufsverpackung umhüllt

5321602

- **Umverpackung**

Unter Umverpackungen werden zusätzliche Verpackungen zu den Verkaufsverpackungen verstanden. Sie sind nicht zwingend notwendig, sollen aber
- den Verkauf von Waren erleichtern,
- Werbung ermöglichen,
- Diebstähle erschweren oder verhindern,
- eine bessere Lagerung ermöglichen.

BEISPIELE

- Schachteln, in denen Zahnpastatuben verpackt sind.
- größere Schachteln mit mehreren Zigarettenschachteln.

- **Getränkeverpackungen**

Getränkeverpackungen sind eine besondere Form der Verkaufsverpackung. Im Sinne der Verpackungsverordnung versteht man darunter geschlossene oder überwiegend geschlossene Umhüllungen für flüssige Lebensmittel, die zum Verzehr als Getränk bestimmt sind.

Die Verpackungsverordnung sieht vor, dass fast alle Einweg-Getränkeverpackungen pfandpflichtig sind. Die Höhe des Pflichtpfands beträgt einheitlich 25 Cent.

BEISPIELE

- Mineralwasser
- Bier
- kohlensäurehaltige Erfrischungsgetränken wie Cola und Limonade
- kohlensäurefreie Erfrischungsgetränke
- alkoholhaltige Mischgetränke (Alcopops)

Pfandpflichtige Einwegflaschen und Getränkedosen können überall dort zurückgegeben werden, wo solche Artikel verkauft werden. Mit der Deutschen Pfandsystem GmbH (DPG) haben Industrie und Handel ein bundesweit einheitliches Rücknahmesystem eingerichtet.

Bis auf einige Ausnahmen sind alle Getränkeverpackungen pfandpflichtig

Solche Rückgabeautomaten nehmen unterschiedliche Flaschen und Dosen an. Die Formerkennung erfolgt durch Infrarotsensoren. Jeder Flaschenform kann ein separater Pfandbetrag zugeordnet werden. Eine Größensortierung der Flaschen ist oft möglich. Die Flaschen werden stehend gesammelt und sind für die Rücknahme dann bereits vorsortiert.

Einige Getränke sind pfandfrei.

BEISPIELE

- Frucht- und Gemüsesäfte
- Milch
- Wein
- Spirituosen
- alle ökologisch vorteilhaften Einweg-Getränkeverpackungen (z. B. Kartonverpackungen oder Schlauchbeutel)

Verbot von Einwegprodukten aus Kunststoff

Bestimmte Einwegkunststoffartikel werden oft nicht richtig entsorgt bzw. landen sogar häufig in der Natur. Deshalb dürfen nun bestimmte Einwegkunststoffprodukte nicht mehr verkauft werden:

- Bestecke,
- Teller,
- Trinkhalme,
- Wattestäbchen,
- Getränkebecher,
- Luftballonstäbe.

Andere Einwegkunststoffprodukte wie zum Beispiel

- Tabakprodukte (Zigaretten, Zigarillo) mit Filter,
- Feuchttücher,
- Tampons,
- Hygieneeinlagen

sind zwar noch erlaubt, müssen aber entweder auf dem Produkt oder auf der Verpackung eine spezielle Kennzeichnung tragen. Diese informiert über den entsprechenden Kunststoffgehalt der Waren. Auch die Folgen der unsachgemäßen Entsorgung der Umwelt werden dargestellt.

AUFGABEN

1. Warum spielen Verpackungen eine große Rolle im Einzelhandel?
2. Erläutern Sie den Begriff und die Aufgaben der Verpackung.
3. Wodurch unterscheiden sich Packungen von Verpackungen?
4. Bringen Sie eine Verpackung
   a) aus Ihrem Ausbildungsbetrieb,
   b) aus Ihrem privaten Bereich

   in den Unterricht mit.
   Erläutern Sie jeweils, welche Funktionen einer Verpackung bzw. Packung erfüllt werden.
5. Welche rechtlichen Regelungen muss ein Einzelhandelsunternehmen im Zusammenhang mit der Entsorgung des Verpackungsabfalls beachten?
6. Erläutern Sie die Abfallhierarchie.
7. Unterscheiden Sie die Kreislaufwirtschaft von der Wegwerfgesellschaft.
8. Erläutern Sie die in der Verpackungsverordnung aufgeführte Rücknahmepflicht.
9. Was sind duale Systeme?
10. Wodurch unterscheiden sich Einweg- und Mehrwegverpackungen?
11. Erläutern Sie die Begriffe
    a) Transportverpackungen,
    b) Verkaufsverpackungen,
    c) Umverpackungen.

ZUSAMMENFASSUNG

Verpackungen
- schützen die Ware
- gewährleisten die Transport- und Lagerfähigkeit der Artikel

→ werden zu

Packungen
Zu den Aufgaben der Verpackung kommen noch hinzu:
- Information des Kunden
- Werbung

Verpackungen und Packungen müssen entsorgt werden.
Dabei gelten Vorschriften:

Das Kreislaufwirtschaftsgesetz
- Produktverantwortung: Hersteller und Händler sind für die Einhaltung der Abfallhierarchie verantwortlich.
- Abfallhierarchie: Abfälle sollen vermieden werden.
- Nicht vermeidbare Abfälle sollen recycelt, also wieder in die Wirtschaft zurückgeführt werden.
- Nur die nicht recycelbaren Abfälle werden – möglichst umweltfreundlich – entsorgt.

Die Verpackungsverordnung
- Für Handel und Hersteller: Rücknahmepflicht für Verpackungen vor Ort
- Duale Systeme, die Handel und Hersteller bezahlen müssen, holen Verpackungen auch direkt vom Verbraucher ab.

5321604

Man versteht erst dann etwas richtig, wenn man versucht, es einem anderen zu erklären. Dies führt zu einer eigenen gründlichen Auseinandersetzung mit dem gerade behandelten Thema.

1. Suchen Sie sich einen Partner.
2. Lesen Sie noch einmal die Zusammenfassung. Bei Verständnisproblemen schlagen Sie ggf. noch einmal im Informationstext nach.
3. Jeder formuliert vier Fragen, die mithilfe der Zusammenfassung beantwortet werden können.
4. Der Partner beantwortet die eigenen Fragen und umgekehrt.

ICH ÜBERPRÜFE MEINE NEU ERWORBENEN KOMPETENZEN

Den Erwerb der zu Beginn aufgeführten Kompetenzen können Sie selbst mithilfe der folgenden Tabelle überprüfen.

Wenn Sie alle Aufgaben, die hinter einer Kompetenz stehen, gelöst haben, machen Sie ein Kreuz bei „Ganz".

Bei den Kompetenzen, bei denen Sie Aufgaben „Teilweise" oder „Gar nicht" gelöst haben, sollten Sie den dazugehörigen Informationstext noch einmal lesen und die Aufgaben anschließend noch einmal bearbeiten.

Was ich nach der Bearbeitung dieses Kapitels kann	Aufgaben	Ganz	Teilweise	Gar nicht
Ich kann ...				
... die Bedeutung von Verpackungen für Einzelhandelsunternehmen nachvollziehen.	1			
... verschiedene Merkmale und Aufgaben von Packungen und Verpackungen aufführen.	2, 3, 4			
... Wegwerfgesellschaft und Kreislaufwirtschaft unterscheiden.	5			
... die wichtigsten Aussagen des Kreislaufwirtschaftsgesetzes angeben.	5, 6, 7			
... die durch die Verpackungsverordnung festgelegte Rücknahmepflicht erläutern.	8, 9			
... die Funktionsweise der dualen Systeme nachvollziehen.	9			
... die verschiedenen Verpackungsarten nennen und erläutern.	10, 11			

5.6 Die Zustellung von Waren an die Kunden

Problemstellung

Die Tom Hoss KG bietet ihre Waren in stationären Ladengeschäften und in einem Onlineshop an. Die verlässliche Warenzustellung an ihre Kunden ist deshalb für die Tom Hoss KG sehr wichtig. Der Inhaber der Tom Hoss KG versucht seinen Warenzustellungsservice regelmäßig zu verbessern, um seine Wettbewerbsfähigkeit zu erhöhen.
Darum liest er die folgende Pressemitteilung mit besonderem Interesse.

McKinsey-Studie: Warenzustellung am selben Tag vor dem Durchbruch

Marktvolumen von drei Milliarden Euro bis 2020 – Etwa die Hälfte der Kunden ist bereit, für Same-day Delivery zu zahlen – Chance für Onlineshops, klassische Einzelhändler und Logistiker

DÜSSELDORF. Der Markt für Same-day Delivery – also die Zustellung von Waren noch am Tag der Bestellung – dürfte bis 2020 in Westeuropa auf rund drei Milliarden Euro wachsen. Damit wird er in wenigen Jahren 15 Prozent des Umsatzes mit Standardpaketen ausmachen (heute: weniger als ein Prozent) und schneller wachsen als der Onlinehandel insgesamt, der um jährlich 11 Prozent zulegen wird. Dies ist das Ergebnis einer aktuellen Branchenstudie der Unternehmensberatung McKinsey & Company unter dem Titel „Same-day Delivery: The next evolutionary step in parcel logistics“. Für die Analyse wurden mehr als 1.000 Konsumenten aus Deutschland, Großbritannien, Frankreich und Schweden befragt.

„Same-day Delivery ist die konsequente Weiterentwicklung des Paketmarktes“, sagt Thomas Netzer, Leiter des Transport-, Logistik- und Infrastrukturbereichs von McKinsey Deutschland. „Es verbindet die Bequemlichkeit des Online-Einkaufs mit der sofortigen Produktverfügbarkeit des stationären Handels. Dies hat Vorteile für den Kunden und bietet auch Potenzial für Onlineshops, Multikanalhändler und Logistikunternehmen.“

[...]

Chancen für Händler, neue Geschäftsmodelle für Logistiker

Die sofortige Verfügbarkeit von Produkten kann die Position von Onlineshops gegenüber der stationären Konkurrenz verbessern. Jan Krause, Koautor der Studie: „Wenn der Nachteil der Lieferzeit wegfällt, kann Onlineshopping seine Stärken in Form von größerer Auswahl und oft niedrigeren Preisen perfekt ausspielen.“

Multikanalhändlern bietet Same-day Delivery wiederum die Möglichkeit, stärker am E-Commerce-Boom teilzuhaben und so Kunden zurückzugewinnen. Durch die lokale Verfügbarkeit von Produkten in stationären Geschäften sparen die Händler Zeit und Kosten bei der Auslieferung.

Bei allen Chancen, die die taggleiche Zustellung bietet, müssen drei Bedingungen erfüllt sein:

- *Produktverfügbarkeit.* Wer am selben Tag liefern will, kann sich keine langen Transportwege leisten. Während Multikanalhändler mit ihren Filialen in den Städten bereits präsent sind, müssen Onlinehändler zunächst ein Netz an lokalen Lagern aufbauen. Je nach Geschäftsmodell kann auch die regionale Verfügbarkeit von Produkten ausreichen – insbesondere für Händler, die so viel Volumen generieren, dass sich häufige Fahrten zwischen Lager und Stadtzentren lohnen.
- *Transparenz über lokalen Warenbestand.* Die Händler müssen zuverlässig angeben können,

5321606

ob das gewünschte Produkt wirklich vorrätig ist und am selben Tag ausgeliefert werden kann. Das beauftragte Logistikunternehmen wiederum muss in Echtzeit informiert werden, wo und wann es die Lieferung abholen soll.

- *Schnelle Kommissionierung und Verpackung.* Händler müssen erheblich investieren, um Vorlaufzeiten zu reduzieren und taggleiche Bestellungen bevorzugt abzuwickeln. Diejenigen Unternehmen, die von ihren Filialen aus liefern wollen, müssen dort die benötigten Fähigkeiten aufbauen.

Same-day Delivery erfordert zudem eine leistungsfähige Logistik, um die derzeit noch hohen Kosten in den Griff zu bekommen. „Logistiker müssen technisch auf der Höhe der Zeit sein, um das Zusammenspiel von Kommissionierung, Verpackung und Auslieferung innerhalb weniger Stunden zu meistern", so Netzer. Aktuell experimentieren Marktteilnehmer noch mit verschiedenen Modellen: Große Logistikdienstleister weiten ihr traditionelles Geschäft aus, Neugründungen bündeln auf Online-Brokerplattformen lokale Lieferungen und große Einzelhändler nutzen die eigenen Fahrzeugflotten zur Auslieferung.

Quelle: McKinsey & Company, Inc.: McKinsey-Studie: Warenzustellung am selben Tag vor dem Durchbruch. In: ots.at. 08.04.2014. https://www.ots.at/presseaussendung/OTS_20140408_OTS0021/mckinsey-studie-warenzustellung-am- selben-tag-vor-dem-durchbruch [23.11.2021].

1. Stellen Sie die Möglichkeiten des Warenversandes für die Tom Hoss KG zusammen.
2. Wählen Sie die optimalen Transportmittel für den Warenversand der Tom Hoss KG aus.

EINORDNUNG DES THEMAS

Lernfeld 5: Werben und den Verkauf fördern

Kommunikation mit Kunden → Werbung → Service → Gesetzliche Regelungen des Wettbewerbs → Verpackung → **Zustellung der Ware**

Kompetenzen

Nach Bearbeitung dieses Kapitels können Sie ...

... Möglichkeiten der Warenzustellung nach ökonomischen und ökologischen Gesichtspunkten auswählen.
... Vorteile der firmeneigenen Warenzustellung nennen.
... Möglichkeiten der firmenfremden Warenzustellung nennen.
... die Rechte und Pflichten eines Frachtführers erläutern.
... Frachtführer und Spediteur unterscheiden.

INFORMATIONSTEXT

Durch eine fachkundige und zuverlässige Auslieferung wird der gute Ruf eines Einzelhandelsbetriebs gefördert. Dabei muss besonders darauf geachtet werden, dass der mit dem Kunden vereinbarte Liefertermin eingehalten wird.

Die firmeneigene Zustellung

Einzelhandelsbetriebe besitzen normalerweise eigene Fahrzeuge, mit denen sie die Ware an ihre Kunden ausliefern. Dieser Gütertransport durch unternehmenseigene Fahrzeuge wird als **Werk-**

verkehr bezeichnet. Er ist anmeldepflichtig beim Bundesamt für Güterverkehr bei einer Nutzlast von mehr als 3,5 t. Die Ware wird vom Auslieferungsfahrer mit einem Lieferschein ausgehändigt. Der Lieferschein enthalt:

- die Anschrift des Empfängers,
- die Lieferscheinnummer,
- die zugestellte Warenart und Liefermenge,
- das Lieferdatum.

Der Kunde bescheinigt auf einer Durchschrift des Lieferscheins mit seiner Unterschrift, dass die Ware ordnungsgemäß zugestellt wurde. Wenn die Ware an einen Kunden durch ein firmeneigenes Fahrzeug des Einzelhandelsbetriebs zugestellt wird, haftet der Handler für Verlust und Beschädigung der Ware bis zur Übergabe an den Kunden.

Vorteile der Warenzustellung mit eigenen Fahrzeugen

- Der Kundendienst (aufstellen, anschließen der Ware usw.) kann mit eigenen Fahrern besser durchgeführt werden.
- Der Fahrer kann den Kaufpreis kassieren, wenn der Kunde die Ware zuvor noch nicht bezahlt hatte.
- Liefertermine können zuverlässiger eingehalten werden.
- Der eigene Fuhrpark gewährleistet eine stetige Lieferbereitschaft.
- Die Fahrzeuge können als Werbeträger genutzt werden.

Ein firmeneigener Fuhrpark

Die firmenfremde Zustellung

Wenn der Einzelhändler die Ware nicht selbst zustellen kann oder will, kann er sie durch die Post oder durch einen Frachtführer an die Kunden ausliefern lassen.

> **DEFINITION**
> **Frachtführer** sind selbstständige Kaufleute, die gewerbsmäßig Güter befördern.

Zu den Frachtführern zählen

- die Eisenbahnunternehmen,
- Luftverkehrsgesellschaften, sofern sie Güter befördern,
- Kurier-, Express- und Paketdienste, z. B. UPS (= United Parcel Service) oder DPD (= Deutscher Paketdienst),
- Unternehmen des gewerblichen Güterkraftverkehrs.

Aus dem **Frachtvertrag,** der zwischen Frachtführer und Absender abgeschlossen wird, ergeben sich die Rechte- und Pflichten des Frachtführers.

Pflichten des Frachtführers

- **Beförderungs- und Ablieferungspflicht:** Der Frachtführer muss den Gütertransport zu einem bestimmten Ort innerhalb der vereinbarten Zeit durchführen.

Paketdienste liefern in der Regel pünktlich und zuverlässig Waren aus

- **Befolgungspflicht:** Er hat die Weisungen des Absenders so lange zu befolgen, wie die Ware noch nicht an den Empfänger ausgehändigt worden ist.
- **Haftpflicht:** Der Frachtführer haftet für verschuldeten Verlust, Beschädigung und Lieferfristüberschreitung.

5321608

Rechte des Frachtführers

- **Frachtbriefausstellung:** Der Frachtführer kann die Ausstellung eines Frachtbriefes und die Übergabe der erforderlichen Warenbegleitpapiere verlangen.
- **Vergütungsanspruch:** Der Frachtführer hat Anspruch auf Zahlung der vereinbarten Fracht und Erstattung sonstiger Auslagen.
- **Pfandrecht:** Er hat ein Pfandrecht an dem beförderten Gut wegen aller durch den Frachtvertrag begründeten Forderungen.

Einzelhändler können bei der Warenzustellung auch die Hilfe von **Spediteuren** in Anspruch nehmen.

DEFINITION

Spediteure sind selbstständige Kaufleute, die auf Rechnung des Versenders, aber in ihrem Namen die Güterversendung durch Frachtführer besorgen.

Aufgrund seiner Berufserfahrung kennt der Spediteur die günstigsten Verkehrsverbindungen und Frachtsätze. Er wählt das günstigste Beförderungsmittel aus, beauftragt einen oder mehrere Frachtführer mit dem Gütertransport und kümmert sich, soweit es notwendig ist, um Verpackung, Versicherung, Umladung und Zwischenlagerung der Gütersendung. Spediteure transportieren die Gütersendungen nicht selbst. Sie sind nur Transportvermittler. Vielfach ist ihnen jedoch ein Unternehmen des gewerblichen Güterkraftverkehrs angegliedert.

Die Wahl des optimalen Transportmittels

Bei der Wahl des optimalen Transportmittels sind im Wesentlichen folgende Bestimmungsgrößen zu berücksichtigen:

- Art der Güter und deren Eigenschaften (Gewicht, Verpackungsart, Sperrigkeit, Verderblichkeit)
- Beförderungszeit
- Pünktlichkeit des Transportmittels
- Sicherheit der Beförderung
- Kapazität des Transportmittels
- Transportkosten
- Umweltverträglichkeit
- vertragliche Vereinbarung mit dem Kunden

Vor- und Nachteile des Güterversands mit Eisenbahnen

Vorteile sind

- kostengünstiger Transport von Massengütern,
- hohe Transportsicherheit,
- gute Umweltverträglichkeit.

Der Güterbahnhof in Maschen, Niedersachsen

Nachteile sind

- höhere Verpackungs- und Umladekosten: Die Transportgüter müssen zum Versand bei der Güterabfertigung des Versandbahnhofs abgeliefert und am Empfangsbahnhof abgenommen werden. Dafür sind Lkw-Transporte vom Versender zum Versandbahnhof und vom Empfangsbahnhof zum Empfänger erforderlich.

Vor- und Nachteile des Güterversands durch Lastkraftwagen

Vorteile sind

- die im Vergleich zum Bahntransport häufig kürzere Transportdauer,
- der umladefreie Haus-zu-Haus-Verkehr von der Beladerampe des Versenders bis zum Empfänger (dadurch können oft erhebliche Umlade- und Verpackungskosten eingespart werden),
- die direkte Belieferung von Kunden ohne Bahnanschluss.

Nachteile sind

- geringere Verkehrssicherheit (Das Risiko, im Straßenverkehr einen Unfall zu erleiden, ist 24-mal größer als im Schienenverkehr.),

- Witterungsabhängigkeit;
- Unwirtschaftlichkeit bei Massengütern aufgrund des hohen Energieverbrauchs je beförderte Tonne – der Energieverbrauch liegt beim Lkw 8,7-mal so hoch wie bei der Bahn,
- starke Umweltbelastung: Der Güterverkehr auf der Straße erzeugt 30-mal mehr Schadstoffe als der Schienenverkehr. Er verbraucht mehr Fläche als die Bahn. Während eine zweigleisige Eisenbahnstrecke nur 13,7 m breit ist, benötigt die von der Kapazität her vergleichbare vierspurige Autobahn doppelt so viel Fläche.

Bei schlechten Wetterverhältnissen ist der Transport per Lkw erschwert

Vor- und Nachteile des Luftfrachtverkehrs

Vorteile sind

- Schnelligkeit,
- Pünktlichkeit,
- die Streckendichte,
- Transportsicherheit,
- die Einsparung von Verpackungskosten.

Ein Transportflugzeug wird beladen

Nachteil ist

- die hohe Luftfracht.

Vorteile von Kurier-, Express- und Paketdiensten

Paketdienste befördern Pakete bis zu einer Gewichtsgrenze von in der Regel 30 kg.

Expressdienste übernehmen im Rahmen von Sammelladungen Gütersendungen z. T. sogar ohne Maß- und Gewichtsbegrenzungen. Der Transport erfolgt von Haus zu Haus. Ein Kurier begleitet die Sendung generell nicht.

Hauptaufgabe eines **Kurierdienstes** ist es, Dokumente zu befördern. Darüber hinaus werden kleinere Paketsendungen übernommen. Die Sendung kann durch einen Kurier begleitet werden, muss aber nicht.

Die Abgrenzung zwischen Paket-, Kurier- und Expressdiensten ist fließend. Viele Unternehmen führen nicht nur die eine oder andere, sondern häufig sämtliche Leistungen aus.

Vorteile

- **Schnelligkeit:** Für Handelsunternehmen wurde in den letzten Jahren Schnelligkeit zum Grundsatz und zum Verkaufsargument für die eigenen Produkte. Kurier-, Express- und Paketdienste werden in diesem Zusammenhang zunehmend zum Mittel der Erfüllung eigener Versprechen und Verkaufsargumente.
- **Pünktlichkeit:** Häufig ist Pünktlichkeit noch wichtiger als Schnelligkeit. Durch Laufzeitgarantien leisten die Kurier-, Express- und Paketdienste hierbei wichtige Unterstützung.
- **Abholsystem, das auf die Bedürfnisse des Versenders zugeschnitten ist:** Der größte Vorteil für den Versender ist, dass er die Sendung nicht mehr selbst zum Postschalter oder zum Bahnhof bringen muss. Die regelmäßige oder einzelne Abholung zum vereinbarten Zeitpunkt ist das stärkste Argument. Dies gilt vor allem, wenn ein Versender in geografisch ungünstigen Randlagen sitzt und sich ein eigener Botendienst bzw. Werkverkehr nicht rechnet.
- **Sendungsverfolgung:** EDV-Systeme mit fortschrittlicher Kommunikationstechnik ermögli-

chen die genaue Beobachtung und Steuerung der Warenströme. Durchgehende Barcodekontrolle, Scanning von Maßen und Gewichten, Sendungsverfolgung im eigenen Netz und zu jedem Zeitpunkt bis zum Abliefernachweis sind technische Neuerungen, die zuerst durch die Kurier-, Express- und Paketdienste eingeführt wurden.

- **Übernahme einer Gesamtdienstleistung:** Im Gegensatz zu anderen Anbietern von Transportleistungen übernehmen die Kurier-, Express- und Paketdienste eine Gesamtdienstleistung von Haus zu Haus in eigener Regie und Durchführung und damit in ungeteilter Verantwortung. Sie vereinigen in sich den Nahverkehrsunternehmer, den Fernfahrer, den Umschlagsbetrieb, die Zollagentur und alle anderen Teile einer Transportkette.

AUFGABEN

1. Welches Begleitpapier muss der Einzelhandler einer Warensendung beifügen, wenn er sie durch ein eigenes Fahrzeug zustellen lässt?
2. Wie kann ein Auslieferungsfahrer nachweisen, dass er eine Ware an einen Kunden ordnungsgemäß ausgehändigt hat?
3. Eine im Werkverkehr zugestellte Ware wird während des Transports beschädigt. Wer trägt den Schaden?
4. Welche Vorteile hat die Warenzustellung mit eigenen Fahrzeugen für den Einzelhandelsbetrieb?
5. Wen kann der Einzelhändler mit der Zustellung beauftragen, wenn er die Ware nicht mit eigenen Fahrzeugen ausliefern kann?
6. Welche Vorteile hat die Warenzustellung durch einen Frachtführer für den Einzelhandelsbetrieb?
7. Die Hauptfiliale der Tom Hoss KG in Berlin muss folgende Warenlieferungen ausführen:
   a) Lieferung von 100 Damenblusen an die Filiale in Göttingen; die Filiale benötigt die Ware spätestens in einer Woche.
   b) Lieferung von zwei Herrenhosen an den Kunden Jürgens in Bielefeld; Herr Jürgens benötigt die Hosen in spätestens zwei Tagen.
   c) Lieferung von 200 Seidentüchern an die Filiale in Freiburg; die Filiale benötigt die Seidentücher in einer Woche.
   d) Lieferung eines Wintermantels an den Kunden Klein in Hildesheim.

   Wählen Sie für jede der vier Lieferungen das jeweils beste Transportmittel aus.
8. Welche Aufgaben kann ein Spediteur für den Einzelhändler übernehmen?
9. Unterscheiden Sie Frachtführer und Spediteur.
10. Erläutern Sie die Vorteile von Kurier-, Express- und Paketdiensten gegenüber den herkömmlichen Liefersystemen.
11. Die Kurier-, Express- und Paketdienste bezeichnen sich im Zusammenhang mit der Übernahme einer Gesamtdienstleistung selbst als „Integratoren“. Was verstehen Sie hierunter?
12. Welche Vorteile von Kurier-, Express- und Paketdiensten werden in der folgenden Abbildung angesprochen?

ZUSAMMENFASSUNG

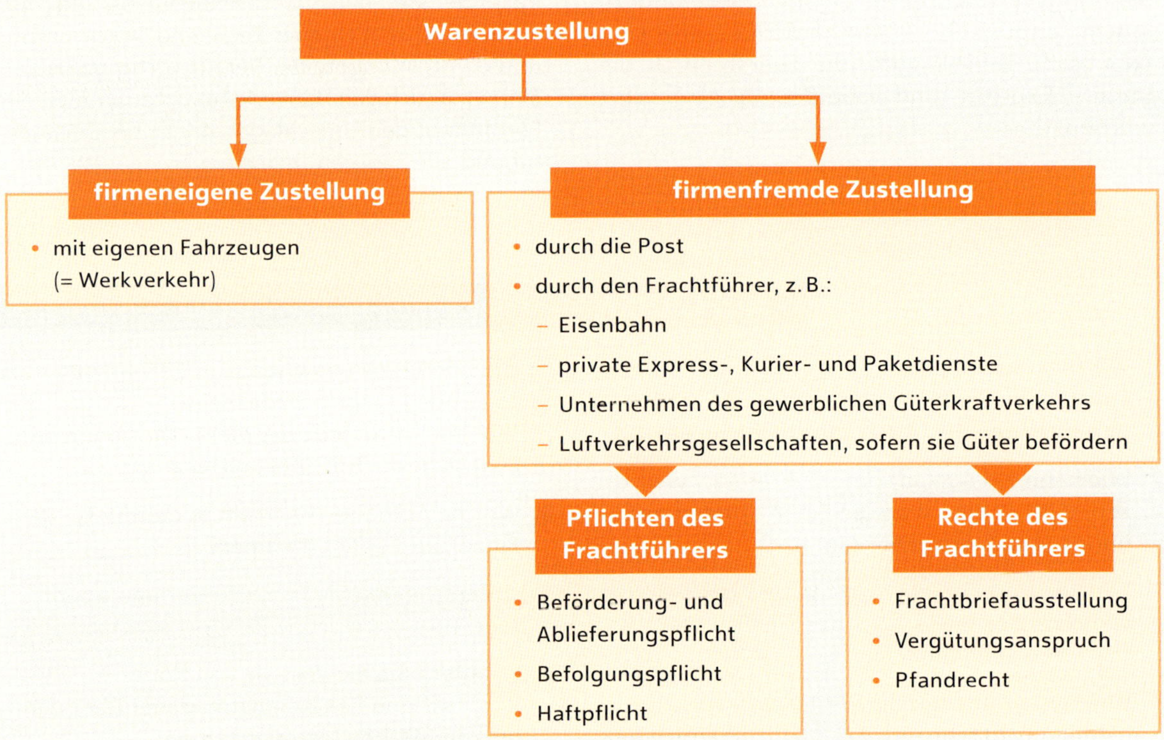

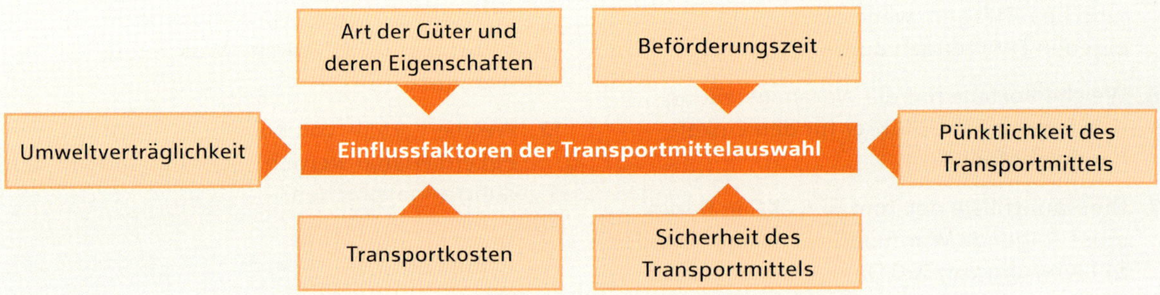

Man versteht erst dann etwas richtig, wenn man versucht, es einem anderen zu erklären. Dies führt zu einer eigenen gründlichen Auseinandersetzung mit dem gerade behandelten Thema.

1. Suchen Sie sich einen Partner.
2. Lesen Sie noch einmal die Zusammenfassung. Bei Verständnisproblemen schlagen Sie ggf. noch einmal im Informationstext nach.
3. Einer von Ihnen erläutert die Zusammenfassung dem Partner.
4. Dieser achtet auf Korrektheit und Vollständigkeit und wiederholt noch einmal.

ICH ÜBERPRÜFE MEINE NEU ERWORBENEN KOMPETENZEN

Den Erwerb der zu Beginn aufgeführten Kompetenzen können Sie selbst mithilfe der folgenden Tabelle überprüfen.

Wenn Sie alle Aufgaben, die hinter einer Kompetenz stehen, gelöst haben, machen Sie ein Kreuz bei „Ganz".

Bei den Kompetenzen, bei denen Sie Aufgaben „Teilweise" oder „Gar nicht" gelöst haben, sollten Sie den dazugehörigen Informationstext noch einmal lesen und die Aufgaben anschließend noch einmal bearbeiten.

Was ich nach der Bearbeitung dieses Kapitels kann	Aufgaben	Ganz	Teilweise	Gar nicht
Ich kann ...				
... Möglichkeiten der Warenzustellung nach ökonomischen und ökologischen Gesichtspunkten auswählen.	7, 10, 11			
... Vorteile der firmeneigenen Warenzustellung nennen.	1, 2, 3, 4			
... Möglichkeiten der firmenfremden Warenzustellung nennen.	5			
... die Rechte und Pflichten eines Frachtführers erläutern.	6			
... Frachtführer und Spediteur unterscheiden.	8, 9			

Sachwortverzeichnis

I

J

K

L

M

N

O

P

Q

R

S

Bildquellenverzeichnis

|Alamy Stock Photo (RMB), Abingdon/Oxfordshire: Filimonov, Iakov 506.3; Greg Balfour Evans 517.2; imageBROKER 506.1. |Arvato Systems GmbH, Gütersloh: 529.1. |Bergmoser + Höller Verlag AG, Aachen: 354.1, 386.1; Zahlenbilder 155.1, 210.1, 438.1. |Bitkom, Berlin: 437.1. |bpk-Bildagentur, Berlin: Wundshammer, Benno 75.1. |Bundesministerium für Umwelt, Naturschutz und nukleare Sicherheit (BMU), Berlin: Bundesumweltministerium, www.bmu.de/MD893 600.2. |Bundesverband der Deutschen Volksbanken und Raiffeisenbanken (BVR), Berlin: 424.1. |DER SPIEGEL, Hamburg: 569.2. |Deutsche Gesetzliche Unfallversicherung e.V. / DGUV e.V., Sankt Augustin: 211.1. |Deutscher Fachverlag GmbH, Frankfurt am Main: Lebensmittel Zeitung direkt 04/2018; Foto: Alexander Heimann 196.1. |Die reale Welt GmbH, Münster: ökobüro Münster/ www.ökobüro.de 599.3, 600.1. |Doering, Svenja, Köln: 76.2. |Druwe & Polastri, Cremlingen/Weddel: 170.1, 212.5. |finanzen.de AG, Berlin: 201.2. |fotolia.com, New York: Adam Gregor 313.2; Andrea Veneziano 41.1; BillionPhotos.com 32.1; Dangubic 161.1; Erwin Wodicka/Gina Sanders 75.2; fotomek 19.1; goodluz 32.7; JackF 32.6; Jeanette Dietl 32.5; Johanna Mühlbauer 569.1; Kica Henk 482.5; konradbak 32.3; Laurent Hamels 32.4; Leo Blanchette 224.2, 224.3; Marco2811 86.2; Moon 168.1; Patryk Kosmider 375.1; pdesign 585.1, 585.2; PeJo 406.4; PR Image Factory 547.1; Sanders, Gina 156.1; Schwier, Christian 165.1; sepy 32.2; Stefan Balk 418.1; Visiual Concepts 556.2; zapp2photo 548.2. |Getty Images, München: Coneyl Jay 548.1. |giropay GmbH, Frankfurt am Main: 441.1. |Görmann, Felix, Berlin: 77.1. |guenstiger.de GmbH, Hamburg: 201.1. |Hansa Mineralbrunnen GmbH, Rellingen: 574.1. |Hild, Claudia, Angelburg: 10.1, 12.1, 34.1, 34.2, 35.1, 36.1, 36.2, 42.1, 107.1, 108.1, 108.2, 114.1, 115.1, 116.1, 117.1, 120.1, 138.1, 224.1, 394.1, 395.1, 396.1, 396.2, 397.1, 397.2, 410.1, 417.1, 493.1, 494.1, 502.1, 510.1, 546.2, 571.1. |idealo internet GmbH, Berlin: 200.1. |iStockphoto.com, Calgary: andresr 426.1. |Jecht, Birk, Hildesheim: 380.2, 435.1, 443.1, 444.1. |Jecht, Hans, Hildesheim: 76.1, 482.4, 494.3. |Kassing, Reinhild, Kassel: 136.1. |Katjes Magic Candy Factory, Birmingham: 549.2. |Klarna Bank AB German Branch, Berlin: 441.2. |LPV Media GmbH, Neuwied: Carsten Hoppen 467.2. |Marckwort, Ulf, Kassel: 76.3, 76.4, 76.5. |Mastercard, Frankfurt am Main: 419.2. |mauritius images GmbH, Mittenwald: John Warburton-Lee 475.1. |Media-Saturn-Holding GmbH, Ingolstadt: 545.1. |PayPal Deutschland GmbH, Kleinmachnow: 438.2. |Paysafe Group, Wien: 440.1. |Peter M. Hoffmann, Leipzig: 538.1, 538.2, 538.3. |Picture Press Bild- und Textagentur GmbH, Hamburg: Andrew Timmins/Stern 509.1; Christian Eisenberg/stern 399.1. |Picture-Alliance GmbH, Frankfurt a.M.: 160.1; allOver images 482.3; Cau, Abaca Antoine 537.1; Charisius, Christian 541.3; dieKLEINERT.de 420.1; dpa-infografik 52.1, 59.1, 84.1, 87.1, 89.1, 90.1, 98.1, 99.1, 137.1, 154.1, 158.1, 385.1, 432.1, 445.1, 599.1; dpa-infografik GmbH 78.1, 85.3, 275.1, 412.1, 563.1; dpa/Breloer, Gero 508.1; dpa/Mächler, Frank 592.2; FREY, Jean-François 420.3; Google 420.2; Hitij, Maja 541.4; imageBROKER 573.1; Joel, Philippon 539.2; Multhaup, Oliver 541.2; Pressensbild Bosse Nilson 474.1; Sasse, Martin 482.1; Simon, Johannes 497.4; Simon, Sven/Hoermann, Frank 475.2; Sueddeutsche Zeitung Photo/Rumpf, Stephan 383.1; Weigel, Armin 535.1. |PricewaterhouseCoopers GmbH Wirtschaftsprüfungsgesellschaft (PwC Deutschland), Düsseldorf: 532.1. |ROSE Bikes GmbH, Bocholt: 539.1, 539.3. |Shutterstock.com, New York: CuteCute 601.1; imooоun Titel, Titel; Ismail, Muhd Imran 476.3; jojje 168.2; Kaliva 452.1; MONOPOLY919 536.1; phaustov 476.1; Radiokafka 505.3; Sorbis 506.2. |Starship Technologies, London: 541.1. |Stiftung Warentest, Berlin: 199.1; Auszug aus Stiftung Warentest, test 8/2012 193.1. |stock.adobe.com, Dublin: 3desc 298.1; ablokhin 553.1; Adam Gregor 38.1; adisa 490.4; adzicnatasa 572.1; Africa Studio 498.1; ag visuell 297.2; agcreativelab 6.1; ake1150 102.3, 534.1; alphaspirit 608.2; andilevkin 282.1; Andrey Bandurenko 332.1; Andrey Popov 566.3; ArdeaA 497.8; ArtFamily 236.1; Aunging 195.1; auremar 63.1, 267.3, 286.1, 288.4, 377.2; bamztoon 308.1, 308.2; Bayer, Tom 214.1; beebright 547.2; benekamp 489.1; Benjaminet 592.1; bennian_1 582.2; bernardbodo 470.3; Berty 581.1; biker3 377.1; BillionPhotos.com 23.2, 313.1, 505.2; blende11.photo 558.2; Blickfang 521.1; bluedesign 197.1, 364.1; bramgino 562.1; brovkoserhii 591.1; Brunet, Oscar 209.2; carballo 23.1; chungking 169.1; Colorlife 611.1; contrastwerkstatt 182.2, 267.2; corepics 213.2; Couperfield 190.4; cpauschert 575.1; DDRockstar 259.1, 303.1; Dean, Drobot 236.4; debert 495.1; Dierks, Janina 364.5; Dietl, Jeanette 364.4; difeng, zhu 459.1, 494.2; dina777 205.1; Drobot Dean 9.3, 104.1, 238.2; Dron 488.3; dusanpetkovic1 470.2; Dziurek 558.1; EdNurg 479.4; ekkasit919 502.2; El Gaucho 318.1; Eppele, Klaus 324.2; estherpoon 503.2; eyeQ 125.1; Fabian 209.1; Fälchle, Jürgen 602.2, 603.1; Fancellu, Sebastiano 293.1; farbkombinat 190.1; fesenko 479.1; Filiminova, Daria 497.1; final09 490.1; fiona_toke 236.2; Firma V 25.1; FM2 478.2; FomaA 405.1; fotografci 208.1; fotohansel 211.2; FotolEdhar 566.2; Fotolyse 482.2; Fotoschlick 490.3; galam 470.1; Gargonia 56.1; gmstockstudio 282.2; Golden Sikorka 446.1; goodluz 182.1, 479.2; GrafKoks 307.1; greco2 190.3; gstockstudio 208.2; hakule 421.2; hbrh 233.2; He2 575.3; Heggie 86.3; Herrndorff 94.1, 183.1; HLPhoto 307.2; hürdler, sabine 324.1; Iakobchuk, Viacheslav 235.4; iluuuhina 235.5; imageBROKER 556.3; Imaginis 610.1; industrieblick 95.1, 130.1, 406.1, 406.2; JackF 84.2, 148.1, 237.1, 288.1, 332.2, 332.3, 337.1, 349.1, 466.1; Jenkins, M. 602.1; JiSign 212.1, 212.2, 212.3, 212.4; jokatoons 235.1; Jongsirikul, Narong 608.1; Jules_Kitano 246.1; justaa 7.1; Kadmy 96.1, 266.2; Kahlmann, Eva 146.1; kamasigns 147.1; karenfoleyphoto 317.1; Kenishirotie 306.2; khaligo 384.1; kingmarron 377.3; Kitty 297.3; Kneschke, Robert 267.1, 277.2, 364.3, 488.2, 545.2, 581.2; Knut Wiarda 300.1; Korta 466.2; Krakenimages.com 247.1; Krautwald, Sven 140.1; Kzenon 266.1, 329.1, 491.1, 497.6; Lantelme, Jörg 580.1; lassedesignen 234.1; ldprod 419.1; Lee, Gregory 477.1; Levitsky, Seva 9.1; lexmomot 522.1; littleartvector 466.3; Losevsky, Pavel 85.2, 195.2, 479.5, 489.2, 490.2, 521.2; lucadp 538.4; luismolinero 9.2; Luminis 286.2; M. Schuppich 400.1; magelepicture 556.1; Malyugin, Mikhail 478.1; Marco2811 86.1, 488.1; maria_savenko 380.1; Mediteraneo 392.1; Menzl, Günter 610.2; Minerva Studio 378.1; Monkey Business 184.1, 233.3, 273.2; Montri 543.1; motorradcbr 609.1; Nachtigall, Lara 398.1; nacroba 442.2; nastia1983 233.1; nata777_7 306.1; natalivi 468.1; nd3000 557.1; Nejron Photo 190.2, 288.3; New Africa 364.6; nmann77 387.1; oles_photo 237.2; Olson, Tyler 197.2, 265.1; orelphoto 443.2; oxie99 73.1; PALUT, Jacques 330.2; pathdoc 227.1, 227.2, 229.1, 245.1; peno - penofoto.de 582.3; photographicss 421.1, 546.1; Picture-Factory 409.1; Pixelot 195.3; pixelpoems.de 273.3; Popov, Andrey 379.1; poravute 331.1; Prostock-studio 319.2; Pumba 497.5; pusteflower9024 62.1; ra2 studio 236.3; Raftel 575.2; Rampsch, Ronald 497.2; Raths, Alexander 9.4, 129.1; Rawpixel.com 523.1; Reimer, Thomas 470.4; Robert Kneschke 102.1, 102.2, 237.4, 364.2, 505.1; SAAVED, MIGUEL GARCIA

297.1; Sanders, Gina 508.2; Sbytova, Maria 533.1; Schmitt, Henry 181.1; seen0001 603.2; Sergey 406.3; SERGEY, LABUTIN 491.2; seventyfour 31.1; sharaku1216 319.1; Smokovski, Ljupco 235.3, 580.2; Sokolov, Iurii 516.1; Sondem 261.1; sp4764 379.2; Starpics 253.1; steheap 288.2; Stihl024 497.7; Stockfotos-MG 212.6, 394.2; Studio Gi 517.1; styleuneed 213.1; suchywilk 491.4; svetlana67 330.1; tbralnina 503.1; Thaut Images 237.3; thodonal 582.1; Tran-Photography 235.2; Travis 446.2; Trueffelpix 566.1; tstange 273.1; TTstudio 63.2; vchalup 599.2; vege 255.1; Viacheslav Iakobchuk 179.1; vipman4 481.1; Visum, Faber 277.1; vladimirfloyd 238.1; VTT Studio 497.3; Wagner, Achim 542.1; WavebreakMediaMicro 368.1, 492.1, 557.2; weerapat1003 398.2; Weiss, Konrad 476.2; Wellnhofer Designs 371.1; WoGi 50.1; Wylezich, Björn 534.2; Yang, Stefan 491.3; yong hong 85.1; zeremskimilan 265.2; zhu difeng 458.1, 467.1, 479.3, 492.2. |ullstein bild, Berlin: 141.1. |Wolters-Design, Braunschweig: 148.2. |Zagel, Prof. Dr. Christian, Coburg: Zagel, Dr. Christian; Malcher, Lukas 549.1; Zagel, Dr. Christian; Süßmuth, Dr. Jochen 549.3. |© paydirekt, Frankfurt: 442.1.